十八史略

文白对照

第一卷

[元] 曾先之 著
王明辉 郭鹏 注译

中国画报出版社·北京

图书在版编目（CIP）数据

文白对照十八史略 /（元）曾先之著；王明辉等注译. -- 北京：中国画报出版社，2017.10
ISBN 978-7-5146-1524-1

Ⅰ.①文… Ⅱ.①曾… ②王… Ⅲ.①中国历史—通俗读物 Ⅳ.①K209

中国版本图书馆CIP数据核字（2017）第150860号

文白对照十八史略

（元）曾先之 著　王明辉　郭鹏 注译

出 版 人：于九涛
项目策划：于九涛
责任编辑：李　媛　张　轶　吕　微
责任印制：焦　洋

出版发行：中国画报出版社
地　　址：中国北京市海淀区车公庄西路33号　邮编：100048
发 行 部：010-68469781　010-68414683（传真）
总编室兼传真：010-88417359　版权部：010-88417359

开　　本：16开（710mm×1000mm）
印　　张：89.5
字　　数：1229千字
版　　次：2017年10月第1版　2017年10月第1次印刷
印　　刷：三河市文通印刷包装有限公司
书　　号：ISBN 978-7-5146-1524-1
定　　价：198.00元（全五卷）

版本说明

《十八史略》是元代曾先之撰写的一部简明历史读物，采用对正史节略的写法，以时间为序、以帝王为中心，简要地勾勒出上古至南宋的中国历史。五代以前的历史，作者取材于司马迁的《史记》至欧阳修的《五代史记》等十七部正史，宋代史事取材于李焘的《续资治通鉴长篇》与刘时举的《续宋编年通鉴》，共称"十八史"。

《十八史略》最早刊行于元成宗大德元年（1297）。和其他官修史书不同的是，作者不单记述孤立的历史事件，同时梳理了中国上古时代至南宋末年主要历史事件的前因后果，厘清了历史人物关系。甫一出版即在民间大为畅行，至明代，《十八史略》作为书塾中启蒙性的历史读本，成为"超级畅销书"。

《十八史略》作为史书启蒙读本，对日本也产生了极大的影响，与《史记》《汉书》《贞观政要》《资治通鉴》等一道在宫廷、幕府内被正式讲读；同时模仿《十八史略》体例、以"史略"为书名的日本历史读物纷纷涌现，在日本基层社会形成一股文化潮流，至今热度不减。

本次出版的《文白对照十八史略》是注译版，以元至正二年（1342）四明郡庠刻本《历代十八史略》十卷本为底本，以日本明治十五年（1882）山中市兵卫刊《标注十八史略读本》七卷本（曾先之著，陈殷音释，王逢点校，大贺富二再补，今井匡之校订），日本明治十六年（1883）山中市兵卫刊《点注十八史略校本》七卷本（曾先之著，陈殷音释，王逢点校，石川鸿斋补订）为主要校勘本，并参校明建阳县丞南康何景春刊《立斋先生标题解注音释十八史略读本》等。

元至正本首卷是作者编著的朝代歌谣，与后面的正文相比，内容上并无增加，故省略不录。

元刊本中，南宋以后涉及元朝史实缺漏严重，故据日本刊本补足。如元刊本在"金主守绪突围出，走归德府"之后，接"岁癸巳，归德粮绝，乃趋蔡州。"而日本刊本在此后有大段文字交代背景：

元再使王檝来议夹攻伐金，京湖制置使史嵩之以闻朝臣，皆以为可遂复仇之举，独赵范不喜，曰："宣和海上之盟，厥初甚坚，迄以取祸，不可不鉴。"帝不从，诏嵩之报使许之。嵩之乃遣邹伸之报谢，且议夹攻汴京。元人许俟成功，以河南地归宋。

癸巳绍定六年，金主奔归德。粮绝，乃趋蔡州。其将崔立以汴京降元。四月，元速不台进至青城，崔立以金太后王氏、皇后徒单氏、荆王从恪等至军。速不台遣送北还。

元以孔子五十世孙元楷袭封衍圣公，整修孔子庙及浑天仪。

凡例

1. 全书采用左页古文原文、右页白话文译文对照的形式；原文中加脚注注释。

2. 对较生僻的文字、较难理解的语句进行注释；注释不涉及语法或文言文句式问题。

3. 对不太常见的古代名物、典章制度进行注释。

4. 涉及人名、地名，如果前文已注，后文不再注释。

5. 古代年号对应的公元纪年在脚注中注释，译文中不再出现公元纪年。

6. 原文有错讹的地方在脚注中加按语予以纠正。

7. 译文在原文基础上用白话文译出。涉及人名、地名或官名均依从原文表述。

8. 原文中的异体字已改为规范字，在译文中以规范字表述（人名、地名除外）。

9. 原文据日本刊本补足的部分，在脚注中加以注释；相应部分的白话译文以日本刊本为准。

目录

第一卷

太古·三皇·五帝 …………… 一
    太古 ………………………… 二
    三皇 ………………………… 二
    五帝 ………………………… 一〇

夏后氏 ……………………… 二一
    夏后氏 ……………………… 二二

殷 …………………………… 三一
    殷 …………………………… 三二

周 …………………………… 四七
    周（一）……………………… 四八
    周（二）……………………… 六〇

春秋战国 …………………… 八一
    春秋战国（一）…………… 八二
    春秋战国（二）…………… 九六
    春秋战国（三）…………… 一〇八
    春秋战国（四）…………… 一二〇
    春秋战国（五）…………… 一四〇
    春秋战国（六）…………… 一四六
    春秋战国（七）…………… 一五六
    春秋战国（八）…………… 一六四
    春秋战国（九）…………… 一七〇
    春秋战国（十）…………… 一八〇
    春秋战国（十一）………… 一八八
    春秋战国（十二）………… 二〇〇
    春秋战国（十三）………… 二一六
    春秋战国（十四）………… 二二四
    春秋战国（十五）………… 二三八

秦 …………………… 二四七

　秦（一）…………… 二四八

　秦（二）…………… 二五四

　秦（三）…………… 二六二

　秦（四）…………… 二七〇

第二卷

西汉 …………………… 二七七

　西汉（一）………… 二七八

　西汉（二）………… 二八二

　西汉（三）………… 二九〇

　西汉（四）………… 二九八

　西汉（五）………… 三〇四

　西汉（六）………… 三〇八

　西汉（七）………… 三一二

　西汉（八）………… 三一六

　西汉（九）………… 三二二

　西汉（十）………… 三二六

　西汉（十一）……… 三三四

　西汉（十二）……… 三三八

　西汉（十三）……… 三四六

　西汉（十四）……… 三五四

　西汉（十五）……… 三六二

　西汉（十六）……… 三六八

　西汉（十七）……… 三七四

　西汉（十八）……… 三八〇

　西汉（十九）……… 三八六

　西汉（二十）……… 三九二

　西汉（二十一）…… 三九六

　西汉（二十二）…… 四〇六

　西汉（二十三）…… 四一二

　西汉（二十四）…… 四一八

东汉 …………………… 四二七

　东汉（一）………… 四二八

　东汉（二）………… 四三四

　东汉（三）………… 四四二

　东汉（四）………… 四四八

　东汉（五）………… 四五四

　东汉（六）………… 四六二

　东汉（七）………… 四六八

　东汉（八）………… 四七八

　东汉（九）………… 四八六

　东汉（十）………… 四九四

　东汉（十一）……… 五〇〇

　东汉（十二）……… 五一六

东汉（十三）·········五二八
东汉（十四）·········五三六
东汉（十五）·········五四〇

第三卷

三国·汉·········五四九
三国·汉（一）·······五五〇
三国·汉（二）·······五五六
三国·汉（三）·······五六〇
三国·汉（四）·······五七〇

西晋·········五七七
西晋（一）·········五七八
西晋（二）·········五八六
西晋（三）·········五九四
西晋（四）·········六〇二

东晋·········六一一
东晋（一）·········六一二
东晋（二）·········六二〇
东晋（三）·········六二六
东晋（四）·········六三二
东晋（五）·········六三八

东晋（六）·········六四四
东晋（七）·········六五二
东晋（八）·········六五六
东晋（九）·········六六四
东晋（十）·········六六六

南北朝·········六九一
南北朝·········六九二
南北朝·宋（一）····六九四
南北朝·宋（二）····七〇二
南北朝·齐·········七一二
南北朝·梁（一）····七二〇
南北朝·梁（二）····七二八
南北朝·陈（一）····七三八
南北朝·陈（二）····七四六

第四卷

隋·········七五五
隋（一）·········七五六
隋（二）·········七六二

唐·········七七三
唐（一）·········七七四

唐（二）……………………七八六
唐（三）……………………七九〇
唐（四）……………………八〇二
唐（五）……………………八〇六
唐（六）……………………八〇八
唐（七）……………………八一二
唐（八）……………………八一六
唐（九）……………………八一八
唐（十）……………………八二〇
唐（十一）…………………八二四
唐（十二）…………………八二六
唐（十三）…………………八三四
唐（十四）…………………八三八
唐（十五）…………………八四〇
唐（十六）…………………八四八
唐（十七）…………………八五八
唐（十八）…………………八六四
唐（十九）…………………八七二
唐（二十）…………………八七四
唐（二十一）………………八八二
唐（二十二）………………八八四
唐（二十三）………………八九二
唐（二十四）………………八九八

唐（二十五）………………九〇二
唐（二十六）………………九〇六

五代 ……………………九二七
五代·后梁（一）…………九二八
五代·后梁（二）…………九三八
五代·后唐（一）…………九五〇
五代·后唐（二）…………九六〇
五代·后晋…………………九六八
五代·后汉…………………九八〇
五代·后周（一）…………九八八
五代·后周（二）…………一〇〇〇

第五卷

北宋 ……………………一〇〇九
北宋（一）…………………一〇一〇
北宋（二）…………………一〇一六
北宋（三）…………………一〇二六
北宋（四）…………………一〇三四
北宋（五）…………………一〇四〇
北宋（六）…………………一〇四八
北宋（七）…………………一〇五四
北宋（八）…………………一〇六四

北宋（九）…………一〇七二
北宋（十）…………一〇八〇
北宋（十一）………一〇九二
北宋（十二）………一一〇二
北宋（十三）………一一一二
北宋（十四）………一一二二
北宋（十五）………一一三四
北宋（十六）………一一四四
北宋（十七）………一一五六
北宋（十八）………一一六四
北宋（十九）………一一七〇
北宋（二十）………一一八〇
北宋（二十一）……一一九〇
北宋（二十二）……一一九八
北宋（二十三）……一二〇六
北宋（二十四）……一二一四

南宋 ………………一二二一

南宋（一）…………一二二二
南宋（二）…………一二三四
南宋（三）…………一二四二
南宋（四）…………一二四八
南宋（五）…………一二五六
南宋（六）…………一二六四
南宋（七）…………一二六八
南宋（八）…………一二八〇
南宋（九）…………一二九〇
南宋（十）…………一二九六
南宋（十一）………一三〇四
南宋（十二）………一三一二
南宋（十三）………一三一八
南宋（十四）………一三二四
南宋（十五）………一三三四
南宋（十六）………一三四四
南宋（十七）………一三五二
南宋（十八）………一三六〇
南宋（十九）………一三六八
南宋（二十）………一三七六
南宋（二十一）……一三八四
南宋（二十二）……一三八八
南宋（二十三）……一三九六
南宋（二十四）……一四〇四

文白对照十八史略

第一卷

太古·三皇·五帝

太古

天皇氏①以木德②王,岁起摄提③,无为而化。兄弟十二人,各④一万八千岁。地皇氏⑤以火德王,兄弟十二人,各一万八千岁。人皇氏⑥兄弟九人,分长九州⑦,凡一百五十世,合四万五千六百年。人皇以后有曰有巢氏⑧,构木为巢,食木实。至燧人氏⑨始钻燧,教人火食。在书契⑩以前,年代国都不可考。

三皇

太昊伏羲氏

太昊伏羲氏⑪,风姓,代燧人氏而王。蛇身人首。

---

① 天皇氏,传说中的上古神话人物,唐代司马贞《三皇本纪》列为三皇之一。
② 木德,古代阴阳家把金、木、水、火、土五行看成五德,认为历代王朝各代表一德,按照五行相克或相生的顺序,交互更替,周而复始。
③ 摄提,即摄提格,先秦岁星纪年名称,对应十二地支中的"寅"。
④ 各,或作"合",后地皇氏亦同。
⑤ 地皇氏,传说中的上古神话人物,唐代司马贞《三皇本纪》列为三皇之一。
⑥ 人皇氏,传说中的上古神话人物,唐代司马贞《三皇本纪》列为三皇之一。
⑦ 九州。古代分中国为九州。说法不一。《书·禹贡》作冀、兖、青、徐、扬、荆、豫、梁、雍;《尔雅·释地》有幽州、营州而无青州、梁州;《周礼·夏官·职方》有幽州、并州而无徐州、梁州。
⑧ 有巢氏,传说中巢居的发明人。
⑨ 燧人氏,传说中的古帝王,钻木取火的发明者。
⑩ 书契,指文字。
⑪ 伏羲氏,古代传说中的三皇之一,为远古时代部落首领。风姓。相传其始画八卦,又教民渔猎,取牺牲以供庖厨,因称庖牺。又称包牺、牺皇、皇羲。

太古

　　天皇氏以木德称王，于摄提格之年（寅年）开始实行统治，崇尚无为而天下大治。天皇氏兄弟十二人，一共在位一万八千年。地皇氏以火德称王，他们兄弟十二人，一共在位一万八千年。人皇氏兄弟九人，分别管理天下九州，经历一百五十世，共在位四万五千六百年。人皇统治时代结束后，紧跟着是有巢氏治理天下，他教给人们用木头搭建巢穴，吃草木的果实。到燧人氏治理天下时，他开始教人们钻木取火，用火来将食物做熟。在有文字记载之前，统治年代、国家都城都不能准确考证。

三皇

太昊伏羲氏

　　太昊伏羲氏姓风，代替燧人氏称王，他长有蛇的身体和人的头。

始画八卦①；造书契，以代结绳②之政；制嫁娶，以俪皮③为礼；结网罟④，教佃⑤渔；养牺牲⑥以庖厨⑦，故曰庖牺。有龙瑞，以龙纪官，号龙师。木德王，都于陈⑧。

　　庖牺崩，女娲氏⑨立，亦风姓，木德王，始作笙簧⑩。诸侯有共工氏⑪，与祝融⑫战，不胜而怒，乃头触不周山⑬。崩，天柱折，地维⑭缺。女娲乃炼五色石以补天，断鳌足以立四极，聚芦灰以止滔水。于是地平天成，不改旧物。

　　女娲氏没，有共工氏、大庭氏、柏皇氏、中央氏、历陆氏、骊连氏、赫胥氏、尊卢氏、混沌氏、昊英氏、朱襄氏、葛天氏、阴康氏、无怀氏⑮。风姓相承者十五世。

① 八卦，《周易》中的八种具有象征意义的基本图形，每个图形用三个分别代表阳的"—"（阳爻）和代表阴的"--"（阴爻）组成。名称分别为乾（天）、坎（水）、艮（山）、震（雷）、巽（风）、离（火）、坤（地）、兑（泽）。相传为伏羲所制。
② 结绳，文字产生前，人们通过在绳子上打结的方式来记事和传递信息。
③ 俪皮（lì pí），成对的鹿皮，古代用为聘问、酬谢或订婚的礼物。
④ 罟（gǔ），鱼网。
⑤ 佃（tián），耕作。
⑥ 牺牲，古代祭祀或祭拜用品，一般为纯色全体牲畜，多用猪、牛、羊。
⑦ 庖厨，指厨房，也指厨师。
⑧ 陈，今河南柘城县。
⑨ 女娲氏，中国神话传说中人类的始祖。传说她与伏羲由兄妹而结为夫妇，产生人类。又传说她曾用黄土造人，炼五色石补天，断鳌足支撑四极，平治洪水，驱杀猛兽，使人民得以安居。并继伏羲而为帝。
⑩ 笙簧，指笙，乐器名；簧为笙中之簧片。
⑪ 共工氏，传说中的上古神话人物，水神，掌控洪水。因与火神祝融不和而大战，失败后撞倒不周山。
⑫ 祝融，传说中的上古神话人物，火神，掌控烈火。春秋时楚国芈姓相传为祝融之后。
⑬ 不周山，传说中的山名，为人界唯一能够到达天界的路径。
⑭ 地维，古人认为天圆地方，大地的四角之处各有大绳拉着天柱，名为地维。
⑮ 共工氏、大庭氏、柏皇氏、中央氏、历陆氏、骊连氏、赫胥氏、尊卢氏、混沌氏、昊英氏、朱襄氏、葛天氏、阴康氏、无怀氏，皆传说中的上古神话人物，为远古时代部落首领。

伏羲氏创造八卦图，同时创造文字来取代以前结绳记事的方法；创立嫁娶的制度，规定用两张鹿皮作为聘礼；还教人们结网、耕作、打猎，蓄养牲畜来制作食物，所以人们又叫他庖牺氏。当时天下出现一条祥龙，所以他就用龙的名字来命名官职，所有的官名里都含有龙字，因此称作龙师。伏羲氏以木德称王天下，以陈地作为都城。

　　伏羲氏死后，女娲氏接替他来治理天下。女娲氏也姓风，以木德称王，发明了一种叫"笙"的乐器。当时诸侯共工氏与祝融氏大战，因为没有取得胜利而大怒，于是一头撞向不周山。结果不周山崩塌，支撑天的天柱折断，系挂大地四角的绳子也断了。女娲于是熔炼五色石来补天，斩断一只巨鳌的四条腿来支撑天的四极，收集芦苇焚烧后的灰烬来抵御洪水。经过女娲的不懈努力，大地重新回归平衡，天也恢复到原来的样子，万物经过这次灾难，都和以前一模一样了。

　　女娲氏死后，有共工氏、大庭氏、柏皇氏、中央氏、历陆氏、骊连氏、赫胥氏、尊卢氏、混沌氏、昊英氏、朱襄氏、葛天氏、阴康氏、无怀氏相继为政。风姓的执政者一共相传了十五世。

炎帝神农氏

炎帝神农氏①，姜姓，人身牛首。继风姓而立，火德王。斩木为耜②，揉木为耒③，始教耕作、蜡祭④。以赭鞭⑤鞭草木，尝百草，始有医药。教人日中为市，交易而退。都于陈，徙曲阜⑥。传帝承、帝临、帝则、帝百、帝来、帝襄、帝榆⑦。姜姓凡八世，五百二十年。

黄帝轩辕氏

黄帝⑧公孙姓，又曰姬姓，名轩辕，有熊国⑨君少典⑩子也。母见大电绕北斗枢星⑪，感而生帝。炎帝世衰，诸侯相侵伐。轩辕乃习用干戈，以征不享⑫，诸侯咸归之。

---

① 神农氏，传说中的上古神话人物，为远古时代部落首领。教民稼穑，尝百草，种五谷，开创了农耕文明。
② 耜（sì），古代农具名，即手犁。
③ 耒（lěi），古代农具名，像犁，用于翻土。
④ 蜡（zhǎ）祭，年终祭祀名。
⑤ 赭（zhě）鞭，上古神话中的宝物，神农用它来辨别草药药性。
⑥ 曲阜，今山东曲阜。
⑦ 帝承、帝临、帝则、帝百、帝来、帝襄、帝榆，皆传说中的上古神话人物，为远古时代部落首领。
⑧ 黄帝，古帝名。传说是中原各族的共同祖先。少典之子，姓公孙，居轩辕之丘，故号轩辕氏。又居姬水，因改姓姬。国于有熊，亦称有熊氏。以土德王，土色黄，故曰黄帝。被尊为中华民族的祖先。
⑨ 有熊国，传说中的上古氏族部落，在今河南郑州一带，始于少典。
⑩ 少典，传说中的上古神话人物，又称有熊氏，为远古时代有熊国部落首领，居住在今河南郑州一代。
⑪ 北斗枢星，即天枢，大熊座α星，北斗七星之一。
⑫ 不享，指诸侯不来朝贡者。

炎帝神农氏

炎帝神农氏姓姜，他长着人的身体、牛的头，在风姓之后成为首领，以火德而称王天下。神农氏斩断树木做成耜，弄弯树木做成耒，教人们如何耕作，并制定了年终祭祀礼仪。用赭鞭来辨别草木药性，亲口尝试多种草药，人类社会这才有了中医药。神农氏教人们日中时设立集市，进行交易后便可以离开。他把都城设在陈地，后来迁到了曲阜。经过帝承、帝临、帝则、帝百、帝来、帝襄、帝榆的统治，姜姓治理天下一共传了八代，共五百二十年。

黄帝轩辕氏

黄帝姓公孙，也有人说他姓姬，名叫轩辕，他是有熊国首领少典的儿子。他的母亲看到雷电缠绕着北斗天枢星，受到感应后生下黄帝。当时，炎帝世系的后代衰微，诸侯之间战争不断。黄帝于是学习武略兵法来征讨不来朝贡的诸侯，诸侯都归顺了他。

与炎帝战于阪泉①之野，克之。蚩尤②作乱，其人铜铁额，能作大雾。轩辕作指南车，与蚩尤战于涿鹿③之野，擒之。

　　遂代炎帝为天子，土德王。以云纪官，为云师。作舟车以济不通。得风后④为相，力牧⑤为将。受河图⑥，见日月星辰之象，始有星官之书。师大挠⑦占斗建⑧，作甲子。容成⑨造历，隶首⑩作算数，伶伦⑪取嶰谷⑫之竹制十二律筒，以听凤鸣。雄鸣六，雌鸣六，以黄钟之宫⑬，生六律六吕⑭，以候气⑮应。铸十二钟，以和五音。尝昼寝，梦游华胥之国⑯，怡然自得。其后天下大治，几若华胥。

---

① 阪泉，上古神话中的地名，具体所指说法不一。
② 蚩尤，传说中的上古神话人物，为远古时代九黎族部落首领。相传其铜头铁臂，骁勇善战，与黄帝战于涿鹿，兵败后被杀。
③ 涿鹿，上古神话中的地名，今河北涿鹿县。
④ 风后，传说中的上古神话人物，风姓，相传其为黄帝臣子，主司天文，预测风雨。
⑤ 力牧，传说中的上古神话人物，牧姓，相传其为黄帝臣子，善于牧羊，精通弓箭。
⑥ 河图，上古神话中，伏羲时黄河浮出龙马，其背上图案即为河图。伏羲根据此而制定八卦。
⑦ 大挠，传说中的上古神话人物，相传其为黄帝史官，制定干支纪年法。
⑧ 斗建，我国远古时代根据黄昏时北斗星斗柄的指向来确定季节，北斗所指，称为斗建。
⑨ 容成，传说中的上古神话人物，相传其为黄帝大臣，发明历法。
⑩ 隶首，传说中的上古神话人物，相传其为黄帝大臣，发明算数和算盘。
⑪ 伶伦，传说中的上古神话人物，相传其为黄帝乐官，发明律吕和乐曲。
⑫ 嶰（xiè）谷，山谷名，在昆仑上以北。
⑬ 黄钟之宫，即黄宫，十二乐律之一。古时用十二乐律代表十二个月，黄宫代表仲冬之月，即十一月。
⑭ 六律六吕，古代乐律的十二调，是古代的定音方法。六律指黄钟、太簇、姑洗、蕤宾、夷则、无射。六吕指大吕、应钟、南吕、林钟、仲吕、夹钟。
⑮ 候气，占验节气的变化。古人将苇膜烧成灰，放在律管内，到某一节气，相应律管内的灰就会自行飞出，据此，可预测节气的变化。
⑯ 华胥之国，《列子·黄帝》："（黄帝）昼寝，而梦游于华胥氏之国。华胥氏之国在弇州之西，台州之北，不知斯齐国几千万里。盖非舟车足力之所及，神游而已。其国无帅长，自然而已；其民无嗜欲，自然而已……黄帝既寤，怡然自得。"后用以指理想的安乐和平之境，或作梦境的代称。

之后，黄帝与炎帝在阪泉展开大战，并打败了炎帝。东方九黎族的蚩尤兴兵作乱，蚩尤铜头铁额，能够制造大雾。黄帝就制造了指南车，和蚩尤在涿鹿交战，最后擒获了蚩尤。

于是黄帝取代炎帝成为天子，以土德称王。他用云的名字来命名官职，称为云师。黄帝发明了船和车来方便人们的交通。让风后做丞相，力牧做大将。黄帝被授予河图，观察并记录天空中日月星辰的情况，从此才有了记载星象天文的书籍。他命史官大挠测算北斗星斗柄的指向，创建了干支纪年法。这个时期，容成发明了历法，隶首创造了算数，伶伦取用嶰谷的竹子制作十二律筒，用来听凤鸟的鸣叫。伶伦记录下雄鸟鸣叫的六声，雌鸟鸣叫的六声，从十一月的黄宫开始，制定了六律六吕，用候气的方法来将乐律和节气、时令对应起来；铸造大钟十二口，用来应和五音。有次黄帝白天睡觉时，梦见自己游历华胥国，格外地满足、愉快。从这以后，在黄帝的治理下，天下安定太平，就像华胥国一样。

世传黄帝采铜铸鼎。鼎成，有龙垂胡髯下迎，帝骑龙上天，群臣、后宫从者七十余人。小臣不得上，悉持龙髯，髯拔，堕弓，抱其弓而号。后世名其处曰鼎湖，其弓曰乌号。黄帝二十五子，其得姓者十四。

五帝

少昊金天氏

少昊①金天氏，名玄嚣，黄帝之子也，亦曰青阳。其立也，凤鸟适至，以鸟纪官。

颛顼高阳氏

颛顼②高阳氏，昌意③之子，黄帝孙也，代少昊而立。少昊之衰，九黎④乱德，民神杂糅⑤，不可方物。

---

① 少昊，也作"少皞"，传说中古代东夷集团首领，名挚（亦作质），号金天氏。东夷集团曾以鸟为图腾，少昊曾以鸟名为官名。传说少昊死后为西方之神。
② 颛顼，上古帝王名。"五帝"之一，号高阳氏。相传为黄帝之孙、昌意之子，生于若水，居于帝丘。十岁佐少昊，十二岁而冠，二十登帝位，在位七十八年。
③ 昌意，上古传说人物。相传黄帝娶西陵国之女为正妃，生二子：其一曰玄嚣，其二曰昌意。
④ 九黎，传说中的上古氏族部落联盟，居住在黄河下游及长江流域一带。蚩尤曾担任九黎族的首领。
⑤ 杂糅，指人和神共同担任部落职务。

人们相传黄帝曾经采集铜矿来铸造大鼎。大鼎造好后，天上有条龙垂着胡须下来迎接黄帝，于是黄帝就骑着龙飞上了天，大臣和后宫妃子们大约共有七十多人，跟随黄帝一起上天了。地位微小的臣子爬不到龙背上，就都用手拽着龙的胡须，龙髯被拔了下来，和黄帝的宝弓一起掉在地上，人们抱着宝弓号哭。后世就把这个地方命名为鼎湖，把宝弓叫作乌号。黄帝有二十五个儿子，其中十四人有自己的姓氏并流传下来。

五帝

少昊金天氏

少昊金天氏名字叫玄嚣，是黄帝的长子，又叫作青阳。他被立为天子时，有只凤凰正好飞来，于是他就以鸟的名字来命名官职。

颛顼高阳氏

颛顼高阳氏是昌意的儿子，黄帝的孙子，他接替少昊成为天子。少昊年老时统治衰落，九黎族部落扰乱天下，人与神共同担任官职，不能分辨。

颛顼受之，乃命南正重①司天，以属神；火正黎②司地，以属民，使无相侵渎③。始作历，以孟春④为元。

帝喾高辛氏

帝喾⑤高辛氏，玄嚣之子⑥，黄帝曾孙也。生而神灵，自言其名。代颛顼而立，居于亳⑦。

帝尧陶唐氏

帝尧⑧陶唐氏伊祁姓，或曰名放勋，帝喾子也。其仁如天，其知如神，就⑨之如日，望之如云。都平阳⑩。茅茨⑪不剪，土阶三等。有草生庭，十五日以前日生一叶，以后日落一叶。月小尽⑫，则一叶厌⑬而不落，名曰蓂荚⑭。观之，以知旬朔⑮。

---

① 南正重，南正，上古官名，掌天神。重，传说中的上古神话人物，相传其为颛顼大臣。
② 火正黎，火正，上古官名，掌民事。黎，传说中的上古神话人物，相传其为颛顼大臣。
③ 侵渎，侵犯侮慢。
④ 孟春，春季的第一个月，即农历正月。
⑤ 帝喾，传说中的五帝之一。黄帝子玄嚣后裔。居亳，号高辛氏。卜辞中商人以帝喾为高祖。
⑥ 玄嚣之子，按，应为玄嚣之孙，据《帝王世纪》改。
⑦ 亳（bó），在今河南商丘。
⑧ 尧，传说中古帝王，又称陶唐氏，帝喾之子，为远古时代部落首领，五帝之一。是中国古代的理想君王。
⑨ 就，接近，靠近。
⑩ 平阳，在今山西临汾。
⑪ 茅茨（cí），茅草盖的屋顶，也指茅屋。
⑫ 小尽，指农历小月，也指小月的最后一天。农历大月30天，小月29天。
⑬ 厌，干枯，枯萎。
⑭ 蓂荚（míng jiá），传说中的植物名，它每月从初一至十五，每天长一片叶子；从十六至月终，每天落一片叶子。观察它可以知道是何日。
⑮ 旬朔，代指日期。十天为一旬，农历每月初一称朔。

颛顼继位后，命南正重执掌天界，以管理神仙；火正黎掌管地界，以管理人间，让他们互不侵犯。从颛顼开始，制作统一的历法，以春季第一个月作为历法的开始。

帝喾高辛氏

帝喾高辛氏是玄嚣的孙子，黄帝的曾孙。他刚出生便如神灵一般，说出自己的名字。他后来接替颛顼成为天子，把都城设在亳。

帝尧陶唐氏

帝尧陶唐氏姓伊祁，名叫放勋，是帝喾的儿子。尧的仁德就像昊天一样广大，他的智慧就如神灵一般睿智，接近他就像接近太阳一样，仰望他就像仰望白云一般。尧定都平阳，住房十分简朴，茅屋的屋顶也不修剪，门前只用土修建三级台阶。他的庭院内长出一株瑞草，每月十五日以前每天长出一片叶子，十五日以后每天又落一片叶子。如果这个月是小月，只有二十九天，那么最后一片叶子就只是枯萎却不掉落。尧把这种草叫作蓂荚。观察它，便知道每天的日期了。

治天下五十年，不知天下治与，不治与？亿兆①愿戴己与，不愿戴己与？问左右②不知，问外朝不知，问在野不知。乃微服③游于康衢④。闻童谣曰："立我烝⑤民，莫匪尔极，不识不知，顺帝之则。"有老人含哺鼓腹⑥，击壤⑦而歌曰："日出而作，日入而息，凿井而饮，耕田而食，帝力何有于我哉？"

观于华⑧，华封人⑨曰："嘻！请祝圣人，使圣人寿富，多男子。"尧曰："辞。多男子则多惧，富则多事，寿则多辱。"封人曰："天生万民，必授之职。多男子而授之职，何惧之有？富而使人分之，何事之有？天下有道，与物皆昌；天下无道，修德就闲⑩。千岁厌世，去而上仙。乘彼白云，至于帝乡，何辱之有？"

---

① 亿兆，指庶民百姓。
② 左右，指身边近臣。
③ 微服，古代帝王出行改变常服以避人耳目。
④ 康衢（qú），指四通八达的道路。
⑤ 烝（zhēng），众多。
⑥ 含哺鼓腹，口含食物，手拍肚子，形容太平时代无忧无虑的生活。
⑦ 击壤，古时一种投击土块的游戏。
⑧ 华，今陕西华阴一带。
⑨ 封人，古官名。《周礼》地官司徒的属官，掌守帝王社坛及京畿的疆界。
⑩ 就闲，没有职事羁绊，闲居在家。

尧治理天下五十年后，不知道天下是否真的安定太平，百姓是否爱戴自己。他问身边的近臣，他们不知道；问朝中的臣子，他们不知道；问普通的百姓，他们也不知道。于是尧穿着常服外出到大路上探访，他听到有童谣唱道："安定天下众百姓，无人不受你恩赏。不投机来不取巧，顺应天帝好法则。"尧看到一个老人吃饱后拍着肚子，一边玩着投击土块的游戏，一边唱道："太阳升起便劳作，太阳落下便休息，凿井取水来饮用，耕作田地来获食，帝王有啥好羡慕？"

　　之后尧又到华地游历，华地封人说："呀！我请求上天祝福圣人，让圣人长寿、富贵、多子。"尧说："不用了。儿子多了担心的也就多了，富贵多了烦心的事情也就多了，寿命长了所蒙受的羞辱也就多了。"封人说："上天生育万民，一定会授予他们职务。如果男子多了，授予的职务也会多，有什么好担心害怕的呢？富贵多财的话，将财富分享给众人，又怎么会有烦心的事呢？如果天下有道，万物都会昌盛繁荣。如果天下无道，那就修养德行闲居在家。活到千岁，对尘世感到厌烦后，就离开尘世去往仙人之所。乘着白云，到达天上神仙居住的地方，有什么可屈辱的呢？"

尧立七十年，有九年之水。使鲧①治之，九载弗绩。尧老倦于勤，四岳②举舜③摄行天下事。尧子丹朱④不肖，乃荐舜于天。尧崩，舜即位。

帝舜有虞氏

帝舜有虞氏，姚姓，或曰名重华，瞽瞍⑤之子，颛顼六世孙也。父惑于后妻，爱少子象⑥，常欲杀舜。舜尽孝悌之道，烝烝乂不格奸⑦。耕历山⑧，民皆让畔。渔雷泽⑨，人皆让居。陶河滨，器不苦窳⑩。所居成聚，二年成邑，三年成都。

---

① 鲧（gǔn），传说中古代部落酋长名，号崇伯。禹之父。曾奉尧命治水，因筑堤堵水，九年未治平，被舜杀死在羽山。
② 四岳，传说中的上古神话人物，相传为共工之后，为尧大臣，多次向尧进言荐人。后因助禹治水有功，赐姓姜，封于吕。
③ 舜，五帝之一，传说中我国父系氏族社会后期部落联盟的贤明首领。姚姓，有虞氏，名重华，史称虞舜或舜。相传受尧禅让，后禅位于禹，死在苍梧。和尧同是中国古代的理想君王。
④ 丹朱，尧帝长子，封于丹水，故称丹朱。
⑤ 瞽瞍（gǔ sǒu），颛顼之后，舜帝之父。双目失明，不辨是非，多次与其后妻陷害舜。
⑥ 象，姬姓，帝舜异母弟，本性傲狠，多次陷害舜。舜帝即位后，封其于有庳。
⑦ 烝烝乂不格奸，烝，进；乂，治；格，至；奸，恶。意为舜以孝悌之道对待父母和兄弟，引导他们行善，懂得自治以提高自身德行，不致成为奸恶。
⑧ 历山，山名，在山西运城南部，相传舜曾在此耕种。
⑨ 雷泽，大泽名，又名雷夏泽，故址在今山东菏泽。
⑩ 苦窳（yǔ），粗糙劣质。

尧治理天下共七十年，其中有九年发洪水。他命鲧去治理洪水，九年都没有成效。尧年龄大后精力不足，导致政事不勤，四岳推举舜来代行管理天下事。尧的儿子丹朱不善治国，于是尧就推荐舜来继承天子之位。尧逝世后，舜即位为天子。

帝舜有虞氏

帝舜有虞氏姓姚，有人说他名叫重华。他是瞽瞍的儿子，颛顼的第六世孙。他父亲瞽瞍被后妻迷惑，宠爱小儿子象，多次想要杀死舜。舜孝敬父母，爱护兄弟，引导他们行善，懂得自治以提高自身德行，不致成为奸恶。舜在历山耕作，人们都把河边的耕地让给他；舜在雷泽捕鱼，人们都把自己的房屋让给他居住；舜在黄河边上做陶器，那里就再也没有出产过粗糙劣质的陶器。舜所居住过的地方会成为一个小聚落，两年就可以形成一座小镇，三年就能形成一座城市。

尧闻之聪明，举于畎亩，妻以二女，曰娥皇、女英①，厘降②于妫汭③，遂相尧摄政。放欢兜④，流共工⑤，殛⑥鲧，窜三苗⑦。举才子八元八恺⑧，命九官，咨十二牧，四海之内咸戴舜功。弹五弦之琴，歌《南风》之诗而天下治。诗曰："南风之熏兮，可以解吾民之愠兮。南风之时兮，可以阜吾民之财兮。"时景星⑨出，卿云兴，百工⑩相和而歌曰："卿云烂兮，礼⑪缦缦兮。日月光华，旦复旦兮。"

舜子商均⑫不肖，乃荐禹于天。舜南巡狩，崩于苍梧⑬之野。禹即位。

---

① 娥皇、女英，传说中的上古神话人物，尧帝之女，同嫁给舜为妻。舜南巡时死后，二女也自投湘江而死。
② 厘降，指王女下嫁。
③ 妫汭（guī ruì），地名，指妫水河湾，即舜居住的地方，在今山西永济。
④ 欢兜，传说中的上古神话人物，亦作驩兜，三苗族领袖。因有罪被流放到崇山，与共工、三苗、鲧并称"四凶"。
⑤ 共工，传说中的上古神话人物，相传其为尧帝大臣。因担任工师时行为不端而遭流放，与欢兜、三苗、鲧并称"四凶"。
⑥ 殛（jí），杀死。
⑦ 三苗，传说中的上古氏族部落，分布在长江中下游地区，因作乱而遭流放，与欢兜、共工、鲧并称"四凶"。
⑧ 八元八恺，高辛氏有才子八人：伯奋、仲堪、叔献、季仲、伯虎、仲熊、叔豹、季狸，人称"八元"。高阳氏有才子八人：苍舒、颓敳、梼戭、大临、龙降、庭坚、仲容、叔达，人称"八恺"。
⑨ 景星，大星，瑞星。
⑩ 百工，百官，众官，上古时代官员们的总称。
⑪ 礼，按，当为纠，据《太平广记》改。
⑫ 商均，舜帝与女英之子，生于商地，因不善治国，所传事迹甚少。
⑬ 苍梧，今湖南九嶷山。

尧听说舜很聪明，就在田野中起用了他，把自己的两个女儿娥皇、女英嫁给舜，让她们居住在妫水河湾舜的家里，舜于是辅助尧处理天下之事。他放逐欢兜，流放共工，杀死鲧，驱逐三苗部落。推举"八元""八恺"等有才能的人，设置了明确的九官，设立十二方牧。天下人都称赞舜的功绩。于是舜弹奏五弦琴，唱着《南风歌》，无为而治，天下太平。《南风歌》唱道："和煦的南风啊，可以解除我的百姓的烦恼。南风来的正是时候啊，可以让我的人民丰衣足食。"这时天上出现瑞星，祥云兴起，百官们相互应和唱着歌："祥云灿烂如霞，瑞气缭绕成祥，日月光华照耀，辉煌而又辉煌。"

舜的儿子商均不善治国，于是舜就推荐禹来继承天子之位。舜在南方巡视时，死在了苍梧山附近，禹便即天子位。

文白对照十八史略

第一卷

夏后氏

夏后氏

　　夏后氏禹①，姒姓，或曰名文命，鲧之子，颛顼孙也。鲧湮②洪水，舜举禹代鲧。劳身焦思，居外十三年，过家门不入。陆行乘车，水行乘船，泥行乘橇③，山行乘檋④。开九州，通九道，陂⑤九泽，度九山。告厥成功，舜嘉之，使率百官，行天下事。

　　舜崩，乃践位。声为律，身为度，左准绳，右规矩，一馈十起⑥，以劳天下之民。出见罪人，下车问而泣曰："尧舜之人以尧舜之心为心，寡人为君，百姓各自以其心为心，寡人痛之。"古有醴酪⑦，至禹时仪狄⑧作酒，禹饮而甘之，曰："后世必有以酒亡国者。"遂疏仪狄。收九牧之金铸九鼎，三足象三德⑨，以享上帝鬼神。会诸侯于涂山⑩，执玉帛者万国。禹济江⑪，黄龙负舟，舟中人惧，禹仰天叹曰："吾受命于天，竭力而劳万民。生，寄也；死，归也。视龙犹蝘蜓⑫。"龙俛首⑬低尾而逝。

---

① 禹，姒姓，名文命，史称大禹，又称夏后氏，颛顼之孙，远古时代部落首领，夏朝开国君王。平治洪水，划定九州，受舜禅让而继承帝位，定都阳城。死后葬于会稽山。
② 湮（yān），填塞，堵塞。
③ 橇（qiāo），古代在泥路上行走所乘的用具。
④ 檋（jú），登山时穿的有铁钉的木屐。
⑤ 陂（bēi），筑堤防。
⑥ 一馈十起，因为接待客人，吃一顿饭要起来十次。形容事务非常繁忙。
⑦ 醴酪（lǐ lào），酒浆。
⑧ 仪狄，虞舜之后，为大禹臣子，司掌造酒。相传是我国最早的酿酒人。
⑨ 三德，三种德行，所指不明。
⑩ 涂山，在今安徽怀远。
⑪ 江，指长江。
⑫ 蝘蜓（yǎn tíng），即壁虎。
⑬ 俛（fǔ）首，低头，表示服从。

夏后氏

　　夏后氏禹姓姒，有人说他名叫文命，是鲧的儿子，颛顼的孙子。鲧治理洪水时采取堵塞的办法却没有成效，舜于是推举禹代替鲧来治理洪水。禹在治水期间，劳心费力，在外面居住了十三年，即使路过家门都不进去。他在陆地上出行乘车，在水上行走乘船，在泥地上前行乘橇，在山上行走就穿上带铁齿的木屐。禹重新划定九州界限，疏通九条大道，修治九个水泽，测量九座大山。治水成功后，舜对禹进行了嘉奖。让禹率领百官，代行治理天下之事。

　　舜南巡死后，禹便即位为天子。他的声音就是标准的音律，他的身躯就是标准的尺度。治水时禹左手拿着水准器和墨线，右手拿着圆规和方矩，事务繁忙到吃一次饭要起来十次，为天下的百姓劳心尽力。禹出门时遇到有罪之人，下车询问罪行并哭泣道："尧舜时期的人与尧舜同心同德，我做了君主后，百姓各自都有自己的私心，我非常痛心啊！"古时候只有用麦子发酵制成的酒浆，到禹的时候仪狄酿造出酒，禹喝下去后觉得非常甘甜，说："后世一定会有因嗜酒而亡国的人！"于是疏远了仪狄。禹取用九州管理者所进贡的铜铸造了九口大鼎，鼎的三个脚象征着三德，用来祭祀上帝和鬼神。禹在涂山会合诸侯，执玉帛之礼来朝见的就有万国之多。禹在横渡长江时，一条黄龙从江水里出来把他们的船托了起来。船上的人都很害怕，禹仰天长叹道："我接受上天的使命，竭尽全力为天下百姓做事。活着就像暂时居住在这儿一样，死了便像回去一样，早将生死置之度外。这条黄龙对我来说不过像壁虎一般。"黄龙随即垂下头，耷拉着尾巴走了。

南巡至会稽山①而崩，子启②贤能，继禹道。禹尝荐益③于天，讴歌朝觐者不之益而之启，曰："吾君之子也。"启遂立。有扈氏④无道，启与战于甘⑤。

　　启崩，子太康⑥立。盘游⑦弗返，有穷⑧后羿⑨立其弟仲康⑩而专其政。羲和⑪守义不服，羿假王命，命胤侯⑫征之。

---

① 会稽山，原名茅山，在今浙江绍兴。
② 启，也称夏启，帝启，大禹之子，夏朝君王。禹死后，代替益即位，成为中国历史上由"禅让制"变为"世袭制"的第一人，标志着中国从原始社会转变为奴隶社会。启也是传统上被公认的中国第一个帝王。
③ 益，夏朝大臣，早年协助大禹治水有功，后成为禹的继承人。大禹死后，王位由启代替继承。
④ 有扈氏，夏朝部落名，活动在今河南新乡一代。因对启破坏禅让制不满而拒绝出席钧台之会，遭启讨伐后灭亡。
⑤ 甘，古地名，在今河南荥阳。
⑥ 太康，姒姓，启长子，夏朝君主。即位后沉湎酒色，不理政事，后被后羿夺去王位。
⑦ 盘游，游乐。
⑧ 有穷，即有穷氏，夏朝部落名，活动在今山东半岛一带，以善射著名。
⑨ 后羿，夏朝大臣，有穷氏部落首领，精于箭术。因太康耽于逸乐，遂驱逐之另立仲康为君，仲康死后，取代其子相而为君，后被家臣寒浞所杀。
⑩ 仲康，姒姓，启之子，太康之弟，夏朝君主。为后羿所立，即位后想要夺回大权，却没有成功。因受后羿制约，忧闷成疾而死。
⑪ 羲和，夏朝大臣，执掌历法。
⑫ 胤侯，夏朝大臣，执掌六师军队。按，《尚书·胤征》记载羲和荒废政事，仲康命胤侯讨伐，与此不合。

禹南巡到会稽山的时候去世，他的儿子启有贤能，能够继承禹的德行和事业。禹曾经推荐益来继承王位，但是朝见讴歌的人都不去益那里，而是去启那里。他们说："启是我们国君禹的儿子。"于是启便登上君主位。有扈氏治国无道，启与有扈氏在甘地展开大战。

启死后，他的儿子太康即位。太康在外打猎游乐，很长时间没有返回都城。后羿于是拥立太康的弟弟仲康为君主，自己把持朝政。羲和坚守道义，不服从后羿的统治。后羿便假借仲康的命令，派胤侯去攻打他。

仲康崩，子相①立。羿逐相自立。嬖臣②寒浞③又杀羿自立。相之后，有仍国④君女也，方娠⑤，奔有仍而生少康⑥。其后少康有田一成⑦，有众一旅⑧。因夏旧臣靡⑨举兵灭浞，而复禹之绩。

　　自少康以来，历王杼⑩、王槐⑪、王芒⑫、王泄⑬、王不降⑭、王扃⑮、王廑⑯，至王孔甲⑰，好鬼神，事淫乱，夏德衰。天降二龙，有雌雄。陶唐氏之后有刘累⑱者，学扰龙⑲以事孔甲，赐之姓曰御龙氏。龙一雌死，潜醢⑳以食。孔甲复求之，累惧而逃。

---

① 相，姒姓，仲康之子，夏朝君主。即位后不久就被后羿取代。
② 嬖（bì）臣，宠幸的近臣。
③ 寒浞（zhuó），先为后羿家臣，担任相辅佐后羿，后羿即位后杀死后羿，又消灭夏后相，即君主位。晚年死于少康的复国之战中。
④ 有仍国，夏朝部落名，相传为太昊之后，任姓，活动在山东济宁一带。
⑤ 娠，怀孕。
⑥ 少康，姒姓，相之遗腹子，夏朝君主。在有仍氏部落长大后，在夏后氏遗民的合力帮助下，灭寒浞，恢复夏王朝的统治。
⑦ 成，方十里为一成。
⑧ 旅，五百人为一旅。
⑨ 靡，夏朝大臣，帮助少康恢复夏朝统治。
⑩ 杼（zhù），姒姓，少康之子，夏朝君主。参与少康复国战争，多有战功。即位后发明甲和矛，征服东夷，夏朝进入鼎盛期。杼也被视为能够继承大禹事业的明主。
⑪ 槐，姒姓，杼之子，夏朝君主。在位期间征服泗、淮流域的九夷，扩大了夏朝势力。
⑫ 芒，姒姓，槐之子，夏朝君主。在位期间首开沉祭（将祭品沉入黄河祈求河神的庇护）之风。
⑬ 泄，姒姓，芒之子，夏朝君主。在位期间多次用兵，四处征战，极大地开拓了夏朝的疆土。
⑭ 不降，姒姓，泄之子，夏朝君主。在位期间征服东南沿海的九苑，将夏朝领土开拓至最大。晚年认为儿子孔甲不足以担任君主，将王位传给其弟扃。
⑮ 扃（jiōng），姒姓，泄之子，不降之弟，夏朝君主。在位期间不轻动刀兵，天下大治。
⑯ 廑（lǐ），姒姓，扃之子，夏朝君主。为守成之君，因出现十个太阳的异常天象，惊吓而死。
⑰ 孔甲，姒姓，不降之子，夏朝君主。在位期间肆意淫乱，沉湎酒色，信奉鬼神，夏朝逐渐衰落。
⑱ 刘累，尧之后裔，曾向豢龙氏学习养龙之术，为孔甲养龙。被认为是刘姓始祖。
⑲ 扰龙，驯龙，养龙。
⑳ 潜醢（hǎi），暗地里剁成肉酱。

仲康死后，他的儿子相被立为君主。不久后羿便把相赶下王位而自立为王。随后后羿的宠臣寒浞又杀了后羿，登上王位。相的王后是有仍国君的女儿，正好怀孕，就逃回有仍国，后来生下了少康。少康长大后，拥有一成的田地，以及五百人的军队。在夏朝旧臣靡的帮助下举兵杀掉了寒浞，恢复了禹的事业。

从少康之后，夏朝经历了杼、槐、芒、泄、不降、扃、廑几位君主，一直到孔甲。孔甲喜好鬼神之事，荒淫无道，不理政务，夏朝从此衰落。他在位期间，从天上降下来两条龙，一雌一雄。陶唐氏帝尧的后代有一个叫刘累的人，学会驯龙之术以侍奉孔甲。孔甲赐给他姓为御龙氏。一条雌龙死后，刘累就偷偷把龙做成肉酱吃了。孔甲后来又向刘累问起这条龙，刘累害怕被杀就逃跑了。

孔甲之后，历王皋①、王发②、王履癸，履癸号为桀③，贪虐，力能伸铁钩索。伐有施氏④，有施以末喜⑤女焉。有宠，所言皆从。为倾宫、瑶台，殚民财。肉山脯林，酒池可以运船，糟堤可以望十里，一鼓而牛饮者三千人，末喜以为乐。国人大崩。汤⑥伐夏桀，走鸣条⑦而死。

夏为天子一十有七世，凡四百三十二年。

---

① 皋，姒姓，孔甲之子，夏朝君主。孔甲在位时，不理朝政，皋一力扶持，国政勉强保持平稳。在位期间事迹不详。
② 发，姒姓，皋之子，夏朝君主。在位期间，内政不修，外患不断，诸侯不朝，夏朝进一步衰落。
③ 桀，姒姓，名癸，发之子，夏朝君主。即位后荒淫无度，暴虐无道，被商汤击败，夏朝灭亡。死后谥号曰"桀"，成为无道暴君的代称。
④ 有施氏，夏朝部落名，活动在今山东蒙阴一带。
⑤ 末喜，亦作"妹喜"，有施氏之女，夏桀王后。貌美无比，终日与夏桀饮酒逸乐，间接导致夏朝的灭亡。后来成为红颜祸水的代表人物。
⑥ 汤，子姓，名履，又名天乙，河南商丘人，契之后，商朝开国君主。原为夏朝方国商部落的首领，夏桀无道，汤在伊尹等人辅佐下，经鸣条之战打败夏桀，灭亡夏朝。定都亳，国号商。
⑦ 鸣条，在今山西运城。

孔甲之后，夏朝经历了皋、发，到了履癸称王。履癸后来谥号为桀，为人贪心暴虐，力气非常大，能把铁钩索拉开。桀率兵攻打有施氏，有施氏战败后就把美女末喜进献给桀。桀非常宠爱末喜，对她言听计从，耗尽了国库民财给末喜修建倾宫和瑶台。把肉堆得像山一样，挂起的肉脯像树林一样，酒池大得可以在上面行船，用酒糟堆积的堤岸长达十里，动辄便如牛一般豪饮的就有三千人，末喜看到这样的景象非常开心。夏朝百姓对桀的统治失望之极。汤起兵攻打夏桀，桀战败后逃到鸣条被杀死。

夏朝共有十七代君主，一共统治了四百三十二年。

文白对照十八史略

第一卷

殷

殷

　　殷王成汤，子姓，名履。其先曰契①，帝喾子也。母简狄②，有娀氏③女，见玄鸟④堕卵，吞之，生契。为唐虞司徒⑤，封于商，赐姓。传昭明，相土，昌若，曹圉，冥，振，微，报丁，报乙，报丙，主壬，主癸⑥。

　　主癸子天乙，是为汤。始居亳⑦，从先王居。使人以币⑧聘伊尹⑨于莘⑩，进之夏桀。不用，尹复归汤。桀杀谏者关龙逄⑪，汤使人哭之。桀怒，召汤，囚夏台⑫，已而得释。汤出，见有张网四面而祝⑬之曰："从天降，从地出，从四方来者，皆罹⑭吾网。"汤曰："嘻！尽之矣。"乃解其三面，改祝曰："欲左左，欲右右，不用命者入吾网。"

---

① 契（xiè），传说中的上古神话人物，子姓，帝喾之子，商朝始祖。相传为其母简狄吞玄鸟卵所生，尧时担任火正，管理火种，并观测天象，后人尊称阏伯。舜时辅助大禹治水，成功后担任司徒，主管教育。
② 简狄，传说中的上古神话人物，有娀氏之女，帝喾次妃。相传她外出时，吞玄鸟卵而生契。
③ 有娀（sōng）氏，传说中的上古氏族部落，活动在今山西永济一带。
④ 玄鸟，传说中的神鸟，以燕子为原型。
⑤ 司徒，上古官职名，主管民事、教育。
⑥ 昭明，相土，昌若，曹圉，冥，振，微，报丁，报乙，报丙，主壬，主癸，皆为商朝先祖，事迹不可考。
⑦ 亳（bó），古地名，在今河南境内。具体所在地有商丘、偃师、谯城等不同说法。
⑧ 币，缯（zēng）帛，古代常用作祭祀或馈赠的礼品。
⑨ 伊尹，名挚，商朝著名贤相。辅佐商汤灭掉夏朝，建立商朝。历仕伊尹、外丙、仲任、太甲、沃丁五朝，整顿吏治，洞察民情，使商朝国力迅速强盛。死后以天子之礼葬于亳。
⑩ 莘，古国名。亦称有辛、有莘、有侁。在今山东省曹县北。
⑪ 关龙逄（páng），夏朝名相，因向桀进谏忠言而被杀。
⑫ 夏台，夏朝监狱，又称钧台，在今河南禹州。
⑬ 祝，祝祷，祈祷。
⑭ 罹，遭受。

殷

　　殷王成汤姓子，名叫履，他的祖先是帝喾的儿子契。契的母亲名叫简狄，是有娀氏部落族长的女儿，她外出时碰见一只玄鸟产下卵，她把玄鸟卵吃掉后就生下了契。契在尧、舜的时候担任司徒，分封到商地，并被赐予了子姓。契死后，相继传位给昭明、相士、昌若、曹圉，之后又经过冥、振、微、报丁、报乙、报丙、主壬、主癸等多位首领。

　　主癸的儿子名叫天乙，也就是汤。汤开始时居住在亳地，依旧住在先王们居住的地方。汤派人带着缯帛丝绸作为礼品前往莘国聘请伊尹，并把伊尹推荐给桀。但桀却没有重用伊尹，于是伊尹又回到汤的身边辅佐汤。桀杀死了向他进谏的大臣关龙逄，汤派人去为关龙逄吊唁。桀听说后大怒，把汤召来囚禁在夏台，但没过多久就释放了汤。汤出狱后，在野外看见有人把网的四面都张开，并且祈祷道："从天而降的，在地奔跑的，从四面八方而来的生灵，都撞到我的网子里吧！"汤说："呀！你这样都把鸟兽捕光了！"于是他将网的三面解开，修改祝词说道："想去左边的去左边，想去右边的去右边，不要性命的就来我的网中吧！"

诸侯闻之曰："汤德至矣，及禽兽。"

伊尹相汤伐桀，放之南巢①。诸侯尊汤为天子。大旱七年，太史占之曰："当以人祷。"汤曰："吾所为请者，民也。若必以人祷，吾请自当。"遂斋戒，剪爪，断发，素车②白马，身婴③白茅，以身为牺牲，祷于桑林④之野。以六事自责，曰："政不节欤？民失职欤？宫室崇欤？女谒⑤盛欤？苞苴⑥行欤？谗夫昌欤？"言未已，大雨方数千里。

汤崩，太子太丁⑦早卒，次子外丙⑧立，二年崩。弟仲壬⑨立，四年崩。太丁之子太甲⑩立，不明，伊尹放之桐宫⑪。居忧⑫三年，悔过自责，尹乃奉归亳。修德，诸侯归之。

---

① 南巢，在今安徽巢湖。
② 素车，古代凶、丧事所用之车，以白土涂刷。
③ 婴，系，穿戴。
④ 桑林，在今河南夏邑。
⑤ 谒，近侍。
⑥ 苞苴（jū），指馈赠的礼物，又指贿赂。
⑦ 太丁，子姓，商汤长子。未即位而卒。
⑧ 外丙，子姓，名胜，商汤次子，商朝君主。
⑨ 仲壬，子姓，名庸，商汤三子，商朝君主。在位期间由伊尹辅政，朝政稳定，商朝日益兴盛。
⑩ 太甲，子姓，名至，太丁之子，商朝君主。即位后耽于享乐，朝政混乱，伊尹将其流放至桐宫。三年后悔过自新，在伊尹的辅佐下，重登王位，修德安民。
⑪ 桐宫，在今河南省虞城，后来也借指被贬的帝王或幽禁帝王的地方。
⑫ 居忧，指为父母守丧，后泛指守丧。

诸侯听说了这件事，说："汤的德行已经很完美了，甚至都惠及禽兽身上。"

伊尹辅佐汤讨伐桀，把桀放逐到南巢。诸侯于是就推尊汤为天子。天下出现了七年大旱，太史占卜后说："应该以人作为祈祷的祭品。"汤说："我之所以求雨是为了天下的百姓，如果一定要用人来作为祭品的话，我愿意自己来当祭品！"于是汤进行沐浴斋戒，剪掉指甲和头发，乘坐素车，驾着白马，身上穿着白茅做的衣服，把自己当作祭品，在桑林之野进行祈祷。汤针对六件事自责道："我执政以来，是我的政事有所不当吗？百姓都不安守其职了吗？宫室建造得过于华丽了吗？后宫妃子和侍臣太多了吗？法令不严，官员受贿之风盛行了吗？用人不淑，使得谄媚的人得势了吗？"汤的话还没有说完，方圆数千里内便下起了大雨。

汤逝世后，因为太子太丁早早便去世，所以汤的二儿子外丙即位，在位两年后去世。外丙的弟弟仲壬即位，在位四年后去世。接着太丁的儿子太甲即位，因为德行不修，政事不明，伊尹把他放逐到桐宫。太甲在桐宫为汤守丧三年，自责不已，悔过自新，于是伊尹将太甲迎回亳都复位。太甲注重自己的德行修养，诸侯都归顺于他。

自太甲历沃丁①、太庚②、小甲③、雍己④，至太戊⑤。亳有祥⑥，桑谷⑦共生于朝。一日暮大拱⑧，伊陟⑨曰："妖不胜德，君其修德。"太戊修先王之政，二日而祥桑枯死。殷道复兴，号称中宗。

　　自太戊历仲丁⑩、外壬⑪，至河亶甲⑫，避水患，迁于相⑬。至祖乙⑭居耿⑮，又圮⑯于耿。

① 沃丁，子姓，名绚，太甲之子，商朝君主。
② 太庚，子姓，名辩，太甲之子，沃丁之弟，商朝君主。在位期间沿用汤法，朝局安定。
③ 小甲，子姓，名高，太庚之子，商朝君主。在位期间，商朝国力出现衰落。
④ 雍己，子姓，名密，太庚之子，小甲之弟，商朝君主。在位期间荒废政事，诸侯不朝，商朝逐渐衰落。
⑤ 太戊，子姓，名伷，太庚之子，雍己之弟，商朝君主。在位期间，勤政修德，治国抚民，任用伊陟，商朝再次兴盛。死后庙号中宗，被誉为"三示"之一。
⑥ 祥，凶灾，妖异。
⑦ 桑谷，野生的桑树和谷子。古人迷信，认为朝堂内长出桑谷是不祥之兆。
⑧ 大拱，形容粗大。两手合围称为拱。
⑨ 伊陟，伊尹之子，商朝贤相。辅佐太戊，颇为得力。
⑩ 仲丁，子姓，名庄，太戊之子，商朝君主。即位后，迁都至隞。死后诸弟争夺王位，史称"九世之乱"。
⑪ 外壬，子姓，名发，太戊之子，仲丁之弟，商朝君主。在位期间，东南邳国和姺国叛乱。
⑫ 河亶（dǎn）甲，子姓，名整，太戊之子，外壬之弟，商朝君主。在位期间，迁都于相，平定邳国叛乱，征讨蓝夷，商朝进一步衰落。
⑬ 相，在今河南内黄。
⑭ 祖乙，子姓，名滕，河亶甲之子，商朝君主。在位期间，先后迁都耿、庇（今山东郓城）。
⑮ 耿，在今山西河津。
⑯ 圮（pǐ），被河水冲毁。

太甲之后，商朝相继经历了沃丁、太庚、小甲、雍己诸位君主，等到太戊即位后，亳都出现了野生的桑树和谷子生长在朝堂中的怪异现象，一天一夜就长到两手合抱那么粗。伊陟说："妖异不能战胜德行，陛下还是应该多修行自己的德行。"太戊遵循实施先王的德政，两天后，妖异的桑树就枯萎而死。自此商朝的国势又重新兴盛起来，太戊死后庙号被尊为中宗。

　　自太戊之后，历经仲丁、外壬，到河亶甲即位后，为了躲避水患，将都城迁到相地。祖乙即位后，又将都城迁到耿地，耿地后来也被洪水冲毁。

历祖辛①、沃甲②、祖丁③、南庚④、阳甲⑤，至盘庚⑥，自耿复迁于亳。殷道复兴。

自盘庚历小辛⑦、小乙⑧，至武丁⑨，梦得良弼曰说⑩。说为胥靡⑪，筑于傅岩⑫。求得之，立为相。武丁祭汤，有飞雉⑬升鼎而雊⑭，武丁惧而修己，殷道复兴，号称高宗。

① 祖辛，子姓，名旦，祖乙之子，商朝君主。
② 沃甲，子姓，名逾，祖乙之子，祖辛之弟，商朝君主。
③ 祖丁，子姓，名新，祖辛之子，商朝君主。
④ 南庚，子姓，名更，沃甲之子，商朝君主。在位期间，迁都于奄（在今山东曲阜）。
⑤ 阳甲，子姓，名和，祖丁之子，商朝君主。在位期间，征讨丹山戎，商朝更加衰落。至此，为商朝"九世之乱"。
⑥ 盘庚，子姓，名旬，祖丁之子，阳甲之弟，商朝君主。在位期间，迁都于殷（在今河南安阳），史称"盘庚迁殷"。迁都后，整顿政治，发展经济，商朝逐渐复兴。自此之后，殷一直作为商朝的都城长达二百七十三年，所以商又称"殷"或"殷商"。
⑦ 小辛，子姓，名颂，祖丁之子，盘庚之弟，商朝君主。在位期间，放弃盘庚治国政策，商朝再次衰落。
⑧ 小乙，子姓，名敛，祖丁之子，小辛之弟，商朝君主。在位期间，命其子武丁亲自劳作，并向贤人甘盘学习，为以后商朝的再次兴盛打下基础。
⑨ 武丁，子姓，名昭，小乙之子，商朝君主。在位期间，勤于政事，任用甘盘、傅说等贤人，励精图治，积极对外拓展，先后出征土方、鬼方、羌方，商朝得到空前繁荣，史称"武丁盛世"。死后庙号高宗。
⑩ 说，即傅说，商朝著名贤臣。本为奴隶，在傅岩筑城，武丁任用其为相，辅佐武丁开创"武丁盛世"。为后世傅姓始祖。
⑪ 胥靡，古代服劳役的奴隶或刑徒。
⑫ 傅岩，在今山西平陆。
⑬ 雉，即野鸡。
⑭ 雊（gòu），雉鸣声。

历经祖辛、沃甲、祖丁、南庚、阳甲，到盘庚即位后，将都城又迁回到亳地。这时，商朝的国势又得以复兴。

　　自盘庚后，历经小辛、小乙后，武丁即位。武丁曾梦到个贤良的辅臣，他的名字叫说。说自称是个服劳役的刑徒，在傅岩给人筑造房屋。武丁派人找到说后将其带回，立说为相。武丁在祭奠汤的时候，有只雉鸡飞到鼎上鸣叫，武丁感到害怕而修德律己，商朝国势得到复兴，空前繁荣，武丁死后庙号被尊为高宗。

自武丁历祖庚①、祖甲②、廪辛③、庚丁④，至武乙⑤，无道。为偶人，谓之天神，与之博⑥，令人为行⑦，天神不胜，乃僇辱⑧之。为革囊盛血，仰射之，命曰"射天"。出猎，为暴雷震死。

　　历太丁⑨、帝乙⑩，至帝辛⑪，名受，号为纣。资辩捷疾，手挌⑫猛兽，智足以拒谏，言足以饰非。始为象箸，箕子⑬叹曰："彼为象箸，必不盛以土簋⑭，将为玉杯。玉杯象箸，必不羹藜藿⑮，衣短褐，而舍茅茨之下。则锦衣九重，高台广室。称此以求，天下不足矣！"

---

① 祖庚，子姓，名曜，武丁次子，商朝君主。作《高宗之训》，为守成之君。
② 祖甲，子姓，名载，武丁三子，商朝君主。为表示不愿与兄长祖庚争位，自我放逐到民间。祖庚死后即位，修改《汤刑》，讨伐西戎。
③ 廪（lǐn）辛，子姓，名先，祖甲之子，商朝君主。
④ 庚丁，子姓，名嚣，祖甲之子，廪辛之弟，商朝君主。
⑤ 武乙，子姓，名瞿，庚丁之子，商朝君主。生性残暴，耽于享乐，先后迁都于黄河以北、沬（朝歌，今河南淇县）。曾辱神射天，在神权政治向王权政治转变中起到关键作用。封古公亶父于岐邑，周部族开始兴起。
⑥ 博，博戏，古代一种赌博游戏。
⑦ 为行，请人在博戏中代行走子。
⑧ 僇（lù）辱，侮辱。
⑨ 太丁，子姓，名托，武乙之子，商朝君主。在位期间，迁都于殷。周部族在季历的带领下逐渐兴盛，太丁将季历软禁并杀害。
⑩ 帝乙，子姓，名羡，太丁之子，商朝君主。在位期间，征讨诸夷，迁都于沬。
⑪ 帝辛，子姓，名受，帝乙之子，商朝君主。天资聪颖，才智过人，即位后征讨诸夷，经营东南。却又荒淫无道，不听劝诫。商军主力出征东夷时，西方的周部族乘虚而入，商军大败，帝辛自焚而死，商朝灭亡。死后谥号曰"纣"。
⑫ 挌（gé），击，格斗。
⑬ 箕子，子姓，名胥余，太丁之子，帝乙之弟，商朝贤臣。官至太师，封于箕。商纣无道，箕子劝诫无果，假装疯掉，被囚禁为奴。商朝灭亡后，远走朝鲜半岛，建立箕子朝鲜。与微子、比干并称"殷末三仁"。
⑭ 土簋，古代盛食物的瓦器。
⑮ 藜藿（lí huò），粗劣的汤羹。

武丁之后，历经祖庚、祖甲、廪辛、庚丁，到武乙即位，残暴无道。他做了一个人偶，把它叫作天神，他与这个人偶下棋赌输赢，命令旁人替他下子，天神输了后，就遭他百般羞辱。武乙又制作了一个皮袋，在皮袋中装满血，高高挂起后仰射皮袋，他把这称作"射天"。后来武乙在一次外出打猎中，被暴雷击中而死。

　　商朝在历经太丁、帝乙后，帝辛即位。帝辛名叫受，后来谥号为纣。纣王擅长辩论，行动敏捷，徒手格斗可以擒拿猛兽；他的智慧超群足以拒绝别人的谏言，言语巧妙足以掩饰自己的过失。纣王在开始用象牙筷子时，箕子叹息道："他使用象牙筷子，就一定不会再用陶器来盛放食物，一定会用玉杯。用了玉杯和象牙筷子，就一定不会再吃野菜汤羹、穿着粗布衣服、住在茅草屋里了。他肯定会穿着多层丝质锦衣，住在高大宽广的宫殿里。怀有这样的欲望，整个天下都满足不了他了！"

纣伐有苏氏①，有苏以妲己②女焉。有宠，其言皆从。厚赋税以实鹿台③之财，盈巨桥④之粟，广沙丘⑤苑台，以酒为池，悬肉为林，为长夜⑥之饮。百姓怨望，诸侯有畔⑦者，纣乃重刑辟，为铜柱以膏涂之，加于炭火之上，使有罪者缘之，足滑跌坠火中，与妲己观之，大乐，名曰炮烙之刑⑧。淫虐甚，庶兄⑨微子⑩数谏不从，去之。比干⑪谏三日不去，纣怒曰："吾闻圣人之心有七窍。"剖而观其心。箕子佯狂为奴，纣囚之。殷大师⑫持其乐器、祭器奔周。

---

① 有苏氏，夏商部族名，活动在今河北邢台一带。被认为是后世苏姓之始祖。
② 妲己，有苏氏之女，世称"苏妲己"，帝辛妃子。相传其艳绝天下，心如蛇蝎，引诱纣王荒废朝政，导致商朝灭亡，后被周武王所杀。与妹喜均是红颜祸水的代表人物。
③ 鹿台，宫苑名，为商纣王所建。
④ 巨桥，古代粮仓名，故址在今河南浚县。
⑤ 沙丘，宫苑名，为商纣王所建。
⑥ 长夜，天明以后，把宫室门窗都关上，点上蜡烛，称为长夜。
⑦ 畔，通"叛"。
⑧ 炮烙之刑，古代一种酷刑，用炭火烧热铜柱，将人放于铜柱上烧死，相传为商纣王所创。后来泛指用烧红的铁烧烫犯人的刑具。
⑨ 庶兄，庶出的兄长。
⑩ 微子，姓子，名启，帝乙长子，帝辛之兄。因出生时母亲尚为妾，故不得继承王位，封于微子国，又称微子启。商纣无道，微子屡谏，不被采纳，于是惧祸出走。周公平定管蔡武庚叛乱后，周成王封微子于商丘，国号宋，爵位为公，准用天子礼乐祭祀祖先。与箕子、比干并称"殷末三仁"。
⑪ 比干，子姓，太丁之子，帝乙之弟，商朝贤臣。官封少师，先后辅佐帝乙、帝辛，鼓励发展农业，富国强兵。后因执意进谏，被纣王剖心而死。与箕子、微子并称"殷末三仁"。
⑫ 大（tài）师，古代乐官之长。

纣王攻打有苏氏，有苏氏将美女妲己献给纣王，以求免除灾祸。纣王非常宠爱妲己，对她言听计从。纣王加重百姓的赋税来增加鹿台内的钱财，充实巨桥仓里的粮食，扩建沙丘宫里的楼台亭苑，在池子里注满酒，悬挂的肉多得像一片树林，将宫殿的门窗都用布幔遮严，不分昼夜地饮酒作乐。百姓对纣王的统治怨愤失望，诸侯中接连有背叛纣王统治的。纣王于是制定严酷的刑罚，他命人在铜柱上涂上油，放在炭火之上烤，然后让有罪的人在上面走，脚底打滑的人就会跌落火中。纣王与妲己看到这样的景象，便会很开心，把这种刑罚命名为炮烙之刑。纣王越来越淫乱暴虐，他的庶兄微子数次劝谏，纣王都没有听从，微子于是逃离了朝歌。比干连续劝谏纣王三天都不走，纣王大怒，说："我听说圣人的心有七个孔。"于是将比干的心剖出来看。箕子假装发疯，被纣王贬为奴隶，囚禁起来。商朝的乐官带着乐器和祭祀礼器逃亡到了周。

周侯昌①及九侯②、鄂侯③为纣三公。纣杀九侯,鄂侯争,并脯④之。昌闻而叹息,纣囚昌羑里⑤。昌之臣散宜生⑥求美女、珍宝进,纣大悦,乃释昌。昌退而修德,诸侯多叛纣,归之。

昌卒,子发⑦立,率诸侯伐纣。纣败于牧野⑧,衣宝玉,自焚死,殷亡。

箕子后朝周,过故殷墟⑨,伤宫室毁坏,生禾黍,欲哭不可,欲泣则为近妇人,乃作《麦秀之歌》,曰:"麦秀渐渐兮,禾黍油油兮。彼狡童兮,不与我好兮。"殷民闻之,皆流涕。

殷为天子三十一世,六百二十九年。

① 周侯昌,即姬昌,季历之子,周王朝的奠基人。其父死后,继承西伯侯之位,又称西伯昌。勤于政事,礼贤下士,为古代理想明君。相传其又推演《周易》,为儒家所称。武王灭商后,追谥为文王。
② 九侯,亦称鬼侯,商代诸侯。与西伯昌、鄂侯为商朝三公。
③ 鄂侯,商朝诸侯,因强言直谏被纣王所杀,制成肉干。与西伯昌、鄂侯并为商朝三公。
④ 脯(fǔ),使之成为肉干。
⑤ 羑(yǒu)里,在今河南汤阴县。
⑥ 散宜生,西周开国功臣,文王四友之一。先后辅佐周文王、周武王,后被封于大散关附近。
⑦ 发,即姬发,文王次子,周朝开国君主。即位后在姜尚、姬旦的辅佐下,整顿内政,增强军力。牧野之战大败商军,建立周朝,定都镐京,死后谥号武王,是古代理想明君。
⑧ 牧野,即朝歌城野外。商朝朝歌城由内向外,分别称作城、郭、郊、牧、野。
⑨ 殷墟,指商朝国都朝歌城遗址。

西伯侯姬昌、九侯和鄂侯是纣王的三公。纣王杀死了九侯，鄂侯为九侯争辩，被纣王连同九侯一起做成了肉干。姬昌听闻这个消息后悲痛叹息，纣王便将姬昌囚禁在羑里。姬昌的大臣散宜生带着找来的美女和珍宝进献给纣王，纣王很高兴，于是释放了姬昌。姬昌回到领地后修行德政，很多诸侯都背叛纣王而归顺姬昌。

　　姬昌去世后，他的儿子姬发即位。姬发率领诸侯攻打纣王，在牧野大败纣王。纣王穿戴宝玉，自焚而死，商朝自此灭亡。

　　箕子后来在朝见周王路途中，路过朝歌故都遗址，看着眼前的宫室毁坏殆尽，杂草丛生，心痛不已。他想要号哭又不能，想要垂泣又觉得像是女人干的事，于是作了《麦秀之歌》，唱道："麦子吐穗，竖起尖尖的麦芒；枝叶光润，庄稼茁壮生长。那个顽劣的小子啊，不愿意与我友好地交往。"商朝的遗民听到后，都伤心哭泣流涕。

　　商朝前后有天子三十一位，共经历了六百二十九年。

文白对照十八史略

第一卷

周

周（一）

　　周武王姬姓，名发，后稷①之十六世孙也。后稷名弃，弃母曰姜嫄②，为帝喾元妃③。出野见巨人迹，心欣然践之，生弃。以为不祥，弃之隘巷，马牛避不践；徙置山林，适会林中多人；迁之水上，鸟覆翼之。以为神，遂收之。儿时屹如巨人之志④，其游戏好种树。及成人，能相地之宜，教民稼穑⑤。兴于陶唐、虞、夏之际，为农师⑥，封于邰⑦，别其姓，号后稷。卒，子不窋⑧立。

　　夏后氏政衰，不窋失其官，奔戎狄⑨之间。不窋卒，子鞠⑩立。鞠卒，子公刘⑪立。复修后稷之业，务耕种，百姓怀之。

① 后稷，传说中的上古神话人物，姬姓，名弃，帝喾之子。相传为其母踩巨人脚印而生。尧舜时为农师，教民稼穑，种植五谷，封为后稷，为周朝始祖。
② 姜嫄（yuán），传说中的上古神话人物，有邰氏之女，帝喾元妃，相传其踩巨人脚印而生后稷。
③ 元妃，娶的第一位正妻。
④ 巨人之志，成年人所树立的志向。
⑤ 稼穑（jià sè），耕种和收获。
⑥ 农师，掌管农业的官员。
⑦ 邰（tái），在今陕西省武功县。
⑧ 不窋（kū），姬姓，后稷之子，夏朝太康时期农官，周朝先祖。太康失国后，迁徙至今甘肃庆阳一带修建不窋城。
⑨ 戎狄，中国古代对西北少数民族的统称。
⑩ 鞠，姬姓，不窋之子，周朝先祖。
⑪ 公刘，姬姓，名刘，"公"乃尊称，鞠之子，周朝先祖。即位后继承祖业，留心农事，将部族迁到豳（今陕西彬县）。被视为周王朝的奠基人。

周（一）

　　周武王名叫姬发，是后稷的十六世孙。后稷名叫弃，他的母亲叫作姜嫄，是帝喾的妻子。姜嫄到野外时看到一个巨人的脚印，心里感到很新奇，就踩了上去，回来就怀孕了，后来生下了弃。姜嫄觉得这个孩子不吉利，就将孩子丢弃到狭窄的巷子里，路过的牛马等牲畜都躲避着不去踩踏他；又把孩子放到山林之中，恰好林中有许多人，也没有丢弃成功；又将孩子丢弃到水边，过往的飞鸟就用自己的双翼遮住孩子以保护他。姜嫄觉得这个孩子很神异，于是将弃带回去抚养。弃小时候就像大人一样有自己的志向，玩游戏时喜欢种植树木。弃成年后，能分辨出土地所适合种植的庄稼，并教会人们如何耕作。弃生活在唐尧、虞舜、夏禹时代，是当时的农师，封在邰地，为了和他的姓相区别，号称后稷。后稷死后，他的儿子不窋继位。

　　太康即位后，夏后氏王室衰微，不窋失去了自己的官职，逃到了戎狄居住的地方。不窋死后，他的儿子鞠继位。鞠死后，他的儿子公刘继位。公刘重新整治后稷的功业，专心耕种之事，百姓都很拥戴他。

公刘卒，子庆节①立，国于豳②。历皇仆、参弗、毁隃、公非、高圉、亚圉、公叔钼③，至古公亶父④，獯鬻⑤攻之，去豳，渡漆沮⑥，踰梁山⑦，邑于岐山⑧下居焉。豳人曰："仁人也，不可失。"扶老携幼以从，他旁国皆归之。

古公长子太伯⑨，次虞仲⑩，其妃太姜⑪生少子季历⑫。季历娶太任⑬生昌，有圣瑞。太伯、虞仲知古公欲立季历以传昌，乃如荆蛮⑭，断发文身，以让季历。古公卒，公季立。

---

① 庆节，姬姓，公刘之子，周朝先祖。即位后，正式在豳地建立周国。
② 豳（bīn），今陕西彬县。
③ 皇仆、参弗、毁隃、公非、高圉、亚圉、公叔钼，按，公叔钼应为公叔祖类，据《史记·周本纪第四》改。数人皆为周朝先祖，事迹不可考。
④ 古公亶（dǎn）父，姬姓，名亶，公叔祖类之子，周朝先祖。即位后为避戎狄侵扰，将部族迁至岐山周原，重视农业，广施仁义，周部族逐渐兴盛。被视为周王朝的奠基人，武王灭商后，追谥为太王。
⑤ 獯鬻（xūn yù），中国古代北方少数民族，相传为夏桀后裔。夏代称獯鬻，周代称猃狁，战国之后称匈奴。
⑥ 漆沮，水名，即今石川河，渭河支流，其上游分别为漆水河和沮水河，发源于陕西耀县北山，流域大致在今铜川、西安、渭南一带。
⑦ 梁山，山名，在今陕西乾县。
⑧ 岐山，山名，在今陕西岐山县，是周王朝的发源地。
⑨ 太伯，姬姓，古公亶父长子，周代诸侯国吴国第一代君主。因古公亶父欲传位于季历及其子姬昌，太伯遂与仲雍断发文身，让位季历，远逃至今江苏一带，建国句吴，因此又被称为吴太伯。
⑩ 虞仲，姬姓，名仲雍，古公亶父次子，太伯之弟，周代诸侯国吴国君主。跟随太伯远遁荆蛮，太伯死后即位句吴君主。其曾孙周章正式被周武王册封为诸侯，国号为吴。
⑪ 太姜，古公亶父正妃。以贞顺著称，协助古公亶父振兴周部族。
⑫ 季历，姬姓，古公亶父三子，姬昌之父，周朝先祖。即位后笃行仁义，重农爱民，逐步消灭周边戎狄部落，因功被封为牧师。后因权重遭忌，被商王文丁软禁绝食死。
⑬ 太任，任姓，季历正妃，文王生母。勤俭仁厚，是母仪天下的典范。
⑭ 荆蛮，一般是上古中原人对楚地的称呼。此处据《史记》所载，指今江苏一带。

公刘死后，他的儿子庆节继位，在豳地建立都城。周部族历经皇仆、参弗、毁隃、公非、高圉、亚圉、公叔祖类的统治后，古公亶父继位。由于獯鬻侵犯，古公亶父就率领周部族离开豳地，渡过漆沮河，越过梁山，在岐山脚下建筑新都城居住下来。豳地百姓说："古公亶父是一个仁爱有道德的人，我们不能离开他！"于是扶着老人、带着小孩来投奔古公，附近的国家也都归顺于古公。

古公亶父长子叫太伯，次子叫虞仲，他的王妃太姜生下小儿子季历。季历迎娶太任生下姬昌，姬昌出生时就有祥瑞的征兆。太伯、虞仲知道古公亶父想立季历为太子以便将来让姬昌继承王位，于是一同跑到荆蛮地区，剪掉头发，刺上文身，将王位让给季历。古公亶父死后，季历继位。

公季卒，昌立，为西伯。西伯修德，诸侯归之。虞①、芮②争田，不能决，乃如周。入界见耕者皆逊畔③，民俗皆让长。二人惭，相谓曰："吾所争，周人所耻。"乃不见西伯而还，俱让其田不取。汉南④归西伯者四十国，皆以为受命之君，三分天下有其二。

有吕尚⑤者，东海⑥上人，穷困年老，渔钓至周。西伯将猎，卜之曰："非龙非彲⑦，非熊非罴⑧，非虎非貔⑨。所获，霸王之辅。"果遇吕尚于渭水⑩之阳⑪。与语，大悦曰："自吾先君太公曰：'当有圣人适周，周因以兴。'子真是耶？吾太公望子久矣！"故号之曰"太公望"。载与俱归，立为师，谓之师尚父。

---

① 虞，商朝诸侯国，大致在今山西平陆。
② 芮，商朝诸侯国，大致在今陕西大荔。
③ 逊畔，即让畔，推让共有的田界。
④ 汉南，汉水以南。汉水，长江最大支流，发源于陕西宁强米仓山，流域大致在今陕西南部、湖北西部、中部，于武汉注入长江。
⑤ 吕尚，即姜子牙，姜姓，吕氏，名尚，字子牙，别号飞熊，西周开国元勋，周代诸侯国齐国第一任君主，中国古代杰出军事家、政治家。四岳后裔，被周文王尊称为"太公望"，又称姜太公。先后辅佐文王、武王、成王、康王，官至太师，在周朝的建立和稳定中发挥了重大作用。唐宋以前被尊称为武圣，著有《六韬》，被视为兵家之祖。
⑥ 东海，一般认为在今山东日照。
⑦ 彲（chī），没有角的龙。
⑧ 罴（pí），熊的一种。
⑨ 貔（pí），传说中的一种猛兽。
⑩ 渭水，黄河最大支流，发源于今甘肃渭源县鸟鼠山，流域大致在今甘肃东南、陕西关中，于潼关注入黄河。
⑪ 阳，山南水北谓之阳。

季历死后，姬昌继承王位，他就是西伯。西伯修养自身德行，诸侯都归顺于他。虞、芮两国君主争夺田地，争执不下，于是就到周国请西伯来裁决。他们到达周国地界上后，看到耕地的人都互相推让共有的田界，当地的百姓都尊重长辈。二人感到非常羞愧，互相说道："我们所争夺的，是周人所不耻的。"于是没有去见西伯就返回了，回去后互相谦让，而不再争田地。汉水以南诸侯归顺西伯的就有四十国，都认为西伯是承受上天任命的君王，天下有三分之二都归顺了西伯。

　　有一个叫吕尚的人，住在东海之上，年老困顿不得志，就到周国来钓鱼。西伯出去狩猎前卜了一卦，卦辞说："打猎收获的不是龙，不是彲，不是熊，不是罴，不是虎，不是貔。所收获的，将是辅佐建立霸业的贤相！"西伯果然在渭水北岸遇到在那儿钓鱼的吕尚。西伯和吕尚交谈后，非常高兴地说："自先君太公就说：'会有一位圣人来到周，周也会因为他的来到而兴盛。'说的就是您吧？太公盼望您的到来已经很久了！"所以将吕尚称为"太公望"。西伯和吕尚一起乘车回到宫中，立为帝师，称他为师尚父。

西伯卒，子发立，是为武王。东观兵①至于盟津，白鱼入王舟中，王俯取以祭。既渡，有火自上复于下，至于王屋，流为乌，其色赤，其声魄。是时，诸侯不期而会者八百，皆曰纣可伐矣。王不可，引归。纣不悛②，王乃伐纣，载西伯木主③以行。伯夷、叔齐④叩马⑤谏曰："父死不葬，爰及干戈，可谓孝乎？以臣弑君，可谓仁乎？"左右欲兵⑥之，太公曰："义士也！"扶而去之。

　　王既灭殷为天子，追尊古公为太王，公季为王季，西伯为文王。天下宗周，伯夷、叔齐耻之，不食周粟，隐于首阳山⑦，作歌曰："登彼西山兮，采其薇⑧矣。以暴易暴兮，不知其非矣。神农虞夏，忽焉没兮，我安适归矣。于嗟徂⑨兮，命之衰矣。"遂饿而死。

---

① 观兵，举行阅兵，显示武力。
② 悛（quān），悔改。
③ 木主，即人形木偶，以象征死者。后世逐渐演变为神主、牌位。
④ 伯夷、叔齐，子姓，商末孤竹国君之子。伯夷名允，字公信，死后谥号曰"夷"。叔齐名致，字公达，死后谥号曰"齐"。其父在世时欲传位给三子叔齐，叔齐认为长兄伯夷更加贤明，想要让位给伯夷，伯夷认为有违父命而不接受，兄弟二人遂一同放弃王位，出奔西岐。劝谏武王无果后，隐居首阳山，绝食而死。被儒家视为坚持道义的圣人。
⑤ 扣马，拉住马不让前行，后世称为直谏之典。
⑥ 兵，杀害。
⑦ 首阳山，山名，具体所指众说纷纭，有陇西、偃师、辽西诸多说法。
⑧ 薇，多年生草本植物，结荚果，中有种子五六粒，可食。嫩茎和叶可做蔬菜。通称"巢菜""大巢菜""野豌豆"。
⑨ 徂（cú），过去，流逝。

西伯死后，他的儿子姬发继位，就是周武王。武王向东到孟津举行誓师大会，有条白鱼跳进武王的船中，武王俯身捡起来，将白鱼作为祭品举行祭祀。渡过黄河后，有团大火从天上一路烧下来，到达武王居住的房屋时，变成一只乌鸦，它浑身长满红色的羽毛，声音高亢。这时，没有事先约定就来到孟津会盟的诸侯有八百多个，都说可以去讨伐纣王了。武王认为还不可以，就率兵返回封地。纣王仍不知悔改，武王决定讨伐纣王，载着西伯的人形木偶一起去攻打纣王。伯夷、叔齐拉住武王的马劝谏道："父亲去世后不埋葬，却立马发动战争，这难道是孝吗？身为臣子，弑杀君王，这难道是仁吗？"武王近臣要将伯夷、叔齐拿下杀掉，太公说："他们两人是义士啊！"于是将二人扶起，吩咐他们离开。

　　武王灭掉商朝后成为天子，追尊古公亶父为太王，公季为王季，西伯为文王。天下尊奉周朝作为正统，伯夷、叔齐以此为耻，不吃周朝的食物，隐居到首阳山，作歌唱道："登上西山，摘采野豆来充饥。用暴力来推翻暴力，伐纣的武王不知是非。神农、虞、夏这些明君啊，转眼就已消失了，我要去的乐土又在哪里！算了吧，一切都过去了，我即将身赴黄泉！"不久二人就因饥饿而死。

武王崩，太子诵①立，是为成王。成王幼，周公②位冢宰③摄政④。管叔⑤、蔡叔⑥流言曰："公将不利于孺子。"与武庚⑦作乱。武庚者，武王所立纣子禄父，为殷后者也。周公东征，诛武庚、管叔，放蔡叔。王长，周公归政。

初，武王作镐京⑧，谓之宗周，是为西都。将营洛邑⑨，未果。

---

① 诵，即姬诵，武王之子，母邑姜，西周君主。幼年即位，由周公辅政，平定三辅之乱。亲政后，营建洛邑，大封诸侯，命周公制定礼乐，巩固周朝统治。死后谥号成王，与其子康王一起开创"成康之治"。
② 周公，姬姓，名旦，文王四子，周代诸侯国鲁国第一代君主，西周杰出政治家、军事家，被尊称为"周公"。辅佐其兄武王灭商建周后，封于鲁，采邑于周（周都镐京），故称周公。成王幼年即位，遂留镐京辅政七年。《尚书》称赞其功绩："一年救乱，二年克殷，三年践奄，四年建侯卫，五年营成周，六年制礼乐，七年致政成王。"为西周的建立和稳定做出了重要贡献。完善宗法制、分封制、嫡长子继承制、井田制，对中国封建社会产生了极其深远的影响。自周公旦始，"周公"成为西周官名，周公旦后裔一直袭爵，为周王卿士，辅助政事。
③ 冢宰，官名，即太宰，商置，掌王家财务及宫内事务，位次三公，为六卿之首。周成王幼年即位，周公遂以冢宰之职摄政。
④ 摄政，代替国君处理国政。
⑤ 管叔，姬姓，名鲜，文王三子，周代诸侯国管国第一代君主，周初三监之一。周武王灭商后，封纣王之子武庚于殷，治理商朝遗民，同时使管叔鲜、蔡叔度、霍叔处共同监督，称为三监。
⑥ 蔡叔，姬姓，名度，文王五子，周代诸侯国蔡国第一代君主，周初三监之一。武庚之乱被平定后，蔡叔被流放，最终死在流放之地，其封国由其子姬胡继承。
⑦ 武庚，子姓，商纣王之子。成王幼年即位，武庚遂联同管叔、蔡叔一同反叛。周公亲征，平定叛乱，武庚被杀。
⑧ 镐（hào）京，西周国都，又称宗周，是历史上最早称为京的城市。在今陕西西安。
⑨ 洛邑，西周东都，又称成周。后平王东迁，以此为国度。在今河南洛阳。

武王死后，太子姬诵继位，就是成王。成王年幼，周公位列冢宰代替成王管理朝政。管叔、蔡叔散布流言说："周公心怀不轨，将要对大王不利！"于是便联合武庚起兵反叛。武庚是纣王的儿子，又称为禄父，武王封他于殷，让他治理商朝遗民，延续商朝的祭祀。周公带兵东征，平定叛乱，诛杀武庚、管叔，将蔡叔流放。成王长大后，周公将执政大权交还给成王。

起初，武王营建镐京，称为宗周，作为西都。还准备营建洛邑，却没有实行。

王欲如武王之志，召公①遂相宅，周公至洛筑王城，是为东都。以洛为天下中，四方入贡，道里均也。王居西都，而朝会诸侯东都。周公、召公相成王为左右人，自陕②以西，召公主之；自陕以东，周公主之。

　　交趾③南有越裳氏④重三译⑤而来，献白雉曰："吾受命国之黄耇⑥：'天无烈风淫雨，海不扬波三年矣。意者中国有圣人乎？'"周公归之王，荐⑦于宗庙。使者迷归路，周公锡以軿车⑧五乘，皆为指南之制。使者载之，由扶南⑨林邑⑩海际，期年⑪而至国。故指南车常为先导，示服远人而正四方。

　　成王崩，子康王钊⑫立。成康之际，天下安宁，刑错⑬四十余年不用。

---

① 召公，又作"邵公"，姬姓，名奭（shì），西周宗亲，周代诸侯国燕国第一代国君。辅助武王灭商建周，封于燕，采邑在召（今陕西扶风），故称召公。成王时出任太保，支持周公辅政，分陕而治。康王即位后，辅助其开创"成康之治"。自召公奭始，"召公"成为西周官名，召公奭后裔一直袭爵，为周王卿士，辅佐政事。
② 陕，今河南三门峡陕州区。
③ 交趾，古地名，今广东南部及越南北部一带。
④ 越裳氏，商周时期部族名，活动在今广东、越南、老挝一带。
⑤ 重三译，辗转翻译。
⑥ 黄耇（gǒu），年老的长者。
⑦ 荐，进献，祭献。
⑧ 軿（píng）车，古代一种有帷幔的车。
⑨ 扶南，中南半岛古国名。
⑩ 林邑，中南半岛古国名。
⑪ 期年，一年。
⑫ 康王钊（zhāo），即姬钊，成王之子，西周君主。即位后由召公奭、毕公高辅政，平定东夷，北征略地，西伐鬼方，天下安定。死后谥号康王，与其父成王统治时期一同被称为"成康之治"。
⑬ 刑错，即刑措，刑罚。

成王希望实现武王当初的愿望，召公于是去洛阳为宫殿选址，周公监造营建王城，这就是东都。营建洛邑是因为其位于天下正中，四方诸侯来朝贡，路途远近是均衡的。周王平日住在西都管理朝政，会见诸侯时便来到东都。周公、召公在成王左右辅佐，自陕县以西，由召公管理；陕县以东，由周公管理。

　　交趾以南的越裳氏部族辗转来到王都，给周公进献一只白色雉鸡，说："我听我们国家的老者说：'天上不刮烈风，不下暴雨，大海不起滔天巨浪，已经三年了。莫非是中国有圣人降临的原因吗？'"周公将雉鸡献给成王，然后进献到宗庙中。使者忘记了回去的路，周公就赐给他五辆能够指示方向的车马。使者驾着车，经扶南、林邑一直走到海边，走了一年才回到自己的国家。指南车常常被用来作为引路的工具，引导远方的诸侯前来朝贡，使天下四方安定。

　　成王逝世后，他的儿子康王姬钊继位。成王和康王统治时期，天下安宁无事，刑罚四十年都不曾用到，号称"成康之治"。

周（二）

　　康王崩，子昭王瑕①立。昭王南方巡狩至楚②，以胶舟③载之，溺，不返。子穆王满④立，有造父⑤者，以善御幸于王。得八骏马，游行天下，将皆有车辙马迹。王西巡，世传王以此时觞西王母⑥瑶池⑦上，乐而忘归。徐偃王⑧作乱，造父御王，长驱归救乱。告楚伐徐⑨，徐败。王将征犬戎⑩，祭公谋父⑪谏曰："先王耀德不观兵。"

---

① 昭王瑕（xiá），即姬瑕，康王之子，西周君主。即位后屡次对外兴兵，先后征讨东夷、楚地南蛮，后于南征全军覆没，死于汉水之滨，谥号昭王。
② 楚，周代诸侯国，芈姓熊氏，子爵。第一代国君为熊绎，相传为颛顼之后，兴起于江汉之间，全盛时疆域大致包括今安徽南部、江苏、浙江、江西、湖南、湖北等地。商朝末年，其部族首领鬻熊曾向周文王称臣。成王封鬻熊曾孙熊绎为子爵，楚始建国，成为周王朝镇守南方少数民族的重要防线。春秋前期，楚国大肆进攻周围小国，扩地千里，楚国成为春秋时期重要诸侯国，楚庄王时称霸中原，为"春秋五霸"之一。战国时为"战国七雄"之一，楚悼王时任用吴起变法，国力一度强盛。公元前222年，为秦将王翦所灭。
③ 胶舟，用胶黏合的船。
④ 穆王满，即姬满，昭王之子，西周君主。即位后颁布《吕刑》，为中国流传下来最早的法典。先后讨伐犬戎、昆仑，平定徐国叛乱，西周再次兴盛。死后谥号穆王，史称"穆天子"。
⑤ 造父，嬴姓，伯益后裔，以善御著名。穆王西至昆仑山，东夷徐偃王叛乱，造父驾车日驰千里，使得穆王及时赶回镐京，发兵平息叛乱。造父因功被穆王封到赵城，以邑为氏，后为赵姓。
⑥ 西王母，上古传说中的神话人物，尊称王母娘娘，是所有女仙及天地间一切阴气的首领。西王母的称谓始见于《山海经》，因所居昆仑山在西方，又叫西昆仑，故称西王母。
⑦ 瑶池，上古神话中的地名，为西王母所居之所。
⑧ 徐偃王，嬴氏，徐姓，名诞，西周时徐国国君。因昭王、穆王连年发动对外战争，民族矛盾加剧，徐偃王遂不服周王朝统治，被穆王发兵攻杀。
⑨ 徐，夏商周时期诸侯国。嬴姓徐氏，相传为颛顼之后，兴起于今江苏徐州一带。徐国为东夷最强大一支，直至穆王时才完全臣服周朝。公元前512年，为吴将孙武所灭。
⑩ 犬戎，中国古代少数民族，戎人一支，又称犬夷、昆夷，活跃在泾渭流域。公元前771年，攻破镐京，弑杀周幽王，西周灭亡。
⑪ 祭（zhài）公谋父，周穆王时大臣，曾劝诫穆王不要征讨犬戎，却未被采纳。

周（二）

　　康王逝世后，他的儿子昭王姬瑕继位。昭王南巡到楚地狩猎，因渡汉水时乘坐用胶黏合的船而溺水身亡，没有回到王都。他的儿子穆王姬满继位。有一个叫造父的人，因为善于驾车而被穆王宠信。穆王得到八匹骏马，命造父驾着车游行天下，想要在天下都留下他的车辙和马蹄印。穆王到西方巡狩，相传穆王就是在这个时候与西王母在瑶池上饮酒，快乐得都忘了回去。徐偃王此时起兵作乱，造父驾车载着穆王长驱返回，以平定叛乱。穆王通知楚国一起发兵讨伐徐国，徐国大败，臣服周王室。穆王将要讨伐犬戎，祭公谋父劝谏说："先王彰明美德仁政，而不炫耀武力。"

王不听，征之，得四白狼、四白鹿以归。自是荒服①不至，诸侯不睦。崩，子共王繄扈②立。崩，子懿王③立。崩，弟孝王辟方④立。崩，子夷王燮⑤立。下堂而见诸侯，楚始僭⑥称王。

　　夷王崩，子厉王胡⑦立。无道，暴虐侈傲。得卫⑧巫，使监国人之谤者，以告，则杀之。道路以目。王喜曰："吾能弭谤⑨矣。"或曰："是障也。防民之口甚于防川，水壅而溃，伤人必多。"王弗听，于是国人相与畔。

---

① 荒服，古代"五服"之一。称离京师二千到二千五百里的边远地方。亦泛指边远地区。
② 共王繄扈（yī hù），即姬繄扈，穆王之子，西周君主。即位后吸取昭王、穆王教训，裁撤军队，明法息民，出兵消灭密国。死后谥号共王。
③ 懿王，即姬囏（jiān），共王之子，西周君主。在位期间，西周国势衰落，迁都槐里。死后谥号懿王。
④ 孝王辟方，即姬辟方，穆王之子，共王之弟，西周君主。共王逝世后，夺取王位。励精图治，打击犬戎，西周国力有所恢复。死后谥号孝王。
⑤ 夷王燮（xiè），即姬燮，懿王之子，西周君主。在位期间，烹杀齐哀公，周王朝渐趋衰落，诸侯不朝，相互攻伐。死后谥号夷王。
⑥ 僭（jiàn），超越本分，冒用在上者的职权、名义行事。
⑦ 厉王胡，即姬胡（？—前828），夷王之子，西周君主。在位期间，任用荣夷公为卿士，实行"专利"，即以国家名义垄断山林川泽，不准工商业者依山泽而谋生，又派人监视国人，禁止百姓议论。公元前841年，国人反叛，围攻王宫，周厉王逃到彘地。公元前828年，死于彘地。死后谥号厉王。
⑧ 卫，周代诸侯国，姬姓，侯爵。第一代国君为武王之弟康叔封，全盛时期疆域大致在今河北南部，河南东北部。平王东迁，卫武公发兵平戎，卫国一度强盛。后渐趋没落，爵位一削再削，公元前209年，秦二世废卫君角为庶民，卫国灭亡。
⑨ 弭谤，平息非议。

穆王不听劝谏，执意征伐，打败犬戎后缴获了四匹白狼和四只白鹿就回来了。从此以后，边远的部族不再称臣纳贡，诸侯之间也不再和睦。穆王死后，他的儿子共王姬繄扈继位。共王死后，他的儿子懿王姬囏继位。懿王死后，共王的弟弟孝王姬辟方夺取王位。孝王死后，懿王的儿子夷王姬燮继位。诸侯朝见夷王时，夷王开始走下朝堂去见诸侯，楚国也在这时候开始僭越称王。

夷王死后，他的儿子厉王姬胡继位。厉王残暴无道，奢侈骄纵。他宠幸卫国的一名巫师，让他监视国人中的诽谤者，只要发现，就将其杀死。人们在道路上遇到，彼此不敢交谈，只是以目示意。厉王高兴地说："我能够制止平息别人的诽谤非议。"有人说："这些都是障眼法罢了。想要堵住人民的嘴不让他们说话，比堵住河流还可怕。水积攒得多了就会将河堤崩溃，受到伤害的人一定会很多。"厉王不听，于是都城中的居民联合反叛，围攻王宫。

王出奔彘①，二相周、召②共理国事，曰共和③者十四年，而王崩于彘。

子宣王静④立，任贤使能，有召穆公⑤、方叔⑥、尹吉甫⑦、仲山甫⑧等为政于内外。王化复行，周室中兴焉。崩，子幽王宫涅⑨立。

初，夏后氏之世，有二龙降于庭，曰："予，褒之二君。"卜⑩藏其漦⑪，历夏、殷莫敢发。周人发之，漦化为鼋⑫，童妾遇之而孕，生女，弃之。

---

① 彘（zhì），周代诸侯国，疆域大致在今山西霍县东北。
② 周、召，指周定公和召穆公，分别为周公旦和召公奭之后。二人均为厉王大臣，厉王出奔后，二人共同执政，史称共和。周公旦封于鲁，其长子姬伯禽及其后裔继承鲁侯之位，外就封国；次子姬君陈及其后裔世袭周公之爵，辅弼王室。召公奭封于燕，其后裔一支继承燕伯之位，外就封国；一支世袭召公之爵，辅弼王室。
③ 共和，即周召共和。国人暴乱，厉王出奔后，周定公和召穆公共同执政，史称周召共和。共和元年是我国历史有明确记载的纪年开始，即公元前841年。
④ 宣王静，即姬静（？—前783），厉王之子，西周君主，公元前828年—公元前783年在位。即位后任用贤能，征讨夷狄，使西周国力得到短暂恢复，史称"宣王中兴"。但其晚年屡兴刀兵，滥杀大臣，也为西周在幽王时的灭亡埋下伏笔。
⑤ 召穆公，又称召虎，召公奭之后，西周大臣。厉王出奔后，国人围攻王宫，他将时为太子的宣王藏在家中，而以自己的儿子替死。厉王死后，扶持宣王继位后，带兵平定淮夷，为中兴之局做出了很大贡献。
⑥ 方叔，西周大臣。宣王时任卿士，率兵南征荆楚，北伐猃狁，为中兴功臣。
⑦ 尹吉甫，西周大臣，宣王时带兵反击猃狁，征讨淮夷，为中兴功臣。相传为《诗经》的主要采集者。
⑧ 仲山甫，古公亶父之后，西周宗室。宣王时受举荐入王室，任卿士，为百官之首。
⑨ 幽王宫涅，一作宫湦（shēng，？—前771），宣王之子，西周君主，公元前782年—公元前771年在位。即位后，灾异频出，不问政事，任用奸佞，宠幸褒姒，甚至做出"烽火戏诸侯"的荒唐行为。因废黜太子，太子外公申侯联合犬戎攻破镐京后，被杀死在骊山脚下，西周灭亡。谥号幽王。
⑩ 卜，负责占卜的官员。
⑪ 漦（chí），鱼、龙等的涎沫。
⑫ 鼋（yuán），大鳖。

厉王逃跑到彘地，两位宰相周定公和召穆公共同执掌国事，称作"周召共和"，一共持续了十四年。后来厉王死于彘。

周厉王死后，他的儿子宣王姬静继位，任用贤才和有能力的人，召穆公、方叔、尹吉甫、仲山甫等人在朝辅佐政事。周天子的圣明教化又开始盛行，周王室重新兴盛起来。宣王死后，他的儿子幽王姬宫涅继位。

早先夏朝时，有两条龙从天而降到宫廷中，开口说："我是褒国的两位君主。"负责占卜的官员将龙的唾液收藏起来，历经夏商两代都没有人敢打开看。到了周厉王时，打开藏有龙唾液的匣子，唾液化为一只大鳖，有一个年幼的侍女碰到了它，后来就怀孕生下一个女婴，随即便将女婴丢弃。

宣王时有童谣曰："檿弧箕服①，实亡周国。"适有鬻是器者，宣王使执之。其人逃于道，见弃女，哀其夜号而取之，逸于褒。至幽王之时，褒人有罪，入是女于王，是为褒姒②。王嬖③之。褒姒不好笑，王欲其笑，万方不笑。故王与诸侯约：有寇至，则举烽火召其兵来援。乃无故举火，诸侯悉至而无寇。褒姒大笑。

王废申后④及太子宜臼⑤，以褒姒为后，其子伯服⑥为太子。宜臼奔申⑦，王求杀之，弗得。伐申，申侯⑧召犬戎攻王。王举烽火征兵，不至。犬戎杀王骊山⑨下。

---

① 檿（yǎn）弧箕服，檿木做的弓，箕木做的箭袋，此处指卖弓箭的人。
② 褒姒，姒姓，褒国人，周幽王第二任王后，太子姬伯服生母。幽王讨伐褒国，褒国献出褒姒乞降。幽王得到褒姒后，宠爱有加，为取悦褒姒，"烽火戏诸侯"。褒姒生下伯服后，被立为王后。犬戎攻破镐京后遭掳掠，此后下落不明。
③ 嬖（bì），宠幸。
④ 申后，姜姓，申侯之女，周幽王第一任王后，平王生母。因幽王宠爱褒姒，而被废黜。
⑤ 宜臼，即姬宜臼（？—前718），幽王之子，东周君主，公元前768年—公元前718年在位。犬戎攻破镐京后，平王在申、鲁、许等诸侯国的拥立下继位，迁都洛邑，史称东周。在位期间，大片国土丧失，周室衰微，诸侯并强，政由方伯，中国开始进入"春秋"时期。死后谥号平王。
⑥ 伯服，即姬伯服，幽王与褒姒之子。姬宜臼被废后，立为太子。犬戎攻破镐京后，与幽王一同被杀。
⑦ 申，周代诸侯国，侯爵，姜姓。疆域大致在今陕西宝鸡一带。
⑧ 申侯，申国国君。其女为幽王王后申后，申后被废后，申侯联合犬戎，攻破镐京。随即拥立其外孙姬宜臼即位，是为周平王。
⑨ 骊山，在今陕西省西安市。

宣王在位时有童谣说："卖山桑木制之弓、箕木制之盛矢桶的人，就是灭亡周朝的人。"恰好就有这样卖东西的人，宣王于是将他抓起来。那个人逃走后在路边看见那个被抛弃的女婴，可怜女婴半夜啼哭就将其抱走，逃到褒国。幽王即位后，褒国触犯了幽王而遭到讨伐，于是就将当年那个女婴献给幽王以求免罪，这个女婴就是褒姒。幽王非常宠爱褒姒。褒姒不喜欢笑，幽王想让褒姒笑一笑，想尽办法都没成功。以前周王室和诸侯国约定：一旦有敌人进犯京畿，就点燃烽火台召集诸侯带兵救援。幽王便无缘无故点燃烽火台，诸侯全都带领军队急忙赶来，才发现根本就没有敌人，完全是一场闹剧。褒姒看到这样的场景后大笑起来。

幽王废黜申后和太子姬宜臼，立褒姒为皇后，把褒姒所生的儿子姬伯服立为太子。姬宜臼逃到申国，幽王要申侯杀掉姬宜臼，申侯没有同意。于是幽王发兵攻打申侯，申侯联合犬戎攻打幽王。幽王点燃烽火台向诸侯请求援助，诸侯以为这次又是闹剧，就都没有发兵。犬戎最终在骊山脚下杀死了幽王。

诸侯立宜臼，是为平王。以西都逼①于戎，徙居东都王城。时周室衰微，诸侯强并弱，齐②、楚、秦③、晋④始大。平王之四十九年即鲁隐公⑤之元年，其后孔子⑥修《春秋》⑦始此。

---

① 逼，迫近。
② 齐，周代诸侯国，侯爵，姜姓吕氏。第一代国君为吕尚，全盛时疆域大致包括今河北东南部、山东等地。吕尚辅佐武王灭商后，封于齐。成王时周公东征，命吕尚"五侯九伯，实得征之"，齐国从此逐渐强大，成为春秋时期重要诸侯国。齐桓公时称霸中原。传至齐康公时被卿大夫田和放逐，田齐代替姜齐。战国时为"战国七雄"之一，在齐威王、齐宣王时国力达到全盛，与秦并称"二帝"。公元前221年，为秦将王贲所灭。
③ 秦，周代诸侯国，伯爵，嬴姓赵氏。第一代国君为秦非子，相传为伯益之后。非子因善养马而得到周孝王赏识，封于秦地。平王东迁，秦襄公出兵护送，正式封秦为诸侯，并将岐山以西周王朝无力控制的土地赐予秦国，秦国自此逐渐强盛，成为春秋时期重要诸侯国。秦穆公时称霸中原。战国时为"战国七雄"之一，经商鞅变法后，国力蒸蒸日上，于公元前221年灭亡六国，建立起统一的秦帝国。
④ 晋，周代诸侯国，侯爵，姬姓。第一代国君为周成王之弟唐叔虞，全盛时疆域大致包括今山西全境、河南中北部、河北中南部、陕西东部、内蒙古南部等地。叔虞立国后，历经文侯勤王、曲沃代翼、骊姬乱晋，到晋文公时国力强盛，称霸中原，从此开启了晋国近百年的霸业，成为春秋时期最为强盛的诸侯国。晋国立国之初，宗室内乱不断，自晋献公大肆屠杀公室之后，晋国便抑制宗室、多用外姓，这在成就晋国霸业的同时，也导致公室力量不断削弱。晋悼公时，晋国六卿便已严重威胁公室。至公元前403年，晋国韩、赵、魏三卿正式成为诸侯，晋国名存实亡。公元前349年，晋国灭亡。
⑤ 鲁隐公（？—前712），姬姓，名息姑，惠公之子，春秋时期鲁国国君，公元前722年—公元前712年在位。为保护后来成为鲁桓公的弟弟公子允登上王位，却为桓公所弑杀。孔子作《春秋》起于鲁隐公元年（前722）。
⑥ 孔子（前551—前479），子姓孔氏，名丘，字仲尼，春秋时期鲁国人，我国古代最伟大的思想家、教育家，儒家学派创始人。幼年丧父，勤奋学习，志在推行仁政。在鲁国不得志后，率弟子周游列国十四年。晚年回到鲁国，编订六经，专心教学。是私人讲学的开创者，相传其弟子三千，七十二贤。在汉代确立儒家独尊地位后，孔子被统治者尊为孔圣人、至圣先师、万世师表。
⑦ 《春秋》，儒家经典"五经"之一。为孔子编订，记录了春秋时期自鲁隐公元年（前722）至鲁哀公十四年（前481）事迹，是我国第一部编年体史书，对后世文学和史学的发展有深远影响。

诸侯立姬宜臼为王，就是周平王。平王因为西都镐京离犬戎太近，所以将都城迁到东都洛邑。这时，周王室权力衰微，强大的诸侯国吞并弱小的诸侯国，齐、楚、秦、晋开始逐渐壮大。自公元前770年平王东迁后，中国开始进入春秋时期。平王四十九年就是鲁隐公元年，孔子编写《春秋》就是从这一年开始的。

平王崩，太子之子桓王林①立。崩，子庄王佗②立。崩，子釐王胡齐③立，齐桓公④始霸。釐王崩，子惠王阆⑤立。崩，子襄王郑⑥立，晋文公⑦始霸。

---

① 桓王林，即姬林（？—前697），姬泄父之子，平王之孙，东周君主，公元前719年—公元前697年在位。其父姬泄父死于太子之位，故平王死后桓王即位。在位期间，因打压郑庄公而导致周郑交恶，在讨伐郑国时桓王被射伤，周天子的权威荡然无存。死后谥号桓王。
② 庄王佗，即姬佗（？—前682），桓王之子，东周君主，公元前696年—公元前682年在位。在位期间，平定其弟王子克之乱。死后谥号庄王。
③ 釐（xī）王胡齐，即姬胡齐（？—前677），庄王之子，东周国君，公元前682年—公元前677年在位。在位期间，承认齐桓公的霸主地位，册封曲沃晋武公为晋国国君。死后谥号釐王。
④ 齐桓公（？—前643），姜姓吕氏，名小白，齐僖公三子，齐襄公之弟，春秋时期齐国君主，公元前685年—公元前643年在位，"春秋五霸"之一。齐国内乱中，在鲍叔牙的辅佐下登上君位，以管仲为相，励精图治，推行改革，齐国国力大增。北伐山戎，南征楚国，尊王攘夷，九合诸侯，成为中原霸主。晚年任用易牙、竖刁等小人，在内乱中饿死，死后谥号桓公。
⑤ 惠王阆（làng），即姬阆（？—前653），釐王之子，东周君主，公元前676年—公元前653年在位。即位后贪婪无度，引发"子颓之乱"。叛乱平定后，分封土地给平乱有功的郑国和虢国，周朝疆土再次缩小。死后谥号惠王。
⑥ 襄王郑，即姬郑（？—前619），惠王之子，东周君主，公元前653年—公元前619年在位。即位后，其弟子带联合戎狄攻打成周，在晋文公协助下，平定叛乱。在位期间，诸侯争霸日益激烈，先后发生齐桓公葵丘之盟、宋楚泓水之战、晋楚城濮之战、晋文公践土之盟、秦晋崤之战、秦穆公称霸西戎等诸多事件，宋襄公、晋文公、秦穆公相继称霸，周天子威权日丧。死后谥号襄王。
⑦ 晋文公（？—前628），姬姓，名重耳，晋献公之子，晋惠公之兄，春秋时期晋国国君，公元前636年—公元前628年在位，"春秋五霸"之一。为公子时谦虚好学，礼贤下士，因"骊姬之乱"而流亡在外十九年。晋惠公死后，在秦穆公的帮助下，回国即位。在位期间，任用贤臣，通商宽农，晋国国力大增；先后伐曹攻卫、救宋服郑，平定子颓之乱，城濮大败楚军，召集践土之盟，成为中原霸主，开启晋国近百年的霸业。死后谥号文公。

平王死后，太子姬泄父的儿子桓王姬林继位。桓王死后，他的儿子庄王姬佗继位。庄王死后，他的儿子釐王姬胡齐继位，釐王在位期间，齐桓公开始称霸。釐王死后，他的儿子惠王姬阆继位。惠王死后，他的儿子襄王姬郑继位。襄王在位期间，晋文公开始称霸。

襄王崩，子顷王壬匡①立。崩，子匡王班②立。崩，弟定王瑜③立，楚庄王④使人问鼎⑤轻重，王孙满⑥却之。定王崩，子简王夷⑦立，吴⑧始僭称王。

---

① 顷王壬匡，按，应为顷王壬臣，据《史记·周本纪第四》改。即姬壬臣（？—前614），襄王之子，东周君主，公元前619年—公元前614年在位。即位后，因王室财政拮据，向鲁国借钱才安葬襄王。死后谥号顷王。
② 匡王班，即姬班（？—前607），顷王之子，东周君主，公元前614年—公元前607年在位。在位期间，晋灵公为赵穿所杀。死后谥号匡王。
③ 定王瑜，即姬瑜（？—前586），顷王之子，匡王之弟，东周君主，公元前607年—公元前586年在位。在位期间，楚庄王称霸中原，陈兵洛邑，问鼎轻重；晋国屠岸贾灭杀赵氏。死后谥号定王。
④ 楚庄王（？—前591），芈姓熊氏，名侣，楚穆王之子，春秋时期楚国国君，公元前613年—公元前591年在位，"春秋五霸"之一。即位后，沉湎酒色，不理朝政；在大夫伍举、苏从的劝谏下，洗心革面，一鸣惊人。启用孙叔敖等贤臣，整军备武，问鼎中原；邲之战大败晋军，饮马黄河；围攻宋国，联齐制晋，成为中原霸主。死后谥号庄王。
⑤ 问鼎，鼎，即九鼎，相传为大禹所造，是王权的象征。
⑥ 王孙满，即姬满，周襄王之孙，东周大夫。楚庄王问鼎周室时，婉谏庄王天命"在德不在鼎"，巧妙化解周室危机。
⑦ 简王夷，即姬夷（？—前572），定王之子，东周君主，公元前586年—公元前572年在位。在位期间，晋国赵氏孤儿赵武攻杀屠岸贾；晋军于鄢陵、湛阪两败楚军，中原各国举行弭兵会盟，晋楚分霸。死后谥号简王。
⑧ 吴，周代诸侯国，子爵，姬姓。第一代国君为周太王长子太伯，全盛时疆域大致包括今江苏、安徽、湖北、江西东北部、浙江北部等地区。太伯为满足其父周太王传位给季历的心愿，和其弟仲雍一起远遁荆蛮，自立吴君。武王灭商后，正式册封仲雍曾孙为吴子，吴国正式成为诸侯国。至寿梦时，吴国称王，日益强大；吴王阖闾、夫差时任用孙武、伍子胥等人，柏举之战西破楚，夫椒之战南服越，艾陵之战北败齐，黄池之会会盟晋，争霸中原，国力达到顶峰。旋即为越王勾践所偷袭，国力大衰。公元前473年，为越王勾践所灭。

襄王死后，他的儿子顷王姬壬臣继位。顷王死后，他的儿子匡王姬班继位。匡王死后，他的弟弟定王姬瑜继位，定王在位期间，楚庄王陈兵洛邑，派人询问鼎的重量，王孙满将楚庄王劝退。定王死后，他的儿子简王姬夷继位。简王在位期间，吴国开始僭越称王。

简王崩，子灵王泄心①立，孔子生于其时。灵王崩，子景王贵②立。崩，子悼王猛③立，庶弟子朝④弑之。晋人攻子朝而立敬王匄⑤，孔子殁于其时。敬王崩，子元王仁⑥立。崩，子贞定王介⑦立。崩，子哀王去疾⑧立，弟思王叔⑨带袭弑之而自立，少弟考王嵬⑩又攻杀思王而自立。

---

① 灵王泄心，即姬泄心（？—前545），简王之子，东周君主，公元前571年—公元前545年在位。在位期间，中原诸侯国举行第二次弭兵会盟。死后谥号灵王。
② 景王贵，即姬贵（？—前520），灵王次子，东周君主，公元前544年—公元前520年在位。在位期间，王室财政拮据，酒器亦向各诸侯国索取。死后谥号景王。
③ 悼王猛，即姬猛（？—前520），景王嫡次子，东周君主，公元前520年在位。因景王宠爱其庶子姬朝，悼王即位后，其弟姬朝叛乱，争夺王位，占据洛邑。悼王在晋顷公协助下，重返洛邑，不久病死。死后谥号悼王。
④ 子朝，即姬朝（？—前505），景王之子，悼王之弟。悼王即位后，出兵攻打悼王，占据洛邑。敬王即位后，又起兵将敬王赶出洛邑。在晋国的干预下，敬王重返洛邑，子朝出逃楚国。后在楚国被敬王派人刺杀。
⑤ 敬王匄，即姬匄（？—前477），景王之子，悼王之弟，东周君主，公元前519年—公元前477年在位。即位后，因子朝及其党羽作乱，两度逃离洛邑，均在晋国帮助下得以重返都城。因子朝势大，遂迁都于洛邑之东，称成周，洛邑称王城。在位期间，吴国崛起，吴越争霸。死后谥号敬王。
⑥ 元王仁，即姬仁（？—前469），敬王之子，东周君主，公元前476年—公元前469年在位。在位期间，越王勾践灭亡吴国，北会诸侯，成为一时霸主。死后谥号元王。
⑦ 贞定王介，即姬介（？—前441），元王之子，东周君主，公元前468年—公元前441年在位。在位期间，晋国大夫赵襄子、韩康子、魏桓子合力灭亡智氏，成为三个国家，晋国名存实亡。
⑧ 哀王去疾，即姬去疾（？—前441），贞定王长子，东周君主，公元前441年在位。即位三个月即被其弟姬叔袭杀死。死后谥号哀王。
⑨ 思王叔，即姬叔（？—前441），贞定王之子，哀王之弟，东周君主，公元前441年在位。杀害其兄哀王后即位，在位五个月被弟姬嵬所杀。死后谥号思王。
⑩ 考王嵬（wéi），即姬嵬（？—前426），贞定王之子，思王之弟，东周君主，公元前440年—公元前426年在位。杀害其兄思王后即位。在位期间，封其弟姬揭于洛邑王城，称西周国；越国日益强盛，成为中原霸主。死后谥号考王。

简王死后，他的儿子灵王姬泄心继位，孔子生活在这个时期。灵王死后，他的儿子景王姬贵继位。景王死后，他的儿子悼王姬猛继位，不久被他的弟弟子朝杀死。晋人攻打子朝，迎立悼王的弟弟敬王姬丐为王，敬王在位期间，孔子去世。敬王死后，他的儿子元王姬仁继位。元王死后，他的儿子贞定王姬介继位。贞定王死后，他的儿子哀王姬去疾继位。他的弟弟姬叔杀死哀王自立为王，就是周思王。不久思王又被他的小弟弟姬嵬杀掉，姬嵬即位，就是周考王。

考王崩，子威烈王午①立。晋赵氏②、魏氏③、韩氏④始侯。

周自东迁以来，及是二十世而愈微。诸侯用兵争强，号为战国⑤。威烈王崩，子安王骄⑥立，齐田氏⑦始侯。

---

① 威烈王午，即姬午（？—前402），考王之子，东周第二十代君主，公元前425年—公元前402年在位。威烈王二十三年（前403），正式册封晋国大夫韩虔、赵籍、魏斯为诸侯，三家分晋，中国历史进入战国时期。韩、赵、魏的册封，间接引发了齐国的田氏代姜，周天子威望直坠谷底，诸侯纷纷称王，再无尊王攘夷之心。死后谥号威烈王。
② 赵氏，即赵籍（？—前400），赵献子之子，晋献公重臣赵夙之后，战国时期赵国开国君主，公元前408年—公元前400年在位。公元前403年正式得到周威烈王册封，赵始建国。在位期间，选贤任能，节财俭用，赵国国力逐渐强盛。死后谥号烈侯。
③ 魏氏，即魏斯（前472—前396），魏桓子之孙，晋献公重臣毕万之后，战国时期魏国开国君主，公元前445年—公元前396年在位。公元前403年正式得到周威烈王册封，魏始建国。在位期间，厉行变法，奖励耕战，启用李悝、翟璜、乐羊、吴起、西门豹等人，内修德政，外治武功，西取河西，北灭中山，魏国成为战国初期的中原霸主。死后谥号文侯。
④ 韩氏，即韩虔（？—前400），韩武子之子，曲沃桓叔之子韩万之后，战国时期韩国开国君主，公元前408年—公元前400在位。公元前403年正式得到周威烈王册封，韩始建国。在位期间，迁都阳翟，推广铁器农具，主张以"术"治国，多次与郑国交战。死后谥号景侯。
⑤ 战国，中国历史时期。"战国"之名，源自刘向编注的《战国策》。其开始时间大致有三种意见：或以公元前476年为始（《史记·六国年表》始于此）；或以公元前453年韩、赵、魏三家灭智，奠定战国格局为始；或以公元前403年韩、赵、魏三家分晋为始（《资治通鉴》始于此）。结束于公元前221年秦始皇统一六国。
⑥ 安王骄，即姬骄（？—前376），威烈王之子，东周君主，公元前401年—公元前376年在位。在位期间，封齐国大夫田和为齐侯，战国七雄正式形成；楚悼王任用吴起变法，楚国一度强盛，楚悼王死后，在旧贵族的破坏下，吴起被杀，变法失败；公元前376年，晋静公被韩、赵、魏废为庶民，晋国灭亡。死后谥号安王。
⑦ 田氏，即田和（？—前384），田庄子之子，田悼子之弟，战国时期齐国开国君主，公元前404年—公元前384年在位。公元前391年，放逐齐康公于海岛，自立齐君；公元前386年正式得到周安王的册封，代替姜齐成为诸侯。死后谥号太公。

考王死后，他的儿子威烈王姬午继位。威烈王在位期间，晋国赵氏、魏氏、韩氏正式成为诸侯。

周王朝自平王东迁后，到威烈王已经传了二十代，王室更加衰微。诸侯之间互相征伐争强，被称为战国时期。威烈王死后，他的儿子安王姬骄继位。安王在位期间，齐国田氏代替姜氏成为诸侯。

安王崩，子烈王喜①立。崩，弟显王扁②立，诸侯皆僭称王。显王崩，子慎靓王定③立。崩，子赧王延④立。五十九年，与诸侯约从攻秦。秦昭王⑤攻周，赧王奔秦，顿首⑥受罪，尽献其邑。秦受献而归赧王于周，以卒⑦。

周为天子三十七世。初，夏亡，九鼎迁殷。殷亡，迁周。成王定鼎于郏鄏⑧，卜曰："传世三十，历年七百。"至是乃过。其历凡八百六十七年。

---

① 烈王喜，即姬喜（？—前369），安王之子，东周君主，公元前375年—公元前369年在位。在位期间，秦献公整顿内政，发展经济，为日后的商鞅变法打下基础；齐威王整顿吏治，齐国逐渐崛起。死后谥号烈王。
② 显王扁，即姬扁（？—前321），安王之子，烈王之弟，东周君主，公元前368年—公元前321年在位。在位期间，诸侯纷纷称王，秦国商鞅变法，秦国逐渐强大；韩国申不害变法，韩昭侯死后，变法失败，齐魏两国接连发生桂陵之战、马陵之战，魏国霸权丧失，齐国成为新的中原霸主。死后谥号显王。
③ 慎靓王定，即姬定（？—前315），显王之子，东周君主，公元前320年—公元前315年在位。在位期间，秦国变法成效显著，成为最强大的诸侯国；各诸侯国展开"合纵""连横"的外交攻略，纵横家兴起；秦国经营巴蜀，为日后扫荡中原打下物质基础。死后谥号慎靓王。
④ 赧（nǎn）王延，即姬延（？—前256），慎靓王之子，东周君主，公元前314年—公元前256年在位，东周最后一位君主。在位期间，秦国攻破楚都郢邦，蚕食三晋，自称西帝，渐有统一天下之势。公元前256年，西周文公与山东诸侯国合纵攻秦，失败后尽献封地。赧王与西周文公相继去世后，秦国进入洛邑，收取九鼎，周朝灭亡。死后谥号赧王。
⑤ 秦昭王（前325—前251），嬴姓，名稷，秦惠文王之子，秦武王之弟，战国时期秦国国君，公元前306年—公元前251年在位。早年在燕国做人质，秦武王死后即位。即位初，宣太后和魏冉把持朝政，白起为将，屡败六国，成为最强大的诸侯国。秦昭襄王四十一年，即公元前265年，秦昭襄王亲政，任范雎为相，采用远交近攻的外交策略，并于长平之战中大败赵国，为秦始皇日后的统一六国扫清障碍。死后谥号昭襄王。
⑥ 顿首，磕头。
⑦ 以卒，按，此处所载合纵攻秦、奔秦谢罪、进献封地等事，据《史记》应为西周文公所为，不是周赧王。
⑧ 郏（jiá）鄏（rǔ），指洛邑，周朝东都，故地在今河南洛阳西北。

安王死后，他的儿子烈王姬喜继位。烈王死后，他的弟弟显王姬扁继位。显王在位期间，诸侯相继僭越称王。显王死后，他的儿子慎靓王姬定继位。慎靓王死后，他的儿子赧王姬延继位。周赧王五十九年，与诸侯约定一起攻打秦国。秦昭王遂带兵攻周，赧王惧怕，跑到秦国磕头谢罪，将他的城邑都献给秦国。秦国接受了城邑，将赧王放回周朝，不久他就去世了。

周朝共有三十七位天子。当初夏灭亡时，九鼎被迁到了商朝都城。商灭亡的时候，又将九鼎迁到宗周。成王后来将九鼎放在郏鄏，占卜后卜辞显示道："周朝将传世三十代，历经七百年。"其实周朝的持续时间超过了这个数字，总共延续了八百六十七年。

文白对照十八史略

第一卷

春秋战国

春秋战国（一）

周平王以后为春秋之世。其列国与周同姓者，曰鲁①、曰卫、曰晋、曰郑②、曰曹③、曰蔡④、曰燕⑤、曰吴。

---

① 鲁，周代诸侯国，侯爵，姬姓。第一代国君为周公之子姬伯禽，全盛时期疆域大致在今山东西南部，国都曲阜，是春秋十二诸侯国之一。周公封于鲁，因周公之功，成王赐鲁国"郊祭文王""奏天子礼乐"等资格。桓公、庄公、僖公之际，国力达到最强盛时期。随后三桓专权，公室无力，逐渐衰落。公元前256年，为楚考烈王所灭。
② 郑，周代诸侯国，伯爵，姬姓。第一代国君为周宣王之弟姬友，全盛时期疆域大致在今河南中部，先后以华县、荥阳、新郑为都，是春秋十二诸侯国之一。郑国起初封地在西周王畿之内，平王东迁后，郑国逐渐在东方发展起来。武公、庄公为周王卿士，国力一度强盛，是东周初期王室重要藩国，成为中原一霸。庄公之后，公子争权，内乱频仍，逐渐衰落。因地处中原，常年是诸侯争霸的对象之一。公元前375年，为韩哀侯所灭。
③ 曹，周代诸侯国，伯爵，姬姓。第一代国君为周文王六子姬振铎，疆域大致在今山东西南部菏泽一带，国都陶丘，是春秋十二诸侯国之一。建国之初与鲁国一起屏卫东土，是周王室重要藩国。春秋时内乱频仍，国力衰微，是中原争霸的对象之一。公元前487年，为宋景公所灭。
④ 蔡，周代诸侯国，侯爵，姬姓。第一代国君为周文王五子姬度，辖境大致在河南东南部上蔡一带，先后以上蔡、吕亭、州来为都，是春秋十二诸侯国之一。"三监之乱"中封国被除，蔡叔死后，其子姬胡封于上蔡，复立蔡国。国小力弱，一直是楚国势力范围，一度为楚国所灭，后再次复国。公元前447年，为楚惠王所灭。
⑤ 燕，周代诸侯国，侯爵，姬姓。第一代国君为召公之子姬克，全盛时疆域大致在今河北北部、北京、天津、辽宁南部，国都蓟城，是春秋十二诸侯国之一。桓侯时山戎南下，几乎亡国，在齐桓公帮助下才得以保全。战国时为"战国七雄"之一，燕王哙时发生"子之之乱"，燕国大乱，国都被破。昭王即位后，励精图治，北击东胡，南刽齐国，燕国进入全盛时期。昭王死后，国势大减，公元前222年，为秦将王贲所灭。

春秋战国（一）

　　自周平王始，中国开始进入春秋时期。诸侯国与周王室同姓的有鲁国、卫国、晋国、郑国、曹国、蔡国、燕国、吴国。

其与周异姓者，曰齐、曰宋①、曰陈②、曰楚、曰秦。此其大者。余小国若《春秋》所书杞③、许④、滕⑤、薛⑥、邾⑦、莒⑧、江⑨、黄⑩之属，不可尽述。

---

① 宋，周代诸侯国，公爵，子姓。第一代国君为商纣王庶兄微子启，全盛时疆域大致在今河南东部、山东西南部、江苏西北部、安徽北部，国都商丘，是春秋十二诸侯国之一。"三监之乱"平定后，成王封微子启于宋，奉商祭祀，为周"三恪"之一。襄公时平复齐国内乱，帮助齐孝公即位，代齐成为中原霸主；在泓水之战中施行"仁义"，为楚所败。其后宋一直为中原争霸的主战场，刀兵不断，发起两次"弭兵之盟"。战国时康王屡屡用兵，四面树敌，公元前286年，为齐、魏、楚联兵所灭。
② 陈，周代诸侯国，公爵，妫姓。第一代国君为虞舜后裔妫满，疆域大致在今河南东南部、安徽西北部，国都宛丘，是春秋十二诸侯国之一。周武王封妫满于陈，奉虞祭祀，为周"三恪"之一。国小力弱，是中原争霸对象之一。几度兴亡，公元前478年，为楚惠王所灭。陈厉公之子陈完因内乱逃到齐国，其后人不断壮大，最终取代姜齐。
③ 杞，周代诸侯国，公爵，姒姓。第一代国君为夏禹后裔东楼公，疆域大致在今河南杞县一带。周武王封东楼公于杞，奉夏祭祀，为周"三恪"之一。国小力弱，在外敌入侵下，不断东迁。公元前445年，为楚惠王所灭。
④ 许，周代诸侯国，男爵，姜姓。第一代国君为四岳之后许文叔，疆域大致在今河南许昌一带，先后以许、叶为国都。国小力弱，是中原争霸的对象之一。几经兴亡，战国初年，为楚国所灭。
⑤ 滕，周代诸侯国，侯爵，姬姓。第一代国君为周文王十四子姬绣，疆域大致在今山东滕州。公元前414年为越国所灭，不久复国。战国初期，为宋康王所灭。
⑥ 薛，周代诸侯国，侯爵，任姓。第一代国君为太昊后裔任畛，疆域大致在今山东滕州。公元前323年为齐威王所灭。
⑦ 邾（zhū），周代诸侯国，子爵，曹姓。第一代国君为颛顼之后曹挟，疆域大致在今山东邹城一带。早期一直是鲁国附庸国，西周后期"邾国三分"。春秋时经齐桓公奏请，获封子爵。战国时为楚国所灭。
⑧ 莒，周代诸侯国，己姓。第一代国君为少昊后裔己兹舆期，疆域大致在今山东莒县。春秋时，齐桓公曾到莒国避难。公元前431年，为楚简王所灭。
⑨ 江，周代诸侯国，嬴姓，相传为伯益后裔。疆域大致在今河南正阳，地处大国之间，是中原争霸对象之一。公元前623年，为楚穆王所灭。
⑩ 黄，周代诸侯国，子爵，嬴姓，相传为少昊之后。早期淮河流域霸主，属东夷集团九夷之一。春秋时，依附齐国对抗楚国。公元前648年，为楚成王所灭。

与周王室不同姓的有齐国、宋国、陈国、楚国、秦国。这些都是比较大的诸侯国。其余小国像《春秋》中所记载的杞国、许国、滕国、薛国、邾国、莒国、江国、黄国等,多得不能够一一列举。

于十二列国之中有齐桓公、宋襄公①、晋文公、秦穆公②、楚庄王五霸事迹。若论春秋诸国之终始，有未及战国而先亡者，有既及战国而后亡者，各举其概。

　　周威烈王以后为战国之世。则秦、楚、燕、齐、赵③、魏④、韩⑤七大国而已。秦、楚、燕犹为春秋之旧国，田齐、赵、魏、韩则为战国之新国。

---

① 宋襄公，即子兹甫（？—前637），宋桓公之子，春秋时期宋国国君，公元前650年—公元前637年在位，"春秋五霸"之一。接受齐桓公嘱托，在其死后，平定齐国内乱，拥立齐孝公即位，继承齐桓公霸业。泓水之战中，不切实际，讲究"仁义"，为楚军所败。次年病死，死后谥号襄公。
② 秦穆公（前682—前621），嬴姓，名任好，秦德公之子，秦成公之弟，春秋时期秦国国君，公元前659年—公元前621年在位，"春秋五霸"之一。在位期间，选贤任能，知人善任，秦国国力迅速强盛。晋国内乱时，先后拥立晋惠公和晋文公，成秦晋之好。崤之战、彭衙之战败给晋国，东进无望后，向西发展，灭十二国，扩地千里，称霸西戎，周襄王封其为西方诸侯之长。死后谥号穆公。
③ 赵，周代诸侯国，侯爵，嬴姓赵氏。第一代国君为赵烈侯赵籍，全盛时疆域大致在河北西部、山西中北部、陕西东北部、内蒙古一部分，国都晋阳，后徙邯郸。赵衰跟随晋文公流亡列国，文公即位后，赵衰任上卿，赵氏开始崛起。后世历代把持晋国国政，为"六卿"之一。联合魏、韩共灭智氏后，公元前403年，得到周威烈王的承认，赵始建国，为"战国七雄"之一。赵武灵王胡服骑射后，赵军战斗力迅速增强，东灭中山，北击林胡、楼烦，成为战国后期山东六国唯一能与秦国抗衡的诸侯国。长平之战后逐渐衰落，公元前222年，为秦将王贲所灭。
④ 魏，周代诸侯国，侯爵，姬姓魏氏。第一代国君为魏文侯魏斯，全盛时疆域大致在今山西南部、陕西东部、河南东北部、河北南部，国都安邑，后徙大梁。魏犨跟随晋文公流亡列国，文公即位后，魏犨任大夫。其后魏绛在晋悼公时任司马，为"六卿"之一。联合赵、韩共灭智氏后，公元前403年，得到周威烈王的承认，魏始建国，为"战国七雄"之一。魏文侯知人善任，率先进行变法，魏国国力迅速增强，成为战国初期中原霸主。惠王时桂陵、马陵接连失败，逐渐衰落。公元前225年，为秦将王贲所灭。
⑤ 韩，周代诸侯国，侯爵，姬姓韩氏。第一代国君为韩景侯韩虔，全盛时疆域大致在今河南中南部、安徽北部，国都阳翟，后徙新郑。祖先韩万为曲沃桓叔之子，为晋室公族。韩厥因庇护"赵氏孤儿"赵武，与赵氏结为同盟，位列"六卿"。联合赵、魏共灭智氏后，公元前403年，得到周威烈王的承认，韩始建国，为"战国七雄"之一。韩哀侯时任用申不害变法，国力一度强盛。因地处中原，强敌环伺，一直未能有足够的发展，为七国中最弱小的一国。公元前230年，为秦将内史腾所灭。

在鲁、卫、曹、燕、晋、蔡、郑、齐、宋、陈、楚、秦十二个大国之中，有齐桓公、宋襄公、晋文公、秦穆公、楚庄王这五位霸主的事迹。如果研究春秋时期诸侯国的起止，有到战国便已灭亡的，有延续到战国时灭亡的，下面分别概括列举其中一部分。

周威烈王以后，中国进入战国时期。战国时有秦、楚、燕、齐、赵、魏、韩这七个大国。秦、楚、燕仍是春秋时期延续下来的旧的诸侯国，田齐、赵、魏、韩则是战国时期新成立的诸侯国。

凡春秋、战国之国，虽系周之诸侯，而国异政，实不系于周。难于尽载，附见周之下方。其时各有先后，则观者详之。

吴，姬姓，太伯、仲雍之所封也。十九世至寿梦①，始称王。寿梦四子，幼曰季札②。札贤，欲使三子相继立以及札。札义不可，封延陵，号曰延陵季子。聘③上国④，过徐，徐君爱其宝剑，季子心知之。使还，徐君已殁⑤，遂解剑悬其墓而去。

寿梦后四君⑥而至阖庐⑦，举伍员⑧谋国事。

---

① 寿梦（前620—前561），姬姓，名寿梦，吴侯去齐之子，春秋时期吴国国君，公元前585年—公元前561年在位。在位期间，僭越称王，任用晋国大夫申公巫臣训练吴军，吴国军力得到增强，多次击败楚国，参与中原诸侯会盟，奠定了日后的霸业基础。
② 季札（前576—前484），姬姓，名札，寿梦四子，春秋时期吴国宗室。寿梦想要传位给季札，于是嘱咐长子诸樊，兄弟相承，传位季札。季札坚决不受，封于延陵，称延陵季子，多次代表吴国出使中原各国。
③ 聘，出使，访问。
④ 上国，春秋时称中原各诸侯国为上国，与吴楚诸国相对而言。
⑤ 殁，死。
⑥ 四君，吴王寿梦之后，历诸樊、余祭、余昧、僚四世。
⑦ 阖庐，又作阖闾（？—前496），姬姓，名光，吴王诸樊之子，春秋时期吴国国君，公元前514年—公元前496年在位。刺杀吴王僚后即位，起用伍子胥和孙武，国力日强，多次击败楚国，攻破郢都，称霸一时。与越国槜李之战中，兵败重伤而死。
⑧ 伍员（前559—前484），字子胥，楚国椒邑人，春秋时期吴国大夫、军事家。其父在楚国被杀后，逃到吴国，辅佐吴王阖闾，后率兵攻破郢都，鞭尸楚平王。助吴王夫差大败越国，称霸中原后，极力主张杀掉越王勾践，遭伯嚭谗言迫害而被夫差赐死。

不论春秋时期还是战国时期，这些国家虽然都是周王室的诸侯，但是各国之间政治相异，并不属于周王朝。难以将所有内容记载下来，所以将其附于周王朝的下方。各诸侯国存在的时间有先有后，读者需要细心考察它。

吴国，姬姓，是太伯、仲雍的封国。太伯之后十九世到了寿梦，才开始称王。吴王寿梦有四个儿子，小儿子名叫季札。季札贤能，寿梦想使三个儿子相继即位，直到将王位传给季札。季札坚持大义，认为不可以，于是被封到延陵，人们称他为延陵季子。季札出使中原诸侯国时，路过徐国，徐国国君喜欢季札的宝剑，却没有言明。季札心里明白，却因为身为使臣，佩剑是必备之物，不便赠送。等到季札出使回来时，徐国国君已经去世了，季札于是将宝剑解下来，悬挂在徐国国君的墓碑上后离开了。

寿梦之后，吴国经历诸樊、余祭、余眛、僚四世之后，吴王阖闾即位，任用伍员治理国家，辅佐政事。

员字子胥，楚人伍奢①之子。奢诛而奔吴，以吴兵入郢②。吴伐越③，阖庐伤而死，子夫差④立。子胥复事之。夫差志复仇，朝夕卧薪中，出入使人呼曰："夫差，而忘越人之杀而父邪！"

周敬王二十六年，夫差败越于夫椒⑤。越王勾践⑥以余兵栖会稽山，请为臣，妻为妾。子胥言不可，太宰⑦伯嚭⑧受越赂，说夫差赦越。

---

① 伍奢（？—前522），楚国椒邑人，伍举之子，春秋时期楚国大夫。楚平王时担任太子太傅，因费无忌迫害而被楚平王所杀。
② 郢（yǐng），今湖北江陵。
③ 越，周代诸侯国，姒姓。夏朝少康封其少子无余于越，越始建国，国都会稽，全盛时疆域大致在今江苏、浙江、安徽南部、江西东部。春秋时勾践灭亡吴国后，会盟诸侯，称霸中原，越国达到全盛时期。公元前333年，越王无疆分兵攻打齐楚，反为楚国所败，分崩离析，成为楚国附庸。东越、闽越直到汉武帝时才归顺中央。
④ 夫差（？—前473），姬姓，名夫差，吴王阖闾之子，春秋时期吴国国君，公元前495年—公元前473年在位。在位期间，励精图治，夫椒之战大败越国，艾陵之战全歼齐军，黄池之会会盟中原诸侯，成为一时霸主。因全力北上，国中空虚，反为越国偷袭。公元前473年，越国发兵攻灭吴国，夫差自刎而死。
⑤ 夫椒，山名，在今无锡太湖马山。
⑥ 勾践（？—前465），姒姓，名勾践，越王允常之子，春秋时期越国国君，公元前496年—公元前465年在位。在位期间，樵李之战中大败吴军，重伤吴王阖闾；夫椒之战中大败，自请为奴前往吴国服侍夫差。回国后卧薪尝胆，励精图治，在文种和范蠡的辅佐下，国力逐渐恢复。趁夫差举国北上参加黄池之会，发兵攻破吴都姑苏城。后再次发兵攻灭吴国，随即北上于徐州会盟诸侯，成为一时霸主。
⑦ 太宰，官名，周置，又称大冢宰，为百官之首，辅佐君王。
⑧ 伯嚭（pǐ），姬姓，春秋时期吴国太宰。其父郤宛原为左尹，被费无极杀害后，伯嚭逃到吴国，经伍子胥推荐，担任大夫。夫差即位后深得宠幸，官至太宰。夫椒之战后，接受文种贿赂，主张准许越国臣服，不杀勾践，遂与伍子胥反目。后进谗言导致伍子胥自尽。吴国灭亡后为勾践所杀。

伍员字子胥，是楚人伍奢的儿子。伍奢被楚平王下令杀死后，伍子胥逃到吴国，率领吴军攻入楚国郢都。吴国攻打越国时，阖闾因受伤而死，他的儿子夫差继位。伍子胥又辅佐夫差处理政事。夫差志在复仇，每天都睡在柴薪之中，出去进来都命人向他问道："夫差，你难道忘了越人杀了你的父亲吗？"

周敬王二十六年，吴王夫差在夫椒打败越国。越王勾践率领残余的士兵退守会稽山，向夫差请求成为夫差的臣子，妻子成为夫差的女婢。伍子胥认为不可以，太宰伯嚭接受了越国贿赂，劝说夫差赦免了勾践。

勾践反国，悬胆于坐，卧即仰胆尝之曰："汝忘会稽之耻邪！"举国政属大夫种①，而与范蠡②治兵事谋吴。

太宰嚭谮③子胥耻谋不用，怨望。夫差乃赐子胥属镂之剑④。子胥告其家人曰："必树吾墓槚⑤，槚可材也。抉吾目悬东门，以观越兵之灭吴。"乃自刭⑥。夫差取其尸，盛以鸱夷⑦，投之江。吴人怜之，立祠江上，命曰胥山。

越十年生聚，十年教训⑧。周元王四年，越伐吴，吴三战三北。夫差上姑苏⑨，亦请成⑩于越。范蠡不可。夫差曰："吾无以见子胥。"为幂冒⑪乃死。

越既灭吴，范蠡去之，遗大夫种书曰："越王为人，长颈鸟喙，可与共患难，不可与共安乐。子何不去？"种称疾不朝。或谗种且作乱，赐剑死。

---

① 种，即文种（？—前472），楚国郢人，春秋时期越国名臣。辅佐越王勾践复仇吴国，成就霸业。灭吴后被勾践赐死。
② 范蠡（lí，前536—前448），字少伯，楚国三户人，春秋时期越国著名政治家、军事家、经济学家。辅佐越王勾践复仇吴国，成就霸业。随即功成身退，泛舟五湖。后三次经商致富，三次散尽家财，自号"陶朱公"，被奉为商家财神。
③ 谮（zèn），诬陷。
④ 属镂（lòu）之剑，即属镂剑，古代名剑，相传削铁如泥。
⑤ 槚（jiǎ），即梓树。
⑥ 自刭（jǐng），用刀自刎。
⑦ 鸱（chī）夷，皮革袋子。
⑧ 十年生聚，十年教训，指勾践自回国到起兵伐吴十年间，君民同仇敌忾，发愤图强。生聚，繁殖人口，聚积物力；教训，教育，训练。
⑨ 姑苏，即姑苏台，在今江苏苏州灵岩山。
⑩ 请成，请和，求和。
⑪ 幂（mì）冒，用方巾遮住脸。幂，覆盖用的巾幔。

勾践返回越国后,将一只苦胆悬挂在座位上,睡觉前就去尝一下,然后问自己:"你难道忘记在会稽山上的耻辱了吗?"勾践将国政交给大夫文种,自己与范蠡一起训练士兵,谋划反击吴国。

　　太宰伯嚭诬陷伍子胥,说他因为自己的计谋没有得到吴王重用而怨恨失望。夫差于是将属镂宝剑赐给伍子胥,让他自尽。伍子胥告诉家人说:"一定要在我的墓前种一棵梓树,等到梓树长到能够取材时,吴国也快灭亡了。挖掉我的眼睛悬挂在姑苏东门上,我要亲眼看着越国军兵灭亡吴国的那一天。"说完就自杀了。夫差将伍子胥的尸体装在皮袋子里,抛入长江。吴国百姓怜惜同情伍子胥,就在江边为他建立了祠堂,并将附近的一座山命名为胥山。

　　越国君民十年间同心同德,发愤图强,集聚物力,训练军队。周元王四年,越国攻打吴国,吴国三战三败。夫差登上姑苏台,向越国求和。范蠡不答应。夫差说:"我没有颜面去见伍子胥啊!"说完用巾帕遮住脸,自刎而死。

　　越国灭亡吴国后,范蠡就离开了越王勾践,并派人给大夫文种送信说:"越王这个人脖子长,嘴尖得像鸟嘴,这种面相的人可以和他共同经历患难,但是难以与他共享安乐。您何不早早离去呢?"文种于是自称身体有病,不去上朝。有人进谗言说文种要谋反作乱,勾践于是赏赐了一把宝剑给文种,让他自杀了。

范蠡装其轻宝珠玉，与私从乘舟江湖①，浮海出齐。变姓名，自谓鸱夷子皮②。父子治产至数千万，齐人闻其贤，以为相。蠡喟然曰："居家致千金，居官致卿相，此布衣之极也。久受尊名，不祥！"乃归相印，尽散其财，怀重宝间行③。止于陶④，自谓陶朱公，赀⑤累巨万。鲁人猗顿⑥往问术焉，蠡曰："畜五牸⑦。"乃大畜牛羊于猗氏⑧，十年间赀拟王公。故天下言富者，称陶朱猗顿。

蔡，姬姓，蔡仲⑨之所封也。周公蔡⑩蔡叔于郭邻⑪，其子胡率德改行，复封于蔡。后世至春秋之末，为楚惠王⑫所灭。

曹，姬姓，武王弟曹叔振铎⑬之所封也。其后世至春秋中为宋所灭。

---

① 江湖，江，长江；湖，太湖。
② 鸱夷子皮，本指古代牛皮做的酒器，后来成为范蠡的代称。
③ 间行，从小路逃跑。
④ 陶，今山东定陶。
⑤ 赀（zī），财物，家财。
⑥ 猗顿，春秋战国时期著名商人。原为鲁国书生，向范蠡请教经商后，前往西河猗氏，大畜牛羊，兼营盐业，成为战国初期与陶朱公齐名的巨富。
⑦ 五牸（zì），指牛、马、猪、羊、驴五种母畜。
⑧ 猗氏，今山西临猗。
⑨ 蔡仲，姬姓，名胡，蔡叔度之子，春秋时期蔡国国君。"三监之乱"后蔡叔度被流放。蔡仲遵守德训，与人为善，为鲁国卿士期间政绩卓著，得以续封蔡国。
⑩ 蔡（sà），流放。
⑪ 郭邻，即封地之外。
⑫ 楚惠王（？—前432），芈姓熊氏，名章，楚昭王之子，春秋战国时期楚国国君，公元前488年—公元前432年在位。在位期间，选贤任能，予民生息，楚国国力迅速恢复。对内平定白公胜之乱，对外攻灭陈、蔡、杞等国，将楚国势力渗透到泗水流域。死后谥号惠王。
⑬ 曹叔振铎，姬姓，名振铎，周文王六子，周代诸侯国曹国第一代国君。在位期间体察民情，轻徭薄赋。

范蠡装上容易携带的珠玉财宝,和家人、随从一起乘船经太湖、长江,取道海路,来到了齐国。范蠡改变了姓名,自称"鸱夷子皮"。父子二人治理家产累积到数千万之多,齐国人认为他很贤能,齐王就任命他为宰相。范蠡叹息道:"在家积累产业有千金之多,外出为仕官至卿相,这些都是普通百姓所能达到的极致了。长久地享受尊贵的名声,是不祥之事。"于是便归还了宰相宝印,将钱财全都散给众人,只带着几件珍贵的宝物从小路离开了。他到达陶地后定居下来,自称陶朱公,不久家产又累积到数万。鲁国人猗顿向范蠡询问生财之术,范蠡说:"蓄养牛、马、猪、羊、驴五种母畜。"于是猗顿就来到猗氏大力养殖牛羊等牲畜,十年后,猗顿的财产就能跟王公相比肩了。所以天下人说到富人,就称其为陶朱、猗顿。

蔡国,姬姓,是蔡叔度之子蔡仲的封国。周公旦将蔡叔度流放到封地之外后,蔡叔度的儿子姬胡改过自新,修养德行,周公旦就将姬胡重新封到蔡国。蔡国后世到春秋末年,被楚惠王所灭。

曹国,姬姓,是武王的弟弟曹叔振铎的封国。曹国后世到春秋中期,被宋国所灭。

春秋战国（二）

宋，子姓，商纣庶兄微子启之所封也。后世至春秋有襄公兹父者，欲霸诸侯。与楚战，公子①目夷②请及其未阵击之，公曰："君子不困人于阨③。"遂为楚所败。世笑以为宋襄之仁。

其后有景公④者，荧惑⑤尝以其时守心⑥。心，宋之分野⑦。公忧之，司星⑧子韦⑨曰："可移于相。"公曰："相，吾之股肱⑩。"曰："可移于民。"公曰："君者，待民。"曰："可移于岁。"公曰："岁饥民困，吾谁为君？"子韦曰："天高听卑⑪，君有君人之言三，宜有动。"候之果徙一度。

---

① 公子，先秦时称诸侯之子为公子。
② 目夷，即子目夷，字子鱼，宋桓公之子，宋襄公庶兄，春秋时期宋国宗室、大臣。襄公即位后，担任宋国相。
③ 阨（è），险要之地，指危险的处境。
④ 景公（？—前469），子姓，名头曼，宋元公之子，春秋时期宋国国君，公元前516年—公元前469年在位。在位期间，灭亡曹国。
⑤ 荧惑，指火星，是战争、死亡的象征。
⑥ 守心，指停留在心宿中。心，二十八星宿之一。荧惑守心即火星停留在心宿中，在中国星占学上被认为最不祥的星象，象征国君驾崩。
⑦ 分野，与星次相对应的地域。古代以十二星次的位置划分地面上州、国的位置与之相对应。就天文说，称作分星；就地面说，称作分野。
⑧ 司星，官名，周置，掌占候星象。
⑨ 子韦，春秋时代宋国人。景公时担任司星官，兼任宋国太史。
⑩ 股肱（gōng），比喻辅佐之臣。股，腿；肱，胳膊。
⑪ 天高听卑，原指上天神明可以洞察人间最卑微的地方。旧时称贤明的帝王了解民情。

春秋战国（二）

　　宋国，子姓，是商纣王的庶兄微子启的封国。宋国后世到春秋时期宋襄公兹父时，想要称霸诸侯。宋襄公与楚国交战，公子目夷请求襄公，在楚国还没有布好兵阵时出击，襄公说："君子不会将别人困在险恶的处境。"最后宋军被楚军击败。后世都嘲笑宋襄公的妇人之仁。

　　宋襄公之后，到了宋景公在位时，出现了荧惑守心的天象，荧惑星侵入心宿。心宿是宋国的分野。景公为此感到忧虑，司星官子韦说："可以将灾祸转移给宰相。"景公说："不行，宰相是我的股肱之臣。"子韦说："可以将灾祸转移给人民。"景公说："不行，百姓是为君之本。"子韦说："可以将灾祸转移到年岁。"景公说："不行，年岁不好，百姓就会困乏；百姓困乏，我还给谁当君主啊！"子韦说："上天神明可以洞察人间最卑微的地方，您这三句话有君主之德，神明一定会听到的，荧惑星应该会移走。"等了几天，荧惑星果然移动了一度。

历数世至康王偃①，有雀生鹯②，占之，曰："必霸天下！"偃喜。败齐、楚、魏，与为敌国。偃淫虐，天下号之曰"桀宋"。周慎靓王时，齐愍王③与楚、魏共伐宋，灭之而分其地。

鲁，姬姓，周公子伯禽④之所封也。周公诲成王，王有过，则挞伯禽。伯禽就封，公戒之曰："我，文王之子、武王之弟，今王之叔父。然我一沐三握发，一饭三吐哺，起以待士，犹恐失天下贤人。子之鲁，慎无以国骄人。"

太公封于齐，五月而报政。周公曰："何疾也？"曰："吾简其君臣礼，从其俗。"伯禽至鲁，三年而报政。周公曰："何迟也？"曰："变其俗，革其礼，丧三年而后除之。"周公曰："后世其北面事齐乎？夫政不简不易，民不能近乎。平易近民，民必归之。"周公问太公何以治齐，曰："尊贤而尚功。"周公曰："后世必有篡⑤弑⑥之臣。"太公问周公何以治鲁，曰："尊贤而亲亲。"太公曰："后寖弱矣。"

---

① 康王偃，即子偃（？—前286），宋剔成君之弟，战国时期宋国国君，公元前328年—公元前286年在位。在位期间，屡屡用兵，四面树敌，齐、楚、魏联兵攻宋，康王被杀，宋国灭亡。死后谥号康王。
② 鹯（zhān），猛禽名，又名晨风。似鹞，羽色青黄，以鸠鸽燕雀为食。
③ 齐愍（mǐn）王（？—前284），田氏，名地，齐宣王之子，战国时期齐国国君，公元前301年—公元前284年在位。在位期间，屡建武功，攻破燕都，灭亡宋国，与秦昭襄王共称东西二帝。公元前284年，燕将乐毅率五国联军攻破齐都临淄。齐愍王出逃时为楚将淖齿所杀。死后谥号愍王。
④ 伯禽，姬姓，名禽，周公旦长子，西周时期鲁国国君。
⑤ 篡，臣子夺取君位。
⑥ 弑，古代卑幼杀死尊长叫弑。多指臣子杀死君主，子女杀死父母。

宋国之后历经数世到了宋康王，有只麻雀生下鹯鹰，康王占卜之后，查看卦象的人说："您一定会称霸天下。"康王听了很高兴。康王接连打败了齐国、楚国、魏国，和他们成为敌国。但康王却荒淫暴虐，天下人称他为"桀宋"。周慎靓王时，齐愍王与楚、魏一起攻打宋国，灭亡宋国后瓜分了宋国的土地。

鲁国，姬姓，是周公旦的儿子伯禽的封国。周公旦教诲成王，成王有了过失，就鞭打伯禽以示对成王的震慑。伯禽前往封国时，周公旦告诫他说："我是文王的儿子、武王的弟弟，如今成王的叔父。但我有时洗一次澡都得三次握着湿头发处理政务，吃一顿饭都得三次将刚吃到嘴里的饭吐出来接待客人，已经睡下了还要起来款待贤士。即使这样，仍然怕失去天下贤能的人。你去了鲁国后，切记不要因为有封国而骄傲自大怠慢贤人。"

姜太公被周武王封到齐国后，过了五个月就来向周武王报告政事。周公说："怎么这么快呢？"太公说："我简化了君臣之间礼仪，顺从齐地百姓的风俗习惯。"伯禽到达鲁国后，过了三年才向周公报告政事。周公说："为什么这么迟呢？"伯禽说："我根据礼法改变百姓的风俗习惯，变革他们的礼仪，让百姓服丧三年后才能脱掉孝服。"周公说："鲁国的后代会面朝北面，向齐称臣了吧！国政如果烦琐而不简易，人民就不能亲近他。君主如果平易而亲近民众，人民一定会归顺于他。"周公旦问太公如何治理齐国，太公说："尊敬贤能之人，推崇有功之人。"周公说："齐国后世一定会有篡位弑君的臣子。"太公问周公如何治理鲁国，周公说："尊敬贤能之人，亲近自己的亲戚。"太公说："鲁国公室的势力一定会衰弱。"

伯禽十三世①而至隐公，为春秋之始。隐公之弟曰桓公②，桓公之子庄公③。庄公有庶弟三人：曰庆父④，其后为孟孙氏；曰叔牙⑤，其后为叔孙氏；曰季友⑥，其后为季孙氏。是为三桓，世执国命。

---

① 十三世，伯禽之后，历考公、炀公、幽公、魏公、厉公、献公、真公、武公、懿公、废公、孝公、惠公、隐公十三世。
② 桓公（？—前694），姬姓，名允，鲁惠公之子，鲁隐公之弟，春秋时期鲁国国君。隐公被杀后即位。后发现夫人文姜与其兄齐襄公通奸，怒斥文姜后，被齐国公子彭生所杀。死后谥号桓公。
③ 庄公（前706—前662），姬姓，名同，鲁桓公长子，春秋时期鲁国国君，公元前693年—公元前662年在位。在位期间，长勺之战击败齐军，柯邑会盟中借曹沫之力重获被齐国侵占的土地。死后谥号庄公。
④ 庆父（？—前660），姬姓，名庆父，鲁桓公次子，鲁庄公之弟，"三桓"之一孟孙氏之祖。庄公时任上卿，庄公死后，先后派人杀死继位的公子斑和鲁闵公，造成鲁国内乱。后来畏罪逃到莒国，在回国途中自杀。齐国仲孙湫（qiū）称："庆父不死，鲁难未已。"
⑤ 叔牙（？—前662），姬姓，名叔牙，鲁桓公三子，鲁庄公之弟，"三桓"之一叔孙氏之祖。鲁庄公死后，被庆父收买，主张庆父继位，被其弟季友毒杀。鲁僖公即位后，在季友建议下，封叔牙子孙为叔孙氏。
⑥ 季友（？—前644），姬姓，名友，鲁桓公四子，鲁庄公之弟，"三桓"之一季孙氏之祖。庄公死后，拥立公子斑。庆父连杀公子斑和鲁闵公后，季友携公子申出奔邾国，发檄文声讨庆父。公子申回国即位，是为鲁僖公，季友为相，逼杀庆父，封于费，为季孙氏。

伯禽之后过了十三世到鲁隐公时，便是春秋的开始。鲁隐公的弟弟是鲁桓公，鲁桓公的儿子是鲁庄公。鲁庄公有庶弟三人，分别是庆父，他的后代是孟孙氏；叔牙，他的后代是叔孙氏；季友，他的后代是季孙氏。这三家被称为"三桓"，世代把持鲁国朝政。

历子班①、闵公②、僖公③、文公④、宣公⑤、成公⑥、襄公⑦至昭王⑧，伐季氏⑨，三家共伐之。公奔乾侯⑩以卒。

弟定公⑪立，以孔子为中都⑫宰⑬，一年四方皆则之。

---

① 子班，按，应为子斑，据《史记·鲁周公世家第三》改。子斑（？—前662），姬姓，名斑，鲁庄公之子，春秋时期鲁国国君，公元前662年在位。鲁庄公死后，在季友支持下即位，不久即为庆父所杀。
② 闵公（？—前660），姬姓，名启，鲁庄公之子，春秋时期鲁国国君，公元前661年—公元前660年在位。公子斑死后，为庆父所立。在位两年为庆父派人所杀。死后谥号闵公。
③ 僖公，按，应为釐公，据《史记·鲁周公世家第三》改。釐公（？—前627），姬姓，名申，鲁庄公之子，春秋时期鲁国国君，公元前659年—公元前627年在位。在位期间，分封"三桓"，讨伐邾国，攻灭项国，在齐楚之间摇摆，保持鲁国国力。死后谥号釐公。
④ 文公（？—前609），姬姓，名兴，鲁釐公之子，春秋时期鲁国国君，公元前626年—公元前609年在位。在位期间，在咸地打败翟戎，然内有"三桓"擅权，外有齐楚争霸，鲁国逐渐衰落。死后谥号文公。
⑤ 宣公（？—前591），姬姓，名馁，鲁文公之子，春秋时期鲁国国君，公元前608年—公元前591年在位。鲁文公死后，东门襄仲杀掉文公嫡子姬恶和姬视，拥立庶子姬馁，是为鲁宣公。死后谥号宣公。
⑥ 成公（？—前573），姬姓，名黑肱，鲁宣公之子，春秋时期鲁国国君，公元前590年—公元前573年在位。在位期间，晋国多次入侵。成公出使晋国时，恰遇晋景公去世，晋国强留鲁成公送葬。死后谥号成公。
⑦ 襄公（前575—前542），姬姓，名午，鲁成公之子，春秋时期鲁国国君，公元前572年—公元前542年在位。在位期间，"三桓"各领鲁国一军，公室愈弱。死后谥号襄公。
⑧ 昭王，按，应为昭公，据《史记·鲁周公世家第三》改。姬姓，名裯（chóu），鲁襄公之子，春秋时期鲁国国君，公元前541年—公元前510年在位。在位期间，因斗鸡而引发内乱，"三桓"齐攻鲁昭公，昭公先后逃往齐、晋，最后死于晋国。死后谥号昭公。
⑨ 季氏，即季平子（？—前505），姬姓季氏，名意如，季悼子之子，春秋时期鲁国正卿。长期把持鲁国国政，因斗鸡而与郈昭伯结怨，率兵攻打郈昭伯封地。昭公问罪，遂联合"三桓"攻打鲁昭公，迫使昭公流亡直至死于晋国，拥立鲁定公。死后谥号曰"平"。
⑩ 乾侯，今河北魏县，春秋时属晋国。
⑪ 定公（？—前495），姬姓，名宋，鲁襄公之子，鲁昭公之弟，春秋时期鲁国国君，公元前509年—公元前495年在位。在位期间，起用孔子，鲁国国力恢复。命令子路拆毁"三桓"都墙，收其甲兵，却没有成功。死后谥号定公。
⑫ 中都，今山东汶上。
⑬ 宰，古代官吏通称，春秋时大夫家臣和采邑长官均称宰。

鲁国经历子斑、闵公、僖公、文公、宣公、成公、襄公，到鲁昭公时，昭公攻打季氏，结果三桓一起反攻昭公。昭公逃跑到晋国乾侯后死在那里。

昭公的弟弟鲁定公即位后，任命孔子为中都宰，一年后四方城邑都效仿孔子的治理方法。

由中都为司空①，进为大司寇②，相定公。会齐侯③于夹谷④，孔子曰："有文事⑤者，必有武备。请具左右司马⑥以从。"既会，齐有司⑦请奏四方之乐，于是旗旄剑戟，鼓噪而至。孔子趋而进曰："吾两君为好，夷狄之乐何为于此？"齐景公心怍⑧，麾⑨之。齐有司请奏宫中之乐，优倡侏儒戏而前。孔子趋而进曰："匹夫荧惑⑩诸侯者，罪当诛。请命有司加法焉！"首足异处，景公惧。归，语其臣曰："鲁以君子之道辅其君，而子独以夷狄之道教寡人。"于是齐人乃归所侵鲁郓⑪、汶阳⑫、龟阴⑬之地以谢鲁。

孔子言于定公，将堕三都以强公室。叔孙氏先堕郈⑭，季氏堕费⑮，孟氏之臣不肯堕成⑯，围之弗克。

---

① 司空，官名，周置，春秋时掌水利、营建。
② 大司寇，官名，周置，春秋时掌律令刑法，辅佐君王。
③ 齐侯，指齐景公（？—前490），姜姓吕氏，名杵臼，齐灵公之子、齐庄公之弟，春秋时期齐国国君，公元前548—公元前490年在位。在位初期，在崔杼、庆封等权臣死后，重用晏婴、国弱、司马穰苴等人，齐国国力逐渐恢复。外交上联合楚国、攻打徐苴、纳卫受鲁，结成反晋同盟，声望有所提升。晚年奢侈无度，纵情声色，废长立幼，导致死后公子争位，拉开了"田氏代齐"的序幕。死后谥号景公。
④ 夹谷，今江苏赣榆，春秋时属齐国。
⑤ 文事，指非军事方面的事情。
⑥ 司马，官名，西周置，春秋时掌军事。
⑦ 有司，主管官吏。
⑧ 怍（zuò），羞愧。
⑨ 麾（huī），挥手使之离开。
⑩ 荧惑，按，应为营惑，据《史记·鲁周公世家第三》改，惑乱，迷惑。
⑪ 郓，今山东郓城，春秋时属鲁国。
⑫ 汶阳，今山东汶阳，春秋时属鲁国。
⑬ 龟阴，今山东新泰，春秋时属鲁国。
⑭ 郈（hòu），今山东东平，为春秋时鲁国叔孙氏封邑。
⑮ 费（bì），今山东费县，为春秋时鲁国季孙氏封邑。
⑯ 成，今山东宁阳，为春秋时鲁国孟孙氏封邑。

于是孔子由中都宰升为司空，后来又升为大司寇，辅佐定公。鲁定公与齐景公在夹谷会见，孔子说："进行文德教化等非军事方面的事情时，也要有武力方面的准备，请让左右司马跟随您一起去。"齐鲁会面时，齐国主持会盟的官吏请求演奏四方音乐。于是旗、旄、剑、戟等器具一起热闹登场。孔子快步走上前说："我们两个国家国君交好，夷狄之乐怎么会在这种场合演奏呢？"齐景公心里觉得惭愧，就挥手让他们下去。齐国官吏申请演奏宫中音乐。于是优倡、侏儒耍着把戏来到跟前。孔子又快步走上前说："匹夫迷惑诸侯的，按罪行应该将他们诛杀。请齐侯下令命有司依法处刑！"于是这些人都被杀死，齐景公心里很害怕。齐景公回到齐国后，对他的大臣说："鲁国官员用君子之道辅佐他们的国君，而你们却用夷狄之道辅佐我。"于是齐国将侵占鲁国的郓、汶阳、龟阴之地归还给鲁国，以表示歉意。

孔子劝说鲁定公，将三桓封地的城墙拆毁以增强公室的权威。叔孙氏首先拆毁了郈地的城墙，季孙氏紧跟着拆毁了费地的城墙，孟孙氏的家臣不愿意拆毁成地的城墙，鲁定公就率兵包围成地，却没有攻打下来。

孔子由大司寇摄行相事，七日而诛乱政大夫少正卯①。居三月，鲁大治。齐人闻之惧，乃归女乐②于鲁。季桓子③受之，不听政；郊④，又不致膰俎⑤于大夫。孔子遂去鲁。

定公卒，子哀公⑥立。欲以越伐三桓，不克。历悼公⑦、元公⑧至缪公⑨，知尊子思⑩而不能用。

---

① 少正卯（？—前496），春秋时期鲁国大夫。能言善辩，被称"闻人"，与孔子一同开办私学，并多次将孔子学生吸引过去听讲。孔子担任大司寇后七日，以"心达而险、行辟而坚、言伪而辩、记丑而博、顺非而泽"五种恶劣品行为由将其诛杀。
② 女乐，美女和乐器。
③ 季桓子（？—前492），姬姓季氏，名斯，季平子之子，春秋时期鲁国正卿。季平子死后，家臣阳虎作乱，囚禁季桓子。平定阳虎之乱后，因孔子执政，削弱"三桓"以尊公室，遂逼走孔子。死后谥号曰"桓"。
④ 郊，即郊祭，郊天之礼，是周代最隆重的祭祀。
⑤ 膰俎（zǔ），盛膰肉的祭器，亦借指祭肉。
⑥ 哀公（？—前468），姬姓，名将，鲁定公之子，春秋时期鲁国国君，公元前494年—公元前468年在位。在位期间，迎回孔子却不重用，孔子死后亲自写诔文。想借越国之力讨伐"三桓"，反为"三桓"所攻，先后逃往卫、邾、越国。死后谥号哀公。
⑦ 悼公（？—前437），姬姓，名宁，鲁哀公之子，春秋时期鲁国国君，公元前467年—公元前437年在位。在位期间，"三桓"势力越来越大，公室衰微。死后谥号悼公。
⑧ 元公（？—前416），姬姓，名嘉，鲁悼公之子，春秋战国时期鲁国国君，公元前436年—公元前416年在位。死后谥号元公。
⑨ 缪公，即穆公（？—前383），姬姓，名显，鲁元公之子，战国时期鲁国国君，公元前415年—公元前383年在位。在位期间，礼贤下士，礼拜子思，接纳墨子，鲁国一度趋于安定。死后谥号穆公。
⑩ 子思，即孔伋，字子思，孔鲤之子、孔子之孙，春秋战国时期著名思想家，儒家先贤之一。受教曾参，传授孟子，后人称之为"思孟学派"，在儒学发展史上占有重要地位。元代被封为述圣公，尊称"述圣"。

孔子以大司寇的身份，兼理宰相事务，过了七天就将惑乱政事的大夫少正卯诛杀掉。为政三个月，鲁国大治。齐国人听说后很害怕，于是就向鲁国赠送了一批美女和乐器。季桓子接受了这些美女和乐器后，不再留心管理政务，郊祭后也不遵守礼制将祭肉分给大夫们。孔子于是离开了鲁国。

鲁定公死后，他的儿子鲁哀公继位。哀公想要借助越国的力量攻打三桓，也没有成功。之后经历悼公、元公，到鲁穆公时，他知道应该尊重子思，但是最终也没有重用他。

历共公①、康公②至平公③，尝欲见孟子④而不果。历文公⑤至顷公⑥，为楚考烈王⑦所灭。鲁自周公至顷公凡三十四世。

春秋战国（三）

孔子名丘，字仲尼，其先宋人也。有正考父⑧者，佐宋，三命⑨滋益恭，其鼎铭云："一命而偻⑩，再命而伛⑪，三命而俯⑫，循墙而走，亦莫余敢侮。饘⑬于是，粥于是，以糊予口。"

---

① 共公（？—前353），姬姓，名奋，鲁穆公之子，战国时期鲁国国君，公元前382年—公元前353年在位。死后谥号共公。
② 康公（？—前344），姬姓，名屯，鲁共公之子，战国时期鲁国国君，公元前352年—公元前344年在位。死后谥号康公。
③ 平公（？—前303），姬姓，名叔，鲁景公之子、鲁康公之孙，战国时期鲁国国君，公元前322年—公元前303年在位。在位期间，"战国七雄"除赵国外皆以称王，鲁国苟延残喘于列国之间。
④ 孟子（前372—前289），名轲，字子舆，战国时邹国人，儒家学派代表人物。子思的再传弟子，主张"仁政""民贵君轻"，周游列国推行自己的政治主张。屡屡受挫后退居讲学，编订《孟子》。后世封为"亚圣公"，尊称"亚圣"。
⑤ 文公（？—前280），姬姓，名贾，鲁平公之子，战国时期鲁国国君，公元前302年—公元前280年在位。死后谥号文公，《世本》作"缗（mín）公"，区别于春秋时期鲁文公。
⑥ 顷公，生卒年不详，姬姓，名仇，鲁文公之子，战国时期鲁国末代国君，公元前279年—公元前256年在位。公元前256年，楚考烈王攻破曲阜，顷公被迁于下邑，鲁国灭亡。死后谥号顷公。
⑦ 楚考烈王（前290—前238），芈姓熊氏，名元，楚顷襄王之子，战国时期楚国国君，公元前262年—公元前238年在位。起初在秦国为人质，楚顷襄王死后，黄歇助其回国即位。在位期间，秦国日益强大，有吞并六国之势。而楚国不断割地奉秦，实力愈衰。秦攻邯郸时，发兵救赵。后吞并鲁国。死后谥号考烈王。
⑧ 正考父，子姓，宋国栗邑人，春秋时期宋国公族，孔子七世祖。相继辅佐宋戴公、宋武公、宋宣公，地位尊崇。
⑨ 三命，三次受命。
⑩ 偻（lǔ），曲背以示尊敬。
⑪ 伛（yǔ），弯腰以示尊敬。
⑫ 三命而俯，官职步步上升，态度也愈加谦虚。偻、伛、俯，谦卑尊敬程度上升。
⑬ 饘（zhān），稠粥。

鲁国之后历经共公、康公，到了平公时，想要求见孟子，最后也没有见成。之后历经文公，到顷公时，鲁国被楚考烈王所灭。鲁国从周公旦至顷公一共经历了三十四代。

春秋战国（三）

孔子名丘，字仲尼，他的祖先是宋国人。宋国有一个名叫正考父的人，辅佐宋公，三次接受任命，一次比一次恭敬，他的鼎上铭文写道："第一次任命鞠躬而受，第二次任命弯腰而受，第三次任命俯首而受。走路时靠着墙根快走，也没人敢欺侮我。我就在这个鼎中做些面糊粥来糊口度日。"

孔子①灭于宋，其后适鲁。

有叔梁纥②者，与颜氏女祷于尼山③而生孔子。为儿嬉戏，常陈俎豆④，设礼容。长，为季氏吏，料量⑤平。尝为司职吏⑥，畜蕃息⑦。适周问礼于老子⑧，反而弟子稍益进。适齐，齐景公⑨将待以季孟之间。孔子反鲁，定公用之不终。适卫，将适陈，过匡⑩。匡人尝为阳虎⑪所暴，孔子貌类阳虎，止之。既免，反于卫，丑灵公⑫所为，去之。

① 孔子，按，据此事应为孔父嘉。孔父嘉，子姓，名嘉，字孔父，宋国栗邑人，正考父之子，春秋时期宋国大夫，孔子六世祖。宋穆公死后，孔父嘉遵其遗嘱，拥立宋殇公。太宰华督贪其妻貌美，以为国宁民为借口，攻杀孔父嘉。其子在家臣的护佑下，逃往鲁国，以字为氏，曰孔氏。
② 叔梁纥（hé，前622—前539），子姓孔氏，鲁国昌平人，孔子之父，春秋时期鲁国大夫。博学多才，能文能武，官至陬邑大夫。娶妻颜征在，生孔子。后世被封启圣王。
③ 尼山，在今山东曲阜。
④ 俎豆，古代祭祀、宴飨时盛食物用的礼器，亦泛指各种礼器。
⑤ 料量，称量。
⑥ 司职吏，官名，春秋时期鲁国置，掌畜牧。
⑦ 蕃息，滋生、繁衍众多。
⑧ 老子，姓李，名耳，字聃，楚国苦县人，春秋时期著名思想家，道家学派创始人。提出"道""无为""柔弱胜刚强""不争"等思想主张，著有《老子》一书。
⑨ 齐景公（？—前490），姜姓吕氏，名杵臼，齐灵公之子、齐庄公之弟，春秋时期齐国国君，公元前548—公元前490年在位。在位初期，在崔杼、庆封等权臣死后，重用晏婴、国弱、司马穰苴等人，齐国国力逐渐恢复。外交上联合楚国、攻打徐莒、纳卫受鲁，结成反晋同盟，声望有所提升。晚年奢侈无度，纵情声色，废长立幼，导致死后公子争位，拉开了"田氏代齐"的序幕。死后谥号景公。
⑩ 匡，今河南长远，春秋时属卫国。
⑪ 阳虎，姬姓阳氏，名虎，春秋时期鲁国人。原为季孙家臣，季平子死后，囚禁季桓子，执掌鲁国国政，开启鲁国"陪臣执国命"的先河。后发动政变，想要取代孟孙氏，失败后先后逃齐、晋，成为赵鞅子家臣。
⑫ 灵公（前540—前493），姬姓，名元，卫襄公之子，春秋时期卫国国君，公元前534年—公元前493年在位。在位期间，知人善任，保持卫国平稳；好男宠而多猜忌。死后谥号灵公。

正考父的儿子孔父嘉在宋国被杀后，他的后代就迁到了鲁国。

孔父嘉的后裔中有一个叫叔梁纥的人，迎娶了一名颜氏女子为妻。他们在尼山进行祈祷，不久之后生下孔子。孔子小时候做游戏，经常陈列俎豆等礼器，演习礼仪动作。长大后，孔子曾经担任季氏手下官吏，管理统计准确无误。后来又做过掌管畜牧的司职吏，牧养的牲畜繁殖增多。孔子后来到周王室向老子询问周礼，返回后门下弟子就慢慢多了起来。孔子去齐国的时候，齐景公承诺要以鲁国国君对待季氏和孟氏一样的待遇对待孔子。孔子返回鲁国后，鲁定公任用他却没有坚持到最后。孔子后来到了卫国，又要去陈国，路过匡地。匡地百姓曾经受到阳虎的暴行压迫，因为孔子长得像阳虎，匡地百姓就将孔子拦截了下来。在匡地解围后，孔子又返回卫国，因不耻卫灵公的所作所为，就离开了卫国。

过曹适宋，与弟子习礼大树下，桓魋①伐拔其树。适郑，郑人曰："东门有人，其颡②似尧，其项③类皋陶④，其肩类子产⑤。自要以下不及禹三寸，累累然若丧家之狗。"

适陈，又适卫。将西见赵简子⑥，至河⑦，闻窦鸣犊⑧、舜华⑨杀死，临河叹曰："美哉水，洋洋乎，丘之不济此，命也。"反于卫。适陈，适蔡，如叶⑩，反于蔡。

楚使人聘之，陈、蔡大夫谋曰："孔子用于楚，则陈、蔡危矣。"相与发徒围之于野。孔子曰："《诗》云：'匪兕⑪匪虎，率彼旷野。'吾道非邪，吾何为于是？"

---

① 桓魋（tuí），子姓，春秋时期宋国人。宋景公时任司马，掌控宋国兵权。后欲谋反，被察觉后逃亡曹、卫。
② 颡（sǎng），额头。
③ 项，颈的后部，泛指脖子。
④ 皋陶（gāo yáo），传说中的上古神话人物，相继辅佐尧、舜、禹，担任理官，掌刑法，与尧、舜、禹并称为"上古四圣"。
⑤ 子产（？—前522），姬姓公孙氏，名侨，字子产，号成子，春秋时期郑国著名政治家。先后辅佐郑简公、郑定公，执掌国政20余年。整顿田制，铸造《刑书》，广修德政，并在外交上多次维护郑国尊严，深受百姓爱戴。
⑥ 赵简子，即赵鞅（？—前476），赵成之子，春秋时期晋国赵氏宗主，著名政治家、军事家、外交家。公元前525年继承父职，位列六卿。期间平定周王室王子朝之乱，铸造刑鼎，平定赵氏内乱，联合智氏、魏氏、韩氏清剿中行氏、范氏，是赵国基业的开创者。活跃晋国政坛半个世纪，死后谥号曰"简"。
⑦ 河，指黄河。
⑧ 窦鸣犊，春秋时期晋国大夫，为赵鞅所杀。
⑨ 舜华，春秋时期晋国大夫，为赵鞅所杀。
⑩ 叶，今河南叶县。
⑪ 兕（sì），传说中的瑞兽，状如牛，苍黑，板角。

孔子取道曹国到了宋国，和弟子在大树下讲习礼仪，宋国司马桓魋砍掉了那棵大树。孔子于是前往郑国，郑国人说："东门那里有一个人，他的额头长得像尧，脖子像皋陶，肩膀像子产。但他的腰部以下比禹差三寸。疲惫狼狈得就像是没有主人的狗一样。"

之后孔子又去了陈国、卫国，然后想要向西去见赵简子，到达黄河边后，听说了晋国大夫窦鸣犊和舜华的死讯，孔子于是站在黄河边叹息道："多美的黄河啊，波澜壮阔，我不能够渡过黄河向西前进，这就是命运啊！"于是又返回卫国。孔子之后相继去了陈国、蔡国、叶地，又返回到蔡国。

楚昭王派人来迎接孔子，陈国和蔡国的大夫谋划说："孔子如果被楚国起用，那么陈国和蔡国就危险了。"于是一起发兵将孔子围困在荒野。孔子说："《诗经》里说：'不是犀牛也不是老虎，却在空旷的原野拼命奔跑。'我们所坚持的学说难道错了吗？为什么我们会沦落到这样的地步？"

子贡①曰:"夫子道至大,天下莫能容。"颜回②曰:"不容何病?然后见君子。"楚昭王③兴师迎之,乃得至楚。将封以书社④地七百里,令尹⑤子西⑥不可。

孔子反于卫,季康子⑦迎归。鲁哀公问政,终不能用。乃序⑧《书》⑨,上自唐虞,下至秦缪。删古诗三千,为三百五篇,皆弦歌之。礼乐自此可述。

① 子贡(前520—前456),端木姓,名赐,字子贡,春秋时期卫国人,孔子学生,孔门十哲之一。长于政事,善于经商,利口巧辞,才华横溢。跟随孔子周游列国,先后担任鲁、卫之相;经商累至千金,被誉为儒商之祖;纵横五国,《史记》赞其"子贡一出,存鲁、乱齐、破吴、强晋而霸越"。死于齐国,后世尊其为"黎公"。
② 颜回(前521—前481),字子渊,春秋时期鲁国人,孔子学生,孔门十哲之一。以德行著称,穷居陋巷,不改其志。跟随孔子周游列国,是孔子最得意的门生。归鲁之后协助孔子整理古籍,讲学授徒,开创儒学八家之一"颜氏之儒"。后世尊其"兖公",尊称"复圣"。
③ 楚昭王(?—前489),芈姓熊氏,名壬,又名轸,楚平王之子,春秋时期楚国国君,公元前516年—公元前489年在位。在位期间,多次被吴军打败,郢都被破,在秦国帮助下,迫使吴国撤军。回都后迁都鄀(ruò)地,整顿政治,后吞并顿、胡等小国,为中兴之主。死后谥号昭王。
④ 书社,古时二十五家为一社,把社内人名登录簿册,谓之"书社"。亦指按社登记入册的人口及其土地。
⑤ 令尹,官名,春秋时期楚国最高官衔,总领政务,多由芈姓贵族担任。
⑥ 子西(?—前479),芈姓,名申,字子西,楚平王庶长子,楚昭王之兄,春秋时期楚国人。楚平王死后,谢绝王位,拥立其弟楚昭王即位。在复国战争中立有大功,官封令尹;楚昭王死后再次婉拒王位,拥立楚惠王。后在白公胜之乱中被杀。
⑦ 季康子(?—前468),姬姓季氏,名肥,春秋时期鲁国正卿。执掌鲁国国政后,于艾陵之战联合吴国打败齐军;将孔子迎回鲁国;改革税赋,顺应历史潮流。死后谥号曰"康"。
⑧ 序,编订次序。
⑨ 《书》,即《尚书》,儒家经典"五经"之一,又称"书经"。以记言为主,记录了从尧舜禹到春秋之事,是我国记言文之祖。

子贡说:"夫子的学说极其弘大,天下没有哪个国家能够容纳。"颜回说:"不被容纳怕什么呢?不被接纳然后才显现出君子本色!"楚昭王率兵来迎接孔子,孔子才得以到了楚国。楚昭王想要将登记在册的方圆七百里土地封给孔子,令尹子西认为这样不可以。

　　孔子返回卫国后,季康子派人迎接他回到鲁国。鲁哀公向孔子询问政事,最终却没有起用他。于是孔子开始给《尚书》诸篇编订次序,上自唐尧和虞舜,下至秦穆公。删除古代流传的诗三千首,整理为三百零五篇,都配以音乐以演奏歌唱。先王的礼乐制度从此恢复记载。

晚而喜《易》①，序《彖》②《象》③《系辞》④《说卦》⑤《文言》⑥，读《易》韦编三绝⑦。因鲁《史记》⑧作《春秋》，自隐至哀十二公，绝笔获麟⑨。笔则笔，削则削，子夏⑩之徒不能赞一辞。弟子三千人，身通六艺者七十有二人。年七十三而卒。

子鲤⑪字伯鱼，早死。孙伋，字子思，作《中庸》⑫。孟子，其门人也，名轲，鲁孟孙之后。

---

① 《易》，即《周易》，儒家经典"五经"之一，又称"易经"。全书分《经》《传》两部分，《经》相传为周文王所作，《传》相传为孔子所撰。被誉为群经之祖，大道之源，对后世文化产生深远影响。
② 《彖》（tuàn），即《彖辞》，分上下两篇，《周易》十翼之二，相传为孔子所撰。为总括之辞，用来注解、解释一卦之卦象。
③ 《象》，即《象辞》，分上下两篇，《周易》十翼之二，相传为孔子所撰。用来说明卦象的象征意义。
④ 《系辞》，分上下两篇，《周易》十翼之二，相传为孔子所撰。解释了卦爻辞的意义及卦象爻位，用数学方法解释了《周易》筮法和卦画的产生和形成。
⑤ 《说卦》，《周易》十翼之一，相传为孔子所撰。以八卦取象之法对六十四卦进行解释。
⑥ 《文言》，《周易》十翼之一，相传为孔子所撰。专门对乾、坤两卦的解释。
⑦ 韦编三绝，孔子为读《周易》而多次翻断了编连竹简的牛皮带子。后用来比喻读书勤奋。韦，用熟牛皮做的绳子，古时多用来编连竹简。
⑧ 鲁《史记》，鲁国的史书。史记原为古代史书的统称，自三国时起，逐渐成为《太史公书》的专称。
⑨ 获麟，鲁哀公十四年，即公元前481年，鲁哀公狩猎捕获麒麟，孔子作《春秋》至此绝笔。
⑩ 子夏（前507—?），卜姓，名商，字子夏，春秋时期晋国人，孔子学生，孔门十哲之一。以"文学"著称，孔子死后，前往西河讲学，段干木、吴起均为其学生，魏文侯尊之以师。
⑪ 鲤，即孔鲤（前532—前481），字伯鱼，孔子之子，孔伋之父，先孔子而亡。南宋时封泗水侯。
⑫ 《中庸》，儒家经典"四书"之一。原是《礼记》中的一篇，相传为战国时子思所作，全篇以"中庸"作为做人最高的道德准则。朱熹将其单篇抽出，列为"四书"之一。

孔子晚年喜欢读《易经》，撰写《彖辞》《象辞》《系辞》《说卦》《文言》等篇，对《易经》进行详细解释。孔子读《易经》时手不释卷，多次翻断了编连竹简的绳子。孔子又根据鲁国史书而编写《春秋》，记录了自鲁隐公到鲁哀公一共十二任诸侯王的历史。在听闻鲁哀公狩猎时捕获一只麒麟后，孔子便至此搁笔，不再编写《春秋》。孔子编写《春秋》时，该记载的就记载上去，应该删掉的就一定删掉，像子夏这样长于文学的弟子都不能增删一句话。孔子有弟子三千人，其中精通儒家六经的有七十二人。孔子七十三岁时去世。

孔子的儿子叫孔鲤，字伯鱼，很早就死了。孔子的孙子叫孔伋，字子思，著有《中庸》一篇。孟子名轲，是子思的门人，鲁国孟孙氏的后裔。

生于邹①，幼被慈母三迁之教，长，受业子思之门。道既通，游齐、梁②，不用。退与万章③之徒，难疑答问，作七篇。

老子者，楚苦县④人也，李姓，名耳，字伯阳，又曰字聃。为周守藏史⑤。孔子问焉，老子告之曰："良贾深藏若虚，君子盛德，容貌若愚。"孔子去，谓弟子曰："鸟，吾知其能飞；鱼，吾知其能游；兽，吾知其能走。走者，可以为网；游者，可以为纶⑥；飞者，可以为矰⑦。至于龙，吾不能知，其乘风云而上天也。今见老子，其犹龙乎！"老子见周衰，去至关⑧。关令尹喜⑨曰："子将隐矣，为我著书。"乃著《道德》⑩五千余言而去，莫知其所终。其后有郑人列御寇⑪、蒙⑫人庄周⑬，亦为老子之学。庄周著书，侮孔子而诮诸子焉。

---

① 邹，即邾国，邹、邾古音相通。
② 梁，即魏国。魏惠文王时迁都大梁，魏国又称梁国。
③ 万章，战国时人，孟子学生。一生追随孟子，为孟子所喜爱。北宋时封博兴伯。
④ 苦县，今河南鹿邑。
⑤ 守藏吏，官名，西周置，掌国家藏书、档案。老子曾担任此官。
⑥ 纶（lún），钓鱼的丝线。
⑦ 矰（zēng），古代用来射鸟的拴着丝绳的短箭，后泛指短箭。
⑧ 关，指函谷关，在今河南灵宝附近。
⑨ 尹喜，战国时甘肃天水人。自幼博览古籍，精通历法。后任函谷关令，遇见老子，得授《道德经》。后被道教尊为"文始真人"。
⑩ 《道德》，即《老子》，又称《道德经》，为春秋时期老子所作，是我国古代著名的哲学著作，对后世产生深远的影响。
⑪ 列御寇，战国时期郑国人，著名思想家、文学家，道家学派代表人物。不求名利，清静修道，主张循名责实，无为而治。著有《列子》一书，被尊称为"列子"，唐玄宗时封其为"冲虚真人"。
⑫ 蒙，今河南商丘梁园区。
⑬ 庄周，字子休，战国时期宋国蒙人，著名思想家、文学家，道家学派代表人物。崇尚自由，拒绝楚威王之聘，担任过宋国漆园吏。他提出的"逍遥""自然""齐物"等思想，对后世哲学、文学产生深远影响。著有《庄子》一书。唐玄宗时封其为"南华真人"。

孟子出生于邾国，年幼时他的母亲为了更好地教育他而三次搬家，长大后在子思门下学习。学成儒家学说后，在齐国与魏国游历，用儒家学说劝导君王，却不被重用。孟子于是退隐，与弟子万章等人互相辩论疑难，探讨问题，编写了《孟子》七篇。

　　老子是楚国苦县人，姓李名耳，字伯阳，又有人说他字聃。老子曾经担任周王室负责看管图书的守藏吏。孔子来向他询问周礼时，老子对孔子说："好的商人虽然很富有，而外表看着却像没钱一样；有修养的君子内藏道德，外表看起来却像是很愚蠢的样子。"孔子离开后，对弟子说："鸟，我知道它能飞；鱼，我知道它会游；走兽，我知道它能跑。会跑的动物，可以用网捕获它；会游的动物，可以用丝线去钓它；会飞的动物，可以用短箭去射它。但是对于龙，我却不了解它，它可以乘着风云直达天上。如今见到老子，他就像龙一样啊！"老子看到周王室衰落，就离开周王室云游天下。走到函谷关时，函谷关令尹喜说"您就要归隐了，给我写一部书吧。"老子于是写成一共五千余字的《道德经》后离开了，没有人知道他去了哪里。后来有郑国人列御寇、蒙地人庄周，都继承了老子的学说。庄周著有《庄子》一书，侮辱孔子而且讥讽当时的各家学者。

春秋战国（四）

卫，姬姓，武王母弟康叔封①之所封也。后世至春秋，有灵公夫人南子②之乱。子蒯聩③欲杀南子，不果，出奔。公卒，立蒯聩之子辄④。蒯聩入，辄拒之。子路与其难，太子之臣以戈击子路⑤，断缨⑥。子路曰："君子死，冠不免。"结缨而死。卫人醢子路，孔子闻之，命覆醢⑦。

战国时，子思居于卫，言苟变⑧可将。卫侯⑨曰："变尝为吏，赋⑩于民，食人二鸡子，故弗用。"

---

① 康叔封，姬姓，名封，周文王九子，周代诸侯国康国、卫国第一代国君。周武王灭商后，封其于康国，"三监之乱"后，改封卫国。在位期间治国有方，政绩卓著，担任周成王司寇之职，主掌刑狱、诉讼，有力维护了周朝的稳定。
② 南子（？—前481），春秋时期宋国人。嫁与卫灵公为夫人后，私通宋朝，太子蒯聩想要杀掉她，被觉察后蒯聩流亡诸侯。卫灵公死后拥立蒯聩之子为卫出公。蒯聩后来回国即位后，杀死南子。
③ 蒯聩，即姬蒯聩（？—前478），卫灵公之子，卫出公之父，春秋时期卫国国君，公元前480年—公元前478年在位。为太子时欲诛杀南子，被察觉后逃亡宋、赵。后在大夫孔悝发动政变中即位，后被大夫石圃所攻，逃跑途中被杀。死后谥号庄公。
④ 辄，即姬辄（？—前456），卫庄公之子，春秋时期卫国国君，公元前492年—公元前481年、公元前476年—公元前456在位。即位后拒绝其父回国即位，孔悝发动政变后，逃往齐国。卫庄公被杀后，重新回国即位。后贵族褚师暴动，逃往宋国，最后死于越国。死后谥号出公。
⑤ 子路（前542—前480），仲姓，名由，字子路，春秋时期鲁国人，孔子学生，孔门十哲之一。为人耿直，以政事见长，跟随孔子周游列国。先后担任季孙氏和孔悝家臣，孔悝政变中被杀。
⑥ 缨，系在脖子上的帽带。
⑦ 覆醢，倒去肉酱。
⑧ 苟变，生卒年不详，战国时期卫国名将。
⑨ 卫侯，卫慎公，生卒年不详，姬姓，名穨（tuí），卫敬公之孙，卫昭公之侄，公元前414年—公元前383年在位。死后谥号曰"慎公"。
⑩ 赋，征收。

春秋战国（四）

卫国，姬姓，是周武王的同母弟弟康叔封的封地。后世到了春秋时，发生了卫灵公夫人南子之乱，灵公太子蒯聩想要杀掉南子，没有成功，就逃走了。卫灵公死后，卫国大臣拥立蒯聩之子姬辄为国君。蒯聩想要回卫国，姬辄派兵阻挡蒯聩。子路被卷进了这场灾难，蒯聩的侍卫用戈矛攻击子路，在搏斗中子路系帽子的带子断了。子路说："君子可以死，但是帽子不能掉。"于是用手去绑系帽的带子，结果被敌人杀死了。卫国人把子路剁成肉酱，孔子听到这个消息后，命人将自己的肉酱倒掉。

战国时，子思居住在卫国，对卫慎公说苟变可以担任将领。卫慎公说："苟变曾经为官向老百姓征税时，吃了老百姓两个鸡蛋，所以不能任用他。"

子思曰："圣人用人犹匠之用木,取其所长,弃其所短。故杞梓①连抱而有数尺之朽,良工不弃。今君处战国之世,而以二卵弃干城②之将,此不可使闻于邻国也。"

卫侯言,计非是,而群臣和者如出一口。子思曰:"君之国事将日非矣,君出言自以为是,而卿大夫莫敢矫③其非;卿大夫出言自以为是,而士庶人莫敢矫其非。《诗》曰:'具曰予圣,谁知乌之雌雄?'"周之诸侯,惟卫最后亡。至秦并天下为帝,二世④始废君角⑤为庶人。

---

① 杞梓(qǐ zǐ),二木名,皆良材。
② 干城,指保卫国家的大将。干,盾牌;城,城墙。
③ 矫,矫正,纠正。
④ 二世,即秦二世(前230—前207),嬴姓,名胡亥,秦始皇十八子,秦朝皇帝,公元前209年—公元前207年在位。秦始皇去世时,李斯与赵高篡改遗诏,逼死公子扶苏,拥立胡亥即位。在位期间,大肆屠戮功臣宗室,宠信赵高,大兴土木,严刑峻法,激起天下反秦浪潮。后被赵高女婿阎乐逼杀。
⑤ 君角,即卫君角,生卒年不详,姬姓,名角,战国时期卫国末代国君,公元前241年—公元前209年在位。秦国拥立卫君角后,将其从濮阳迁至野王,成为秦国附庸。公元前209年,秦二世废卫君角为庶人,卫国灭亡。

子思说:"圣人选用人才担任官职,就如同木匠使用木料一样,取用它的长处,抛弃它的短处。因此像树身粗大却只有几尺朽烂的杞木和梓木,高明的工匠是不会扔掉它的。现在国君您处在战国纷争的年代,却因为两个鸡蛋而舍弃了足以保卫国家的大将,这件事可不能让邻国知道啊!"

卫慎公平日处理政务时有时提出的意见不正确,然而大臣中附和的人像是用同一种声音在说话。子思说:"您国家的前景将一天不如一天了。您自以为自己是对的,然而卿大夫没有人敢纠正你的错误;卿大夫们也自以为自己是对的,然而士人百姓也没人敢纠正他们的错误。《诗经》说:'都称道自己是圣贤,乌鸦雌雄谁能辨?'"周王室所封的诸侯国中,只有卫国是最后灭亡的。秦国统一天下称帝之后,秦二世才把卫君角贬为庶人。

郑，姬姓，周宣王庶弟桓公友①之所封也。桓公子武公②与其子庄公③，并为周司徒④。数世至声公⑤，相子产。子产者，公族，国氏⑥，名侨。孔子过郑，与子产如兄弟云。穆襄⑦以来，郑无岁不被晋楚之兵。子产受之，以礼自固。虽晋楚之暴，不能加焉。郑至周威烈王时，君乙⑧为韩哀侯⑨所灭，韩徙都之。

① 桓公友，即姬友（？—前771），周厉王之子，周宣王之弟，周代诸侯国郑国第一任国君，公元前806年—公元前771年在位。受封郑伯后，担任周王室司徒，掌土地、户籍。见周室多变，将其国民由郑迁往洛河流域。戎狄攻破镐京时，与周幽王一同被杀。死后谥号桓公。
② 武公（？—前744），姬姓，名掘突，郑桓公之子，春秋时期郑国国君，公元前770年—公元前744年在位。即位后，联合诸侯击退戎狄，护送平王东迁，受封周王室卿士。先后吞并邻国、虢国、胡国，郑国逐渐强盛，为郑庄公的小霸打下基础。死后谥号武公。
③ 庄公（前757—前701），姬姓，名寤生，郑武公之子，春秋时期郑国国君，公元前743年—公元前701年在位。即位后平定共叔段之乱，担任周王室卿士。与周室交恶后，多次击败诸侯侵郑联军，繻葛之战中射伤周桓王，郑国国力空前强大，被誉为"中原小霸"。死后谥号庄公。
④ 司徒，官名，周置，掌土地、户籍。
⑤ 声公（？—前463），姬姓，名胜，郑定公之子，春秋时期郑国国君，公元前500年—公元前463年在位。在位期间，晋国六卿专权，多次攻打郑国。
⑥ 国氏，子产之父公子发，字子国，后代以子为氏，为国氏。
⑦ 穆襄，即郑穆公、郑襄公。郑穆公（前648—前606），姬姓，名兰，郑文公之子，春秋时期郑国国君，公元前628年—公元前606年在位。在位期间，先后与楚、晋结盟，免受亡国之灾。死后七个儿子的后代逐渐发展成为势力强大的卿大夫世族，把持朝政，架空国君，史称"七穆"。死后谥号穆公。郑襄公（？—前587），姬姓，名坚，郑穆公之子，春秋时期郑国国君，公元前605年—公元前587年在位。在位期间，向晋则楚伐，降楚则晋伐，在晋楚争霸中左右摇摆，国势日艰。死后谥号襄公。
⑧ 君乙，即姬乙（？—前375），郑共公之子，郑繻公之弟，战国时期郑国国君，公元前395年—公元前375年在位。公元前375年，韩国攻打郑国，君乙被杀，郑国灭亡。死后谥号康公。
⑨ 韩哀侯（？—前371），韩文侯之子，战国时期韩国国君，公元前377年—公元前371年在位。在位期间，联合赵、魏瓜分晋国，灭亡郑国，韩国实力逐渐强盛，跻身"战国七雄"之一。后为韩严所弑杀，死后谥号哀侯。

郑国，姬姓，是周宣王庶弟郑桓公姬友的封国。桓公的儿子武公和武公的儿子庄公都担任过周王室的司徒。传了几代之后，到郑声公时，以子产为宰相。子产是郑国公族，姓姬国氏，名侨。孔子路过郑国时和子产亲如兄弟。郑国自穆公、襄公以来，没有哪一年能够免受晋楚两国军队的侵扰。子产担任宰相后，奉行周礼来巩固自己的国家。即使像晋国和楚国这样凶暴的国家，也不再向郑国用兵。郑国到了周威烈王时，君乙被韩哀侯所灭，韩国把都城迁到了郑国都城新郑。

晋，姬姓，成王弟唐叔虞①之所封也。成王幼，与叔虞戏，削桐叶为圭②，曰："以此封若。"史佚③请择日。王曰："吾与之戏耳。"佚曰："天子无戏言。"遂封唐。

后世至文公，霸诸侯。文公名重耳，献公④之次子也。献公嬖于骊姬⑤，杀太子申生⑥，而伐重耳于蒲⑦。重耳出奔，十九年而后反国。尝馁⑧于曹，介子推⑨割股以食之。

---

① 唐叔虞，姬姓，名虞，字子于，周武王之子，周成王之弟，周诸侯国晋国第一代国君。周公旦灭亡唐国后，成王封叔虞于唐国，史称唐叔虞。其子姬燮即位后，将国都迁于晋水旁，改国号为晋。
② 圭（guī），瑞玉。
③ 史佚，原名尹佚，周朝初年太史。
④ 献公（？—前651），姬姓，名诡诸，晋武公之子，春秋时期晋国国君，公元前676年—公元前651年在位。在位期间，尽灭桓庄之族，废除公族大夫制度，重用异性卿士，任人唯贤，为日后晋国的强盛奠定了基础，也因公室力量过弱最终导致六卿擅权，三家分晋。改革兵制，奉行尊王政策，攻灭多个诸侯国，史称"并国十七，服国三十八"，晋国成为中原强大诸侯国。晚年宠爱骊姬，逼杀太子申生，讨伐夷吾和重耳，死后晋国发生内乱。谥号献公。
⑤ 骊姬（？—前651），春秋时期骊戎国君之女，晋献公妃子，晋君奚齐生母。晋献公攻打骊戎，骊姬被献给献公，深得献公宠爱。骊姬想要扶持儿子奚齐上位，挑拨献公父子关系，导致太子被杀，公子流亡，史称"骊姬之乱"。献公死后，被大臣里克所杀。
⑥ 申生，即姬申生（？—前656），晋献公之子，晋国太子。在骊姬的陷害下，被逼自杀。
⑦ 蒲，今山西隰县，春秋时属晋国。
⑧ 馁，挨饿。
⑨ 介子推（？—前636），又名介之推，春秋时期晋国人。跟随晋文公流亡诸侯，因割股奉君，不言禄之壮举，深受世人怀念。在绵山被烧死后，晋文公深感内疚，遂改绵山为介山，立庙祭祀，由此产生了"寒食节"。后人尊为介子。

晋国，姬姓，是周成王弟弟唐叔虞的封国。成王年幼的时候，和叔虞一起玩耍，他把一片桐树叶削成瑞玉状，说："我把这个封给你。"史官尹佚请求选择一个吉日来分封叔虞。周成王说："我和他开玩笑呢！"尹佚说："天子无戏言。"于是周成王将叔虞封到唐国。

晋国后世传到文公时，称霸诸侯。晋文公名重耳，是晋献公的第二个儿子。献公宠幸骊姬，杀死了太子申生，然后在蒲城攻打重耳。重耳逃亡，十九年后才返回晋国。重耳曾经在曹国挨饿，介子推割了一块自己腿上的肉给他吃。

及归，赏从亡者狐偃①、赵衰②、颠颉③、魏犨④，而不及子推。子推之从者悬书宫门曰："有龙矫矫⑤，顷失其所。五蛇从之，周流天下。龙饥乏食，一蛇刲⑥股。龙返于渊，安其壤土。四蛇入穴，皆有处处。一蛇无穴，号于中野。"公曰："噫，寡人之过也。"使人求之，不得，隐绵上山⑦中。焚其山，子推死焉。后人为之寒食⑧。文公环绵上⑨田封之，号曰介山。

---

① 狐偃（？—前629），姬姓狐氏，字子犯，晋文公之舅，又称舅犯、咎犯、臼犯，春秋时期晋国人。辅佐重耳，跟随其流亡诸侯，是文公五贤士之一。文公即位任上军将，为文公首席谋士，整顿内政，改革军职，城濮之战败楚，勤王周室平定叔带之乱，为文公成为中原霸主立下大功。
② 赵衰（cuī，？—前622），嬴姓赵氏，字子余，春秋时期晋国人。辅佐重耳，跟随其流亡诸侯，是文公五贤士之一。文公即位后任上卿，封原地，参加城濮之战、践土之盟、彭衙之战，为晋国霸业做出了巨大贡献。死后谥号成季，又称赵成子。
③ 颠颉（jié，？—前632），春秋时期晋国人。跟随晋文公流亡诸侯，文公即位后任大夫，后在攻打曹国时因擅自进攻对文公有恩的僖负羁而被杀。
④ 魏犨（chōu），生卒年不详，姬姓魏氏，春秋时期晋国大夫。跟随重耳流亡诸侯，文公即位后任大夫，在城濮之战中立有战功。死后谥号曰"武"，又称魏武子。
⑤ 矫矫，形容英勇威武或超凡脱俗，不同凡响。
⑥ 刲（kuī），割。
⑦ 绵上山，即绵山，在今山西介休。
⑧ 寒食，中国传统节日，在清明节前一天，现多与清明合并，为纪念介子推所设。习俗为禁止生火，只吃冷食，谓之寒食。
⑨ 绵上，在今山西介休，春秋时属晋国。

等到文公回国后，赏赐了跟从他一起逃亡的狐偃、赵衰、颠颉、魏犨等人，却没有赏赐介子推。介子推的一个仆人就在宫门外挂了一首诗，写道："英勇超凡的一条龙，被驱离了它的住所。五条蛇跟随着它，在天下四处奔走。龙饥饿了却没有食物，其中一条蛇割下自己腿上的肉给龙吃。终于这条龙返回它所在的水渊，安定在自己的土地上。四条蛇进入洞穴，各自获得居所。而那条割肉饲主的蛇却没有获得居所，悲惨地在旷野中呼号！"文公说："哎，这是我的过错呀！"于是就派人去寻找介子推，但是却没有找到。介子推隐居到绵山之上，文公下令把山烧掉，逼介子推出来，结果介子推被烧死了。后人为了他设立了寒食节。晋文公在绵山上划地封给介子推，并将绵山命名为介山。

文公卒，其后遂世为霸。历襄公①、灵公②、成公③、景公④、厉公⑤，至悼公⑥，霸业复盛。又历平公⑦、昭公⑧、顷公⑨，公室益弱。

① 襄公（？—前621），姬姓，名驩，晋文公之子，春秋时期晋国国君，公元前627年—公元前621年在位。即位之初，崤之战大败秦军，箕之战北却戎翟，泜水之战南略楚国；之后经略中原，恩威并用，重组六卿，成为有实无名的中原霸主。死后谥号襄公。
② 灵公（前624—前607），姬姓，名夷皋，晋襄公之子，春秋时期晋国国君，公元前620年—公元前607年在位。幼年即位，成年后不守君道，奢侈无度，残暴不堪。因赵盾进谏，多次谋划击杀赵盾，后被赵穿所杀。死后谥号灵公。
③ 成公（？—前600），姬姓，名黑臀，晋文公之子，晋襄公之弟，晋灵公之叔，春秋时期晋国国君，公元前606年—公元前600年在位。早年在周王室做人质，晋灵公死后，赵盾拥立成公即位。在位期间，设置公族官职，进一步壮大了卿士力量；多次发兵援助郑国；联合白狄攻打秦国。死后谥号成公。
④ 景公（？—前581），姬姓，名据，晋成公之子，春秋时期晋国国君，公元前599年—公元前581年在位。在位期间，邲之战败于楚国，鞌之战战胜齐国，联合吴国牵制楚国，下宫之难出兵攻灭赵氏一族，取得公室对卿族的第一次胜利。死后谥号景公。
⑤ 厉公（？—573），姬姓，名寿曼，晋景公之子，春秋时期晋国国君，公元前580年—公元前573年在位。在位期间，率领诸侯联军攻打秦国，大败秦军；鄢陵之战击败楚军。因听信谗言击杀"三郤"，后被栾书和中行偃弑杀。死后谥号厉公。
⑥ 悼公（前586—前558），姬姓，名周，晋惠公曾孙，晋厉公堂侄，春秋时期晋国国君，公元前572年—公元前558年在位。晋灵公即位后，其祖父桓叔捷前往周王室避难；晋厉公死后，悼公回国即位。即位之初，推行新政，重组八卿，任命百官，提拔公族，重用韩厥、智䓨、赵武，晋国逐渐恢复元气。对外礼遇诸侯，打击楚国，八年之中，九合诸侯，挟天子以令诸侯，和戎狄以征四方，将晋国霸业推向顶峰，成为当时中原的绝对霸主。终悼公一朝，震齐、慑秦、疲楚，天下莫能与之争，是春秋战国时期最强大的诸侯之一。死后谥号悼公。
⑦ 平公（？—前532），姬姓，名彪，晋悼公之子，春秋时期晋国国君，公元前557年—公元前532年在位。在位期间，承袭悼公余荫，二败齐军，围困临淄；湛阪之战击败楚国，再度称霸中原。晚年大兴土木，不务政事，导致大权旁落，六卿再度抬头。死后谥号平公。
⑧ 昭公（？—前526），姬姓，名夷，晋平公之子，春秋时期晋国国君，公元前531年—公元前526年在位。在位期间，任用韩起为正卿，举行平丘之会，这是晋国最后一次会合诸侯，晋国霸权逐渐衰落。死后谥号昭公。
⑨ 顷公（？—前512），姬姓，名弃疾，晋昭公之子，春秋时期晋国国君，公元前525年—公元前512年在位。在位期间，六卿迅速壮大，公室衰弱。六卿连兵消灭公族祁氏、羊舌氏；赵简子铸造刑鼎。死后谥号顷公。

晋文公死后，晋国世世代代都称霸中原。晋国经历了襄公、灵公、成公、景公、厉公，到悼公时，霸业又得到复兴。悼公之后又经历平公、昭公、顷公，王室力量越来越衰弱。

而六卿①范氏②、智氏③、中行氏④、赵氏⑤、魏氏⑥、韩氏⑦皆大。

---

① 六卿，春秋时期晋国军制，为文公所建。全军分中、上、下三军，各设将、佐一名，按地位高低分别是中军将、中军佐、上军将、上军佐、下军将、下军佐。按照"长逝次补"的原则，轮流执政，辅佐晋公。狭义上六卿专指晋平公之后的范、智、中行、赵、魏、韩六家。

② 范氏，晋国六卿之一，出于祁姓士氏，第一代宗主为士会。士氏祖先为隰叔，隰叔之父杜伯被周宣王杀后，逃难晋国，任士师，其子孙为士氏。士蒍（wěi）辅佐晋献公，献计诛杀公室子弟，以防内乱。士会历仕灵公、景公、成公，官至上军将，封于范邑，谥号曰"武"，又称范武子，其子孙为范氏。其后有范文子士燮、范宣子士匄（gài）、范献子士鞅，至范昭子范吉射时，为赵鞅所攻击，逃往齐国，范氏退出晋国。

③ 智氏，晋国六卿之一，出于荀氏，第一代宗主为荀首。荀氏祖先为荀息，向晋献公献"假途伐虢"之计。其三孙荀首累迁中军佐，封于智，谥号曰"庄"，又称智庄子，其子孙为智氏。其后有智武子智罃（yīng）、智悼子智盈、智文子智跞（lì）、智宣子智申，至智襄子智瑶时，被韩、赵、魏三家联合攻灭，智氏灭亡。

④ 中行氏，晋国六卿之一，出于荀氏，第一代宗主为荀林父。荀息长孙荀林父曾任中行之将，累迁中军将，谥号曰"桓"，又称中行桓子，其子孙为中行氏。其后有中行宣子中行庚、中行献子中行偃、中行穆子中行吴，至中行文子中行寅时，为赵鞅所攻击，逃往齐国，中行氏退出晋国。

⑤ 赵氏，晋国六卿之一，出于嬴姓，第一代宗主为赵衰。赵衰历仕文公、襄公，官至中军佐，谥号曰"成季"，又称赵成子。其后有赵宣子赵盾、赵庄子赵朔、赵文子赵武、赵景子赵成、赵简子赵鞅、赵襄子赵无恤、赵桓子赵嘉、赵献子赵浣，至赵烈侯赵籍时，建立赵国，名列诸侯。

⑥ 魏氏，晋国六卿之一，出于姬姓毕氏，第一代宗主为魏绛。魏氏祖先为毕万，毕万辅佐晋献公灭魏国，封于魏，其子孙为魏氏。魏昭子魏绛辅佐悼公，官至下军佐，正式位列六卿。其后有魏献子魏舒、魏襄子魏侈、魏桓子魏驹，至魏文侯魏斯时，建立魏国，名列诸侯。

⑦ 韩氏，晋国六卿之一，出于姬姓，第一代宗主为韩厥。韩氏祖先为韩万，韩万为曲沃桓叔之子，晋武公封其于韩原，谥号曰"武"，又称韩武子，其子孙为韩氏。韩献子韩厥历仕灵公、景公、成公、厉公、悼公五朝，官至中军将，正式位列六卿。其后有韩宣子韩起、韩贞子韩须、韩简子韩不信、韩庄子韩庚、韩康子韩虎、韩武子韩启章，至韩景侯韩虔时，建立韩国，名列诸侯。

而六卿范氏、智氏、中行氏、赵氏、魏氏、韩氏的势力都在逐渐增大。

定公①至出公②，智氏③与赵④、魏⑤、韩氏⑥分范⑦、中行氏⑧。公怒，四卿反攻公，公出奔而死。

① 定公（？—前475），姬姓，名午，晋顷公之子，春秋时期晋国国君，公元前511年—公元前475年在位。在位期间，智氏、赵氏、魏氏、韩氏连兵驱逐中行氏、范氏；与吴国在黄池争胜。死后谥号定公。
② 出公（？—前457），姬姓，名静，晋定公之子，春秋时期晋国国君，公元前474年—公元前457年在位。在位期间，因不满四卿瓜分中行氏与范氏封地，出公讨伐四卿，反为四卿所攻，出逃齐国，死在路上。死后谥号出公。
③ 智氏，即荀跞（前548—前493），智悼子智盈之子，春秋时期晋国智氏宗主，六卿之一。幼年袭爵，智氏一族步履维艰，成年后官至中军将，为晋国正卿；赵鞅平定赵氏内乱时，中行寅和范吉射连兵攻打赵鞅，荀跞联合魏侈、韩不信协助赵鞅进行反击。死后谥号曰"文"，又称智文子。
④ 赵，即赵简子赵鞅。
⑤ 魏，即魏侈，生卒年不详，魏献子魏舒之子，春秋时期晋国魏氏宗主，六卿之一。参与四卿清剿中行氏和范氏，死后谥号曰"襄"，又称魏襄子。
⑥ 韩氏，即韩不信，生卒年不详，韩贞子韩须之子，春秋时期晋国韩氏宗主，六卿之一。参与四卿清剿中行氏和范氏，为韩氏守成之主，死后谥号曰"简"，又称韩简子。
⑦ 范，即范吉射，生卒年不详，范献子士鞅三子，春秋时期晋国范氏宗主，六卿之一。生性贪婪，其父死后袭爵，任下军佐。赵氏内乱时发兵攻打赵鞅，在晋定公准许智氏、魏氏、韩氏支援赵鞅后，范吉射与中行寅连兵攻打晋定公，反为四卿所败，逃往齐国，范氏退出晋国舞台。最后死于齐国，谥号曰"昭"，又称范昭子。
⑧ 中行氏，即中行寅，生卒年不详，中行穆子中行吴之子，春秋时期晋国中行氏宗主，六卿之一。赵氏内乱时发兵攻打赵鞅，在晋定公准许智氏、魏氏、韩氏支援赵鞅后，中行寅与范吉射连兵攻打晋定公，反为四卿所败，逃往齐国，中行氏退出晋国舞台。最后死于齐国，谥号曰"文"，又称中行文子。按，据《史记·晋世家第九》，四卿于晋定公十五年（前497）攻打中行氏、范氏，于晋出公十七年（前457）瓜分二氏封地，非为一时之事。此处注释为攻打中行氏、范氏时事。

到定公、出公时，智氏联合赵、魏、韩三家瓜分了范氏和中行氏的封地。晋出公大怒，结果四卿联合攻打出公，出公逃出晋国，死在路上。

哀公①立,韩②、赵③、魏氏④又灭智氏⑤而分之。幽公⑥立,晋独有绛⑦、曲沃⑧,余皆入韩、赵、魏氏,号为三晋。烈公⑨立,三卿以周威烈王命为侯。

---

① 哀公(？—前438),姬姓,名骄,晋昭公的曾孙,春秋战国时期晋国国君,公元前456年—公元前438年在位。智、赵、魏、韩将晋出公驱逐后,拥立晋哀公。在位期间,智氏骄横,为赵、魏、韩所灭,封地被瓜分;三卿架空公室,晋国名存实亡。死后谥号哀公。
② 韩,即韩虎,生卒年不详,韩庄子韩庚之子,春秋时期晋国韩氏宗主,晋末四卿之一。和智襄子智瑶、赵襄子赵无恤、魏桓子魏驹瓜分中行氏、范氏封地后,于公元前453年,与赵襄子、魏桓子又连兵攻灭智氏,瓜分封地,开创韩国基业。死后谥号曰"康",又称韩康子。
③ 赵,即赵无恤(？—前452),赵简子赵鞅庶子,春秋时期晋国赵氏宗主,晋末四卿之一。自幼勤勉聪慧,得以庶子身份继承赵氏宗主之位。袭爵后,攻灭代国;瓜分中行氏、范氏封地;面对智襄子的强行索地,退守晋阳,联合魏、韩共灭智氏,瓜分封地,开创赵国基业。死后传位于其兄赵伯鲁之孙赵浣,以补赵简子废嫡立庶之举,谥号曰"襄",又称赵襄子,与其父并称"简襄之烈"。
④ 魏氏,即魏驹(？—前466),魏襄子魏侈之孙,春秋时期晋国魏氏宗主,晋末四卿之一。和智襄子智瑶、赵襄子赵无恤、韩康子韩虎瓜分中行氏、范氏封地后,又于公元前453年,与赵襄子、韩康子连兵攻灭智氏,瓜分封地,开创了魏国基业。死后谥号曰"襄",又称魏襄子。
⑤ 智氏,即智瑶(前506—前453),智宣子智申之子,春秋时期晋国智氏宗主,晋末四卿之一。袭爵之后担任晋国正卿,南征北战,力图恢复晋国霸业;在四卿瓜分中行氏、范氏中获利最大,成为晋国最大世族;后向赵、魏、韩三家强行索地,被赵襄子拒绝后,联合魏桓子、韩康子进攻赵氏;赵襄子退守晋阳后,说服魏、韩,三家共灭智氏,尽分其地,智氏灭亡。死后谥号曰"襄",又称智襄子。
⑥ 幽公(？—前420),姬姓,名柳,晋哀公之子,春秋战国时期晋国国君,公元前437年—公元前420年在位。在位期间,封地日蹙,反要朝见赵、魏、韩三家;后夜出淫妇被盗贼所杀。死后谥号幽公。
⑦ 绛,今山西绛县。
⑧ 曲沃,今山西曲沃。
⑨ 烈公(？—前389),姬姓,名止,晋幽公之子,春秋战国时期晋国国君,公元前419年—公元前393年在位。在位期间,赵、魏、韩得到周天子承认,正式成为诸侯。死后谥号烈公。

晋哀公即位后，韩、赵、魏三家又消灭了智氏，瓜分了他的封地。晋幽公即位后，晋公室只有绛、曲沃两座城池，其余城池都落入韩、赵、魏三家之手，称为三晋。烈公即位后，赵、韩、魏三家得到周威烈王的分封，正式成为诸侯国。

又历孝公①至静公②，魏武侯③、韩哀侯、赵敬侯④共废静公为家人而分其地。晋绝，不祀。

陈，妫姓，虞舜之后胡公满⑤之所封也。周武王求而封之。后世至春秋，有公子完⑥者，出奔而仕于齐。陈后为楚惠王所灭。而完之后遂大于齐，为田氏。

① 孝公（？—前357），姬姓，名顷，晋烈公之子，春秋战国时期晋国国君，公元前392年—公元前378年在位。在位期间，晋国大部已被赵、魏、韩瓜分，屡被迁移，先后被赵侯迁到屯留和端氏。死后谥号孝公。
② 静公，生卒年不详，姬姓，名俱酒，晋孝公之子，春秋战国时期晋国国君，公元前377年—公元前376年在位，晋国最后一位国君。晋静公二年（前376），赵、魏、韩联合瓜分晋国领土，废晋静公为庶民，晋国灭亡。死后谥号静公。
③ 魏武侯（？—前370），姬姓魏氏，名击，魏文侯之子，战国时期魏国国君，公元前395年—公元前370年在位。即位后，继承文侯基业，不断壮大魏国，联合赵、韩瓜分晋国，四面出击，战果卓著，巩固魏国中原霸主地位。但其战略方面不如文侯高瞻远瞩，决裂三晋同盟，放逐吴起，四面树敌，结怨诸侯，都为魏国数十年后的衰落埋下伏笔。死后谥号武侯。
④ 赵敬侯（？—前375），嬴姓赵氏，名章，赵烈侯之子，赵武侯之侄，战国时期赵国国君，公元前386年—公元前375年在位。在位期间，迁都邯郸，着手经营北方；出兵齐、魏，积极扩张；联合魏、韩瓜分晋国。死后谥号敬侯。
⑤ 胡公满，即陈胡公，妫姓有虞氏，名满，字少汤，舜帝之后，陶正遏父之子，周代诸侯国陈国第一任国君。周武王灭商后，嫁长女大姬于虞满，封陈地。在位期间，励精图治，选贤任能，使陈国跻身十二诸侯之一。死后谥号胡公。后裔王莽建立新朝后，追尊为陈胡王，庙号统祖。
⑥ 公子完，即陈完（前705—？），字敬仲，陈厉公之子，春秋时期陈国公族，战国时期田氏齐国始祖。因与太子交好，被陈宣公所忌惮；太子被杀后，逃往齐国，任工正。后世逐渐壮大，至田和时取代姜齐。

晋国又经历孝公到静公时，魏武侯、韩哀侯、赵敬侯一起废掉晋静公为平民，瓜分了他的土地。晋国灭亡，它的祭祀从此断绝。

陈国，妫姓，是虞舜的后代胡公满的封国。周武王灭商建立周朝后，将妫满封到陈国。陈国后世到了春秋时，公子完被陈宣公猜忌，出逃陈国，到齐国为官。陈国被楚惠王所灭。而公子完的后裔却在齐国立足壮大，成为后世的齐国田氏。

春秋战国（五）

　　齐，姜姓，太公望吕尚之所封也。后世至桓公，霸诸侯。五霸，桓公为始，名小白。兄襄公①无道，群弟恐祸及。子纠②奔鲁，管仲③傅之；小白奔莒，鲍叔④傅之。襄公为弟无知⑤所杀，无知亦为人所杀。齐人召小白于莒，而鲁亦发兵送纠。管仲尝遮⑥莒道射小白，中带钩。小白先至齐而立，鲍叔牙荐管仲为政，公置怨而用之。

　　仲字夷吾，尝与鲍叔牙贾，分利多自与，鲍叔不以为贪，知仲贫也；尝谋事穷困，鲍叔不以为愚，知时有利不利也；尝三战三走，鲍叔不以为怯，知仲有老母也。仲曰："生我者，父母。知我者，鲍子也。"

---

① 襄公（？—前686），姜姓吕氏，名诸儿，齐僖公长子，齐桓公之兄，春秋时期齐国国君，公元前698年—公元前686年在位。在位期间，荒淫无道，与其妹文姜乱伦，并杀死文姜之夫鲁桓公；首止盟会杀害郑国国君郑子亹（wěi）；出兵卫国，帮助卫惠公复位。后被公孙无知所杀，谥号襄公。
② 子纠，即公子纠（？—前685），姜姓吕氏，名纠，齐僖公之子，齐襄公之弟，春秋时期齐国公族。齐襄公荒淫无道，公子纠携带管仲逃往鲁国避难；齐桓公即位后，鲁国因惧怕齐国入侵，杀死公子纠向齐国谢罪。
③ 管仲（？—前645），姬姓管氏，名夷吾，字仲，颍上人，春秋时期齐国宰相，法家代表人物，著名哲学家、政治家、军事家。早先辅佐公子纠，齐桓公即位后担任国相，实行改革，富国强兵；辅佐齐桓公九合诸侯，成为第一任中原霸主。死后谥号曰"敬"。
④ 鲍叔，即鲍叔牙（？—前644），姒姓鲍氏，名叔牙，颍上人，春秋时期齐国大夫。早先辅佐齐桓公避难莒国，桓公即位后推荐管仲；管仲死后继任宰相，为齐国霸业立下大功。与管仲之间的友谊被誉为"管鲍之交"。
⑤ 无知，即公孙无知（？—前685），姜姓吕氏，名无知。齐庄公之孙，齐僖公之侄，春秋时期齐国公族。公元前686年，联合大臣连称、管至父弑杀齐襄公，自立为君，不久为大夫雍廪所杀。史称齐前废公。
⑥ 遮，拦截。

春秋战国（五）

　　齐，姜姓，是太公望吕尚的封国。齐国后世到了齐桓公时称霸诸侯。春秋五霸，就是从齐桓公开始的。齐桓公名叫小白，他的哥哥齐襄公残暴无道，其他弟弟们怕灾祸降临到自己头上，纷纷逃离了齐国。公子纠逃到了鲁国，管仲担任他的师父辅佐他。公子小白逃到了莒国，鲍叔牙担任他的师父辅佐他。齐襄公被弟弟公孙无知杀害后，公孙无知也被人所杀。齐国大臣召公子小白从莒国回来即位，而鲁国也送公子纠回齐国争位。管仲曾经在从莒国回齐国的道路上阻挡小白，并射中了小白的衣带钩。公子小白先赶回齐国即位，就是齐桓公。鲍叔牙推荐管仲为宰相，桓公搁置怨恨，任用管仲为相。

　　管仲字夷吾，曾经和鲍叔牙一起做生意，每次分红时总是给自己多分，鲍叔牙并不认为管仲贪婪，明白是因为管仲家贫；管仲曾经多次为官谋事却屡陷困境，鲍叔牙并不认为管仲愚蠢，明白时运有利有不利；管仲曾经带兵作战多次逃跑，鲍叔并不认为管仲贪生怕死，明白是因为管仲家里有老母亲需要管仲侍奉。管仲说："生我的是父母，了解我的是鲍叔牙啊！"

桓公九合诸侯，一匡①天下，皆仲之谋。一则仲父，二则仲父②。仲病，桓公问："群臣谁可相？易牙③何如？"仲曰："杀子以食君，非人情，不可近。""开方④何如？"曰："倍亲以适君，非人情，不可近。""竖刁⑤何如？"曰："自宫以适君，非人情，不可近。"仲死，公不用仲言，卒近之，三子专权。公内宠如夫人⑥者六，皆有子⑦。公薨⑧，五公子⑨争立相攻。公尸在床无殡敛⑩者六十七日，尸虫出于户。

① 匡，正。
② 一则仲父，二则仲父，指全部政事都委托给仲父。
③ 易牙，生卒年不详，春秋时期齐国人，著名厨师。因善烹饪而深得齐桓公宠幸，为讨好桓公，杀死自己的儿子做成菜肴献给桓公。桓公病重，与开方、竖刁将桓公禁锢在墙内，最终饿死；随后拥立公子无诡，造成齐国内乱，无诡被杀后逃亡鲁国。
④ 开方，生卒年不详，卫懿公庶长子。卫国战败于齐，开方到齐国做人质。开方见齐国强盛，就在齐国为官，父母死后也不回国奔丧，成为齐桓公宠臣。桓公病重，与易牙、竖刁将桓公禁锢在墙内，最终饿死；随后投奔公子潘，造成齐国内乱；齐孝公即位后，助公子潘即位，是为齐昭公。
⑤ 竖刁，生卒年不详，春秋时期齐国阉人。自行阉割侍奉齐桓公，掌管内侍及女宫，善于阿谀奉承，深得桓公宠爱；桓公病重，与易牙、开方将桓公禁锢在墙内，最终饿死；随后拥立公子无诡，造成齐国内乱，后被大臣高傒所杀。
⑥ 如夫人，古代女子称谓，同于夫人，后指小妾。
⑦ 皆有子，齐桓公长卫姬生公子无诡，少卫姬生惠公元，郑姬生孝公昭，葛嬴生昭公潘，密姬生懿公商人，宋华子生公子雍。
⑧ 薨（hōng），诸侯死曰薨。
⑨ 五公子，指公子姜无诡、齐惠公姜元、齐孝公姜昭、齐昭公姜潘、齐懿公姜商人。
⑩ 殡敛，指给死者穿衣下棺。

齐桓公多次会盟诸侯，一举使天下安定下来，都是管仲的谋略。齐桓公也将政事全部委托给管仲，尊称管仲为"仲父"。管仲病重，桓公问："群臣中谁可以担任宰相？易牙怎么样？"管仲答："易牙煮熟自己的儿子来讨好君主，这不是常人之情，不可以接近。"桓公问："开方怎么样？"管仲说："开方背离自己的父母来服侍君王，也不是常人之情，不可以亲近。"桓公问："竖刁怎么样？"管仲："竖刁把自己阉割了来伺候君主，也不是常人之情，不可以亲近。"管仲死后，齐桓公没有听从他的进言，最终还是重用了这三个人，于是三人得以专权擅政。齐桓公后宫中宠爱的嫔妃有六个人，都生了儿子。桓公死后，五位公子争权夺位，相互攻打，桓公的尸体停放在尸床上，六十七日无人送殡，尸虫都从屋子里爬了出来。

自桓公八世①至景公，有晏子②者事之。名婴，字仲，以节俭力行重于齐。一狐裘三十年，豚肩③不掩豆④。齐国之士待以举火者七十余家。晏子出，其御之妻从门间窥其夫拥大盖⑤，策驷马，意气扬扬自得。既而归，妻请去，曰："晏子身相齐国，名显诸侯，观其志，尝有以自下。子为人仆御，自以为足。妾是以求去也。"御者乃自抑损⑥。晏子怪而问之，以实对，荐为大夫。公使晏子之晋，与叔向⑦私语，以为齐政必归陈氏，如其言。

　　景公后五世⑧至康公⑨，田和受周安王命为侯，迁康公海滨，以死。姜氏遂绝，不祀。

---

① 八世，齐桓公之后，历无诡、孝公、昭公、姜舍、懿公、惠公、顷公、灵公、庄公、景公，本十世。这里说八世是忽略公子无诡、姜舍，因为二人在位皆不足一年而被弑杀，无谥号。
② 晏子（前578—前500），名婴，字仲，夷维人，春秋时期齐国宰相，著名政治家、思想家、外交家。历仕齐灵公、齐庄公、齐景公三朝，辅政多年，闻名诸侯。聪颖机智，能言善辩，内辅国政，外捍国威。死后谥号曰"平"。
③ 豚肩，猪腿。
④ 豆，古代食器，亦用作装酒肉的祭器。形似高足盘，大多有盖。
⑤ 盖，车盖。
⑥ 抑损，谦逊、谦让。
⑦ 叔向，即羊舌肸（xī），生卒年不详，羊舌氏，名肸，字叔向，春秋时期晋国大夫，著名政治家。历仕晋悼公、晋平公、晋昭公三世，官至正卿，活跃政坛三十余年，与子产、晏婴齐名；因羊舌氏出自公族，所以忠于晋公室，不忍依附私门。死后不久羊舌氏即因"助乱"被灭族。
⑧ 五世，齐景公之后，历安孺子、悼公、简公、平公、宣公五世。
⑨ 康公（？—前379），姜姓吕氏，名贷，齐宣公之子，战国时期齐国国君，公元前404年—公元前386年在位。在位期间，淫于酒色，被田和放逐海滨。齐康公十九年（前386），田和得到周天子承认，正式成为诸侯。公元前379年，齐康公逝世，姜氏祭祀断绝，谥号康公。

齐国自桓公之后八世到齐景公，有晏子为相辅政。晏子名婴，字仲，他由于节俭朴素和行为端正受到齐国国君的重用。他的一件狐皮大衣能穿三十年，祭祀祖先的供品中的猪腿都装不满礼器。齐国等着他救济生火做饭的士人，多达七十多家。晏子出门时，他车夫的妻子从自家门缝里窥视，看见她的丈夫坐在驷车的大伞盖下，扬鞭驱马，意气扬扬，很是自得意满的样子。不久之后车夫回到家，他的妻子请求离开他，说："晏子身为齐国宰相，名声显赫于诸侯，但是观察他的神情，总是态度谦和，仿佛有所不足。你只不过是晏子的车夫，就自以为很了不起，我就是为此才请求离开。"车夫从此便变得谦逊起来，常常自我检讨。晏子感到奇怪，便问车夫，车夫如实回答后，晏子就举荐他担任大夫。齐景公派晏婴出使晋国，晏婴私下和叔向交谈，认为齐国国政最终要被陈氏所掌握，后来果真像他所说的那样。

齐景公之后过了五世，到了齐康公时，田和接受了周安王的诏令成为诸侯，把康公迁到海滨。齐康公死后姜氏就灭亡了，从此无人奉祀。

春秋战国（六）

田氏齐者，本妫姓，故陈厉公佗①子完之后也。完奔齐为陈氏，后又以陈为田氏。完事齐桓公为工正②，卒，谥敬仲。五世③至釐子乞④，事齐景公为大夫。其收赋税于民，以小斗⑤受之；其粟予民，以大斗⑥；行私惠于民，而公弗禁，由是得齐众。乞专政。卒，子成子恒⑦弑简公⑧，立平公⑨，封邑大于公所食。

---

① 陈厉公佗，按，据《左传·桓公五年》《左传·桓公六年》《左传·桓公十二年》《左传·襄公二十五年》《史记·陈杞世家第六》，应为陈厉公跃。陈厉公（？—前700），妫姓，名跃，陈桓公之子，春秋时期陈国国君，公元前706年—公元前700年在位。设计杀死叔父妫佗后即位。死后谥号厉公。
② 工正，官名，相传少皞所置，掌工匠营造。
③ 五世，陈完之后，历田孟夷田稚、田孟庄田愍、田文子田须无、田桓子田无宇、田武子田开五世，至田釐子田乞。
④ 釐子乞，即田乞（？—前485），田桓子之子，春秋时期齐国田氏宗主。齐景公时他以大斗借出、小斗收进的方法笼络民心；景公死后，弑杀安孺子，拥立齐悼公，专擅国政，田氏宗族日益强大。死后谥号曰"釐"，又称田釐子。
⑤ 小斗，容量小于标准量的斗。
⑥ 大斗，容量大于标准量的斗。
⑦ 成子恒，即田恒，生卒年不详，汉朝时为汉文帝刘恒避讳，改名田常，田釐子之子，春秋时期齐国田氏宗主。先后弑杀齐悼公、齐简公，拥立齐平公，独揽大权，杀尽齐国强势卿族，封地比齐平公食邑还大，篡位之心昭然若揭。死后谥号曰"成"，又称田成子。
⑧ 简公（？—前481），姜姓吕氏，名壬，齐悼公之子，春秋时期齐国国君，公元前484年—公元前481年在位。大臣鲍子弑杀悼公后，群臣拥立简公即位；在位期间，田氏势力日渐壮大，后被田常所杀。死后谥号简公。
⑨ 平公（？—前456），姜姓吕氏，名骜（ào），齐悼公之子，齐简公之弟，春秋战国时期齐国国君，公元前480年—公元前456年在位。简公被杀后，为田恒所立，形如傀儡。死后谥号平公。

春秋战国（六）

　　田氏齐国本来是妫姓，是陈厉公妫跃的儿子妫完的后代。妫完逃到齐国以陈为姓氏，称陈完；后来又将陈氏改为田氏，又称田完。陈完在齐桓公时担任工正，掌管工匠营造，死后谥号敬仲，又称田敬仲完。陈完之后，过了五世到田釐子田乞，他侍奉齐景公担任大夫。田乞从百姓那里收取赋税，用小于标准量的斗来称；而他将粮食借贷给百姓时，用大于标准量的斗来称量；田乞对百姓施行自己私人的恩德，但是齐景公却不加禁止，因此，田氏一族慢慢得到齐国百姓的拥护。田乞专擅齐国国政。田乞死后，他的儿子田成子田恒弑杀齐简公，拥立齐平公，他的封邑比齐平公的都大。

恒卒，襄子盘①立，与韩、赵、魏通使。盖三家且有晋，而田氏且有齐也。历庄子白②至太公和，遂以周安王命为侯。卒，子桓公午③立。卒，威王因齐④立。

初，不治，诸侯皆来伐。八年，楚大发兵加齐，齐使淳于髡⑤请救于赵，赍⑥金百斤，车十驷⑦，髡仰天大笑，王曰："先生少之乎？"髡曰："臣见道傍有禳田⑧者，操一豚蹄，酒一壶，祝曰：'瓯窭⑨满篝⑩，污邪满车⑪，五谷蕃熟⑫，穰穰⑬满家。'臣见其所持者狭，所欲者奢，故笑之。"

① 襄子盘，即田盘，生卒年不详，田成子之子，春秋战国时期齐国田氏宗主。担任齐宣公宰相，派遣宗族兄弟担任重要城邑大夫，并与三晋互通使节，是田氏代齐的重要一步。死后谥号曰"襄"，又称田襄子。
② 庄子白，即田白（？—前411），田襄子之子，春秋战国时期齐国田氏宗主。在其经营下，田氏已实际控制齐国。死后谥号曰"庄"，又称田庄子。
③ 桓公午，即田午（前400—前357），齐太公之子，战国时期齐国国君，公元前374年—公元前357年在位。弑杀兄长齐废公田剡（yǎn）后即位，在位期间，创建稷下学宫，招揽天下贤士，后因讳疾忌医而死。死后谥号桓公，别于春秋时齐桓公，称"田齐桓公""齐桓公午"，因曾迁都上蔡，齐国又被时人称为蔡国，故桓公又称蔡桓公。
④ 威王因齐，即田因齐（前378—前320），齐桓公午之子，战国时期齐国国君，公元前356年—公元前320年在位。在位期间，重用邹忌、田忌、孙斌等人，力行改革，整顿吏治，国力日强；桂陵、马陵两战大败魏军，称雄诸侯，齐国国力达到顶峰。徐州相王之后僭越称王，死后谥号威王。
⑤ 淳于髡（kūn），生卒年不详，战国时期齐国著名政治家和思想家。身材矮小，博学多才，滑稽善辩，内谏齐王，外使诸侯，对新兴封建制度的巩固、齐国的振兴强盛、稷下之学的发展都多有贡献。
⑥ 赍（jī），携带。
⑦ 驷，套着四匹马的车。
⑧ 禳（ráng）田，祭神祈求灾异不作，庄稼丰收。
⑨ 瓯窭，窭，音娄。高田。
⑩ 瓯（ōu）窭满篝（gōu），狭小高地上收获的庄稼装满篝笼。瓯窭，狭小的高地。篝，竹笼。
⑪ 污邪满车，低洼里收获的庄稼装满车辆。污邪，地势低下的田地。
⑫ 五谷蕃熟，庄稼成熟丰收。五谷，指稻、黍、稷、麦、菽；也泛指庄稼。
⑬ 穰（ráng）穰，丰盛的样子，形容五谷丰收。

田桓子死后，他的儿子田襄子田盘继位，与韩、赵、魏互通使者往来。这是因为三家即将拥有晋国，而田氏也将占有齐国。田襄子之后经历田庄子田白到齐太公田和时，正式被周安王任命为齐侯。齐太公死后，他的儿子齐桓公田午继位。齐恒公死后，齐威王田因齐继位。

齐威王即位之初，不理朝政，导致诸侯都来讨伐齐国。齐威王八年，楚国派遣大军进攻齐国，齐威王命淳于髡携带黄金百斤，驷车十辆，前往赵国求援。淳于髡仰天大笑，威王说："先生是嫌礼物太少吗？"淳于髡说："今天我在上朝的路上看见路旁有个祈求田神的人，拿着一个猪蹄、一壶酒，祈祷说：'高地上收获的谷物盛满篝笼，低田里收获的庄稼装满车辆，五谷繁茂丰熟，米粮堆积满仓。'我看他拿的祭品如此少，而所祈求的东西如此多，所以笑他。"

王乃益黄金千镒①，白璧十双，车马百驷，髡乃行。

时齐国几②不振，王乃召即墨③大夫语之曰："自子之居即墨也，毁言日至，然吾使人视即墨，田野辟④，人民给，官无事，东方宁。是子不事吾左右以求助也。"封之万家。召阿⑤大夫语之曰："自子之守阿，誉言日至，吾使人视阿，田野不辟，人民贫馁。赵攻鄄⑥，子不救；卫取薛陵⑦，子不知。是子厚币事吾左右以求誉也。"是日，烹阿大夫与尝誉者。群臣耸惧，莫敢饰诈，齐大治，诸侯不敢复致兵。

威王与魏惠王⑧会田⑨于郊，惠王曰："齐有宝乎？"王曰："无有。"惠王曰："寡人国虽小，犹有径寸之珠⑩，照车前后各十二乘者十枚。"

---

① 镒（yì），古代重量单位，合二十两。
② 几（jī），将近，差不多。
③ 即墨，今山东即墨县。
④ 辟，开垦，开辟。
⑤ 阿，今山东东阿县。
⑥ 鄄（juàn），今山东鄄城县。
⑦ 薛陵，地名，今不详。
⑧ 魏惠王（前400—前319），姬姓魏氏，名罃，魏武侯之子，战国时期魏国国君，公元前370年—公元前319年在位。其间，放走商鞅，成就秦国变法；攻打赵、韩，相继被救援的齐军在桂陵、马陵击败，主将庞涓战死，军事力量大衰，中原霸主地位丧失，国力逐渐衰落。徐州相王后僭越称王；迁都大梁，故魏国又称梁国，惠王又称梁惠王。死后谥号惠王。
⑨ 田，夏天打猎。周制，四时田猎：春曰搜，夏曰田，秋曰狝（xiǎn），冬曰狩。
⑩ 径寸之珠，直径一寸的珍珠。

于是齐威王就把礼物增加到黄金千镒、白璧十对、驷车百辆。淳于髡这才告辞起行。

当时齐国几乎到了萎靡不振的地步，齐威王召见即墨大夫，对他说："自从你到即墨任官后，每天都有诽谤你的话。然而我派人去即墨察看，结果是田地开垦，人民丰足，官府无事，东方安宁。这是因为你不巴结我的左右近侍来让他们帮助说好话的缘故。"随即赏赐即墨大夫封邑一万户。齐威王又召见阿城大夫，对他说："自从你镇守阿城，每天都有称赞你的好话。但是我派人前往阿城察看，发现田地荒芜，百姓贫困饥饿。赵国攻打鄄地，你不发兵救援；卫国攻取薛陵，你竟然不知道。这是因为你用丰厚的礼物买通我的左右近臣来替你说好话！"当天，齐威王就下令把阿城大夫和替他说好话的左右近臣全部处以烹刑。群臣都感到很害怕，没有人再敢弄虚作假，齐国因此政治修明，诸侯也不敢再发兵攻打齐国。

齐威王和魏惠王夏天一起在郊外打猎，魏惠王说："齐国有宝物吗？"齐威王说："没有。"魏惠王说："我的魏国虽然是小国，仍有直径一寸大的夜明珠十枚，这宝珠的光能照亮前后各十二辆车。"

威王曰："寡人之宝与王异。吾臣有檀子①者，使守南城②，楚不敢为寇，泗上③十二诸侯皆来朝；有肦子者，使守高唐④，赵人不敢东渔于河；有黔夫者，使守徐州⑤，则燕人祭北门⑥，赵人祭西门，徙而从者七千余家；有种首者，使备盗贼，道不拾遗。此四臣者，将照千里，岂特十二乘哉！"惠王有惭色。

威王卒，子宣王⑦立。喜文学游说之士，驺衍⑧、淳于髡、田骈⑨、慎到⑩之徒七十六人，皆为上大夫。是以齐稷下⑪学士盛，且⑫数百千人。然而孟子至，而不能用。

---

① 檀子、肦（xī）子、黔夫、种首，皆齐威王时齐国能臣，事迹不详。
② 南城，今山东平邑。
③ 泗上，泛指泗水北岸的地域。
④ 高唐，今山东高唐。
⑤ 徐州，徐，音舒。春秋战国时，彭城属宋，后归楚，秦统一后设彭城县。辖境大致在江苏省西北部、华北平原的东南部。
⑥ 祭北门，因害怕齐国侵伐，在徐州北门祭祀求福。因燕国在齐国北面，故祭齐北门。
⑦ 宣王（？—前301），妫姓田氏，名辟疆，齐威王之子，战国时期齐国国君，公元前319年—公元前301年在位。在位期间，延续齐威王霸业，乘燕国内乱，几乎灭亡燕国；光大稷下学宫，促进文化长足发展。但其合纵撤军、结怨燕国、断绝齐楚联盟等一系列外交失误，也为日后齐国的衰落乃至灭亡埋下伏笔。死后谥号宣王。
⑧ 驺衍，即邹衍，生卒年不详，战国时期齐国人，道家代表人物，阴阳家创始人。稷下学宫著名学者，提出"五行""五德""大九州"等学说，因其学说"尽言天事"，人称"谈天衍"。著有《邹子》一书。
⑨ 田骈，生卒年不详，又称陈骈，战国时期齐国人。稷下学宫著名学者，善于雄辩；本学黄老，借道明法，与慎到齐名，曾讲学稷下。著有《田子》一书。
⑩ 慎到（？—前315），战国时期赵国人，法家代表人物。稷下学宫著名学者，先习黄老之学，后开创法家重"势"一派，长期讲学稷下，尊称"慎子"。著有《十二论》《慎子》，多散佚。
⑪ 稷下，即稷下学宫，战国时期齐国官办高等学府，位于齐都临淄稷门附近，故称稷下，是当时天下学术中心，先秦著名学者孟子、荀子、慎到、邹衍等人都先后于此讲学辩论，有力促进了战国时期"百家争鸣"局面的形成。
⑫ 且，将近。

齐威王说："我的宝贝跟您的不同。我齐国大臣中有个叫檀子的，我派他镇守南城，楚国的军队就不敢入侵，泗水一带十二个诸侯国都来齐国朝见；有个叫朌子的，我派他镇守高唐，赵国人就不敢向东来黄河捕鱼；有个叫黔夫的，我派他驻守徐州，燕国人就在徐州北门祈祷，赵国人在西门祈祷，祈求齐国不要向燕赵发兵，两国百姓迁居到齐国的有七千多家；有个叫种首的大臣，我派他掌管防盗，齐国境内路不拾遗。这四个大臣，他们的光芒能照亮千里，哪里只是照亮前后十二辆车呢！"魏惠王听了后，很是羞愧。

齐威王死后，齐宣王继位。齐宣王喜爱善于以文辞游说的士人，驺衍、淳于髡、田骈、慎到等七十六人得以担任上大夫。于是齐国稷下学宫迎来天下各国士人，有几百上千人之多。然而孟子到了后，齐宣王却没能重用他。

魏伐韩，韩请救于齐，齐使田忌①为将以救韩。魏将庞涓②尝与孙膑③同学兵法，涓为魏将军，自以所能不及，以法断其两足而黥④之。齐使至魏，窃载以归。至是膑为齐军师，直走魏都。涓去韩而归。膑使齐军入魏地者为十万灶，明日为五万灶，又明日为二万灶。涓大喜，曰："我固知齐军怯，入吾地三日，士卒亡者过半矣。"乃倍日并行⑤逐之。膑度⑥其行，暮当至马陵⑦，道狭，而旁多阻，可伏兵。乃斫⑧大树，白⑨而书曰："庞涓死此树下。"令齐师善射者万弩夹道而伏，期⑩暮见火举而发。涓果夜至斫木下，见白书，以火烛之。万弩俱发，魏军大乱相失。涓自刭，曰："遂成竖子之名！"齐大破魏师，虏太子申⑪。

---

① 田忌，生卒年不详，字期，战国时期齐国名将。孙膑遭迫害逃回齐国后，田忌收其为门客；后二人携手，先后于桂陵、马陵之战两次重创魏军，使得魏国霸权中衰，进入战国中期列国争雄的局面；后被邹忌陷害，逃往楚国，齐宣王即位后回到齐国。因被封于徐州，又称徐州子期。
② 庞涓（？—前341），战国时期魏国名将。与孙膑一同授业于鬼谷子，前往魏国后因忌妒孙膑而设计将其膝盖骨挖去；魏惠王时担任魏军主将，魏军实力大增，先后进攻赵、韩，却都在齐军的支援下功败垂成，桂陵、马陵之战先后为孙膑所败，身死军中。
③ 孙膑，生卒年不详，名不传，因受膑刑故名孙膑，山东鄄城人，孙武之后，战国时期齐国著名军事家，兵家代表人物。与庞涓一同授业于鬼谷子，遭庞涓陷害后在齐国使者的帮助下逃回齐国，为田忌门客；桂陵、马陵之战中为实际策划者，为后世留下"围魏救赵"的兵家经典战例；著有《孙膑兵法》。
④ 黥（qíng），古代刑法之一，又称墨刑，在人脸上刺字并涂墨之刑，后亦施于士兵以防逃跑。
⑤ 倍日并行，日夜赶路。
⑥ 度（duó），计算，推测。
⑦ 马陵，在今河南莘县大张家镇，马陵之战主战场。
⑧ 斫（zhuó），砍。
⑨ 白，指砍掉树皮，露出白颜色的树身。
⑩ 期，约定。
⑪ 太子申，即魏申，魏惠王之子，战国时期魏国太子。马陵之战中被齐军俘虏，下落不明。

魏国围攻韩国国都新郑，韩国向齐国求救，齐国派遣田忌为将军，率兵救援韩国。魏将庞涓曾经和孙膑一起学习兵法，庞涓担任魏国将军后，自以为比不过孙膑，于是在魏惠王面前陷害孙膑，对他施以膑刑，挖去他的膝盖骨，并在他脸上刺字。齐国使者后来出使魏国，认为孙膑是个人才，就悄悄把他带回齐国。因此孙膑担任了齐军军师，劝说田忌率军直逼魏都大梁。大梁危急，庞涓率军撤离韩国回师救援魏国，这时齐军开始徐徐向西撤军。孙膑命令进入魏国境内的军队第一天砌垒十万人做饭用的炉灶，第二天砌垒五万人做饭用的炉灶，第三天砌垒两万人做饭用的炉灶。庞涓看到齐军营地炉灶的变化后，高兴地说："我本来就知道齐军胆小怯懦，进入我国境内才三天，逃兵人数就超过了半数！"于是命魏军放下辎重，轻装前行，日夜兼程地追击齐军。孙膑推测魏军的行程，估计庞涓傍晚时将赶到马陵。马陵道路狭窄，两旁又多山地险阻，适合埋伏军队。孙膑命人将马陵道中的一棵大树砍去树皮，露出白木，在上面写道："庞涓死于此树之下。"又命令一万名擅长射箭的齐兵埋伏在马陵道两旁的高山上，约定晚上看见道中火光亮起，就万箭齐发。庞涓果然当晚赶到马陵，到了那棵被砍去树皮的大树下时，看见白木上写的字，就点火照明察看树干上的字。这时，齐军伏兵万箭齐发，魏军大乱，互相失去呼应。庞涓见魏军兵败，拔剑自刎，说："倒成就了孙膑这小子的名声！"齐军大破魏军，俘虏了魏国太子申。

春秋战国（七）

宣王卒，愍王①立。靖郭君田婴②者，宣王之庶弟也，封于薛③。有子曰文④，食客数千人，名声闻于诸侯，号孟尝君。秦昭王闻其贤，乃先纳质于齐，以求见。至则止，囚，欲杀之。孟尝君使人抵昭王幸姬求解。姬曰："愿得君狐白裘⑤。"盖孟尝君尝以献昭王，无他裘矣。客有能为狗盗者，入秦藏⑥中，取裘以献姬。姬为言得释，即驰去，变姓名，夜半至函谷关。关法：鸡鸣方出客。恐秦王后悔追之。客有能为鸡鸣者。鸡尽鸣，遂发传⑦。

---

① 愍王（？—前284），妫姓田氏，名地，齐宣王之子，战国时期齐国国君，公元前302年—公元前284年在位。为人骄纵，喜好享乐，在位期间，联合三晋攻打秦国，直抵函谷关，与秦昭王并称东西二帝；破燕制楚，吞灭宋国，齐国军事实力达到顶峰，但也耗尽国力；随后燕将乐毅率五国联军，攻打齐国，齐愍王出逃，被楚将淖齿所杀。
② 田婴，生卒年不详，齐威王之子、齐宣王之弟、孟尝君之父，战国时期齐国宗室、大臣。受封薛地，担任齐相，因薛地故称靖郭，又称靖郭君。
③ 薛，今山东滕县。
④ 文，即田文（？—前279），田婴之子，齐威王之孙，战国时期齐国宗室，号孟尝君，战国四公子之一。承袭父爵，受封于薛，礼贤下士，门下食客三千；先后担任秦、齐、魏国宰相，率领三晋与齐国联军攻打秦国；后乐毅破齐后宣布中立，死后诸子争立，封地被魏、齐所灭。
⑤ 狐白裘，用狐狸腋下白毛皮所制的皮衣。狐白，狐狸腋下的白毛皮，是狐狸毛皮中最珍贵的部分。
⑥ 藏（zàng），储存大量珍宝的地方。
⑦ 发传，展示准许通行的符信。

春秋战国（七）

齐宣王死后，齐愍王继位。齐国靖郭君田婴是齐宣王的弟弟，分封在薛地。田婴的儿子叫田文，他门下食客有数千人，以善养士闻名于诸侯，号称孟尝君。秦昭王听说了他的贤名，就先派遣人质前往齐国，求见孟尝君，邀请他来秦国担任宰相。孟尝君来到了秦国后，秦昭王就将他扣押拘禁，想要杀掉他，以除后患。孟尝君派人求见秦昭王的宠姬请求帮忙解救。宠姬说："我希望得到您的那件白狐皮衣。"但孟尝君已经把那件白狐皮衣献给了秦昭王，并没有其他的白狐皮衣了。他的门客有擅长偷盗的，就偷偷潜入秦国宫室内藏宝的地方，取出皮衣，然后献给宠姬。宠姬于是在秦昭王面前为孟尝君说情，秦昭王就释放了孟尝君。孟尝君被释放后，立即逃离秦都咸阳，改变姓名，一路狂奔，半夜赶到函谷关。按照秦法规定，每天鸡鸣之后才允许出关。孟尝君担心秦昭王后悔了而发兵追捕他。他的门客中有个人会学公鸡叫，就模仿公鸡叫了几声，附近的公鸡就都随着一齐叫了起来，随即孟尝君出示通关文书后逃出函谷关。

出食顷①，追者果至，而不及。孟尝君归，怨秦，与韩魏伐之，入函谷关，秦割城以和。孟尝君相齐，或毁之于王，乃出奔。

　　愍王灭宋而骄，燕昭王②以齐尝破燕③之故，与诸侯合谋而攻齐。燕军入临淄④，愍王走莒⑤。楚将淖齿⑥救齐，反杀愍王，而与燕共分齐之侵地。王孙贾⑦从愍王于莒，而失王处，其母曰："汝朝出而晚来，吾则倚门而望。汝暮出而不还，吾则倚闾⑧而望。汝今事王，王走，汝不知处，汝尚何归焉！"贾乃攻淖齿杀之，求愍王子法章⑨而立之，保莒以抗燕。

---

① 食顷，吃一顿饭的时间，多形容时间很短。
② 燕昭王（前335—前279），姬姓，名平，燕王哙之子，战国时期燕国国君，公元前312年—公元前279年在位。燕王哙和子之死后，燕人拥立姬平即位。在位期间，招贤纳士，改革内政；起用乐毅为上将军，起兵伐齐；同时北略东胡，扩地千里；燕国进入全盛时期。死后谥号昭襄王，简称昭王或襄王。
③ 齐尝破燕，指公元前314年，燕国子之之乱，齐宣王派遣齐将匡章攻打燕国，燕国几乎灭亡，在其他诸侯国的干预下，齐国退兵。
④ 临淄，今山东淄博。
⑤ 莒，今山东莒县。
⑥ 淖齿（？—前283），战国时期楚国将领。乐毅破齐后，淖齿奉楚顷襄王命救援齐国；被齐愍王任为齐相，随后杀死齐愍王，与燕国共分齐国侵地；不久被王孙贾所杀。
⑦ 王孙贾，生卒年不详，战国时期齐愍王侍臣。齐愍王被淖齿杀害后，率众人杀死淖齿。
⑧ 闾（lǘ），古代里巷的大门。
⑨ 法章，即田法章（？—前265），齐愍王之子，战国时期齐国国君，公元前283年—公元前265年在位。齐愍王被杀后藏匿于莒城太史敫（jiǎo）家，田单破燕后，迎立田法章即位；在位期间，迎娶太史敫之女为王后；多次为秦、赵所攻，偏安一隅。死后谥号襄王。

过了一顿饭的工夫，秦国追捕的军队果然到了函谷关，但是也追不上孟尝君了。孟尝君回到齐国后，十分怨恨秦国，就联合韩国、魏国攻打秦国，攻破函谷关，秦国割让城池向联军请和。后来孟尝君担任齐国宰相，有人在齐湣王面前进谗言诋毁他，于是孟尝君就逃离了齐国。

齐湣王灭亡宋国后非常骄傲自满，燕昭王因为齐国曾经攻破燕国的缘故，与诸侯一起商议，共同发兵攻打齐国。燕军攻入临淄后，齐湣王逃到莒城。楚国派遣将军淖齿率军救援齐国，淖齿却杀害齐湣王，和燕国一起瓜分了燕国侵占齐国的土地。齐湣王的侍臣王孙贾跟随齐湣王逃到莒地，却不知湣王逃到何处去了。他的母亲对他说："你早出晚归，我就靠着家门盼望你回来。如果你晚上出去却没有回来，我就靠着里巷的门盼望你回来。你现在侍奉齐王，齐王外出避难，你却不知道他去了何处，你还回家做什么！"王孙贾于是率领众人杀掉了淖齿，找到了齐湣王的儿子田法章，拥立他继承王位，就是齐襄王，他们坚守莒城抗击燕国。

时齐城惟莒、即墨不下。即墨人推田单①为将军，身操版锸②，与士卒分功，妻妾编于行伍。收城中得牛千余，为绛缯③衣，画五彩龙文④，束兵刃其角，灌脂束苇⑤于尾，烧其端。凿城数十穴，夜纵牛，壮士随其后。牛尾热，怒奔燕军，所触尽死伤。而城中鼓噪从之，声振天地。燕军败走，七十余城皆复为齐。迎襄王于莒，封单为安平君。

　　单攻狄⑥，三月不克。鲁仲连⑦曰："将军在即墨，曰：'无可往矣，宗庙亡矣。'将军有死之心，士卒无生之气，莫不挥泣奋臂欲战。今将军东有夜邑⑧之奉⑨，西有淄上⑩之娱，黄金横带，骋乎淄渑⑪之间。有生之乐，无死之心，故不胜也！"单明日厉气⑫巡城，立于矢石⑬之所，援枹⑭鼓之，狄人乃下。

① 田单，生卒年不详，临淄人，战国时期齐国名将。起初担任市掾（yuàn）掌管市场，齐国临淄被破后，退守即墨，后以离间计、火牛阵大败燕军，收复失地；迎立齐襄王，封安平君；后离开齐国，任赵国宰相，封都平君。唐德宗时从祀配享武庙。
② 版锸（chā），古代筑土墙和挖土的工具。版，筑墙工具；锸，挖土工具。
③ 绛缯（jiàng zēng），红色丝绸。
④ 龙文，龙形花纹。
⑤ 束苇，捆扎的芦苇。
⑥ 狄，今山东高青县。
⑦ 鲁仲连，生卒年不详，战国时期齐国人。口才超群，善于雄辩，心系国事却无意为官。长平之战后，秦军围困赵都邯郸，鲁仲连痛斥新垣衍，义不帝秦。
⑧ 夜邑，今山东莱州。
⑨ 奉，租税，俸禄。
⑩ 淄上，指淄河流域。
⑪ 淄渑，齐国临淄附近两条河名。
⑫ 厉气，鼓励士气。
⑬ 矢石，弓箭和礌石，均为守城器械。
⑭ 援枹（fú），手持鼓槌。

当时齐国境内的城池就只剩莒城、即墨没有被燕国占领。即墨人推举田单为将军，守卫即墨。田单随身背着筑土墙和挖土的工具，和士卒一起分担军务，妻妾也编在了军队中。田单收集全城中的数千头牛，为它们披上红色绸衣，在牛身上画上五彩的龙形花纹，角上绑上利刃，把沾满油脂的捆扎好的芦苇系在牛尾上，准备点火用。田单命人在城墙上挖了几十个通向城外的缺口，到了晚上，点燃牛尾巴上的芦苇，把牛赶出城去，五千名勇士紧跟在牛群后面冲向燕军营地。牛尾巴着火后，发疯似的冲向燕军，所碰到的燕军非死即伤。即墨城中战鼓激越，齐军紧跟着冲了过来，杀声震天。燕军惊慌失措，大败而走，齐军收复了被占领的七十多座城池。随后田单前往莒地迎接襄王前往临淄，襄王封田单为安平君。

后来田单攻打狄城，三个月了还没有攻下来。鲁仲连说："将军在即墨时，对士卒说：'我们没有可以再逃亡的地方了，只能和宗庙一起灭亡。'将军有战死的决心，士卒也没有生还的渴求，所有人都抹掉泪水，振臂而起，要与燕人决一死战。如今将军您东边有夜邑封地的赋税供奉，西边有淄河之上的娱乐欢宴，身着黄金制的腰带，驰骋在淄水、渑水之间，好不得意。贪恋活着的乐趣，没有必死的决心，所以不能取胜！"第二天田单就前往阵前巡视，鼓舞士气，不避箭矢，亲自擂鼓助威，狄城最终被攻打下来。

襄王既立，而孟尝君中立为诸侯，无所属。王畏之，与连和。初，冯驩①闻孟尝君好客而来见，置传舍②。十日，弹剑作歌曰："长铗③归来乎，食无鱼！"迁之幸舍，食有鱼矣。又歌曰："长铗归来乎，出无舆！"迁之代舍，出有舆矣。又歌曰："长铗归来乎，无以为家！"孟尝君不悦。时邑入不足以奉客，使人出钱于薛，贷者多不能与息。孟尝君乃进，驩请责④之。驩往，不能与者，取其券烧之。孟尝君怒，驩曰："令薛民亲君。"孟尝君竟⑤为薛公，终于薛。

襄王卒，子建⑥立。母君王后⑦贤，事秦谨，与诸侯信。君王后卒，齐客⑧多受秦金为反间，劝王朝秦，不修攻战之备，不助五国⑨攻秦。

---

① 冯驩（huān），生卒年不详，战国时期齐国人，孟尝君门客。替孟尝君收债时，免除薛地百姓债务，替孟尝君收买人心，安排退路，留下"狡兔三窟"的典故。
② 传舍，战国时期贵族供门客食宿的地方。客有下、中、上之分，舍也分传舍、幸舍、代舍。
③ 长铗（jiá），长剑。
④ 责，同"债"，收债。
⑤ 竟，整，从头至尾。
⑥ 建，即田建（前280—前221），齐襄王之子，战国时期齐国最后一位国君，公元前264年—公元前221年在位。在位期间，因其母亲君王后的扶持，也因秦国奉行"远交近攻"的战略，齐国保持安定；在秦国对山东诸侯的灭国之战中，田建听信后胜之言，放弃合纵，不修军备。公元前221年，秦将王贲兵临临淄，田建投降，齐国灭亡。史称齐王建，又因其降秦后迁居共地，又称齐共王。
⑦ 君王后（？—前249），齐襄王王后，太史敫之女。齐襄王逃难莒城，避难太史敫家中，多蒙其女照顾。齐襄王即位后，迎娶太史敫之女，史称君王后。贤良淑德，襄王死后，辅佐田建，扶持国事，使齐国多年远离战火。
⑧ 客，指后胜，战国时期齐国宰相。担任齐王建宰相，接受秦国贿赂，劝说齐王建不修战备，不援五国；秦军兵临城下，劝说齐王建投降。
⑨ 五国，指燕、楚、韩、赵、魏五国。

齐襄王即位后，孟尝君在诸侯之间保持中立，不归顺其他诸侯。齐襄王很畏惧他，就和孟尝君交好。起初，冯驩听说孟尝君喜好招揽宾客，于是就来求见他，孟尝君把他安置在下等食客的住所里。十天后，冯驩敲着他的佩剑唱道："宝剑啊宝剑，咱们还是回家吧！这里吃饭没有鱼。"孟尝君听后，让冯驩搬到中等食客的住所里，在他每天的饭菜里加上鱼。过了几天，冯驩又敲着佩剑唱道："宝剑啊宝剑，咱们还是回去吧！这里出门没有车！"于是孟尝君又把冯驩迁到上等食客的住所里，进出都给他配上车子。过了几天冯驩又敲着佩剑唱道："宝剑啊宝剑，咱们还是回家吧！这里没钱养家。"孟尝君听了很不高兴。当时孟尝君食邑的赋税收入不足以供养这么多食客，就派人到薛邑借贷放债，但是借债的人多数无力付还利息。孟尝君想要派人去收回贷款和利息，冯驩请求去索取债款。冯驩去了薛邑后，能偿还贷款的就偿还，对于那些无力偿还的百姓，冯驩就取回他们的契据当众烧毁。孟尝君得知后十分恼怒，冯驩说："这是让薛邑百姓亲附您哪！"正是为此，孟尝君才得以一直担任薛公，最终老死于薛地。

齐襄王死后，他的儿子齐王建即位。齐王建的母亲君王后贤能，侍奉秦国谨慎，与诸侯国诚信来往。君王后死后，齐国以宾客后胜为相，后胜多次接受秦国的贿赂，为秦国进行挑拨离间，劝齐王朝见秦王，不做战争准备，不帮助山东五国抵御秦国。

秦王政①既灭五国，兵入临淄，王建遂降。迁于共②，处之松柏之间而死，以齐为郡③。齐人歌之曰："松邪柏邪，住建共者客邪？"

春秋战国（八）

赵之先，本与秦同姓，祖于蜚廉④。有子季胜⑤，其后有造父者，事周穆王，以功封赵城⑥，由是为赵氏。春秋时有赵夙⑦者，事晋，生成子衰。衰生宣子盾⑧。人曰："赵衰，冬日之日也；赵盾，夏日之日也。冬日可爱，夏日可畏。"

---

① 秦王政，即嬴政（前259—前210），秦庄襄王之子，秦朝第一位皇帝，也是中国第一位皇帝，公元前247年—公元前210年在位。幼年即位，吕不韦辅政；亲政后重用李斯、尉缭、王翦、蒙恬等人，完成统一大业，建立起第一个统一的中央集权王朝秦王朝，自称秦始皇。改革官职、推行郡县制，实行书同文、车同轨，统一度量衡，对外抗击匈奴，修筑长城，南征百越，修建灵渠，对中华文明的发展有着不可磨灭的巨大贡献。但其在位后期迷信长生，苛政虐民，大兴土木，也导致了其死后秦王朝的迅速崩溃。
② 共，今河南卫辉。
③ 以齐为郡，秦国灭齐之后，在齐地设薛郡、齐郡、琅琊三郡。
④ 蜚（fěi）廉，相传为颛顼之后，为商纣王的臣子，商朝灭亡后，死于霍山。是秦国、赵国的祖先。
⑤ 季胜，蜚廉次子，赵国祖先。
⑥ 赵城，今山西洪洞（tóng）赵城镇。
⑦ 赵夙，生卒年不详，春秋时期晋国赵氏先祖。晋献公时，赵夙率军灭亡霍国，因功封于耿地，开启了赵氏基业。
⑧ 宣子盾，即赵盾（前655—前601），字孟，赵成子赵衰之子，春秋时期晋国赵氏宗主，杰出政治家、军事家。历仕晋襄公、晋灵公、晋成公三朝，官至正卿，是晋国文公之后第一位权臣。执政期间，对内权倾朝野，设置公族，进一步壮大卿族力量，是赵氏基业的奠基人；对外打击秦、楚，戮力争霸，维护了晋国文公之后的霸业。死后谥号曰"宣"，又称赵宣子、赵宣孟。

秦王嬴政灭亡韩、魏、赵、燕、楚五国后，大军直抵临淄，齐王建投降，齐国灭亡。秦王将齐王建迁徙到共地后，齐王建将居所安置在松树和柏树之间，最终死在那里。齐国灭亡后，秦国在原来齐国领土设置薛郡、齐郡、琅琊三郡。齐国人感慨地唱道："松树呢？还是柏树呢？让齐王建住到共城的难道不是宾客吗？"

春秋战国（八）

赵国的祖先和秦国的祖先出自同姓，他们的祖先都是蜚廉。蜚廉的二儿子叫季胜，季胜后人中有个叫造父的，侍奉周穆王，因驾车有功就封在赵城，他的后人就以城为氏，为赵氏。到了春秋时有个叫赵夙的，在晋国为官，生下儿子叫赵衰。赵衰生赵宣子赵盾。有人说："赵衰像冬天的太阳，赵盾像夏天的太阳。冬天的太阳令人喜爱，夏天的太阳使人敬畏。"

盾生朔①，大夫屠岸贾②灭朔之族。朔有遗腹子③武④，贾索之不得。朔客程婴⑤、公孙杵臼⑥相与谋曰："立孤与死，孰难？"婴曰："死易，立孤难耳。"杵臼曰："子为其难！"杵臼取它儿，匿山中。婴出，谬曰："与我千金，吾告赵氏孤处。"贾喜，乃使人随婴杀杵臼及孤，而赵氏真孤在婴。后与武灭贾，竟立武而自杀，以下报宣孟⑦及杵臼。

武卒，号文子。文子生景叔⑧，景叔生简子鞅。简子有臣曰周舍⑨，死，简子每听朝，不悦曰："千羊之皮，不如一狐之腋。诸大夫朝，徒闻唯唯⑩，不闻周舍之鄂鄂⑪也。"

---

① 朔，即赵朔，生卒年不详，赵宣子赵盾之子，春秋时期晋国赵氏宗主。娶妻晋成公之女赵庄姬，死后发生下宫之难，赵氏被灭族，只留有遗腹子赵武。死后谥号曰"庄"，又称赵庄子。
② 屠岸贾，屠岸姓，名贾，春秋时期晋国大夫。诬陷赵氏，导致赵氏一门被灭族。赵氏孤儿赵武成年后，将屠岸贾灭族。
③ 遗腹子，指怀孕妇人于丈夫死后所生的孩子。
④ 武，即赵武（？—前541），赵庄子赵朔之子，春秋时期晋国赵氏宗主，杰出政治家、外交家。下宫之难后，在韩厥、程婴、公孙杵臼的帮助下免死，后被立为赵氏后嗣；晋悼公时官至正卿，晋平公时执国政，与楚屈建主持弭兵之会。卒谥曰"文"，又称赵文子。
⑤ 程婴（？—前583），春秋时期晋国人。原为赵朔门客，下宫之难中力保赵氏孤儿，赵武成年后自杀。
⑥ 公孙杵臼（chǔ jiù，？—前597），春秋时期晋国人。原为赵朔门客，下宫之难中为保赵氏孤儿而死。
⑦ 宣孟，即赵盾。
⑧ 景叔，即赵景子赵成（？—前518），赵文子赵盾之子，春秋时期晋国赵氏宗主。官至中军佐。死后谥号曰"景"，又称赵景子；因其排行为"叔"，又称赵景叔。
⑨ 周舍，生卒年不详，春秋时期晋国赵鞅家臣，好直谏。
⑩ 唯唯，恭敬的应答声，引申为恭顺谨慎。
⑪ 鄂鄂，直言争辩的样子。

赵盾生赵朔。晋景公时，大夫屠岸贾将赵氏灭族。赵氏只剩下赵朔的遗腹子赵武一人，屠岸贾没有搜索到。赵朔的门客程婴、公孙杵臼一起谋划说："扶立遗孤和死，哪件事更难？"程婴说："死容易，扶立遗孤更难。"公孙杵臼说："那你来做更难的事吧！"公孙杵臼找来另外一个婴儿，一起隐藏到山中。程婴声称说："谁能给我千金，我就告诉他赵氏孤儿藏在哪儿。"屠岸贾很高兴，答应程婴后，就派兵跟随程婴杀死了公孙杵臼和那个顶替的孤儿，然而真正的赵氏孤儿由程婴来抚养。待赵武长大以后，程婴和赵武一起杀死屠岸贾，赵武复立赵氏宗族后程婴自杀，去九泉之下报告赵盾和公孙杵臼。

　　赵武死后，谥号赵文子。赵武生赵景子赵成，赵景子生赵简子赵鞅。赵简子有个家臣叫周舍，周舍死后，赵简子每次听朝时都不高兴，说："一千张羊皮也不如一只狐狸的腋下皮毛贵重。诸位大夫上朝，我只听到恭敬顺从的应答声，听不到周舍那样的争辩之声。"

简子长子曰伯鲁①，幼曰无恤，书训戒之辞于二简，以授二子曰："谨识②之。"三年而问之，伯鲁不能举其辞，求其简，已失之矣。无恤诵其辞甚习，求其简，出诸怀中而奏之。于是立无恤为后。简子使君铎③为晋阳④，请曰："以为茧丝⑤乎？以为保障⑥乎？"简子曰："保障哉！"尹铎损其户数⑦。简子谓无恤曰："晋国有难，必以晋阳为归。"简子卒，无恤立，是为襄子。

　　智伯⑧求地于韩魏，皆与之；求于赵，不与。率韩魏之甲以攻赵，襄子出走晋阳。三家围而灌之，城不浸者三板⑨，沉灶产蛙，民无叛意。襄子阴⑩与韩魏约，共败智伯，灭智氏而分其地。襄子漆智伯之头以为饮器⑪。

---

① 赵伯鲁，生卒年不详，春秋时期晋国人，赵简子赵鞅长子，赵襄子赵无恤之兄。赵鞅认为伯鲁资质鲁钝，遂传位赵无恤；赵无恤晚年认为应还位兄长，遂立赵伯鲁之孙赵浣为嗣，是为赵献子。
② 识（zhì），背诵，记住。
③ 君铎（duó），按，应为尹铎，据《国语·晋语九》改，"君""尹"形近而讹。尹铎，春秋时期晋国人。为赵鞅家臣，为赵鞅营建晋阳城，成为日后赵氏避难大本营。
④ 晋阳，今山西太原，为春秋时期晋国赵氏封邑，战国时期赵国早期都城。
⑤ 茧丝，指赋税，敛赋如抽丝于茧。
⑥ 保障，指藩篱屏障。
⑦ 损户数，呈报时减损户数。减损户数，百姓赋税就会减轻。
⑧ 智伯，即智襄子智瑶。
⑨ 三板，古代筑墙、坟所用的板，每块高二尺，三板为六尺。
⑩ 阴，暗地里。
⑪ 饮器，酒器。

赵简子的大儿子叫赵伯鲁,小儿子叫赵无恤,他把对儿子们的训诫写在竹简上,把竹简分别交给这两个孩子,对他们说:"要认真地熟读背诵。"三年后,赵简子问这两个孩子竹简上的内容,赵伯鲁背诵不出,赵简子查看给他的竹简,竹简已经丢失了。而赵无恤却能熟练地背诵出训诫内容,赵简子查看他的竹简,赵无恤从袖子中拿出竹简呈给赵简子。于是赵简子就立赵无恤为嗣,准备日后让他继承赵氏宗主之位。赵简子派遣尹铎治理晋阳,尹铎向赵简子请示说:"您是想在晋阳城多收赋税呢,还是想将晋阳建成日后的屏障?"简子曰:"当然是想将其作为日后的屏障!"尹铎到了晋阳后,呈报户数时比实际的要少,以此来减轻晋阳百姓的赋税。赵简子对赵无恤说:"晋国一旦有难,一定要把晋阳当作最后的根据地。"赵简子死后,赵无恤即位,就是赵襄子。

智伯向韩康子和魏桓子索取土地,两家因为畏惧智伯而答应了要求;智伯又向赵襄子索取,赵襄子没有答应。智伯于是联合韩、魏两家,率军攻击赵氏,赵襄子率领赵氏家族退守晋阳。三家联军包围了晋阳城,掘开汾河堤坝,水灌晋阳,晋阳城只有六尺没被大水淹没,百姓做饭的锅灶沉在水里,青蛙滋生,但晋阳城内的百姓没有丝毫背叛的念头。赵襄子暗地里与韩、魏商议约定,三家联合起来攻打智伯,一举消灭了智氏,并瓜分了智氏的领地。赵襄子把智伯的头漆成了饮酒的酒器。

智伯之臣豫让①欲为之报仇，乃诈为刑人②，挟匕首，入襄子宫中涂厕③。襄子如厕心动，索之，获让。问曰："子不尝事范、中行氏乎？智伯灭之，子不为报仇，反委质④于智伯。智伯死，子独何为报仇之深也？"曰："范、中行氏以众人遇⑤我，我故众人报之；智伯国士遇我，我故国士报之。"襄子曰："义士也！舍⑥之，谨避而已。"让漆身为厉⑦，吞炭为哑，行乞于市，其妻不识也。其友识之曰："以子之才，臣事赵孟⑧，必得近幸。子乃为所欲为，顾不易邪？何乃自苦如此？"让曰："不可，既委质为臣，又求杀之，是二心也。凡吾所为者，极难耳。然所以为此者，将以愧天下后世为人臣怀二心者也。"襄子出，让伏桥下。襄子马惊，索之，得让，遂杀之。

春秋战国（九）

襄子立伯鲁之孙浣⑨，是为献子。

---

① 豫让（？—前403），姬姓，毕氏，春秋战国时期晋国人。为智瑶家臣，智瑶被杀后，豫让逃遁山中，以士为知己者死，欲杀赵襄子为智瑶报仇，两次行刺不果被抓后自杀。
② 刑人，受刑之人，古代多用刑人为充服劳役的奴隶。
③ 涂厕，修整厕所。涂，以泥抹墙。
④ 委质，向君王向礼，表示献身，引申为臣服、归附。
⑤ 遇，对待。
⑥ 舍（shè），释放。
⑦ 漆身为厉，将漆涂抹在身上，导致身上长满恶疮。厉，恶疮。
⑧ 赵孟，指赵襄子赵无恤。
⑨ 浣，即赵浣（？—前409），原名赵浣，赵周之子，赵伯鲁之孙，春秋战国时期晋国赵氏宗主。赵襄子认为自己代替嫡兄伯鲁继位有违礼法，遂立伯鲁之子赵周为嗣，封代成君；赵周早夭，立赵周之子赵浣为嗣。赵襄子死后，其弟赵嘉驱逐赵浣自立，死后赵人又重新拥立赵浣。死后谥号曰"献"，又称赵献子、赵献侯。

智伯的家臣豫让想要为智伯报仇，于是伪装成一个受过刑的奴隶，带着匕首，潜伏到赵襄子王宫里，假装修理厕所。赵襄子上厕所时，忽然觉得心跳，就下令把修整厕所的人提来审问，于是就抓住了豫让。赵襄子问他："你曾经不也侍奉过范氏和中行氏吗？智伯消灭了那两家，你不为他们报仇，反而归附于智伯。智伯死了，你为何为他报仇的心思这么强烈呢？"豫让回答说："范氏、中行氏按照普通人来对待我，所以我像普通人那样报答他们；智伯以国家的贤才来对对待我，所以我以国士之礼报答他。"赵襄子说："真是一位义士啊！放了他吧，我只要小心躲开就好。"豫让将自己全身涂上漆，全身长满恶疮，吞下木炭改变声音，扮成乞丐沿街乞讨，连他的妻子都认不出他。他的朋友认出他后对他说："凭您的才干，去侍奉赵襄子，一定可以得到重用。到那时你再做你想做的事情，那不是很容易吗？何苦这样委屈自己呢？"豫让说："这样不行！既然已经归附做了人家的臣子，却又在暗中刺杀人家，这是对君主怀有二心。我所做的事情是很难的。但我之所以明知极难还这样做，就是为了让天下后世怀有二心的臣子感到羞愧。"赵襄子出门时，豫让埋伏在半路的桥下。到桥头时，赵襄子的马突然受惊，赵襄子命人搜查，抓到豫让，于是就杀了他。

春秋战国（九）

赵襄子立其兄赵伯鲁的孙子赵浣为储君，赵浣继位后，就是赵献子。

献子生烈侯籍，以周威烈王命为侯。历武公①、敬侯②、成侯③至肃侯④，秦人恐喝诸侯，求割地。有洛阳人苏秦⑤游说秦惠王⑥，不用，乃往说燕文侯⑦，与赵从亲⑧。燕资之，以至赵，说肃侯曰："诸侯之卒，十倍于秦。并力西向，秦必破矣。爲大王计，莫若六国从亲以摈⑨秦。"肃侯乃资之，以约诸侯。

① 武公，即赵武侯，生卒年不详，姓名不详，赵烈侯之弟，战国时期赵国国君。公元前399年—公元前387年在位。
② 敬侯（？—前375），嬴姓赵氏，名章，赵烈侯之子，战国时期赵国国君，公元前386年—公元前375年在位。在位期间，迁都邯郸；连年对齐、魏、卫、中山用兵，经略中原。死后谥号敬侯。
③ 成侯（？—前350），嬴姓赵氏，名种，赵敬侯之子，战国时期赵国国君，公元前374年—公元前372年在位。即位后，平定公子赵胜叛乱；联合魏、韩瓜分晋国剩余领土；连年征战诸侯，浊泽之战几乎灭亡魏国，却因与韩懿侯意见不合而功败垂成，后与魏国作战时邯郸沦陷，向齐国求救，签订漳水之盟。死后谥号成侯。
④ 肃侯（？—前326），嬴姓赵氏，名语，赵成侯之子，战国时期赵国国君，公元前349年—公元前326年在位。击败公子赵緤（xiè）后即位，在位期间，平定公子赵范叛乱；连年征战诸侯，维护赵国基业，积极推动六国合纵。死后秦、楚、魏、齐、燕各派精兵一万参加葬礼，谥号肃侯。
⑤ 苏秦（？—前284），字季子，洛阳人，战国时期著名外交家、纵横家，纵横家代表人物。师从鬼谷子，后得燕文侯赏识，发起六国合纵，任"纵约长"，配六国相印，被赵肃侯封为武安君，使得秦国数年不得东出函谷关；合纵解除后，替燕国前往齐国从事反间活动，后被刺客刺杀。
⑥ 秦惠王（前356—前311），嬴姓赵氏，名驷，秦孝公之子，战国时期秦国国君，公元前337年—公元前311年在位。在位期间，车裂商鞅，但却坚决巩固商鞅新法；公元前325年称王，为秦国第一王；重用樗（chū）里疾、张仪、司马错等人，瓦解六国合纵，北扫义渠，西平巴蜀，东出函谷，南下商於（wū），使得秦国稳步壮大，为日后统一六国奠定基础。
⑦ 燕文侯（？—前333），姬姓，姓名不详，燕后桓公之子，战国时期燕国国君，公元前361年—公元前333年在位。在位期间，采纳苏秦合纵之策，为六国合纵发起人。死后谥号文侯。
⑧ 从（zòng）亲，合纵相亲，指六国合纵结为联盟。合纵，战国时期一种外交策略，目的是联合许多弱国抵抗一个强国，以防止强国的兼并。因秦国在西方，山东六国土地南北相连，故称合纵，与连横相对。
⑨ 摈（bìn），排斥，引申为抵御。

赵献子生赵烈侯赵籍，赵籍正式得到周威烈王的任命，成为诸侯。赵献侯之后赵国经历赵武公、赵敬侯、赵成侯，到赵肃侯时，秦国依仗军威，恐吓诸侯，逼迫诸侯割让土地。洛阳人苏秦前往秦国游说秦惠王，没有受到重用，于是前往燕国游说燕文侯，劝说燕国和赵国合纵相亲。燕文侯赏识苏秦，派他到赵国去，苏秦到了赵国后，对赵肃侯说："山东各诸侯国的军队加起来是秦国的十倍，如果能够合力向西的话，秦国必定灭亡。我为大王考虑，不如六国联合起来对抗秦国。"肃侯于是资助苏秦，来与诸侯国订立合纵盟约。

苏秦以鄙谚①说诸侯曰："宁为鸡口，无为牛后②。"于是六国从合。

苏秦者，师鬼谷先生③，初出游，困而归，妻不下机，嫂不为炊。至是为从约长④，并相六国。行过洛阳，车骑辎重，拟于王者。昆弟⑤妻嫂，侧目不敢视，俯伏侍取食。苏秦笑曰："何前倨而后恭⑥也？"嫂曰："见季子位高金多也。"秦喟然⑦叹曰："此一人之身，富贵则亲戚畏惧之，贫贱则轻易⑧之，况众人乎！使我有洛阳负郭田⑨二顷，岂能佩六国相印乎！"于是散千金以赐宗族朋友。

既定从约，归赵，肃侯封为武安君。其后秦使犀首⑩欺赵，欲败从约。齐、魏伐赵，苏秦恐，去赵，从约解。

---

① 鄙谚，俗语。
② 宁为鸡口，无为牛后，宁居小者之首，不为大者之后。比喻宁愿在局面小的地方独立自主，也不想在局面大的地方任人支配。
③ 鬼谷先生，即王诩，生卒年不详，战国时期著名思想家、军事家、纵横家。极为神秘离奇的著名隐士，战国名将庞涓、孙斌，著名策士苏秦、张仪皆为其弟子，后世附会极多，然事迹不可考。
④ 从约长，六国合纵的首领。
⑤ 昆弟，即昆仲，指兄弟。古代称兄为昆，弟为仲。
⑥ 前倨（jù）而后恭，先傲慢而后恭敬，形容对人的态度前后截然不同。倨，傲慢。
⑦ 喟（kuì）然，叹气的样子。
⑧ 轻易，轻视，简慢。
⑨ 负郭田，靠近城池的田地，肥沃膏腴。后泛指良田。
⑩ 犀首，即公孙衍，魏国阴晋人，战国时期著名政治家、外交家、军事家，纵横家代表人物。历任秦国、魏国、韩国宰相，积极推动六国合纵，主张诸国合纵抗秦。

苏秦以谚语游说诸侯："宁为鸡口，不为牛后。"于是六国合纵联盟形成。

苏秦师从鬼谷子先生，起初外出游说时，没有得到诸侯赏识，困顿不已就返回洛阳家中。他到家后，他的妻子不从织布机上停下来迎接他，嫂子也不给他做饭。等到苏秦担任纵约长，配六国相印，苏秦行程经过洛阳时，车马行李的数量比得上诸侯王。苏秦的兄弟、妻子、嫂子都斜着眼不敢抬头看他，跪伏在地上，服侍他用饭。苏秦笑着对他嫂子说："您为何以前对我那么傲慢，现在却对我这么恭顺呢？"他的嫂子说："因为我看到小叔您地位显贵，钱财多啊！"苏秦感叹道："同样的一个人，富贵时亲戚敬畏，贫贱时亲戚轻视，更不用说一般人了。假使我在洛阳有二顷良田，现在又怎么能佩带六国相印呢？"于是散发千金，赏赐给亲戚和朋友。

苏秦确立六国合纵联盟之后，返回赵国，被赵肃侯封为武安君。后来秦国派使臣犀首欺骗赵国，想要破坏合纵联盟。齐、魏两国合兵攻打赵国，苏秦害怕，就离开赵国，合纵联盟就瓦解了。

肃侯子武灵王①，胡服招骑射，略胡地，灭中山②，欲南袭秦，不果。传子惠文王③。

　　惠文尝得楚和氏璧④，秦昭王请以十五城易之。欲不与，畏秦强；欲与，恐见欺。蔺相如⑤愿奉璧往："城不入，则臣请完璧而归。"既至，秦王无意偿城。相如乃绐⑥取璧，怒发指冠⑦，却⑧立柱下曰："臣头与璧俱碎。"遣从者怀璧间行先归，身待命于秦。秦昭王贤而归之。

　　秦王约赵王会渑池⑨，相如从。及饮酒，秦王请赵王鼓瑟，赵王鼓之。相如复请秦王击缶⑩，为秦声，秦王不肯。相如曰："五步之内，臣得以颈血溅大王！"

---

① 武灵王（？—前295），嬴姓赵氏，名雍，赵肃侯之子，战国时期赵国国君，公元前326年—公元前299年在位。在位期间，推行胡服骑射，赵国军力大增，连续进攻林胡、中山；扶持秦昭王、燕昭王即位，扩大赵国影响力。公元前299年传位次子赵何，自称主父，专心军事。攻灭中山、楼烦、林胡，击退匈奴，设云中、九原两郡。沙丘政变中被饿死。卒谥武灵王。

② 中山，即中山国，周代诸侯国，其前身为戎狄、鲜虞，第一任国君为西周桓公之子中山武公。晋国灭亡前后，中山武公率民众迁徙至顾地建立新都，建国中山。武公死后不久为魏将乐羊所灭。二十年蛰伏之后重新复国，定都灵寿，公元前296年，为赵武灵王所灭。

③ 惠文王（前308—前266），嬴姓赵氏，名何，赵武灵王次子，战国时期赵国国君，公元前299年—公元前266年在位。在位期间，重用廉颇、蔺相如、赵奢、平原君等人，政通人和，逐渐成为山东六国中最强大的诸侯国。死后谥号惠文王。

④ 和氏璧，中国古代著名美玉，为战国时期楚国卞和所发现，故称和氏璧。秦始皇统一六国后，在其上刻"受命于天，既寿永昌"，作为传国玉玺。

⑤ 蔺相如，生卒年不详，战国时期赵国著名政治家、外交家。因和氏璧而出使秦国，最终完璧归赵；渑池之会中不畏强秦，一再维护赵国利益；之后不论是与廉颇的将相之和，还是劝阻赵孝成王任用赵括，都表现出其作为一代杰出政治家的真知灼见。

⑥ 绐（dài），同"诒"，欺骗，欺诈。

⑦ 怒发指冠，愤怒得头发直竖，顶着帽子。形容极端愤怒。

⑧ 却，退步走。

⑨ 渑（miǎn）池，在今河南渑池县。

⑩ 缶（fǒu），古代陶制乐器。

赵肃侯的儿子赵武灵王进行改革，推行胡服骑射，攻打林胡，灭掉中山国，想要向南攻打秦国，却没有采取行动。赵武灵王后来传位给他儿子赵惠文王。

　　赵惠文王曾经得到楚国的和氏璧，秦昭王想要用十五座城池来交换，惠文王不想给秦国，却害怕秦国会以此为借口而对赵国用兵；但如果给了秦国，又担心白白被欺骗。蔺相如请求拿着和氏璧出使秦国，他说："如果换不到城池，那么我将带着完好的和氏璧返回赵国。"蔺相如到了秦国将和氏璧呈上后，秦昭王却没有要给赵国城池的意思。于是蔺相如就故意哄骗秦昭王，拿到和氏璧，怒发冲冠，退步走到柱子旁说："如果秦王逼迫我的话，我将和和氏璧一起撞到柱子上！"秦昭王同意改日再议，蔺相如回到使馆后，派遣随从带着和氏璧从小路先返回赵国，自己却在秦国待命。秦昭王认为蔺相如很贤能，就将他放回赵国了。

　　秦昭王约赵惠文王在渑池会面，蔺相如跟随惠文王一起去。等到宴会饮酒时，秦昭王请赵王鼓瑟，于是赵王就弹了一下。蔺相如又请秦王击缶，演奏秦国的音乐，秦昭王不愿意。蔺相如说："我就在大王王步之内，相如脖颈的血足以溅到大王身上！"

左右欲刃之，相如叱之，皆靡①。秦王为一击缶。秦终不能有加于赵，赵亦盛为之备，秦不敢动。

赵王归，以相如为上卿②，在廉颇③右④。颇曰："我为赵将，有攻城野战之功，相如素贱人⑤，徒以口舌居我上。吾羞为之下，我见相如，必辱之。"相如闻之，每朝常称病，不欲与争列。出望见，辄引车避匿。舍人⑥皆以为耻，相如曰："夫以秦之威，相如廷叱之，辱其群臣。相如虽驽，独畏廉将军哉？顾念强秦不敢加兵于赵者，徒以吾两人在也。今两虎共斗，其势不俱生。吾所以为此者，先国家之急而后私仇也！"廉颇闻之，肉袒⑦负荆，诣门⑧谢罪，遂为刎颈之交。

---

① 靡，形容退缩不敢上前。
② 上卿，官名，春秋时置，位同后世宰相，总领政务。
③ 廉颇，生卒年不详，战国时期赵国名将。屡次战胜齐、魏等国，官拜上卿；长平之战中，坚壁固守，秦军三年劳而无功，后赵孝成王中反间计以赵括代替廉颇，导致大败；后廉颇大败燕军，进围燕都，燕割五城求和。封信平君，任假相国；悼襄王时，以乐乘代之，廉颇奔魏，后死于楚。
④ 右，古代以右为尊。
⑤ 贱人，出身低下。
⑥ 舍人，门客。
⑦ 肉袒，脱去上衣，裸露肢体。
⑧ 诣门，上门，登门。

秦昭王左右随从想要杀蔺相如，蔺相如厉色呵斥他们，随从们都吓得连连后退，不敢上前。秦昭王不得已，就敲了一下缶。宴会上秦国始终不能在赵国人身上讨得便宜，赵国也在边境部署军队，严阵以待防备秦国，致秦军不敢有所行动。

　　赵惠文王回去以后，拜蔺相如为上卿，官职在大将廉颇之上。廉颇说："我担任赵国大将，有攻打城池的战功，蔺相如出身卑贱，只是凭借口舌却位居我上。我羞于官职在他之下，等我见了蔺相如，一定好好羞辱他！"蔺相如听说之后，上朝时常常称病不去，不想和廉颇争列位。每次出门远远地看见廉颇，就命人驾车掉头，避开廉颇。蔺相如的门客们都把这当作耻辱，蔺相如说："以秦王的威势，我尚且敢在朝堂上呵斥他，羞辱他的群臣。蔺相如虽然无能，难道会害怕廉颇将军吗？我只是考虑到强秦之所以不敢对赵国用兵，是因为赵国有我们两个人在啊！如今我和廉将军就像两只老虎一样，两虎相争，势必不能同时生存。我之所以这样，就是要把国家的急难摆在前面，而把个人的私怨放在后面啊！"廉颇听说这些话后，羞愧万分，就脱去上衣，裸背背着荆条，到蔺相如门前请罪，二人于是成为生死与共的好友。

春秋战国（十）

惠文王子孝成王①立，秦伐韩，韩上党②降于赵。秦攻赵，廉颇军长平③，坚壁不出。秦人行千金，为反间，曰："秦独畏马服君赵奢④之子括⑤为将耳。"王使括代颇，相如曰："王以名使括，若胶柱鼓瑟⑥耳。括徒能读其父书，不知合变也。"王不听。括少学兵法，以天下莫能当，与父奢言，不能难。然不以为然，括母问故，奢曰："兵，死地也，而括易言之。赵若将括，必破赵军。"及括将行，其母上书言："括不可使。"括至军，果为秦将白起⑦所射杀。卒四十万，皆降坑于长平。

① 孝成王（？—前245），嬴姓赵氏，名丹，赵惠文王之子，战国时期赵国国君，公元前265年—公元前245年在位。在位期间，因贪恋土地，接受韩国上党，而与秦国展开长平之战；又临阵换将，起用纸上谈兵的赵括，导致大战失利，四十余万赵军被坑杀，赵国从此衰落；战后重用廉颇，数次抵御燕国，成功守卫赵国北方。死后谥号孝成王。
② 上党，在今山西长治，历来为兵家必争之地。
③ 长平，今山西高平。
④ 赵奢，生卒年不详，战国时期赵国名将。原为赵国掌管收租小吏，因秉公执法而受平原君赏识；阏与之战中大败秦军，封马服君。
⑤ 括，即赵括（？—前260），赵奢之子，战国时期赵国将领。熟读兵书，但缺乏战场经验，不知变通。长平之战中接替廉颇担任赵军主帅，大败身亡，四十多万赵军被白起坑杀。
⑥ 胶柱鼓瑟，比喻拘泥成规，不知灵活变通。
⑦ 白起（？—前257），郿县人，战国时期秦国名将，杰出的军事家、统帅。伊阙之战大败韩魏联军；鄢郢之战深入楚国腹地，连破楚国国都，焚烧其宗庙陵寝；长平之战大破赵军；战功赫赫，封武安君，后与丞相范雎政见不合而遭其陷害，被秦昭襄王赐死在杜邮。

春秋战国（十）

　　赵惠文王的儿子赵孝成王即位后，秦军攻打韩国，韩国上党守将向赵国投降。于是秦军调转兵锋，攻打赵国，赵军主将廉颇驻军长平，坚守营垒不出战。秦国派间谍带着千金去赵国实行反间计，散布流言说："秦军只害怕马服君赵奢的儿子赵括担任中军主将。"孝成王于是命赵括代替廉颇为赵军主将，蔺相如劝道："大王只凭借名声来任用赵括，就好像用胶把调弦的柱粘死再去弹瑟。赵括只会读他父亲的兵书纸上谈兵，不懂得灵活应变。"孝成王没有听从。赵括从小学习兵法，以为天下没人能在军事上比得过他。他曾与父亲赵奢谈论用兵之事，赵奢也难不倒他，可是赵奢并不认为赵括有多好。赵括的母亲问赵奢这是什么缘故，赵奢说："带兵打仗是关乎生死的大事，然而赵括却说得如此轻松容易。赵国如果让他为将，赵军必败！"等到赵括被任用将要起行时，他母亲上书给孝成王说："赵括不足以担任赵军主将！"赵括到了长平军中后，果然被秦国大将白起所射杀。四十多万赵军，都在长平投降后被秦军坑杀。

赵相平原君公子胜①，食客数千人。客有公孙龙②者，为坚白同异③之辨。秦攻赵邯郸④，平原君求救于楚，择门下文武备具者二十人与之俱。得十九人，毛遂⑤自荐，平原君曰："士处世，若锥处囊中，其末立见。今先生处门下三年，未有闻。"遂曰："使遂得处囊中，乃颖⑥脱而出，非特末见而已。"平原君乃以备数，十九人目笑之。

至楚，定从不决，毛遂按剑历阶⑦外曰："从之利害两言而决耳。今日出而言，日中不决，何也？"楚王怒叱曰："胡不下？吾与而君言，汝何为者？"毛遂按剑而前曰："王所以叱遂，以楚国之众也。今十步之内，不得恃楚国之众也，王之命悬于遂手。以楚之强，天下莫能当。白起，小竖子耳。一战而举鄢郢⑧，再战而烧夷陵⑨，三战而辱王之先人，此百世之怨，赵之所羞。合从为楚，非为赵也。"王曰："唯唯，诚若先生之言，谨奉社稷⑩以从。"

---

① 公子胜，即赵胜（？—前251），赵武灵王子，战国时期赵国宗室，封平原君，战国四公子之一。任相国，善于养士，有食客数千人。赵孝成王七年，秦围邯郸，赵国坚守三年，赵胜向魏、楚求援，解除邯郸之围。
② 公孙龙，生卒年不详，字子秉，战国时期赵国哲学家，名家代表人物。能言善辩，曾为平原君门客，提出"离坚白""白马非马"等命题。著有《公孙龙子》一书。
③ 坚白同异，指战国时期名家公孙龙"离坚白"和惠施"合同异"的命题。
④ 邯郸，今河北邯郸，战国时期赵国国都。
⑤ 毛遂，生卒年不详，战国时期赵国人。为平原君门客，长平之战后秦军包围邯郸，随平原君一起前往楚国求救，直言利害，最终搬来救兵，解除邯郸之围。留有"毛遂自荐""脱颖而出""因人成事"的典故。
⑥ 颖，东西末端的尖锐部分。
⑦ 历阶，跨过台阶。
⑧ 鄢郢（yān yǐng），春秋时期楚文王定都于郢（今湖北江陵），楚惠王迁都于鄢（今湖北宜城），仍号郢，故以"鄢郢"指代楚国国都。
⑨ 夷陵，今湖北宜昌夷陵。
⑩ 社稷，土地神和谷神的总称。土地神和谷神是以农为本的华夏族最重要的原始崇拜。

赵国宰相平原君赵胜善于养士，食客有几千人。他门下有个叫公孙龙的门客，擅长"坚白同异"这样的辩论。长平之战后，秦军携战胜之威，兵围邯郸，平原君要去楚国求援，想要在门客中挑选文武兼备的二十人跟他一起去，结果只找到了十九人，毛遂于是自己推荐自己。平原君说："有才能的贤士在世上，就如同锥子放在口袋里，它的锋尖立即就会显露出来。如今先生在我的门下已经三年了，我却从未听说过您。"毛遂说："假使我早点被放在口袋里，那么整个锥锋都会露出来，何止只是露出一点锋尖！"平原君于是让毛遂来充人数，那十九个人互相使眼色嘲笑他。

平原君一行人到达楚国后，商议很久，合纵盟约一直定不下来。毛遂手握剑柄登阶到了殿堂上说："合纵的厉害关系两句话就能讲清楚。如今早上日出时就开始会谈，到了中午还决定不了，这是什么缘故？"楚考烈王厉声呵斥道："怎么还不给我下去！我是跟你的主君谈判，你来干什么！"毛遂紧握剑柄走向前说："大王之所以敢呵斥我，不过是依仗楚国人多势众。如今我与大王只相距十步，大王是依仗不了楚国的人多势众的，大王的性命掌握在我的手中。凭借楚国的强大，天下是没有可以与之抗衡的。秦国的白起，不过是一介竖子，带着几万人的部队，一战便攻克了鄢都、郢都，再战便烧毁了夷陵宗庙，三战便使大王的先祖蒙羞，这是楚国与秦国百世不解的仇怨啊，连赵王都为您感到羞耻！楚赵合纵是为了楚国，并不是单单为了赵国！"楚考烈王说："是的，的确像先生所说的那样，我以社稷之神的名义发誓，一定竭尽全力进行合纵！"

遂曰："取鸡狗马①之血来。"捧铜盘跪进曰："王当歃血②而定从，次者吾君，次者遂。"左手持盘，右手招十九人歃血于堂下。曰："公等碌碌③，所谓因人成事④者也。"平原君定从归，曰："毛先生一至楚，使赵重于九鼎大吕⑤。"以遂为上客。楚将春申君⑥救赵，会魏信陵君⑦亦救赵，大破秦军邯郸下。

孝成王子悼襄王⑧立。思复用廉颇为将。时颇奔在魏，使人视颇。颇之仇郭开⑨，与使者金，令毁之。颇见使者，一饭斗米、肉十斤，被甲上马，以示可用。使者还曰："廉将军尚善饭，然与臣坐，顷之三遗矢⑩矣。"王以为老，遂不召。

---

① 鸡狗马，古礼制，祭祀、盟会歃血时，天子用牛马，诸侯用犬豭（jiā，公猪），大夫以下用鸡。
② 歃血，古代举行盟会时，微饮牲血，或含于口中，或涂于口旁，以示信守誓言的诚意。
③ 碌碌，平庸的样子。
④ 因人成事，依靠别人的力量办成事情。
⑤ 九鼎大吕，比喻说话分量重。九鼎，相传夏禹铸九鼎以象征九州，是夏商周三代的传国之宝；大吕，周朝太庙里的大钟。
⑥ 春申君（前314—前238），黄姓，名歇，江夏人，战国时期楚国大臣，封春申君，战国四公子之一。博学多闻，巧言善变，楚顷襄王病重时，设计让秦国做人质的太子熊完逃回楚国即位，是为楚考烈王，担任楚相。后被李园所杀。
⑦ 信陵君（？—前243），姬姓魏氏，名无忌，魏昭王少子，魏安釐王之弟，战国时期魏国宗室，著名军事家、政治家，封信陵君，战国四公子之一。广招门客，礼贤下士，长平之战后邯郸被围，亲自将兵，窃符救赵；后因魏国为秦国所攻，回国救难；终因魏安釐王猜忌而不受重用，郁郁而终。著有《魏公子兵法》，今佚。
⑧ 悼襄王（？—前236），嬴姓赵氏，名偃（yǎn），赵孝成王之子，战国时期赵国国君，公元前244年—公元前236年在位。在位期间，因忌惮廉颇而使其远走魏、楚，重用李牧等人连破燕军；纳娼妓为妃，废黜太子赵嘉而立赵王迁，导致了赵国的迅速灭亡。死后谥号悼襄王。
⑨ 郭开，生卒年不详，战国时期赵国人。历仕悼襄王、赵王迁两朝，深受宠爱，先后陷害廉颇、李牧，加速赵国灭亡。
⑩ 矢，粪便。

毛遂对楚王左右近侍说："去拿鸡、狗、马的血来。"毛遂双手捧着铜盘跪下把它进献到楚王面前，说："大王应歃血为誓，确定合纵盟约，其次是我的主君，再次是我。"毛遂转过身，左手捧着铜盘，右手招呼那十九个人在堂下也一块儿歃血。他说："各位真是碌碌无为的平庸之辈，只能依靠别人的力量才办成事情！"平原君签订了合纵盟约便返回赵国，对毛遂说："毛先生一到楚国，就使赵国的地位比九鼎大吕这样的传国之宝还尊贵。"于是把毛遂尊为上等宾客。随后，楚国派遣春申君率兵救援赵国，正好遇上魏国的信陵君也带兵前来，于是一同在邯郸城下大败秦军。

赵孝成王的儿子悼襄王即位后，想要再次任命廉颇为将。当时廉颇出逃在魏国，于是悼襄王派遣使者去看望廉颇。廉颇的仇人郭开用重金贿赂使者，让他说廉颇的坏话。廉颇见到赵国使臣后，一顿饭吃了一斗米、十斤肉，又披上铁甲上马，表示自己还能为国效力。使者回去后对悼襄王说："廉将军饭量还不错，可是陪我坐着时，一会儿就拉了三次屎。"于是悼襄王认为廉颇老了，就不再想着把他召回来。

楚人迎颇于魏，颇为楚将，无功，曰："我思用赵人。"寻卒。

赵得李牧①为将。先居北边破匈奴②。悼襄王子幽缪王迁③立，秦王政遣兵攻赵，牧为大将败之。秦纵反间言牧将反，迁诛之。秦兵至，虏迁。赵之七大夫立赵嘉④为王，王于代⑤，秦进攻破嘉，遂灭赵为郡⑥。

---

① 李牧（？—前229），战国时期赵国名将，著名军事家。孝成王时抗击匈奴，力保北境；悼襄王后南下抵御秦国，连却秦军，封武安君。秦国灭赵前夕，因郭开谗言，被赵王迁杀害。为战国四大名将之一，唐德宗时从祀配享武庙。
② 匈奴，中国古代民族，先秦两汉时期活跃在今内蒙古、蒙古等地区。战国时秦、赵、燕各修长城防御；秦朝统一后将匈奴逐出河套、河西地区。秦末大乱，匈奴崛起，屡次进犯边境，对西汉政权造成极大威胁。汉武帝时被卫青、霍去病所败，退居漠北分裂为五部。汉元帝时与呼韩邪单于和亲。东汉时分裂为南北匈奴，南匈奴投降汉朝内迁，十六国时建立前赵政权；北匈奴不断西迁，后定居欧洲，成为匈牙利人。
③ 幽缪王迁，即赵迁，生卒年不详，嬴姓赵氏，赵悼襄王之子，战国时期赵国最后一位国君，公元前235年—公元前228年在位。在位期间，屡次遭受秦军攻击；在秦国灭赵之战中，听信郭开谗言，杀害李牧，罢免司马尚，自毁长城。公元前228年，秦将王翦攻破邯郸，俘虏赵迁，赵国灭亡。后被放逐房陵，史称赵王迁。
④ 赵嘉，生卒年不详，赵悼襄王之子，赵王迁之兄，战国时期赵国国君，公元前228年—公元前223年在位。赵国灭亡后，逃往代地，自称代王，联合燕国自保。公元前223年，为秦将王贲所俘。
⑤ 代，今山西代县。
⑥ 灭赵为郡，秦国灭赵之后，在赵地设邯郸、巨鹿、太原、雁门、代郡、上党、云中七郡。

楚国派人前往魏国迎接廉颇,任命他为将军。廉颇做了楚国的将军,并没有战功。他说:"我想指挥赵国的士兵啊!"不久之后死在寿春。

悼襄王于是任命李牧为赵军主将。李牧早先驻守赵国北境时大破匈奴。赵悼襄王的儿子赵幽缪王赵迁即位后,秦王嬴政派兵攻打赵国,李牧率军大败秦军。秦国于是派遣间谍到邯郸实行反间计,散布流言说李牧要谋反,赵王迁于是就诛杀了李牧。秦军随后直抵邯郸城,俘虏了赵王迁。赵国七位大夫拥立赵嘉在代地为王,自称赵王。秦军后来打败赵嘉的军队,灭亡了赵国,在赵地设立邯郸、巨鹿、太原、雁门、代郡、云中、上党七郡。

春秋战国（十一）

魏之先，本与周同姓，文王子毕公高①之后也。国绝，有苗裔曰毕万②事晋，邑于魏③。数世有绛④，绛后四世曰桓子者，与韩、赵共灭知氏⑤而分之。桓子之孙曰文侯斯者，以周威烈主命为侯。以卜子夏⑥、田子方⑦为师，过段干木⑧之闾，必式⑨。四方贤士多归之。

文侯之子击⑩遇子方于道，下车伏谒⑪，子方不为礼。击怒曰："富贵者骄人乎？贫贱者骄人乎？"子方曰："亦⑫贫贱者骄人耳，富贵者安敢骄人？国君而骄人失其国，大夫而骄人失其家⑬。夫士贫贱者，言不用，行不合，则纳履⑭而去耳，安往而不得贫贱哉？"击谢之。

---

① 毕公高，姬姓，名高，周文王十五子，周代诸侯国毕国第一代国君。周武王死后，受命与召公奭共同辅佐周康王，共同开创"成康之治"。
② 毕万，生卒年不详，春秋时期晋国魏氏先祖。晋献公时，毕万率军灭亡魏国（西周初年分封的姬姓伯国，在今山西芮城一带，公元前661年为晋献公所灭）。封魏地，为魏氏，开创魏氏基业。
③ 魏，今山西芮城。
④ 绛，即魏绛，生卒年不详，春秋时期晋国人。初任中军司马，晋悼公时，提出"和戎之策"，与赵武一同辅佐悼公，再创晋国霸业。死后谥号曰"庄"，又称魏庄子。
⑤ 知氏，即智氏。
⑥ 卜子夏，即卜商（前507—？），字子夏，春秋时期卫国人，孔子学生，孔门十哲之一。以文学著称，提出"学而优则仕，仕而优则学"的观点；孔子死后，前往西河教学，李悝、吴起皆为其弟子；相传其传授《诗经》《春秋》等书。
⑦ 田子方，田姓，名无择，字子方，战国时期魏国人。以道德学问闻名诸侯，深得魏文侯礼遇。
⑧ 段干木，生卒年不详，复姓段干，名木，魏国安邑人，战国时期名士。多次为魏文侯所请，以师礼事之，最终出山辅佐文侯，成就魏国霸业。
⑨ 式，通"轼"，本指车前用作扶手的横木，这里指靠着横木站立以示尊敬。
⑩ 击，即魏武侯。
⑪ 伏谒，古代指拜见尊者，伏地通姓名。
⑫ 亦，仅仅，只是。
⑬ 家，指封邑。
⑭ 纳履，穿鞋，借指辞别。

春秋战国（十一）

　　魏国的祖先与周朝同姓，是周文王儿子毕公姬高的后代。毕国灭亡后，毕公高的后裔中有个名叫毕万的人，侍奉晋献公，因功被封于魏地，后世以魏为氏。毕万之后过了几代有个叫魏绛的，晋悼公时位列众卿，称魏庄子。魏绛之后过了四代到魏桓子时，与韩康子、赵襄子一起灭掉了智氏，并且瓜分了智氏的土地。魏桓子的孙子是魏文侯魏斯，他得到周威烈王的承认，正式立为诸侯。魏文侯拜子夏、田子方为老师，他每次经过名士段干木的巷口时，都要在车上站起来俯首行礼。于是四方各地有才能的人都前来归附他。

　　魏文侯的儿子魏击在路上遇到田子方，连忙下车，伏拜行礼，田子方却没有还礼。魏击不高兴地说："是富贵的人对人傲慢呢，还是贫贱的人对人傲慢？"田子方说："也就只有贫贱的人对人傲慢罢了，富贵的人怎么敢对人傲慢呢？诸侯如果对人傲慢就会失去他的封国，大夫如果对人傲慢就会失去他的封邑。贫贱的士人如果意见不被采纳，行为不合己意，就穿上鞋子告辞了，到哪里得不到贫贱呢？"魏击听了之后就向田子方道歉谢罪。

文侯谓李克①曰:"先生尝教寡人:家贫思良妻,国乱思良相。今所相,非魏成②则翟璜③,二子何如?"克曰:"居视其所亲,富视其所与,达视其所举,穷视其所不为,贫视其所不取。五者足以定之矣。"子夏、田子方、段干木,成所举也,乃相成。

有卫人吴起④者,初仕鲁。鲁欲使起击齐,而起娶齐女,疑之。起杀妻以求将,大破齐师。或曰:"起残忍薄行⑤人也。"起恐得罪,归魏文侯以为将,拔秦五城。起与士卒同衣食,卒有病疽⑥,起吮之。卒母闻而哭曰:"往年吴公吮其父,不旋踵⑦,死敌。今以吮其子,妾不知其所死所矣。"

---

① 李克,生卒年不详,战国时期为魏国著名政治家。曾为子夏的弟子,魏武侯时任中山相。
② 魏成,魏文侯之弟,姓名不详,"成"当为谥号,战国时期魏国宗室。曾担任魏文侯宰相。
③ 翟璜(huáng),生卒年不详,战国时期魏国人。辅佐魏文侯,官至上卿;举荐吴起、西门豹、乐羊等人,为魏国霸业出力甚多。
④ 吴起(?—前381),战国时卫国左氏(今山东省定陶县,一说山东省曹县东北)人,著名军事家、政治家、改革家,兵家代表人物。初仕鲁;后入魏,深得文侯重用,屡次建功,任西河守。魏文侯死,遭陷害,逃往楚国,任令尹,辅佐楚悼王变法,楚悼王死后,为楚宗室大臣所杀。
⑤ 薄行,品德不端,轻薄无行。
⑥ 疽(jū),皮肤下的疮肿。
⑦ 旋踵,转身,指畏避退缩。

魏文侯问李克："先生曾经教诲我说：'家中贫困就想找一个好的妻子，国家混乱无序就找要个好的宰相。'如今我选择宰相，不是魏成就是翟璜，这两人怎么样呢？"李克回答说："平时看他所亲近的，富贵时看他所交往的，显赫时看他所推荐的，穷困时看他所不做的事，贫贱时看他所不取的东西。仅此五条，就足以去断定一个人的品性了！"卜子夏、田子方、段干木这三个人都是魏成推荐的，于是魏文侯就任命魏成为宰相。

卫国人吴起起初在鲁国当官。鲁国国君准备让吴起为将率军攻打齐国，但是吴起却娶了齐国的女子为妻，于是犹疑不决，迟迟没有下令。于是吴起就杀掉了妻子，以取得鲁国国君的信任来担任将军，随后大破齐军。这时有人说："吴起太过残忍，是个品德不端的人。"吴起担心因此获罪，就前往魏国。魏文侯命他担任将军，夺取了秦国五座城池。吴起担任主将，和士兵们同甘共苦，穿一样的衣服，吃一样的伙食。有个士兵患了恶性毒疮，吴起就用嘴替他吮吸脓液。士兵的母亲听说后，放声大哭，说："以前吴起就替孩子他父亲吸吮过毒疮，结果他父亲在战场上勇往直前，死不回头，战死沙场。如今又给我儿子吮吸毒疮，我不知道我儿子将死在哪里！"

文侯卒，子击立，是为武侯。武侯浮西河①而下，中流②顾谓吴起曰："美哉！山河③之固，魏国之宝也。"起曰："在德不在险。昔三苗氏，左洞庭④，右彭蠡⑤，禹灭之；桀之居，左⑥河济⑦，右泰华⑧，伊阙⑨在其南，羊肠⑩在其北，汤放之；纣之国，左孟门⑪，右太行⑫，恒山⑬在其北，太河⑭经其南，武王杀之。若不修德，舟中人皆敌国也。"武侯曰："善。"

　　武侯卒，子惠王罃立，东败于齐，将军庞涓与太子申皆死。南败于楚，西丧地于秦。乃卑辞厚币以招贤者，孟子至而不用。

---

① 西河，战国时黄河在今山西、陕西交界处的河段被称为西河。
② 中流，水流的中央，渡程中间。
③ 山河，指崤山和黄河。
④ 洞庭，今湖南洞庭湖。
⑤ 彭蠡，今江西鄱阳湖。
⑥ 左，古代坐北朝南，以东为左，以西为右。
⑦ 河济，指黄河和济水。济水，古代河流名，四渎之一，黄河著名支流。发源于河南济源市王屋山，流经河南、山东，注入渤海。
⑧ 泰华，即太华山，今陕西华阴华山，五岳之西岳，中国名山。
⑨ 伊阙，今河南洛阳龙门。两山对峙，伊水中流，如天然门阙，故曰伊阙。
⑩ 羊肠，即今羊肠坂（bǎn），太行坂道名。因在山间崎岖缠绕、形似羊肠，故名羊肠坂。南起河南沁阳，北抵山西泽州，是太行八陉之一太行陉最险要的路段。为京洛要道咽喉，地势险要，易守难攻，自古为兵家必争之地。
⑪ 孟门，在今山西柳林县，为晋陕要津。
⑫ 太行，即太行山。
⑬ 恒山，今山西浑源恒山，五岳之北岳。
⑭ 太河，即黄河。

魏文侯逝世后,他的儿子魏击即位,就是魏武侯。魏武侯泛舟黄河,顺流而下,船到半途,回过头来对吴起说:"多么壮美啊!险要稳固的崤山和黄河,真是魏国的瑰宝啊!"吴起回答说:"国家政权的稳固,在于施德于民,而不在于地理形势的险要。从前三苗氏左临洞庭湖,右濒彭蠡泽,夏禹灭掉了他;夏桀的国都左临黄河、济水,右靠华山,伊阙在它的南边,羊肠坂在它的北面,商汤放逐了他;商纣王的国都,左边有孟门渡,右边有太行山,恒山在它的北边,黄河流经它的南面,武王把他杀了。如果您不施恩德,即便同乘一条船的人也会变成您的仇敌啊!"魏武侯回答说:"您说得对!"

魏武侯逝世后,他的儿子魏惠文王魏䓨即位。不久,魏国在东方败给了齐国,将军庞涓与太子申都战死了;在南方败给了楚国;在西方败给秦国后,割地求和。于是魏惠文王用谦卑的言辞、丰厚的礼物来招揽天下贤才。然而,孟子到了魏国后却没有被重用。

子襄王①立，孟子去，之齐。魏人有张仪②者，与苏秦同师。尝游楚，为楚相所辱，妻愠有语。仪曰："视吾舌尚在否？"苏秦约从，时激仪，使入秦。仪曰："苏君之时，仪何敢言？"苏秦去赵而从解，仪专为横③，连六国以事秦。

秦惠王时，仪尝以秦兵伐魏，得一邑。复以与④魏，而欺魏割地以谢秦，归为秦相。已而出为魏相，实为秦地⑤。襄王时，复归相秦。已而复出相魏，以卒。

魏安釐王⑥立，封公子无忌为信陵君。无忌爱人下士，食客三千人。秦攻赵，魏王使晋鄙⑦救之。秦昭王欲移兵先击救者，王恐，止晋鄙兵，壁⑧于邺⑨。又使新垣衍⑩说赵，共尊秦为帝。

---

① 襄王（？—前296），姬姓魏氏，名嗣，魏惠王之子，战国时期魏国国君，公元前318年—公元前296年在位。在位期间，魏国霸权全面衰落，秦国日益强大，曾参加五国伐秦，却没有成功。死后谥号襄王。
② 张仪（？—前309），魏国安邑人，战国时期著名纵横家、外交家，纵横家代表人物。相继在秦、魏为相，首创连横之策，以对抗合纵；为秦相期间，欺骗楚怀王，破坏齐楚联盟；游说诸侯，亲附秦国，封武信君。秦武王即位后，张仪离开秦国，之后死于魏国。
③ 横，指连横，战国时期一种外交策略，目的在于侍奉一个强国以为靠山，从而进攻另外一些弱国，以从事兼并和扩张。因秦国在西方，六国在东方，东西相连，故称连横。
④ 与，归还，偿还。
⑤ 秦地，指秦国。
⑥ 魏安釐王（？—前243），姬姓魏氏，名圉（yǔ），魏昭王之子，战国时期魏国国君，公元前276年—公元前243年在位。在位期间，秦国多次攻打山东诸侯，华阳之战败魏，长平之战败赵；邯郸被围后不敢救援，信陵君不得已窃符救赵；中秦反间计，猜忌信陵君，加速魏国灭亡。死后谥号安釐王。
⑦ 晋鄙（？—前257），战国时期魏国将领。邯郸被围后率军救赵，奉魏安釐王命观望不前，为信陵君及其门客朱亥所杀。
⑧ 壁，安营扎寨。
⑨ 邺，即邺城，今河北临漳县。
⑩ 新垣衍，生卒年不详，战国时期魏国将领。邯郸被围后，奉命前往邯郸说服平原君尊秦为帝，为鲁仲连所阻止，最终作罢。

魏惠文王逝世后，他的儿子魏襄王即位，孟子离开魏国去了齐国。魏国人张仪和苏秦一同跟随鬼谷子求学。后来他曾经游历楚国，却被楚国宰相所侮辱。张仪妻子不禁埋怨张仪，张仪说："你看一下我的舌头还在吗？"苏秦建立六国合纵后，故意刺激张仪，让张仪前往秦国。张仪说："苏君在的时候，我怎么敢说话？"苏秦离开赵国后，六国合纵瓦解，张仪奉行连横之策，游说六国来侍奉秦国。

秦惠王时，张仪曾经率领秦军攻打魏国，夺取魏国一座城池。不久后又归还给魏国，然后来到魏国，欺骗魏王割地来向秦国谢罪，随即回到秦国任宰相。过了不久又到魏国担任宰相，但实际上还是为秦国谋划。魏襄王时，张仪又回到秦国任宰相。不久又来到魏国担任宰相，直至去世。

魏襄王逝世后，魏安釐王即位，封公子魏无忌为信陵君。信陵君尊敬人才，礼贤下士，门下食客有三千多人。秦军攻打赵国，包围赵都邯郸，魏安釐王派晋鄙率军救援。秦昭襄王命秦军调转兵锋，先攻打诸侯救兵。魏安釐王得知后很害怕，就命晋鄙暂缓进军，在邺城驻扎。又派遣魏将新垣衍前去说服赵君，共同尊奉秦王为帝。

鲁仲连往见衍曰："彼秦者，弃礼义上首功①之国也。即肆然②帝天下，则连有蹈东海而死耳！"衍再拜③，曰："先生，天下士也，吾不敢复言帝秦矣。"

赵平原君夫人，无忌姊也。赵急，使者冠盖相望，责救④于无忌。无忌请于王，及使宾客游说万端⑤，王不听。客侯嬴⑥教无忌，祷⑦于王幸姬⑧，窃得晋鄙兵符⑨。且荐力士朱亥⑩与俱，谓晋鄙合符而疑，则击杀而夺其军。一如嬴言，得兵以进，大破秦兵，解邯郸围。而无忌不敢归魏。

① 首功，指以斩获敌首计功。
② 肆然，无所顾忌；安然自得。
③ 再拜，古代礼节，拜了又拜，表示尊敬。
④ 责救，指责备信陵君不来救援。
⑤ 万端，极言数量之多。
⑥ 侯嬴（？—前257），战国时期魏国隐士。家贫，年老时为大梁监门小吏，被信陵君奉为上宾。邯郸被围后，为信陵君谋划窃符救赵；因自感对魏王不忠，随即自杀。
⑦ 祷，请求，希望。
⑧ 幸姬，得到帝王宠爱的姬妾。
⑨ 兵符，古代君王传达命令或调兵遣将所用的凭证。用铜、玉或木石制成，为虎形，又称虎符。兵符制成两半，右半为国君所执，左半交与统帅。调发军队时，必须合符查验，方能生效。
⑩ 朱亥，生卒年不详，战国时期魏国隐士。颇有勇力，隐居于大梁市井之中为屠夫。因侯嬴推荐，成为信陵君上宾。后协助信陵君击杀晋鄙，率军救援赵国。

鲁仲连赶往邯郸，劝阻新垣衍说："秦国是背弃礼仪、崇尚斩首军功的国家。如果让秦国无所忌惮地恣意称帝，进而统治天下，那么我只有跳进东海去死，也不愿做秦国的臣民！"新垣衍被鲁仲连折服后，拜了又拜，说："先生真是天下义士，我再也不会说尊秦为帝的事情了！"

赵国平原君的夫人是信陵君的姐姐。赵国危急，派往魏国求救的使者络绎不绝，责备信陵君不来救援。信陵君多次向魏安釐王请求发兵，并且让他的门客千方百计地劝说魏王，魏王却不听从。信陵君的门客侯嬴献计，让信陵君去求魏王的宠姬帮忙，果然偷来了晋鄙军的兵符。侯嬴又推荐大力士朱亥和信陵君一同前往，说晋鄙合符查验后，必定心生疑窦，这时可让朱亥击杀晋鄙，夺取他的军队。后来一切果然就像侯嬴所猜测的那样，信陵君击杀晋鄙后，率领魏军向邯郸进发，大破秦军，成功解围邯郸。但是信陵君却不敢回魏国，就留在了邯郸。

秦伐魏，魏患之，使人请无忌，不肯归。客毛公、薛公①曰："魏急，而公子不恤②。一旦秦克大梁③，夷④先王宗庙，公子何面目立于天下乎？"无忌趣⑤驾还。诸侯闻无忌为魏将，皆遣救。无忌率五国⑥兵，败秦兵于河外⑦，追至函谷关而还。无忌卒十八年⑧而魏王假⑨立。后又二年，秦王政遣兵伐魏，杀王假⑩而灭魏为郡⑪。

① 毛公、薛公，战国时期赵国隐士。信陵君在邯郸期间，相互结识。后一同劝说信陵君回国救魏，击退秦兵。
② 恤，体恤，救援。
③ 大梁，今河南开封，魏惠文王时，迁都于此。
④ 夷，毁坏。
⑤ 趣（cù），催促。
⑥ 五国，指楚、燕、魏、赵、韩五国。
⑦ 河外，指黄河南边。
⑧ 十八年，从魏无忌去世到魏王假立，实际上是十六年。十八年是指到魏灭亡（前225）。
⑨ 魏王假，生卒年不详，姬姓魏氏，名假，魏景湣王之子，战国时期魏国最后一位国君，公元前227—公元前225年在位。公元前225年，秦将王贲引黄河、鸿沟水灌大梁，魏王假出降，魏国灭亡。史称魏王假。
⑩ 杀王假，按，应为"虏王假"，据《史记·魏世家第十四》改。
⑪ 灭魏为郡，秦国灭魏之后，在魏地设河东、砀郡、东郡三郡。

秦军攻打魏国，魏安釐王很担心，就派人去请信陵君回国救难，信陵君却不肯回去。这时，信陵君的门客毛公、薛公劝他说："魏国情势危急，公子却不体恤救援，一旦秦军攻破大梁，毁坏先王宗庙，公子到时候还有什么面目立足于天下？"信陵君听后，立即驾车归国。各诸侯听闻信陵君担任魏军主将，都派遣军队前来相助。信陵君率领五国联军，在黄河南岸大败秦军，追击至函谷关才返回。之后不久信陵君去世。此后十六年，魏王假即位。两年后，秦王嬴政派兵攻打魏国，俘虏魏王假，魏国灭亡。秦国在魏地设立河东、砀郡、东郡三郡。

春秋战国（十二）

韩之先，本与周同姓，武王子韩侯①之后也。国绝，其后裔事晋，为韩氏。韩武子②之三世③曰厥④，厥五世⑤至康子，与赵、魏共灭智氏。又二世⑥曰景侯虔，以周威烈王命为侯。

韩相侠累⑦与濮阳⑧严仲子⑨有恶⑩。仲子闻轵⑪人聂政⑫之勇，以黄金百镒为政母寿，欲因⑬以报仇。政曰："老母在，政身未可以许人也。"及母卒，仲子乃使政图之。侠累方坐府，兵卫甚严，政直入刺之。

---

① 韩侯，姬姓，周武王之子，周代诸侯国韩国第一代国君。韩国疆域大致在今陕西韩城、陕西河津一带，公元前757年，为晋国所灭。
② 韩武子，姬姓韩氏，名万，生卒年不详，春秋时期晋国人。辅佐晋武公曲沃代翼，封于韩原，为韩氏始祖。死后谥号曰"武"，又称韩武子。
③ 三世，韩武子之后，历韩赇伯、韩定伯韩简、韩舆三世至韩献子韩厥。
④ 厥，即韩厥，生卒年不详，韩舆之子，春秋时期晋国韩氏宗主。幼年丧父，由赵衰抚养，成为赵氏家臣；历仕晋灵公、晋成公、晋景公、晋厉公、晋悼公五朝，履立功勋；下宫之难中力保赵氏孤儿，扶持赵武恢复赵氏宗祠。悼公时官至正卿，韩氏正式崛起。死后谥号曰"献"，又称韩献子。
⑤ 五世，韩厥之后，历韩宣子韩起、韩贞子韩须、韩简子韩不信、韩庄子韩庚，至韩康子韩虎为五世。
⑥ 二世，韩康子之后，历韩武子韩启章，至韩景侯韩虔为二世。
⑦ 侠累，即韩傀（？—前397），字侠累，韩景侯之弟，战国时期韩国人。韩烈侯时官至宰相，因与严仲子有仇，被刺客聂政所杀。
⑧ 濮阳，今河南濮阳。
⑨ 严仲子，生卒年不详，名遂，字仲子，战国时期韩国人。韩烈侯时官至大夫，因与韩相侠累结仇，结交聂政，刺杀侠累。
⑩ 有恶（è），指有嫌隙，有怨恨。
⑪ 轵，今河南济源轵城镇。
⑫ 聂政（？—前397），韩国轵人，战国时期著名刺客。以任侠著称，与严仲子结交，为其刺杀韩相侠累，功成后自毁面容，自杀身亡。为春秋战国四大刺客之一。
⑬ 因，托付。

春秋战国（十二）

　　韩国的祖先和周朝同姓，是周武王的儿子韩侯的后裔。韩国灭亡后，韩侯后人侍奉晋国，至韩武子时因功封韩地，为韩氏。韩武子之后过三代到了韩厥，韩厥之后第五代到韩康子时，与赵襄子和魏桓子合作灭掉智氏。韩康子之后第二代到韩景侯韩虔时，正式被周威烈王封为诸侯。

　　韩国宰相侠累与濮阳严仲子有私仇。严仲子听说轵人聂政孔武有力，于是在聂政母亲过寿时赠送黄金百镒为其母贺寿，想要委托聂政为他报仇。聂政说："老母亲尚健在，聂政的性命不敢随便许给他人。"等到聂政母亲去世后，严仲子又请托聂政为他报仇。侠累正在府内休息，府中守卫非常严密，聂政直接冲进府中，刺杀了侠累。

因自皮面抉眼①，韩人曝②其尸于市，购问③，莫能识。妳嫈④往哭之，曰："是深井里⑤聂政也。以妾在，故重自刑⑥以绝从⑦。妾奈何畏没身⑧之诛，终没⑨贤弟之名。"遂死政尸旁。

　　景侯四世⑩至哀侯，徙都郑⑪。哀侯二世⑫至昭侯⑬，郑人申不害⑭以黄老⑮刑名⑯之学为昭侯相国，治兵强。昭侯有弊袴⑰，命藏之，不以赐左右，侍者曰："君亦不仁者矣。"昭侯曰："明主爱⑱一颦⑲一笑，颦有为颦者，笑有为笑⑳。今袴岂特㉑颦笑哉？吾必待有功者！"

---

① 皮面抉（jué）眼，割破面皮，挖出眼睛。抉，剔出。
② 曝（pù），暴露。
③ 购问，悬赏询问。
④ 嫈（yīng），即聂嫈，聂政之姐。聂政不愿牵连其姐，自毁面容而死；聂嫈因不愿聂政侠名被埋没，遂自杀于聂政尸旁。
⑤ 深井里，古地名，在今河南济源轵城镇，聂政故乡。
⑥ 自刑，自残肢体。
⑦ 绝从，避免牵连。从，连带治罪。
⑧ 没（mò）身，没，通"殁"，指被杀身死。
⑨ 没（mò），埋没。
⑩ 四世，自韩景侯历韩烈侯、韩文侯，至韩哀侯为四世。
⑪ 郑，即新郑，今河南郑州。
⑫ 二世，韩哀侯之后，历韩懿侯，至韩昭侯为二世。
⑬ 昭侯（？—前333），姬姓韩氏，名武，韩懿侯之子，韩国时期韩国国君，公元前362年—公元前333年在位。在位期间，任用申不害为相，进行变法，整顿吏治，鼓励农商，富国强兵。死后谥号昭侯。
⑭ 申不害（前385—前337），韩国新郑人，战国时期著名政治家，法家代表人物。开创法家重"术"一派，韩昭侯时任郑国宰相，厉行变法，内修政教，外应诸侯，使韩国迅速富强。但其变法有很大局限性，不能和李悝、商鞅相比。著有《申子》一书。
⑮ 黄老，指战国时期的道家学派，主张顺应自然，无为而治。黄，指黄帝；老，指老子。
⑯ 刑名，指战国时期的法家学派，主张循名责实，慎赏明罚。后人称为"刑名之学"。
⑰ 弊袴（kù），破旧裤子。
⑱ 爱，吝惜。
⑲ 颦（pín），通颦，皱眉。
⑳ 颦有为颦者，笑有为笑，指或哭或笑，都有其原因。
㉑ 特，仅仅，只是。

事成后，因为聂政割破自己的面皮，挖出自己的眼睛后自杀，难以辨认。于是官府就将他的尸体放到市集上，重金悬赏辨认，结果没有人能够认出来。聂政的姐姐聂嫈走向前哭着说："这是深井里的聂政，因为顾念我尚在人世，因此自毁容貌，自残肢体，避免牵连到我。我怎么能因为害怕招惹杀身之祸而辱没我弟弟的贤名！"说完就在聂政尸体旁自杀。

　　从韩景侯到韩哀侯经历了四代。韩哀侯将都城迁徙到新郑。韩哀侯之后第二代到韩昭侯时，新郑人申不害凭借黄老、刑名之学担任宰柜，韩国因此内政修明，国富军强。昭侯有一件破裤子，命人收藏好，并不赐给左右侍从，侍奉的人说："大王也不是一个仁爱的君王。"昭侯听到后说："贤明的君主吝惜每一次的皱眉和发笑，皱眉有皱眉的原因，发笑有发笑的原因。如今这件裤子又岂止是皱眉或者发笑吗？我这是在等有功劳的臣子以赏赐给他。"

昭侯卒，子宣惠王①立。三世②至桓惠王③，韩上党守降赵，致赵受秦兵而有长平之败。又一世至王安④，秦王政遣将虏安，遂灭韩为郡⑤。

楚之先，出自颛顼。颛顼之子为高辛火正，命曰祝融，弟吴回⑥复居其职。吴回二世⑦有季连⑧者，得芈姓。季连之后有鬻熊⑨，事周文王，成王封其子熊绎⑩于丹阳⑪。

---

① 宣惠王（？—前312），姬姓韩氏，名康，韩昭侯之子，战国时期韩国国君，公元前332年—公元312年在位。在位期间，"五国相王"后称王；多次为秦军击败，在合纵连横之间摇摆不定，国势日蹙。死后谥号宣惠王。
② 三世，韩宣惠王之后，历韩襄王、韩釐王，至韩桓惠王为三世。
③ 桓惠王（？—前239），姬姓韩氏，名然，韩釐王之子，战国时期韩国国君，公元前272年—公元前239年在位。在位期间，韩非多次要求推行法治而不得；命郑国入秦，行疲秦之计；秦将白起攻打野王，被迫割让上党，上党降赵后，引发长平之战。死后谥号桓惠王。
④ 王安，即韩王安（？—前226），姬姓韩氏，名安，韩桓惠王之子，战国时期韩国国君，公元前238年—公元前230年在位。在位期间，韩国形势危如累卵，处于灭亡边缘。公元前230年，秦将内史腾兵临新郑，韩王安出降，韩国灭亡。后因新郑发生叛乱而被处死。史称韩王安。
⑤ 灭韩为郡，秦国灭韩之后，在韩地设颍川郡。
⑥ 吴回，传说中的上古神话人物，继其兄祝融之后成为火神，掌控烈火。相传为春秋时楚国先祖。
⑦ 二世，吴回之后，历陆终至季连为二世。
⑧ 季连，传说中的上古神话人物，陆终之子，是楚王室芈姓始祖。
⑨ 鬻（yù）熊，楚国先祖。曾起兵协助周文王。
⑩ 熊绎，鬻熊曾孙，周代诸侯国楚国第一代国君。因鬻熊辅助文王有功，周成王封熊绎于南蛮，建立楚国。在位期间，筚路蓝缕，开荒南蛮，臣服周室，不断扩大楚国范围。
⑪ 丹阳，今河南淅川一带。

韩昭侯逝世后,他的儿子韩宣惠王即位。韩宣惠王之后第三代到韩桓惠王时,韩国上党太守向赵国投降,导致赵国被秦国攻击而引发长平大败。韩桓惠王之后到韩王安时,秦王嬴政派遣大将内史腾攻破新郑,虏获韩王安,韩国灭亡。秦国在韩地设立颍川郡。

楚国的祖先是颛顼的后代。颛顼的儿子在高辛氏帝喾时担任火正,掌管民事,被封为祝融,祝融的弟弟吴回后来接任火正一职。吴回之后第二代到了季连,季连的后裔都是芈姓。季连的后裔中有个名叫鬻熊的人,侍奉周文王。到了周成王时,将鬻熊的曾孙熊绎封到丹阳。

至夷王时,楚子①熊渠②者僭为王。十一世③至春秋,有曰武王④,益强大。至文王⑤始都郢⑥。成王⑦与齐桓公盟召陵⑧,寻与宋襄公争霸,后与晋文公战城濮⑨。

历穆王⑩至庄王,即位三年不出令,日夜为乐,令国中敢谏者死。

---

① 楚子,楚国为子爵国,故其国君称楚子。类似的有宋公、齐侯、郑伯。
② 熊渠,熊杨之子,西周时期楚国国君。在位期间,出兵攻打庸国、扬越、鄂国,开疆扩土,将楚国势力推进至江汉平原,楚国逐渐兴盛。随后僭越礼制,封其三子为王;周厉王即位后,因害怕周王室攻打,遂取消王号。
③ 十一世,熊渠之后,历熊挚红、熊延、熊勇、熊严、熊霜、熊徇、熊咢、若敖、霄敖、厉王,至武王为十一世。
④ 武王(?—前690),芈姓熊氏,名通,霄敖次子,楚厉王之弟,春秋时期楚国国君,公元前740年—公元前690年在位。政变成功后,杀死楚厉王之子自立为君;在位期间,逐步吞并周边小国,并率先开始设置县制进行管理,楚国逐渐成为汉江霸主。死后谥号武王。
⑤ 文王(?—前675),芈姓熊氏,名赀(zī),楚武王之子,春秋时期楚国国君,公元前689年—公元前675年在位。即位后,迁都郢都;攻灭申国、邓国,扩大楚国势力;巩固推行县制,楚国国力大增。死后谥号文王。
⑥ 郢,春秋战国时期楚国国都。楚国历次迁都,均称为郢,此处指湖北江陵。
⑦ 成王(?—前626),芈姓熊氏,名恽(yùn),楚文王之子,春秋时期楚国国君,公元前671年—公元前626年在位。弑杀其兄庄敖后即位。在位期间,攻灭弦、黄、英、夔等国,扩大楚国疆域;面对齐国威势,与齐国签订召陵之盟,泓水之战击败宋襄公,城濮之战败于晋文公;后在太子商臣的逼迫下自杀,死后谥号成王。
⑧ 召陵,今河南省漯河。齐桓公见楚国日益强大,遂联合诸侯攻打楚国;楚国求和,齐桓公也看到楚国势大,无隙可乘,遂与楚国在召陵签订盟约。
⑨ 城濮,今山东鄄城。晋楚城濮之战晋国获胜,晋文公成为中原霸主,楚国北进中原受阻。
⑩ 穆王(?—前614),芈姓熊氏,名商臣,楚成王之子,春秋时期楚国国君,逼杀成王后即位。公元前625年—公元前614年在位。在位期间,先后灭亡江国、六国、蓼国,进一步控制江淮地区,楚国霸业出现复兴;平定斗宜西、仲归叛乱。死后谥号穆王。

周夷王时，楚国国君熊渠僭越称王。熊渠之后十一代到了楚武王时，楚国越发强大。楚武王逝世，其子楚文王即位，迁都郢都。楚文王逝世后，楚成王即位。楚成王与齐桓公在召陵会盟，不久之后与宋襄公争霸，后来与晋文公在城濮大战。

　　楚成王之后经历楚穆王，到了楚庄王。楚庄王即位三年没有下达过任何政令，日夜以宴饮为乐，并下令国中：谁敢进谏就杀掉谁。

伍举①曰："有鸟在阜②，三年不蜚③不鸣，是何鸟也？"王曰："三年不飞，飞将冲天；三年不鸣，鸣将惊人。"苏从④亦入谏。王乃左执从手，右抽刀以断钟鼓之悬。明日听政，任伍举、苏从，国人大悦。又得孙叔敖⑤为相，遂霸诸侯。

① 伍举，生卒年不详，伍奢之父，伍子胥之祖，春秋时期楚国人。楚庄王时冒死进谏，后任右司马，掌军事兵员管理，因功封于椒，又称椒举。留有"楚才晋用""一鸣惊人"的典故。
② 阜，土山。
③ 蜚，通"飞"。
④ 苏从，生卒年不详，春秋时期楚国大夫。楚庄王即位之初，不理朝政，苏从冒死进谏。
⑤ 孙叔敖（？—前593），芈（wěi）姓，名敖，字孙叔，春秋时期楚国令尹，著名政治家。幼年丧父，改名孙叔敖。因治水有功而被楚庄王赏识；任令尹，辅佐楚庄王成为中原霸主。

楚国大夫伍举对楚庄王说:"土山上停着一只鸟,三年不飞也不叫,这是什么鸟呢?"楚庄王说:"这只鸟志向不凡。三年不飞,一旦飞起来势将冲天;三年不叫,一旦鸣叫将震惊天下。"大夫苏从也冒死向楚庄王进谏。楚庄王于是左手握着苏从的手,右手抽出佩刀,将悬挂钟鼓的绳子砍断。第二天楚庄王便着手处理政事,提拔伍举、苏从,楚国百姓都为楚庄王的改变而高兴。后来楚庄王又任命孙叔敖为令尹,在这些贤臣的辅佐下,称霸诸侯。

历共王①、康王②、郏敖③、灵王④、平王⑤、昭王、惠王、简王⑥、声王⑦、悼王⑧、肃王⑨、宣王⑩、威王⑪。

① 共王（？—前560），芈姓熊氏，名审，楚庄王之子，春秋时期楚国国君，公元前590年—公元前560年在位。在位期间，楚国重臣申公巫臣逃往晋国后家族被灭，为报复楚国，他劝说晋国扶持吴国以牵制楚国，从此吴楚战争不断；与晋国达成第一次弭兵之盟，之后鄢陵之战败于晋国，被射瞎一只眼睛。死后诸子争位，谥号共王。
② 康王（？—前545），芈姓熊氏，名招，楚共王长子，春秋时期楚国国君，公元前559年—公元前545年在位。在位期间，数次击败吴军，射杀吴王诸樊；改革官职，分设右尹，巩固政权；北进中原受阻后与晋国达成第二次弭兵之盟，晋楚并霸，晋楚百年争霸宣告结束，楚国专心应对吴国。死后谥号康王。
③ 郏（jiá）敖（？—前541），芈姓熊氏，名员，楚康王之子，春秋时期楚国国君，公元前544年—公元前541年在位。在位期间，其叔父公子围任令尹，后为公子围所杀。史称楚郏敖。
④ 灵王（？—前529），芈姓熊氏，名围，楚共王次子，楚康王之弟，春秋时期楚国国君，公元前540年—公元前529年在位。弑杀郏敖后即位。在位期间，出兵攻灭陈、蔡；因穷奢极欲，不恤民力而尽失民心；在其弟公子比发动政变，击杀太子后逃亡山野，死于楚臣申亥家中，谥号灵王。
⑤ 平王（？—前516），芈姓熊氏，名弃疾，楚共王五子，楚灵王之弟，春秋时期楚国国君，公元前528年—公元前516年在位。公子比发动政变后，熊弃疾诈称楚灵王回都，导致公子比、公子黑肱畏罪自杀，随即熊弃疾即位，改名熊居。即位后，为避免诸侯非议，复国陈、蔡，结交郑国；后因太子娶妻之事，听信费无忌谗言，逼杀太子及伍奢。伍奢之子伍子胥逃往吴国，后率吴军攻破楚国郢都，鞭尸平王。死后谥号平王。
⑥ 简王（？—前408），芈姓熊氏，名中，楚惠王之子，春秋战国时期楚国国君，公元前431年—公元前408年在位。在位期间，灭亡莒国。死后谥号简王。
⑦ 声王（？—前402），芈姓熊氏，名当，楚简王之子，春秋战国时期楚国国君，公元前407年—公元前402年在位。在位期间，楚国社会动荡不安，积弊日深。后被盗贼所杀，谥号声王。
⑧ 悼王（？—前381），芈姓熊氏，名疑，楚声王之子，战国时期楚国国君，公元前401年—公元前381年在位。在位期间，多次为三晋所攻，国力衰弱；后任吴起为令尹，厉行变法，削弱贵族，改革军制；楚国国力大增，南征百越，北复陈蔡故地。死后吴起被杀，变法失败。谥号悼王。
⑨ 肃王（？—前370），芈姓熊氏，名臧，楚悼王之子，战国时期楚国国君，公元前380年—公元前370年在位。在位期间，惩治参与谋杀吴起的旧贵族，但楚国也错失发展良机；数次被诸侯所攻。死后谥号肃王。
⑩ 宣王（？—前340），芈姓熊氏，名良夫，楚悼王之子，楚肃王之弟，战国时期楚国国君，公元前369年—公元前340年在位。在位期间，联赵抗魏，经营巴蜀，使楚国日益强大。死后谥号宣王。
⑪ 威王（？—前329），芈姓熊氏，名商，楚宣王之子，战国时期楚国国君，公元前339年—公元前329年在位。即位后，继承其父格局，徐州之战大败齐军，又击败越国，楚国国力达到最盛时期。死后谥号威王。

楚庄王之后，楚国经历共王、康王、郏敖、灵王、平王、昭王、惠王、简王、声王、悼王、肃王、宣王、威王。

至怀王①。秦惠王欲伐齐，患楚与从亲，乃使张仪说楚王曰："王闭关而绝齐，请献商於②之地六百里。"怀王信之，使勇士北辱齐王，齐王大怒而与秦合。楚使受地于秦，仪曰："地从某至某广袤③六里。"怀王大怒，伐秦，大败。秦昭王与怀王盟于黄棘④，既而遗书怀王；"愿与君王会武关⑤。"屈平⑥不可，子兰⑦劝王行。秦人执之以归。楚人立其子顷襄王⑧。

① 怀王（？—前296），芈姓熊氏，名槐，楚威王之子，战国时期楚国国君，公元前328年—公元前299年在位。在位前期，重用屈原等人，击败魏军，灭亡越国后，楚国成为当时疆域最广的诸侯国；担任纵约长，参与七国合纵攻秦；后听信张仪，断绝齐楚联盟，屡屡为秦军所败；后于武关与秦昭王会盟，被秦国扣押，最终死于咸阳。谥号怀王。
② 商於，今陕西商洛至河南淅川一带。商指陕西商洛，於指河南淅川。
③ 袤（mào），长度，特指南北距离的长度。东西曰广，南北曰袤。
④ 黄棘，在今河南新野。
⑤ 武关，关隘名，在今陕西丹凤，为秦国东南门户。
⑥ 屈平，即屈原（前340—前278），芈姓屈氏，名平，字原，又自称名正则，字灵均，战国时期楚国诗人、政治家，伟大的爱国主义诗人，浪漫主义文学的奠基人。自幼饱读诗书，博闻强识，楚怀王时担左徒、三闾大夫，提倡美政，对内主张修明法度，对外主张联齐抗秦；因受其他贵族排挤迫害，先后被流放汉北和沅湘流域；鄢郢之战白起攻破郢都后，屈原自沉汨罗江而死。著有《离骚》《九歌》《天问》等，是"楚辞"的开创者和代表作家。
⑦ 子兰，生卒年不详，芈姓熊氏，名子兰，楚怀王之子，楚顷襄王之弟，战国时期楚国宗室。深得楚怀王宠信，力劝怀王前往武关盟会，导致怀王滞秦；顷襄王时任令尹，构陷屈原，加速楚国败亡。
⑧ 顷襄王（？—前263），芈姓熊氏，名横，楚怀王之子，战国时期楚国国君，公元前298年—公元前263年在位。怀王被扣押后即楚王位，在位期间，多次被秦军所攻，鄢陵之战大败亏输，相继丢失上庸、汉北、黔中等地，国事日非。死后谥号顷襄王，又称襄王。

一直到楚怀王时，秦惠王想要讨伐齐国，又担心楚国会因为合纵条约插手，于是派张仪前往楚国游说楚怀王，说："大王您若紧闭楚国大门和齐国绝交，秦国将向您进献六百里商於的土地。"楚怀王相信了张仪的话，派遣勇士到齐国侮辱齐王，齐王大怒，随即断绝齐楚关系，和秦国结成联盟。楚国使者到秦国接收张仪之前承诺给的土地时，张仪指着地图说："将从这里到这里宽广六里的土地送给楚国。"楚怀王非常生气，出兵讨伐秦国，结果大败而归。秦昭襄王和楚怀王在黄棘订立盟约后，不久给楚怀王修书一封，说："想要和大王在武关相会。"屈原认为楚怀王不可以去，子兰却力劝怀王前行。楚怀王到了武关后，被秦国扣留，押送回咸阳。楚国于是拥立怀王之子楚顷襄王。

怀王卒于秦，楚人怜之，如悲亲戚。初，屈平为怀王所任①，以谗见疏，作《离骚》②以自怨。至顷襄王时又以谮③迁江南④，遂投汨罗⑤以死。

秦拔郢，楚徙于陈⑥。顷襄王卒，考烈王⑦立，又徙于寿春⑧。春申君黄歇行相事。

当是时，齐有孟尝君，魏有信陵君，赵有平原君，楚有春申君，皆好客。春申君食客三千余人，平原君使人于春申君。欲夸楚⑨，为玳瑁簪⑩，刀剑室⑪饰以珠玉。春申君上客皆蹑⑫珠履⑬以见之，赵使大惭。

赵人荀卿⑭至楚，春申君以为兰陵⑮令。

---

① 任，信任，倚重。
② 《离骚》，屈原所作，是浪漫主义文学的代表作品，开创了"骚体"诗歌形式，与《诗经》共同成为后世诗歌的典范之作，往往"风骚"并举。
③ 谮（zèn），诬陷，中伤。
④ 江南，指长江以南的沅江、湘江流域。
⑤ 汨罗，河流名，属洞庭湖水系，发源于鄂湘赣交界黄龙山，向北注入洞庭湖。屈原即自沉于此。
⑥ 陈，今河南淮阳。
⑦ 考烈王（？—前238），芈姓熊氏，名元，战国时期楚国国君，公元前262年—公元前238年在位。起初在秦国做人质，顷襄王病重，在春申君黄歇帮助下得以返国即位。在位期间，任春申君为令尹，救赵、灭鲁，迁都寿春，合纵伐秦，但却未能挽救楚国颓势。死后谥号考烈王。
⑧ 寿春，在今安徽寿县。
⑨ 夸楚，向楚国夸耀。
⑩ 玳瑁簪（dài mào zān），用玳瑁制作的发簪。玳瑁，一种宝石。
⑪ 刀剑室，指剑鞘。
⑫ 蹑（niè），穿。
⑬ 珠履，用宝珠装饰的鞋子。
⑭ 荀卿，即荀况（前313—前238），字卿，战国时期赵国人，儒家学派代表人物，著名思想家、政治家。曾游学齐国，三次担任稷下学宫祭酒，晚年前往楚国，任兰陵令。提出"天行有常""人性本恶""隆礼重法"等观点，融合儒、法，著名政治家李斯、韩非、张苍均为其弟子。时人尊称"荀卿""荀子"，著有《荀子》一书。
⑮ 兰陵，在今山东兰陵。

楚怀王死在秦国后，楚国人怜悯怀王，就像是哀悼自己的亲友一般。起初，屈原被楚怀王重用，后因谗言而被楚怀王疏远，于是创作《离骚》来抒发自己的苦闷之情。等到顷襄王即位后，又因为谗言而被流放到沅江、湘江流域，最后跳进汨罗江而死。

秦国攻破郢都，楚国将国都迁到陈地。顷襄王去世，楚考烈王即位后，楚国又将都城迁到寿春。此时，春申君黄歇担任楚国宰相。

当时，齐国有孟尝君，魏国有信陵君，赵国有平原君，楚国有春申君，都礼贤下士、爱好养士。春申君门下有食客三千多人，平原君派遣使者访问春申君。赵国使臣想要向楚国夸耀赵国的富有，特意用玳瑁簪子绾插冠髻，亮出用珠玉装饰的剑鞘。春申君的上等宾客都穿着用宝珠装饰的鞋子来相见，赵国使臣自惭形秽。

赵国人荀子到了楚国后，春申君封他为兰陵令。

李园①以妹献春申君，有娠②而后纳之考烈王，是生幽王③。园使盗杀春申君以灭口，而专楚政。

幽王卒，弟哀王④为楚人所弑，而立其庶兄负刍⑤。秦王政遣将破楚，虏负刍，灭楚为郡⑥。

春秋战国（十三）

燕，姬姓，召公奭之所封也。三十余世至文公，尝纳苏秦之说，约六国为从。文公卒，易王哙⑦立。十年⑧以国让其相子之⑨，南面行王事，而哙老不听政⑩，顾为臣。

---

① 李园，生卒年不详，战国时期赵国人。前往楚国后，先后将其妹献给春申君和楚考烈王，欲以解决楚考烈王的子嗣难题；之后为怕秘密泄露，诛杀春申君，专掌楚国国政。
② 娠（shēn），胎儿在母体中微动，泛指怀孕。
③ 幽王（？—前228），芈姓熊氏，名悍，楚考烈王之子，战国时期楚国国君，公元前237年—公元前228年在位。在位期间，李园谋杀春申君，任令尹。死后谥号幽王。
④ 哀王（？—前228），芈姓熊氏，名犹，楚考烈王之子，楚幽王之弟，战国时期楚国国君，公元前228年在位。幽王死后，哀王即位；在位两个月，被其异母兄负刍所杀。死后谥号哀王。
⑤ 负刍（chú），即芈负刍，生卒年不详，楚考烈王之子，楚幽王之兄，战国时期楚国最后一位国君，公元前227年—公元前223年在位。在位期间，任用项燕为主将，击退秦将李信；后秦将王翦率秦军主力攻杀项燕；公元前223年，秦将王翦攻破寿春，俘虏楚王负刍，楚国灭亡。史称楚王负刍。
⑥ 灭楚为郡，秦国灭楚之后，在楚地设黔中、长沙、南阳、南郡、九江、泗水、鄣郡、会稽八郡。
⑦ 易王哙（kuài），按，据《史记·燕召公世家第四》，燕易王姓名不可考，燕王哙为燕易王之子。燕易王（？—前321），姬姓，燕文侯之子，战国时期燕国国君，公元前332年—公元前321年在位。在位期间，派遣苏秦前往齐国行反间之计。死后谥号易王。燕王哙，即姬哙（？—前314），燕易王之子，战国时期燕国国君，公元前320年—公元前314年在位。在位期间，让位宰相子之，导致燕国大乱，齐国趁机进攻，燕国几乎亡国。
⑧ 十年，按，应为五年。据《史记·燕召公世家第四》《史记·六国年表第二》改。
⑨ 子之（？—前314），战国时期燕国宰相。燕王哙时任宰相，深得赏识；并接受燕王哙禅让，获得燕国政权；执政后造成燕国内乱，齐军攻打燕国时被杀。
⑩ 听政，处理政事，主持国政。

李园将自己的妹妹献给春申君，其妹有身孕后又将其献给楚考烈王，于是生下楚幽王。李园派遣刺客刺杀春申君灭口，随后独掌楚国国政。

　　楚幽王逝世后，他的弟弟楚哀王即位后不久被弑杀，而拥立楚哀王的庶兄负刍为王，史称楚王负刍。后来秦王嬴政派大将王翦攻破寿春，虏获楚王负刍，楚国灭亡。秦国在楚地设立黔中、长沙、南阳、南郡、九江、泗水、郯郡、会稽八郡。

春秋战国（十三）

　　燕国，姬姓，是召公奭的封国。召公奭之后三十多代到燕文公时，接受苏秦的合纵策略，联合六国合纵抗秦。燕文公去世后，他的儿子燕易王即位。燕易王逝世后，他的儿子燕王哙即位。燕王哙五年，让宰相子之代行燕王权力，而燕王哙因年老而长时间不处理国政，反而成为臣子。

国大乱，齐伐燕，取之，醢子之而杀哙。

燕人立太子平为君，是为昭王。吊死问生，卑辞厚币以招贤者。问郭隗①曰："齐因孤之国乱而袭破燕，孤极知燕小不足以报。诚得贤士与共国，以雪先王之耻，孤之愿也。先生视可者，得身事之。"隗曰："古之君有以千金使涓人②求千里马者，买死马骨五百金而返。君怒，涓人曰：'死马且买之，况生者乎？马今至矣。'不期年，千里马至者三。今王必欲致士③，先从隗始。况贤于隗者，岂远千里哉！"于是昭王为隗改筑宫，师事之。于是士争趋燕。

乐毅④自魏往，以为亚卿⑤，任国政。已而使毅伐齐，入临淄，齐王出走。毅乘胜六月之间下齐七十余城，惟莒、即墨不下。昭王卒，惠王⑥立。惠王为太子，已不快于毅。田单乃纵反间，曰："毅与新王有隙，不敢归，以伐齐为名。齐人惟恐他将来，即墨残矣。"惠王果疑毅，乃使骑劫⑦代将，而召毅，毅奔赵。田单遂得破燕而复齐城。

---

① 郭隗（wěi），生卒年不详，战国时期燕国人。燕昭王时任客卿，辅佐燕昭王招贤纳士，重振燕国。
② 涓（juān）人，古代宫中担任洒扫清洁的人，泛指亲近内侍。
③ 致士，招揽人才。
④ 乐毅，生卒年不详，子姓，字永霸，战国时中山灵寿人，魏将乐羊之后。赵武灵王死后，前往魏国，被燕昭王拜为上将军，封昌国君，辅佐燕昭王振兴燕国；之后率五国联军，连破齐国七十余城，几乎灭齐。因受燕惠王猜忌，逃往赵国，封于观津，号望诸君。
⑤ 亚卿，官名，西周置。周制，卿分上、中、下三级，次者为中卿，又称亚卿。
⑥ 惠王（？—前272），姬姓，燕昭王之子，战国时期燕国国君，公元前279年—公元前272年在位。在位期间，中齐国反间计，以骑劫代替乐毅，导致灭齐之战功败垂成。死后谥号惠王。
⑦ 骑劫（？—前279），战国时期燕国将领。因齐国反间计，燕惠王任命骑劫代替乐毅为主将。随后田单在即墨城以火牛阵大败燕军，骑劫死于阵前。

之后燕国发生动乱，齐国趁势攻打燕国，攻克蓟城，将子之剁成肉酱，并杀死燕王哙。

燕国人拥立太子姬平即位，就是燕昭王。燕昭王哀悼死者，抚恤生民，用谦卑的言辞、丰厚的礼物来招揽天下贤才。燕昭王问郭隗："齐国因为我国内乱而趁机偷袭，我深知燕国国贫力弱，不足以报仇。如果能够求得贤才，和他们一起努力治理国家，以洗雪先王的耻辱，这是我的心愿。先生认为合适的人才，我会亲自侍奉他。"郭隗回答说："古时有个君王派遣侍从带着千金去求购千里马，结果侍从却花了五百金买了一副千里马的尸骨回来。这个君王非常生气，侍从说：'大王一心求马，连死去的千里马都买，更何况是活马呢？很快就会有人前来进献千里马了。'果真不到一年，就有三个人前来向这个君王进献千里马。如今大王您若想要招揽贤士，就先从郭隗开始吧。那些比郭隗更加贤能的人，岂会在意这千里之远吗？"燕昭王便为郭隗重新筑造了居所的宫室，以老师的待遇对待他。于是天下贤士争相前往燕国。

乐毅从魏国来到燕国后，被燕昭王拜为亚卿，主持国政大事。不久，燕昭王派遣乐毅率军讨伐齐国，攻入齐都临淄，齐愍王逃走。乐毅乘胜南下，不到六个月时间，便一连攻下齐国七十多座城池，齐国只剩下莒城、即墨两地坚守。燕昭王逝世后，燕惠王即位。燕惠王做太子时便对乐毅心生不快，齐将田单于是派人施行反间计，散布流言说："乐毅和新君有嫌隙，所以借着讨伐齐国的名义不敢归国，齐国人最担心的就是燕王再派遣其他将领来替换乐毅，到那时，即墨一定会被攻破。"燕惠王果然怀疑乐毅，于是派遣骑劫代替乐毅为主将，将乐毅召回蓟城。乐毅无奈之下，逃到赵国。田单于是攻破燕军，收复了齐国失去的国土。

惠王后有武成王①、孝王②，至王喜③。喜太子丹④质于秦，秦王政不礼焉，怒而亡归，怨秦，欲报之。秦将军樊於期⑤得罪，亡之燕，丹受而舍之。丹闻卫人荆轲⑥贤，卑辞厚礼请之，奉养无不至。欲遣轲，轲请得樊将军首及燕督亢⑦地图以献秦。丹不忍杀於期，轲自以意⑧讽⑨之曰："愿得将军之首以献秦王，必喜而见臣。臣左手把⑩其袖，右手揕⑪其胸，则将军之仇报，而燕之耻雪矣。"於期慨然遂自刎。丹奔往伏哭，乃以函盛其首。又尝求天下之利匕首，以药焠⑫之，以试人，血如缕，立死。

① 武成王（？—前258），姬姓，燕惠王之子，战国时期燕国国君，公元前271年—公元前258年在位。在位期间，齐将田单攻打燕国，夺取中阳。死后谥号武成王。
② 孝王（？—前255），姬姓，燕武成王之子，战国时期燕国国君，公元前257年—公元前255年在位。死后谥号孝王。
③ 王喜，即燕王喜，生卒年不详，姬姓，名喜，燕孝王之子，战国时期燕国最后一位国君，公元前254年—公元前222年在位。在位期间，趁赵国长平新败，精壮尽亡，发兵攻打赵国，反为赵国所败，之后多次遭到赵国攻打；荆轲刺杀秦王嬴政失败后，秦将王翦出兵攻破燕都蓟城，燕王喜逃亡辽东，杀死太子丹谢罪。公元前222年，秦将王贲夺取辽东，俘虏燕王喜，燕国灭亡。史称燕王喜。
④ 太子丹，即姬丹（？—前226），燕王喜之子，战国时期燕国太子。起初在秦国做人质，因受冷落逃回燕国，谋求刺客刺杀秦王嬴政，以缓解对燕攻势。荆轲刺秦失败后，秦军攻破蓟城，燕王喜杀死太子丹谢罪。
⑤ 樊於（wū）期（？—前227），战国时期秦国将领。率军攻赵时为李牧所败，畏罪逃亡燕国；后在荆轲的劝说下，自杀献首。
⑥ 荆轲（？—前227），姜姓庆氏，又称庆轲，卫国朝歌人，齐国大夫庆封之后，战国时期著名刺客。喜好读书击剑，为人慷慨侠义，受燕太子丹礼遇，前往秦国刺杀秦王嬴政，失败后被杀。
⑦ 督亢（gāng），今河北涿州一带，战国时期燕国膏腴之地。
⑧ 以意，按照想法。
⑨ 讽，规劝。
⑩ 把，抓，拉住。
⑪ 揕（zhèn），用刀剑刺。
⑫ 焠（cuì），淬炼。

燕惠王之后经历武成王、孝王，到燕王喜时，燕太子姬丹在秦国做人质。秦王嬴政并不以礼相待，太子丹非常生气，便偷偷逃回燕国，心中十分怨恨，想要报仇。秦国将领樊於期打了败仗，畏罪逃到燕国，太子丹收留了他并且给他安排了住处。太子丹听闻卫国人荆轲很贤能，便用谦卑的言辞、丰厚的礼物结交招揽荆轲，对他的照顾无微不至。太子丹想要派遣荆轲前去行刺秦王，荆轲请求拿樊於期的人头以及燕国督亢的地图进献给秦王作为诱饵。太子丹不忍心杀樊於期，荆轲便自行去找樊於期并劝他说："我希望得到将军的人头用来献给秦王，秦王必将很高兴接见我，我趁机左手拉住秦王的袖子，右手拿剑刺秦王的胸口。这样既可以报了将军的大仇，又洗雪了燕国所受的耻辱！"樊於期听完便引剑自杀。太子丹得到消息后飞奔过来，却还是没来得及阻止樊於期，于是便在樊於期的尸体前俯身痛哭，将樊於期的人头用箱子装起来。太子丹曾经寻求天下锋利的匕首，然后用毒药进行淬炼。在人身上试验毒性时，只要划破出现一缕血丝，人立即毙命。

乃装遣轲，行至易水①，歌曰："风萧萧兮易水寒，壮士一去兮不复还。"于时，白虹贯日，燕人畏之。轲至咸阳②，秦王政大喜，见之。轲奉图进，图穷而匕首见，把王袖揕之。未及身，王惊起绝袖③。轲逐之，环柱走。秦法：群臣侍殿上者，不得操尺寸兵。左右以手搏之，且曰："王负④剑！"遂拔剑断其左股。轲引⑤匕首摘⑥王，不中，遂体解⑦以徇⑧。秦王大怒，益发兵伐燕，喜斩丹以献。后三年，秦兵虏喜，遂灭燕为郡⑨。

---

① 易水，河流名，属海河水系，发源于河北易县，向南注入拒马河。
② 咸阳，今陕西咸阳。
③ 绝袖，挣断袖子。
④ 负，背负。指让秦王将佩剑背在背上，以便拔出。
⑤ 引，举起，竖起。
⑥ 摘（zhì），同"掷"，投掷。
⑦ 体解，古代酷刑之一，分解人的肢体，类似车裂。
⑧ 徇（xùn），对众宣示。
⑨ 灭燕为郡，秦国灭燕之后，在燕地设右北平、辽西、辽东、上谷、渔阳五郡。

于是为荆轲收拾行装，派他前往秦国。送行到易水时，荆轲歌唱道："风萧萧兮易水寒，壮士一去兮不复还！"这时，一缕白色的虹光从太阳的中间穿过，燕国人感到非常害怕。荆轲到了咸阳后，秦王嬴政果然非常高兴，接见荆轲。荆轲捧着地图进入大殿后，将地图展开到最后时，藏在最里面的匕首露了出来，于是顺势抓起秦王的袖子，拿起匕首劈胸刺去。还没有刺到秦王时，秦王受惊起身将自己的袖子挣断。荆轲便手拿匕首，追逐秦王，秦王围着柱子逃跑。秦国律法：群臣上殿不得佩带任何兵器。左右侍从徒手和荆轲搏斗，并且大呼："大王快将佩剑背到背上拔出来！"秦王这才将宝剑拔出，砍断了荆轲的左腿。荆轲跌倒后，拿起匕首向秦王投去，却没有击中。荆轲最终被车裂示众。秦王非常生气，增派军队讨伐燕国，燕王喜将太子丹斩首献给秦王谢罪。三年之后，秦将王贲率军虏获燕王喜，燕国灭亡。秦国在燕地设立右北平、辽西、辽东、上谷、渔阳五郡。

春秋战国（十四）

秦之先，本颛顼之裔。曰大业①者生柏翳②，舜赐姓嬴氏。其后有蜚廉，蜚廉子③曰女防④。女防之后有非子⑤，好马，为周孝王主马于汧⑥渭之间。马大蕃息，分土为附庸，邑之秦⑦。阅⑧二世⑨至秦仲⑩始大。历庄公⑪至襄公⑫，犬戎杀幽王，襄公救周有功，封为诸侯，赐以岐西地。

---

① 大业，传说中的上古神话人物，舜帝时担任刑官。
② 柏翳（yì），即伯益，又称，传说中的上古神话人物，因协助大禹治水有功，舜帝赐姓嬴姓，为嬴姓始祖。
③ 子，按，应为孙。据《史记·秦本纪第五》，蜚廉子曰恶来，恶来有子曰女防。
④ 女防，恶来之子，秦国祖先。
⑤ 非子（？—前858），伯益之后，周朝诸侯国秦国第一代国君。因为善于养马而得到周孝王赏识，封于秦地，建立周室附庸秦国。号称秦嬴。
⑥ 汧（qiān），古河名，今千河，属黄河水系。发源于甘肃华亭县六盘山，向东南在陕西陈仓注入渭河。
⑦ 秦，在今甘肃天水一带。
⑧ 阅，经历。
⑨ 二世，秦非子之后，历秦侯、秦公伯二世至秦仲。
⑩ 秦仲（？—前822），嬴姓赵氏，秦公伯之子，西周时期秦国国君，公元前844年—公元前822年在位。被周宣王任为大夫，率军进攻西戎，战败阵亡。
⑪ 庄公（？—前778），嬴姓赵氏，名其，秦仲长子，西周时期秦国国君，公元前821年—公元前778年在位。即位后，击败西戎，周宣王封其为西垂大夫。谥号庄公。
⑫ 襄公（？—前766），嬴姓赵氏，名开，秦庄公次子，春秋时期秦国被列为诸侯国后的第一位国君，公元前777年—公元前766年在位。秦庄公死后，长子世父率兵攻打西戎，让位其弟开，是为秦襄公。即位后，分化戎狄，迁都汧邑；周幽王被杀后，秦襄公率军救周，护送平王东迁；周平王将岐山以西封给秦国，秦国正式列为诸侯。襄公后来死于军中，谥号襄公。

春秋战国（十四）

　　秦国的祖先本是颛顼的后裔。颛顼后裔中有个名叫大业的人，他儿子伯益因协助大禹治水有功，被舜帝赐嬴姓。伯益后代中有个名叫蜚廉的人，他的孙子叫女防。女防的后裔非子喜好养马，为周孝王在汧水和渭河之间养马。这些马大量繁殖，于是周孝王就将非子封到秦地，成为周王室的一个附庸国。非子之后经历两代到了秦仲时，秦部族开始壮大。秦仲之后经历庄公到秦襄公时，犬戎攻破镐京，击杀周幽王。秦襄公起兵救周，护送平王东迁，因功正式被封为诸侯，周平王将岐山以西的周朝故地封赐给了秦国。

历文公①、出子②、武公③、德公④、宣公⑤、成公⑥至缪公⑦。有百里奚⑧者，故虞⑨大夫也，为缪公夫人媵⑩，亡秦走宛⑪，楚人执之。

---

① 文公（？—前716），嬴姓赵氏，秦襄公之子，春秋时期秦国国君，公元前765年—公元前716年在位。在位期间，设史官以纪事；击败西戎，收编周朝遗民，扩地至岐山以西；制定刑法。死后谥号文公。
② 出子，按，据《史记·秦本纪第五》，文公之后为宁公，宁公之后为出子。宁公（？—前704），嬴姓赵氏，秦文公之孙，春秋时期秦国国君，公元前715年—公元前704年在位。在位期间，迁都平阳，攻打亳戎，俘虏芮伯。死后谥号宁公（《史记·秦始皇本纪第六》称宪公）。出子（前707—前698），嬴姓赵氏，秦宁公三子，春秋时期秦国国君，公元前703年—公元前698年在位。秦宁公死后，大臣三父等人废黜太子，拥立年仅五岁的出子即位；后又指使刺客刺杀出子。史称秦出子。
③ 武公（？—前678），嬴姓赵氏，秦宁公长子，春秋时期秦国国君，公元前697年—公元前678年在位。即位后，诛杀三父等人；先后出兵攻灭诸多戎族，设立县制，将秦国势力推向渭水流域；死后首开人殉制度，陪葬多达66人。谥号武公。
④ 德公（前710—前676），嬴姓赵氏，秦宁公次子，秦武公之弟，春秋时期秦国国君，公元前677年—公元前676年在位。即位后，迁都雍城。死后谥号德公。
⑤ 宣公（？—前664），嬴姓赵氏，秦德公长子，春秋时期秦国国君，公元前675年—公元前664年在位。在位期间，与晋国战于河阳，这是秦晋第一次开战，也是秦国势力东进的象征。死后谥号宣公。
⑥ 成公（？—前660），嬴姓赵氏，秦德公次子，春秋时期秦国国君，公元前663年—公元前660年在位。死后谥号成公。
⑦ 缪（mù）公，即秦穆公。
⑧ 百里奚（？—前621），姜姓，百里氏，名奚，字子明，春秋时期秦国名相。先担任虞国大夫，假途伐虢之后虞国被灭，虞公和百里奚都被晋献公俘虏，随即将百里奚作为陪嫁仆从送到秦国；百里奚逃到楚国宛地，被秦穆公用五张黑羊皮换回后，称"五羖大夫"，主持秦国国政；辅佐秦穆公称霸西戎。
⑨ 虞，周代诸侯国，公爵，姬姓。第一代国君为古公亶父次子仲雍曾孙虞仲，疆域大致在今山西平陆一带。周武王灭商后，寻找太伯、仲雍之后，封虞仲于虞国。公元前655年，为晋献公所灭。
⑩ 媵（yìng），指陪嫁的仆从。
⑪ 宛，今河南南阳，春秋时为楚地。

秦襄公之后经历文公、宁公、出子、武公、德公、宣公、成公到了秦穆公。百里奚本来是虞国的大夫，虞国灭亡后被晋国俘虏，后来作为秦穆公夫人的陪嫁仆从被一起送到秦国。百里奚在前往秦国的半路上偷偷跑掉，逃到了楚国宛地，被楚国人抓住了。

缪公闻其贤，以五羖①羊皮赎得之，授之政，号曰五羖大夫。百里奚进②其友蹇叔③，以为上大夫。缪公送晋惠公④归晋，已而倍秦，合战于韩⑤。缪公为晋军所围，岐下⑥有尝食公马者三百人，驰冒⑦晋军。晋解围，遂脱缪公，以反。先是，缪公亡善马，野人⑧共得而食之，吏逐得，欲法之。公曰："食善马，不饮酒伤人。"皆赐酒而赦之。至是，闻秦击晋，皆愿从，推锋⑨争死以报德。穆公后又送晋文公归国，立而霸诸侯。晋文公卒，秦遣孟明⑩袭郑，因破滑⑪。晋襄公败之崤⑫。缪公不替⑬孟明，修国政。后伐晋得志，遂霸西戎。

---

① 羖（gǔ），黑色公羊。
② 进，推荐。
③ 蹇（jiǎn）叔（？—前610），宋国铚（zhì）邑人，春秋时期著名政治家。因其好友百里奚的推荐，前往秦国担任右相，与百里奚共同辅佐秦穆公称霸。
④ 晋惠公（？—前637），姬姓，名夷吾，晋献公之子，晋文公之弟，春秋时期晋国国君，公元前651年—公元前637年在位。"骊姬之乱"后流亡诸侯，后在秦穆公的帮助下回国即位；即位后，背信弃义，诛杀大臣，不得人心；韩原之战中被秦穆公俘虏，随即释放回国。死后谥号惠公。
⑤ 韩，即韩原，在今山西河津，春秋时属晋地。
⑥ 岐下，指岐山之下。
⑦ 驰冒，骑马冲击。
⑧ 野人，先秦时称居住在国城郊野的人，与"国人"相对。泛指村野之人。
⑨ 推锋，摧挫敌人的兵刃，比喻冲锋。推，通"摧"。
⑩ 孟明，姜姓百里氏，名视，字孟明，通称孟明视，百里奚之子，春秋时期秦国将领。殽之战中败于晋军，之后屡败屡战，终于大败晋军，成就穆公霸业。
⑪ 滑，周代诸侯国，伯爵，姬姓。第一代国君为周公旦八子滑伯。疆域大致在今河南偃师一带，公元前627年为秦将孟明视所灭。
⑫ 崤，即崤山，在今河南洛宁。和函谷关一道构成秦国东部门户，战略位置非常重要。
⑬ 替，取代，更换。

秦穆公听说了百里奚的贤名，就用五张黑羊皮将他赎回来，委托他处理国政，号称"五羖大夫"。百里奚向秦穆公推荐自己的好友蹇叔，秦穆公也将蹇叔任命为上大夫。秦穆公护送晋惠公回国即位后，晋惠公便背信弃义，和秦国展开韩原之战。秦穆公被晋军包围，岐山脚下以前吃了秦穆公马肉的三百名勇士，骑马冲击晋军阵营。晋军溃散，秦穆公得以脱围，返回营地。以前，秦穆公丢了一匹好马，结果被住在郊外的百姓给捉住吃掉了。秦国官吏逮住这些百姓后，想要依法处治他们。秦穆公说："吃了好马的肉，不喝些酒会伤身体的。"于是又拿出好酒赏赐给这些百姓并且释放了他们。到了这时这些百姓听说秦军攻打晋国，都愿意跟随秦军出击，争相冲锋，以死来报答秦穆公的恩德。秦穆公后来又护送晋文公回国，晋文公即位后不久称霸诸侯。晋文公逝世后，秦穆公派遣孟明视偷袭郑国，趁机攻破滑国。因为滑国是晋国的属国，于是晋襄公在崤山设伏，打败秦军。秦穆公没有因为孟明视的失败而更换他，重新修理内政，最终讨伐晋国成功，既而称霸西戎。

历康公①、共公②、桓公③、景公④、哀公⑤、惠公⑥、悼公⑦、厉共公⑧、躁公⑨、怀公⑩、灵公⑪、简公⑫、惠公⑬、出子⑭、献公⑮至孝公⑯。

---

① 康公（？—前609），嬴姓赵氏，名䓨，秦穆公之子，春秋时期秦国国君，公元前620年—公元前609年在位。为太子时率兵送其舅父重耳回国即位，即晋文公；即位后，与晋国多次发生战争，令狐之战、河曲之战均在此时，秦国国力逐渐衰落。死后谥号康公。

② 共公（？—前604），嬴姓赵氏，名稻，秦康公之子，春秋时期秦国国君，公元前608年—公元前604年在位。死后谥号共公。

③ 桓公（？—前577），嬴姓赵氏，名荣，秦共公之子，春秋时期秦国国君，公元前603年—公元前577年在位。在位期间，辅氏之战、麻隧之战先后败于晋国，臣服晋国。死后谥号桓公。

④ 景公（？—前537），嬴姓赵氏，名石，秦桓公之子，春秋时期秦国国君，公元前576年—公元前537年在位。在位期间，联楚抗晋，栎之战大败晋军；迁延之战晋悼公率诸侯联军进攻秦国，并未取胜。死后谥号景公。

⑤ 哀公（？—前501），嬴姓赵氏，名籍，秦景公之子，春秋时期秦国国君，公元前536年—公元前501年在位。在位期间，吴国攻破楚国郢都后，应楚臣申包胥所请，发兵救援楚国。死后谥号哀公。

⑥ 惠公（？—前491），嬴姓赵氏，名宁，秦哀公之孙，春秋时期秦国国君，公元前500年—公元前491年在位。其父秦夷公早卒，哀公死后遂继位。死后谥号惠公。

⑦ 悼公（？—前477），嬴姓赵氏，名盘，秦惠公之子，春秋时期秦国国君，公元前490年—公元前477年在位。死后谥号悼公。

⑧ 厉共公（？—前443），嬴姓赵氏，名刺，秦悼公之子，春秋战国时期秦国国君，公元前476年—公元前443年在位。死后谥号厉共公。

⑨ 躁公（？—前429），嬴姓赵氏，名欣，秦厉共公之子，春秋战国时期秦国国君，公元前442年—公元前429年在位。在位期间，西戎义渠进攻秦国。死后谥号躁公。

⑩ 怀公（？—前425）嬴姓赵氏，名封，秦厉共公之子，秦躁公之弟，春秋战国时期秦国国君，公元前428年—公元前425年在位。起初在晋国为人质，秦躁公死后，被迎回秦国即位；即位后朝政为秦国庶长晁所掌握，后庶长晁联合大臣攻打怀公，怀公自杀。死后谥号怀公。

⑪ 灵公（？—前415），嬴姓赵氏，秦怀公之孙，春秋战国时期秦国国君，公元前424年—公元前415年在位。秦怀公自杀后，大臣迎立其孙即位，是为秦灵公。死后谥号灵公。

⑫ 简公（？—前400），嬴姓赵氏，名悼子，秦怀公之子，秦灵公叔父，春秋战国时期秦国国君，公元前414年—公元前400年在位。秦灵公死后，大臣拥立简公即位，秦灵公之子嬴师隰被迫逃亡。在位期间，允许百姓佩剑，承认私田，秦国开始向封建化转变。死后谥号简公。

⑬ 惠公（？—前387），嬴姓赵氏，名仁，秦简公之子，战国时期秦国国君，公元前399年—公元前387年在位。即位后，出兵蜀国，占领南郑；阴晋之战惨败于魏军，丢失河西之地。死后谥号惠公。

⑭ 出子（前388—前385），嬴姓赵氏，秦惠公之子，战国时期秦国国君，公元前386年—公元前385年在位。后为秦献公所杀。史称出子。

⑮ 献公（前424—前362），嬴姓赵氏，名师隰，秦灵公之子，战国时期秦国国君，公元前384年—公元前362年在位。死后谥号献公。

⑯ 孝公（前381—前338），嬴姓赵氏，名渠梁，秦献公之子，战国时期秦国国君，公元前361年—公元前338年在位。死后谥号孝公。

秦穆公之后经历康公、共公、桓公、景公、哀公、惠公、悼公、厉共公、躁公、怀公、灵公、简公、惠公、出子、献公到了秦孝公。

河山①以东,强国六,小国十余,皆以夷狄遇秦,摈②不与诸侯之会盟。孝公下令:"宾客群臣有能出奇计强秦者,吾其尊官,与之分土。"卫公孙鞅③入秦,因嬖人④景监⑤以见,说以帝道、王道,三变为霸道,而后及强国之术。公大悦,欲变法,恐天下议己。鞅曰:"民不可与虑⑥始,而可与乐成。"卒定令。

---

① 河山,指黄河、崤山。
② 摈(bìn),排斥,弃绝。
③ 公孙鞅,即商鞅(前395—前338),姬姓公孙氏,又称卫鞅、公孙鞅,卫国人,战国时期秦国大良造,著名政治家、改革家、思想家,法家代表人物。早先在魏国宰相公叔痤门下,不受魏惠王重用后前往秦国;在秦孝公的支持下进行变法,使秦国一跃成为一流强国,奠定了日后统一六国的基础;河西之战后因功封于商地,故称商鞅。秦惠文王即位后,商鞅因公子虔诬陷,车裂而死。
④ 嬖(bì)人,宠臣。
⑤ 景监,生卒年不详,战国时期秦国人。秦孝公宠臣,曾为商鞅三劝秦孝公,成功为商鞅变法铺路。
⑥ 虑,忧虑。

这时黄河、崤山以东,有六个强国,十几个小国,都像对待夷狄一样对待秦国,将秦国排除在诸侯各国会盟之外。秦孝公下令:"宾客群臣中有能出奇计使秦国强盛的,我将封给他尊贵的官位,和他一起分治秦国。"卫国公孙鞅来到秦国,通过秦孝公的近侍景监求见秦孝公,依次向秦孝公讲述帝道、王道之术,进而三变为霸道,最后谈到强国之术。秦孝公听后非常高兴,想要实行变法,但又害怕遭到国中非议。公孙鞅说:"对于普通民众,不可以和他们一同深思忧虑、谋划开始,只能和他们一同作乐享受成果。"秦孝公最终决定变法。

令：民为什伍①，相牧司②连坐③。不告奸者，腰斩④；告奸者，与斩敌同赏；匿奸者，与降敌同罚。有军功者，各以率⑤受爵；为私斗者，各以轻重被刑⑥大小。戮力⑦本业⑧，耕织致粟帛多者，复⑨其身；事末利⑩及怠而贫者，举以为收孥⑪。

令既具，未布，立三丈之木于国都市南门，募民有能徙北门者，予十金。民怪之，莫敢徙。复曰："能徙者，予五十金。"有一人徙之，辄予五十金。乃下令。

太子犯法，鞅曰："法之不行，自上犯之。"君嗣不可施刑，刑其傅公子虔⑫，黥其师公孙贾⑬。秦人皆趋令。行之十年，道不舍遗，山无盗贼，家给人足。民勇于公战，怯于私斗，乡邑大治。初言令不便者，来言令便，鞅曰："皆乱法之民也。"尽迁之边。民莫敢议。

---

① 什（shí）伍，古代户籍编制，五家为伍，十户为什，相联相保。
② 牧司，监督举发。
③ 连坐，古代一人犯法，其家属、亲族、邻居等连带受罚。
④ 腰斩，古代酷刑，用重斧从腰部将犯人砍作两截。
⑤ 率（lǜ），规格，标准。
⑥ 被（bèi）刑，遭受刑罚。
⑦ 戮（lù）力，勉力，合力。
⑧ 本业，指农业。
⑨ 复，免除赋役。
⑩ 末利，古代指工商业。
⑪ 收孥（nú），古代指一人犯法，妻子连坐，没为官奴婢。
⑫ 公子虔，即嬴虔，生卒年不详，秦献公之子，秦孝公之兄，战国时期秦国宗室。秦孝公时任太子右傅，因太子犯法而被商鞅施以劓（yì）刑，从此闭门不出；惠文王即位后，构陷商鞅，致使商鞅被杀。
⑬ 公孙贾，生卒年不详，战国时期秦国人。秦孝公时任太子左傅，因太子犯法而被商鞅施以黥刑。

公孙鞅的新法规定：全国百姓按户编为什伍，五家为伍，十户为什，互相监督举发，一家犯罪，什伍之内连带受罚。不告发奸恶之人的，施以腰斩之刑；告发奸恶之人的，按斩获敌人来进行封赏；藏匿奸恶之人的，按投降敌军来处罚。立有军功的，按照标准封赏爵位；胆敢随意私斗的，根据情节不同施以轻重刑罚。尽力操持农业，耕种丝织收获粮食布帛多的，免除他的赋役；从事工商业以及懒惰致贫的，全家收没官府，充当奴隶。

新法编好以后，还没有公布，公孙鞅先在都城市场的南门放置了一根长三丈的木头，悬赏说谁能将这跟木头搬到北门，就赏赐十金。百姓们都很奇怪，没有敢上前搬运的。公孙鞅又说："谁能将这根木头搬到北门，赏赐五十金！"有一个人站出来将木头搬到北门，公孙鞅立即赏赐给他五十金。在百姓信服官府之后，公孙鞅才颁布新法。

太子因事触犯了新法，公孙鞅说："法令之所以施行不下去，就是因为国家上层屡屡以身试法。"国君继承人不可以因罪施刑，于是就将太子的老师公子虔处以劓刑，公孙贾处以黥刑。于此之后，秦国上下都严守新法。新法推行十年后，秦国境内遗失在路上的财物都没有人拾取，山林中也没有隐匿的盗贼，家家衣食充裕，人人生活富足。百姓勇于从军作战，害怕乡里私斗，郡县乡里风气焕然一新。新法刚开始推行时上书说新法不好的人，这时又上书说新法的好处，公孙鞅说："这些都是扰乱法治的乱民！"将他们全都迁到边远地区，以示惩戒。从此，秦国再没人敢随意议论新法。

令民父子兄弟同室内息者为禁。废井田①，开阡陌，更为赋税法。秦人富强，封鞅商於十五邑，号曰"商君"。

孝公薨，惠文王立。公子虔之徒，告鞅欲反。鞅出亡，欲止客舍②。舍人③曰："商君之法，舍人无验④者，坐⑤之。"鞅叹曰："为法之弊，一至此哉！"去之魏，魏不受。内之秦，秦人车裂⑥以徇。鞅用法酷，步过六尺者有罚，弃灰于道者被刑。尝临渭论囚⑦，渭水尽赤。

---

① 井田，先秦土地国有制度。因道路和渠道纵横交错，把土地分隔成方块，形状像"井"字，因此称作"井田"。据《孟子·滕文公上》记载，井田为八家共有，八家各有私田一块，中间井田为公田，属周王所有，八家共同耕作。商鞅变法后，井田制彻底瓦解。
② 客舍，旅店。
③ 舍人，旅店主人。
④ 验，凭证。
⑤ 坐，即连坐。
⑥ 车裂，古代酷刑，将受刑之人的头和四肢分别绑在五辆车上，套上马匹，分别向不同的方向拉，所以名为车裂。又称五马分尸。
⑦ 论囚，定罪并处决囚犯。

新法下令，禁止父子兄弟同户相住；废除井田制，大力开垦荒地，施行新的赋税法。秦国逐渐富强，秦孝公将商地十五座城邑封赐给公孙鞅，他因此被称为"商君"，又称商鞅。

秦孝公逝世后，秦惠文王即位。公子虔等人告发商鞅想要造反，商鞅外出逃亡，想要在旅店休息时，旅店老板说："商君新法：接纳没有身份凭证的人住店，老板与客人一同处治。"商鞅慨叹道："严行法令的弊端，竟然已到了这种地步！"商鞅逃到魏国后，魏国不接受。把他送回秦国后，商鞅被抓住施以车裂之刑。商鞅新法严苛，丈量土地时一步超过规定六尺的要接受惩罚，在道路上倒灰的人要受刑。商鞅曾经在渭水旁审问处决罪犯，将罪犯杀死后扔到渭水中，渭水都变成了红色。

春秋战国（十五）

惠文王薨①，子武王②立。武王使甘茂③伐韩，茂曰："宜阳④大县，其实郡也。今倍⑤数险，行千里，攻之难。鲁人有与曾参⑥同姓名者杀人，人告其母，母织自若。及三人告之，母投杼⑦下机，踰墙⑧而走。臣贤而不及曾参，王之信臣，又不如其母，疑臣者非特三人，臣恐大王之投杼也。魏文侯令乐羊⑨伐中山，三年而后拔之。反而论功，文侯示之谤书⑩一箧⑪。再拜曰：'非臣之功，君之力也。'今臣羁旅⑫之臣也，樗里子⑬、公孙奭⑭挟⑮韩而讥，王必听之。"王曰："寡人弗听。"乃盟于息壤⑯。茂伐宜阳，五月而不拔。二人果争之，武王召茂欲罢兵。茂曰："息壤在彼。"王乃悉起兵佐茂，遂拔之。

① 薨（hōng），古代用来指诸侯去世。
② 武王（前329—前307），嬴姓赵氏，名荡，秦惠文王之子，战国时期秦国国君，公元前310年—公元前307年在位。勇武有力，重武好战，即位后宠幸大力士乌获、孟说等人；任用樗里疾、甘茂等人，攻取宜阳，设置三川郡，为秦国东出开通道；后与孟说比赛举鼎，脱手砸断胫骨而死。死后谥号武王。
③ 甘茂，生卒年不详，下蔡人，战国时期秦国将领。经张仪、樗里疾引荐而得到重用，率秦军夺取汉中、宜阳等地；秦武王死后因谗言而逃至齐国，最终死于魏国。
④ 宜阳，今河南宜阳。
⑤ 倍，通"背"，背弃，放弃。
⑥ 曾参（前505—前435），字子舆，春秋时期鲁国人，曾点之子，孔子学生，儒家代表人物，著名思想家。主张以爱恕忠信为核心的儒家思想，提出修齐治平的政治观，内省、慎独的修养观，参与编制《论语》，著有《大学》。在儒学发展史上占有重要的地位，尊称"宗圣"。
⑦ 杼（zhù），织布机的梭子。
⑧ 踰（yú）墙，翻墙。
⑨ 乐羊，生卒年不详，安邑人，战国时期魏国将领。初为魏相翟璜门客，后率军攻破中山国。
⑩ 谤书，诽谤人的信件。
⑪ 箧（qiè），小箱子。
⑫ 羁旅，客居异乡。
⑬ 樗里子，即嬴疾（？—前300），秦孝公之子，秦惠文王之弟，战国时期秦国宗室、将领。历仕秦惠文王、秦武王、秦昭襄王三朝，足智多谋，人称"智囊"，屡立战功，封樗里，又称樗里子。
⑭ 公孙奭（shì），生卒年不详，战国时期秦国将领。
⑮ 挟，依仗，挟持。
⑯ 息壤，古地名，战国时属秦地，今不详。

春秋战国(十五)

秦惠文王逝世后,他的儿子秦武王即位。秦武王派甘茂率军攻打韩国宜阳。甘茂说:"宜阳是一个大县,拥有一个郡的实力。如今我们放弃自己险要有利的地势,行军千里去攻打别国,更是难上加难。鲁国有个与曾参同姓同名的人杀了人,有人告诉曾参的母亲曾参杀人了,曾参的母亲不相信,还镇定自若地织布。等到第三个人告诉他的母亲的时候,曾参的母亲立即扔下织布的梭子,跳墙逃走。我的贤能比不上曾参,大王您对我的信任比不上曾参的母亲对曾参的信任,朝中怀疑我的人也并非只有三个人,臣担心大王到时也会扔下机杼离开。魏文侯命令乐羊讨伐中山,三年之后才攻打下来。回国论功行赏时,魏文侯将一竹箱诽谤乐羊的书信拿给乐羊看。乐羊拜了又拜,说:'攻打下中山国并不是我的功劳,而是大王您的功劳啊!'如今我不过是一个客居异乡的羁旅之臣,一旦攻韩受挫,樗里子、公孙奭用韩国来讥讽我,大王一定会听信他们的话。"秦武王说:"寡人不会听他们的!"于是就和甘茂在息壤写下盟书。甘茂于是率军讨伐宜阳,五个月后还没有攻打下来,樗里子、公孙奭二人果然为此向秦武王进言。秦武王想要召回甘茂,从宜阳撤兵,甘茂提醒说:"息壤之盟还在那里呢。"秦武王恍然大悟,于是倾全国兵力辅助甘茂,最终攻克宜阳。

武王有力，好戏，力士任鄙①、乌获②、孟说③皆至大官。王与孟说举鼎绝脉④死，弟昭襄王稷立。

有魏人范雎⑤者，尝从须贾⑥使齐。齐王闻其辩口，乃赐之金及牛酒。贾疑雎以国阴事⑦告齐，归告魏相魏齐⑧。魏齐怒，笞⑨击雎，折胁拉齿⑩。雎佯死，卷以箦⑪置厕中，使醉客更溺之以惩。后雎告守者得出，更姓名曰张禄。

---

① 任鄙（？—前288），战国时期秦国著名大力士。深得秦武王宠幸，官至汉中郡守。
② 乌获，生卒年不详，战国时期秦国著名大力士。深得秦武王宠幸，与任鄙、孟说齐名。后用成为大力士的泛称。
③ 孟说（？—前307），战国时期秦国著名大力士。喜好举重，深得秦武王宠幸。后与武王比赛举鼎时导致武王重伤而死，被樗里疾车裂灭族。
④ 绝脉，脉息停止。
⑤ 范雎（？—前255），字叔，魏国人，战国时期秦国名相，著名政治家、军事谋略家。在魏国受迫害，几乎致死；前往秦国后，深得秦昭襄王礼遇，献计"远交近攻"，瓦解合纵；清除四贵，巩固君权，代替穰侯成为宰相；长平之战中献反间计，最终长平大胜，封于应地，称应侯；但其为人锱铢必较，逼杀仇敌魏相魏齐，陷害白起，在其亲信郑安平降赵之后，应侯推荐蔡泽，退隐封地，不久病逝。
⑥ 须贾，生卒年不详，战国时期魏国中大夫。与范雎一同出使齐国，在范雎奋力解围之后，反诬陷范雎。
⑦ 阴事，隐秘的事情。
⑧ 魏齐，生卒年不详，战国时魏国宰相。因听信须贾谗言，残害范雎；范雎入秦后深受重用，在秦国逼迫下，魏齐自杀。
⑨ 笞（chī），古代刑法，用竹板或荆条拷打罪犯。
⑩ 折胁拉齿，把肋骨和牙齿都打断了。胁，肋骨。
⑪ 箦（zé），草席，竹席。

秦武王孔武有力，喜欢和人比力气，大力士任鄙、乌获、孟说都因此做了大官。秦武王与孟说在比试举鼎时被鼎砸中，气绝而死，他的弟弟秦昭襄王嬴稷即位。

魏国人范雎曾经跟随须贾一起出使齐国。齐王在见识了他的能言善辩后，便赐给他黄金、牛肉和美酒。须贾怀疑范雎暗地里把魏国隐秘的事情告诉了齐国，回去后便告诉魏国宰相魏齐。魏齐听后勃然大怒，不分青红皂白命人用荆条拷打范雎，将其肋骨和牙齿都打断了。范雎假装死去，魏齐命人用草席将他卷起来，放到厕所里，让喝醉的客人向范雎身上撒尿来惩治他。后来范雎悄悄求助厕所守卫才得以逃出，改名为张禄。

秦使者王稽①至魏，潜载与归。荐于昭襄王，以为客卿，教以远交近攻②之策。时穰侯魏冉③用事，雎说王废之，而代为丞相，号应侯。

　　魏使须贾聘秦，雎敝衣④间步⑤往见之。贾惊曰："范叔固无恙乎？"留坐饮食，曰："范叔一寒如此哉？"取一绨袍⑥赠之。遂为贾御，至相府，曰："我为君先入，通于相君。"贾见其久不出，问门下，曰："无范叔，乡者⑦吾相张君也。"贾知见欺，乃膝行⑧入谢罪。雎坐，责让之曰："尔所以得不死者，以绨袍恋恋⑨，尚有故人之意尔。"乃大供具⑩，请诸侯宾客，置莝豆⑪其前，而马食⑫之，使归告魏王曰："速斩魏齐头来，不然且屠大梁！"贾归告魏齐，魏齐出走而死。雎既得志于秦，一饭之德必偿，睚眦之怨⑬必报。

---

① 王稽（？—前255），战国时期秦国人。以谒者出使魏国时，赏识范雎，并帮助他逃往秦国；范雎出任宰相后，王稽升任河东郡郡守，后因私通诸侯而被处死弃市。
② 远交近攻，战国时期范雎向秦昭襄王提出的对外策略，结交齐楚而进攻三晋。后世成为常用的外交策略。
③ 魏冉，生卒年不详，楚国人，宣太后之弟，秦昭襄王舅父，战国时期秦国名相。跟随宣太后入秦，秦武王死后，拥立秦昭襄王即位。四度担任秦相，举荐白起，因功封于穰地，称穰侯；范雎入秦后，劝说昭襄王抑制权贵，穰侯被勒令离开咸阳，返回封地，不久病死。
④ 敝衣，破旧的衣服。
⑤ 间步，从小路走。间，偏僻的小路。
⑥ 绨（tí）袍，厚缯制成的袍子。
⑦ 乡（xiàng）者，刚才。
⑧ 膝行，跪着向前行走。
⑨ 恋恋，留恋，指不忘旧情。
⑩ 供具，陈设食具，备供酒食。
⑪ 莝（cuò）豆，草料和豆子。
⑫ 马食，像马那样进食。
⑬ 睚眦（yá zì）之怨，指像瞪一下眼睛那样极小的怨仇。

秦国使者王稽出使魏国寻访贤才，发现范雎后偷偷地将他藏在车中带回秦国，推荐给秦昭襄王。秦昭襄王任命范雎为客卿，范雎便向昭襄王陈述了远交近攻的外交策略。当时穰侯魏冉担任宰相，总揽朝政，范雎劝说秦昭襄王废黜魏冉，加强君权。秦昭襄王遂命范雎代替魏冉为宰相，号称应侯。

魏国派遣须贾出使秦国，范雎穿着旧衣服从小路走过去求见须贾。须贾见到范雎后惊讶地说："范叔原来还活得好好的啊？"便留下范雎吃饭，说："范叔如今怎会如此寒酸？"于是取来一身绨袍送给范雎。吃完饭后范雎便为须贾驾车，前往相府。到了相府后，范雎说："我先行进去为您通报宰相吧。"须贾见范雎很长时间没有出来，便向相府门前守卫询问，守卫说："这里没有范雎，刚才进去的是我国宰相张君。"须贾这才知道自己被骗了，于是便跪着前行进入相府向范雎谢罪。范雎坐在那里责骂须贾说："你之所以还活着不死，只是因为你还念旧情送我绨袍，我们之间尚有故人的情分罢了！"于是大摆筵席，请来各诸侯国的宾客，将一盆草料放在须贾面前，让他像马一样吃掉草料。并让须贾回去转告魏王："快将魏齐的人头献来，不然就等着血屠大梁！"须贾回去后告诉魏齐，魏齐不得已逃离魏国，最终死在国外。范雎在秦国得志之后，一顿饭的恩德也会偿还，一丁点儿的怨恨也要报复。

王既用雎策，岁加兵三晋，斩首数万。周赧王①恐，与诸侯约从，欲伐秦。秦攻周，赧王入秦，顿首请罪，尽献其邑三十六，周亡。

秦将武安君白起与范雎有隙，废为士伍，赐剑死于杜邮②。王临朝而叹曰："内无良将，外多强敌。"雎惧。蔡泽③曰："四时之序，成功者去。"雎称病，泽代之。

昭襄王薨，子孝文王柱④立。薨，子庄襄王楚⑤立。薨，嗣为王者政也。遂并六国，是为秦始皇帝。

黄帝以来，天下列百里之国万区，盖自中国以达于四裔⑥。中国之制可考于《王制》者，九州千七百七十三国。古之建侯，各君其国，各子其民，而宗主于天子。历夏、殷至周，强并弱，大吞小，春秋十二国⑦外，存者无几。战国存者六七，至是遂并于秦。

---

① 周赧王，按，应为西周君，据《史记·周本纪第四》改。
② 杜邮，在今陕西咸阳东，战国时属秦地。
③ 蔡泽，生卒年不详，燕国纲成人，战国时期秦国宰相。善辩多智，游说诸侯，经范雎推荐出任秦相，封纲成君，历仕秦昭襄王、秦孝文王、秦庄襄王、秦始皇四朝。
④ 孝文王柱，即嬴柱（前302—前250），秦昭襄王次子，战国时期秦国国君，公元前251年在位。昭襄王时封安国君，在吕不韦的谋划下，立嬴异人为嗣，即位三天后去世。死后谥号孝文王。
⑤ 庄襄王楚，即嬴楚（前281—前247），又名嬴子楚，本名嬴异人，秦孝文王之子，战国时期秦国国君，公元前250年—公元前247年在位。起初在赵国做人质，在吕不韦的帮助下被安国君立为继承人，之后逃回秦国即位。在位期间，攻灭东周公国，死后谥号庄襄王。
⑥ 四裔，指四方边远之地。
⑦ 春秋十二国，春秋时较为强大的十二个诸侯国，分别是晋、齐、楚、秦、燕、鲁、宋、郑、曹、陈、蔡、卫。《史记》有《十二诸侯年表》，故名。

秦王采用了范雎的计策后,每年都要向三晋用兵,每次都斩首数万人。西周君很是惊恐,于是便和各诸侯约定,合纵讨伐秦国。结果秦国率先攻打成周,西周君于是跑到秦国磕头谢罪,将西周三十六座城邑都献给秦国,不久之后周朝灭亡。

秦国大将武安君白起和范雎有嫌隙,被废为士卒,并赐剑给白起,白起在杜邮自杀。秦昭襄王在朝堂上叹道:"国内没有能征善战的将领,国外却强敌环伺。"范雎听了以后很害怕,蔡泽劝他说:"应当顺应天地四时变化的规律,功名成就之后应当及时急流勇退。"范雎于是自称患病,推荐蔡泽代他为相。

秦昭襄王逝世后,他的儿子秦孝文王嬴柱即位。秦孝文王在位三天后逝世,他的儿子秦庄襄王嬴子楚即位。秦庄襄王逝世后,继承王位的便是秦王嬴政。秦王嬴政最终吞并六国,称秦始皇帝。

黄帝以来,天下方圆百里的国家有数万之多,由中原一直分布到四方边远之地。推行中华上国制度的地区,根据《礼记·王制》所载,九州之大,有一千七百七十三个国家之多。古代天子封建诸侯,诸侯各自管理各自的国家,各自以其国内民众为子民,共同承认天子为宗主。经历夏朝、商朝到周王朝时,强国吞并弱国,大国吞并小国,除春秋十二国之外,存留下来的所剩无几。战国时期存留下来的诸侯国只有六七个,到这时也一并被秦国吞并。

文白对照十八史略

第一卷

秦

秦（一）

秦始皇帝名政，始生于邯郸。昭襄王①时，孝文王柱②为太子，有庶子楚③为质④于赵。阳翟⑤大贾⑥吕不韦⑦适赵见之曰："此奇货，可居。"⑧乃适秦，因太子妃华阳夫人之姊以说妃，立楚为适嗣⑨。不韦因纳邯郸美姬有娠而献于楚，生政，实吕氏。孝文王立三日而薨，楚立，是为庄襄王，四年薨。政生十三岁矣，遂立为王，母为太后。

不韦在庄襄王时已为秦相国，至是封文信侯。太后复与不韦通。王既长，不韦事觉自杀。太后废处别宫，茅焦⑩谏，母子乃复如初。

---

① 昭襄王，即秦昭襄王嬴稷（前325—前251），公元前306年—公元前251年在位。
② 孝文王柱，即秦孝文王嬴柱，秦昭襄王之子，昭襄王卒后继位。
③ 庶子楚，就是庶出的儿子子楚，子楚为秦孝文王子，原名异人，后改名子楚。古代正妻所出为嫡，非正妻所出皆为庶出。
④ 质，即质子，战国时期，诸侯间订立盟约，往往以对方的子嗣为质子，使之居于己国，目的是为了牵制对方不去破坏盟约。
⑤ 阳翟，今河南禹州。
⑥ 大贾（gǔ），大商人。
⑦ 吕不韦（前292—前235），卫国人。原为商人，因助秦庄襄王继位而为秦相，封文信侯。曾召集门客编纂《吕氏春秋》，秦始皇亲政后，因与嫪毐之乱有关联而失势，被迁于蜀地，自杀。
⑧ 奇货可居，指把少有的货物囤积起来，等待高价出售以牟利。吕不韦把子楚比作"奇货"，就是要帮助他继承秦国王位为自己谋利。
⑨ 适嗣，就是立子楚为太子，作为王位的继承人。
⑩ 茅焦，齐人，此时或为秦国客卿。秦王政迁其母于雍（秦国故都，今陕西凤翔），茅焦亢直力谏，王乃迎归。事见刘向《说苑·正谏》。

秦（一）

　　秦始皇帝嬴政，原本生于邯郸。秦昭襄王在位的时候，后来的秦孝文王嬴柱还是太子，他有一个庶出的儿子嬴子楚在赵国当质子。阳翟地区的大商人吕不韦来到赵国，见到了嬴子楚，说："这是稀有的商品，可以囤积以待增值。"于是，吕不韦到秦国，通过太子嬴柱的妃子华阳夫人的姐姐说服了华阳夫人，于是，嬴子楚被立为王位的继承人。据说，吕不韦还将自己收纳的、已经怀有身孕的邯郸美女献给了嬴子楚。那个邯郸美女后来生了嬴政，这样说来，嬴政实际上是吕氏之后。秦昭襄王卒，秦孝文王继位三天就死了，于是嬴子楚继承王位成为秦王，他就是秦庄襄王，秦庄襄王在位四年去世。此时，嬴政已经十三岁了，他继承了秦王之位，其母则成为太后。

　　吕不韦在秦庄襄王时已经成为相国，秦王嬴政继位后，他被封为文信侯。太后又开始与吕不韦私通。秦王嬴政的年龄渐渐长大，他察觉了吕不韦与太后的事情，吕不韦因此而自杀。秦王嬴政将太后置于别宫，茅焦冒死进谏，秦王与其母又和好如初。

秦宗室大臣议曰："诸侯人来仕者，皆为其主游说耳，请一切逐之。"于是大索逐客。客卿李斯①上书曰："昔穆公②取由余③于戎，得百里奚于宛，迎蹇叔于宋，求丕豹、公孙枝④于晋，并国二十，遂霸西戎。孝公用商鞅之法，诸侯亲服⑤，至今治强。惠王⑥用张仪⑦之计，散六国从⑧，使之事秦。昭王⑨得范雎，强公室。此四君者，皆以客之功，客何负于秦哉？泰山不让土壤故大，河海不择细流故深。今乃弃黔首⑩以资敌国，却宾客以业⑪诸侯，所谓藉⑫寇兵⑬而赍⑭盗粮者也。"⑮

---

① 李斯（约前284—前208），楚人，早年为郡小吏。后入秦为吕不韦门客，后得秦王嬴政信任，在秦灭六国建立大一统王朝的过程中发挥了极大的历史作用。始皇病卒于沙丘，听信赵高之言矫诏立胡亥为二世皇帝。赵高掌权，潜害李斯，被腰斩于咸阳。
② 穆公，即秦穆公嬴任好（前682—前621），公元前659年—公元前621年在位，春秋五霸之一。
③ 由余，春秋时期晋国人，使戎，为戎王所留，为戎使秦，其才为秦穆公所识，遂用计得之。戎，春秋时期我国西部少数民族政权，后为秦所灭。
④ 丕豹，晋人，因当时晋国内乱而奔秦，秦穆公用为大夫。公孙枝，秦人，由晋返国，秦穆公用为大夫。
⑤ 亲服，主动亲近秦国并表示服从。
⑥ 惠王，秦惠王嬴驷（前356—前311），秦孝公子，孝公卒，继位。公元前337—公元前311年在位。
⑦ 张仪，魏人，为当时纵横家。入秦获重用，以连横之策解六国合纵，惠王卒，张仪卒于魏。
⑧ 从，即合纵。战国纵横家以苏秦和张仪为代表，苏秦主合纵，即联合山东六国对抗秦国；张仪主连横，即促使六国服从秦国的战略利益。
⑨ 昭王，即秦昭襄王。
⑩ 黔首，即百姓，秦人称百姓为黔首。
⑪ 业，这里是助诸侯成其事业之意。
⑫ 藉，即"借"。
⑬ 兵，即兵器。
⑭ 赍，资助，给予。
⑮ 这里所述，非李斯《谏逐客书》原文，原文见载于《史记·李斯列传》。

秦国的宗室大臣认为："其他诸侯国的士人来秦国担任官职，其实都是为了他们的国君游说，并不是真心为了秦国，秦国应该把他们都驱逐出去。"于是秦国开始大规模驱逐外国士人。这个时候，担任客卿的李斯上书说："过去秦穆公从西戎那里得到了由余，从楚国的宛地得到了百里奚，从宋国得到了蹇叔，又从晋国得到了丕豹和公孙枝，他们都是人才，也都全力辅佐秦穆公，于是秦穆公灭掉二十个国家，成为西方的霸主。秦孝公任用商鞅推行变法，使秦国强大，诸侯都亲近并服从秦国。到现在为止，秦国都在延续着当时确立的强大地位。秦惠王使用张仪的计策，瓦解了山东六国的合纵之约，并促使这些国家服从秦国的意志。秦昭襄王任用范雎，巩固了秦国王室的权力。这四位秦国先君，都能任用外国人才，那些被他们所信任的外国人才有什么辜负秦国的地方呢？泰山之所以高大雄伟，是因为它不捐弃细小的土壤；大河大海之所以广阔浩瀚，也是因为它不拒绝任何注入其中的细小水流。秦国目前这样做，就是抛弃了自己的百姓却资助了敌国，还会促使这些外国人才效力于其他国家。这就好比借给强盗兵器资助匪徒粮食一样。"

王乃听李斯，复其官，除逐客令。斯，楚人，尝学于荀卿，秦卒用其谋并天下。有韩非①者，善刑名②，为韩使秦，因上书，王悦之。斯疾而间③之，遂下吏④。斯遗之药，令自杀。

十七年⑤，内史胜⑥灭韩。

十九年，王翦⑦灭赵。二十三年，王贲⑧灭魏。二十四年，王翦灭楚。二十五年，王贲灭燕。二十六年，王贲灭齐。秦王初并天下，自以德兼三皇，功过五帝⑨，更号曰"皇帝"。"命"为"制"，"令"为"诏"，自称曰"朕"。制曰："死而以行为谥⑩，则是子议父，臣议君也，甚无谓⑪。自今以来，除谥法，朕为始皇帝，后世以计数，二世、三世至千万世，传之无穷。"

收天下兵，聚咸阳，销⑫以为钟鐻⑬、金人⑭十二，各千石⑮。徙天下豪富于咸阳十二万户。

---

① 韩非子（前280—前233），韩国公子，曾受学于荀子，后成为法家思想的集大成者。
② 刑名，即法家思想。因法家重循名责实和慎赏明罚，故法家思想又称刑名之学。
③ 间，即离间。
④ 下吏，即交付廷尉治罪。廷尉是秦汉时期执掌刑狱的官署。
⑤ 即秦王嬴政十七年，公元前230年。后文纪年类此。
⑥ 内史胜，即内史腾，战国后期秦国将领，曾率军灭韩。
⑦ 王翦，战国后期秦国名将，在秦统一六国过程中屡立战功，事见《史记·白起王翦列传》。
⑧ 王贲，王翦之子，战国后期秦国将领。
⑨ 三皇五帝，参见前文。
⑩ 谥，古代帝王或贵族死后所给予的称号，一般要求能够概括其人的生平事迹。
⑪ 无谓，即没有道理。
⑫ 销，这里是重新熔铸的意思。
⑬ 鐻，古代乐器，夹置钟旁，为鹿头龙身的神兽形状，本为木制，后改铜铸。
⑭ 金人，即铜铸的人物塑像。
⑮ 石（dàn），古代的一种粮食重量单位，一石等于现在的二百五十市斤。

秦王听从了李斯的建议，恢复了他的官职，废止了驱逐外国士子的命令。李斯是楚国人，曾经跟从大儒荀子学习过，秦国最终采取李斯的谋略而统一六国。还有韩非子，他对法家学说颇为精通。曾经作为韩国使节出使秦国，并上书秦王，秦王非常欣赏他的学识。这引起了李斯的忌妒，李斯从中离间，于是韩非子被交付刑狱论罪。李斯送给韩非子毒药，让他自杀了。

秦王嬴政十七年，秦将内史腾攻灭韩国。秦王嬴政十九年，秦将王翦灭掉赵国。秦王嬴政二十三年，秦将王贲攻灭魏国。秦王嬴政二十四年，秦将王翦灭掉楚国。秦王嬴政二十五年，秦将王贲灭掉燕国。秦王嬴政二十六年，王贲又灭掉了齐国。秦王嬴政统一了天下，认为自己的德行和功业超过了古时的三皇和五帝，于是不再称王，而改称'皇帝'，将"命"改称"制"，将国君的"令"改称"诏"，皇帝自称"朕"。他还下命令说："过去国君死了，人们以他的行为业绩作为称呼他的谥号，这样做实际上就是儿子评议父亲，大臣评议君主，这太没有道理了。从现在开始，废除追加谥号的做法，朕就是始皇帝，以后根据顺序计数，也就是二世皇帝、三世皇帝，千年万世地传承下去。"秦国统一以后，建立了秦朝。

秦王朝将各国的兵器收缴集中到咸阳，重新熔铸成为钟鐻，还铸造了十二个大铜人，每个铜人重一千石。秦朝还将各地的富豪十二万户迁移到咸阳以便控制。

丞相王绾①等言："燕、齐、荆②地远,不置王,无以镇之,请立诸子。"始皇下其议廷尉。李斯曰："周武王所封子弟同姓甚众,后属疏远,相攻击如仇雠③。今海内赖陛下神灵一统,皆为郡县,诸子功臣,以公赋税赏赐之甚足易制,天下无异意,则安宁之术也,置诸侯不便。"始皇曰："天下初定,又复立国,是树兵④也,而求其宁息,岂不难哉。"廷尉议是。分天下三十六郡,⑤置守、尉、监。⑥

秦（二）

二十八年,始皇东行郡县,上邹峄山⑦,立石,颂功业。上泰山,立祠祀。⑧既下,风雨暴至,休树下,封其松为"五大夫"⑨。禅于梁父⑩,遂东游海上。

---

① 王绾,秦丞相,生平事迹不详。曾主张恢复两周的分封制,遭到李斯的反对,未被采纳。
② 荆,即楚国,战国末期秦国和后来的秦国因避秦庄襄王嬴子楚名讳,改称楚国为荆国。
③ 仇雠（chóu）,即仇敌。雠,本义为应答,后引申指仇人、仇敌。也有校对的意思。
④ 树兵,这里是造成军事对立的意思。
⑤ 秦统一后推行郡县制,将全国分为三十六郡,即河东郡、太原郡、上党郡、三川郡、东郡、颍川郡、南阳郡、南郡、九江郡、泗水郡、钜鹿郡、齐郡、琅邪郡、会稽郡、汉中郡、蜀郡、巴郡、陇西郡、北地郡、上郡、九原郡、云中郡、雁门郡、代郡郡、上谷郡、渔阳郡、右北平郡、辽西郡、辽东郡、南海郡、桂林郡、象郡、邯郸郡、砀郡、薛郡、长沙郡。后因征伐所得,扩展到四十八郡。又据最新考古发现,秦朝时还设有苍梧郡和洞庭郡。
⑥ 秦统一天下后,全国推行郡县制,每郡设郡守、丞尉、监御史。守,郡守,郡级行政单位的长官;尉,丞尉,郡守的辅佐;监,即御史监,负责对行政长官和施政措施实施行政监督。
⑦ 邹峄山,又名峄山,在今山东省邹城市东。
⑧ 秦始皇巡行泰山,亦有刻石颂秦功德,刻石内容见《史记·秦始皇本纪》。
⑨ "五大夫",爵位名。秦、汉二十等爵的第九级,此级以上可免徭役。高于二十等爵中第五、六、七级的大夫、官大夫、公大夫,号为"大夫之尊"。
⑩ 梁父,在今山东省泰安市徂徕山南麓。又称"映佛山""迎福山"。

丞相王绾等人进言说："燕国、齐国和楚国地方偏远，不设置一个王去管理，就不能很好地治理那些地方，所以，陛下应该将自己的儿子分封到那里去。"秦始皇将其意见交付给廷尉讨论商议。李斯说："周武王所分封的同姓子弟很多，他们的后代渐渐疏远了，还经常像仇敌一样相互攻伐。现在凭借着陛下的雄才大略好不容易才统一了天下，各地都成为秦朝的郡县。您的各位儿子和有功之臣，都可以分到国家的赋税收入作为赏赐，他们也很容易被控制，百姓也没有了分裂的意愿。这样做是促进国家长治久安不再分裂的方法。所以，再去分封诸侯是不对的。"秦始皇说："天下刚刚安定，如果再分封立国，就是重新燃起烽火，再去平息战事，又谈何容易呢？"大家都同意这样的见解。于是，秦朝将各地设置为三十六郡，每一郡都设立郡守、丞尉和御史监。

秦（二）

秦始皇二十八年，秦始皇到东方郡县巡视。登上了邹峄山，并刻石歌颂秦统一天下的功德。又登上了泰山，并建立祠堂祭祀。等到下山时，忽然刮起狂风，下起了暴雨。于是，秦始皇一行在松树下避雨，还把松树封为"五大夫"。秦始皇又到梁父山祭祀，随后又到海上巡行。

方士齐人徐市①等上书，请与童男童女入海求蓬莱、方丈、瀛洲三神山②仙人及不死药。如其言，遣市等行。始皇浮江至湘山③，大风，几不能渡。问博士④曰："湘君⑤何神？"对曰："尧女，舜妻。"始皇大怒，伐其树，赭⑥其山。

韩人张良⑦以五世相韩，韩亡，欲为报仇。始皇东游至博浪沙⑧中，良令力士操铁椎击始皇，误中副车⑨。始皇惊，求弗得，令天下大索。

三十一年，更腊为嘉平。⑩

---

① 徐市，即徐福，字君房，齐地琅琊（今江苏赣榆）人，秦时方士。"市"为"福"的古字。
② 三神山，传说中神仙居住的仙山，瀛洲与蓬莱、方丈并称东海三神山。《史记·封禅书》："自（齐）威、（齐）宣、燕昭使人入海求蓬莱、方丈、瀛洲三神山者，其传在渤海中，去人不远。患且至，则船风引而去。盖尝有至者，诸仙人及不死之药皆在焉。"
③ 湘山，一名君山，又名洞庭山。在湖南省岳阳市西洞庭湖中，遥望岳阳楼。
④ 博士，古为官名。据《汉书·百官公卿表上》云："博士，秦官，掌通古今。"汉承秦制，亦置博士官。秦汉时是掌管书籍文典、通晓史事的官职，后成为学术上专通一经或精通一艺、从事教授生徒的官职。《汉书·成帝记》提到博士须是"明于古今，温故知新，通达国体"。
⑤ 湘君，传说为尧的女儿娥皇、女英，均嫁与舜为妻。舜南巡死于苍梧，娥皇、女英投湘水自尽，遂为湘君。
⑥ 赭（zhě），赭山，在此是伐尽山上树木的意思。
⑦ 张良（前250—前186），字子房，战国时期颍川城父（属韩国）人。张良是汉高祖刘邦的谋臣，汉朝的开国元勋之一，封为留侯，谥号文成。
⑧ 博浪沙，在今河南省阳武县东南。
⑨ 副车，皇帝的从车。
⑩ 即将腊月改成为"嘉平"。

当时的方士，齐国人徐巿等人上书请求带领青少年男女到传说中的仙山蓬莱、瀛洲和方丈山寻访神仙和能够使人长生不死的神药。秦始皇同意了徐巿等人的请求，派他们出海。秦始皇继续其巡视天下的行程，沿湘江来到了湘山，遇到大风，几乎不能渡江前往。秦始皇问随行的博士官说："湘君是怎样的神？"博士官回答说："过去帝尧的女儿娥皇、女英成为舜的妻子。"秦始皇听后非常生气，将湘山上的树木砍伐殆尽。

韩国人张良因自己的家族有五世为韩国大臣，韩国灭亡后一直想为韩国报仇。秦始皇巡行至博浪沙一带，张良派遣力士用铁椎刺杀秦始皇，但却误击中了随行的副车。秦始皇大惊，命令抓捕刺客，但没有将其擒获，于是下令全国进行大规模搜捕。

秦始皇三十一年，将腊月改叫嘉平。

三十二年，始皇巡北边。方士卢生①入海还，奏录图书曰："亡秦者胡也。"始皇乃遣蒙恬②发兵三十万人北伐匈奴，筑长城，起临洮，至辽东，延袤③万馀里，威震匈奴。

三十四年，丞相李斯上书曰："异时诸侯并争，厚招游学。今天下已定，法令出一，百姓当家则力农工，士则学习法令。今诸生不师今而学古，以非当世，惑乱黔首④。闻令下，则各以其学议之。入则心非，出则巷议，率群下以造谤。臣请史官非《秦记》皆烧之。非博士官所职，天下有藏《诗》《书》、百家语者，皆诣守尉杂烧之。有偶语《诗》《书》者弃市⑤。以古非今者族。所不去者，医药卜筮种树之书。若有欲学法令，以吏为师。"制曰："可"。

三十五年，侯生、卢生相与讥议始皇，因亡⑥去。

---

① 卢生，秦时方士。一说为鲁国人。
② 蒙恬（？—前210），秦时名将，其家世为秦将。统一后曾率三十万大军北击匈奴，收复河南地（今内蒙古河套南伊克昭盟一带），修筑西起陇西的临洮（今甘肃岷县）、东至辽东（今辽宁境内）的万里长城，对保护中原地区的先进文化做出巨大贡献。始皇死于沙丘，赵高矫诏赐扶苏、蒙恬死，遂遇害。秦二世旋即又杀害其弟蒙毅。
③ 袤，长。延袤，绵延伸展。
④ 黔首，秦统一后对百姓的称呼。
⑤ 弃市，古代死刑的一种。《礼记》云："刑人于市，与众弃之。"即在闹市处死犯人，并暴其尸骸的一种刑法。
⑥ 亡，这里是逃亡的意思。

秦始皇三十二年，秦始皇巡行北部边疆地区。方士卢生出海回来，所奏上的书籍中有"灭亡秦朝的将会是胡"这样的话语。于是秦始皇派遣将军蒙恬带领三十万人的大军北伐并击败了匈奴，并修筑了西起临洮、东到辽东的万里长城，震慑了匈奴。

秦始皇三十四年，丞相李斯上书说道："过去，在诸侯纷争的时代，各国都厚待游学的文人。现在天下已经统一，国家的法律也实现了统一，国家的政令由朝廷统一发布。百姓居家则致力于农业生产，士人则要学习法令。而有的士人却不去学习当代的思想文化，只是专门学习古代文化，并且以此来批评我们现在的思想和制度，从而使百姓思想混乱，无所适从。朝廷的法令颁布下来，这些人就从自己的角度出发进行议论和评价，他们实际上心里并不认可，还招致人们进行议论，甚至带领人们去批评或是诽谤朝廷的法律。鉴于这种情况，我请求让史官将不是秦史的史书全部焚烧；除了博士官所藏之外，《诗经》《尚书》和其他诸子书籍都交付给地方官员进行焚毁。百姓有谈论《诗经》《尚书》的判处'弃市'的刑罚。借古讽今者，灭族。那种关于医药、占卜和种植方面的书籍不在焚毁之列。想学习法令的只能向官员学习。"秦始皇认同了李斯的意见。

秦始皇三十五年，方士侯生、卢生在一起批评秦始皇并逃亡而去。

始皇大怒曰："卢生等，吾尊赐之甚厚，今乃诽谤我，诸生在咸阳者，吾使人廉问①，或为妖言以乱黔首。"于是使御史悉案问。诸生传相告引②，乃自除犯禁者四百六十馀人皆坑之咸阳。长子扶苏谏曰："诸生皆诵法孔子，今上皆重法绳之，臣恐天下不安。"始皇怒，使扶苏北监蒙恬军于上郡③。

始皇以为咸阳人多，先王宫廷小，乃营作朝宫渭南上林苑中。先作前殿阿房，东西五百步，南北五十丈，上可坐万人，下可建五丈旗，周驰为阁道④，自殿下直抵南山，表南山之巅以为阙，为复道⑤。自阿房渡渭，属之咸阳，以象天极阁道绝汉抵营室也。⑥阿房宫未成；成，欲更择令名。天下谓之阿房宫。

始皇为人刚戾自用，天下事无大小，皆决于上，至以衡石量书⑦，日夜有程⑧，不得休息。贪于权势至如此。

---

① 廉问，察访查问。
② 相告引，即互相揭发。
③ 上郡，秦统一后所置，治所在今陕西榆林东南。
④ 阁道，与"周驰"意义相关。周驰，是架木为棚，将道路以"周驰"的方式连通，就是阁道，因与外界相隔，所以出行之所在可不为人知。
⑤ 复道，楼阁或悬崖间有上下两重通道，称复道。
⑥ 阁道，此处是星名，属奎宿。汉，河汉，银河。营室，星名，即室宿。这句话的意思是，按照夜空从天边绵延过来，经过阁道星，穿过银河到营室星的星象设计建造阿房宫。
⑦ 衡石量书，指按重量计算表章奏请一类的文件。
⑧ 日夜有程，即指白天晚上都有固定的工作量。

秦始皇非常生气，他说："卢生等人，我是非常尊重的，对他们的赏赐也很丰厚。没想到他们居然诽谤我，我将派人察访勘问那些在咸阳的文人，他们很可能用一些虚妄不实的言论去欺诈百姓。"于是朝廷派御史官进行查问，那些文人就互相检举揭发，总共涉案的有四百六十多人，朝廷下令将这些人全部坑杀于咸阳。秦始皇的长子扶苏进谏说："这些文人都尊法孔子并诵读孔子的著作，如果用严刑峻法去压制他们，我担心天下会因此而不稳定。"扶苏的进谏使秦始皇非常生气，于是他命令扶苏到上郡去做监军和蒙恬一起镇守边陲。

秦始皇认为咸阳人口太多，秦国历代先王留下来的宫殿太小，于是下令在渭水南边的上林苑中营造朝见百官的宫殿。先期修建的是叫"阿房"的前殿，其占地，东西五百步、南北五十丈，其位于高台之上，可坐上万人，下面能够竖起五丈高的旌旗，周围环绕阁道可以交通往来，再从阿房殿的前方修建连接终南山，以终南山高峰之顶作为城阙，并修筑复道以便往来。从阿房渡过渭河连通咸阳城，与夜空从天边绵延过来，经过阁道星，穿过银河到营室星的星象相应。"阿房"是一个临时的名字，因为宫殿还未建成，建成后再选择一个好的名称为其命名。

秦始皇刚愎自用，国家的事情无论大小都亲自裁决，甚至依照一定的重量来处理朝廷的各类文件，甚至每天都设定固定的工作量，不完成不休息。他对自己权势的贪恋竟然到了这种程度。

秦有出使者还，遇人持璧授之曰："为吾遗滈池①君，明年祖龙②死。"

三十七年，始皇出游，丞相斯、少子胡亥、宦者赵高从。始皇崩于沙丘平台③，秘不发丧。诈为受诏，立胡亥，赐扶苏死。载始皇辒辌车④中，以一石鲍鱼乱其臭。至咸阳，始发丧。胡亥即位，是为二世皇帝。

秦（三）

二世皇帝名胡亥，元年东行郡县，谓赵高曰："吾欲悉耳目之所好，穷心志之乐，以终吾年。"高曰："陛下严法刻刑，尽除故臣，更置所亲信，则高枕肆志矣。"二世然之。更为法律，务益刻深，公子大臣多戮死。

阳城⑤人陈胜字涉。少与人佣耕⑥，辍⑦耕之陇上，怅然久之曰："苟富贵，无相忘。"佣者笑曰："若为佣耕，何富贵也。"

---

① 滈池，在咸阳附近，就是后来的长安西南。
② 祖龙，指秦始皇。秦始皇二十八年（前219），秦始皇渡湘江时遇大风，曾沉璧于江。此时使者所遇之人，有的学者以为是江神，其所还之璧，就是当年渡湘江时沉入江水中者。
③ 沙丘，在今河北省邢台市广宗县。平台，谓平台宫。
④ 辒辌（wēn liáng）车，指可以密闭或开窗的，能够供乘者休息的车，后亦用作丧车。
⑤ 阳城，在今河南省商水县西南。
⑥ 佣（yōng）耕，即受雇于人，为其耕作。
⑦ 辍，中断，停止。

有一位使者回朝的时候遇到一个人,其人以一个玉璧相赠,说:"请替我把它给滈池君,明年祖龙就要死了。"

秦始皇三十七年,秦始皇又开始到各地巡行。丞相李斯、秦始皇的小儿子胡亥以及宦者赵高陪同出巡。秦始皇巡行至沙丘平台宫而崩逝,当时群臣议定并不发布皇帝去世的消息。赵高和李斯还欺瞒诸人说接受了秦始皇的遗诏,让胡亥即皇帝位,并命令扶苏自尽。他们将秦始皇的遗体放置到有窗户的辒辌车中,并置入一百二十斤鲍鱼来混淆味道。车驾到了咸阳才发布秦始皇去世的消息。同时胡亥即皇帝位,也就是秦二世皇帝。

秦(三)

秦二世皇帝名叫胡亥,即位元年,巡行东部各郡县,他对赵高说:"我想终生都沉浸在耳目心志的享乐生活之中。"赵高回答说:"陛下只要严刑峻法,把始皇帝的故旧大臣都除掉,同时任命自己的亲信,就会满足您终生享乐的愿望了。"秦二世采纳了赵高的建议,法律更加残酷,加重了刑罚,以致他的兄弟姐妹以及诸多大臣皆被害死。

阳城人陈胜,陈胜是其名,字是"涉"。小时候受雇于人,为人耕种。有一天,他停下手中的活计,来到田边,思索了很久,感慨地说:"等到富贵了,我们不要互相遗忘。"一同帮佣的人笑着说:"你替别人耕种,哪里来的富贵?"

胜太息曰："嗟乎，燕雀安知鸿鹄之志哉！"至是，与吴广起兵于蕲①。

时发闾左②戍渔阳③，胜、广为屯长④。会大雨，道不通。乃召徒属曰："公等失期⑤，法当斩。壮士不死则已，死则举大名⑥。王侯将相，宁有种乎？⑦"众皆从之。乃诈称公子扶苏⑧、项燕⑨，称大楚。胜自立为将军，广为都尉。大梁⑩张耳⑪、陈馀⑫诣军门⑬上谒，胜大喜，自立为王，号张楚⑭。诸郡县苦秦法，争杀长吏以应涉。

谒者⑮从东方来，以反者闻二世。怒，下之吏。后使者至，上问之，曰："群盗鼠窃狗偷，不足忧也。"上悦。

---

① 蕲，今湖北蕲春。陈胜、吴广的大泽乡起义在今安徽宿州市，但秦代时，大泽乡属蕲县。
② 闾左，指贫民。古时富者居于闾右，贫者居于闾左。
③ 渔阳，今北京密云县西南。
④ 屯长，戍守队伍的小头目。
⑤ 失期，耽误规定的日期。
⑥ 大名，显赫的名声。
⑦ 宁，难道。种，天生的贵相。
⑧ 扶苏（前241—前210），秦始皇长子，秦始皇死后，为赵高、李斯矫诏所逼杀。
⑨ 项燕（？—前223），战国时期楚国后期大将，在反击秦将王翦的灭楚之战中兵败自杀。
⑩ 大梁，今河南省开封市附近。
⑪ 张耳（前264—前202），秦末大梁人，反秦义军统帅之一，先被项羽封为常山王，投降刘邦后被封为赵王。
⑫ 陈馀（？—前204），秦末大梁人，反秦义军统帅之一，与张耳交恶后自立为代王，后为韩信兵败所杀。
⑬ 军门，军营外的大门。
⑭ 张楚，张大楚国之意。
⑮ 谒者，官名，春秋战国时国君左右掌传达等事的近侍，秦时属郎中令。

陈胜叹息着说："燕雀之类的小鸟，怎么会理解鸿鹄的高飞之志呢？"等到秦二世与赵高残杀大臣，戕害百姓的情况越发严重的时候，陈胜和吴广在蕲县揭竿而起。

当时朝廷征召贫民去渔阳守边，陈胜和吴广是这支戍边队伍的小头目。碰巧遇上大雨，道路不通。他们就召集所属队伍说："大家耽误了规定的日期，按照法律应该是要被杀头的。大丈夫不死就罢了，要死就该成就伟大的名声。那些王侯将相们，难道有天生的富贵相吗？"大家就都跟随他俩起义。于是陈胜就假称是公子扶苏和项燕的部队，自称"大楚"，立自己为将军，立吴广为都尉。大梁张耳和陈馀到军营的大门来拜见陈胜，陈胜很高兴，自立为王，国号定为"张楚"。各郡县的百姓深受秦国法律的苦楚，都争相杀了各地的郡县长官来响应陈胜。

负责传达消息的使者从东方赶回来，把造反的情况报给秦二世听。秦二世听了很愤怒，把他交付司法官吏审讯。从这以后使者再回来，秦二世问起前线的情况，使者就回答："这些盗贼们就像老鼠窃取、猎狗偷盗一样，不足以为他们感到担忧。"秦二世听了很高兴。

陈胜以所善陈①人武臣②为将军，耳、馀为校尉，使徇赵地。至赵，武臣自立为赵王。

沛③人刘邦起于沛，父老争杀令，迎立为沛公。沛邑掾主吏④萧何⑤、曹参⑥为收沛子弟，得三千人。

项梁者，楚将项燕之子也。尝杀人，与兄子籍避仇吴中⑦。籍，字羽。少时学书，不成，去。学剑，又不成。梁怒，籍曰："书，足以记姓名而已。剑一人敌，不足学，学万人敌。"梁乃教籍兵法。会稽⑧守殷通⑨欲起兵应陈涉，使梁为将。梁使籍斩通，佩其印绶，遂举吴中兵得八千人。籍为裨将⑩，时年二十四。

齐人田儋⑪自立为齐王，赵王武臣使将韩广⑫略燕地，广自立为燕王。楚将周市⑬定魏地，迎魏公子咎⑭，立为魏王。

---

① 陈，今河南淮阳。
② 武臣（？—前208），陈人，秦末义军统帅之一，自立为赵王，后为部下李良所杀。
③ 沛，今江苏沛县。
④ 掾主吏，官名，秦县令属吏，主管群吏的升降和任免。
⑤ 萧何（前257—前193），沛县人，在秦末争雄中留守关中，辅佐刘邦夺得天下，汉朝建立后封酂侯，任丞相，制《汉律》，为"汉初三杰"之一。
⑥ 曹参（？—前190），沛县人，西汉开国元勋，封平阳侯，后继萧何成为汉代第二位丞相。
⑦ 吴中，今江苏苏州。
⑧ 会稽，秦汉郡名，辖境大致在江苏西部至浙江东部，治吴县（今苏州）。
⑨ 殷通（？—前209），秦会稽郡守，项梁好友，为项梁与项羽所杀。
⑩ 裨，裨将，副将。
⑪ 田儋（？—前208），齐国王族，秦末起义中自立为齐王，后为章邯所斩杀。
⑫ 韩广（？—前206），原为赵国上谷小吏，秦末起义中为武臣将，后自立为燕王。项羽分封诸侯时，封韩广部将臧荼为燕王，迁韩广为辽东王，不从，为臧荼所杀。
⑬ 周市（？—前208），陈胜部将，奉陈胜命恢复魏国旧地，后为章邯所杀。
⑭ 公子咎，即魏咎（？—前208），魏国公子，被周市立为魏王，后与其同为章邯所杀。

陈胜任命他所交好的陈人武臣为将军，张耳、陈馀为校尉，命令他们攻打赵地。攻打下赵地以后，武臣就自立为赵王。

沛县人刘邦从沛县起兵，沛县的父老们争相杀了沛县县令，迎接刘邦，立他为沛公。沛县主吏萧何、曹参替刘邦招收沛县的子弟兵，得到了三千人。

项梁是楚国将领项燕的儿子，过去杀了人，就和他的侄子项籍一起到吴中躲避仇家的追杀。项籍字羽，小时候学习识字，没有学成就不学了，又学剑术，也没有学成。项梁很生气，项籍则说："识字只要记住姓名就可以了，剑术只能匹敌一人，不值得学，要学就学可以匹敌万人的本事。"项梁就教项籍学兵法。会稽郡守殷通想要起兵来响应陈胜，任命项梁为将军。项梁命项籍斩杀了殷通，佩带殷通的印信和符绶，征伐吴中的兵马得到了八千人。项籍为副将，当时年龄有二十四岁。

齐人田儋自立为齐王，赵王武臣派将领韩广去攻打燕地，韩广就自立为燕王。楚将周市平定了魏地，迎立魏国公子咎为魏王。

二年，吴广为其下所杀。陈胜为其御庄贾①所杀，以降秦。秦将章邯②击魏，齐楚救之。齐王儋、魏王咎与周市皆败死。赵王武臣为其将李良③所杀。张耳、陈馀立赵歇④为王。

居鄛⑤人范增⑥年七十，好奇计。往说项梁曰："陈胜首事，不立楚后而自立，其势不长。今君起江东⑦，楚蜂起之将争附君者，以君世世楚将，必能复立楚之后也。"于是项梁求得楚怀王⑧孙心⑨，立为楚怀王，以从民望。

① 庄贾，秦末人，曾为陈胜车夫，为章邯所诱，杀陈胜，后为陈胜旧部吕臣所杀。
② 章邯（？—前205），秦末名将，秦国抵御义军的军事支柱，屡战屡胜，但在巨鹿之战中为项羽所败。因赵高居中用事，遂以降楚。随项羽入关，封雍王，为"三秦"之一。楚汉之争中与汉军屡战不利，退保废丘，城破自杀。
③ 李良，生卒年不详，原为武臣部将，受辱于武臣姐姐，杀武臣及其姐，后为陈馀、张耳所败，投降章邯。
④ 赵歇（？—前204），赵国王族，秦末起义中被陈馀立为赵王，后为韩信所杀。
⑤ 居鄛（cháo），在今安徽巢湖，一说在安徽桐城。
⑥ 范增（前277—前204），项羽主要谋士，被项羽尊称为"亚父"。后中陈平离间计，被项羽猜忌，遂告老还乡，中途因背部毒疮发作而死。
⑦ 江东，指长江下游江南一带。长江在安徽南部境内向东北方向斜流，遂以此段江为标准来确定东西与左右。"自江北视江南，江东在左，江西在右"，故江东又称"江左"。
⑧ 楚怀王，战国中期楚国国君，名槐（前374—前296），公元前328年—公元前299年在位。在位初期奋发有为，楚国一跃成为当时最强大的国家。但其执政中期用人不明，且误信秦丞相张仪，断绝齐楚联盟，与秦国屡战屡败，楚国由盛转衰。后为秦国所骗，客死秦国。
⑨ 心，即熊心（？—前206），楚怀王之孙。楚亡后流落民间，牧羊为生。项梁起事后，寻得熊心，立为楚怀王。项羽分封诸侯时，佯尊熊心为义帝，徙于长沙彬县，中途英布杀熊心。

秦二世二年，吴广被他的部下杀死。陈胜被他的车夫庄贾杀死，庄贾投降了秦军。秦将章邯攻击魏国，齐楚两国来救援魏国，齐王田儋、魏王魏咎和周市都战败阵亡了。赵王武臣被他的部将李良所杀，张耳、陈馀就立赵歇为赵王。

居鄛人范增年纪已经七十岁了，擅长出一些奇特的计策。他去游说项梁说："陈胜首先起事，不立楚国的后代为王反而自立为王，他的势力不会存活很长时间。如今您从江东起兵，楚地像蜜蜂一样群起的将领争相归附于您的原因，是因为您的祖上世世代代为楚将，您一定能够重新立楚国的后代为王。"于是项梁就寻找到了楚怀王的孙子熊心，立他为楚怀王，来顺从人们的愿望。

秦（四）

赵高①与丞相李斯有隙。高侍二世方燕乐②，妇女居前，使人告丞相斯："可奏事。"斯上谒。二世怒曰："吾尝多闲日，丞相不来。吾方燕私，丞相辄来。"高曰："丞相长男李由③为三川④守，与盗通。且丞相居外，权重于陛下。"二世然之，下斯吏。具五刑⑤，腰斩咸阳市。斯出狱，顾谓中子曰："吾欲与若复牵黄犬俱出上蔡⑥东门逐狡兔，岂可得乎？"遂父子相哭，而夷三族。

中丞相⑦赵高欲专秦权，恐群臣不听，乃先设验。持鹿献于二世，曰："马也。"二世笑曰："丞相误邪？指鹿为马。"问左右，或默或言。高阴中⑧诸言鹿者以法。后群臣皆畏高，莫敢言其过。

---

① 赵高（？—前207），秦朝著名宦官，书法家。始皇病卒于沙丘后，与李斯矫诏立胡亥为二世皇帝，任丞相，逼杀扶苏、李斯、蒙恬等人，结党营私，加速了秦朝的灭亡。后为子婴设计所杀，夷三族。
② 燕，通"宴"，燕乐，宴饮欢乐。
③ 李由（？—前208），秦朝将军，李斯长子，任三川郡郡守，后与项羽交战时兵败被杀。
④ 三川，秦郡名，辖境大致在河南黄河以南，灵宝以东的伊、洛流域和北汝河上游地区，治雒阳（今河南洛阳东北）。
⑤ 具五刑，意即"具备五种刑罚"，而非一种酷刑。这是秦代特有的一种酷刑，即对一个因犯先后施用五刑（一般认为是墨、劓、刖、宫、大辟）。是一种极端残忍的肉刑与死刑并用的刑罚。
⑥ 上蔡，今河南驻马店东，李斯系上蔡人。
⑦ 中丞相，宦者曰"中"。赵高为宦官，可出入宫禁，故名。
⑧ 中（zhòng），伤害。

秦（四）

　　赵高和丞相李斯有嫌隙。赵高侍奉秦二世宴饮欢乐，宫女们在前面跳舞，派人告诉丞相，可以向皇帝奏述事情。李斯上前拜见启奏，秦二世生气地说道："我曾经有很多空闲的时间，丞相不来禀奏，现在我刚开始私宴，丞相就过来。"赵高说："丞相长子李由是三川郡郡守，和盗贼相勾结。况且丞相在外朝，权力重于陛下。"秦二世深以为然，把李斯交付司法官吏审讯。李斯被判具五刑，在咸阳市执行腰斩。李斯出了牢门，回头对二儿子说："我想要和你再牵着黄犬，从上蔡的东门出去追逐狡兔，那种情形还能再有吗？"父子一起大哭。之后被诛夷三族。

　　中丞相赵高想要独掌秦朝的大权，担心群臣不听从自己，就先设计了一个试验。他牵着一只鹿献给秦二世，说："这是一匹马。"秦二世笑着说："丞相错了吧，指着鹿当作马。"就问左右的大臣，大臣们有的说话，有的沉默不语。赵高暗地里用刑法来惩戒迫害这些说是鹿的大臣。从此群臣都很畏惧赵高，不敢说他的过失。

项梁与秦将章邯战,败死。宋义①先言其必败,梁果败。秦攻赵,楚怀王以义为上将,项羽次将,就赵。义骄,羽斩之。领其兵大破秦兵巨鹿②下,虏王离③等,降秦将章邯、董翳④、司马欣⑤。羽为诸侯上将军。

先是,赵高数言关东⑥盗无能为。及秦兵数败,高恐二世怒,遂使婿阎乐⑦弑二世于望夷宫⑧。立公子婴⑨为秦王,二世之兄子也。婴既立,族杀赵高。

初,楚怀王与诸侯约:先入定关中⑩者王之。当时秦兵强,诸将莫利先入关。独项羽怨秦杀项梁,奋愿与沛公先入关。怀王诸老将皆曰:"项羽为人慓悍猾贼,独沛公宽大长者,可遣。"乃遣沛公。

---

① 宋义(?—前207),原为楚国令尹,为项羽所杀。
② 巨鹿,今河北邢台中部。
③ 王离,生卒年不详,秦朝将领,名将王翦之孙,王贲之子。巨鹿之战中为楚军所俘,后不知去向。
④ 董翳(?—前204),秦朝都尉,巨鹿之战后跟随章邯一起降楚。后随项羽入关,封翟王,为"三秦"之一。楚汉之争中为汉军所破,兵败阵亡。
⑤ 司马欣(?—前204),秦朝长史,巨鹿之战后跟随章邯一起降楚。后随项羽入关,封塞王,为"三秦"之一。楚汉之中为汉军所破,兵败自杀。
⑥ 关东,指函谷关以东。秦故地东以函谷关为界与六国隔,故名。
⑦ 阎乐(?—前207),赵高女婿,曾任咸阳县令。后子婴诛杀赵高三族,一同处死。
⑧ 望夷宫,秦宫名,故址在今陕西泾阳县蒋刘乡五福村、二杨庄之间。
⑨ 公子婴,秦朝最后一位统治者,名婴(?—前206)。在位46天,刘邦入关后投降刘邦,后为项羽所杀。
⑩ 关中,今陕西中部,旧秦地。以其东有函谷关,西有散关,故名关中。

项梁和秦将章邯作战，战败而亡。宋义事先预言了项梁的失败，后来项梁果然失败了。秦军攻打赵国，楚怀王任命宋义为上将军，项羽为次将军，发兵救赵。宋义很是骄傲自满，项羽斩杀了宋义，带领军队在巨鹿城下大破秦军，俘虏了秦将王离，秦将章邯、董翳、司马欣投降了项羽。项羽成为了诸侯联军的上将军。

起先，赵高数次说函谷关以东的盗贼没有多大本事。等到秦军失败了好几次，赵高害怕秦二世生气迁怒于他，就命他的女婿阎乐在望夷宫弑杀了秦二世，立秦二世的侄子公子婴为秦王。子婴即秦王位后，就诛杀了赵高三族。

起初，楚怀王和诸侯约定：先进入并且平定关中的人就在关中称王。当时秦兵强大，诸将没有人认为先入关是有利的。只有项羽怨恨秦军杀了项梁，激愤不已，愿意同刘邦先入函谷关。怀王麾下的老将都说："项羽这个人，迅捷勇猛，狡诈凶残，只有沛公宽宏大量，有长者之风，可以派遣。"于是怀王派遣刘邦西入函谷关。

高阳①人郦食其②谓沛公麾下骑士曰："吾闻沛公慢而易人，多大略，此真吾所愿从游。"骑士曰："沛公不好儒，客冠儒冠来者，沛公辄解其冠，溲溺其中，未可以儒生说也。"食其令骑士第入言之曰："人皆谓食其狂生，生自谓我非狂生。"沛公至高阳传舍③，召生入。沛公方踞床，使两女子洗足而见生。生长揖，不拜，曰："足下必欲诛无道秦，不宜倨见长者。"于是沛公辍洗，起，摄衣，延生上坐，谢之。生为沛公说，下陈留④，后常为说客。

张良从沛公西，沛公大破秦军入关。至霸上⑤，秦王子婴素车白马，系颈以组，出降轵道⑥旁。秦自始皇二十六年并天下，二世、三世而亡，称帝止十有五年。

---

① 高阳，今河南杞县。
② 郦食其（lì yì jī，？—前203），秦汉间人。刘邦部下著名的说客，游说列国，有大功，后出使齐国，被烹杀。
③ 传舍，原为战国时贵族供门客食宿的地方，后指驿馆。
④ 陈留，今河南开封。
⑤ 霸上，即灞上，今西安市东，因在灞水高原上得名。
⑥ 轵道，亭名，位于今陕西西安东北。

高阳人郦食其对沛公麾下的骑兵说："我听说沛公傲慢而且看不起人，但富有远见卓识，这正是我所愿意结交跟随的人啊！"骑兵说："沛公不喜欢儒生，每当宾客中有戴着儒生帽子来的，沛公就解下他的帽子，在里面撒尿，您不能以儒生的身份去游说他。"郦食其让骑兵只管进去告诉刘邦："人都说郦食其是个狂妄的人，郦食其却说自己不是个狂妄的人。"沛公到了高阳的驿馆，召郦食其进去。沛公正伸开腿坐在椅子上，让两名女子给他洗脚，如此便接见郦食其。郦食其长揖不跪拜，说："足下您一定想要诛灭无道的秦朝，那么就不应该如此傲慢无礼地接见长者。"于是刘邦就停止洗脚，起来整理好衣服，请郦食其坐到上座，向他道歉。郦食其为刘邦去游说，降服了陈留，后来郦食其就常常做刘邦的说客。

　　张良跟从沛公向西进军。沛公打败了秦军进入函谷关，到了灞上，秦王子婴驾着白色的车子，牵着白色的马，把丝带系在自己脖子上，在轵道亭旁投降了刘邦。秦朝自始皇二十六年统一了天下，经过了二世、三世就灭亡了，称帝只有十五年。

文白对照

十八史略

第二卷

[元] 曾先之 著
王明辉 郭鹏 注译

中国画报出版社·北京

文白对照十八史略

第二卷

西汉

西汉（一）

汉太祖高皇帝^①，尧^②之后，姓刘氏，名邦，字季^③。沛丰邑^④中阳里人也。母媪^⑤，息大泽之陂^⑥，梦与神遇，时大雷雨晦冥。父太公往，见交龙其上，已而产高祖。隆准^⑦而龙颜^⑧，美须髯^⑨，左股^⑩有七十二黑子。宽仁爱人，意豁如^⑪也。有大度，不事家人生产。及壮，为泗上亭长^⑫。

---

① 高皇帝，汉朝的开国皇帝刘邦，死后的庙号为汉太祖。他的子孙和臣子因为他开国功劳大，上尊号称他为高皇帝，习称汉高祖。
② 尧，号陶唐氏。《汉书帝纪下》："汉帝本系，出自唐帝。降及于周，在秦作刘。涉魏而东，遂为丰公。丰公，盖太上皇父。"唐帝，指尧。
③ 季，指他在兄弟中的排行最小。古人兄弟排行顺序是"伯、仲、叔、季"。
④ 沛，即小沛，今江苏徐州沛县。丰邑为当时沛县下辖的属邑。
⑤ 媪，指老年妇女。刘邦母亲的名字已经不可考证，所以用媪来称呼。
⑥ 陂（bēi），水边，水岸。
⑦ 隆，高。准，鼻梁。
⑧ 龙颜，指眉骨高高凸起。古人常以此形容帝王的相貌。
⑨ 髯（rán），两腮的胡子。
⑩ 股，大腿。
⑪ 豁如，开阔，旷达。
⑫ 亭长，即管理亭的小吏。秦朝时，每十里设立一个供人停留行旅宿食的场所，叫亭。

西汉（一）

　　汉朝的太祖高皇帝，是尧的后代，姓刘，名叫邦，表字是季，他是江苏沛县丰邑中阳里人。刘邦的母亲刘婆婆，曾经在大泽的水边上休息，梦到自己与神灵相遇交合。这时天气阴暗，雷雨大作。刘邦的父亲刘太公去找刘婆婆，结果看到一条蛟龙正伏在她身上。刘婆婆回来以后生下了刘邦。刘邦长着高高的鼻梁，额头凸起，连鬓的胡须非常漂亮，在他左大腿上长了七十二颗黑痣。刘邦为人宽厚仁慈，体贴关爱他人，胸怀广阔。他志向远大，不从事家人的普通生产劳动。长大以后，当了泗水郡的一个亭长。

尝繇役①咸阳②，纵观③秦皇帝④曰：嗟乎，大丈夫当如此矣！单父⑤人吕公好相人，见刘季状貌，曰：吾相人多矣，无如季相，愿季自爱。吾有息女⑥，愿为箕帚妾⑦。卒与刘季，即吕后⑧也。

秦始皇尝曰：东南有天子气。于是东游以厌当⑨之。刘季隐于芒砀⑩山泽间，吕后与人俱求，常得之。刘季怪问之，吕后曰：季所居，上有云气，故从往，常得季。刘季喜，沛中子弟闻之，多欲附者。为亭长时，以竹皮为冠。及贵，常冠。所谓刘氏冠也。

刘季为县送徒⑪郦山，徒多道亡⑫。自度比⑬至，尽亡之。到丰西，止饮，夜乃解纵⑭所送徒。曰："公⑮等皆去，吾亦从此逝⑯矣！"徒中壮士愿从者十余人。

---

① 繇役，"繇"通"徭"，指服徭役。
② 咸阳，秦国国都。在今天陕西咸阳市东部。
③ 纵观，皇帝出巡，戒备森严，百姓本不可围观。纵观是随意任人围观。纵，恣意，随意。
④ 秦皇帝，指秦始皇嬴政。公元前246年到公元前210年在位。
⑤ 单（shàn）父，地名。相传为虞舜之师单卷所居，故得名。在今天山东省单县。
⑥ 息女，亲生女儿。
⑦ 箕帚妾，持箕帚的奴婢，古时用作妻妾的谦称。
⑧ 吕后，即吕雉。
⑨ 厌（yā），镇压，压制。厌当，指以迷信的方法，镇压或驱避可能出现的灾祸。
⑩ 芒砀（dàng），芒山与砀山的合称，位于今天河南、安徽、江苏、山东四省结合处。
⑪ 徒，民夫。
⑫ 亡，逃跑。道亡，半路逃跑。
⑬ 度，估计。比，等到。
⑭ 解纵，放走。
⑮ 公，古时对人的尊称。
⑯ 逝，离开。此处指逃亡。

刘邦在咸阳服徭役的时候,有一次秦始皇出巡,特意恩准百姓可以围观。刘邦看到以后非常感慨地说:"啊,大丈夫就应该这样才不负此生啊。"单父县有个叫吕公的人,非常喜欢给人看相。有一次他看到了刘邦雄武的相貌,感到非常惊讶。他对刘邦说:"我给人看相看的太多了,但从来没有看过像你这样尊贵的相貌,请你多多保重自己。我有一个亲生女儿,想把她许配给你,做你洒扫应对的妻妾。"后来吕公就把女儿吕雉嫁给了刘邦,这就是后来汉朝的吕后。

秦始皇曾经说:"我发现东南部有属于天子的云气。"于是他就常常到东南巡游,想以此来加以镇压。刘邦恐怕与己相关,就藏身在芒山、砀山之间的险恶山水中躲避灾祸。吕后和其他人一起去找他,往往一下子就能找到他。刘邦非常奇怪,就问她是怎么找到的。吕后回答说:"你在的地方,上面常常有云气,沿着云气去寻找,往往就能找到了。"刘邦听了非常高兴。沛县的很多青年人知道这件事以后都想归附刘邦。刘邦当亭长的时候,曾经用竹皮编织成帽子来戴。等到他后来显贵了,还常常戴这种竹帽子,人们就把这种帽子称为"刘氏冠"。

刘邦为沛县押送民夫去郦山,民夫们有很多在半路逃走了。刘邦估计等到了郦山民夫们就都逃光了。走到丰西时,他就故意停下来喝酒,趁着夜晚把民夫们都放了。刘邦说:"你们都去逃命吧!从今以后我也要逃得远远的。"民夫中有十多个壮士愿意跟随他一块儿走。

季被酒①，夜径②泽中，有大蛇当径，季拔剑斩之。后人来至蛇所③，有老妪④哭。曰：吾子，白帝⑤子也。今者赤帝⑥子斩之。因忽不见。后人告刘季，刘季心独喜，自负。诸从者⑦日益畏之。

陈涉起⑧，刘季亦起兵于沛，以应诸侯，旗帜皆赤。楚怀王⑨遣沛公破秦入关，降秦王子婴⑩。既定秦，还军霸上。悉⑪召诸县父老豪杰，谓曰："父老苦秦苛法久矣。吾与诸侯约，先入关中者王之，吾当王关中。"与父老约法三章⑫耳：杀人者死，伤人及盗抵罪⑬。余悉除去秦苛法。秦民大喜。

西汉（二）

项羽率诸侯兵欲西入关。或说⑭沛公守关门。羽至，门闭。大怒，攻破之。进至戏⑮，期且击沛公。

---

① 被酒，带着酒意。被，加。
② 径，抄小路。
③ 所，所在的地方。
④ 老妪，老妇。
⑤ 白帝，少昊氏，汉族传说中的五天帝之一，西方天神。
⑥ 赤帝，亦称炎帝，神农氏，汉族传说中的五天帝之一，南方天神。
⑦ 从者，跟随他的人。
⑧ 起，起义。
⑨ 楚怀王，项梁于楚地起兵，立楚怀王之孙熊心为王，仍称楚怀王。联合各路起义军，共同抗秦。
⑩ 子婴，秦二世的侄儿，被赵高立为秦王。
⑪ 悉，全部。
⑫ 法三章，就是三条法律。
⑬ 抵罪，因犯罪而受到相应的处罚。
⑭ 或说，有人劝说。
⑮ 戏，指戏水，在陕西临潼东。

刘邦乘着酒意，夜里抄小路通过大沼泽，发现有条大蛇挡在路上。刘邦拔剑把大蛇斩成两段。后边的人走到斩蛇的地方，看见有一个老妇人在哭，她说："我的孩子是白帝的儿子，今天赤帝的儿子杀了他。"说完就忽然不见了。后边的人把这件事告诉了刘邦，刘邦心中暗暗高兴，更加自负了。那些追随他的人也开始渐渐地畏惧他。

陈涉起义后，刘邦也跟着在沛县起兵反秦，响应各路诸侯，他的军旗都是红色的。楚怀王派沛公向西击败秦军，攻破函谷关，秦王子婴投降。刘邦战胜秦军之后，回师驻扎在霸上。召集秦地全部百姓和英雄豪杰，宣布："父老乡亲们受秦国的苛捐酷法很久了。我和诸侯约定，先入函谷关的诸侯称王。按这个约定，我应该做关中王。"刘邦为父老们制定了三条法律：杀人的人处以死罪，伤害他人或偷盗的人按相应的罪行接受惩罚。除此之外，秦国的苛刻法律全部废止。秦国的百姓都非常高兴。

西汉（二）

项羽率领诸侯的军队要向西进入函谷关，有人劝说刘邦把守关门，不让项羽进入。项羽到了，发现关门紧闭，非常生气，率军攻破了关口。进军到戏水，准备攻打刘邦。

羽兵四十万，号百万，在鸿门。沛公兵十万，号二十万，在霸上。范增说羽曰："沛公居山东，贪财好色，今入关，财物无所取，妇女无所幸。此其志不在小。吾令人观其气，皆为龙，成五采，此天子气也。急击勿失！"

羽季父^①项伯，素善张良。夜驰至沛公军，告良，呼与俱去。良曰："臣从沛公，有急，亡不义。"入，具告。因要^②伯入见。沛公奉卮^③酒为寿，约为婚姻^④。曰："吾入关，秋毫不敢有所近，籍吏民，封府库，而待将军。所以守关者，备他盗也。愿伯具言臣之不敢倍德^⑤。"伯许诺，曰："旦日不可不蚤自来谢^⑥。"伯去，至军中，具以告羽，且曰："人有大功，击之不义。不如因善遇之。"

沛公且从^⑦百余骑来见羽鸿门，谢曰："臣与将军戮力^⑧而攻秦，将军战河北，臣战河南，不自意^⑨先入关破秦，得复见将军于此。今者有小人之言，令将军与臣有隙。"羽曰："此沛公左司马曹无伤之言。"羽留沛公与饮。范增数目^⑩羽，举所佩玉玦^⑪者三^⑫，羽不应。

---

① 季父，叔父。
② 要，通"邀"，邀请。
③ 卮（zhī），酒器。
④ 婚姻，结成儿女亲家。
⑤ 倍德，忘恩负义。
⑥ 蚤，通"早"。谢，谢罪。
⑦ 从，率领随从。
⑧ 戮（lù）力，并力，合力。
⑨ 不自意，没料到。
⑩ 目，使眼色。
⑪ 玦（jué），环形而有缺口的佩玉。此处用以提醒项羽决断。
⑫ 三，多次。

当时项羽有军队四十万，号称一百万，驻扎在鸿门。刘邦有军队十万，号称二十万，驻扎在霸上。范增劝说项羽："刘邦住在山东的时候，贪图财货，喜爱美女。现在进了函谷关，不贪图财物，也不宠幸美女，这么看来他的志向可不小。我派人观望他那边的云气，呈现出龙形，而且五色斑斓，这是属于天子的云气。希望你赶快进攻他，不要错失良机！"

项羽的叔父项伯平时一直与张良很要好，听到这个消息就连夜跑到刘邦军的驻地，把消息告诉了张良，叫张良和他一起离开。张良说："我一直跟随沛公，现在发生危急情况，我自己逃走是不义的行为。"张良进入刘邦的营房，把事情都告诉了他，于是刘邦邀请项伯进来相见。刘邦亲自捧起酒器向项伯敬酒祝寿，并且和他约定成为儿女亲家。刘邦说："我进入函谷关之后，连像秋毫那样细小的东西都不敢动，只是登记了官民户口，查封了各类仓库，来等待项将军。我之所以派兵将把守关口，是为了防备其他盗贼。请您详细转告项将军，我是绝对不敢忘恩负义的。"项伯答应了，说："沛公您第二天早一点来向项王请罪。"项伯离开了，回到军营中，把刘邦的话都报告给项羽，并且说："人家有大功劳，攻打人家是不合道义的，不如好好对待他。"

沛公带领一百多名随从到鸿门来拜见项羽，向项羽陪罪说："我跟将军您一起合力攻打秦朝，将军在河北作战，我在河南作战。我也没想到自己能先进入函谷关攻破秦朝，能够在这里又遇到您。现在是有小人说了挑拨的坏话，才使得将军您和我之间产生了嫌隙。"项羽说："这是沛公你的左司马曹无伤说的。"项羽留沛公一起喝酒。范增多次给项羽使眼色，又好几次举起身上佩戴的玉玦示意，项羽保持沉默没有反应。

增出，使项庄入前为寿，请以剑舞，因击沛公。项伯亦拔剑起舞，常以身翼蔽①沛公，庄不得击。

　　张良出告樊哙以事急。哙拥盾直入，瞋目②视羽，头发上指，目眦③尽裂。羽曰："壮士，赐之卮酒"。则与斗卮酒。"赐之彘肩④"，则生彘肩。哙立饮，拔剑切肉，啖⑤之。羽曰："能复饮乎？"哙曰："臣死且不避，卮酒安足辞！沛公先破秦入咸阳，劳苦而功高如此，未有封爵之赏，而将军听细人⑥之说，欲诛有功之人，此亡秦之续耳，切为将军不取也！"羽曰："坐。"哙从良坐。须臾⑦，沛公起如厕，因招哙出，间行⑧趋霸上。

　　留良谢⑨羽，曰："沛公不胜杯杓⑩，不能辞。使臣良奉白璧一双，再拜⑪献将军足下。玉斗一双，再拜奉亚父足下。"羽曰："沛公安在？"良曰："闻将军有意督过之，脱身独去，已至军矣。"亚父拔剑撞玉斗而破之，曰："唉！竖子不足谋！夺将军天下者必沛公也。"沛公至军，立诛曹无伤。

---

① 翼蔽，遮蔽，保护。翼，用翼遮蔽。
② 瞋（chēn）目，瞪大眼睛。
③ 眦（zì），眼角。
④ 彘（zhì）肩，猪肘。
⑤ 啖（dàn），吃。
⑥ 细人，小人。
⑦ 须臾，一会儿，很短的时间。
⑧ 间行，从小路走。
⑨ 谢，道歉。
⑩ 不胜，不能，经不起。杯杓，酒器。不胜杯杓，即不能再喝了。
⑪ 再拜，表示恭敬的一种礼节。

范增起身出去，叫项庄进来献酒祝寿，然后请求舞剑助兴，借机杀掉刘邦。项伯见状也拔剑起舞，常常用身体蔽护刘邦，项庄没办法刺杀刘邦。

　　张良走出去告诉樊哙形势非常危急，樊哙带着盾牌闯进去，瞪大眼睛怒视着项羽，头发一根根竖起，两边眼角都瞪裂了。项羽说："真是壮士啊！赐他一杯酒！"有人给他一大杯酒。项羽说："赐他一只猪肘！"有人递过来一只生猪肘。樊哙站着喝完酒，拔出剑来切肉，都吃掉了。项羽说："还能再喝吗？"樊哙说："我连死都不怕，一杯酒又哪里值得推辞！沛公先击败秦军进入咸阳，如此劳苦功高，却没有得到封爵的赏赐，您反而听信小人挑拨的谗言，想杀害有功的人。这是在走秦朝灭亡的老路，我私下认为将军您不会这么做！"项羽说："坐！"樊哙挨着张良坐下来。一会儿，沛公起身上厕所，顺便把樊哙叫了出来，抄小路赶回了霸上。

　　张良留下来致歉说："沛公不堪酒力，喝醉了，不能跟将军您告辞。谨派臣下张良捧上白璧一双，恭敬地献给将军；玉斗一对，恭敬地献给亚父。"项羽问："沛公在什么地方？"张良答道："听说将军有意责怪他，就脱身一个人走了，已经回到军营了。"范增拔出剑来撞碎了玉斗，说："这群小子没法跟他们共谋大事，夺取将军天下的一定就是沛公了。"刘邦回到军营中，立即杀了曹无伤。

居数日，羽引兵西屠咸阳，杀降王子婴，烧秦宫室，火三月不绝。掘始皇冢①。收货宝妇女而东。秦民大失望。韩生说羽："关中阻山带河，四塞②之地，肥饶可都以霸。"羽见秦残破，且思东归。曰："富贵不归故乡，如衣绣③夜行耳。"韩生曰："人言楚人沐猴而冠④，果然。"羽闻之，烹韩生。

羽使人致命⑤怀王，王曰："如约⑥。"羽怒，曰："怀王，吾家所立耳。非有功伐，何得专主约？"乃阳尊为义帝⑦，徙江南，都郴⑧。分天下，王⑨诸将。羽自立为西楚霸王。乃曰："巴、蜀亦关中地。"立沛公为汉王。王巴蜀汉中，而三分关中，王秦降将三人，以距塞汉路。汉王怒，欲攻羽。萧何谏⑩曰："愿大王王汉中，养其民以致贤人。收用巴蜀，还定三秦⑪。天下可图也。"王乃就国，以何为丞相。

---

① 冢（zhǒng），坟墓。
② 四塞，四面都是要塞。
③ 衣绣，穿锦绣的华贵服装。
④ 沐猴，猕猴。沐猴而冠，猕猴戴上人的帽子，比喻徒有其表，这里是讽刺项羽胸无大志。
⑤ 致命，报告。
⑥ 如约，按照约定，指按先前约定的"先破秦入咸阳者王之"来办。
⑦ 义帝，假帝，名义上的皇帝，不是真正的皇帝。
⑧ 都郴，以长沙郴县为都城。
⑨ 王，封王。
⑩ 谏，劝谏，劝说。
⑪ 三秦，指雍、塞、翟三国，均在秦国地区。项羽分封秦朝降将章邯为雍王、董翳为翟王、司马欣为塞王。

过了几天，项羽率军西进屠戮咸阳城，杀了秦朝的降王子婴，烧掉了秦朝的宫殿，大火三个月都没熄灭，挖了秦始皇的坟墓，劫掠了秦朝的财货宝物和美女，回军往东。秦朝的老百姓非常失望。韩生劝项羽说："关中有山河作为天然的屏障，四面都有要塞，土地肥沃，正是建立都城成就霸业的地方。"项羽看到秦朝宫室被火烧得残破不堪，又想向东回到家乡，说："富贵了不回到故乡去，就如同穿了锦绣的衣裳在黑夜中行走。"韩生说："人们都说楚国人不成器，就像是猕猴戴了人的帽子，果然是这样。"项羽听了，就把韩生扔进锅里煮死了。

　　项羽派人向怀王报告，怀王说："就按以前约定的那样办。"项羽非常生气，说："怀王，是我们项家拥立的，他没有什么功劳，怎么能独断专行按约定办呢？"于是项羽给怀王一个徒有虚名的尊号叫义帝，让他迁到江南去，以郴县为都城。然后项羽分封天下，把手下诸将分封为王，他立自己为西楚霸王。又说："巴、蜀也属于关中的地盘。"把刘邦封为汉王，统领巴蜀、汉中，把关中分成三部分，任命三名秦朝的降将为王，来堵塞汉军进入中原的路。刘邦非常愤怒，要攻打项羽。萧何劝他说："希望大王您称王汉中，养育百姓，招徕贤德的人才，这样把巴蜀当作根据地，然后再平定关中三秦之地。那样的话，就可以称霸天下了。"于是刘邦接受了任命，把萧何封为丞相。

西汉（三）

汉元年，五星聚东井①。初，淮阴韩信家贫，钓城下。有漂母，见信饥，饭信，信曰："吾必厚报母。"母怒曰："大丈夫不能自食，吾哀王孙而进食，岂望报乎？"淮阴屠中②少年有辱信者，因众辱之曰：若虽长大，好带剑，中情怯耳。能死，刺我；不能，出我胯下。信孰视之，俛③出胯下，蒲伏④。一市人皆笑，信怯。

项梁渡淮，信从之，又数以策干⑤项羽，不用，亡。归汉，为治粟都尉⑥，数与萧何语，何奇之。王至南郑，将士皆讴歌思归，多道亡。信度何已数言王，不用，即亡去。何自追之，人曰："丞相何亡。"王怒，如失左右手。何来谒王，骂曰："若亡，何也？"何曰："追韩信。"王曰："诸将亡以十数，公无所追；追信，诈也。"何曰："诸将易得耳。信，国士无双。王必欲长王汉中，无所事信；必欲争天下，非信无可与计事者。"

---

① 五星，是"金、木、水、火、土"的简称。《史记·天官书》曰："五星分天之中，积于东方，中国利；积于西方，外国用兵者利。五星皆从辰星而聚于一舍，其所舍之国可以法致天下。"东井，即井宿，二十八宿之一。因在玉井之东，故称。《礼记·月令》："仲夏之月，日在东井。"长沙马王堆三号墓中出土的帛书《五星占》言："汉之兴，五星聚于东井。"
② 屠中，屠肆中间。
③ 俛，通"俯"，俯身。
④ 蒲伏，通"匍匐"。
⑤ 策干，献策。
⑥ 治粟都尉，汉初官名，汉武帝时又名搜粟都尉，掌管生产军粮等事。

西汉（三）

汉高祖元年，五星聚于东方井宿。当初，淮阴侯韩信家境贫寒，在城下钓鱼。有位漂洗衣物的大娘看见韩信挨饿，就给韩信饭吃，韩信很感动，对大娘说："我以后一定会重重地报答您。"大娘生气地说："大丈夫不能养活自己，我是可怜你这位公子才给你饭吃，难道是贪图你的回报吗？"淮阴屠户中有个年轻人侮辱韩信，当众说："你虽然身材高大，喜欢带刀佩剑，其实是个胆小鬼罢了。"又说："你要不怕死，就拿剑刺我；如果怕死，就从我胯下爬过去。"韩信仔细地打量了他一番，俯下身去，趴在地上，从他的胯下钻了过去。满街的人都笑话韩信，认为他胆小怕死。

等到项梁率领抗秦义军渡过淮河向西进军的时候，韩信也追随前往。他好几次向项羽献计策，都没有被采纳，于是投奔汉军，只当了普通的治粟都尉。他多次和萧何谈话，萧何认为韩信是位奇才。汉王到达南郑时，将士迫切想要东归，许多人在半路上偷偷跑掉了。韩信料想萧何已经在汉王面前多次保举自己，可是汉王一直不重用自己，也就逃跑了。萧何听说韩信逃跑，来不及把此事报告汉王，就径自去追赶。有个不明底细的人报告刘邦说："丞相萧何逃跑了。"刘邦极为生气，就像失掉了左右手似的。萧何回来见汉王，汉王骂道："你逃跑，是为什么？"萧何答道："我是追韩信去了。"汉王又骂："将领跑掉的有好几十，你都没有追；倒去追韩信了，这是撒谎。"萧何说："那些将领容易招募，而像韩信这样的人才，是普天下也找不出第二个来的。大王您如果只想做汉中王，当然用不上他；如果想争夺天下，除了韩信就没有可以商量大计的人了。"

王曰："吾亦欲东耳，安能郁郁久居此乎？"何曰："计必东，能用信，信即留；不然信终亡耳。"王曰："吾为公以为将。"

　　何曰："不留也。"王曰："以为大将。"何曰："幸甚。王素慢无礼，拜大将如呼小儿，此信所以去。"乃设坛场，具礼。诸将皆喜，人人自以为得大将。至拜，乃韩信也，一军皆惊。

　　王遂用信计，部署诸将。留萧何收巴蜀租，给军粮食。信引兵从故道出，袭雍王章邯，邯败死。塞王司马欣、翟王董翳皆降。

　　汉二年，项籍弑义帝于江中。

　　初，阳武人陈平①家贫好读书，里中社，平为宰，分肉甚均。父老曰："善，陈孺子之为宰。"平曰："嗟乎！使平得宰天下，亦如此肉矣。"初，事魏王咎，不用，去。事项羽，得罪，亡。因魏无知求见汉王，拜为都尉②，参乘③，典护军④。周勃言于王曰："平，虽美如冠玉，其中未必有也。臣闻平居家，盗其嫂，事魏，不容。亡归楚，又不容，亡归汉。今大王令护军，受诸将金。愿王察之。"王让魏无知，无知曰："臣所言者，能也。大王所问者，行也。今有尾生⑤孝己⑥之行，而无益成败之数。大王何暇用之乎？"王拜平护军中尉，尽护诸将。诸将乃不敢复言。

---

① 陈平（？—前178），西汉河南阳武人，先后封户牖侯、曲逆侯。在楚汉之争和汉初平乱中屡出奇计，有大功。于惠帝朝、吕后朝、文帝朝先后为相。吕后死后，与周勃一道铲除诸吕，安定刘氏，迎立文帝。死后谥献侯。
② 都尉，官名，战国时设置，仅次于将军的武官。
③ 参乘，陪乘或陪乘的人。古代乘车，尊者在左，御者在中，一人在右陪坐，称"参乘"或"车右"。
④ 典护，监领，督察。典护军，相当于监军。
⑤ 尾生，相传尾生与女子约定在桥梁相会，久候女子不到，水涨，抱桥柱而死。典出《庄子·盗跖》。后用以比喻坚守信约。
⑥ 孝己，传说为殷高宗武丁之子，以孝行著称，因遭后母谗言，被放逐而死。后用作孝子的典范。

汉王回答："我也打算回东边去呀，哪能在这种地方郁郁寡欢呢？"萧何说："大王如果决计打回东边去，必须重用韩信，他才愿意留下来；假如不能重用他，那么韩信终究还是要跑掉的。"汉王说："我看你的面子，派他当个将军吧。"萧何说："韩信一定不肯留下来。"汉王说："那么，让他做大将军吧。"萧何说："太好了。不过大王一向傲慢无礼，任命大将就像招呼小孩子一样，这就是韩信离去的原因。"于是搭起一座高坛，按照拜任大将的仪式办理。将领们听说此事，暗自高兴，人人都以为自己会被任命为大将，等到举行仪式的时候，才发现是韩信，全军上下都大吃一惊。

　　汉王采纳韩信的计策，部署将领，留萧何收取巴蜀的租税，供应大军粮秣。韩信引军抄旧道突袭雍王章邯，章邯败走阵亡。塞王司马欣、翟王董翳都投降汉军。

　　汉高祖二年，项籍派人将义帝投入江中溺死了。

　　起初，阳武人陈平家境贫苦，喜欢读书。后来乡里社祭，陈平做了社宰，主持分割祭肉，分肉食非常平均。父老们说："很好，陈家小子做社宰很公平！"陈平说："唉，假如让我陈平主宰天下，也会像分祭肉一样公平合理啊！"开始他在魏王咎手下，不被重用，就离开了。又投奔项羽，犯了罪，逃跑了。后来请魏无知推荐他求见汉王，被任命为都尉、参乘、监督诸军。周勃对汉王说："陈平虽然是个美男子，但未必有真才实学。我听说陈平在家的时候与嫂嫂私通；侍奉魏王，不被所容，归顺项羽，又不被容，才逃亡来归顺大王。如今大王让他监察军中将领，陈平接受诸将金钱贿赂，希望大王明察。"汉王责备魏无知，魏无知说："我所说的是他的才能，您所问的是他的品行。现在如果有人有尾生、孝己的好品行，可是对胜负没有任何作用，陛下哪有闲工夫用那样的人呢？"汉王拜陈平为护军中尉，监察全部将领，这些将军才不敢再多说。

汉王至洛阳、新城，三老董公遮说曰："顺德者昌，逆德者亡。兵出无名，事故不成。明其为贼，敌乃可服。项羽无道，放弑其主，天下之贼也。夫仁不以勇，义不以力。大王宜率三军之众为之素服，以告诸侯而伐之。"于是汉王为义帝发丧，告诸侯曰："天下共立义帝，今项羽放弑之。寡人悉发关中兵，收三河之士，南浮江汉而下，愿从诸侯王击楚之弑义帝者。

汉王率五诸侯兵五十六万伐楚。入彭城，收其宝货美人，置酒高会。项羽方击齐，闻之，自以精兵三万还击汉，大破汉军于睢水①上，死者二十万人，水为之不流。围汉王三匝。会大风从西北起，折木发屋，扬沙石，昼晦。王乃得与数十骑遁。审食其②从太公、吕氏间行，遇楚军。为楚所获，常置军中为质③。汉王至荥阳④，诸败军皆会，萧何亦发关中老弱，悉诣荥阳，汉军复大振。萧何守关中，立宗庙社稷宫室县邑，事便宜施行，计关中户口，转漕调兵未尝乏绝。魏王豹⑤叛，汉王遣韩信击之。豹以柏直为大将。王曰："是口尚乳臭，安能当韩信？"信伏兵从夏阳以木罂⑥渡军，袭安邑，虏豹。信既定魏，请兵三万人。愿以北举燕赵，东击齐，南绝楚粮道，西与大王会于荥阳。王遣张耳与俱。

---

① 睢水，古代鸿沟支流之一，故道自今河南开封县东从鸿沟分出东流，已废弃。
② 审食其，西汉沛人，吕后时任左丞相。
③ 质，古代初次拜见尊长所送的礼物。这里指把太公、吕后当作未来的筹码。
④ 荥阳，今河南郑州西部，战国时韩国所建。
⑤ 魏豹（？—前204），秦末人。原战国时魏国贵族。陈胜起义时立其兄咎为魏王。秦将章邯攻魏，咎被迫自杀。他逃亡至楚，向楚怀王借兵数千人，攻下魏地二十余城，自立为魏王。项羽大封诸侯，改封西魏王。继投刘邦，又叛归项羽。后韩信破魏，被虏至荥阳，为汉将周苛所杀。
⑥ 木罂，木制的盛流质容器。

汉王到了洛阳、新城，三老董公遮对汉王说："顺应道德的人会昌盛，违逆道德的人会败亡。如果出兵作战没有正当的名义，就不会取得成功。要申明讨伐的敌人是贼，敌人才能被击败。项羽不遵守道德，流放并弑杀他的君主，是天下都要讨伐的贼人。仁不靠勇猛来表现，义不靠武力来表现。大王应该率领三军都为义帝服丧，并遍告诸侯，因此去讨伐项羽。"于是汉王为义帝举办丧事，向天下诸侯通告说："天下各路诸侯一起拥立义帝，如今项羽弑杀了义帝。我带领全部关中的军队，吸纳三河的豪杰，向南进入江汉一带，是愿意跟从各位诸侯王一起攻打楚国弑杀义帝的人。"

　　汉王率领五位诸侯，总兵力达到五十六万，讨伐楚国。攻下彭城，把珍宝财物美女都收入囊中，每天喝酒聚会。项羽正在攻打齐国，听到这个消息，亲自带领三万精兵回来攻打汉军，在睢水上大败汉军，汉军死了二十万人，把河水都堵住了。楚军包围汉王三圈。正赶上西北起了大风，摧折树木，吹倒房屋，漫天沙石，白天如同黑夜。汉王因此才得以带领身边的几十名骑兵逃出包围。审食其跟着太公、吕后从小路逃跑，正遇上楚军，被俘获，项羽把他们带到军营中作为筹码。汉王到了荥阳，各路败军都聚在这里，萧何也派遣关中的老弱军队，都赶到荥阳会合，汉军再次士气大振。萧何驻守关中，设立宗庙、社稷、宫室、县邑，根据具体情况来施行各种政策，统计关中的户口，转运粮草、调动军队井井有条，没有出现过缺乏的时候。魏王豹反叛，汉王派韩信去攻打他。魏豹拜柏直为大将。汉王说："他是个乳臭未干的小孩子，怎么能抵挡韩信呢？"韩信派伏兵用木罂从夏阳渡过黄河，偷袭安邑，俘虏了魏豹。韩信平定了魏国，请求带兵三万，向北攻取燕赵，向东攻击齐国，向南断绝楚国粮道，向西与汉王在荥阳会师。汉王派张耳和他一起领军。

三年，信耳①以兵击赵，聚兵井陉口。赵王歇②及成安君陈馀御之，李左车③谓馀，曰："井陉④之道，车不得方轨，骑不得成列，其势粮食必在后。愿得奇兵从间道绝其辎重，足下深沟高垒勿与战。彼前不得斗，退不得还，野无所掠。不十日，两将之头可致麾下。"馀，儒者，自称义兵，不用奇计。

信间知之，大喜，乃敢下。未至井陉口止。夜半传发轻骑二千人，人持赤帜，从间道望赵军，戒曰："赵见我走，必空壁逐我，若疾入赵壁，拔赵帜，立汉赤帜。"乃使万人先背水阵⑤。平旦，建大将旗鼓，行出井陉口，赵开壁⑥击之。战良久，信、耳佯弃鼓旗，走水上军。赵果空壁逐之，水上军皆殊死战。赵军已失信等，归壁，见赤帜，大惊，遂乱，遁走。汉军夹击，大破之。斩陈馀，禽⑦赵歇。诸将贺，因问，曰："兵法右倍⑧山陵，前左水泽。今背水而胜，何也？"信曰："兵法不曰陷之死地而后生，置之亡地而后存乎？"诸将皆服。信募得李左车，解缚，师事之。用其策，遣辩士奉书于燕，燕从风而靡。

---

① 信耳，即韩信、张耳。
② 赵王歇，即赵歇（？—前204），嬴姓赵氏。战国时赵贵族。公元前208年，被张耳、陈馀立为赵王，后被汉军杀。
③ 李左车（jū），生卒年不详，秦汉间谋士。先辅佐赵王歇，被封为广武君。后辅佐韩信，有"智者千虑，必有一失；愚者千虑，必有一得"的名言。
④ 井陉，山名，太行山支脉。有要隘名井陉口，又称土门关。秦、汉时为军事要地。
⑤ 阵，列阵，布阵。
⑥ 壁，营垒。
⑦ 禽，通"擒"。
⑧ 倍，通"背"，倚靠，背靠。

汉高祖三年，韩信和张耳率军攻打赵国，在井陉口聚集兵力。赵王歇、成安君陈馀率兵抵御，广武君李左车献策陈馀，说："井陉这条道路，两辆战车不能并行，骑兵不能排成行列，运粮的队伍势必远远地落到后边。希望您临时拨给我奇兵从隐蔽小路拦截他们的辎重，您就深挖战壕，高筑营垒，不与交战。他们向前不得战斗，向后无法退却，在荒野什么东西也抢掠不到。用不了十天，两将的人头就可送到将军帐下。"陈馀是信奉儒家学说的愚钝书生，宣称正义的军队不用诡计。

韩信派人暗中打探，大喜过望，才敢领兵进入井陉狭道。快到井陉口时汉军停下宿营。半夜传令出发，挑选了两千名轻骑兵，每人拿一面红旗，从隐蔽小道观察赵军，韩信告诫说："交战时，赵军见我军败逃，一定会倾巢出动追赶我军，你们火速冲进赵军的营垒，拔掉赵军的旗帜，竖起汉军的红旗。"于是先派出万人背水列阵。天刚蒙蒙亮，韩信设置起大将的旗帜和仪仗，军队开出井陉口，赵军打开营垒攻击汉军。激战了很长时间，韩信、张耳假装抛旗弃鼓，逃回河边的阵地。赵军果然中计，倾巢出动追击汉军，临水列阵的汉军因无退路，殊死奋战。赵军无法取胜，又不能俘获韩信等人，想要退回营垒，发现军营已经插满了汉军的红旗，大为震惊，军心动摇，士卒纷纷落荒而逃。汉军前后夹击，杀死陈馀，生擒赵王歇，大获全胜。诸将前来道贺，趁机向韩信问道："兵法上说，行军布阵应该右边靠山，前边和左边临水。今天背水列阵而取胜，是为什么呢？"韩信说："兵法上不是说'陷之死地而后生，置之亡地而后存'吗？"诸位将领都大为叹服。韩信抓到李左车，给他解开捆绑，像对待老师那样对待他，采用他的计策，派说客拿着书信去燕国，燕王闻风而降服。

西汉（四）

随何①说九江王黥布②叛楚归汉。既至，汉王方踞床洗足，召布入见。布悔怒，欲自杀。及出就舍，帐御食饮从官皆如汉王居，又大喜过望。

郦食其说汉王立六国后，王曰："趣③刻印。"张良来谒，王方食，具告良，良曰："请借前箸④为大王筹之。"遂发八难。其七曰天下游士离亲戚去坟墓，从大王游者，徒欲望尺寸之地。今复立六国后，游士各归事其主，大王谁与取天下乎？且楚惟无疆，六国复挠而从之。大王焉得而臣之乎？诚用客谋，大事去矣。汉王辍食吐哺，骂曰："竖儒，几败乃公事！"令趣销印。

楚围汉王于荥阳⑤，汉王谓陈平曰："天下纷纷，何时定乎？"平曰："项王骨鲠之臣⑥，亚父辈数人耳。行间以疑其心，破楚必矣。"王与平黄金四万斤，不问其出入，平多纵反间。羽大疑亚父⑦，请骸骨归，疽⑧发背死。

---

① 随何，刘邦的谒者，就是主管传达禀报的人。
② 黥（qíng）布，原名英布（？—前196），六县（今安徽六安）人，受秦律被黥，又称黥布。秦末汉初名将，先投靠项羽，后归附刘邦，封九江王，因谋反被杀。
③ 趣（cù），赶快，从速。
④ 箸（zhù），筷子。
⑤ 荥阳，今河南荥阳，是楚汉相争古战场。
⑥ 骨鲠之臣，这里指正直的臣子。
⑦ 亚父，指范增。
⑧ 疽（jū），中医指局部皮肤肿胀坚硬的毒疮。

西汉（四）

　　随何劝说九江王黥布背叛楚国归顺汉王。黥布来到汉营，汉王正坐在床上洗脚，就叫黥布去见他。黥布见状，怒火燃胸，后悔前来，想要自杀。当他退出来，来到为他准备的馆舍，见到帐幔、用器、饮食、侍从官员一如汉王起居那么豪华，黥布又喜出望外。

　　郦食其劝说刘邦立六国的后代，刘邦说道："赶快去刻六国印玺。"正好张良来拜见，刘邦正在吃饭，就把事情一五一十地告诉张良，张良说："请大王借我筷子，让我来为您筹划一番。"于是指出郦的计谋"八不可"。第七条反对的理由是天下游方之士，离别亲友、故乡，跟随大王征战，只是期盼能有块受封的土地。现在重新分封六国的后代，这些谋臣志士必然各归故土，侍奉自己的君主，大王将和谁一同夺取天下呢？况且楚国目前无敌于天下，六国必然会被它削弱而附庸于它。刘邦停下筷子，吐出饭菜，大骂："酸腐书生，差点坏了我的大事！"赶紧命令销毁六国的印玺。

　　楚汉两军在荥阳对峙，汉王对陈平说："天下纷纷扰扰，什么时候才能平定呢？"陈平劝慰刘邦："项羽信任的臣子，只有亚父范增、钟离昧、龙且等数人。只要派遣间谍让项羽军心不稳，肯定能够击破楚军。"汉王给陈平黄金四万斤，不细问他要花费在哪里，陈平因此能自如调动属下大量施行反间计。项羽中计，怀疑亚父，范增只得告老还乡，还未到家就因背部发疽而死。

楚围汉王益急，纪信①曰："事急矣，请诳楚。"乃乘汉王车出东门，曰："食尽，汉王出降。"楚人皆之城东观汉王，乃得出西门去。项羽烧杀纪信。

汉王军成皋②，羽围之。王逃去，北渡河。晨入赵壁，夺韩信军，令信收赵兵击齐。郦食其说王，收荥阳、据敖仓③粟，塞成皋之险。王从之。郦食其为汉王说齐王，下之。

蒯彻④说韩信曰："将军击齐而汉独发间使下之。宁有诏止将军乎？郦生伏轼，吊三寸舌，下七十余城。将军为将数岁，反不如一竖儒之功乎？"四年信袭破齐，齐王烹食其而走。

汉与楚皆军广武⑤。羽为高俎，置太公其上，告汉王曰："不急下，吾烹太公。"王曰："吾与若俱北面事怀王，约为兄弟。吾翁即若翁，必欲烹而⑥翁，幸分我一杯羹。"羽愿与王挑战，王曰："吾宁斗智，不斗力。"因数羽十罪。羽大怒，伏弩射王伤胸。

---

① 纪信（？—前204），《汉书·高帝本纪》作纪成，汉将，貌似刘邦，荥阳城危时假冒刘邦，被俘后被杀。
② 成皋，即春秋时郑国虎牢邑，战国属韩，今河南荥阳市西北汜水西。
③ 敖仓，秦代所建仓名。在今河南省郑州市西北邙山上。山上有城，秦于其中置谷仓，故曰"敖仓"。后泛称粮仓为敖仓。
④ 蒯（kuǎi）通，本名蒯彻，西汉涿郡范阳人，因为避汉武帝之讳而改为通。陈胜起义，派武臣取赵地，蒯通说服范阳令其投降，又说武臣迎之，武臣用其计，不战而得三十几城。后为韩信谋士，献灭齐之策，劝韩信背叛刘邦自立。后成为相国曹参的宾客。
⑤ 广武，城名，今河南省荥阳东北广武山上。
⑥ 而，我。

楚军派兵围困汉王，情况十分危急。纪信忧虑道："局势愈益急迫，请让我来欺骗楚军。"于是纪信乘着汉王的车驾从东门出城，大声喊道："粮食已经吃完了，汉王亲自投降。"楚军士兵都跑到城东围观汉王，刘邦趁势得以从西门逃脱。项羽把纪信活活烧死。

　　刘邦驻军成皋，项羽率军包围汉军。刘邦连夜逃走，向北渡河。清晨进入赵军营垒，剥夺韩信的军权，转而命令韩信收集赵地残兵攻击齐国。谋士郦食其劝汉王，收复荥阳、占据敖仓的粮草，倚赖成皋的险要进行防守。汉王采纳了他的建议。郦食其自请出使齐国，劝说齐王田广降汉。

　　蒯彻向韩信献计道："将军攻打齐国，而汉王又偷偷派间谍劝降齐王。难道有下令让将军您停止行动吗？郦食其扶着车栏，凭借着三寸不烂之舌，得到齐地七十余座城池。将军已经担任大将好几年了，取得的功劳反而不如一个贫贱书生吗？"汉四年，韩信突然发兵袭击齐国，齐王烹杀郦食其后逃走。

　　楚汉两军隔着广武对峙。项羽命人筑起高大的砧台，把刘邦的父亲绑在上面，告诉刘邦说："你不赶快投降，我就把你父亲烹杀了！"刘邦回答："我与你都向北面侍奉怀王，约定为结义兄弟。我的老父亲就是你的老父亲，如果你一定要烹杀我父亲，有幸请分给我一杯羹。"项羽愿意单独跟刘邦挑战，刘邦拒绝道："我宁愿斗智，也不会斗勇。"趁机数落项羽的十大罪状，项羽大怒，暗箭射中刘邦，致使刘邦身负重伤。

楚使龙且①救齐。龙且曰："韩信易与耳。寄食于漂母，无资身之策。受辱于胯下，无兼人②之勇。"进与信夹潍水而阵。信夜使人囊沙壅③水上流。且渡击且，佯败还走。且追之。信使决水，且军大半不得渡，急击杀且。信使人言之汉王，请为假王以镇齐。汉王大怒，骂之。张良、陈平蹑足附耳语，王悟，复骂曰："大丈夫定诸侯，即为真王耳，何以假为？"遣印，立信为齐王。

项羽闻龙且死，大惧，使武涉④说信，欲与连和，三分天下。信曰："汉王授我上将军印，解衣衣我，推食食我⑤，言听计用。我倍之，不祥。虽死，不易。"蒯彻亦说信，信不听。

汉立黥布为淮南王，项王少助食尽，韩信又进兵击之。羽乃与汉约中分天下，鸿沟⑥以西为汉，以东为楚，归太公、吕后，解而东归。汉王亦欲西归。张良、陈平曰："汉有天下大半，楚兵饥疲。今释不击，此养虎自遗患也。"王从之。

---

① 龙且（jū，？—前204），秦末楚汉争霸时期西楚将领，潍水之战被韩信击杀。
② 兼人，超过别人。
③ 壅（yōng），堵塞，阻挡。
④ 武涉，生卒年不详，秦末盱眙人。
⑤ 解衣衣我，推食食我，后作"解衣推食"，指施惠于人。
⑥ 鸿沟，古代运河名，在今河南省荥阳市。楚汉相争时是两军对峙的临时分界。

楚国派遣龙且援救齐国。龙且自夸："韩信可以轻易战胜。在漂洗衣物的大娘那讨口饭吃，没有养活自己的办法。受尽胯下之辱，没有过人的勇气。"龙且进军，与韩信在潍水对阵。韩信乘夜派人用麻袋装满泥沙壅塞潍水的上游。天明，韩信亲自率将兵涉河击龙且，刚一交战，即假装溃败后逃。龙且追赶汉军。韩信命人决堤放水，龙且的部队大部分不能渡河，韩信回师杀死龙且。齐国平定后，韩信派使者请示汉王，想以假王的名义镇守齐地。刘邦勃然大怒，大骂韩信。张良、陈平两人赶紧踩了踩刘邦的脚，低声耳语一番，刘邦醒悟，又假意骂道："大丈夫既然平定诸侯，就要做一个真的王，干吗当个假王？"派出使者授予韩信印玺，任命韩信为齐王。

项羽听说龙且战死，大为震骇，派遣武涉游说韩信，想要与韩信联合，三分天下。韩信说："汉王授予我上将印信，把穿着的衣服脱下给我穿，把正在吃的食物让给我吃，我说的话和出的主意汉王都采纳照办。我若背叛汉王，不吉利。即使被杀，我忠于汉王的志向也不改变。"蒯彻劝说韩信，韩信也没有听从。

刘邦立黥布为淮南王，项羽兵援匮乏，粮草耗尽，韩信又进军攻打。项羽于是与刘邦约定中分天下，鸿沟以西归汉所有，以东归楚所有，项羽释放刘邦的父亲、妻子后率军东撤。刘邦也想要回西边休整。张良、陈平献策："汉已经占据天下大半，楚军士卒疲劳饥饿。现在放着弱敌不打，这是养虎留患呀。"刘邦采纳了他们的计策。

西汉（五）

五年，王追羽至固陵①，韩信、彭越期不至。张良劝王以楚地、梁地许两人，王从之，皆引兵来。黥布亦会。羽至垓下②，兵少食尽，信等乘之。羽败入壁，围之数重。羽夜闻汉军四面皆楚歌，大惊曰："汉皆已得楚乎？何楚人多也？"起饮帐中，命虞美人起舞。悲歌慷慨，泣数行下，其歌曰："力拔山兮气盖世，时不利兮骓不逝。骓不逝兮可奈何，虞兮虞兮奈若何。"骓者，羽平日所乘骏马也。左右皆泣，莫敢仰视。

羽乃夜从八百余骑溃围南出，渡淮，迷失道，陷大泽中。汉追及之，至东城，乃有二十八骑。羽谓其骑曰："吾起兵八岁，七十余战，未尝败也。今卒困此，此天亡我，非战之罪。今日固决死，愿为诸君决战。必溃围，斩将，令诸君知之。"皆如其言。于是欲东渡乌江，亭长舣船待曰："江东虽小，亦足以王。愿急渡。"羽曰："籍与江东子弟八千人渡江而西，今无一人还。纵江东父兄怜而王我，我何面目复见，独不愧于心乎？"乃刎而死，楚地悉定。独鲁不下，王欲屠之。至城下，犹闻弦诵之声，为其守礼仪之国，为主死节，持羽头示之，乃降。王还驰入齐王信壁，夺其军，立信为楚王，彭越为梁王，汉王即皇帝位。

---

① 固陵，秦置，属陈郡。今河南太康县南。
② 垓下，又名垓下聚，今安徽省灵璧境内。

西汉（五）

　　汉高祖五年，汉王追击项羽到固陵一带，韩信、彭越逾期不至。张良劝汉王以分赏楚地、梁地来吸引两将出兵，汉王听从建议，果然韩、彭两人领兵到达。黥布也与大军会师。项羽的部队退至垓下，兵少粮尽，韩信等趁机进攻楚军。项羽败下阵来，退入营垒，汉军重重包围楚军残兵。项羽夜里听到四面的汉军军营响起楚地的民谣，大惊失色道："汉军已经完全占领楚地了吗？为什么楚国人这样多呀？"项羽连夜起床，在帐中饮酒，命虞美人起舞。这时候，项王不禁慷慨悲歌，流下眼泪数行，吟唱道："力量能拔山啊，英雄气概举世无双，时运不济呀，骓马不再往前闯！骓马不往前闯啊可怎么办，虞姬呀虞姬，怎么安排你呀才妥善？"骓马是项羽平日所骑的骏马。左右侍者也都跟着落泪，没有一个人敢抬起头来看他。

　　于是部下壮士八百多人骑马跟在项羽后面，趁夜突破重围，向南冲出，飞驰而逃。项羽渡过淮河，迷了路，陷进了大沼泽地中，因此汉兵追上了他们。项羽又带着骑兵逃到东城，还剩二十八人。项羽估计自己不能逃脱，对他的骑兵说："我带兵起义至今已经八年，亲自打了七十多仗，从来没有失败过。可是如今被困在这里，这是上天要亡我，绝不是作战的过错。今天肯定得战死了，我愿意给诸位打个痛痛快快的仗，给诸位冲破重围，斩杀汉将，让诸位知道的确是上天要亡我，绝不是作战的过错。"最后战局都如项羽所说。这时，项羽想要向东渡过乌江。乌江亭长停船靠岸等在那里，对项羽说："江东虽然地小，也足够称王啦。请大王赶快渡江。"项羽叹道："我项籍和江东子弟八千人渡江西征，如今没有一个人回来。纵使江东父老兄弟怜爱我，让我做王，我又有什么脸面去见他们，我项籍难道心中无愧吗？"于是拔剑自刎而死，楚地都被平定了。只有鲁县不降服，汉王率军想要屠戮鲁县。大军到达城下，仍然听到读书诵经的声音，考虑到他们恪守礼义，为君主守节不惜一死，就拿着项羽的头给鲁人看，鲁地父老这才投降。刘邦回师，迅速进入齐王韩信的营垒，剥夺他的军权，转封韩信为楚王，封彭越为梁王，刘邦即皇帝位。

置酒洛阳南宫，上曰："彻侯①、诸将皆言，吾所以得天下者何？项氏所以失天下者何？"高起、王陵对曰："陛下使人攻城掠地，因而与之，与天下同其利。项羽不然，有功者害之，贤者疑之。战胜而不予人功，得地而不与人利。"

上曰："公知其一，未知其二。夫运筹帷幄之中，决胜千里之外，吾不如子房。填国家，抚百姓，给馈饷②，不绝粮道，吾不如萧何。连百万之众，战必胜，攻必取，吾不如韩信。此三人者，皆人杰也。吾能用之，此吾所以取天下。项羽有一范增而不能用，此其所以为我禽也。"群臣悦服。

故齐田横③与其徒五百余人入海岛。上召之，曰："横来，大者王，小者侯。不来，且举兵诛。"横与二客乘传至洛阳尸乡④，自刭⑤，以王礼葬之。二客自刭。从之五百人在岛中者，闻之自杀。

---

① 彻侯，爵位名。秦统一后所建立的二十级军功爵中的最高级。汉初因袭之，多授予有功的异姓大臣，受爵者还能以县立国。后避武帝讳，改称通侯或列侯。
② 馈饷，粮饷。
③ 田横（？—前202），秦末狄人，与兄田儋、田荣反秦自立，占据齐地为王。后汉高祖刘邦统一天下，田横率五百门客逃往海岛。后应诏赴洛阳，途中自杀。留居海岛的五百部属闻讯亦全部自杀。
④ 尸乡，即西亳，在今河南偃师县西。
⑤ 刭，以刀割颈。

高祖在洛阳南宫设宴款待群臣。高祖说："列侯和各位将军，你们不要瞒我，都要说真心话。我之所以能取得天下，是因为什么呢？项羽之所以失去天下，又是因为什么呢？"高起、王陵说："陛下派人攻城略地，凡攻占的，您就用来赏赐有功之人，与天下人分享利益。项羽则不然，陷害有功之人，怀疑贤能之人，打胜仗不给人赏赐财物，占领敌国不给人分封土地。"

　　高祖说："你们只知其一，未知其二。在大帐内出谋划策，在千里以外一决胜负，我不如张良；平定国家，安抚百姓，供给军饷，使运粮食的道路不断绝，我不如萧何；聚集众多的士兵，要打仗就一定会胜利，想攻占就一定会占领，我不如韩信。这三个人是当世的豪杰，我能重用他们，这就是我取得天下的原因。项羽只有一范增辅佐却还不能重用，这就是被我擒拿的原因。"诸位大臣都心悦诚服。

　　曾经占据齐地称王的田横与五百多位门客逃到海岛上。高祖下旨，说："田横若是来，最大可以封为王，最小也可以封为侯；若是不来的话，将派军队加以诛灭。"田横被迫和他的两个门客，一起乘坐驿站的马车前往洛阳，在尸乡这个地方田横自杀，高祖下令以王的礼制安葬他。田横的两位门客也自刎而死，在岛上的其余五百多人，听闻这个消息后也纷纷殉死。

西汉（六）

初季布①为项羽将，数窘帝。羽灭，帝购求布，敢匿者罪三族。布乃髡钳②为奴，自卖于鲁朱家。朱家心知其布也。之洛阳，见滕公③，曰："季布何罪？臣各为其主耳。以布之贤，汉求之急，不北走胡，南走越耳，此弃壮士资敌国也。"滕公言于上，乃赦布，召拜郎中。

丁公④为项羽将，尝逐窘帝彭城西。短兵接，帝急顾曰："两贤岂相厄哉？"丁公乃还。至是谒见帝，以徇⑤军中，曰："丁公为臣不忠，使项王失天下。"遂斩之，曰："使后为人臣无效丁公也。"

齐人娄敬⑥，说上曰："洛阳，天下之中。有德易以兴，无德易以亡。秦地被山带河，四塞以为固。陛下案秦之故，此搤⑦天下之亢而拊其背也。"上问张良，良曰："洛阳四面受敌，非用武之国。关中左崤函，右陇蜀，阻三面而守。敬说是也。"上即日西都关中。

---

① 季布，生卒年不详，西汉时楚人。初为项羽将，数次围困刘邦，羽灭，刘邦以重金求季布。季布藏在朱家，朱家劝夏侯婴进言刘邦赦免季布，并拜为郎中。汉惠帝时，官至中郎将。汉文帝时，任河东郡守。季布为人仗义，以信守诺言著称。
② 髡（kūn）钳，古代刑罚，剃去头发，用铁圈束颈。
③ 滕公，即夏侯婴（？—前172），曾为滕令奉车，故号滕公，西汉沛县人。跟随刘邦起义，为太仆，后封为汝阴侯。
④ 丁公（？—前202），名固，秦朝末年薛县人，季布同父异母弟。
⑤ 徇，宣示于众。
⑥ 娄敬，即刘敬，生卒年不详，西汉初齐国卢人。因献西都关中之策，赐姓刘，拜为郎中，号奉春君。后封关内侯，号建信侯。
⑦ 搤，通"扼"，捉住，掐住。

西汉（六）

　　当初季布为项羽的帐前大将，曾屡次攻打汉王刘邦，让刘邦处境困窘。项羽灭亡后，高祖出千金悬赏捉拿季布，并下令有胆敢窝藏季布的论罪要灭三族。季布不得不把头发剃掉，用铁箍束住脖子，扮成奴仆的样子，把自己卖给鲁地的朱家。朱家心里知道他是季布。到洛阳，拜见滕公夏侯婴，说："季布犯了什么大罪？做臣下的各受自己的主上差遣罢了。凭着季布的贤能，汉王追捕又如此急迫，这样，他不是向北逃到匈奴去，就是要向南逃到越地去了。这是放弃勇士而去资助敌国啊！"滕公按照朱家的意思向皇上奏明，高祖于是赦免了季布，任命他做了郎中。

　　丁公过去是楚军将领，曾经在彭城西面追逐汉高祖。短兵相接时，高祖急忙回头对丁公说："我们两个好汉难道要互相为难吗！"于是丁公领兵返回。这时候丁公拜见高祖。高祖把丁公捉拿放到军营中示众，说道："丁公做项王的臣下时不能尽忠，使项王失去天下。"于是就斩了丁公，说道："让后代做臣下的人不要仿效丁公！"

　　齐地人娄敬，向高祖建言："洛阳，是天下的中心。君主有德行就容易靠它称王统治天下，没德行就容易因此灭亡。秦地有高山被覆，黄河环绕，四面边塞可以作为坚固的防线。陛下如果控制秦国原来的土地，这就是扼住了天下的咽喉而击打它的后背啊。"高祖征求张良的意见，张良说："洛阳四面受敌，无险可守，不是可以征战用兵的地方。关中左边是崤山、函谷关，右边是陇、蜀之地，三面有天险可守，一面可以拒敌。娄敬的建议是正确的。"高祖即日向西迁都关中。

留侯张良谢病，辟谷①，曰："家世相韩。韩灭，为韩报仇。今以三寸舌为帝者师，封万户侯，此布衣之极。愿弃人间事，从赤松子游耳。"良少时于下邳圯②上遇老人③，堕履圯下，谓良曰："孺子，下取履。"良欲殴之，悯其老，乃下取履。老人以足受之，曰："孺子可教。后五日与我期于此。"良如期往，老人已先在，怒曰："与长者期，后何也？"复约五日，及往，老人又先在，怒。

复约五日，良半夜往，老人至，乃喜，授以一编书，曰："读此，可为帝者师。异日见济北谷城山下黄石即我也。"旦视之，乃太公兵法，良异之，昼夜习读。既佐上，定天下，封功臣，使良自择齐三万户。良曰："臣始与陛下遇于留，此天以臣授陛下，封留足矣。"后经谷城，果得黄石焉，奉祠之。

六年，人有上书告楚王韩信反，诸将曰："发兵坑孺子耳。"上问陈平，平危之，曰："古有巡守会诸侯。陛下第出，伪游云梦④，会诸侯于陈。因禽之，一力士之事耳。"上从之，告诸侯会陈，吾将游云梦。至陈，信上谒，命武士缚信，载后车。信曰："果若人言，狡兔死走狗烹，飞鸟尽良弓藏，敌国破谋臣亡。天下已定，臣固当烹。"遂械系以归，赦为淮阴侯。

---

① 辟谷，不食五谷，道教的一种修炼术。
② 圯（yí），桥。
③ 老人，即黄石公（约前292—前195），道家学者，秦汉时隐士。《史记·留侯世家》称其避秦世之乱，隐居东海下邳。
④ 云梦，古薮泽名。汉魏之前所指云梦范围并不很大，晋以后的经学家才将云梦泽的范围越说越广，把洞庭湖都包括在内。

留侯张良以自己身体多病辞谢官职，学辟谷之术，说："我家世代为韩相。韩国灭亡时，我替韩国向强秦报仇。如今凭借三寸之舌为帝王统师，封邑万户，位居列侯，这对一介平民来说是至高无上的礼遇了。我情愿丢却人间之事，打算随赤松子去遨游。"张良年轻时在下邳的桥上遇见一位老人，老人把鞋子丢在桥下，对张良说："小子，下去把鞋给我取上来！"张良气得想要痛殴老人，但怜悯他年事已高，于是忍住气下去取鞋。老人伸出脚穿上鞋，说："你这个年轻人可以教化成才了。五天之后在这里跟我见面。"张良按约定前往，老人已经先在那里了，老人非常生气地说："你跟长者相约，比我来得还晚，为何？"又约定五天之后见，张良赶过去，老人还是先到，大发雷霆。

再约定五天之后见面，张良半夜就出发了，老人随后到，大为欣喜，交给张良一册书，说："你读了此书，就可以成为帝王的老师。以后见到济北谷城山下的黄石，就是见到我了。"天亮时分张良看这卷书，原来是太公兵法，张良感到惊异，夜以继日地学习诵读。等到辅佐高祖，平定天下，分封功臣的时候，高祖让张良自己挑选齐地三万户作为自己的封地。张良推辞道："臣最初与陛下在留县相遇，这是上天把臣送给陛下，封留即可。"后来张良经过谷城，果然见到黄石，毕恭毕敬地建祠供奉。

汉高祖六年，有人上书状告楚王韩信谋反，诸位将领都说："赶紧发兵活埋这小子。"高祖询问陈平，陈平觉得发兵攻打的危害比较大，劝说："古时天子巡察各地，会见诸侯。陛下只需假装出游云梦，在陈县会见诸侯。趁机将韩信拿下，这只不过是一个力士就能办到的事。"高祖听从了他的计策，派使者告知诸侯在陈县迎驾，自己将要巡游云梦。到了陈地，韩信拜见高祖，高祖命令武士把韩信绑起来装在后车。韩信哀叹道："果然如人所言，'狡兔死走狗烹，飞鸟尽良弓藏，敌国破谋臣亡'。现在天下已经平定，我本来就应该被烹杀呀！"于是他被捆绑起来押解回京，最后高祖赦免韩信，降为淮阴侯。

上尝从容问信，诸将能将兵多少。上曰："如我，能将几何？"信曰："陛下不过将十万。"上曰："于君何如？"曰："臣多多益辨。"上笑曰："多多益辨，何以为我禽？"曰："陛下不能将兵，而善将将。此信所以为陛下禽。且陛下所谓天授，非人力也。"

西汉（七）

剖符①封功臣，酂侯②萧何食邑独多。功臣皆曰："臣等被坚执锐，多者百余战，少者数十合。萧何未尝有汗马之劳，徒持文墨议论，顾反居臣等上，何也？"上曰："诸君知猎乎？逐杀兽者狗也，发纵指示者人也。诸君徒能得走兽耳，功狗也。至如萧何，功人也。"群臣皆莫敢言。

上已封大功臣，余争功不决。上从复道上望见诸将往往坐沙中，相与语。上问张良，良曰："陛下以此属取天下，今所封皆故人亲爱，所诛皆平生仇怨。此属畏不能尽封，又恐见疑平生过失及诛，故相聚谋反耳。"上曰："奈何？"良曰："陛下平生所憎，群臣所共知，谁最甚者？"上曰："雍齿③。"良曰："急先封齿。"于是封齿为什方侯，而急趣丞相御史定功行封。群臣皆喜曰："雍齿且侯，吾属无患矣。"

---

① 剖符，又叫剖竹。古代帝王分封诸侯、功臣时，以竹符为信证，剖分为二，君臣各执其一，后因以"剖符""剖竹"为分封、授官之称。
② 酂侯，汉高祖刘邦赐给萧何的封号。
③ 雍齿（？—前192），秦末汉初泗水郡沛县人，世族。从刘邦反秦，旋即反叛。后归复刘邦，从战有功，刘邦终不满雍齿。高祖六年，大封功臣，诸将争功不服，刘邦用张良言，封雍齿为什方侯。

高祖曾经从容地询问韩信，各位将领都能带兵多少。高祖问："像我，能带兵多少？"韩信回答："陛下不过带兵十万。"高祖又问："你可以带兵多少？"韩信启禀道："越多越好。"高祖哈哈大笑："既然越多越好，为什么被我擒拿？"韩信回复："陛下不能带兵，但是能够带将。这就是我被陛下擒获的原因。况且陛下是上天授予的，不是人力所及。"

西汉（七）

剖符分封功臣，酂侯萧何所获的食邑最多。其他功臣都说："我们亲自身披铠甲，手执兵器作战，多的打过一百多仗，少的也经历了几十次战斗。萧何没有立过汗马功劳，只不过靠舞文弄墨，发发议论，却反而位居我们之上，这是什么道理？"高祖说："诸位知道打猎吧？追赶扑杀野兽的是猎狗，能够发现踪迹向猎狗指示野兽所在之处的是猎人。你们诸位只能奔走追获野兽，不过是有功的猎狗。至于萧何，他能发现踪迹，指示方向，是有功的猎人。"群臣听了，都不敢再说什么了。

高祖已经分封拥有大功的臣子，其余日夜争功不决的未得封赠。高祖在洛阳宫复道上，望见诸将常常坐在沙上交谈。高祖疑惑不解就将这件事告诉给张良，张良说道："陛下靠着这些人取得了天下。现在所封赏的都是陛下亲近宠幸的老友，所诛杀的都是一生中仇恨的人。这些人怕陛下不能全部封到，又担心被皇上怀疑到平生的过失而遭受诛杀，所以就聚在一起图谋造反了。"高祖问："这件事该怎么办呢？"张良说："皇上平生憎恨，又是群臣都知道的，谁最突出？"高祖回答："雍齿。"张良说："请皇上赶紧先分封雍齿。"于是封雍齿为什方侯，并且催促丞相、御史评定功劳，施行封赏。诸位大臣都高兴地说："雍齿尚且被封为侯，我们这些人就不担忧了。"

诏定元功十八人位次，赐丞相何剑履上殿，入朝不趋。尊太公为太上皇。帝惩秦苛法为简易。群臣饮酒争功，醉或妄呼，拔剑击柱。

叔孙通①说上曰："儒者难与进取，可与守成。愿征鲁诸生共起朝仪。"上从之，鲁有两生不肯行，曰："礼乐积德而后可兴也。"通与所征及上左右，与弟子百余人，为绵蕞②野外习之。

七年，长乐宫成，诸侯群臣皆朝贺。谒者治礼，引诸侯王以下至吏六百石，以次奉贺，莫不振恐肃敬。礼毕，置法酒。御史执法，举不如仪者，辄引去。竟朝罢酒，无敢喧哗失礼者。上曰："吾乃今日知为皇帝之贵也。"拜通为太常。

匈奴寇边，帝自将击之。闻冒顿单于③居代谷，悉兵三十万北逐之。至平城，冒顿精兵四十万骑围帝于白登七日。用陈平秘计，使间厚遗阏氏，冒顿乃解围去。平从帝征伐，凡六出奇计，辄益封邑。

九年，遣刘敬使匈奴和亲，取家人子名公主妻单于。

---

① 叔孙通，生卒年不详，西汉鲁国薛县人。秦末，为博士，从项梁、项羽，后归刘邦，任博士，号稷嗣君。
② 绵蕞（zuì），亦作"绵蕝"，引绳为"绵"，束茅以表位为"蕞"。指制定整顿朝仪典章。
③ 冒顿（mò dú）（前234—前174），西汉初年匈奴单于。冒顿是人名，姓挛鞮，单于是匈奴部落联盟的首领称号。在位期间，攻灭东胡，西击月氏，南服楼烦、白羊，北服丁零，西汉初年，经常侵扰边地。

高祖下诏确定功劳最大的十八人的位次，准许丞相萧何穿鞋带剑上殿，入朝拜见皇帝可以不用小步快走。尊奉刘太公为太上皇。高祖将秦朝苛繁的法律改得简单易行，群臣在朝廷饮酒作乐争论功劳，有的人喝醉了酒狂呼乱叫，甚至拔出剑来砍削庭中立柱。

叔孙通劝说高祖："儒生们虽然不能帮着您攻城占地，但他们却可以帮着您来守天下。请您让我去找一些鲁地的儒生，给您制定一套朝廷上使用的礼仪。"高祖听从了他的建议，鲁地有两位儒生不愿前往，说："礼乐制度的建立那是行善积德百年以后才能考虑的事情。"叔孙通与他征召的和刘邦身旁旧有的书生，以及自己的弟子合在一起，在野外拉起绳子，立上草人，反复学习。

汉高祖七年，长乐宫建成，各诸侯王及朝廷群臣都来朝拜祝贺。谒者主持礼仪，引导着诸侯王以下至六百石以上的各级官员依次毕恭毕敬地向皇帝施礼道贺，所有官员没有一个不因这威严仪式而惊惧肃敬的。等到仪式完毕，再摆设酒宴大礼。监察御史执行礼仪法规，找出那些不符合礼仪规定的人并把他们带走。从朝见到宴会结束，没有一个敢大声说话和行动失当的人。高祖说道："我今天才知道当皇帝的尊贵啊！"于是授给叔孙通太常的官职。

匈奴骚扰汉朝边境，高祖亲自领兵进攻匈奴。得知冒顿单于居住在代谷，出动三十万汉军向北追击。到达平城，由于汉军轻敌冒进，冒顿单于率领精锐的四十万骑兵把高祖围困在白登，达七天七夜之久。最后高祖采用陈平献上的秘计，派出间谍向阏氏厚赠礼物，冒顿才打开包围圈离去。陈平跟随高祖南征北战，六次出奇谋，每次奏效后都被增加封邑。

汉高祖九年，派遣刘敬（娄敬）出使匈奴和亲，让普通人家的女儿冒充公主嫁给冒顿单于。

十年，代相国陈豨①反，帝自将击之。淮阴侯韩信舍人弟上变，告信阴与豨谋。吕后与萧何谋，诈称豨已败死，绐信入贺，使武士缚信，斩之。信曰："吾悔不用蒯彻之谋，乃为儿女子所诈。"遂夷信三族。

十一年，帝破豨还，诏捕蒯彻。至曰："秦失其鹿，天下共逐。高材疾足者先得之。当时臣独知韩信，非知陛下，天下欲为陛下所为者甚众，力不能耳，又不可尽烹邪？"帝赦之。

梁王彭越太仆告其将扈辄劝越反。上使人掩越，囚之，反形已具，赦处蜀。吕后曰："此自遗患。"遂诛之，夷三族。

西汉（八）

遣陆贾②，立南海尉陀③为南粤王，陀称臣，奉汉约。贾归报，拜太中大夫。贾时前说诗、书，帝骂之，曰："乃公马上得天下，安事诗书？"贾曰："陛下以马上得之，宁可以马上治之乎？文武并用，长久之术也。使秦并天下，行仁义，法先圣，陛下安得有之？"帝曰："试为我著书，秦所以失，吾所以得，及古成败。"贾著书十二篇，每奏，称善，号曰《新语》。

---

① 陈豨（xī，？—前195），西汉宛朐人，从刘邦起事，为游击将军。高祖六年，封阳夏侯。后起兵反汉，兵败被杀。
② 陆贾（约前240—前170），汉初楚人，西汉思想家、政治家、外交家。能言善辩。高祖和文帝时，两次出使南越，说服赵佗臣服汉朝。著有《新语》。
③ 尉佗（？—前137），即赵佗。曾任秦南海郡尉，故称尉佗。西汉真定人。秦时为南海郡龙川令，后为南海尉。秦亡后，并桂林、南海、象郡，建南越国。汉高祖十一年，封其为南越王。吕后时，号"南越武帝"，发兵攻打长沙边邑。文帝时，陆贾出使南越，尉佗上书去帝号。

汉高祖十年，代地的相国陈豨谋反，高祖亲自领兵平叛。淮阴侯韩信的一位舍人的弟弟上书告变，告发韩信准备反叛的情况。吕后和萧何谋划，假称陈豨已经兵败身亡，欺骗韩信入宫朝贺，吕后命令武士把韩信捆起来，而后斩首。韩信临斩时说："我后悔没有采纳蒯彻的计谋，以致被妇女小子所欺骗，这难道不是天意吗？"于是夷灭韩信三族。

汉高祖十一年，高祖击破陈豨，班师回朝，下诏追捕蒯彻。蒯彻被抓到后说："秦朝失去帝位，天下英杰都来抢夺它，才智高超、行动敏捷的人率先得到它。当时，我只知道有韩信，并不知道有陛下。况且天下想干陛下所干的事业的人太多了，只是力不从心罢了，怎么能够把他们都煮死呢？"高祖赦免他的罪行。

梁王彭越的太仆状告他的将领扈辄鼓动彭越谋反。高祖派人出其不意地袭击彭越，囚禁起来，经主管官吏审理认为他谋反的罪证确凿。高祖赦免彭越，判处他流放蜀地。吕后不同意，说："这是给自己留下祸患。"于是杀了彭越，灭其家族。

西汉（八）

刘邦派遣陆贾立南海尉佗为南粤王，尉佗向汉朝称臣，遵从汉朝约束。陆贾回朝汇报，被任为太中大夫。陆贾经常在刘邦面前称引《诗经》《尚书》等儒家典籍，高祖骂道："我在马上打得天下，要诗书何用！"陆贾反驳说："马上得到天下，岂能在马上治理！文武并用，才是长久的治国之术。假如秦国统一六国后，施行仁政，效法先圣，陛下您怎么会得到天下？"高祖惭愧地说："请试着为我写书，秦为何灭亡，汉为何兴起，以及古代帝王的得失成败。"陆贾写了十二章，每次上奏，高祖都连连称赞，这套书就被称为《新语》。

淮南王黥布见帝杀韩信、醢①彭越，以同功一体之人，自疑祸及，遂反。帝自将击之。

十二年，帝破布还，过鲁，以太牢②祠孔子。过沛，置酒召宗室故人。饮酒酣，上自歌曰："大风起兮云飞扬，威加海内兮归故乡，安得猛士兮守四方。"令沛中子弟习歌之，以沛为汤沐邑③。

初戚姬④有宠，生赵王如意。吕后见疏，太子仁弱。上以如意类己，欲废太子而立之。群臣争之，皆不能得。吕后使人彊⑤要张良画计。良曰："此难以口舌争也。顾上所不能致者四人⑥，曰东园公、绮里季、夏黄公、甪里先生。以上慢侮士，故逃匿山中，义不为汉臣。上高此四人。今令太子为书，卑词安车，固请宜来。至以为客，时从入朝，令上见之，则一助也。"吕后使人奉太子书，招之，四人至。帝击布还，愈欲易太子。后置酒，太子侍良所招四人者，从年皆八十余，须眉皓白，衣冠甚伟。上怪问之，四人前对，各言姓名。

---

① 醢（hǎi），古代的一种酷刑，把人杀死后剁成肉酱。
② 太牢，即古代帝王祭祀社稷时，牛、羊、豕(shǐ，猪)三牲全备为"太牢"。
③ 汤沐邑，源于周制，指诸侯朝见天子，天子赐以王畿以内的、供住宿和斋戒沐浴的封邑。
④ 戚姬，即戚夫人（？—前194），又称戚姬，秦末定陶人，为汉高祖刘邦生下赵隐王刘如意。吕后当权，戚夫人被折磨致死。
⑤ 彊，通"强"，强行，强迫。
⑥ 四人，即商山四皓，秦朝末年四位信奉黄老之学的博士：东园公唐秉、夏黄公崔广、绮里季吴实、甪（lù）里先生周术。

淮南王黥布目睹高祖杀韩信，灭彭越，因为自己是和他们一样的有功之臣，所以怀疑祸及自身，于是起兵造反。高祖亲自率兵进攻黥布。

汉高祖十二年，高祖平定黥布后还军，经过鲁地，以太牢祭祀孔子。经过沛县，摆酒招待，把沛县老朋友和父老子弟都请来。酒喝得正痛快时，高祖唱起自己编的歌："大风刮起来啊云彩飞扬，声威遍海内啊回归故乡，怎能得到猛士啊守卫四方！"让沛县中的儿童们跟着学唱，并传令沛县为汤沐邑。

当初高祖宠幸戚夫人，戚夫人生下赵王如意。吕后被疏远，太子又很仁慈软弱。高祖因为如意像自己，想要废掉太子而立如意为太子。大臣们进谏劝阻，都不能改变高祖的想法。吕后派人强逼张良出个计策。张良无奈道："这件事是很难用口舌来争辩的。皇上不能招致而来的，天下有四人，分别是东园公唐秉、夏黄公崔广、绮里季吴实、甪里先生周术。他们因为皇上对人傲慢，所以逃避征召躲藏在山中，按照道义不肯做汉朝的臣子。但是皇上仍然很敬重这四位贤人。现在可以让太子写一封信，言辞要谦恭，并预备好车马，恳切地聘请，他们应当会来。来了以后，把他们当作贵宾，让他们时常跟着入朝，叫皇上见到他们，这对太子是一种帮助。"吕后派人携带太子的书信，迎请四人来朝。高祖打败黥布还军，更加想要换掉太子。吕后摆酒设宴，太子侍奉张良所招的四位贤者，年纪都已八十多岁，须眉洁白，仪表神态端庄美好。高祖感到奇怪而询问，四人上前对答，各自说出姓名。

上大惊，曰："吾求公数岁，公避逃我。今何自从吾儿游乎？"四人曰："陛下轻士善骂，臣等义不辱。今闻太子仁孝恭敬爱士，天下莫不延颈，愿为太子死者。故臣等来耳。"上曰："烦公幸卒调护。"四人出，上召戚夫人指示之，曰："我欲易之，彼四人者辅之。羽翼已成，难动矣。"

萧何以长安地狭，上林①中多空地弃，请令民得入田。上大怒，下何廷尉②，械系之，数日而赦之。

上击布，中流矢，疾甚。吕后问："陛下百岁后，萧相国死，谁可代之？"曰曹参③，其次曰王陵④，然少戆⑤，陈平可以助之。平智有余，然难独任。周勃⑥重厚少文，可令为太尉，安刘氏者必勃也。复问其次，上曰："此后亦非乃所知也。"上崩，葬长陵。为汉王者四年，为帝者八年，凡十二年。太子盈立，是为孝惠皇帝⑦。

---

① 上林，即上林苑，中国秦汉时期的皇家园林。
② 廷尉，官名，秦置，"九卿"之一，掌刑狱。
③ 曹参（？—前190），字敬伯，西汉泗水沛人，从刘邦起兵反秦，高祖六年，封平阳侯，汉惠帝时官至丞相，一遵萧何约束，有"萧规曹随"之称。
④ 王陵（？—前181），西汉泗水沛人，从刘邦起兵反秦，高祖六年，封安国侯。汉惠帝六年，为右丞相。
⑤ 戆（zhuàng），刚直。
⑥ 周勃（？—前169），西汉泗水沛人，从刘邦起兵反秦，高祖六年，封绛侯。吕后死后，周勃与陈平等合谋智夺诸吕军权，拥立文帝，后官至右丞相。
⑦ 孝惠皇帝，即刘盈（前210—前188），汉高祖刘邦与吕后之子，西汉第二位皇帝。

高祖大惊："我访求各位好几年了，各位都逃避着我。现在你们为何自愿跟随我儿交游呢？"四人回答："陛下轻慢士人，喜欢骂人，我们讲求义理，不愿受辱。我们私下闻知太子为人仁义孝顺，谦恭有礼，喜爱士人，天下人没有谁不伸长脖子想为太子拼死效力的。因此我们都来了。"高祖说："烦劳诸位始终如一地好好调养保护太子吧。"四人下殿，高祖召唤戚夫人过来，指着四人给她看，说道："我想更换太子，但是有他们四人辅佐太子，太子的羽翼已经形成，难以更动了。"

萧何因为长安城郊狭小，上林苑中有大片空地闲置荒芜，就奏请皇帝允许民众入内耕田。高祖大怒，把萧何交给廷尉审讯，戴上镣铐，拘禁数日，才赦免萧何。

高祖攻打黥布时，不幸身中流矢，伤得很严重。吕后问高祖："陛下百年之后，如果萧相国也死了，让谁来接替他做相国呢？"高祖说："曹参可以。"吕后又问曹参过世以后的事，高祖说："王陵可以，不过他略显刚直，陈平可以帮助他。陈平智慧有余，但是难以独自担负重任。周勃深沉厚道缺少文饰，可以让他担任太尉，安定刘氏天下的一定是周勃。"吕后再问以后的事，高祖说："再以后的事也就不是你所能知道的了。"高祖驾崩，葬于长陵。刘邦当了四年汉王，八年皇帝，总共十二年。太子刘盈继位，这就是孝惠皇帝。

西汉（九）

孝惠皇帝名盈，母吕太后。即位之元年，吕后鸩杀赵王如意①。断戚夫人手足，去眼，辉②耳，饮喑③药，使居厕中，命曰"人彘④"。召帝观之，帝惊，大哭，因病岁余不能起。

二年，萧何卒。齐相曹参令舍人⑤趣为装："吾且入相。"使者果召参代何为相国，一遵何约束。百姓歌之曰："萧何为相，较若画一；曹参代之，守而勿失。载其清净，民以宁一。"

五年，曹参卒。

六年，王陵为右丞相，陈平为左丞相。张良卒。周勃为太尉⑥。

帝在位七年崩，无子。吕太后取他人子以为太子，至是即位，太后临朝称制。

元年，太后议立诸吕为王。王陵曰："高帝刑白马盟⑦曰：'非刘氏而王，天下共击之。'"平、勃以为可。陵罢相，遂王吕氏。四年，太后废少帝，幽杀之。立恒山王义为帝，改名弘，亦名他人子，为惠帝子者也。

---

① 赵王如意，即刘如意（？—前194），刘邦三子，母戚夫人。刘邦欲立如意为太子，因大臣劝阻，未得。刘邦死后，吕后即派人毒杀如意，谥号隐王。
② 辉，此处读xūn，熏灼。
③ 喑（yīn），哑。
④ 彘（zhì），猪。
⑤ 舍人，战国及汉初王公贵族私门之官。
⑥ 太尉，官名，秦至西汉设置，为中央最高军事长官，与丞相、御史大夫并称"三公"。
⑦ 白马盟，刘邦在位时杀白马与群臣立盟约：非刘姓不得封王。史称"白马盟"。

西汉（九）

孝惠皇帝名字叫刘盈，母亲是吕太后。惠帝即位的元年，吕太后就用鸩酒毒杀了赵王如意，并砍断戚夫人的手脚，挖去眼珠，熏聋耳朵，灌喝哑药，把她放在厕所里，称她为"人彘"。吕太后召惠帝来看"人彘"。惠帝见后受了惊吓，大哭起来，从此患病，一年多不能起身。

汉惠帝二年，萧何去世。齐国丞相曹参命令他的门客赶紧给他收拾行装，说："我要进京当丞相了。"使者果然来召曹参接替萧何做丞相，曹参做事一律遵照萧何以前的规定。百姓作歌赞扬他："萧何做了丞相，政令整齐划一；曹参接替萧何，遵守没有偏移。政事清明干净，百姓安宁归心。"

汉惠帝五年，曹参去世。

汉惠帝六年，王陵担任右丞相，陈平担任左丞相。这一年，张良去世了。周勃担任太尉。

惠帝在位七年驾崩，没有子嗣。吕太后找了别人的儿子当太子，到了这时就即位当了皇帝。吕太后在朝廷上行使天子权力。

汉高后元年，太后提议要册立几位吕家人为诸侯王。王陵说："高皇帝杀白马立盟誓说：'不是刘氏却称王的人，天下一起讨伐他。'"陈平、周勃却认为可以。王陵被罢免了丞相之位，于是太后就封吕家人做了诸侯王。汉高后四年，太后废除了少帝，把他幽禁起来并杀掉。另立恒山王刘义做皇帝，给他改名叫刘弘，刘弘也是别人的儿子，假冒成惠帝的儿子。

八年，太后崩，诸吕欲为乱。时吕禄①将北军②，吕产③将南军④，太尉勃不能主兵。平、勃使郦寄⑤说禄解印，以兵授勃。勃入军门，令曰："为吕氏者，右袒⑥；为刘氏者，左袒。"军中皆左袒。召朱虚侯刘章⑦，予卒千余人，击吕产，杀之，分部悉捕诸吕，无少长，皆斩之。

诸大臣迎立代王⑧恒。王西乡让者三，南乡让者再，遂即位。诛子弘等，赦天下，是为太宗孝文皇帝。

孝文皇帝名恒，母薄氏⑨，梦龙据胸，遂生帝。帝立，尊为皇太后。

元年，陈平为左丞相，周勃为右丞相。时有献千里马者，帝曰："鸾旗在前，属车在后。吉行，日五十里；师行，日三十里。朕乘千里马，独先安之？"于是还其马与道里费，而下诏曰："朕不受献也。其令四方毋来献。"

---

① 吕禄（？—前180），单县人，吕后兄吕释之子，封胡陵侯，后改封赵王，吕后死后被杀。
② 北军，西汉禁军，由中尉统率，拱卫帝都。因驻守长安城北，故称"北军"。
③ 吕产（？—前180），单县人，吕后兄吕泽之子，封洨侯，后改封吕王、梁王，吕后死后被杀。
④ 南军，西汉禁军，由卫尉统帅，守卫宫城。因驻守长安城南，故称"南军"。
⑤ 郦寄，生卒年不详，西汉初年高阳人，字况。汉初大臣郦商之子。吕后死后，协助铲除诸吕。后因触怒汉景帝，夺爵。
⑥ 右袒，脱衣服，露出右臂。
⑦ 朱虚侯刘章（前200—前176），齐悼惠王刘肥之子，刘邦之孙。吕后死后，协助铲除诸吕，加封城阳王。死后谥景王。
⑧ 代王，刘邦生前封刘恒为代王，都晋阳城（今山西太原），辖境大致在今山西中部、东北部，至河北西北部。
⑨ 薄氏，即薄太后（？—前155），刘邦嫔妃，文帝生母。

汉高后八年，吕太后去世，几位吕姓外戚想要作乱。当时吕禄率领北军，吕产率领南军，太尉周勃不能掌握兵权。陈平、周勃派郦寄去游说吕禄解下印绶，把兵权交给周勃。周勃进了军营的大门，说："拥护吕氏的，袒露右肩膀；拥护刘氏的，袒露左肩膀。"军中将士都袒露左肩膀。周勃召见朱虚侯刘章，给了他一千多士兵，让他攻打吕产，刘章击杀了吕产。派人分头行动逮捕了吕家所有人，无论老少，都斩杀了。

诸位大臣迎立代王刘恒当皇帝。代王按宾客之仪面向西辞谢了三次，又按君臣之礼面向南推让了两次，随即登上了天子位。诛杀了刘弘等人，大赦天下，这就是汉太宗孝文皇帝。

孝文帝名字叫刘恒，母亲是薄姬。薄姬曾经梦到一条龙盘踞在她的胸上，后来就生了孝文帝。孝文帝登上皇位以后，尊薄姬为皇太后。

汉文帝元年，陈平担任左丞相，周勃担任右丞相。当时有进献千里马的人，汉文帝说："朕出行的时候，鸾旗在前面做先导，属车在后面做护卫。平时出行，每天能走五十里；率军出行，每天能走三十里。朕骑着千里马能自己先跑到哪里呢？"于是就把千里马还给了那个人，并赐给他返乡的路费。然后颁下诏书："朕不接受贡献之物，让天下的人不要来进献。"

帝益明习国家事，朝而问右丞相勃曰："天下一岁决狱几何？"勃谢不知。又问："一岁钱谷出入几何？"勃又谢不知，惶愧汗出沾背。上问左丞相平，平曰："有主者。即问决狱，责廷尉；问钱谷，责治粟内史①。"上曰："君所主者，何事？"平谢曰："陛下使待罪宰相。宰相者，上佐天子理阴阳，顺四时，下遂万物之宜，外镇抚四夷，内亲附百姓，使卿大夫各得其职焉。"帝称善。勃大惭，谢病，免。

河南郡②守吴公③治平为天下第一，召为廷尉。吴公荐洛阳人贾谊④，年二十余。一岁中，超迁至太中大夫⑤。陈平卒。

西汉（十）

二年，赐天下今年田租之半。

---

① 治粟内史，官名，秦置，"九卿"之一，掌谷食财货。
② 河南郡，即秦时三川郡，高祖二年（前201），改称河南郡，治洛阳。
③ 吴公，生卒年不详，上蔡人，曾受学于李斯。
④ 贾谊（前200—前168），西汉洛阳人，著名政论家，文学家。文帝时任博士，迁太中大夫。后贬长沙王太傅，又称"贾长沙"。迁梁怀王太傅，因梁王意外身亡而郁郁致死。著有《新书》《贾长沙集》。
⑤ 太中大夫，官名，秦置，掌论议。

汉文帝更加明白地知晓国家事务，上朝的时候问右丞相周勃说："国家一年判决多少案件呢？"周勃谢罪说不知道。文帝又问："那国家一年钱粮收入是多少呢？"周勃又谢罪说不知道，惶恐惭愧得汗流浃背。文帝又问左丞相陈平，陈平说："有主管这些事的官员。想要了解断案情况，就责问廷尉；要了解钱粮，就责问治粟内史。"文帝说："那您主管什么事呢？"陈平谢罪道："陛下让我这个待罪之人担任宰相。宰相，对上辅佐天子，协调阴阳，顺应四时；对下使万物各得其宜；对外震慑安抚四夷；对内让百姓归附。使得各级官员都能得到符合他们才能的职位。"文帝称赞陈平说得很对。周勃很惭愧，就推脱自己有病不去上朝，于是被免去了右丞相之职。

河南郡郡守吴公治理地方的政绩为天下第一，文帝就召他担任廷尉，吴公趁机向文帝推荐了洛阳人贾谊。贾谊二十多岁，一年后就破格提拔为太中大夫。这一年，陈平死了。

西汉（十）

汉文帝二年，免除了全国这一年一半的田租。

三年，张释之①为廷尉。上行中渭桥②，有一人桥下走，乘舆马惊，捕，属廷尉。释之奏："犯跸③，当罚金。"上怒。释之曰："法如是，更重之，是法不信于民。廷尉，天下之平也，一倾，天下用法皆为之轻重，民安所措手足乎！"上良久曰："廷尉当是也。"其后，人有盗高庙④玉环，得，下廷尉治。释之奏当弃市⑤。上大怒，曰："人盗先帝器，吾欲致之族，而廷尉以法奏之，非吾所以共承宗庙意也。"释之曰："盗宗庙器而族之，假令愚民取长陵⑥一抔土，何以加其法乎？"帝许之。

六年，淮南厉王长⑦谋反，废徙，死。民有歌之者，曰："一尺布，尚可缝；一斗粟，尚可舂。兄弟二人不相容。"帝闻而病之，后封其四子为侯。

匈奴冒顿死。

先是，上议以贾谊位公卿，大臣多短之。上以为长沙王太傅⑧，徙梁王太傅。上疏曰："方今事执可为痛哭者一，可为流涕者二，可为长太息者六。"

① 张释之，生卒年不详，字季，西汉南阳堵阳人，文帝时以赀为骑郎，十年不得调，后迁公车令。太子与梁王共车入朝，不下司马门，释之追止二人车，劾不敬。文帝由是奇之，拜为中大夫。后为廷尉，执法平允。
② 中渭桥，初称渭桥，始建于秦，西汉时又称横桥，位于长安北三里，横跨渭水，与西渭桥（便桥）、东渭桥合称渭河三桥。
③ 跸（bì），古代帝王出行时，禁止行人以清道。
④ 高庙，即汉高祖刘邦的祖庙。
⑤ 弃市，本指犯人在街头示众，使民皆鄙视之，秦汉以后专指死刑。
⑥ 长陵，汉高祖刘邦的陵寝，在今咸阳市东。
⑦ 淮南厉王长，即刘长（前198—前174），刘邦少子，母赵姬。文帝时谋反被察，遂绝食而死，谥厉王。
⑧ 太傅，辅导太子的官，西汉时称为太子太傅。

汉文帝三年，张释之任廷尉。文帝出行经过中渭桥时，有个人从桥下走过，文帝驾车的马受惊了。文帝命人逮捕了他，交给廷尉审判。张释之上奏说："此人触犯了跸法，应当处以罚金。"文帝很生气。张释之说："法律就是这样规定的。如果改为更重的刑罚，就是法律失信于民。廷尉，是天下公平的典范，一旦用法出现倾斜，那全国上下使用法律时就会有轻有重，不会再公平了，那么百姓又该把手脚放在何处呢？"文帝思考了许久，说："廷尉的判决是对的！"后来，有个人偷了高祖庙的玉环，被逮捕了交给廷尉。张释之上奏说应该判处死刑。文帝非常生气，说："此人偷窃先帝庙的器具，我想让他灭族。可是廷尉却按照法律判处来上奏，这不是我供奉宗庙的本意。"张释之说："盗窃宗庙的器具就判灭族，那如果有愚昧的百姓从高祖的长陵取了一奉土，陛下又如何判处更重的刑罚呢？"于是文帝就准许了廷尉的判决。

汉文帝六年，淮南厉王刘长谋反。文帝废除了他的王位，判他流放，刘长死在途中。百姓歌唱道："一尺长的布，尚可缝到一起做衣服；一斗重的粟，尚可一起捣碎来做饭。兄弟二人却不能互相包容。"文帝听了就病倒了，后来把刘长的四个儿子都封了侯。

匈奴的冒顿单于去世。

起先，文帝提议让贾谊出任公卿，许多大臣都说贾谊的坏话。文帝就贬贾谊做长沙王太傅，后来迁为梁王太傅。贾谊上奏说："如今天下的形势，应该为之痛哭的，有一项；应该为之流涕的，有两项；应该为之叹息的，有六项。"

十年，帝舅薄昭①杀汉使者，帝不忍诛，使公卿群臣往哭之，昭自杀。

十二年，赐民今年田租半。

十三年，太仓令②淳于意③有罪，当刑。少女缇萦④上书曰："死者不可复生，刑者不可复属。愿没入为官婢，以赎父刑。"上怜其意，诏："除肉刑。"

是岁，除田之租税。

十六年，方士⑤新垣平⑥为上大夫⑦。后元年，平以诈伏诛。

---

① 薄昭（？—前170），薄太后之弟，封轵侯。后被逼自杀。
② 太仓令，官名，汉代大司农属官。主管京师粮仓，督受郡国漕运粮谷。
③ 淳于意（约前205年—？），西汉齐临淄人。曾任齐太仓令，世称仓公。精通医术。
④ 缇萦，淳于缇萦，淳于意的小女儿。
⑤ 方士，方术之士，古代自称能访仙炼丹以求长生不老之人。
⑥ 新垣平（？—前163），西汉人，方士。文帝十五年，以望气见帝。后因欺诈事败被杀。
⑦ 上大夫，官名，秦汉时为皇帝近臣。

汉文帝十年，文帝的舅舅薄昭杀了汉朝的使者。文帝不忍心杀他，就让公卿大臣们到他家中大哭，薄昭就自杀了。

汉文帝十二年，免除了百姓这一年一半的田租。

汉文帝十三年，太仓令淳于意犯了罪，当处以肉刑。淳于意的小女儿缇萦上书说："死去的人不能复生，处以肉刑的人也不能断肢再接。我愿没入官府，来抵赎父亲所受的刑罚。"文帝怜悯她的孝心，就下诏说："废除肉刑。"

这一年，文帝免除了全部的田租。

汉文帝十六年，方士新垣平做了上大夫。后元元年，新垣平因为欺骗皇帝被诛杀。

六年，匈奴寇上郡①、云中②。诏将军周亚夫③屯细柳④，刘礼⑤次霸上，徐厉⑥次棘门⑦，以备胡。上自劳军，至霸上及棘门军，直驰入，大将以下骑送迎。已而，之细柳，不得入。先驱曰："天子且至军门。"都尉曰："军中闻将军令，不闻天子诏。"上乃使使持节诏将军亚夫，乃传言开门。门士请车骑曰："将军约：军中不得驱驰。"上乃按辔徐行，至营成礼而去。群臣皆惊，上曰："嗟乎！此真将军矣！向者霸上、棘门军，儿戏耳。"

七年，帝崩。在位二十三年，宫室、苑囿、车骑、服御无所增益。尝欲作露台，召匠计之，直百金。上曰："中人十家之产也，何以台为？"身衣弋绨⑧，所幸慎夫人⑨，衣不曳地，示朴为天下先。吴王⑩不朝，赐以几杖。张武⑪受赂金钱，更加赏赐，以愧其心。专以德化民。当时公卿大夫，风流笃厚，耻言人过，上下成俗。是以海内安宁，家给人足，后世莫能及。葬霸陵⑫。太子即位，是为孝景皇帝。

---

① 上郡，秦汉郡名，汉代辖境大致在今陕西西北部及内蒙乌审旗等地。
② 云中，秦汉郡名，辖境大致在今内蒙土默特右旗以东、大青山以南、卓资县以西，治云中县（今托克托县）。
③ 周亚夫（？—前143），西汉沛人。周勃次子，文帝时封条侯。景帝时平七国之乱。后被诬告入狱，绝食而死。
④ 细柳，古地名，在今陕西咸阳市西南渭河北岸。
⑤ 刘礼（？—前152），楚元王刘交之子，刘邦之侄。初封平陆侯，景帝时封楚王，死后谥文。
⑥ 徐厉（？—前174），沛县人，西汉开国功臣，封祝兹侯。
⑦ 棘门，古地名，原为秦宫，在今咸阳市东北。
⑧ 弋绨（yìtí），黑色粗厚的丝织物。
⑨ 慎夫人，生卒年不详，文帝宠妃，有美色，善歌舞。
⑩ 吴王，即刘濞（前216—前154），刘邦兄刘仲之子，封吴王。后发动"七国之乱"，兵败被杀，身死国除。
⑪ 张武，生卒年不详，文帝即位，任郎中令。后六年为将军，屯北地备匈奴。于萧关与匈奴战，败死。
⑫ 霸陵，汉文帝刘恒的陵寝，在今西安市东。

后元六年，匈奴入侵上郡和云中郡。文帝下诏命令将军周亚夫屯兵于细柳，刘礼驻扎霸上，徐厉驻扎棘门，来防备匈奴。文帝亲自犒劳军队，到了霸上和棘门的军营时，都直接驾车驰入军营，大将带领着军官都骑马迎送文帝出入。接着文帝到了细柳营，却不能够进入。先导说："天子马上就到了。"掌管军门的都尉说："军中只听将军的将令，不听天子的诏命。"文帝只好令使者拿着皇帝的符节给将军亚夫颁布诏命，亚夫才传令打开营门。守门的军士向文帝的车马随从说："将军规定：军营中不准策马奔跑。"文帝就命人拉着缰绳慢慢地前行。到了营中，举行完犒军的仪式，就离开了。大臣们都很震惊，文帝说："哎！这才是真正的将军！前面经过霸上和棘门的军队，简直就是儿戏！"

后元七年，文帝驾崩。文帝在位一共二十三年，宫殿园林、车马仪仗、服饰器具都没有增加。文帝曾经想建造露台，召来工匠计算费用，价值一百金。文帝说："这是中等人家十户的家产，建造露台干什么呢！"文帝自己身穿黑色的粗丝衣服，他所宠幸的慎夫人所穿的衣服不拖到地面，来显示朴素，为天下人做表率。吴王刘濞不来朝觐，文帝就赐给他几案和手杖；张武接受金钱贿赂，文帝反而赐给他更多的赏赐，来让他内心感到羞愧。文帝全力用德行来教化百姓，当时的公卿大夫，风气趋于忠实厚重，把议论别人的过失视为耻辱，全国上下都形成这种风气。所以天下安定，家家衣食充裕，人人生活富足，后世没有能比得上的。文帝安葬在了霸陵。太子登上皇位，就是孝景皇帝。

西汉（十一）

孝景皇帝名启。即位之元年，丞相申屠嘉①奏："功莫大于高皇帝，宜为帝者太祖之庙；德莫盛于孝文皇帝，宜为帝者太宗之庙。"制②曰："可。"

帝为太子时，晁错③为家令④，得幸，太子家号为"智囊"。帝即位，错为内史⑤，数请间言事，辄听，宠倾九卿⑥，法令多所更定。

初，孝文时，吴王濞太子入见，得侍皇太子饮博⑦，争道，不恭，皇太子引博局提杀之。濞称疾，不朝。错数言吴过，可削，文帝不忍。及帝即位，错曰："吴王诱天下亡人，谋作乱。今削之亦反，不削亦反。削之，反亟，祸小，不削，反迟，祸大。"上令公卿、列侯、宗室杂议，莫敢难。晁错又言楚⑧赵⑨有罪，削一郡；胶西⑩有奸，削六县。及削吴会稽、豫章⑪书至，吴王遂反。

---

① 申屠嘉（？—前155），西汉梁国人，随刘邦起兵，文帝时任迁御史大夫，拜丞相，封故安侯。
② 制，皇帝的命令。
③ 晁错（前200—前154），西汉颍川人，习申不害、商鞅刑名之术。文帝时任太子家令；景帝时任内史，迁御史大夫，建言削藩，七国以"清君侧，诛晁错"为名，起兵反叛，景帝诛杀晁错。
④ 家令，即太子家令，官名，秦汉时为太子家总管，掌谷仓饮食。
⑤ 内史，官名，秦汉时掌治京师。
⑥ 九卿，秦汉时中央部分行政官员的总称，位在"三公"之下。后历朝皆有设，名称、司职略有不同。
⑦ 博，博戏，一种下棋游戏。
⑧ 楚，指楚王刘戊（？—前154），刘邦四弟楚元王刘交之孙，因在薄太后国丧其间饮酒，被削去东海郡，遂参与"七国之乱"，后兵败自杀。
⑨ 赵，指赵王刘遂（？—前154），赵幽王刘友之子，刘邦之孙，因过被削常山郡，遂参与"七国之乱"，后兵败自杀。
⑩ 胶西，指胶西王刘卬（？—前154），齐悼惠王刘肥之子，刘邦之孙，因卖官事发，被削除六县，参与"七国之乱"，后兵败自杀。
⑪ 豫章，汉郡名，辖境同今江西省，治南昌县（今南昌市）。

西汉（十一）

　　孝景皇帝名叫刘启。他即位的第一年，丞相申屠嘉上奏说："功勋没有大过高皇帝的，应该把他的庙作为本朝皇帝的太祖庙；德行没有超过文皇帝的，应该把他的庙作为本朝皇帝的太宗庙。"景帝下达命令说："可以。"

　　景帝还是太子时，晁错担任太子家令，得到景帝的宠幸，太子家里都称他为"智囊"。景帝即位后，晁错担任内史，多次请求单独和景帝谈论国事，景帝也每每采纳他的意见，他所受到的宠幸超过了九卿，许多法令多经过晁错的意见得到修改更定。

　　起初，孝文帝的时候，吴王刘濞的太子入朝觐见，被准许侍奉皇太子饮酒下棋。吴太子在下棋时与皇太子争棋路，态度不恭敬，皇太子就拿起棋盘打吴太子，把他杀死了。刘濞就声称身体有病，不来朝见皇上。晁错多次奏说吴王的过失，认为可以削减他的封地，文帝都不忍心。等到景帝即位，晁错说："吴王招诱天下流亡之人，谋划着要起兵作乱。如今削减他的封地，他要造反；不削减他的封地，他也要造反。削减他的封地，他造反得快一点，但是祸害会小；不削减他的封地，他造反得慢一点，但是祸害会大。"景帝下令让公卿、列侯、宗室共同讨论晁错的建议，没有人敢和他争辩。晁错又说："楚王和赵王有罪，削除他们封地各一个郡；胶西王有不法行为，削去六个县。"等削除吴国会稽和豫章二郡的文书到达的时候，吴王就起兵造反了。

胶西、胶东①、淄川②、济南③、楚、赵皆先有吴约,至是同反。齐王④先诺,后悔。

初,文帝且崩,戒太子曰:"即有缓急⑤,周亚夫真可任将。"及七国反,拜亚夫太尉,将三十六将军,往击吴楚。

晁错素与袁盎⑥不善,盎言:"独有斩错,复诸侯故地,兵可无血刃。"而晁错于是要斩东市,父母、妻子、同产⑦,无少长,皆弃市。

周亚夫大破吴楚,诸反皆平。亚夫后为相,封条侯。以谏忤上意,罢。上曰:"此鞅鞅⑧,非少主臣。"卒为人诬告,下狱,欧血,死。

自汉兴,扫除繁苛,与民休息。孝文加以恭俭,至帝遵业。五六十载之间,移风易俗,黎民醇厚,国家无事,人给家足。都鄙⑨廪庾⑩皆满,而府库余货财。京师之钱累钜万,贯朽而不可校。

---

① 胶东,指胶东王刘雄渠(?—前154),齐悼惠王刘肥之子,刘邦之孙,因不满汉庭削藩,遂参与"七国之乱",后兵败被杀。
② 淄川,指淄川王刘贤(?—前154),齐悼惠王刘肥之子,刘邦之孙,因不满汉庭削藩,遂参与"七国之乱",后兵败被杀。
③ 济南,指济南王刘辟光(?—前154),齐悼惠王刘肥之子,刘邦之孙,因不满汉庭削藩,遂参与"七国之乱",后兵败被杀。
④ 齐王,指齐孝王刘将闾(?—前154),齐悼惠王刘肥之子,刘邦之孙,"七国之乱"时,狐疑观望,后畏罪自杀。
⑤ 缓急,偏义复词,偏"急",指事态紧急或发生变故。
⑥ 袁盎(?—前148),西汉楚人,字丝。文帝时为郎中。以数直谏,名重朝廷。历任陇西都尉、吴相、太常、楚相。景帝时因反对立梁孝王为储君,被王刺客所杀。
⑦ 同产,指一母所生的兄弟,泛指兄弟。
⑧ 鞅鞅,因不平或不满而郁郁不乐;鞅,同"怏"。
⑨ 都鄙,京城和边邑。
⑩ 廪庾,粮仓。

胶西王刘卬、胶东王刘雄渠、淄川王刘贤、济南王刘辟光、楚王刘戊、赵王刘遂都事先和吴王有约定，到了这个时候就一起造反了。齐王刘将闾起先承诺要一起谋反，后来又反悔了。

起先，文帝临驾崩时，告诫太子说："一旦事态紧急，周亚夫可以担任将军。"等到七国作乱，就封周亚夫为太尉，带领三十六名将领去攻打吴楚联军。

晁错素来和袁盎关系不和，袁盎说："只有杀了晁错，恢复诸侯本来的领地，那么七国的军队就可以不经过战争而撤走了。"于是晁错在东市被腰斩，他的父母、妻儿、兄弟，不论年龄大小，都被处死。

周亚夫大破吴楚联军，平定叛乱。后来因功担任丞相，封为条侯。周亚夫因为进谏而忤逆了景帝，被罢免了丞相。景帝说："周亚夫这个人因心存不满而郁郁不乐，不是可以侍奉年幼君王的臣子。"周亚夫最后被人诬告，关进监狱吐血而死。

自从汉朝兴起以后，废除苛捐杂税，让百姓休养生息。再加上孝文帝谨慎简朴，景帝又遵从这种政业，这样五六十年间，改变了民间的风气和习俗，百姓温和笃厚，国家无事，人人衣物充足，家家生活富裕。城市和乡间的粮仓都装满了粮食，府库中储存着剩余的物资。京城国库的金钱累积为数极多，穿钱的绳子都腐烂了，无法清点数目。

太仓之粟陈陈相因，充溢露积于外，红腐不可胜食。为吏者长子孙，居官者以为姓号，故有仓氏、库氏。人人自爱而重犯法。然罔疏民富，或至骄溢。兼并之徒，武断乡曲。宗室有土，公卿以下，奢侈无度。物盛而衰，固其变也。

帝崩。在位一十七年，有中元、后元。太子立，是为世宗孝武皇帝。

西汉（十二）

孝武皇帝名彻。即位之元年，始改元曰建元，年有号始此。

举贤良方正、直言极谏之士，亲策问之。广川①董仲舒②对曰："事在强勉而已矣，强勉学问则闻见博而智益明，强勉行道则德日起而大有功。"又曰："人君者，正心以正朝廷，正朝廷以正百官，正百官以正万民，正万民以正四方。四方正远近莫不一于正，而无邪气间其间。是以阴阳调，风雨时，群生和，万民殖，诸福之物可致之。祥莫不毕至而王道终矣。陛下行高而恩厚，知明而意美，爱民而好士，然而教化不立，万民不正。

---

① 广川，辖境大致在今河北景县。
② 董仲舒（前179—前104），西汉信都广川人。景帝时为博士。武帝时，以贤良对策，主张"天人感应""罢黜百家，独尊儒术"，为武帝所采纳，对中国古代政治和思想的发展产生重大影响。著有《春秋繁露》《董子文集》等。

太仓的陈旧粟米一层盖一层，堆满了粮仓流出来，只好堆放在外面，发红腐烂不能食用了。当官的人长期任职，在任期内都能把子孙抚养成人，有的人则把官名当作自己的姓氏，于是有了仓氏、库氏。人人自爱而不愿触犯法律。但是法律稀疏，百姓富足，有的人就变得骄横不法。兼并别人土地的人，在乡间作威作福，横行霸道。皇亲宗室都有封地，公卿大臣往下，都奢侈浪费没有限度，事物发展到极盛就会衰落，本来就是这样变化的。

景帝驾崩，在位一共十七年，其经历了中元和后元两个时期。太子登上皇位，就是世宗孝武皇帝。

西汉（十二）

孝武皇帝名字叫刘彻，他登上皇位的第一年，改年号为"建元"，年号就是从这开始有的。

他要求举荐贤良方正直言极谏的人才，亲自出题考问他们。广川人董仲舒回答说："万事就在于勤勉尽力而已。勤勉尽力于学问，那么见闻知识就会广博，智慧就会明悟。勤勉尽力于'道'，那么德行就会日益提升，铸就大的功业。"他又说："皇帝要端正自己的内心，来整肃朝廷；整肃朝廷，来使百官臣僚端正；整肃百官臣僚，来使天下万民端正；整肃天下万民，来使四方夷狄各国端正。整肃了四方夷狄各国，那么远处和近处就没有不统一在正道之下的了，就没有邪气在天地之间扰乱。因此阴阳谐和，风调雨顺，生物安和相处，百姓繁衍生息，诸多象征幸福的东西和吉祥事，全都出现，这就是王道的最高境界。陛下品行高尚而恩泽深厚，头脑聪明而心地善良，爱护百姓而尊重贤士。但是道德教化没有确立，百姓也没有走上正途。

譬琴瑟不调，甚者必解而更张之，乃可鼓也。为政而不行，甚者必变而更化之，乃可理也。汉得天下以来，常欲治而至今不可善治者，当更化而不更化也。"又曰："养士莫大乎太学①。太学者，贤士之所关也，教化之本原也。愿兴太学，置明师，以养天下之士。"又曰："郡守、县令，民之师帅，所使养流而宣化也。宜使列侯郡守各择其吏民之贤者，岁贡各三人。"又曰："《春秋》大一统者，天地之常经，古今之通宜也。今师异道，人异伦。臣愚以为诸不在六艺之科、孔子之术者，皆绝其道。然后统纪可一，法度可明，而民知所从矣。"上善其对，以为江都②相。

　　上使使者奉安车③蒲轮④、束帛加璧⑤迎鲁申公⑥，既至，问治乱之事。公年八十余，对曰："为治不在多言，顾力行何如耳。"

---

① 太学，中国古代的最高学府，始建于西周，西汉以后历代均设，隋以后改名国子监。
② 江都，汉诸侯国名，辖境大致在今江苏、浙江一带。
③ 安车，古代可以坐乘的小车。古车立乘，此为坐乘，故称安车。供年老的高级官员及贵妇人乘用。高官告老还乡或征召有重望的人，往往赐乘安车。安车多用一马，礼尊者则用四马。
④ 蒲轮，指用蒲草裹轮的车子。转动时震动较小。古时常用于封禅或迎接贤士，以示礼敬。
⑤ 束帛加璧，捆为一束的五匹帛，加上美玉，作为聘问、馈赠的礼物。
⑥ 申公，西汉鲁人，名培，亦称申培。所传之《诗》为"鲁诗"。文帝时为博士。武帝初征为太中大夫。后病免归。

就比如琴瑟声音不和谐，严重的必须要解下旧弦，更换新弦，才可以弹奏。实施统治遇到阻碍，严重的必须要改变政策，才会治理好国家。自从汉朝得到天下以来，一直想治理好国家，但至今没有治理得好，其原因就在于应当实行改革的时候而没有实行改革。"董仲舒又说："培养士人莫过于兴建太学。太学，是培养贤士的关键，是推行教化的根本。希望陛下兴建太学，设置学问渊博的老师，来培养天下的士人。"又说："郡守和县令是百姓的表率，是用来上承仁德而下传教化的。应该让列位侯王和郡守各自从他们所管辖的官吏和百姓中挑选有才能的人，每年给朝廷贡送三人。"又说："《春秋》所推崇的天下一统，是天地之间的永恒原则，是古往今来的一贯道义。如今经师所传授的道不同，人们的论点不一。臣下以为凡是不属于儒家'六艺'范围之内，不符合孔子学说的学派，都禁绝其理论，这样做就能政令统一，法度明确，臣民就知道该遵循什么了！"武帝认为他说得很对，命他做了江都国的丞相。

　　武帝派使者驾着高车大马，带着锦帛和玉璧去迎接鲁申公入朝。鲁申公到了长安以后，武帝向他询问关于国家治乱的道理。申公已经年过八十了，回答说："治理天下不以说得多为完善，只看努力实干得怎样罢了。"

三年，闽越①击东瓯②，遣使发兵救之，徙其众江淮间。帝始为微行，起上林苑。

五年，置五经博士③。

六年，闽越击南越④，遣王恢⑤等击之。

元光元年初，令郡国举孝廉各一人。

二年，方士李少君⑥见上。善为巧发奇中。言："祠灶⑦则致物，而丹砂可化为黄金，蓬莱⑧仙者可见。见之以封禅⑨，则不死。"上信之，始亲祠灶，遣方士入海求蓬莱。安期生⑩之属，海上燕齐迂怪之士，多更来言神事矣。

---

① 闽越，古族名。古代越人的一支。秦汉时分布在今福建北部、浙江南部的部分地区。秦以其地为闽中郡。其首领无诸相传是越王勾践的后裔，汉初受封为闽越王。治东冶（今福州）。
② 东瓯，古族名。越族的一支。相传为越王勾践的后裔。分布在今浙江省南部瓯江、灵江流域。其首领摇助汉灭项羽，受封为东海王，因都东瓯（今浙江省温州市），俗称东瓯王。
③ 五经博士，学官名。博士一职起于战国，秦及汉初掌管图书，以备顾问。汉武帝置五经博士，遂成为专门传授儒家经典的学官。汉初《诗》《书》《礼》《易》《春秋》每经俱只有一家，各置一博士以家法传授，故称"五经博士"。
④ 南越，秦末南越郡尉赵佗起兵兼并桂林和象郡，于公元前203年左右建南越国，公元前111年为汉武帝所灭，置其地为九郡。
⑤ 王恢（？—前133），西汉燕人，武帝时任大行令。尝随韩安国兵平闽越。策划"马邑之谋"，匈奴觉察后引军还，武帝将王恢下狱，自杀而死。
⑥ 李少君，生卒年不详，西汉方士。以长生术见武帝，得到武帝宠信，后病死。
⑦ 祠灶，即祭灶，汉族民间祭祀灶神的一种习俗，为古代"五祀"之一。
⑧ 蓬莱，亦称蓬莱山，传说中东海外的仙岛，相传其上有仙人。
⑨ 封禅，古代帝王祭天地的大典，一般在泰山举行。在泰山上筑土为台，报天之功，称封；在泰山下的梁父山上辟场祭地，报地之德，称禅。
⑩ 安期生，生卒年不详，秦琅琊阜乡人，卖药东海边，人称千岁翁，安丘先生。师从河上公，习黄老之术，后传说羽化登仙。

建元三年，闽越国攻打东瓯国，武帝派使者发兵救援东瓯国，把东瓯国人迁徙到长江和淮河之间居住。武帝开始改换装束，暗自离宫外出，并兴建了上林苑。

建元五年，武帝设置五经博士。

建元六年，闽越国攻打南越国，武帝派遣王恢等去攻打闽越。

元光元年初，武帝首次命令各郡国察举孝廉各一人。

元光二年，方士李少君拜见武帝。李少君善于用巧妙的语言猜中一些离奇的事情。李少君说："祭祀灶神能招来奇异之物，招来了奇异之物就可以使丹砂化为黄金，可以见到蓬莱的仙人。见到仙人，进而举行封禅仪式，就可以长生不死。"武帝相信了他的话，开始亲自祭祀灶神，派遣方士到大海去寻找蓬莱仙岛。因此，像安期生这样的燕地、齐地等沿海地区怪诞迂谬的方士，纷纷前来对武帝谈论有关神仙的事情了。

上用大行①王恢议,遣恢等将兵匿马邑②旁谷中,阴使聂壹③诱匈奴入塞而击之。单于④觉而去。自是绝和亲,攻当路塞。

唐蒙⑤上书请通南夷,拜蒙中郎将⑥,将千人入夜郎⑦。夜郎侯听约,以为犍为郡⑧。又拜司马相如⑨为中郎将,通西夷。邛、筰、冉、駹⑩置郡县,西至沫⑪、若⑫水,南至牂牁⑬为徼。

征吏民有明当世之务、习先圣之术者,县次续食,令与计偕⑭。淄川⑮公孙弘⑯对策曰:"人主和德于上,百姓和合于下。故心和则气和,气和则形和,形和则声和,声和则天地之和应矣。"策奏,擢为第一,待诏金马门⑰。齐人辕固⑱年九十余,亦以贤良征。弘仄目⑲事之,固曰:"公孙子务正学以言,无曲学以阿世。"

---

① 大行,即大行令,官名,汉置,"九卿"之一,掌王朝对少数民族接待、交往等事务。秦时名典客,汉景帝改称大行令,后汉武帝改称大鸿胪。
② 马邑,今山西朔州市朔城区。
③ 聂壹,生卒年不详,西汉雁门马邑人,为当地豪帅,"马邑之谋"的发动者。
④ 单于,指军臣单于,公元前161年—公元前126年在位,老上单于之子。
⑤ 唐蒙,生卒年不详,汉武帝时人,说服夜郎国归汉。
⑥ 中郎将,官名,秦置,担任宫中护卫、侍从。汉时分为五官、左、右三中郎署,各署长官称中郎将,属光禄勋。
⑦ 夜郎,秦汉时期在西南地区由少数民族建立的国家,元首为夜郎王。
⑧ 犍为郡,汉郡名,辖境大致在今四川、贵州、云南三省交界处,治鳖县(今贵州遵义)。
⑨ 司马相如(约前179—前118),四川人,西汉辞赋家。代表作有《子虚赋》《上林赋》,武帝时任中郎将出使西南夷,后因病免官,老死家中。
⑩ 邛(qióng)、筰(zuó)、冉、駹(máng),皆西南少数民族名。
⑪ 沫,古水名,隋唐后改称大渡河。
⑫ 若,古水名,即今雅砻江。
⑬ 牂牁(zāng kē),汉郡名,辖境大致在今贵州境内,治且兰县(今贵州黄平)。
⑭ 计,计吏。偕,俱,都。指令与计吏俱诣太常。后用"计偕"称举人赴京会试。
⑮ 淄川,汉诸侯国名,辖境大致在今山东中部,都剧城(今山东寿光)。
⑯ 公孙弘(前200—前121),字季,齐人,西汉名臣。汉武帝时历任御史大夫、丞相,封平津侯,为西汉第一位以丞相封侯者,死后谥"献"。
⑰ 待诏金马门,官名,汉置。汉代征士未有正官者,均待诏公车,其特异者待诏金马门,以备顾问,后世遂以待诏为官名。金马门,汉宫门名,学士待诏处。
⑱ 辕固,又名辕固生,生卒年不详,齐人,西汉著名经师,所传《诗》为"齐诗"。
⑲ 仄目,斜着眼看,多表示畏惧、忌恨等情绪。

武帝采纳大行令王恢的计策，派遣王恢等人带领军队埋伏在马邑旁边的山谷中，暗地里使聂壹引诱匈奴进入关塞来攻打匈奴。军臣单于发觉了汉军的阴谋，引兵北还。从此匈奴断绝了和汉朝的和亲，进攻扼守大路的要塞。

唐蒙上书汉武帝，请求开辟南方的夷狄之国。武帝就封唐蒙为中郎将，带领一千人进入夜郎国。夜郎侯服从唐蒙的约定，改夜郎国为犍为郡。武帝又拜司马相如为中郎将，开辟西方的夷狄之国。邛、筰、冉、駹等部落都设置了郡县，边界西边到了沫水和若水，南边到牂牁郡。

武帝征召官吏百姓中明晓当世政务、熟知古代圣王治国之术的人到朝廷任职，命令应征者与各地进京的考察官员同行，由沿途各县连续供应饭食。淄川人公孙弘回答武帝的策问："君主在上面使自己的言行符合德义，百姓在下面与君主相谐调，所以心和就能气和，气和就能形和，形和就能声和，声和就会出现天地安和了。"他的回答呈奏以后，被提升为第一名，任职待诏金马门。齐人辕固都九十多岁了，也被选为贤良，征召入京。公孙弘斜着眼睛，不正视辕固，辕固说："公孙先生，一定要依据儒学论事，可不要歪曲儒学来迎合当世！"

西汉（十三）

六年初，筭①商车。匈奴寇②上谷③，遣将军卫青④等击却之。

元朔元年，主父偃⑤上书谏伐匈奴，严安⑥亦上书，及徐乐⑦亦上书云："陛下何威而不成？何征而不服？"书奏，上召见曰："公等皆安在，何相见之晚也！"皆拜郎中⑧。是秋，匈奴入寇。

二年，又入寇。遣卫青等击之，遂取河南地⑨，置朔方郡⑩。

五年，公孙弘为丞相，封平津侯。上方兴功业，弘于是开东阁⑪以延贤人。匈奴寇朔方，遣卫青率六将军击之。还，以青为大将军⑫。匈奴入代。

---

① 筭，征税。
② 寇，侵略、侵犯。
③ 上谷，秦汉郡名，辖境大致在今河北张家口市、小五台山以东，赤城县、北京市延庆县以西，内长城和昌平县以北，治沮阳（今河北怀来）。
④ 卫青（？—前106），西汉河东平阳（今山西临汾）人，字仲卿。汉武帝卫皇后弟。初为武帝姐姐平阳公主骑奴，武帝起用，为太中大夫。元光六年，以车骑将军北击匈奴，爵关内侯。元朔二年，出兵云中，收复河套地区，封长平侯。先后七次出击匈奴。与霍去病并为大司马。谥"烈"。
⑤ 主父偃（？—前126），西汉齐国临淄人。武帝时上《推恩令》，建议置朔方郡抗击匈奴，被采纳，拜郎中，后迁中大夫。后因为齐王相，因告发齐王奸事，齐王自杀，主父偃被族诛。
⑥ 严安，生卒年不详，西汉齐国临淄人。武帝时上书言事，拜为郎中。
⑦ 徐乐，生卒年不详，西汉右燕郡无终人。武帝时上书言事，拜为郎中。
⑧ 郎中，官名，始于战国，秦汉沿置。为皇帝侍从，掌门户、车骑等事，内充侍卫，外从作战。另尚书台设郎中司诏策书文。
⑨ 河南地，指河套以南地区，但并非今日之河套平原。
⑩ 朔方郡，汉郡名，辖境大致在今阴山南部河谷地带，治朔方城（今内蒙古鄂托克旗西北）。
⑪ 东阁，古代丞相招致、款待宾客的地方。
⑫ 大将军，官名，始于战国，西汉复置，为将军最高称号。大将军内秉国政，外则仗钺专征，其权远出丞相之右，职权极高。

西汉（十三）

　　元光六年，开始对商人的车辆征税。匈奴进攻上谷郡，武帝派遣将军卫青等还击，打退了匈奴军队。

　　元朔元年，主父偃上书，进谏请求讨伐匈奴，严安也上书，徐乐也上书说："陛下什么样的威名不能成就！什么样的征讨不能平复！"这些奏折呈上去后，武帝召见他们说："你们原来都在哪里呢？怎么会相见得如此之晚！"拜他们做了郎中。这年秋天，匈奴入侵。

　　元朔二年，匈奴又入侵。武帝派遣卫青等人攻打匈奴，夺取了河套以南地区，设置了朔方郡。

　　元朔五年，公孙弘任丞相，封为平津侯。当时汉武帝正在大规模建功立业，于是公孙弘开辟相府东阁来招揽人才。匈奴入侵朔方郡，武帝派遣卫青率领六位将军攻打匈奴。班师返回后，封卫青为大将军。这一年，匈奴又入侵代郡。

六年,春,遣卫青等六将军击匈奴。

元狩元年,遣博望侯张骞①使西域。通滇国②。

二年,以霍去病③为骠骑将军,击败匈奴,过焉支④、祁连山⑤而还。匈奴浑邪王⑥降,置五属国⑦以处其众。

三年,匈奴入右北平⑧、定襄⑨。

四年,遣卫青、霍去病击匈奴。去病封狼居胥山⑩而还。

元鼎二年,方士文成将军李少翁⑪以诈诛。西域始通,置酒泉⑫、武威郡⑬。

---

① 张骞(前164—前114),字子文,汉中郡成固(今陕西城固东)人,西汉杰出外交家。建元二年,奉武帝之命出使西域,打通了汉朝通往西域的南北通道,即"丝绸之路",以军功封博望侯。
② 滇国,前278年—前109年,战国时楚将庄蹻征服滇池地区,建滇国,疆域大致在以滇池为中心的云南中部及东部,都城在今云南晋宁县。元封二年,降汉朝。
③ 霍去病(前140—前117),西汉河东平阳(今山西临汾)人,卫青姐姐卫少儿之子。在汉朝对匈奴的两次河西之战中,大破匈奴;在漠北之战中,封狼居胥山,大捷而归。官拜骠骑将军、大将军,封冠军侯。后因病早逝,年仅24岁。谥景桓侯。
④ 焉支,山名,一称燕支山、胭脂山,在甘肃省永昌县西,山丹县东南。
⑤ 祁连山,蒙古语意为"天山"。广义的祁连山是甘肃省西部和青海省东北部边境山地的总称,绵延一千多千米。狭义的祁连山系指最北的一支。
⑥ 浑邪王,浑邪是匈奴的一支,为霍去病所破后,浑邪王惧怕匈奴单于杀害,遂降汉,封万户,为漯阴侯。
⑦ 五属国,西汉时分徙匈奴前后降者于陇西、北地、上郡、朔方、云中等五郡之外的原匈奴故土为五属国。
⑧ 右北平,秦汉郡名,辖境大致在今河北东北部,辽宁西部至秦长城,治平刚县(今内蒙古宁城县)。
⑨ 定襄,今忻州定襄县。
⑩ 狼居胥山,古山名,据说为今蒙古国境内肯特山,一说河套西北狼山。
⑪ 李少翁,生卒年不详,齐人,西汉方士。以召神劾鬼术受汉武帝宠信。曾为武帝招李夫人神,拜文成将军。后术败被诛。
⑫ 酒泉,西汉郡名,辖境大致在今甘肃西部,治福禄县(今甘肃酒泉),后分酒泉郡西置敦煌郡。
⑬ 武威郡,西汉郡名,辖境大致在今甘肃中部,治武威城,后分武威郡西部置张掖郡。

元朔六年的春天，武帝派遣卫青等六位将军攻打匈奴。

元狩元年，武帝派遣博望侯张骞出使西域。这一年，也与滇国建立了联系。

元狩二年，武帝封霍去病为骠骑将军，击败了匈奴，追过了焉支山、祁连山才返回。匈奴浑邪王投降了汉朝，武帝设置了五属国来安置他的民众。

元狩三年，匈奴入侵右北平郡和定襄。

元狩四年，武帝派遣卫青和霍去病攻打匈奴，霍去病在狼居胥山设台祭天以告成功后才返还。

元鼎二年，方士文成将军李少翁因为欺骗武帝被诛杀了。这一年，西域才和汉朝通行无阻，武帝在西域设置了酒泉郡和武威郡。

五年，遣将军路博德①等击南越。方士五利将军栾大②以诈诛。

六年，讨西羌③，平之。南越平，置九郡。

元封元年，帝出长城，登单于台④。遣使告单于⑤曰："南越王头颅已悬于汉北阙下。今单于能战汉天子，自将待边。"帝如缑氏⑥，登中岳⑦，遂东巡海上，求神仙。封泰山，禅肃然⑧。复东北，至碣石⑨而还。滇王降，置益州郡⑩。

三年，击楼兰⑪，掳其王。击车师⑫，破之。朝鲜⑬降，置乐浪⑭、临屯⑮、玄菟⑯、真番郡⑰。匈奴寇边，遣兵屯朔方。

五年，南巡江汉，至泰山增封。

---

① 路博德，生卒年不详，西河平州（今山西离石）人，西汉名将。征战岭南，平复南越，北击匈奴，官拜伏波将军。后贬强弩校尉，于居延屯田，病逝于此。
② 栾大（？—前112），西汉胶东人，方士。见汉武帝，自言尝往来海中，可制不死药，拜五利将军，后封乐通侯，娶卫长公主。后术败，被腰斩。
③ 西羌，西汉时对羌人的泛称。亦指东汉羌人内徙定居在金城、陇西、汉阳等郡的一支。
④ 单于台，在今内蒙古自治区呼和浩特市西，相传汉武帝曾率兵登临此台。
⑤ 单于，指乌维单于，公元前114年—公元前95年在位，伊稚斜单于之子。
⑥ 缑（gōu）氏，今河南偃师市。
⑦ 中岳，指河南嵩山。
⑧ 肃然，山名，位于泰山东北麓（今莱芜市西北）。
⑨ 碣石，山名，在河北省昌黎县北。
⑩ 益州郡，汉郡名，辖境大致在今云南中部及东部，治滇池县（今晋宁县）。
⑪ 楼兰，西域古国名，国都楼兰城（遗址在今新疆罗布泊西北岸）。
⑫ 车师，西域古国名，国都交河城（遗址在今新疆吐鲁番西北）。
⑬ 朝鲜，指卫氏朝鲜，为武帝所降。
⑭ 乐浪，汉郡名，武帝所设朝鲜四郡之一，辖境大致在今朝鲜北部和中部，治王险城（今平壤大同江南岸）。
⑮ 临屯，汉郡名，武帝所设朝鲜四郡之一，辖境大致在今韩国东北，郡治不详。
⑯ 玄菟，汉郡名，武帝所设朝鲜四郡之一，辖境大致在今朝鲜咸镜南道、咸镜北道以及中国辽宁省、吉林省西部一带，郡治不详，大体在咸镜南道境内。
⑰ 真番郡，汉郡名，武帝所设朝鲜四郡之一，辖境大致在今朝鲜黄海北道大部分、黄海南道及京畿道北部，治霅县（在今朝鲜礼成江、汉江之间）。

元鼎五年，武帝派遣将军路博德等人攻打南越。这一年，方士五利将军栾大也因为欺骗武帝被诛杀了。

元鼎六年，武帝讨伐西羌，平定了西羌的叛乱。这一年，南越也平定了，武帝在那儿设置了九个郡。

元封元年，武帝越过了长城，登上了单于台，派使者告诉单于说："南越国王的人头已经悬挂到大汉皇宫的北门阙上。如今单于若是能战，天子亲自率军在边境等候。"这一年，武帝巡行到了缑氏城，登上中岳嵩山。然后东巡，到海上寻找神仙；登上泰山，举行祭天大典，又登上肃然山，举行祭地大典。接着又往东北走，到了碣石山才返还。这一年，滇王投降，武帝在那儿设置了益州郡。

元封三年，武帝发兵攻打楼兰国，俘虏了楼兰王。并攻破了车师国。这一年，朝鲜国投降，武帝在那儿设置了乐浪郡、临屯郡、玄菟郡、真番郡。同年，匈奴入侵边境，武帝派兵在朔方进行屯田。

元封五年，武帝南巡到了长江和汉水，又到泰山把祭天神台增大。

六年，击昆明①。

太初元年，帝如泰山。十一月，甲子朔，且冬至，作《太初历》②，以正月为岁首。遣李广利③伐大宛④，不克。遣赵破奴⑤击匈奴，败没。

三年，匈奴大入，破塞外城障。大发兵从李广利伐宛。宛降，得善马数十匹。

四年，匈奴单于⑥使使来献。

天汉元年，遣中郎将⑦苏武⑧使匈奴。单于欲降之，幽武，置大窖中。绝不饮食，武啮雪与旃毛并咽之，数日不死。匈奴以为神，徙武北海⑨上无人处，使牧羝⑩，曰："羝乳，乃得归。"

二年，遣李广利击匈奴。别将李陵⑪败，降虏。

---

① 昆明，古民族名，大致居住在今云南西部，四川西南部。
② 太初历，汉历法名。为汉武帝太初元年邓平、落下闳等人所造。把一日分作八十一分，故又称"八十一分律历"。《太初历》第一次把二十四节气订入历法，以没有中气的月份为闰月；推算出135个月有23次交食的周期。从汉武帝太初元年（前104）起到东汉章帝元和二年（85）止。
③ 李广利（？—前88），西汉中山人，武帝宠姬李夫人之兄。拜贰师将军，封海西侯。正和三年出击匈奴，败降，被杀。
④ 大宛，古中亚国名，辖境大致在今费尔干纳盆地。
⑤ 赵破奴，生卒年不详，西汉太原人。武帝时为骠骑将军司马。后任匈河将军，击掳楼兰王，封浞野侯。后坐巫蛊，族诛。
⑥ 单于，指且鞮侯单于（？—前96），公元前101年—公元前96年在位，伊稚斜单于之子，乌维单于之弟。
⑦ 中郎将，中郎署的长官。
⑧ 苏武（？—前60），字子卿，西汉杜陵（今陕西西安）人，苏建子。武帝时以中郎将出使匈奴被扣，历尽艰险，誓不变节，持汉节牧羊十九年。昭帝始元六年方归。宣帝时，赐爵关内侯。
⑨ 北海，今俄罗斯贝加尔湖。
⑩ 羝，公羊。
⑪ 李陵（？—前74），字少卿，西汉陇西成纪（今甘肃秦安）人，李广孙。天汉二年（前99）随李广利出征匈奴，率五千步兵数败匈奴，后被围困，矢尽力竭投降，传李陵教匈奴用兵，武帝族灭其家，最终老死匈奴。

元封六年，武帝发兵攻打昆明族。

太初元年，武帝登上泰山。十一月甲子朔日，并且是冬至，于是颁行《太初历》，把正月作为每年的开始。同年，派遣李广利讨伐大宛，没有攻克。又派遣赵破奴攻打匈奴，全军覆没。

太初三年，匈奴大举入侵，攻破了长城外的城堡。同年，武帝征发了大量的军队跟从李广利讨伐大宛，大宛投降，汉军获得了几十匹良马。

太初四年，单于派使者来进贡。

天汉元年，武帝派遣中郎将苏武出使匈奴。单于想让苏武投降，把苏武幽禁在一个大的地窖中，不给他吃喝。苏武把雪和旃毛咬碎咽下去，过了几天都没有死去，匈奴以为他是神仙。又把苏武放逐到北海没有人烟的地方让他放牧公羊，说："公羊产子哺乳了，你才能回去。"

天汉二年，武帝派遣李广利攻打匈奴，副将李陵作战失败，投降了匈奴。

上以法制御下，好尊用酷吏，东方盗贼滋起。遣使者衣绣衣，持斧督捕，得斩二千石①以下。

四年，李广利击匈奴，不利。

太始三年，帝东巡琅琊②，浮海而还。

四年，东巡，祀明堂③，修封禅。

西汉（十四）

征和二年，巫蛊④事作。帝如甘泉⑤，以江充⑥为使者治巫蛊狱。掘太子⑦宫，云"得木人尤多"。太子据惧，使客伪为使者，收捕充，斩之。

---

① 二千石，西汉时郡守的俸禄，此处代指郡守。
② 琅琊，秦汉郡名，辖境大致在山东东南部，秦治琅琊县（今山东青岛琅琊镇），汉治东武（今山东诸城）。
③ 明堂，古代帝王宣明政教之所，凡朝会、祭祀、庆赏、选士、养老等大典，都在此举行。
④ 巫蛊，古代称巫师使用邪术加害于人为巫蛊。
⑤ 甘泉，宫名。故址在今陕西淳化西北甘泉山。
⑥ 江充（？—前91）。西汉赵国邯郸人，字次倩。本名齐，因得罪赵太子丹，西入关，更名充。武帝时为谒者，使匈奴还。拜为直指绣衣使者，后迁水衡都尉。会帝有疾，江充恐太子刘据即位，不利于己，遂诬告太子以巫蛊诅咒。武帝派江充查太子宫殿，江充指示胡巫掘蛊于太子宫中，得桐木人。太子惧而起兵，杀江充，旋兵败自杀。
⑦ 太子，即刘据（前128—前91），武帝嫡长子，生母为卫皇后，又称卫太子。巫蛊事发，自杀身亡。后其孙刘询即位汉宣帝，追谥曰"戾"，以表其冤，故又称戾太子。

武帝用刑法来节制臣下，喜欢任用酷吏。东部地区盗贼滋生了很多，武帝派使者穿着锦绣衣服，手持斧头监督逮捕盗贼，有权力斩杀郡守以下的官员。

天汉四年，李广利攻打匈奴，没有成功。

太始三年，武帝东巡到了琅琊郡，在出海巡游一番才返回。

太始四年，武帝东巡，在明堂举行祭祀，并且增修了祭天神台。

西汉（十四）

征和二年，巫蛊事件发生。武帝去了甘泉宫，任命江充为使者，查办巫蛊案件。江充挖掘太子寝宫，说"得到的木头人偶尤其多"。太子听说了很惧怕，于是派门客假装为武帝使者，逮捕并斩杀了江充。

白母卫皇后①，发中厩②车载射士，出武库③兵，发长乐宫④卫卒。上从甘泉来，诏发三辅⑤兵，丞相刘屈氂⑥将之。太子亦矫制发兵，逢丞相军，兵合战五日，死者数万。皇后自杀，太子亡，至湖⑦，自经死。后有高庙寝郎⑧田千秋⑨上书，言有白头翁教臣云："子弄父兵，罪当笞。"上悟，曰："此高庙神灵告我也。"知太子无罪，作归来望思之台于湖，天下闻而悲之。

三年，匈奴寇五原⑩、酒泉，遣李广利击之，广利降匈奴。

四年，罢方士候神人者。以田千秋为相，封富民侯。罢议轮台⑪屯田⑫，下诏深陈既往之悔。

---

① 卫皇后，即卫子夫（？—前91），西汉河东平阳（今山西临汾）人，武帝皇后。本为平阳公主家歌女，武帝纳之。元朔元年生太子据，立为皇后。其弟卫青、外甥霍去病皆官至大司马。巫蛊事发，自缢身亡。宣帝立，追谥"思"。
② 中厩，宫中的车马房。
③ 武库，官名，汉置，掌兵器。
④ 长乐宫，汉宫殿名，为汉"三宫"之一，属西汉皇家宫殿群，汉高祖之后为太后之所。遗址在今陕西西安未央区。
⑤ 三辅，治理长安京畿地区的三位官员京兆尹、左冯翊、右扶风。
⑥ 刘屈氂（？—前90），中山靖王刘胜之子，景帝之孙。官至左丞相，封澎侯。巫蛊事发，与太子激战长安城。事后暗中勾结李广利谋立昌邑王刘髆为太子，事发被腰斩。
⑦ 湖，汉县名，今河南灵宝市。
⑧ 寝郎，官名，掌祖庙护卫的郎官。
⑨ 田千秋（？—前77），西汉长陵（今陕西咸阳）人。原为高祖庙郎官，巫蛊事发，为太子鸣冤，武帝感悟，擢大鸿胪、丞相，封富民侯。后受武帝遗诏为辅政大臣，死后谥定侯。
⑩ 五原，汉郡名，西汉元朔二年置，辖境大致在今内蒙古后套以东、阴山以南，包头市以西和达拉特、准噶尔等旗地。治九原县。
⑪ 轮台，今新疆巴音郭勒蒙古自治州西部。
⑫ 屯田，利用戍卒或农民、商人垦殖荒地。汉以后历代政府沿用此措施取得军饷和税粮。

太子把事情告诉了母亲卫皇后，征发了宫中车马房的车辆，拉着弓箭兵，又拿出武库的兵器，征发了长乐宫的卫卒。武帝从甘泉宫回来，诏命征发三辅地区的士兵，让丞相刘屈氂率领。太子也假造皇帝的命令征集士兵，遇上了丞相的军队，两军混战了五天，死了几万人。卫皇后自杀，太子逃到湖县，也自缢身亡。后来高祖庙的护卫田千秋上书说："有一个白头老翁教导我，'儿子擅自动用父亲的军队，其罪应受鞭打。'"武帝领悟到：这是高祖的神灵在告诉我呀！武帝知道了太子无罪，就在湖县建造了归来望思之台，天下人听说了都很悲痛。

征和三年，匈奴入侵五原郡和酒泉郡。武帝派李广利攻打匈奴，李广利兵败投降了匈奴。

征和四年，武帝罢免了方士和等候神仙的人。任命田千秋做丞相，封为富民侯。停止在轮台屯田的想法。下诏书向天下表达自己对以往作为的悔恨之情。

后元二年，上幸五柞宫①，病笃。以霍光②为大司马③、大将军，受遗诏，辅太子。

上在位五十四年，改元者十有一，曰：建元，元光，元朔，元狩，元鼎，元封，太初，天汉，太始，征和，后元。上雄才大略，承文景丰富之后，穷极武事。尝谓："高帝遗平城④之忧，思如齐襄公复九世之仇。"数征匈奴。尽汉兵势，匈奴远遁，幕南⑤无王庭。斥地立郡县，置受降城⑥。

通西域，通西南夷，东击朝鲜，南伐粤。军旅岁起，内事土木，筑上苑⑦，属南山⑧。建柏梁台⑨。作承露铜盘，高二十丈，大七围，上有仙人掌。

---

① 五柞宫，汉宫殿名，因为宫有五柞树，其树荫覆盖数亩之大，所以称作五柞宫。遗址在山西周至县。
② 霍光（？—前68），字子孟，西汉河东平阳（今山西临汾）人，霍去病异母弟。武帝病笃，封霍光为大将军大司马，首席辅政大臣。历任武帝、昭帝、宣帝三朝，前后秉政二十年。昭帝时，封博陆侯。谥宣成。
③ 大司马，官名，《周官》有大司马，掌邦政。汉武帝罢太尉，复置大司马，无印绶，官兼加而已，其地位高低要靠将军号来体现。西汉常授予掌权的外戚。
④ 平城，今山西大同，汉高祖刘邦曾征匈奴被困于此。
⑤ 幕南，即漠南。
⑥ 受降城，公元前105年为接受匈奴左大都尉受降而建，大致在朔方郡高阙关（今内蒙古乌拉特中旗石兰计的狼山山口）西北的漠南草原地带。
⑦ 上苑，即上林苑。
⑧ 南山，指秦岭山，具体来说指的是秦岭山的终南段。历史上因为秦岭山脉位于唐代长安都以南，故称为南山。
⑨ 柏梁台，下文"天茎台""蕙廉桂馆""首山宫""明光宫"，皆汉建筑名，为武帝所建。遗址在陕西长安县西北长安故城内。

后元二年，武帝幸临五柞宫，病情加重，任命霍光为大司马、大将军，接受遗诏辅佐太子。

武帝在位五十四年，改用了十一个年号，分别是：建元、元光、元朔、元狩、元鼎、元封、太初、天汉、太始、征和、后元。武帝才智超群，见识远大，继承文帝和景帝雄厚的国力，极力开拓军事事业。他曾经说高祖留下了平城之围的忧患，他想要像齐襄公一样，报九代以前的仇恨，就多次征讨匈奴。武帝将汉军的势力发挥到极致，匈奴远远地逃遁，大漠南部再没有匈奴的王庭。开拓土地，设置郡县，建立了受降城。

武帝连通了西域，开辟了西南夷，向东攻破朝鲜，向南讨平诸越。每年都会兴兵作战，在宫内大兴土木。武帝修建上林苑，连接着终南山；兴建柏梁台。建造承露铜盘，高有二十丈，周长有七围，上面造有仙人的手掌。

以方士公孙卿①言神仙好楼居，作蜚廉桂馆②，通天茎台。作首山宫，作建章宫③，千门万户：东凤阁，西虎圈，北太液池，中有渐台、蓬莱、方丈、瀛洲、壶梁，南玉堂、璧门，立神明台。作明光宫，皆极侈靡。数巡幸，崇祠祀，修封禅，国用不给。卖武功爵级，造鹿皮币、白金。桑弘羊④、孔仅⑤之徒作均输平准法⑥，兴利以佐费，置盐官⑦，算舟车，造缗钱⑧。天下萧然，末年盗起，微轮台一诏⑨，汉几不免为秦。

所用丞相，初惟田蚡⑩，稍专，上尝谓蚡曰："卿除吏尽未，吾亦欲除吏。"后皆充位而已。

① 公孙卿，生卒年不详，齐人，西汉方士。自称见过神仙而受武帝宠信，拜中大夫。
② 蜚廉桂馆，即蜚廉馆和桂观馆。
③ 建章宫，汉宫名，武帝所建。为汉代"三宫"之一，武帝曾在此朝会、理政。遗址在山西西安三桥镇。
④ 桑弘羊（前152—前80），西汉洛阳人，商人之子。武帝时，任搜粟都尉，领大司农。推行盐、铁、酒收归官营，推行均输、平准等政策，极大增加了国家收入。后受武帝遗诏为辅政大臣。昭帝辅政大臣。后受燕王刘旦和上官桀等谋反事件牵连被杀。
⑤ 孔仅，生卒年不详，西汉南阳人。以冶铁为业。武帝元鼎二年为大农丞，主管盐铁专卖。后任大司农，列九卿。
⑥ 均输平准法，武帝时桑弘羊所行经济政策。均输法，在主管国家财政的大司农之下设立均输官，由均输官到各郡国收购物资，易地出售，辗转交换，最后把中央所需货物运回长安。平准法是在大司农之下设立平准官，用官物在市场上随物价涨落贱买贵卖以营利。实行均输和平准使京师所掌握的物资大大增加，平抑了市场的物价，贩运商和投机商都无利可图。
⑦ 盐官，官名，秦置，掌盐政。
⑧ 缗钱，指以千文结扎成串的铜钱，汉代作为计算税课的单位。后泛指税金。
⑨ 轮台一诏，即轮台罪己诏，征和四年（前89），桑弘羊等人上书汉武帝，建议在轮台戍兵以备匈奴，汉武帝驳回提议，并下诏书自我反省。
⑩ 田蚡（？—前131），西汉长陵人，景帝王皇后之同母异父弟。初为诸曹郎，景帝晚年始贵幸。武帝时历任太尉、丞相，封武安侯。未贵时以父辈事窦婴，既贵而婴失势，以事诬杀窦婴及灌夫，未几病死。

因为方士公孙卿说神仙喜欢居住在楼里,武帝就建造了蜚廉馆和桂观馆,通往天茎台,兴建首山宫,修建建章宫,号称"千门万户":东边有凤阁,西边有虎圈,北边有太液池,池中有渐台、蓬莱、方丈、瀛洲、壶梁等高台,南边有玉堂、璧门,并建立神明台。又兴建明光宫。这些都极其奢侈浪费。武帝数次巡游,推崇祭祀,行封禅大典。国家的费用不够供给,就出卖军功爵位,制造发行鹿皮货币和白金。桑弘羊和孔仅等人制定了均输平准法,追逐利益聚拢钱财;设置盐官征发盐税,对车船征税,制定缗钱来对商人财产进行征税。天下萧条没有生机。武帝末年,滋生了很多盗贼,如果没有轮台罪己诏,汉朝几乎不能避免成为短命的秦朝。

　　武帝所任用的丞相,最初只有田蚡一人,田蚡稍稍专权,武帝对田蚡说:"你还有要任命的官吏吗?我也想任命几位官吏。"后来的丞相都是虚位充数而已。

公孙弘后,国家多事,丞相连以诛死。公孙贺①拜相,至涕泣不肯拜,亦卒以罪死。酷吏张汤②、赵禹③、杜周④、义纵⑤、王温舒⑥之徒,皆尝峻用刑法。然汤等有罪,亦不贷也。

西汉(十五)

其间卜式⑦、儿宽⑧之属,亦以长者见用。汲黯⑨独以严见惮,数切谏,不得留内,为东海⑩守。好清静,卧阁内不出,而郡中大治,入为九卿。

---

① 公孙贺(?—前92),西汉北地郡义渠(今甘肃宁县)人。字子叔。公孙浑邪孙。以车骑将军随卫青北击匈奴,因功封南奅侯;后拜丞相,封葛绎侯。因巫蛊之案,死狱中,族诛。
② 张汤(?—前115),西汉杜陵人。习律令,初为长安吏,后历任廷尉、御史大夫。曾与赵禹定诸律令。用法严峻,权势甚盛。后因丞相庄青翟及长史朱买臣陷害,自杀。有《越宫律》,已佚。
③ 赵禹(?—约前100),西汉扶风斄县人。以刀笔吏累迁至御史、廷尉,与张汤共定律令。用法严厉,以廉傲称。后徙燕相,以悖乱罪,免归,卒于家。
④ 杜周(?—前95),西汉南阳杜衍(今河南南阳)人。初为张汤廷尉史,迁廷尉,官至御史大夫。其治大抵仿张汤,酷暴刻深,专以人主意旨为狱。
⑤ 义纵(?—前117),西汉河东(今山西夏县)人。历任中郎、上党郡中令、长安令。直法行治,不避贵戚。官至右内史。后以阻挠"告缗令"治罪,弃市。
⑥ 王温舒(?—前104),西汉左冯翊阳陵人。以治狱至廷尉史。事张汤,迁御史,督盗贼,杀伤甚多。后迁广平都尉,任豪恶为爪牙。迁河内太守,镇压豪强,连坐千余家。武帝以为能,入为中尉。太初元年,以受贿为人告发,下狱自杀。
⑦ 卜式,生卒年不详,西汉河南人。以牧羊致富,乐善好施。武帝时上书愿输家财之半助边。召拜中郎,后赐爵关内侯,官至御史大夫。
⑧ 儿(ní)宽(?—前103),西汉千乘(今山东广饶县)人。从欧阳生受《尚书》,后师从孔安国。历任左内史、御史大夫,与司马迁一起制定《太初历》。
⑨ 汲黯(?—前112),字长孺,西汉濮阳(今河南濮阳)人。为人性倨少礼,好直谏廷争,武帝赞其为"社稷之臣",官至主爵都尉,位列九卿。习黄老之术,无为而治,历任东海太守、淮阳太守,后卒于任上。
⑩ 东海,秦汉郡名,辖境大致在今山东临沂南部及江苏东北部,治郯县(今山东郯城)。

公孙弘不当丞相后，国家意外之事频频发生，丞相接连被处死。公孙贺被任命为丞相时，竟然到了痛哭流涕不肯接受的地步，也因罪被杀。酷吏张汤、赵禹、杜周、义纵、王温舒这些人，都曾经严峻地使用刑法，但是张汤等人有罪时，也严惩不贷。

西汉（十五）

在此期间卜式、儿宽之类的人也以长者的身份被任用，而汲黯却单独因为严厉而被武帝所忌惮。汲黯多次直言极谏，因此没能留在朝廷里，被任为东海太守。汲黯喜好清静无为，他每天躺卧在官府里足不出户，但是东海郡却得到了很好的治理。因此进入朝廷，位列九卿之一。

上方招文学，尝曰："吾欲云云。"黯曰："陛下内多欲而外施仁义，奈何欲效唐虞①之治乎？"上怒，罢朝曰："甚矣，黯之戆②也。"他日，又曰："古有社稷臣，黯近之矣。"淮南王安③谋反，曰："汉廷大臣独汲黯好直谏，守节死义。如丞相弘等，说之如发蒙④耳。"黯尝拜淮阳⑤守，曰："臣病，不能任郡事。愿为郎中，出入禁闼，补过拾遗。"上曰："君薄淮阳邪？吾今召君矣，顾淮阳吏民不相得，徒得君之重，卧而治之。"至淮阳，十岁竟卒。黯甚为上所重，大将军卫青虽贵，上或踞厕⑥见之，如黯，不冠不见也。

---

① 唐虞，唐尧与虞舜的并称。亦指尧与舜的时代，古人以为太平盛世。
② 戆（zhuàng），迂愚而刚直。
③ 淮南王安，即刘安（前179—前122），淮南厉王刘长之子，刘邦之孙。后密谋造反，事发自杀。召集门客著《淮南鸿烈》，亦称《淮南子》。
④ 发蒙，揭开蒙盖物。喻轻而易举。
⑤ 淮阳，秦汉郡名，辖境大致在今河南淮阳一带，治陈县（今河南淮阳）。
⑥ 厕，床边。

武帝当时正在招延文学之士，曾经说："我想怎么怎么样。"汲黯说："陛下内心充满欲望，对外却施行仁义之政，这怎么能效仿唐尧和虞舜的治世呢？"武帝听了很生气，退朝后说："太过分了！汲黯真是个又迂又直的家伙。"过了几天，又说："古代有社稷之臣，汲黯差不多就是这样了。"淮南王刘安谋反，说："汉朝廷的大臣们唯独汲黯喜欢直言进谏，遵守臣节，为忠义而死，像丞相公孙弘这些人，说服他们就像去掉东西上的覆盖物一样容易。"武帝曾任命汲黯为淮阳太守，汲黯说："臣病重不能胜任郡守的事务，希望做个郎中，进出宫廷，为陛下弥补过失、拾掇遗漏吧。"武帝说："你看不起淮阳吗？我很快就会召你回来的。顾念到淮阳的官吏与老百姓不和，我只想借用你的威望，你能够躺在床上处理郡事就行。"汲黯到了淮阳以后十年便去世了。汲黯很被武帝所重视，大将军卫青虽然显贵，武帝有时也两腿叉开坐在床边上接见他；但如果是汲黯，武帝不戴好朝冠是不会接见的。

上招选天下材智士俊异者宠用之，庄助①、朱买臣②、吾丘寿王③、司马相如、东方朔④、枚皋⑤、终军⑥等在左右。相如特以词赋得幸，朔、皋不根⑦持论，好诙谐，上以俳优⑧畜之。朔尝语上前侏儒，以为上欲杀之，侏儒泣，请命。上问朔，朔曰："侏儒饱欲死，臣朔饥欲死。"伏日，赐肉晏，朔先斫肉持归。上召问，令自责。朔曰："受赐不待诏，何无礼也！拔剑斫肉，何壮也！斫之不多，何廉也！归遗细君⑨，又何仁也！"然朔亦时直谏，有所补益。

自李少君以来，求神仙不已。文成⑩诛而五利至，五利⑪以文成为言。上曰："文成食马肝死耳。"及五利又诛，公孙卿等尤见听信。末年，帝乃悟，曰："天下岂有仙人？尽妖妄耳！节食服药，差可少病而已。"

---

① 庄助，又名严助（？—前122），西汉会稽吴县（今江苏苏州）人。本姓庄，东汉避明帝讳，改严。举贤良，对策善，擢为中大夫。后人汇集太守，与淮南王刘安交好，淮南王谋反，坐罪诛杀。
② 朱买臣（？—前155），字翁子，西汉会稽吴县（今江苏苏州）人。官至会稽太守、主爵都尉，位列九卿。后因陷害张汤，事发被杀。
③ 吾丘寿王，生卒年不详，字子赣，西汉赵人。善辞赋。因善格五（博戏）被召待诏，后从董仲舒学《春秋》，迁侍中中郎，官至光禄大夫侍中。后坐事被杀。
④ 东方朔（前154—前93），字曼倩，西汉平原厌次（今山东陵县）人，滑稽有急智，言辞敏捷，直言切谏。虽屡言政治得失，陈农战强国之计，终不见用。官至常侍郎、太中大夫。著有《答客难》《非有先生论》等。
⑤ 枚皋，生卒年不详，字少孺，西汉梁人，枚乘庶子。不通经术，好诙谐，善辞赋，才思敏捷。
⑥ 终军（？—前112），字子云，西汉济南（今山东济南）人。官至谏大夫，先后出使匈奴、南越。出使南越时被相吕嘉所杀，年仅二十余岁。
⑦ 不根，没有根据；荒谬。
⑧ 俳优，古代以乐舞谐戏为业的艺人。
⑨ 细君，古称诸侯之妻为细君，后为妻的通称。
⑩ 文成，方士李少翁，封文成将军。
⑪ 五利，方士栾大，封五利将军。

武帝招延选拔天下有才智并且优异的士人，宠信重用他们，庄助、朱买臣、吾丘寿王、司马相如、东方朔、枚皋、终军等人侍奉在他左右。司马相如以擅长辞赋写作而得到武帝宠幸；东方朔、枚皋的观点常常没有根据，他们喜欢幽默嘲讽，武帝把他们视作演戏的艺人一样蓄养。东方朔曾经告诉武帝跟前的侏儒说武帝想要杀掉他们，侏儒们向武帝哭诉求情不要杀他们。武帝问东方朔，东方朔说："侏儒饱得要死，我却饿得要死。"三伏天祭祀的时候，武帝赐给大臣们肉宴，东方朔先砍了块肉就回去了。武帝召见东方朔，令他自责，东方朔说："东方朔，你接受赏赐却不等待陛下的诏命，这是何等无礼！拔出佩剑来砍肉，这是何等雄壮！砍肉却不砍太多，这是何等清廉！拿着肉回去给了妻子，这是何等仁义！"但是有时东方朔也直言进谏，对政事有所补益。

　　自从李少君以来，武帝从未停止追求神仙。文成将军被杀，五利将军就来了，五利将军为文成将军辩护，武帝说："文成将军吃马肝死了。"等到五利将军被杀，公孙卿等人又被武帝信任。武帝末年，才顿悟到："天下哪有仙人，都是骗人的把戏罢了！节食吃丹药，也就是可以少生病而已。"

汉兴，虽自惠帝已除挟书之禁，文帝已广游学之路，然儒学终未尽盛。至帝世，董仲舒、公孙弘皆以《春秋》进，儿宽亦以经术饰吏，事后又有孔安国①等出。表章六经，实自帝始。数获祥瑞：白麟、朱雁、芝房、宝鼎，皆为乐章，荐之郊庙。文章亦至帝世始盛，人以为有三代②之风焉。帝寿七十而崩，葬茂陵③。太子立，是为孝昭皇帝。

西汉（十六）

孝昭皇帝，名弗陵。母钩弋夫人赵氏④，娠十四月而生。武帝命其门曰尧母门⑤。年七岁，体壮大，多知武帝欲立之。察群臣惟霍光忠厚可任大事。使黄门⑥画周公负成王，朝诸侯以赐光。谴责钩弋夫人，赐死，曰："古国家所以乱，由主少母壮，骄淫自恣也。"明年武帝崩，遂即位。燕王旦⑦以长不得立，谋反。赦弗治，党与伏诛。

---

① 孔安国，生卒年不详，字子国，西汉山东曲阜人，孔子后裔。受《诗》于申公，受《尚书》于伏生，武帝时为博士，官至谏大夫、临淮太守。相传得孔子旧宅壁中古文《尚书》，奉诏作书传，定为五十八篇，谓之《古文尚书》。今本《古文尚书》，明清学者考订为伪托。
② 三代，指夏、商、周三个朝代。
③ 茂陵，汉武帝刘彻的陵墓，在今陕西咸阳兴平市。
④ 钩弋夫人赵氏，生卒年不详，西汉河间人，武帝夫人，居"钩弋宫"，故号钩弋夫人。生刘弗陵，武帝晚年立为太子，为汉昭帝。
⑤ 尧母门，汉武帝宠妃、汉昭帝生母钩弋夫人宫门的别称。因钩弋夫人与尧的母亲都怀胎十四月而得名。
⑥ 黄门，官署名。
⑦ 燕王旦（？—前80），刘旦，武帝之子。博学经书杂说，好星历数术，招收游士。后因谋反事败自杀。

汉朝兴起以后，虽然从惠帝开始就解除了挟带经书的禁令，文帝已经开阔了游学的门路，但是儒学始终没有兴盛。到了武帝时，董仲舒和公孙弘都因为《春秋》而进入仕途，儿宽也因为通晓经术当了官吏，后来又有孔安国等人的出现。表扬嘉奖六经，确实是从武帝开始的。武帝多次获得祥瑞之物：白色的麒麟、红色的大雁、房子状的灵芝、宝贵的鼎器，武帝都命人为这些祥瑞谱写乐章，用于郊祭和庙祭。文章辞赋也是到了武帝时期才兴盛起来的，人们都以为有夏、商、周的风气。武帝七十岁驾崩，埋葬在茂陵。太子登上皇位，就是孝昭皇帝。

西汉（十六）

孝昭皇帝，名叫刘弗陵。母亲是钩弋夫人赵氏。钩弋夫人怀胎十四个月生下弗陵。汉武帝给钩弋夫人所住之地的宫门取名叫尧母门。弗陵长到七岁的时候，体格强壮，很多人猜测武帝会立他为储君。武帝观察大臣里只有霍光忠厚，可以委任以大事。命令黄门画师画了一幅周公辅佐成王的图，在朝见诸侯的时候赐给霍光。武帝谴责钩弋夫人将其赐死，说："古时候国家之所以有祸乱，是因为皇帝年少，而母亲正值壮年，骄淫无度，自恃专权。"第二年，武帝驾崩，弗陵于是继承皇位。燕王刘旦因为自己年长于弗陵，却未被立为皇帝，而欲图谋反。最后与他的同党一起被杀。

始元六年，苏武还自匈奴。武初徙北海，上掘野鼠，去草实而食之，卧起持汉节。李陵谓武曰："人生如朝露，何自苦如此？陵与卫律①降匈奴，皆富贵。"律亦屡劝武降。终不肯。汉使者至匈奴，匈奴诡言武已死。汉使知之，言天子射上林中得雁，足有帛书云：武在大泽中。匈奴不能隐，乃遣武还。武留匈奴十九年，始以强壮出，及还，须发尽白。拜为典属国②。

左将军上官桀③，子安④，为霍光婿，生女，立为皇后。桀与安自以后之祖父，乃不若光，以外祖专制朝事。桀与光争权，时鄂国盖长公主⑤为所爱丁外人⑥求封侯，不许，怨光。燕王旦自以帝兄，常怨望。御史大夫桑弘羊⑦为子弟求官不得，亦怨望。于是皆与旦通谋。

---

① 卫律，西汉人。武帝时，与李延年善，以延年荐，出使匈奴。使还，会延年家被收，惧并诛而逃降匈奴。匈奴以为丁灵王。
② 典属国，来源于秦汉，意思是负责属国的官员，负责少数民族事务。
③ 上官桀（前140—前80），字少叔，汉武帝、汉昭帝时大臣。官拜左将军，与李广利统率汉军，北拒匈奴，西征西域，拓疆守土，战功显赫。汉昭帝即位，与桑弘羊、金日䃅、霍光等同受汉武帝遗诏辅佐少主，封安阳侯。
④ 安，即上官安（前126—前80），字子发，上官桀之子。被任为骠骑将军，封桑乐侯。娶霍光之女为妻。其女为昭帝上官皇后。
⑤ 长公主（？—前80），西汉鄂邑公主，嫁给盖侯，故称鄂国盖长公主。武帝之女，昭帝姊。昭帝朝封为长公主。
⑥ 丁外人，长公主的面首，也就是情人。
⑦ 桑弘羊（前152—前80），与霍光、金日䃅、上官桀四人同受武帝遗诏辅佐昭帝。

始元六年，苏武从匈奴国返回汉朝。苏武刚开始被放逐到北海时，有时候要吃挖掘到的野鼠和去了草籽的草来维持生命。无论睡觉还是醒着，手里都要拿着汉朝的符节。李陵对苏武说："人生就像朝露一样短暂，你又何必坚持现在的艰苦呢？我与卫律投降匈奴，都得到了荣华富贵。"卫律也屡次劝说苏武投降。苏武始终不肯。汉朝使者来到匈奴，匈奴人欺骗说苏武已经死了。汉朝使者知道他们在撒谎，说汉天子在上林狩猎时，射到了一只大雁，大雁的脚上有一封帛书，上面写着：苏武在有湖泽的地方。匈奴人的谎话被识破，于是同意苏武回到汉朝。苏武被迫留在匈奴十九年，出使的时候身体强壮，回来的时候，胡子和头发已经全白了。回国后，苏武被任命为典属国。

　　左将军上官桀，他的儿子上官安是霍光的女婿，上官安的女儿被立为皇后。上官桀与上官安，以皇后的祖父与父亲的名义，而不像霍光是以外祖父的名义，专制朝政。上官桀与霍光争夺权力。正值鄂国盖长公主为相好之人丁外人请求封侯，霍光不准许，所以怨恨霍光。燕王刘旦因自己是皇帝的哥哥，怨恨没有得到皇位。御史大夫桑弘羊想为自己的孩子求取官职，遭到拒绝，也怨恨霍光。于是他们便联合起来想办法除掉霍光。

诈令人为旦上书言：光出都肄①郎羽林②，道上称跸，擅调益莫府校尉③，专权自恣，疑有非常。候光出沐④日奏之。桀欲从中下其事⑤，弘羊当与大臣共执退光。书奏，帝不肯下。明旦光闻之，止画室⑥中不入。上问："大将军安在？"桀曰："以燕王告其罪，不敢入诏。"召："大将军。"光入，免冠，顿首谢。上曰："将军之广明⑦都郎，属⑧耳。调校尉以来未能十日，燕王何以得知之？且将军为非，不须校尉。"是时元凤元年，帝年十四。尚书左右皆惊。而上书者果亡，捕之甚急。桀等惧，白上："小事不足遂。"上不听。后桀党有谮⑨光者，上辄怒，曰："大将军，忠臣。先帝所属，以辅朕身。敢有毁者，坐之。"自是无敢复言。桀等谋，令长公主置酒请光，伏兵格杀之，因废帝而立旦，安又谋诱旦至，诛之，废帝而立桀。会有知其谋者以闻，捕桀、安、弘羊等，并宗族尽诛之。盖主与旦皆自杀。

四年，傅介子⑩使西域，诱楼兰王，刺杀之。驰传诣阙，以其为匈奴反间也。

---

① 肄，检阅。
② 羽林，亲军官也。羽林郎，汉代所置官名，是皇家禁卫军军官。
③ 莫府校尉，莫，通"幕"。幕府者，帅府也。
④ 出沐，官吏归家休息。
⑤ 下其事，把事情交给下属部门处理。
⑥ 画室，指殿前西阁之室，西阁画古帝王像，所以称画室。
⑦ 广明，亭驿名，在长安城东，东都门外。
⑧ 属，刚，新近。
⑨ 谮（zèn），谗毁，诬陷。
⑩ 傅介子（？—前65），西汉北地义渠人，以从军为官。昭帝时，出使大宛，奉诏令责楼兰、龟兹，两国王皆服罪。还拜中郎，迁平乐监。后因两国反复，出使楼兰，杀其王。元凤四年，封义阳侯。

令人伪造燕王上书说:"霍光出外校阅郎官和羽林军时,就像皇帝出行一般,擅自调动增加幕府校尉,专权自恣,所以怀疑他有不正常的举动。"等到霍光休息日,将奏折呈上。上官桀打算让朝中有关官员去查办,桑弘羊与大臣们一起逮捕霍光。上奏后,汉昭帝却扣留不发。第二天,霍光听闻了这件事,在画室中待着,不肯入朝。皇上问:"大将军去哪里了?"上官桀说:"因为燕王告发他的罪行,所以不敢进殿了。"皇帝召大将军入殿。霍光入殿后,脱下自己的帽子,跪在地上请罪。皇上说:"将军去广明校阅郎官,是最近的事。调动增加校尉以来,还不到十天。燕王怎么会知道这些事呢?况且将军要是想谋反,也用不着校尉。"这时是元凤元年,皇帝年仅十四岁。尚书和身边的大臣都很惊讶。而上书的人果然逃亡了,皇帝下令紧急追捕。上官桀等人心中害怕,对皇帝说:"这种小事,就不要再追究了。"皇帝不听。后来上官桀的同党再有逸毁霍光的,皇帝总是震怒,说:"大将军是忠臣。先帝命他辅佐我。如果再有人诬蔑他,我一定治他的罪。"从此以后,没有人再敢说这些话。上官桀等密谋想让长公主设宴请霍光喝酒,设下伏兵暗杀霍光,并将皇帝废掉,立刘旦为帝。同时上官安又密谋引诱刘旦来后杀掉他,废掉皇帝而立上官桀为帝。听到这一消息的人告诉皇帝。朝廷下令逮捕上官桀、上官安、桑弘羊等人,并杀死他们与他们的所有族人。长公主和刘旦也畏罪自杀。

  元凤四年,傅介子出使西域,诱杀了楼兰国王。将楼兰国王的人头用驿马快速送到皇宫,因为他被匈奴策反了。

元平元年①，帝年二十一而崩。在位十四年。改元者三。曰始元，元凤，元平。霍光为政，与民休息，天下无事。昌邑王贺②，哀王髆之子，武帝孙也。光迎贺入，即位。尊皇后为皇太后。贺淫戏无度，光奏废之，迎立武帝曾孙，是为中宗孝宣皇帝。

西汉（十七）

　　孝宣皇帝初名病已，后改名询，武帝之曾孙也。初，戾太子据纳史良娣③，生史皇孙进④，进生病已。数月，遭巫蛊事，皆系狱。望气者⑤言长安狱中有天子气，武帝遣使令尽杀狱中人。丙吉⑥时治狱，拒不纳，曰："他人无辜，尚不可，况皇曾孙乎？"使者还报，武帝曰："天也。"及长，高材好学，亦喜游侠，具知闾里奸邪吏治得失。

---

① 元平元年，丁未，公元前74年。
② 贺，即刘贺（前92—前59），汉武帝刘彻之孙，哀王刘髆之子。西汉第九位皇帝，在位仅27天。
③ 史良娣（？—前91），鲁人，戾太子刘据之妾。生史皇孙刘进，死于巫蛊之祸。良娣，古代太子姬妾的称号，位在妃下。
④ 刘进（前110—前91），戾太子刘据之子，汉宣帝之父。因其生母为史良娣，故号"史皇孙"，死于巫蛊之祸。
⑤ 望气者，观望云气的方士。
⑥ 丙吉（？—前55），姓或作邴，字少卿，西汉鲁国人。治律令，累迁廷尉监，巫蛊之祸中，力保刘询不死。宣帝朝历任御史大夫、丞相，封博阳侯。为政宽大，谥"定"。

元平元年，孝昭帝二十一岁，驾崩。在位十四年。改了三次年号，分别是始元、元凤、元平。霍光主持朝政，奉行让百姓休养生息的政策，天下安定太平。昌邑王刘贺，是哀王刘髆的儿子，武帝的孙子。霍光迎接刘贺入朝，继承皇位。尊先帝皇后为皇太后。刘贺荒淫无度。霍光又奏请废黜他，让武帝的曾孙继承皇位，也就是中宗孝宣皇帝。

西汉（十七）

孝宣皇帝原名叫刘病已，后来改名为刘询，是汉武帝的曾孙。起先，戾太子刘据迎娶史家女做良娣，生史皇孙刘进，刘进生刘病已。刘病已出生才几个月，就遭遇了巫蛊之祸，全家都被抓进监狱里。观望云气的方士说："长安监狱里有一股天子之气。"武帝派使者命令凡是监狱在押犯人，一律处死。丙吉当时执掌监狱，不让使者进来，说："其他人尚且不可无辜被杀，何况是皇曾孙！"使者回去报告给武帝，武帝说："这是天意啊！"等到刘病已长大了，身材高大，爱好读书，也喜欢游侠，对民间的奸邪丑恶和官吏的好坏得失了解得十分清楚。

昭帝元凤中，泰山有大石自起立，上林有僵树复起，蚕食其叶曰："公孙病已立。"及贺废，病已年十八矣。光等奏："病已躬节俭，仁慈爱人，可以嗣孝昭后。"迎入即位。既立六年，霍光卒，始亲政。

地节三年，路温舒①上书，言："秦有十失，其一尚存，治狱之吏是也。俗语曰：'画地为狱，议不入，刻木为吏，期不对。'此悲痛之辞，愿省法制，宽刑罚，则太平可兴。"上为置廷尉平②，狱刑号为平矣。胶东③相王成④劳来不怠，治有异绩，赐爵关内侯⑤。魏相⑥为丞相，丙吉为御史大夫。

四年，霍氏谋反，伏诛，夷其族，告者皆封列侯。初，霍氏奢纵，茂陵徐福⑦上疏，言："宜以时抑制，无使至亡。"书三上，不听。

---

① 路温舒，生卒年不详，字长君，西汉巨鹿（今河北广宗）人。学律令，治《春秋》。昭帝时任廷尉史。主张崇尚德政，放宽刑罚。累迁临淮太守，死于任上。
② 廷尉平，官名，汉置。为廷尉属官，掌平决诏狱事。
③ 胶东，汉诸侯国名，辖境在今山东胶东半岛中部，都即墨（今山东即墨）。
④ 王成，西汉人。宣帝时为胶东相，有政声，赐爵关内侯。
⑤ 关内侯，爵位名，秦汉二十等爵位中第十九等，仅低于彻侯。有其号，无封国。
⑥ 魏相（？—前59），字弱翁，西汉济阴定陶（山东定陶）人。历任河南太守、大司农、御史大夫、丞相，封高平侯。
⑦ 徐福，西汉扶风茂陵人。宣帝时因霍氏奢侈，屡次上书加以抑制。后霍氏诛灭，拜为郎。

汉昭帝元凤年间，泰山上有块大石头自己竖立起来，上林苑里一棵枯木又重新发芽生叶，蚕在那棵树的叶子上咬出字迹："公孙病已当皇帝。"等到刘贺被废去帝位，刘病已经十八岁了。霍光等上奏说："刘病已行为节俭，仁慈爱人，可以作为孝昭皇帝的继承人。"就迎接刘病已到京城登帝位。宣帝即位六年后，霍光去世，他才开始亲政。

地节三年，路温舒上书说："秦朝有十种过失，现在还存有一种，就是司法官吏的严苛。俗话说：'即使是在地上画一个圆圈作为监狱，人们议论着不敢进去；将木头人做成审讯官，人们也不想去面对。'这些都是人们对严刑酷法痛心疾首的悲愤之词。希望陛下减省法令，放宽刑罚，太平之风才能呈现于当今。"宣帝于是设置了廷尉平，对刑罚案狱的判决都号称公平。胶东国丞相王成勤于政事，毫不懈怠，他的治理有突出的政绩，宣帝赐给他关内侯的爵位。这一年，魏相任丞相，丙吉任御史大夫。

地节四年，霍家谋反，被诛灭九族，告发他们的人都被封为列侯。起先，霍氏一家骄奢放纵，茂陵人徐福上奏章给宣帝说："应该随时加以约束节制，不要让他们发展到灭亡的地步。"类似的建议多次上奏，宣帝却没有听从。

至是，人为徐生上书曰："客有过主人，见其灶直突①，傍有积薪，谓主人更为曲突，速徙其薪。主人不应。俄失火，乡里共救之，幸而得息，杀牛置酒谢其乡人。人谓主人曰：'乡使听客之言，不费牛酒，终无火患。今论功而赏，曲突徙薪无恩泽，焦头烂额为上客邪？'"上乃赐福帛，以为郎。

帝初立，谒高庙。霍光骖乘②，上严惮之，若有芒刺在背。后张安世③代光骖乘，上从容肆体，甚安近焉。故俗传："霍氏之祸，萌于骖乘。"

北海④太守朱邑⑤以治行第一，入为大司农。渤海⑥太守龚遂⑦入为水衡都尉⑧。先是，渤海岁饥，盗起，选遂为太守，召见问："何以治盗？"遂对曰："海滨遐远，不沾圣化，其民饥寒而吏不恤，使陛下赤子盗弄兵于潢池中耳。今欲使臣胜之邪？将安之也。"上曰："选用贤良，固欲安之。"遂曰："治乱民如治乱绳，不可急也。愿无拘臣以文法，得便宜从事。"上许焉。

---

① 突，烟囱。
② 骖乘，古代乘车时居右边陪乘的人。
③ 张安世（？—前62），字子儒，西汉京兆杜陵（今陕西西安）人，张汤子。历任尚书令、光禄大夫、光禄勋，封富平侯。霍光死后，任大司马车骑将军，领尚书事。职掌枢机，以周密谨慎著称。卒谥敬。
④ 北海，汉郡名，辖境大致在今山东省中部，治营陵（今山东昌乐县）。
⑤ 朱邑（？—前61），字仲卿，西汉庐江舒县（今安徽庐江）人。举贤良，为大司农丞，迁北海太守，因政绩卓越，拜大司农。
⑥ 渤海，汉郡名，辖境大致在今河北沧州东部，天津东南部及山东德州东北部，治浮阳（今河北沧州县）。
⑦ 龚遂（？—前62），字少卿，西汉山阳南平阳（今山东邹城）人。以明经仕昌邑王刘贺郎中令。宣帝时，任渤海太守，有政绩，后拜水衡都尉，卒于任上。
⑧ 水衡都尉，官名，汉置。掌上林苑及铸钱等事。

至此，有人给徐福辩解道："有一个客人到主人家拜访，看见主人家灶炉的烟囱是直的，旁边又堆放着柴火，他就建议主人把烟囱改为弯曲的，把柴火移走。主人没有听从。后来果然失火了，乡邻们一起救火，幸而将火扑灭。主人杀牛置酒席来感谢邻居们。有人对主人说：'您以前如果听从了那位客人的建议，就不用破费牛和酒席，也不会发生火灾了。如今论功行赏，怎么能对建议你修改成弯烟囱、搬走柴火堆的人没有赏赐，而在救火时被烧得焦头烂额的人却成为上客呢？'"宣帝于是就赐给徐福锦帛，任命他为郎中。

　　汉宣帝初即皇位时，前往汉高祖庙祭拜，霍光同车陪乘，汉宣帝十分畏惧，有如芒刺在背，很不舒服。后改由张安世同车陪乘，汉宣帝这才觉得轻松从容，感觉很舒服，对张安世很亲近。于是民间传说："霍氏家族的祸患，早在霍光陪同宣帝乘车时就萌芽了。"

　　北海太守朱邑因为治理业绩排行第一，被召入朝中任大司农。渤海太守龚遂也调入朝中任水衡都尉。当初，勃海郡遇到荒年，百姓饥馑，盗贼并起。宣帝命龚遂为勃海太守。召见时，汉宣帝问龚遂："你用什么办法来治理勃海郡的盗贼呢？"龚遂回答说："勃海郡地处海滨，远离京师，得不到圣明君主的教化，当地百姓为饥寒所困苦，而地方官吏却不加体恤，所以才使陛下的子民盗取陛下的兵器，在小池溏中耍弄罢了。如今陛下是打算派我去镇压他们呢？还是安抚他们呢？"汉宣帝说："我征选贤良人才，当然是要安抚他们。"龚遂说："治理作乱的百姓，就如同整理一团乱绳一般，不能操之过急，我希望陛下不要用严格的法令约束我的行动，准许我相机行事。"汉宣帝批准了龚遂的请求。

乘传①至渤海界，郡发兵迎，遂皆遣还。移书："罢捕，诸持田器者为良民，持兵者乃为盗。"遂单车至府。盗闻，即时解散。民有持刀剑者，使卖剑买牛，卖刀买犊，曰："何为带牛佩犊？"劳来巡行，郡中皆有蓄积，狱讼止息。至是，召入。

西汉（十八）

元康元年，杀京兆尹②赵广汉③。初，广汉为颍川太守，颍川俗，豪杰相朋党。广汉为缿项筒④，受吏民投书，使相告讦⑤。奸党散落，盗贼不得发，由是入为京兆尹。尤善为钩距⑥以得其情，闾里铢两⑦之奸皆知。发奸摘⑧伏如神，京兆政清。长老传：自汉兴治京兆者，莫能及。至是，人上书言广汉以私怨论杀人，下廷尉。吏民守关号泣者数万人，竟坐腰斩。广汉廉明，威制豪强，小民得职，百姓追思歌之。

---

① 传，驿站或驿站的车马。
② 京兆尹，官名，汉置。秦设内史掌治京师，汉初分左右内史，武帝太初元年（前104）改右内史为京兆尹，分原内史东部为其辖区，为汉代"三辅"之一。
③ 赵广汉（？—前65），字子都，西汉涿郡蠡吾（今河北博野县）人。少为郡吏、州从事，累迁京辅都尉，守京兆尹，赐爵关内侯。执法不避权贵。后因事被萧望之劾奏，腰斩。
④ 缿项筒，应为缿（xiàng）筒，古代官府接受告密文书的器具。状如瓶，长颈、小孔，可入而不可出，人们将记载着别人罪行的书简投入缿筒。
⑤ 讦，揭发、攻击他人的隐私、过错或短处。
⑥ 钩距，辗转推问，究得情实。
⑦ 铢两，俱为古代重量单位。二十四铢为一两，十六两为一斤。形容极细小的事物。
⑧ 摘（tī），揭露、揭发。

龚遂乘坐国家的驿车，来到勃海郡界，郡中官员派军队前往迎接。龚遂将军队全部遣还，并下达文书，命令："将所有负责缉捕盗贼的官吏一律撤销，凡是手持农具的，一律视为良民百姓，手持兵器的才算是盗贼。"然后，龚遂单人独车前往郡府。盗贼们听说新太守的命令后，立即解散。凡百姓有带刀持剑的，让他们卖剑买耕牛，卖刀买牛犊，说道："你为什么把壮牛和牛犊佩带在身上！"经过龚遂的辛勤劝勉，往来巡查，终于使勃海郡内各家各户都有了积蓄，刑狱讼案也大为减少。因此宣帝召龚遂入朝。

西汉（十八）

元康元年，宣帝斩杀了京兆尹赵广汉。起先，赵广汉任颍川太守。颍川郡的风俗就是豪强们互相成帮结派。广汉就设置了一个检举筒，接受官吏和百姓的举报控诉，鼓励人们彼此揭发。于是不法帮派瓦解，盗贼不敢有所动作。因此赵广汉被调入朝中任京兆尹。赵广汉还特别善于通过辗转推问来了解事情的真相，市井中一些细小的不法之事他都知道。他揭露隐秘不法之事有如神灵一般，因此长安地区政治清明。老辈人辗转述说：自汉朝建立以来，没有一个京兆尹能比得上赵广汉。到了这时，有人上书说赵广汉因私人恩怨而判了一个人死刑，赵广汉被廷尉逮捕，官吏民众守在监狱前哭号的有几万人。最终赵广汉因为这桩罪被判处腰斩。赵广汉为官清廉明察，以威严抑制豪强，使小民各得其所，受到百姓的思念和歌颂。

以尹翁归①为右扶风②。翁归初为东海太守，过辞廷尉于定国③。定国欲托邑子，语终日，竟不敢见，曰："此贤将，汝不任事也，又不可干以私。"以治郡高第遂入，治常为三辅最。

二年，上欲因匈奴衰弱，出兵击其右地，使不复扰西域。魏相谏曰："救乱诛暴，谓之义兵，兵义者王；敌加于己，不得已而起者谓之应兵，兵应者胜；争恨小故，不忍愤怒者谓之忿兵，兵忿者败；利人土地货宝者谓之贪兵，兵贪者破；恃国家之大，矜人民之众，欲见威于敌者谓之骄兵，兵骄者灭。匈奴未有犯于边境，今欲兴兵入其地，臣愚，不知此兵何名者也。今年计子弟杀父兄，妻杀夫者二百二十二人，此非小变。左右不忧，乃欲发兵报纤芥之忿于远夷，殆孔子所谓'吾恐季孙之忧，不在颛臾，而在萧墙之内'④。"上从相言。

---

① 尹翁归（？—前62），字子况，西汉河东平阳（今山西临汾）人。宣帝时为东海太守，敢于惩处黠吏豪民。元康元年，入守右扶风。为政干练，为官清廉。
② 右扶风，官名，汉置。秦时设主爵都尉，掌列侯，汉景帝中六年（前144）更名都尉，武帝太初元年（前104）更名右扶风，管理京畿秦岭以北地区，为汉代"三辅"之一。
③ 于定国（？—前41），字曼倩，西汉东海郯县（今山东郯城）人。初为狱吏，历任御史中丞、廷尉、丞相，封西平侯。
④ 语出《论语·季氏》。

宣帝任命尹翁归为右扶风。尹翁归原先为东海太守，上任时去跟廷尉于定国辞别。于定国想要托付一个同乡给尹翁归，和尹翁归说了一天话，最终还是不敢给尹翁归引见他的同乡。于定国后来对那个同乡说："尹翁归是个贤明的将领，你不足以在他手下做事，他又不是可以用私情来请求的。"尹翁归因为治理东海郡政绩斐然被调入朝内担任右扶风，而他担任右扶风时，政绩也往往是三辅里最好的。

元康二年，宣帝因为匈奴衰败变弱，想要发兵攻打匈奴右边领地，来使匈奴不再侵扰西域。魏相进谏道："解救危乱，诛除凶暴，可以称之为'义兵'，兵行仁义，就能称王于天下。如果受到敌人的侵略，不得已起而应战，则称之为'应兵'，军队不得已应战，也可以取得胜利。为了一点细小的仇恨，忍不住愤怒而起兵，称之为'忿兵'，军队愤怒，则往往失败。贪图别国的土地、财富而起兵，称之为'贪兵'，军队贪婪，则将为别人所破。自恃国家强大，人口众多，企图在敌方面前显示自己的威力，称之为'骄兵'，军队骄傲自满，则将会灭亡。匈奴未曾侵犯我朝边境，如今我们却想要兴兵入侵匈奴的领地，恕我愚笨，实在不知此次出兵名义何在！今年儿子杀父亲、弟弟杀哥哥、妻子杀丈夫的共二百二十二人，我认为这种情况不是小事。现在陛下左右的人不为此事担忧，却想发兵到遥远的蛮夷之地去报复细小的怨愤，恐怕正如孔子所说：'我担心季孙氏的忧患，不在颛臾国，而在国家内部呀。'"宣帝听从了魏相的建议。

三年，太子太傅①疏广②与兄子太子少傅③疏受④上疏乞骸骨，许之，加赐黄金。公卿故人设祖道⑤供张⑥东门外，送者车数百两，道路观者皆曰："贤哉，二大夫！"既归，日卖金共具，请族人故旧宾客相与娱乐，不为子孙立产业，曰："贤而多财则损其志，愚而多财则益其过。且夫富者众之怨也，吾不欲益其过而生怨。"

　　神爵元年，先零⑦与诸羌⑧畔。上使问后将军赵充国⑨谁可将者，充国年七十余，对曰："无逾老臣。"复问："将军度羌虏何如？当用几人？"充国曰："兵难遥度，愿至金城⑩，图上方略。"乃诣金城，上屯田奏："愿罢骑兵，留步兵万余，分屯要害处，条⑪不出兵。留田便宜十二事。"奏每上，辄下公卿议。初是其计十三，中十五，最后十八。魏相任其计可必用，上从之。

① 太子太傅，官名，商周两代即设，西汉沿置，位次太常，负责教习太子。
② 疏广，生卒年不详，字仲翁，西汉东海兰陵（山东苍山）人。少好学，受《春秋》于孟卿，征为博士太中大夫。汉元帝居东宫时，疏广为少傅，后迁太傅。
③ 太子少傅，官名，汉置，位次太子太傅，负责教习太子。
④ 疏受，生卒年不详，字公子，西汉东海兰陵（山东苍山）人。自幼好学，博通经史。宣帝时，以贤良举为太子家令，旋拜少傅。
⑤ 祖道，古代为出行者祭祀路神和设宴送行的礼仪。
⑥ 供张，陈设供宴会用的帷帐、用具、饮食等物。亦谓举行宴会。
⑦ 先零，古代羌人部落之一，最初居于今甘肃、青海的湟水流域，后渐与西北各族融合。
⑧ 羌，我国古代民族名。主要分布地相当于今甘肃、青海、四川一带。秦汉时，部落众多，总称西羌。以游牧为主。其后逐渐与西北地区的汉族及其他民族融合。
⑨ 赵充国（前137—前52），字翁孙，西汉陇西上邽（今甘肃天水）人。善骑射，有谋略，知边情。多次出征匈奴，降服诸羌，将兵屯边，匈奴不敢犯。封营平侯，死后谥曰"壮"。
⑩ 金城，今甘肃兰州。
⑪ 条，用条约约束。

元康三年，太子太傅疏广和他的侄子，担任太子少傅的疏受一起上奏请求告老还乡。宣帝同意了他们的请求，又额外赐给他们黄金。公卿大臣和故交们在东都门外设摆酒宴，陈设帷帐，为他们送行，前来相送的人乘坐的车辆达数百辆之多。看到的人都说，这是两位贤明的大夫呀。他们回到家乡后，每天都命家人变卖黄金，大摆筵席，宴请族人、旧友、宾客一起取乐，却不给子孙们置办产业。疏广说："贤能的人，如果财产太多，就会磨损他们的志气；愚蠢的人，如果财产太多，就会增加他们的过错。况且富有的人是众人怨恨的目标，我不愿增加他们的过错而让人对他们产生怨恨。"

神爵元年，先零部落和众多羌族部落一起反叛。宣帝派人问后将军赵充国何人可任将领。赵充国都七十多岁了，回答说："没有比老臣更合适的了！"宣帝又问："那将军你估计羌人势力怎么样？应当派多少人？"赵充国说："行兵打仗之事难以猜测，我愿赶到金城，画出地图，制定方略。"于是赵充国赶往金城，平定叛乱后，上奏请求屯田，说："请求撤除骑兵，留下一万多步兵，分别屯驻在要害地区，约束士兵不要出战。留兵屯田可以得到十二项便利。"赵充国的奏章每次呈上以后，宣帝就交给公卿大臣一起讨论。最初认为赵充国对的人只有十之三，后来增加到十之五，最后增加到十之八。魏相担保赵充国的计策一定可行，宣帝于是听从了赵充国的建议。

西汉（十九）

二年，司隶校尉①盖宽饶②奏封事③，上以为怨谤，下吏，宽饶自刭。

三年，丞相魏相薨。故事，上书者皆为二封，署其一曰副，领尚书④者先发副封，所言不善，屏去不奏。自霍光薨后，相即白去副封，以防壅蔽。及为相，好观汉故事及便宜章奏。数条汉兴以来便宜行事，及贤臣贾谊、晁错、董仲舒等所言，请施行之。敕掾史⑤案事郡国及休告⑥从家还至府，辄白四方异闻。或有逆贼风雨灾异，郡不上，相辄奏言之。与御史大夫丙吉同心辅政，上皆重之。至是，吉代为丞相。吉尚宽大，好礼让，尝出，逢群斗，死伤不问；逢牛喘，使问逐牛行几里矣。或讥吉失问，吉曰："民斗，京兆所当禁，宰相不亲细事，非所当问也；方春，未可热，恐牛暑故喘，此时气失节，三公调阴阳，职当忧。"人以为知大体。

---

① 司隶校尉，官名。汉武帝征和四年置，负责监察京师百官和三辅、三河和九郡官员，有权劾奏公卿贵戚。
② 盖宽饶（？—前60），字次公，西汉魏郡（今属河北）人。宣帝时以孝廉为郎，历任太中大夫、司隶校尉。为人刚直公廉，好言事刺讥。因直言上书，被诬意欲使帝禅位，下狱自杀。
③ 封事，密封的奏章。古时臣下上书奏事，防有泄漏，用皂囊封缄，故称。
④ 尚书，官名，战国始设，汉沿置。掌文书及群臣章奏。
⑤ 掾史，官府中辅助官吏的通称。
⑥ 休告，官吏呈请休假。

西汉（十九）

　　神爵二年，司隶校尉盖宽饶上奏议论奏章密封一事，宣帝以为盖宽饶因怨恨而诽谤，把他交给了狱吏审判，盖宽饶自刎而死。

　　神爵三年，丞相魏相逝世。按照以前的制度，上书给皇帝的人都要写两封奏章，在其中一封上题字为"副"。担任尚书的官员可以先看复件，如果觉得说得不好，就可以摒弃掉不给皇帝呈奏。自从霍光逝世后，魏相就请求革除"副封"制度，防止大臣意见被堵塞和遮蔽。等到魏相担任丞相，他喜欢浏览汉朝旧事和相机行事的章奏，多次陈述汉朝兴建以来便宜行事的事例和贤臣贾谊、晁错、董仲舒等人的建议，请求施行。魏相命令掾史查访各郡国的事务，等他们从家休假回来赶到官府，就告诉他四方各地的奇闻逸事。有时候发生逆贼叛乱、风雨不顺和灾异之事，郡县没有上奏，魏相就上奏给宣帝。他和御史大夫丙吉一起同心同德辅佐朝政，宣帝很看重他们两个人。等到魏相逝世，丙吉就代替他做了丞相。丙吉崇尚宽大，喜好礼让。他曾经出门碰到一群百姓斗殴，他却不问死伤情况；碰到一头牛在喘气，他就问赶牛的人这头牛走了几里路了。有人讥笑丙吉问问题不得要领，丙吉说："百姓争斗，这是京兆尹所应当禁止的，丞相不亲自过问细小的事务，这不是我应该问的；现在正是春天，还不是很炎热，担心牛因中暑而喘气，这就是时令气候失常。三公职掌调和阴阳，应当对此担忧。"人们认为丙吉识大体。

五凤元年，杀左冯翊①韩延寿②。延寿为吏，好古教化，由颍川太守入为冯翊。民有昆弟相讼，延寿闭阁思过，讼者各悔，不复争。郡中翕然③，相敕厉④。恩信周遍，莫复有词讼。民吏推其至诚，不忍欺绐⑤。至是，坐事弃市，百姓莫不流涕。

三年，丙吉薨，黄霸⑥为丞相。霸尝为颍川太守，吏民称神明，不可欺。力教化，后诛罚。长史⑦许丞老，病聋，督邮⑧白欲逐之。霸曰："许丞廉吏，虽老尚能拜起，重听何伤？数易长史，送故迎新之费及奸吏因缘绝簿书、盗财物，公私费耗甚多；所易新吏，又未必贤，或不如其故，徒相益为乱。凡治道，去其太甚者耳。"霸以外宽内明得吏民心，治为天下第一。至是，代吉。霸材长于治民，及为相，功名损治郡时。

---

① 左冯翊，官名，汉置。秦设内史掌治京师，汉初分左右内史，武帝太初元年（前104）改左内史为左冯翊，分原内史西部为其辖区，为汉代"三辅"之一。
② 韩延寿（？—前57），西汉京兆杜陵人，字长公。昭帝时，擢为谏大夫，迁淮阳太守，后任颍川太守、东郡太守。入守左冯翊。后被萧望之诬劾，被宣帝所杀。
③ 翕然，安宁和顺貌。
④ 敕厉，告诫勉励。
⑤ 绐，欺诳。
⑥ 黄霸（？—前50），字次公，西汉淮阳阳夏（今河南太康）人。少学律令，武帝末以入财为官。宣帝时为廷尉正，历任扬州刺史、颍川太守，官至宰相。封建成侯。黄霸擅长治理郡县，为官清廉，外宽内明。
⑦ 长史，官名，汉置。为幕僚性质，亦称"别驾"。
⑧ 督邮，督邮书掾、督邮曹掾的简称，官名，汉置。汉代各郡的重要属吏，代表太守督察县乡，宣达政令兼司法等。

五凤元年，宣帝斩杀了左冯翊韩延寿。韩延寿当官，喜好古风，推行教化，由颍川太守调入朝中任左冯翊。有一对兄弟打官司，韩延寿把自己关在府衙反思过失，诉讼的兄弟两人都后悔了，不再争斗。郡中上下一片和睦，人们互相告诫劝勉，不要犯错。韩延寿的恩德威信传遍了周边的郡县，没有人敢自己挑起诉讼。百姓和官吏都以诚相待，不忍心进行欺骗。因此，当韩延寿因被诬而判处死刑时，百姓没有不痛哭流涕的。

　　五凤三年，丙吉逝世，黄霸做了丞相。黄霸曾经担任颍川太守，官吏和百姓都称他为神明，不可欺骗。黄霸首先极力进行教育和感化，然后才施以刑罚。长史许丞年老，多病耳聋，郡督邮禀告黄霸，打算将他驱逐不用。黄霸说："许丞是个清廉官吏，虽然年老，但尚能下拜起立，只不过有些耳聋，又有什么妨碍呢！频繁地变更长史，会增加送旧迎新的费用，奸猾官吏也会借机藏匿档案记载，盗取财物。公私费用耗费过多。新换的官吏也未必贤能，或许还不如原来的，只是徒然增加混乱。凡是治理的方法，不过是去掉太不称职的官吏而已。"黄霸因为外表宽厚，内心明察，很得官吏百姓之心，政绩天下第一。因此代替丙吉做了丞相。黄霸擅长治理百姓，等到他任丞相后，声誉比做郡守时有所下降。

四年，大司农耿寿昌①白，令边郡皆筑仓，谷贱增价而籴以利农，谷贵减价而粜以利民，名曰常平仓②。

　　杀前光禄勋③杨恽④。恽廉洁无私，人上书，告恽为妖恶言，免为庶人。恽家居治产自娱，其友孙会宗⑤戒之，恽报曰："过大行亏，当为农夫以没世。田家作苦，岁时伏腊⑥，烹羊炰⑦羔，斗酒自劳。酒后耳热，仰天拊缶而呼呜呜。其诗曰：'田彼南山，芜秽不治；种一顷豆，落而为萁。人生行乐耳，须富贵何时！'荒淫无度，不知其不可也。"人上书告恽骄奢不悔，下廷尉案。得所与会宗书，帝见而恶之，以大逆无道腰斩。

---

① 耿寿昌，生卒年不详。西汉人，宣帝时，为大司农中丞。建议籴三辅、弘农、河东、上党、太原等郡谷供应警示。又建议边郡常置常平仓。赐爵关内侯。精通数学，修订《九章算术》，又用铜铸造浑天仪观天象。
② 常平仓，古代为调节米价而设置的一种仓廪。汉宣帝时耿寿昌首先倡建，以谷贱时用较高价籴入，谷贵时减价粜出，平衡米价而名。
③ 光禄勋，官名，秦置。秦设郎中令，掌负责守卫宫殿门户的宿卫之臣，后逐渐演变为总领宫内事务，为"九卿"之一。汉改名为光禄勋。
④ 杨恽（？—前54），字子幼，西汉京兆华阴（今陕西华阴）人，司马迁外孙。因告发霍氏谋反有功，迁中郎将，封平通侯，后官至光禄勋。廉洁无私，好发人罪过，多结怨忌。后为人所告，免为庶人。后因《报孙会宗书》触怒宣帝，被处腰斩。
⑤ 孙会宗，生卒年不详，西汉西河（今内蒙古东胜县）人。曾任安定太守，与杨恽为友，作书劝恽收敛。杨恽死后，被牵连免官。
⑥ 伏腊，古代两种祭祀的名称。"伏"在夏季伏日，"腊"在农历十二月。
⑦ 炰（fǒu），蒸煮。

五凤四年，大司农耿寿昌建议，让边境各郡都建筑粮仓，粮价低时高价买进，粮价高时低价卖出，来让百姓受益，这种粮仓就叫"常平仓"。

　　宣帝诛杀了前光禄勋杨恽。杨恽为官清廉，没有私心。有人上书说杨恽是妖邪恶毒之人，于是杨恽被贬为平民。杨恽住在家里置办产业来自我娱乐，他的朋友孙会宗告诫他不要这样做。杨恽回答说："我自己的过错已太大，行为已有亏欠，应当做一名农夫度过一生。农家劳作辛苦，每年伏日、腊月，煮羊炖羔，用酒一斗，自我犒劳。酒后耳热，仰面朝天，敲着瓦盆，放声吟唱。诗中写道：'南山种田，荒芜杂乱，种一顷豆，落地成秧。人生不过及时乐，等待富贵何时来！'都在过这种荒淫没有节制的生活，我不知不可以这样。"有人上书给宣帝说杨恽骄奢放纵不知悔改，宣帝就把杨恽交给廷尉审判。廷尉得到了杨恽写给会宗的书信，宣帝看了深恶痛绝，以大逆不道的罪名判杨恽腰斩。

西汉（二十）

甘露元年，公卿奏京兆尹张敞①掸之党友，不宜处位。上惜敞材，寝其奏。敞使掾絮舜有所案验，舜私归曰："五日京兆耳，安能复案事！"敞闻舜语，即收系狱，竟致其死。后为舜家所告，敞上书，从阙下亡命。岁余，京师枹鼓②数警，上思敞能，复召用之。

黄霸卒，于定国为丞相。定国父于公初为狱吏，东海有孝妇寡居不嫁，以养其姑。姑以年老妨妇嫁，自经死。姑女告妇迫死其母，妇不能辩，自诬伏，于公争之不能得。孝妇死，东海枯旱三年。后太守来，公言其故。太守祭孝妇冢，遂雨。于公治狱有阴德③，令高大门闾，容驷马车，曰："吾后世必有兴者。"于定国以地节元年为廷尉，朝廷称之曰："张释之为廷尉，天下无冤民；于定国为廷尉，民自以不冤。"至是，由御史大夫代霸。

匈奴乱，五单于④争立。呼韩邪单于⑤上书，愿款塞⑥称藩臣。甘露三年，来朝，诏以客礼待之，位诸侯王上。

---

① 张敞（？—前47），字子高，西汉京兆杜陵人，籍河东平阳（今山西临汾）。历任太仆丞、太中大夫。后任京兆尹，一日捕数百人，穷治所犯，市无偷盗。因杨恽案牵连，免归。后起用为冀州刺史。
② 枹鼓，枹为鼓槌；枹鼓指战鼓，亦指报警之鼓。
③ 阴德，指暗中做有德于人的事。
④ 五单于，宣帝时，匈奴势弱内乱，分立为五个单于：呼韩邪单于、屠耆单于、呼揭单于、车犁单于、乌藉单于。五单于互相争斗，后为呼韩邪单于所并。后泛指匈奴各部首领。
⑤ 呼韩邪单于（？—前31），"呼韩邪"为广智之意，公元前58年—公元前31年在位。匈奴内乱，呼韩邪单于投降汉朝。他是第一个到中原来朝见的匈奴单于，因迎娶王昭君而广为人知。
⑥ 款塞，叩塞门，外族前来通好。

西汉（二十）

甘露元年，公卿大臣有人上奏说京兆尹张敞是杨恽的同党好友，不应该再担任京兆尹一职。宣帝爱惜张敞的才干，将这封奏章压下不发。张敞派属絮舜调查某事，絮舜私自回家，说道："张敞这个京兆尹最多再干五天罢了，怎能再来查问！"张敞听说了絮舜的话，立即将絮舜逮捕下狱，最终判他死罪。后来张敞被絮舜的家人举报，张敞上书自辩，从宫门前逃走了。一年之后，京城中数次响起追捕盗贼的警鼓，宣帝想起张敞的才能，后来又召他入朝重新启用。

黄霸去世后，于定国继任丞相。于定国的父亲于公原先做执掌监狱的官吏。东海郡有一个孝妇，守寡后不再出嫁来侍奉她的婆婆，婆婆因为自己年老妨碍媳妇再重新嫁人，就自缢而死。婆婆的女儿状告孝妇逼死了婆婆，孝妇自己辩解不清，就只好承认被诬陷的罪名。于公为她争辩，也无济于事。孝妇死后，东海郡干旱了三年。新任太守来了后，于公告诉他这个缘故，太守就去祭奠孝妇的坟冢，东海郡才下起了雨。于公处理刑狱时总是暗中做一些善事，他让家人把自家门闾扩大，要能容下四匹马拉的车。他说："我后辈子孙一定有发达的。"地节元年，于定国任廷尉，朝廷上下称赞他说："张释之任廷尉时，天下没有被冤枉的百姓；于定国任廷尉时，百姓自知没有被冤枉的。"因此黄霸死后，于定国由御史大夫代替黄霸做了丞相。

同年，匈奴发生内乱，五个单于互相争着当大单于。呼韩邪单于上书给宣帝，愿意归顺汉朝，当汉朝的藩臣。甘露三年，呼韩邪单于来长安朝拜，宣帝下令用客礼接待他，位置在诸侯王之上。

上以戎狄宾服,思股肱之美,乃图画其人于麒麟阁①,惟霍光不名,曰"大司马大将军博陆侯姓霍氏",其次张安世、韩增②、赵充国、魏相、丙吉、杜延年③、刘德④、梁丘贺⑤、萧望之⑥、苏武,凡十一人,皆有功德,知名当世。

帝在位改元者七,曰:本始、地节、元康、神爵、五凤、甘露、黄龙,凡二十五年,崩,葬杜陵⑦。帝兴于闾阎⑧,知民事之艰难,厉精为治,枢机周密,品式备具。拜刺史、守、相,辄亲见问。常曰:"民所以安其田里而无叹息愁恨之声者,政平讼理也。与我共此者,其惟良二千石乎?"以为太守吏民之本,数变易则民不安,故二千石有治理之效,辄以玺书勉厉,增秩赐金;公卿缺,则选诸所表以次用之。汉世良吏于是为盛。信赏必罚,综核名实,政事、文学、法理之士,咸精其能,吏称其职,民安其业。

---

① 麒麟阁,汉代阁名,在未央宫中,因汉武帝元狩年间打猎获得麒麟而得名。汉宣帝时曾图霍光等十一功臣像于阁上,以表扬其功绩。后以画像于"麒麟阁"表示卓越功勋和最高的荣誉。
② 韩增(?—前56),西汉韩人,子季君。韩说子。少为郎,嗣爵龙额侯,后官至大司马车骑将军,领尚书事。事武帝、昭帝、宣帝三朝,名重于朝。卒谥安。
③ 杜延年(?—前52),西汉南阳杜衍(今河南南阳)人,杜周少子。通晓法律,持论公平,历任太仆、御史大夫。因提前告发上官桀谋反,封建平侯。死后谥敬侯。
④ 刘德(?—前57),字路叔,楚元王刘交之后,刘向父。修黄老术,有智略。性宽厚,好施生,执法从轻。以宗室子任宗正,赐爵关内侯,后封阳城侯。
⑤ 梁丘贺,生卒年不详,西汉琅琊诸(今山东诸城)人,字长翁。从太中大夫京房学《易》,《易》有"梁丘学"。以筮有应,见幸。为太中大夫,官至少府。
⑥ 萧望之(?—前47),字长倩,西汉东海兰陵(山东兰陵)人,徙杜陵。治《齐诗》,以射策甲科为郎。宣帝时,历任平原太守、少府、左冯翊、御史大夫、太子太傅。尝集诸儒于石渠阁,评议《五经》同异。为元帝辅政大臣。后遭卫中书令弘恭、石显所陷,自杀。
⑦ 杜陵,汉宣帝的陵墓,在今陕西西安。
⑧ 闾阎,泛指民间。

汉宣帝因四方戎狄臣服，想到辅佐大臣的功劳，便命人在麒麟阁上，为他们绘制画像。只有霍光不写他的名字，只写着"大司马大将军博陆侯霍氏"。其次是张安世、韩增、赵充国、魏相、丙吉、杜延年、刘德、梁丘贺、萧望之、苏武，一共有十一个人，都是有功业德行，被当世所知晓的人。

宣帝在位改换了七个年号，分别是：本始、地节、元康、神爵、五凤、甘露、黄龙，一共在位二十五年。宣帝驾崩以后，埋葬在杜陵。汉宣帝出身于民间，了解下层人民的艰难困苦。因此励精图治，中枢机构严密，法令、制度完备。任命刺史、郡守、诸侯国相时，宣帝都亲自召见询问。他常说："百姓之所以能安居家乡而没有叹息怨愁的声音，主要就在于为政公平清明，处理诉讼之事合乎情理。能与我一起做到这一点的，不正是那些优秀的郡守吗？"宣帝以为郡太守是治理官吏和百姓的关键，如果变换频繁则容易引起治下百姓的不安。所以，凡地方二千石官员治理地方有成效的，汉宣帝总是正式颁布诏书加以勉励，增加其官阶俸禄，赏赐黄金，遇有公卿职位空缺，则按照他们平时所受奖励的先后、多少，依次挑选补任。因此，汉朝的好官，以这一时期最多。遵守法令一定给予赏赐，以身试法也一定遭受惩罚，综合考核官员的名声和实际政绩。负责行政事务、文章学识、法律理论的士人都能精进他们的能力，官吏的才能都能和他们的职位相称。百姓安居乐业。

遭值匈奴衰乱，推亡固存，信威北夷，单于慕义，稽首称藩。功光祖宗，业垂后裔，可谓中兴。侔①德高宗②周宣③矣。太子即位，是为孝元皇帝。

西汉（二十一）

孝元皇帝名奭④，初为太子，柔仁好儒。见宣帝所用多文法吏，以刑名⑤绳⑥下，尝燕⑦从容言："陛下持刑太深，宜用儒生。"宣帝作色曰："汉家自有制度，本以霸王道杂之，奈何纯任德教，用周政乎？且俗儒不达时宜，好是古非今，使人眩于名实，不知所守，何足委任！"乃叹曰："乱我家者，太子也！"宣帝少依太子母家许氏，许后⑧以霍氏⑨毒死，故弗忍废太子。

---

① 侔，齐等，相当。
② 高宗，指殷高宗武丁（？—前1192），盘庚之侄，商代第二十三任君主，公元前1250年—公元前1192年在位。在位期间勤于政事，励精图治，任用傅说、甘盘等贤人，使商代的国力得到空前发展，史称"武丁盛世"。
③ 周宣，指周宣王姬静（？—前782），周厉王之子，周朝第十一任天子，公元前827—公元前782年在位。周宣王即位后，任用召穆公、尹吉甫、仲山甫等贤臣，内修政事，外却诸夷，使西周国力在厉王之后得到短暂恢复，史称"宣王中兴"。
④ 奭（shì），盛。
⑤ 刑名，战国时法家主张循名责实，慎赏明罚。后人称为"刑名之学"。后来代指刑法。
⑥ 绳，约束，控制。
⑦ 燕，通"宴"，宴会。
⑧ 许后，即许平君（前88—前71），西汉山阳昌邑（今山东金乡）人，汉宣帝第一位皇后，汉元帝生母。宣帝居掖庭时，迎娶许平君。即位后，封其为皇后。后霍光之妻想让其女儿霍成君成为皇后，遂毒杀许平君。谥号恭哀皇后，葬于杜陵南园。
⑨ 霍氏（？—前65），姓氏不详，名显，霍光之妻，故称霍显。霍光死后，杀许后事败，霍氏密谋政变，遂被灭族，霍显被弃市。

时值匈奴衰落内乱，宣帝推翻行亡道之国，巩固行存道之邦，信誉和威望直达北部蛮夷之国。匈奴单于歆慕宣帝的义举，俯首称臣。功绩照耀祖宗，事业垂范后世，真称得上是"中兴之世"！宣帝的德行，应该是和殷高宗、周宣王相当了吧！太子登上皇位，就是孝元皇帝。

西汉（二十一）

孝元皇帝名叫刘奭，他起初做太子时，生性温柔仁厚，喜好儒家经术，看到汉宣帝所任用的官吏大多是精通法令的人，依靠刑法控制臣下，曾在陪侍宣帝进餐时从容进言说："陛下太过于依赖刑法，应该重用儒生。"宣帝生气地说："我大汉自有大汉的制度，本来就是'王道'与'霸道'兼用，怎能像周朝那样，纯用所谓的'礼义教化'呢！况且一般儒生不识时务，喜欢肯定古人古事，否定今人今事，使人分不清何为'名'，何为'实'，不知应该遵守什么，怎能委以重任！"于是叹息道："败坏我汉家基业的，将是太子啊！"宣帝小时候依附于太子的母家许氏家族，许皇后又被霍光的妻子毒死，因此不忍心废掉太子。

初元元年，立皇后王氏①。

二年，下萧望之、周堪②及宗正③刘更生④狱，皆免为庶人。时史高⑤以外属⑥领尚书事⑦，望之、堪副之。二人帝师傅，数言治乱，陈正事⑧，选更生给事中⑨，与侍中⑩金敞⑪并拾遗左右。

① 王氏（？—前16），京兆长陵（今陕西咸阳）人，王奉光之女，汉宣帝第三任皇后。成帝即位后，尊为太皇太后。因成帝生母王政君也姓王，故人们称王氏为邛成太后，以相区别。死后和宣帝合葬杜陵。
② 周堪（？—前40），字少卿，西汉齐郡人。从夏侯胜受今文《尚书》。宣帝时为太子少傅。后拜光禄大夫，领尚书事，为元帝辅政大臣，与萧望之、刘更生、金敞同心辅政。后屡次被石显陷害，含恨而死。
③ 宗正，官名，秦置。掌皇室宗亲。
④ 刘更生（约前77—前6），字子政，后改名刘向，西汉沛人。楚元王刘交四世孙，刘歆父。治《春秋谷梁》，屡上书劾奏外戚专权。因反对弘恭、石显，被潜下狱。成帝即位，得进用，更名向。迁光禄大夫，官至中垒校尉，世称"刘中垒"。校阅中秘群书，撰成《别录》，为我国目录学之祖。还著有《新序》《说苑》《列女传》等。
⑤ 史高（？—前43），西汉鲁国人，宣帝祖母史良娣兄史恭长子。宣帝时任侍中，因检举霍家谋反有功，封乐陵侯。宣帝驾崩前，拜大司马、车骑将军，领尚书事，受命辅政。死后谥号曰安。
⑥ 外属，外戚。
⑦ 领尚书事，指大臣兼管尚书之意。汉代称兼管他官而不兼其职者为领。从武帝开始，尚书成为直属于皇帝的枢机之职。昭帝时，霍光以领尚书事名义掌控中枢。后权臣都援此例而领尚书事。
⑧ 正事，应为"王事"。据《汉书·卷七十八·萧望之传第四十八》改。
⑨ 给事中，秦汉为列侯、将军、谒者等的加官。侍从皇帝左右，备顾问应对，参议政事，因执事于殿中，故名。
⑩ 侍中，古代职官名。秦始置，两汉沿置，为正规官职外的加官之一。因侍从皇帝左右，出入宫廷，与闻朝政，逐渐变为亲信贵重之职。
⑪ 金敞，生卒年不详，西汉官员。元帝时任侍中，与萧望之、周堪、刘更生同心辅政。

初元元年，元帝立王氏为皇后。

初元二年，萧望之、周堪，和宗正刘更生被逮捕下狱，都被免为庶民。当时史高以外戚的身份领尚书事，萧望之、周堪是做他的副手。萧望之和周堪是元帝的老师，多次进言国家兴衰的道理，向元帝讲述王者事迹。他们两人推选刘更生任给事中，和侍中金敞一起在元帝身边补录遗漏，指正疏忽。

四人同心谋议，史高充位而已，由是与望之有隙。中书令①弘恭②、仆射③石显④自宣帝时久典枢机，及帝即位，多疾，以显中人⑤，无外党，遂委以政事，事无大小，因显自决。贵幸倾朝，百僚皆敬事显。显巧慧习事，能深得人主微指；内深贼，持诡辩，以中伤人，与高表里。

望之等患外戚许、史放纵，又疾恭、显擅权，建白以为中书政本，国家枢机，宜以通明公正处之。武帝游宴后庭，故用宦者，非古制也；宜罢中书宦官，应古之不近刑人之义。上不能从。恭、显奏："望之、堪、更生朋党相称誉，数谮诉大臣，毁离亲戚，欲以专擅权势。为不忠⑥，诬上不道，请谒者召致廷尉。"时上初即位，不省"召致廷尉"为送狱，可其奏。后上召堪、更生，曰："系狱。"上大惊曰："非但廷尉问邪？"令出视事。恭、显使高说上，竟罢免。

---

① 中书令，官名，汉置。武帝时以宦官担任中书，置令与仆射为其长，掌传宣诏命。
② 弘恭（？—前47），西汉沛人。少坐法，受腐刑，为中黄门。宣帝时任中书令，明习法令，善为奏请。元帝继位，与石显并得宠信，长期在内朝专政。后病死。
③ 仆射，官名。秦始置，汉以后因之。汉成帝建始四年，初置尚书五人，一人为仆射，位仅次尚书令，职权渐重。
④ 石显（？—前32），字君房，西汉济南阳丘（今山东章丘）人。少坐法，受腐刑，为中黄门。宣帝时为中书仆射。元帝时任中书令，权倾朝野。先后谮杀萧望之、京房、贾捐之，斥罢周堪、刘更生等。成帝时，与外戚不和而失势，免官，病死于归家途中。
⑤ 中人，宦官。
⑥ 为不忠，应为"为臣不忠"。据《汉书·卷七十八·萧望之传第四十八》改。

四个人同心同德，辅佐王室，史高只是徒居其位而已，因此史高和萧望之有了嫌隙。中书令弘恭、中书仆射石显自宣帝时起，就长期身居要位，处理朝政。等到元帝即位后，体弱多病，因为石显是宦官，在朝外没有朋党，就将政务委托给他，政事不分大小，全凭石显上奏，然后再由元帝决断。石显的显贵和宠幸朝中无人可比，百官都恭敬地侍奉石显。石显聪慧乖巧，谙熟政令，能领会元帝隐晦的暗示；内心却包藏祸心，巧言诡辩，肆意中伤他人，和史高一里一外，狼狈为奸。

　　萧望之等人既担心外戚许家和史家的恣意放纵，又痛恨宦官弘恭和石显的专横擅权，向元帝上奏，认为中书令是朝政的根本，国家的关键机构，应该任用贤明公正的人来担任。汉武帝常在后宫游玩宴乐，因此任用宦官，这不是古代圣贤的制度；应该罢免担任中书令的宦官，切合古代不亲近刑后之人的义理。元帝没能听从萧望之的建议。弘恭、石显上奏说："萧望之、周堪、刘更生结为朋党，互相称誉，多次诋毁大臣，离间皇亲，想要专权擅政。身为臣子，多有不忠，污蔑圣上，于道不合。恳请陛下命谒者将他们召到廷尉进行审讯。"当时元帝刚刚即位，不明白"召到廷尉进行审讯"就是关进监狱的意思，就批准了他们的奏折。后来元帝召见周堪、刘更生，左右近侍说："周堪三人已经被关进监狱了。"元帝大吃一惊，说："不是只把他们送到廷尉进行审讯吗？"就下令将三人释放，就职任事。弘恭、石显让史高劝说元帝，最后将三人都罢免了。

后上复征堪、更生为中郎①，且欲以望之为相。恭、显、许、史皆侧目，知望之素高节，不诎辱。建白："望之不悔过服罪，深怀怨望。自以托师傅，终不坐。非颇屈望之于狱，塞其怏怏心，则圣朝无以施恩厚。"上曰："太傅素刚，安肯就吏？"显等曰："人命至重，望之所坐，语言薄过，必无所忧。"令谒者召望之，因急发执金吾军骑驰围其第，望之饮鸩自杀。

弘恭死，石显为中书令。

五年，匈奴郅支单于②杀汉使者，西走康居③。

永光元年，匈奴呼韩邪单于北归庭。

建昭二年，杀魏郡④太守京房⑤。房学《易》于焦延寿⑥，延寿尝曰："得我道以亡身者，京生也。"为郎，屡言灾异，有验。尝宴见言事，意指石显。显奏，出之。寻征下狱，弃市。

---

① 中郎，官名，战国时置，汉沿置。是郎官的一种，为君王的近侍，属光禄勋。
② 郅支单于（？—前36），西汉时匈奴单于，名呼屠吾斯。呼韩邪单于兄。四年击败呼韩邪，都单于庭，世称北匈奴。呼韩邪单于南下降汉，为南匈奴。后郅支单于西进，击败大宛、乌孙、坚昆、丁令等国，威震西域。建昭三年，被汉军所灭杀。
③ 康居，西域古国名，地处今巴尔喀什湖与咸海之间，国都卑阗城。
④ 魏郡，汉郡名，辖境大致在今河北南部、山东北部，治邺城（河北临漳县）。
⑤ 京房（前77—前37），本姓李，字君明，东郡顿丘（今河南清丰县）人，西汉经学家、官员。师从焦延寿研习《易经》，详于灾异，开创京氏易学。后被石显所陷害身亡。
⑥ 焦延寿，生卒年不详，字赣，梁国睢阳（今河南商丘）人，西汉著名经学家、官员。曾任小黄令，爱民养吏，颇有声誉。随孟喜学习《易经》，是西汉易学大师，著有《焦氏易林》《易林占卜》。

后来元帝又征辟周堪、刘更生为中郎，想要任命萧望之为丞相。弘恭、石显及许家、史家都很担心，他们深知萧望之向来品节高尚，不肯容忍屈辱，就向元帝上奏说："萧望之不肯承认错误，服罪自勉，心怀怨恨。自以为是圣上的老师，肯定不会被判罪。如果不稍稍在监狱里打压一下他的气焰，堵住他的不满之心，那么陛下就没办法再向天下施行您的恩泽。"元帝说："太傅为人刚正，怎么肯屈服一个小吏呢？"石显等人说："一个人的性命是最为重要的，萧望之受的不过是语言上的打击，不必有什么忧虑。"元帝于是令谒者召见萧望之。石显等人就立刻派遣执金吾率军包围了萧望之的府邸，萧望之不堪其辱，服毒自杀。

弘恭逝世后，石显担任中书令。

初元五年，匈奴郅支单于杀掉了汉朝使者，向西退居康居。

永光元年，匈奴呼韩邪单于向北迁徙，返回到了以前的匈奴王庭。

建昭二年，朝廷处死了原魏郡太守京房。京房跟随焦延寿学习《易经》，焦延寿曾经说："跟着我学习大道，却因此而丧身的，就是京房啊！"京房做郎官时，多次说及灾异之事，颇有应验。有次朝廷宴会，京房又提及朝事，矛头直指石显。事后石显向元帝上奏，将京房外放出京，不久又将他逮捕下狱，最后杀死了他。

显威权日盛，与中书仆射牢梁①、少府②五鹿充宗③结为党友，诸附倚者得宠位。民歌之曰："牢邪石邪，五鹿客邪！印何累累，绶若若邪！"

三年，西域副校尉陈汤④矫制发兵，与都护甘延寿⑤袭击郅支单于，于康居斩之。四年春，传首至京，县⑥藁街⑦十日。

竟宁元年，呼韩邪单于来朝。愿壻⑧，汉以后宫王嫱⑨字昭君赐之。

帝崩，在位十六年，改元者四：初元、永光、建昭、竟宁。帝虽喜儒术，得韦玄成⑩、匡衡⑪为相，无相业。帝徒优游不断，汉业衰焉。太子即位，是为孝成皇帝。

---

① 牢梁，生卒年不详，西汉宦官，元帝时任中书仆射，依附石显。成帝时石显失势，牢梁亦不知所踪。
② 少府，官名，战国时置，秦汉沿置。为"九卿"之一，掌山海地泽收入和皇室手工业制造，为皇帝的私府。
③ 五鹿充宗，生卒年不详，西汉人，字君孟。善为《梁丘易》，依附石显，贵幸一时。成帝时石显失势，五鹿充宗被远贬为玄菟太守。
④ 陈汤（？—约前6），字子公，西汉山阳瑕丘（今山东兖州）人。元帝时任西域副校尉，和西域都护甘延寿发兵攻杀匈奴郅支单于，安西域。拜射声校尉，封关内侯。后以受贿，免为庶人，徙敦煌、安定。还长安卒。
⑤ 甘延寿（？—前25），字君况，西汉北地郁郅（今甘肃庆城）人。善骑射，为羽林。累迁至辽东太守，元帝时任郎中、谏议大夫，出任西域都护，与副校尉陈汤共同诛灭了匈奴郅支单于，封义成侯。
⑥ 县，通"悬"。
⑦ 藁街，汉时街名，在长安城南门内，为属国使节馆舍所在地。
⑧ 壻，通"婿"。
⑨ 王嫱，即王昭君（约前52—约前15），名嫱，字昭君，南郡秭归（今湖北兴山）人，西汉和亲宫女，被誉为"古代四大美女"之一。元帝时入宫，后嫁与前来和亲的呼韩邪单于，为维护汉匈和平做了很大贡献。
⑩ 韦玄成（？—前36），字少翁，西汉鲁国邹人，韦贤少子。历任谏议大夫、河南太守、太子太傅、御史大夫，官至丞相。好作四言诗。
⑪ 匡衡，生卒年不详，字稚圭，西汉东海承县人。家贫好学，以"凿壁借光"之事闻名。历任郎中、博士、给事中、光禄勋、御史大夫，官至丞相，封乐安侯。石显用事，匡衡畏之，不敢失其意。成帝时，因罪免为庶人。

石显的淫威和权势日益增长，他与中书仆射牢梁、少府五鹿充宗结为死党密友，凡依附他们的人，都得到了高官厚禄。民间有歌谣说："你是姓牢的人，还是姓石的人，是五鹿家的门客吗？官印多么多啊，绶带多么长啊！"

　　建昭三年，西域副校尉陈汤假传皇帝诏命发兵，和西域都护甘延寿一起在康居袭击匈奴郅支单于，并斩杀了他。建昭四年春天，陈汤将郅支单于的首级送至长安，朝廷将其悬挂在属国使节馆舍所在的藁街，示众十日。

　　竟宁元年，匈奴呼韩邪单于进京朝见，愿意成为汉朝的女婿。汉朝将后宫宫女王嫱赏赐给呼韩邪单于，王嫱字昭君。

　　元帝驾崩，在位十六年，改用了四个年号，分别是：初元、永光、建昭、竟宁。元帝虽然喜好儒术，得以任命韦玄成、匡衡为丞相，但是他们却没有丞相的业绩。元帝只是不断悠闲游玩，汉室江山逐渐衰落。太子登上皇位，就是孝成皇帝。

西汉（二十二）

孝成皇帝名骜①，母王氏②，生帝于甲观③。少好经书，其后幸酒乐、宴乐。元帝时为太子，几废，赖史丹④伏青蒲涕泣谏止。至是即位，尊王氏为皇太后，以元舅王凤⑤为大司马、大将军，领尚书事。

建始元年，石显以罪免，归道死。封舅王崇⑥为安成侯，赐谭⑦、商⑧、立⑨、根⑩、逢时⑪爵关内侯。黄雾四塞。

河平二年，悉封诸舅列侯。

---

① 骜，音ào。
② 王氏，即王政君（前70—13），又称元后。西汉济南东平陵人，阳平侯王禁之女，元帝皇后，成帝生母，王莽之姑。成帝即位，尊为皇太后，哀帝即位，尊为太皇太后。王氏一家权倾朝野。平帝时临朝，委政于王莽。王莽称帝，使安阳侯王舜请传国玺，太后投之于地。被迫更名为新室文母。
③ 甲观，汉代楼观名，犹言第一观，为皇太子所居。后泛指太子宫。
④ 史丹（？—前14），字君仲，西汉鲁国人，后徙杜陵。史高之子。元帝时任驸马都尉侍中，诏护太子家。成帝即位后，官至左将军、光禄大夫，赐爵关内侯，后封武阳侯，深得成帝宠幸。性奢侈，童奴数百，姬妾数十。卒谥顷。
⑤ 王凤（？—前22），字孝卿，西汉济南东平陵人，王禁长子，王政君之兄。初袭父爵阳平侯。成帝即位后，任大司马、大将军领尚书事，秉政。王氏一家五人同日封侯，各据要职。卒谥敬成。
⑥ 王崇，生卒年不详，西汉济南东平陵人，王禁四子，封安成侯。死后谥号曰"共"，史称"安成共侯"。
⑦ 谭，即王谭，生卒年不详，西汉济南东平陵人，王禁三子。封平阿侯。死后谥号曰"安"，史称"平阿安侯"。
⑧ 商，即王商（？—25），字子夏，西汉济南东平陵人。王禁五子。封成都侯，后特进拜大司马卫将军，执掌朝政。死后谥号曰"景成"。
⑨ 立，即王立，生卒年不详，西汉济南东平陵人，王禁六子。封红阳侯。死后谥号曰"荒"，史称"红阳荒侯"。
⑩ 根，即王根，生卒年不详，西汉济南东平陵人，王禁七子。封曲阳侯。王商逝世后，王根继任大司马、骠骑将军，执掌朝政。
⑪ 逢时，即王逢时，又名王逢，生卒年不详，西汉济南东平陵人，王禁八子。封高平侯。死后谥号曰"戴"，史称"高平戴侯"。

西汉（二十二）

孝成皇帝名叫刘骜，他的生母是王太后，王太后在甲观生下成帝。成帝小时候喜好阅读经书，长大后经常参与酒席宴会，以为乐事。元帝时成帝作为太子几乎都要被废掉了，全凭史丹趴在青蒲团上痛哭流涕，劝谏而止。到了成帝即位，就尊奉王太后为皇太后，让大舅王凤做大司马、大将军，兼领尚书事。

建始元年，石显因为犯罪被免官，在返回老家的道路上死了。成帝封舅舅王崇为安成侯，赐舅父王谭、王商、王立、王根、王逢时为关内侯。黄雾四起，遮天盖日。

河平二年，成帝把他的诸位舅父们全部封为列侯。

阳朔三年，王凤卒，王音①为大司马，王谭领城门兵。

鸿嘉四年，王谭卒，王商领城门兵。

永始元年，封太后弟之子莽②为新都侯。立皇后赵氏，名飞燕③，女弟合德④为婕妤⑤。

二年，王音卒，王商为大司马。故南昌尉梅福⑥上书曰："方今君命犯而主威夺，外戚之权日以益盛。陛下不察其形，愿察其景：建始以来，日食、地震三倍春秋，水灾无与比数，阴盛阳微，金铁为飞，此何景也！"书上不报。

---

① 王音（？—14），西汉魏郡元城人，王禁之侄。亲附王凤，擢御史大夫，王凤卒后，王音继任大司马、大将军，领尚书事，执掌朝政。封安阳侯。谥"敬"，史称"安阳敬侯"。
② 莽，即王莽（前45—23），字巨君，西汉济南东平陵人，新朝皇帝，王曼次子，王政君之侄，公元8年—公元23年在位。父早死，为人谦恭厚道，礼贤下士，以德行著称。后经诸位叔父举荐，拜光禄大夫、侍中，封新都侯。王根卒后，王莽继任大司马，领尚书事，执掌朝政。平帝即位后，王莽大权独揽，封安汉公，加九锡。孺子婴时，王莽篡汉自立，建立新朝。托古改制。造成经济混乱，法令苛细，赋税繁重，各地纷纷起义。后绿林军攻入长安，王莽出逃，被杀。新朝灭亡。王莽在位十五年。
③ 飞燕，即赵飞燕（？—前1），西汉成帝第二任皇后。原为阳阿公主家歌女，因体轻善舞，故称飞燕，成帝微行过公主家，悦而召入宫，为婕妤。许后废，立为皇后。与其妹妹赵合德专宠后宫十余年。无子，后宫有产子者辄为其所害。平帝时，贬为庶人，自杀。
④ 合德，即赵合德（？—前7），姓名不详，成帝宠妃。入宫后封婕妤，后晋封昭仪，和姐姐赵飞燕同侍成帝，专宠后宫。成帝驾崩后，自杀。
⑤ 婕妤，宫中女官名。汉武帝时始置，位视上卿，秩比列侯。
⑥ 梅福，生卒年不详，字子真，西汉九江寿春（今安徽寿县）人。少年求学长安，治《尚书》和《春秋谷梁传》。任南昌尉。王凤专权，众莫敢言。福独上书劝谏。

阳朔三年，王凤去世，王音担任大司马，王谭统领长安城门兵。

鸿嘉四年，王谭去世，王商统领长安城门兵。

永始元年，成帝封太后弟弟的儿子王莽为新都侯。又立赵飞燕为皇后，皇后的妹妹赵合德为婕妤。

永始二年，王音去世，王商担任大司马。原先的南昌郡尉梅福上书说："方今君王的天命被冒犯，而主上的威权被夺取，外戚的权力日益盛大。陛下如果不能察觉到这种情形，那么希望陛下观察一下天下的情况：自从建始以来，日食、地震发生的次数是春秋时的三倍，遭遇的水灾不可胜数，阴气过盛而阳气衰微，金铁之物不翼而飞。这是什么样的情形啊！"奏章呈上去后，却被人藏起来不给成帝看。

四年，王商卒，王根为大司马。安昌侯张禹①以帝师傅，每有大政，必与定议。时吏民多上书言灾异，王氏专政所致。上至禹第，辟左右，亲以示禹。禹自见年老，子孙弱，恐为王氏所怨，谓上曰："春秋日食、地震，或为诸侯相杀，夷狄侵中国。灾变之意，深远难见，故圣人罕言命，不语怪、神、性与天道。自子贡之属不得闻，何况浅见鄙儒之所言！新学小生，乱道误人，宜无信用。"上雅信爱禹，由是不疑王氏。

故槐里②令朱云③上书求见，愿赐尚方斩马剑，断佞臣一人头，以厉其余。上问："谁也？"对曰："安昌侯张禹！"上大怒，曰："小臣居下，廷辱师傅，罪死不赦！"御史将云下，云攀殿槛，槛折。云呼曰："臣得下从龙逢④、比干⑤游于地下，足矣！未知圣朝何如耳！"左将军辛庆忌⑥叩头流血争之，上意乃解。及当治槛，上曰："勿易，因而辑之，以旌直臣。"

绥和元年，王根病免，王莽为大司马。

二年，帝崩。

---

① 张禹（？—前5），字子文，西汉河内轵（今河南济源）人。精研《易经》及《论语》，为博士。元帝时，授太子《论语》，升任光禄大夫，出东平内史。成帝时，官至丞相，封安昌侯。
② 槐里，今陕西兴平县。
③ 朱云，生卒年不详，字游，西汉鲁国人，家徙平陵。少时任侠使气，四十岁学《易经》《论语》。元帝时，与少府五鹿充宗论难，连折之，为博士。后官至槐里令。为人狂直，多次上书抨击大臣尸位素餐。成帝时，廷辱张禹为佞臣。帝怒，欲斩之，获赦后不复仕。
④ 龙逢，即关龙逢，夏朝宰相。夏桀宠爱妹喜，不理朝政，关龙逢因直言进谏而被杀。
⑤ 比干，商朝少师，纣王之叔。幼年聪慧，勤奋好学，以太师、少师从政四十余年，因直言进谏而被施以剖心之刑。
⑥ 辛庆忌（？—前12），字子真，西汉陇西狄道（今甘肃临洮）人。宣帝时驻守西域，多有战功，任校尉。成帝时官至光禄大夫、执金吾，拜左将军，为国虎臣，匈奴西域，敬其威信。

永始四年，王商去世，王根担任大司马。安昌侯张禹因为是成帝的老师，所以成帝每有大的政事，都会和张禹商议。当时官吏和百姓很多人都上书说灾异之事，乃王氏专权所致。成帝到了张禹的府第，屏退左右，亲自让张禹看这些奏章。张禹觉得自己年事已高，子孙又弱小，担心被王氏所怨恨，就说："春秋时的日食、地震，有的是因为诸侯相互杀伐，有的是因为夷狄入侵中国。灾异出现的意义深远难测，因此圣人很少谈天命，不说鬼怪、神仙、性理和天道。即便是子贡这样的人也不曾听说，何况见识短浅的鄙陋儒生他们的话呢？刚入门的小后生，胡乱说话误人听闻罢了，不要相信他们的话。"成帝素来相信偏爱张禹，于是不再怀疑王氏。

以前的槐里县令朱云上书求见成帝，希望成帝赐给他尚方斩马剑，用来砍掉一个佞臣的头颅，好来震慑其他的佞臣。成帝问："是谁？"朱云回答说："安昌侯张禹！"成帝勃然大怒，说："你这身处下僚的卑贱臣子，敢在朝廷之上侮辱朕的老师，真是不能赦免的死罪！"御史大夫命人把朱云拉下去，朱云用手攀住大殿的门槛，门槛都被折断了，朱云大声喊："我能够去地下跟随龙逄、比干一同做伴，死了也心甘！但是我却不知道这圣明的王朝该怎么办啊！"左将军辛庆忌磕头为朱云争辩以致头破血流，成帝的情绪才稍稍缓解。等到后来修理门槛时，成帝说："别修，就照着这样整修一下，以此来表彰正直的臣子吧！"

绥和元年，王根因为病重被免去大司马一职，王莽继任大司马。

绥和二年，成帝驾崩。

在位二十六年，改元者七，曰：建始、河平、阳朔、鸿嘉、永始、元延、绥和。帝有威仪，临朝若神。然荒于酒色，政在外家。张禹、薛宣①、翟方进②为相，汉业愈衰焉。太子即位，是为孝哀皇帝。

西汉（二十三）

孝哀皇帝，名欣，定陶③恭王康之子，元帝之孙也。祖母傅氏，母丁氏。成帝无子，故立为太子。至是即位，丁、傅用事。罢大司马莽就第④。

建平元年，用夏贺良⑤言，汉历中衰，当更受天命，宜急改元易号。乃改元太初，更号陈圣刘太平皇帝。寻罢改元更号事，诛夏贺良等。

帝幸董贤⑥。元寿元年，以贤为大司马。

二年，帝崩。贤自杀。

---

① 薛宣，生卒年不详，字赣君，西汉东海郯县（今山东郯城）人。历任长安令、御史中丞、陈留太守、御史大夫、丞相。封高阳侯。精通律法，为官公正。晚年以子薛况犯罪，免为庶人。
② 翟方进（？—前7），字子威，西汉汝南上蔡（今河南上蔡）人。出身寒门，家贫好学，为博士。迁朔方刺史，历任丞相司直、御史大夫、丞相。封高陵侯。后因屡现灾异，被诬陷为相失职，被成帝责，自杀。谥号恭。
③ 定陶，汉诸侯王国名，在今山东省定陶。
④ 就第，指免职回家。
⑤ 夏贺良（？—前5），西汉重平人，甘忠可弟子，哀帝时，任待诏，建议改元。后以"妖言惑众"罪被杀。
⑥ 董贤（前22—前1），字圣卿，西汉冯翊云阳人。初为太子舍人。哀帝立，拜黄门郎。因貌美柔媚得宠，封高安侯，元寿元年，任大司马、卫将军，给事禁中，领尚书事。哀帝死后，被罢免，自杀。

成帝在位二十六年，改用了七个年号，分别是：建始、河平、阳朔、鸿嘉、永始、元延、绥和。成帝有威武的仪态，上朝时看起来像神灵一般。但是却沉湎酒色，政事都托付给了外戚。张禹、薛宣、翟方进先后担任丞相，汉室江山越发衰败。太子登上皇位，就是孝哀皇帝。

西汉（二十三）

汉哀帝叫刘欣，是定陶恭王刘康的儿子，汉元帝的孙子。他的祖母是傅氏，母亲是丁氏。汉成帝没有儿子，因此把刘欣立为太子。这时刘欣即皇帝位，他的母亲丁氏和祖母傅氏协助他处理朝政。罢免了大司马王莽，让他回府第。

建平元年，夏贺良说："汉朝天运中衰，应当再次承受天命，迅速改元另换年号。"哀帝听信了夏贺良的话，下诏改元为太初，自己号称陈圣刘太平皇帝。但过了不久就撤销了这一做法，把夏贺良等人都杀了。

哀帝非常宠爱董贤。元寿元年，哀帝任命董贤为大司马。

元寿二年，哀帝驾崩。董贤自杀。

帝在位七年，改元者二。曰建平、元寿。太皇太后①以王莽为大司马，领尚书事，迎中山王即位，是为孝平皇帝。

孝平皇帝，名箕子。后更名衎②，中山③孝王兴之子也。元帝孙也。哀帝崩，立为嗣。太皇太后临朝，大司马莽秉政④。百官总己⑤以听。元始元年，莽为安汉公。

四年，聘莽女为皇后。加安汉公号宰衡，位诸侯王上。

五年，太师孔光⑥卒。成、哀以来，光等为三公⑦，养成汉祸，谄佞成风，上书颂莽者至四十八万人。加莽九锡⑧。

腊日，莽上椒酒⑨于第，置毒。帝崩。在位六年，改元者一。曰元始。太皇太后诏征宣帝玄孙婴为皇太子，号曰孺子婴。莽居摄践祚⑩，赞曰假皇帝，民臣谓之摄皇帝。

孺子婴为嗣之初，是为王莽居摄元年。刘崇⑪起兵讨莽。不克⑫，死。

---

① 太皇太后，是对皇帝祖母的尊称。
② 衎（kàn），欢乐。
③ 中山，汉诸侯王国名，在今河北定州。
④ 秉政，把持、掌握朝政。
⑤ 总己，总摄己职。《尚书·伊训》："百官总己以听冢宰。"
⑥ 孔光（前65—前5），西汉鲁人，字子夏。孔子后裔。明经学，成帝时，为博士。累擢为丞相。后以毁潜免。哀帝元寿元年复为丞相。久居大位，终无所荐举。
⑦ 三公，古代官名，历代指称不一。西汉末到东汉初，当代指司马、司徒、司空。
⑧ 九锡，古代皇帝赐给诸侯、大臣有特殊功勋者的九种礼器，代表最高的礼遇。
⑨ 椒酒，用椒浸制的酒。古代用以拜寿、敬贺。
⑩ 居摄，因为皇帝年幼不能理政，大臣代替他处理政务。践祚，即位、登基。
⑪ 刘崇，西汉宗室，安众侯。
⑫ 克，战胜。

哀帝一共在位七年，两次改年号，一次是建平，一次是元寿。哀帝去世后，太皇太后任命王莽为大司马，兼管尚书事务，迎中山王即皇帝位，这就是汉平帝。

　　汉平帝，名叫刘箕子，后来改名叫刘衎，是中山孝王刘兴的儿子，汉元帝的孙子。哀帝去世后，被立为继承人。太皇太后临朝听政，大司马王莽把持朝政。百官总摄己职听命于王莽。元始元年，汉平帝封王莽为安汉公。

　　元始四年，汉平帝聘王莽的女儿为皇后，给王莽加宰衡的称号，地位在各诸侯王之上。

　　元始五年，太师孔光去世。汉成帝、汉哀帝以来，孔光等人位列三公，才养成汉代政治的祸患，朝廷上下谄媚之风盛行，当时上述称颂王莽的有四十八万人之多。汉平帝为王莽加九锡礼。

　　这年冬天腊日，王莽给皇帝进奉椒酒，里面下了毒药。汉平帝中毒身亡。汉平帝在位共六年，改元一次，年号为元始。太皇太后下诏征汉宣帝的玄孙刘婴为皇太子，号为孺子婴。王莽居摄政位，称假皇帝，百姓和臣子称他为摄皇帝。

　　孺子婴开始被立为继承人的时候，就是王莽居摄元年。这一年，刘崇起兵讨伐王莽，失败身死。

二年，东郡太守翟义①，故丞相方进子也。起兵讨莽。不克，死。

初始元年。莽即真天子位。国号新，更号汉太皇太后，曰新室文母太皇太后。王莽者，王曼之子也。孝元皇后②兄弟八人，独曼早死，不侯。莽幼孤，群兄弟皆将军五侯子，乘时侈靡，以与马声色佚游相高。莽折节③为恭俭，勤身博学，被服如儒生，外交英俊，内事诸父，曲有礼意，封新都侯。爵位益尊，节操益谦。虚誉隆洽，倾其诸父，遂得汉政。哀帝崩，迎立平帝。五年而弑帝，摄位三年，竟篡位，国号新。

始建国元年，废孺子婴为安定公。二年，汉太皇太后王氏崩。

天凤四年，荆州④盗起，新市人王匡⑤为之帅，马武⑥、王常⑦、成丹⑧往从之，藏于绿林山⑨中。

---

① 翟义（？—7），西汉汝南上蔡人，字文仲。翟方进少子。少以父任为郎，出为南阳都尉，累迁至东郡太守。王莽摄政后，翟义起兵讨王莽，立刘信为帝，自号大司马柱天大将军。失败被杀，夷灭三族。
② 孝元皇后，即王政君，见前注。
③ 折节，降低身份。
④ 荆州，今湖北荆州。
⑤ 王匡（？—25），西汉末年荆州江夏郡新市（今湖北京山）人，与王凤等在绿林军率领饥民起义，北入南阳，号"新市兵"。更始元年（23），拥立刘玄为更始帝，王匡为定国上公。新朝灭亡后，投靠赤眉军，后降刘秀，因故被杀。
⑥ 马武（？—61），字子张，东汉南阳湖阳（今河南唐河县）人。先入绿林军，更始帝时，为侍郎，拜振威将军。后归刘秀，封杨虚侯。拜捕虏将军，破西羌。
⑦ 王常（？—36），字颜卿，新莽末年颍川舞阳（今河南舞阳）人。先入绿林军，更始帝时，为廷尉、大将军，后归顺刘秀，屡立战功，官至横野大将军，封山桑侯。卒谥节。
⑧ 成丹（？—25），新莽末年绿林军主要将领。更始帝时，封水衡大将军，后被刘玄所疑，腰斩。
⑨ 绿林山，新莽末年王匡、王凤起义在此爆发，在湖北当阳附近。

居摄二年，东郡太守翟义起兵讨伐王莽，他是原来的丞相翟方进的儿子，后来也失败身死。

初始元年，王莽正式即天子位。改国号为新，把汉太皇太后更号为新室文母太皇太后。王莽是王曼的儿子。孝元皇后有八个兄弟，只有王曼死得早，没有封侯。王莽幼年就成为孤儿，他的兄弟们都是将军、侯爷的儿子。这些人因此生活奢靡，每天热衷于车马声色游玩。王莽放低身份，为人恭俭，勤奋学习，平时穿着和普通儒生一样。在外和出色的英才交往，在家侍奉各位叔伯，委婉周道，有礼有意。王莽被封为新都侯。他的爵位越尊贵，节操越谦恭，浮名虚誉也越来越高，超过了他的各位叔伯，于是得到了汉朝的政治大权。汉哀帝去世，王莽迎立汉平帝。五年之后，弑杀平帝。王莽摄位三年之后，竟然篡位，改国号为新。

始建国元年，废掉孺子婴，封为安定公。二年，汉太皇太后王氏去世。

天凤四年，荆州出现盗匪集团，以新市人王匡为首领，马武、王常、成丹都去跟随他，这些人藏身于绿林山中。

五年，莽大夫杨雄①死。雄字子云，成帝之世以奏赋为郎，给事黄门，三世不徙官。及莽篡，以耆老久次转为大夫。尝作《太玄》《法言》，卒章称莽功德比伊周，后又作《剧秦美新》之文以颂莽。刘棻②尝从雄学奇字，棻坐事诛，辞连及雄。时雄校书天禄阁上，使者来，欲收之。雄从阁上自投下，莽诏勿问，至是死。琅琊樊崇③、东海刁子都④等兵起。

西汉（二十四）

地皇三年，崇兵自号赤眉⑤。绿林兵⑥分为下江、新市兵。荆州平林兵起。

---

① 杨雄（前53—18），字子云，汉族。西汉蜀郡成都人。少好学，口吃，博览群书，长于辞赋。年四十余，始游京师长安，以文见召，奏《甘泉》《河东》等赋。成帝时任给事黄门郎。王莽时任大夫，校书天禄阁。著有《太玄》《法言》《方言》等。
② 刘棻，西汉刘向之孙，刘歆之子，王莽时为侍中，封隆威侯。刘歆令棻从杨雄学作奇字。刘棻擅自造做符命，与刘泳、丁隆、甄寻皆被王莽杀害，杨雄亦受到牵连，跳楼几死。
③ 樊崇（？—27），字细君，新莽末琅琊（今山东诸城）人。率百余人起事，发展到十余万人，号赤眉军。更始三年拥立刘盆子，进军长安，推翻刘玄政权。后为刘秀所困，败降。力图再起，被杀。
④ 刁子都（？—23），新莽末东海人。天凤五年起义，后刘玄为更始帝，任徐州牧，后被部属所杀。
⑤ 赤眉，指新莽末以樊崇等为首的农民起义军。因以赤色涂眉为标志，故称。
⑥ 新朝末年，天下大乱，王匡、王凤等起义，因其驻扎在绿林山，故称这支义军为"绿林军"。新莽地皇四年，绿林军拥立西汉宗室刘玄为帝，年号更始，史称"更始政权"。更始元年，绿林军攻入长安，新朝灭亡。更始三年，绿林军受赤眉军和刘秀军夹击，最终更始帝投降赤眉军，余众亦被剿杀，绿林军宣告覆灭。

天凤五年，大夫杨雄去世。杨雄字子云，汉成帝在位期间，杨雄因为献上辞赋而当上侍郎，在皇门内供职，历经三朝都没有升官。等到王莽篡位，因为杨雄是年老有德之人却久居低位，故而升职为御史大夫。杨雄曾经写过《太玄》《法言》两本书，书的结尾称王莽功德堪比伊尹、周公，后来又创作《剧秦美新》来歌颂王莽改制。刘棻曾经跟随杨雄学习奇字，因为献瑞一事被杀，供词牵连到杨雄。当时杨雄正在天禄阁上校对书目，使者来，要收捕他。杨雄从阁上跳下，想要自杀，王莽才下诏不要细究他的罪过，直到杨雄去世。琅琊郡樊崇、东海郡刁子都等起兵造反。

西汉（二十四）

地皇三年，樊崇起兵，自号赤眉军。绿林军分为下江兵、新市兵。荆州平林兵起兵。

汉宗室刘縯①及弟秀起兵舂陵。新市、平林兵皆附之。明年诸将共立刘玄为皇帝。玄②，舂陵③戴侯买④之后，与縯、秀同高祖。时在平林军中，号更始将军。诸将贪其懦弱，立之。南面立朝群臣，以手刮席，羞愧流汗不能言。大赦，改元更始，都于宛⑤。

更始元年，刘秀大破莽兵于昆阳⑥。成纪⑦隗嚣⑧兵起。公孙述⑨起兵成都。更始遣将破武关，析人邓晔⑩起兵迎入长安，众兵诛莽。傅首诣更始。

---

① 刘縯（？—23），字伯升，新莽末南阳蔡阳（今湖北枣阳）人，光武帝刘秀之兄。新朝末年，与刘秀一起在南阳起兵，号"舂陵军"，自称柱天都部，后加入绿林军。更始政权建立后，拜大司徒，封汉信侯。昆阳之战后，为更始帝所猜忌，被杀。东汉建立后，追谥为齐武王。
② 刘玄（？—25），新莽末南阳蔡阳人，字圣公，光武帝刘秀族兄。初投平林军，后合于绿林军。地皇四年被拥立为更始帝。玄沉湎酒色，独断多疑，先后杀害申屠建、成丹等，更始三年，赤眉军攻破长安，玄降，不久被缢死。
③ 舂陵，指舂陵县，西汉时，属长沙国。治所在今湖南省宁远县北。
④ 戴侯买，应为节侯买。据《后汉书·卷一·光武帝纪第一》改。即刘买，生卒年不详，长沙定王刘发之子，汉景帝之孙。汉武帝时以舂陵乡（今湖南省宁远县柏家坪镇）封买为舂陵侯，死后谥曰"节"，史称"舂陵节侯"。
⑤ 宛，宛县，今河南南阳。
⑥ 昆阳，今河南叶县。
⑦ 成纪，西汉属天水郡，治所在今甘肃静宁县西南。
⑧ 隗嚣（？—33），字季孟，东汉天水成纪（今甘肃秦安）人。王莽末，起兵据陇西。后归顺更始帝，拜右将军，御史大夫。刘秀称帝后，欲挟更始帝投降刘秀，事发后逃回陇西，自称"西州上将军"。与刘秀战屡败。建武九年，忧愤死。
⑨ 公孙述（？—36），字子阳，东汉扶风茂陵（今陕西兴平）人。王莽时为导江卒正，后为蜀郡太守。新朝末年，据蜀自立。建武元年，自立为帝，国号成家。建武十二年，被吴汉所破，兵败身死。
⑩ 邓晔，生卒年不详，新莽末析（今河南西峡县）人，更始元年（23年），邓晔起兵，自称辅汉左将军。更始帝时，任邓晔为复汉将军。后归刘秀，拜执金吾。从伐隗嚣、杀延岑。

汉朝宗室刘縯和他的弟弟刘秀在故乡舂陵宣布起义，新市兵、平林兵都归附他们。第二年，诸位将领拥立刘玄为皇帝。刘玄，是舂陵节侯刘买的后代，与縯、秀都是同一位高祖父。当时他在平林军中，被称为更始将军。其他将领都觉得他懦弱，便于控制，于是拥戴他做皇帝。刘玄登基，接受群臣朝见，不停地用手刮席子，羞愧难当，汗流浃背，结结巴巴不能说话。大赦天下，改年号为更始，在宛城建都。

　　更始元年，刘秀在昆阳大败王莽的军队。隗嚣在成纪起兵，公孙述在成都起兵。更始帝派遣将领攻破武关，析人邓晔起兵迎更始军进入长安，士兵们诛杀王莽，把王莽的头送给更始帝。

莽未篡时，更定官名及十二州界，罢制改易，天下多事。更造错刀、契刀、大钱等货。既篡位，以刘字卯、金、刀也，禁刚卯①，金刀之利不得行，罢错刀、契刀、五铢钱等。更名天下田，曰王田，不得买卖。男口不盈八，而田过一井，分余田予九族乡里，故无田者受田。立五均司市钱府，官令民各以所业为贡。更作宝货，有金银龟贝钱币五物六名二十八品，百姓溃乱，宝货不行，乃行小钱、大钱。数更变，不信，盗铸及私挟五铢钱者抵罪。于是农商失业，食货俱废，民至涕泣市道。后又改货布货泉，每一易钱，民又大陷。犯铸钱法，槛车锁颈，传诣长安者，以十万数，死什六七。

改易制度政令烦多，四方嚣然，讴吟思汉久矣。岁旱蝗，人相食，远近兵起。莽以五石铜铸威斗，如北斗状，欲以厌胜②众兵。出入使人负之以行，至汉兵入宫，犹旋席随斗柄而坐曰："天生德于予，汉兵其如予何？"斩首于渐台，军人分其身，节解脔③之。

---

① 刚卯，汉代人用以辟邪的佩饰。于正月卯日制成，以金、玉或桃木为材料，刻有辟邪内容的文字。
② 厌（yā）胜，以镇物、符咒制胜、压服。是旧时的一种巫术。
③ 脔（luán），把鱼、肉切成块，这里指分割。

王莽没有篡权时，更改官职名称，把十四部改成十二州。去除旧制，新制度也是朝令夕改，人们因为政令冗杂而烦扰。王莽又下令更造错刀币、契刀币、大钱等作为流通货币。等到王莽篡位时，因为"刘"字含有"卯、金、刀"三个字，于是下令禁绝刚卯，便利的金刀币也不能通行，禁止使用错刀币、契刀币、五铢钱等前朝货币。把全天下的土地更名为王田，收归朝廷，不得买卖。家庭人口男性不满八人，而占有田亩超过一井的，把多余的田亩分给亲属、邻居和同乡亲友。因此原来没有田的，现在分得田了。设立五均司市钱府，官员以民众劳作收入作为贡赋。同时再次改变币制，制作宝货，有金、银、龟、贝、钱五类共二十八种货币。民众乱作一团，因为宝货品类繁杂，无法流通，只能私下流通小钱和大钱两种。加之货币屡铸屡废，变更频繁，盗铸以及私自挟带五铢钱的要按律缉拿。因此农工商业没有办法经营，货物商品流动陷于停滞，人们在街市上流泪哭泣。后来又推行货布和货泉两种货币，每次更改币制，民众的财富都被搜刮一次。触犯铸钱法的，用槛车锁上颈项，在都城长安游街示众的，有十几万人，其中十分之六七都被处死。

　　王莽改变的前朝法律、颁布的新朝政令不计其数，天下不堪其扰，人们唱起歌谣、怀念汉朝已经很久了。连年出现旱灾、蝗灾等，出现饥民争相吃人的惨剧，全国各地叛乱纷起。王莽命人用五石的铜铸成威斗，状如北斗七星，想要用厌胜来镇压各支乱军。王莽出入都让人背着威斗，自己才愿意出行，甚至到汉兵冲进宫中时，仍然跟随着北斗转动的方向而旋转坐席，说："上天把仁德赐予我，你们这些士兵能拿我怎么样？"士兵一拥而上，把王莽在渐台上斩首，把他的身体砍碎。

自篡至亡，改元者三，曰始建国、天凤、地皇，凡十五年。莽传首至宛，更始自宛迁都洛阳，父老见司隶校尉①官属或垂涕，曰："不图今日复见汉官威仪。"

更始元年迁都长安。赤眉攻长安。明年赤眉入，更始出奔。已而降赤眉，为所杀。自立至亡，凡三年。前数月，大司马秀已即位于河北，是为世祖光武皇帝。

---

① 司隶校尉，旧号"卧虎"，是汉至魏晋监督京师和地方的监察官。始置于汉武帝征和四年，汉成帝元延四年曾省去，汉哀帝时复置，省去校尉而称司隶，东汉时复称司隶校尉。

自王莽篡权到新朝灭亡，改了三次年号，分别叫始建国、天凤、地皇，总共十五年。王莽的首级被送到宛城，更始帝从宛迁都到洛阳，沿途父老乡亲看到司隶校尉的官员部属，纷纷落泪，叹道："没想到今天又能看到汉朝官属的威严仪容。"

更始元年迁都长安。赤眉军进攻长安。第二年赤眉军攻入都城，更始帝逃亡。没过多久刘玄就投降了赤眉军，被赤眉军杀害。自更始帝登基到他灭亡，只有三年。在这之前的几个月，大司马刘秀已经在河北登基即位，这就是世祖光武皇帝。

文白对照十八史略

第二卷

东汉

东汉（一）

世祖光武皇帝名秀，字文叔，长沙定王发①之后也。景帝生发，发生春陵节侯买。侯再三世，徙封以南阳②白水乡为春陵宗族，往家焉。买少子外，外生回，回生南顿③令钦，钦生秀于南顿。有嘉禾一茎九穗之瑞，故名。先是，有望气者望春陵曰："气佳哉！郁郁葱葱然！"王莽改货④曰"货泉"⑤，人以其字为白水真人。秀竟从白水起。隆准⑥日角⑦，受《尚书》⑧，通大义。尝过蔡少公，少公学图谶，言刘秀当为天子。或曰"国师公，刘秀乎？"秀戏曰："何由知非仆邪？"

---

① 长沙定王发，即刘发（？—前129），汉景帝第六子，母唐姬。东汉皇帝直系祖先，其五世孙即汉更始帝刘玄和汉光武帝刘秀。公元前155年受封长沙王，在位27年，谥号曰"定"，史称"长沙定王"。
② 南阳，秦汉郡名，辖境大致在河南熊耳山以南，湖北大洪山以北，治宛县（今河南南阳市）。
③ 南顿，今河南项城市。
④ 货，钱币。
⑤ 货泉，货泉是最常见的一种汉代钱币，它是王莽天凤元年（14）第四次货币改制的产物。货泉从天凤元年起一直流通到东汉光武帝建武十六年（40），材质为青铜。
⑥ 隆准，高鼻梁。
⑦ 日角，额骨中央部分隆起，形状如日。旧时相术家认为是帝王之相。
⑧ 《尚书》，儒家经典《五经》之一，又称"书经"。以记言为主，记录了从尧、舜、禹到春秋之事，是我国记言文之祖。

东汉（一）

　　世祖光武皇帝名叫刘秀，字文叔，是长沙定王刘发的后代。汉景帝生刘发，刘发生春陵节侯刘买。春陵侯又传了三代，迁徙封地以南阳白水乡为春陵侯的宗族，就去那里安了家。刘买的小儿子叫刘外，刘外生刘回，刘回生南顿县令刘钦。刘钦在南顿生下刘秀时，当地出现了水稻一秆茎上长着九个稻穗的祥瑞之兆，因此给儿子起名叫刘秀。早先时，有一个观望云气的方士看着春陵侯说："多么好的云气啊，真是郁郁葱葱。"王莽把钱币的名字改为"货泉"，人们根据字形称他为"白水真人"，刘秀后来果然从白水起兵。刘秀长着高鼻梁，额头中央有像太阳一样的凸起部分，学习过《尚书》，通晓其中的大义。他曾经拜访蔡少公，蔡少公学过图书谶语，说"刘秀应当做天子"！有的人说："这是说国师公刘秀吧？"刘秀开玩笑说："你怎么知道不是我呢？"

及新市①、平林②兵起，南阳骚动，宛③人李通④迎刘秀起兵。秀兄縯字伯升，慷慨有大节，常愤愤欲复社稷。平居不事家人生业，倾身破产，交结天下雄俊。至是，分遣亲客发诸县兵。縯自发舂陵子弟，皆恐惧亡匿，曰："伯升杀我。"及见秀绛衣大冠，惊曰："谨厚者亦复为之！"乃自安。部署宾客，招说诸帅。新市、平林、下江⑤兵皆来会。兵多无所统一，欲立刘氏从人望。下江将王常欲立縯，新市、平林将帅惮其威明，遂立更始。以縯为大司徒⑥，秀为将军。

---

① 新市，今湖北京山县。新朝天凤四年（17年）新市人王匡、王凤起义，以绿林山（今湖北大洪山）为根据地，称绿林军。次年绿林山发生瘟疫，绿林军分兵出走，一路由王匡、王凤率领，转战南阳，称新市兵。
② 平林，今湖北随县。新朝地皇三年（22），平林人陈牧、廖湛聚集众人响应新市兵，在平林起义，称平林兵。
③ 宛，今河南南阳市。
④ 李通（？—42），字次元，南阳宛（今河南南阳）人，东汉开国功臣。深得光武帝恩宠，历任大司农、前将军、大司空，封固始侯。谥号恭侯。
⑤ 下江，长江在湖北西部以下叫下江。绿林军分兵后，其中一路由王常、成丹等率领，转战南郡（今湖北江陵），称下江兵。
⑥ 大司徒，官名，《周官》有大司徒，为地官之长。汉哀帝元寿二年（前1）改丞相为大司徒。建武二十七年（51）改大司徒为司徒。

等到新市兵和平林兵崛起时，南阳城也骚动不安，宛县人李通迎接刘秀起兵。刘秀的哥哥叫刘縯，字伯升，刘縯为人慷慨，有大气节，常常愤愤不平，想要恢复刘姓社稷。他平常不从事普通人家的生产事业，而变卖家产，交结天下的英雄才俊。到了这时，刘縯分别派遣亲戚和门客去发动周边县城起事，他自己发动舂陵本族的子弟。各家子弟都感到害怕，纷纷逃避躲藏，说："刘縯害死我了！"到看见刘秀身着红衣，头戴大冠，都吃惊说："谨慎忠厚的人也起兵造反了！"心里才逐渐安定。刘縯部署宾客，招揽游说那些起兵的将领，新市兵、平林兵、下江兵都来会合。因为军队太多，没有统一的领袖，想要拥立一位刘姓皇族，来顺从天下人的愿望。下江兵将领王常想要拥立刘縯，新市兵和平林兵忌惮刘縯的威武严明，于是就拥立刘玄为更始帝，以刘縯为大司徒，刘秀为将军。

秀狗①昆阳②、定陵③、郾④，皆下之。莽遣王邑⑤、王寻⑥大发兵平山东。以长人⑦巨无霸⑧为垒尉⑨，驱虎豹犀象之属以助兵势，号百余万，旌旗千里不绝。诸将见兵盛，皆走，入昆阳，欲散去。

秀至郾、定陵，悉发诸营兵，自将步骑千余为前锋。寻、邑遣兵数千合战，秀奔之，斩首数十级。诸将曰："刘将军平生见小敌怯，今见大敌勇，甚可怪也！"寻、邑兵却，诸部共乘之，连胜，遂前，无不一当百。秀与敢死者三千人冲其中坚，寻、邑阵乱，汉兵乘锐，崩⑩之。遂杀寻。昆阳城中守者亦鼓噪出，中外合势，呼声动天地。莽兵大溃，走者相践，伏死百余里。会大雷风，屋瓦皆飞，雨下如注。虎豹皆股⑪战，溺死滍川⑫者万数。关中闻之震恐。海内豪杰响应，皆杀莽牧守⑬，自称将军，用汉年号，旬月遍天下。

---

① 狗，同"徇"，攻打。
② 昆阳，今河南叶县。
③ 定陵，今河南漯河西北。
④ 郾，今河南漯河郾城区。
⑤ 王邑（？—23），山东章丘人，王莽从弟，新朝著名将领。王莽篡汉后，拜王邑为大司空，封隆新公。绿林军攻破长安后，战死。
⑥ 王寻（？—23），山东章丘人，王莽从弟，新朝著名将领。王莽篡汉后，拜王寻为大司马，封章新公。昆阳之战中兵败战死。
⑦ 长人，即巨人。
⑧ 巨无霸，即巨毋霸，是王莽时期的巨人，传说身高两米三左右，腰围有十围。
⑨ 垒尉，掌管营垒的军官。
⑩ 崩，击溃。
⑪ 股，大腿，这里指虎豹的腿脚。
⑫ 滍川，即沙河，为颍河的主要支流，发源于河南省鲁山县伏牛山的木达岭，流域大致在今河南省东南部。
⑬ 牧守，即州牧和郡守。汉武帝元封五年（前106），置刺史，分天下为十三州部，各置刺史一名，掌巡行郡县，监察地方。成帝绥和元年（前8）罢刺史，置州牧，由监察官变为一方军政大臣。光武帝建武十八年（42），又改称刺史。灵帝中平五年（188），经宗室刘焉建议，改刺史为州牧，遂造成东汉末群雄侯割据的局面。

刘秀攻打昆阳、定陵、郾城，都攻下了。王莽派遣王邑、王寻调派大量军队去平定崤山以东的地区。任用巨人巨毋霸为垒尉，又赶来虎、豹、犀、象等猛兽以助军威，号称百万大军，旌旗绵延千里没有断绝。诸位将领看见王莽的兵势盛大，都撤退到昆阳，想要四散而去。

刘秀到了郾城、定陵，把各营的军队全部征发，自己带领步兵和骑兵一千多人为前锋。王寻、王邑派遣军队几千人前来交战，刘秀带兵冲了过去，斩了几十个人的首级。将领们说："刘将军平时看到弱小的敌军都胆怯，现在见到强敌反而英勇，太奇怪了！"王寻、王邑的军队向后撤退，于是汉军各个部队一起趁机进攻，连战连胜，就不断向前进军，没有一人不是以一当百的。刘秀和不怕死的三千人攻击敌军主将营垒，王寻、王邑军队阵脚大乱，汉军趁着锐气击溃了敌军，斩杀王寻。昆阳城中守军也击鼓大喊冲杀出来，里应外合，呼声震天动地。王莽军队溃不成军，逃跑的人互相践踏，倒在地上的尸体遍布一百多里。当时正好遇上响雷和大风，屋顶上的瓦片都被刮飞了，大雨好似从天上灌下来一样，老虎和豹子都吓得腿脚发抖，跌进滍川里溺死的士兵多达几万人。关中人听到了这个消息，非常震惊。全国各地豪杰纷纷起兵响应，杀掉了王莽委任的州牧和郡守，自称为将军，奉行汉朝的年号，数月之间这种形势遍布天下。

縯兄弟威名日盛，更始杀縯。秀不敢服丧，饮食言笑，惟枕席有涕泣处。更始惭，拜秀大将军，封武信侯。未几，以秀行大司马事，遣徇①河北②。所过除莽苛政。

　　南阳邓禹③杖策④追秀，及于邺⑤。秀曰："我得专封拜，生远来，宁欲仕乎？"禹曰："不愿也。但愿明公威德加于四海，禹得效其尺寸，垂功名于竹帛耳。更始常才，帝王大业非所任。明公莫如延揽英雄，务悦民心，立高祖之业，救万民之命，天下不足定也。"秀大悦，令禹常宿止于中⑥，与定计议。

东汉（二）

　　邯郸⑦卜者王郎⑧诈称成帝子子舆，入邯郸称帝，徇下幽、冀，州郡响应。

---

① 徇，巡行。
② 河北，指黄河以北。
③ 邓禹（2—58），字仲华，南阳新野人，东汉开国名将。被刘秀"恃之以为萧何"，"既定河北，复平关中"，战功卓著。官拜大司徒、太傅，封鄼侯，后改封高密侯。谥号元侯。位列"云台二十八将"之首。
④ 杖策，执马鞭，指骑马而行。
⑤ 邺，古代著名都城，遗址在今河北临漳县西。
⑥ 中，指军营中。
⑦ 邯郸，今河北邯郸县。
⑧ 王郎，即王昌（？—24），河北邯郸人，初以卜相为业，自称是汉成帝之子刘子舆。23年，西汉宗室刘林和赵地豪强李育等立他为汉帝，定都邯郸，史称"赵汉"。24年，刘秀破邯郸，王昌被杀。

刘縯兄弟威武的名声一天比一天盛大，更始帝就杀掉了刘縯。刘秀不敢戴孝，饮食言谈欢笑，一切如常，只有枕头边有哭泣流泪的痕迹。更始帝觉得很惭愧，就拜刘秀为大将军，封武信侯。没过多久，让刘秀行使大司马的职权，派遣他巡行黄河以北地区。刘秀所过之处，都废除了王莽残酷的政令。

南阳人邓禹执鞭驱马追赶刘秀，终于在邺城赶上了。刘秀说："我有权封爵任官，先生自远而来，是想要进入仕途吗？"邓禹说："不愿意。我只希望阁下的威望和恩德遍及四海，我能在你属下尽一尺一寸之力，使我的功名记载在史书上而已。更始帝是平庸的人，帝王大业并不是他所能担任的。阁下不如招揽英雄，务求取悦民心，建立高祖当年的功业，拯救天下万民的性命，天下是不难平定的！"刘秀听了很高兴，经常命邓禹夜间在营中下榻，和他一起磋商讨论，确定计划。

东汉（二）

邯郸的算命先生王郎谎称自己是汉成帝的儿子刘子舆，在邯郸称帝，攻下幽州和冀州，周边郡县都起兵响应。

秀北徇蓟①,上谷太守耿况②子弇③驰至卢奴④上谒,秀曰:"是我北道主人也。"蓟城反,应王郎,秀趣出城,晨夜南驰。至芜蒌亭⑤,冯异⑥上豆粥。至饶阳⑦,乏食。至下曲阳⑧,闻王郎兵在后。至滹沱河⑨,候吏⑩还白:"河水流澌⑪,无船,不可济。"秀使王霸⑫视之,霸恐惊众,还即诡曰:"水坚⑬,可渡。"遂前。至河,水亦合⑭,乃渡。未毕数骑而水解。至南宫⑮,遇大风雨,入道傍空舍。冯异抱薪,邓禹爇⑯火,秀对灶燎衣,异复进麦饭。至下博⑰城西,惶惑不知所之。有白衣老人指曰:"努力!信都⑱为长安城守,去此八十里。"

① 蓟,今天津蓟县。
② 耿况(？—36),字侠游,扶风茂陵(今陕西兴平市)人,东汉开国功臣。归顺刘秀后颇有战功,封喻糜侯。病逝于洛阳,谥号烈侯。
③ 弇,即耿弇(3—58),字伯昭,扶风茂陵(今陕西兴平市)人,东汉开国名将。平齐鲁,攻陇右,战功赫赫。官拜建威大将军,封好畤侯。谥号愍侯。
④ 卢奴,今河北定州市。
⑤ 芜蒌亭,亭名,故址在今河北省饶阳县滹沱河滨。
⑥ 冯异(？—34),字公孙,颍川父城(今河南宝丰县)人,东汉开国名将。破赤眉,定关中,屡立战功。官拜征西大将军,封阳夏侯。后病逝于军中,谥号节侯。
⑦ 饶阳,今河北饶阳县。
⑧ 下曲阳,今河北晋州市。
⑨ 滹沱河,海河著名支流,发源于山西省繁峙县泰戏山孤山村一带,流域大致在山西北部、河北东南部。
⑩ 候吏,即候人。古代掌管整治道路稽查奸盗或迎送宾客的官员。
⑪ 流澌,江河解冻时流动的冰块。
⑫ 王霸,字元伯,颍川颍阳(今河南许昌)人,东汉开国功臣。杀王郎,御匈奴,屡立战功。官拜讨房将军,封淮陵侯。后因病去世。
⑬ 水坚,指河水结冰,很坚硬。
⑭ 合,指河水冻住了。
⑮ 南宫,今河北南宫市。
⑯ 爇,音若,点燃。
⑰ 下博,今河北冀州市。
⑱ 信都,汉郡名,辖境大致在今河北东南部,治信都县(今河北冀州市)。

刘秀向北巡视蓟县，上谷太守耿况的儿子耿弇骑马赶到卢奴拜见刘秀，刘秀说："这是我的北道主人。"蓟县城中军队造反，响应王郎，刘秀飞奔逃离蓟县，昼夜不停，向南疾行。到了芜蒌亭，冯异呈上豆粥给刘秀吃。到了饶阳，大家都缺乏食物。到了下曲阳，王郎的追兵就在后面。到了滹沱河，候吏回来报告说："河水解冻，冰随水流，没有船，不能渡河。"刘秀派王霸前去查看，王霸担心吓到大家，就撒谎说："河水冻住了，可以渡河。"于是众人就往前走。到了河边，河水果然冻住了，大家就赶紧渡河。只剩下几个骑马的人还没有到达河对岸时，冰就融解了。到了南宫，遇到大风雨，刘秀引车进入路旁的空房，冯异抱来柴草，邓禹点燃柴火，刘秀对着火堆烘烤衣服，冯异又呈上麦饭。刘秀等人到了下博城西，惊惶迷惑，不知该往哪里走。这时，一个白衣老人指着前面说："努力干吧！信都郡是长安的门户，离这里还有八十里。"

秀即驰赴之。时郡县皆已降王郎，独信都太守任光①、和戎②太守邳彤③不肯。光出，闻秀至，大喜，彤亦来会。发旁县得精兵，移檄讨王郎，郡县还复响应。

秀引兵援广阿④，披舆地图，指示邓禹曰："天下郡县如是，今始得其一，子前言不足定，何也？"禹曰："方今海内殽⑤乱，人思明君，犹赤子慕慈母。古之兴者，在德厚薄，不在大小也。"耿弇以上谷、渔阳⑥兵行定郡县，会秀于广阿。进援邯郸，斩王郎，得吏民与郎交书数千章。秀会诸将烧之曰："令反侧子⑦自安。"

秀部分吏卒，皆言愿属大树将军，谓冯异也。为人谦退不伐，诸将每论功，异常独屏树下，故有此号。

更始遣使立秀为萧王，令罢兵。耿弇说王辞以河北未平，不就征。王击铜马⑧，诸贼悉破，降之。诸将未信降者，降者亦不自安。王敕各归营勒兵，自乘轻骑案行诸部。降者相语曰："萧王推赤心置人腹中，安得不效死乎？"悉以分配诸将，南徇河内⑨。

① 任光（？—29），字伯卿，南阳宛（今河南南阳）人，东汉开国功臣。随刘秀参加昆阳大战，又坚守信都，为刘秀反攻王郎提供根据地。官拜新都太守，封阿城侯。后因病去世。
② 和戎，即秦汉巨鹿郡，王莽改为和戎郡，辖境大致在今河北中部、南部，治平乡（今河北平乡县）。
③ 邳彤（？—30），字伟君，信都（今河北冀州市）人，东汉开国功臣。坚守和戎，为刘秀反攻王郎提供根据地。官拜和戎太守，封灵寿侯。
④ 广阿，今河北隆尧县。
⑤ 殽，同"淆"。殽乱，即淆乱，混乱。
⑥ 渔阳，秦汉郡名，辖境大致在今河北省东北部至秦长城，治渔阳县（今北京密云县）。
⑦ 反侧子，指与王郎私通的人。
⑧ 铜马，新朝活动在今河北一带的农民起义军，领袖有东山荒秃、上淮况等人。后投降刘秀，成为刘秀军队的主要组成部分。
⑨ 河内，汉郡名，辖境大致在太行山东南，黄河以北，治河内县（今河南沁阳市）。

刘秀立即奔赴那里。当时各郡县都已投降王郎，只有信都太守任光、和戎太守邳彤不肯归附。任光出门听说刘秀到了，非常高兴，邳彤也来相会。于是他们就发动周边县城，募集精兵，发布檄文讨伐王郎，郡县又都响应他们。

刘秀带领军队支援广阿，铺开地图，指着对邓禹说：“天下郡县就如这所示，如今我才得到其中一个。你以前说天下不难平定，为什么呢？”邓禹说：“如今天下混乱，百姓思慕贤明的君主，就好像刚出生的婴儿想念自己的慈母一样。古代兴起的帝王，只在他品德的厚薄，不在他地盘的大小。”耿弇率领上谷郡和渔阳郡的军队，平定了周边郡县，在广阿和刘秀会合，一起进军支援邯郸，斩杀王郎，缴获了几千封官吏及百姓和王郎私下联系的书信。刘秀召集诸位将领，当众烧掉了这些书信，说：“让那些和王郎私下联系的人安心吧。”

刘秀部署分配官吏和士兵，大家都说愿意从属大树将军，大树将军指冯异。冯异为人谦逊退让，不夸耀自己的功劳。将军们每次讨论功劳时，冯异常常独自靠在大树下，因此有了这个称号。

更始帝派遣使者立刘秀为萧王，命令他收兵。耿弇劝刘秀以黄河以北地区还没有平定为由推辞，不去接受征召。萧王攻打铜马军，那些乱军都被攻破，投降了萧王。将领们不信任降将，降将们内心也不安稳。萧王命令降将们各自回营整顿兵马，自己则轻装乘马，巡视部署。降将们互相说道：“萧王对我们推心置腹，我们怎么能不为他效命？”萧王把士兵全部分配给将领们，向南攻打河内郡。

赤眉西攻长安，王遣将军邓禹等兵入关。禹荐寇恂①，文武备具，有牧民御众之才，使守河内。王自引兵徇燕赵，击尤来、太枪②等诸贼，尽破之。王还至中山③，诸将上尊号，不许。至南平棘④，固请，又不许。耿纯⑤曰："士大夫捐亲戚、弃土壤从大王于矢石之间，固望攀龙鳞、附凤翼以成其所志耳。今留时⑥逆众，恐望绝计穷，则有去归之思，大众一散，难可复合。"冯异亦言宜从众议。

会儒生强华⑦自关中奉《赤伏符》⑧来曰："刘秀发兵捕不道，四夷云集龙斗野，四七之际火为主。"群臣因复请，乃即皇帝位于鄗南⑨，改元建武。

赤眉樊崇等立宗室刘盆子⑩为帝。年十五，时在军中，主牧羊，被发徒跣⑪，敝衣赭汗。见众拜，恐畏欲啼。

贼入长安，更始走。帝下诏封为淮阳王。

---

① 寇恂（？—36），字子翼，上谷昌平（今北京市）人，东汉开国功臣。镇守河内，留守后方，功勋卓著。历任河内太守、颍川太守、执金吾，封雍奴侯。后因病去世，谥号威侯。
② 尤来、太枪，皆为新朝末年河北的农民起义军，后都被刘秀击败。
③ 中山，汉郡名，辖境大致在山西东北部、河北西部，治卢奴县（今河北定州市）。
④ 南平棘，今河北赵县。
⑤ 耿纯（？—37），字伯山，巨鹿宋子（今河北新河县）人，东汉开国功臣。多有战功，力劝刘秀登基。拜东郡太守，封东光侯。后卒于任上，谥号成侯。位列"云台二十八将"之十三。
⑥ 留时，拖延时间。
⑦ 强华，生卒年不详，东汉儒生，向刘秀献《赤伏符》，力劝刘秀即位。
⑧ 《赤伏符》，一本所谓的"神秘预言书"，指名道姓地预言了刘秀当皇帝的前景。
⑨ 鄗南，今河北高邑县。
⑩ 刘盆子（10—？），泰山式县（今山东兖州）人，汉室宗亲，刘邦之孙城阳景王刘章之后。25年，樊崇拥立刘盆子称帝，建元建世，史称建世帝。27年投降刘秀。后因病失明，刘秀令用荥阳的官田租税来奉养刘盆子终身。
⑪ 徒跣，赤足步行。

赤眉军向西攻打长安,萧王派遣将军邓禹等人带兵进入函谷关。邓禹推荐寇恂,说他文武兼备,有治理百姓驾驭群众的才能。萧王命寇恂为河内太守,自己带兵攻占燕赵两地,攻打尤来、太枪等地乱军,都打败了他们。萧王返回到中山郡时,将领们请他称帝,萧王没有同意。到了南平棘时,将领们又请求,萧王还是没有同意。耿纯说:"士大夫们舍弃亲戚离开家乡,在飞箭和滚石之间追随大王,固然是希望能够攀龙附凤,来成就他们的志向。如今大王拖延时间,违背众意,我担心大家会失去希望,无计可施,就产生退归故里的想法。大家如果散去了,就很难再重新聚到一起了。"冯异也说应该听从大家的建议。

　　这时,恰好儒生强华拿着《赤伏符》从关中来晋见刘秀,符上说:"刘秀发兵惩奸贼,四方云集龙斗野,四七二八火为主。"群臣因此再次奏请。于是刘秀在鄗县之南即皇帝位,改年号为建武。

　　赤眉军樊崇等人拥立汉室宗亲刘盆子为帝。刘盆子只有十五岁,在军中主管放羊。他乱披着头发,光着脚,穿着破衣服,因为紧张而脸红流汗,看见众人跪拜,害怕得快要哭出来了。

　　义军攻入长安,更始帝败走。光武帝就下诏封更始帝为淮阳王。

宛人卓茂①尝为密令，教化大行，道不拾遗。上即位，先访求茂以为太傅，封褒德侯。

车驾入洛阳，遂都之。

东汉（三）

关中未定，邓禹引众而西，号百万。所至停车驻节②劳来，百姓垂髫戴白满车下，名震关西③。至栒邑④，久不进兵。赤眉大掠而出，禹乃入长安。赤眉复入，禹战不利，走。

征还京师，遣冯异入关，禹惭无功，要异共攻赤眉，大战于回溪⑤，败绩。收散卒，坚壁，已而大破赤眉于崤底⑥。玺书劳异曰："始虽垂翅回溪，终能奋翼渑池⑦。可谓失之东隅，收之桑榆。"

赤眉余众东向宜阳⑧，上勒军待之。樊崇以刘盆子丞相徐宣⑨等肉袒⑩降。上阵军马，令盆子君臣观之，谓曰："得无悔降乎？"宣叩头曰："去虎口，归慈母，诚欢诚喜无限。"上曰："卿所谓铁中铮铮，庸中佼佼者也。"各赐田宅。

---

① 卓茂（？—28），字子康，南阳宛县（今河南南阳）人，两汉之际著名儒生，人称"渊博博士"。刘秀即位后，寻访卓茂，拜太傅，封褒德侯。
② 驻节，旧指身居要职的官员于外执行使命，在当地住下。节，符节。
③ 关西，函谷关以西。
④ 栒邑，今陕西旬邑县。
⑤ 回溪，在今河南登封市。
⑥ 崤底，即崤山谷底，在今河南洛宁县。
⑦ 渑池，即崤底，古称渑池。
⑧ 宜阳，今河南宜阳县。
⑨ 徐宣，生卒年不详，字骄稚，东海临沂（今山东临沂）人，赤眉军将领。因精通《易经》，刘盆子称帝后，选为丞相。后随刘盆子、樊崇一起投降刘秀，终老乡中。
⑩ 肉袒，脱去上衣，裸露肢体。古人在祭祀或谢罪时以此表示恭敬或惶恐。

宛县人卓茂曾经做过密县县令，他所推行的教化形成风气，以至路不拾遗。光武帝即位，就先寻访卓茂，拜他为太傅，封褒德侯。

光武帝的车驾进入洛阳，就以洛阳为都城。

东汉（三）

关中还没有平定，邓禹带兵向西进发，号称百万。百姓都来迎接归顺，邓禹所到之处，都是慰劳归顺的百姓，儿童、老人满满地围在邓禹车下，他的威名震动了关西。邓禹到了栒邑，久久不再进军。赤眉军大肆掠夺后撤出长安，邓禹才进入长安。赤眉军又来进攻，邓禹迎战，没有取胜，就撤退了。

光武帝征召邓禹返回洛阳，派遣冯异进入函谷关。邓禹惭愧自己没有功劳，邀请冯异一起进攻赤眉，在回溪展开大战，又失败了。冯异召集离散的士兵，重筑营垒坚守。过了一段时间，在崤底打败了赤眉军。光武帝下诏书慰劳冯异说："你虽然开始时在回溪垂下翅膀，但最终能在渑池奋起双翼。可以说早上在东方丢了东西，晚上在西方找回来。"

赤眉军剩下的部队向东进发到宜阳，光武帝整顿军队等待他们。樊崇让刘盆子的丞相徐宣等人解开上衣、裸露身体向光武帝投降。光武帝布置好军队马匹，让刘盆子君臣观看，说："你们还后悔投降吗？"徐宣叩头说："我们离开老虎的嘴巴，回归慈母的怀抱，真是无限欢乐欣喜！"光武帝说："你就是所谓铁中的刚利部分，凡人中的出类拔萃者！"各赐给他们土地和住宅。

睢阳①人斩刘永②降。刘永在更始时立为梁王，更始亡，永称帝。至是败。

渔阳太守彭宠③奴斩宠以降。初，上讨王郎，宠发突骑④转粮不绝。自负其功，意望甚高，不能满。幽州⑤牧朱浮⑥与书曰："辽东有豕，生子白头，将献之，道遇群豕皆白。以子之功，论于朝廷，辽东豕也。"上征宠，宠自疑，遂反。至是败。

刘永所立齐王张步⑦降上。初，以步为东莱⑧太守，已而受永命王齐。将军耿弇屡战，大破之，拔祝阿⑨、济南⑩、临淄⑪。车驾至临淄劳军，谓弇曰："将军前在南阳建大策，尝以为落落难合。有志者，事竟成也。"步败，齐地悉平。

---

① 睢（suī）阳，今河南商丘睢阳区。
② 刘永（？—27），梁郡睢阳（今河南睢阳）人，汉景帝之弟梁孝王刘武之后，东汉初年割据军阀。王莽时国除，更始帝时复梁王爵位，此后据梁国自立。更始帝死后称帝，与刘秀相争。后为部将庆吾所杀。
③ 彭宠（？—29），字伯通，南阳宛县（今河南南阳）人。刘秀、王郎相争时，归顺刘秀，颇有战功。后反汉自立，自称燕王。后为其家奴所杀。
④ 突骑，用于冲锋陷阵的精锐骑兵。
⑤ 幽州，汉十三刺史部之一，辖境大致包括今北京市、河北北部、辽宁南部、朝鲜西北部。
⑥ 朱浮（约前6—66），字叔元，沛国萧（今安徽萧县）人，东汉大臣。归汉后历任幽州牧、大司空，封新息侯。明帝即位，有人控告朱浮，遂赐死。
⑦ 张步（？—32），字文公，琅琊不其（今山东即墨）人，东汉初年割据军阀。新朝末年，张步起兵，割据齐地十二郡自立。后投刘永，封齐王。建武五年（29），刘秀派耿弇讨伐张步，张步兵败投降。建武八年（32），张步又反，被琅琊太守陈俊捕杀。
⑧ 东莱，汉郡名，辖境大致在胶东半岛东部，治黄县（今山东龙口）。
⑨ 祝阿，今山东历城县。
⑩ 济南，今山东济南市。
⑪ 临淄，今山东临淄市。

睢阳的百姓斩杀了刘永后投降。刘永在更始帝时被立为梁王，更始帝死了以后，刘永自称皇帝。到了这个时候也失败了。

渔阳太守彭宠的奴仆斩杀了彭宠投降。起初，光武帝讨伐王郎的时候，彭宠多次派出骁锐善战的突骑兵相助，转运粮草，没有断绝。彭宠仗着他的功劳，期望很高，光武帝却不能满足他。幽州牧朱浮写信给彭宠说："辽东郡有一头猪，所生猪仔的头是白色的，猪的主人想要献给当地的官员。在路上他遇见了一群猪，头都是白色的。以你的功劳，在朝廷上讨论的话，就像是辽东的猪一样。"光武帝召见彭宠，彭宠自生疑虑，就反叛了。到了这个时候失败了。

刘永所立的齐王张步投降。起初，光武帝任命张步为东莱太守。过了不久张步接受刘永的命令，在齐地称王。将军耿弇多次和他交战，重创了他，夺取了祝阿、济南、临淄等城。光武帝的车驾到了临淄，慰劳军队，对耿弇说："将军以前在南阳向我进献远大的计划，我曾经以为过于艰难而难以实现。只要人有决心、有毅力，事情终究会成功！"张步兵败，齐地全部都平定了。

将军吴汉①等击斩刘永所立海西王董宪②及叛将庞萌③等,江淮、山东悉平。时惟隗嚣④、公孙述⑤未平,上积苦兵间⑥,谓诸将曰:"且当置此两子于度外耳。"

冯异自长安入朝,上谓公卿曰:"是我起兵时,主簿也,为吾披荆棘、定关中!"诏劳异曰:"仓卒芜蒌亭豆粥,滹沱河麦饭,厚意久不报。"

建武八年,上自将征隗嚣。颍州⑦盗起,上还,谓执金吾⑧寇恂曰:"颍川迫近京师,独卿能平之耳,从九卿复出可也。"恂劝上亲征,贼悉降。恂竟不拜,郡百姓遮道曰:"愿借寇君一年。"乃留恂镇抚,大军不战而还。

---

① 吴汉(?—44),字子颜,南阳宛县(今河南南阳)人,东汉开国名将。平河北,定蜀地,战功卓著。历任大将军、大司马,封广平侯。谥号忠侯。
② 董宪(?—30),徐州东海郡(今山东)人,东汉初年割据军阀。新朝末年,随赤眉军一同起兵。王莽死后,据东海郡自立。后投刘永,封海西王。建武六年(30),兵败为汉军所斩杀。
③ 庞萌(?—30),山阳(今山东巨野)人,东汉初年将领。初为更始帝所封冀州牧,击败王郎后,归顺刘秀,拜侍中。攻打董宪时反叛,后与董宪一起兵败被杀。
④ 隗嚣(?—33),字季孟,天水成纪(今甘肃秦安)人,东汉初年割据军阀。王莽死后,起兵占据陇西。后归顺更始帝,拜右将军、御史大夫。刘秀称帝后,欲挟更始帝投降刘秀,事发后逃回陇西,自称"西州上将军"。建武七年(31),抚顺公孙述,封朔宁王。与刘秀交战,屡战屡败。建武九年(33),病故。
⑤ 公孙述(?—36),字子阳,扶风茂陵(今陕西兴平)人,东汉初年割据军阀。王莽时导江卒正,即蜀郡太守。新朝末年,据蜀自立。建武元年(25),自立为帝,国号成家。建武十二年(36)年,为吴汉所破,兵败身死。
⑥ 积苦兵间,被多年的戎马生活所苦。
⑦ 颍州,即颍川郡。
⑧ 执金吾,官名,汉置。掌京城内巡察、禁暴、督奸。本名中尉,汉武帝改名执金吾。

将军吴汉等人进攻并斩杀了刘永所立的海西王董宪和叛将庞萌等人，江淮一带和崤山以东的地区都平定了。当时只有隗嚣和公孙述两人没有平定，光武帝被多年的戎马生活所苦，对将领们说："姑且把这两个人放在考虑的范围之外吧。"

冯异从长安入朝，光武帝对公卿大臣们说："冯异是我起兵时候的主簿，他为我披荆斩棘，平定关中。"下诏慰劳冯异说："当初在仓促之时，你在芜蒌亭进献豆粥，在滹沱河进献麦饭，深情厚意，长时间未能回报。"

建武八年，光武帝自己带领军队亲征隗嚣。这时颍川郡的盗贼兴起，光武帝回。光武帝对执金吾寇恂说："颍川郡靠近京城，唯独你有能力平定它，请你以九卿的身份再次出征吧！"寇恂劝光武帝亲征，于是盗贼全部都投降了。寇恂最后没有担任颍川郡守，百姓在道路上挡住车驾的去路说："希望把寇君借给我们一年。"光武帝于是把寇恂留下，命他安抚官民。大军没有作战就返回了。

东汉（四）

建武九年，隗嚣死。嚣自更始初年起兵，至建武初，据天水①，自称西州上将军。后尝遣马援②往成都观公孙述，援与述旧，谓当握手，欢如平生。时述已称帝四年矣。援既至，盛陈陛卫以延援，援谓其属曰："天下雌雄未定，公孙不吐哺迎国士，反修饰边幅，如偶人形，此何足久稽天下士乎？"因辞，归谓嚣曰："子阳井底蛙耳，而妄自尊大，不如专意东方。"嚣乃使援奉书洛阳。初到良久，即引入，上自殿庑下岸帻迎笑曰："卿遨游二帝间，今见卿，使人大惭。"援顿首曰："当今非但君择臣，臣亦择君。臣与公孙述同县，少相善，臣前至蜀，述陛戟而后进臣。臣今远来，陛下何知非刺客奸人而简易若是？"帝笑曰："卿非刺客，顾说客耳。"援曰："天下反覆，盗名字者，不可胜数。今见陛下，恢廓大度，同符高祖，乃知帝王自有真也。"

---
① 天水，汉郡名，辖境大致在今甘肃东部，治冀县（今甘肃甘南县）。
② 马援（前14—49），字文渊，扶风茂陵（今陕西兴平）人，东汉开国名将。破西羌，征交趾，战功赫赫。官至伏波将军，封新息侯。后征讨武夷蛮时，重病身亡。汉章帝时追谥忠成。

东汉（四）

　　建武九年，隗嚣逝世。隗嚣从更始帝初期就起兵，到了建武初年，占据了天水郡，自称"西川上将军"。后来，他派遣马援去成都观察公孙述。马援和公孙述是旧交，说公孙述应当像平常那样握手言欢。当时公孙述已经称帝四年了。马援到了成都后，公孙述让许多持戟卫士排列在殿阶下，戒备森严，然后请马援进入。马援对他的下属说："当今天下胜负未定，公孙述不懂得吐出口中的饭，奔走迎接有才干的人，反而注重修饰小节，就像一个木偶人，这种人怎么能够长久留住天下有志之士呢？"于是就告辞公孙述，回去对隗嚣说："公孙述就像井底里的青蛙，妄自尊大，我们不如一心一意和东方的刘秀交往。"于是隗嚣命马援拿着书信去洛阳。马援初到洛阳，等了很久，才被引进。光武帝在大殿的走廊下戴着头巾迎接马援，笑着说："您在两个皇帝之间游历，今天见到您，令人非常惭愧。"马援叩头说："当今天下，不只是君主选择臣子，臣子也选君主。我和公孙述同是一县的人，自幼关系很好。我前些时候到成都，公孙述让武士持戟立在殿阶下，然后才接见我。我今天远道而来，陛下怎么知道我不是刺客或奸恶的人，而这样平易地接见我！"光武帝笑着说："您不是刺客，不过是说客罢了。"马援说："天下大局，反复未定，盗用帝王称号的人不计其数。今天我看见您恢宏大度，和高祖一样，才知道自有真正的天子。"

援归，嚣问东方事。援曰："上才明勇略，非人敌也。且开心见诚，无所隐伏，阔达多大节，略与高祖同。经学博览，政事文辩，前世无比。"嚣曰："卿谓何如高帝？"援曰："不如也。高帝无可无不可，今上好吏事，动如法度，又不喜饮酒。"嚣不怿，曰："如卿言反复胜乎？"

遣子入侍，未几反复。尝问班彪①以战国从横②之事，彪作《王命论》讽之，嚣不听。马援诣行在③，上复使游说。仍自赐嚣书，嚣竟臣于公孙述，述立嚣为朔宁王。上征嚣，马援在上前聚米为山谷，指画形势，开示军所从径道。上曰："虏在吾目中矣。"遂进军。嚣奔西城④，病饿，恚愤而卒。子纯降，陇右⑤悉平。

十二年，公孙述亡。述，茂陵人，自更始时据蜀称帝，国号成。上既平陇右，曰："人苦不自足，既得陇，复望蜀。"遣大司马吴汉等将兵，会征南大将军岑彭⑥伐蜀。彭在荆门⑦装战船，汉欲罢之，彭不可。

---

① 班彪（3—54），字叔皮，扶风安陵（今陕西咸阳）人，两汉之际著名学者。前后依附隗嚣、窦融，后归顺刘秀，任徐县县令。斟酌前史，著《后论》，为后世所重，对班固修《汉书》影响极大。
② 从横，即纵横家，战国著名学派之一。代表人物有苏秦、张仪。
③ 行在，天子巡行所到之处。
④ 西城，今甘肃清水县。
⑤ 陇右，古人以东为左，以西为右。陇右，即陇山（六盘山）以西，大致包括今甘肃全境。
⑥ 岑彭（？—36），字君然，南阳棘阳（今河南新野）人，东汉开国名将。归顺刘秀后，劝降朱鲔，南平荆襄，从征陇右，进军巴蜀，战功卓著。拜廷尉，行大将军事，后升征南大将军，封舞阴侯。讨伐公孙述时，遇刺身亡。谥号壮侯。
⑦ 荆门，今湖北荆门市。

马援回去后，隗嚣问东方的情况。马援说："陛下的聪明才智，勇气谋略，不是他人所能匹敌的。并且心胸开阔，坦率真诚，无所隐藏，豁达而注重大节，和汉高祖很相像。他博览经书，政事处理得条理清楚，前世的帝王没人能够和他相比。"隗嚣说："你认为他和高祖相比，怎样？"马援说："不如。高祖没有什么可以不可以，而当今皇上喜好处理政务，行动符合规矩，又不喜欢喝酒。"隗嚣感到不高兴，说："要像你说的那样，皇上反而比高祖更高明了！"

隗嚣派儿子到洛阳去侍奉光武帝，没有多久又反悔了。隗嚣曾经向班彪询问战国时纵横家的故事，班彪写了《王命论》来劝讽隗嚣，隗嚣不听。马援到行宫去拜见光武帝，光武帝还命他去游说。光武帝仍然亲自写信给隗嚣，隗嚣最后还是向公孙述称臣，公孙述封隗嚣为朔宁王。光武帝征讨隗嚣，马援在光武帝帐前堆聚米粒为山谷形状，指示谋划形势，明了地指示大军应当前行的道路。光武帝说："敌人已经全部在我眼中了。"于是就进军。隗嚣逃到西城，饥病交加，怨恨不已，死在了那里。他儿子隗纯投降，陇西地区完全平定。

建武十二年，公孙述逝世。公孙述是茂陵人，从更始帝时就占据西蜀称帝，国号为"成"。光武帝平定了陇西后，说："人心被不知足所苦啊，既然得到了陇西，又想着平定蜀地。"派遣大司马吴汉等人率兵和征南大将军岑彭会合，一起讨伐蜀地。岑彭在荆门装载战船，吴汉想要放弃战船，岑彭以为不可以。

上报彭曰："大司马习用步骑，不晓水战。荆门之事，一惟征南公为重而已。"彭战船并进，所向无前。述使盗刺杀彭，吴汉继进。至成都，击杀述，蜀地悉平。

凉州①牧窦融②率河西③、武威、张掖④、酒泉、敦煌⑤、金城⑥五郡太守入朝。融自建武初据河西，后遣使奉书，上以为牧，赐玺书曰："议者必有任嚣效⑦尉佗制七郡之计。"书至，河西皆惊，以为天子明见万里之外。上征隗嚣，融率五郡兵与大军会。蜀平，奉诏归朝，拜冀州⑧牧。

十八年，代王卢芳⑨死于匈奴。芳，安定人，诈称武帝曾孙刘文伯，自建武初据安定。匈奴迎之，立为汉帝，数为边郡寇患。后来降，王于代。复反奔匈奴，以病死。

---

① 凉州，汉十三刺史部之一，辖境大致包括今宁夏、甘肃、青海东部、内蒙古额济纳旗。
② 窦融（前16—62），字周公，扶风平陵（今陕西咸阳）人，东汉名臣。王莽时经营河西，被推行河西五郡大将军事，据境自保。后投降刘秀，任凉州牧。从破隗嚣，封安丰侯。晚年因家族子弟放纵不法而遭到明帝责让，谥号戴。
③ 河西，黄河以西，大致包括今宁夏、甘肃、青海地区。
④ 张掖，汉郡名。汉武帝元鼎六年（前111），分武威郡东部为张掖郡。辖境大致在今甘肃永昌县以西，高台县以东，包括内蒙古额济纳旗，治觻得县（今甘肃武威甘州区）。
⑤ 敦煌，汉郡名。汉武帝元鼎六年（前111），分酒泉郡西部为敦煌郡。辖境大致在今甘肃西部，治敦煌（今甘肃敦煌县）。
⑥ 金城，汉郡名，辖境大致在在甘肃兰州以西至青海一部分，治允吾县（今甘肃永靖县）。
⑦ 效，教导。
⑧ 冀州，汉十三刺史部之一，辖境大致包括今河北全境、山东西部。
⑨ 卢芳，生卒年不详，字君期，安定三水（今宁夏同心县）人，东汉初年割据军阀。新朝末年，卢芳谎称自己是汉武帝曾孙，约羌胡一同起兵。后归顺更始帝，任骑都尉。更始帝被杀后，于三水自立为上将军、西平王。逃入匈奴后，于建武十六年（40），投降汉朝，封代王。后再度反叛，病死于匈奴。

光武帝对岑彭说:"大司马习惯用步兵和骑兵,不通晓水战,荆门一带的事务,全凭征南大将军决断!"岑彭的战船一起进发,所向披靡。公孙述派刺客刺杀了岑彭,吴汉又继续进军,直抵成都,打败了公孙述,蜀地全部平定。

凉州牧窦融率领河西、武威、张掖、酒泉、敦煌、金城五郡太守入朝觐见。窦融自建武初年就占据河西,后来派遣使者拿着书信给光武帝,表示愿归顺。光武帝任命窦融为凉州牧,赐给他诏书,说:"议论的人肯定有效法任嚣教导尉佗挟制七郡的。"书信到了河西,人们都很惊讶,以为天子能够在万里之外明察秋毫。光武帝征讨隗嚣,窦融率领五郡兵马与大军汇合。蜀地平定后,窦融奉诏回朝,光武帝任命他为冀州牧。

建武十八年,代王卢芳死在匈奴。卢芳是安定郡人,谎称自己是汉武帝的曾孙刘文伯。自建武初年就占据安定郡,匈奴迎接他,立他为汉朝皇帝。卢芳多次入侵边境郡县。后来,卢芳在代郡投降光武帝,被封为王。可是他又反叛,投奔匈奴,后来在匈奴病死。

东汉（五）

二十二年，匈奴求和亲，上遣使许之。自呼韩邪单于死于成帝时，其后累世皆仕汉。平帝时，王莽颁条①于匈奴，谓中国无二名，讽单于改名。莽篡汉，易汉所赐单于玺曰章。单于怨恨，数寇边。建武以来，匈奴助卢芳寇汉，后又数与乌桓②、鲜卑③连兵入寇。至是，始请和。

西域请都护④，不许，遂附于匈奴。先是，莎车⑤王贤、鄯善⑥王安皆遣使奉献。贤使再至，上赐贤都护印绶，边郡守上言："不可假以大权。"诏收还，更赐大将军印。贤恨，犹诈称大都护，诸国悉服属贤。贤骄横，欲兼并西域。诸国惧，凡十八国，遣子入侍，愿得汉都护。上厚赐，遣还其侍子。至是，复请，上复却之。

---

① 颁条，发布律条。
② 乌桓，中国古代民族，原属东胡部落。匈奴破东胡后，迁往乌桓山，以山为族号。匈奴退出漠南后，臣属汉朝，南迁至上谷、渔阳、右北平、辽西、辽东五郡塞外驻牧，代汉北御匈奴。
③ 鲜卑，中国古代民族，原属东胡部落。匈奴破东胡后，迁往鲜卑山，以山为族号。匈奴退出漠南后，鲜卑乘势而起，反抗匈奴。北匈奴迁往中亚后，鲜卑占领蒙古草原，实力大增。
④ 都护，官名，汉宣帝神爵二年（前60）置。为驻守西域地区的最高长官，控制西域各国。
⑤ 莎车，西域古国名，国都莎车城（遗址在今塔里木盆地西端）。
⑥ 鄯善，西域古国名，国都扜泥城（遗址在今新疆若羌县附近）。汉昭帝元凤四年（前77）以前称楼兰，之后改国名为鄯善。

东汉（五）

建武二十二年，匈奴请求和汉朝和亲。光武帝派遣使者同意了匈奴的请求。自从呼韩邪单于在成帝时病死后，他的后代几世都在汉朝为官。汉平帝时，王莽在匈奴颁布条令，说中原大汉没有使用二字名的习俗，讽刺单于，要求他改变称呼。王莽篡夺汉朝政权以后，将汉朝赐给单于的玉玺改称作"章"。单于心里很怨恨，多次入侵边境郡县。自建武年以来，匈奴帮助卢芳入侵汉朝，后来又多次和乌桓、鲜卑合兵入侵。到了这时，匈奴才和汉朝请和。

西域各国请求汉朝派遣都护，光武帝没有准许，于是西域各国都依附于匈奴。起初，莎车国国王贤和鄯善国国王安都派遣使者进奉贡品。贤的使者第二次来的时候，光武帝赐给贤都护印绶。靠近西域的边境郡郡守上书说："不能把太大的权力交给他们。"于是光武帝下诏收回都护印绶，改成大将军印。贤心里很怨恨，仍谎称自己是大都护，西域各国都臣服隶属于贤。贤逐渐骄横，想要兼并西域各国。西域各国都很害怕，总共有十八个国家的国王派遣自己的儿子到洛阳侍奉，希望能够在西域设汉都护。光武帝对他们厚加赏赐，遣还他们的儿子。这时，他们又请求，光武帝还是推辞了。

二十四年，匈奴南边八部立日逐王①比②为南单于，款汉塞，内附，于是分为南北匈奴。

二十五年，貊人③、鲜卑、乌桓并入朝。

二十六年，立南单于庭，置使匈奴中郎将以领之，徙南单于居西河④美稷⑤。

二十七年，北匈奴亦遣使求和亲。明年，又请，许之。

中元二年，上崩。

上起兵时年二十八，即位年三十一。第五伦⑥每读诏书叹曰："此圣主也！一见决矣。"手书赐方国，一札十行，细书成文。明慎政体，总揽权纲，量时度力，举无过事。

尝幸南阳，置酒会宗室，诸母相语曰："文叔平日与家人不款曲⑦，惟直柔耳，乃能如此。"上闻之，笑曰："吾理天下亦欲以柔道行之。"

---

① 日逐王，匈奴贵族封号，分左、右。位次于左右贤王、左右谷蠡王。
② 比，姓挛鞮，名比，号醢落尸逐鞮单于，呼韩邪单于之孙，乌珠留若鞮单于之子，南匈奴第一任单于。初为日逐王，公元48年，自立为呼韩邪单于，称为南匈奴，匈奴自此一分为二。
③ 貊人，中国古代民族，生活在中国东北和朝鲜半岛西北部的古老民族，又称藏貊。后建立扶余和高句丽。
④ 西河，汉郡名。辖境大致今山西西北部、内蒙古一部分，治平定县（今鄂尔多斯东南）。
⑤ 美稷，今内蒙古准格尔旗西北。
⑥ 第五伦，生卒年不详，字伯鱼，京兆长陵（今陕西咸阳）人，东汉大臣。历任会稽太守、蜀郡太守，官至司空。为官正直，卓有政绩。
⑦ 款曲，殷勤应酬。

建武二十四年，匈奴南边的八个部落拥立日逐王挛鞮比为南单于，到汉朝边塞要求通好，请求向内地迁移。从这时候起，匈奴分为了南北两部。

建武二十五年，貊人、鲜卑、乌桓一起入朝觐见。

建武二十六年，光武帝立南单于，设置匈奴中郎将来统领南匈奴，把他们迁徙到西河郡美稷。

建武二十七年，北匈奴也派遣使者来请求和亲。第二年，又请求，光武帝同意了他们的请求。

中元二年，光武帝驾崩。

光武帝起兵时年龄二十八岁，他三十一岁登上皇位。第五伦每次诵读诏书时，都感叹说："这真是一位圣明的君主啊。如果能够见一面的话，必定可以决断大事了。"光武帝把亲手写的字赐给诸侯国，都是一个小木筒上写十行，用细小的笔迹写成文章。明白谨慎地对待政务，将朝廷大权集于一身，审时度势，举动没有逾越规制的。

光武帝曾经临幸南阳，设置酒席款待宗室。他的伯母们都说："文叔平时与人交往从不殷勤酬应，只是正直温柔而已，才能够当上皇帝啊。"光武帝听了，笑着说："我治理天下也要推行柔和的政策。"

上在兵间久，厌武事。蜀平后，非警急未尝言军旅。北匈奴衰困，臧宫①、马武②上书请攻灭之，鸣剑抵掌驰志于伊吾③之北矣。上报书告以黄石公④《包桑记》曰："柔能胜刚，弱能胜强。"自是，诸将莫敢言兵。闭玉门关⑤，谢绝西域，保全功臣，不复任以兵事。皆以列侯就第，以吏事责三公，亦不以功臣任吏事，诸将皆以功名自终。

祭遵⑥先死，上念之不已。来歙⑦、岑彭死锋镝，恤之甚厚。吴汉、贾复⑧终于帝世，汉在军，或战不利，意气自若，上叹曰："吴公，差强人意，隐若一敌国矣。"每出师，朝受诏，夕就道。及卒，上临问所欲言，汉曰："臣愚，愿陛下慎无赦而已。"复自起兵时为督，上曰："贾督有折冲⑨千里之威。"

---

① 臧宫（？—58），字君翁，颍川郏县（今河南郏县）人，东汉开国将领。南征北战，屡立战功，是平定蜀地的主将之一。拜辅威将军、左中郎将，先后受封为成安侯、期思侯、鄜侯、朗陵侯。谥号愍侯。
② 马武（？—61），字子张，南阳湖阳（今河南唐河县）人，东汉开国将领。南征北战，协助刘秀平定四方。拜捕虏将军，封杨虚侯。
③ 伊吾，今新疆伊吾县。
④ 黄石公（约前292—前195），秦汉时隐士，别称圯上老人、下邳神人，后被道教纳入神谱。《史记·留侯世家》称其避秦世之乱，隐居东海下邳。其时张良因谋刺秦始皇不果，亡匿下邳。于下邳桥上遇到黄石公。黄石公三试张良后，授与《素书》。
⑤ 玉门关，始置于汉武帝开通西域道路、设置河西四郡之时，因西域输入玉石时取道于此而得名。汉时为通往西域各地的门户，故址在今甘肃敦煌西北小方盘城。
⑥ 祭遵（？—33），字弟孙，颍川颍阳（今河南许昌）人，东汉开国名将。平顶渔阳，讨伐陇蜀，多有战功。拜征虏将军，封颍阳侯。
⑦ 来歙（？—35），字君叔，南阳新野（今河南新野）人，东汉开国名将。参与平定陇蜀战役，战功卓著。拜太中大夫，封征羌侯。后在讨伐蜀地时遇刺身亡，谥号节侯。
⑧ 贾复（9—55），字君文，南阳冠军（今河南邓县）人，东汉开国名将。几乎参与刘秀前期所有的作战行动，战功赫赫。儒士出身，却以勇武见长。拜左将军，封胶东侯。谥号刚侯。
⑨ 折冲，使敌方的战车折返，意谓抵御、击退敌人。

光武帝在军队里时间太久，对征战很厌烦。蜀地平定以后，如果不是紧急的情况，从来不提军事。北匈奴衰落困顿，臧宫、马武上书请求攻打消灭它，将大汉的军威宣扬到伊吾以北。光武帝用黄石公《包桑记》里的话回复他们说："柔软能够战胜刚硬，弱小能够战胜强大。"从这以后，将领们没有敢再提起用兵的了。关闭玉门关，谢绝和西域的来往，保全功臣，不再委任他们行军打仗，将领们也都以侯爵的身份回到自己的宅第。光武帝责令三公整顿官吏制度，也不让功臣担任政事，将领们都以功名终其一生。

　　祭遵逝世得早，光武帝思念不已。来歙、岑彭死于战事，光武帝给予他们很丰厚的抚恤。吴汉、贾复在光武帝在位的时候逝世，吴汉在军中的时候，有时候战事不利，神情依然自然如常。光武帝感叹说："吴公可以说是差不多能令人满意的，他一个人盛大的威势就跟一个敌国一样。"他每次出兵时，早上接受诏命，晚上就已经上路了。吴汉临死前，光武帝来问他还有什么想说的，吴汉说："我愚笨，只希望陛下能够谨慎地使用大赦。"贾复自从起兵时就担任大将，光武帝说："贾将军有于千里之外使敌军战车折返的威名。"

尝战被伤，上惊曰："吾尝戒其轻敌，果然，失吾名将。"闻其妇有孕，"生子邪，我女嫁之；生女邪，我子娶之。"其抚群臣每如此。

惟马援死之日，恩意颇不终焉。援尝曰："大丈夫当以马革裹尸，安能死儿女手。"交趾①反，援以伏波将军讨平之。武陵蛮②反，援又请行。帝愍其老，援被甲上马，据鞍顾眄以示可用。上笑曰："矍铄哉，是翁！"乃遣之。先是，上壻梁松③尝侯援，拜床下。援自以父友，不答。松不平。援在交趾，尝遣书戒其兄子曰："吾欲汝曹：闻人过，如闻父母名，耳可闻，口不可言。好议论人长短，是非政法，不愿子孙有此行也。龙伯高④敦厚周慎，谦约节俭，吾爱之重之，愿汝曹效之。杜季良⑤豪侠好义，忧人之忧，乐人之乐。父丧致客，数郡毕至。吾爱之重之，不愿汝曹效之也。效伯高不得，犹为谨敕之士，所谓刻鹄不成，尚类鹜也。效季良不得，陷为天下轻薄子，所谓画虎不成，反类狗也。"季良者杜保。保仇人上书告保，以援书为证，保坐免官。

---

① 交趾，汉郡名，辖境大致在今越南北部红河流域，治赢娄县。
② 武陵蛮，武陵，汉郡名，辖境大致在今湖南西部，贵州北部，四川东南部，治义陵县（今湖南溆浦县）。新朝末年，中原大乱，大量汉人为躲避战乱流入湖南西部的武陵山区，与蛮族人民错居杂处。东汉建立后，当地郡县为了重新控制这些流亡人口，也与蛮族人民发生了冲突。47年，武陵蛮叛乱，攻击当地郡县。
③ 梁松（？—61），字伯孙，东汉驸马。精通儒术，深得光武帝宠幸。光武帝崩，受遗诏辅政。永平元年，迁太仆。
④ 龙伯高（前1—88），名述，京兆（今陕西西安）人，东汉大臣。曾任零陵太守，深有绩效。
⑤ 杜季良，名保，生卒年不详，东汉大臣。官至越骑司马，为人豪侠仗义。

他曾经作战负伤，光武帝惊讶地说："我曾经劝诫过贾复不要轻敌，果然几乎损失我一员名将。"光武帝听说贾复的妻子有身孕，就说："如果生了男孩，我的女儿就嫁给他；如果生了女孩，那我儿子就迎娶她！"光武帝抚慰群臣每每如此。

只有马援逝世的时候，光武帝对他的恩宠没有持续到最后。马援曾经说："大丈夫应当用马皮来包裹尸体，怎么能够死在子女的手上呢？"交趾郡造反，马援以伏波将军的身份讨伐平定了叛乱。武陵蛮造反，马援又向光武帝请缨，光武帝怜悯他年纪大了，马援就穿着甲胄骑上战马，跨在马鞍上左顾右盼，来表明自己尚能作战。光武帝笑着说："好一个精神矍铄、勇猛异常的老头！"于是派遣马援出征。起初，光武帝的女婿梁松曾经拜访马援，跪拜在他的座位下，马援以为自己是他父亲的朋友，就没有还礼。梁松心里很不满。马援在交趾郡的时候，曾经写信告诫他哥哥的儿子说："我告诉你：听见别人的过失，就好像听见父母的名字一样，耳朵可以听，但是嘴里不能说。喜好议论别人的长短，批评法令的是非，这是我不希望子孙所具有的行为。龙伯高为人敦厚老实，做事周密谨慎，处事谦逊，生活节俭。我仰慕他，敬重他，希望你们能够效仿他。杜季良为人豪爽重义气，有侠客的风范，为别人所担忧的事而担忧，为别人所高兴的事而高兴。父亲逝世他设宴酬谢客人时，周边几个郡的人都来了。我仰慕他，敬重他，但不希望你们效仿他。效仿伯高不成，还能成为谨慎自饬的人，这就是所谓的雕刻天鹅不成，还能像一只鸭子。效仿季良不成，就会成为天下的轻薄子弟，这就是所谓的画老虎不成，反而像一条狗。"杜季良就是杜保。杜保的仇人上书告发他，用马援的书信作为证据，杜保于是被罢官。

松坐与保游，几得罪，愈恨援。至是，援军至壶头①，不利，卒军中。松构陷之，收新息侯印绶。援前在交趾，常饵薏苡②以轻身胜瘴气，军还，载之一车。后有追谮之者，以为明珠文犀，上益怒，得朱勃③上书讼其冤，乃稍解。

东汉（六）

上于赃罪无所贷。大司徒欧阳歙④尝犯赃，歙所授《尚书》弟子千余人，守阙求哀，竟不免死于狱。所用群臣如宋弘⑤等皆重厚正直。上姐湖阳公主⑥尝寡居，意在弘。弘入见，主坐屏后，上曰："谚言：'富易交，贵易妻'，人情乎？"弘曰："贫贱之交不可忘，糟糠之妻不下堂。"上顾主曰："事不谐矣。"主有苍头⑦杀人，匿主家，吏不能得。洛阳令董宣⑧候主出行，奴骖乘，叱下车，格杀之。主入诉，上大怒，召宣，欲捶杀之。宣曰："纵奴杀人，何以治天下？臣不须捶，请自杀！"即以头叩楹，流血被面。

---

① 壶头，山名，在今湖南沅陵县境内。
② 薏苡，草药名，利湿健脾，舒筋除痹，清热排脓。
③ 朱勃，生卒年不详，字叔阳，东汉官员。起初跟随马援之兄马况，后任渭城宰，与马援相善。
④ 欧阳歙（？—39），字正思，乐安千乘（今山东广饶县）人，东汉官员。精通《尚书》，官拜汝南太守，封鄱阳侯。
⑤ 宋弘（？—40），字仲子，京兆长安（今陕西西安）人，东汉大臣。为官正直，多次直言进谏。历任太中大夫、大司空。
⑥ 湖阳公主，即刘黄（前18—？），刘秀大姐。
⑦ 苍头，指奴仆。
⑧ 董宣，生卒年不详，字少平，陈留圉（今河南杞县）人，东汉大臣。不畏强暴，惩治豪强。历任北海相、江夏太守、洛阳令。

梁松因为和杜保交往，差点也被判罪，就更加怨恨马援了。等到这时，马援的军队到了壶头，战局不利，马援又死于军中。梁松就诬陷马援，光武帝于是收回了马援新息侯的印绶。马援以前在交趾的时候，常常吃薏苡来使身体轻便，抵御瘴气。军队返回的时候，他就装了一车薏苡回来。后来有诋毁他的人就说那是一车明亮的珍珠和有纹饰的犀角，光武帝听了更加生气。朱勃上书辩解马援是被冤枉的，光武帝的怒气才稍稍平息。

东汉（六）

光武帝对贪污的罪行绝不宽恕。大司徒欧阳歙曾经因贪污犯罪，他教授《尚书》时的弟子一千多人守在宫门外给他求情，最后还是死在狱中。光武帝所用的大臣像宋弘等人，都厚重质朴，正直不阿。光武帝的姐姐湖阳公主曾经守寡独居，想要嫁给宋弘。宋弘入朝拜见光武帝，公主坐在屏风后面，光武帝说："谚语说'富有了就更换朋友，尊贵了就更换妻子'，这是人之常情吗？"宋弘说："贫贱时候所交往的朋友是不能忘记的，在一起受过苦难的妻子不能休弃。"光武帝回头对公主说："这件事办不了了。"湖阳公主有个家奴杀了人，躲在公主的府第，办案的官吏不敢抓他。洛阳令董宣等到公主出门时，大声呵斥陪乘的杀人犯家奴下车，就地斩首。公主到宫里向光武帝哭诉，光武帝非常生气，召来董宣，想要将他乱棍打死。董宣说："公主放纵自己的家奴杀人，陛下如果置之不理，那么又用什么来治理天下呢？不用陛下棒棍捶打，我自杀就是了！"说完就用头撞向柱子，血流得满脸都是。

上令小黄门①持之，使叩头谢主。宣两手据地，终不肯。上敕强项令，出，赐钱三十万。

当时州牧、郡守、县令皆良吏。郭伋②守颍川，近帝城，上劳之曰："河润九里，京师蒙福。"杜诗③守南阳郡，人为之语曰："前有召父④，后有杜母。"张堪⑤守渔阳，人为之语曰："桑无附枝，麦穗两岐。张堪为政，乐不可支。"刘昆⑥为令，江陵有火，叩头向之，反风灭火。后守弘农⑦，虎北渡河。上问："行何德政而至是？"昆曰："偶然耳。"上曰："长者之言也。"命书之策。

尤重高节。征处士周党⑧，至不屈，伏而不谒，或奏诋之。上曰："自古明王圣主必有不宾之士。"赐帛罢之。

---

① 小黄门，官名，汉置。由宦官担任，掌侍皇帝左右，受尚书事。后泛指宦官。
② 郭伋（前39—47），字细侯，扶风茂陵（今陕西兴平）人，东汉官员。历任中山太守、渔阳太守、颍川太守、并州牧。
③ 杜诗（？—38），字君公，河内汲县（今河南省卫辉市）人，东汉官员。任南阳太守其间，发明水排，为官清廉，被称为"杜母"。
④ 召父，指召信臣，字翁卿，九江寿春（今安徽寿县）人，东汉官员。历任零陵太守、南阳太守，后官至少府。任南阳太守其间，政绩卓著，被称为"召父"。
⑤ 张堪，生卒年不详，字君游，南阳宛县（今河南南阳）人，东汉官员。官至骑都尉，出任渔阳太守，政绩卓越，曾大破入侵匈奴。著名文学家张衡的祖父。
⑥ 刘昆（？—57），字桓公，陈留东昏（今河南东明县）人，东汉官员。汉梁孝王后裔，精通经典。官至侍中，初任弘农太守，政绩卓著。
⑦ 弘农，汉郡名，辖境大致在今河南西部，陕西东南部，治弘农县（今河南灵宝市）。
⑧ 周党，生卒年不详，东汉太原广武人，字伯况。王莽窃位，托疾杜门。光武帝征为议郎，以病去职，隐居渑池。

光武帝命两个小太监抓着董宣让他给公主磕头赔罪，董宣用两只胳膊撑着地，不肯磕头。光武帝说他是"强项令"，命他出去了，赐钱三十万以示嘉奖。

当时地方上州牧、郡守、县令都是贤良的官吏。郭伋担任颍川太守，靠近京城，光武帝慰劳他说："黄河滋润了两岸九里之宽的土地，京城也承蒙着你的福气。"杜诗担任南阳太守，南阳郡的百姓赞扬他说："先前有像父亲一样的召信臣，后来有像母亲一样的杜诗。"张堪担任渔阳太守，渔阳郡的百姓称赞他说："桑树没有多余的分枝，小麦都长两个穗。张堪处理政事，百姓乐不可支。"刘昆担任江陵县令，城里发生火灾，刘昆向着火的地方叩头，刮来一阵反向的风，吹灭了大火。后来他担任弘农太守，境内的老虎向北渡过黄河离开了。光武帝问他："要推行何种德政才能到这般地步？"刘昆说："这只是偶然罢了。"光武帝说："这是长者的话啊！"命人写在竹简上。

光武帝尤其敬重拥有高尚节操的人。他征召隐士周党，周党到了京城以后，不肯屈服，觐见时伏下身子，但不磕头拜谒。有人上书诋毁他，光武帝说："自古以来，贤明的君王肯定会遇到不肯服从的士人。"赐给他锦帛，送回故乡。

处士严光①与上尝同游学，物色，得之齐国，披羊裘钓泽中，征至，亦不屈。上与光同卧，以足加帝腹。明日，太史奏："客星犯御座甚急。"上曰："与朕故人严子陵共卧耳。"拜谏议大夫，不肯受，去，耕钓隐富春山中。终汉之世，多清节士，自此始。

方天下未平，上已有志文治。首起太学，稽式古典，修明礼乐。晚岁起明堂、灵台②、辟雍③，粲然文物可述。每旦视朝，日昃乃罢，引公卿郎将讲论经理，夜分乃寐。皇太子乘间谏曰："陛下有禹汤之明，而失黄老养性之道。"上曰："我自乐此，不为疲也。"

在位三十三年，身致太平。改元者二，曰：建武、中元。寿六十二。太子立，是为显宗明皇帝。

---

① 严光（前39—41），字子陵，会稽余姚（今浙江慈溪市）人，东汉著名隐士。本姓庄，后因避东汉明帝刘庄讳而改姓严。著有《老子注》二卷、《老子指归》十四卷，为汉代道家易的代表人物之一，人称"严子"。死后葬于富春山，后世人称富春山为"严陵山"。
② 灵台，本为古时帝王观察天文星象、妖祥灾异的建筑。后经光武帝所设，成为学宫之一。
③ 辟雍，本为西周所设大学。东汉以后，历代皆设辟雍，除北宋末年为太学之预备学校外，均为行乡饮、大射、祭礼之所。

隐士严光曾经和光武帝一起游历学习，光武帝在齐国找到的他，严光正披着羊皮，在大泽旁钓鱼。光武帝把他召到京城时，他也没有屈服。光武帝和严光在同一张床上睡觉，半夜里严光把脚伸到光武帝的肚子上。第二天，太史令上奏说："有客星十分凶悍地进犯帝星。"光武帝说："只是和故人严光一起睡觉而已。"光武帝拜严光为谏议大夫，严光不肯接受，离开了京城，去富春山中钓鱼隐居。整个汉朝时期，一直有很多清白高洁之士，就是从这里开始的。

　　天下还没有平定的时候，光武帝就有志向要整顿文治。他首先兴办太学，效法古代的典章，修订明确礼乐制度。晚年又兴办明堂、灵台、辟雍，文学典章灿烂异常，大为可观。光武帝每天早上上朝工作，太阳完全落下才停止。经常带领公卿大臣、郎官将领们讲述议论经书的道理，半夜才睡觉。皇太子趁光武帝闲暇时进谏说："陛下有与大禹和商汤一样的贤明，但却没有黄老的养生之道。"光武帝说："我自己从事这个感到快乐，不因此而疲倦。"

　　光武帝在位三十三年，一生都致力于天下太平。总共改用了两个年号，分别是建武和中元。他逝世的时候六十二岁。太子即位，就是汉显宗明皇帝。

东汉（七）

孝明皇帝初名阳，母阴氏①。光武微②时，尝曰："仕宦当作执金吾，娶妻当得阴丽华。"后竟得之。生阳，幼颖悟。光武诏州郡检③核垦田、户口，诸郡各遣人奏事。见陈留④吏牍上有书，视之云："颍川、弘农可问，河南⑤、南阳不可问。"光武诘吏由，祇言"于街上得之"，光武怒。阳年十二岁，在帷后曰："吏受郡敕，欲以垦田相方⑥耳。河南帝城，多近臣；南阳帝乡，多近亲；田宅踰制，不可为准。"以诘吏，首服⑦，光武大奇之。郭皇后⑧废，阴贵人立为后，阳为皇太子，改名庄，至是即位。

---

① 阴氏，即阴丽华（5—64），南阳新野（今河南新野）人，光武帝刘秀的原配，第二任皇后，春秋名相管仲之后，汉明帝刘庄的生母。阴丽华以美貌著称，恭谨俭约，仁爱孝顺。死后与刘秀合葬原陵，谥号光烈。
② 微，贫贱，卑下。
③ 检，检核，审查核实。
④ 陈留，汉郡名，辖境大致在今河南东北部，治陈留县（今河南开封县东南陈留城）。
⑤ 河南，汉郡名，秦时三川郡，汉高祖二年（前205），改名为河南郡。
⑥ 方，比较，对比。
⑦ 首服，即首伏，坦白服罪。
⑧ 郭皇后，即郭圣通（？—52），真定槀县（今河北正定）人，光武帝刘秀的第一任皇后。建武十七年（41）被废，无谥号，后世称之为光武郭皇后。

东汉（七）

　　孝明皇帝原先名叫刘阳，他的母亲是阴氏。光武帝还贫贱时，曾经说："当官就要当执金吾，娶妻子就要娶阴丽华。"后来果然娶到了阴丽华。阴丽华生刘阳，小时候就聪颖明悟。光武帝诏令各州郡审查核实田亩和户口，各个郡县都派遣人员来上奏情况。光武帝看见陈留郡的官方简牍上有字，上面写着："颍川郡、弘农郡可以过问，河南郡、南阳郡不可以过问。"光武帝责问陈留的官员缘由，官吏只是说："这是在街上捡到的。"光武帝很生气。刘阳这时十二岁，在帐幕后面说："那是官吏接受郡守下的指令，将要同其他郡丈量土地的情况做比较。河南郡是京都，有很多陛下亲近的臣僚；南阳是陛下的故乡，有很多皇亲国戚。他们的田亩住宅都超过规定，不能做标准。"光武帝用刘阳的话来责问官吏，他才坦白服罪。光武帝于是认为刘阳有奇才。郭皇后被废后，阴贵人立为皇后，刘阳成为皇太子，改名庄，到了这时，刘阳登上皇位。

永平二年，临辟庸，行养老礼①。以李躬②为三老③，桓荣④为五更⑤。三老东面，五更南面，上亲袒割牲，执酱而馈，执爵而酳⑥。礼毕，引荣及弟子升堂，诸儒执经问难，冠带搢绅之人圜⑦桥门而观听者亿万计。

三年，图画中兴功臣二十八将于南宫云台⑧，应二十八宿。

---

① 养老礼，古代对年高德劭的老者按时饷以酒食而敬礼之的礼节。
② 李躬，生卒年不详，东汉大儒，曾在河北封龙书院讲学，后入朝为官，位列三公。明帝时以三公致仕担任三老。
③ 三老，古代官名，此处指国三老，多以致仕三公任之，天子以父兄之礼养之。
④ 桓荣，生卒年不详，字春卿，沛郡龙亢（今安徽怀远）人，东汉初年大儒。官至议郎、太子太傅、太常。明帝时尊以师礼，拜为五更，赐爵关内侯。死后明帝亲自送葬，赐冢茔于首阳山之南。
⑤ 五更，古代官名，用以安置年老致仕的官员。
⑥ 酳，音印，食毕以酒漱口，是古代宴会或祭祀时的一种礼节。
⑦ 圜，环绕。
⑧ 云台，汉宫高台名，汉光武帝时，用作召集群臣议事之所，后世用以借指朝廷。

永平二年，明帝临幸辟雍，举行养老礼。命李躬为三老，桓荣为五更。三老面向东坐，五更面向南坐，明帝亲自卷起衣袖切割祭肉，捧起酱汁请他们食用，手执酒爵向他们敬酒。仪式结束后，带领桓荣和他的弟子登堂，儒生们手执经书在明帝面前询问疑难，环绕在辟雍大门外桥头观看和聆听的官吏和士人不计其数。

永平三年，明帝命人在南宫云台上画了中兴功臣二十八将的画像，和上天的二十八星宿相照应。

邓禹为首，次马成①、吴汉、王梁②、贾复、陈俊③、耿弇、杜茂④、寇恂、傅俊⑤、岑彭、坚镡⑥、冯异、王霸、朱祐⑦、任光、祭遵、李忠⑧、景丹⑨、万脩⑩、盖延⑪、邳彤、铫期⑫、刘植⑬、耿纯、臧宫、马武、刘隆⑭。惟马援以皇后之父，不与焉。

---

① 马成（？—56），字君迁，南阳棘阳（今河南新野）人，东汉开国将领。投奔刘秀后，久经沙场，几乎参与所有战事，屡立战功。拜扬武将军，封全椒侯。
② 王梁（？—38），字君延，渔阳要阳（今北京平谷）人，东汉开国将领。辅佐刘秀平定天下，多有战功。历任野王令、大司空、河南尹、济南太守，封阜城侯。
③ 陈俊（？—47），字子昭，南阳西鄂（今河南召县）人，东汉开国将领。辅佐刘秀平定天下，多有战功。拜强弩将军，封祝阿侯。
④ 杜茂（？—43），字诸公，南阳冠军（今河南邓州）人，东汉开国将领。辅佐刘秀平定天下，多有战功。拜中坚将军，封参蓬侯。
⑤ 傅俊（？—31），字子卫，颍川襄城（今河南襄城）人，东汉开国将领。辅佐刘秀平定天下，多有战功。拜积弩将军，封昆阳侯。
⑥ 坚镡（？—50），字子伋，颍川襄城（今河南襄城）人，东汉开国将领。辅佐刘秀平定天下，多有战功。拜扬化将军，封合肥侯。
⑦ 朱祐（？—48），字仲先，南阳宛（今河南南阳）人，东汉开国将领。与刘秀自小相识，辅佐刘秀平定天下，屡立战功。拜建义大将军，封鬲侯。
⑧ 李忠（？—43），字仲都，东莱黄县（今山东黄县）人，东汉开国将领。辅佐刘秀平定天下，多有战功。拜丹阳太守，封中水侯。
⑨ 景丹（？—26），字孙卿，冯翊栎阳（今陕西阎良）人，东汉开国将领。辅佐刘秀平定天下，多有战功，后病逝于军中。拜骠骑大将军，封栎阳侯。
⑩ 万脩（？—26），字君游，扶风茂陵（今陕西兴平）人，东汉开国将领。坚守信都，为刘秀反攻王郎提供根据地，后于军中病逝。拜右将军，封槐里侯。
⑪ 盖延（？—39），字巨卿，渔阳要阳（今北京平谷）人，东汉开国将领。辅佐刘秀平定天下，多有战功。拜虎牙大将军，封安平侯。
⑫ 铫期（？—34），字次况，颍川郏县（今河南郏县）人，东汉开国将领。协助刘秀平定河北后，长期驻守魏郡。历任偏将军、虎牙大将军、魏郡太守、太中大夫、卫尉，封安成侯。后因病去世，谥号忠侯。
⑬ 刘植（？—26），字伯先，巨鹿昌城（今河北巨鹿）人，东汉开国将领。协助刘秀平定河北，多有战功。拜骁骑将军，封昌城侯。建武二年（26），于密县作战身亡。
⑭ 刘隆（？—57），字元伯，南阳（今河南南阳）人，东汉开国将领。辅佐刘秀平定天下，多有战功。官至骠骑大将军，封慎侯。谥号靖侯。

邓禹居首，其次有马成、吴汉、王梁、贾复、陈俊、耿弇、杜茂、寇恂、傅俊、岑彭、坚镡、冯异、王霸、朱祐、任光、祭遵、李忠、景丹、万脩、盖延、邳彤、铫期、刘植、耿纯、臧宫、马武、刘隆。唯独马援因为是皇后的父亲，所以没有列在上面。

十一年，东平王苍①来朝。苍自上即位，初为骠骑将军。五年而归国，至是入朝。上问处家何以为乐，苍曰："为善最乐。"

十七年，复置西域都护、戊己校尉②。初，耿秉③请伐匈奴，谓宜如武帝通西域，断匈奴右臂。上从之，以秉与窦固④为都尉，屯凉州。固使假司马⑤班超⑥使西域。超至鄯善，其王礼之甚备。匈奴使来，顿疏懈。超会吏士三十六人，曰："不入虎穴，不得虎子。"奔虏营，斩其使及从士三十余级，鄯善一国震怖。超告以威德，使勿复与虏通。超复使于阗⑦，其王亦斩虏使以降。于是，诸国皆遣子入侍，西域复通。

---

① 东平王苍，即刘苍（？—83），公元39年—公元83年在位，刘秀之子，母阴丽华。建武十七年（39），受封东平王。刘苍自幼好读经书，博学多才，明帝时备受宠爱，多次留京辅政。
② 戊己校尉，官名，汉置，为驻车师屯田的长官。
③ 耿秉（？—91），字伯初，扶风茂陵（今陕西兴平）人，东汉前期将领，耿弇之侄。耿秉博通书籍，喜好谋略，西平车师，北却匈奴。拜征西将军，任光禄勋，封美阳侯。后因病去世，谥号桓侯。
④ 窦固（？—88），字孟孙，扶风平陵（今陕西咸阳）人，东汉前期名将，窦融之侄。窦固喜好读书，深通兵法，西平车师，北却匈奴，重新开通西域。拜卫尉，封显亲侯。谥号文。
⑤ 假司马，官名，汉置，汉官名凡加"假"者，均副贰之意。假司马即司马的副贰。司马，掌管军事之职。
⑥ 班超（32—102），字仲升，扶风平陵（陕西咸阳）人，东汉著名军事家、外交家，班彪之子。班超胸怀大志，投笔从戎，随窦固出击北匈奴，又奉命出使西域，在三十一年的时间里，平定了西域五十多个国家，为西域回归、促进民族融合，做出了巨大贡献。后年迈乞归，拜射声校尉，封定远侯。
⑦ 于阗，西域古国名，都西城（今和田约特干遗址），1006年被喀喇汗国吞并。

永平十一年，东平王刘苍前来朝觐。刘苍自从明帝即位以后，起初为骠骑将军。五年后回到他的封国，到这时入朝觐见。明帝问他在家时以何为乐，刘苍说："行善事最快乐。"

永平十七年，又设置了西域都护、戊己校尉。起初，耿秉请求讨伐匈奴，说应该像武帝那样开通西域，斩断匈奴的右臂。明帝听从了他的建议，任耿秉和窦固为都尉，屯兵于凉州，使假司马班超出使西域。班超到了鄯善国，国王用十分周到的礼节接待他。匈奴使者来了以后，鄯善国王顿时疏忽懈怠了。班超召集官吏士兵一共三十六人，说："不进入老虎的洞穴，怎么能够抓过老虎崽呢？"飞奔到匈奴使者的营帐，斩杀了来使和他的随从三十多人。鄯善一国都十分震惊。班超告诉鄯善国王汉朝的威信和德行，让他不要再和匈奴来往。班超又出使于阗国，于阗国王也斩杀了匈奴使者投降汉朝。到了这时，西域各国都派遣他们的王子来汉朝侍奉，西域重新和汉朝交通。

至是，窦固等击车师而还，以陈睦①为都护，及以耿恭②为戊校尉，关宠③为己校尉，分屯西域。

十八年，北匈奴攻戊校尉耿恭。初，上即位之明年，南单于比死，弟莫④立，上遣使授玺绶。北匈奴寇边，南单于击却之。汉与北匈奴交使，南单于怨，欲畔，密使人与交通。汉置度辽将军⑤于五原⑥以防之。已而，汉伐北匈奴，北匈奴亦寇边。至是，攻恭于金蒲城⑦。恭以毒药传矢，语匈奴曰："汉家箭神，中者有异。"虏视创皆沸，大惊。恭乘暴风雨击之，杀伤甚众，匈奴震怖曰："汉兵神，真可畏也！"乃解去。

上崩，在位十八年，改元者一，曰：永平。寿四十八。上性褊⑧察，好以耳目隐发为明。公卿大臣数被诋毁，近臣尚书以下至见提曳。尝怒郎药崧⑨，以杖撞之，崧走入床下，上怒甚疾言曰："郎出郎出。"崧曰："天子穆穆，诸侯皇皇。未闻人君，自起撞郎。"乃赦之。

---

① 陈睦，生卒年不详，东汉将领。曾任西域都护，后在焉耆和龟兹两国的围攻下全军覆没，陈睦亦力战身死。
② 耿恭，生卒年不详，字伯宗，扶风茂陵（今陕西兴平）人，东汉将领，耿弇之侄。耿恭参与攻打车师、匈奴等战役，多有战功。后率军平顶诸羌。历任骑都尉、长水校尉。
③ 关宠，应为关宠。关宠，生卒年不详，东汉将领。曾任西域己校尉。
④ 莫，姓挛鞮，名莫，号丘浮尤鞮单于，乌珠留若鞮单于之子。初为左贤王，醢落尸逐鞮单于死后立，在位一年而卒。
⑤ 度辽将军，官名，汉置，因渡辽水而得名，为杂号将军。
⑥ 五原，汉郡名，辖境大致在河套地区，治九原（今内蒙古包头市九原区麻池镇西北）。
⑦ 金蒲城，西域古城名，遗址已不可考。
⑧ 褊，音扁，狭隘。
⑨ 药崧，生卒年不详，河内（今河南武陟）人。家贫为郎，曾遭明帝殴打，后官至南阳太守。

到了这时，窦固等人攻打车师国后返回汉朝。任命陈睦为西域都护，耿恭为戊校尉，关宠为己校尉，分兵屯守西域。

永平十八年，北匈奴攻打戊校尉耿恭。起初，明帝即位的第二年，南单于比去世了，他弟弟莫即位，明帝派使者授予他印绶。北匈奴进犯汉朝边境，被南单于发兵击退。汉朝和北匈奴互通使者，南单于心怀怨恨，想要反叛，暗地里派人和北匈奴沟通。汉朝在五原郡设置了度辽将军来防备南匈奴。过了不久，汉朝讨伐北匈奴，北匈奴也入侵汉朝边境。此时，北匈奴攻打金蒲城的耿恭。耿恭把毒药涂在箭上，对匈奴人说："这是汉朝神箭，中箭者必出怪事。"中箭的匈奴人一看伤口，全都烫如沸水，大为惊慌。耿恭趁着狂风暴雨出兵攻击，杀伤众多。匈奴人十分震恐，说："汉军有神力，真可怕啊！"于是解围撤退。

明帝驾崩，在位十八年，改了一个年号，叫作永平。明帝享年四十八岁。明帝性情狭隘而苛察，好用耳目窥探群臣的隐私，认为这就是英明。公卿大臣屡屡被他责骂，陪伴近侧的尚书以下官员甚至遭到殴打。明帝曾因事对郎官药崧发火，用手杖责打药崧。药崧逃跑，躲到床下。明帝十分愤怒，厉声喊道："郎官出来！郎官出来！"药崧便说："'天子穆穆，诸侯皇皇'，从未听说过皇上动手打郎官！"明帝这才将他放过。

上遵奉建武①制度，无更变，后妃家不得封侯预政。馆陶公主②为子求郎，上曰："郎官上应列宿，出宰百里。苟非其人，民受其殃。"不许。当时吏得其人，民乐其业。远近畏服，户口滋殖焉。太子立，是为肃宗孝章皇帝。

东汉（八）

孝章皇帝名烜，母贾氏③，马皇后④养之。立为太子，至是即位。

西域攻没都护。北匈奴围已校尉，又围耿恭。诏遣兵。罢都护及戊己校尉官。惟班超上疏，请兵欲遂平西域。上知功可成，从之。

北匈奴五十八部来降。时北匈奴衰耗，党众离畔。南部攻其前，丁零⑤寇其后，鲜卑击其左，西域攻其右，不复自立，乃远引而去。鲜卑击斩北单于，故部众有来降者。

---

① 光武帝第一个年号，这里代指光武帝。
② 馆陶公主，即刘红夫，生卒年不详，刘秀三女，母郭圣通。封馆陶公主。
③ 贾氏，生卒年不详，南阳（今河南南阳）人，明帝妃子，章帝生母。
④ 马皇后（39—79），扶风茂陵（陕西兴平）人，马援幼女，明帝皇后。马皇后谦恭和顺，俭朴自奉，约束外家。谥号明德，与明帝合葬显节陵。马皇后是中国第一位女史学家，著有《显宗起居注》一书，开创了"起居注"这一史书体例。
⑤ 丁零，中国古代民族，又称高车、铁勒、敕勒。敕勒人原生活在贝加尔湖附近，匈奴衰败后逐渐南移，继匈奴、鲜卑之后活跃在北疆和中亚，与汉族交接。留在贝加尔湖附近的称为丁零人，东晋十六国时曾建立翟魏政权。

明帝遵循光武帝的制度没有改变，后妃娘家人不得封侯干预朝政。馆陶公主为她的儿子索求一个郎官职位，明帝说："郎官与上天的众多星宿相照应，外任地方就是一县之长，如果任人不当，百姓就会遭殃。"没有同意。当时官吏都称职胜任，人民安居乐业，远近蛮夷敬畏臣服，国家户口繁衍增殖。太子即位，就是肃宗孝章皇帝。

东汉（八）

孝章皇帝名叫刘炟，母亲是贾氏，由马皇后抚养他。他被立为太子，到了这时登上皇位。

西域几个国家进攻都护陈睦，陈睦全军覆没。北匈奴围困己校尉，又包围了耿恭。章帝下诏派兵救援。章帝要裁撤都护和戊己校尉，只有班超上疏请求发兵平定西域。章帝知道可以成功，就听从了班超的建议。

北匈奴五十八个部落前来投降。当时北匈奴衰落困顿，各部落纷纷离散反叛，南匈奴进攻它的南部地区，丁零进攻北部地区，鲜卑进攻东部地区，西域各国进攻西部地区。北匈奴四面受敌，不再能独立自保，便离开故地向远方迁徙。鲜卑追击斩杀了北单于，因此北匈奴的部落有来投降的。

上崩，在位十三年，改元者三，曰：建初、元和、章和。寿三十一。上继明帝察察之后，知人厌苛切，事从宽厚，文之以礼乐。尝议贡举法，韦彪①议曰："国以简贤为务，贤以孝行为首。求忠臣必于孝子之门。"上然之。

庐江②毛义③以行义称。张奉④候之府，檄适至，以义守安阳⑤令。义捧檄入，喜动颜色，奉心贱之。后义母死，征辟皆不至。奉乃叹曰："往日之喜，为亲屈也。"上下诏褒宠之。州郡得人，如廉范⑥在蜀郡⑦，弛禁以便民，民歌之曰："廉叔度，来何暮？不禁火，民安作。昔无襦⑧，今五袴⑨。"当时皆以平徭简赋忠恕长者为政，终上之世，民赖其庆⑩。太子立，是为孝和皇帝。

---

① 韦彪（？—89），字孟达，扶风平陵（今陕西咸阳）人，东汉官员。韦彪出身名门，见识广博，被称为儒学宗师。历仕明、章两朝，多次进言，均被采纳，官至大鸿胪，深得明帝和章帝信任。
② 庐江，汉郡名，辖境大致在今安徽西南部，治舒县（今安徽舒城县）。
③ 毛义，生卒年不详，字少节，庐江（今安徽庐江）人。以孝行见称于世。
④ 张奉，生卒年不详，南阳（今河南南阳）人。
⑤ 安阳，今河南安阳市安阳县。
⑥ 廉范，生卒年不详，字叔度，京兆杜陵（今陕西西安）人，东汉官员，名将廉颇之后。廉范以气侠立名，为官清正，历任云中、武威、武都、蜀郡太守，皆政绩卓著。
⑦ 蜀郡，秦汉郡名，辖境大致在四川盆地，治成都（今四川成都）。
⑧ 襦，音如，短衣短袄。
⑨ 袴，指套袴。
⑩ 庆，福泽。

章帝驾崩，在位十三年，改用了三个年号，分别是建初、元和、章和，享年三十一岁。继明帝苛察之后，章帝知道人们厌倦苛刻严峻，处理事情时遵循宽大忠厚，用礼乐来修饰。章帝曾经讨论贡举法，韦彪说："处理国家事务追求简洁贤明，选拔人才以孝行作为首要标准。寻求忠臣，一定要在孝子里面找。"章帝认为他说的对。

　　庐江郡毛义以品行大义被世人称赞。张奉去毛义府上拜访，恰巧朝廷的檄文到了，任命毛义为安阳县令。毛义手捧公文进入内室，喜形于色。张奉心中看不起这种举动。后来，毛义的母亲去世，朝廷又召毛义出来做官，却被他全部拒绝。于是张奉叹道："毛义当时的喜悦，乃是为了母亲而屈就啊。"章帝下诏褒奖毛义以示宠爱。州郡长官都称职胜任，比如廉范在蜀郡，放宽禁令来让百姓方便。百姓歌颂他说："廉叔度，来太晚！不禁火，民平安。以前没有短上衣，今有五条裤子穿。"当时都让均等徭役减免赋税的忠厚长者执政，整个章帝时代，百姓都依赖于他的福泽。太子即位，就是孝和皇帝。

孝和皇帝名肇，母梁氏①，窦皇后②子之，年十岁即位。窦后临朝，窦宪③以外戚侍中④用事。有罪，求出击北匈奴以自赎。后从之。大破匈奴，登燕然山⑤，刻石勒功而还。入为大将军，四年父子兄弟并为卿校，充满朝廷。有逆谋，上知之，遂与宦者郑众⑥定议。勒兵收宪印绶，迫令自杀。以众为大长秋⑦，尝与议政。宦官用权自此始。

先是，汉兵击北单于，走死。汉立其弟，后叛，追斩灭之。鲜卑徙据北匈奴地，自此渐盛。

征班超还京师，卒。超起自书生，投笔，有封侯万里外之志。有相者谓曰："生燕颔虎头，飞而食肉⑧，万里侯相也。"

---

① 梁氏（62—83），章帝妃子，和帝生母。和帝即位后，追赠谥号恭怀皇后。
② 窦皇后（？—97），扶风平陵（今陕西咸阳）人，章帝皇后，窦融曾孙女。窦皇后有姿容，但好忌妒，先后逼迫章帝的两个妃子宋贵人、梁贵人自杀。和帝即位，窦皇后临朝称制，窦氏一门权倾朝野。窦宪被杀后，窦皇后遭软禁。死后与章帝合葬敬陵，谥号章德皇后。
③ 窦宪（？—92），扶风平陵（今陕西咸阳）人，东汉名将、权臣，窦融曾孙。窦融以车骑将军北击匈奴，大获全胜，燕然勒石。回朝后拜大将军，位高三公，封冠军侯。后因谋反被诛。东汉外戚专权，自窦宪始。
④ 侍中，官名，秦置，秦时侍中为少府属下宫官群中直接供皇帝指派的散职；西汉时又为正规官职外的加官之一，文武大臣加上侍中之类名号可入禁中受事。
⑤ 燕然山，即今蒙古境内杭爱山。
⑥ 郑众，生卒年不详，字季产，南阳犨县（今河南鲁山县）人，东汉宦官。章帝时任中常侍，和帝时迁钩盾令。郑众不依附外戚，深得和帝崇信。协助和帝诛杀窦宪后，拜大长秋，每每与和帝商议政事。宦官用权，自郑众始。
⑦ 大长秋，官名，汉置，掌皇后所用官属，一般由宦官担任。长秋宫为汉皇后居住之所，故名。
⑧ 飞而食肉，指封侯的面相或骨相。

孝和皇帝名叫刘肇，母亲是梁氏，窦皇后的养子，他十岁就登上皇位。窦皇后临朝摄政称制，窦宪以外戚身份担任侍中主持政事。窦宪犯了罪，请求带兵攻打北匈奴来给自己赎罪。窦皇后同意了。窦宪大破匈奴，登上燕然山，把自己的功劳刻在石头上才回来。窦宪回到朝廷后担任大将军，四年后他的叔父子侄兄弟都成为公卿校尉，遍布朝廷。窦宪将要谋逆，和帝知晓了，就和宦官郑众商定决议，带着军队收回了窦宪的大将军符印，逼迫他自杀，然后任命郑众为大长秋。和帝常常和郑众商议政事，宦官参与政权就是从这开始的。

起初，汉军攻打北单于，北单于逃走死掉了。汉朝就立他弟弟为单于，后来也反叛了，汉军就消灭了他。鲜卑迁徙过来占据了北匈奴的地盘，从此逐渐强盛。

和帝征召班超返回京师，班超也去世了。班超由一个书生起家，扔掉自己的笔杆，有封侯于万里之外的志向。曾经有一个相面的人说："你颈脖如燕，额头似虎，相貌威武，飞翔食肉，这是万里封侯的相貌啊！"

自假司马入西域，章帝时为西域将兵长史①，至上以超为西域都护、骑都尉②，平定诸国。在西域三十年，以功封定远侯。至是，以年老乞归，愿生入玉门关。上许之。任尚③代为都护，请教，超曰："君性严急。水清无大鱼，宜荡佚简易。"尚私谓人曰："我以班君当有奇策，今所言平平耳。"尚后果失边和，如超言。

　　上在位十八年，崩，改元者二，曰：永元、元兴。太子立，是为孝殇皇帝。

　　孝殇皇帝名隆，生百余日即位，改元延平，在位八阅④月而崩。时皇太后邓氏⑤临朝，与邓骘⑥定策，立嗣，是为孝安皇帝。

---

① 将兵长史，长史，官名，秦置，三公各有长史，协助其处理政务。西汉将军幕府中亦有长史，为幕僚之长；可分令部队出战的称为将兵长史。
② 骑都尉，官名，汉武帝置，属光禄勋，秩比二千石，掌监羽林骑，无定员。
③ 任尚（？—118），东汉将领。任尚在对羌人、匈奴作战中屡立战功，后继任班超为西域都护，封乐亭侯，却经营西域不善。被召回朝后，任侍御史、中郎将，多有战功。后在对羌作战中，虚报战功，接受贿赂，被杀。
④ 阅，经历。
⑤ 邓氏（81—121），名绥，南阳新野（今河南新野）人，和帝皇后，邓禹之孙女。邓绥自小博通经史，深明大义，姿容秀美，善待下人，深得和帝宠信，立为皇后。和帝驾崩后，先后迎立殇帝、安帝，垂帘听政长达十六年。邓皇后面对东汉中期内外交困之局，力挽狂澜，对内减赋税，救灾民；对外通西域，抗匈奴，平羌乱；奖掖人才，稳定外戚，对东汉政局的稳定出力甚多。但重用宦官也为后来宦官乱政埋下祸根。谥号和熹皇后，与和帝合葬顺陵。
⑥ 邓骘（？—121），字昭伯，南阳新野（今河南新野）人，东汉著名外戚、将领，邓禹之孙。邓骘为人谦逊、礼贤下士，人多称赞。殇帝时官至大将军，封上蔡侯。邓皇后去世后，邓骘遭宦官诬陷，被贬罗侯，后返回封地，绝食身亡。

班超以假司马的官职进入西域,章帝时为西域将兵长史,到了和帝时,任命他为西域都护、骑都尉,平定了西域各国。班超在西域三十年,因功封为定远侯。到了这时,班超因年迈请求回国,希望能活着进入玉门关。和帝同意了。任尚代替班超接任都护,来向班超请教。班超说:"你性情严苛急躁。水太清澈了就没有大鱼在里面。你应该采取无所拘束、简单易行的政策。"任尚私下对人说:"我以为班君会有奇策,而他今天所说的这番话,不过平平罢了。"任尚后来果然断送了西域和平,正如班超的预言。

和帝在位十八年后驾崩,改用了两个年号,分别是永元、元兴。太子即位,就是孝殇皇帝。

孝殇皇帝名叫刘隆,他出生才一百多天就登上皇位,改元延平。孝殇皇帝在位八个月就驾崩了。当时皇太后邓氏临朝摄政称制,邓骘决定计策确立继承人,就是孝安皇帝。

东汉（九）

孝安皇帝名祜，清河王庆①之子，章帝孙也。未冠，迎即位。邓后仍临朝，邓骘为大将军。

时边军多事，邓骘欲弃凉州，并力北边。郎中②虞诩③以为不可，曰："关西出将，关东出相，烈士武夫多出凉州。"众皆从诩议。骘恶诩，欲陷之。会朝歌④贼攻杀长史，州郡不能禁。以诩为朝歌长⑤。故旧皆吊之，诩曰："不遇盘根错节，无以别利器。"及到官，募壮士，攻劫者为上，伤人、偷盗者次之，收得百余人。使入贼中，诱令劫掠，伏兵杀数百人。又潜遣贫人能缝者佣作贼衣，以彩线缝其裾⑥。有出市里者，辄禽之。贼骇散，县境皆平。

---

① 清河王庆，即刘庆（78—107），章帝三子，母宋贵人。刘庆原为太子，因窦皇后诬陷，贬为清河王。后协助和帝诛杀窦宪，备受礼待。安帝即位后，追尊为孝德皇帝。
② 郎中，官名，战国时置，秦汉时郎中掌各司事务。
③ 虞诩（？—137），字升卿，陈国武平（今河南鹿邑）人，东汉名将。先后平定朝歌，大破羌军，镇守武都，履历功勋。官至尚书令。虞诩为官清正廉明，刚正不阿，九遭贬黜，三被惩处，依然如故。
④ 朝歌，今河南淇县。
⑤ 长，即县长，官名，战国始置，秦汉以后，管理万户以上的县称为县令，万户以下称县长。
⑥ 裾，衣服的前后襟。

东汉（九）

　　孝安皇帝名叫刘祜，是清河王刘庆的儿子，章帝的孙子。刘祜还没有加冠，就被迎立为皇帝。邓太后仍然临朝摄政，邓骘任大将军。

　　当时边境军队多有战事，邓骘想要放弃凉州，集中力量应对北部边境。郎中虞诩认为不可以，他说："关西多出将帅，关东多出卿相，勇士良将，大多出自凉州。"大臣们都附和虞诩的建议。邓骘因此很厌恶虞诩，想要陷害他。适逢朝歌县的反贼杀害了当地的官吏，州郡地方政府不能制服他们。于是邓骘就命虞诩为朝歌县令。虞诩的老朋友都来慰问他，虞诩说："如果不遇到盘曲在一起的树根、相互交错的枝节，是没有办法分别出锋利的器具的。"等到了任上，虞诩就着手招募壮士，以杀人掠货的为上等之选，以伤人偷盗的为次一等，招募了一百多人。虞诩让他们假装加入到反贼中去，诱使反贼们来抢劫掠夺，安排的伏兵趁机杀了反贼几百人。又暗地里派遣会裁缝的穷人给反贼去做用工，让他们在反贼衣服的后襟上用彩色的丝线缝上记号。反贼们有去集市上的，立刻就被逮捕了。反贼们很害怕，都四散而去，朝歌县境内的反贼都平定了。

太后知诩有将帅略，以为武都①太守。叛羌数千遮②诩，诩停不进，宣言："请兵，须到乃发。"羌闻之，分抄③旁县。诩因其散，日夜进道。令军士各作两灶，日增倍之。或曰："孙膑④减灶，而君增之。兵法曰：'行不过三十里。'而今日且二百里，何也？"诩曰："虏众多，吾兵少，徐行易为所及，速进则彼不测。虏见吾灶日增，谓郡兵来迎，众多行速，必惮追我。孙膑见弱，吾今示强，势不同也。"既到郡，兵三千而羌万余，攻围赤亭⑤数十日。诩命强弩勿发，潜发小弩，羌谓力弱不能至，并兵急攻。于是使二十强弩共射一人，发无不中，羌大惊。诩因出城奔击。明日，悉陈其兵，令从东郭门出，北郭门入，贸易⑥衣服，回转数周。羌不知其数，相恐。诩潜于浅水设伏，候其走路。羌果大奔，因掩击，大破之。贼由是败散。

太后崩，邓骘罢，自杀。

---

① 武都，汉郡名，辖境大致在今甘肃东南部，治武都道（今甘肃礼县）。
② 遮，遏止，阻拦。
③ 抄，掠夺，袭击。
④ 孙膑，生卒年不详，齐人，战国著名军事家，兵家代表人物，孙武之后。原与庞涓同窗，后在魏国被庞涓所陷害，惨遭膑刑。后辗转至齐国，被齐威王拜为军师，辅佐齐国大将田忌在桂陵之战和马陵之战中两次大败魏军，奠定齐国的霸业。后辞官归隐，著述教学，著有《孙子兵法》十六篇。
⑤ 赤亭，在今甘肃成县西北。
⑥ 贸易，变易，更换。

邓太后知道虞诩有做将帅的才略，任命他为武都太守。数千羌军在路上拦截虞诩，虞诩就停止前进，扬言说："我已经向朝廷请求援兵，援兵到了再出发。"羌人听说了以后，就分兵去周围县城掠夺。虞诩乘羌人兵力分散，日夜兼程。他命令士兵每个人各做两个灶，以后每日增加一倍。有人说："孙膑采取减灶的计策，而您去增加炉灶的数目。兵法上说：'每日行军不得超过三十里，但是如今每日前行二百里。'这是为什么？"虞诩说："敌军兵多，我军兵少，走慢了容易被赶上，走快了敌军便不能知晓我军的底细。敌人看见我军的炉灶数目每天都在增加，便会以为是周边郡县的军队前来迎接。我军人数既多，行军又快，敌人便不敢贸然来追。孙膑示敌以弱，如今我示敌以强，这是形势不同的缘故。"虞诩到了郡治后，兵力只有三千，而羌军有一万多人，匡攻赤亭达数十日。虞诩命令不准发射强弩，只准暗中发射小弩。羌人以为汉军弓弩力量微弱，射不到自己，便集中兵力猛烈进攻。于是虞诩命令每二十只强弩集中射一个敌人，射无不中，羌人大为震恐。虞诩趁机出城追杀。第二天，虞诩集合全部军队，命令军队从东门出去，从北门进来，然后改换服装，循环往复多次。羌人不知道汉军到底有多少人，彼此都很恐惧不安。虞诩暗中在城外河边水浅的地方设置伏兵，守住羌军的逃路。羌军果然大举奔逃，汉军乘机突袭，大败羌军。羌军从此溃败离散。

　　邓太后驾崩了，邓骘被罢免，自杀身死。

汝南①太守王龚②好才爱士，以袁阆③为功曹④，引进黄宪⑤、陈蕃⑥等。宪父为牛医，宪年十四，颍川荀淑⑦遇于逆旅⑧，竦然异之曰："子，吾之师表也。"见阆曰："子国有颜子。"阆曰："见吾叔度邪？"戴良⑨才高，每见宪归，惘然若自失，其母曰："汝复从牛医儿来邪？"陈蕃等相谓曰："时月之间，不见黄生，鄙吝之萌复存乎心矣。"太原⑩郭泰⑪过阆，不宿。从宪累日，曰："奉高之器，譬之氿滥，虽清而易挹；叔度汪汪，若千顷波，澄之不清，挠之不浊，不可量也。"宪初举孝廉，又辟公府，人劝其仕。暂到京师即还，年四十八而终。

① 汝南，汉郡名，辖境大致在今河南东南部，安徽北部，治上蔡（今河南上蔡）。
② 王龚，生卒年不详，字伯宗，山阳高平（今山东微山）人，东汉官员，汉末名士王粲之祖。王龚好才爱士，为政温和，历任青州刺史、司隶校尉、汝南太守，后入朝任太仆，官至太尉。后告老怀乡，卒于家。
③ 袁阆，生卒年不详，字奉高，汝南慎阳（今河南正阳）人，东汉士人。
④ 功曹，官名，汉置，掌考察记录业绩，为郡守、县令主要佐吏。
⑤ 黄宪（75—122），字叔度，号征君，汝南慎阳（今河南正阳）人，东汉著名隐士。家世贫困，以学问品行见重于时。被荀淑推为"颜子"。屡辟不就，天下号称"征君"。
⑥ 陈蕃（？—168），字仲举，汝南平舆（今河南平舆）人，东汉名臣。与窦武、刘淑合称"三君"。陈蕃为官正直，屡次诤谏，数起数落，官至太尉。后与窦武谋诛宦官，谋划泄露，反为宦官所杀。
⑦ 荀淑（83—149），字季和，颍川颍阴（今河南许昌）人，东汉名士，汉末著名谋臣荀彧之祖。荀淑学问渊博，品行高洁，后为梁冀所恶，出为朗陵侯相。任内处事正直，明于治理，号称"神君"。有子八人，人称"八龙"。与同邑钟皓、陈寔、韩韶以清高有德行闻名于世，合称为"颍川四长"。
⑧ 逆旅，客舍，旅店。
⑨ 戴良，生卒年不详，字叔鸾，汝南慎阳（今河南正阳）人，东汉隐士。
⑩ 太原，秦汉郡名，辖境大致在今山西中部，治晋阳（今山西太原）。
⑪ 郭泰（128—169），字林宗，太原介休（今山西介休）人，东汉名士。郭泰相貌魁梧，博通群书，与李膺等名士结交，名重洛阳，被太学生推为领袖。陈蕃被杀后，郭泰伤恸过度，郁郁身亡。死后前来送葬者多达万人。被誉为"介休三贤"之一。

汝南太守王龚喜好人才爱惜士子，任命袁阆为功曹，引进黄宪、陈蕃等人。黄宪父亲是牛医，黄宪十四岁的时候，颍川人荀淑在旅店遇见黄宪，大感惊异，说："您就是我的老师！"接着他碰到袁阆，说："贵郡有个像颜回那样的人！"袁阆说："是遇到了我们的黄叔度了吗？"戴良富有才华，每次见到黄宪回家后，都感到惘然若有所失。他的母亲说："你又去见那个牛医的儿子了？"陈蕃等人互相说："几个月不见黄宪，那些卑鄙的念头就会重新在心里萌芽。"太原人郭泰去拜访袁阆，没有留下过夜便告辞了。又去拜访黄宪，却一连住了几天才返回。郭泰说："袁奉高的才能，好比泉水，虽清但容易舀取。而黄叔度却像千顷汪洋，无法使它澄清，也无法使它混浊，不可估量。"黄宪最初曾被本郡推举为孝廉，后来又受到公府的征召。人们劝他去做官。他只是暂时前往京城，随即就回来了。黄宪四十八岁时去世。

太尉杨震①自杀。震，关西人，时人称之曰"关西孔子杨伯起"。教授生徒，堂下得三鳣，都讲②以为有三公之象，取以进曰："先生自此外矣。"后尝为郡守，属邑令有怀金遗之者，曰："暮夜无知者！"震曰："天知地知，子知我知，何谓无知。"令惭而退。及为三公时，宦者及上乳母王圣③用事，皆有请托，震不从。又数以近习为言，共构④之。策收印绶，遂死。葬之日，名士皆来。会有大鸟，高丈余，至墓前俯仰流涕而去。

上少号聪明，既即位，多失德。在位十九年，崩。改元者五，曰：永初、元初、永宁、建光、延光。太子先为近习所谮，坐废为济阴王。

---

① 杨震（？—124），字伯起，弘农华阴（今陕西华阴）人，东汉名臣。杨震通晓经籍，博览群书，被称为"关西孔子"。后被邓骘征辟，历任荆州刺史、东莱太守，后入朝任太仆，官至太尉。因为官正直，数言时政之弊，为宦官所陷害，罢官还乡。途中饮鸩自杀。
② 都讲，古代学舍中协助博士讲经的儒生。
③ 王圣，生卒年不详，安帝乳母。
④ 构，诬陷，陷害。

太尉杨震自杀身死。杨震是关西人,当时人称"关西孔子杨伯起"。杨震教学授徒,有人从堂下得到三条鳣鱼,主讲人认为这是杨震位列三公的征兆,拿来献给杨震,说:"先生从此就要高升了!"后来杨震曾经担任郡守,有个下属县令拿着黄金来送给杨震,说:"黑夜里没人知晓此事!"杨震说:"天知地知,你知我知,怎么能说没人知晓呢?"这个县令很惭愧,就带着黄金出去了。等到杨震位列三公时,宦官和安帝的乳母王圣专权,都有事请求杨震帮忙,杨震没有答应。又多次被安帝身边的侍从恶语中伤,一起陷害杨震。于是安帝就收回了杨震的官职印绶,杨震因此而死。等到他被下葬那天,有名望的士人都来了。又恰逢一只有一丈多高的大鸟,飞到杨震墓前,俯仰哭泣流泪之后才离开。

　　安帝小时候号称聪明,等到即位之后,做了很多失德之事。他在位十九年后驾崩,改用了五个年号,分别是:永初、元初、永宁、建光、延光。太子先是被安帝身边的侍从恶语中伤,被废为济阴王。

阎皇后①临朝，与阎显②迎章帝孙北乡侯懿③嗣位。宦者孙程④等诛显，迁阎后，迎立济阴王，是为孝顺皇帝。

东汉（十）

孝顺皇帝名保，为孙程等所立，宦官以功封侯者十九人。

尚书令⑤左雄⑥奏令郡国举孝廉，限年四十以上，诸生通章句，文吏能笺奏，乃得应选。其有茂才异等，若颜渊⑦、子奇⑧，不拘年齿。雄公直精明，能审核真伪，决志行之。有举少年至者，雄诘之曰："颜回闻一知十，孝廉闻一知几邪？"

---

① 阎皇后（？—126），河南荥阳（今河南荥阳）人，安帝皇后。阎皇后有姿容，深受安帝宠爱，立为皇后。好妒忌，毒杀太子刘保生母李氏，诬陷刘保，废为济阴王。安帝驾崩后，阎皇后垂帘听政，拥立刘懿为帝。同年刘懿病逝，宦官拥立刘保即位，阎皇后遭软禁。谥号安思皇后，与安帝合葬恭陵。
② 阎显（？—125），河南荥阳（今河南荥阳）人，东汉外戚，阎皇后之弟。安帝驾崩后，阎显与阎皇后拥立刘懿为帝。刘懿病逝后，阎显被宦官所杀。
③ 北乡侯懿，即刘懿（？—125），东汉前少帝，章帝之孙。安帝驾崩后，被阎氏一门拥立为帝，在位224天后病逝。顺帝继位后，以诸侯王礼将刘懿下葬。因此一般不将刘懿计入东汉皇帝之列。
④ 孙程（？—132），字稚卿，涿郡新城（今河北徐水）人，东汉宦官。安帝时任黄门令，安帝驾崩后诛杀外戚阎显，迎立顺帝，因功拜奉车都尉，封浮阳侯。谥号刚侯。
⑤ 尚书令，官名，秦置，掌少府文书管理和命令传达，为少府属官。汉武帝时为加强皇权，开设内朝，任用少府尚书处理天下奏章，遂涉及国家政治中枢。朝廷重臣秉其他职权者，可以"领尚书事"（录尚书事）为名掌实权。
⑥ 左雄（？—138），字伯豪，南阳涅阳（今河南镇平）人，东汉官员。左雄知识渊博，品行笃厚，安帝时任冀州刺史，后入朝任尚书，进一步完善察举制。
⑦ 颜渊，即颜回。
⑧ 子奇，生卒年不详，春秋时齐人。十六岁治阿县，阿县大治。后用以称年少有才华的人。

阎皇后临朝摄政，和阎显一起迎接章帝的孙子北乡侯刘懿即位。宦官孙程等人诛杀了阎显，把阎皇后迁到别的宫里，迎接济阴王即位，就是孝顺皇帝。

东汉（十）

孝顺皇帝名叫刘保，是被孙程等人拥立的，宦官因功封侯的有十九人。

尚书令左雄上奏建议命令各郡和各诸侯国举荐孝廉时，限于年龄在四十岁以上的人。儒生要能够通晓经义章句，文吏要能起草上奏的表章，才能够被举荐。如果像颜回和子奇一样有卓越的才干和特别能力的人，那么也可以不用限制年龄。左雄公正精明，能洞察真伪，坚决地推行自己的主张。有郡国举荐一个年轻的孝廉来到京城，左雄诘问说："颜回听到一件事，可由此知道十件事，孝廉听到一件事，可知道几件事呀？"

顷之，中外坐谬举黜免者十余人。惟汝南陈蕃、颍川李膺①、下邳②陈球③等三十余人得拜郎中。

　　以皇后父梁商④为大将军。商死，以其子冀⑤为大将军，不疑⑥为河南尹⑦。遣使者八人，分行州郡。张纲⑧独埋其车轮于洛阳都亭⑨，曰："豺狼当道，安问狐狸？"劾奏冀、不疑无君之心十五事。上知纲言直而不能用，冀欲中伤之。广陵⑩贼张婴⑪寇乱扬⑫徐⑬间十余年，乃以纲为广陵太守。

---

① 李膺（110—169），字元礼，颍川襄城（今河南襄城）人，东汉名臣。初举孝廉，后历任青州刺史、度辽将军、河南尹、司隶校尉。李膺为官刚正不阿，以气节自许，名重天下，时人称被其接待为"登龙门"。第二次"党锢之祸"，陈蕃被害后，李膺自首，死于狱中。
② 下邳，汉郡名，辖境大致在今江苏西部，治下邳（今江苏睢宁）。
③ 陈球（118—179），下邳淮浦（今江苏涟水）人，东汉大臣。陈球年少成名，历任郎中，繁阳县令，颇有政绩。后转任零陵、魏郡、南阳诸郡太守，皆以治称。后入朝任司空、太尉，位列三公。灵帝即位后，谋划诛杀宦官，事泄，遭陷被杀。
④ 梁商（？—141），字伯夏，安定乌氏（今甘肃泾川）人，东汉外戚、将领。梁商为人谦恭温和，奖掖人才。拜大将军，袭爵乘氏侯。谥号忠侯。
⑤ 冀，即梁冀（？—159），安定乌氏（今甘肃泾川）人，东汉著名外戚、权臣。梁冀历任任侍中、虎贲中郎将、越骑校尉、步兵校尉、执金吾。梁商死后，拜大将军，袭爵乘氏侯。先后拥立冲帝、质帝、桓帝，飞扬跋扈，权倾朝野。桓帝即位后，与宦官单超等人谋划，杀死梁冀。
⑥ 不疑，即梁不疑，生卒年不详，安定乌氏（今甘肃泾川）人，东汉官员，梁商之子。梁不疑喜读经书，善待士人，素与梁冀不和。历任光禄勋、河南尹。桓帝即位后，封颍阳侯。晚年居乡，不预外事。
⑦ 河南尹，即河南郡。汉改秦三川郡为河南郡，光武帝改河南郡为河南尹。
⑧ 张纲（108—143），字文纪，犍为武阳（今四川彭山县）人，东汉官员，张良之后。初任御史，不畏强权，弹劾权贵。后上书历数梁冀罪过，京城震动。因而出任广陵太守，卒于任上。
⑨ 都亭，都邑中的传舍。
⑩ 广陵，汉郡名，辖境大致在今江苏东南部，治广陵（今江苏扬州）。
⑪ 张婴，生卒年不详，广陵（今江苏扬州）人，东汉人。顺帝年间，起兵对抗官府十余年，后为张纲所感化，归顺投降。
⑫ 扬，即扬州，汉十三刺史部之一，辖境大致包括今安徽淮河以南、江苏长江以南及江西、浙江、福建三省以及湖北东部、河南东南部。
⑬ 徐，即徐州，汉十三刺史部之一，辖境大致包括今江苏长江以北、山东南部。

过了不久，全国因为不合格的举荐而被免官的有十几个人。而举荐的人中也只有汝南人陈蕃、颍川人李膺、下邳人陈球等三十多人被任命为郎中。

　　顺帝封皇后的父亲梁商为大将军。梁商死后，又任命他的儿子梁冀为大将军，梁不疑为河南尹。顺帝派遣了八名使者，分别到各州郡进行视察。唯独张纲把车轮埋在洛阳城的都亭，他说："豺狼当道，怎么去问狐狸？"并上奏弹劾梁冀和梁不疑目无君王的十五件大事。顺帝知道张纲言辞真切但是又没能采纳，梁冀想要陷害张纲。广陵郡的盗贼张婴在扬州和徐州之间反叛作乱十几年了，于是任命张纲为广陵太守。

纲单车竟诣婴垒门，请与相见，譬晓之。婴等万余人降。纲入垒，宴，散遣任所之，南州晏然。在郡卒，婴等为之制服行丧。

时二千石长吏有能政者，冀州刺史苏章①。有故人为清河②太守，章行部③，为设酒，甚欢。守喜曰："人皆有一天，我独有二天。"章曰："今日苏孺文与故人饮者，私恩也；明日冀州刺史案事者，公法也。"遂举正其奸贼之罪。

上在位二十年，崩。改元者五，曰：永建、阳嘉、永和、汉安、建康。太子立，是为孝冲皇帝。

孝冲皇帝名炳，年二岁即位，三阅月而崩。改元者一，曰永嘉。梁太后④迎立渤海孝王⑤之子，是为孝质皇帝。

孝质皇帝名缵，章帝曾孙也，年八岁即位。少而聪慧，尝因朝会，目梁冀曰："此跋扈将军也。"冀深恶之，使左右于饼中进毒，遂崩。在位一年有半，改元者一，曰本初。冀迎立蠡吾侯，是为孝桓皇帝。

---

① 苏章，生卒年不详，扶风平陵（今陕西咸阳）人，字孺文，东汉官员。历任武原县令、冀州刺史、并州刺史。因摧折豪强，触怒权贵，免官还乡。
② 清河，汉郡名，辖境大致在河北南部、山东北部，治清阳（今河北清河）。
③ 行部，巡行所属部域，考核政绩。
④ 梁太后（106—150），安定乌氏（今甘肃泾川）人，顺帝皇后，梁商之女。梁太后聪明贤惠，精通经史，深受顺帝宠爱。顺帝驾崩后，先后迎立冲帝、质帝、桓帝，临朝听政，选贤任能，靖边安民。但放任梁冀，听信宦官，颇为后人所诟病。谥号顺烈皇后，与顺帝合葬宪陵。
⑤ 渤海孝王，即刘鸿（？—147），章帝曾孙，质帝之父。初袭爵乐安王，质帝即位，梁太后徙刘鸿为渤海王。不久，质帝为梁冀所害，刘鸿亦无反应。谥号曰"孝"，故称渤海孝王。

张纲一个人径直去了张婴的营垒和张婴会面，对张婴晓之以理。张婴等一万多人全部投降。张纲到了张婴的营垒，大摆筵席，遣散张婴的部众，听任他们去愿意去的地方，于是南部地区自此太平。张纲后来死于任上，张婴等人为他穿上丧服举哀。

　　当时月俸二千石的地方官吏中擅长处理政务的有冀州刺史苏章。苏章有个故人担任清河太守，苏章在辖区巡视，为故人设置酒席，相谈甚欢。太守高兴地说："别人都只有一个天，唯独我有两个天！"苏章说："今天苏孺文和故人一起喝酒，这是私情；明日冀州刺史调查案情，那是国法。"于是便举发并判定了故人的贪赃枉法之罪。

　　顺帝在位二十年后驾崩，改用了五个年号，分别是：永建、阳嘉、永和、汉安、建康。太子即位，就是孝冲皇帝。

　　孝冲皇帝名叫刘炳，两岁即位，三个月后就驾崩了。改用了一个年号，叫作永嘉。梁太后迎立渤海孝王的儿子即位，就是孝质皇帝。

　　孝质皇帝名叫刘缵，是章帝的曾孙，八岁即位。质帝年纪小并且很聪明，曾经趁着朝会，看着梁冀说："这是跋扈将军！"梁冀对质帝深恶痛绝，命质帝的亲近侍从在他的饼中下毒，于是质帝驾崩。在位有一年半，改用了一个年号，叫作本初。梁冀迎立蠡吾侯即位，就是孝桓皇帝。

东汉（十一）

孝桓皇帝名志，章帝曾孙也，年十五即位。梁冀以定策①功益封，又封其子弟皆侯。李固②、杜乔③欲立清河王蒜④，至是，蒜贬为侯，自杀。固、乔下狱死。

前朗陵侯相颍川荀淑少博学，有高行，李固、李膺等皆师宗之。相朗陵，治称神君。子八人，时人称为八龙。其六曰爽⑤，字慈明，人言："荀子八龙，慈明无双。"县令命其里曰高阳里⑥。爽尝谒李膺，因为之御。既还，喜曰："今日乃得御李君矣！"

---

① 定策，古时尊立天子，书其事于简策，以告宗庙，故称大臣谋立天子为"定策"。
② 李固（94—147），字子坚，汉中城固（今陕西城固）人，东汉名臣。李固博览古今，学识渊博，历任荆州刺史、泰山太守，皆安保一方。后入朝任将做大匠，官至太尉。质帝驾崩后，因反对立桓帝，后为梁冀所害。
③ 杜乔（？—147），字叔荣，河内林虑（今河南林州）人，东汉名臣。历任南阳太守、东海国相。后入朝任侍中、光禄大夫，弹劾不法，官至太尉。质帝驾崩后，因反对立桓帝，后为梁冀所害。
④ 清河王蒜，即刘蒜（？—147），章帝玄孙。严谨持重，举止有度，深得人望。质帝驾崩后，大臣提议迎立刘蒜为帝，梁冀不同意。后受谋反案牵连，贬为尉氏侯，自杀身亡。
⑤ 爽，即荀爽（128—190），字慈明，颍川颍阴（今河南许昌）人，东汉大臣，荀淑之子。聪明好学，潜心经籍，时号硕儒。因避"党锢之祸"，隐居汉滨。后与王允密谋诛杀董卓，举事前病逝。
⑥ 高阳里，高阳，即帝颛顼，黄帝之孙，相传手下有才子八人。因荀淑也有八个儿子，故称"高阳里"。

东汉（十一）

孝桓皇帝名叫刘志，是章帝的曾孙，十五岁即位。梁冀因拥立有功而被加封，又把他的子侄兄弟全部封侯。李固、杜乔想要拥立清河王刘蒜，到了这时，刘蒜被贬为侯爵，自杀身亡，李固和杜乔也被关进监狱处死了。

前朗陵侯相，颍川人荀淑，从小就博学多闻，品行高尚，李固和李膺等人都学习效仿他。荀淑担任朗陵丞相时，政绩显著，号称"神君"。荀淑有八个儿子，当时人称"八龙"。他第六个儿子叫荀爽，字慈明，人们说："荀家有八龙，慈明世无双。"当地县令给荀淑家所居住的里命名为"高阳里"。荀爽曾经拜见李膺，趁机为他驾车。回来以后，高兴地说："今天终于给李君驾了一回车！"

同郡陈寔①与淑齐名，尝谒淑。长子纪②，字元方，御车。次子谌③，字季方，骖乘。孙群④，字长文，尚幼，抱车中。至淑家，八龙更迭侍左右。淑孙彧⑤，字文若，尚幼，抱置膝上。太史奏："德星见，五百里内有贤人聚。"寔尝为太邱⑥长，修德清净，吏民追思之。纪、谌之子问其父优劣于其祖，寔曰："元方难为兄，季方难为弟。"

---

① 陈寔（104—187），字仲弓，颍川许昌（今河南长葛）人，东汉名士，陈群之祖。四为郡功曹，五辟豫州，六辟三府，再辟大将军府。后任太丘县长，人称"陈太丘"。与子陈纪、陈谌并著高名，时号"三君"，又与同邑钟皓、荀淑、韩韶以清高有德行闻名于世，合称为"颍川四长"。
② 纪，即陈纪（129—199），字元方，颍川许昌（今河南长葛）人，东汉官员，陈寔之子，陈群之父。以德行著称，与父陈寔、弟陈谌合称"三君"。官至大鸿胪。
③ 谌，即陈谌，生卒年不详，字季方，颍川许昌（今河南长葛）人，东汉官员，陈寔之子。以德行著称，与父陈寔、兄陈纪合称"三君"。
④ 群，即陈群（？—237），字长文，颍川许昌（今河南长葛）人，三国曹魏重臣，陈寔之孙。曹操入主徐州，征辟陈群。陈群历仕曹操、曹丕、曹叡三代，官至司空，位列三公，封颍阴侯。以其突出的治世之才，竭忠尽职，为曹魏政权立下汗马功劳。是"九品中正制"和《魏律》的主要创始人。谥号靖侯。
⑤ 彧，即荀彧（163—212），字文若，颍川颍阴（今河南许昌）人，汉末著名战略家，曹操首席谋臣，荀淑之孙。被誉为"王佐之才"，迎天子，平吕布，拒官渡，夺荆州，屡立功勋。荀彧在建计、密谋、匡弼、举人多有建树，被曹操称为"吾之子房"。官至侍中，守尚书令，封万岁亭侯。居中用事十余年，被人敬称为"荀令君"。后反对曹操称魏公而受曹操所忌，郁郁身亡。
⑥ 太邱，今河南永城。

同郡人陈寔和荀淑齐名，曾经去拜访荀淑。他的大儿子陈纪，字元方，二儿子陈谌，字季方，陈纪驾车，陈谌陪乘。他的孙子陈群，字长文，年纪还小，被陈寔抱在怀中坐在车内。到了荀淑家，"八龙"依次站在两旁侍奉。荀淑的孙子荀彧，字文若，还是个小孩子，荀淑抱着他放在自己膝盖上。太史上奏说："德星出现，五百里内有贤人聚集。"陈寔曾担任太邱长，修养德行，清静无为，他卸任后，官吏百姓都很想念他。陈纪和陈谌的儿子向陈寔询问他们父亲的优劣高下，陈寔说："元方、季方各有所长，互为兄长，难以分出优劣高下。"

诏举独行之士,涿郡①崔寔②至公车③,不对策,退而著《政论》,略曰:"圣人能与世推移,俗士苦不知变:以为结绳之约,可复治乱秦之绪;干羽④之舞,可以解平城⑤之围。夫刑罚者,治乱之药石也;德教者,兴平之粱肉⑥也。以德教除残,是以粱肉治疾也;以刑罚治平,是以药石供养也。自数世以来,政多恩贷,驭委其辔,马骀⑦其衔,四牡⑧横奔,皇路险倾,方将拑勒⑨鞬辀⑩以救之,岂暇鸣和銮,清节奏哉?昔文帝虽除肉刑,当斩右趾弃市,笞者往往至死。是文帝以严致平,非以宽致平也。"仲长统⑪见其书,曰:"凡为人主,宜写一通置之坐侧。"

---

① 涿郡,汉郡名,辖境大致在今北京市及周边地区,治涿县(今河北涿州)。
② 崔寔(约103—170),字子真,又名台,字元始,涿郡安平(今河北安平)人,东汉政论家。历任郎官、五原太守,参与编撰《东观汉纪》。著有《四民月令》《政论》。
③ 公车,汉官署名,为卫尉的下属机构,天下上事及征召等事宜,经由此处受理。
④ 干羽,古代舞者所执的舞具。文舞执羽,武舞执干。
⑤ 平城,今山西大同。汉高祖六年(前201),高祖曾被匈奴围困在此。
⑥ 粱肉,精美的饭食。
⑦ 骀,音台,马衔脱落。
⑧ 牡,雄性的鸟兽,此处指雄马。
⑨ 拑勒,将衔勒放入马口,比喻严加约束。
⑩ 鞬辀,音建舟,刹车。
⑪ 仲长统(179—220),字公理,山阳高平(今山东微山)人,东汉哲学家。博览群书,长于文辞,洒脱不拘,异于常人。州郡征辟皆不就,后经荀彧举荐,任尚书郎。著有《昌言》。

桓帝下诏，命令推荐志节高尚、不随俗浮沉的"独行"人才。涿郡人崔寔被举荐后到达洛阳负责接待的公车衙门时，没有参加回答皇帝策问的考试。回乡后，撰写了《政论》。大致说："圣人能够随着时事的变化而变化，俗人的悲哀之处就在于不知变通：他们以为上古时期的结绳记事之法，可以用来治理秦朝末年的纷杂乱世；舞弄以前红色盾牌和玉石斧头的干羽之舞，可以解救高祖受困的平城之围。刑罚是治理乱世的药物，德教是治理太平盛世的美食佳肴。如果用德教去铲除凶残，就好比用美食佳肴去治疗疾病；反之，如果用刑罚去治理太平盛世，就好比用药物来供养身体，都是不合适的。自几代以来，政令大多施恩宽容，如同驾马车的人扔掉了缰绳，马匹脱掉了衔勒，四匹雄马横冲直撞。前面的道路非常艰险，应该紧急勒马刹车，进行拯救，怎么还有闲暇一边听着车铃的节奏声，一边从容不迫地往前走呢？过去，汉文帝虽然废除了肉刑，但是，将应当砍掉右脚趾的改为斩首示众，受笞刑的人也往往被鞭打致死。所以，汉文帝仍是用严酷而非用宽容的办法，实现了天下太平。"仲长统看见了崔寔的书，说："凡是君王，都应该抄写一遍放在座位旁边。"

朱穆①为冀州刺史，令长望风解印去者数十人。及到，奏劾贪污。有宦者归葬父，用玉匣。穆案验，剖其棺出之。上闻，大怒，征穆诣廷尉。太学生刘陶②等数千人上书讼穆，谓："中官窃持国柄，手握王爵，口衔天宪。穆独亢然不顾，竭心怀忧，为上深计。臣愿代穆罪。"上赦之。陶又上疏，乞以穆及李膺辅王室。书奏，不省。

梁冀凶恣日积。以外戚用事者二十年，威行内外，天子拱手而已。上与宦官单超③等谋，勒兵收冀印绶。冀自杀，梁氏无少长，皆弃市。超等五人皆侯。自冀诛，天下想望异政。黄琼④首为太尉。

陈蕃荐处士徐穉⑤、姜肱⑥等。穉字孺子，豫章⑦人。陈蕃为守时，特设一榻，以待穉去，则悬之。穉不应诸公之辟，然闻其死，辄负笈⑧赴吊。豫炙一鸡，以酒渍绵，暴干裹之。到冢隧外，以水渍绵，白茅藉⑨饭，以鸡置前。祭毕，留谒，不见丧主而行。

---

① 朱穆（100—163），字公叔，一字文元，南阳宛人（今河南南阳）人，东汉官员。桓帝时出任冀州刺史，镇压起事灾民。后触犯宦官，罚作刑徒，因千人上书为之鸣不平，赦归。居乡数年，复拜尚书。上书请除宦官未成，忧愤死。
② 刘陶，生卒年不详，一名伟，字子奇，颍川颍阴（今河南许昌）人，东汉官员。为人沉勇有大谋，不拘小节。桓帝初游太学，上书言事。后举孝廉，累官侍御史。后被诬陷与张角勾结，绝食而死以明志。灵帝追封为中陵侯。
③ 单超（？—160），河南洛阳（今河南洛阳）人，东汉宦官。桓帝初为中常侍，诛灭外戚梁冀，以功封新丰侯，为"五侯"之一，拜车骑将军。
④ 黄琼（86—164），字世英，江夏安陆（今湖北安陆）人，东汉名臣，黄香之子。为官刚正，不畏强权。官至司徒、太尉，封邟乡侯。死后追封为车骑将军，赠谥曰"忠"。
⑤ 徐穉（zhì，97—168），字孺子，豫章郡（今江西南昌）人，东汉名士。屡次征辟，终身不仕，被称为"南州高士"。
⑥ 姜肱，生卒年不详，字伯淮，彭城广戚（今山东微山）人，东汉名士。以孝行见称于世，屡次征辟，终身不仕。
⑦ 豫章，汉郡名，辖境大致相当于今江西省全境，治南昌（今江西南昌）。
⑧ 笈，盛器。多用竹、藤编织，用以放置书籍、衣巾、药物等。
⑨ 藉，以物衬垫。

朱穆担任冀州刺史，境内县级长官听闻其声势，解下印绶逃跑的有数十人之多。等到朱穆到任以后，就上奏弹劾贪污的官吏。有名宦官回乡埋葬父亲，僭越制度用玉衣来装殓死者。朱穆查案验证，打开棺材把他父亲的尸体移出来查看。桓帝听了很生气，把朱穆发配到廷尉审判。太学生刘陶等数千人上书给朱穆求情，说："宦官窃据把持国家权力，手中掌握着生杀予夺大权，他们说的话，就等于是皇帝的旨意。唯独朱穆愤然不顾，竭尽全力，心怀忧虑为陛下着想。我们愿意代替朱穆受罚！"桓帝赦免了朱穆。刘陶又上疏，要求由朱穆和李膺来辅佐朝政。奏疏上达以后，却没有回复。

梁冀的骄横贪婪与日俱增。梁冀以外戚的身份把持朝政二十年，权势滔天，朝廷内外无不震动骇然，桓帝不过是拱手同意的傀儡而已。桓帝和宦官单超等人谋划，带领军队收回了梁冀的官印。梁冀自杀，梁家无论老幼，一律斩首示众。单超等五人都封侯。自从梁冀被杀以后，天下人都盼望着朝政出现新局面。黄琼首次担任太尉。

陈蕃推荐处士徐穉、姜肱等人。徐穉，字孺子，豫章郡人。陈蕃担任豫章太守时，特地给徐穉准备了一个床榻，等到徐穉离开以后，就把床榻悬挂起来。徐穉没有答应诸位名士的征辟，但是听到他们的死讯，一定背着书篓前往吊丧。他通常是先烤好一只鸡，另外将些许绵絮浸泡在酒中，再晒干，然后用绵絮包裹烤鸡。来到死者的坟墓隧道之外，用水将绵絮泡湿，使酒味溢出，准备一斗米饭，以白茅草为垫，把鸡放在坟墓前面。祭奠完以后，留下自己的名帖，立即离去，不去见主丧的人。

肱，彭城人。与二弟仲海、季江俱孝友，常共被。尝遇盗，兄弟争死，盗两释之。稺、肱被征，皆不至。

　　黄琼卒，四方名士会葬者七千人。稺至，进爵哀哭，置生刍①墓前而去。诸名士曰："此必南州高士徐孺子也。"使陈留茅容②追之问国事，不答。太原郭泰曰："孺子不答国事，是其愚不可及也。"

　　泰初游洛阳，李膺与为友。膺尝归，乡里送车数千两，膺惟与泰同舟而济。众宾望之者如神仙焉。容年四十余，耕于野，遇雨避树下。众皆箕踞，容独危坐，愈恭。泰见而异之，遂劝令学。巨鹿孟敏③荷甑堕地，不顾而去。泰见问之，曰："甑已破矣，视之何益？"泰亦劝令学。自余因泰奖进成名者甚众。泰举有道，不就，曰："吾夜观乾象，昼察人事。天之所废，不可支也。"

　　陈留仇香④名览，年四十，为蒲⑤亭长。民有陈元母告元不孝，香亲到其家，为陈人伦。感悟，卒为孝子。考城⑥令王奂署香为主簿，谓曰："陈元不罚而化之，得无少鹰鹯⑦之志邪？"香曰："以为鹰鹯，不若鸾凤。"奂曰："枳棘非鸾凤所栖，百里非大贤之路。"乃资香入太学。常自守，泰就房见之，起拜床下，曰："君，泰之师也！"不应征辟而卒。

---

① 生刍，吊祭的礼品。
② 茅容，生卒年不详，字季伟，陈留（今河南开封）人，东汉贤士。
③ 孟敏，生卒年不详，字叔达，巨鹿杨氏（今河北宁晋）人，东汉贤士。终身不仕。
④ 仇香，本名仇览，生卒年不详，字季智，陈留考城（今河南民权）人，东汉官员。
⑤ 蒲，在今河南长垣县内。
⑥ 考城，今河南民权县。
⑦ 鹯（zhān），猛禽名。又名晨风。似鹞，羽色青黄，以鸠鸽燕雀为食。

姜肱是彭城人，与两个弟弟姜仲海、姜季江都孝顺父母，友爱兄弟，经常共盖一床被子。姜肱和季江曾经在路上遇见强盗，兄弟两人争相求死来保全对方，强盗就把他俩都释放了。徐稺和姜肱被征辟，都没有去。

黄琼逝世后，四方名士会合送葬的有七千多人。徐稺到了以后，以酒洒地表示祭奠，放声痛哭，把吊祭的礼品放在墓前，然后离去。诸位名士说："这一定是南州高士徐孺子！"大家派陈留人茅容去追徐稺。茅容追上后，向他询问国家大事，徐稺没有回答。太原人郭泰说："徐孺子不回答国家大事，是他故作愚昧，我们比不上！"

郭泰起初去洛阳游学时，李膺和他结为好友。李膺有一次返乡时，送行的车辆有几千辆，李膺唯独和郭泰同船渡河，各位宾客望着他俩，认为简直是神仙。茅容已经四十余岁，在田野中耕作时碰见下雨，和一群同伴到树底下避雨。大家都随便地坐在地上，只有茅容正襟危坐，非常恭敬。郭泰路过那里，见此情景，大为惊异，因此劝茅容读书学习。巨鹿人孟敏背负的瓦罐掉在地上，孟敏头也不回地往前走。郭泰碰见了，就问他为什么不回头。孟敏说："瓦罐已经破了，再回头看它有什么用呢？"郭泰也劝孟敏读书学习。其他人因受到郭泰的奖励和引进而成名的很多。郭泰曾经被地方官府推荐为"有道"之才，郭泰不肯接受，说："我夜间观看天象，白天考察人事，上天要灭亡的事，人力是不能支持的。"

陈留人仇香名叫仇览，四十岁时担任蒲亭亭长。有一个叫陈元的老百姓，他的母亲控告陈元不孝，仇香亲自到了陈元家，为陈元讲述伦理道德。陈元感动醒悟，最终成为孝子。考城县令王奂任命仇香为主簿，说："你不惩罚陈元，而是感化他，恐怕是缺少苍鹰搏击的勇气吧！"仇香说："我认为苍鹰搏击不如鸾凤和鸣。"王奂说："荆棘丛林，不是鸾凤栖身之所，百里之内的县府官职，不是大贤的道路。"于是资助仇香去太学。仇香常常自己安于困顿，郭泰在房间里看见仇香，起来拜倒在他床下，说："您是我的老师。"仇香一直没有接受官府的征辟，在家中去世。

自黄琼以来，三公如杨秉①、刘宠②，皆人望。宠尝守会稽，郡大治，被征。有五六老叟自山谷间出，人赍③百钱送之曰："明府下车以来，狗不夜吠，民不见吏。今闻当见弃去，故自扶奉送。"宠曰："吾政何能及公言邪？勤苦父老！"为人选一大钱受之。后入为司空④。秉立朝正直，为河南尹时，尝以忤宦官得罪。后为太尉，以卒。陈蕃继秉为太尉，数言李膺以为司隶校尉⑤，宦官畏之，皆鞠躬屏气，不敢出宫省。时朝廷纲纪颓弛，膺独持风裁。以声名自尚，士有被其容接者，名为登龙门云。

　　以刘宽⑥为尚书令，宽尝历典三郡，多仁恕。吏民有过，以蒲鞭罚之。

---

① 杨秉（92—165），字叔节，弘农华阴（今陕西华阴）人，东汉名臣，杨震之子。精通《尚书》，潜心教授。四十余岁始就征辟，历任豫、荆、徐、兖四州刺史，以廉洁著称。后入朝任太中大夫，官至太尉。为官刚正，屡次进谏，疾恶如仇，天下肃然。
② 刘宠，生卒年不详，字祖荣，东莱牟平（今山东烟台）人，东汉大臣，汉初齐王刘肥之后。历任东平陵县令、豫章太守、会稽太守。后入朝将作大匠，官至太尉。
③ 赍，赠送。
④ 司空，官名，西周置，掌水利、营建等事，位次三公，与六卿相当。汉成帝时改御史大夫为大司空，光武帝改称司空，位列三公。
⑤ 司隶校尉，官名，汉置，掌监督京师和京城周边地方。
⑥ 刘宽（120—185），字文饶，弘农华阴（今陕西华阴）人，东汉名臣。历任东海国相、南阳太守，为政宽厚，人称长者。后入朝任侍中，官至太尉。因揭发黄巾有功，封逯乡侯。死后追赠车骑将军、特进，谥号昭烈。

自从黄琼去世以后，朝廷三公像杨秉、刘宠等都是人们所属望的。刘宠曾经担任会稽郡太守，郡内大治。刘宠被朝廷征召时，有五六个老人从山谷里出来，每人带着一百钱，送给刘宠，说："自从您担任这圣明的太守以来，狗在晚上就没有因为受到惊扰而叫过，百姓也不再看到官吏的侵扰。如今听说您要抛弃我们离去，因此我们互相扶持，为您送行。"刘宠说："我的政绩，哪里有你们所夸奖的那么好！各位父老辛苦了！"于是为每人选一枚大钱收下。后来刘宠入朝担任司空。杨秉在朝为官时为人正直，他担任河南尹时，曾经因为忤逆宦官而得罪，后来担任太尉，在任上逝世。陈蕃接替杨秉为太尉，多次举荐李膺，推荐他担任司隶校尉。宦官们都很畏惧李膺，看见他都谨慎恭敬，不敢大声呼吸，也不敢出宫。当时朝廷纲纪法度崩塌废弛，只有李膺仍然维护朝纲，执法裁夺，因此声望一天比一天高，凡是读书的士人，能够被他容纳或接见的，都称之为"登龙门"。

　　桓帝任命刘宽为尚书令，他先后担任过三个郡的太守，多行宽恕官吏和人民犯了错误，只用蒲草做的鞭子抽打作为惩罚。

初，上为侯时，受学于甘陵①周福②。及即位，擢为尚书。时同郡房植③有名，乡人谣曰："天下规矩房伯武，因师获印周仲进。"二家宾客互相讥揣成隙，由是有甘陵南北部，党人之议始此。

汝南太守宗资④以范滂⑤为功曹，南阳太守成瑨⑥以岑晊⑦为功曹，皆褒善纠违，滂尤刚劲，疾恶如仇。二郡谣曰："汝南太守范孟博，南阳宗资主画诺。南阳太守岑公孝，弘农成瑨但坐啸。"

太学诸生三万余人，郭泰、贾彪⑧为之冠，与陈蕃、李膺更相推重。学中语曰："天下模楷李元礼，不畏强御陈仲举。"于是中外承风，竞以臧否相尚。

---

① 甘陵，今河北清河县。
② 周福，生卒年不详，字仲进，清河甘陵（今河北清河）人，东汉大臣。桓帝为蠡吾侯时，曾就学于周福。桓帝即位，擢周福为尚书。
③ 房植，生卒年不详，字伯武，清河甘陵（今河北清河）人，东汉大臣。历任河南尹、少府，桓帝时官至司空。
④ 宗资，生卒年不详，字叔都，南阳安众（今河南邓州）人，东汉官员。曾任汝南太守。
⑤ 范滂（137—169），字孟博，汝南征羌（今河南漯河）人，东汉官员。以名节显，举孝廉，任光禄勋主事。第二次"党锢之祸"中，自首投案，死于狱中。为"江夏八俊"之一。
⑥ 成瑨（？—166），字幼平，弘农（今陕西）人，东汉官员。举孝廉，拜郎中，任南阳太守，因惩治桓帝乳母的外亲，被下狱处死。
⑦ 岑晊，生卒年不详，南阳（今河南南阳）人，字公效，东汉官吏。为"江夏八俊"之一。
⑧ 贾彪，生卒年不详，字伟节，颍川定陵（今河南舞阳）人，东汉名士。曾为太学生领袖，第一次"党锢之祸"后被禁，后卒于家中。

起初，桓帝还是蠡吾侯时，向甘陵人周福求学。等到他即位后，擢升周福为尚书。当时同郡人房植有名气，乡里人说："天下为人言行正派，有房植；靠当老师来做官，有周福。"两家宾客互相讥笑攻击，就此结下仇怨。从这开始，甘陵的士人便分为南北两个部党，对党人的议论从此开始。

汝南太守宗资任命范滂为功曹，南阳太守成瑨任命岑晊为功曹，两人都奖励善良，惩治邪恶。范滂尤其刚毅强劲，看见罪恶犹如见到仇敌。这两郡有民谣说："汝南郡的太守是范滂，南阳人宗资只不过负责在文书上签字。南阳郡的太守是岑晊，弘农人成瑨只是闲坐着吟咏。"

太学生有三万多人，郭泰、贾彪是他们的首领，和陈蕃、李膺互相推崇敬重。太学生中说："天下士子的楷模是李膺，不畏强梁横暴是陈蕃。"于是朝廷内外受这样的风气影响，竞相品评朝政的善恶得失。

会成瑨与太原守刘瓆①于赦后案杀宦官之党，征下狱，将弃市。山阳②守翟超③以张俭④为督邮⑤，破宦官踰制家宅。东海⑥相黄浮⑦亦收宦官家属犯法者杀之。宦官诉冤，皆得罪。蕃屡争之，上不听。宦官教人上书告李膺养太学游士，共为部党，诽讪朝廷，疑乱风俗。上震怒，下郡国逮捕党人。案经三府⑧，蕃却不肯署。上愈怒，下膺等北寺狱⑨，辞连杜密⑩、陈寔、范滂等二百余人。使者追捕四出。蕃又极陈，上策免之。朝廷震慄，莫敢复为党人言者。

① 刘瓆，生卒年不详，字文理，清河高唐（今山东高唐）人，东汉官员。以有经术称世，处位敢直言，不畏权贵，知名当时。曾任太原太守，依法惩治宦官，被捕入狱，死于狱中。
② 山阳，汉郡名，辖境大致在今山东西部，治巨野（今山东巨野）。
③ 翟超，生卒年不详，东汉官员。曾任山阳太守，有政绩。
④ 张俭（115—198），字元节，山阳高平（今山东邹城）人，东汉官员。任山阳督邮时，不畏强权，严惩宦官，为时人所重。第一次"党锢之祸"起，被迫流亡。解禁后，不再为官。建安初，任卫尉，卒于家中。为"江夏八俊"之一。
⑤ 督邮，官名，汉置，是地方各郡重要属吏，代表太守督察县乡，宣达政令兼司法等。
⑥ 东海，即东海国，东汉诸侯国，辖境大致在今山东南部、江苏北部，都郯县（今山东郯城）。
⑦ 黄浮，生卒年不详，汝南（今河南）人，东汉官员。曾任东海国丞相，不畏强权，严惩宦官，因而被免官判刑。
⑧ 三府，汉制，三公皆可开府，因称三公为"三府"。
⑨ 北寺狱，东汉黄门署属下的监狱。主拘禁将相大臣。因署在宫省北，故名。
⑩ 杜密（？—169），字周甫，颍川阳城（今河南登封人），东汉名臣。历任代郡太守、泰山太守、北海国相，皆严加惩处宦官子弟。桓帝时任尚书令、河南尹，第一次"党锢之祸"后免官还乡。第二次"党锢之祸"中被捕，于狱中自杀。与李膺齐名，合称"李杜"。

碰巧成瑨和太原太守刘瓆在朝廷大赦后查办处死了宦官的一个同党，因此被捕下狱，将要被斩首示众。山阳太守翟超任命张俭为督邮，拆毁了宦官逾越规制的住宅。东海国丞相黄浮也抓捕了宦官犯法的家属，并处死了他们。宦官向桓帝哭诉冤屈，这些官员都因而得罪。陈蕃多次和桓帝争辩，桓帝不听。宦官教唆人上书状告李膺蓄养太学生游士，共同结为朋党，诽谤朝政，惑乱风俗。桓帝非常生气，诏令各郡国逮捕党人。查办案情的公文要经过三府，陈蕃却不肯署名，桓帝愈发生气，逮捕李膺等人囚禁在北寺狱。李膺等人的供词牵连杜密、陈寔、范滂等二百余人。追捕党人的使者到处可以看到。陈蕃再次上书，极力规劝桓帝，结果被免官。朝廷上下非常震恐，没有再敢替党人求情的了。

贾彪曰："吾不西行，大难不解。"乃入洛阳说皇后①父窦武②上疏解之。膺等狱辞又多引宦官子弟，宦官乃惧，白上，赦党人二百余人，皆归田里，书名三府，禁锢终身。

上在位二十一年，改元者七，曰：建和、和平、元嘉、永兴、永寿、延熹、永康。崩，窦皇后迎立解渎亭侯，是为孝灵皇帝。

东汉（十二）

孝灵皇帝名宏，章帝玄孙也，年十二即位。窦太后临朝，窦武为大将军，陈蕃为太傅。征天下名贤，李膺、杜密等皆列于朝，天下想望太平。蕃、武共议，以宦官操弄国柄，浊乱海内，奏诛曹节③、王甫④等。谋泄，宦者夜召所亲，歃血共盟。请帝御前殿作诏板，拜王甫黄门令⑤，使其党持节收武等，诬以大逆。先执陈蕃，杀之。武自杀，枭首都亭，迁太后于南宫。

---

① 皇后，即窦妙窦皇后（？—172），扶风平陵（今陕西咸阳）人，桓帝皇后，窦武之女。窦妙虽尊为皇后，却极少得到桓帝宠爱。谥号桓思皇后，与桓帝合葬宣陵。
② 窦武（？—168），字游平，扶风平陵（今陕西咸阳）人，东汉外戚，名士，窦融之后。年轻时以经术、德行名显于时，其女被桓帝立为皇后后，窦武迁越骑校尉，封槐里侯。灵帝继位后，官至大将军，礼贤下士，深得人望。与陈蕃合谋诛杀宦官，事泄，反被宦官所杀。与陈蕃、刘淑合称"三君"。
③ 曹节（？—181），字汉丰，南阳新野（今河南新野）人，东汉宦官。桓帝时任中常侍、奉车都尉。因迎立灵帝有功，封长安乡侯。后诛杀窦武和陈蕃，任尚书令。死后追赠车骑将军。
④ 王甫（？—179），东汉宦官。第一次"党锢之祸"，审讯范滂时，被其大义所感动，士人多得解除禁锢。灵帝时与曹节诛杀窦武、陈蕃，弄权多年。后为杨彪揭发其罪，被杖杀。
⑤ 黄门令，官名，汉置，掌禁中宦官。为少府属官，由宦官充任。

贾彪说："我如果不西去京都洛阳一趟，大祸不可能解除。"贾彪于是亲自到洛阳，说服皇后父亲窦武，让他上疏解救党人。李膺等人的供词又牵扯到很多宦官的子弟，宦官们也很害怕，就劝桓帝赦免了二百多党人，全部罢官遣回故里，把他们的姓名编写成册，送至三府，关押起来终身不准再为官。

桓帝在位二十一年，改用了七个年号，分别是：建和、和平、元嘉、永兴、永寿、延熹、永康。桓帝驾崩后，窦皇后迎立解渎亭侯，就是孝灵皇帝。

东汉（十二）

孝灵皇帝名叫刘宏，是章帝的玄孙，十二岁即位。窦皇后临朝称制，窦武担任大将军，陈蕃为太傅。征辟天下名士李膺、杜密等人来朝廷为官，天下人都盼望着迎来太平之世。陈蕃和窦武共同商议，认为宦官操弄国家大权，扰乱天下，上奏请求诛杀曹节、王甫等人。结果谋划泄露，宦官连夜召集亲旧，歃血为盟，请求灵帝驾临前殿颁布诏书，拜王甫为黄门令，派遣他们的同党拿着皇帝的符节逮捕了窦武等人，诬陷他们犯有大逆之罪。先抓获了陈蕃并杀掉了他，窦武自杀，宦官把他头砍下来，挂在都亭外。把窦太后迁到了南宫。

李膺初虽废锢，士大夫皆高其道而污秽朝廷，更相标榜为称。号以窦武、陈蕃、刘淑①为"三君"，言一世之所宗也。李膺、荀昱②、杜密、王畅③、刘祐④、魏朗⑤、赵典⑥、朱宇⑦为"八俊"，言人英也。郭泰、范滂、尹勋⑧、巴肃⑨、宗慈⑩、夏馥⑪、蔡衍⑫、羊陟⑬为"八顾"，言能以德行引人也。

---

① 刘淑，生卒年不详，字仲承，河间乐成（今河北献县）人，东汉大臣。精通《五经》，潜心教学，桓帝征拜议郎，累迁侍中、虎贲中郎将。每有疑难，常向刘淑咨询。灵帝时，被宦官诬陷与窦武勾结，下狱自杀。与窦武、陈蕃并称"三君"。
② 荀昱（？—169），字伯条，颍川颍阴（今河南许昌）人，东汉官员，荀淑之侄。官至沛国相，喜好结交名士。后与窦武谋划诛杀宦官，事败，与李膺一同被杀。
③ 王畅（？—169），字叔茂，山阳高平（今山东微山）人，东汉大臣，王龚之子。历任司隶校尉、南阳太守，以守正严明著称。官至司空，因水灾被免，卒于家中。
④ 刘祐（？—168），字伯祖，中山安国（今河北安国）人，东汉大臣。历任扬州刺史、河东太守、河南尹，皆严惩权贵，威行朝廷。后入朝任宗正。陈蕃被杀后，遭废黜，卒于家。
⑤ 魏朗（？—169），字少英，会稽上虞（今浙江绍兴）人，东汉大臣。博学多才，名噪一时，官至尚书、司徒。第一次"党锢之祸"后，居家著书。陈蕃被害后，受牵连，遂自杀。
⑥ 赵典，生卒年不详，字仲经，蜀郡成都（今四川成都）人，东汉大臣。袭爵厨亭侯，博学经书，广收弟子，官至大鸿胪。谥号献侯。
⑦ 朱宇，生卒年不详，东汉官员。
⑧ 尹勋（？—169），字伯元，河南巩县（今河南巩义）人，东汉大臣。举孝廉，历任邯郸令、尚书令。协助桓帝诛杀梁冀，因功封都乡侯，拜汝南太守。陈蕃被害后，牵连下狱，自杀身亡。
⑨ 巴肃（？—169），字恭祖，渤海高城（今河北盐山）人，东汉官员。官至议郎，陈蕃被害后，牵连被杀。
⑩ 宗慈，生卒年不详，字孝初，南阳安众（今河南邓县）人，东汉士人。多次征辟，终身不仕，品行为时人所称。
⑪ 夏馥，生卒年不详，字子治，陈留圉县（今河南杞县）人，东汉士人。虽不为官，名声却被宦官所忌惮。第一次"党锢之祸"，亦在被禁之列。
⑫ 蔡衍（121—168），字孟喜，汝南项县（今河南沈丘）人，东汉官员。任冀州刺史，不惧权贵，为宦官和外戚所忌，后因上书为成瑨求情，连坐免官。
⑬ 羊陟，生卒年不详，字嗣祖，泰山梁父（今山东新泰）人，东汉官员。历任冀州刺史、河南尹，抑制豪强，名震京师。第一次"党锢之祸"遭禁锢，卒于家中。

李膺等人原先虽然被废黜禁锢,但士大夫都很尊敬他们,反而认为是朝廷政治恶浊,他们互相赞誉,有自己的称号。以窦武、陈蕃、刘淑为"三君",认为他们是一代宗师。李膺、荀昱、杜密、王畅、刘祐、魏朗、赵典、朱宇为"八俊",认为他们是人中英杰。郭泰、范滂、尹勋、巴肃、宗慈、夏馥、蔡衍、羊陟为"八顾",认为他们能用德行来引导人们。

张俭、翟超、岑晊、苑康①、刘表②、陈翔③、孔昱④、檀敷⑤为"八及",言能导人追宗也。度尚⑥、张邈⑦、王考⑧、刘儒⑨、胡毋班⑩、秦周⑪、蕃向⑫、王章⑬为"八厨",言能以利救人也。

及陈蕃、窦武用事,复举拔膺等。陈、窦死,膺等复废锢。曹节讽⑭有司奏诸钩党⑮,膺诣诏狱考死。滂就捕,母与诀曰:"汝今得与李杜齐名,死亦何憾!"滂跪受教,再拜而辞。顾其子曰:"使汝为恶,恶不可为。使汝为善,我不为恶。"

① 苑康,生卒年不详,字仲真,渤海重合(今山东乐陵)人,东汉官员。任泰山太守,打击不法,为宦官所忌。遭诬免官,还乡而卒。
② 刘表(142—208),字景升,山阳高平(今山东微山)人,东汉名士,汉末群雄之一。官至荆州牧、征南将军,封成武侯。恩威并用,爱民养士,割据荆州自守。
③ 陈翔,生卒年不详,字仲麟,汝南邵陵(今河南漯河)人,东汉官员。历任定襄太守、扬州刺史,官至御史中丞。第一次"党锢之祸"被捕,后获释,卒于家。
④ 孔昱,生卒年不详,字世元,鲁国鲁县(今山东曲阜)人,东汉名士,孔子之后,孔融之兄。屡征不至,第一次"党锢之祸"被禁锢,卒于家中。
⑤ 檀敷,生卒年不详,字文友,山阳(今山东)人,东汉官员。博通经书,潜心教学,屡征不就。后拜议郎,任蒙县县令。弃官还乡,卒于家中。
⑥ 度尚(117—166),字博平,山阳湖陆(今山东金乡)人,东汉将领。任荆州刺史,平定叛乱,因功封右乡侯。后历任桂阳、辽东太守,皆有政绩。
⑦ 张邈(?—195),字孟卓,东平寿张(今山东东平)人,汉末群雄之一。任陈留太守,参与讨伐董卓。汴水之战后归顺曹操,后叛曹投奔吕布。吕布为曹操所败,张邈在向袁术借兵路上,被部下所杀。
⑧ 王考(?—184),字文祖,东平寿张(今山东东平)人,东汉官员。为人轻财仗义,性格刚烈。任冀州刺史,为政威严。第一次"党锢之祸"遭禁锢,卒于家中。
⑨ 刘儒(?—169),字叔林,东郡阳平(今山东莘县)人,东汉官员。举孝廉,直言进谏,出任任城国相。陈蕃被害后,牵连下狱,自杀身亡。
⑩ 胡毋班(?—180),字季皮,泰山(今山东泰安)人,东汉官员。官至执金吾。关东诸侯讨伐董卓时,被派遣去说解关东联盟军,被其姐夫王匡所杀。
⑪ 秦周,生卒年不详,字平王,陈留平丘(今河南封丘)人,东汉官员。官至北海国相。
⑫ 蕃向,生卒年不详,字嘉景,鲁国(今山东)人,东汉官员。官至郎中。
⑬ 王章,生卒年不详,字伯仪,东莱曲城(今山东招远)人,东汉官员。官至少府。
⑭ 讽,用委婉的语言暗示。
⑮ 钩党,指相牵引以为同党。

张俭、翟超、岑晊、苑康、刘表、陈翔、孔昱、檀敷为"八及"，认为他们是一代导师。度尚、张邈、王孝、刘儒、胡毋班、秦周、蕃向、王章为"八厨"，认为他们是一代舍财救人的侠士。

等到陈蕃、窦武掌权，又举荐提拔李膺等人。陈蕃、窦武死了以后，李膺等人又被废黜禁锢。曹节暗示有关官员上奏有人互相牵连结党，李膺接受诏命被捕下狱，被酷刑拷打而死。范滂也被逮捕，他母亲和他诀别说："你如今能够和李膺、杜密齐名，死了还有什么遗憾呢？"范滂跪着接受母亲的教诲，拜了两拜，告辞而去。又回头对他的儿子说："我想教你作恶，但恶不可作；教你行善，我就不能作恶。"

闻者为之流涕。党人死者百人，其死徙废锢者又六七百人。郭泰私痛曰："《诗》云：'人之云亡，邦国殄瘁。'汉室灭矣，但未知'瞻乌爰止，于谁之屋'耳。"泰虽好臧否，而不为危言核论，故处浊世而祸不及焉。

召诸儒正五经①文字，命蔡邕②为古文、篆、隶三体，书之，刻石，立太学门外。

上好文学，引诸生能文赋者，并待制鸿都门③下。置立太学，诸生皆斗筲④小人，君子耻之。

开西邸⑤卖官，各有贾。崔烈⑥以五百万得司徒，问其子以外议何如？子曰："人嫌其铜臭耳。"

巨鹿张角⑦以妖术教授，号"太平道"。符水疗病。遣弟子游四方，转相诳诱，十余年间徒众数十万。置三十六方，大方万余，小方六七千，各立渠帅。一时俱起，皆著黄巾，所在燔劫。

---

① 五经，儒家典籍《诗经》《尚书》《礼记》《周易》《春秋》的合称。
② 蔡邕（133—192），字伯喈，陈留圉县（今河南杞县）人，汉末著名文学家、书法家，蔡文姬之父。官至左中郎将，人称"蔡中郎"。校勘熹平石经，参与续写《东观汉纪》，长于隶书，创立"飞白"字体。董卓进京后，强征蔡邕为祭酒，任侍御史、治书御史、尚书。董卓被杀后，因在王允座上感叹而下狱，死于狱中。
③ 鸿都门，汉灵帝光和元年（178），设在鸿都门的学校，专习辞赋书画。
④ 斗筲（shāo），比喻人的才识短浅，气量狭窄。
⑤ 西邸，汉官舍名。
⑥ 崔烈（？—192），字威考，涿郡安平（今河北安平）人，东汉名士。出钱担任司徒，后徙太尉。董卓死后，郭汜、李傕攻打长安，崔烈战死。
⑦ 张角（？—184），巨鹿（今河北巨鹿）人，汉末起义军"黄巾军"领袖，太平道创始人。创立太平道，组织教徒，中平元年（184），发动起义，自称"天公将军"，史称"黄巾起义"。张角不久病死，起义军也被汉廷镇压。

听见的人无不感动流涕。党人被杀的有一百多人，处死、放逐、废黜、禁锢的人，又有六七百人之多。郭泰私下里痛惜地说："《诗经》上说：'人才丧亡，国家危亡。'汉王朝行将灭亡，但不知道'乌鸦飞翔，停在谁家？'"郭泰虽然喜爱评论人物的善恶是非，但从不危言耸听、苛刻评论，所以才能身处混浊的乱世，而没有遭到怨恨和灾祸。

灵帝召集儒生校正五经文字，命蔡邕用古文、大篆、隶书三种字体书写，刻在石碑上，竖立在太学门外。

灵帝喜好文学，遴选太学中能创作辞赋的学生，集中到鸿都门里，等待灵帝的诏令。设置太学，学生都是一些无才无德之辈，君子都以此为耻。

灵帝开设"西邸"卖官，各种官阶都有价钱。崔烈用五百万买得司徒一职，问他儿子外面人是如何议论的，他儿子说："人们嫌弃他的钱臭罢了。"

巨鹿人张角用妖术教授徒众，号称"太平道"。他用念过咒语的符水来疗病，派遣他的弟子云游四方，不断诓骗诱惑。十余年间，徒众有几十万人。张角设置了三十六方，大方有一万多人，小方有六七千人，每方各设置渠帅一名。他们一起起兵，头上都戴着黄色巾布，所到之处，焚烧劫掠。

旬月之间，天下响应。遣皇甫嵩①等讨黄巾，嵩与沛国②曹操③合军破贼。

操父嵩④为宦者曹腾⑤养子。或云夏侯氏子也。操少机警，有权数，任侠放荡，不治行业。汝南许劭⑥与从兄靖⑦有高名，共核论乡党人物。每月辄更其题品，故汝南俗有"月旦评"。操往问劭曰："我何如人？"劭不答。劫之，乃曰："子治世之能臣，乱世之奸雄。"操喜而去。至是，以讨贼起。

皇甫嵩讨张角，角死。嵩与其弟⑧战，破，斩之。

---

① 皇甫嵩（？—195），字义真，安定朝那（今宁夏彭阳）人，汉末名将。出身将门世家，灵帝时以侍郎任北地太守。黄巾起义爆发后，任左中郎将，与朱儁率军镇压黄巾军。因功拜车骑将军，领冀州牧，封槐里侯，董卓掌权时，因私怨被害下狱，遇赦后迁御史中丞。董卓死后，官至太尉。死后追赠骠骑将军。
② 沛国，东汉诸侯国，辖境大致在今河南南部、安徽北部，都相县（今安徽淮北）。
③ 曹操（155—220），字孟德，小字阿瞒，沛国谯县（今安徽亳州）人，汉末杰出政治家、军事家、文学家，曹魏政权奠基人。汉末群雄并起，董卓死后，曹操挟天子以令天下，对内一一除二袁、吕布、刘表等割据势力，对外降服乌桓、匈奴、鲜卑，统一北方。赤壁之战败于孙刘联军，奠定了三足鼎立的格局。曾任丞相，后封魏王，谥号武王。曹丕即位后，追尊为武皇帝，庙号太祖。
④ 嵩，即曹嵩（？—约193），字巨高，沛国谯县（今安徽亳州）人，汉末大臣，曹腾养子，曹操之父。袭爵费亭侯。性情敦厚，为人忠孝，灵帝时任大鸿胪，至太尉。后为陶谦所杀。曹丕即位后，追尊为太皇帝。
⑤ 曹腾，生卒年不详，字季兴，沛国谯县（今安徽亳州）人，东汉著名宦官，曹参之后。顺帝时任小黄门、中常侍，因迎立桓帝有功，封费亭侯，拜大长秋，加位特进。在宫三十余年，未有显著过失，却能推举贤人。曹丕即位后，追尊为高皇帝，是历史上唯一一位被正式授予正统王朝皇帝称号的宦官。
⑥ 许劭，生卒年不详，字子将，汝南平舆（今河南平舆）人，东汉名士、评论家。以品评人物而闻名于世，与从兄许靖共创"月旦评"。在选拔贤才上，与郭泰齐名，合称许郭。
⑦ 靖，即许靖（？—222），字文休，汝南平舆（今河南平舆）人，东汉名士、评论家。以品评人物而闻名于世。先后投奔许贡、王郎，后受刘璋之邀而入蜀。刘备入主西川后，任许靖为左将军长史。蜀汉建立后，官至司徒。
⑧ 弟，指张角之弟张梁与张宝，二人俱随张角起兵。张宝字崇焕，称"地公将军"，在曲阳被杀。张梁字子舜，称"人公将军"，在广宗被杀。

旬月之间，天下都起兵响应。灵帝派遣皇甫嵩等人讨伐黄巾军，皇甫嵩和沛国人曹操合军打败了黄巾军。

曹操父亲是曹嵩，曹嵩是宦官曹腾的养子。有人说曹操是夏侯家的儿子。曹操小时候就机灵警觉，有权谋，任侠使气，放荡不羁，不经营家产事业。汝南人许劭和他的堂兄许靖都有很高的名望，两人一起评论本地的知名人士，逐月更改评语和排列顺序。为此，汝南人称之为'月旦评"。曹操前去拜访许劭，问许劭："我是一个什么样的人呢？"许劭闭口不答。曹操于是加以威胁，许劭才说："你在天下太平时可以成为一个能臣，在天下大乱时则会成为一个奸雄。"曹操听后，大喜而去。到这时，曹操因征讨黄巾贼而成名。

皇甫嵩讨伐张角。张角死后，皇甫嵩和张角弟弟交战，打败并斩杀了他。

上崩，在位二十二年，改元者四，曰：建宁、熹平、光和、中平。子辨立。何太后①临朝，后兄大将军何进②录尚书事。袁绍③劝进诛宦官，太后未肯。绍等画策，召四方猛将引兵向京以胁太后，遂召将军董卓④之兵。卓未至，进为宦官所杀。绍勒兵捕诸宦官，无少长，皆杀之，凡二千余人，有无须而误死者。卓至，问乱由，辨年十四，语不可了。陈留王⑤答无遗，卓欲废立，绍不可。卓怒，绍出奔。卓遂废辨，陈留王立，是为孝献皇帝。

---

① 何太后（？—189），南阳宛人（今河南南阳）人，灵帝皇后，少帝生母。何太后出身屠户，少帝刘辨即位后，尊为太后，临朝称制。董卓进京后，废黜刘辨，继而毒杀刘辨和何太后。谥号灵思皇后，与灵帝合葬文昭陵。
② 何进（？—189），字遂高，南阳宛（今河南南阳）人，东汉外戚，何太后之兄。黄巾起义中，何进任大将军，镇守京师，封慎侯。灵帝驾崩后，与袁绍谋诛宦官，事情泄露，反为宦官所杀。
③ 袁绍（？—202），字本初，汝南汝阳（今河南商水）人，汉末群雄之一。初为司隶校尉，与何进谋诛宦官。何进死后，董卓专权，袁绍逃离洛阳，起兵讨伐董卓，任关东联盟盟主。群雄割据中，先后夺取冀州、青州、并州、幽州，势力达到顶峰。后在官渡之战中惨负于曹操，随后病死。
④ 董卓（？—192），字仲颖，陇西临洮（今甘肃岷县）人，汉末权臣。董卓在与羌人及黄巾军作战中实力不断增长，应何进之邀，进军洛阳，遂掌控朝中大权。遭到关东群雄的连兵讨伐，遂迁都长安。任相国，封郿侯。后在王允设计下，被部下吕布所杀。
⑤ 陈留王，即献帝刘协。

灵帝驾崩，在位二十二年，改用了四个年号，分别是建宁、熹平、光和、中平。他的儿子刘辨即位，何太后临朝称制，太后哥哥大将军何进主持尚书事务。袁绍劝何进诛杀宦官，太后不同意。袁绍等人谋划着召集天下猛将，让他们带兵进入京城来威胁太后，于是就召将军董卓的军队。董卓还没有到达京城，何进就被宦官杀害，袁绍带兵捕捉宦官，无论老少，全部杀掉，总共杀了两千多人，其中就有因为没有胡须而被误杀的。董卓到了以后，询问事变的缘故，刘辨年方十四，说起话来语无伦次。陈留王一一回答，没有遗漏，董卓于是想要废掉刘辨，立陈留王为帝。袁绍认为不可以。董卓很生气，袁绍于是逃出洛阳。董卓于是废掉刘辨，立陈留王，这就是孝献皇帝。

东汉（十三）

孝献皇帝名协，九岁为董卓所立。关东州郡起兵讨卓，推袁绍为盟主。卓烧洛阳宫庙，迁都长安。长沙①太守富春②孙坚③起兵讨卓，至南阳，众数万，与袁术④合兵。术与绍同祖，皆故太尉袁安⑤之玄孙也。袁氏四世五公，富贵异于他公族。绍壮健，有威容，爱士，士辐凑。术亦侠气，至是皆起。坚击败卓兵，术遣坚图荆州⑥，为刘表将黄祖⑦步兵所射死。

① 长沙，汉郡名，辖境大致在相当于今湖南省全境，治湘县（今湖南长沙）。
② 富春，今浙江杭州。
③ 孙坚（155—191），字文台，吴郡富春（今浙江杭州）人，汉末群雄之一，三国吴国奠基人，孙武之后。在讨伐黄巾叛乱中崛起，任长沙太守，封乌程侯。参加讨伐董卓联军，屡败董卓。联盟瓦解后，在与刘表交战中被射杀。因官至破虏将军，人称"孙破虏"。孙权即位后，追尊为武烈皇帝。
④ 袁术（？—199），字公路，汝南汝阳（今河南商水）人，汉末群雄之一，袁绍之弟。初为虎贲中郎将，董卓进京后任后将军。逃离洛阳后，参加讨伐董卓联军。后与袁绍对立，被袁绍、曹操所败，奔九江，割据扬州。建安二年（197）称帝，建号仲氏。荒淫无度，先后为吕布、曹操所败，呕血而死。
⑤ 袁安（？—92），字邵公，汝南汝阳（今河南商水）人，东汉大臣。举孝廉，明帝时历任彭城太守、河南尹，政号严明。后入朝任太仆，官至司空、司徒。其后汝南袁氏，为东汉有名的世家大族。
⑥ 荆州，汉十三刺史部之一，辖境相当于今湖北、湖南大部，及河南、贵州、广东、广西等省的一小部分。
⑦ 黄祖（？—208），汉末将领。在刘表部下任江夏太守，与孙坚交战中射杀孙坚。后在与孙权交战中被杀。

东汉(十三)

孝献皇帝名叫刘协,九岁时被董卓拥立即位。函谷关以东的州郡纷纷起兵讨伐董卓,推举袁绍为盟主。董卓烧毁了洛阳的宫殿和庙宇,把都城迁到了长安。长沙太守富春人孙坚起兵讨伐董卓,军队到了南阳,有几万人,和袁术的军队集合到一起。袁术和袁绍是同一个祖先,都是以前的太尉袁安的玄孙。袁氏一门四代人有五个人出任三公,富贵非常,不同于其他三公家族。袁绍体格健壮,仪容庄重,喜爱结交天下名士,名士们从四面八方前来归附于他。袁术也任侠使气,到了这时一同起兵。孙坚击败了董卓军队,袁术派遣孙坚图谋攻打荆州,孙坚却被刘表将领黄祖麾下的步兵射死了。

司徒①王允②等密谋诛卓。中郎将③吕布④膂力⑤过人，卓信爱之。尝小失卓意，卓手戟掷布，布避得免。允结布为内应。卓入朝，伏勇士于北掖门⑥刺之。卓堕车大呼吕布，布曰："有诏讨贼臣！"应声持矛刺卓，趣斩之。先是，卓筑坞于郿⑦，积谷为三十年储，金银、绮锦、奇玩积如邱山。自云："事成，据天下；不成，守此以老。"至是，暴尸于市。卓素肥，吏为大炷⑧置脐中，然之，光达曙者数日。卓党举兵犯关，杀王允，吕布走。

---

① 司徒，官名，西周置，为地官之长。汉哀帝时改丞相为大司徒，光武帝改称司徒，位列三公。
② 王允（137—192），字子师，太原祁县（今山西祁县）人，汉末名臣。历任豫州刺史、河南尹，勤政爱民，政绩显著。董卓入朝后，任司徒，兼尚书令。密谋杀死董卓后，西凉军包围长安，被董卓部下所杀。
③ 中郎将，官名，秦置，为禁军统领之职。
④ 吕布（？—199），字奉先，五原九原（今内蒙古包头）人，东汉名将，汉末群雄之一。先后为丁原、董卓部将，与王允一同杀死董卓后，任奋威将军，封温侯。西凉军进攻长安，逃亡关东。先后依附于袁术、袁绍，争夺兖州为曹操所败，投往刘备，占据徐州。后在下邳被曹操击败斩杀。
⑤ 膂力，体力。
⑥ 北掖门，汉宫门名。
⑦ 郿，今陕西眉县。
⑧ 炷，灯炷，灯心。

司徒王允等人秘密策划诛杀董卓。中郎将吕布体力超过常人，董卓信任宠爱他。董卓曾经因为一件不合自己心意的小事，拔出手戟掷向吕布。吕布避开手戟，才免于一死。王允结交吕布，让吕布做内应。董卓入朝时，王允派遣勇士埋伏在北掖门，刺伤了董卓。董卓从车里掉下来，大声喊吕布，吕布说："奉皇帝诏令，讨伐贼臣！"吕布没等董卓骂完，就手持铁矛将他刺死，并催促士兵砍下他的头颅。起先，董卓在郿地建造了一座小型城堡，在里面堆积储备了足够三十年用的粮食，金银、锦缎、玩物堆积如山。他说："大事可成，就占据天下；不可成，就守在这里终老。"到了他死后，尸体被拖到市中示众。董卓素来肥胖，有名官吏做了一个大灯捻，放在董卓的肚脐眼中点燃，从晚上烧到天亮，就这样一连烧了几天。董卓的同党举兵攻打朝廷门阙，王允被杀，吕布逃走了。

涿郡刘备①字玄德，其先出于景帝中山靖王胜②之后也。有大志，少语言，喜怒不形于色。河东③关羽④、涿郡张飞⑤与备相善。备起，二人从之。

孙坚之子策⑥与弟权⑦留富春，迁于舒⑧。坚死，策年十七，往见袁术，得其父余兵。策十余岁时已交结知名。舒人周瑜⑨与策同年，亦英达夙成。至是，从策起。策东渡江转斗，所向无敢当其锋者。百姓闻孙郎至，皆失魂魄。所至，一无所犯，民皆大悦。

---

① 刘备（161—223），字玄德，涿郡涿县（今河北涿州）人，汉末群雄之一，蜀汉开国皇帝。刘备于黄巾之乱中起兵，颠沛流离，毫无根基。后奔荆州依附刘表，访得诸葛亮。赤壁之战中与孙权联兵击败曹操，随即占领荆州，奠定了三国鼎立之局。后先后夺取益州、汉中，自封汉中王。221年，在成都称帝。因关羽被害，出兵讨伐孙权，在夷陵被陆逊击败，病逝于白帝城。谥号昭烈，庙号烈祖，葬惠陵。
② 中山靖王胜，即刘胜（前165—前116），汉景帝之子，母贾夫人。封中山王，喜好酒色，有儿子一百二十多人。谥号为"靖"，史称中山靖王。
③ 河东，汉郡名，辖境大致在今山西西南部，治安邑（今山西夏县）。
④ 关羽（？—220），字云长，河东解良（今山西运城）人，汉末名将。一生追随刘备，战功卓著。刘备入益州后，镇守荆州。汉中之战结束后，关羽发动襄樊战役，被吕蒙袭击后方，兵败被杀，荆州遂失。官至前将军，封汉寿亭侯，刘禅后来追谥为壮缪侯。
⑤ 张飞（？—221），字翼德，涿郡涿县（今河北涿州）人，汉末名将。一生追随刘备，战功卓著。曾在长坂坡以二十余骑断后，曹军无人敢前。平定西川，争夺汉中，履立功勋。官至车骑将军，领司隶校尉，封西乡侯。后被部将范强、张达刺杀，刘禅后来追谥为桓侯。
⑥ 策，即孙策（175—200），字伯符，吴郡富春（今浙江杭州）人，汉末群雄之一，孙坚之子，三国吴国的奠基人。孙坚死后，孙策依附袁术。后脱离袁术，带兵渡江，平定江东。不久遇刺身亡。孙权即位后，追封为长沙桓王。
⑦ 权，即孙权（182—252），字仲谋，吴郡富春（今浙江杭州）人，汉末群雄之一，三国吴国开国皇帝。孙策死后，执掌江东。赤壁击败曹操，夷陵大败刘备。229年，即位称帝。对内剿抚山越，奖励农耕；对外联合蜀汉，并出海到达夷州。谥号大皇帝，庙号太祖，葬蒋陵。
⑧ 舒，今安徽舒城县。
⑨ 周瑜（175—210），字公瑾，庐江舒县（今安徽舒城）人，汉末名将。21岁即与孙策一同起兵平定江东。孙策死后，以中护军带领孙刘联军于赤壁大败曹操。封偏将军，领南郡太守。与曹仁争夺南郡时，被箭射伤，不久病逝。

涿郡人刘备，字玄德，他的祖先是景帝之子中山靖王刘胜的后代。刘备有远大的志向，少言寡语，高兴和生气从不表现在脸上。河东人关羽、涿郡人张飞和刘备交好，刘备起兵，两人便跟随一同起兵。

孙坚的儿子孙策和弟弟孙权留在富春，后来迁到舒城。孙坚死时，孙策年方十七岁，去求见袁术，得到了孙坚剩余的军队。孙策十几岁时，就已开始结交当地知名之士。舒城人周瑜和孙策同岁，也英武豪迈，少年早成。到了这时，跟随孙策一同起兵。孙策向东渡过长江，辗转战斗，没有人能抵挡住他的攻势，百姓听到孙策将要到达，全都失魂落魄。孙策大军所到之处，没有一丝一毫的侵犯，百姓都很高兴。

初，曹操自讨卓时战于荥阳①。还，屯河内。寻领东郡②太守，治东武阳③。已而入兖州④，据之，自领刺史，遣使上书以为兖州牧。上还洛阳，操入朝，迁上于许⑤。

操击杀吕布。初，布自关中出，奔袁术，又归袁绍，已而又去。为操所攻，走归刘备。寻又袭备，据下邳。备走，归操。操遣备屯沛⑥。布使陈登⑦见操，求为徐州牧。不得，登还谓布曰："登见曹公，言：'养将军如养虎，当饱其肉。不能饱则噬人。'公曰：'不然，譬如养鹰，饥则附人，饱则扬去。'"布复攻备，备走，复归操。操击布，至下邳。布屡战皆败，困迫降。操缚之曰："缚虎不得不急。"卒缢杀之。备从操还许。

袁术初据南阳，已而据寿春⑧。以谶言"代汉者当涂高"，自云名字应之，遂称帝。淫侈甚。既而资实空虚，不能自立，欲奔袁绍。操遣刘备邀⑨之，术走还，呕血死。

---

① 荥阳，今河南荥阳。
② 东郡，秦汉郡名，辖境大致在今河北、河南、山东交接处，治濮阳（今河南濮阳）。
③ 东武阳，今河南莘县。
④ 兖州，汉十三刺史部之一，辖境大致在今河南东部、山东西南部。
⑤ 许，今河南许昌。
⑥ 沛，今江苏沛县。
⑦ 陈登，生卒年不详，字元龙，下邳淮浦（江苏涟水）人，汉末官员。初为徐州牧陶谦手下典农校尉，兴修水利，发展农业。后协助曹操击败吕布，任伏波将军，领广陵太守，后又迁东城太守，皆以治称。
⑧ 寿春，今安徽寿县。
⑨ 邀，阻拦，截击。

起初，曹操自己出兵讨伐董卓时，和敌军在荥阳交战。退兵后，屯军于河内。后来担任东郡太守，郡治在东武阳。过了不久，曹操进驻兖州并占领了它，自封为刺史，派遣使者上书请求担任兖州牧。献帝返回洛阳后，曹操入朝，把献帝迁到许昌。

　　曹操击败并杀死了吕布。起初，吕布从关中逃出后，先投奔袁术，又归附袁绍，过了不久又离开了袁绍。后来被曹操攻打，逃走依附于刘备。过了不久吕布又偷袭刘备，占据了下邳。刘备逃走，归降曹操。曹操派遣刘备屯兵于小沛。吕布派遣陈登拜见曹操，请求担任徐州牧。曹操没有同意，陈登回来对吕布说："我见到曹公，说：'蓄养将军就如同养着一头猛虎，应该用肉喂饱他。如果喂不饱，他就会吃人。'曹公说：'不是这样的。就好像养着一只鹰，鹰如果饿着就会依附于人，喂饱了它就会飞走。'"吕布又攻打刘备，刘备败走，又归附曹操。曹操攻打吕布，到了下邳城下。吕布屡战屡败，被围困在下邳城，被迫投降。曹操把他捆起来，说："捆老虎不能不着急。"最后用丝带勒死了吕布。刘备跟随曹操返回许昌。

　　袁术起初占据南阳，后来占据寿春。根据谶语"代汉者当涂高"，说"途"字和他自己名里的"术"，以及表字"公路"相应，于是称帝即位。袁术称帝后过于荒淫奢侈，过了不久，储存的物质都已耗尽，自己无法维持，想要投奔袁绍。曹操派遣刘备拦截，袁术退回寿春，吐血而死。

东汉（十四）

孙策既定江东，欲袭许。未发，故所杀吴郡守许贡①之奴因其出猎，伏而射之。创甚，呼弟权代领其众曰："举江东之众，决机于两阵之间，与天下争衡，卿不如我；任贤使能，各尽其心以保江东，我不如卿。"卒年二十六。

袁绍据冀州，简精兵十万，骑一万，欲攻许。沮授②谏曰："曹操奉天子以令天下，今举兵南向，于义则违，窃为公惧之。"绍不听。操与绍相拒于官渡③，袭破绍辎重，绍军大溃。惭愤，呕血死。

车骑将军董承④称受密诏，与刘备诛曹操。操一日从容谓备曰："今天下英雄，唯使君与操耳。"备方食，失匕箸⑤，值雷震，诡曰："圣人云：'迅雷风烈必变。'良有以也。"备既被遣邀袁术，因之徐州，起兵讨操。操击之。备先奔冀州，领兵至汝南，自汝南奔荆州归刘表。尝于表坐起，至厕还，慨然流涕。表怪，问之，备曰："常时身不离鞍，髀肉⑥皆消，今不复骑，髀里肉生。日月如流，老将至，功业不建，是以悲耳。"

---

① 许贡，生卒年不详，汉末官吏。任吴郡太守，欲送密信给曹操，要曹操注意孙策，却被孙策发现而被杀。
② 沮授（？—200），魏郡广平（今河北邯郸）人，汉末谋士。袁绍占据冀州后任用沮授为从事。官渡之战时袁绍大败，沮授未及逃走，被曹操所获，因拒降被曹操处死。
③ 官渡，在今河南中牟县。
④ 董承（？—200），河间（今属河北）人，东汉外戚、将领，献帝董贵人之父。董卓死后，护卫献帝东归洛阳，拜卫将军，封列侯。后升任车骑将军。声称自己接受献帝衣带诏，密谋杀死曹操。事情泄露，反为曹操所杀。
⑤ 匕箸，食具，羹匙和筷子。
⑥ 髀肉，大腿上的肉。

东汉（十四）

　　孙策平定江东以后，想要袭击许昌。还没发兵，孙策以前所杀的原吴郡太守许贡的门客趁孙策外出打猎时，伏击用弓箭射他。孙策伤势很重，命弟弟孙权代替他统领他的部队，说："率领江东的人马，决战于疆场，与天下英雄相争，你不如我；遴选贤才，任用能臣，使他们各尽忠心，保守江东，我不如你。"死时年仅二十六岁。

　　袁绍占据冀州，挑选精兵十万，良马一万匹，想要攻打许昌。沮授劝谏说："曹操尊奉天子以号令天下，我们向南进军，就违背了君臣道义，我私下里为您感到担忧啊！"袁绍不听。曹操和袁绍在官渡相持，偷袭破坏了袁绍的辎重粮草，袁军大溃败。袁绍愧怒交加，吐血而死。

　　车骑将军董承声称接受了献帝的密诏，和刘备一起诛杀曹操。一天，曹操从容地对刘备说："如今天下的英雄，只有您和我罢了。"刘备正在吃东西，汤匙和筷子一起跌落，正遇到天上打雷，刘备乘机说："孔子说：'遇到迅雷和暴风人都会变了脸色。'真是这样。"刘备被派遣去拦截袁术，趁机到了徐州，起兵讨伐曹操。曹操攻打刘备。刘备先跑到冀州，后又带兵到了汝南，然后又到荆州归附刘表。刘备曾经在拜访刘表时起身上厕所，回来以后，感慨地流下泪来。刘表很奇怪，就问刘备。刘备说："我平常身不离马鞍，大腿内侧没有什么肉。如今不再骑马，大腿内侧长出了肉。日月如同流水，人已经快老了，但功业还没有建立，所以感到悲伤。"

琅琊①诸葛亮②寓居襄阳③隆中④，每自比管仲⑤、乐毅⑥。备访士于司马徽⑦，徽曰："识时务者在俊杰。此间自有伏龙、凤雏，诸葛孔明、庞士元⑧也。"徐庶⑨亦谓备曰："诸葛孔明，卧龙也！"备三往，乃得见亮。问策，亮曰："操拥百万之众，挟天子令诸侯，此诚不可与争锋。孙权据有江东，国险而民附，可与为援而不可图。荆州用武之国；益州⑩险塞，沃野千里，天府之土。若跨有荆、益，保其岩阻。

---

① 琅琊，秦汉郡名，辖境大致在今山东东南部，郡治屡次更改，东汉后一直在临沂（今山东临沂）。
② 诸葛亮（181—234），字孔明，琅琊阳都（今山东沂南）人，汉末杰出政治家、军事家，蜀汉丞相。初隐居襄阳隆中，被称为"卧龙"。刘备三顾茅庐，出山辅佐刘备，任军事中郎将。参与赤壁之战、平定西川、争夺汉中等诸多战役，为三国鼎立之局做出极大贡献。刘备死后，受命辅佐刘禅，南平诸蛮，北伐中原，鞠躬尽瘁，死而后已，于第五次北伐中，病逝于五丈原。生前封武乡侯，谥号忠武侯，葬定军山。著有前后《出师表》《诫子书》。
③ 襄阳，汉郡名，辖境大致在今湖北西北部，治襄阳县（今湖北襄阳）。
④ 隆中，在今湖北襄阳城西。
⑤ 管仲（前719—前645），姬姓，管氏，名夷吾，字仲，春秋时齐国人，著名哲学家、政治家、军事家。辅佐齐桓公，对内鼓励农商，发展经济；对外尊王攘夷，九合诸侯。成就了齐桓公的霸主地位。著有《管子》一书，是法家先驱，被尊称为"管子"。
⑥ 乐毅，生卒年不详，子姓，乐氏，名毅，字永霸，中山灵寿（今河北灵寿）人，战国后期杰出的军事家，魏将乐羊之后。辅佐燕昭王振兴燕国，后率五国联军进攻齐国，连下七十余城，封上将军，拜昌国君。燕昭王逝世后，因受燕惠王猜忌，投奔赵国，被封于观津，号为望诸君。后卒于赵。
⑦ 司马徽（？—208），字德操，颍川阳翟（今河南禹州）人，东汉末年名士。精通经学，人称"水镜先生"。一生不仕，隐居襄阳。为人清雅，有知人之明，向刘备举荐诸葛亮和庞统。
⑧ 庞士元，即庞统（179—214），字士元，襄阳（今湖北襄阳）人，汉末著名谋士。隐居襄阳，人称"凤雏"。后归顺刘备，与诸葛亮同为军事中郎将。刘备攻打益州，庞统随行，献上中下三策。后围攻雒城时，被飞箭射杀。追赐关内侯，谥号靖侯。
⑨ 徐庶，生卒年不详，字元直，颍川长社（今河南长葛）人，汉末著名谋士。刘备驻新野时，投奔刘备，向刘备推荐诸葛亮。徐庶南下时因母亲被曹操所掳获，徐庶不得已辞别刘备，进入曹营。魏国建立后，官至右中郎将、御史中丞。
⑩ 益州，汉十三刺史部之一，辖境大致包括今四川、重庆、云南、贵州大部分，及陕西、甘肃、湖北的一小部分。

琅琊人诸葛亮寓居襄阳隆中，经常把自己比作管仲、乐毅。刘备向司马徽访求名士，司马徽说："能认清时务的，才是俊杰之士。在襄阳这里，自有伏龙和凤雏，就是诸葛亮和庞士元啊。"徐庶也对刘备说："诸葛孔明乃是卧龙！"刘备三次前往，才见到诸葛亮。向他询问计策，诸葛亮说："曹操拥有百万大军，挟持天子号令天下诸侯，这当然不能和他争锋。孙权占据江东，地势险要，民心归附，此人可以与他联盟，却不可算计他。荆州是四面用武之地，益州四周地势险阻，中有沃野千里，是天府之国。如果能占有荆州和益州，就可据守险要。

天下有变，荆州之军向宛、洛，益州之众出秦川①，孰不箪食壶浆以迎将军乎？"备曰："善！"与亮情好日密，曰："孤之有孔明，犹鱼之有水也。"士元名统，庞德公②从子也。德公素有重名，亮每至其家，独拜床下。

东汉（十五）

曹操击刘表，表卒，子琮③举荆州降操。刘备奔江陵④，操追之，备走夏口⑤。操进军江陵，遂东下。亮谓备曰："请求救于孙将军。"亮见权，说之，权大悦。操遗权书曰："今治水军八十万众，与将军会猎于吴。"权以示群下，莫不失色。张昭⑥请迎之。鲁肃⑦以为不可，劝权召周瑜。瑜至，曰："请得数万精兵，进往夏口，保为将军破之。"权拔刀斫前奏案曰："诸将吏敢言迎操者，与此案同。"

---

① 秦川，泛指今陕西秦岭以北的关中平原地带。因春秋战国时地属秦国而得名。
② 庞德公，生卒年不详，字尚长，襄阳（湖北襄阳）人，汉末名士。与司马徽、诸葛亮、庞统等人交好，以知人见长。后与妻子登鹿门山，以采药为生。
③ 琮，即刘琮，生卒年不详，山阳高平（今山东微山）人，刘表次子，刘琦之弟。刘表死后，继任荆州牧。曹操南下，在蔡瑁建议下举荆州而降，被曹操封为青州刺史，后迁谏议大夫，爵封列侯。
④ 江陵，今湖北江陵县。
⑤ 夏口，今湖北武昌。
⑥ 张昭（156—236），字子布，彭城（今江苏徐州）人，三国吴国重臣。孙策创业时，任长史、抚军中郎将，总览文武之事。孙策临死前，托付其弟孙权。张昭率群僚辅立孙权，并安抚百姓、讨伐叛军，帮助孙权稳定局势。赤壁之战前，张昭力主投降，孙权深感失望。孙权称帝后，张昭任辅吴将军，封由拳侯，后改封娄侯。谥号曰"文"。
⑦ 鲁肃（172—217），字子敬，临淮东城（今安徽定远）人，汉末杰出战略家、外交家。投奔孙权后，深受赏识，在赤壁之战中坚决主战，并为孙刘联盟出力甚多。战后任赞军校尉，后拜横江将军，领汉昌太守。

等到天下形势出现变化，荆州的军队向宛城、洛阳进发，益州的军队经秦川向中原进发，百姓哪会不用箪盛食物，用壶盛酒水来欢迎您呢？"刘备说："很好！"从此与诸葛亮的情谊日益亲密，说："我得到诸葛亮，是如鱼得水。"庞士元名叫庞统，是庞德公的侄子。庞德公素来有很高的名望，诸葛亮每次去他家，都独自一个人拜倒在床下。

东汉（十五）

曹操攻打刘表。刘表逝世后，他的儿子刘琮带领荆州投降了曹操。刘备向江陵进发，曹操带兵追击。刘备又向夏口撤退。曹操占据了江陵，就乘船顺流东下。诸葛亮对刘备说："向孙将军请求救兵。"诸葛亮前往江东拜见孙权，并说服了他，孙权很高兴。曹操给孙权写信说："如今我训练了八十万水军，想要和将军一起在吴地会和打猎。"孙权把曹操的信拿给部下看，大家害怕地脸色都变了。张昭请求迎接曹操，鲁肃认为不可以，劝孙权召周瑜。周瑜来了后说："请给我数万精兵，前驻夏口，我保证为将军击败曹军。"孙权拔刀砍向了面前放置的案几，说："诸位将军、官吏有敢再说迎接曹操的，就和这个案几一样！"

遂以瑜督三万人，与备并力逆①操。进，遇于赤壁②。瑜部将黄盖③曰："操军方连船舰，首尾相接，可烧而走也。"乃取蒙冲④斗舰十艘，载燥荻、枯柴，灌油其中，里帷幔，上建旌旗，豫备走舸⑤，系于其尾。先以书遗操，诈为欲降。时东南风急，盖以十艘最著前，中江举帆，余船以次俱进。操军皆指言盖降。去二里余，同时发火。火烈风猛，船往如箭，烧尽北船。烟焰涨天，人马溺烧死者甚众。瑜等率轻锐，擂鼓大进。北军大坏，操走还。

后屡加兵于权，不得志。操叹息曰："生子当如孙仲谋！向者刘景升儿子豚犬耳！"

刘备徇荆州、江南诸郡。周瑜上疏于权曰："备有枭雄之姿，而有关羽、张飞熊虎之将，聚此三人在疆场，恐蛟龙得云雨，终非池中物也，宜徙备置吴。"权不从。瑜方议图北方，会病卒。鲁肃代领其兵。肃劝权以荆州借刘备，权从之。权将吕蒙⑥初不学，权劝蒙读书。鲁肃后与蒙论议，大惊，曰："卿非复吴下阿蒙！"蒙曰："士别三日，即当刮目相待。"

---

① 逆，迎战，迎击。
② 赤壁，在今湖北省赤壁市西北部。
③ 黄盖，生卒年不详，字公覆，零陵泉陵（今湖南永州市）人，汉末名将。历仕孙坚、孙策、孙权三任，屡建功勋。赤壁之战中诈降，是赤壁之战的主要功臣之一。后镇抚山越，平定蛮夷叛乱。官至偏将军，任武陵太守。
④ 蒙冲，古代具有良好防护的进攻性快艇。又作艨冲、艨艟。
⑤ 走舸，轻便快速的战船。
⑥ 吕蒙（179—220），字子明，汝南富陂（今安徽阜南）人，汉末名将。少年即跟随孙策为将，以胆气称。参与赤壁、南郡、合肥等一系列战事，累功拜虎威将军，封庐江太守。襄樊战役中，击败关羽，夺得荆州，因功拜南郡太守，封孱陵侯，不久病死。

于是孙权命周瑜率领三万人，和刘备一起抵御曹操。周瑜进兵，在赤壁和曹军相遇。周瑜的部将黄盖说："曹军正把战船连在一起，首尾相接，可以用火攻，击败曹军。"于是，选取蒙冲战船十艘，装上干荻和枯柴，在里边浇上油，外面裹上帷幕，上边插上旌旗，预先备好快艇，系在船尾。黄盖先派人送信给曹操，谎称打算投降。当时东南风正急，黄盖将十艘战船排在最前面，到江心时升起船帆，其余的船在后依次前进。曹军官兵都指着船，说黄盖来投降了。离曹军还有二里多远，那十艘船同时点火，火烈风猛，船像箭一样向前飞驶，把曹军战船全部烧光。浓烟烈火，遮天蔽日，曹军人马烧死和淹死的不计其数。周瑜等率领轻装的精锐战士紧随在后，鼓声震天，奋勇向前，曹军大败。

　　曹操退回许昌，后来又多次派兵攻打孙权，都没有成功，叹息说："生儿子就要像孙仲谋，以前刘景生的儿子就像猪狗一样。"

　　刘备占领了荆州和长江以南几个郡城。周瑜上疏给孙权说："刘备是一代枭雄，而且有关羽、张飞两个熊虎一样的猛将，这三个人聚集在疆场上，恐怕就会像蛟龙得到云雨的帮助，终究不会再留在水池中了。应当把刘备迁走，安置在吴郡。"孙权不听。周瑜正在商议着图谋北方时，因病逝世。鲁肃代替周瑜统领东吴军队。鲁肃劝孙权把荆州之地借给刘备，孙权听从了鲁肃的建议。孙权的将领吕蒙起初不读书学习，孙权劝吕蒙多读书。鲁肃后来和吕蒙议论天下大事，很惊讶地说："你已经不是以前的吴下阿蒙了！"吕蒙说："士别三日，就应该重新刮目相看。"

刘备初用庞统为耒阳①令，不治。鲁肃遗备书曰："士元非百里才，使为治中②、别驾③，乃得展其骥足耳。"备用之。劝取益州，备留关羽守荆州，引兵沂流，自巴④入蜀，袭刘璋⑤，入成都。备既得益州，孙权使人从备求荆州，备不肯还，遂争之，已而分荆州。

备自蜀取汉中⑥，自立为汉中王。汉中将关羽自江陵出，攻樊城⑦，取襄阳。自许以南，往往遥应，羽威震华夏。曹操至，议徙许都以避其锋，司马懿⑧曰："备、权外亲而内疏，关羽得志，权必不愿也。可遣人劝权蹑⑨其后，许割江南以封权。"操从之。时鲁肃已死，吕蒙代之，亦劝权图羽。操师救樊，权将陆逊⑩又袭羽后。羽狼狈走还。权军获羽，斩之，遂定荆州。

---

① 耒阳，今湖南耒阳市。
② 治中，官名，汉置，全称治中从事史，亦称治中从事，为州刺史的高级佐官，主众曹文书，位仅次于别驾。
③ 别驾，官名，汉置，全称别驾从事史，亦称别驾从事，为州刺史总理众务之官。因其地位较高，出巡时不与刺史同车，别乘一车，故名。
④ 巴，秦汉郡名，辖境大致在今重庆市和四川东部，治江州（今重庆巴南）。
⑤ 刘璋（？—220），字季玉，江夏竟陵（今湖北天门）人，汉末群雄之一。继任其父刘焉为益州牧，为人懦弱，无大志。曹操来犯，引刘备入川为援。却反被刘备夺取益州。刘璋投降，迁往公安，后病逝。
⑥ 汉中，秦汉郡名，辖境大致在今陕西南部，治南郑（今陕西汉中）。
⑦ 樊城，今湖北樊城。
⑧ 司马懿（179—251），字仲达，河内温县（今河南温县）人，三国魏国杰出政治家、军事家，西晋王朝的奠基人。历仕四朝，善谋奇迹，多次抵御蜀汉北伐，远征辽东，重视发展经济。官至大都督、大将军、太尉、太傅，封舞阳侯。谥号宣文。司马炎称帝后，追谥为宣皇帝，庙号高祖。
⑨ 蹑，追踪，追击。
⑩ 陆逊（183—245），字伯言，吴郡吴县（今江苏苏州）人，三国吴国名将。在夷陵大败刘备，一战成名，后又在石亭之战击败曹休，拜上大将军，任丞相，领荆州牧，封华亭侯。谥号昭侯。

刘备起初任命庞统为耒阳县令，庞统治理得不好。鲁肃给刘备写信说："庞士元的才干不适于管理一个方圆百里的小县，让他处在治中、别驾的职务上，才能发挥他的才干。"刘备听从了他的话。有人劝刘备攻取益州，刘备就留下关羽守护荆州，自己带兵溯流而上，从巴郡进入蜀地，攻打刘璋，进入成都。刘备得到益州后，孙权派人向刘备索取荆州，刘备不肯。两家于是争夺荆州，后来平分了荆州。

刘备从蜀地攻打汉中，自立为汉中王。汉中王的将领关羽从江陵发兵攻打樊城，占领了襄阳。从许昌往南，有很多地方响应关羽，关羽的威名震动了整个中原。曹操与群臣商议，准备迁移许都，以躲避关羽的锋芒。司马懿说："刘备和孙权看似亲近而内心疏远，关羽得志，孙权内心肯定是不愿意的。可以派遣使者劝孙权威胁关羽的后方，答应孙权把江南封给他。"曹操听从了他的建议。当时鲁肃已经逝世了，吕蒙接替了他的官职，也劝孙权图谋关羽。曹操的军队来援救樊城，东吴将领陆逊又袭击关羽后方，关羽狼狈逃走。孙权的军队擒获了关羽，杀掉了他，于是孙权平定了荆州。

初，曹操自兖州牧入为丞相，领冀州牧，封魏公，作铜雀台①于邺②。已而进爵为王，用天子车服，出入警跸③。以子丕④为王太子。操卒，丕立，自为丞相、冀州牧。魏群臣言魏当代汉，丕遂迫帝禅位，以帝为山阳公。帝在位改元者三，曰：初平、兴平、建安。

元年至二十五年，则皆曹操为政时也。共三十一年。禅位又十四年而卒。汉自高祖元年为王，五年为帝，至是二十四世，四百二十六年。

---

① 铜雀台，在今河北临漳县城西南。
② 邺，在今河北邯郸临漳县西与河南安阳市北郊一带。
③ 警跸，古代帝王出入时，于所经路途侍卫警戒，清道止行，谓之"警跸"。出为警，入为跸。
④ 丕，即曹丕（187—226），字子桓，沛国谯（今安徽亳州）人，曹操次子，三国魏国建立者。曹丕文武双全，曹操去世后，继任丞相、魏王。后受禅登基，以魏代汉。在位期间，内修政治，外抚诸夷，多次南攻孙吴，未能成功。文学造诣很高，尤擅长五言诗，与曹操、曹植并称"三曹"。谥号文皇帝，庙号高祖，葬首阳陵。

起初，曹操以兖州牧入朝担任丞相，后又兼任冀州牧，被封为魏公，在邺城建造了铜雀台。没过多久，加封为魏王，使用天子的车马服饰，出入称警跸，实行戒严和清道。曹操以他的儿子曹丕为魏王太子，曹操逝世后，曹丕继任魏王，自立为丞相、冀州牧。魏群臣说魏王应该代替汉朝。曹丕于是逼迫献帝禅让，封献帝为山阳公。献帝在位改用了三个年号，分别是初平、兴平、建安。

　　建安元年至二十五年，都是曹操当政。献帝在位一共三十一年，禅位后又过了十四年逝世。汉朝自高祖元年称汉王，五年称帝，到这时经历了二十四世皇帝，一共是四百二十六年。

文白对照

十八史略

第三卷

[元] 曾先之 著
王明辉 郭鹏 注译

中国画报出版社·北京

文白对照十八史略　第三卷　三国·汉

三国·汉（一）

　　昭烈皇帝讳备，字玄德，汉景帝之子中山靖王胜之后。有大志，少言语，喜怒不形。身长七尺五寸，垂手下膝，顾自见其耳。

　　蜀中传言，曹丕篡立，帝①已遇害。于是汉中王发丧制服，谥曰孝愍皇帝。夏四月，即帝位于武担②之南，大赦，改元章武。以诸葛亮为丞相，许靖为司徒，立宗庙祫祭③高皇帝以下。立夫人吴氏④为皇后，子禅⑤为皇太子。

　　魏主丕，姓曹氏，沛国谯⑥人也，父操为魏王。丕嗣位，首立九品官人之法⑦，州郡皆置九品中正，区别人物第其高下。丕既篡汉，自立为帝，追尊操为太祖武皇帝，改元黄初。

---

① 帝，指汉献帝。
② 武担，山名，在四川成都。
③ 祫（xiá）祭，古代天子诸侯所举行的集合远近祖先神主于太祖庙的大合祭。
④ 吴氏（？—245），据说其名为吴莧（音县），陈留（今河南开封）人，车骑将军吴懿之妹，刘备皇后。初嫁于刘焉之子刘瑁，不久守寡。刘备入主益州后，纳吴氏为夫人，称帝后立为皇后。吴氏死后与刘备合葬惠陵，谥号穆皇后。
⑤ 刘禅（207—271），字公嗣，小名阿斗，刘备之子，三国蜀汉皇帝，223年—263年在位。在位时尊诸葛亮为相父，支持诸葛亮、姜维北伐，后期宠信黄皓，致使蜀汉逐渐走向衰弱。降魏后封安乐公，后病逝于洛阳。
⑥ 谯，今安徽亳州。
⑦ 九品官人法，又称九品中正制，魏晋时期重要的选官制度，三国魏国陈群所创。上承两汉察举制，下启隋唐科举制。

三国·汉（一）

昭烈皇帝名字叫刘备，字玄德，是汉景帝的儿子中山靖王刘胜的后裔。刘备胸怀大志，少言寡语，喜怒从不在脸上表现出来。他身高七尺五寸，双手下垂时能够超过膝盖，耳朵很大，自己都能看得到。

蜀地传言曹丕篡夺皇位，自立为帝，献帝已经被杀害。于是汉中王下令披麻戴孝，为汉献帝举行丧礼，尊谥汉献帝为孝愍皇帝。夏天四月，刘备在武担山之南登上帝位，大赦天下，改元章武。任命诸葛亮为丞相，许靖为司徒。建立宗庙，对汉高祖以下的诸位皇帝进行合祭。立夫人吴氏为皇后，儿子刘禅为皇太子。

魏国国君曹丕，沛国谯县人，父亲曹操是魏王。曹丕继任魏王后，首次设立九品官人的制度：在州和郡都设置九品中正的职位，来区分评定人物的高下。曹丕篡夺汉室，自立为帝后，追谥曹操为太祖武皇帝，改元黄初。

帝耻关羽之没，自将伐孙权。权求和，不许。权遣使于魏，魏封权为吴王。魏主问吴使赵咨①曰："吴王颇知学乎？"咨曰："吴王任贤使能，志存经略。虽有余闲，博览书史，不效书生寻章摘句。"魏主曰："吴难②魏乎？"咨曰："带甲百万，江汉为池，何难之有？"曰："吴如大夫者几人？"咨曰："聪明特达者八九十人；如臣之比车载斗量不可胜数。"

帝自巫峡③至夷陵④，立数十屯，与吴军相拒累月。吴将陆逊连破其四十余营。帝夜遁。

魏主责吴侍子不至，怒伐之。吴王改元黄武，临江拒守。

三年夏四月，帝崩。在位三年。改元者一，曰：章武。谥曰昭烈皇帝。太子禅即位，封亮为武乡侯。太子既立，是为后皇帝。

后皇帝名禅，字公嗣，昭烈皇帝子也。年十七即位，改元建兴，丞相诸葛亮受遗诏辅政。昭烈临终谓亮曰："君才十倍曹丕，必能安国家，终定大事。嗣子可辅，辅之；如其不可，君可自取。"亮涕泣曰："臣敢不竭股肱⑤之力，效忠贞之节，继之以死。"亮乃约官职，修法制，下教曰："夫参署⑥者，集众思，广忠益也；若远小嫌，难相违覆，旷缺损矣。"

---

① 赵咨，生卒年不详，字德度，南阳（今河南南阳）人，三国吴国大臣。博学多闻，长于辩论。吴蜀夷陵之战时，奉孙权之命出使曹魏。
② 难，以之为祸难。
③ 巫峡，长江三峡之一，在重庆巫山县到湖北巴东县境内。
④ 夷陵，今湖北宜昌境内。
⑤ 股肱，大腿和胳膊，喻指辅佐。
⑥ 参署，谓为官。

昭烈帝对关羽战殁感到很羞耻，亲自为将，带兵讨伐孙权。孙权向昭烈帝求和，却没有得到同意。孙权就派遣使者到魏国求援，魏国朝廷就封孙权为吴王。曹丕问吴国使者赵咨："吴王很有学问吗？"赵咨回答说："吴王任用贤能，志在治理天下，闲暇时则博览经典，披阅史籍，却不仿效书生在书中寻章摘句的做法。"曹丕又接着问："东吴把魏国看成是祸难吗？"赵咨对答说："东吴之地有大军百万，且有长江和汉水护城，还有什么祸难！"文帝问："东吴像你这样的人才有几人呢？"赵咨回答道："特别聪明通达的人，有八九十位；像我这样的人，车载斗量，数不胜数。"

昭烈帝从巫峡到夷陵，设立数十座营盘，和吴军对峙了好几个月。东吴将领陆逊接连攻破了蜀军四十余座营盘，昭烈帝连夜逃走了。

魏国君主曹丕责备东吴做人质的公子没有来，非常生气，起兵伐吴。吴王改年号为黄武，凭借长江拒守。

章武三年，夏天四月，昭烈帝驾崩。在位三年，改用了一个年号，叫做章武，谥号为昭烈皇帝。太子刘禅即位，封诸葛亮为武乡侯。太子即位后，就是后皇帝。

后皇帝名字叫刘禅，字公嗣，昭烈皇帝刘备的儿子。刘禅年方十七岁就即位，改年号为建兴。丞相诸葛亮接受昭烈帝的遗诏辅佐政事。昭烈帝临终前，对诸葛亮说："您的才能是曹丕的十倍，一定能够安定国家，最终完成平定天下的大事。如果刘禅还可以辅佐，你就辅佐他；如果他不可以辅佐，你可取而代之。"诸葛亮淌着泪说："臣下怎敢不竭尽全力辅佐太子，忠贞不二地为国效命，至死不渝！"于是诸葛亮精简官职，修订法制，向百官发下文告说："所谓参与朝政，署理政务，就是要集合众人的心思，采纳有益于国家的意见。如果因为一些小隔阂而彼此疏远，就无法得到不同意见，我们的事业将会受到损失。"

亮乃遣邓芝①使吴修好，芝见吴王曰："蜀有重险之固，吴有三江②之阻，共为唇齿。进可兼并天下，退可鼎足而立。"吴遂绝魏，专与汉和。

魏主以舟师击吴，吴列舰于江，江水盛长。魏主临望叹曰："我虽有武夫千群，无所施也。"于是还师。

南夷畔汉，丞相亮往平之。有孟获③者，素为夷汉所服。亮生致获，使观营阵，纵，使更战。七纵七擒，犹遣获。获不去，曰："公，天威也，南人不复反矣。"

魏主又以舟师临吴，见波涛汹涌，探曰："嗟乎！固天所以限南北也。"

魏主丕殂，僭位七年，改元者一，曰：黄初。谥曰文皇帝。子叡立，是为明帝。叡母被诛，丕尝与叡出猎，见子母鹿，既射其母，使叡射其子。叡泣曰："陛下已杀其母，臣不忍杀其子。"丕恻然。及是为嗣即位。

---

① 邓芝（？—251），字伯苗，义阳新野（今河南新野）人，东汉名将邓禹之后，三国蜀汉重臣。刘备死后奉命出使东吴，成功修复两国关系。后屡有战功，平定涪陵叛乱，官至车骑将军，兖州刺史，封阳武亭侯。
② 三江，指长江、赣江、汉江。
③ 孟获，生卒年不详，三国时期南中一带少数民族的首领。曾经起兵反叛蜀汉，后来被诸葛亮七擒七纵并降服。

于是诸葛亮派遣邓芝出使吴国重建友好关系。邓芝见到吴王说:"蜀地有重重险要的坚固防守,东吴有三条大江的地利阻隔。两国的关系就好比嘴唇和牙齿一样相辅相佐,进可以兼并天下,退可以和魏国鼎足而立。"吴国于是就断绝了和魏国的来往,专心和蜀汉交好。

曹丕率领水军攻打东吴,东吴将战船在江上排开,江水浩浩荡荡。曹丕望着江水感叹道:"我虽然拥有成千上万的勇猛士卒,怕也是无用武之地。"于是班师回朝。

南方蛮族叛乱,蜀汉丞相诸葛亮前往平定。南蛮中有一个名叫孟获的人,素来被南部的蛮人和汉人所信服。诸葛亮生擒了孟获,让他观看自己的军营和阵势,然后释放了他,让他整兵再战。前后总共释放了七次,也活捉了七次,诸葛亮仍然要将孟获释放回去。孟获不走,说:"您拥有上天一样的威严,南方人再也不反叛了!"

曹丕再次率领水军逼近东吴边境,看见长江中波涛汹涌,不禁感叹道:"哎,这是上天要将南北隔绝啊!"

曹丕逝世了。曹丕僭居皇帝之位七年,改用了一个年号,叫作黄初。死后谥号文皇帝。他的儿子曹叡即位,就是明帝。曹叡的母亲被杀后,曹丕曾经和曹叡一起出去打猎,看见一只母鹿带着一只小鹿。曹丕在射杀了母鹿后,让曹叡射那只小鹿,曹叡哭着说:"陛下已经杀死了母鹿,我怎么忍心再杀死它的孩子呢?"曹丕不禁黯然神伤。到了这时,曹叡作为太子即位。

三国·汉（二）

处士管宁①，字幼安，自东汉末，避地辽东三十七年。魏征之，乃浮海西归，拜官不受。

汉丞相亮率诸军北伐魏。临发，上疏曰："今天下三分，益州疲弊，此危急存亡之秋也。宜开张圣听，不宜塞忠谏之路。宫中府中，俱为一体。陟②罚臧否，不宜异同。若有作奸犯科及为忠善者，宜付有司论其刑赏，以昭平明之治。亲贤臣，远小人，此先汉所以兴隆也。亲小人，远贤臣，此后汉所以倾颓也。臣本布衣，躬耕于南阳，苟全性命于乱世，不求闻达于诸侯。先帝不以臣卑鄙，猥自枉屈，三顾臣于草庐之中，咨臣以当世之事。由是感激，许先帝以驱驰。先帝知臣谨慎，临崩寄以大事。受命以来，夙夜忧惧，恐付托不效，以伤先帝之明，故五月渡泸③，深入不毛。今南方已定，兵甲已足，当奖率三军，北定中原，兴复汉室，还于旧都。此臣所以报先帝而忠陛下之职分也。"遂屯汉中。

---

① 管宁（158—241），字幼安，北海朱虚（今山东安丘）人，汉末著名隐士。曾避地辽东，讲习诗书，不应征辟。
② 陟，音至，提拔，升迁。
③ 泸，即今金沙江。

三国·汉（二）

　　隐士管宁，字幼安，从东汉末年开始就在辽东隐居长达三十七年。魏国征辟他，他就从海上乘船回来，朝廷任命给他官职，他却不接受。

　　蜀汉丞相诸葛亮率领诸军北伐魏国，临行前给后主上疏说："如今天下一分为三，益州的蜀国最为贫穷困乏，这真是到了一个生死存亡的时刻。陛下应该虚心听取各方面的意见，不能阻塞忠臣进谏的道路。宫廷和相府是一个整体，提升、罢黜、表彰、指责，不应该有什么区别。如果有做了坏事触犯法律的行为，或者是尽忠立功的事迹，应该交付给有关部门按规定来给予处罚或者奖励，来显示陛下的公允和明察。亲近贤臣、远离小人，这是前汉之所以兴盛的原因；亲近小人、远离贤臣，这是后汉之所以衰败的原因。我本是一介布衣，在南阳耕作，勉强在风雨飘摇的乱世中保全性命，从未想过能够在诸侯之间显亲扬名。先帝不嫌弃我地位卑下，屈尊俯就，三次到我居住的茅庐中探访，向我询问当今天下的大事。我万分感激，这才答应为先帝奔走效命。先帝知道我生性谨慎，因此在临终前将国家大事托付给我。我自从接受先帝的遗命以来，日夜忧虑叹息，唯恐辜负重任，有损先帝知人之明。因此五月渡过泸水，深入到荒凉的不毛之地。如今南方已经平定，军力也恢复充足，应当激励将士，率领三军北定中原，兴复汉室，重返旧都。这是我报答先帝，忠于陛下的职责！"于是率军进发，屯兵汉中。

明年，率大军攻祁山①。戎阵整齐，号令明肃。始魏以昭烈既崩，数岁寂然，无闻略，无所备。猝闻亮出，朝野恐惧。于是天水②、安定③等郡皆应亮，关中响震。魏主如长安，遣张郃④拒之。亮使马谡⑤督诸军战于街亭⑥。谡违亮节度，张郃大破之。亮乃还汉中，已而复言于汉帝曰："汉贼不两立，王业不偏安。臣鞠躬尽瘁，死而后已。至于成败利钝，非臣所能逆睹也。"引兵出散关⑦，围陈仓⑧，不克。

吴王孙权自称皇帝于武昌⑨，追尊父坚为武烈皇帝，兄策为长沙桓王。已而迁都建业⑩。

---

① 祁山，在今甘肃礼县。
② 天水，汉魏郡名，辖境大致在今甘肃东部，治冀县（今甘肃甘谷）。
③ 安定，汉魏郡名，辖境大致在今甘肃东北部，治高平（今宁夏固原）。
④ 张郃（？—231），字儁乂，河间鄚县（今河北任丘）人，三国魏国名将，"五子良将"之一。在黄巾之乱中起兵，后追随袁绍；官渡之战降曹操后，跟随曹操攻乌桓，破马超，降张鲁，屡建战功。在诸葛亮北伐时于街亭大败蜀军，后中伏被诸葛亮射杀。官至征西车骑将军，封鄚侯。死后谥号壮侯。
⑤ 马谡（190—228），字幼常，襄阳宜城（今湖北宜城）人，三国蜀汉官员。在荆州归顺刘备后，随之入川，官至越嶲太守。才气过人，好论军计，深得诸葛亮信任，任为参军。北伐时违反军令，败失街亭，撤军后被斩。
⑥ 街亭，遗址在今甘肃秦安县陇城镇。
⑦ 散关，因其为周朝散国之关隘，故称散关，关中四关之一。位于陕西省宝鸡市南郊秦岭北麓，自古为"川陕咽喉"。
⑧ 陈仓，今陕西宝鸡陈仓。
⑨ 武昌，今湖北鄂州。
⑩ 建业，今江苏南京。

第二年，诸葛亮率领大军进攻祁山，军阵整齐，号令分明。起初魏国因为昭烈帝驾崩以后，蜀汉几年之间都寂寂无闻，因此几乎没有什么防备。突然听到诸葛亮出兵，魏国朝廷和民众都很惧怕。这时，天水、安定等郡都背叛魏国而响应诸葛亮，关中如雷轰顶，大为震恐。明帝移驾长安，派遣张郃前去迎战诸葛亮。诸葛亮派遣马谡统领大军，和张郃在街亭展开激战。马谡违反了诸葛亮的军令，被张郃打得大败。诸葛亮只好返回汉中。过了不久，又对后主说："大汉和魏贼不能同时并立，帝王的基业不能偏安于蜀地。我鞠躬尽瘁，死而后已，至于成败得失，不是我的见识所能预见的了。"他带兵从散关出发，围攻陈仓，却未能攻克。

吴王孙权在武昌自立为帝，追尊他的父亲孙坚为武烈皇帝，他的哥哥孙策为长沙桓王。过了不久，迁都建业。

蜀汉丞相亮又伐魏，围祁山。魏遣司马懿督诸军拒亮。懿不肯战，贾诩①等曰："公畏蜀如虎，奈天下笑何？"懿乃使张郃向②亮，亮逆战魏兵，大败。亮以粮尽退军，郃追之，与亮战，中伏弩而死。

亮还，劝农、讲武、作木牛流马，治邸阁③，息民休士。三年而后用之，悉众十万，又由斜谷口④伐魏，进军渭南⑤。魏大将军司马懿引兵拒守，亮以前者数出，皆运粮不继，使已志不伸。乃分兵屯田，耕者杂于渭滨居民之间，而百姓安堵，军无私焉。亮数挑懿战，懿不出，乃遗以巾帼妇人之服。亮使者至懿军，懿问其寝食及事烦简，而不及戎事。使者曰："诸葛公夙兴夜寐，罚二十以上，皆亲览。所啖食不至数升。"懿告人曰："食少事烦，其能久乎？"

三国·汉（三）

亮病笃，有大星赤而芒，坠亮营中，未几，亮卒。长史杨仪⑥整军还。百姓奔告懿，懿追之。

---

① 贾诩（147—223），字文和，凉州姑臧（今甘肃武威）人，汉初名臣贾谊之后，汉末魏初著名谋士、军事战略家，曹魏开国功臣。原为董卓部将，董卓死后，辗转数方，后归附曹操。屡出奇计，算无遗策，协助曹丕成为世子。曹丕即位后拜太尉，封寿乡侯。死后谥号肃侯。
② 向，去，前往，此处指交战。
③ 邸阁，古代官府所设储存粮食等物资的仓库。
④ 斜谷口，陕西省终南山谷有二口，南曰褒，北曰斜，故亦称褒斜谷。扼关陕而控川蜀，历来为兵家必争之地。
⑤ 渭南，渭水之南。渭水，即今渭河，主要流经陕西关中平原。
⑥ 杨仪（？—235），字威公，襄阳（今湖北襄阳）人，三国蜀汉大臣。在荆州归顺刘备后，一直随诸葛亮征战。诸葛亮死后，他部署蜀军安全撤退。后因不满诸葛亮生前调配，上书诽谤，言辞激烈，下狱自杀。

蜀汉丞相诸葛亮再次出兵讨伐魏国，围困了祁山。曹叡派遣司马懿统领大军前去迎战。司马懿不肯出战，贾诩等人嘲笑他说："您像畏惧老虎一样畏惧蜀军，怎能不让天下人耻笑呢？"司马懿于是派张郃出兵进攻，诸葛亮迎战，大败魏军。诸葛亮因为粮草将尽，于是退兵。张郃带兵追击，和诸葛亮激战，被埋伏的弓箭手射死了。

诸葛亮返回蜀地以后，鼓励发展农业，训练军队，制作木牛流马，修缮屯放物资的仓库，百姓和士兵得以休息，前后三年，才动用他们。诸葛亮率领全军十万人，又从斜谷口出兵，讨伐魏国，大军开拔，直抵渭河以南。魏国大将军司马懿带兵据守。诸葛亮因为以前数次出兵，都是因为军粮运送跟不上，让自己的志向无从伸展。故分出部分部队实行屯田，屯田的士兵和渭水之滨的居民杂处在一起，而百姓安居乐业，蜀军并不骚扰百姓。诸葛亮数次向司马懿挑战，司马懿坚守不出。于是诸葛亮派使者给司马懿送去头巾和发饰等妇女的服饰来羞辱他。使者到了司马懿军中，司马懿向使者询问诸葛亮的睡眠、饮食和处理事务的繁简程度，不打听军事情况，使者答道："诸葛公早起晚睡，凡是二十杖以上的责罚，都亲自披阅；所吃的饭食不到几升。"司马懿告诉人说："诸葛亮进食少而事务繁，他怎么可能活得久呢！"

三国·汉（三）

诸葛亮病情加重，夜晚有颗大星星闪着红色的亮光，坠落到诸葛亮的军营中。过了不久，诸葛亮就病逝了，长史杨仪整顿军队退兵。百姓跑着去报告司马懿，司马懿追赶汉军。

姜维令仪反旗鸣鼓，若将向懿，懿不敢逼。百姓为之谚曰："死诸葛走生仲达。"懿笑曰："吾能料生，不能料死。"亮尝推演兵法，作八阵图。至是，懿案行其营垒，叹曰："天下奇材也。"

亮为政无私，马谡素为亮所知，及败军，流涕斩之而恤其后。李平、廖立皆为亮所废，及闻亮之丧，皆叹息流涕，卒至发病死。史称亮开诚心，布公道，刑政虽峻，而无怨者，真识治之良材。而谓其材长于治国，将略非所长，则非也。

初，丞相亮尝表于帝曰："臣成都有桑八百株，薄田十五顷，子弟衣食自有余，不别治生以长尺寸①。臣死之日，不使内有锦帛，外有赢财，以负陛下。"至是，卒如其言。谥忠武。

魏主性好土功②。先是，既治许昌宫，后又作洛阳宫。徙长安钟虡③、橐驼④、铜人，承露盘⑤于洛阳，盘折声闻数十里。铜人重不可致，乃大发铜，铸铜人二列坐于司马门⑥外，号曰翁仲。起土山于芳林园，植杂木善草，捕禽兽致其中。谏者皆不纳。

---

① 尺寸，形容事物数量少。
② 土功，指治水、筑城、建造宫殿等工程。
③ 钟虡（jù），一种悬钟的格具，上有猛兽纹饰。
④ 橐（luò）驼，即骆驼。
⑤ 承露盘，即承露盘仙人，汉武帝所造。
⑥ 司马门，皇宫的外门。

姜维命令杨仪掉转战旗方向，擂响战鼓，像是要对司马懿发动进攻。司马懿收兵，不敢逼近。百姓为此事编了一句谚语："死诸葛亮吓走活仲达。"司马懿听到后笑着说："这是我能够意料到诸葛亮活着，不能料想诸葛亮已死的缘故啊。"诸葛亮曾经推演兵法军阵，制作了八阵图。到了这时，司马懿到诸葛亮驻军的营垒察看，感叹道："真是天下奇才啊！"

诸葛亮处理政事从不偏私。马谡一直被诸葛亮所欣赏，等到他因违反命令而兵败时，诸葛亮痛哭流涕，狠下心来斩杀了马谡，并用心抚恤他的家属子女。李平、廖立都因违令而被诸葛亮废黜在家，等到听说诸葛亮逝世的消息，都感慨万千，痛哭流涕，最后伤心过度，发病而亡。史书称诸葛亮开诚布公，坦白无私，刑罚虽然严苛，但人们没有怨言，真是懂得治国之道的卓越人才！但说他长于治理国家，带兵作战并不是他所擅长的，这就不对了。

起初，诸葛亮曾上表给后主说："我在成都有桑树八百株，薄田十五顷，家中子弟衣食自有富裕，我没有别的收入增加家产。臣死去之日，必不让家内有多余的绢帛，家外有多余的钱财，而有负陛下。"等到他逝世时，果如其所言。诸葛亮的谥号是忠武。

魏明帝喜好土木建筑。起初建造好许昌宫以后，又兴建洛阳宫，把原设在长安宫殿前的大钟、橐驼、铜人、承露盘仙人移往洛阳。承露盘折断，响声传出几十里。因为铜人太重，无法运到洛阳，就广为征集黄铜，铸成两个铜人，并排安放在皇宫司马门外，称之为翁仲。在芳林园堆起一座土山，在上面种植各种树木和精美的花草，捕来山禽野兽放在其中豢养。劝谏的人很多，明帝都没有采纳。

魏主有疾，召司马懿入朝，以曹爽①为大将军。魏主叡殂，僭位十四年，改元者三，曰：太和、青龙、景初。子芳立，是为废帝②。

邵陵厉公芳，八岁即位。司马懿、曹爽受遗诏辅政，懿为太傅。

汉自丞相亮既亡，蒋琬③为政，杨敏④毁琬曰："作事愦愦⑤，不及前人。"或请推治⑥敏。琬曰："吾实不如前人，无可推。"琬卒，费祎⑦、董允⑧并为政。

---

① 曹爽（？—249），字昭伯，沛国谯县（今安徽亳州）人，大司马曹真之子，三国魏国宗室、权臣。明帝病重，封曹爽为大将军，辅佐朝政。齐王即位后，封武安侯。曹爽一意孤行，专权乱政，司马懿发动高平陵政变，诛杀了曹爽。
② 废帝，按，应为前废帝。魏国废帝有两位，前废帝曹芳和后废帝曹髦，不过曹芳多被后世称为"魏少帝"，曹髦才是"魏废帝"。
③ 蒋琬（？—246），字公琰，零陵湘乡（今湖南湘乡）人，三国蜀汉丞相，与诸葛亮、董允、费祎合称"蜀汉四相"。诸葛亮对其悉心培养，死后继任蜀汉丞相，总领军政，封安阳亭侯。曾制定由水路进攻曹魏的计划，却未被采纳。病逝后谥号曰"恭"。
④ 杨敏，生卒年不详，三国蜀汉官吏。负责督农，曾诋毁蒋琬。后犯事入狱，众人以为其必死，蒋琬不计前嫌，杨敏得以免刑。
⑤ 愦愦，音溃，昏乱，糊涂。
⑥ 推治，审问治罪。
⑦ 费祎（？—253），字文伟，江夏鄳县（今河南罗山）人，三国蜀汉名臣，与诸葛亮、蒋琬、董允合称"蜀汉四相"。深得诸葛亮器重，多次出使吴国，不辱使命。诸葛亮死后任大将军，与蒋琬共掌朝政。蒋琬死后，任大将军，志虑忠纯，休养生息。后为魏降将所杀，谥号曰"敬"。
⑧ 董允（？—246），字休昭，南郡枝江（今湖北枝江）人，三国蜀汉名臣，与诸葛亮、蒋琬、费祎合称"蜀汉四相"。后主时任辅国将军，后升尚书令，为费祎副手。思量秉正，翼赞王室。后病逝。

明帝病重，诏令司马懿回朝，任命曹爽为大将军。魏明帝驾崩，居皇帝之位十四年，改用了三个年号，分别是太和、青龙、景初。他的儿子曹芳即位，就是前废帝。

邵陵厉公曹芳八岁登上皇位，司马懿、曹爽接受遗诏辅政，司马懿任太傅。

蜀汉自从丞相诸葛亮逝世后，蒋琬总理朝政。杨敏经常诋毁蒋琬，说他"办事糊涂，实在不如前任"。有人请求追查惩治杨敏，蒋琬则说："我确实比不上前任，没有什么可追查的。"蒋琬逝世后，费祎和董允一同执政。

魏曹爽骄奢无度，司马懿杀之。懿为魏丞相，加九锡①，不受。爽之党夏侯霸②奔蜀。姜维③问之曰："懿得政，复有征伐志否？"霸曰："彼营立家门，未遑外事。有钟士季④者，虽少，若管朝政，吴蜀之忧也。"

魏司马懿卒，以其子师⑤为抚军大将军，录尚书事。

吴主殂，谥曰大皇帝。子亮⑥立。

汉费祎泛爱，不疑降人，刺杀之。姜维用事，数出兵攻魏。

魏李丰⑦数为魏主所召，司马师知其议己，杀之。魏主不平，左右劝诛师，魏主不敢发。师废魏主，僭位十六年，改元者二，曰：正始、嘉平。

---

① 九锡，锡音赐。是中国古代皇帝赐给诸侯、大臣有殊勋者的九种礼器，是最高礼遇的表示。后世受九锡礼的多为权臣，所以后来成为谋逆的代名词。
② 夏侯霸，生卒年不详，字仲权，沛国谯（今安徽亳州）人，曹操大将夏侯渊次子，三国魏国和蜀汉后期的重要将领。在魏国官至右将军、讨蜀护军，封爵博昌亭侯；曹爽被杀后，投奔蜀国，为主要北伐将领。
③ 姜维（202—264），字伯约，天水冀县（今甘肃甘谷）人，三国蜀汉名将。诸葛亮北伐时，姜维归顺蜀国，被诸葛亮重用。费祎死后，姜维独掌军权，多次出兵北伐魏国，却最终没有成功。官至大将军，封平襄侯。后主投降后，姜维诈降钟会，意在恢复，却事情泄露，后死于乱军之中。
④ 钟士季，即钟会（225—264），字士季，颍川长社（今河南长葛）人，太傅钟繇少子，三国魏国名将、书法家。钟会自幼才华横溢，在司马昭平定叛乱时，屡出奇计，时人比之张良。后与邓艾共同灭掉蜀汉后，与姜维共谋举事，事情泄露，死于部将兵变。
⑤ 师，即司马师（208—255），字子元，河内温县（今河南温县）人，司马懿长子，三国魏国权臣，西晋奠基人之一。沉着坚强，雄才大略，司马懿死后任大将军，总领魏国军政。后平定毌丘俭叛乱时，病逝军中，谥号忠武。司马炎称帝后，追谥为景皇帝，庙号世宗。
⑥ 亮，即孙亮（243—260），字子明，吴郡富春（今浙江富阳）人，孙权七子，三国吴国皇帝，252年—258年在位。即位后被孙綝废为会稽王，后又贬为候官侯，自杀身死。
⑦ 李丰（？—254），字安国（一说字宣国），冯翊东县（今陕西大荔）人，三国曹魏官员。善于品评人物，官至中书令。后与夏侯玄、张缉等谋诛司马师，事败后遇害。

魏国曹爽骄奢淫逸，没有限度，司马懿杀死了他。司马懿担任魏国丞相，朝廷赐他九锡，他没有接受。曹爽的同党夏侯霸投奔蜀汉，姜维问他："司马懿当政后有没有征伐蜀汉的志向？"夏侯霸说："司马懿正忙于经营整理内部事务，还顾不上对外征伐。但有一个叫钟士季的人，年纪虽轻，如果管理朝政，将是吴、蜀两国的忧患。"

魏国司马懿逝世，魏国朝廷任命他的儿子司马师为抚军大将军，录尚书事。

吴国皇帝孙权逝世，谥号为大皇帝，他的儿子孙亮即位。

蜀汉费祎广施仁爱，对投降过来的人也从不怀疑，被魏国降将刺杀了。姜维继任费祎，执掌大权，多次出兵讨伐魏国。

魏国李丰多次被曹芳召见，司马师知道他们在谈论如何消灭自己，就杀掉了李丰。曹芳心里暗暗不平，左右侍从劝曹芳诛杀司马师，他却不敢发兵。司马师废掉了曹芳。曹芳僭居皇帝之位十六年，改用了两个年号，分别是正始、嘉平。

师迎立高贵乡公,是为废帝。名髦,文帝之孙、明帝之侄,年十四即位。

扬州①都督②毌丘俭③、刺史文钦④起兵讨司马师,师击败之。师卒,弟昭⑤为大将军,录尚书事。已而为大都督,假黄钺。扬州都督诸葛诞⑥起兵讨昭,昭攻杀之。昭为相国,封晋公。加九锡,不受。

---

① 扬州,汉十三刺史部之一,辖境大致在今安徽淮河以南、江苏长江以南,江西、浙江、福建三省,湖北东部、河南东南部。东晋以后,州的数量增多,辖境日趋缩小,不同于两汉时期。
② 都督,古军事长官的一种,兴于汉末三国,盛于两晋时期。汉末都督有的是偏裨将校,有的则是一军主帅或一个军区的主将。前者被称为帐下都督或部曲督,后者被称为持节都督,两晋时期都督一般指持节都督,为中央或地方军事领导长官。大都督、都督中外诸军事为中央军事长官,都督某某州诸军事为地方军事长官。
③ 毌丘俭(?—255),毌音冠,字仲恭,河东闻喜(今山西闻喜)人,三国魏国后期重要将领。从征辽东,独定高句丽,战功卓著。任幽州刺史,封高阳乡侯。齐王曹芳被废后,感昔日魏明帝之恩,起兵讨伐司马师,兵败被杀。
④ 文钦(?—257),字仲若,谯郡(今安徽亳州)人,三国魏国将领。以扬州刺史同毌丘俭一同起兵讨伐司马师,兵败后逃往吴国,任幽州牧,封谯侯。诸葛诞起兵时,前去接应,因意见不合被诸葛诞所杀。
⑤ 昭,即司马昭(211—265),字子上,河内温县(今河南温县)人,司马懿次子,三国魏国权臣,西晋王朝的奠基人之一。司马师死后任大将军,总揽朝政。灭蜀汉后,封晋王。死后谥号文王。司马炎称帝后,追谥为文皇帝,庙号太祖。
⑥ 诸葛诞(?—258),字公休,琅邪阳都(今山东沂南)人,诸葛亮族弟,三国时魏国将领。长期对峙吴国,官至征东大将军,封高平侯。后起兵反抗司马昭,兵败被杀。

司马师迎立高贵乡公即位，就是后废帝。后废帝名叫曹髦，是文帝的孙子、明帝的侄子，十四岁登上皇位。

　　扬州都督毌丘俭、刺史文钦起兵讨伐司马师，司马师率兵击败了他们。司马师逝世，他的弟弟司马昭继任大将军，录尚书事。过了不久，受封为大都督，出征可以佩戴黄钺。扬州都督诸葛诞起兵讨伐司马昭，司马昭率军消灭了他。魏国拜司马昭为丞相，封晋公。赐给他九锡，司马昭没有接受。

三国·汉（四）

吴王亮亲政，数出中书，视太帝时旧事。尝食生梅，索蜜，蜜中有鼠矢，找藏吏问曰："黄门从尔求蜜邪？"吏曰："向求，不敢与。"黄门不服。令破鼠矢，矢中燥。因大笑曰："若矢先在蜜中，中外俱湿；今外湿内燥，必黄门所为也。"诘之，果服。左右惊悚。大将军孙綝①以其多所难问，称疾不朝。以兵围宫，废亮为会稽王，迎立琅琊王休②。休立，以綝为丞相。綝又无礼于新君，遂被诛。

魏主髦见威权日去，不胜其忿，曰："司马昭之心，路人所知也。"率殿中宿卫、苍头、官僮鼓噪出，欲诛昭。昭之党贾充③入与魏主战。成济④抽戈刺魏主，髦殒于车下。追废为庶人，僭位七年，改元者二，曰：正元、甘露。司马昭迎立常道乡公璜，是为魏元皇帝。常道乡公元皇帝初名璜，燕王宇之子，操之孙也。年十五即位，改名奂。

---

① 孙綝（231—258），綝音嗔，字子通，吴郡富春（今浙江富阳）人，孙坚侄孙，三国吴国宗室、权臣。孙峻死后，孙綝执掌大权，拜大将军，封永宁侯。专政嗜杀，擅行废立。后为孙休设计所杀，在宗谱中革除其名，改称"故綝"。
② 琅琊王休，即孙休（235—264），字子烈，吴郡富春（今浙江富阳）人，孙权六子，三国吴国皇帝，258年—264年在位。在位期间，颁布良制，嘉惠百姓。死后谥号景皇帝。
③ 贾充（217—282），字公闾，平阳襄陵（今山西襄汾）人，名臣贾逵之子。三国魏国末期、西晋初期重臣。镇压毌丘俭和诸葛诞，弑杀曹髦，深得司马氏信任，其女贾南风嫁司马炎之子司马衷。西晋建立后官至司空、太尉，封鲁郡公。死后谥号曰"武"。
④ 成济，生卒年不详，扬州丹杨（今安徽宣城）人，三国魏国武将。被司马昭心腹贾充指使，用戟刺死魏主曹髦。后司马昭为平息众怒，将成济杀死。

三国·汉（四）

　　吴国皇帝孙亮亲政，拿出府藏书册阅览先帝时的旧事。孙亮有一次要生吃酸梅，让黄门去取蜂蜜。孙亮发现蜂蜜中有老鼠屎，就召来守库官询问说："黄门从你那儿要过蜂蜜吗？"守库官说："以前曾要过，我没敢给他。"黄门不服。孙亮让人破开鼠屎，屎中是干燥的，于是他大笑着说："如果鼠屎事先就在蜜中，那么里外都应是湿的，现在外面湿而里面干燥，这必定是黄门放进去的。"诘问黄门，黄门果然服罪。左右之人都很震惊恐惧。大将军孙綝因为多次被孙亮质问，就声称自己生病，不去上朝。这时他带兵包围了皇宫，废黜孙亮为会稽王，迎立琅琊王孙休为帝。孙休即位后，任命孙綝为丞相。孙綝又多次无礼地冒犯孙休，最后被斩杀了。

　　魏帝曹髦眼看自己的权力威势日渐削弱，感到不胜愤恨，说：'司马昭的野心，连路上的行人都知道！"率领宫殿里的宿卫和奴仆们呼喊着向宫外跑去，想要诛杀司马昭。司马昭的党羽贾充进入皇宫，和曹髦激战。成济拿着长戈刺中了曹髦，曹髦死在车下。司马昭将曹髦进而废为平民。曹髦居皇帝之位七年，改用了两个年号，分别是正元、甘露。司马昭迎立常道乡公即位，就是元皇帝。常道乡公元皇帝本来名叫曹璜，是燕王曹宇的儿子、曹操的孙子。十五岁登上皇位，改名曹奂。

汉姜维屡伐魏。司马昭患之，遣邓艾①、钟会将兵入寇。会从斜谷、骆谷②、子午谷③趋汉中。艾自狄道④趋甘松⑤、沓中⑥，以缀⑦姜维。维闻会已入汉中，引兵从沓中还。艾追蹑之，大战，维败走。还守剑阁，以拒会。艾进至阴平⑧，行无人之地七百里，凿山通道，造作桥阁。山高谷深，艾以毡自裹推转而下，将士皆攀木缘崖，鱼贯而进。至江油⑨，以书诱汉将诸葛瞻⑩。瞻斩其使，列阵绵竹⑪，以待败绩。汉将军诸葛瞻死之。瞻子尚⑫曰："父子荷国重恩，不早斩黄皓⑬，使败国殄民，用生何为？"策马冒陈⑭而死。

---

① 邓艾（197—264），字士载，义阳棘阳（今河南新野）人，三国时魏国名将。文武双全，深谙兵法，长期与姜维对峙。官拜征西将军、太尉，封邓侯。后帅兵灭蜀汉，为钟会诬陷，最终被害。
② 骆谷，在今陕西周至西南，是关中与汉中间的交通要道。
③ 子午谷，在今陕西长安县南，是关中通汉中的一条谷道。
④ 狄道，在今甘肃临洮境内。
⑤ 甘松，山名，在今四川松潘县。
⑥ 沓中，今甘肃舟曲县。
⑦ 缀，音辍，牵制。
⑧ 阴平，阴平古道起于阴平郡（今甘肃文县的鹄衣坝），到达平武县的江油关（今南坝乡）。
⑨ 江油，今四川江油。
⑩ 诸葛瞻（227—263），字思远，琅邪阳都（今山东沂南）人，诸葛亮之子，三国时蜀汉大臣。官至卫将军，袭爵武乡侯，镇守绵竹。与邓艾战，兵败被杀。
⑪ 绵竹，今四川绵竹。
⑫ 诸葛尚（244—263），琅邪阳都（今山东沂南）人，诸葛瞻之子，蜀汉将领。同父亲诸葛瞻一同镇守绵竹，死于军中。
⑬ 黄皓，生卒年不详，三国时蜀汉宦官。费祎死后，由黄门丞升任中常侍，开始干预朝政，排挤姜维。
⑭ 陈，即军阵。

蜀汉姜维多次率兵北伐魏国，司马昭对此感到很忧虑，就派遣邓艾、钟会率兵进攻蜀汉。钟会从斜谷、骆谷、子午谷向汉中进发，邓艾从狄道奔赴甘松、沓中，以牵制姜维。姜维听说钟会已经进入汉中，就带兵从沓中返回。邓艾在后面追击，姜维落败，撤军回来坚守剑阁抵御钟会。邓艾从阴平进军，走了七百余里的无人之地，凿山开路，架桥梁建阁道，山高谷深，非常艰险。邓艾用毡毯裹住自己，翻转着滚下山去，将士们也都攀缘着树木崖壁，鱼贯而进。邓艾大军到达江油，写信诱惑蜀汉将领诸葛瞻，诸葛瞻斩杀了使者，在绵竹城外摆开军队，严阵以待。蜀汉军大败，将军诸葛瞻战死。诸葛瞻的儿子诸葛尚说："我们父子二人蒙受国家重恩，没有早点杀掉黄皓，致使国败民亡，活着还有什么用！"于是骑马冲入敌阵而死。

汉人不意魏兵卒至，不为城守。乃遣使奉玺绶，谒艾降。皇子北地王谌①怒曰："若理穷力屈，祸败将及，便当父子群臣，背城一战，同死社稷，以见先帝可也，奈何降乎？"帝不听。谌哭于昭烈之庙，先杀妻子，而后自杀。艾至成都，帝出降魏，封为安乐公。帝在位四十一年，改元者四曰：建兴、延熙、景耀、炎兴。右②，自高帝元年乙未，至后帝禅炎兴癸未，凡二十六帝，通四百六十九年而汉亡。

吴主休殂，谥曰景皇。帝兄子乌程侯皓③立。

魏司马昭先是已受九锡，已而进爵为晋王。昭卒，子炎嗣。魏主奂僭位六年，改元二，曰：景元、咸熙。炎迫魏主禅位，封为陈留王。后卒，晋人谥之曰元。

魏自曹丕至是，凡五世，四十六年而亡。

自汉亡后，又历甲申，阙正统一年④。

---

① 北地王谌，即刘谌（？—263），益州蜀郡（今四川成都）人，刘禅五子，刘备之孙，封北地王。邓艾兵临成都城下，刘禅决定投降。刘谌劝阻无效后，自杀于昭烈庙。
② 右，古人书写自右往左，因此用右来总结上文，引起下文。
③ 皓，即孙皓（242—284），字元宗，吴郡富春（今浙江富阳）人，孙和之子，孙权之孙，三国吴国皇帝，264年—280年在位。沉溺酒色，昏庸暴虐。降晋后，封归命侯，病逝于洛阳。
④ 阙正统一年，阙通缺。蜀汉亡于公元263年，即农历癸未年；西晋建国于公元266年2月8日，为农历乙酉年，隔了一年，为甲申年，故称缺正统一年。

蜀汉人没想到魏兵突然而至，没作守城的准备。后主派遣使者拿着玉玺向邓艾投降。皇子北地王刘谌愤怒地说："如果我们理穷力屈，灾祸败亡将至，就应当父子君臣一起背城一战，共同为社稷而死，这样才能见先帝于地下，为什么要投降？"后主不听。刘谌在昭烈帝刘备的庙里痛哭流涕，回来先杀了妻子儿女，然后自杀而死。邓艾到了成都，后主出城投降，魏国封后主为安乐公。后主在位四十一年，改用了四个年号，分别是建兴、延熙、景耀、炎兴。从高皇帝元年乙未，到后皇帝炎兴元年癸未，一共是二十六位皇帝，总共四百六十九年，汉朝灭亡。

吴国皇帝孙休逝世，谥号景皇帝，他哥哥的儿子乌程侯孙皓即位。

魏国司马昭起先已经接受了九锡之礼，后来又进爵为晋王。司马昭逝世后，他的儿子司马炎继位。魏国皇帝曹奂居皇帝之位六年，改用了两个年号，分别是景元、咸熙。司马炎逼迫曹奂禅位，封曹奂为陈留王。曹奂后来死在封国，晋人给他的谥号是元皇帝。

魏国从曹丕到曹奂，一共有五位皇帝，经历了四十六年后灭亡。

自从汉朝灭亡后，又经历了甲申年，这一年缺少正统王朝的纪年。

文白对照十八史略

第三卷

西晋

西晋（一）

西晋世祖武皇帝，姓司马，名炎，河内人。昭之子，懿之孙也。昭为晋王，议立世子。议者以炎发立委地，手垂过膝，非人臣之相，遂立。已而，嗣为王。即帝位，追尊懿为宣皇帝，师为景皇帝，昭为文皇帝，大封宗室。

晋有灭吴之志，以羊祜①都督荆州事。吴以陆抗②都督诸军，祜与抗对境，使命常通。抗遗祜酒，祜饮之不疑；抗疾，祜与之成药，抗即服之，曰："岂有鸩人羊叔子哉？"祜务修德政，以怀吴人。每交兵，刻日方战，不掩袭。抗亦告其边戍，各保分界而已，毋求细利。时吴主皓不修德政，而欲兼并，使术士筮取天下。对曰："庚子岁青，盖当入洛阳。"盖谓衔璧③之事。而皓不悟，用诸将谋，数侵盗晋边。抗谏，不听。抗卒，祜请伐吴，议者多不同。

---

① 羊祜（221—278），字叔子，泰山南城（今山东平邑）人，西晋名将。镇守襄阳，以德怀柔，缮甲训卒，广为戎备，为吞并吴国作了军事上的准备。官至征南大将军，封钜平侯。死后谥号曰"成"。
② 陆抗（226—274），字幼节，吴郡吴县（今江苏苏州）人，陆逊次子，三国吴国名将。袭爵江陵侯，孙皓即位后任镇军大将军。与羊祜长期对峙荆州，拜荆州牧。死后谥号武侯。
③ 衔璧，《左传·僖公六年》："许男面缚衔璧，大夫衰绖，士舆榇。"杜预注："缚手于后，唯见其面，以璧为贽，手缚故衔之。"故后称国君投降为"衔璧"。

西晋（一）

　　西晋世祖武皇帝姓司马，名字叫司马炎，是河内郡人。他是司马昭的儿子、司马懿的孙子。司马昭做晋王时，和别人讨论应该立谁当世子。议论的人说司马炎垂直了头发可以拖到地面，双手下垂超过膝盖，这不是做人臣的相貌。于是就立司马炎为世子。司马昭逝世后，司马炎就继位当了晋王。司马炎登上皇位后，追尊司马懿为宣皇帝，司马师为景皇帝，司马昭为文皇帝，并且将宗室大多封为诸侯王。

　　晋朝有灭掉吴国的志向，便任命羊祜统领荆州诸项军事。吴国任命陆抗统领大军，对抗羊祜。羊祜和陆抗在两国边境对峙，使者常常奉命互相往来。陆抗送给羊祜一坛酒，羊祜毫不犹豫就喝掉了。陆抗有次生病了，羊祜给他送去配制好的药，陆抗也当即服下，说："怎么会有下毒杀人的羊祜呢？"羊祜致力施行仁德的政策，来让吴人归附。每次与吴国交战，都要约定日期才开战，从未突然袭击。陆抗也告诫吴国戍边的士卒，各自保守疆界就可以了，不要贪小便宜。吴主孙皓不施行德政，却想着统一天下。他让术士为他占卜是否能得到天下，术士回答说："庚子年间，青色的车盖会进入洛阳。"这是说将要有国君投降的事了。但是孙皓却没有醒悟，采纳诸将的意见，多次入侵晋朝边境。陆抗几次进谏，孙皓都没有听从。陆抗逝世后，羊祜上奏，请求讨伐吴国。议论此事的人大多不赞同。

祜叹曰："天下不如意事，十常七八。"惟杜预①、张华②赞其计。祜病，求入朝面陈。晋帝欲使祜卧护诸将，祜曰："取吴不必臣行。但平吴之后，当劳圣虑耳。"祜卒，以杜预为镇南大将军，督荆州军事。吴主皓淫虐日甚，预表请速征之。表至，张华适与帝棋。即推枰③敛手④，赞其决，帝许之。

　　山涛⑤告人曰："自非圣人，外宁必有内忧。释吴为外惧，岂非算乎？"时涛为吏部⑥尚书。

---

① 杜预（222—285），字元凯，京兆杜陵（今陕西西安）人，西晋著名将领、学者，灭吴统一战争的统帅之一。官至镇南大将军，灭吴后封当阳县侯。功成之后耽于经籍，博学多闻，著《春秋左氏经传集解》。死后谥号成侯。
② 张华（232—300），字茂先，范阳方城（今河北固安）人，张良之后，西晋名臣。博学多才，工于书法。灭吴后封广陵县侯，出任幽州牧。惠帝时在朝辅政，官至司空，封壮武郡公。后被司马伦所杀。
③ 枰，音平，棋盘。
④ 敛手，拱手，表示恭敬。
⑤ 山涛（205—283），字巨源，河内怀县（今河南武陟）人，魏晋名士、政治家，"竹林七贤"之一。西晋建立后，官至司徒，选举百官唯才是举，且亲写评论。封新沓伯，死后谥号曰"康"。
⑥ 吏部，官署名，东汉置吏曹，魏晋后改称吏部，掌文官任免、考课、升降、勋封、调动等事务。

羊祜感叹道："天下不如意的事情常常是十之七八。"只有杜预、张华赞同他的计策。羊祜生病了，请求入朝当面向武帝陈述伐吴的计划。武帝想让羊祜卧病在车上总领各位将领，羊祜说："平定吴国我不一定要去，但是等平吴之后，就要劳累您圣明地思虑了。"羊祜逝世后，武帝任命杜预为镇南大将军，统领荆州各项军事。吴主孙皓淫荡暴虐，一天比一天严重，杜预上表请求赶快讨伐他。奏章送达后，张华正巧和武帝在下棋，立即推开棋盘拱手称赞杜预的决策。武帝同意了杜预的请求。

　　山涛对人说："假如不是圣人，外部安宁了就必然有内部的忧患。以晋目前的情况来看，放着吴作外部威胁，难道不是良计吗？"当时山涛是吏部尚书。

涛昔在魏晋之间，与嵇康①、阮籍②、籍兄子咸③、向秀④、王戎⑤、刘伶⑥相友，号竹林七贤。皆崇尚老庄虚无之学，轻蔑礼法，纵酒昏酣，遗落世事。士大夫皆慕效之，谓之放达。惟涛仍留意世事。至是典选甄拔人物，各为题目而奏之，时人称之为《山公启事》。

晋大举伐吴，杜预出江陵，王濬⑦下巴蜀。吴人于江碛要害处，并以铁索横江截之，又作铁锥长丈余，暗至江中，逆拒舟舰。濬作大筏，令善水者以筏先行，遇锥辄着筏而去。又作大炬，灌以麻油，遇锁烧之，须臾融液断绝。于是船无所碍，遂先克上流诸郡。预遣人率奇兵夜渡，吴将惧曰："北来诸军，乃飞渡江也。"

---

① 嵇康（224—263），字叔夜，谯国铚县（今安徽濉溪）人，三国魏国名士、文学家，"竹林七贤"之一。官至曹魏中散大夫，世称嵇中散。后因得罪钟会，为其诬陷，被杀。诗文皆工，风格清峻，有《嵇康集》传世。
② 阮籍（210—263），字嗣宗，陈留尉氏（今河南尉氏）人，阮瑀之子，三国魏国名士、文学家，"竹林七贤"之一。曾任步兵校尉，世称阮步兵。崇奉老庄之学，政治上则采取谨慎避祸的态度。著有《咏怀》诗82首，词旨深远，有《阮籍集》传世。
③ 籍兄子咸，即阮咸，生卒年不详，字仲容，陈留尉氏（今河南尉氏）人，阮籍之侄，魏晋名士、文学家、音乐家，"竹林七贤"之一。官至散骑侍郎，放浪不羁。
④ 向秀（约227—272），字子期，河内怀（今河南武陟）人，魏晋名士。早年隐居不仕，嵇康被害后，出任散骑侍郎。喜谈老庄之学，曾注《老子》，没有写完就去世了。
⑤ 王戎（234—305），字濬冲，琅邪临沂（今山东临沂）人，魏晋名士、官员，"竹林七贤"之一。长于清谈，善于品鉴，却生性贪婪，官至荆州刺史。灭吴后封安丰县侯。惠帝时任司徒，纵情山水，无补政事。死后谥号元侯。
⑥ 刘伶（约221—300），字伯伦，沛国（今安徽宿州）人，魏晋名士，"竹林七贤"之一。平生嗜酒，淡漠少言，曾作《酒德颂》，宣扬老庄思想和纵酒放诞之情趣，蔑视传统"礼法"。
⑦ 王濬（206—286），字士治，小字阿童，弘农湖县（今河南灵宝）人，西晋名将，灭吴统一战争的统帅之一。王濬在灭吴之战中战功卓著，后拜镇军大将军，封襄阳县侯。晚年极其奢侈，死后谥号武侯。

当初在魏晋之际，山涛和嵇康、阮籍、阮籍的侄子阮咸、向秀、王戎、刘伶互为好友，号称"竹林七贤"。他们都崇尚老庄虚无之学，轻蔑世俗礼仪制度，通宵达旦地饮酒，不问世事。士大夫们都羡慕并效仿他们，称之为"放达"。只有山涛仍关心时事。到了这时，点评甄别选拔人才，对每一个人都进行评量品题，然后上奏，当时的人把这称为《山公启事》。

晋朝发兵，大举进攻吴国。杜预从江陵出兵，王濬从巴蜀顺流而下。吴军把江边浅滩上的要害区域，用铁锁跨江拦住，还打造了一丈多长的大铁锥，暗中放进江里，用以阻挡战船。王濬造了几十个大木筏，让水性好的人乘木筏走在前面，遇到铁锥，铁锥就扎到木筏上，被木筏带走了。王濬又造了许多大火把，把麻油浇在火把上，遇到铁锁就点燃火把，一会儿工夫，铁锁就被火把烧得熔化而断开，战船就无所阻挡，于是王濬就先攻克了长江上游的几个郡。杜预派人率领奇兵夜晚渡过长江，吴国将领害怕地说："北方的军队是飞渡过江的！"

预分兵与濬合攻武昌，降之。预谓："兵威已振，譬如破竹，数节之后迎刃而解，无复着手处也。"遂指授群帅方略，径造①建业。濬戎卒八万，方舟百里，举帆直指建业，鼓噪入石头城②。吴主皓面缚③舆榇④降，封归命侯，遂符"庚子入洛"之谶。自大帝至是四世称帝者，凡五十二年而亡。溯孙策定江东以来，通八十余年。

晋代魏十有六年，至太康元年而灭吴。又十年，帝崩。帝初即位，尝焚雉头裘于太极殿前，以示俭。既而侈纵，后宫数千，常乘羊车，宫人插竹叶于门，洒盐以待之。羊车所至，即留酣宴。与群臣语，未尝有经国远谋。自吴既平，谓天下无事，尽去州郡武备，山涛独忧之。汉魏以来，羌、胡、鲜卑降者，多处塞内诸郡。郭钦⑤尝上疏谓："宜及平吴之威，渐徙内郡杂胡于边地，峻四夷出入之防，明先主荒服⑥之制。"帝不听，卒为天下患。帝在位改元者三，曰：泰始、咸宁、太康。太子立，是为孝惠皇帝。

---

① 造，到，去。
② 石头城，孙权所建，即今南京老城城西的石头山石头城。
③ 面缚，双手反绑于背后而面向前，古代用以表示投降。
④ 舆榇（chèn），用车拉着棺材，表示有罪当死。
⑤ 郭钦，生卒年不详，西晋官员。曾上书要求晋武帝要严华夷之防，以备不测，却未被采纳。
⑥ 荒服，古"五服"之一，称离京师二千到二千五百里的边远地方。亦泛指边远地区。

杜预分兵和王濬一起攻打武昌，武昌守将投降。杜预说："我军兵威已振，这就好比用刀破竹，破开数节之后，剩下的就都迎刃而解，不会再有吃力的地方了。"于是他指点传授众将领计策谋略，部队一直攻打到了建业。王濬的八万士兵，乘着相连百里的战船，兵锋直指建业，擂鼓呐喊进入石头城。吴主孙皓反绑着手，把棺材装在车上，向王濬投降。晋朝封他为归命侯，恰好符合"庚子入洛阳"的预言。吴国从大帝孙权到孙皓，一共是四位皇帝，总共经历了五十二年后灭亡。追溯到孙策平定江东以来，总共是八十几年。

晋朝代替魏国十六年，到了太康元年灭掉吴国。又过了十年，武帝驾崩。武帝刚即位时，曾经在太极殿前焚烧掉了用雉头羽毛织成的皮衣，以提倡节俭。后来就逐渐奢侈放纵，后宫有几千名宫女。武帝经常乘坐羊拉的车子，宫女们都把竹叶插在门上，用盐水洒地，诱使羊把车子拉到自己门前。羊走到哪里，武帝就在哪里饮酒、入寝。他平常和群臣会谈，从来没有经营国家的长远谋划。自从吴国被平定后，武帝认为天下再没有什么大事，就把地方州郡的军队全部撤销，只有山涛一个人对此感到担忧。汉魏以来，羌族、匈奴人、鲜卑族来投降的有很多人，朝廷大多把他们安置在边塞以内的诸多郡内。郭钦曾经上疏说："应当趁平吴的威势，逐渐迁徙内地各郡和汉人杂居的胡人到边境地区去，加强夷狄经常出入地区的防卫，以彰明先王所制定的使戎狄远离都城的制度。"武帝却没有听从。这最终成为天下的心腹大患。武帝在位改用了三个年号，分别是：泰始、咸宁、太康。太子即位，就是孝惠皇帝。

西晋（二）

孝惠皇帝名衷，性不慧。为太子时，纳妃贾氏①，充之女也，多权诈。卫瓘②尝侍武帝，阳③醉，跪于前，以手抚床曰："此座可惜！"武帝悟，密封尚书疑事，令太子决之。贾氏大惧，倩④外人具草代对，令太子自写。武帝悦，得不废。至是即位，贾氏为皇后，预政。

---

① 贾氏，即贾南风（257—300），小名旹，平阳襄陵（今山西襄汾）人，贾充之女，惠帝皇后。貌丑而性妒，惠帝继位后，淫乱专政，大肆屠戮，是"八王之乱"的始作俑者，后被司马伦所杀。
② 卫瓘（220—291），字伯玉，河东安邑（今山西夏县）人，西晋重臣、书法家。曹魏时，多次参与对蜀战争；蜀汉亡后，捕杀邓艾，平息钟会。西晋建立后任征东大将军，成功化解北方边境威胁。官至司空，封菑阳公。后为司马伦所杀，谥号曰"成"。书法兼工各体，尤长隶书和章草。
③ 阳，即佯，假装。
④ 倩，请求，恳求。

西晋（二）

　　孝惠皇帝名叫司马衷，生来不是很聪明。他在当太子时，娶了贾氏做太子妃，贾氏是贾充的女儿，生性机巧狡诈。卫瓘曾经服侍武帝，有次假装喝醉了，跪在武帝面前，用手抚摩着龙椅说："真是可惜这个座位了！"武帝有所醒悟，就把尚书决定不下来的事情密封起来，让太子决断应如何处理。贾妃听到这个消息非常恐惧，就借助外人代替太子回答问题，让太子亲笔抄录下来。晋武帝看了之后非常高兴，就没有废除太子。到了这时，司马衷即位，贾氏为皇后，干预朝政。

皇太后杨氏①乃帝母，杨后之从妹父骏②为太傅。贾后杀骏而废太后，杀太宰汝南王亮③，杀太保④卫瓘，杀楚王玮⑤。以众望用张华、裴頠⑥、王戎管机要。华尽忠帝室，后虽凶险，犹知敬重。与頠同心辅政，数年之间，虽暗主在上，而朝野安宁。戎与时浮沉，无所匡救。性复贪吝，田园遍天下，执牙筹昼夜会计。家有好李，恐人得其种，常钻其核。凡所赏拔，专事虚名。阮咸之子瞻⑦见戎，戎问曰："圣人贵名教，老、庄明自然，其旨异同？"瞻曰："将无同！"戎咨嗟良久，遂辟之。时号"三语掾"。

① 杨氏，即杨艳（238—274），字琼芝，弘农华阴（今陕西华阴）人，东汉名臣杨震之后，武帝第一任皇后。杨艳自小聪明贤慧，善于书法，天生丽质，娴熟女工。死后葬于峻阳陵，谥号武元皇后。
② 杨骏（？—291），字文长，弘农华阴人（今陕西华阴）人，武悼皇后之父，西晋官员、外戚。为武帝宠信，官至车骑将军，封临晋侯。武帝死后矫诏辅政，卖官鬻爵，大权独揽，执法严酷，刚愎自用。后为贾后所杀。
③ 汝南王亮，即司马亮（？—291），字子翼，河内温县（今河南温县）人，司马懿四子，"八王之乱"中八王之一。历任要职，官至太尉，武帝曾有意托孤司马亮，被杨骏所阻，未能成功。后被楚王司马玮所杀。后追谥文成。
④ 太保，指太子太保，官名，周置，掌监护与辅弼太子。
⑤ 楚王玮，即司马玮（271—291），字彦度，河内温县（今河南温县）人，司马懿五子，"八王之乱"中八王之一。杨骏被杀后，卫瓘命司马玮返回封国。司马玮怀恨在心，矫诏诛杀卫瓘和司马亮。事后被处死，谥号隐王。
⑥ 裴頠（wěi，267—300），字逸民，河东闻喜（今山西闻喜）人，司空裴秀之子，西晋大臣、学者。惠帝时以尚书左仆射同领政事，朝野安宁。后为司马伦所杀。著有《崇有论》，批驳何晏等人的虚无论。
⑦ 瞻，即阮瞻，生卒年不详，字千里，陈留尉氏（今河南尉氏）人，阮咸之子，西晋官员。清心寡欲，善谈玄理，亦通音律。

皇太后杨氏是惠帝的母亲，太后堂妹的父亲杨骏任太傅，贾皇后杀掉了杨骏，废黜太后，杀死了太宰汝南王司马亮、太子太保卫瓘、楚王司马玮。根据人们的愿望起用张华、裴頠、王戎掌管中枢机要。张华对晋王室竭尽忠心，贾皇后虽然为人凶狠阴险，却也知道敬重张华。张华和裴頠同心尽力，辅佐朝政，数年之间，虽然皇帝平庸无能，但朝野上下，却也安静无事。王戎却随波逐流，对于朝政没有匡正和补救。他还生性贪婪吝啬，园林、田地遍天下，时常手持筹码，昼夜计算。他自己家里种的李子非常好，卖出去恐怕别人得到种子，就常常在李子核上钻了洞。他所赏识提拔的人也都只看重虚名。阮咸的儿子阮瞻曾经与王戎会面，王戎问他说："圣人看重名分，老、庄明了自然，他们的宗旨是相同还是不同？"阮瞻说："大概没什么不同吧？"王戎赞叹不已，于是征召阮瞻，当时的人们称之为"三语掾"。

是时，王衍①、乐广②皆善清谈。衍神情明秀，少时，山涛见之曰："何物老妪，生宁馨儿？然误天下苍生者，未必非此人也！"衍弟澄③及阮咸、咸从子修、胡毋辅之④、谢鲲⑤、毕卓⑥等皆以任放为达，醉裸不以为非。比舍⑦郎酿熟，卓夜至瓮⑧间盗饮，为守者所缚，旦，视之毕吏部也。乐广闻而笑之曰："名教中自有乐地，何必乃尔？"初魏时，何晏⑨等立论，以天地万物皆以无为本。衍等爱重之。裴頠著《崇有论》，不能救。

① 王衍（256—311），字夷甫，琅邪临沂（今山东临沂）人，西晋重臣。王衍外表清明俊秀，风姿安详文雅，喜好老庄学说，长于清谈。官至司空，位高权重，却不思为国。永嘉之乱后，为石勒所房，仍一力开脱自己，并劝石勒称帝，被石勒活埋。
② 乐广（？—304），字彦辅，南阳淯阳（今河南南阳）人，西晋时期名士。乐广出身寒门，少时就名声很大，颇为时人欣赏，和王衍同为清谈领袖。仕途顺畅，官至尚书令。后遭司马乂猜测，忧虑过世。
③ 澄，王澄（269—312），字平子，琅邪临沂（今山东临沂）人，王衍之弟，两晋名士，官员。好清谈，经王衍上表，出任荆州刺史，却不理政事，严苛待下。后为王敦所杀。
④ 胡毋辅之，生卒年不详，字彦国，泰山奉高（今山东泰安）人，西晋名士。为人不拘礼法，行为放荡，颇为时人所称。官至建武将军，安乐太守。
⑤ 谢鲲（281—324），字幼舆，陈郡阳夏（今河南太康）人，谢安伯父，两晋时期名士、官员。弱冠知名，后名列"江左八达"。南渡后被王敦辟为长史，封咸亭侯。多次劝阻王敦起兵，被外放为豫章太守，世称谢豫章。
⑥ 毕卓（322—？），字茂世，新蔡鲖阳（今安徽临泉）人，东晋官员。为人放荡，不拘礼法。南渡后为吏部郎，因醉酒被废职。
⑦ 比舍，邻居。
⑧ 瓮，盛酒的坛子。
⑨ 何晏（？—249），字平叔，南阳宛（今河南南阳）人，何进之孙，三国魏国大臣、玄学家。其父早逝，曹操纳其母尹氏为妾，收养何晏，为曹操所宠爱。少年以才秀知名，喜好老、庄之言，娶曹操女金乡公主。曹爽当政时，任吏部尚书，封列侯。在高平陵政变中，被司马懿所杀，夷三族。撰有《论语解》，是魏晋玄学的创始人之一。

王衍和乐广都擅长清谈。王衍聪明秀美，他小的时候，山涛见到了他，说："什么样的老妇人，生下了这样的孩子！但是妨害天下百姓的人，未必就不是这个人。"王衍弟弟王澄和阮咸、阮咸的侄子阮修、胡毋辅之、谢鲲、毕卓等人都把任性放荡看作放达，常常喝醉了赤裸着全身，并不认为有什么不对。邻居家主人酿造的酒熟了，毕卓夜里溜到放置酒瓮的房间里去偷酒喝，被看管酒的人捆绑起来，第二天早晨一看，原来是毕吏部。乐广听说以后笑他说："名分礼教之内自有欢乐之处，何必如此！"起初在魏国的时候，何晏等人认为：天下万物都是以虚无为根本的。王衍等人都很喜爱和尊敬何晏，裴頠却写了一篇《崇有论》来批驳何晏，但是他的议论对时俗未能有所补救。

太子遹①非贾后所生，后废杀之。征西大将军赵王伦②矫诏勒兵入宫，废后，杀之，杀张华、裴𬱟。伦为相国，淮南王允③率兵讨伦，不克，死。伦杀卫尉石崇④。崇有爱妾绿珠，伦嬖人⑤孙秀⑥求之，不与。秀诬崇奉允为乱，收之。崇曰："奴辈利吾财耳！"收者曰："知财为祸，何不早散之！"遂被杀。伦自加九锡，逼帝禅位。党与皆为卿相，奴卒亦加爵位。每朝会，貂蝉⑦盈坐，时人语曰："貂不足，狗尾续。"

---

① 遹，即司马遹（278—300），字熙祖，小字沙门，司马衷长子。为太子时性情残暴，不修德业。遭贾后诬陷而被废黜，既而被杀。后追谥为愍怀太子，葬于显平陵。
② 赵王伦，即司马伦（？—301），字子彝，河内温县（今河南温县）人，司马懿九子，"八王之乱"中八王之一。司马遹被杀后，司马伦鼓动东宫旧部，诛杀贾后。既而自封大都督，独揽大权。后逼惠帝禅位，然遭到诸多诸侯王的联合打击，屡战屡败，还位惠帝。后被赐死。
③ 淮南王允，即司马允（272—300），字钦度，河内温县（今河南温县）人，司马炎十子。受司马伦逼迫，起兵攻打司马伦，被杀。惠帝复位后，追赠司徒，谥号忠壮王。
④ 石崇（249—300），字季伦，小名齐奴，渤海南皮（今河北南皮）人，西晋官员。早年为"金谷二十四友"之一，灭吴后封安阳乡侯。后辗转外任，劫掠往来富商，因而致富。后遭诬陷被司马伦所杀。
⑤ 嬖人，嬖音必，身份卑下而受宠爱的人。
⑥ 孙秀（？—301），字俊忠，琅琊临沂（今山东临沂）人，西晋大臣。信奉"五斗米道"，善谄媚，为司马伦所崇信。后来诸王合攻司马伦，孙秀被杀。
⑦ 貂蝉，指貂尾和蝉羽，是汉代侍从官员帽上的装饰物。

太子司马遹不是贾后所生，贾后废黜他的太子之位后杀害了他。征西大将军赵王司马伦谎称奉惠帝的诏令，带兵入宫，废黜了贾后，并杀死了她，一同处死的还有张华和裴颜。司马伦担任相国，淮南王司马允率兵讨伐司马伦，没有胜利，兵败被杀。司马伦又杀死了卫尉石崇。石崇有一个非常宠爱的小妾，名叫绿珠，司马伦的宠臣孙秀向石崇索求绿珠，石崇没有给他。孙秀就诬陷石崇要跟随司马允作乱，逮捕了他。石崇说："奴才之辈贪图我的财富呀！"来拘捕他的人说："知道财能带来灾祸，为什么不早点散去呢？"随后石崇就被杀了。司马伦自己给自己加了九锡礼，逼迫惠帝禅位，他的党羽都被任用为卿相，奴仆士卒也都封官加爵。每当朝会时，戴插貂尾、蝉羽等高官饰物的人充斥席位，当时的人讽刺说："貂不足，狗尾续。"

西晋（三）

　　齐王冏①镇许昌，成都王颖②镇邺，河间王颙③镇关中，各举兵讨伦，伦伏诛。冏辅政，骄奢擅权，颙使长沙王乂④杀之。颖亦恃功骄奢，已而与颙举兵反，乂奉帝及颖战。颖将陆机⑤战败被收，叹曰："华亭⑥鹤唳，可复闻乎？"与弟云⑦皆为颖所杀。机、云皆陆抗子也。

---

① 齐王冏，即司马冏（？—302），字景治，河内温县（今河南温县）人，司马攸之子、司马炎之侄，"八王之乱"中八王之一。司马伦篡位后，起兵讨伐司马伦。迎惠帝复位，任大司马。后与司马乂交战，兵败被杀。怀帝为其平反，追谥武闵。
② 成都王颖，即司马颖（279—306），字章度，河内温县（今河南温县）人，司马炎十六子，"八王之乱"中八王之一。司马伦篡位后，起兵讨伐司马伦。言退司马乂后，任丞相，立为皇太弟。后为人所攻，逃离洛阳，辗转多地，终为人所杀。
③ 河间王颙，即司马颙（？—306），字文载，河内温县（今河南温县）人，司马孚之子、司马懿之侄，"八王之乱"中八王之一。司马伦篡位后，起兵讨伐司马伦。迎惠帝复位，任太尉。后为司马乂所败，为司马越所杀。
④ 长沙王乂（yì），即司马乂（277—304），字士度，河内温县（今河南温县）人，司马炎六子，"八王之乱"中八王之一。司马伦篡位后，起兵讨伐司马伦。迎惠帝复位，任骠骑将军。后连接击败司马冏、司马颖、司马颙，却被司马越击败斩杀。怀帝即位后，追谥厉王。
⑤ 陆机（261—303），字士衡，吴郡吴县（今江苏苏州）人，陆抗五子，西晋官员、文学家。吴亡后入晋为官，刚入洛阳时，文才倾动一时。与其弟陆云合称"二陆"，又与顾荣、陆云并称"洛阳三俊"。后为"金谷二十四友"之一。司马伦掌权后，引为相国参军，封中侯。后归附司马颖，讨伐司马乂时兵败，被司马颖夷三族。工于诗文，以繁缛著称，是"太康诗风"的代表。有《陆机集》传世。
⑥ 华亭，今上海松江。
⑦ 云，即陆云（262—303），字士龙，吴郡吴县（今江苏苏州）人，陆抗六子，西晋官员、文学家。吴亡后入晋为官，刚入洛阳时，文才倾动一时。与其兄陆机合称"二陆"，又与顾荣、陆机并称"洛阳三俊"。曾任清河内史，故世称"陆清河"。陆机遇害后，陆云受牵连被杀。陆云为文清新自然，以短篇见长。有《陆云集》传世。

西晋（三）

　　齐王司马冏镇守许昌，成都王司马颖镇守邺城，河间王司马颙镇守关中，各自举兵一起讨伐司马伦，司马伦兵败被杀。司马冏辅政，骄奢淫逸，擅权专政，司马颙派长沙王司马乂杀死了司马冏。司马颖自恃功劳，骄奢放荡，过了不久就和司马颙举兵造反。司马乂奉惠帝诏命迎战司马颖。司马颖以陆机为将，兵败后陆机被逮捕，感叹道："华亭的鹤鸣声，还能再听到吗？"他和弟弟陆云都被司马颖杀害。陆机和陆云都是陆抗的儿子。

颖进兵入京师，为丞相，已而还邺。颙表颖为皇太弟。东海王越①奉帝命征颖，颖遣兵拒，战于荡阴②。乘舆败绩，侍中嵇绍③以身卫帝，被杀，血溅帝衣。颖迎帝入邺，左右欲浣帝衣，帝曰："嵇侍中血，勿浣也。"颖奉帝命还洛阳。颙将张方④在洛，迁帝于长安。颙废太弟颖，更立豫章王炽⑤为太弟。东海王越发兵，西入长安，奉帝还洛，以越辅政。成都王颖先据洛阳，已而奔长安，又自武关⑥奔新野。遂北济河收故将士，为顿丘⑦太守所执。时范阳王虓⑧据邺，送颖于虓，未几，被杀。

帝食面中毒而崩。或曰东海王越鸩之也。帝昏愚，天下大饥，帝曰："何不食肉糜？"华林园⑨闻蛙鸣，帝曰："彼鸣者为官乎？为私乎？"左右戏之曰："在官地者为官，在私地者为私。"

---

① 东海王越，即司马越（？—311），字元超，河内温县（今河南温县）人，司马馗之孙、司马懿侄孙，"八王之乱"中八王之一。司马越先后击败诸多诸侯王，执掌朝政。惠帝死后，拥立怀帝。大权独揽，屠戮朝臣，各地纷纷起兵反抗，无奈之下，请石勒出兵勤王。后忧惧而死，"八王之乱"结束。东晋时追谥孝献。
② 荡阴，今河南汤阴县。
③ 嵇绍（253—304），字延祖，谯国铚（今安徽濉溪）人，嵇康之子，西晋官员。历任各地刺史，后入朝任侍中。荡阴之战中，以身体护卫惠帝，被乱兵杀害。元帝追赠为太尉，谥号忠穆。
④ 张方（？—306），河间（今河北）人，西晋河间王司马颙派系将。追随司马颙，屡立战功，任中领军。后司马颙听信谗言，自毁长城，将其斩杀。
⑤ 豫章王炽，即司马炽（284—313），字丰度，司马炎二十五子，封豫章王。后即位，是为晋怀帝。
⑥ 武关，在今陕西丹凤县东武关河的北岸，与函谷关、萧关、大散关称为"秦之四塞"。
⑦ 顿丘，汉魏郡名，辖境大致在今河南濮阳一带，郡治不可考。
⑧ 范阳王虓（xiāo），即司马虓（268—306），字武会，河内温县（今河南温县）人，司马馗之孙、司马懿侄孙。少时好学，博通经典。后因迎接惠帝之功，升任司空。不久病卒。
⑨ 华林园，故址在今河南洛阳东洛阳故城内。

司马颖带兵进入京师洛阳，担任丞相，不久就返回邺城。司马颙上表请求封司马颖为皇太弟。东海王司马越奉惠帝诏命讨伐司马颖，司马颖派兵在荡阴迎战。惠帝的军队大败，侍中嵇绍用身体来护卫惠帝，被杀死后，鲜血溅到了惠帝的衣服上。司马颖挟持惠帝进入邺城，左右侍从想要浣洗惠帝的衣服，惠帝说："这是嵇侍中的血，不要洗！"司马颖奉惠帝之命返回洛阳。司马颙的部将张方镇守洛阳，就把惠帝迁到了长安。司马颙废黜了司马颖的皇太弟之位，改立豫章王司马炽为皇太弟。东海王司马越发兵，向西进入长安，挟持惠帝返回洛阳，惠帝于是任命司马越辅政。成都王司马颖起先占据洛阳，后来逃到长安，又从武关逃到新野。之后向北渡过黄河，想要召集以前的部将和军队，却被顿丘太守捉住了。当时范阳王司马虓占据邺城，顿丘太守就把司马颖押送到司马虓那里，没过多久，司马颖就被杀了。

　　惠帝因吃面中毒而驾崩。有人说是东海王司马越毒死了他。惠帝昏庸愚笨，天下发生大饥荒，惠帝说："他们怎么不喝肉粥呢？"惠帝在华林园游玩，听见青蛙鸣叫声，说："它们叫是为官家叫呢？还是为私家叫？"左右侍从就戏弄他说："在官家地盘的就是为官家叫，在私家地盘的就是为私家叫。"

方贾氏专政，时人知将乱，索靖①指洛阳宫门铜驼叹曰："会见汝在荆棘中耳。"赵王伦乱后，诸王迭相残灭，天下大乱。

刘渊②兴于左国城③。渊，故南匈奴之后。匈奴自汉魏以来臣中国，其先世自以汉甥，冒汉姓。父豹④，为左部⑤帅。生渊，幼而隽异，博习经史，尝曰："吾耻随⑥、陆⑦无武，遇高帝而不能建封侯之业；绛⑧、灌⑨无文，遇文帝而不能兴庠序之教。岂不惜哉！"于是兼学武事。姿貌魁伟，初为侍子在洛，豹死，武帝以渊代为五部帅。既而为北部都尉，五部豪杰多归之。

---

① 索靖（239—303），字幼安，敦煌龙勒（今甘肃敦煌）人，西晋将领、著名书法家。惠帝时，任荡寇将军，封关内侯，多有战功。后死于"八王之乱"，追赠司空、安乐亭侯，谥号曰"庄"。善章草。
② 刘渊（249？—310），字元海，匈奴族，新兴（今山西忻州）人，冒顿单于后裔，十六国前赵开国皇帝，公元304年—公元310年在位。他父亲死后，统领匈奴五部。"八王之乱"时，乘中原大乱，在并州自立为王，建立汉国，后称帝。死后谥号光文皇帝，庙号高祖。
③ 左国城，在今山西方山县。
④ 豹，即刘豹（？—279），匈奴族，新兴（今山西忻州）人，冒顿单于后裔，刘渊之父，魏晋时期南匈奴首领。任左贤王，统领匈奴左部。
⑤ 左部，匈奴五部之一。曹操分匈奴为五部，即左、右、南、北、中五部；左部由刘豹统辖，居太原郡故兹氏（今山西临汾），右部居祁县（今山西祁县），北部居新兴县（今山西忻州），南部居蒲子县（今山西隰县），中部居大陵县（今山西文水）。
⑥ 随，即随何，生卒年不详，西汉初官员。善于辩论，曾任谒者，说服九江王英布降汉。
⑦ 陆，指陆贾（约前240—前170），汉初楚人，西汉思想家、政治家、外交家。能言善辩，曾两次出使南越，并在吕后死时，说服陈平、周勃合力铲除诸吕。
⑧ 绛，指绛侯周勃。
⑨ 灌，指灌婴，生卒年不详，西汉开国功臣。追随刘邦平秦灭楚，大破英布，因功封颍阴侯。吕后逝世后，迎立文帝有功，官至太尉、丞相。死后谥号懿侯。

贾后专政，当时的有识之士知道天下将要大乱。索靖指着洛阳宫门的铜驼感叹说："大概以后会在荆棘丛中看到你吧。"赵王司马伦作乱后，诸位诸侯王互相残杀，天下大乱。

　　刘渊兴起于左国城。刘渊是以前南匈奴的后裔。匈奴自汉魏以来，臣服中国，刘渊的祖先自以为是汉朝的外甥，就冒充汉王室姓刘。刘渊的父亲是刘豹，是匈奴左部的统帅。刘豹生刘渊，刘渊从小就俊秀异常，广泛学习儒家经典和历史典籍，曾经说："随何、陆贾没有武功，遇到汉高祖而不能建立封侯的功业；绛侯、灌婴没有文才，遇到了汉文帝却不能振兴文化教育，我为此感到羞愧！这难道不可惜吗？"于是他在习文的同时也兼学武功。刘渊长大后身材高大魁梧，起初留在洛阳做人质，刘豹死后，武帝任命刘渊代替他父亲为匈奴五部的统帅，后来又任匈奴北部都尉，匈奴五部的豪杰之士大多归附于刘渊。

及帝世，以为五部大都督。成都王颖表为左贤王，尝使将兵在邺。渊子聪①亦骁勇绝人，博涉经史，善属文，弯弓三百斤。渊从祖宣②曰："汉亡以来，我单于徒有虚号，无复尺土。自余王侯，降同编户③。今吾众虽衰，犹二万。奈何敛手受役，奄过百年？司马氏骨肉相残，四海鼎沸，左贤王英武超世，复呼韩邪之业，此其时也。"乃相与谋，推之。渊说颖，请归，帅五部来助。既至左国城，宣等推为大单于，于二旬间众五万，都离石④。胡、晋归之者愈众，乃建国，号曰汉，称汉王。渊有族子曜⑤，生而眉白，目有赤光，幼聪慧，有胆量，亦好读书属文，射能洞铁七寸。至是，为渊将。

---

① 聪，指刘聪（？—318），字玄明，匈奴族，新兴（今山西忻州）人，刘渊四子，十六国前赵皇帝，公元310年—公元318年在位。刘聪骁勇过人，先后派兵攻破洛阳和长安，俘虏晋怀帝和晋愍帝，覆灭西晋。然而大肆杀戮，崇信宦官，纵情声色。驾崩后谥号昭武皇帝，庙号烈宗。
② 宣，指刘宣，生卒年不详，字士则，匈奴族，新兴（今山西忻州）人，冒顿单于后裔，刘渊堂祖父。
③ 编户，编入户籍的普通人家。
④ 离石，今山西离石。
⑤ 曜，即刘曜（？—329），字永明，匈奴族，为刘渊养子，十六国前赵皇帝，公元318年—公元329年在位。在刘渊建国时屡立战功，后以丞相镇守长安。刘粲被杀后，率兵消灭靳准，登上帝位。迁都长安，改国号为赵。后与石勒争雄，兵败遭虏后被杀，谥号昭文，庙号襄宗。

到了惠帝时，刘渊担任匈奴五部大都督。成都王司马颖上表请求封刘渊为左贤王，曾经让刘渊带兵守卫邺城。刘渊的儿子刘聪也骁勇善战，远超常人，广泛涉猎儒家经典和历史典籍，擅长写文章，能拉动三百斤的重弓。刘渊的堂祖父刘宣说："自从汉朝灭亡以来，我们的单于都是徒有虚名，不再有一寸土地。其余的王侯，地位也降到跟百姓一样。现在我们部落虽然衰落，但也有两万人，怎么能伏首贴耳地被人役使，这样匆匆地过了一辈子呢！现在司马氏骨肉互相残杀，四海动乱如同鼎中沸腾的开水。左贤王英俊威武、超凡绝伦，光复韩邪单于的事业，这正是时候！"于是互相谋划，推举首领。刘渊游说司马颖，请求回去率领匈奴五部前来相助。刘渊回到左国城后，刘宣等人推举刘渊为大单于。二十天之内，聚集了五万人马，在离石建都，胡人和晋人来归附的越来越多。于是刘渊建立国家，国号为汉，自称汉王。刘渊有个养子名叫刘曜，刘曜生下来就是白色的眉毛，眼睛闪着红光。他小时候就很聪明，有胆量，也喜好读书写文章，弯弓射箭能射进铁块七寸深。刘渊起兵后，刘曜在其部下为将。

西晋（四）

　　巴西氐李特①初以流民入蜀，旬月众二万，据广汉②，进攻成都，为刺史罗尚③所败，斩其首。弟流④代领其众，势复盛。流死，弟⑤雄⑥代，攻走罗尚，入成都。至是，自称成都王。

　　鲜卑慕容廆⑦自武帝时已为寇，既而降，以为鲜卑都督。廆生皝⑧，自辽东徙居河⑨，又徙大棘城⑩。及帝世，慕容部愈盛。

---

① 李特（？—303），字玄休，巴西宕渠（今四川营山）人，李雄之父，十六国成汉政权奠基人。陇西饥荒，李特率流民入巴蜀求食，却被益州刺史罗尚所阻。数次交战后，被罗尚所杀。李雄称帝后，追谥李特为景皇帝，庙号始祖。
② 广汉，今四川广汉。
③ 罗尚（？—310），字敬之，荆州襄阳（今湖北襄阳）人，西晋后期将领。以平西将军入蜀平叛，既而领益州刺史。后为李特所败，退守巴郡，封夷陵侯。
④ 流，即李流（248—303），字玄通，巴西宕渠（今四川营山）人，李特四弟，十六国成汉政权奠基人之一。李特死后，李流代替其率领流民，重新走向强盛。不久后病死。李雄称帝后，追谥为秦文王。
⑤ 按，应为兄子。李雄系李特之子、李流之侄。
⑥ 雄，即李雄（274—334），字仲俊，巴西宕渠（今四川营山）人，李特三子，十六国成汉政权开国皇帝，公元306年—公元334年在位。其父李特在蜀地起兵时，李雄任前将军，屡历功勋。攻克成都后，不久称帝。后因生疮病死于成都，谥号武帝，庙号太宗，葬于安都陵。
⑦ 慕容廆（wěi，269—333），字奕落瑰，鲜卑族，昌黎棘城（今辽宁义县）人，十六国前燕政权奠基人。永嘉之乱后，慕容廆修明政事，奖掖人才，东晋册封为车骑将军、平州牧，封辽东公。慕容俊称帝后，追谥武宣皇帝，庙号高祖。
⑧ 皝（huàng），即慕容皝（297—348），字元真，小字万年，鲜卑族，昌黎棘城（今辽宁义县）人，慕容廆三子，十六国前燕政权建立者。在位期间崇尚汉族文化，四处征战，平定叛乱，为日后前燕入主中原奠定了基础。其子慕容俊称帝后，追谥为文明皇帝，庙号太祖。
⑨ 河，县名，今辽宁锦州。
⑩ 大棘城，今辽宁义县。

西晋（四）

　　巴西氐族人李特带领流亡的百姓进入蜀地，一个月时间就有两万人归附他。李特占据了广汉，向成都进军，被益州刺史罗尚击败杀死。李特的弟弟李流代替他统领军队，势力重新强盛。李流死后，侄子李雄接替他的位置。李雄攻打并赶跑了罗尚，进入成都。到了这时，自称成都王。

　　鲜卑人慕容廆自武帝时就多次侵犯边境，后来投降晋朝，武帝封他为鲜卑都督。慕容廆生慕容皝，从辽东迁徙到黄河流域，又迁徙到大棘城。到了惠帝时，慕容部落更加强盛。

鲜卑索头部拓跋氏先是质子在晋，武帝遣归。既而拓跋力微①又遣其子入贡。力微死，子悉②、禄官③立。及帝世，索头分国为三部：一部居上谷之北，禄官自统之；一居代郡参合陂之北，使兄子猗㐌④统之；一居定襄之盛乐⑤故城，使猗㐌弟猗卢⑥统之。晋人附者稍众。猗㐌渡漠北巡，西略诸国，降附者二十余国。拓跋氏之盛，始于此。夷狄乱华之祸，皆萌蘖⑦于汉魏晋之间。至帝之世，乘中国大乱，始四起。

帝在位十七年，改元者五，曰：元康、永康、太安、永兴、光熙。太弟立，是为孝怀皇帝。

孝怀皇帝名炽。当惠帝之十五年，武帝子二十五人，兄弟相屠之余，存者三人而已，炽其一也。素好学，故立为太弟。至是，即位。

成都王李雄称帝，国号成。

---

① 拓跋力微（174—277），鲜卑族，鲜卑族索头部首领，公元200年—公元277年在位。拓跋力微即位后，治理有方，先前逃离的部族都来归附。却听信谗言，致使长子拓跋沙漠汗被杀。后被卫瓘离间，部族散落，忧虑而死。拓跋珪即位后，追谥为神元皇帝，庙号始祖。
② 悉，按，应为悉鹿。拓跋悉鹿（？—286），鲜卑族，鲜卑族索头部首领，拓跋力微次子，公元277年—公元286年在位。拓跋悉鹿在位时，诸部离叛，国内纷扰，势力衰落。拓跋珪称帝后，追谥为章皇帝。
③ 禄官，即拓跋禄官（？—307），鲜卑族，鲜卑族索头部首领，拓跋力微四子，公元294年—公元307年在位。拓跋禄官将鲜卑族分设三部，并协助西晋王朝击败刘渊。拓跋珪称帝后，追谥为昭皇帝。
④ 猗㐌，即拓跋猗㐌（267—305），鲜卑族，鲜卑族索头部首领，拓跋沙漠汗长子。拓跋猗㐌领鲜卑中部，广纳汉人，交好西晋。拓跋珪称帝后，追谥为桓皇帝。
⑤ 盛乐，又作成乐，为拓跋鲜卑时代北都，在今内蒙古自治区和林格尔县之北。
⑥ 猗卢，即拓跋猗卢（？—316），鲜卑族，鲜卑族索头部首领，拓跋沙漠汗次子，公元307年—公元316年在位。拓跋猗卢先领西部，后一统鲜卑三部，协助刘琨击败刘聪，并修建都城，进爵代王。后废长立幼，为其长子六修所杀。拓跋珪称帝后，追谥为穆皇帝。
⑦ 萌蘖，萌，生芽、发芽；蘖，树木砍去后又长出来的新芽。萌蘖喻指事物的开端。

鲜卑索头部拓跋家族起初有人在晋朝做人质，武帝派他回去。后来拓跋力微派遣他的儿子前来朝贡。拓跋力微逝世后，他的儿子拓跋悉鹿、拓跋禄官相继为首领。到了惠帝时，索头部一分为三：一部在上谷郡北部，拓跋禄官亲自统帅；一部在代郡参合陂之北，他哥哥的儿子拓跋猗迤统帅；一部在定襄郡的盛乐故城，派猗迤的弟弟拓跋猗卢统帅。前来归附的晋朝人稍稍多了起来。拓跋猗迤穿过大漠去北方巡视，趁机向西攻打各国，投降归附他的有二十几个国家。拓跋氏的兴起，就是从这时开始的。夷狄扰乱中华的祸害，早在两汉魏晋之间就已经开始萌芽，到了惠帝时，他们趁着中原大乱，才各自起兵反叛。

惠帝在位十七年，改用了五个年号，分别是元康、永康、太安、永兴、光熙。皇太弟即位，就是孝怀皇帝。

孝怀皇帝名叫司马炽。晋惠帝在位的后十五年，晋武帝的二十五个儿子之间兄弟互相屠杀，这时只剩下三个人，司马炽是其中一个。司马炽自小好学，因此被立为皇太弟。之后即位称帝。

成都王李雄称帝，国号为成。

汉主刘渊称帝，徙都平阳。遣其子聪及石勒①等攻晋内郡，以至洛阳。勒，武乡羯人也。先是，尝至洛阳，倚上东门长啸，王衍识其有异。后为寇，已而从汉。

汉主渊卒，子和②立，聪弒而代之。

太傅东海王越遣兵入宿卫，仍遣使以羽檄征天下兵入援。越自率兵讨石勒，卒于军。勒兵败越军，执太尉王衍等。衍自言少无宦情，不豫世事。勒曰："吾行天下多矣，未尝见此辈人，尚可存乎？"或曰："彼皆晋之王公，终不为吾用。"勒曰："虽然，要不可加以锋刃。"夜使人排墙杀之。

汉主聪遣呼延晏③将兵攻洛阳，刘曜、王弥④、石勒皆会，遂陷洛阳，执帝，送平阳，寻被杀。

帝在位六年，改元者一，曰永嘉。秦王立于长安，是为孝愍皇帝。

---

① 石勒（274—333），字世龙，初名石㔨，小字匐勒，羯族，上党武乡（今山西榆社）人，十六国后赵建立者，史称后赵明帝，是中国历史上唯一的奴隶皇帝。"八王之乱"之中起家，后投靠刘渊，逐渐壮大。与刘曜决裂后，先后扫平北方诸势力，后赵一时成为北方最强盛的国家。死后谥号明皇帝，庙号高祖。
② 和，即刘和（？—310），字玄泰，匈奴族，新兴（今山西忻州）人，刘渊长子，十六国前赵皇帝，公元310年在位。刘渊去世，刘和即位，不久，便被其弟刘聪所杀。
③ 呼延晏，生卒年不详，匈奴族，十六国前赵大司空。曾带兵攻打洛阳。
④ 王弥（？—311），东莱（今山东莱州）人，西晋叛民领袖。先起兵反抗晋朝，兵败后归附刘渊，官至大将军。公元311年，攻破洛阳后，为石勒所杀。

汉国君主刘渊称帝，把国都迁到平阳。刘渊派遣他的儿子刘聪和石勒等人攻打晋朝内地诸郡，一直打到了洛阳。石勒是武乡羯族人，原先曾经到洛阳，靠在东门外仰天长啸。王衍看见后，认为他很不一般。石勒后来当了强盗，不久就归降了汉国。

汉国君主刘渊逝世，他的儿子刘和即位。刘聪弑杀了刘和，取代他当了皇帝。

太傅东海王司马越派兵进入皇宫担任禁卫。他派遣使者带着插羽毛的檄文征召全国军队，让他们来救援京城。司马越亲自带兵讨伐石勒，却死在军中。石勒的军队打败了司马越，俘虏了太尉王衍等人。王衍自称从小就没有当官的愿望，也不参与朝廷政事。石勒说："我在天下行走的地方多了，还从未见过这种人，应当把他们再留在世上吗？"有人说："这些人都是晋朝的王公大臣，终究不能为我们所用。"石勒说："虽然这样，但也不要用刀杀了他们。"当夜，派人推倒墙把这些人压死了。

汉国君主刘聪派遣呼延晏带兵攻打洛阳。刘曜、王弥、石勒都前来会兵。于是攻占了洛阳，俘虏了怀帝，送往平阳，不久就杀害了他。

怀帝在位六年，改用了一个年号，即永嘉。秦王在长安即位，这就是孝愍皇帝。

孝愍皇帝名业，吴王晏①之子，武帝孙也，封秦王。洛阳既陷，荀藩②奉王趋许昌，时年十二。已而索綝③迎入，雍州刺史贾疋④等奉为皇太子，建行台。盗杀疋，麹允⑤领雍州。怀帝凶问⑥至，王即位于长安。

石勒遣石虎⑦攻邺，陷而据之。

汉屡寇长安，麹允、索綝屡败之。未几，汉兵连陷诸郡，逼长安。先陷外城，麹允、索綝退守小城，内外断绝，城中饥甚。帝出降，汉将刘曜送平阳。聪享群臣，命帝着青衣，行酒洗爵，又使执盖。后遇害。帝在位四年，改元者一，曰建兴。西晋自武帝至是，凡四世，五十二年。琅琊王立于建业，是为中宗元皇帝。

---

① 吴王晏，即司马晏（281—311），字平度，河内温县（今河南温县）人，司马炎二十三子，西晋宗室、重臣。"八王之乱"后，入朝任大将军、太尉。前赵攻破洛阳后，遇害被杀。追赠太保，谥号敬王。
② 荀藩（245—313），字大坚，颍川颍阴（今河南许昌）人，东汉名士荀爽之后，西晋官员。官至司空，曾组建行台，曾协助晋愍帝入长安，封西华县公。死后追赠太保，谥号曰"成"。
③ 索綝（？—316），字巨秀，敦煌龙勒（今甘肃敦煌）人，索靖之子，西晋官员。迎晋愍帝入关中并助其登位为帝，且掌握朝中权力。晋愍帝被俘后一同前往平阳，被刘聪以不忠而处死。
④ 贾疋（yǎ，？—312），字彦度，凉州姑臧（今甘肃武威）人，贾诩曾孙，西晋官员。以雍州刺史入长安组建行台，协助晋愍帝登基，任骠骑将军，封酒泉公。后讨伐胡人，死于军中。
⑤ 麹（qū）允（？—316），凉州金城（今甘肃兰州）人，西晋末年将领。迎晋愍帝入关中并助其登位为帝，晋愍帝被俘后一同前往平阳后，因不忍愍帝受辱，下狱自杀。追赠他为车骑将军，谥号节愍侯。
⑥ 凶问，指怀帝被弑的消息。
⑦ 石虎（295—349），字季龙，羯族，上党武乡（今山西榆社）人，石勒堂侄，十六国时期后赵皇帝，公元334年—公元349年在位。在位期间荒淫奢侈，极为残暴，死后其子争权，后赵衰落。

孝愍皇帝名叫司马业，他是吴王司马晏的儿子、武帝的孙子，起初被封为秦王。洛阳陷落后，荀藩带着他逃到许昌，当时他只有十二岁。过了不久，索綝迎接司马业进入长安，雍州刺史贾疋等人尊奉他为皇太子，建造行台给他居住。强盗杀死了贾疋，麹允统领雍州。怀帝被弑的消息传来，秦王就在长安即位。

石勒派石虎攻打邺城，攻下后就在邺城据守。

汉国多次入侵攻打长安，麹允、索綝屡次打败了他们。没过多久，汉军接连攻陷周边好几个郡，逼近长安。汉军先攻陷长安外城，麹允、索綝等人退守小城。长安内外断绝了联系，城内饥荒非常严重。愍帝就出城投降，汉将刘曜将愍帝送往平阳。刘聪大摆筵席宴请群臣，让愍帝穿着青色小衣，巡行斟酒，清洗酒爵，又让他手拿伞盖。不久愍帝遇害。愍帝在位四年，改用了一个年号，即建兴。西晋从武帝到愍帝，一共四位皇帝，经历了五十二年。琅琊王在建业即位，就是中宗元皇帝。

文白对照十八史略

第三卷

东晋

东晋（一）

中宗元皇帝名睿，琅琊王伷①之孙也。宣帝懿生伷，伷生觐②。或曰："睿母实与琅琊小吏牛金③通而生睿。"嗣觐为王，于惠、怀为再从兄弟。怀帝时，睿为安东将军，都督扬州诸军，镇建业④。睿以王导⑤为谋主⑥，每事咨焉。睿名论素轻，吴人初不附。

---

① 琅琊王伷，即司马伷（227—283），字子将，河内温县（今河南温县）人，司马懿第五子，母伏太妃，西晋宗室。年少时即有才气，在魏官至征虏将军，封东武乡侯。晋朝建立后封琅琊王。灭吴后，以军功拜大将军，加开府仪同三司。死后谥曰"武"，史称"琅琊武王"。
② 觐，即司马觐（256—290），字思祖，河内温县（今河南温县）人，司马伷之子。官拜冗从仆射，袭爵琅琊王。
③ 牛金，琅琊王府小吏，与三国曹魏大将牛金同名，实为两人。据《晋书》《魏书》记载，司马觐之妻夏侯光姬与府内小吏牛金私通，生司马睿，后世传言"牛继马后"。
④ 建业，今江苏南京。
⑤ 王导（276—339），字茂弘，琅琊临沂（今山东临沂）人，东晋名臣，东晋政权奠基人之一。"永嘉之乱"后，辅佐司马睿建立东晋，与族兄王敦一内一外，翼戴王室。多次力挽狂澜，保护东晋政权渡过危机。历任元、明、成三朝丞相，功勋卓著，封始兴郡公，位极人臣。死后谥号文献，葬礼规格与霍光同，为东晋中兴名臣之最。
⑥ 谋主，主要的谋士。

东晋（一）

中宗元皇帝名叫司马睿，他是琅琊王司马伷的孙子。宣帝司马懿生司马伷，司马伷生司马觐。有人说："司马睿的母亲实际上是与琅琊王府的小吏牛金私通而生的司马睿。"司马睿接替司马觐为琅琊王，和惠帝、怀帝是同曾祖兄弟。怀帝时，司马睿担任安东将军、都督扬州诸军事，镇守建业。司马睿以王导作为主要谋士，每件事情都去向他咨询。司马睿名望声誉一直很轻，吴地人们都不依附顺从他。

导劝用诸名胜①顾荣②、贺循③、纪瞻④等为掾属，抚绥新旧，江东归心焉。后又得庾亮⑤、卞壸⑥等百余人，谓之"百六掾"。桓彝⑦避乱江东，见睿微弱，忧之。既而见导，退谓周顗⑧曰："江左有管夷吾⑨，吾无忧矣。"诸名士游宴新亭⑩，顗中坐而叹曰："风景不殊，举目有江河之异。"因相视流涕。

---

① 名胜，有名望的才俊之士。
② 顾荣（？—312），字彦先，吴郡吴县（今江苏苏州）人，三国吴国丞相顾雍之孙，东晋名臣。顾荣年少成名，吴亡后，与陆机、陆云一同游历洛阳，时称"洛阳三俊"。后为司马睿所用，任散骑常侍，倍加礼重。南渡之初，作为江南士族首脑，鼎力扶持司马睿。死后追赠骠骑将军，嘉兴公，谥号为"元"。
③ 贺循（260—319），字彦先，会稽山阴（今浙江绍兴）人，三国吴国中书令贺邵之子，东晋大臣。是江南士族代表之一，与纪瞻、闵鸿、顾荣、薛兼齐名，号为"五俊"。辅佐司马睿建立东晋，拜太常。死后追封司空，谥号为"穆"。
④ 纪瞻（253—324），字思远，丹阳秣陵（今江苏南京）人，三国吴国中书令纪陟之子，东晋大臣。是江南士族代表之一，与贺循、闵鸿、顾荣、薛兼齐名，号为"五俊"。辅佐司马睿建立东晋。历仕元帝、明帝两朝，在击退石虎、平定王敦中多有功勋，官至骠骑将军，封临湘县侯。死后谥号为"穆"，追封华容子，加开府仪同三司。
⑤ 庾亮（289—340），字元规，颍川鄢陵（今河南鄢陵）人，东晋名臣、外戚。姿容俊美，善谈玄理，历仕元帝、明帝、成帝三朝，在平定王敦中立有战功，成帝时为辅政大臣，独掌大权，却酿成苏峻之乱。官至征西将军，封都亭侯。死后追封太尉，谥号文康。
⑥ 卞壸（kǔn，281—328），字望之，济阴冤句（今山东曹县）人，东晋大臣。累事三朝，两度为尚书令。在苏峻之乱中率兵抵抗苏峻，最终战死。死后追赠侍中、骠骑将军，加开府仪同三司，谥号忠贞。
⑦ 桓彝（276—328），字茂伦，谯国龙亢（今安徽怀远）人，东晋大臣，东汉名儒桓荣之后，桓温之父。自幼饱读诗书，南渡后成为"江左八达"之一。在平定王敦之乱中出谋划策，拜散骑常侍，封万宁县男。后死于苏峻之乱，追赠廷尉，谥号曰"简"。
⑧ 周顗（yǐ，269—322），字伯仁，汝南安城（今河南汝南）人，东晋大臣，西晋安东将军周浚之子。天性宽厚，敢于直言，官至尚书左仆射，拜护军将军，封武城侯。后被王敦杀害，追赠左光禄大夫，加开府仪同三司，谥号曰"康"。
⑨ 管夷吾，即管仲，字夷吾。
⑩ 新亭，今南京市安德门附近，当时为建康宫门。

王导劝司马睿重用那些有名望的才俊之士，顾荣、贺循、纪瞻等人被任命为佐官官吏。司马睿安抚以前的旧部下与新结交的士人，得到江东人民的信任。后来司马睿又得到庾亮、卞壶等百余人为他效力，人们称他们为"百六掾"。桓彝渡过长江躲避战乱，看见司马睿势力微弱，感到很担心。后来又见到王导，回来后对周顗说："江东之地有当代管仲，我用不着担心了！"诸多名士在新亭游玩举行宴会，周顗坐在酒席中间感叹说："风景没有大差别，只是举目望去，有长江和黄河的区别。"大家听了相对流泪。

导曰："当戮力王室，共复神州。何至作楚囚①对泣邪？"

愍帝以睿为左丞相。洛阳祖逖②少有大志，尝与刘琨③同寝，中夜闻鸡声，蹴琨起曰："此非恶声也。"因起舞。及是南渡，请兵于睿。睿素无北伐之志，以逖为豫州④刺史，与兵千人，不给铠仗。逖渡江中流，击楫而誓曰："祖逖不能清中原而复济者，有如此江！"

愍帝又以睿为丞相，都督中外诸军事。长安陷，睿出师露次⑤，移檄北征。实不行。群臣劝即晋王位。明年，遂即皇帝位。

太尉刘琨死。初，琨与祖逖齐名，琨谓人曰："常恐祖生先吾着鞭⑥。"怀、愍时为并州⑦刺史。琨出军，长史叛降石勒。幽州刺史段匹䃅⑧时在蓟城，遣人邀琨。琨率众奔蓟，与匹䃅歃血同盟，翼戴晋世。

---

① 楚囚，本指春秋时被俘到晋国的楚国人钟仪，后用来借指被囚禁的人，也比喻处境窘迫、无计可施的人。
② 祖逖（266—321），字士稚，范阳道县（今河北涞水）人，东晋名将。少年时闻鸡起舞，立志报国；南渡后任奋威将军、豫州刺史，率军北伐。祖逖军纪严明，数年之间收复黄河以南，进封镇西将军。后因朝廷内斗，国是日非，忧愤而死。
③ 刘琨（271—318），字越石，中山魏昌（今河北无极）人，东晋名将。少年时闻鸡起舞，立志报国；年轻时为"金谷二十四友"之一，后累迁并州刺史。永嘉之乱后据守晋阳，抵御前赵，都督并、冀、幽州诸军事，官至司空，封广武侯。后为段匹䃅所害，死后谥号曰"愍"。
④ 豫州，汉十三刺史部之一，辖境大致在今河南东南部、安徽北部。
⑤ 露次，止宿野外。
⑥ 着鞭，犹言着手进行，开始做。
⑦ 并州，汉十三刺史部之一，辖境相当于今山西、内蒙古自治区、河北、陕西的部分地区。
⑧ 段匹䃅（？—321），辽西鲜卑人，晋朝官员，官至幽州刺史、抚军大将军。永嘉之乱后据守幽州，后因杀害刘琨，丧失民心，逐渐败亡。投降后赵，封冠军将军。因密谋反抗石氏，事败被杀。

王导说:"我们应当齐心协力报效朝廷,收复神州沦陷的土地,怎么能像只知悲痛而不思进取的楚囚那样相对流泪呢?"

愍帝任命司马睿为左丞相。洛阳人祖逖从小就有远大的志向,曾经和刘琨一同就寝。半夜里听见鸡叫声,他踢醒刘琨,说:"这不是令人厌恶的声音。"于是起床舞剑。到了向南渡过长江时,祖逖向司马睿请求拨给兵马。司马睿素来没有北伐的志向,就任命祖逖为豫州刺史,给他了一千名士兵,没有兵器。祖逖向北渡江到达长江中间时,敲着船桨说:"我祖逖如果不能廓清中原就返回渡江,就像这江水一样有去无回!"

愍帝又任命司马睿为丞相,统领朝廷内外诸军军事。长安陷落后,司马睿带领军队出发,露宿野外,向四方发布檄文,即日北征。但实际上他并没有前进。群臣劝司马睿登晋王王位。第二年,司马睿登上皇位。

太尉刘琨逝世了。早先时,刘琨和祖逖名气相同,刘琨对人说:"我常常担心祖逖赶在我前面。"怀帝、愍帝时,刘琨担任并州刺史。刘琨出兵作战时,他的长史叛变投降了石勒。幽州刺史段匹磾当时在蓟城,派人邀请刘琨。刘琨就率领他的部队奔往蓟城,和段匹磾歃血为盟,共同拥戴辅佐晋王室。

有欲袭取蓟者，遣书请琨为内应。书为逻骑所获，而琨实不知也，竟为匹磾所缢。

汉①主刘聪卒，子粲②立，其臣靳准③弑而代之。石勒讨准。刘曜自立，封勒为赵公。曜疑，勒自称为赵王。曜亦改号为赵，勒为后赵④。

略阳⑤临渭⑥氐酋蒲洪⑦骁勇多权略，群氐畏服之。刘聪尝拜为将军，不受。在怀帝世自称略阳公。至是，降于赵主曜。

晋豫州刺史祖逖卒。初，祖逖取谯城⑧，进屯雍丘⑨，后赵镇戍归逖者甚众。逖与将士同甘苦，劝课农桑，抚纳新附。帝以戴渊⑩为将军，来督诸军事。

---

① 汉，即前赵，公元304年—公元329年，又称汉赵，十六国之一。匈奴族刘渊所建，国号为"汉"，先后定都平阳、长安，刘曜改国号为"赵"；全盛时疆域大致包括今河北、山西、陕西、河南、山东等地。公元329年为后赵石虎所灭。
② 粲，即刘粲（？—318），字士光，匈奴族，新兴（今山西忻州）人，刘聪之子，十六国前赵皇帝。刘粲即位后荒淫无道，大肆诛杀，为靳准所弑，谥号为隐皇帝。
③ 靳准（？—319），匈奴族，十六国前赵外戚、权臣。其女为刘聪皇后，靳准深受宠信，独掌大权。诛杀刘粲后，屠灭了在平阳的刘氏皇族，自立为大将军、汉天王，向晋朝称臣。后被刘曜诛杀。
④ 后赵，319年—351年，十六国之一。羯族石勒所建，前后定都襄国、邺，全盛时疆域大致在今除辽东、河西的北方地区。公元351年为冉魏冉闵所灭。
⑤ 略阳，魏晋郡名，魏置广魏郡，西晋改名魏略阳，辖境大致在今甘肃西部，治临渭县（今甘肃秦安县东南）。
⑥ 临渭，今甘肃秦安县东南。
⑦ 蒲洪（285—350），字广世，氐族，略阳临渭（今甘肃秦安）人，十六国前秦政权奠基人，后改姓苻。蒲洪好施舍，多权变，善骑射。前后归附前赵、后赵，深得石虎重用，拜冠军大将军，后为降将麻秋所毒杀。其子苻健称帝后追谥惠武皇帝，庙号太祖。
⑧ 谯城，今河南省商丘市夏邑县北。
⑨ 雍丘，今河南杞县。
⑩ 戴渊（269—322），字若思，广陵（今江苏扬州）人，东晋大臣。早年在东海王司马越幕府任职，后转投司马睿。东晋建立后，任征西将军。王敦之乱时，率兵勤王，兵败被杀。死后追赠右光禄大夫、开府仪同三司，谥号曰"简"。

当时有人想要偷袭占据蓟城，书写密函请求刘琨为内应。密使被巡逻的骑兵截获，但是刘琨实际上并不知道此事。最后刘琨被段匹磾勒死了。

前赵国主刘聪逝世，他的儿子刘粲登上皇位，臣子靳准弑杀了刘粲自己登上皇位。石勒发兵讨伐靳准。刘曜自立为皇帝，封石勒为赵公。刘曜怀疑石勒图谋不轨，石勒就自称为赵王。刘曜也改国号为赵，石勒被称为后赵。

略阳郡临渭县氐人酋长蒲洪，骁勇而善于权变谋略，氐人都敬畏而服从他。汉主刘聪曾派使者任命蒲洪为将军，蒲洪不接受。怀帝时蒲洪自称略阳公。到了这时，蒲洪投降了前赵国主刘曜。

晋朝豫州刺史祖逖逝世。起先，祖逖攻取谯城，进军屯于雍丘，后赵戍边的士卒归降祖逖的有很多。祖逖和将士们同甘共苦，鼓励、督促农业生产，抚慰安置新近归附的兵民。元帝任命戴渊为将军，前来监督诸军军事。

遂以己剪荆棘，收河南地，而渊雍容，一旦来统之，意甚怏怏。又闻王敦①与朝廷拘隙②，将有内难，知大功不遂，感激发病，卒，豫州士女若丧父母。

鲜卑慕容廆先是遣使于晋，受帝命为平州③刺史。至是，以为平州牧、辽东公。

东晋（二）

初，拓跋禄官④死，猗卢总摄三部。刘琨与猗卢结为兄弟，怀帝时，表为大单于，封代公。率部落自云中入雁门⑤，琨与以陉北⑥之地，由是益盛。尝为琨援，大败刘曜之兵于晋阳⑦。猗卢城成乐⑧为北都，平城⑨为南都。愍帝进猗卢爵为王，置官属，食代⑩、常山⑪二郡。

---

① 王敦（266—324），字处仲，琅邪临沂（今山东临沂）人，王导族兄，东晋权臣。"永嘉之乱"后，辅佐司马睿建立东晋，与族弟王导一内一外，翼戴王室。后为元帝所忌，遂起兵夺权，史称"王敦之乱"。后病逝身亡，死后尸体被斩首。
② 拘隙，即构隙，指结怨。
③ 平州，魏晋州名，西晋分昌黎、辽东、玄菟、带方、乐浪等郡国五置平州，辖境大致在今辽宁南部，治襄平（今辽宁辽阳）。
④ 拓跋禄官（？—307），鲜卑族，鲜卑族索头部首领，拓跋力微之次子，294年—307年在位。拓跋禄官将鲜卑族分设三部，并协助西晋王朝击败刘渊。拓跋珪称帝后，追谥为昭皇帝。
⑤ 雁门，秦汉郡名，魏晋仍之，辖境大致在山西北部，治善无（今山西右玉县南）。
⑥ 陉北，太行山多东西向横谷，其名为"陉"。陉北指山西境内太行山东北地区。
⑦ 晋阳，今山西太原。
⑧ 成乐，即盛乐，为拓跋鲜卑时代北都，在今内蒙古自治区和林格尔县之北。
⑨ 平城，今山西大同。
⑩ 代，秦汉郡名，魏晋仍之，辖境大致在今山西东北、河北西北，治代县（今河北蔚县）。
⑪ 常山，秦汉郡名，原名恒山郡，为避汉文帝讳改称常山郡，魏晋仍之，辖境大致在今河北北部，治真定（今河北正定县）。

祖逖想到自己披荆斩棘，才收复河南失地，而戴渊从容舒缓，前来坐享其成，心中怏怏不乐。又听说王敦与朝廷之间相互结怨，国家将有内乱，知道统一北方的大业难以成功，受到很大刺激，引发了重病。他逝世的时候，豫州的男女百姓都像失去了自己的亲生父母。

　　鲜卑慕容廆起初派遣使者到晋朝来，接受元帝的任命，担任平州刺史。到了这时，他被封为平州牧、辽东公。

东晋（二）

　　起初，拓跋禄官逝世时，拓跋猗卢统领管辖三个部落。刘琨和猗卢结为异姓兄弟，怀帝时，上表请求封拓跋猗卢为大单于、代公。拓跋猗卢率领他的部落从云中进入雁门，刘琨把陉北之地赠给了拓跋猗卢，拓跋猗卢从此更加强盛。他曾经作为刘琨的援军，在晋阳大败刘曜的军队。拓跋猗卢把盛乐作为北都，把平城作为南都。愍帝晋封拓跋猗卢的爵位为王，准许他设置自己的官署，并把代郡和常山郡作为了拓跋猗卢的食邑。

猗卢爱少子，欲立为嗣，而出其长子六修①。使六修拜其弟，不从而去，大怒，讨之，兵败而遇弑。猗迤之子普根②讨灭六修而自立，寻卒。国人立猗卢弟之子郁律③。至是，猗迤之妻杀郁律而立其子贺傉④。郁律子什翼犍⑤在襁褓，母匿之裤下，得不杀。

晋荆州刺史王敦反。初，帝之始镇江东也，敦与从弟导同心翼戴，推心任之。敦总征讨，导专机政，群从子弟布列险要。

---

① 六修，即拓跋六修（？—316），鲜卑族，拓跋猗卢长子。曾带兵协助刘琨，后镇守平城，总管南部。后因拓跋猗卢偏爱幼子，废黜六修，遂父子反目，六修弑杀拓跋猗卢后，被其堂兄拓跋普根所杀。
② 普根，即拓跋普根（？—316），鲜卑族，鲜卑族索头部首领，拓跋猗迤长子。继承父亲领鲜卑中部，杀死拓跋六修后，继承代王之位。数月之后病逝。拓跋珪称帝后，追谥为文平皇帝。
③ 郁律，即拓跋郁律（？—321），鲜卑族，鲜卑族索头部首领，拓跋弗之子，拓跋猗卢之侄，公元316年—公元321年在位。拓跋郁律有威望，曾率兵增援刘琨。即位后广修武备，称雄北方，有平定南方之意。后为其伯母所杀。拓跋珪称帝后，追谥为平文皇帝，庙号太祖。
④ 贺傉（nù），即拓跋贺傉（？—325），鲜卑族，鲜卑族索头部首领，拓跋猗迤次子，321年—325年在位。其母惟氏发动政变，杀死了拓跋郁律，拥立拓跋贺傉。拓跋珪称帝后，追谥为惠皇帝。
⑤ 什翼犍（qián），即拓跋什翼犍（320—377），鲜卑族，十六国代国君主，拓跋郁律次子。其兄拓跋翳槐逝世后，拓跋什翼犍即位，设置百官，改元建国。四处征战，成为当时北方颇为强盛的国家。后为苻坚所败，被其子拓跋寔君所杀，死后代国灭亡。其孙拓跋珪称帝后，追谥为昭成皇帝，庙号高祖。

拓跋猗卢喜爱他的小儿子，想要把他立为自己的继承人，把他的长子拓跋六修派遣出去。拓跋猗卢命拓跋六修拜见六修的弟弟，拓跋六修不同意，并且离开了。拓跋猗卢很生气，出兵讨伐拓跋六修，大败，反被拓跋六修弑杀了。拓跋猗迤的儿子拓跋普根消灭了拓跋六修，自立为首领。过了不久，拓跋普根就去世了，部落的人拥立拓跋猗卢弟弟的儿子拓跋郁律当了首领。这时，拓跋猗迤的妻子杀掉了拓跋郁律，拥立她的儿子拓跋贺傉成为首领。拓跋郁律的儿子拓跋什翼犍还在襁褓中，他的母亲把他藏到裤子里，才免于一死。

　　晋朝荆州刺史王敦起兵造反。起先元帝刚刚镇守江东时，王敦和从弟王导齐心协力，拥戴辅佐王室，元帝也推心置腹，重用二人。王敦总管征讨军事，王导专理机要政务，他们家族的后进子弟各自占据显要位置。

时人语曰："王与马，共天下！"敦先领①扬州刺史，都督征讨诸军。进为镇东大将军，都督江②、扬、荆、湘③、交④、广⑤六州诸军事，江州刺史，寻领荆州。恃功傲恣，帝畏恶之。乃引刘隗⑥、刁协⑦为腹心，稍抑损王氏权，导亦渐见疏外。敦参军⑧钱凤⑨等凶狡，知敦有异志⑩，阴为画策。至是，敦遂举兵武昌⑪，以诛刘隗、刁协为名。隗、协劝帝尽诛王氏，帝不许。导率宗族每旦诣台待罪。周𫖮将入，导呼之曰："伯仁，以百口累卿。"𫖮不顾。入见帝，言导忠诚，申救甚至。帝纳其言。𫖮醉而出，导又呼𫖮。不与言，顾左右曰："今年杀诸贼奴，取金印斗大，系肘后。"既出，又上表，明导无罪。导不知，恨之。帝召见导，导稽首曰："乱臣贼子，何代无之。不意今者近出臣族。"

---

① 领，汉代以后，以地位高的官员兼职较低职务，谓之"领"。
② 江，两晋州名，分扬州、荆州各一部设江州，辖境大致在今江西。
③ 湘，东晋州名，分扬州、荆州各一部设湘州，辖境大致在今湖北南部、湖南、广西北部、广东北部。
④ 交，汉十三刺史部之一，辖境大致在今两广，越南中部、北部。三国东吴时分交州为交州和广州，两晋仍之，交州辖境大致在越南中部、北部、广西南部。
⑤ 广，三国吴国州名，两晋仍之，辖境大致在今广东、广西。
⑥ 刘隗（wěi，273—333），字大连，彭城（今江苏彭城）人，东晋大臣。为官刚正，不避权贵，为元帝腹心。官至侍中，拜镇北将军，封都乡侯。后王敦以诛杀刘隗、刁协为名，发动叛乱。刘隗被迫逃奔石勒，封太子太傅，卒于北方。
⑦ 刁协（？—322），字玄亮，渤海饶安（今河北盐山）人，东晋大臣。少好经籍，博闻强识，为元帝心腹。制定东晋典章制度，官至尚书令。后王敦以诛杀刘隗、刁协为名，发动叛乱。刁协为下属所杀，死后追赠尚书令。
⑧ 参军，即参军事，官名，东汉置，本为参谋军务之称，南北朝时为幕府诸曹之长。
⑨ 钱凤（？—324），字世仪，王敦部将，多次怂恿王敦起兵谋反。后兵败被杀。
⑩ 异志，指二心，叛离之心。有叛变或篡逆的想法。
⑪ 武昌，今湖北鄂州。

当时的人们说："王与马，共天下！"王敦先是兼任扬州刺史，统领征讨诸军，后来晋封为镇东大将军，都督江、扬、荆、湘、交、广六州诸军事，封江州刺史，不久兼任荆州刺史。王敦自恃有功，越来越骄恣跋扈，元帝因畏惧而憎恶他。于是元帝提拔刘隗、刁协等人作为自己的心腹，逐渐抑制和削弱王氏的职权，王导也逐渐被疏远。王敦的参军钱凤等人凶残狡诈，知道王敦胸怀异志，暗地里就给王敦出谋划策。到了这时，王敦就以诛杀刘隗、刁协的名义，从武昌起兵。刘隗、刁协劝元帝将王氏全部诛杀，元帝没有同意。王导率领宗族上下，每天早晨跪在殿前，等待元帝降罪。周𫖮将要进殿，王导对周𫖮喊："伯仁，王氏宗族一百多条人命就托付给您了！"周𫖮连头也不回。周𫖮见了元帝后，说王导忠心不二，极力为他申辩救护。元帝采纳了他的建议。周𫖮喝醉了才从殿里出来，王导又呼喊他。周𫖮不理王导，对身边的人说："今年把那些乱臣贼子都杀干净了，就能得到斗大的金印，到时我要把它系在胳膊肘后面。"周𫖮出了宫殿后，又上表申明王导无罪。王导却不知情，对周𫖮怀恨在心。元帝召见王导，王导跪下赔罪说："乱臣贼子，哪个朝代没有呢？我只是没想到如今却出现在我的家族中！"

帝跣①而执其手曰："茂弘，方寄卿以百里之命②。"以为前锋大都督。敦至石头城，据之曰："吾不复得为盛德之事矣。"协、隗等分道出战，大败而还。帝令百官诣石头，见敦。敦杀周顗，导不救。后料检中书③故事，见顗表，执之流涕曰："吾虽不杀伯仁，伯仁由我而死。幽冥之间，负此良友。"敦不朝而去，还武昌。

帝忧愤成疾而崩。在位六年，改元者三，曰：建武、大兴、永昌。太子立，是为肃宗明帝。

东晋（三）

肃宗明皇帝名绍，幼而聪慧。尝有使者从长安来，元帝问绍曰："长安近欤？日近欤？"绍曰："长安近。但闻人从长安来，不闻人从日边来。"元帝奇其对。一日，与群臣语及之，复以问绍。绍曰："日近。"元帝愕然，曰："何以异间者之言邪？"绍曰："举头见日，不见长安。"元帝益奇之。及长，仁孝，喜文辞，善武艺，好贤礼士，受规谏。与庾亮、温峤④等为布衣之交。敦在石头，以其有勇略，欲诬以不孝而废之，赖峤等众论，沮⑤其谋。

---

① 跣（xiǎn），光着脚，不穿鞋袜。
② 百里之命，百里，指诸侯国；百里之命，指国君的政令，后指国家的政权和命运。
③ 中书，即中书省。晋改汉魏中书令为中书省，为秉承君主旨意、掌管机要、发布皇帝诏书、中央政令的最高机构。
④ 温峤（288—329），字泰真，一字太真，太原祁县（今山西祁县）人，东晋名将。初任刘琨参军，后作为使者南下，与晋明帝结为布衣之交。任江夏太守，先后参与平定王敦之乱、苏峻之乱，功勋卓著，拜骠骑将军，加开府仪同三司，封始安郡公。死后追赠大将军，谥号忠武。
⑤ 沮，破坏，挫败。

元帝来不及穿鞋，赤脚拉着他的手说："茂弘，我正要把朝廷政务交给你呢！"元帝于是任命王导为前锋大都督。王敦率军到达石头城，攻取后说："我身为叛臣，再也做不了功德盛大的事了！"刁协和刘隗分别出战，都大败而回。元帝命令朝廷百官都到石头城去拜见王敦。王敦杀掉了周𫖮，王导没有搭救。后来王导检查清理中书省的旧档案，看到周𫖮为自己申辩的奏章，拿着奏章痛哭流涕，说："我虽没杀周伯仁，周伯仁却是因我而死，我有负于冥间这样的好友！"王敦没有朝见元帝，就返回了武昌。

元帝忧愤不堪，一病不起，不久驾崩。元帝在位六年，改用了三个年号，分别是建武、大兴、永昌。太子登上皇位，就是肃宗明皇帝。

东晋（三）

肃宗明皇帝名叫司马绍，年幼时就很聪明。曾经有一位使者从长安来，元帝问他说："你说是长安离得近呢？还是太阳离得近？"司马绍回答说："当然是长安离得近了。人们只听说过有人从长安来，却没听说有人从太阳那边来。"元帝对他的回答感到很奇特。一天，元帝和群臣说到了这件事，又问司马绍同样的问题。司马绍回答说："太阳离得近。"元帝很惊讶，说："怎么和前几天回答的话不一样呢？"司马绍说："人们举头就能够看见太阳，却看不见长安。"元帝对他感到更加新奇。等到司马绍长大了，仁慈孝顺，喜好文辞，精通武艺，礼贤下士，能虚心接受规劝和谏言。司马绍和庾亮、温峤等没有官职的贤士交往。王敦在石头城时，因为司马绍有勇有谋，想要诬陷他不孝，继而废掉他的太子之位，幸亏温峤等人一起论辩，才挫败了王敦的阴谋。

至是即位。敦谋篡位，移屯姑熟①，自领扬州牧。

以王导为司徒，加大都督，督诸军，讨敦。敦复反，发兵而病，使郭璞②筮之。璞曰："明公起事，祸必不久。"敦大怒，曰："卿寿几何？"璞曰："命尽今日日中。"敦斩之。帝自出觇③敦军，敦昼梦日环其营，惊悟曰："黄须鲜卑儿来邪？"帝母鲜卑出也。亟遣人追之，不及。帝帅诸军出，屯南皇堂④。夜募壮士渡水，掩敦兄王含⑤军，大破之。敦闻含败，曰："我兄，老婢耳。门户衰，世事去矣。"因作势起，欲自行，困乏，复卧。寻卒。敦党悉平，发敦尸，斩之。有司奏罪王氏兄弟，诏曰："司徒导以大义灭亲，将十世宥之。"悉无所问。

---

① 姑熟，一作姑孰，今安徽当涂县。
② 郭璞（276—324），字景纯，河东闻喜（今山西闻喜）人，东晋著名学者、文学家。精通天文、历算、易学、术数，是"游仙诗"的创始者。曾为《尔雅》《方言》等经典作注，著述颇丰。后任王敦参军，被王敦所害。死后追赠弘农太守。
③ 觇（chān），偷看，偷窥。
④ 南皇堂，地名，具体位置不详。
⑤ 王含（？—324），字处弘，琅邪临沂（今山东临沂）人，东晋官员，王敦之兄。官至征东将军，王敦之乱时为王敦军元帅。兵败奔荆州王舒，被沉入江中。

之后，司马绍登上皇位。王敦密谋篡夺皇位，将军队移驻到姑孰，自己兼任扬州牧。

明帝任命王导为司徒，加封大将军，都督诸军，发兵征讨王敦。王敦再次反叛，发兵抵抗时却病倒了，让郭璞来给自己算卦。郭璞说："明公您发兵举事，大祸就不远了。"王敦很生气，说："那您的寿命还有多长呢？"郭璞说："我的寿命在今天中午的时候走到尽头。"于是王敦就斩杀了郭璞。明帝亲自骑马去窥探王敦的军阵。王敦白天睡觉梦见太阳环绕着他的军营，惊醒过来，说："长着黄胡子的鲜卑人的儿子来了！"这是因为明帝的母亲是鲜卑人。王敦赶紧派人去追赶明帝，却已经赶不上了。明帝率领各路大军出征，屯兵在南皇堂。夜晚招募勇士，渡过秦淮河，向王敦的哥哥王含的军队发起进攻，大获全胜。王敦听说王含失败的消息，说："我这个兄长只是个老奴婢，门户衰落，大势已去！"他挣扎着从病床上起来，想要自己行走，因困乏无力，又重新躺下。没过多久，王敦就病死了。王敦的党羽都被平定了，他的尸体被挖出来斩首。官员上奏怪罪王氏兄弟，明帝下诏说："司徒王导，大义灭亲，王室将世世代代宽宥他！"全部都没有加以查问。

以陶侃①都督荆、湘等州诸军事。侃少孤贫，孝廉范逵②过之，侃母湛氏截发卖为酒食。逵荐侃，遂知名。初为荆州都督刘弘③所用，讨义阳④判蛮张昌⑤，又讨破江东叛将陈敏⑥，又击破湘州剧贼杜弢⑦。自江夏⑧太守为荆州刺史，王敦疾之，左迁广州刺史。侃在州，朝运百甓⑨于斋外，暮运于斋内。人问其故，答曰："吾方致力中原，故习劳耳。"至是，复镇荆州，士女相庆。侃性聪敏恭勤，尝曰："大禹圣人，乃惜寸阴。众人当惜分阴。"取诸参佐酒器、蒱博⑩具，悉投于江，曰："樗蒱⑪者，牧猪奴戏耳！"

---

① 陶侃（259—334），字士行，一作士衡，庐江浔阳（今江西九江）人，东晋名将。先后平定各地叛乱，又作为联军主将平定苏峻之乱，战功赫赫。官至太尉，领荆州刺史，封长沙郡公。死后追赠大司马，谥号曰"桓"。
② 范逵，鄱阳（今江西鄱阳）人，西晋官员，曾举孝廉，推荐陶侃，生平事迹不详。
③ 刘弘（236—306），字和季，一作叔和，沛国相县（今安徽濉溪）人，两晋名将。西晋时官拜宁朔将军，领乌丸校尉，因功封宣城公。永嘉之乱后迁荆州刺史，率领陶侃等人平定荆州。进奉镇南大将军，加开府仪同三司。死后追赠新城郡公，谥号曰"元"。
④ 义阳，魏晋郡名，辖境大致在今河南南部，治新野（今河南新野）。
⑤ 张昌（？—304），义阳（今河南新野）人，出身蛮族，力过人，曾为平氏县吏。两晋之交，在荆楚地区以妖言蛊惑百姓，起兵反抗官军。后为刘弘部下陶侃等人所败，被杀。
⑥ 陈敏（？—307），字令通，庐江（今安徽庐江）人，西晋官员。少有才干，八王之乱中欲割据江东自立。后举兵反叛，尽占吴越等地，却被顾荣、陶侃等人联合剿灭，兵败被杀。
⑦ 杜弢（tāo，？—315），字景文，蜀郡成都（今四川成都）人，西晋流民首领。少有才学，后蜀地流民叛乱，推杜弢为首领，自称梁、益州牧，攻陷杀戮。后被王敦、陶侃联兵击败，死于逃跑途中。
⑧ 江夏，汉郡名，魏晋仍之，辖境大致在今湖北东部、河南南部，治安陆（今湖北安陆市）。
⑨ 甓（pì），砖。
⑩ 蒱（pú）博，古代一种博戏，后亦泛指赌博。
⑪ 樗（chū）蒱，古代一种博戏，因其棋牌为樗木制成，故称樗蒱。

明帝任命陶侃都督荆、湘等州诸军事。陶侃小时候父亲就去世了,家里很贫困。孝廉范逵路过他家,陶侃的母亲湛氏剪断头发卖了,买来酒肉请范逵吃饭。经过范逵推荐,陶侃的名气被时人所知晓。起初陶侃被荆州都督刘弘所任用,讨伐义阳地区叛乱的蛮人张昌,又出兵征讨江东叛将陈敏,又带兵击破湘州乱贼杜弢。后来陶侃从江夏太守调任荆州刺史,王敦很忌惮他,就把他贬为广州刺史。陶侃在广州刺史任上时,每天早上就把一百块砖背到房外,晚上再背进来。有人问他为什么这样做,陶侃回答说:"我正致力于收复中原,所以先熟悉熟悉劳累的生活。"之后,陶侃又重新镇守荆州,荆州的男女百姓都互相庆贺。陶侃聪慧敏锐,恭敬勤俭,他曾说:"大禹这样的圣人,尚且珍惜每寸光阴,至于一般人,应当珍惜每分光阴。"他命人收取了诸位参佐幕僚的酒具和赌博器具,全部扔到江中,说:"樗蒲这种博戏不过是放猪的奴仆们玩的游戏而已!"

尝造船，籍竹头木屑而掌之。后正会①，雪霁，地湿，以木屑布地。及后有征蜀之师，得侃竹头作钉装船。其综理微密类此。

帝崩，在位三年，改元者一，曰：太宁。太子立，是为显宗成皇帝。

东晋（四）

显宗成皇帝名术②，母庾氏③，五岁即位。司徒导与帝舅中书令④庾亮辅政，太后临朝。

历阳⑤内史⑥苏峻⑦反。峻前守临淮⑧，于王敦再犯阙时，入卫有功，威望渐著。及在历阳，卒锐器精，志轻朝廷，招纳亡命。庾亮修石头城以备之，建请征峻为大司农。峻举兵陷姑孰。尚书令⑨卞壶督军与峻力战，死；二子随之，亦赴敌死。母抚其尸曰："父为忠臣，子为孝子，何恨！"庾亮出奔。峻兵犯阙，陶侃、温峤入讨峻，斩之。

---

① 正会，皇帝于元旦朝会群臣、接受朝贺的礼仪。
② 术，按，当为衍，据《晋书·帝纪第七》改。因繁体"術"与"衍"字形相近，致误。
③ 庾氏，即庾文君（296—328），颍川鄢陵（今河南鄢陵）人，庾亮之妹，明帝皇后。性情仁慈，仪态秀雅，成帝即位后，临朝摄政。苏峻之乱中，逼迫受辱，忧愤而死。死后谥号明穆皇后。
④ 中书令，官名，汉置，掌传宣诏命。两晋沿之，负责宫廷图书整理，掌握机要。
⑤ 历阳，今安徽和县。
⑥ 内史，地方官名，汉置，为诸侯国官名，掌治国民。两晋沿之，职同郡太守。
⑦ 苏峻（？—328），字子高，长广掖县（今山东莱州）人，东晋将领、叛臣。永嘉之乱中，苏峻于县内结垒自守；率众南渡后，任鹰扬将军。因平定王敦有功，封冠军将军，历阳内史。后以讨伐庾亮为名，起兵反叛，后为陶侃、温峤联手镇压，兵败被杀。
⑧ 临淮，今江苏泗洪县东南。
⑨ 尚书令，官名，秦置，为少府属官，掌少府文书管理和命令传达。后职权日益庞大，魏晋时，尚书令成为对君主负责、执行一切政令的首脑，但仍未脱离少府序列，品级不高。

陶侃曾经建造战船，剩下的木屑和竹头，都令人收集并保管起来。后来元旦群臣朝会，大雪刚刚停止，地面还很潮湿，陶侃就用木屑铺在雪地上。再后来征讨蜀地的军队，又用陶侃所贮存的竹头做钉子来装备战船。陶侃治理事务，一向都这样仔细和缜密。

明帝在位三年驾崩，他只改用了一个年号，即太宁。太子即位，就是显宗成皇帝。

东晋（四）

显宗成皇帝名叫司马衍，母亲是庾氏，他五岁就登上皇位。司徒王导和成帝的舅舅中书令庾亮辅政，太后临朝摄政。

历阳内史苏峻造反。苏峻以前驻守在临淮，在王敦第二次起兵谋反时，发兵进京勤王，立有战功，威望渐渐显著起来。等到他在历阳时，士卒精锐，武器精良，轻视朝廷，招纳亡命之徒。庾亮修缮石头城以防备苏峻，并且建议征召苏峻入朝担任大司农。苏峻于是起兵攻陷了姑孰城。尚书令卞壶统领军队和苏峻奋力作战，不幸战死；他的两个儿子也跟随父亲，先后奔赴敌阵而亡。他们的母亲抚摸着他们的尸体说："父亲是忠臣，儿子是孝子，还有什么可遗憾的！"庾亮这时逃出了京城建康。苏峻军队一直打到了京城外，陶侃和温峤带兵入京，讨伐苏峻，并斩杀了他。

后赵主石勒大破赵兵，获赵主刘曜。曜与勒连攻战，互胜负。曜攻后赵金墉城①，勒自将救之，大战于洛阳，赵兵大溃。曜醉，坠马，为勒获。归，杀之，前赵亡。

晋骠骑将军温峤卒。峤初为刘琨所遣，使江东，母不欲，峤绝裾而去。既至，不复得归北，终身以为恨。峤尽心晋室，敦、峻之平，皆峤力。

后赵石勒称天王②，寻称帝。尝大飨群臣，问曰："朕可方古何主？"或曰："过于汉高。"勒笑曰："人岂不自知？卿言太过！若遇高帝，当北面事之，与韩③、彭④比肩耳。若遇光武，当并驱中原，不知鹿死谁手。大丈夫行事当磊磊落落，如日月皎然，终不效曹孟德、司马仲达，欺人孤儿寡妇，狐媚以取天下也！"勒虽不学，好使人读书而听之，时以其意论得失，闻者悦服。尝听读《汉书》，至郦食其劝立六国后，惊曰："此法当失，何以遂得天下？"及闻张良谏，乃曰："赖有此耳！"后遣使修好于晋，晋焚其币⑤。勒卒，子弘⑥立。

---

① 金墉城，三国魏国明帝所建，在今洛阳东，魏晋时被废的帝、后，都安置于此。
② 天王，是中国历史上最高统治者的尊称，与天子同义，在十六国时代广泛为五胡首领用作名号。
③ 韩，即韩信。
④ 彭，即彭越（？—前196），别号彭仲，昌邑（今山东巨野）人，西汉开国功臣。秦末聚兵起义，后归刘邦，拜魏相国、建成侯，与韩信、英布并称汉初三大名将。在楚汉相争中，一直率军袭扰项羽后方。西汉建立后封梁王，后因被告发谋反，刘邦将其诛灭三族，枭首示众。
⑤ 币，礼物。
⑥ 弘，即石弘（314—335），字大雅，羯族，上党武乡（今山西榆社）人，石勒次子，十六国后赵皇帝，公元333年—公元334年在位。幼有孝行，虚怀爱士，即位后大权尽在石虎手中，后被迫禅位，被石虎所杀。

后赵国主石勒大破前赵军队，俘虏了前赵国主刘曜。刘曜和石勒连年攻战，互有胜负。刘曜进攻后赵金墉城，石勒亲自为将，率军前来救援，在洛阳和前赵军鏖战，前赵大败。刘曜因战前喝醉了，逃跑时从马上跌下来，被石勒所俘虏。石勒收兵回去后，杀掉了刘曜，前赵灭亡。

晋朝骠骑将军温峤逝世了。温峤最初被刘琨派遣出使江东，他的母亲不想让他去，他扯断衣襟还是去了。温峤到了江东后，就再也没能回去，他终身都把这件事当作很大的遗憾。温峤尽心辅佐晋王室，王敦、苏峻叛乱的平定，都有赖温峤的力量。

后赵石勒自称天王，不久就自立为帝。石勒有次大摆筵席犒赏群臣，问他们说："我可以和古代哪位帝王相比？"有人说："您比汉高祖还强。"石勒大笑，说："人难道没有自知之明吗？你的话太过了。我如果遇到汉高祖，应当面朝北称臣，和韩信、彭越一起并肩站立。我如果遇到光武帝，倒可以和他一起逐鹿中原，鹿死谁手还不一定。大丈夫做事就应当光明磊落，像日月之光那样明亮光洁，我终究不会仿效曹操和司马懿，欺凌他人的孤儿寡妇，靠阴险不正当的手段夺取天下！"石勒虽然自己不看书学习，却喜欢让别人读书给自己听，经常根据自己的见解谈论得失利弊，听的人都心悦诚服。一次石勒听人读《汉书》，听到郦食其劝刘邦册立分封战国六诸侯国的后裔时，吃惊地说："这种做法应算失策，为什么能最终夺得天下？"等到听说留侯张良劝谏，这才说："幸亏有这个人。"后来石勒派遣使者和晋朝修好，晋朝却焚烧了使者带来的礼物。石勒逝世后，他儿子石弘即位为帝。

晋太尉陶侃卒。侃都督八州，威名赫然。或谓侃尝梦生八翼，上天门至八重，折左翼而下。力能跋扈，每思折翼之梦，辄自制。在军中四十一年，明毅善断，人不能欺。自南陵①至白帝②数千里，路不拾遗。

后赵石虎③杀其主弘而自立为赵天王，杀勒种无遗。

成④改国号曰汉。李雄以兄子班⑤为太子，雄卒，班立。雄子越⑥弑班而立其弟期⑦。期忌雄弟汉王寿⑧威名，使出屯于外。寿还袭，弑期而自立。

---

① 南陵，今安徽南陵县。
② 白帝，今重庆奉节县。
③ 石虎（295—349），字季龙，羯族，上党武乡（今山西榆社）人，石勒堂侄，十六国时期后赵皇帝，公元334年—公元349年在位。在位期间荒淫奢侈，极为残暴，对其亲生儿子亦是如此。死后其子争权，后赵衰落。
④ 成，即成汉，公元304年—公元347年，十六国之一。巴族李雄所建，定都成都，全盛时疆域大致包括今四川、云南西部、贵州西部等地。公元347年，为东晋桓温所灭。
⑤ 班，即李班（288—334），字世文，巴西宕渠（今四川营山）人，李荡四子，李雄之侄，十六国成汉皇帝，334年在位。李班性情宽厚，虚怀爱士，深得李雄信任。即位后被李雄之子李越所杀。谥号哀皇帝。
⑥ 越，即李越（？—338），巴西宕渠（今四川营山）人，李雄长子。弑杀李班后，拥立其弟李期为帝，任相国，拜大将军，封建宁王。后在李寿逼迫下，为李期所杀。
⑦ 期，即李期（313—338），巴西宕渠（今四川营山）人，李雄四子，十六国成汉皇帝，公元334年—公元338年在位。李期即位后，崇信奸佞，国是日非，且大肆屠杀宗室。其叔李寿举兵勤王，将李期废为邛都县公。李期随即自缢身亡，死后谥号幽公。
⑧ 寿，即李寿（300—343），巴西宕渠（今四川营山）人，李骧之子，李雄堂弟，十六国成汉皇帝，公元338年—公元343年在位。聪慧好学，雅量大度，李雄时任大将军，封建宁王。李期即位后，改封汉王。不久废黜李期，自立称帝，改国号为汉。死后谥号昭文皇帝，庙号中宗，葬于安昌陵。

晋朝太尉陶侃逝世。陶侃统领监管八州军事，威名赫赫。有人说陶侃曾梦到他背上长出八只翅膀，飞到天门之上的第八重天，却因为左边翅膀折断而降落下来。陶侃的实力确实可以做到跋扈专行，但他每次想到自己折翼的梦，就会克制自己。陶侃在军中四十一年，聪明刚毅，善于决断，别人不能欺瞒他。从南陵到白帝方圆数千里，在陶侃的治理下，都清明安定，路不拾遗。

　　后赵石虎弑杀了后赵皇帝石弘，自立为赵天王，将石勒的子孙诛杀殆尽，一个不留。

　　成国将国号改为汉。李雄以他哥哥的儿子李班为太子，李雄逝世后，李班即位。李雄的儿子李越又弑杀了李班，拥立自己的弟弟李期登位。李期忌惮李雄之弟汉王李寿的威名，就命他屯兵在外。李寿带兵回朝袭击，弑杀了李期，自立为帝。

东晋（五）

代①王什翼犍立。先是，代王贺傉卒，弟纥那②嗣。纥那出奔，郁律子翳槐③立。纥那复还，翳槐奔赵，赵纳翳槐于代。翳槐临卒，命诸大人立其弟什翼犍。自猗卢死，国多内难，部落离散。什翼犍雄略有智略，能修祖业。始制百官，号令明白，政事清简，百姓安之。于是东自秽貊④，西及破落那⑤，南距阴山，北尽沙漠，率皆归服，有众数十万人。拓跋氏自是愈大。

晋丞相王导卒。初，帝即位，冲幼⑥，每见导必拜。既冠，犹然，委政于导。导以门地⑦辟王述⑧为掾。述未知名，人谓之痴。既见，问江东米价，述张目不答，导曰："王掾不痴。"导每发言，一坐莫不赞叹，述正色曰："人非尧舜，何得每事尽善！"导改容谢之。导性宽厚，所委任诸将多不奉法，大臣患之。庾亮欲起兵废导，或劝导密备。

---

① 代，公元338年—公元376年，十六国时期政权之一。鲜卑族拓跋什翼犍所建，定都云中，疆域大致在今内蒙古自治区。公元376年，为前秦苻坚所灭。
② 纥那，即拓跋纥那（？—337），鲜卑族，鲜卑族索头部首领，拓跋猗迤三子，公元325年—公元329年、公元335年—公元337年两次在位。拓跋贺傉逝世后，拓跋纥那和拓跋翳槐争位。后出奔前燕，被杀。拓跋珪称帝后，追谥为炀皇帝。
③ 翳槐，即拓跋翳槐（？—338），鲜卑族，鲜卑族索头部首领，拓跋郁律之子，公元329年—公元335年、公元337年—公元338年两次在位。拓跋纥那即位后，贺兰部拥立拓跋翳槐为代王。翳槐临终前，诏命拓跋什翼犍继承王位。拓跋珪称帝后，追谥为烈皇帝。
④ 秽貊，古代民族名，为东北南部地区古老的地区部族，又称貉、貉貊或藏貊。
⑤ 破落那，部落名，在大宛国境内。
⑥ 冲幼，指年幼。
⑦ 门地，门第。
⑧ 王述（303—368），字怀祖，太原晋阳（今山西太原）人，东晋官员。王述年少丧父，安贫守约，三十岁仍未出名，有人说他痴愚。官至扬州刺史，拜征虏将军。后力辩桓温，不主迁都。死后追赠骠骑将军，谥号曰"穆"，后改为"简"。

东晋（五）

代王拓跋什翼犍即位。起初，代王拓跋贺傉逝世，他的弟弟拓跋纥那即位。拓跋纥那被攻击逃离之后，拓跋郁律的儿子拓跋翳槐即位。拓跋纥那又带兵返回，拓跋翳槐逃到了赵国。赵国接纳了拓跋翳槐，把他安置在代地。拓跋翳槐临终前，嘱托各部落首领，要立他弟弟拓跋什翼犍即位。自从拓跋猗卢死后，代国接连发生内乱，各个部落逐渐离散。拓跋什翼犍雄才大略，智勇兼备，能修复光大祖宗的基业。他开始设置文武百官，法令明了，政事清简，百姓安居乐业。于是东边起自貊貊，西边远及破落那，南方到达阴山，北方直至沙漠，各部落全都归服，拥有部众数十万人。拓跋氏势力从此更加强盛。

晋朝丞相王导逝世。成帝刚刚即位时尚年幼，每次见到王导都会下拜。加冠成年以后，依然如此，将政事全部托付给王导。王导因为门第征辟王述为属官。王述的名声当时还不被时人所知，大家都说他是痴呆。等见了王导以后，王导问他江东的米价，王述睁大眼睛不回答。王导说："王述并不痴呆啊！"王导只要一说话，满座宾客无不赞美。于是王述表情严肃地说："人不是尧、舜，哪能每件事都是对的！"王导改以严肃的神色向他道歉。王导性情宽厚，他所任命的那些将领大多不严格遵奉法令，大臣们都很忧心。庾亮想要起兵废除王导，有人劝王导秘密地做些准备。

导曰:"吾与元规休戚是同。元规若来,吾便角巾归第,复何惧哉?"亮虽居外镇而遥执朝权,据上流,拥强兵,趋势者多归之。导内不能平,尝遇西风尘起,举扇自蔽,徐曰:"元规尘污人。"导简素寡欲,善因事就功,虽无日用之益,而岁计有余。辅相三世,仓无储谷,衣不重帛。

晋司空庾亮卒。初,苏峻之乱,亮激之也。峻平,亮泥首①谢罪,求外镇自效。后都督江、荆等州诸军事,辟殷浩②参军。浩与褚裒③皆识度清远,善谈《老》《易》,擅名江东,而浩尤为风流所宗。亮欲开复中原,上疏请率大众移镇石城,遣诸军罗布江、沔④,为伐赵之规。蔡谟曰:"不能以大江御苏峻,安能以沔水御石虎?"乃诏亮不听⑤移镇。至是,卒于武昌。

晋封慕容皝为燕⑥王。自皝父为辽东公,立皝为世子。雄毅多权略,喜经术。廆卒,皝立,其下劝称王。皝使请于晋,遂封之。

帝在位十八年,颇有勤俭之德。改元者二,曰:咸和、咸康。崩,二子丕、奕在襁褓,帝母弟琅琊王立,是为康皇帝。

---

① 泥首,以泥涂首,表示自辱服罪。
② 殷浩(303—356),字渊源,陈郡长平(今河南西华)人,东晋大臣、将领。早年识度清远,酷爱《老子》。后应司马昱之征,入朝为官。为与桓温抗衡,司马昱有意栽培殷浩,官至中军将军。后因北伐失败,被废为庶人。
③ 褚裒(póu,303—350),河南阳翟(今河南禹县)人,东晋名士、外戚。少有简贵之风,与杜乂齐名。苏峻之乱时,被车骑将军郗鉴引为参军,事后,封都乡亭侯。康帝即位后,官至征北大将军,中书令。后因北伐失败,惭愧发病去世。死后赠侍中、太傅,谥号元穆。
④ 沔,即汉江。出甘肃省武都沮县东狼谷,向东南在汉口流入长江。
⑤ 不听,不允许。
⑥ 燕,即前燕,公元337年—公元370年,十六国之一。鲜卑族慕容皝所建,先后定都龙城、蓟、邺,全盛时疆域大致包括今河北、山东、山西、河南东部等地。公元370年,为前秦苻坚所灭。

王导说:"我和元规(庾亮字)休戚与共。元规如果真的来的话,我就头戴方巾,归隐回乡,又有什么可惧怕的呢?"庾亮虽然驻兵在外,却远远地掌握着朝廷大权。庾亮占据长江上流,手握重兵,善于趋炎附势的人大多归附于他。王导心中愤愤不平,每当遇到西风扬起尘土,便举起扇子遮蔽自己,缓缓地说:"庾亮的尘土沾污人!"王导简单朴素,没有过分的欲望,善于顺因事势获取成功,治理国家,每日用度没什么增加,每年的费用仍有结余。他辅佐元帝、明帝、成帝三代君王,担任相职,但自己仓库却没有储粮,也没有贵重的丝织衣服。

晋朝司空庾亮逝世。起初苏峻之乱,是庾亮主张征召苏峻入朝而激起的。苏峻被平定后,庾亮把泥土涂抹在自己脸上,前来谢罪,请求外任以效命朝廷。后来担任都督掌江、荆等州诸军事,征辟殷浩为参军。殷浩和褚裒都极有见识,气度清远,善于谈论《老子》《周易》,在江东负有盛名,而殷浩尤其被风流雅士所推重。庾亮想要收复中原,上表请求率军转移到石头城驻扎,将军队罗列布置在长江和沔江一带,作为北伐赵国的准备。蔡谟说:"用长江尚且抵御不了苏峻,怎么可能用沔水来抵御石虎呢?"于是成帝下诏不让庾亮转移镇守地。之后,庾亮在武昌逝世。

晋朝封慕容皝为燕王。自从慕容皝的父亲慕容廆被封为辽东公,就立慕容皝为世子。慕容皝雄武刚毅,有权谋智略,喜欢儒家经典。慕容廆去世后,慕容皝即位,他的部下劝他称王。慕容皝派使者向晋朝请示,晋朝就封他做了燕王。

成帝在位十八年,颇有勤俭的美德。他改用了两个年号,分别是咸和、咸康。成帝驾崩后,他的两个儿子司马丕和司马奕还在襁褓中,他的同母弟弟琅琊王即位,就是康皇帝。

康皇帝名岳。成帝临崩,以岳为嗣,遂即位。

都督荆、江等州军事庾翼①为人慷慨,喜功名,不尚浮华。殷浩才名冠世,翼弗之重,曰:"此辈宜束之高阁,俟天下太平,徐议其任耳。"时人拟浩管②、葛③,伺其出处,以卜兴亡,曰:"渊源不出,当如苍生何?"翼请浩为司马④,不应,翼以王夷甫嘲之。

琅琊内史桓温⑤,豪爽有风概,翼尝荐之曰:"英雄之才,宜委以方⑥、召⑦之任。"至是,翼以灭胡取蜀为己任,欲悉众北伐,移镇襄阳。诏翼都督,征讨诸军,翼以温为前锋督。

汉主李寿卒,子势⑧立。

帝在位三年,崩,改元者一,曰:建元。太子立,是为孝宗穆皇帝。

---

① 庾翼(305—345),字稚恭,颍川鄢陵(今河南鄢陵)人,东晋中期将领、外戚,庾亮之弟。外表风仪秀伟,年少时便有经世大略。苏峻之乱时以白衣身份守备石头城,又随庾亮逃奔温峤。事后,受太尉陶侃征辟任参军。庾亮死后,镇守武昌。官至征西将军,领荆州刺史,封都亭侯。死后追赠车骑将军,谥号曰"肃"。
② 管,指管仲。
③ 葛,指诸葛亮。
④ 司马,部队官名,汉置,掌军事。魏晋时期,诸将开府,设司马一人,掌本府军事,相当于参谋长。
⑤ 桓温(312—373),字元子(一作符子),谯国龙亢(今安徽怀远)人,东晋名将、权臣,桓彝长子。因灭亡成汉政权而声名大噪,后三次出兵北伐(北伐前秦、羌族姚襄、前燕),战功累累。后独揽朝政十余年,操纵废立,有意夺取帝位,终因第三次北伐失败而令声望受损,受制于朝中王谢势力而未能如愿。官至丞相、大司马,封南郡公。其子桓玄建立桓楚后,追尊宣武皇帝。
⑥ 方,指方叔,生卒年不详,为周宣王卿士。曾率兵车三千辆南征荆楚,北伐狁,为周室中兴一大功臣。
⑦ 召,指召虎,即召穆公,生卒年不详,为周宣王武将。周厉王暴虐,"国人"围攻王宫,他把太子靖藏匿在家,而以自己的儿子替死。后领兵出征,平定淮夷。为周室中兴一大功臣。
⑧ 势,即李势(?—361),字子仁,巴西宕渠(今四川营山)人,李寿长子,十六国成汉皇帝,公元343年—公元361年在位。骄狂吝啬,贪财好色,不理国事。桓温伐蜀,李势投降,成汉灭亡。后被押往建康,封归义侯。不久病逝。

康皇帝名叫司马岳，成帝临驾崩时，任命司马岳为继承人，于是司马岳就登上皇位。

都督荆、江等州军事的庾翼，为人慷慨大度，喜好功名，不崇尚表面的华丽。殷浩的才气、声名冠绝当代，庾翼却很轻视他，说："这种人应当束之高阁，等天下太平后，再慢慢商议他们的职务。"当时人们把殷浩和管仲、诸葛亮相比，经常观察他的出仕与隐居，来推测江南的兴亡，并说："渊源（殷浩字）不出来为官，那百姓该怎么办！"庾翼请殷浩为司马，殷浩不答应，庾翼就用王夷甫的事来嘲笑殷浩。

琅琊内史桓温为人豪爽，很有风范气概。庾翼曾经向成帝举荐桓温，说："桓温具备英雄的才能，应该委派给他方叔、召虎那样的重任。"这时，庾翼以消灭胡虏、收取蜀地为己任，想要全数出动所统领的士众北伐，将驻守地转移到襄阳。成帝下诏任命庾翼为都督征讨诸军事，任命桓温为前锋都督。

成汉国主李寿逝世，他的儿子李势即位。

康帝在位三年后驾崩，改用了一个年号，即建元。太子即位，就是孝宗穆皇帝。

东晋（六）

孝宗穆皇帝名聃，三岁即位。会稽王昱①辅政。

庾翼卒，以桓温都督荆、梁②等州军事。翼初表其子领荆州，何充③曰："荆楚，国之西门，岂可以白面少年当之？桓温英略过人，西任无出温者。"丹阳④尹刘惔⑤知温有不臣之志，谓昱曰："不可使居形胜地。"昱不听，竟以温代翼。

汉主李势骄淫，不恤国事。桓温帅师伐汉，拜表，即行。进至成都，势降，送建康，汉亡。

燕王慕容皝卒，子儁⑥立。

---

① 会稽王昱，即司马昱（320—373），字道万，元帝幼子。历仕元、明、成、康、穆、哀、废帝七朝，先封琅玡王，后徙封会稽王。穆帝后总理朝政，桓温废除废帝后，立司马昱为帝，八月后忧愤而卒。谥号简文皇帝，庙号太宗，葬于高平陵。
② 梁，魏晋州名，辖境大致在今陕西汉中、四川东部和重庆部分地区，治南郑县（今陕西汉中）。
③ 何充（292—346），字次道，庐江灊县（今安徽霍山）人，东晋大臣。官至中书监、骠骑将军、录尚书事，封都乡侯。在康帝和穆帝时辅政，任命桓温镇守荆州，是桓氏家族崛起的起点。死后追赠司空，谥号文穆。
④ 丹阳，今江苏丹阳市。
⑤ 刘惔，生卒年不详，字真长，沛国相县（今安徽宿州）人，东晋官员。出身世家，善于清谈。官至侍中、丹阳尹，后世称"刘尹"。
⑥ 儁，按，应为儁（jùn），据《晋书·载记第十》改。儁，即慕容儁（319—360），字宣英，小字贺赖跋，鲜卑族，昌黎棘城（今辽宁义县）人，慕容皝次子，十六国前燕皇帝，公元349年—公元360年在位。即位称帝后，消灭冉魏，入主中原，迁都邺城，与关中前秦、江南东晋鼎足而三。后病逝于宫中，谥号景昭皇帝，庙号烈祖，葬于龙陵。

东晋（六）

孝宗穆皇帝名叫司马聃，三岁就登上皇位，会稽王司马昱辅佐他处理朝政。

庾翼逝世了，朝廷任命桓温都督荆、梁等州军事。庾翼起初上表请求让他的儿子兼任荆州刺史，何充说："荆楚之地，是国家西面的门户，怎么能让一个白面少年人来担此重任呢？桓温英气十足，谋略过人，西边这个职位，没有比桓温更合适的人选了。"丹阳尹刘惔知道桓温有不甘为臣的志向，对司马昱说："不能让桓温占据地形便利的地方！"司马昱没有听从，最终还是用桓温接替了庾翼。

成汉国主李势骄奢淫逸，不关心国家之事。桓温率领军队讨伐成汉，呈递表章后立即行动。大军一路进发，直逼成都，李势出降，被押送到建康，成汉灭亡。

燕王慕容皝逝世，他的儿子慕容儁即位。

赵天王石虎称帝，寻卒，子世①立。其兄遵②弑之而自立。赵乱，晋征讨都督褚裒表请伐赵。朝野以为中原指期可复，蔡谟③独以为莫若度德量力；经营分表，恐忧及朝廷。裒遣将，果败没。

赵蒲洪遣使降晋。洪事赵累世，至是，石闵④言于赵主遵曰："蒲洪，人杰也。今镇关中，恐秦、雍⑤非国家有。"遵罢洪都督。洪怒，归枋头⑥，遂通于晋。

---

① 世，即石世（339—349），字符安，羯族，上党武乡（今山西榆社）人，石虎十一子，十六国后赵皇帝，公元349年在位。石世即位仅33天，即为石遵所杀。
② 遵，即石遵（？—349），字大祗，羯族，上党武乡（今山西榆社）人，石虎九子，十六国后赵皇帝，公元349年在位。弑杀石世后自立为帝，不久即被石鉴所杀。谥号为成帝。
③ 蔡谟（281—356），字道明，陈留考城（今河南民权）人，东晋大臣。与诸葛恢、荀闿并称为"中兴三明"，又与郗鉴等八人并称为"兖州八伯"。苏峻之乱后，因功迁侍中，封济阳男。康帝时任司徒，为辅政大臣。死后追赠司空，谥号文穆。
④ 石闵（？—352），字永曾，小字棘奴，魏郡内黄（今河南内黄）人，十六国冉魏政权建立者。父亲为冉良，后石虎所养。石闵以勇猛著称，后建立魏国，恢复冉姓，将石虎子孙屠杀殆尽。后为前燕皇帝慕容儁所擒，斩于遏陉山，追谥为武悼天王。
⑤ 雍，魏晋州名，辖境大致在今陕西中部、甘肃东南部及宁夏、青海各一部。
⑥ 枋头，今河南省浚县。

后赵天王石虎自称皇帝，不久就逝世了，他的儿子石世即位。石世的哥哥石遵弑杀了石世，自立为帝。后赵内乱，晋朝征讨都督褚裒上表请求讨伐后赵。晋朝朝野上下都以为收复中原指日可待，唯独蔡谟认为还不如好好衡量自己的德行和力量，再做决定；如果不能一蹴而就，只能步步为营，分兵屯戍，画境而守，这恐怕会给朝廷带来忧患。褚裒派遣将领出征，果然失败了。

后赵蒲洪派遣使者前来向晋朝投降。蒲洪家族好几代都侍奉后赵，这时石闵对后赵国主说："蒲洪是杰出的人才，如今让他镇守关中，我恐怕秦州、雍州之地就不会再归赵国所有了。"于是，石遵罢免了蒲洪的都督之职。蒲洪非常气愤，率兵返回枋头，派遣使者和晋朝互通。

凉州张重华①自称凉②王。初，惠帝之世，张轨③为凉州刺史，威著西土。怀帝陷没，轨遣兵助愍帝于长安，帝以轨为凉州牧、西平公。轨卒，子寔④立。寔为妖贼所杀，弟茂⑤立。赵主刘曜击茂，茂降赵。茂卒，寔之子骏⑥立。茂临终语骏："必奉晋，不可失！"骏虽复臣于后赵石勒，耻之。成帝时，假道于蜀以通晋。骏卒，子重华立。晋遣使仍拜西平公。重华自为王。

① 张重华（327—353），字泰临（一作太林），安定乌氏（今甘肃泾川）人，张骏次子，十六国前凉君主。在位期间，连败后赵，前凉国势达到顶峰。死后谥号桓公，穆帝赠谥号敬烈，葬于显陵。张祚继位后，追谥为桓王，庙号世祖。
② 凉，即前凉，公元301年—公元376年，十六国之一。汉人张轨任凉州牧，经营西土，后张骏称帝，定都姑臧，全盛时疆域大致包括今宁夏西部、甘肃、新疆大部。公元376年，为前秦苻坚所灭。
③ 张轨（255—314），字士彦，安定乌氏（今甘肃泾川）人，西晋官员，西汉常山王张耳之后，十六国前凉政权奠基人。西晋时任凉州牧，威震西土。于八王之乱、永嘉之乱中多次率兵勤王，深受朝廷信任。死后谥号武公。张祚继位后，追谥为武王，庙号太祖。
④ 寔，即张寔（271—320），字安逊，安定乌氏（今甘肃泾川）人，张轨长子，十六国前凉政权建立者，公元314年—公元320年在位。张寔继位后，广纳谏言，多次派兵增援朝廷。永嘉之乱后虽割据自立，但仍奉晋世正朔。后为妖人所害，谥号昭公，元帝赠谥号元，葬于宁陵。张祚继位后，追谥为昭王，庙号高祖。
⑤ 茂，即张茂（278—325），字成逊，安定乌氏（今甘肃泾川）人，张轨次子，十六国前凉君主，公元320年—公元325年在位。张茂继位后，大兴土木，并击退前赵。死后谥号成公，张祚继位后，追谥为成王，庙号太宗。
⑥ 骏，即张骏（307—346），字公庭，安定乌氏（今甘肃泾川）人，张寔之子，十六国前凉君主，公元325年—公元346年在位。在位期间，大力发展经济，减轻刑罚，对外夺取河南、陇西等地，击败西域各国，前凉渐趋全盛。死后谥号穆公，穆帝赠谥号忠成公，葬大陵。张祚继位后，追谥为文王，庙号世祖。

凉州张重华自称凉王，史称"前凉"。晋惠帝时，张轨为凉州刺史，威名传遍整个西州地区。怀帝被俘虏后，张轨派兵在长安帮助愍帝登基，愍帝任命张轨为凉州牧、西平公。张轨逝世后，他的儿子张寔即位。张寔后来被妖贼所杀害，他的弟弟张茂即位。前赵国主刘曜攻打张茂，张茂就投降了前赵。张茂逝世后，张寔的儿子张骏即位。张茂临终前对张骏说："一定要遵奉晋王室，不可失节。"张骏虽然又臣服于后赵石勒，但心里深以为耻。成帝时，张骏派使者从蜀地绕道和晋朝互通。张骏逝世后，他的儿子张重华即位，晋朝派遣使者仍然封他为西平公。之后，张重华自立为王。

后赵石鉴①弑其主遵而自立。石闵又幽鉴,杀之而自立,改国号曰魏②。杀石虎三十八孙,尽灭石氏。闵姓冉,为石氏所养,至是,复其姓。后为燕所破,执而杀之。

蒲洪自称三秦王,改姓苻。洪先擒赵将麻秋③,不杀而用其言。因宴,为秋所鸩④。子健⑤斩秋,代领洪众。健入长安,自称秦⑥天王,已而称帝。

燕王儁称帝。

赵姚襄⑦归晋而复叛。襄父弋仲⑧,南安⑨赤亭⑩羌酋也。怀帝末,戎、夏襁负⑪随之者数万,自称扶风公。其后服于前赵刘曜,又事后赵石勒、石虎。

---

① 石鉴(?—350),字大郎,羯族,上党武乡(今山西榆社)人,石虎三子,十六国后赵皇帝,公元349年—公元350年在位。石遵弑杀石世后,冉闵杀死石遵,拥立石鉴为帝。石鉴次年被冉闵所杀,后赵灭亡,谥号仁武皇帝。
② 魏,即冉魏,公元350年—公元352年,十六国时期政权之一。汉人冉闵所建,定都邺,疆域大致包括今河北中南部、河南北部。公元352年,为前燕慕容儁所灭。
③ 麻秋(?—350),羯族,太原(今山西太原)人,后赵将领。任凉州刺史,拜征东将军。后因毒杀苻洪,被苻健斩杀。
④ 鸩,用毒酒害人。
⑤ 健,即苻健(317—355),初名苻罴,字建业(一作世建),氐族,略阳临渭(今甘肃秦安)人,苻洪三子,十六国前秦政权建立者。占据关中后,即位称帝。稳固关陇,击败桓温。谥号景明皇帝,庙号世宗,葬于原陵。
⑥ 秦,即前秦,公元352年—公元394年,十六国之一。氐族苻健所建,定都长安,全盛时统一北方,是第一个统一北方的非汉族政权。公元394年为西秦所灭。
⑦ 姚襄(331—357),字景国,羌族,南安赤亭(今甘肃陇西)人,姚弋仲五子。雄健威武,多才多艺,前后投靠后赵、东晋,受殷浩排挤,北归后为桓温所败,前往关中,与前秦交战中阵亡。其弟姚苌称帝后,追谥为魏武王。
⑧ 弋仲,即姚弋仲(280—352),羌族,南安赤亭(今甘肃陇西)人,姚襄、姚苌之父。英明果断,雄武刚毅。先后投靠前赵、后赵、东晋,任车骑大将军,封高陵郡公。其子姚苌称帝后,追谥为景元皇帝,庙号始祖。
⑨ 南安,魏晋郡名,辖境大致在今甘肃中部,治上邽(今甘肃天水)。
⑩ 赤亭,在今甘肃陇西首阳镇。
⑪ 襁负,用襁褓背负,泛指人用肩背驮。

后赵石鉴弑杀了后赵国主石遵自立称帝。石闵又幽禁了石鉴并且杀害了他,自立称帝,改国号为魏。石闵杀掉了石虎三十八个孙子,将石氏家族屠戮殆尽。石闵本姓冉,被石虎所收养,到了这时,就恢复了他的冉姓。后来冉闵被燕王击败,遭俘后被杀。

　　蒲洪自称三秦王,把他的姓氏改称苻。苻洪起初俘虏了后赵将领麻秋,没有将他杀害反而经常听从他的建议。麻秋就趁着宴会的机会,毒杀了苻洪。苻洪的儿子苻健斩杀了麻秋,接替苻洪统领军队。苻健攻入长安,自称秦天王,不久后称帝。

　　燕王慕容儁称帝。

　　后赵姚襄归降晋朝后又反叛了。姚襄的父亲姚弋仲是南安赤亭羌人酋长,怀帝末年,姚弋仲迁徙时,戎人、汉人携带妻儿老小跟随他的人有几万,姚弋仲就自称扶风公。姚弋仲后来臣服于前赵刘曜,又归降后赵石勒、石虎。

虎甚重之，以为冠军大将军。虎死，赵乱。至冉闵灭赵，弋仲遣使降晋。弋仲卒，襄率其众来晋。诏襄屯谯城，后屯历阳。扬、豫州大都督殷浩在寿春，恶襄强盛，遣将袭之，为襄所斩。先是，朝廷闻中原大乱，复谋进取。浩受任连年北伐，无功。至是，率诸军再举。襄伏甲邀之。浩至山桑①，襄纵击，浩大败，走。

东晋（七）

凉张重华卒，子曜灵②立。其下废之而立张祚③。

晋桓温因殷浩之败，请废浩，免为庶人。朝廷初以浩抗温，浩废，自此内外大权一归温矣。浩虽愁怨，不形辞色，尝书空作咄咄怪事字。久之，郗超④劝温处浩令⑤、仆⑥，以书告之。浩欣然答书，虑有误，开闭十数，竟达空函。温大怒，遂绝。卒于谪所。

桓温帅师伐秦，大败秦兵于蓝田⑦。转战至灞上，秦主苻健闭长安小城自守。三辅皆来降。

---

① 山桑，在今安徽省蒙城县北。
② 曜灵，即张曜灵（344—355），字元舒，安定乌氏（今甘肃泾川）人，张宣华长子，十六国前凉君主，公元353年在位。在位一个月，被张祚废黜，后被杀。谥号哀公。
③ 张祚（？—355），字太伯，小字螽斯，安定乌氏（今甘肃泾川）人，张骏长子，十六国前凉君主，公元353年—公元355年在位。在位时废除愍帝年号，自立称帝。后为叛兵所杀，谥号威王，庙号高宗，葬愍陵。
④ 郗超（336—378），字景兴，一字敬舆，小字嘉宾，高平金乡（今山东金乡）人，东晋官员。担任桓温谋主，官至司徒左长史。擅长草书，精通佛典。
⑤ 令，指尚书令。
⑥ 仆，指仆射（yè），官名，秦置，后世仍之，魏晋时为尚书令之副。
⑦ 蓝田，今陕西蓝田。

石虎很器重姚弋仲，封他为冠军大将军。石虎死后，后赵大乱，等到冉闵灭掉后赵时，姚弋仲派遣使者向晋朝投降。姚弋仲逝世后，他的儿子姚襄率领军队来到晋朝，朝廷诏命姚襄屯兵于谯城，后来又转移到历阳。扬、豫州都督殷浩驻扎在寿春，对姚襄势力的强盛感到很厌恶，就派遣将领去袭击姚襄，反被姚襄所杀。起初，朝廷听说中原大乱，又谋划着进取中原。殷浩接受任命，连年北伐，却没有取得战果。到了这时，率军再次北伐，姚襄埋伏下士兵拦截殷浩。殷浩的军队到达山桑后，姚襄率军冲击，殷浩大败而退。

东晋（七）

前凉张重华逝世，他的儿子张曜灵即位。他的臣属废黜了他，改立张重华的弟弟张祚。

晋朝桓温趁着殷浩作战失败，上表请求把殷浩废为平民。朝廷起初用殷浩来抗衡桓温，殷浩被废后，从此朝廷内外大权全部归于桓温一人。殷浩虽然内心愁苦怨恨，但从不在脸上表露出来，常常用手在空中书写"咄咄怪事"四个字。过了很久，郗超劝桓温任命殷浩为尚书令或者仆射，桓温便写信给殷浩。殷浩对此欣然应允，但是在准备送出回信时，担心信中还有不妥之处，便拆开信封检查了十多次，最后忙中出错，送达桓温手里的竟然只是一个空信封。桓温勃然大怒，从此断绝了启用殷浩的想法，殷浩最后死于流放之地。

桓温率军北伐前秦，在蓝田大败秦军。转战到灞上，前秦国主苻健紧闭长安小城固守。三辅地区都来向桓温投降。

温抚谕居民，使安堵。民争持牛酒迎劳，男女夹路观之，耆老有垂泣者曰："不图今日复睹官军。"北海①王猛②字景略，倜傥有大志，隐居华阴③。闻温入关，被褐诣之，扪虱而谈当世之务，旁若无人。温异之，问猛曰："吾奉命除残贼，而三秦豪杰未有至者，何也？"猛曰："公不远数千里，深入敌境，今长安咫尺而不渡灞水，百姓未知公心，所以不至。"温默然，无以应。温与秦兵战于白鹿原④，不利。秦人清野，温军乏食。欲与猛俱还，猛不就。

秦主健卒，子生⑤立。

凉张祚淫虐被弑，子玄靓⑥立。

姚襄降于燕，北据许昌，又攻洛阳。桓温督诸军讨襄，进至河上，与僚属登平乘⑦楼，北望中原，叹曰："使神州陆沉，百年⑧，王夷甫⑨诸人不得不任其责也！"至伊水，襄战，连败而走。温屯金墉，谒诸陵，置镇戍而还。

---

① 北海，汉郡名，魏晋仍之，辖境大致在今胶东半岛北部，治营陵（今山东昌乐）。
② 王猛（325—375），字景略，北海剧县（今山东寿光）人，十六国时著名政治家、军事家，在前秦官至丞相、大将军，封武侯。辅佐苻坚扫平群雄，统一北方，被称作"功盖诸葛第一人"。
③ 华阴，今陕西华阴县。
④ 白鹿原，陕西西安境内黄土台原。
⑤ 生，即苻生（335—357），字长生，氐族，略阳临渭（今甘肃秦安）人，苻健三子，十六国前秦皇帝，公元355年—公元357年在位。生来独眼，力举千斤，即位后暴虐至极，兽性毕露，为其弟苻坚所杀。谥号厉王。
⑥ 玄靓，即张玄靓（350—363），字元安，张重华次子，前凉哀公张耀灵之弟，十六国前凉君主，公元355年—公元363年在位。后被其叔父张天锡所害，谥号冲公，葬平陵，孝武帝赠谥号敬悼公。
⑦ 平乘，大船名。又名平乘舫。
⑧ 百年，据《晋书·桓温传》应为"百年丘墟"，百年基业化为废墟。"百年"则文意不通。
⑨ 王夷甫，即王衍，衍字夷甫。

桓温安抚告谕当地居民，让他们安居复业。当地的百姓争先恐后地带着酒肉迎接慰劳桓温的部队，男男女女夹道围观，有些老年人还激动地流下了眼泪，说："没想到今天又见到了朝廷的军队！"北海人王猛，字景略，才能卓著，胸怀大志，隐居在华阴县。听说桓温进入关中，便披着粗布衣服去拜访他，边摸着虱子边谈论当世大事，旁若无人。桓温觉得他与众不同，便问道："我奉天子之命消灭残存的寇贼，然而三秦的豪杰之士至今没有人前来归附，这是为什么呢？"王猛说："您不远数千里，深入敌境，如今长安近在咫尺而您却不横渡灞水，三秦的百姓不知道您的意图，所以不来。"桓温沉默不语，无以应答。桓温和秦军在白鹿原展开激战，却没有获胜。秦人将周边地区的人口和粮食全部转移走，桓温的军队军粮困乏。桓温想和王猛一同返回江东，王猛没有答应。

前秦国主苻健逝世，他的儿子苻生即位。

前凉张祚淫乱暴虐，被部下弑杀后，他的儿子张玄靓即位。

姚襄投降前燕，向北进军，占据了许昌，又攻打洛阳。桓温率领大军讨伐姚襄，到了长江上，和臣僚下属一起登上大船的船楼，向北遥望中原，感叹道："使神州大地沉沦，百年基业化为废墟，王衍等人不能不承担责任！"大军到了伊水边后，姚襄迎战，屡战屡败，被迫逃走。桓温屯兵金墉城，拜谒了各个陵墓，设置了镇守戍边的将领后就返回了。

襄将西图关中，秦遣兵拒击，斩襄。襄弟苌①以众降秦。

秦苻坚②杀其君生，自立为秦天王。有荐王猛于坚者，一见如旧，谓如玄德之于孔明。一岁中五迁，官举异才，修废职，课农桑，恤困穷，秦民大悦。

燕主慕容儁卒，子暐③立。

晋桓温以谢安④为征西司马。安少有重名，前后征辟，皆不就。士大夫相谓曰："安石不出，如苍生何？"年四十余，乃出。

帝在位十七年，崩，改元者二，曰：永和、升平。无嗣，成帝子琅琊王立，是为哀皇帝。

东晋（八）

哀皇帝名丕，即位二年而寝疾⑤，又一而崩。改元者二，曰：隆和、兴宁。弟琅琊王立，是为帝奕。

---

① 姚苌（330—394），字景茂，羌族，南安赤亭（今甘肃陇西）人，姚弋仲二十四子，十六国后秦政权建立者，公元384年—公元393年在位。姚襄死后投降前秦，淝水之战后攻杀苻坚，进驻长安，自立称帝。死后谥号武昭皇帝，庙号太祖，葬于原陵。
② 苻坚（338—385），字永固，又字文玉，小名坚头，氐族，略阳临渭（今甘肃秦安）人，苻健之侄，十六国前秦皇帝，公元357年—公元385年在位。苻坚在位前期励精图治，重用汉人王猛，成功统一北方，并攻占蜀地，与东晋南北对峙。王猛死后，在国内政局并不平稳的情况下，不顾朝臣反对，执意南下。淝水之战遭谢安、谢玄重创，国内各势力纷纷自立，前秦遽衰。后为姚苌所杀。谥号宣昭帝，庙号世祖。
③ 慕容暐（350—384），字景茂，鲜卑族，昌黎棘城（今辽宁义县）人，慕容儁三子，十六国前燕皇帝，公元360年—公元370年在位。在位期间前燕为前秦所灭，淝水之战后欲杀其叔慕容垂、其弟慕容泓以响应苻坚，事败被杀。谥号幽皇帝。
④ 谢安（320—385），字安石，陈郡阳夏（今河南太康）人，东晋名臣。少以清谈知名，四十余岁方出仕。挫败桓温篡位意图，淝水之战力败前秦，功勋卓著。官至太保、都督十五州军事，封建昌县公。死后追赠太傅、庐陵郡公，谥号文靖。
⑤ 寝疾，卧病。

姚襄想要向西图谋关中，前秦派兵迎战，斩杀了姚襄。姚襄的弟弟姚苌率领军队投降了前秦。

前秦苻坚弑杀了国主苻生，自立为秦天王。有人向苻坚推荐王猛，二人一见如故，苻坚自认为如同刘备遇到了诸葛亮。王猛一年中五次升迁，拔擢优异才干之士，整理废弛政事，督促农业生产，抚恤困苦贫穷之家，前秦百姓民心大悦。

前燕国主慕容儁逝世，他的儿子慕容暐即位。

晋朝桓温任命谢安为征西司马。谢安年少时就有很大的名声，朝廷先后多次征辟，他都不就任。士大夫们相互说："安石（谢安字）如果不出仕，那天下苍生该怎么办呢？"谢安四十多岁才出来为官。

穆帝在位十七年后驾崩，改用了两个年号，分别是永和、升平。穆帝没有子嗣，成帝的儿子琅琊王司马丕即位，就是哀皇帝。

东晋（八）

晋哀帝名叫司马丕，即位两年后便患病卧床不起，又过了一年便去世了。在位期间改用了两个年号，分别是隆和、兴宁。哀帝驾崩后，他的弟弟琅琊王即位，就是帝奕。

帝奕名奕，成帝之幼子也。既即位，以会稽王昱为丞相。桓温自哀帝时为大司马，都督中外诸军事、录尚书事，加扬州牧。移镇姑孰，以郗超为参军，王珣①为主簿②。人语曰："髯参军、短③主簿，能令公喜，能令公怒。"

燕人攻陷洛阳，戍将④死之。温帅师伐燕，战于枋头，大败而还。燕慕容垂⑤既击破晋军，威名日盛。燕主忌之，垂奔秦。

秦王猛督诸军伐燕，遂围邺。秦主苻坚入邺，执燕主慕容暐以归。

晋桓温阴蓄不臣之志，尝抚枕叹曰："男子不能流芳百世，亦当遗臭万年。"欲先立功，还受九锡。及枋头之败，威名顿挫。郗超劝温行伊、霍之事⑥，以立大威权。温遂入朝，白太后⑦废帝。在位六年，改元者一，曰：太和。会稽王立，是为简文皇帝。

---

① 王珣（349—400），字元琳，小字法护，琅邪临沂（今山东临沂）人，王洽之子、王导之孙，东晋官员，著名书法家。起初担任桓温属官，深得敬重；后为孝武帝心腹，官至尚书左仆射、尚书令，封东亭侯；参与平定王恭之乱。死后追赠车骑将军，谥号献穆。
② 主簿，官名。为各级主官佐吏，掌管文书。
③ 短，这里指个子矮小。
④ 戍将，戍守边境的将领。
⑤ 慕容垂（326—396），字道明，鲜卑族，昌黎棘城（今辽宁义县）人，慕容皝五子，慕容儁之弟，十六国后燕政权建立者，公元384年—公元396年在位。初为前燕大将，枋头之战大败桓温，因受猜忌而投奔前秦；淝水之战后自称燕王，定都中山，建立后燕；台壁之战吞并西燕。后死于攻打北魏的路上，谥号成武皇帝，庙号世祖。
⑥ 伊、霍之事，伊霍指伊尹和霍光。后用伊霍之事泛指重臣左右朝政，意欲篡位。
⑦ 太后，即褚太后（324—384），名蒜子，河南阳翟（今河南禹州）人，褚裒之女，晋康帝司马岳皇后。天生丽质，气度宏伟。曾三度临朝，共扶立六位皇帝，临朝称制四十年。死后谥号康献皇后。

帝奕名叫司马奕，是成帝的小儿子。即位之后，任用会稽王司马昱为丞相。桓温自从哀帝时就担任大司马，都督中外诸军事、录尚书事，加扬州牧。这时他将治所迁到姑孰，任用郗超为参军，王珣为主簿。人们称赞他们说："大胡子参军，小个子主簿，能让桓公高兴，也能让桓公震怒。"

前燕攻陷洛阳城，洛阳守将战死。桓温于是率军讨伐前燕，两军在枋头展开激战，结果桓温大败而归。前燕慕容垂打败晋军后，威名日渐强盛。燕王慕容暐忌惮慕容垂的威望，于是慕容垂便逃往前秦，依附苻坚。

前秦王猛率领军队攻打前燕，包围邺城。前秦国主苻坚攻入邺城，俘虏慕容暐，将其带回长安。

东晋桓温暗自有谋逆之心，曾经摸着枕头叹息说："男儿既然不能流芳百世，也应该遗臭万年！"他希望自己先建立不世功业，然后被授予九锡。等到枋头大败后，他的名望一下衰落下来。郗超劝桓温像伊尹和霍光那样，架空皇帝，独揽大权，树立自己的威望。桓温于是入朝告诉褚太后，要求废黜皇帝司马奕。司马奕在位六年，改用了一次年号，即太和。会稽王被立为皇帝，就是简文皇帝。

简文皇帝名昱,元帝子也。清虚寡欲,尤善玄言①。桓温迎即位,九阅月而不豫②,急召桓温入辅,如诸葛武侯、王丞相故事。温望帝临终禅位,否即居摄③,不副④所望。时谢安、王坦之⑤在朝,温疑坦之、安沮其事,心甚衔⑥之。帝在位改元者一,曰:咸安。太子立,是为烈宗孝武皇帝。

烈宗孝武皇帝名昌明⑦,年十岁即位。桓温来朝,诏谢安、王坦之迎于新亭。都下⑧汹汹⑨云:"欲诛王、谢,因移晋祚。"坦之甚惧,安神色不变。温既至,百官拜于道侧。温大陈兵卫,延见⑩朝士。坦之流汗沾衣,倒执手板⑪。安从容就席,谓温曰:"安闻诸侯有道,守在四邻,明公何须壁后置人邪?"温笑曰:"正自不能不尔。"遂命撤之,与安笑语移日⑫。郗超卧帐中听其言,风动帐开,安笑曰:"郗生可谓入幕之宾⑬矣。"温有疾,还姑孰。疾笃,讽⑭求九锡。安、坦之故缓其事,寻卒。

---

① 玄言,指魏晋时崇尚老庄玄理的言论或言谈。
② 不豫,患病。
③ 居摄,指因皇帝年幼不能亲政,由大臣代居其位处理政务。
④ 不副,不符合。
⑤ 王坦之(330—375),字文度,太原晋阳(今山西太原)人,王述之子,东晋名臣。初袭爵蓝田侯,任桓温属官,与郗超齐名;后入朝携手谢安对抗桓温,官至中书令,任北中郎将,镇守广陵。死后追赠安北将军,谥号曰"献"。
⑥ 衔,存在心里,此处特指含恨。
⑦ 名昌明,晋孝武帝名司马曜,字昌明,据《晋书·帝纪第九》改。
⑧ 都下,指京城建康。
⑨ 汹汹,声势浩大。
⑩ 延见,召见。
⑪ 手板,古代大臣上朝时用来记事的长板子,又称朝笏(hù)。
⑫ 移日,移动日影,指不很短的一段时间。
⑬ 入幕之宾,比喻关系亲密或参与机密的人。
⑭ 讽,用委婉的语言暗示。

晋简文皇帝名叫司马昱，是晋元帝司马睿的儿子。简文皇帝清心寡欲，尤其擅长谈论玄理。在桓温的拥立下，入朝即位称帝。过了九个月就身染重病，急忙召桓温入朝辅佐朝政，希望他像诸葛亮、王导一样，翼戴王室。桓温希望简文帝临终前将皇位禅让给他，即便不禅让，也应该让他居于摄政之位，但是最终没能达到桓温的愿望。当时谢安、王坦之在朝辅政，桓温怀疑是谢安、王坦之阻碍他的大事，于是怀恨在心。简文帝在位一年后去世，改用了一次年号，即咸安。太子即位，就是烈宗孝武皇帝。

烈宗孝武皇帝名叫司马昌明，年仅十岁就继承皇位。桓温入朝觐见，孝武帝命谢安、王坦之在新亭迎接。京城里纷纷传言说："桓温想要杀掉谢安和王坦之，趁机夺取晋朝江山！"王坦之听说后很害怕，谢安却神色不变。桓温抵达建康后，朝中百官都到路边跪拜，迎接桓温。桓温在府中布置了很多士兵，召朝廷百官前来赴宴。王坦之到了以后，因为害怕，汗水沾湿了衣服，慌乱中手板都拿颠倒了。谢安面色如常，从容不迫地来赴宴，对桓温说："我听说有道义的诸侯藩将，都会让士卒驻守在四方边境上，明公何须在墙壁之后安置士卒！"桓温笑道："这是不能不这样做罢了。"于是命令士兵撤出，与谢安一起谈笑许久。郗超藏在桓温帐中听谢安说话，风将帐子吹开，谢安笑着说："郗超可以说是能进入幕帐的宾客了。"桓温患病后，回到姑孰。桓温眼见自己的病情日渐加重，于是上书向朝廷暗示，希望朝廷赐给他九锡礼。谢安和王坦之故意拖延，不久，桓温便去世了。

秦丞相王猛卒，秦主坚哭之曰："天不欲使吾平一六合邪？何夺吾景略①之速也！"猛临终谓坚曰："晋虽僻处江南，然正朔②相承，上下安和。臣没之后，愿勿以晋为图。鲜卑、西羌，我之仇敌，终为人患。宜渐除之，以安社稷。"

凉降于秦。先是，张玄靓之叔父天锡③杀玄靓而自立。天锡荒于酒色，政乱。秦伐之，兵至姑臧④，天锡面缚⑤出，送长安。

代王拓跋什翼犍世子寔⑥早卒，继嗣未定。庶长子⑦遂杀其诸弟，并杀什翼犍。会秦兵击代，部众逃溃，国中大乱。秦主苻坚分代为二部，自河以东属代南部大人⑧刘库仁⑨；自河以西属匈奴刘卫辰⑩，使统其众。

---

① 景略，王猛字。
② 正朔，指帝王所颁布的历法。古时改朝换代，新王朝往往会重定正朔。故以正朔代指朝代。
③ 天锡，即张天锡（338—398），小名独活，字纯嘏（gǔ），初字公纯嘏，张骏三子，张重华之弟，十六国时前凉最后一位皇帝。在前凉混乱朝局中辅佐朝政，后弑杀张玄靓即位；在前秦连续攻势下，投降苻坚，前凉灭亡。淝水之战后归顺东晋，任金紫光禄大夫。史称悼王。
④ 姑臧，今甘肃武威。十六国时前凉、后凉、北凉、南凉、大凉先后定都于此，一度是西北军政、文化、经济中心。
⑤ 面缚，双手反绑于背后而面朝前。
⑥ 寔，即拓跋寔（？—371），鲜卑族，拓跋什翼犍之子。在叛乱中为其父格挡受伤致死，死后谥号献明。其子拓跋珪称帝后，追谥为献明皇帝。
⑦ 庶长子，指拓跋寔君。
⑧ 南部大人，鲜卑部族官名，是部族首领之称，协理国政。
⑨ 刘库仁（？—383），一名刘洛垂，字没根，十六国时期匈奴后裔独孤部首领，拓跋什翼犍外甥。豪侠爽快，颇具谋略，在代国任南部大人，协理国政。尽心服侍幼年拓跋珪，后在与后燕对峙中被降将慕容文所杀。
⑩ 刘卫辰（？—391），十六国时期匈奴后裔铁弗部首领。占据朔方郡，兵强马壮；周旋于前秦、代国、北魏之间，叛降无常。后派军偷袭北魏失败，在逃亡途中为部下所杀。其子赫连勃勃称帝后，追谥桓皇帝，庙号太祖。

前秦丞相王猛去世，秦主苻坚痛哭流涕，说："难道是上天不想让我统一天下吗？为何这么快便从我身边夺走王猛呢！"王猛临终前对苻坚说："晋国虽然偏安江南，却是正统相承，上下安和。臣死后，希望您不要对晋国有所企图。鲜卑、西羌才是我们的仇敌，留着终究是祸患。应该逐渐消灭他们，以安定社稷。"

前凉投降前秦。起初，张玄靓的叔父张天锡杀死张玄靓后，自立称帝。张天锡荒于酒色，朝政混乱。前秦发兵攻打前凉，大军到了姑臧城下，张天锡将自己双手反绑，出城投降。前凉灭亡，张天锡被押送到长安。

代王拓跋什翼犍的世子拓跋寔年纪轻轻便过世了，所以其继承人还没有确定。庶长子拓跋寔君为了争夺王位，就将他所有的弟弟全部杀死，并且将拓跋什翼犍一并杀掉。恰逢前秦大军来袭，代国部众四散溃逃，国中大乱，代国于是灭亡。秦主苻坚将代国一分为二，黄河以东由原代国南部大人刘库仁统领；黄河以西属于匈奴人刘卫辰，让他来统领代国余部。

代世子寔之子珪①尚幼，母贺氏②以珪走依贺讷③，已而依库仁。库仁奉珪恩勤，不以废兴易意。

东晋（九）

晋以秦人强盛为忧，诏求良将可镇御北方者。谢安以兄子玄④应诏。郗超叹之曰："安之明，乃能违众举亲。玄才不负所举，吾尝见其使才⑤，虽屦履⑥间未尝不得其任。"玄镇广陵，得刘牢之⑦等为参军。战无不捷，号北府兵⑧，敌人畏之。

---

① 珪，即拓跋珪（371—409），又名拓跋开，字涉珪，鲜卑族，拓跋寔之子，南北朝时期北魏政权建立者，公元386年—公元409年在位。幼年遭变，跟随其母四处逃难；后趁乱重建代国，改国号为"魏"，史称北魏；迁都平城，励精图治，开疆拓土，推动鲜卑部族封建化。晚年因沉湎酒色、刚愎自用而在宫廷政变中被其子拓跋绍所杀。死后谥号宣武皇帝，庙号烈祖。后改谥号道武皇帝，庙号太祖。
② 贺氏，生卒年不详，鲜卑族人，拓跋寔妻子，拓跋珪之母。代国灭亡后，携带拓跋珪四处逃难，多次庇护拓跋珪化险为夷。死后谥号献明皇后。
③ 贺讷，生卒年不详，代国贺兰部首领，献明贺皇后之兄，拓跋珪舅父。拓跋珪避难贺兰部时，扶持拓跋珪即位复国；之后臣服北魏，跟随拓跋珪平定中原，封安远将军。
④ 玄，即谢玄（343—388），字幼度，陈郡阳夏（今河南太康）人，谢安之侄，东晋名将。初为桓温属官，备受器重；为抵御前秦，出任兖州刺史，组建"北府兵"，数次击败秦军，成为东晋最为精锐的武装力量；淝水之战中为晋军前锋，力克秦军。官至左将军，封康乐县公。死后追赠车骑将军、开府仪同三司，谥号献武。
⑤ 使才，运用和施展才华。
⑥ 屦履，屦、履都指木鞋，用来指小事。
⑦ 刘牢之（？—402），字道坚，徐州彭城（今江苏徐州）人，东晋名将。深沉刚毅，足智多谋，初在北府兵任参军，参加淝水之战；之后四处平乱，屡立战功，官至征西将军、江州刺史，封武冈县男。在东晋内斗中数次倒戈，遭属官鄱夷后自杀。
⑧ 北府兵，东晋谢玄组建训练的军队。谢玄改任徐州刺史时镇京口，因东晋时京口称"北府"，故号"北府兵"。

代国世子拓跋寔的儿子拓跋珪年纪尚小，他的母亲贺氏带着他逃亡大漠，依附她的哥哥贺讷，后来又依附于刘库仁。刘库仁殷勤抚育拓跋珪，不因为拓跋氏的盛衰兴亡而改变自己的意愿。

东晋（九）

东晋朝野为前秦的强盛感到十分担忧，晋孝武帝颁布诏书，寻访足以镇守北境的良将。谢安推举他哥哥谢奕的儿子谢玄应诏。郗超听说后感慨道："谢安贤明，才能不顾凡俗虚礼举荐自己的亲戚。谢玄的才能也确实不辜负谢安的举荐，我曾经见他施展才能，即使是屦履之间的小事，也从未失职。"谢玄率军镇守广陵，招募到刘牢之等人作为参军。数次出征，战无不胜，号称北府兵，声名远扬，远近敌人都十分畏惧。

秦遣兵分道寇晋，陷诸郡，执襄阳刺史朱序①以归。已而议大举，或谓晋有长江之险。坚曰："以吾之众投鞭于江，可断其流。"时中外皆谏，惟慕容垂、姚苌欲乘其衅②，劝之南伐。坚遂发长安戍卒六十余万，骑二十七万。晋以谢石③为征讨大都督，谢玄为前锋都督，督众八万拒之。刘牢之帅精兵五千趋洛涧④，直渡水，击秦前锋梁成⑤，斩之。石等水陆继进。坚登寿阳城⑥，望见晋兵部阵严整；又望见八公山⑦草木，皆以为晋兵，怃然⑧有惧色。秦兵逼肥水⑨而阵，玄使人谓曰："移阵小却，使我兵得渡，以决胜负，可乎？"坚欲听晋兵半渡蹙⑩之，麾兵使却。秦兵退，不可复止。

---

① 朱序（？—393），字次伦，义阳平氏（今河南桐柏县）人，东晋名将。四处征战，巩固东晋政权，封襄平子；前秦进犯时镇守襄阳，城破遭俘，被苻坚任为度支尚书；淝水之战中暗助晋军获胜，战后重回东晋，多有战功，官至兖青二州刺史，封征虏将军。死后追赠散骑常侍。
② 衅，祸乱。
③ 谢石（327—389），字石奴，陈郡阳夏（今河南太康）人，谢安之弟，东晋大臣。君川之战、淝水之战两败前秦，颇有战功，迁尚书令，封南康郡公。奏请兴复国学，广修乡校，对文化建设颇有裨益。不过为人贪婪，聚敛无厌。死后追赠司空，谥号襄公。
④ 洛涧，今安徽淮南淮河支流洛河。淝水之战中刘牢之于此大败秦军。
⑤ 梁成（？—383），前秦将领。淝水之战中为刘牢之所杀。
⑥ 寿阳城，今安徽寿县。
⑦ 八公山，在今安徽淮南。淝水之战中，留有"草木皆兵"的典故。
⑧ 怃然，失望的样子。
⑨ 肥水，即淝水。发源于安徽肥西将军岭，主要流经安徽境内，一支北汇淮河，一支南注巢湖。南支即淝水之战主战场。
⑩ 蹙，逼迫，追逼。

前秦派遣军队分道进犯东晋边境，攻陷数个郡县，俘虏襄阳刺史朱序后班师收兵。过了不久，苻坚朝议大举进攻东晋，有人说晋国有长江作为天险。苻坚说："把我国军队所有士卒的马鞭投到长江里，足以阻断水流。"当时前秦朝野上下都劝谏苻坚，切莫急于发兵攻晋。只有慕容垂、姚苌想要趁乱发难，于是极力怂恿苻坚南征。苻坚于是征发长安士卒六十余万人，骑兵二十七万，兵锋直指江南。东晋听闻后，任命谢石为征讨大都督，谢玄为前锋都督，带领八万军队抵抗秦军。刘牢之率领五千精兵赶赴洛涧，直接渡过洛河，击败秦军前锋部队，斩杀秦将梁成。谢石等人随后率军水陆并进。前秦大军驻扎完毕后，苻坚登上寿阳城，望见晋军布阵严整；又看到八公山上草木摇动，以为都是晋军，面色沉重，感到非常恐惧。秦军逼近淝水，临水布阵，谢玄派人对苻坚说："烦请您移动兵阵，稍微往后退一退，让我军渡过淝水后，再一决胜负，可好？"苻坚想要趁晋军渡河到一半的时候一举攻破，于是指挥大军后退。结果秦军一退便一发不可收拾，止也止不住。

朱序在阵后呼曰："秦兵败矣。"遂溃。玄等乘胜追击，秦兵大败。走者闻风声鹤唳，皆以为晋兵至。坚狼狈还长安。

慕容垂叛秦，起于河内，自称燕①王。

姚苌叛秦，起于北地②，自称秦王。是为后秦③。

慕容冲④叛秦，起兵平阳⑤，称帝。是为西燕⑥。攻长安，秦主苻坚出奔。后秦主苌执而弑之。

晋太保谢安卒。安文雅过王导，有德量。方秦寇至，朝野震动，安夷然⑦围棋赌墅⑧。捷书至，安方与客棋，览毕，置坐侧，无喜色。棋罢，客问之，徐曰："小儿辈已遂破贼。"客去，安入户，喜甚，不觉屐齿⑨折。其矫情⑩镇物⑪如此。

---

① 燕，即后燕，公元384年—公元407年，十六国之一。鲜卑族慕容垂所建，先后定都中山、龙城，全盛时疆域包括今河北、山东、辽宁南部、山西东部、河南东北部。公元407年为北燕所取代。
② 北地，秦汉郡名，辖境大致在今甘肃东部、陕西西部，治义渠（今甘肃庆阳）。后几经迁徙，魏晋时辖境大致在今陕西关中西部，治泥阳（今陕西铜川耀州区）。
③ 后秦，公元384年—公元417年，十六国之一。羌族姚苌所建，定都长安，全盛时疆域大致包括今陕西中部、河南西部、山西西南部、甘肃东部等地。公元417年为东晋刘裕所灭。
④ 慕容冲（359—386），小字凤皇，鲜卑族，昌黎棘城（今辽宁义县）人，慕容儁之子、慕容泓之弟，十六国时西燕皇帝，公元385年—公元386年在位。容貌俊美，骁勇善战，前燕灭亡后投奔前秦，淝水之战后拥兵自立，失利后投奔其兄慕容泓。慕容泓被弑杀后，西燕部属拥立慕容冲即位，不久亦被杀。死后谥号威皇帝。
⑤ 平阳，魏晋郡名，辖境大致在今山西临汾，治平阳（今山西临汾尧都区）。
⑥ 西燕，公元384年—公元394年，十六国之一。鲜卑族慕容泓所建，定都长子，全盛时疆域大致包括今山西、河南北部等地。公元394年为后燕慕容垂所灭。
⑦ 夷然，坦然，平静镇定的样子。
⑧ 围棋赌墅，典故名，前秦兵犯东晋，朝野震动，谢安此时却在下棋。后用来形容人从容镇定，举重若轻。
⑨ 屐齿，木底鞋下的横梁。
⑩ 矫情，掩饰真情。
⑪ 镇物，使众人镇定。

朱序趁机在军阵后大喊："秦军败了！秦军败了！"于是秦军大乱，一溃千里。谢玄等人趁势追击，秦军大败。逃跑的士卒听到风声和鹤叫声，都以为是晋军追上来了。苻坚狼狈地退回长安。

慕容垂背叛前秦，在河内郡起兵，自称燕王。

姚苌背叛前秦，在北地郡起兵，自称秦王。史称后秦。

慕容冲背叛前秦，在平阳郡起兵称帝。史称西燕。慕容冲发兵攻打长安，前秦国主苻坚出逃。后秦国主姚苌抓住苻坚后将其杀害。

东晋太保谢安逝世。谢安的文雅超过王导，德行高尚，有气量。前秦大军压境，东晋朝野震动，谢安却坦然镇定，还以住宅做赌注和张玄下围棋。前线谢石捷报传来时，谢安正在和宾客下棋，看完军报后放到座位旁边，脸上并没有露出一丝高兴的神色。一局终了，客人问军报上所道何事，谢安不慌不忙地说："小儿辈们已经击败贼人了。"客人告辞后，谢安走回屋中，很是高兴，竟没发觉自己木鞋底的横梁都踩断了。谢安掩饰真情、故作镇定竟然到了如此地步。

秦主苻坚之子丕①称帝于晋阳。

拓跋珪复立为代王。先是，刘库仁为其下所杀，弟头眷②代领其众。库仁之子显③杀头眷而自立，又欲杀珪。珪奔贺兰部④依其舅，诸部大人推珪为主。遂即王位，徙居盛乐，后改称魏⑤。

燕王垂称帝于中山。

西燕人弑其主冲，立段随⑥。又杀随，立慕容忠⑦。又杀忠，立慕容永⑧。永击秦主苻丕，丕败，南走，为晋将军邀击杀之。慕容永称帝于长子⑨。

秦疏族⑩苻登⑪称帝于南安。

---

① 丕，即苻丕（354—386），字永叔，氐族，略阳临渭（今甘肃秦安）人，苻坚庶长子，十六国前秦皇帝，386年在位。辅助苻坚经略中原，淝水之战前期元气大伤，即位后不断受到后燕攻打；后因猜忌部下，率兵南下，被晋军所杀。死后谥号哀平皇帝。
② 头眷，即刘眷（？—385），匈奴后裔独孤部首领，刘库仁之弟。刘库仁死后，代领部众。后被刘库仁之子刘显所杀。
③ 显，即刘显，生卒年不详，杀死叔父刘眷后，统领部众；在北方混战中反复不定，最终投降西燕慕容永。
④ 贺兰部，又称贺赖部，中国古代部族。原依附于匈奴，因与拓跋部有姻亲关系，成为北方重要贵族。其后裔形成契丹部落的主干。
⑤ 魏，即北魏，公元386年—公元534年，南北朝时期北朝政权。鲜卑族拓跋珪所建，先后定都平城、洛阳，全盛时统一北方地区。公元534年，分裂为东魏、西魏。
⑥ 段随（？—386），十六国时西燕皇帝，386年在位。原为西燕右将军，诸将弑杀西燕威帝慕容冲之后，拥立段随；不久被慕容宗室所杀。
⑦ 慕容忠（？—386），十六国时西燕皇帝，鲜卑族，昌黎棘城（今辽宁义县）人，慕容泓之子。段随被杀后，宗室内斗，西燕大乱，先后拥立慕容桓之子慕容顗（yǐ）、慕容冲之子慕容瑶、慕容泓之子慕容忠为帝，均被杀。
⑧ 慕容永（？—394），字叔明，鲜卑族，昌黎棘城（今辽宁义县）人，慕容皝堂侄，十六国时西燕皇帝，公元386年—公元394年在位。慕容冲即位后任将军，在西燕宗室内斗中拥立大都督，不久自立称帝。与后燕多有征战，公元396年，后燕围困长子，城破被杀。
⑨ 长子，今山西长子。
⑩ 疏族，远族，远亲。
⑪ 苻登（343—394），字文高，氐族，略阳临渭（今甘肃秦安）人，苻坚族孙，十六国前秦最后一位皇帝，公元386年—公元394年在位。骁勇彪悍，官至扬武将军，封南安王；苻丕被杀后自立称帝，立志为苻坚报仇；与后秦连年征战，后为姚兴所杀，前秦灭亡。

前秦国主苻坚之子苻丕在晋阳称帝。

拓跋珪又重新被拥立为代王。起初，刘库仁被他的部下所杀，他的弟弟刘眷代替他统领部队。刘库仁的儿子刘显又杀死刘眷而自立为统领，又想要杀拓跋珪。拓跋珪逃到贺兰部依附于他的舅舅，后来，诸多部落的首领就推举拓跋珪为主。于是拓跋珪即代王位，将都城迁徙到盛乐，随后改国号为魏。

后燕国主慕容垂在中山郡称帝。

西燕诸将弑杀了西燕威帝慕容冲，拥立段随为帝。不久又杀死段随，立慕容忠为帝。紧接着又杀死慕容忠，拥立慕容永为帝。慕容永袭击前秦国主苻丕，苻丕大败后向南逃跑，被东晋将领率军拦截，兵败被杀。慕容永随即在长子称帝。

前秦皇室的远亲苻登在南安称帝。

后秦姚苌先是已入长安称帝，苻登引兵数与后秦战，互有胜负。

后秦主姚苌卒，子兴①立。击登，杀之。

燕王垂击西燕，拔长子，杀西燕主永。

燕王垂卒，子宝②立。

自苻坚之败，中原大乱。其大者，慕容氏、姚氏迭举大号③。

---

① 兴，即姚兴（366—416），字子略，羌族，南安赤亭（今甘肃陇西）人，姚苌长子，十六国后秦皇帝，公元395年—公元416年在位。与其父姚苌一起建立后秦。即位后勤于政事，重视农业，提倡儒、佛，是十六国时少有的仁德之君。先后消灭前秦、西秦、后凉，攻占洛阳，后秦进入全盛时期，与北魏、东晋鼎足而立。亲迎鸠摩罗什入长安，组织大规模的佛经翻译工作，极大促进了佛教在中国的发展。因连年征战，赋税渐重，国内矛盾激化，加之诸子不和，姚兴死后后秦迅速灭亡。死后谥号文桓皇帝，庙号高祖。
② 宝，即慕容宝（355—398），字道佑，小字库勾，鲜卑族，昌黎棘城（今辽宁义县）人，慕容垂四子，十六国后燕皇帝，公元396年—公元398年在位。即位后因子嗣不和，内斗不断，导致后燕迅速衰落。在北魏的不断攻打中，被部下所杀。死后谥号惠愍皇帝，庙号烈宗。
③ 大号，帝号，指称帝。

后秦国主姚苌早先已经攻入长安，称帝即位。苻登率军多次与后秦交战，双方互有胜负。

后秦国主姚苌逝世，他的儿子姚兴即位。姚兴率军攻打前秦，斩杀苻登，前秦灭亡。

后燕国主慕容垂率军攻打西燕，攻陷长子，杀死西燕国主慕容永。

后燕国主慕容垂逝世，他的儿子慕容宝即位。

自从苻坚淝水之战大败后，中原重新陷入大乱。其中比较强大的，像鲜卑慕容氏、羌族姚氏，都纷纷自立称帝。

其乘时而起，如：秦故臣吕光①据凉州称凉②天王，鲜卑乞伏国仁③据陇右，称西秦④王。国仁卒，弟乾归⑤继之。后又有鲜卑秃发乌孤⑥起河西，号南凉⑦。

晋自败秦以后，江左无事。会稽王道子⑧为政，帝嗜酒流连而已。长星⑨见，帝举酒向之曰："长星，劝汝一杯酒，世岂有万年天子邪？"

---

① 吕光（337—399），字世明，氐族，略阳（今甘肃天水）人，为汉高祖吕后后裔，十六国后凉政权建立者，公元386年—公元399年在位。原为前秦将领，骁勇善战，屡立战功；淝水之战前率军平定西域，攻占凉州。听闻苻坚死讯后，自立为帝，史称后凉。之后征服西秦；在南凉逼境、叛乱四起的局面下，传位其子吕绍，随即病逝。死后谥号懿武皇帝，庙号太祖。
② 凉，即后凉，公元386年—公元403年，十六国之一。氐族吕光所建，定都姑臧，全盛时疆域大致包括今甘肃大部、新疆西部等地。公元403年，投降后秦。
③ 乞伏国仁（？—388），鲜卑族，陇西人，乞伏部首领，十六国西秦政权建立者，公元385年—公元388年在位。乞伏部被苻坚击败后，跟随其父投降前秦；淝水之战后占据陇西，自立称帝，史称西秦。选贤任能，振兴农业，西秦强盛一时，周边部族纷纷归降。死后谥号宣烈王，庙号烈祖。
④ 西秦，公元385年—公元400年、公元409年—公元431年，十六国之一。鲜卑族乞伏国仁所建，定都苑川，疆域大致包括今甘肃西南部、青海北部。公元431年为胡夏所灭。
⑤ 乞伏乾归（？—412），鲜卑族，陇西人，乞伏国仁之弟，十六国西秦国君，公元388年—公元400年、公元409年—公元412年在位。即位后迁都金城，占据陇西全境。面对后秦攻势，相继投降南凉、后秦；后乘关中将乱，趁机复国。死后谥号武元王。
⑥ 秃发乌孤（？—399），鲜卑族，河西人，秃发部首领，十六国南凉政权建立者，公元397年—公元399年在位。原为后凉大将，征服周边部族；之后叛凉自立，自称西平王，史称南凉。大力发展农桑，有吞并陇西之志；不久醉酒坠马伤重而死。谥号武王，庙号烈祖。
⑦ 南凉，公元397年—公元414年，十六国之一。鲜卑族秃发乌孤所建，定都乐都，疆域大致在今甘肃西部、宁夏一部。公元414年为西秦所灭。
⑧ 道子，即司马道子（364—403），字道子，河内温县（今河南温县）人，晋简文帝司马昱七子，孝武帝司马曜之弟，东晋权臣。孝武帝时封会稽王，总揽朝政，打压谢氏士族，提升皇族权力；然嗜酒无度，任用小人，先后招致王恭、桓玄起兵讨伐；后遭桓玄流放，被御史毒杀。安帝复位后追赠丞相，谥号文孝王。
⑨ 长星，古星名。类似彗星，有长形光芒。

其他趁乱兴起的各地割据势力，比如前秦旧臣吕光占据凉州，自称天王；鲜卑人乞伏国仁占据陇右，自称为西秦王。乞伏国仁死后，他的弟弟乞伏乾归继承王位。后来又有鲜卑人秃发乌孤起兵河西，自称西平王，史称南凉。

　　东晋自从打败前秦以后，江左平安无事。会稽王司马道子执政，孝武帝每天嗜酒作乐而已，流连其中不理朝政。一日晚间，长星扫过天际，孝武帝举着酒杯，仰望着长星说道："长星，朕劝你喝一杯酒吧，世上哪里会有活到一万年的天子呢？"

张贵人①年三十，宠冠后宫。醉中戏之曰："汝以年亦当废矣。"贵人使婢蒙其面而弑之。在位十五，改元者二，曰：宁康、太元。太子立，是为安皇帝。

东晋（十）

安皇帝名德宗，幼不慧②，口不能言，寒暑饥饱不辨，饮食寝兴③皆非己出。既即位，会稽王以太傅④辅政。

魏主拓跋珪连岁攻燕，进围中山。燕主慕容宝出奔，后为其下所弑。

燕慕容祥⑤称帝，慕容麟⑥袭杀祥而自立。魏主珪破麟，走之。麟奔慕容德⑦，为德所杀。德往据广固⑧，后称帝。是为南燕⑨。

---

① 张贵人，生卒年不详，晋孝武帝司马曜宠妃。后因孝武帝戏言，而将孝武帝弑杀。
② 不慧，不聪明，特指白痴。
③ 寝兴，睡下和起床，泛指日夜或起居。
④ 太傅，官名，西周置，为帝王辅佐大臣或老师。后世多为虚衔。
⑤ 慕容祥（？—397），鲜卑族，昌黎棘城（今辽宁义县）人，十六国后燕皇帝，公元397年在位。初任上谷太守，封开封公。面对北魏攻势，因来不及跟随慕容宝撤离中山，被拥立为帝，抵御魏军；嗜酒如命，奢侈荒淫，在位两个月被慕容麟所杀。死后谥号灵皇帝。
⑥ 慕容麟（？—398），字贺麟，鲜卑族，昌黎棘城（今辽宁义县）人，慕容垂之子，十六国后燕皇帝，397年在位。在慕容垂建国中，多有战功，封赵王；参合陂之战中与慕容宝共领燕军，大败而归；慕容宝撤离中山后，入驻中山，杀死慕容祥后称帝。不久被北魏击败，取消帝号，投奔慕容德；因再次图谋政变而被慕容德所杀。死后谥号僖皇帝。
⑦ 慕容德（336—405），字玄明，鲜卑族，昌黎棘城（今辽宁义县）人，慕容皝之子，慕容垂之弟，十六国时期南燕政权建立者。辅佐慕容垂建立后燕，封范阳王，参与决断政事；后燕中山失守后，自称燕王，史称南燕；随后占据齐鲁之地，提倡儒学。死后谥号献武皇帝，庙号世祖。
⑧ 广固，今山东青州市。十六国时曾是南燕都城。
⑨ 南燕，公元398年—公元410年，十六国之一。鲜卑族慕容德所建，定都广固，疆域大致包括今山东、河南东部等地。公元410年为东晋刘裕所灭。

张贵人已经三十岁了，依然宠冠后宫。晋孝武帝有次喝醉了，就对张贵人开玩笑说："按照你的年龄，也应该把你废黜了。"张贵人信以为真，怀恨在心，就命奴婢蒙住孝武帝的脸，将他弑杀。孝武帝在位十五年，改用了两个年号，分别叫宁康、太元。太子即位，就是晋安帝。

东晋（十）

晋安帝名叫司马德宗，从小就是白痴，不会开口说话，连冷暖饥饱都分不清楚，日常起居进食不能自理，全凭别人照顾。即位后，会稽王司马道子担任太傅，辅佐朝政。

北魏国主拓跋珪连年发兵攻打后燕，率军包围中山。后燕国主慕容宝弃城而逃，在途中被部下所杀。

后燕慕容祥称帝，随后慕容麟弑杀慕容祥，自立为帝。魏主拓跋珪击败慕容麟后，慕容麟逃走，投奔他的叔父慕容德，后来因图谋兵变，被慕容德所杀。慕容德率军攻占广固后，即位称帝。史称南燕。

燕慕容盛①称帝于龙城②。是为北燕③。

魏主珪称帝,都平城④。

凉段业⑤称凉王,据张掖。是为北凉⑥。

晋会稽王道子专以政事委世子元显⑦,晋政乱,东土嚣然。妖贼孙恩⑧因民心骚动,自海岛出,作乱。刘裕⑨因讨恩有功而起。

---

① 慕容盛(373—401),字道运,鲜卑族,昌黎棘城(今辽宁义县)人,慕容宝之子,十六国后燕皇帝,公元398年—公元401年在位。少年即沉着聪慧,深得慕容垂喜爱,封长乐公;慕容宝被杀后,设计报仇,随即即位;不久在政变中被杀。死后谥号昭武皇帝,庙号中宗。
② 龙城,今辽宁朝阳。
③ 北燕,公元407年—公元436年,十六国之一。汉人冯跋所建,定都龙城,疆域大致包括今辽宁西南部、河北东北部。公元436年,为北魏所灭。按,后燕参合陂之战失利后,国土被北魏一分为二,慕容宝、慕容祥、慕容麟相继在南部中山即位,慕容宝之子慕容盛、慕容熙、高云在北部龙城即位,均称后燕;高云被杀后,冯跋即位,史称北燕。
④ 平城,今山西大同。
⑤ 段业(?—401),京兆(今陕西西安)人,十六国北凉政权建立者,公元399年—公元401年在位。原为吕光部下,任建康太守;被沮渠男成劝服后背叛后凉,自称凉王,史称北凉。后为沮渠蒙逊所杀。
⑥ 北凉,公元397年—公元439年,十六国之一。汉人段业、匈奴族沮渠蒙逊所建,定都张掖,疆域大致包括今甘肃西部、宁夏、新疆、青海等一部分。公元439年为北魏灭。
⑦ 元显,即司马元显(382—402),字朗君,河内温县(今河南温县)人,司马道子之子,东晋权臣。打败王恭后,封尚书令,代替其父总揽朝政,亲信小人,导致朝纲紊乱,激起民变;后讨伐桓玄时兵败被杀。安帝复位后追赠太尉,谥号会稽忠世子。
⑧ 孙恩(?—402),字灵秀,琅邪临沂(今山东临沂)人,东晋农民起义领袖。世奉五斗米道,因其叔父被司马道子所杀,加之司马元显执政导致民怨沸腾,伺机起兵;在刘牢之镇压下,入海为寇;数次登陆,扰乱三吴;后被刘裕所破,跳海自杀。
⑨ 刘裕(363—422),字德舆,小名寄奴,彭城(今江苏徐州)人,南北朝时期刘宋政权建立者,著名军事家、政治家,公元420年—公元422年在位。自幼家贫,然风神奇伟;参加北府兵后,在平定孙恩之乱中崭露头角;刘牢之死后,代掌北府兵,对内相继平定桓玄、卢循、西蜀、司马休之等多个割据势力,统一南方;对外志在恢复,两次北伐,消灭南燕、后秦,大败北魏,收复山东、淮北、河南、关中等地,奠定了南朝基本格局。代晋称帝后,抑制兼并,整顿吏治,轻徭薄赋,振兴教育,使得刘宋成为六朝国力最为强盛的时期,被誉为"南朝第一帝"。死后谥号武皇帝,庙号高祖。

燕国慕容盛在龙城即位称帝，称为后燕。

北魏国主拓跋珪称帝，定都平城。

后凉将领段业自称凉王，占据张掖。史称北凉。

东晋会稽王司马道子将朝政全部委托给他的儿子司马元显，东晋政局混乱，东境大乱。妖人孙恩借民心骚动之机，在海岛上率流亡百姓起兵造反。刘裕凭借讨伐孙恩有功，逐步崛起。

北凉沮渠蒙逊①弑段业而自立。蒙逊，匈奴之种也。后迁姑臧。

凉主吕光卒，子绍②立。庶兄纂③弑而代之。吕超④又弑纂，而立其兄隆⑤。隆后降秦而凉亡。

陇西李暠⑥据敦煌。是为西凉⑦。后徙酒泉。

柔然⑧起于漠北，夺高车⑨之地而居之。吞并诸部，士马繁盛，雄于北方。其地西至焉耆⑩，东接朝鲜，南临大漠。旁小国皆羁属，与魏为敌。

---

① 沮渠蒙逊（366—433），匈奴族，临松卢水（今甘肃张掖）人，十六国北凉国君，公元401年—公元433年在位。虽为蛮族，却博览史书。辅佐段业建立北凉后，因备受猜忌而杀掉段业，自称凉王；先后出兵攻打南凉、西秦。死后谥号武宣王，庙号太祖。
② 绍，即吕绍（？—399），字永业，氐族，略阳（今甘肃天水）人，吕光之子，十六国后凉国君，399年在位。吕光病重时，传位太子吕绍；吕光死后，吕绍亦为其兄吕纂所杀。死后谥号隐王。
③ 纂，即吕纂（？—401），氐族，略阳（今甘肃天水）人，吕光之子、吕绍之兄，十六国后凉国君，公元399年—公元401年在位。弑杀吕绍后即位，讨伐南凉，大败而归；因田猎无度，沉湎酒色，被其弟吕隆所杀。死后谥号灵皇帝。
④ 吕超（？—416），氐族，略阳（今甘肃天水）人，吕光之侄，十六国后凉宗室。吕光去世后，劝说吕绍诛杀吕纂；吕纂即位后逃出姑臧；后弑杀吕纂，拥立其兄吕隆，封安定公。投降后秦后最终被杀。
⑤ 吕隆（？—416），字永基，略阳(今甘肃天水)人，吕光之侄，十六国后凉国君。即位后在北凉、南凉的夹攻下，投降后秦，后凉灭亡。后因试图谋反而被杀。
⑥ 李暠（hào，351—417），字玄盛，小字长生，陇西成纪（今甘肃秦安）人，十六国西凉政权建立者。起初担任敦煌太守，段业建立北凉后，随即自立，史称西凉。不久迁都酒泉。死后谥号武昭王，庙号太祖。被唐朝李氏尊为先祖。
⑦ 西凉，公元400年—公元421年，十六国之一。汉人李暠所建，前后定都敦煌、酒泉，疆域大致包括今甘肃西部、新疆一部分。公元421年，为北凉所灭。
⑧ 柔然，中国古代民族。鲜卑南下后，活跃在西伯利亚地区，逐渐壮大，成为漠北最为强盛的部落。后在北魏拓跋珪和拓跋焘的连续打击下，最终覆灭。
⑨ 高车，中国古代民族。活跃在漠北地区，北朝人称为"高车"，南朝人称为"丁零"，淝水之战后曾建立翟魏政权。
⑩ 焉耆，西域古国名，在今新疆焉耆一带。

北凉将领沮渠蒙逊杀死段业后，自称凉王。沮渠蒙逊是匈奴人的后裔。随后，他迁都到姑臧。

后凉国主吕光逝世，他的儿子吕绍即位。吕绍的庶兄吕纂弑杀吕绍后即位。吕绍的堂弟吕超又弑杀吕纂，拥立他的哥哥吕隆为国君。吕隆后来在北凉、南凉的夹击下，不得已投降后秦，后凉灭亡。

陇西李暠占踞敦煌，史称西凉，后迁都酒泉。

柔然兴起于漠北，攻夺高车族的地盘后定居。吞并周边各个部落，士卒战马众多，雄踞北方。柔然的疆域西至焉耆，东接朝鲜，南临大漠。旁边的小国都臣服于柔然，柔然多次进攻北魏，成为仇敌。

晋盗孙恩数为刘裕等所败，赴海死。其党卢循①、徐道覆②复起。

晋桓玄③反。初，玄嗣父温为南郡公，负其才地，以雄豪自处。尝守义兴④，叹曰："父为九州伯，儿为五湖长。"弃官归国。后为江州刺史，寻都督荆、江等八州军事，据江陵。至是，举兵入建康，杀元显，又杀道子。玄为相国，封楚王，加九锡。已而迫帝禅位。刘裕起兵于京口，讨玄。与玄兵战，大破之。玄出走，斩首于江陵。帝复位，刘裕镇京口。

秦赫连勃勃⑤叛秦，据朔方，自称大夏⑥天王。勃勃，故匈奴刘卫辰之子也。

---

① 卢循（？—411），字于先，小名元龙，范阳涿县（今河北涿县）人，孙恩妹夫，东晋农民起义领袖。跟随孙恩起义，孙恩自杀后被推为领袖，转战广州；进攻建康、京口失利后，自杀身亡。
② 徐道覆（？—411），卢循姐夫，东晋农民起义军首领。随孙恩、卢循起义，多有谋略；与卢循一同进攻京口失利后，被晋军所杀。
③ 桓玄（369—404），字敬道，谯国龙亢（今安徽怀远）人，桓温之子，东晋权臣，桓楚政权建立者，公元403年—公元404年在位。消灭殷仲堪和杨佺期后，占据荆州、江州；之后消灭司马道子、司马元显，独掌朝政，逼迫晋安帝禅让，即位称帝，史称桓楚。刘裕举兵反抗桓玄，桓玄不敌而逃奔江陵，后被冯迁杀害。死后谥号武悼皇帝。
④ 义兴，东晋郡名。辖境大致在今江苏省宜兴、常州一带，治阳羡（今江苏宜兴）。
⑤ 赫连勃勃（381—425），原名刘勃勃，刘卫辰之子，匈奴后裔铁弗部首领，十六国胡夏政权建立者，公元407年—公元425年在位。残暴嗜杀，狂妄傲慢。其父刘辰卫被北魏杀害后投奔后秦，姚兴封其为五原公，委以重任；不久叛秦自立，史称胡夏。与南凉、后秦、北凉多有征战，趁刘裕北伐退兵后夺取关中。死后谥号武烈皇帝，庙号世祖。
⑥ 大夏，公元407年—公元431年，十六国之一，亦称胡夏。匈奴族赫连勃勃所建，定都统万城，疆域大致包括今陕西、甘肃东部一带。公元431年为吐谷浑所灭。

东晋盗匪孙恩多次被刘裕打败，最后跳海而死。他的妹夫卢循、部将徐道覆继续造反。

东晋桓玄起兵谋反。起初，桓玄继承他父亲桓温的爵位南郡公，历来以英雄豪杰自居。桓玄曾经担任义兴太守，感叹道："父亲是纵横九州的天下霸主，儿子却只是五湖地区的小小官吏。"不久就放弃官职，回到封地。后来出任江州刺史，继而都督荆州、江州等八州军事，占据江陵。这时，率军攻入建康，杀死司马元显，又杀死司马道子。桓玄担任相国，受封楚王，加九锡礼。不久便逼迫晋安帝退位禅让。刘裕从京口起兵，讨伐桓玄。刘裕率军与桓玄交战，大败桓玄。桓玄率军逃出建康，后来在江陵被杀。晋安帝复位，刘裕率军镇守京口。

后秦将领赫连勃勃背叛秦国，起兵占据朔方，自称大夏天王。赫连勃勃是已经死去的匈奴人刘卫辰的儿子。

晋伐南燕。先是，南燕主慕容德卒，兄子超①立。侵略晋边，刘裕抗表②伐之。

北燕为其臣冯跋③所灭。先是，北燕主盛为其下所杀，叔父熙④立。跋得罪于熙，弑之而立熙之养子高云⑤。未几，又弑云⑥而自立。

魏主杀人⑦之夫而纳其妻，与之生子绍⑧。凶狠无赖，弑珪。齐王嗣⑨杀绍而立。珪，谥道武皇帝，庙号烈祖。

晋刘裕拔广固，执慕容超，送建康斩之。南燕亡。

---

① 超，即慕容超（384—410），字祖明，鲜卑族，昌黎棘城（今辽宁义县）人，慕容德之侄，十六国时南燕最后一位皇帝，公元405年—公元410年在位。起初流落西羌、后秦，装疯卖傻以自保；东归南燕后被慕容德立为太子；即位后奢侈糜费，凌虐宗室，渐失人心。刘裕北伐时，亡国被杀，南燕灭亡。
② 抗表，向皇上上表。抗，以手举物。
③ 冯跋（？—430），字文起，小字乞直伐，长乐信都（今河北冀州）人，十六国北燕国君，公元409年—公元430年在位。因与慕容熙有旧仇，弑杀慕容熙，拥立慕容云；慕容云被杀后即位称王，史称北燕；整顿吏治，劝课农桑，平定内乱，外结诸国，维持偏安局面二十余年。死后谥号文成皇帝，庙号太祖。
④ 熙，即慕容熙（385—407），字道文，鲜卑族，昌黎棘城（今辽宁义县）人，慕容垂之子，慕容宝之弟，十六国后燕国君，公元401年—公元407年在位。慕容盛被杀后，被拥立即天王位；大兴土木，宠爱女色，不恤士卒；后为冯跋、慕容云所杀。
⑤ 高云（？—409），慕容宝养子，改名慕容云，十六国后燕最后一位皇帝，公元407年—公元409年在位。与冯跋合力杀死慕容熙后即位，不久被侍卫所杀。死后谥号惠懿皇帝，庙号景宗。
⑥ 弑云，据《晋书·载记》第二十五，高云被其宠臣离班、桃仁所杀，并非冯跋所为。
⑦ 人，指贺夫人，生卒年不详，献明贺皇后之妹，拓跋珪姨母。因姿色出众，使拓跋珪一见倾心，遂毒杀姨夫，迎娶贺夫人，生子拓跋绍；后因过失而遭拓跋珪囚禁，被处以死刑；向拓跋绍求救，拓跋绍遂弑杀拓跋珪。
⑧ 绍，即拓跋绍（394—409），字受洛拔，鲜卑族，拓跋珪次子，北魏宗室。初封清河王，任征南大将军。为人凶恶残忍，阴险叛逆，不遵礼教。因其母贺夫人有过，拓跋珪想要处死贺夫人，拓跋绍遂夜间弑杀拓跋珪。后为其兄拓跋嗣所杀。
⑨ 嗣，即拓跋嗣（392—423），鲜卑族，拓跋珪长子，南北朝时期北魏皇帝，公元409年—公元423年在位。诛杀拓跋绍后即位，勤政爱民，开疆拓土，北破柔然，南略刘宋，后因病去世。死后谥号明元皇帝，庙号太宗。

东晋出兵讨伐南燕。起初,南燕国主慕容德逝世后,他哥哥的儿子慕容超即位。南燕派军入侵东晋边境,刘裕向晋安帝上表,请求出兵北伐南燕。

后燕被其大臣冯跋取代。起初,后燕国主慕容盛被部下弑杀,他的叔父慕容熙即位。冯跋以前得罪过慕容熙,冯跋抢先下手,弑杀慕容熙,拥立慕容熙的养子高云即位。没过多久,高云被近臣所杀,冯跋就自立为天王。史称北燕。

北魏国主拓跋珪因贪恋贺夫人美色,毒杀其夫之后,迎娶贺夫人为妻,生子拓跋绍。拓跋绍凶狠无赖,后来弑杀拓跋珪。齐王拓跋嗣随即杀死拓跋绍,自立称帝。拓跋珪死后,谥号道武皇帝,庙号烈祖。

东晋刘裕率军攻克广固,俘虏慕容超,押送到建康后斩首。南燕灭亡。

卢循乘刘裕北伐，出自番禺①，直下袭建康。刘裕被征，急还。诸军力战，循乃退。裕追破之，循走交州，为刺史所败，斩首送建康。

西秦乞伏乾归为其下所弑，子炽磐②立。

西秦袭灭南凉。先是，南凉主秃发乌孤卒，弟利鹿孤③立。卒，弟傉檀④立。至是，为乞伏炽磐所袭，以傉檀归，杀之。南凉亡。

后秦主姚兴卒，子泓⑤立。晋太尉刘裕伐之，发彭城，由洛阳道武关、潼关⑥入长安。泓败，出降，送建康斩之。后秦亡。

夏主勃勃闻裕伐秦，曰："裕必取关中，然不能久留。若以子弟诸将守之，吾取之如拾芥耳。"至是，三秦父老闻裕将还，诣门流涕，曰："残民不沾王化，于今百年，始观衣冠，人人相贺。公舍此欲何之乎？"裕还彭城。

---

① 番禺，在广东广州市番禺区。
② 炽磐，即乞伏炽磐（？—428），鲜卑族，陇西人，乞伏乾归长子，十六国西秦国君，公元412年—公元428年在位。勇敢果断，权略过人，辅助其父复国；即位后灭亡南凉，四处征战。死后谥号文昭王，庙号太祖。
③ 利鹿孤，即秃发利鹿孤（？—402），鲜卑族，河西人，秃发乌孤之弟，十六国南凉国君，公元399年—公元402年在位。即位后迁都西平，广兴教育。死后谥号康王。
④ 傉檀（nù tán），即秃发傉檀（365—415），鲜卑族，河西人，秃发利鹿孤之弟，十六国南凉国君，公元402年—公元415年在位。机警多谋，即位后与西秦、后秦、北凉接连征战，后投降西秦，南凉灭亡。不久被毒杀，死后谥号景王。
⑤ 泓，即姚泓（388—417），字元子，羌族，南安赤亭（今甘肃陇西）人，姚兴长子，十六国后秦皇帝，公元416年—公元417年在位。为人和气孝敬，博学多才，却无治国之能；即位后羌胡、胡夏接连来攻，在刘裕北伐时投降晋军，被押往建康处死，后秦灭亡。
⑥ 潼关，在今陕西潼关境内。始建于汉末，函谷关被废弃后，成为关中东大门，为后世兵家必争之地。

卢循乘刘裕北伐期间，从番禺起兵，率军攻击建康。刘裕被朝廷征召，急忙率军返回。诸军奋力战斗，卢循才被打退。刘裕乘胜追击，大破卢循。卢循逃到交州后，被交州刺史打败，被斩下首级送到建康。

西秦乞伏乾归被他的部下所杀，他的儿子乞伏炽磐即位。

西秦攻打并灭亡了南凉。起初，南凉国主秃发乌孤去世，他的弟弟秃发利鹿孤即位。秃发利鹿孤死后，他的弟弟秃发傉檀即位。这时，南凉被乞伏炽磐率军攻打，秃发傉檀被俘，押回苑川后处死。南凉灭亡。

后秦国主姚兴逝世，他的儿子姚泓即位。东晋太尉刘裕率军北伐，由彭城出发，经洛阳，取道武关、潼关，直入长安。姚泓战败后，出城投降，被押送回建康后斩首。后秦灭亡。

胡夏国主赫连勃勃听说刘裕讨伐后秦，说："刘裕必定会攻取关中之地，但是不会久留。如果让他的子弟或是其他将领驻守，我夺取关中之地就像从地上捡起一粒草芥一样容易。"这时，三秦父老听说刘裕将班师返回江东，聚集到军营辕门门口痛哭流涕，说道："我们这里残存下来的百姓没有得到朝廷王室的教化，至今已经有一百多年了。时至今日，方才看到汉家衣冠，人人都互相道贺。您现在放弃这里，想要去哪里呢？"刘裕最终还是率军返回彭城。

勃勃陷长安，称帝，归统万①。

晋以裕为相国，宋公，加九锡。裕以谶云："昌明②之后，尚有二帝。"乃使人缢晋帝，弑之。帝在位二十三年，改元者二，曰：隆安、义熙。义熙元年至十四年，则刘裕为政之日也。弟琅琊王立，是为恭皇帝。

恭皇帝名德文，即位之明年，刘裕进爵为宋王，自彭城移镇寿阳③。又明年，裕还建康。帝在位改元者一，曰：元熙。禅位于裕，已而被弑。

东晋自元皇帝至是，凡十一世，一百四年。西晋、东晋通一百五十六年而亡。

---

① 统万，在今陕西靖边境内。曾为十六国胡夏都城。
② 昌明，指晋孝武帝司马曜，字昌明。
③ 寿阳，今安徽寿县。

赫连勃勃攻陷长安后称帝，随即率军返回统万城。

东晋任命刘裕为相国，封宋公，赐九锡礼。刘裕听到有谶语说："昌明之后，还有两位皇帝。"于是派人用布帛勒死晋安帝。晋安帝在位二十三年，改用了两个年号，分别是隆安、义熙。从义熙元年至十四年，一直是刘裕把持朝政。晋安帝的弟弟琅琊王继位，就是晋恭帝。

晋恭帝名叫司马德文。即位之后第二年，刘裕晋封爵位，受封宋王，刘裕将驻地从彭城转移到寿阳。又过了一年，刘裕返回建康。晋恭帝在位改用了一次年号，即元熙。禅让给刘裕后不久恭帝被杀。

东晋从晋元帝至晋恭帝，经历了十一世皇帝，总共一百零四年。西晋、东晋一共存在了一百五十六年后灭亡。

文白对照十八史略 第三卷 南北朝

南北朝

　　南朝自晋以传之宋①，宋传之齐②，齐传梁③，梁传陈④。北朝自诸国并于魏，魏后分为西魏⑤、东魏⑥，东魏传北齐⑦，西魏传后周⑧，后周并北齐而传之隋⑨。隋灭陈，然后南北混为一。今以南为提头⑩而附北于其间。

---

① 宋，公元420年—公元479年，南北朝时期南朝政权。刘裕所建，定都建康，疆域大致在黄河以南、四川大雪山以东的地区。又称"刘宋"，是南朝疆域最广，国力最盛的朝代。公元479年，被南齐取代。
② 齐，公元479年—公元502年，南北朝时期南朝政权。萧道成所建，定都建康，疆域大致在淮河以南、四川大雪山以东的地区。史称"南齐"或"萧齐"，公元520年，被南梁取代。
③ 梁，公元502年—公元560年，南北朝时期南朝政权。萧衍所建，定都建康，疆域与南齐大致相同，曾短暂收复关中、河南地。是南朝文化最繁荣的时期，又称"萧梁"，公元560年，被南陈取代。
④ 陈，公元557年—公元589年，南北朝时期南朝政权。陈霸先所建，定都建康，疆域大致在长江以南、巴蜀以东的地区。是中国历史上唯一一个皇族姓氏与国号相同的朝代，又称"南陈"。公元589年，被隋军所灭。
⑤ 西魏，公元535年—公元556年，南北朝时期北朝政权。鲜卑族宇文泰扶持元宝炬所建，定都长安，疆域大致包括今陕西、宁夏、甘肃等地，后夺取巴蜀、江陵等地。公元556年，被北周取代。
⑥ 东魏，公元534年—公元550年，南北朝时期北朝政权。鲜卑化汉人高欢扶持元善见所建，定都邺城，疆域大致包括今山西、河北、山东、河南中北部等地。公元550年，被北齐取代。
⑦ 北齐，公元550年—公元577年，南北朝时期北朝政权。鲜卑化汉人高洋所建，定都邺城，疆域大致与东魏相仿，后向南夺取长江以北地区。公元557年，为北周所灭。
⑧ 后周，即北周，公元557年—公元581年，南北朝时期北朝政权。鲜卑族宇文觉所建，定都长安，疆域大致承袭西魏，后攻灭北齐，一统中原，为隋朝的统一奠定基础。公元581年，被隋朝取代。
⑨ 隋，公元581年—公元618年，中国历史大一统王朝。杨坚所建，定都长安，公元589年消灭南陈后，重新统一全国，结束了自西晋末年以来的分裂局面；在文化、经济、政治等领域，为大唐盛世打好了基础。公元618年，为唐朝李渊取代。
⑩ 提头，即题头，篇目标题。

南北朝

　　南朝自东晋传到刘宋，刘宋传到南齐，南齐传到南梁，南梁传到南陈。北朝诸国林立，最终统一于北魏，北魏后来分为西魏、东魏，东魏传到北齐，西魏传到后周，后周吞并北齐，然后传至隋朝。隋朝灭亡南陈后，南北统一。现在，以南朝各国为篇目标题，而将北朝诸事附在其中，来介绍南北朝的历史。

南北朝·宋（一）

宋高祖武皇帝姓刘氏，名裕，彭城人也，相传为汉楚元王交之后。裕生而母死，父侨居①京口，将弃之，从母②救而乳之。及长，勇健有大志。仅识字，小字③寄奴。尝行遇大蛇，言伤之。后至其所，见有群儿捣药。裕问何为，答曰："吾王为刘寄奴所伤。"裕曰："何不杀之？"儿曰："寄奴王者，不死。"裕叱之，即散不见。初，参刘牢之军事，尝遣觇④贼，遇贼数千人，裕奋长刀独驱之，众军因乘势进击，大破之。裕由是知名。其后为将相二十余年，诛桓玄，平孙恩、卢循，灭南燕、后秦。卒受晋禅。

西凉李暠卒，谥曰武昭王。子歆⑤立。数年。至是，为北凉沮渠蒙逊诱，与战，杀之。西凉亡。

宋主在位三年，改元者一，曰：永初。殂，太子立，是为废帝营阳王⑥。

废帝营阳王，名义符，年十七即位。居丧无礼，游戏无度。

---

① 侨居，寄居他乡。
② 从母，指母亲的姐妹，即姨母。
③ 小字，小名，乳名。
④ 觇（chān），偷偷查看。
⑤ 歆，即李歆（？—420），字士业，小字桐椎，陇西成纪（今甘肃静宁）人，李暠次子，十六国西凉国君，公元417年—公元420年在位。在位期间，用刑严苛，大兴土木。公元420年，为沮渠蒙逊所杀，西凉灭亡。
⑥ 营阳王，即刘义符（406—424），小字车兵，刘裕长子，南北朝刘宋皇帝，公元423年—公元424年在位。即位后因居丧无礼，耽于享乐，不理朝政，被大臣联手废黜为营阳王，不久即被弑杀。史称宋少帝。

南北朝·宋（一）

　　宋高祖武皇帝姓刘，名裕，是彭城人。相传是汉楚元王刘交的后代。刘裕出生时，母亲便死了，父亲侨居在京口，想要抛弃刘裕，被他的姨母所救，哺乳养育他。等到刘裕长大后，勇猛健硕，胸怀大志。仅仅认得几个字，取小名叫寄奴。刘裕有一次外出，在路上碰到一条大蛇，将其击伤。等到他回到住处后，看见有一群小孩在捣药。刘裕问这是做何用处，小孩们回答说："因为我们的大王被刘裕所伤，这是为他疗伤用的。"刘裕问："那为何不去杀了刘裕呢？"小孩们说："刘裕是天生王者，拥有不死之身。"刘裕听后大声呵斥，这些小孩随即消失了，不再出现。起初，刘裕在刘牢之麾下担任参军，刘牢之有次派遣刘裕前去刺探敌情，不料半路上遇见了数千敌军。刘裕手提长刀独自冲在前面，众人乘势进击，大败敌军。刘裕从此声名鹊起。之后担任将相二十余年，诛杀桓玄，平定孙恩、卢循起义，攻灭南燕、后秦。最终接受晋恭帝的禅让，建立刘宋。

　　西凉国主李暠逝世，谥号武昭王。他的儿子李歆即位。几年后，李歆被北凉国主沮渠蒙逊引诱，与北凉交战，兵败被杀。西凉灭亡。

　　刘裕在位三年，改用了一个年号，即永初。逝世后太子即位，也就是废帝营阳王。

　　废帝营阳王名叫刘义符，十七岁时即位。居丧期间不守礼制，游乐嬉戏而没有节制。

魏主嗣殂，谥明元皇帝，庙号太宗。子焘①立。

宋主在位三年，改元者一，曰：景平。徐羡之②、傅亮③、谢晦④废而弑之。宜都王⑤立，是为太宗文皇帝。

文皇帝名义隆，素有令望⑥。少帝废，迎入即位。

夏主勃勃殂，子昌⑦立。

① 焘，即拓跋焘（408—452），字佛狸（bì lí），鲜卑族，拓跋嗣长子，著名军事家，北魏皇帝，公元424年—公元451年在位。即位后，重用汉人，励精图治；率军攻灭胡夏、北凉、北燕等割据势力，征服周边部族，统一北方。晚年刑法残苛，杀戮过多，后为内侍所杀。死后谥号太武皇帝，庙号世祖。
② 徐羡之（364—426），字宗文，东海郯（今山东郯城）人，南朝刘宋大臣。辅佐刘裕建立刘宋，官至司空，受命为顾命大臣；之后废黜宋少帝，拥立宋文帝，封南平郡公。后为宋文帝所杀。
③ 傅亮（374—426），字季友，北地灵洲（今宁夏吴忠）人，南朝刘宋大臣。博涉经史，擅长文辞，宋武帝时任尚书左仆射，受命为顾命大臣；之后废黜宋少帝，拥立宋文帝，封始兴郡公。后为宋文帝所杀。
④ 谢晦（390—426），字宣明，陈郡阳夏（今河南太康）人，南朝刘宋大臣。辅佐刘裕建立刘宋，封中书令，受命为顾命大臣；之后废黜宋少帝，拥立宋文帝，任荆州刺史。因徐羡之、傅亮被杀，起兵自保，被檀道济所破，兵败被杀。
⑤ 宜都王，即刘义隆（407—453），小字车儿，刘裕三子，南朝刘宋皇帝，公元424年—公元453年在位。初封宜都王，少帝被废后，即位称帝。即位后，整理户籍，抑制豪强，劝农兴学，轻徭薄赋，社会经济复苏，号称"元嘉之治"。前后三次北伐，均无功而返。后被太子刘劭所杀，死后谥号文皇帝，庙号太祖。
⑥ 令望，美好的声望。
⑦ 昌，即赫连昌（？—434），字还国，匈奴铁弗部人，赫连勃勃三子，十六国胡夏皇帝，公元425年—公元428年在位。北魏攻打胡夏时，兵败遭俘，投降北魏，封会稽公；后因叛魏出逃被杀。

北魏国主拓跋嗣逝世，谥号明元皇帝，庙号太宗。他的儿子拓跋焘即位。

宋少帝在位三年，改用了一个年号，即景平。徐羡之、傅亮、谢晦将其废黜后杀死。拥立宜都王为皇帝，就是太宗文皇帝。

宋文帝名叫刘义隆，素来拥有美好的声望。少帝被废后，文帝被迎入建康，即位称帝。

胡夏国主赫连勃勃逝世，他的儿子赫连昌即位。

晋征士①陶潜②卒。潜字渊明，浔阳③人，侃之曾孙也。少有高趣，尝为彭泽④令八十日。郡督邮⑤至，吏曰："应束带⑥见之。"潜叹曰："我岂能为五斗米折腰向乡里小儿！"即日，解印绶去。赋《归去来辞》，著《五柳先生传》。征，不就。自以先世为晋臣，自宋高祖王业渐隆，不复肯仕。至是终世，号靖节先生。

魏数与夏战。至是，执其主昌以归。

夏赫连定⑦称帝于平凉⑧。

西秦主乞伏炽磐卒，子暮木⑨立。

北燕冯跋殂，弟弘⑩立。

---

① 征士，由朝廷征辟的士人。
② 陶潜（？—427），又名渊明，字元亮，浔阳柴桑（今江西九江）人，晋宋时期著名诗人。历任江州祭酒、彭泽令，之后辞官不仕，归隐田园；死后谥号"靖节"，世称靖节先生。所作田园诗是中国古代文学史名作，影响深远，著有《陶渊明集》。
③ 浔阳，今江西九江。
④ 彭泽，今江西彭泽。
⑤ 督邮，官名，西汉置。为郡守属官，掌督察县乡，宣达政令。
⑥ 束带，整肃衣冠。
⑦ 赫连定（？—432），小字直獖，匈奴铁弗部人，赫连勃勃之子、赫连昌之弟，十六国胡夏皇帝，公元428年—公元432年在位。赫连昌被俘后，即位称帝；之后攻打北凉时，被吐谷浑所擒，押往北魏后处死，胡夏灭亡。
⑧ 平凉，今甘肃平凉。
⑨ 暮木，按，应为暮末，据《晋书·载记第二十五》改。乞伏暮末（？—431），字安石跋，鲜卑族，河西人，乞伏炽磐次子，十六国西秦国君。在位期间，刑罚严厉，邦内分崩离析，人心思叛。在北凉、胡夏的相继逼迫下，最终为胡夏所灭。
⑩ 弘，即冯弘（？—438），字文通，长乐信都（今河北冀州）人，冯跋之弟，十六国北燕国君，公元431年—公元436年在位。在北魏的连续打击下，公元436年，弃国逃亡高丽，北燕灭亡。后在高丽被杀，谥号昭成。

东晋隐士陶潜逝世。陶潜字渊明，浔阳人，是东晋名将陶侃的曾孙。陶潜年少时就有高雅的趣味，曾经担任八十天彭泽令。郡督邮到彭泽巡视时，小吏说："您应该整肃衣冠迎接督邮大人。"陶潜叹息道"我怎么能因为五斗米的俸禄就向乡里小儿折腰呢！"于是放下官玺印绶，弃职离去。陶潜作有赋《归去来兮辞》，著《五柳先生传》。朝廷屡次征辟陶潜出仕做官，陶潜都没有答应。他自认为先世是东晋臣子，自从宋高祖帝王之业逐渐兴盛后，就不再出仕做官。陶潜去世后，朋友们赠谥号靖节先生。

　　北魏数次与胡夏交战。最终抓获胡夏国主赫连昌，返还平城。

　　胡夏赫连定在平凉称帝。

　　西秦国君乞伏炽磐逝世，他的儿子乞伏暮末即位。

　　北燕冯跋逝世，他的弟弟冯弘即位。

夏主定击西秦，以暮木归，杀之。西秦亡。定又击北凉，欲夺其地。吐谷浑①袭其军，执之，送魏。夏亡。吐谷浑者，慕容氏之别种也。

　　北凉沮渠蒙逊卒，子牧犍②立。

　　宋谢灵运③以罪诛。灵运好为山泽之游，从者数百人，伐木开径，百姓惊扰。或表其有异志，为临川④内史⑤。有司纠之，被收，灵运兴兵逃逸，作诗曰："韩亡子房奋，秦帝鲁连耻。"追讨擒之，徙广州⑥，已而弃市⑦。

　　魏伐燕，冯弘奔高丽⑧而被杀，燕亡。

　　魏伐凉，姑臧溃。牧犍降，后被杀。北凉亡。

---

① 吐谷浑，中国古代民族。本为鲜卑慕容部的一支，始祖为慕容吐谷浑，慕容廆庶兄。率部迁往阴山后逐渐壮大，后世以其名为族号、国号，东晋十六国时控制青海、甘肃南部等地；隋唐时屡次侵犯边境，在唐朝反击中分裂为东西二部；西部依附吐蕃，东部于公元663年，为吐蕃所灭。其后裔杂于北方游牧各民族之中，逐渐同化。
② 牧犍，即沮渠牧犍（？—447），匈奴族，临松卢水（今甘肃张掖）人，沮渠蒙逊三子，十六国北凉最后一位国君，公元433年—公元439年在位。随着北魏崛起，公元439年，投降北魏，北凉灭亡。沮渠牧犍也是十六国最后一位国君。
③ 谢灵运（385—433），名公义，字灵运，小名客儿，会稽始宁[今浙江嵊（shèng）州]人，谢玄之孙，南北朝时期杰出诗人。东晋时袭爵康乐公，世称谢康乐，历任参军；刘宋时任临川内史，后以"叛逆"罪被杀。开创中国文学史上山水诗派，影响深远，被誉为"元嘉之雄"，与颜延之并称"颜谢"。明人辑有《谢康乐集》。
④ 临川，今江西抚州。
⑤ 内史，官名，西汉置。两汉时为封国属官，掌民事；两晋南北朝时相当于郡太守。
⑥ 广州，魏晋州名。孙吴时分交州为交、广两州。广州辖境大致包括今广东、广西。
⑦ 弃市，本指受刑罚的人皆在街头示众，民众共同鄙弃之，后以"弃市"专指死刑。
⑧ 高丽，即高句（gōu）丽，公元前37年—公元668年，古代朝鲜政权。扶余王子朱蒙所建，前后定都丸都城、平壤，全盛时疆域大致包括今朝鲜半岛北部、中国辽宁南部等地，不断与中国、百济、新罗发生冲突。公元668年，为唐朝所灭。

胡夏国主赫连定攻打西秦。俘虏西秦国君乞伏暮末后押回统万城，随即杀死了他。西秦灭亡。赫连定又攻打北凉，想要夺取北凉的国土。吐谷浑袭击夏军，俘虏赫连定，押送到北魏。胡夏灭亡。吐谷浑是鲜卑慕容氏的旁系后代。

北凉国主沮渠蒙逊去世，他的儿子沮渠牧犍即位。

刘宋谢灵运因获罪被杀。谢灵运喜好游览山水，常常带着几百个随从，砍伐树木，开辟道路，惊扰百姓。有人上书说他存有谋反之心，宋文帝将其任为临川内史。相关官员弹劾谢灵运的罪过，派人去逮捕他。谢灵运起兵拒捕，失败后逃遁远去，作诗道："韩亡子房奋，秦帝鲁连耻。"后被官兵追讨而擒获，贬谪到广州，不久就被杀死。

北魏攻打北燕，北燕国主冯弘逃跑到高句丽后被杀。北燕灭亡。

北魏起兵攻打北凉，北凉国都姑臧陷落。沮渠牧犍投降，后被杀。北凉灭亡。

魏杀其司徒崔浩①。浩自明元时已为谋臣，辄有功。信道士寇谦之②，劝魏主崇奉，立天师道场③。而最恶佛法，诛沙门④，毁佛像、佛书。魏主命浩修国史，书先世。事皆详实，刊石立之衢路。北人忿恚⑤，谮浩暴扬国恶。魏帝大怒，遂案诛之，夷其族。

南北朝·宋（二）

宋魏连年互相侵伐，王玄谟⑥劝宋大举⑦。沈庆之⑧谏曰："耕当问奴，织当问婢。今欲伐国，奈何与白面书生谋之。"宋竟遣玄谟出师。取碻磝⑨，进围滑台⑩。

---

① 崔浩（？—450），字伯渊，清河东武（今山东武城）人，北魏重臣。历仕道武、明元、太武三朝，辅佐太武帝消灭诸国，统一北方，官至司徒，备受宠信。后死于国史之狱，被夷九族。
② 寇谦之（365—448），名谦，字辅真，冯翊万年（今陕西西安）人，北朝道教代表人物，南北朝新天师道改革者。起初信奉五斗米道，后入嵩山潜心修道，自称"天师"；后经崔浩引见，被太武帝奉为国师，吸收儒、佛思想，改造天师道，宣扬道教，间接导致了太武灭佛。是道教发展的重要人物。
③ 道场，泛指佛教、道教中规模较大的诵经礼拜仪式。
④ 沙门，佛教术语，意为勤息、息心、净志。借指佛教僧人。
⑤ 忿恚，愤怒，怨恨。
⑥ 王玄谟（388—468），字彦德，太原祁县（今山西祁县）人，南朝刘宋将领。早年投靠刘裕，文帝时率军北伐，因军纪涣散，固执拒谏而失败；之后屡起屡贬，受孝武帝遗命，担任顾命大臣，官至车骑将军、南豫州刺史，封曲江县侯。死后谥号曰"庄"。
⑦ 大举，指大兴军旅。
⑧ 沈庆之（386—465），字弘先，吴兴武康（今浙江德清）人，南朝刘宋名将。作战勇猛，颇具谋略，两次参加北伐；平定周边部族，讨平刘邵、刘诞等叛乱，功勋卓著，官至司空、车骑大将军，封始兴郡公。受孝武帝遗命，担任顾命大臣，因屡次直言进谏，被前废帝所杀。死后谥号忠武。
⑨ 碻磝（qiāo áo），古津口，在今山东茌平古黄河南岸。两晋南北朝时为军事要地。
⑩ 滑台，今河南滑县。

北魏杀死了司徒崔浩。崔浩从明元皇帝时便担任北魏谋臣，屡建功勋。他信奉道士寇谦之，劝拓跋焘崇奉道教，建立天师道场。太武帝拓跋焘最厌恶佛教，诛杀僧人，捣毁佛像，烧毁佛书。拓跋焘命令崔浩修撰国史，记录先世。崔浩所写都很详实公允，将其刻在石头上，立在道路旁。北魏大臣们看到后，都十分气愤，因为将他们先祖的过失也写得清清楚楚。于是大臣们诬陷崔浩揭露宣扬皇室的恶名。拓跋焘信以为真，震怒万分，于是诛杀了崔浩，将其灭族。

南北朝·宋（二）

刘宋、北魏连年互相侵伐，王玄谟劝宋文帝大举北伐。沈庆之进谏说："耕作稼穑之事，应当去问奴仆；纺织针线之事，应当去问婢女。如今要兴兵讨伐别国，此乃军国大事，怎么能和一介白面书生商议呢？"刘宋最终还是派遣王玄谟领兵，率军北伐。王玄谟一路北进，夺取碻磝，包围滑台。

先是，魏主闻宋取河南，怒曰："我生发未燥①，已闻河南是我地。今天时尚热，姑敛戍②北归；俟河水合，以铁骑蹂之。"

至冬，魏主自将渡河，众号百万，鞞鼓③之声震天地。玄谟惧，走，魏人追击，玄谟败走。魏主引兵南下，直至瓜步④，声言欲渡江。建康震惧，民皆荷担⑤而立。宋主登石头城，北望叹曰："檀道济⑥若在，岂使胡马至此！"道济立功前朝，老⑦于用兵。先是，以谗被收，目光如炬，脱帻⑧投地曰："乃坏汝万里长城。"既诛，魏人闻之，喜曰："吴子辈不足复惮。"至是长驱，无能御者。

宋人或欲斩玄谟，沈庆之止之曰："佛狸⑨威震天下，控弦⑩百万，岂玄谟所能当？杀战将以自弱，非计也。"魏师还，杀掠不可胜计。丁壮者斩截，婴儿贯槊上盘舞。所过赤地，春燕归巢于林木。自宋主即位，二十八年间，号为小康。至是，兵革之后，邑里萧条，元嘉之政衰矣。

---

① 生发未燥，胎发未干。用以指孩童之时。
② 敛戍，收敛戍卒，指退兵。
③ 鞞（pí）鼓，又名鼙（pí）鼓，古代军中所用乐鼓。
④ 瓜步，山名，在南京市六合区，亦名桃叶山。南北朝时期曾是军事要地，有瓜步之战于此。
⑤ 荷担（hé dān），用肩挑物，这里指整顿行囊，准备逃跑。
⑥ 檀道济（？—436），高平金乡（今山东金乡）人，南朝刘宋名将。出身寒门，跟随刘裕南征北战，功勋卓著，为刘宋开国元勋；官至征南大将军，封武陵公。文帝时讨平谢赫，北伐攻魏。因身为前朝重臣，诸子皆能，而被朝廷忌惮，诬陷被杀。死后刘宋顿衰，转入守势。
⑦ 老，精通。
⑧ 帻（zé），古代汉族男子包裹鬓发、遮掩发髻的巾帕。
⑨ 佛狸，北魏拓跋焘小字佛狸。
⑩ 控弦，拉弓，持弓；代指士兵。

起初，北魏太武帝拓跋焘听说宋国要夺取河南之地，愤怒地说："我孩童时便知道河南是我北魏的地盘。如今天气还热，姑且收兵北撤；等到黄河结冰后，就渡河用铁骑蹂躏他们。"

到了冬天，太武帝拓跋焘亲自为将，率军渡过黄河，号称百万大军，大举南征，随军战鼓之声，震彻天地。王玄谟见魏军势大，感到十分害怕，就率军后撤，北魏纵军追击，王玄谟大败而逃。拓跋焘引兵南下，一路攻打到瓜步，扬言要渡过长江。建康城内文武百官、吏民戍卒都感到十分恐惧，百姓们都背着收拾好的行囊站在路旁，随时准备逃跑。宋文帝登上石头城，向北望去，叹息道："倘若檀道济还在的话，怎么会让胡人猖獗至此！"檀道济在宋武帝时立有大功，善于用兵。当初，他因谗言陷害而被收押时，目光如炬，脱掉发巾摔到地上，说："这是要亲手毁了你的万里长城！"檀道济最终被杀，北魏君臣听说后十分高兴，说："吴地这些小儿辈再不足忌惮了。"这时魏军长驱直入，刘宋无人可挡，一溃千里。

刘宋朝廷有人建议斩杀王玄谟，沈庆之制止说："拓跋焘威震天下，拥兵百万，这哪里是王玄谟能够阻挡得了的？斩杀己方战将，削弱自己的力量，不是好的办法。"北魏大军班师退兵，一路北归，杀掠难以计数。青年壮汉全被斩杀，婴儿被杀后尸体被挑在槊上，旋转为乐。魏军所过之处，赤地千里，人烟尽灭，春天飞回的燕子都找不到自己以前的巢穴，只好在林中另筑新巢。自从宋文帝即位以来，二十八年间号称"小康"治世。此次北魏南侵之后，乡镇萧条，元嘉盛世就此衰落。

魏中常侍①宗爱②谮东宫官属，多坐诛死。太子晃③以忧卒。魏主追悼不已，爱惧，弑主。后谥曰太武皇帝，庙号世祖。晃之子濬④立。讨爱，诛之。

宋太子劭⑤巫蛊咒诅事觉，宋主拟废之。劭弑主而自立。主在位三十年，改元者一，曰：元嘉。武陵王⑥举兵诛劭。王立，是为世祖孝武皇帝。

孝武皇帝名骏，即位十二年，殂。改元者二，曰孝建，曰大明。太子立，是为废帝⑦。

废帝名子业，即位居丧，傲惰无戚容。孝武疏忌骨肉，多诛杀，至是尤甚。

① 中常侍，官名，西汉置。与常侍大致相同，给事左右，掌顾问应对。东汉中期以后多由宦官担任。
② 宗爱（？—452），北魏宦官。太武帝时任中常侍，陷害东宫属官，导致太子拓跋晃忧愤而死；太武帝有所察觉后，宗爱弑杀太武帝，拥立拓跋余即位，拜大司马大将军，封冯翊王；之后弑杀拓跋余。文成帝拓跋濬即位后，诛杀宗爱，夷其三族。
③ 晃，即拓跋晃（428—451），鲜卑族，拓跋焘长子，北魏太子。自幼聪慧，熟读经史，立为太子后，每逢太武帝出征，常留京辅政；太武灭佛时，设法保全诸多僧人；之后因宗爱构陷东宫属官，忧愤而死。死后谥号景穆太子。其子拓跋濬即位后，追谥景穆皇帝，庙号恭宗。
④ 濬（jùn），即拓跋濬（440—465），鲜卑族，拓跋晃之子，南北朝北魏皇帝，公元452年—公元465年在位。即位后，诛杀宗爱；息兵止战，与民休息；恢复佛教，营造云冈石窟。之后病逝，年仅二十六岁。死后谥号文成皇帝，庙号高宗。
⑤ 劭，即刘劭（？—453），字休远，彭城绥里（今江苏徐州）人，刘义隆长子，南北朝刘宋太子。好读史传，尤爱弓马。巫蛊事件时宋文帝欲废太子，遂杀父弑君，自立为帝，不久被刘骏击败，遭俘被杀。
⑥ 武陵王，即刘骏（430—464），字休龙，小字道民，刘义隆三子，南北朝刘宋皇帝，公元453年—公元464年在位。初封武陵王，屡镇外州；刘邵弑君后，起兵击杀刘邵，夺取皇位。即位后贪图享乐，不理政事；忌惮诸王，大肆屠戮宗室，刘宋日益衰落。死后谥号孝武皇帝，庙号世祖。
⑦ 废帝，即前废帝刘子业（449—466），小字法师，刘骏长子，南北朝刘宋皇帝，公元464年—公元466年在位。即位后荒淫乱伦，惨无人道；凶残暴虐，滥杀大臣。后被湘东王刘彧所杀，史称前废帝。

北魏中常侍宗爱进谗陷害东宫属官，官吏多数被连坐诛杀。太子拓跋晃因此忧虑而死。拓跋焘深深自责，追悔莫及，宗爱担心拓跋焘因此而加罪于己，于是弑杀了拓跋焘。拓跋焘死后谥号太武皇帝，庙号世祖。拓跋晃的儿子拓跋濬即位，征讨宗爱，杀了他。

　　刘宋太子刘劭用巫蛊之术诅咒宋文帝。事情败露后，宋文帝想要废黜他。刘劭于是弑杀宋文帝而自立。宋文帝在位三十年，改用了一个年号，即元嘉。武陵王刘骏起兵诛杀刘劭，自立为帝，这就是世祖孝武皇帝。

　　孝武皇帝名叫刘骏，在位十二年后去世。改用了两个年号，分别是孝建、大明。太子即位，就是宋前废帝。

　　前废帝名叫刘子业，即位后在为孝武帝守丧时，傲慢懒惰，没有一丝悲伤的神色。孝武帝疏远猜忌宗室骨肉，多有杀戮，到了宋前废帝时，屠杀王室宗亲的现象更加严重。

魏帝濬殂，谥曰文成皇帝，庙号高宗。初，太武经营四方，国颇虚耗。文成嗣以镇静，怀集中外，人心复安。子弘①立。

　　宋主畏忌诸父湘东王②等，幽于殿内捶曳，无复人理③。恣为不道，中外骚然。宋人弑之，在位二年，改元者一，曰：景和。湘东王立，是为太宗明皇帝。

　　明皇帝名彧，即位八年，殂。改元者一，曰：泰始。自帝之初，萧道成④将兵征讨有功，寻镇淮阴⑤，收养豪俊宾客，始盛。已而为南兖州⑥刺史。至是，褚渊⑦荐为右卫将军，与顾命大臣共掌机事。太子立，是为后废帝⑧。

---

① 弘，即拓跋弘（454—476），拓跋濬长子，南北朝北魏皇帝，公元465年—公元471年在位。即位后崇文重教，喜玄好佛。后让位皇子拓跋宏，专心礼佛。因不满其母冯太后作风，惨遭毒杀。死后谥号献文皇帝，庙号显祖。
② 湘东王，即刘彧（yù）（439—472），字休炳，小字荣期，刘义隆十一子，刘骏之弟，南北朝刘宋皇帝，公元465年—公元472年在位。初封湘东王，前废帝时任南豫州刺史，弑杀前废帝后即位。重用贤臣武将，平定"义嘉之难"，巩固政权；晚年奢靡过度，宠信小人；因担心太子，大肆屠戮诸弟、功臣，宋室愈弱。死后谥号明帝，庙号太宗。
③ 人理，做人的道德规范。
④ 萧道成（427—482），字绍伯，小名斗将，东海兰陵（今山东兰陵）人，萧何之后，南北朝南齐政权建立者，公元479年—公元482年在位。性情深沉，通习经史；刘宋时以军功起家，四处征战，多有战功，逐渐加封；加之刘宋公室多内斗，最终篡位称帝。即位后厉行节俭，招揽人才，务行宽厚。死后谥号高帝，庙号太祖。
⑤ 淮阴，今江苏淮安。
⑥ 南兖州，东晋南朝州名，为南置侨州，辖境大致在今江苏扬州，治京口（今江苏镇江）。
⑦ 褚渊（435—482），字彦回，河南阳翟（今河南禹州）人，南北朝大臣。历仕刘宋、南齐两朝，先后辅佐刘彧、萧道成登位；南齐时官至司徒，位极人臣，封南康郡公。死后追赠太宰、侍中，谥号文简。
⑧ 后废帝，即刘昱（463—477），刘骏之子，南北朝刘宋皇帝，公元473年—公元477年在位。其母陈妙登入宫前曾为李道儿侍妾，故其身世多受怀疑。即位后残暴不仁，以杀人为乐，后被内侍所杀。死后被废为苍梧王，史称后废帝。

北魏皇帝拓跋濬逝世，谥号文成皇帝，庙号高宗。起初，太武帝在位时，连年征战四方，国力大为消耗，府库空虚。文成帝即位后，持国稳重，招揽中外大臣，朝野民心重新安定。文成帝逝世后，他的儿子拓跋弘即位。

刘宋前废帝忌惮他的叔父辈湘东王等人，将他们幽禁在大殿内，折磨侮辱，人伦尽丧，任意胡作非为，朝廷内外因此议论纷纷。前废帝最终被湘东王起兵所杀。前废帝在位二年，改用了一个年号，即景和。湘东王即位，就是太宗明皇帝。

宋明帝名叫刘彧，在位八年后逝世。改用了一个年号，即泰始。宋明帝即位之初，萧道成因率军四处征讨，屡立战功，率军镇守淮阴，招揽天下豪杰宾客，势力逐渐兴盛起来。后来出任南兖州刺史。宋明帝逝世后，褚渊举荐其为右卫将军，和顾命大臣一同掌管朝中大事。太子即位，就是后废帝。

后废帝名昱。明帝无子，昱实嬖人①李道儿②之子也，明帝子之。杀诸王十五六人，惟恐昱之不立。十岁即位，桂阳王休范③举兵反，攻建康。萧道成击斩之，道成为中领军④。

　　先是，魏献文帝弘传位于太子宏⑤，自称太上皇帝。以宏幼，仍总万机。太上聪睿夙成，刚毅有断，而好黄老、浮屠⑥之学，故常有遗世⑦之意。其母冯太后⑧有所幸李奕⑨，为太上所诛。冯太后怒，遂弑之，而称制。

---

① 嬖人，身份卑下而受宠爱的人。指姬妾、侍臣、左右等。
② 李道儿（？—469），临淮人，南朝刘宋大臣。本为湘东王师，刘彧即位后，拜员外散骑侍郎，淮陵太守。
③ 休范，即刘休范（448—474），刘义隆十八子，南北朝宋宗室。孝武帝时封桂阳王，后废帝时起兵造反，为萧道成所败，兵败被杀。
④ 中领军，官名，东汉置。掌管禁军、主持选拔武官、监督管制诸武将。
⑤ 宏，即拓跋宏（467—499），后改名元宏，鲜卑族，拓跋弘长子，南北朝北魏皇帝，公元472年—公元499年在位。即位亲政后，推行改革，迁都洛阳，全面推行汉化，命鲜卑族改用汉族姓氏、语言、风俗，极大促进了北方各民族的融合；推行均田制、三长制，模仿南朝改革官制，整顿吏治，史称"孝文帝改革"，北魏达到全盛时期。死后谥号孝文皇帝，庙号高祖。
⑥ 浮屠，佛教术语，为佛陀异译。代指佛教徒。
⑦ 遗世，出落凡世。这里指潜心佛道，不理世事。
⑧ 冯太后（442—490），长乐信都（今河北冀州）人，拓跋濬皇后，拓跋弘嫡母。两度临朝，先后辅佐献文、孝文两朝，保证了北魏政权的平稳交接；临朝期间，重用汉人，实施三长制，颁布均田令，对孝文帝改革有先导之功。死后谥号文成文明皇后。
⑨ 李奕，生卒年不详，北魏官员。孝文帝时任宿卫监，成为冯太后男宠。后被献文帝所杀。

后废帝名叫刘昱。宋明帝没有子嗣，刘昱其实是宋明帝宠臣李道儿的儿子，明帝将他作为自己的儿子。宋明帝在位时，诛杀宗室诸王十五六人，就害怕刘昱以后不能继承皇位。刘昱十岁即位，桂阳王刘休范起兵造反，攻打建康。萧道成率军将其斩杀，因功被任命为中领军。

　　起初，北魏献文帝拓跋弘传位给太子拓跋宏，自称太上皇帝。因为拓跋宏年幼，献文帝拓跋弘执掌朝政。献文帝虽然聪慧老成，刚毅善断，但是喜好道家、佛家学说，所以经常有出世修行的意向。他母亲冯太后宠信李奕，但是李奕却被献文帝诛杀。冯太后非常生气，就弑杀献文帝，掌管大权，临朝称制。

宋主骄恣嗜杀，中外忧惶。萧道成与袁粲①、褚渊谋废立，粲不可，渊赞之。遂弑之。在位六年，改元者一，曰：元徽。安成王②立，是为顺皇帝。

顺皇帝名准，桂阳王休范子也，明帝子之。至是即位。

宋袁粲谋诛萧道成，褚渊以其谋告道成，粲父子俱被杀于石头城。百姓哀之曰："可怜石头城，宁为袁粲死，不作褚渊生。"沈攸之亦举兵江陵，讨道成。军溃，走而缢死。道成为相国，齐公，加九锡。已而进爵为王。

宋主在位三年，改元者一，曰：昇明。禅于齐，泣而弹指③曰："愿后身世世勿复生天王④家。"齐弑之而灭其族。自宋高祖至是八世，凡五十九年而亡。

南北朝·齐

齐太祖高皇帝，姓萧名道成，兰陵⑤人也，相传为汉相国何之后。深沉有大量，博学能文，肩有赤痣如日月状。宋时在军中久，民间或言其有异相，宋疑之而不能杀也，竟代宋。性清俭，每曰："使我治天下十年，当使黄金同土价。"在位四年，殂，改元者一，曰建元。

---

① 袁粲（？—477），字景倩，陈郡阳夏（今河南太康）人，南北朝刘宋大臣。年少好学，后废帝时，与萧道成等人共掌朝政；刘休范起兵时，力守石头城，迁中书监，开府仪同三司；因反对萧道成篡位而被杀。
② 安成王，即刘准（467—479），字仲谋，小字智观，刘彧三子，南北朝刘宋皇帝，公元477年—公元479年在位。明帝时封安成王，后废帝被杀后即位，朝政由萧道成掌控。公元479年禅位于萧道成，刘宋灭亡。被萧道成封为汝阴王，不久后被杀。
③ 弹指，表示情绪激越。
④ 天王，指帝王。
⑤ 兰陵，今山东兰陵。

宋后废帝刘昱骄恣放纵，嗜杀成性，朝野内外无不忧心恐慌。萧道成与袁粲、褚渊密谋废黜皇帝，另立新帝。袁粲认为不可以，褚渊却赞成。于是萧道成弑杀后废帝。后废帝在位六年，改用了一个年号，即元徽。安成王即位，就是宋顺帝。

宋顺帝名叫刘准，是桂阳王刘休范的儿子，后被宋明帝认作自己的儿子。到了这时，即位称帝。

袁粲密谋诛杀萧道成，褚渊将袁粲的谋划告诉萧道成，袁粲父子都在石头城中被杀。百姓可怜他们，说道："可怜的石头城，宁愿作为袁粲这样的人去死，也不愿像褚渊这样的人还活着。"沈攸之也在江陵起兵，讨伐萧道成，兵败逃走后，被部下缢死。萧道成出任相国，被封为齐公，加九锡礼。不久就进爵为王。

宋顺帝在位三年，改用了一个年号，即昇明。最终禅位给齐王萧道成，痛哭流涕，神情激越地说道："愿以后生生世世不要生在帝王家。"萧道成杀死宋顺帝后，将宋王室全族灭掉。宋自高祖武帝至顺帝，经历了八世皇帝，一共五十九年后灭亡。

南北朝·齐

南齐太祖高皇帝名叫萧道成，祖籍山东兰陵，相传是汉朝相国萧何之后。为人深沉，胸怀宽广，博学多才，他肩膀上有颗日月形状的红痣。刘宋时期，萧道成长时间在军中带兵打仗，民间有人说他面相非寻常人，数位宋帝虽多有怀疑，却因种种原因，还是没能杀死他，萧道成最终取代刘宋，建立南齐。萧道成生性清省俭朴，平日里常说："如果让我治理天下，只需要十年，就可以让黄金的价钱变得同泥土一样。"萧道成在位四年后逝世，改用了一个年号，即建元。

太子立，是为世祖武皇帝①。

武皇帝名赜，即位十一年殂。改元者一，曰：永明。太子长懋②已卒，太孙立，是为废帝郁林王③。

废帝郁林王名昭业，即位一年，改元曰隆昌。西昌侯鸾④弑之，新安王⑤立，是为废帝海陵王。

废帝海陵王名昭文，为鸾所立，改元延兴。鸾自为宣城王，帝即位未四月，废而弑之。宣城王自立，是为高宗明皇帝。

明皇帝名鸾，高帝之兄子也。高帝爱之过于己子，而武帝之太子长懋最恶之。及得志，杀高武子孙无遗类。即位五年殂，改元者二，曰：建武、永泰。

---

① 武皇帝，即萧赜（440—493），字宣远，小名龙儿，东海兰陵（今山东兰陵）人，萧道成长子，南北朝南齐皇帝，公元482年—公元493年在位。刘宋时官至左卫将军，辅佐其父建立南齐；即位后厉行节俭，减免租税，南方经济得以有所恢复。死后谥号武帝，庙号世祖。
② 长懋，即萧长懋（458—493），字云乔，南兰陵（今江苏常州）人，萧赜长子，南北朝南齐太子。喜爱文学，深受齐高帝喜爱，封南郡王，任征虏将军；武帝时封为太子，病逝后谥号文惠太子。其子郁林王萧昭业即位后，追尊为文皇帝，庙号世宗。
③ 废帝郁林王，即萧昭业（473—494），字元尚，小字法身，南兰陵（今江苏常州）人，萧长懋长子，南北朝南齐皇帝，公元494年在位。即位后大肆挥霍，荒淫无道，在位一年，被萧鸾杀死。死后被废为郁林王，史称郁林王。
④ 鸾，即萧鸾（452—498），字景栖，小名玄度，南兰陵（今江苏常州）人，萧道成之侄，南北朝南齐皇帝，公元494年—公元498年在位。自幼为萧道成抚养，辅佐高帝、武帝，任侍中，领骁骑将军，封西昌侯；受武帝遗命，为辅政大臣；因萧昭业荒淫无道，弑杀后改立萧昭文，随即自立为帝；即位后为政深居简出，厉行节俭；杀尽高帝、武帝子孙，自剪宗枝，公室顿衰。死后谥号明帝，庙号高宗。
⑤ 新安王，即萧昭文（480—494），字季尚，南兰陵（今江苏常州）人，萧长懋次子，南北朝南齐皇帝，公元494年在位。萧昭业被杀后即位，在位75天，被萧鸾废为海陵王，随后被杀。死后谥号恭王。

太子即位，就是齐世祖武皇帝萧赜。

齐武帝萧赜在位十一年后逝世，改用了一个年号，即永明。太子萧长懋壮年早逝，其子萧昭业被立为皇太孙，这时登基即位，就是齐废帝郁林王。

齐废帝郁林王萧昭业在位一年，改用了一个年号，即隆昌。他被西昌侯萧鸾杀死后，萧鸾拥立新安王萧昭文为帝，就是齐废帝海陵王。

废帝海陵王名叫萧昭文，被萧鸾立为皇帝后，改元延兴。萧鸾岜封宣城王，海陵王即位不到四个月，萧鸾就废黜了萧昭文并杀死了他，然后自立称帝，就是齐高宗明皇帝。

齐明帝萧鸾是齐高帝萧道成的侄子，萧道成对萧鸾宠爱有加，胜过疼爱自己的儿子，但是齐武帝的太子萧长懋最讨厌萧鸾。萧鸾即位后，大肆屠戮宗室，将萧道成、萧赜的子孙诛杀殆尽。齐明帝在位五年后逝世，改用了两个年号，即建武、永泰。

太子立，是为废帝东昏侯①。

废帝东昏侯名宝卷，自在东宫，不好学，嬉戏无度。既即位，不接朝士，惟亲信嬖倖②，屡诛大臣。

魏主宏殂，在位二十七年。仁孝恭俭，制礼作乐，蔚然有太平之风。禁胡服胡语，改姓元氏，迁都洛阳，为魏盛德之主。谥曰孝文皇帝，庙号高祖。太子恪③立。

齐主昏淫狂恣，所幸潘妃，以金为莲花帖地上，使步之，曰："此步步生莲花也。"左右用事，贼虐④日甚。太尉陈显达⑤先举兵袭建康，败死。

---

① 废帝东昏侯，即萧宝卷（483—501），字智藏，南兰陵（治今江苏常州）人，萧鸾次子，南北朝南齐皇帝，公元499年—公元501年在位。自幼口吃，荒唐残暴，即位后废杀六位辅政大臣，大肆屠戮，朝野人人自危，纷纷起兵反叛；后被近侍所杀，萧衍贬其为东昏侯，谥号曰"炀"。
② 嬖倖（bì xìng），指被宠爱的姬妾或宦官侍臣。
③ 恪，即元恪（483—515），鲜卑族，元宏（即拓跋宏）次子，南北朝北魏皇帝，公元499年—公元515年在位。即位后继续巩固孝文帝改革，南伐南梁，夺取四川，北击柔然，北魏国势盛极一时；在位后期外戚当权，吏治不整，贪污横行，起义纷起，北魏国势转衰。死后谥号宣武皇帝，庙号世宗。
④ 贼虐，残害。
⑤ 陈显达（427—500），南北朝南朝名将。历仕宋、齐两朝，自宋明帝时以军功起家，善于权变，仕途坦荡；多谋善战，在平定刘休范、击败沈悠之中多有战功，协助萧道成开国后，数次率兵平叛、北伐，官至太尉，封鄱阳郡公；东昏侯时外任江州刺史，不久起兵自保，兵败被杀。

太子即位，即齐废帝东昏侯。

齐废帝东昏侯名叫萧宝卷，从小在东宫时就不好好学习，耽于嬉戏享乐，没有节制。即位以后，不与朝臣见面，只亲近奸佞小人，大肆诛杀大臣。

北魏拓跋宏去世，在位二十七年，拓跋宏仁慈孝顺，谦恭勤俭，制定朝廷礼仪规章制度，大有太平气象。拓跋宏力行改革，禁止国人穿胡服说胡语，改拓跋氏为元氏，将都城从平城迁到洛阳，是北魏一代贤明有德的国君，死后谥号孝文皇帝，庙号高祖。太子元恪即位。

齐废帝萧宝卷昏庸淫乱，胡作非为，宠幸一位姓潘的妃子。他用金子做成莲花，贴在地上，让潘妃在上面走路，说："这就是步步生莲花。"齐废帝宠信任用宵小之徒，大肆残害忠良。太尉陈显达率先起兵攻打建康，兵败被杀。

将军崔慧景①受命出讨叛州，还兵逼建康。时南豫州②刺史萧懿③将兵在近，齐主急召入援。慧景败死，以懿为尚书。懿弟南雍州④刺史衍⑤使人劝懿行伊霍故事，不尔，亟还历阳⑥。懿不能用，竟赐死。衍起兵襄阳，引而东围建康，齐人弑主而迎衍。主在位三年，改元者一，曰：永元。时南康王⑦先已自立，是为和皇帝。

　　和皇帝名宝融。东昏末，宝融起兵于江陵，已而称帝，改元曰中兴。未及东归，齐太后⑧称制，以萧衍为相国，封梁公，加九锡，寻进爵为王。齐主至姑孰，诏禅于梁。即位仅一年被弑。齐自高帝至是七世，凡二十三年而亡。

① 崔慧景（438—500），字君山，清河东武城（今山东武城）人，南北朝时南朝大将。宋明帝时任宁朔将军，跟随萧道成建立南齐；四处征战，功勋卓著，官至护军将军，封乐安县子；因东昏侯无道，率军出征之际包围建康，兵败后被杀。
② 南豫州，南朝州名，为南置侨州，辖境大致在今安徽东部、江苏北部，治历阳（今安徽和县）。
③ 萧懿（？—501），南兰陵武进（今江苏丹阳）人，萧衍之兄，南北朝南齐大臣。多次带兵抵抗北魏，任南豫州刺史；平定崔慧景叛乱后，因救驾有功，入朝任尚书令，后遭谗言陷害，被东昏侯赐死。梁朝建立后，追封长沙郡王，谥号宣武。
④ 南雍州，东晋南朝郡名，辖境大致在今湖北北部、河南南部，治襄阳（今湖北襄阳）。
⑤ 衍，即萧衍（464—549），字叔达，南兰陵武进（今江苏丹阳）人，萧何之后，南北朝南梁建立者，公元502年—公元549年在位。少年时博学多才，喜好文学，名列"竟陵八友"；襄助萧鸾即位后，任黄门侍郎，后任南雍州刺史；起兵诛杀东昏侯后，拥立萧宝融，任大司马，权倾朝野；之后代齐建梁；即位初勤于政事，厉行节俭，笃信佛教，多次舍身入寺，导致政事渐疏；晚年爆发"侯景之乱"，都城陷落，被侯景囚禁，死于台城。谥号武皇帝，庙号高祖。
⑥ 历阳，今安徽和县。
⑦ 南康王，即萧宝融（488—502），字智昭，萧鸾八子，萧宝卷之弟，南北朝南梁皇帝，公元501年—公元502年在位。初封南康王，东昏侯被杀后即位；公元502年，禅位萧衍，南齐灭亡。被封为巴陵王，不久即被杀害。追尊齐和帝。
⑧ 齐太后，即刘惠瑞，生卒年不详，彭城（今江苏徐州）人，齐明帝萧鸾皇后。生东昏侯萧宝卷、江夏王萧宝玄、鄱阳王萧宝夤、和帝萧宝融。死后谥号敬皇后。

将军崔慧景奉命率军讨伐反叛州郡，结果回师倒戈，袭击建康。当时南豫州刺史萧懿统率兵马的驻地离建康很近，萧宝卷急忙召萧懿率军救援。崔慧景战败被杀后，萧懿因功被封为尚书。萧懿的弟弟南雍州刺史萧衍派人劝说萧懿模仿伊尹、霍光那样，废黜萧宝卷另立新君，如果不想这么做，就赶紧返回历阳驻地。萧懿没有听从劝说，最终被萧宝卷赐死。萧衍从襄阳起兵，东进包围建康，南齐大臣弑杀萧宝卷后，迎接萧衍。萧宝卷在位三年，改用了一个年号，即永元。当时南康王萧宝融已经抢先自立为帝，就是南齐和帝。

齐和帝名叫萧宝融，东昏侯末年，在江陵起兵，不久之后即位称帝，改年号为中兴。萧宝融还没来到建康，明敬太后临朝称制，任命萧衍为相国，封梁公，加九锡礼，不久之后晋爵为王。萧宝融到了姑苏，下诏禅位给萧衍。萧宝融在位仅一年就禅位被杀。齐自高帝萧道成至今，经历了七世君主，一共存在了二十三年后灭亡。

南北朝·梁（一）

梁高祖武皇帝姓萧氏，名衍，齐之疏族也。母张氏①见菖蒲②生花，旁人皆不见，吞之，已而生衍。英达有文学。东昏初，衍镇襄阳，知齐将乱，乃密修武备。聚骁勇以万数，伐材沉檀溪③，积茅如冈阜④。兄懿死，衍建牙⑤集众，出檀溪竹木装舰，葺之以茅，事皆立办。兵起一年余，遂入建康，受禅即帝位。

魏主恪殂，谥曰宣武皇帝，庙号世宗。子诩⑥立，甫六岁，母胡氏⑦称制。及魏主既长，好游骋，不亲视朝，而胡后方淫乱，魏政始乱。将军张彝⑧之子仲瑀⑨上封事⑩，排抑武人。喧谤盈路，立榜大巷："克期会集屠其家。"

---

① 张氏，即张尚柔（？—472），范阳方城（今属河南）人，萧顺之之妻，萧衍之母。自幼聪慧，知识渊博。萧衍称帝后，追谥献皇后。
② 菖蒲，植物名，有香气，多生于沼泽地、溪流或水田边。
③ 檀溪，在今湖北襄阳。
④ 冈阜，山丘。
⑤ 建牙，指出师前树立军旗。
⑥ 诩，即元诩（510—528），鲜卑族，元恪次子，南北朝北魏皇帝，公元515年—公元528年在位。即位后，因不满母后胡氏专权擅政，密诏尔朱荣入京，被胡氏发觉后毒死。死后谥号孝明皇帝，庙号肃宗。
⑦ 胡氏，即宣武灵皇后（？—528），宣武帝元恪之妃，明帝元诩之母。明帝即位后，胡氏临朝称制。胡氏多才多艺，却纵情淫乱。弑杀明帝，拥立元钊即位，不久为尔朱荣所杀。死后谥号灵皇后。
⑧ 张彝，生卒年不详，字庆宾，清河东武城（今山东武城）人，南北朝北魏官员。袭爵平陆侯，孝文帝时襄助迁都有功，任散骑常侍；出任秦州刺史，经营陇西，拜抚军将军；后因其子张仲瑀上书谏言，被宫卫纵火烧死。
⑨ 张仲瑀，生卒年不详，张彝之子，南北朝北魏官员。因上书谏言整肃军纪，排抑武人，被宫卫纵火家中。
⑩ 封事，密封的奏章。古时臣下上书奏事，防有泄漏，用皂囊封缄，所以称为"封事"。

南北朝·梁（一）

　　南梁高祖武皇帝名叫萧衍，是南齐皇族的远房支脉。相传他的母亲张氏看见菖蒲开花，但是一同随行的人都看不到，于是她将花朵摘下吃掉，不久之后生下萧衍。萧衍为人英武通达，颇具文学才能。东昏侯初年，萧衍镇守襄阳，预感到齐国将乱，就秘密修整军备，聚集数以万计的骁勇善战之兵，将砍伐的木材沉入檀溪以备不时之需，集聚的茅草堆积得像山岗一样高。他兄长萧懿被赐死后，萧衍整顿军队，征发民众，捞出沉在檀溪的竹子木材制造战舰，用茅草加以修葺，这些事情都很快办好。起兵一年多的时间，萧衍率军攻入建康，接受禅让，即位称帝。

　　北魏皇帝元恪去世，谥号宣武皇帝，庙号世宗。他的儿子元诩即位，年方六岁，其母胡太后临朝称制。元诩长大后，喜欢骑马游猎，不理政务，而此时胡太后放纵淫乱，北魏国政开始混乱起来。将军张彝的儿子张仲瑀上书谏言，主张限制武将，整肃军纪。众军官议论、抗议之声比比皆是，这些人在大街上张贴告示："约定时间一起去屠灭张家满门！"

彝父子不以为意。至是羽林、虎贲近千人相率至尚书省①诟骂，以瓦石击省门。上下慑惧，不敢禁讨。遂至彝第，焚其舍，曳彝父子殴击，投火中。仲瑀重伤走免，彝死，远近震骇。胡后收其凶强八人斩之，余不复治，大赦以安之。怀朔镇②函使③高欢④至洛阳，见张彝之死，还家倾赀以结客。或问其故，欢曰："宿卫相率焚大臣之第，朝廷惧而不问，为政如此，事可知矣，财物岂可常守耶？"欢自先世坐法徙北边，遂习鲜卑之俗。沉深有大志，与侯景⑤等相友善，以任侠雄乡里。

---

① 尚书省，机构名，南北朝刘宋置。前身为尚书台，由汉代皇帝秘书机关尚书发展而来。是魏晋至北宋时的中央最高政令机构，隋唐时与中书、门下并称"三省"，下辖六部，掌政务执行。
② 怀朔镇，今内蒙古固阳县。为北魏北方边境六镇之一，抵御柔然，拱卫平城，战略位置十分重要。
③ 函使，官名，北魏置。为军镇属官，掌军中通信事宜。
④ 高欢（496—547），字贺六浑，渤海蓨县（今河北景县）人，北齐王朝奠基人。出身怀朔军镇，投奔尔朱荣后，在镇压河北农民起义中逐渐崛起；平定尔朱氏叛乱后，任大丞相，掌控朝局；魏孝武帝出走关中后，拥立元善见为帝，迁都邺城，史称东魏。专擅东魏朝政十六年，多次发兵攻打西魏，胜少负多，最终郁郁而终。高洋建立北齐后，追尊为神武皇帝，庙号太祖。
⑤ 侯景（503—552），字万景，羯族，怀朔镇（今内蒙古固阳）人，南北朝名将。擅长骑射，屡建功勋，先归顺高欢，后投奔梁朝。随后叛乱篡梁，自立为帝，史称"侯景之乱"。后兵败被杀。"侯景之乱"后，南梁丧失了汉中、益州、两淮等地，加剧了北强南弱的局面，也导致了南梁的迅速灭亡。

张彝父子都不把这件事放在心上。到了约定日期，羽林军、虎贲军等将近一千人，一同来到尚书省府门前叫骂，用瓦片、石块砸尚书省的大门。朝野上下都很害怕，没有人敢去阻挡他们。于是这些禁军就一同来到张家府第，纵火烧了张家的房舍，将张彝父子拖出来捶打污辱，并把他们投入火中。张仲瑀重伤逃脱，免于一死，张彝则被烧死。朝野上下，无不震惊。胡太后逮捕了羽林军、虎贲军中带头闹事的八个首恶分子，将他们斩首，其他的不再追究，全部赦免来安抚他们。怀朔镇函使高欢到洛阳看到张彝被害的事后，回到家散尽家财结识宾客。有人问他为何这样做，高欢说："宿卫亲军结伙焚烧大臣府第，朝廷却畏惧而不过问，像这样处理政事，国家的情况可想而知了，财货宝物哪里是可以长久拥有的呢？"高欢的祖先因犯法被发配到北方边境，因而熟知鲜卑习俗。高欢为人深沉，志向高远，与侯景等人友善交好，以仗义侠气称雄乡里。

魏胡太后临朝以来，嬖倖用事，政事纵弛，盗贼逢起，封疆日蹙。魏主讳寖长①，太后自知所为不谨②，务为壅蔽③，母子嫌隙日深。时六州大都督④秀荣⑤酋长尔朱荣⑥兵强，高欢见荣，即劝举兵清帝侧。会魏主殂，胡太后鸩之也。后谥曰孝明皇帝。尔朱荣举兵立孝文之侄长乐王子攸⑦，沉胡后于河。封荣太原王，还晋阳。北海王颢⑧奔梁，梁立之，遣将送入洛阳。子攸出奔，尔朱荣渡河来救，颢走死。子攸归，加荣天柱大将军。

---

① 寖（qīn）长，渐渐长大。寖，渐渐。
② 不谨，行为放荡。
③ 壅（yōng）蔽，隔绝蒙蔽。多指用不正当手段有意隔绝别人的视听，使人不明真相。
④ 六州大都督，尔朱荣平定河北葛荣起义后，拜车骑将军，及并、肆、汾、广、恒、云六州讨房大都督。
⑤ 秀荣，鲜卑族部落名。
⑥ 尔朱荣（493—530），字天宝，羯族，北秀容（今山西朔州）人，南北朝北魏权臣。继承秀荣酋长后，在镇压六镇起义中逐渐壮大；孝明帝元诩被害后，趁机起兵南下，弑杀胡太后及幼帝，拥立孝庄帝元子攸；之后诛杀百官殆尽，史称"河阴之难"，独掌朝政；先后平定河北、关陇起义，击败南梁。因与孝庄帝嫌隙日深，篡逆之心渐明，被孝庄帝设计杀害。
⑦ 子攸，即元子攸（507—531），字彦达，鲜卑族，拓跋宏之孙，彭城王元勰之子，南北朝北魏皇帝，公元528年—公元531年在位。初为孝明帝伴读，任卫将军，封长乐王；孝明帝被杀后，在尔朱荣的拥立下即位；诱杀尔朱荣后，被尔朱兆所杀。死后谥号孝庄皇帝，庙号敬宗。
⑧ 颢，即元颢（485—529），字子明，鲜卑族，拓跋宏之侄，北海王元详长子，南北朝北魏皇帝，公元529年在位。初袭父爵为北海王，以军功累迁车骑大将军；征讨河北农民起义失败后逃亡南梁，受封魏王；随后在陈庆之的护卫下北伐，攻克睢阳后称帝；攻克洛阳后纵情享乐，荒废政事，被尔朱荣击败后捕杀。死后谥号顺帝。

北魏胡太后临朝以来，重用亲近的奸佞小人，政事荒废松弛，盗贼四起，战事不断，疆界日益缩小。北魏皇帝元诩年岁渐长，胡太后自觉自己行为不检点，竭力蒙蔽，不让元诩知晓，母子间的矛盾日渐加深。当时，六州大都督秀荣酋长尔朱荣军力强盛，高欢就劝尔朱荣起兵清除皇帝身边的奸佞之人。北魏皇帝元诩逝世，谣传是胡太后投毒杀死的。元诩死后谥号孝明皇帝。尔朱荣起兵南下，拥立孝文皇帝的侄子长乐王元子攸为皇帝，将胡太后沉入黄河。元子攸封尔朱荣为太原王，尔朱荣率兵返回晋阳。北海王元颢投奔南梁，南梁立元颢为北魏皇帝，派人护送他返回洛阳。元子攸从洛阳逃出后，尔朱荣渡过黄河来救元子攸，元颢兵败撤退，最终被杀。元子攸回到洛阳，加封尔朱荣天柱大将军。

荣蓄不臣之志，魏主阴谋诛荣，荣入，手刺之。尔朱世隆①与尔朱兆②立宗室长广王晔③，入洛阳，子攸遇弑。后谥孝庄皇帝。世隆又以晔疏远，废之，立孝文之侄广陵王恭④。高欢起兵诛尔朱氏，入洛阳，废恭而立孝文之孙平阳王修⑤。修弑恭，后谥曰节闵皇帝。高欢为大丞相，建府于晋阳，居之。魏主畏欢，谋伐晋阳。欢拥兵来，魏主奔长安，依关西大都督宇文泰⑥，以泰为大丞相。

---

① 尔朱世隆（？—532），字荣宗，羯族，北秀容（今山西朔州）人，尔朱荣从弟，南北朝北魏将领。跟随尔朱荣起兵，孝庄帝时任骠骑大将军，封乐平郡开国公；尔朱荣被杀后先后拥立元晔、元恭为帝，总揽朝政，暴虐非常，滥用小人；后为高欢起兵所杀。
② 尔朱兆（？—533），字万仁，羯族，北秀容（今山西朔州）人，尔朱荣堂侄，南北朝北魏将领。骁勇刚猛，善于骑射，深得尔朱荣宠爱；跟随尔朱荣起兵，孝庄帝时累迁至车骑大将军，封颍川郡开国公；尔朱荣死后擅行废立，身居要职；后为高欢起兵所杀。
③ 晔，即元晔（509—532），字华兴，鲜卑族，拓跋晃曾孙，拓跋宏族弟，扶风王元怡次子，南北朝北魏，公元530年—公元531年在位。初封长广王，尔朱荣死后，被尔朱兆与尔朱世隆拥立即位；皇帝在位三个月后被废为东海王，后被孝武帝赐死。死后谥号惠哀皇帝，庙号孝宗。
④ 恭，即元恭（498—532），字修业，鲜卑族，拓跋弘之孙，广陵王元羽之子，南北朝北魏皇帝，公元531年—公元532年在位。初袭爵广陵王，累迁金紫光禄大夫，因惧怕灾祸而假装哑巴八年；被尔朱世隆拥立为帝，之后被高欢所废，随即遭毒死。死后谥号节闵皇帝，庙号烈宗。史称广陵王或前废帝。
⑤ 修，即元修（510—535），字孝则，鲜卑族，拓跋宏之孙，广平王元怀三子，南北朝北魏最后一位皇帝，公元532年—公元535年在位。初任镇东将军，封平阳王；被高欢拥立为帝，后与高欢决裂，投奔关中宇文泰，不久被宇文泰弑杀，北魏灭亡。死后谥号孝武帝，庙号显宗。
⑥ 宇文泰（507—556），字黑獭，鲜卑族，代郡武川（今内蒙古武川西）人，南北朝北周杰出军事家、统帅，北周政权的奠基者。起初参加六镇起义，后跟从贺拔岳进军关陇，遂占据关中；孝武帝来投后，任大丞相；后毒杀孝武帝，拥立元宝炬，建立西魏，独掌朝局。对内和亲北族，团结各方，澄清政治，创府兵制；对外立足关陇，鏖战东魏，蚕食南梁。奠定了其身后关陇政权一统天下及隋唐王朝强盛的基础。其子宇文毓称帝后追谥文帝，庙号太祖。

尔朱荣暗藏不臣之心，魏主元子攸密谋诛杀他，将其骗进宫内，亲手诛杀了尔朱荣。尔朱世隆和尔朱兆拥立北魏宗室长广王元晔为皇帝，进入洛阳即位，元子攸被弑杀。死后谥号孝庄皇帝。随后，尔朱世隆又以元晔与孝庄皇帝亲属关系疏远为借口，将其废除，立孝文皇帝的侄子广陵王元恭为皇帝。高欢起兵诛灭尔朱氏，率兵进入洛阳，废黜元恭，立孝文皇帝的孙子平阳王元修为皇帝。元修随即弑杀元恭，谥号节闵皇帝。高欢被任命为大丞相，在晋阳建府居住，遥掌朝政。元修惧怕高欢，图谋讨伐晋阳。高欢起兵攻打洛阳，元修逃到长安，依附关西大都督宇文泰，任命宇文泰为大丞相。

欢追魏主不及，遂立清河王世子善见①于洛阳，迁于邺。魏自道武至是十二世，一百四十九年而分为东魏、西魏。

南北朝·梁（二）

先是，荧惑②入南斗③，梁主曰："荧惑入南斗，天子下殿走。"乃跣走殿禳④之。及闻修出奔，惭曰："虏亦应天象耶？"修至长安，逾半年，又与泰有隙，泰鸩之。后谥曰孝武皇帝。孝武既遇弑，泰立南阳王宝炬⑤。欢与泰连年相攻战，互有胜负。欢卒，遗言嘱其子澄⑥曰："侯景有飞扬跋扈之志，非汝所能御。堪敌景者，惟慕容绍宗⑦。"景果以河南降西魏，未几复附于梁，梁封景为河南王。

---

① 善见，即元善见（524—552），鲜卑族，拓跋宏曾孙，清河王元亶（dǎn）之子，南北朝东魏皇帝，公元534年—公元550年在位。沉雅明静，文武双全，被拥立即位后先后受制于高欢、高澄、高洋，公元550年禅位高洋，东魏灭亡。后被高洋毒杀。死后谥号孝静皇帝。
② 荧惑，古时指火星。因隐现不定，令人迷惑，故名。
③ 南斗，星名，即斗宿。因在北斗星以南，形似斗，故称。是古代汉族专司延寿的神祇。
④ 禳（ráng），祈祷消除灾殃、去邪除恶的祭祀。
⑤ 宝炬，即元宝炬（507—551），鲜卑族，北魏孝文帝元宏之孙，京兆王元愉之子，南北朝西魏皇帝，公元535年—公元551年在位。初封南阳王，孝武帝时任太尉，跟随孝武帝投奔宇文泰；孝武帝被杀后即位，垂拱而治，大权尽归宇文泰。死后谥号文皇帝。
⑥ 澄，即高澄（521—549），字子惠，怀朔镇（今内蒙古固阳）人，高欢长子，东魏权臣，北齐政权奠基人。自幼聪慧过人，胸怀大略，深得高欢喜爱；入朝辅政后，改革官员选举制度，惩治贪贿，整顿吏治，制定法律，历任尚书令、并州刺史；高欢死后，击溃叛将侯景，吞并两淮、颍川。在准备受禅之际，遇刺身亡。高洋建立北齐后，追尊为文襄皇帝，庙号世祖。
⑦ 慕容绍宗（501—549），鲜卑族，南北朝北朝名将。先后追随尔朱荣、尔朱兆，后来归顺高欢，转任各地刺史，封燕郡公。高欢死后，任尚书左仆射，击败侯景；之后围困颍川，侦察敌军被发现，投水而死。死后追赠尚书令、太尉、青州刺史，谥号景惠。

高欢没能追上元修，就在洛阳拥立清河王的世子元善见为皇帝，并将都城迁到邺城。

北魏自道武帝拓跋珪建国至此，传位十二世，经历一百四十九年，分裂为东魏、西魏。

南北朝·梁（二）

起初，火星进入南斗星宿内，梁武帝根据谚语所说："荧惑入南斗，天子下殿走。"就赤着脚走下大殿祈祷消灾。等到听说北魏元修出逃投奔宇文泰，梁武帝羞惭地说："难道胡人也能上应天象吗！"元修到长安待了半年之后，与宇文泰产生矛盾，被宇文泰毒杀。死后谥号孝武皇帝。孝武帝被弑杀后，宇文泰拥立南阳王元宝炬即位。高欢与宇文泰连年厮杀，互有胜负，高欢去世前叮嘱儿子高澄说："侯景有飞扬跋扈的野心，不是你能驾驭得了的。能够匹敌并制服侯景的，只有慕容绍宗。"后来侯景以河南之地为见面礼，归降西魏，没过多久又依附于南梁，梁武帝封侯景为河南王。

景使至梁，梁群臣皆不欲纳，梁主亦自谓："我国家如金瓯，无一伤缺。恐纳景因以生事。"惟朱异①力劝纳之。

　　东魏遣慕容绍宗击景，景败，南走，袭梁寿春②，据之，请命。梁就以为南豫州牧。既而东魏求成③于梁，意欲得景。景恨梁通东魏，遂反于寿阳，引兵南渡，围建康。梁主自即位以来，江左久无事，惟崇佛法。屡舍身④佛寺，上下化之。及景逼台城⑤，援兵至者为景所败。梁主遣人与景盟，以为大丞相。台城受围五月而陷。

　　景入见，引就三公位，梁主神色不变，谓景曰："卿在军中久，毋乃为劳。"景不敢仰视，流汗不能对。景退，谓人曰："吾常跨鞍对阵，矢石交下，了无怖心。今见萧公，使人自慑⑥。岂非天威难犯，吾不可以复见此人。"梁主为景所制，饮膳亦被裁损，忧愤成疾。口苦，索蜜不得，再曰"荷荷"，遂殂。在位四十八年，改元者七，曰：天监、普通、大通、中大通、大同、中大同、太清。寿八十六。

---

① 朱异（483—549），字彦和，吴郡吴县（今江苏吴县）人，南北朝南梁官员。遍治五经，尤精《礼》《易》。广涉文史，兼通杂艺，为梁武帝所宠幸；生活腐化奢靡，专事阿谀奉承，排挤忠良，天怒人怨；之后侯景以诛杀朱异为由，包围台城，朱异惊惧而死。
② 寿春，今安徽寿县。
③ 求成，求和。
④ 舍身，佛教徒为宣扬佛法，或为布施寺院，自作苦行，谓之"舍身"。
⑤ 台城，在今江苏南京城内，是东晋南朝时台省（中央政府）和皇宫所在地。
⑥ 慑（shè），同"慴"，恐惧，害怕。

侯景一开始派遣使者前往建康请求归降，南梁群臣都不想接纳，梁武帝也说："我国像金瓯一样完好无损，接纳侯景，怕是要生祸事。"只有朱异竭力主张接纳侯景。

东魏派遣慕容绍宗攻打侯景，侯景兵败后，向南逃窜，率军袭击南梁，攻克占据寿春，向南梁请命。梁武帝就任命侯景为南豫州州牧。过了不久，东魏派遣使者来与南梁议和，想要抓捕侯景。侯景怨恨南梁暗通东魏，于是起兵在寿阳造反，率军南渡长江，包围建康。梁武帝自即位以来，江左之地长期没有遇到战事，他只醉心于佛法。梁武帝多次出家当和尚，又被群臣花重金赎出来。等到侯景围逼台城，各地赶来的援军都被侯景打败。不得已，梁武帝派人与侯景讲和，任命侯景为大丞相。台城被围困五个月后陷落。

侯景入宫拜见梁武帝，被侍者引到三公的位子上坐下，梁武帝神情自若，对侯景说："爱卿在军中时间很长了，不要过分劳累啊！"侯景不敢仰头正视梁武帝，汗流浃背，不能应对。出来之后，对人说："我曾经多年骑马征战，面临刀丛箭雨，一点都不觉得畏惧。今日见到萧公，心里竟然不由自主地恐慌起来。这岂不是天子的威严难以触犯吗？我不能再见他了。"梁武帝被侯景控制，饮食也被减少，忧愤交加，卧床不起。梁武帝嘴里发苦，想要喝蜂蜜缓解一下都没有，"呵呵"笑了两声后便逝世了。梁武帝在位四十八年，改用了七个年号，分别是天监、普通、大通、中大通、大同、中大同、太清。享年八十六岁。

先是，太子统①仁明孝俭，好学有文，在东宫三十年而终。梁主舍嫡孙而立别子，至是即位，是为太宗简文皇帝②。

简文皇帝名纲，在东宫十八年而后遇侯景之乱。既立，受制于景而已。湘东王绎③镇江陵，自称假黄钺大都督，中外诸军④，承制⑤。岳阳王詧⑥，昭明太子统之第三子也，镇襄阳，与绎相攻。詧遣使降于西魏，以求援。

东魏大将军渤海王澄先是为其下所杀。弟洋⑦为丞相，封齐王，逼东魏主禅位，寻弑之，谥曰孝静皇帝。东魏建国一十七年而亡。

---

① 统，即萧统（501—531），字德施，南兰陵武进（今江苏丹阳）人，萧衍长子，南北朝南梁太子、著名文学家。酷爱读书，博闻强识，深通礼仪，生性仁厚；立为太子后，英年早逝。死后谥号"昭明"，史称昭明太子。主持编撰《文选》，又称《昭明文选》。

② 简文皇帝，即萧纲（503—551），字世缵，南兰陵武进（今江苏丹阳）人，萧衍三子，萧统之弟，南北朝南梁皇帝、文学家，公元550年—公元551年在位。初外任各州刺史，体恤民情，颇有政绩；萧纲死后继任太子，入主东宫；"侯景之乱"梁武帝被饿死后即位，之后被侯景所杀。拥有良好的文学素养，是南朝"宫体诗"的代表人物，推动了南北朝时期文学的发展。

③ 绎，即萧绎（508—555），字世诚，南兰陵武进（今江苏丹阳）人，萧衍七子，萧纲之弟，南北朝南梁皇帝，公元552年—公元554年在位。早年因病一目失明，喜爱读书，出任荆州刺史，封湘东王；"侯景之乱"后铲除各宗室势力，攻杀侯景，在江陵即位；与西魏联手出兵益州，导致益州沦丧；西魏进攻江陵，兵败投降之后被杀。死后谥号孝元皇帝，庙号世祖。是南朝"宫体诗"的代表人物，著有《金楼子》。

④ 中外诸军，按，应为都督中外诸军。

⑤ 承制，秉承皇帝旨意而便宜行事。

⑥ 詧（chá），即萧詧（519—562），字理孙，南兰陵武进（今江苏丹阳）人，萧统三子，南北朝时期西梁政权建立者，公元555年—公元562年在位。初任雍州刺史，封岳阳郡王；攻打萧绎失败后向西魏称藩；与西魏联手攻杀萧绎后，在江陵即位，史称西梁；后因领地狭小，壮志难酬，忧愤而死。死后谥号宣帝，庙号中宗。

⑦ 洋，即高洋（526—559），字子进，怀朔镇（今内蒙古固阳）人，高欢次子，高澄之弟，南北朝北齐政权建立者，公元550年—公元559年在位。高澄被杀后，掌权东魏，不久受禅建立北齐；即位初重用汉官，肃清吏治，北击契丹、突厥，南略两淮；后期以功业自矜，纵欲酗酒，残暴滥杀，大兴土木，国势转衰。死后谥号文宣皇帝，庙号显祖。

起初，太子萧统仁德贤明，孝顺勤俭，喜爱学习，颇有文采，居东宫三十年后去世。萧衍没有立嫡孙而立三子萧纲为皇帝，就是太宗简文皇帝。

　　简文皇帝名叫萧纲，在东宫当太子十八年后，遭遇侯景之乱。即位后，受到侯景控制，形如傀儡。湘东王萧绎镇守江陵，自称黄钺大都督，都督中外诸军事，秉承皇帝旨意而便宜行事。昭明太子萧统的三儿子岳阳郡王萧詧镇守襄阳，多次和萧绎交战。萧詧派人向西魏请降求援。

　　东魏大将军渤海王高澄被部下杀死，其弟高洋继任丞相，封齐王，逼迫元善见禅位，之后将其杀死，追谥为孝静皇帝。东魏建国十七年后灭亡。

西魏立梁詧为梁王。

西魏主宝炬殂，谥曰文皇帝。太子钦①立。

侯景自立为汉王，废梁王弑之。尸位②不及三年，改元者一，曰：大宝。景立豫章王栋③，已而篡位。先是，始兴④太守陈霸先⑤起兵讨景，湘东王⑥遣王僧辩⑦讨景。景篡数月而为僧辩、霸先所败，亡走吴，欲入海，为其下所斩。送尸建康，传首江陵，截其手足送于北齐。湘东王立，是为元皇帝。

元皇帝名绎，一目眇，性残忍，即位于江陵。自侯景之乱，州郡大半入西魏，蜀亦为魏有。梁自巴陵⑧以下，至建康，以长江为限。

---

① 钦，即元钦（525—554），鲜卑族，元宝炬长子，南北朝西魏皇帝，公元551年—公元554年在位。在位期间，宇文泰独揽朝政，与东魏多次激战；后因密谋诛杀宇文泰，被废黜后遭毒杀。史称废帝。
② 尸位，谓居位而无所作为。
③ 栋，即萧栋（？—552），字元吉，南兰陵武进（今江苏丹阳）人，萧统之孙，萧欢之子，南北朝南梁皇帝。起初袭爵豫章王，萧纲死后被侯景拥立即位，四个月后被废为淮阴王；后为梁元帝萧绎所杀。史称豫章王。
④ 始兴，六朝郡名。辖境大致在今江西南部、广东北部，治始兴县（今广东始兴）。
⑤ 陈霸先（503—559），字兴国，吴兴长城（今浙江长兴）人，南北朝南陈政权建立者，公元557年—公元559年在位。南梁时任高要太守，平定"侯景之乱"后逐渐掌控朝局，不久代梁自立；即位后四处征战，平定叛乱，选贤任能，发展经济。死后谥号武帝，庙号高祖。
⑥ 湘东王，即萧绎。
⑦ 王僧辩（？—555），字君才，太原祁县（今山西祁县）人，南北朝南梁名将。智勇兼备，屡立战功，平定"侯景之乱"后官至司徒，封永宁郡公；后在北齐的威逼利诱下，迎立萧渊明为帝，被陈霸先擒杀。
⑧ 巴陵，南北朝郡名，辖境大致在今湖南东北部，治巴陵县（今湖南岳阳）。

西魏立萧詧为梁王。

西魏皇帝元宝炬逝世，谥号文皇帝，太子元钦即位。

侯景自立为汉王，废黜南梁皇帝萧纲，不久将他杀死。萧纲在位不到三年，毫无作为，改用了一个年号，即大宝。侯景拥立豫章王萧栋为帝，没多久便篡位自立。起初，始兴太守陈霸先起兵讨伐侯景，湘东王也派遣王僧辩讨伐侯景。侯景篡位几个月后，被陈霸先、王僧辩所败，逃往吴郡，想要入海逃难，被部下杀死。尸体被送到建康，首级被送到江陵，手足被割下送到北齐。湘东王萧绎即位，就是梁元帝。

梁元帝萧绎一只眼睛失明，生性残忍，在江陵即位。因为侯景之乱，梁国大半州郡都被西魏攻取，蜀地也被西魏占领。南梁国土西起巴陵，东到建康，北面以长江为界。

突厥①攻柔然，北齐击突厥，迁柔然。是时柔然衰，突厥始强大。

西魏宇文泰废其主钦而立其弟廓②，钦遇弑。西魏遣柱国③于谨④伐梁，入江陵。梁王焚古今图书十四万卷，叹曰："文武之道⑤，今夜尽矣。"乃出降。或问何意焚书，曰："读书万卷，犹有今日！"寻被杀。在位三年，改元者一，曰：承圣。

西魏取襄阳，徙梁王詧于江陵，使称帝，屯兵守之。是为后梁⑥，臣于西魏。

王僧辩、陈霸先奉晋安王⑦称制于建康。贞阳侯渊明⑧先是为北齐所获，至是，以兵纳之，王僧辩奉归建康称帝。

---

① 突厥，中国古代民族名，活跃于蒙古高原和中亚地区，是中国西北与北方草原地区继匈奴、鲜卑、柔然之后又一个重要游牧民族。建国攻灭柔然后逐渐达到全盛，不久分裂为东西两部；唐朝初年先后为唐军所灭；唐高宗时复国，称后突厥；唐玄宗时为唐军联合回纥所灭。其后裔逐渐融入诸部，是中亚、西亚的重要民系。
② 廓，即元廓（537—557），鲜卑族，元宝炬四子，元钦之弟，南北朝西魏最后一位皇帝，公元555年—公元557在位。元钦被废后即位，公元557年，被宇文护废黜，西魏灭亡。不久被杀，史称恭帝。
③ 柱国，即柱国大将军，官名，十六国南北朝时期置，为军队高级武将官职。北周分命八人，称"八柱国"，掌全国府兵。隋朝以后成为勋衔。
④ 于谨（493—568），字思敬，小名巨弥，河南洛阳人（今河南洛阳）人，南北朝时期北朝名将。历仕北魏、西魏、北周，战功卓著，历任太傅、大司徒，封燕国公，为八柱国之一。死后谥号曰"文"。
⑤ 文武之道，指周文王、周武王治国修身之道和西周的礼乐文章。
⑥ 后梁，即西梁。区别于五代十国之后梁，多称西梁。
⑦ 晋安王，即萧方智（543—558），字慧相，南兰陵武进（今江苏丹阳）人，萧绎九子，南北朝南梁最后一位皇帝，公元555年—公元558年在位。初封晋安王，梁元帝死后即位；公元558年，禅位陈霸先，随即被杀，南梁灭亡。死后谥号敬帝。
⑧ 渊明，即萧渊明（？—556），字靖通，萧衍之侄，南北朝南梁皇帝，公元555年在位。梁武帝时任豫州刺史，率军北伐北齐兵败被俘，滞留北方；萧绎死后被高洋立为皇帝，得到王僧辩的拥护；返回建康后被陈霸先废黜，不久病死。

突厥攻打柔然，北齐进攻突厥，将柔然迁往别处。这时柔然开始衰落，突厥逐渐强大。

西魏宇文泰废黜元钦，拥立元钦的弟弟元廓为帝，不久元钦被杀。西魏派遣柱国大将军于谨讨伐南梁，攻占江陵。梁元帝萧绎把所藏古今图书十四万卷全部烧毁，长叹道："周文王、周武王的大道，今天晚上全部断绝了！"于是开城投降。有人问为什么焚书，萧绎说："读书万卷，还是落得今天的下场。"萧绎不久被杀，在位三年，改用了一个年号，即承圣。

西魏攻占襄阳，将梁王萧詧迁徙到江陵，立其为梁帝，屯兵驻守江陵。史称西梁，臣服于西魏。

王僧辩、陈霸先在建康尊奉晋安王临朝称制。贞阳侯萧渊明起初被北齐抓获，这时，派兵将萧渊明护送回国，王僧辩迎立萧渊明，在建康即位称帝。

陈霸先杀僧辩，废渊明，立晋安王，是为敬皇帝。

敬皇帝名方智，元帝子也，年十三即位。陈霸先为丞相。

西魏太师、大冢宰①、安定公宇文泰卒，世子觉②嗣，年十五，宇文护③辅之。未几，以觉为周公。

西魏主廓禅于周，廓遇弑，后谥曰恭皇帝。西魏建国四世，二十四年而亡。觉称周天王，性刚果，恶护之专，护弑之。后谥曰孝闵皇帝，立泰之长子毓④。

梁丞相陈霸先为相国，封陈公，加九锡，寻进爵为王。梁主改元者二，曰绍泰，曰太平。尸位未三年而禅于陈，寻遇弑。梁自高祖武帝至是四世，凡五十六年而亡。

南北朝·陈（一）

陈高祖皇帝姓陈，名霸先，吴兴⑤人也。梁武帝大同中为广州参军，广有乱，讨平之，以功为将军。

---

① 大冢宰，即大冢宰卿，官名，南北朝北周置。北周"苏绰定制"后置六官，舍天官府，以大冢宰卿为主官，总掌国政。
② 觉，即宇文觉（542—557），字陀罗尼，鲜卑族，代郡武川（今内蒙古自治区武川西）人，宇文泰三子，南北朝北周政权建立者，公元557在位。在其堂兄宇文护的拥立下建国称王，因不满大权旁落，与宇文护发生冲突，被逼退位，随即被杀。宇文毓称帝后，追谥为孝闵皇帝。
③ 宇文护（513—572），字萨保，鲜卑族，代郡武川（今内蒙古自治区武川西）人，宇文泰之侄，南北朝北周权臣。跟随宇文泰屡立战功，拜骠骑大将军；拥立宇文觉建立北周后，任大司马，封晋国公，总揽国政，权倾朝野；三年内连杀宇文觉、拓跋廓、宇文毓三帝，拥立宇文邕后，被设计杀死。死后追谥曰"荡"。
④ 宇文毓（534—560），小名统万突，代郡武川（今内蒙古自治区武川西）人，宇文泰庶长子，宇文觉之兄，南北朝北周皇帝，公元559年—公元560年在位。即位后勤于国政，厉行节俭，深得人望；因逐渐亲政后被宇文护毒杀。死后谥号明帝，庙号世宗。
⑤ 吴兴，六朝郡名，辖境大致在今浙江湖州一带，治乌程县（今浙江湖州市区）。

陈霸先发兵诛杀王僧辩，废黜萧渊明，改立晋安王萧方智为帝，就是梁敬帝。

　　梁敬帝名叫萧方智，是梁元帝萧绎的儿子，十三岁即位。陈霸先被任为丞相。

　　西魏太师、大冢宰、安定公宇文泰去世，他的儿子宇文觉十五岁继承宇文泰的爵位，宇文泰的侄子宇文护辅佐他。没过多久，宇文觉被封为周公。

　　西魏皇帝元廓禅位给周，元廓被杀，谥号恭皇帝。西魏建国传历四世，经过二十四年后灭亡。宇文觉自称周天王，性情刚烈，厌恶宇文护专权擅政，宇文护将其弑杀。后来宇文毓称帝后，追谥他为孝闵皇帝。宇文护拥立宇文泰的长子宇文毓为帝。

　　南梁丞相陈霸先担任相国，受封陈公，加九锡礼，不久晋爵为陈王。梁敬帝萧方智在位改用了两个年号，分别是绍泰、太平。在位不到三年就禅位给陈霸先，不久被杀。南梁自梁高祖武皇帝萧道成到梁敬帝萧方智，传历四世，一共经过五十六年后灭亡。

南北朝·陈（一）

　　南陈高祖武皇帝陈霸先是吴兴郡人。梁武帝大同年间，陈霸先担任广州参军，广州发生叛乱，陈霸先率军讨伐平定了叛乱，因功被封为将军。

寻为交州司马①，西江②都护，高要③太守，督七郡诸军，屡平寇乱。侯景陷台城，霸先时守始兴，结郡中豪杰起兵讨景。先取江州为州刺史，引兵会诸军，卒以平景。遂为将相于梁，以至受禅。即位三年殂，改元者一，曰：永定。子二人昌④、顼⑤皆以江陵陷时没入长安，临川王⑥立，是为世祖文皇帝。

文皇帝名蒨，武帝之兄子也。在武帝平梁乱时已有功，至是即位。

周王毓称帝。

北齐主洋尽灭元氏之族。洋殂，谥曰文宣皇帝。

周宇文护惮周帝明敏有识量，进毒杀之。谥曰明皇帝。

---

① 司马，官名，西汉置。为军队属官，职同参谋。
② 西江，珠江干流。发源于云南曲靖马雄山，流经云南、贵州、两广，注入南海。
③ 高要，南北朝郡名。辖境大致在今广东肇庆、云浮一带，治高要县（今广东高要）。
④ 昌，即陈昌（537—560），字敬业，吴兴长城（今浙江长兴）人，陈霸先六子。雅性聪辩，明习政事，南梁时任吴兴太守，江陵陷落时被西魏俘虏，滞留北方；陈霸先逝世后，陈蒨（qiàn）即位；陈昌被北周放还，渡江时被陈蒨命人淹死，死后追谥曰"献"。
⑤ 顼（xū），即陈顼（530—582），字绍世，小字师利，陈霸先之侄，陈蒨之弟，南北朝南陈皇帝，公元568年—公元582年在位。宽厚大度，富有才略，南梁时官至中书侍郎，江陵陷落时被西魏俘虏，滞留北方；陈蒨即位后回国，历任司空，封安成王；陈蒨死后辅佐废帝，不久自立为帝；即位后兴修水利，鼓励生产，趁北齐国乱，夺取淮泗之地。死后谥号孝宣皇帝，庙号高宗。
⑥ 临川王，即陈蒨（522—566），字子华，陈霸先之侄，陈顼之兄，南北朝南陈皇帝，公元559年—公元566年在位。早年深得陈霸先赏识栽培，总感军政，封临川郡王；即位后励精图治，整顿吏治，注重农桑，兴修水利，使江南经济得到一定的恢复。是南朝诸帝中难得一见的有为之君。死后谥号文帝，庙号世祖。

不久陈霸先转任交州司马、西江都护、高要太守，都督七郡诸军事，屡次平定动乱。侯景攻陷台城时，陈霸先担任始兴太守，广结郡中豪杰，起兵讨伐侯景。陈霸先率先攻取江州，自任江州刺史，然后带领军队和其他部队会合，最终平定了侯景之乱。从此在南梁出将入相，最终受禅称帝，建立陈国。即位后三年去世，改用了一个年号，即永定。他的儿子陈昌、侄子陈顼都在江陵陷落时被俘虏至长安，陈霸先死后，临川王即位，就是世祖文皇帝。

陈文帝陈蒨是陈霸先的侄子，在陈武帝平定侯景之乱时，屡立功勋，到这时即皇帝位。

北周宇文毓称帝。

北齐皇帝高洋尽灭元氏一族。高洋去世之后，谥号文宣皇帝。

北周宇文护忌惮宇文毓聪明机敏、有胆识，下毒弑杀了宇文毓。宇文毓死后，谥号明皇帝。

毓弟邕①立。

北齐文宣帝之母弟常山王演②废其主殷③而自立，寻弑殷。演立一年而殂，谥曰孝昭皇帝。母弟长广王湛④又废演子百年⑤而自立，后杀百年。

后梁主詧殂，太子岿⑥立。

北齐主湛传位于太子纬⑦，自称太上皇帝。

陈主起自艰难，知民疾苦，性明察俭勤。在位八年殂，改元者二，曰天嘉，曰天康。太子立，是为废帝临海王⑧。

---

① 邕，即宇文邕（543—578），字祢罗突，鲜卑族，代郡武川（今内蒙古自治区武川西）人，宇文泰四子，宇文毓之弟，南北朝北周皇帝，公元560年—公元578年在位。即位后，诛杀权臣宇文护，整顿吏治，厉行改革，国势强盛。后消灭北齐，统一北方，为隋朝的建立奠定了基础。死后谥号武帝，庙号高祖。
② 演，即高演（535—561），字延安，怀朔镇（今内蒙古自治区固阳）人，高欢六子，高洋之弟，南北朝北齐皇帝，公元560年—公元561年在位。即位后，进行改革，释放奴隶，大力屯田，广设粮仓，推行汉化，广收人才，礼贤下士，昌明教化；后因坠马负伤而死。死后谥号孝昭皇帝，庙号肃宗。
③ 殷，即高殷（545—561），字正道，高洋长子，南北朝北齐皇帝，公元560年在位。即位后因忌惮高演而疏远皇族，被废为济南王，不久被杀。史称废帝。
④ 湛，即高湛（537—569），小字步落稽，怀朔镇（今内蒙古自治区固阳）人，高欢九子，高演之弟，南北朝北齐皇帝，公元561年—公元565年在位。初封长广王，高演逝世后即位；在位期间，崇信奸邪，荒淫无度，北齐国力转衰；后传位太子高纬，自称太上皇帝。死后谥号武成皇帝，庙号世祖。
⑤ 百年，即高百年（550—564），高演次子，南北朝北齐宗室。高演壮年去世，为避免其子被害，传位于弟弟高湛；高湛即位，封百年为乐陵王，后见疑被杀。
⑥ 岿（kuī），即萧岿（542—585），字仁远，萧詧三子，南北朝时期西梁皇帝，公元563年—公元585年在位。机敏多才，善驭部下；即位后多次与南陈交战；作为北周属国，深得宇文邕、杨坚礼遇。死后谥号孝明皇帝，庙号世宗。
⑦ 纬，即高纬（556—577），字仁纲，高湛次子，南北朝北齐皇帝，公元566年—公元577年在位。任用奸佞，残害忠臣，纵情声色，国是日非；后面对北周攻势，禅位其子高恒，不久被北周擒获；后被宇文邕赐死。死后谥号安帝，庙号敬宗。
⑧ 临海王，即陈伯宗（552—570），字奉业，陈蒨长子，南北朝南陈皇帝，公元567年—公元568年在位。年少即位，其叔父陈顼专擅朝政，在位两年被废为临海王，不久去世。史称废帝。

宇文毓的弟弟宇文邕被立为皇帝。

北齐文宣帝高洋的同母弟弟常山王高演废黜高殷，自立为帝，不久便杀死高殷。高演在位一年去世，谥号孝昭皇帝。他的同母弟弟长广王高湛又废黜了高演的儿子高百年，自己即位，后来杀死了高百年。

西梁皇帝萧詧去世，太子萧岿即位。

北齐皇帝高湛传位给太子高纬，自称太上皇帝。

陈文帝陈蒨从小在艰难困苦的环境中长大，深知百姓疾苦，生性严明，节俭勤奋。在位八年去世，改用了两个年号，分别是天嘉、天康。太子即位，就是废帝临海王。

废帝临海王名伯宗，在位三年，改元者一，曰：光大。为安成王顼所废。

北齐上皇湛殂，谥曰武成皇帝。

陈安成王自立，是为高宗宣皇帝。

宣皇帝名顼，初陷入长安，文帝时周人送顼还陈，至是即位。

周主邕诛宇文护，始亲政。

北齐后主纬多嬖宠，政乱。周伐齐，入邺，执纬杀之，夷其族。北齐建国五世，三十年而亡。

周主邕深沉有远识，政事严明，称为贤主。灭齐一年而殂，寿三十六，谥曰武皇帝。太子赟①立，立皇后杨氏②。后父隋公杨坚③用事，为上柱国、大司马。赟自为太子时，好昵近小人，立未一年传位于子阐④，自称天元皇帝。骄侈弥甚，未一年而殂，谥曰宣皇帝。杨坚自为大丞相，进相国、隋王，加九锡。

---

① 赟（yūn），即宇文赟（559—580），字乾伯，鲜卑族，宇文邕长子，南北朝北周皇帝，公元578年—公元579年在位。即位后沉湎酒色，暴虐荒淫，大兴土木，滥施刑罚；后禅位其子宇文衍，自称天元皇帝；因荒淫无度，青年去世。死后谥号宣帝。
② 杨氏，即杨丽华（561—609），杨坚之女，北周宣帝皇后。性格柔顺，不妒忌，深得后宫爱戴；隋朝建立后封乐平公主。
③ 杨坚（541—604），弘农华阴（今陕西华阴）人，东汉太尉杨震之后，隋朝开国皇帝，公元581年—公元604年在位。其父杨忠为北周名将，封隋国公；杨坚袭爵后，周静帝时以外戚之身总揽朝政，受禅登基；在位期间，统一全国，击破突厥；整顿吏治，力行节俭，国力强盛，百姓富足，史称"开皇之治"，为大唐盛世奠定了基础。死后谥号文帝，庙号高祖。
④ 阐，即宇文阐（573—581），原名宇文衍，鲜卑族，宇文赟长子，南北朝北周最后一位皇帝，公元579年—公元581年在位。幼年登基，大权旁落。公元581年，禅位杨坚，封介国公，北周灭亡。不久被毒杀。死后谥号静帝。

陈废帝临海王名叫陈伯宗，在位三年，改用了一个年号，即光大。他被安成王陈顼所废黜。

北齐太上皇高湛去世，谥号武成皇帝。

南陈安成王陈顼自立为帝，就是高宗宣皇帝。

陈宣帝名叫陈顼，起初流落长安，陈文帝时，北周派人把陈顼护送回南陈，这时即位。

北周宇文邕诛杀宇文护，开始亲自治理朝政。

北齐皇帝高纬宠幸宦官，国政废弛。北周攻打北齐，攻占邺城，俘虏高纬，不久杀了他，并将高氏族人全部诛杀。北齐建国传历五世皇帝，一共经过三十年后灭亡。

北周皇帝宇文邕为人深沉，有远见卓识，处理政事严明，被称为贤明之君。灭亡北齐一年后逝世，享年三十六岁，谥号武皇帝。太子宇文赟继位，立杨氏为皇后。杨皇后的父亲隋公杨坚执掌朝政，被封为上柱国、大司马。宇文赟当太子时，就喜欢亲近奸佞小人，在位未满一年便传位给儿子宇文阐，自称天元皇帝。之后越发骄奢淫逸，不加节制，不到一年就死了，谥号宣皇帝。杨坚自封为大丞相，晋封相国、隋王，加九锡礼。

未几,周主阐禅位于隋,寻被弑,隋主尽灭宇文氏之族,周自称帝至是五世,二十五年而亡。

陈主在位十四年,改元者一,曰:太建。殂,太子立,是为后主长城炀公①。

南北朝·陈(二)

后主长城炀公名叔宝,自为太子,与詹事②江总③为长夜之饮。即位未几,起临春④、结绮、望仙阁,各高数十丈,连延数十间,皆以沉檀⑤为之,金玉珠翠为之饰,珠帘宝帐,服玩瑰丽,近古未有。其下积石为山,引水为池,亲植花卉。陈主居临春阁,贵妃张丽华⑥居结绮,龚⑦、孔⑧二贵嫔居望仙,复道⑨往来。

---

① 长城炀公,即陈叔宝(553—604),字元秀,小字黄奴,陈顼长子,南北朝南陈最后一位皇帝,公元583年—公元589年在位。即位后大兴土木,奢侈无度,纵情享乐,不理朝政。公元589年,隋军攻破建康,南陈灭亡。入隋后封长城县公,死后谥号曰"炀",史称后主。
② 詹事,官名,西汉置。为皇后、太子属官,总掌宫中事宜。
③ 江总(519—594),字总持,济阳考城(今河南民权)人,南北朝南朝大臣。出身高门,聪敏多才,以诗文得到梁武帝萧衍赏识,官至太常卿;"侯景之乱"时避难会稽,陈后主时任尚书令,不主政务,每天与陈后主一起诗文游宴,导致国政日颓,纲纪不立。入隋后任上开府。他是宫体艳诗的代表诗人。
④ 临春,楼阁名,在建康城内,陈后主所建。下文结绮、望仙同。
⑤ 沉檀,即沉香木和檀木,均为著名香木。
⑥ 张丽华(559—589),南北朝陈后主妃子。出身兵家,聪明灵慧,有辩才,深得后主宠爱。陈朝灭亡后,为高颖所杀。
⑦ 龚,即龚贵嫔,生卒年不详,南北朝陈后主妃子。
⑧ 孔,即孔贵嫔,生卒年不详,南北朝陈后主妃子。
⑨ 复道,楼阁或悬崖间有上下两重通道,称复道。

随后，北周皇帝宇文阐禅位于杨坚，不久被杀，杨坚杀尽宇文氏的子孙族人。北周自宇文觉称帝，到宇文阐时，传历五世，一共经过二十五年后灭亡。

陈宣帝在位十四年，改用了一个年号，即太建。陈宣帝逝世后太子陈叔宝即位，就是陈后主长城炀公。

南北朝·陈（二）

陈后主长城炀公陈叔宝自从做太子以来，就与东宫詹事江总彻夜纵酒狂欢。即位不久，就修建起临春、结绮、望仙三栋楼阁，每栋楼阁各高数十丈，连延数十间，楼阁之内都是用沉香木和檀木制成，并厾黄金、玉石、珍珠、翡翠加以装饰，珍珠制作的帘帐，瑰奇精美的服饰玩物，近古以来见所未见。阁楼下堆石成山，引水为池，后主在其中亲手种植奇花异草。陈后主自己居住在临春阁，贵妃张丽华居住在结绮阁，龚、孔两位贵嫔居住在望仙阁，每栋楼阁之间，都建有复道互相往来。

江总为宰辅，不亲政事，日与孔范①等文士侍宴后庭，谓之狎客。使诸贵嫔与客唱和，其曲有《玉树后庭花》②等。君臣酣歌，自夕达旦。宦官近习，内外连结。宗戚纵横，货赂公行。孔范与贵嫔结为兄弟，范自谓文武才能举朝莫及，将帅微有过失，即夺兵权。由是文武解体，以至覆灭。

后梁主岿殂，太子琮③立，隋主废而灭之。自詧称帝于江陵，臣于西魏、周、隋，所统数郡而已，凡三十三年而亡。

---

① 孔范，生卒年不详，字法言，会稽山阴（今浙江绍兴）人，孔子三十世孙，南北朝南陈官员。少年好学，博涉书史，文章赡丽；陈后主时任都官尚书，与江总等并为狎客，深得宠爱。入隋后奸邪谄媚，被隋文帝放逐。
② 《玉树后庭花》，为宫体诗，南北朝陈后主所作，历来被视为亡国之音。
③ 琮（cóng），即萧琮（558—607），字温文，萧岿之子，南北朝时期西梁最后一位皇帝，公元586年—公元587年在位。即位后入京朝见，因其叔父投降南陈，隋文帝废除西梁，西梁灭亡。入隋任上柱国，封莒国公；炀帝即位后深受器重，任内史令，封梁公；隋末起义中遭炀帝猜忌，废为庶人。死后追赠左光禄大夫。其侄萧铣称帝后，追谥为孝靖皇帝，庙号惠宗。

江总虽然担任宰相，但并不亲自处理政务，每天与孔范等文士侍奉后主在后庭游玩宴乐，被称为"狎客"。陈后主让诸位妃嫔和江总等狎客一起赋诗，互相赠答唱和，所作的歌曲中就有《玉树后庭花》等，君臣畅饮吟歌，从夜晚一直到清晨，以为常事。宦官与亲信内外勾结，朋比为奸。宗室贵戚肆意横行，公开以财货行贿受贿。孔范与孔贵嫔结为兄妹，他自以为文武全才，朝中无人能比，军中将帅稍有过失，就立刻削夺他们的军权。因此南陈文武官员都离心离德，最终导致南陈覆灭。

西梁皇帝萧岿去世，太子萧琮即位，杨坚废黜萧琮，西梁灭亡。自从萧詧在江陵称帝，先后称臣于西魏、北周、隋朝，所管辖的不过几个郡而已，一共经过三十三年后灭亡。

隋以晋王广①为元帅，帅师伐陈。杨素②、韩擒虎③、贺若弼④分道而出，高颎⑤为元帅。长史⑥问薛道衡⑦："江东可克乎？"对曰："克之。郭璞言：'江东分王三百年，与中国合。'此数将周。"陈主闻有隋兵，谓近臣曰："王气在此，彼何为者？"孔范曰："长江天堑，岂能飞度？臣每患官卑，虏若渡江，定作太尉公矣！"

① 广，即杨广（569—618），小字阿𡡉（chuāng），弘农华阴（今陕西华阴）人，杨坚之子，隋朝皇帝，公元605年—公元618年在位。文帝时封晋王，屡立战功，简朴谦逊，不好声色；利用独孤皇后和太子杨勇的矛盾，夺得太子之位；在位期间开创科举制度，修建隋朝大运河，营建东都洛阳，对后世颇有影响；但屡次兴兵，滥用民力，致使民变频起，天下大乱，直接导致隋朝灭亡；南巡至江都时兵变被杀。死后谥号炀帝。
② 杨素（544—606），字处道，弘农华阴（今陕西华阴）人，隋朝名将、权臣。北周时任车骑大将军，在灭齐之战中屡立功勋；隋朝建立后任御史大夫，灭陈之战中任水军统帅，之后相继平定江南叛乱，北破突厥，封越国公；助杨广登基后拜司徒，封楚国公。死后谥号景武。
③ 韩擒虎（538—592），原名擒豹，字子通，河南东垣（今河南新安）人，隋朝名将。粗犷豪迈，以胆识著称；北周时袭爵新义郡公，屡立战功；隋朝建立后任庐州总管，是灭陈隋军主帅之一；攻破建康，俘虏陈后主，拜上柱国大将军，任凉州刺史，封寿光县公。
④ 贺若弼（544—607），字辅伯，河南洛阳（今河南洛阳）人，隋朝名将。善于骑射，博闻强识；北周时因功任寿州刺史，封襄邑县公；隋朝建立后任吴州总管，是灭陈隋军主帅之一；灭陈之战中连破陈军主力，战功卓著，拜上柱国，封宋国公；炀帝时以诽谤朝政之罪名被杀。
⑤ 高颎（551—607），字昭玄，渤海条县（今河北省景县）人，隋朝开国名将、著名政治家。辅佐杨坚建立隋朝，以主帅之名率军南陈，实现南北统一天下，官至上柱国，封齐国公；因力保太子杨勇而得罪独孤皇后，废为庶民；后重新起用，因忧虑炀帝奢侈而与贺若弼同时被杀。
⑥ 长史，官名，秦置。秦汉时为丞相、将军属官，为幕僚官员。又称别驾。
⑦ 薛道衡（540—609），字玄卿，河东汾阴（今山西万荣县）人，隋朝大臣、著名诗人。幼年好学，长于诗作，历仕北齐、北周、隋朝，为文坛领袖；隋文帝时任内史侍郎，备受信任，因屡次得罪炀帝而被杀。

隋文帝命晋王杨广为元帅，总领大军讨伐南陈。杨素、韩擒虎、贺若弼分道出击，以高颖为元帅。长史问薛道衡："此次大举出兵伐陈，能攻下江东地区吗？"薛道衡回答说："一定能攻下。郭璞曾经预言：'江东地区分王立国三百年后，当复与中原统一。'现在三百年的时间就要到了。"陈后主听闻隋军进犯，对侍卫近臣说："帝王气数在此地，隋军又想干什么呢？"孔范附和说："长江是一道天堑，敌军难道能飞渡不成！我常常觉得自己官职低下，如果敌军能越过长江，我一定会建功立业，荣升太尉了。"

陈主以为然，奏伎纵酒，赋诗不辍。贺若弼自广汉①济江，韩擒虎自横江②宵济③采石④。守者皆醉，擒虎遂自新林⑤进，直入朱雀门⑥。陈主自投景阳井⑦中，军人窥井，将下石，乃叫。以绳引之，与张丽华、孔贵嫔同束而上，俘以归。

后主在位七年，改元者二，曰至德，曰祯明。陈自高祖武帝至是五世，凡二十二年而亡。

---

① 广汉，按，应为广陵，据《资治通鉴·隋纪一》改。
② 横江，在今安徽和县，为长江古渡口。
③ 宵济，夜间渡水。
④ 采石，在今安徽马鞍山市区。为长江三大名矶之一，易守难攻。
⑤ 新林，在今江苏南京西南。
⑥ 朱雀门，建康正南门。因四象中朱雀代表南方，历朝都城南门均称朱雀门。
⑦ 景阳井，水井名，故址在江苏南京玄武湖旁。因位于南北朝南陈景阳殿后而得名，隋军攻入建康后，陈后主曾避难井中。

陈后主认为孔范说得很对，所以每天奏乐观舞，纵酒宴饮，赋诗取乐不止。贺若弼从广陵统率军队渡过长江，韩擒虎也率领将士从横江夜渡采石。南陈守军全都喝醉了酒，于是韩擒虎径直从新林进入朱雀门。陈后主跳进景阳殿后的景阳井中躲避，有隋军士卒向井里窥视，想要往井里扔石头，后主方才大叫。井边的士卒于是抛下绳索，往上拉人，陈后主将自己与张贵妃、孔贵嫔三人绑在一起，一同被拉了上来，被俘虏后押送回长安。

陈后主在位七年，改用了两个年号，分别叫作至德、祯明。南陈自高祖武皇帝陈霸先到陈后主，传历五世，一共经过二十二年后灭亡。

文白对照

十八史略

第四卷

[元] 曾先之 著
王明辉 郭鹏 注译

中国画报出版社·北京

文白对照十八史略 第四卷 隋

隋（一）

隋高祖文皇帝姓杨氏，名坚，弘农①人也，相传为东汉太尉震之后。父忠②仕魏及周，以功封隋公，坚袭爵。坚生而有异，宅旁有尼寺，一尼抱归，自鞠③之。一日尼出，付其母自抱，角出麟起，母大惊，坠之地。尼心动，亟还，见之曰："惊我儿，致令晚得天下。"

及长，相表奇异，周人尝告武帝："普六茹坚④有反相。"坚闻之，深自晦匿⑤。女为周宣帝后，周静帝立，坚以太后父秉政，遂移周祚。即位九年平陈，天下为一。

开皇二十年，废太子勇⑥为庶人。初，帝使勇参决政事，时有损益⑦。勇性宽厚，率意无矫饰。帝性节俭，勇服用侈，恩宠始衰。勇多内宠，妃无宠死，而多庶子。独孤皇后深恶之。晋王广弥⑧自矫饰，为夺嫡计。后赞，帝废勇而立广为太子。

---

① 弘农，汉唐郡名，辖境大致在今河南西部、陕西东南部，治弘农县（今河南灵宝）。
② 忠，即杨忠（507—568），字揜（yǎn）于，小字奴奴，弘农华阴（今陕西华阴）人，杨坚之父，南北朝名将。历仕北魏、西魏、北周，骁勇善战，功勋卓著，西魏时拜骠骑大将军，封陈留郡公，赐姓普六茹氏；北周时数次击败北齐，拜柱国大将军，封隋国公。死后追赠太保，谥号曰"桓"。杨坚建立隋朝后，追谥武元皇帝，庙号太祖。
③ 鞠，抚育，抚养。
④ 普六茹坚，即杨坚。普六茹为鲜卑复姓，杨坚父亲杨忠曾被北周赐姓普六茹氏，因此杨坚也被称为普六茹坚。
⑤ 晦匿，韬光养晦，隐藏不露。
⑥ 勇，即杨勇（？—604），字睍（xiàn）地伐，杨坚长子。原本是隋文帝太子，性情温和，不善矫饰，因好色奢侈而被独孤皇后厌恶，加之杨素、杨广合力诬陷，最终被废为庶人。杨广即位后，矫诏赐死杨勇。死后追封房陵王。
⑦ 损益，增减、盈亏。
⑧ 弥，更加。

隋（一）

隋高祖文皇帝杨坚是弘农人，相传是东汉太尉杨震的后人。杨坚的父亲杨忠相继在西魏和北周为官，因功被封为隋公，杨坚后来继承了他父亲的爵位。杨坚出生的时候便与常人大不一样，杨府附近有座尼姑庵，一位尼姑将杨坚抱去抚养。一日尼姑外出，将杨坚托付给杨坚的母亲照顾，杨坚头上突然冒出龙角，身上也长出龙鳞，他母亲受到惊吓，一不留神，杨坚从怀里掉到了地上。此时尼姑心里突然一阵悸动，急忙返回，刚好看到杨坚在地上躺着，说："我儿受了惊吓，这会推迟他得到天下的时间。"

杨坚长大后，相貌异于常人，有人曾告诉周武帝宇文邕说："普六茹坚有反相。"杨坚听说后，韬光养晦，不再出头露面。杨坚女儿是周宣帝皇后，周静帝即位后，杨坚以太后父亲的身份把持朝政，最终代替了北周的国祚。杨坚即位九年后灭亡南陈，统一天下。

开皇二十年，隋文帝把太子杨勇废为庶人。起初，隋文帝让太子杨勇参与决策军国政事，他经常提出批评建议。杨勇性情宽厚，直率热情，从无矫揉造作、弄虚作假。隋文帝生性节俭，而杨勇衣服器用颇为奢侈，文帝对杨勇的恩宠逐渐变淡。杨勇有很多姬妾，嫡妃不得宠，后来死了，而其他妃子却有很多子嗣。独孤皇后对此很反感。晋王杨广为了夺取太子之位，更加伪装自己。独孤皇后经常称赞杨广，杨坚于是废黜杨勇而立杨广为太子。

龙门①王通②诣阙，献《太平十二策》，帝不能用。罢归，教授于河汾③之间，弟子自远至者甚众。

仁寿四年，帝不豫，召太子入居殿中。太子预拟帝不讳④后事，为书问仆射杨素。得报，宫人误送帝所，帝览之，大恚⑤。帝所宠陈夫人⑥出更衣，为太子所逼，拒之得免。帝怪其神色有异，问故，夫人泫然⑦曰："太子无礼。"帝恚，抵床曰："畜生何足付大事，独孤误我！"将召故太子勇。广闻之，令右庶子⑧张衡⑨入侍疾，因弑帝。遣人缢杀勇。

帝性严重，勤于政事，令行禁止。虽啬于财，赏功不吝。爱养百姓，劝课农桑，轻徭薄赋，自奉俭薄，天下化之。受禅之初，民户不满四百万，末年逾八百万。然自以诈力得天下，猜忌苛察，信受谗言，功臣故旧无终始保全者。在位二十四年，改元者二，曰开皇、仁寿。太子立，是为炀皇帝。

---

① 龙门，今山西河津城区。
② 王通（？—617），字仲淹，河东龙门（今山西河津）人，王勃祖父，隋朝著名思想家、教育家。自小深受儒学熏陶，曾向隋文帝进《太平十二策》，不受重用后回乡潜心研究六经，传道教书。自号"文中子"，著有《中说》一书。
③ 河汾，指黄河与汾水，泛指山西西南部地区。
④ 不讳，去世的婉辞。
⑤ 大恚（huì），大怒。
⑥ 陈夫人，生卒年不详，南北朝南陈宣帝之女，后主之妹。南陈灭亡后，被选为隋文帝嫔妾；隋文帝去世后，进封宣华夫人，按制出居文帝别庙仙都宫。
⑦ 泫然，流泪的样子。
⑧ 右庶子，官名，西周置。为太子属官，掌记注、撰文等事。
⑨ 张衡（？—612），字建平，河内（今河南沁阳）人，隋朝大臣。初仕北周，隋文帝时为太子右庶子，黄门侍郎；协助杨广夺取皇位后任御史大夫，后劝谏杨广爱惜民力而被猜忌，最终被杀。

龙门人王通入朝拜见隋文帝，进献《太平十二策》，文帝未予采用。王通打消念头后回家，在黄河、汾河一带教书，有很多从远方来的学生向王通求学。

　　仁寿四年，隋文帝病情加重，于是召太子杨广入宫。杨广打算预先准备文帝去世之后的一系列防备措施，就写了一封信向仆射杨素询问。杨素将给杨广的回信写好后，传信的宫人却误把回信送到了隋文帝的寝宫，隋文帝看后极为愤怒。隋文帝的宠妃陈夫人出去更衣，被太子杨广调戏，陈夫人极力拒绝才得以脱身。她回到文帝寝宫后，文帝觉得她神色不对，问什么原因，陈夫人流着泪说："太子无礼！"文帝大怒，捶着床说："这个畜生！怎么可以将国家大事交付给他！独孤皇后耽误我啊！"文帝下旨召见杨勇。杨广知道后，命令右庶子张衡进入文帝的寝宫侍候文帝，趁机弑杀文帝。杨广随后又派人勒死杨勇。

　　隋文帝生性谨严持重，勤奋地处理政事，处事严明，令行禁止。虽然爱惜钱财，但赏赐有功之臣时从不吝惜。爱护百姓，劝导他们从事农桑，减轻徭役赋税，自己力行节俭，天下大治。隋文帝即位之初，天下百姓不满四百万户，到他执政晚年，天下人口超过八百万户。但是隋文帝自己不是以正当手段取得天下，所以总会对部下无端猜忌、严密监视，容易听信谗言，他的功臣故旧没有能善终的。隋文帝在位二十四年，改用了两个年号，分别叫作开皇、仁寿。太子即位，就是隋炀帝。

炀皇帝名广，开皇末立为太子，是日天下地震。即位，首营洛阳显仁宫①，发江岭②奇材异石，又求海内嘉木、异草、珍禽、奇兽以实苑囿。又开通济渠③，自长安④西苑⑤引谷⑥、洛水⑦，达于河，引河入汴⑧，引汴入泗⑨，以达于淮⑩。又发民开邗沟⑪入江，旁筑御道，树以柳。自长安至江都⑫，置离宫⑬四十余所。遣人往江南造龙舟及杂船数万艘，以备游幸之用。西苑周二百里，其内为海周十余里，为蓬莱、方丈、瀛洲⑭诸山，高百余尺，台观宫殿罗络山上。

---

① 显仁宫，宫殿名。隋炀帝所建，故址在今洛阳宫城西面。
② 江岭，指长江和五岭，泛指长江以南、五岭以北的广大疆域。
③ 通济渠，运河名。为京杭大运河中段，连接黄河和淮河。南宋时期中原战事频仍，疏于疏浚，逐渐淤塞废弃。
④ 长安，应为洛阳，据《隋书·帝纪第三》改。
⑤ 西苑，园林名，在今洛阳，为隋炀帝所建。
⑥ 谷，即谷水，河流名。发源于河南渑池县崤山，流经渑池、新安，至洛阳注入洛河。
⑦ 洛水，即洛河，河流名，黄河重要支流。发源于陕西蓝田箭峪岭，向南流经陕西东部、河南西北部，于河南巩义注入黄河。
⑧ 汴，即汴河，河流名。古汴河又称汳（biàn）河，为泗水支流，发源于河南开封，向东南流经河南南部、安徽东北部、江苏北部，于江苏徐州汇入泗河；隋朝开通通济渠后因主要沿循古汴河河道，故也称汴河，又称新汴河。
⑨ 泗，即泗水，河流名。古泗水为淮河支流，发源于山东新泰，向南流经山东南部、江苏北部，于江苏淮阴注入淮河；公元1194年，第四次黄河夺淮入海后，水系大变，今泗水南流至山东泗水县后改向西行，至曲阜市和兖州市边境复折西南，于济宁市注入京杭大运河。
⑩ 淮，即淮河，河流名。古淮河为四渎之一，发源于河南桐柏县，向东流经河南、安徽、江苏三省，于江苏响水县注入黄海。公元1128年，为抵御金兵南下，东京守将杜充决堤黄河，造成黄河改道，夺淮入海；大量泥沙阻塞入海河道后，在盱眙与淮安之间形成洪泽湖，经高邮湖、邵伯湖在江苏江都注入长江。
⑪ 邗沟，运河名，春秋时吴王夫差所开。是连接长江和淮河的古运河。
⑫ 江都，今江苏扬州。
⑬ 离宫，指在国都之外为皇帝修建的永久性居住的宫殿。也泛指皇帝出巡时的住所。
⑭ 蓬莱、方丈、瀛洲，都是传说中的海外神山仙岛。

隋炀帝名叫杨广，开皇末年被立为太子，当天就发生了地震。他刚一即位，就下令营造洛阳显仁宫，征调长江以南五岭以北的奇材异石，又搜求海内的嘉木异草、珍禽奇兽，用以充实皇家园苑。他又下诏开辟通济渠，从洛阳西苑引谷水、洛水到黄河，又引黄河水入汴水，引汴水经过泗水到达淮河。炀帝还征发百姓开凿邗沟，沟通淮河、长江，在运河旁边修筑御道，御道两旁都栽种柳树。从长安到江都，一路设置离宫四十余所。隋炀帝又派人到江南建造龙舟和各种船只几万艘，用来南下巡游。在洛阳营建的西苑园林，方圆二百余里，苑内有周长十余里的内海，海内建有仿蓬莱、方丈、瀛洲的诸座仙山，山高一百余尺，台观殿阁，星罗棋布地分布在山上。

海北有渠，萦纡①注海，缘渠作十六院，门皆临渠，穷极华丽。宫树凋落，剪采②为花叶缀之。沼内亦剪采为荷、芰③、菱、芡④，色渝⑤则易新者。好以月夜从宫女数千骑游西苑，作《清夜游曲》，马上奏之。

隋（二）

后又开永济渠⑥，引沁水⑦南达于河，北通涿郡。又营汾阳宫⑧。又穿江南河⑨，自京口至余杭⑩八百里。

置洛口仓⑪于巩⑫东南原上，城周二十余里，穿⑬三千窖。置兴洛仓⑭于洛阳北城，周十里，穿三百窖，窖皆容八千石。帝或如洛阳，或如江都，或北巡至榆林⑮、金河，或如五原巡长城，或巡河右⑯，营造、巡游无虚岁。

---

① 萦纡（yíng yū），盘旋弯曲。
② 采，同"彩"，彩色丝织品。
③ 芰（jì），水生植物名，俗称菱角。
④ 芡，水生植物名。
⑤ 渝，改变。
⑥ 永济渠，运河名。为京杭大运河北段，南起河南洛阳，北至河北涿郡，连接黄河和海河。北宋以后黄河泛滥，逐渐淤塞废弃。
⑦ 沁，即沁河，河流名，黄河支流。发源于山西平遥县，向南流经山西中部、东南部、河南北部，于河南武陟注入黄河。
⑧ 汾阳宫，宫殿名。隋炀帝所建，故址在今山西宁武西南。
⑨ 江南河，运河名。为京杭运河的南段，北起江苏镇江，南至浙江杭州，连接长江和钱塘江。
⑩ 余杭，今浙江杭州。
⑪ 洛口仓，粮仓名。隋炀帝所建，故址在今河南巩义。
⑫ 巩，今河南巩义。
⑬ 穿，开凿。
⑭ 兴洛仓，粮仓名。隋炀帝所建，故址在今河南巩义。
⑮ 榆林，今陕西榆林。
⑯ 河右，河西的别称。古代坐北朝南，以西为右，东为左，故有河西、江左之称。河西相当于今宁夏、甘肃一带。

内海北面修有河渠，曲折蜿蜒地流入海内，沿着河渠建造了十六个院子，院门都靠着渠边，院内装饰极为华丽。宫内树木枝叶凋落后，就剪裁丝绸做成花朵和树叶点缀在枝条上。池沼内也用丝绸做成荷花荷叶和各种水生植物，颜色旧了就换上新的。炀帝喜欢在月夜带领几千名宫女在西苑骑马游玩，作有《清夜游曲》，写好之后就在马背上演奏。

隋（二）

隋炀帝后来又开通了永济渠，引沁水向南沟通黄河，向北到达涿郡。并营造汾阳宫。之后又疏通江南河，北起京口，南至余杭，长八百里。

隋炀帝在巩县东南原上设置洛口仓，仓城周围城墙长二十余里，开凿了三千个粮窖。在洛阳北城外修建兴洛仓，仓城周围城墙长十里，开凿了三百个粮窖，每个窖洞都能容纳八千石粮食。杨广或是巡幸洛阳，或是巡游江都，或是向北巡游直到榆林、金河，或是到五原郡巡视长城，或是到河右巡游。杨广每年不是兴修营造就是四处巡游。

征天下鹰师①,至者万余人。征天下散乐,诸蕃来朝,陈百戏于端门,执丝竹②者万八千人,终月而罢,费巨万。岁以为常。

征高丽王入朝,不至。大业七年,帝自将击高丽。征天下兵会涿郡,敕河南、淮南、江南造戎车五万乘,供载衣甲等。发河南、河北民夫供军须。江淮以南民夫,船运黎阳③及洛口诸仓米。舳舻千里,往还常数十万人,昼夜不绝,死者相枕。天下骚动,百姓穷困,始相聚为盗。

漳南④窦建德⑤兵起。

帝所征四方兵皆集涿郡,一百一十三万。馈运⑥者倍之,首尾亘千余里。帝至辽东,攻城不克,诸军大败而还。明年再征兵,自将击之。

楚公杨玄感⑦见朝政日紊,潜谋作乱。至是督运黎阳,遂反。帝引军还,遣将击之。玄感自洛阳引兵趋潼关,兵败走死。帝又如涿郡,伐高丽。高丽遣使请降,帝还长安。

---

① 鹰师,驯鹰的人。
② 丝竹,传统民族弦乐器和竹制管乐器的统称,亦泛指音乐。
③ 黎阳,今河南浚县。
④ 漳南,今河北故城县。
⑤ 窦建德(573—621),贝州漳南(今河北故城)人,隋末群雄之一。曾任里长,豪侠重义,隋朝末年起兵反隋;相继击败魏刀儿、宇文化及、孟海公等,声势大振,建立夏国,称雄河北;之后援救王世充抗击唐军时,兵败虎牢关,被李世民俘虏,押往长安后被杀。
⑥ 馈运,运送粮食。
⑦ 杨玄感(?—613),弘农华阴(今陕西华阴)人,杨素长子,隋朝官员。袭爵楚国公,官至礼部尚书,因炀帝猜忌大臣而深感不安;趁炀帝二征高句丽时,于黎阳起兵,不久兵败被杀。

炀帝征召天下驯鹰的人，应征而至的有一万余人。又征召四方散乐艺人，等到四方番国来朝见时，在端门前演出各种戏剧、杂技等，演奏音乐的有一万八千多人，演出一个月才结束，花费了非常多的钱。每年都是如此，以为常事。

隋炀帝征召高句丽国王入朝觐见，高句丽国王没有奉诏。于是大业七年，杨广亲自为将，率军征讨高句丽。炀帝征召全国士卒到涿郡集结，命令河南、淮南、江南等地制造战车五万乘，用来装载战衣战甲。又征发河南、河北民夫充任军队仆役，供应大军一应需要。命令江淮以南的民夫，用船只运输黎阳和洛口各粮仓的粮食到涿郡。输送粮食的船只首尾相连，绵延千余里，来往于道路上的征夫常达几十万人，昼夜不停地向前线运送军需，病累而死的人相枕而卧。天下骚乱不安，百姓贫穷困苦，开始聚在一起，成为强盗。

漳南窦建德起兵造反。

隋炀帝征发的四方军队都会聚到涿郡，兵力多达一百一十三万人。运送军需的人是军队人数的两倍，后勤队伍首尾相继，在路上绵延一千多里。炀帝的军队到了辽东，攻城没有成功，各路大军都大败而归。第二年他再次征发军队，亲自率军征讨高句丽。

楚公杨玄感看到朝政日渐紊乱，暗地密谋起兵作乱。炀帝征伐高句丽时，杨玄感受命在黎阳督运军资，于是趁机起兵反叛。炀帝领兵回师，派军攻打杨玄感，杨玄感从洛阳领兵直扑潼关，战败后逃跑时被杀。炀帝又回到涿郡，继续攻伐高句丽。高句丽派遣使者，请求投降，炀帝这才班师，返回长安。

已而如洛阳，如汾阳①，如江都，巡游仍无虚岁。

蒲山公李密②兵起。密少有才略，志气雄远，轻财好士。尝乘黄牛，以《汉书》挂牛角读之。楚公杨素遇而奇之，由是与素子玄感游。初从玄感起兵，玄感败，密变姓名亡匿。时人皆云："杨氏将灭，李氏将兴。"又有民谣歌曰："桃李子，皇后走扬州，宛转花园里。勿浪语，谁道许。"谓桃李子者，逃亡李氏子也；莫浪语，谁道许者，密也。密遂与群盗翟让③等起，攻荥阳，下之。建牙，统所部西行，说下诸城，大获。

鄱阳④贼帅林王弘⑤称楚帝，据江南。

杜伏威⑥据历阳。

窦建德称长乐王。

---

① 汾阳，今山西汾阳。
② 李密（582—619），字玄邃，京兆长安（今陕西西安）人，隋末群雄之一。出身贵胄，袭爵蒲山郡公，自幼好学，气度非常；出随杨玄感，兵败后投奔翟让，屡出奇计，壮大瓦岗，成为瓦岗寨首领；多次击败隋军，逐鹿中原，建立西魏；之后不恤士卒，部众离心，被王世充击败；投降唐军，任光禄卿，封邢国公，随即叛唐被杀。
③ 翟让（？—617），东郡韦城（今河南滑县南）人，隋末群雄之一。武艺高强，颇有胆略；初任东郡法曹，因犯法逃至瓦岗起兵反隋；李密来投后瓦岗势力大振，遂将首领之位让于李密；之后嫌隙渐生，被李密所杀。
④ 鄱阳，即今江西鄱阳县。
⑤ 林王弘，应为林士弘，据《隋书·帝纪第四》改。林士弘（？—622），饶州鄱阳（今江西鄱阳）人，隋末群雄之一。跟随操师乞起兵反隋，操师乞死后继任领袖，击败隋军后自称楚帝，活跃在今江西一带；病逝后起义军投降唐朝。
⑥ 杜伏威（？—624），齐州章丘（今山东章丘）人，隋末群雄之一。辅公祏（shí）率众起义反隋后，转战淮南，屡败隋军，占据江淮，与河北窦建德、中原瓦岗寨成为当时最强大的反隋势力；投降唐朝后拜上柱国，封吴王；入朝觐见时将兵权移交辅公祏，不久辅公祏起兵反唐，兵败被杀，杜伏威也被罢官，卒于长安。

过了不久，炀帝又相继巡游洛阳、汾阳、江都，仍然是每年都要巡幸各地。

蒲山公李密起兵反叛。李密小时候就颇有才略，胸怀大志，轻视财物，看重人才。曾经骑着黄牛，把《汉书》挂在牛角上诵读。楚公杨素路过看见这一幕后，认为李密非同一般，由此李密就和杨素的儿子杨玄感交往密切。李密起初跟随杨玄感起兵，杨玄感失败后，李密隐姓埋名逃亡。当时人们都说："杨氏将灭，李氏将兴。"又有歌谣唱道："桃李子，皇后走扬州，宛转花园里。勿浪语，谁道许！""桃李子"，是说逃亡的人是李氏之子；"莫浪语，谁道许"，是指李密。李密于是和翟让等盗匪一起起兵，攻打荥阳获胜。树旗出师，带领军队向西进发，说服好几座城池投降，收获很大。

鄱阳起义军统帅林士弘自称楚帝，占据江南。

杜伏威占据历阳。

窦建德自称长乐王。

马邑①校尉②刘武周③、朔方郎将梁师都④各据郡起兵。

李密据兴洛仓，略取河南诸郡，称魏公。

突厥立刘武周为定阳可汗，取楼烦⑤、定襄⑥、雁门诸郡。

梁师都取雕阴⑦、弘化⑧、延安⑨等郡，自称梁帝。

金城校尉薛举⑩起兵陇西，自称西秦霸王。

武威司马李轨⑪起兵河西，自称凉王。

薛举自称秦帝，徙据天水。

萧铣⑫起兵巴陵，自称梁王。

---

① 马邑，今山西朔州市城区。
② 校尉，官名，秦置。秦汉时为中级军官，位次将军；三国之后逐渐走低，形同副将。
③ 刘武周（？—620），河间景城（今河北沧州）人，隋末群雄之一。本为马邑校尉，依附突厥起兵反隋，图谋帝业，攻陷河东，威逼关中；后被李世民击败，逃亡突厥，为突厥所杀。
④ 梁师都（？—628），夏州朔方（今陕西横山）人，隋末群雄之一。隋朝时为鹰扬郎将，后联兵突厥起兵反隋，称帝建元，国号为梁。唐军压境时，被部下所杀。
⑤ 楼烦，隋郡名，辖境大致在今山西西北部，治静乐县（今山西静乐县）。
⑥ 定襄，隋郡名，辖境大致在内蒙古中部，治大利县（今内蒙古和林格尔以北）。
⑦ 雕阴，隋郡名，辖境大致在今陕西东北部，治上县（今陕西绥德县）。
⑧ 弘化，隋郡名，辖境大致在今甘肃东部、宁夏南部，治合水县（甘肃庆城县）。
⑨ 延安，隋郡名，辖境大致在今陕西北部，治肤施（今陕西延安）。
⑩ 薛举（？—618），兰州金城（今甘肃兰州）人，隋末群雄之一。魁梧雄壮，骁勇善射；隋末起兵，自称西秦霸王，建元称帝；与唐军争夺关中时大败李世民后，突然病逝。
⑪ 李轨（？—619），字处则，武威（今甘肃武威）人，隋末群雄一。隋末起兵反隋，尽占河西，自称梁帝；后不愿撤帝号，为唐军所败，押往长安被杀。
⑫ 萧铣（xiǎn，583—621），西梁靖帝萧琮之侄，隋末群雄之一。隋末起兵自立，占据江西、两广等地，自称梁帝；后被唐军所败，押往长安被杀。

马邑校尉刘武周、朔方郎将梁师都各自占据所在郡县，纷纷起兵。

李密占据兴洛仓，攻占河南各地，自称魏公。

突厥立刘武周为定阳可汗，攻克楼烦、定襄、雁门诸郡。

梁师都占领雕阴、弘化、延安等地，自称梁帝。

金城校尉薛举起兵陇西，自称西秦霸王。

武威司马李轨起兵河西，自称凉王。

薛举自称秦帝，迁都到天水。

萧铣在巴陵起兵，自称梁王。

唐公李渊①起兵太原，克诸郡，入长安，时隋大业十二年。帝在江都，渊遥尊为太上皇而立代王②，是为恭皇帝。

恭皇帝名侑，炀帝之孙也，年十三为李渊所立，改大业十三年为义宁。渊为大丞相，封唐王。炀帝在江都淫虐日甚，酒卮③不离口，见中原已乱，无心北归。从驾④多关中人，思归，遂谋叛。以许公宇文化及⑤为主，夜引兵入宫，缢杀炀帝，宗室无少长，皆死，惟存秦王浩⑥，立之。而自为大丞相，拥众而西。

梁萧铣称帝于江陵。

隋帝侑即位半年，禅于唐。隋自高祖至是三世，凡三十七年而亡。

---

① 李渊（566—635），字叔德，陇西成纪（今甘肃秦安）人，唐朝开国皇帝，公元618年—公元626年在位。隋朝时袭爵唐公；隋末天下大乱，李渊从太原起兵，攻占长安，建立唐朝，并逐步消灭各地割据势力，统一全国；玄武门之变后，退位称太上皇，禅位于太宗李世民。死后谥号太武皇帝，庙号高祖。

② 代王，即杨侑（yòu，605—619），杨广之孙，隋朝皇帝，公元617年—公元618年在位。自幼聪明，气度非凡，封代王；杨广巡幸江都，杨侑留守长安，被李渊拥立即位；公元618年被废为酅（xī）国公，隋朝灭亡；不久遇害被杀。死后谥号恭帝。

③ 酒卮（zhī），酒器。

④ 从驾，随从皇帝出行。这里指随从皇帝出行的官员、士卒。

⑤ 宇文化及（？—619），鲜卑族，代郡武川（今内蒙古武川）人，隋朝大臣。其父宇文述为北周名将，初袭父爵为上柱国，封濮阳郡公；入隋后依附杨广，协助杨广夺取太子之位，成为朝中权贵；贪婪妄为，横行不法；随幸江都时禁军兵变，弑杀杨广，拥立杨浩，自命大丞相；率军北归后被李密击败，退走魏县，自立为帝，国号为许，不久被窦建德擒杀。

⑥ 浩，即杨浩（？—618），杨坚之孙，杨广之侄，隋朝皇帝，公元618年在位。随幸江都，炀帝死后被拥立为帝，不久被宇文化及毒杀。

唐公李渊从太原起兵，攻克诸多郡县，进入长安，此时为隋大业十二年。隋炀帝这时还在江都，李渊遥尊杨广为太上皇，而拥立代王杨侑为皇帝，这就是隋恭帝。

隋恭帝名叫杨侑，是隋炀帝杨广的孙子，年方十三岁就被李渊立为皇帝，改大业十三年为义宁元年。李渊担任大丞相，受封唐王。隋炀帝在江都越发放纵淫乐，酒杯从不离口，他看到中原已乱，便无心北归。然而跟随炀帝同往江都的禁军多是关中人，想念家乡，于是密谋反叛。他们推举宇文化及为首领，夜晚领兵进宫，勒死杨广，杨氏宗室不管老幼，全部被杀死，只留下秦王杨浩，被拥立为皇帝。宇文化及自封为大丞相，率领禁军向西进军。

梁王萧铣在江陵称帝。

隋恭帝杨侑即位半年，禅位给李渊。隋朝自从高祖杨坚建国，到这时传历三世，一共经过三十七年后灭亡。

文白对照十八史略

第四卷

唐

唐（一）

唐高祖神尧①皇帝姓李氏，名渊，陇西成纪②人也，西凉武昭王暠之后。祖虎，仕西魏有功，封陇西公。父昞，于周世封唐公。渊袭爵。隋炀帝以渊为弘化③留守④，御众宽简，人多附之。炀帝以渊相表奇异，名应图谶⑤，忌之。渊惧，纵酒纳赂以自晦。天下盗起，以渊为山西河东抚慰大使，承制⑥黜陟⑦，讨捕群盗，多捷。突厥寇边，诏渊击之。

渊次子世民聪明勇决，识量过人，见隋室方乱，阴有安天下之志。与晋阳⑧宫监⑨裴寂⑩、晋阳令刘文静⑪相结。文静谓世民曰："今主上南巡，群盗万数。当此之际，有真主驱驾而用之，取天下如反掌耳。太原百姓，收拾可得十万人。尊公所将兵复数万。以此乘虚入关，号令天下，不过半年，帝业成矣。"世民笑曰："君言正合我意。"乃阴部署，而渊不知也。

---

① 神尧，唐代对唐高祖李渊的尊称。
② 陇西成纪，今甘肃秦安。
③ 弘化，郡名，隋大业三年（607）改庆州置，治合水县(今甘肃庆城县)。辖境相当于今甘肃省合水、庆阳、华池、环县及陕西吴旗等地。唐武德元年（618）复改置为庆州。
④ 留守，官职名。皇帝亲征或出巡时，以亲王或大臣留守京师，称京城留守，其陪都与行在亦置留守，常以地方行政长官兼任，总理事务。
⑤ 图谶（chèn），古代方士或儒生编造的关于帝王受命征验一类的书，多为隐语、预言。始于秦，盛于东汉。
⑥ 承制，这里指秉承皇帝旨意而便宜行事。
⑦ 黜陟（chù zhì），指人才的进退、官吏的升降。
⑧ 晋阳，中国古代北方著名的大城市，故址在今山西省太原市晋源区一带。
⑨ 宫监，晋阳设离宫，故有宫监。
⑩ 裴寂（573—629），字玄真，蒲州桑泉（今山西临猗）人。出身河东裴氏，隋末任晋阳宫监，与唐高祖交好，后参与策划太原起兵。入唐后，任尚书右仆射，封魏国公。
⑪ 刘文静（568—619），字肇仁，京兆武功（今陕西咸阳）人，协助李渊起兵反隋。入唐后，历任户部尚书、陕东道行台左仆射、鲁国公。与裴寂不合，唐高祖听信裴寂谗言，杀刘文静，抄没其家，唐太宗追复其职。

唐（一）

　　唐高祖神尧皇帝姓李名渊，是陇西成纪人，祖先是西凉王李暠的后裔。祖父李虎，仕奉西魏有功，封为陇西公。父亲李昞在北周做官，封唐国公。李渊承袭唐公的爵位。隋炀帝任命李渊为弘化留守，李渊待人宽容，人们多依附于他。炀帝因为李渊面相奇异，姓氏正符合称帝的预言，因此猜忌他。李渊很恐惧，只好通过无节制地饮酒、收受贿赂来自污自保。天下盗贼蜂起，隋炀帝任命李渊为山西河东抚慰大使，秉承皇帝旨意负责奖惩官员，讨捕贼寇，多次取得胜利。突厥进犯边境，隋炀帝下诏命令李渊去迎击敌人。

　　李渊的二儿子李世民，聪明勇敢，行事果断，见识和器量都超过一般人。他看到隋朝已呈现乱象，暗暗生出安定天下的志向。李世民与晋阳宫监裴寂、晋阳令刘文静结交，刘文静对世民说："现在隋炀帝南巡，群起的盗贼数以万计。在这个时候，如果有真命天子驱使民众效力，夺取天下易如反掌。太原的百姓，可以集结十万大军。您统领的将士，又有数万人。凭借这支大军乘虚攻入关中，号令天下，用不了半年，就能够成就皇帝的霸业。"李世民笑道："文静的话正合我意。"于是暗自加以部署，但李渊并不知情。

会渊兵拒突厥①不利，恐获罪。世民乘间说渊，顺民心，兴义兵，转祸为福。渊大惊曰："汝安得为此言，吾今执汝告县官。"世民徐曰："世民观天时人事如此，故敢发言；必执告，不敢辞死。"渊曰："吾岂忍告，汝慎勿出口。"明日复说曰："人皆传李氏当应图谶，故李金才②无故族灭，大人能尽贼，则功高不赏，身益危矣。惟昨日之言，可以救祸，此万全策，愿勿疑。"渊叹曰："吾一夕思汝言，亦大有理。今日破家亡身亦由汝，化家为国亦由汝矣。"

　　先是裴寂私以晋阳宫人侍渊，渊从寂饮，酒酣。寂曰："二郎阴养士马，欲举大事。"正为寂以宫人侍公，恐事觉，并诛耳。会炀帝以渊不能御寇，遣使者执诣江都。世民与寂等复说曰："事已迫矣，宜早定计。且晋阳士马精强，宫监蓄积巨万，代王幼冲③，关中豪杰并起。公若鼓行而西，抚而有之，如探囊中物耳。"渊乃招募起兵，远近赴集，仍遣使借兵于突厥。

---

① 突厥，古代民族名，国名。广义包括铁勒、突厥各部落，狭义指突厥汗国，隋朝分为东西两部。
② 李金才，生平事迹不详。据《炀帝纪》记载，本是炀帝在藩邸的旧臣，处理国家大事很有功绩，但生性禀直，后被冤杀。
③ 幼冲，年龄幼小。

正逢李渊率兵抵御突厥，战事不利，害怕获罪。李世民趁机劝说李渊，顺应民心，兴起义兵，把灾祸转为福运。李渊大惊失色："你怎么敢说这样的话，我现在就把你抓起来去报告官府。"李世民娓娓道来："我观察天时人事都有这种征兆，因此敢说这样的话。如果一定要把我抓起来治罪，那我也心甘情愿赴死。"李渊说："我怎能忍心告发你，你要小心不能把这些话说出去。"第二天，李世民又来劝说："人们都传言李氏会应验图谶的预言，所以李金才没有罪过却被灭族。即便您能剿尽盗贼，但功劳太大，已经赏无可赏，处境会更危险呀。只有按昨天说的话去做，才能解救祸患，这是万全的计策，请父亲不要再疑虑了！"李渊叹息道："我想了一晚上你的话，也是很有道理的。今天事败家破人亡是因为你，以后事成化家为国也是因为你呀。"

起初，裴寂私下挑选晋阳宫宫人服侍李渊，李渊与裴寂宴饮，在酒酣之际裴寂对李渊说："二郎世民暗中招兵买马，欲行大事。"当时宫人正侍奉李渊，裴寂害怕事情泄露，将宫人一并诛杀。正赶上隋炀帝因为李渊抵御突厥不利，命令使者将其押解到江都。李世民和裴寂等人再次劝说李渊："事情已经很紧迫了，请您尽早下定决心。晋阳士兵军马精悍强壮，晋阳宫中积蓄的财富和物资充足，代王杨侑年幼，关中的豪杰纷纷起义。您若大张旗鼓向西进军，招抚他们，取得天下就像探囊取物那么容易。"于是李渊招兵买马，宣布起兵，远近的豪杰都来投奔，李渊仍然派使者向突厥借兵，以壮大兵力。

世民引兵击西河，拔之，斩郡丞高德儒①。数之曰："汝指野鸟为鸾，以欺人主。吾兴义兵，正为诛佞人耳。"进兵取霍邑②，克临汾③、绛郡④，下韩城⑤，降冯翊⑥。渊留兵为河东，自引兵西。遣世子建成守潼关⑦，世民徇渭北，关中群盗悉降于渊。合诸军围长安，克之，立恭帝。渊为大丞相，唐王，加九锡⑧。寻受禅，立子建成为皇太子，世民为秦王，元吉为齐王。

隋东都留守越王侗⑨，炀帝之孙也，亦为众所立，称帝于洛阳。

① 高德儒（？—617），隋朝亲卫校尉。史载，高在洛阳西苑看见孔雀，自称目睹鸾鸟祥瑞，奏报隋炀帝。因孔雀飞走，无法验证，隋炀帝竟拜其为朝散大夫，后为西河郡丞。
② 霍邑，原是西周霍国，文王子姬处的封国，故城在今山西霍州西南。
③ 临汾，位于山西省西南部，东倚太岳，与长治、晋城为邻；西临黄河，与陕西省隔河相望；北起韩信岭，与晋中、吕梁毗连；南与运城市接壤。因地处汾水之滨而得名，临汾"东临雷霍，西控河汾，南通秦蜀，北达幽并"，地理位置重要，自古为兵家必争之地。
④ 绛郡，自北周其始有名称，因兴废无常，其下所属县数量及位置多有变迁，大致在今临汾盆地南部县域与运城盆地。
⑤ 韩城，位于陕西省东部黄河西岸，关中盆地东北隅。
⑥ 冯翊，郡名。由秦掌治京师的内史发展而来。汉景帝二年（前155）分内史为左、右内史。汉武帝太初元年（前104）改左内史为左冯翊。三国魏置冯翊郡，长官称冯翊太守，治临晋。北周时废置。隋唐时曾改同州为冯翊郡。
⑦ 潼关，位于陕西省渭南市潼关县北，北临黄河，南据山腰，始建于东汉建安元年（196），是关中的战略要地。
⑧ 九锡（cì），是中国古代皇帝赐给诸侯、大臣有殊勋者的九种礼器，是一种最高礼遇。
⑨ 侗，即杨侗，生卒年不详，字仁谨，隋炀帝杨广之孙，元德太子杨昭次子。初封越王，隋炀帝每次出巡，杨侗常留守东都洛阳。大业十三年（617），隋炀帝巡幸江都，杨侗与段达、元文都、皇甫无逸等，总管留守后方的事宜。皇泰元年（618），宇文化及弑杀隋炀帝。元文都等人共同拥立杨侗为帝，改元皇泰，史称皇泰主或皇泰帝。皇泰二年（619），杨侗被迫禅位给王世充，并被幽禁在含凉殿。王世充称帝后，封杨侗为潞国公。一个多月后，王世充派其侄王行本缢杀杨侗。

李世民率军攻打西河郡，攻下之后，斩杀了郡丞高德儒。李世民宣布他的罪状，说："你把野鸟当作鸾凤欺瞒皇上。我率领正义之师，正是为了诛杀你们这些奸佞小人。"李世民率军夺取霍邑，攻克临汾、绛郡，攻下韩城，使冯翊郡归降。李渊留部分军队驻守黄河以东，自己率领大军向西。他派遣长子李建成把守潼关，派李世民攻占渭河流域以北地区，关中大批盗贼都向李渊投降了。李渊集结各路人马包围长安，攻克首都后，拥立代王杨侑为恭帝。恭帝封李渊为大丞相、唐王，加赐九锡。不久，李渊接受杨侑禅让称帝，立长子李建成为皇太子，李世民为秦王，三子李元吉为齐王。

隋朝的东都留守越王杨侗，是隋炀帝杨广的孙子，也接受众人拥立，在洛阳称帝。

秦主薛举①卒，子仁杲②立。

魏公李密与隋兵战，大败，降于唐。

宇文化及弑其所立主浩，自称许帝。凉王李轨称帝。

唐秦王世民破秦。秦王薛仁杲降，送长安，斩于市。

李密之将徐世勣③，据密旧境，降唐，赐姓李。

窦建德取河北诸州，自称夏王。

李密叛唐。唐人获而斩之。

夏王窦建德破宇文化及诛之。

隋主侗立一年，王世充④废之，而自立为郑帝，寻弑侗。

唐遣将袭凉主李轨，执归杀之，河西平。

---

① 薛举（？—618），隋朝末年起义群雄之一，祖籍河东汾阴（今山西万荣）。大业十三年（617），薛举起兵反隋，自称西秦霸王，年号秦兴，同年称帝，迁都秦州。武德元年（618），薛举病逝。

② 仁杲，即薛仁杲（？—618），兰州金城（今甘肃兰州）人，薛举长子，骁勇善战。武德元年（618）薛举去世，薛仁杲继位。同年，薛仁杲在浅水原之战中被唐军击败，薛仁杲被迫投降，李世民将其押送长安斩首。

③ 徐世勣（594—669），字懋功，曹州离狐（今山东菏泽）人。唐高祖李渊赐姓李，后避唐太宗李世民讳改名为李勣。早年从李世民平定四方，曾破东突厥、高句丽，功勋卓著。与李靖并称，封为英国公，为凌烟阁二十四功臣之一。谥号贞武，陪葬昭陵。

④ 王世充（？—621），字行满，本姓支。西域胡人，寄居新丰（今陕西临潼）。少好经史、兵法，开皇年间，因功升至兵部员外郎。大业年间，至江都宫监，被隋炀帝信任。炀帝被杀后，他与元文都、卢楚等拥越王杨侗为帝。公元619年废杨侗，自立称帝，国号郑，年号开明。公元621年，李世民击败王世充，郑亡。同年，为仇人所杀。

自称西秦霸王的薛举去世，他的儿子薛仁杲继位。

魏公李密与隋军交战，大败，不得不投降唐军。

宇文化及杀了他拥立的傀儡皇帝杨浩，自己称帝，国号许。西凉王李轨也宣布称帝。

唐秦王李世民，大败西秦。秦王薛仁杲投降，被押解送往长安，在闹市斩首示众。

李密部下将领徐世勣，占据李密原来的领地，归顺唐朝，赏赐姓李。

窦建德占领了河北地区，自称为夏王。

李密背叛了唐朝，被唐军抓获处斩。

夏王窦建德大败宇文化及，并诛杀了他。

隋朝君主杨侗在位一年，王世充就把他废黜，自立为郑帝，不久又杀死了废帝杨侗。

唐朝派遣将领袭击西凉王李轨，抓住他送回长安处死，河西之地被平定。

沈法兴①称梁王于毗陵②。李子通③称吴帝于江都④。杜伏威降唐。

唐秦王李世民击定阳将宋金刚，破之，定阳可汗刘武周、宋金刚⑤皆走死。

唐秦王世民督诸军伐郑。

吴主李子通袭梁，梁王沈法兴走死。

夏王窦建德救郑。唐秦王世民大破擒之，郑王王世充降世民。至长安，被黄金甲，二十五将从其后，铁骑万匹，甲士三万，献俘太庙。斩建德于市，赦世充，寻使人潜杀之。

窦建德故将刘黑闼⑥始起兵于漳南⑦。

唐遣将李靖⑧伐梁，梁主萧铣降，送长安斩之。

杜伏威击吴主李子通，执送长安伏诛。

---

① 沈法兴（？—621），湖州武康（今浙江德清）人，隋末割据势力。义宁二年（618），宇文化及弑杀隋炀帝，沈法兴以诛讨宇文化及为名起兵，占据江南十郡。武德二年（619），自称梁王。后被李子通击败，自杀。
② 毗陵，亦作"毘陵"。古地名。本春秋时吴季札封地延陵邑。西汉置县。晋太康二年始置郡。历代废置无常，后世多称今江苏常州一带为毗陵。
③ 李子通（？—622），东海丞县（今山东枣庄）人，隋末江淮地区农民起义军首领。公元615年，自称楚王。公元619年，占据江都，自称皇帝，国号吴，年号明政。后徙都余杭。公元621年，为杜伏威击败，被俘后执送长安。公元622年，欲逃脱南返，被捕杀。
④ 江都，今江苏扬州。
⑤ 宋金刚（？—620），上谷（今河北张家口）人，隋末农民起义军首领。在上谷地区聚众反叛。后跟随刘武周，多次击败唐军。南下与李世民交战，战败后逃亡突厥，被杀。
⑥ 刘黑闼（？—623年），贝州漳南（今河北故城）人。与窦建德至交，骁勇多谋。窦建德死后，刘黑闼召集窦建德旧部起兵，后自称汉东王，建元天造。与唐军多次交战，先败于秦王李世民之讨，后死于太子李建成之征。
⑦ 漳南，古县名。隋开皇十八年（598）改东阳县置。治所在今河北故城东北。大业七年（611）窦建德、武德四年（621）刘黑闼，皆起义于此。
⑧ 李靖（571—649），字药师，雍州三原（今陕西三原县）人，一说京兆三原。隋末唐初将领，文武兼备。李靖善于用兵，长于谋略，南平萧铣、辅公祐，北灭东突厥，西破吐谷浑。封卫国公，世称李卫公，为凌烟阁二十四功臣之一。谥号景武，陪葬昭陵。著有数种兵书，多亡佚。

沈法兴在毗陵称梁王，李子通在江都称吴帝。杜伏威投降唐朝。

秦王李世民进攻定阳可汗麾下的将领宋金刚，打败了他。定阳可汗刘武周、宋金刚都在逃亡中被杀。

秦王李世民率各支军马讨伐王世充。

吴主李子通袭击梁王，梁王沈法兴在溃逃时自杀。

夏王窦建德援救王世充。秦王击败窦军，并生擒窦建德，郑王王世充被迫投降。李世民班师回朝，身披黄金甲，二十五员上将跟随在身后，他率领一万铁甲骑兵、三万精锐武士，在太庙祭祀献俘，并在闹市斩杀窦建德。当时虽然赦免了王世充，但不久就派人暗杀了他。

窦建德原来的部将刘黑闼在漳南起兵。

唐朝派遣李靖讨伐梁主，萧铣投降，被送到长安斩首。

杜伏威击败吴主李子通，并将他送回长安处死。

刘黑闼自称汉东王。楚主林士弘卒，其众遂散。

汉东将执黑闼降唐，斩之。

唐淮南道行台仆射①辅公祏②反于丹阳，唐将击斩之。

庆州都督杨文干③反，遣秦王世民讨平之。

突厥入寇，遣秦王世民御之。遇于豳州④，世民帅⑤骑，驰诣虏阵，告之曰，我秦王也。虏不敢战，受盟而退。

---

① 仆射（yè），官名，秦置。古代重武，主射者掌事，故诸官之长称仆射。后来只有尚书仆射相承不改。至宋乃废。
② 辅公祏（shí，？—624），齐州临济（山东章丘）人，隋末唐初江南地区农民起义军首领。大业九年（613），辅公祏跟随杜伏威亡命为盗，起兵反隋。武德六年（623），杜伏威入朝，留辅公祏守卫丹阳（今江苏南京）。后辅公祏夺权自立，铲除异己。同年，辅公祏称帝，国号宋，设置百官。唐朝派赵郡王李孝恭、岭南道大使李靖率军讨伐辅公祏。武德七年（624），唐军屡次击败辅公祏军，杀之。
③ 杨文干（？—624），唐朝初年庆州都督。杨文干原是太子李建成宿卫，担任庆州都督，私募壮士送往东宫。高祖大怒，软禁李建成。公元624年，杨文干起兵造反，唐高祖派秦王李世民去攻打杨文干。唐军未至，杨文干已被属下杀死。
④ 豳（bīn）州，辖境大致在今陕西咸阳北部。唐武德元年从宁州析置豳州，唐开元年间改称邠州。
⑤ 帅，通"率"，率领。

刘黑闼自立为汉东王。楚主林士弘去世，他的部众于是纷纷散去。汉东王的部将叛变，抓住刘黑闼投降唐朝，唐军斩杀了刘黑闼。

淮南道行台仆射辅公祏在丹阳造反，唐将进攻叛军，杀死辅公祐。

庆州都督杨文干谋反，唐朝派遣秦王李世民讨伐，平定了这次叛乱。

突厥入侵边境，唐朝派遣秦王李世民抵御。两军在豳州相遇，世民率领骑兵远远地对敌人叫阵，大声说："我就是秦王李世民。"突厥慑于他的声威，不敢接战，于是接受结盟，而后退兵。

唐（二）

　　唐兴七年，僭伪皆亡。天下既定，是岁初，置州县乡学。帝亲诣国子学①，释奠②于先圣先师③。始定官制，颁新律令。定均田④租庸调⑤法。丁中之民，给田一顷，笃疾减十之六，寡妻妾减七，皆以十之二为世业⑥，八为口分⑦。

　　每丁岁入租粟二石，调随土地所宜，绫绢绝⑧布。岁役二旬，不役则收其庸⑨，日三尺。有事而加役者，旬有五日免其调，三旬租调俱免。水旱虫霜，十损四以上免租，损六以上免调，损七以上课役俱免。

---

① 国子学，晋武帝咸宁二年（276）始设，与太学并立。南北朝时，或设国子学，或设太学，或两者同设。北齐改名国子寺。隋文帝以国子寺总辖国子、太学、四门等学。炀帝时改国子寺为国子监。唐宋亦以国子监总辖。
② 释奠，古代在学校设置酒食以奠祭先圣先师的一种典礼。
③ 先圣先师，专指孔子。
④ 均田，即均田制，北魏至唐朝前期实行的一种按人口分配土地的制度。部分土地在耕作一定年限后归其所有，部分土地在其死后还给官府。到了唐朝中期，土地兼并日益严重，至德宗年间被"两税法"取代。
⑤ 租庸调，以人丁为本，不论土地、财产的多少，都要按丁交纳同等数量的绢粟。是建立在唐初自耕农大量存在、占有一定数量土地的基础上形成的赋税制度。自唐高宗、武则天起，土地兼并日益加剧，均田制逐渐濒于崩溃，以丁身为本的租庸调成为农民不堪忍受的沉重负担。玄宗时，鉴于均田制以及租庸调制已失去存在的基础，不得不实行税制改革，直至"两税法"实行，租庸调终被取代。
⑥ 世业，即世业田，又叫永业田。耕作一定年限后，归本人所有。另自诸王以下，至都督，亦给永业田，子孙世袭，皆免课役。
⑦ 口分，即口分田。唐代按人口授田，每口人所受者，皆包含永业田二十亩，其余为口分田。口分田所种植谷物，身死交还。
⑧ 绝（shī），一种粗绸子。
⑨ 庸，通"佣"，"纳绢代役即为庸"，也叫"输庸代役"。

唐（二）

　　唐朝兴起已经七年，僭越、伪称的各地反王、头领，基本被平定。天下已经安定，这年年初，高祖下令各州县乡设立学校。高祖亲自去拜访国子学，祭奠先圣孔子；开始确定官制，颁布新的法律条文；施行均田制和租庸调制。按照人口数，每个成年男子授田一顷，重病的给田四十亩，守寡的妻妾给田三十亩，都是十分之二为世业田，十分之八为口分田。

　　规定每个成年男丁每年交纳租粟二石，调则按照当地的物产，每年交纳一定数量的绫，或绢、绝、布。壮丁每年服劳役二十日，如果不服劳役就收庸，每天折绢三尺。如果政府有事额外加役，多十五天就免除调，加三十天租调都免。如果遇上水、旱、虫、霜等灾害，收成损失十分之四以上的免除租，收成损失十分之六以上的免除调，收成损失十分之七以上的，免除全部的租调和劳役。

民赀①业分九等。百户为里,五里为乡。四家为邻,四邻为保。在城邑者,为坊。田野者,为村。食禄之家,无得与民争利。工商杂类,无预士②伍。男女始生为黄,四岁为小,十六为中,二十为丁,六十为老。岁造计账,三岁造户籍。

初唐之起晋阳,皆世民之谋。帝欲以世民为储嗣,世民固辞而止。太子建成喜酒色游畋③,齐王元吉多过失,而世民功名日盛。建成乃与元吉协谋倾世民,曲意谄事诸妃嫔,世民独不事之。由是左右皆誉建成、元吉而短世民。

武德九年六月,太白④经天见秦分,建成、元吉欲杀世民。秦府僚属劝王行周公之事,力请乃决。于是密奏兄弟专欲杀臣,似为世充、建德报仇。明日帅兵伏玄武门,建成、元吉入,觉有变,欲还。世民追射建成杀之,尉迟敬德射杀元吉。遂立世民为太子,军国事悉委太子,处决然后闻奏。

---

① 赀,计量;同"资"。
② 士,学习文武技艺的士人。《唐六典卷三·尚书户部》载:"辨天下之四人,使各专其业。凡习学文武者为士,肆力耕桑者为农,工作贸易者为工,屠沽兴贩者为商。工商之家不得预于士,食禄之人不得夺下人之利。"
③ 畋(tián),打猎,田猎。
④ 太白,即金星。我国古代把金星叫作太白星,早晨出现在东方时叫启明,晚上出现在西方时叫长庚。

百姓的资产分为九等。百户叫一里，五里叫一乡。四家叫一邻，四邻叫一保。在城镇的居住区叫坊，在乡村的居住区叫村。官宦之家领取国家俸禄的，不准与百姓争夺利益；从事工商杂业的人，不准加入士人阶层。男女初生叫作黄，四岁以上叫小，十六岁以上叫中，二十岁以上叫丁，六十岁以上称为老。每年编制计账，每三年编订一次户籍。

　　唐朝最初在晋阳起事，都是李世民的谋划。高祖李渊想把李世民立为储君，李世民坚决推辞而停止此事。太子李建成喜欢美酒、女色、打猎，齐王李元吉经常犯错，而李世民功业与名声与日俱增。李建成于是和李元吉商量，共同排挤打击李世民，故意奉迎讨好后宫的诸位妃嫔，只有李世民不这么做。因此，李渊身边人都说李建成、李元吉的好话，说李世民的坏话。

　　武德九年六月，太白星白天出现在秦地的分野，李建成、李元吉想要杀了李世民。秦王府的幕僚和部下力劝世民效仿周公辅政，极力恳请之下李世民才答应。于是李世民向李渊密奏，说建成、元吉兄弟两人想要谋害自己，好像要为王世充、窦建德报仇。第二天李世民率领军队埋伏在玄武门外，太子李建成、齐王李元吉正要入宫拜见父王李渊，觉得情况有变，准备逃走。李世民追上李建成，射杀了自己的兄长，尉迟恭射杀了李元吉。李渊不得不立李世民为太子，军国大事都交给他处理，允许他自行决断，然后再启禀上奏。

初，东宫官属魏徵①屡劝建成除世民，及是世民召徵，责以离间兄弟。徵举止自若，对不屈，世民礼之。王珪②亦尝为建成谋，皆以为谏议大夫。帝自称为太上皇，帝诏传位于太子，是为太宗文武皇帝。

唐（三）

太宗文武皇帝名世民。幼日有书生见之，曰龙凤之姿，天日之表③，其年几冠，必能济世安民。书生去，高祖使人追之，不见，乃采其语为名。年十八，举义兵。李密降唐，初见高祖，色尚傲。及见秦王，不敢仰视，退而叹曰，真英主也。

---

① 魏徵（580—643），字玄成，钜鹿郡（一说在今河北巨鹿，一说在今河北馆陶）人，唐朝政治家、思想家、文学家和史学家，以直谏名。
② 王珪（570—639），字叔玠，河东祁县（今山西祁县）人。唐初名相，南梁尚书令王僧辩之孙。贞观十三年（639），病逝，追赠吏部尚书，谥号懿。
③ 天日之表，亦作天表、日表。古代史学家、相学家对帝王仪表的谀称。

当初，东宫官属魏徵屡次劝李建成除掉李世民。这次李世民召魏徵来，责备他离间兄弟之间的感情。魏徵举止镇定，从容应对，并不屈服，李世民因此以礼相待。王珪也曾经为李建成谋划，他们都被任命为谏议大夫。高祖自称太上皇，下诏传位给太子李世民，这就是太宗文武皇帝。

唐（三）

太宗文武皇帝名世民。有书生看见年幼的李世民，说他有龙凤的姿态、天日的面相，等到成年必能济世安民。书生离去后，李渊派人去追，已不见踪影，于是采纳书生的话，给儿子起名为世民。李世民年方十八，就发动义军反隋。李密投降唐朝时，刚刚见到高祖李渊，还有些傲气，等见到秦王李世民，头也不敢抬，退朝后叹息道，这真是英明的君主。

高祖以秦王功高，特置天策上将①，位在王公上。以秦王为之开府②置属，开馆以延文学之士。杜如晦③、房玄龄④、虞世南⑤、褚亮⑥、姚志廉⑦、李玄道⑧、蔡允恭⑨、薛元敬⑩、

---

① 天策上将，唐代官名，天策府官制的一种，职位在亲王、三公之上，仅次于名义上的文官之首三师（即太师、太傅、太保）。天策府则是武官官府之首，在十四卫府之上。天策上将可以自己招募人才作为天策府中官员，即所谓的"许自置官属"。终唐一朝，天策上将只李世民一人。
② 开府，古代指高级官员（如三公、大将军、将军等）建立府署并自选僚属。
③ 杜如晦（585—630），字克明，京兆杜陵（今陕西西安）人。李世民重要谋士。李世民承帝位后，杜如晦与房玄龄为左右宰相，后世以"房、杜"代指良相。封蔡国公。谥号成。
④ 房玄龄（579—648），名乔，字玄龄，以字行。唐初齐州（一说在今山东济南，一说在今山东临淄）人。李世民的重要谋士，多次参与大事。贞观朝，房玄龄历任中书令、尚书左仆射，封梁国公，谥文昭。凌烟阁二十四功臣之一。因房玄龄善谋，杜如晦处事果断，史称"房谋杜断"。
⑤ 虞世南（558—638），字伯施，越州余姚（今浙江慈溪）人。南北朝至隋唐时著名书法家、文学家、政治家，凌烟阁二十四功臣之一。
⑥ 褚亮（555—647），字希明，杭州钱塘（今浙江杭州）人，子褚遂良。官至通直散骑常侍，进爵为阳翟县侯。谥号康，陪葬昭陵。弘文馆十八学士之一。
⑦ 姚志廉（557—637），字简之，一说名思廉，吴兴（今浙江湖州）人，唐初史学家，弘文馆十八学士之一。
⑧ 李玄道（577—645），字元易，郑县（今河南郑州）人，隋唐时期文学家。先后为隋齐王府属、李密记室、王世充著作佐郎。李世民平定王世充，其为秦王府主簿，弘文馆十八学士之一。
⑨ 蔡允恭（约561—约628），字克让，荆州江陵（今湖北荆州）人。与虞世南相友善，入唐，以虞世南荐引为秦王府参军，弘文馆十八学士之一。
⑩ 薛元敬，生卒年不详。字子诚，蒲州汾阴（今山西万荣）人。薛收之侄。长于文学，与薛收及薛收族兄薛德音齐名，世称"河东三凤"，弘文馆十八学士。

因为秦王李世民功勋卓著，高祖李渊特意设立天策上将一职，地位在诸侯王、三公之上。下令秦王可以自己开府，设置官属，开馆招揽饱学之人。杜如晦、房玄龄、虞世南、褚亮、姚志廉、李玄道、蔡允恭、薛元敬、颜相时①、苏勖②、于志宁③、苏世长④、薛收⑤、李守素⑥、陆德明⑦、孔颖达⑧、盖文达⑨、许敬宗⑩为文学馆学士，分为三番，更日直宿。王暇日辄至馆中，讨论文籍，或至夜分，使阎立本⑪图像，褚亮为赞，号十八学士，士大夫得预其选者，时人谓之登瀛洲⑫。

---

① 颜相时（？—645），表字睿，琅琊沂州（今山东临沂）人。颜师古之弟，颜之推之孙。李世民属下天策府参军事，弘文馆十八学士之一。历任谏议大夫、礼部侍郎。
② 苏勖（xù），字慎行，武功（今陕西咸阳）人，隋朝宰相苏威之孙，弘文馆十八学士之一，著有《括地志》550卷。
③ 于志宁（588—665），字仲谧，雍州高陵（今陕西高陵）人，入唐后历任侍中、尚书左仆射，封燕国公。谥号定。
④ 苏世长，生卒年不详，雍州武功（今陕西咸阳）人。在隋朝任长安令，后为都水少监。入唐，任玉山屯监、巴州刺史。
⑤ 薛收（591—624），字伯褒，蒲州汾阴（今山西万荣）人，薛道衡之子。房玄龄荐入秦王府，授为主簿。武德四年（621），随李世民讨王世充、窦建德、刘黑闼。
⑥ 李守素（？—约628），赵州（今河北赵县）人，世代为山东名族。任天策府仓曹参军，弘文馆十八学士之一。熟谙氏族谱学，人称"肉谱"。
⑦ 陆德明（约550—630），名元朗，以字行，苏州吴县（今江苏苏州）人。经学家、训诂学家。隋炀帝召为秘书学士，授国子助教。秦王李世民授为弘文馆学士，以经授中山王李承乾，补国学博士。贞观初年，迁国子博士，寻卒。
⑧ 孔颖达（574—648），孔子第三十一世孙。唐朝经学家。熟读经传，善于词章。隋大业初，选为明经，授河内郡博士，补太学助教。入唐，任国子监祭酒。曾奉唐太宗命编纂《五经正义》。
⑨ 盖文达（578—644），字艺成，冀州信都（今河北冀县）人，弘文馆十八学士之一。师从刘焯。与族弟盖文懿皆名儒，人称"二盖"。
⑩ 许敬宗（592—672），字延族，杭州新城（浙江杭州）人，唐朝宰相，隋朝礼部侍郎许善心之子，弘文馆十八学士之一。贞观八年（634）任著作郎、监修国史。永徽五年（654）因支持立武则天为后而官运亨通，位极人臣。咸亨元年（670）以特进身份退休。咸亨三年（672）去世，时年81岁。赠开府仪同三司，谥号缪。
⑪ 阎立本（约601—673），雍州万年（今陕西西安）人，唐代画家。父阎毗、兄阎立德亦长书画、工艺及建筑工程，并称于世。代表作有《步辇图》《历代帝王像》等。时人有"左相宣威沙漠，右相驰誉丹青"之说。
⑫ 登瀛洲，比喻士人得到荣宠，如登仙界。

颜相时、苏勖、于志宁、苏世长、薛收、李守素、陆德明、孔颖达、盖文达、许敬宗为文学馆学士，分成三班，每天在文学馆值宿。秦王闲暇时间就来文学馆，和大臣讨论文章典籍，有时讨论到半夜。让阎立本为这些学士绘像，褚亮题赞，称为十八文学学士。被唐太宗选入文学馆的士大夫，当时人称之为"登瀛洲"。

时府僚多补外,如晦亦出,玄龄曰:"余人不足惜,如晦,王佐才,大王欲经营四方,非如晦不可。"王即奏留之,使参谋帷幄,剖决如流。玄龄每入奏事,高祖曰:"玄龄为吾儿谋事,虽隔千里,如对面语。"

秦王功盖天下,身几危,赖玄龄、如晦决策。至是即位,首放宫女三千余人。

突厥颉利①突利②二可汗合十余万骑,入寇,进至渭水便桥之北。上自与房玄龄等六骑径诣渭水。上与颉利隔水语,责以负约,突厥大惊,皆下马罗拜。俄而诸军继至,旗甲蔽野。颉利惧,请盟而退。

置弘文馆③,聚四部二十余万。选天下文学之士,虞世南等以本官兼学士,听朝之隙,引入内殿,讲论前言往行,商榷政事,或夜分,乃罢。取三品以上子孙充弘文馆学士。

---

① 颉(jié)利(579—634),突厥族,姓阿史那氏,名咄苾,启民可汗之子,东突厥可汗。公元626年入侵中原,唐太宗亲临渭水,与颉利隔水而语,结渭水便桥之盟。公元629年,唐太宗派李靖、李勣出兵,与薛延陀夹攻颉利,次年大败颉利于阴山,被擒送长安,东突厥灭亡。颉利至京,太宗赐以田宅,授右卫大将军。公元634年死于长安,赠归义王,谥曰荒。
② 突利(603—631),突厥族,姓阿史那氏,名什钵苾,始毕可汗之子,东突厥小可汗。突利可汗暗中与唐联络,并与颉利可汗决裂。公元630年,唐灭东突厥,以突利为顺州都督。631年,突利可汗入朝,至并州病卒。
③ 弘文馆,官署名。唐武德四年(621)置修文馆于门下省。九年,太宗即位,改名弘文馆。聚书二十余万卷。置学士,掌校正图籍,教授生徒。遇朝有制度沿革、礼仪轻重时,得与参议。置校书郎,掌校理典籍,刊正错谬。设馆主一人,总领馆务。学生数十名,皆选皇族贵戚及高级京官子弟。

当时秦王府的部属大多被派到外地，杜如晦也被调走。房玄龄劝道："其他人被调走不值得可惜，只是杜如晦有王佐之才，大王您要想经营四方，除了如晦谁也没有辅佐的才能。"秦王立刻上奏，请求留下杜如晦，让他参谋军事，拟定作战策略。杜如晦解决问题明快敏捷。房玄龄每次入朝奏事，高祖赞叹道："玄龄替我儿子谋划事情，虽然远隔千里，仿佛就在现场一样。"

秦王功盖天下，几次身临险境，全赖房玄龄、杜如晦的决策转危为安。李世民即位后第一件事是下令放三千多名宫女离宫回家。

突厥颉利可汗、突利可汗集结了十余万骑兵，进攻唐朝边境，推进到渭水便桥以北的地方，京师震动。太宗与房玄龄等六人骑马，径直来到渭水边。太宗与颉利可汗隔着渭水对话，责备他背弃盟约，突厥大惊失色，都下马罗列而拜。不一会儿唐军各路人马相继来到，旌旗、铠甲遮蔽了原野。颉利可汗恐惧，请求结盟后率军撤退。

太宗开设弘文馆，汇聚经史子集四部书，总共有二十多万卷。选择天下有文学才能的人入馆，虞世南等人都以原来官职兼任弘文馆学士。在公务之余，这些学士到内殿，与太宗讲论古人的言行，或者商讨政事，常常到夜半才结束。选取三品以上的大臣子孙，到弘文馆就读。

有上书请去佞臣，曰："愿阳①怒以试之。执理不屈者，直臣也。畏威顺旨者，佞臣也。"上曰："吾自为诈，何以责臣下之直乎？朕方以至诚治天下。"或请重法禁盗，上曰："当去奢省费，轻徭薄赋，选用廉吏，使民衣食有余，自不为盗，安用重法邪？"自是数年之后，路不拾遗，商旅野宿焉。上尝曰："君依于国，国依于民，刻民以奉君，犹割肉以充腹。腹饱而身毙，君富而国亡矣。"又尝谓侍臣曰："闻西域贾胡，得美珠剖身而藏之。"有诸曰："有之。"曰："吏受赇②抵法，与帝王狥③奢欲而亡国者，何以异此胡之可笑邪？"魏徵曰："昔鲁哀公谓孔子曰人有好忘者，徙宅而忘其妻。孔子曰：'又有甚者，桀、纣乃忘其身。亦犹是也。'"

张蕴古献大宝箴，有曰："以一人治天下，不以天下奉一人。"又曰："壮九重于内，所居不过容膝，彼昏不知，瑶其台而琼其室。罗八珍于前，所食不过适口，惟狂罔念，丘其糟而池其酒。"又曰："勿没没④而暗，勿察察⑤而明，虽冕旒⑥蔽日，而视于无形，虽缋纩⑦塞耳，而听于无声。"上嘉其言。

① 阳，同"佯"，假装。
② 赇，意为以财物枉法相谢也，贿赂之意。
③ 狥（xùn），通"徇"，谋求禄位，曲从私欲。
④ 没没，昏愚不明貌。
⑤ 察察，苛察小事自以为精明。
⑥ 冕旒，古代贵族礼冠之一种，后代指帝王。
⑦ 缋纩（zēng kuàng），黄色的丝绵。古代帝王戴冕，两旁各戴一小团黄绵，表示不听无益之言。

有大臣上书给太宗，请求去除奸佞的臣子，建议道："皇上佯装大怒来测试大臣们，若能不畏惧陛下的怒气，诚挚直率地进言进谏的就是正直的人，逢迎谄媚顺从陛下意旨的就是奸佞小人。"太宗说："皇帝自己都做欺诈的事，怎么能让臣下的行为直率诚挚？我要用至诚来治理天下。"有大臣请求用严峻的刑法来禁绝盗贼，太宗说："应该戒除奢靡，节省开支，减轻徭役，减少税赋，选用清廉的官吏，让民众丰衣足食，百姓自己不愿为盗，还需要用严刑峻法吗？"这样治理几年之后，路上没有人把别人丢失的东西捡走，商人旅客可以安全地在野外露宿。太宗曾经说过："君主依靠国家，国家依靠民众。依靠剥削民众来奉养君主，如同割下身上的肉来填饱肚子，肚子饱了人却死了，君主如果太富裕，国家就会灭亡。"太宗又曾经问侍臣："听说西域有个胡商，得到了宝珠，就剖开身体把珠子藏在里面。"侍臣回答："确有此事。"太宗说："有的官员因贪赃受贿而受法律制裁丧命，有的皇帝因放纵奢欲而亡国，和那个胡商的可笑行为有什么两样呢？"魏徵说："从前鲁哀公对孔子说：'有个健忘的人，搬家而遗忘了妻子。'孔子说：'还有健忘得更严重的呢：桀、纣把自己都忘了。'也和这个事是一样啊。"

　　张蕴古献上《大宝箴》，上书："要以一人之力治理天下，不能以天下之力侍奉一人。"又写道："宫内扩大豪华的宫殿，所居住的不过是很小一部分，昏君不明白这个道理，竟用美玉来修筑亭台楼阁。面前陈列各种山珍海味，所吃的不过是适合口味的很少一部分，而暴君却异想天开，把酒糟堆成山，开凿池塘来盛酒。"又写道："不要昏庸愚昧而被蒙蔽，不要严苛细察来追求清明。虽然冠冕上的旒珠遮住了眼睛，仍能够看出没有暴露的事情；虽然冠冕旁的缋纩塞住了耳朵，仍能够听到没有发出的声音。"太宗嘉奖了他的上书。

分天下为十道。因山川形便曰关内、河南、河东、河北、山南、陇右、淮南、江南、剑南、岭南。遣将讨梁师都,其下杀之以降,以其地为夏州。

太常祖孝孙①奏唐雅乐。

贞观二年,又出宫女三千余人。

故事,军国大事中书舍人各执所见,杂署其名,谓之五花②判事。

中书侍郎③、中书令④省审之,给事中⑤、黄门侍郎⑥驳正之。上谓王珪曰:"国家本置中书门下,以相捡察,卿曹勿雷同也。"时珪为侍中⑦,房玄龄、杜如晦为仆射,魏徵守秘书监⑧,参预朝政。玄龄谋事,必曰非如晦不能决。及如晦至,卒用玄龄策。盖元龄善谋,如晦能断。二人同心徇国,故唐世称贤相,推房杜焉。

---

① 祖孝孙,生卒年不详,乐律学家。范阳(今河北涿州)人。隋开皇年间任协律郎,参定雅乐,曾奉命向山阳太守毛爽学习"京房律法"。入唐,历任著作郎、吏部郎、太常少卿等。其律学著述多亡佚,部分篇章收入《音乐志》《礼乐志》。
② 五花,当时草拟的底本为五云绫纹,谓之五花。
③ 中书侍郎,中书省长官,副中书令,协助中书令管理中书省的事务。
④ 中书令,中书省长官,属于宰相职。
⑤ 给事中,官名,秦置。因给事殿中,备顾问应对,讨论政事,故名。隋唐以后,成为门下省属官,掌驳正政令之事。
⑥ 黄门侍郎,官名,秦置。秦汉时宫门多漆成黄色,故称黄门。隋唐时,黄门侍郎隶属门下省,成为门下省副官,掌侍从皇帝,传达诏命。
⑦ 侍中,官名。秦始置,隋因避讳改称纳言,又称侍内。唐复称,为门下省长官,属宰相职。
⑧ 秘书监,官名,东汉始置,专掌国家藏书与编校工作。

唐太宗把天下分为十道。以山川地形地势命名为关内道、河南道、河东道、河北道、山南道、陇右道、淮南道、江南道、剑南道、岭南道。唐太宗派遣将领讨伐梁师都，梁的部下杀死梁师都，投降唐军，他们原来占据的地方被划为夏州。

太常卿祖孝孙献上唐雅乐。

贞观二年，唐太宗又下令三千多宫女出宫回家。

按照旧有的体制，军国大事都是由中书舍人各自草拟，若意见不一则各自署上名字，称为五花判事。

中书侍郎、中书令仔细审阅，给事中、黄门侍郎纠正错误。太宗对王珪说："朝廷设置中书省、门下省的本意，是为了相互监督检查，你们不要有错不纠，奏呈的文书是一样的。"当时，王珪为侍中，房玄龄、杜如晦为仆射，魏徵为秘书监，一起参与朝政决策。房玄龄谋划政事，一定要说："非杜如晦不能决断。"等到杜如晦来，最后还是采用房玄龄的建议。这是因为房玄龄善于谋略，杜如晦长于决断。二人深相投合，同心为国出力。所以唐朝称为贤相的人，首推房、杜二位。

徵尝告上曰："愿使臣为良臣,勿使臣为忠臣。"上曰:"忠良异乎?"徵曰:"稷①、契②、皋陶③,君臣协心,俱享尊荣,所谓良臣。龙逄④、比干⑤,面折廷争,身诛国亡,所谓忠臣。"上悦。

唐（四）

初,突厥既强,敕勒诸部分散,有薛延陀、回纥等十五部皆居碛北⑥。颉利政乱,薛延陀、回纥等叛之,加以民大饥,羊马多死。奉使者还,及边帅皆言突厥可取之状。诏以李靖为定襄道行军总管,统诸军讨之。靖袭破突厥于阴山,颉利可汗遁走,唐将擒之以献。时突利可汗已先入朝。上处突厥降众,东自幽州,西至灵州,分突利地为四州,分颉利地为六州。左置定襄都督,右置云中都督,以统其众。以突利为顺州都督,颉利为右卫大将军⑦。

---

① 稷,即后稷,姬姓,名弃,黄帝玄孙,帝喾嫡长子,母姜嫄,尧舜时期掌管农业之官,周朝始祖。
② 契（xiè）,一作偰,子姓,尊称阏伯。帝喾之子、帝尧的异母弟,生母简狄,传为吞卵而生。
③ 皋陶（yáo）,传为虞舜时期的司法官。
④ 龙逄,即关龙逄,生卒年不详。据史传其为夏桀时大臣,因忠谏而被桀所杀。
⑤ 比干,生卒年不详。商代帝王文丁次子,帝乙的弟弟,帝辛的叔叔。官少师,因忠谏被杀。
⑥ 碛（qì）北,旧称蒙古高原大沙漠以北地区。
⑦ 右卫大将军,官名。北周武帝设置司卫、司武官,统率府兵宿卫宫禁。隋唐分为十六卫。右卫大将军为右卫府最高长官。

魏徵曾经对太宗说:"希望陛下让臣做良臣,不要让臣做忠臣。"太宗问:"忠、良有什么区别吗?"回答道:"后稷、契、皋陶,君臣齐心合力,共享荣耀,这就是所说的良臣。龙逢、比干犯颜直谏,身死国亡,这就是所说的忠臣。"唐太宗听到这话非常高兴。

唐(四)

当初突厥势力强大,下令各个部落分散定居,有薛延陀、回纥等十五个部族都居住在沙漠以北地区。颉利可汗时期政局不稳,薛延陀、回纥等部族举兵反叛,民众饥寒交迫,马匹、牛羊等牲畜大量死亡。唐朝出使的使者和边境的统帅,都上书说这是进攻突厥的好时机。太宗下诏以李靖为定襄道行军总管,统领各部队讨伐突厥。李靖在阴山击败突厥,颉利可汗逃走,结果被唐将擒获献俘。当时突利可汗已经先向唐朝称臣。太宗命令分置突厥的投降部众,东自幽州,西到灵州,将突利可汗的领地分为四个州,将颉利可汗的领地分为六个州。西边设立定襄都督,东边设立云中都督,以统御部众。任命突利可汗为顺州都督,颉利可汗为右卫大将军。

林邑①遣使入贡。伊吾来降，置伊西州。高昌王麴文泰入朝。先是四夷君长诣阙，请帝为天可汗。上曰："我为大唐天子，又下行可汗事乎？"群臣及四夷皆称万岁。自是后玺书赐西北，君长皆称天可汗。

贞观四年，蔡公如晦卒。上语及，必流涕。

是岁大有年②。

上之初即位也，常与群臣语及教化，曰："大乱之后，其难治乎？"魏徵对曰："饥者易为食，渴者易为饮。"封德彝曰："三代以还，人渐浇讹，故秦任法律，汉杂霸道，盖欲化不能，岂能之而不欲邪？"徵曰："五帝三王不易民而化，汤武皆乘大乱之后，身致太平，行帝道而帝，行王道而王，顾所行何如耳？"上卒从徵言。

元年，关中饥，斗米直绢一匹；二年，天下蝗；三年，大水。上勤而抚之，未尝嗟怨。至是天下大稔③，米斗三四钱。终岁断死刑纔④十九人，东至于海，南及五岭，皆外户不闭，行旅不赍⑤粮，取给于道路焉。上曰："魏徵劝我行仁义，今既效矣，惜不令封德彝⑥见之。"盖德彝元年六月死矣。

---

① 林邑，即占城，在今越南中部一带。
② 大有年，丰收。
③ 稔，庄稼成熟。
④ 纔（cái），通"才"，只有。
⑤ 赍（jī），旅行的人携带衣食等物。
⑥ 封德彝（568—627），名伦，字德彝，以字行，观州蓨（今河北景县）人。唐朝宰相。他是李世民的天策府属官，又暗中维护太子李建成。贞观十七年（643），唐太宗得知封德彝阴持两端之事，追夺封赠，改谥为缪。

林邑派遣使者向唐朝称臣纳贡。伊吾部族也投降了，唐朝设置伊西州来安置他们。高昌王鞠文泰来朝拜见唐太宗。当时，四方蛮夷的首领酋长都入宫拜见太宗，请求太宗皇帝称天可汗。太宗说："我是大唐的天子，难道又做可汗的事吗？"群臣和各部族首领都大呼万岁。从此以后，将印玺、诏书赐给西北部族，各族首领都称呼太宗皇帝为"天可汗"。

　　贞观四年，蔡国公杜如晦逝世。太宗每次说起他，必定泪流满面。

　　这年农业大丰收。

　　刚刚登基的时候，唐太宗曾与群臣讨论教化百姓的问题，问道："大乱之后，天下刚刚太平，百姓是不是难以治理？"魏徵回答："饥饿的人知道粮食来之不易，口渴的人知道有水来之不易。"封德彝反对说："夏、商、周三代以来，浮薄诡诈之风日益滋长，因此秦朝以法律来治理国家，汉朝则杂用霸道，原因是没办法教化好百姓，并非不想教化得好。"魏徵说："五帝、三皇不是换掉百姓而后教化，商汤、周武都是在大乱之后治国，得到太平盛世。实行帝道便称帝于天下，实行王道便称王于天下，就看所实行的是什么了。"太宗采纳了魏徵的意见。

　　贞观元年，关中地区闹饥荒，一斗米值一匹绢；贞观二年，全国闹蝗灾；贞观三年，发洪水。唐太宗勤于政事，安抚民众，老百姓虽然处境艰难，却不曾抱怨。贞观四年，全国大丰收，一斗米价值不过三四钱，全年判决死刑的罪犯只有十九人。东至大海，南到五岭，家家都不用关院门，旅行的人不用带粮食，在路上就能取得给养。太宗说："魏徵劝我施行仁义，今天终于见效了，只是遗憾不能让封德彝见到了。"封德彝在贞观元年就去世了。

五年林邑、新罗①入贡。党项②内附,开其地为十六州。

七年春宴,玄武门奏七德九功舞。徵欲上偃武修文,每侍宴,见七德舞,辄俛③首不视。七德舞者,秦王破阵曲也。见九功舞,则谛观之。王珪罢,征为侍中。

唐(五)

上亲录囚徒,见应死者闵④之,纵使归家,期以来秋就死。仍敕天下死囚,皆纵遣,至期来诣京师。至是皆如期,自诣朝堂。上皆赦之,凡三百九十人。

上奉太上皇,置酒未央宫。上皇命颉利可汗起舞,冯智戴⑤咏诗,笑曰:"胡越一家,古未有也。"

八年,吐蕃⑥遣使入贡。

九年,太上皇崩。上皇即位九年而禅位,至是又九年。

吐谷浑⑦先是入寇凉州,以李靖帅诸军讨破之。十年,吐谷浑遣子入侍。

---

① 新罗,古代朝鲜半岛上的国家,臣服于唐。
② 党项,古代北方少数民族之一,又叫党项羌。
③ 俛,同"俯",低头。
④ 闵,通"悯",怜悯。
⑤ 冯智戴,字天锡,号辅元,生卒年不详,高州良德(今广东高州)人。冯盎长子。隋末,冯盎割据岭南,后降唐,智戴随之。
⑥ 吐蕃,古代藏族在青藏高原建立的政权。
⑦ 吐谷浑,亦称吐浑,古代西北民族及其所建国名,位于祁连山脉和黄河上游谷地。

贞观五年，林邑、新罗进献贡品。党项族归附唐朝，将他们的土地分为十六州。

贞观七年，唐太宗在玄武门大宴群臣，奏七德九功舞。魏徵想劝皇帝停止武事，振兴文教，每次参加宴会，遇到七德舞，就低头不看。七德舞，原是秦王破阵曲。遇到九功舞，就边看边听，细细欣赏。王珪罢相后，魏徵担任侍中。

唐（五）

唐太宗亲自审问囚徒，看到要被处死的人，产生了怜悯之心。太宗便放他们回家，约定明年秋后回来接受死刑。还下令赦免天下的死刑犯，把他们都释放回去，让他们在限期之日到京城集合。等到了那个日期，所有人都自觉来到朝堂。太宗赦免了他们，共有三百九十人。

太宗奉养太上皇，在未央宫置办酒宴。太宗命令颉利可汗跳舞，令冯智戴咏诗，太宗笑道："胡人与越人如同一家，这是古来未有的景象啊。"

贞观八年，吐蕃派遣使者向大唐朝贡。

贞观九年，太上皇逝世。太上皇即位九年后让位给太宗，让位之后到去世又过了九年。

吐谷浑入侵凉州，太宗命李靖统率各路军队前往讨伐，击破敌军。贞观十年，吐谷浑首领派他的儿子到唐朝侍奉太宗。

治书侍御史^①权万纪^②言："宣^③、饶^④银大发，采之，岁可得数百万。"上曰："卿未尝进一贤才，而专言银利，昔尧舜抵璧于山，投珠于谷。汉之桓灵^⑤乃聚钱为私藏，卿欲以桓灵俟我耶？"黜之。

唐（六）

定府兵，凡十道，置府六百三十四，而关内二百六十一。皆隶诸卫及东宫六率^⑥。上府兵凡千二百人，中府千人，下府八百人。三百人为团，团有校尉；五十人为队，队有正；十人为火，火有长。每人兵甲粮装各有数，输之库，征行给之。二十为兵，六十而免，能骑射者为越骑，其余为步兵。更命统军别将为折冲果毅都尉，每岁季各折冲都尉帅以教战。当给马者官与直，当宿卫者番上。兵部以远近给番，远疏^⑦近数^⑧，皆一月而更。

---

① 治书侍御史，官名，唐置，管理图书文籍。
② 权万纪（？—643）。以正直见称，先后为唐太宗之子吴王李恪与齐王李祐长史，后为李祐所杀。
③ 宣，宣州，今安徽宣城。
④ 饶，饶州，今江西鄱阳。
⑤ 桓灵，指汉代东汉的桓帝刘志（132—167）和灵帝刘宏（157—189），桓帝和灵帝统治时期东汉走向衰落。
⑥ 东宫六率，包括太子左右卫率、太子左右司御率、太子左右清道率，为太子直属亲兵。
⑦ 疎，通"疏"，稀疏。
⑧ 数（cù），密集。

治书侍御史权万纪说:"宣州、饶州发现了大量的银矿,开采的话每年可得数百万。"太宗说:"你没有举荐过一个贤才,却专说牟利的事。当年尧舜将玉璧弃置于山上、将宝珠扔进山谷,而汉代的桓帝和灵帝聚敛金钱作为私人财产,你是想让我和桓帝、灵帝一样吗?"太宗罢黜了权万纪。

唐(六)

定立府兵制,共计十个道,设置六百三十四个府,其中关内道就有二百六十一个府,都隶属于诸卫以及东宫六率。上等府有一千二百人,中等府有一千人,下等府有八百人。三百人为一个团,团的长官是校尉;五十人为一个队,队的长官是队正;十人为一个火,火的长官是火长。每个人的武器、盔甲、粮食都有定数,放在库里,出征行军时就发给他们。二十岁时当兵,六十岁则退伍。其中能骑射的人作为越骑,其余则成为步兵。还改统军为折冲都尉,别将为果毅都尉,每年年底各个折冲都尉率领军队教练作战。该配给马匹的官府出钱去买,该宿卫的轮番上值。兵部根据远近安排轮番。距离京师远的一番时间较长,距离京师近的一番时间较短,且都是一个月就换班上值。

十三年夏，旱。诏五品以上言事。魏徵言："陛下比贞观初渐不克终者十条。"上深奖叹。

十四年，上诣国子监，亲释奠①。是时大征天下名儒为学官，数幸国子监，使之讲论，学生能明一经以上者皆得补官。增筑学舍千二百间，增学生满三千二百六十员。自屯营飞骑②，亦给博士授经，有能通经者，听得贡举。于是四方学者云集京师，乃至高丽、百济、新罗③、高昌④、吐蕃诸酋长亦遣子弟请入国学。外讲筵者至八千余人。上以师说多门，章句繁杂，命孔颖达与诸儒定五经疏，谓之正义⑤。

高昌王麹文泰⑥先是多遏绝西域朝贡及扣留中国人。以侯君集⑦为交河大总管，将兵击之，至是灭高昌，以其地为西州。

十五年吐蕃求婚，以文成公主嫁之。

---

① 释奠，古代学堂祭祀先圣先师的典礼。
② 屯营飞骑，唐太宗在玄武门设置左右屯营，所领兵为飞骑，是唐代羽林军。
③ 高丽、百济、新罗，公元前57年到公元668年之间占据辽东和朝鲜半岛的三个国家，朝鲜《三国史记》称之为"朝鲜三国时代"。
④ 高昌，古代位于新疆吐鲁番地区的少数民族政权，唐时为麹氏高昌。
⑤ 正义，即《五经正义》，包括《周易正义》14卷、《尚书正义》20卷、《毛诗正义》40卷、《礼记正义》70卷、《春秋左传正义》36卷。
⑥ 麹（qū）文泰（？—640）。唐时高昌王，先臣于唐，后臣于西突厥，与唐为敌，被侯君集攻灭。
⑦ 侯君集（？—643），豳州三水（今陕西旬邑北）人，唐朝名将，凌烟阁二十四功臣之一。官至兵部尚书，封陈国公。因太子李承乾谋反受到牵连被处死。

贞观十三年夏季，大旱。太宗诏五品以上的官员上书讨论此事。魏徵说："陛下和贞观初年相比，有十个方面渐渐不能善始善终。"太宗由衷地赞叹魏徵。

贞观十四年，太宗亲临国子监，亲自主持释奠礼。当时，皇帝大规模征召天下的名儒担任学官，数次亲临国子监，让学官讲论经典。能够通晓一部经典以上的学生都能补授官职。新造一千二百间学堂，新增三千二百六十名学生。屯营飞骑也安排了博士去讲授经典，有能通晓经典的，也听任他们去参加科举。于是四方的学者都聚集在京师，甚至高丽、百济、新罗、高昌、吐蕃等国的酋长也派遣子弟，请求进入国子监学习。走上讲席的有八千多人。太宗认为学术流派众多，章句又过于繁杂，便命孔颖达与诸儒生编订五经注疏，即《五经正义》。

高昌王麴文泰先前多次阻遏西域各国向唐朝朝贡，并扣留中国人。太宗令侯君集做交河大总管，率兵进攻，就此灭亡高昌国，把它的领土设为西州。

贞观十五年，吐蕃向唐朝求婚，太宗把文成公主嫁给了吐蕃首领。

唐（七）

　　十七年郑公魏徵卒。上曰："以铜为镜，可正衣冠；以古为镜，可见兴替；以人为镜，可知得失。徵没，朕亡一镜矣。"徵葬，上自制碑书石。

　　图画功臣长孙无忌①、赵郡王孝恭②、杜如晦、魏徵、房玄龄、高士廉、尉迟敬德③、李靖、萧瑀④、段志玄⑤、刘弘基⑥、屈突通⑦、殷开山⑧、柴绍⑨、长孙顺德⑩、张亮⑪、侯君集、

---

① 长孙无忌（？—659），字辅机，三川（今河南洛阳）人，唐初宰相，外戚。凌烟阁二十四功臣之首。永徽年间，长孙无忌在《贞观律》基础上主持修订《唐律疏议》，后反对高宗立武则天为皇后。显庆四年（659），无忌被许敬宗诬陷，削爵流放黔州，最终自缢而死。上元年间平反。
② 赵郡王孝恭，即李孝恭（591—640），陇西成纪（今甘肃秦安）人，唐朝宗室，名将。封河间郡王，凌烟阁二十四功臣之一。陪葬献陵，谥曰元。
③ 尉迟敬德，即尉迟恭（585—658），字敬德，朔州（今山西朔州）人。唐朝名将，多立战功，唐郑大战单骑救主，玄武门之变诛杀李元吉。官至右武侯大将军，封鄂国公，凌烟阁二十四功臣之一。谥号忠武，陪葬昭陵。后世演化为"门神"的象征。
④ 萧瑀（575—648），字时文，南朝梁明帝萧岿第七子，唐朝宰相，凌烟阁二十四功臣之一。
⑤ 段志玄（598—642），名雄，字志玄，以字行，齐州邹平（今山东济南）人，唐朝名将。凌烟阁二十四功臣之一，封褒国公，谥号忠壮。
⑥ 刘弘基（582—650），雍州池阳（今陕西泾阳）人，唐初名将，屡随征战，封夔国公，凌烟阁二十四功臣之一。谥曰襄。
⑦ 屈突通（557—628），长安人，隋唐时期名将。隋炀帝时跟从杨广平定杨玄感。李渊起兵时，屈突通坚守潼关，兵败被俘。入唐，跟从李世民平定王世充，功居第一。封蒋国公，凌烟阁二十四功臣之一。谥号忠。
⑧ 殷开山，即殷峤（？—622），字开山，以字行。雍州鄠县（今陕西户县）人，唐朝开国将领，凌烟阁二十四功臣之一。武德六年（622）病死军途，谥号节，贞观四年配享高祖庙庭。
⑨ 柴绍（588—638），字嗣昌，晋州临汾（今山西临汾）人，唐朝名将，娶唐高祖女平阳昭公主为妻。从李渊起兵，灭东突厥，封谯国公，谥号襄。
⑩ 长孙顺德，洛阳（今河南洛阳）人，长孙皇后的族叔，唐朝开国功臣。贞观年间病死，追封为邳国公，谥曰襄。
⑪ 张亮（？—646），郑州荥阳人（今河南郑州），唐初大臣。

唐（七）

贞观十七年，郑国公魏徵逝世，太宗说："以铜为镜，可以端正衣冠；以史为镜，可以知晓兴衰；以人为镜，可以明白得失。现在魏徵去世了，我丧失了一面镜子啊。"魏徵下葬，太宗亲自书写碑文。

太宗令人绘制了长孙无忌、赵郡王李孝恭、杜如晦、魏徵、房玄龄、高士廉、尉迟敬德、李靖、萧瑀、段志玄、刘弘基、屈突通、殷开山、柴绍、长孙顺德、张亮、侯君集、张公谨^①、程知节^②、虞世南、刘政会^③、唐俭^④、李勣、秦叔宝^⑤等于凌烟阁。

太子承乾^⑥不才，魏王泰^⑦多能有宠，潜有夺嫡之志。侯君集负功怨望，以承乾暗劣，欲乘衅，因劝之反。事觉，废为庶人。君集坐诛。泰亦以险诈不立。立晋王治为太子。

魏徵尝荐君集，上始疑徵，阿党又有言："徵自录前后谏辞，示起居郎褚遂良^⑧。"上愈不悦徵。临终，上面指公主，欲妻其子叔玉。至是停其婚，踣^⑨所立碑。

---

① 张公谨（594—632），字弘慎，魏州（今河北大名）人，唐初名臣。凌烟阁二十四功臣之一。封郯国公，谥号襄。
② 程知节（589—665），原名咬金，后更名知节，字义贞，济州东阿（今山东东平西南）人。唐朝开国名将，随太宗破宋金刚，擒窦建德，降王世充，屡建功勋，凌烟阁二十四功臣之一。预玄武门之变，历泸州都督、左领军大将军，封卢国公。麟德二年（665）去世，陪葬昭陵，谥号襄。其事迹常见民间文学作品。
③ 刘政会（？—635），滑州胙城（今河南省延津县）人，唐朝大臣。
④ 唐俭（579—656），字茂约，并州晋阳（今山西太原）人，唐朝大臣。
⑤ 秦叔宝，即秦琼（576—638），字叔宝，以字行，齐州历城（今山东济南）人。唐朝开国名将，战功赫赫。凌烟阁二十四功臣之一，官至左武卫大将军、翼国公，后追赠为徐州都督、胡国公，谥号壮。民间有"秦琼卖马""两肋插刀"等传说，与尉迟恭并为门神代表。
⑥ 太子承乾，即李承乾（619—645），字高明，唐太宗长子，母长孙皇后，后因参与谋反被废。
⑦ 魏王泰，李泰（620—652），字惠褒，小字青雀，唐太宗四子，母长孙皇后，因涉嫌谋嫡被囚禁。
⑧ 褚遂良（596—659），字登善，杭州钱塘（今浙江钱塘）人。早年任天策府铠曹参军，深受李世民喜爱。曾劝阻李世民征高丽。贞观二十三年（649）与长孙无忌同受太宗遗诏辅政，后坚决反对武则天为后，遭贬，显庆三年（658）卒。褚遂良工书法，与欧阳询、虞世南、薛稷并称"初唐四大家"。
⑨ 踣（bó）：毁坏，推倒。

张公谨、程知节、虞世南、刘政会、唐俭、李勣、秦叔宝等功臣的画像，放置于凌烟阁。

太子李承乾没有才干，魏王李泰能力出众，很受宠爱，便暗暗产生夺嫡的想法。侯君集立有大功，对皇上又多有怨念，他认为李承乾愚昧顽劣，便想利用机会，遂劝太子谋反。事情败露后，太子被废为庶人，侯君集受牵连被杀。李泰也因为性情阴险狡诈而没有被立为太子。太宗立了晋王李治为太子。

魏徵曾经举荐过侯君集，太宗也开始怀疑魏徵。阿谀奉承之人又进逸言说："魏徵曾自己记录下前前后后的进谏之辞，并向负责写皇帝起居注的褚遂良展示。"太宗对魏徵更加不满。魏徵临终之前，太宗曾当面指着公主，想把她嫁给魏徵的儿子魏叔玉。而到了这个时候，太宗废止了这个婚约，还推倒了给魏徵立的石碑。

唐（八）

十八年，上亲征高丽。先是高丽泉葛苏文①弑其君，新罗又遣使言百济与高丽连兵谋绝新罗入贡之路，乞兵救援。上遂讨之，先如洛阳。

十九年，上发洛阳至定州②，进诸军。上渡辽水，拔辽东城③，降白岩城④，攻安市城⑤，大破其救兵于城下。安市城险兵精，坚守不下，议者欲拔乌骨城⑥，渡鸭绿水，直取平壤，覆其本根，则余可不战而降。或又谓亲征异于诸将，不可乘危。上以辽左早寒，草枯水冻，士马难久留，且粮将尽，敕班师。是行拔十城，徙户口七万，三大战斩首四万余级，然战士死者几三千人，战马死什七八，不能成功。深悔之，叹曰："魏徵若在，不使我有此行也。"命驰驿祠徵以少牢⑦，复立所制碑。

---

① 泉葛苏文，即渊盖苏文（603—666），又名渊盖金，高句丽末期军事统帅。中国古代史书上通常避唐高祖李渊讳，而称为泉盖苏文。
② 定州，今河北定州。北魏天兴三年（340）改安州置，治所在今河北定州市，隋大业三年（607）、天宝初改为博陵郡，旋改回定州。
③ 辽东城，古代要塞，即今辽阳市老城。贞观十九年（645）征高句丽，同年克辽东城。
④ 白岩城，古代要塞，公元5世纪初高句丽占据辽东城后所建，在今辽宁灯塔县东南、太子河北岸官屯附近。
⑤ 安市城，古代要塞，在今辽宁海城市东南，北朝至初唐时为高句丽所据，贞观十九年（645）征高句丽，同年师至安市城。
⑥ 乌骨城，古代要塞，高句丽置，在今辽宁凤城市东南凤凰山山城。
⑦ 少牢，古时祭祀以羊、猪各一，即为"少牢"。

唐（八）

贞观十八年，太宗亲征高句丽。在此之前，高句丽的泉葛苏文弑杀君主，新罗又派使臣上告唐朝说高句丽和百济联合发兵，阻断了新罗的朝贡之路，乞求唐朝发兵救援。太宗便发兵征讨，先到了洛阳。

贞观十九年，太宗从洛阳到定州，指挥各军前进。太宗渡过辽河，攻下辽东城，降服白岩城，攻打安市城，在安市城下大破高句丽军队。安市城的城防险要，军队精良，守军坚守城池使唐军难以攻下。有人提议攻取乌骨城，渡过鸭绿江，直接攻取平壤城，颠覆高句丽的根基，其余的都会不战而降。有的人又说，皇帝亲征不同于诸将领兵，不可以冒险。太宗认为辽东冷得早，草木枯萎，河水封冻，将士与马匹难以久留，而且粮草快要吃完了，便下令回师。这次出征，唐军攻下了十座城，把七万户口迁往内地，三次大战役斩首四万多，然而却战死了将近三千人，战马损失了十分之七八，不能算成功。太宗十分后悔，叹道："魏徵如果还在，不会让我有此次的出征。"太宗派使节乘驿马到魏徵墓前用少牢之礼祭祀魏徵，重新树立了当年为魏徵立的石碑。

二十年，上如灵州①，遣李世勣击薛延陀②，破降之。招谕敕勒③诸部，回纥④等十一姓各遣使归命，乞置官司。诏曰："朕聊命偏师，遂擒颉利；始弘朝略，已灭延陀。铁勒百余万户请为州郡，混元以降，殊未前闻。宜备礼告庙，仍颁示天下。"上为诗曰："雪耻酬百王，除凶报千古。"刻石于灵州。

唐（九）

二十二年，司空梁公房玄龄卒，上悲不自胜。玄龄佐上定天下，及终，相位三十二年。号为贤相，然无迹可寻。上定祸乱而房杜不言功，王、魏⑤善谏诤而房杜让其贤；英、卫善将兵而房杜行其道。理致太平，善归人主，为唐宗臣。

二十三年，上有疾，谓太子曰："李世勣才知有余，然汝与之无恩。我今黜之。我死，用为仆射，亲任之。若徘徊顾望则当杀之耳。"乃左迁叠州⑥都督，受诏不至家而去。

上崩，在位二十四年，改元者一，曰贞观。上虽以武功定祸乱，终以文德绥海内。常自以骄侈为惧。

---

① 灵州，地名，北魏置，隋大业三年（607）改置灵武郡，武德元年（618）又改为灵州，辖境相当于今宁夏中卫、中宁二县以北地区。开元后，尝为朔方节度使理所。
② 薛延陀，古代北方游牧民族，亦为汗国名。原为铁勒诸部之一，由薛、延陀两部合并而成。
③ 敕勒，古代北方游牧民族，又称赤勒、高车、狄历、铁勒、丁零。
④ 回纥（hé），又称回鹘，古代北方少数民族，大致分布于今天的新疆、内蒙古、甘肃、蒙古国以及中亚地区。
⑤ 王、魏，指王珪、魏徵。
⑥ 叠州，治所在今甘肃迭部县，辖境相当于今白龙江上游地区。

贞观二十年，太宗到灵州，派李世勣进攻薛延陀，大破并降服薛延陀。太宗招抚敕勒诸部，回纥等十一姓都派使节表示臣服，乞求设置宫府主管。太宗下诏说："我只不过派出一支非主力军队就把颉利擒获，刚要开始远征计划，就已消灭薛延陀。铁勒一百多万户请求设置为我朝的州郡，这是开天辟地以来从未听闻的。应该备齐礼仪，告慰宗庙，并通告天下。"太宗为此作诗："雪耻酬百王，除凶报千古。"并在灵州刻石以纪念战功。

唐（九）

贞观二十二年，司空、梁国公房玄龄去世，太宗无比悲痛。房玄龄辅佐太宗平定天下，到逝世时，已当了三十二年的宰相。房玄龄被称为贤相，却找不到什么重大事迹。太宗平定祸乱，房玄龄与杜如晦却不提自己的功劳；王珪、魏徵善于直谏，而房玄龄、杜如晦就把贤名让给他们；英国公李世勣、卫国公李靖善于统兵，而房玄龄、杜如晦在政治上配合。房杜二人促成天下太平，又将功劳归于君主，是唐朝的元勋重臣。

贞观二十三年，太宗得病，对太子说："世勣才智有余，但你对他没有恩情。我现在罢黜他。等我死之后，你起用他为仆射，亲自任命他。把他罢黜之后，他如果徘徊不前，犹豫迟疑，就杀了他。"于是太宗把李世勣贬为叠州都督，李世勣接受诏书后，家都不回，就赴任去了。

太宗逝世。他在位二十四年，用了一个年号，即贞观。太宗虽然靠武力平定天下祸乱，最终却以文德安定四海。他常常害怕骄奢淫逸会误事。

尝曰："人主惟一心，攻之者众。或以勇力，或以辩口，或以谄谀，或以奸诈，或以嗜欲，辐凑①各求自售。人主少懈而受其一，则危亡随之。此其所以难也。"尝问侍臣创业守成孰难。玄龄曰："草昧之初，群雄并起，角力而后臣之。创业难矣。"魏徵曰："自古帝王莫不得之于艰难，失之于安逸，守成难矣。"上曰："玄龄与吾共取天下，出百死得一生，故知创业之难。徵与吾共安天下，常恐骄奢生于富贵，祸乱生于所忽，故知守成之难。然创业之难，既已往矣，守成之难，方与诸公慎之。"自知神采为臣下所畏，常温颜接群臣。导人使谏，赏谏者以来之。惟末年东征之役褚遂良尝谏不听。太子立，是为高宗皇帝。

唐（十）

高宗皇帝名治。母长孙皇后。承乾废，长孙无忌力劝太宗立治。在东宫七年，太宗尝作《帝范》十二篇以赐，曰："修身治国尽在其中，一旦不讳②，更无言矣。"至是即位，长孙无忌、褚遂良受先帝遗诏辅政。以李勣为左仆射③，寻为司空④。

永徽五年，以太宗才人武氏为昭仪⑤。

---

① 辐凑，也作"辐辏"，形容人或物聚集像车辐集中于车毂一样。
② 不讳，死亡的委婉说法。
③ 左仆射，与右仆射并为唐代尚书省长官，属宰相职。
④ 司空，官名，西周始置，位列三公，与六卿相当，与司马、司寇、司士、司徒并称五官，掌水利、营建之事。唐代仍为三公之一，但属虚衔。
⑤ 昭仪，唐代嫔妃等级，居于九嫔之首，次于四妃。

太宗曾经说："君主只有一颗心，但把它当作目标去争取的人太多了。有的人靠武勇，有的人靠辩才，有的人靠阿谀奉承，有的人靠奸诈，有的人靠满足君主的嗜好，各种人才聚在君主周围，各有所求，出售自己的专长。如果君主稍微懈怠而接受了其中的一项，国家危亡就会紧跟其后。做君主的困难就在于此。"太宗曾经问侍臣，创业和守成哪一个更难。房玄龄说："创建国家之时，群雄并起，要与各种势力竞争然后让他们臣服。创业更困难。"魏徵说："自古以来，帝王无不是在艰难困苦中夺得江山，在安逸享乐中失掉天下，守成更困难。"太宗说："房玄龄和我共同夺取天下，出生入死，故而知道创业艰难。魏徵和我共同安定天下，常担心富贵催生骄奢淫逸，被忽视的小问题会导致祸乱，故而知晓守成的艰难。然而创业的艰难已经过去了，保持成就的艰难，这是要和各位谨慎对待的。"太宗知道自己的神采被臣下所畏惧，故而常常温和地接见群臣。为了引导大臣直谏，太宗通过赏赐引导臣子来劝谏。只有贞观末年在东征高句丽的事上太宗没有听从褚遂良的劝谏。太子李治即位为帝，这就是高宗皇帝。

唐（十）

高宗皇帝名叫李治，他的母亲是长孙皇后。李承乾被废黜，长孙无忌力劝太宗立李治为太子。李治在东宫当了七年太子，太宗曾经创作《帝范》十二篇赐给他，说："修身治国的道理就在其中，一旦我死了，再没有未告诉你的话了。"李治即位时，长孙无忌、褚遂良接受先帝的遗诏辅佐皇帝治理朝政。高宗任命李勣为左仆射，不久又任命他为司空。

永徽五年，封太宗的才人武氏为昭仪。

六年，上欲废皇后王氏立武昭仪为后，许敬宗、李义府①赞之，遂良不可以问李勣。勣曰："此陛下家事，何必更问外人？"事遂决。

褚遂良贬，义府参知政事②。义府貌若温恭，与人嬉怡，而狡险忌克，人谓笑中有刀，柔而害物，谓之李猫。

武后以长孙无忌不助己，深怨之。显庆四年，削无忌官，黔州③安置。遂良先一年卒，至是无忌与初议者柳奭④、韩瑗⑤皆被杀。

乾封元年，上封泰山，至亳州⑥，尊老君为太上玄元皇帝。以李勣为辽东大总管伐高丽。总章元年，李勣拔平壤，降其王，高丽悉平，置安东都护府。

上元元年，帝称天皇，后称天后。

---

① 李义府（614—666），瀛州饶阳（今河北饶阳）人，唐朝宰相。与许敬宗等支持武则天立后。累官至吏部尚书，封间郡王。其人貌似温恭而内隐阴贼，故而人称"笑中刀""李猫"。后因罪流放，愤而卒。
② 参知政事，官名，原是临时差遣名目，贞观十三年（639），以李洎为黄门侍郎、参知政事，始正式作为职官名，属于宰相职。
③ 黔州，辖境大致在今湖南沅水澧水流域、湖北清江流域、重庆黔江流域和贵州东北一部分。
④ 柳奭（shì），字子邵，一字子燕，蒲州解县（今山西运城）人，出身河东柳氏。唐朝宰相、外戚，高宗首任妻子王皇后的舅父。王皇后被废后，柳奭被贬。显庆四年（659），许敬宗诬称柳奭谋反，唐高宗遂将他处死，家产抄没。中宗年间平反。
⑤ 韩瑗（606—659），字伯玉，京兆三原（今陕西三原）人，唐朝宰相。在废后之争时，支持长孙无忌、褚遂良，反对武则天，遭贬。显庆四年（659）被杀、抄没家产。中宗年间平反。
⑥ 亳州，治所在今安徽亳州。辖境相当于今安徽亳州、涡阳、蒙城及河南鹿邑、永城等地。

永徽六年，高宗想要废黜王皇后，而立武昭仪为皇后。许敬宗、李义府迎合皇帝之意，褚遂良则反对。高宗于是问李勣，李勣说："这是陛下的家事，何必要问外人？"废后之事由此决定。

褚遂良被贬官，李义府作为参知政事参与政事决策。李义府看上去很温和恭顺，和他人谈话时总带着和悦的微笑，实则狡诈险恶，猜忌恶毒，人们说他笑里藏刀，看似柔和，却背地里害人，称他为"李猫"。

武后因为长孙无忌不支持自己而对他深有怨恨。显庆四年，罢了长孙无忌的官，把他流放到黔州。褚遂良在前一年去世，到此长孙无忌和当初反对立武后的柳奭、韩瑗都被杀了。

乾封元年，唐高宗封禅泰山，到了亳州，尊太上老君为太上玄元皇帝。他任命李勣为辽东大总管，征伐高句丽。总章元年，李勣攻克平壤，降服高句丽国王，高句丽被全部平定，唐朝在那里设置了安东都护府。

上元元年，高宗称天皇，武后称天后。

初，帝以贱妾子忠为太子，武后废之，立后之子弘。弘仁孝，中外属心，忤后意，鸩之。立其次，曰贤，又以事废之，而立其次哲。

上在位改元者十三，曰永徽、显庆、龙朔、麟德、乾封、总章、咸亨、上元、仪凤、永隆①、开耀、永淳、弘道。凡三十四年，而政在中宫②者三十年矣。自褚遂良等死后，群臣无敢谏者。李善感尝因事一谏，人以为凤鸣朝阳。上崩，太子哲即位，是为中宗皇帝。

唐（十一）

中宗皇帝，初名显，改名哲。既即位，立韦妃为后，改元曰嗣圣。明年，武后废帝为庐陵王，而立其弟旦。旦拥虚器者七年，改元曰垂拱，曰永昌③。太后废旦为皇嗣而称帝，是为则天武氏。

则天武氏故荆州都督武士彟④之女也，太原人。年十四，太宗闻其美，召入后宫，以贞观十一年为才人。时天下歌曲，名《妩媚娘》。已成谶，贞观末年，太白屡昼见，太史占云：女主昌。又传《秘记》⑤：唐三世后女主武王代有天下。太宗恶之。

---

① 唐高宗共用了十四个年号。在仪凤和永隆之间，还有一个年号调露。此处原文有误。
② 中宫，皇后所居宫室，用来代指皇后。
③ 唐睿宗李旦684年继位，年号文明，武后把握朝政，随后改年号为光宅，又用了垂拱、永昌、载初三个年号。690年，废睿宗，武后称帝，改元天授。原文此处略去了文明、光宅、载初三个年号，可能是由于这三个年号的使用时间都比较短。
④ 武士彟（huò，577—635），字信明，并州文水（今山西文水县）人，武则天生父。资助李渊起兵，封应国公。
⑤ 《秘记》，占验术数的书籍。

当初，高宗立贱妾所生的李忠为太子，武后废黜了他，立自己的儿子李弘为太子。李弘仁爱孝顺，朝廷内外都归心于他。但李弘违逆了武后的意图，被武后毒死。武后立次子为太子，叫李贤，又因事将他废黜，而立他的弟弟李哲。

高宗皇帝在位用了十三个年号，叫作永徽、显庆、龙朔、麟德、乾封、总章、咸亨、上元、仪凤、永隆、开耀、永淳、弘道。一共三十四年，而朝政被武后掌控的时间有三十年。自褚遂良死后，群臣没有敢上谏的。李善感曾经因事而上谏了一次，人们都认为是"凤鸣朝阳"。高宗去世，太子李哲即位，这就是中宗皇帝。

唐（十一）

中宗皇帝，最初名叫李显，后改名叫李哲。他即位后，立韦妃为皇后，改年号为嗣圣。第二年武后把中宗皇帝废为庐陵王，改立了他的弟弟李旦为皇帝。李旦当了七年有其位无其实的皇帝，改年号叫垂拱和永昌。太后废李旦为皇太子，而自己称帝。这就是武则天。

武则天是荆州都督武士彟的女儿，太原人。十四岁时，太宗皇帝听说她的美丽，召她入后宫，贞观十一年封她为才人。当时流行一首乐府曲，叫《斌媚娘》，已形成谶语。贞观末年，太白星屡次在白天出现，太史占卜说："女主将崛起。"又流传着《秘记》说："唐朝过了三代后，女主武王将代替李氏统治天下。"太宗对此十分憎恶。

尝与群臣宴，各令言小名。武卫将军李君羡①官称封邑皆有武字，而小名五娘。太宗愕曰："何物女子，乃尔健邪？"或奏君羡谋不轨，遂诛之。密问太史李淳风②，对曰："臣仰观天象，俯察历数，其人已在陛下宫中，不过三十年当王天下，杀唐子孙殆尽，其兆已成矣。"

太宗崩，才人年二十四矣为尼。高宗幸寺，见之而泣。时王皇后与萧淑妃争宠，密令长发，劝高宗纳之。既入，而后与淑妃皆失宠。武氏年三十二，遂自昭仪为后。王萧皆为所杀。赠父士彟周国公，寻加赠太原王。高宗苦风眩，不能视百司奏事，或使皇后决之。后性明敏，涉猎文史，处事皆称旨。由是委以政事，权与人主侔，人谓之二圣。在高宗之世，后自杀子弘，废子贤。高宗既崩，子哲即位，废为庐陵王，而立子旦。后临朝称制，立武氏七庙③。

唐（十二）

英公李敬业④起兵讨之，檄曰："一抔之土未干，六尺之孤安在。"又曰："试观今日之域中，竟是谁家之天下。"太后遣将击杀之，越王贞又举兵匡复，不克而死。

---

① 李君羡（593—648），洺州武安（今河北武安县）人，唐朝将领。贞观二十二年（648），因"女主武王有天下"的谣言遭到贬官，随即被御史罗织罪名弹劾，唐太宗以"欺君压民"的罪名下令处决。
② 李淳风（602—670），岐州雍县（今陕西凤翔）人，唐代天文学家、数学家，信奉道家学派，与袁天罡共著《推背图》。
③ 七庙，本指四亲（高祖、曾祖、祖、父）庙、二祧（高祖之父和祖父）庙和始祖庙，后泛指帝王供奉祖先的宗庙。
④ 李敬业（？—684），曹州离狐（今山东菏泽）人，李勣之孙，世袭英国公。嗣圣元年（684），武则天临朝，李敬业于扬州起兵反对武则天。兵败被杀，被剥夺李姓，故又称徐敬业。

太宗曾与群臣举行宴会，让群臣各自说自己的小名。武卫将军李君羡的官名和封邑的名字都有武字，而他的小名又叫五娘。太宗十分惊愕，说："这算什么女子，竟如此健壮！"有人上奏说李君羡图谋不轨，太宗于是杀了李君羡。太宗秘密询问太史令李淳风。李淳风回答说："臣向上观察天象，向下推算历数，发现那个人已经在陛下的宫中，不到三十年就将统治天下，把唐朝子孙屠杀殆尽。征兆已经形成了。"

太宗去世，武才人二十四岁成了尼姑。高宗皇帝亲临寺庙，她见到高宗便哭泣。当时王皇后与萧淑妃争宠，秘密令武氏蓄发，劝高宗收纳她入后宫。武氏进入后宫，王皇后与萧淑妃就都失宠了。武氏三十二岁时，便从昭仪被封为皇后。王皇后、萧皇后都被她所杀。武后之父武士彟被追封为周国公，不久加封太原王。高宗苦于眩晕之病，不能审阅百官的奏事，有时就让皇后来裁决，武后明智聪慧，广泛涉猎文史，处理事务都让高宗满意。于是高宗就把政事委派给她，武后的权力变得和皇帝一样，人们称他们为"二圣"。在高宗的时代，武后杀了儿子李弘，废儿子李贤。高宗去世后，儿子李哲即位，后被废为庐陵王，儿子李旦被立为皇帝。武后亲临朝堂代替皇帝处理朝政，为武氏家族建起属于天子规格的七庙。

唐（十二）

英国公李敬业起兵讨伐太后，檄文说："先帝坟上的土尚未干透，我们的幼主现在身在何方！"又说："试看今天的世界，究竟是谁家的天下！"太后派遣将领击杀了李敬业，越王李贞又起兵要匡复李唐，没成功就死了。

太后遂大杀唐宗室，自名曌，称皇帝，国号周，以旦为皇嗣，改姓武，时曌年六十七矣。初宠僧怀义①，后宠张易之②、张昌宗③兄弟，居中用事。易之五郎，昌宗六郎。佞者曰："人言六郎似莲花，吾谓莲花似六郎耳。"曌知人心不服且内行不正，畏人议己，盛开告密之门，用酷吏侯思止④、索元礼⑤、周兴⑥、来俊臣⑦、吉顼⑧等。锻炼罗织，率以反逆诬人，诛杀不可胜纪。用此拑制天下。

---

① 僧怀义，即薛怀义（662—694），原名冯小宝，京兆鄠县（今陕西户县）人，武则天的男宠。后因失宠获罪被杀。
② 张易之（？—705），定州义丰（今河北安国）人，行五，人称五郎，武则天的男宠。武则天逊位后被诛。
③ 张昌宗（？—705），定州义丰（今河北安国）人，行六，人称六郎，武则天的男宠。武则天逊位后被诛。
④ 侯思止（—693），雍州醴泉（今甘肃礼泉）人，武周年间酷吏。
⑤ 索元礼，胡人，生卒年和籍贯不详，为武则天时酷吏，大兴牢狱，后为平民愤，被武则天下令逮捕，死于狱中。
⑥ 周兴（？—691），长安（今陕西西安）人，武则天重用的酷吏之一。滥杀无辜，后被控谋反，被来俊臣用"请君入瓮"之计制服，武则天将他流放，途中被仇家所杀。
⑦ 来俊臣（651—697），雍州万年（今陕西万年县）人。武则天执政时的著名酷吏。因告密获得武则天信任，编《罗织经》，以刑讯手段残忍著称。有不臣之心，后被武则天下令处死。
⑧ 吉顼（？—700），洛州（今河南洛阳）人，唐朝宰相。

太后于是大肆屠杀唐朝宗室,给自己起名武曌,自称皇帝,国号为周,以李旦为皇嗣,并让他改姓武,当时武曌六十七岁了。武曌先是宠幸僧人怀义,后来宠幸张易之、张昌宗兄弟,让他们在朝中做官任事。张易之被称为五郎,张昌宗被称为六郎。奸佞之人奉承说:"人们说六郎像莲花一样,我说是莲花像六郎一样。"武曌知道人心不服且自己私生活不端正,害怕人们议论,便大力鼓励人们告密,任用酷吏侯思止、索元礼、周兴、来俊臣、吉顼等人。他们四处罗织罪名,专用谋反之罪来诬陷人,所诛杀的人不可胜数。武曌用这种方式来钳制天下的言论。

然有权术，善用人，贤才亦乐为之用。徐有功①仁恕执法，曌每屈意从之。将相多得人，魏元忠②、娄师德③、狄仁杰④、姚元崇⑤皆名相，宋璟⑥亦显于朝。师德宽厚清慎，犯而不挍⑦。弟除代州刺史，师德谓："兄弟荣宠过盛，人所疾也，何以自免？"弟曰："自今人虽唾某面，拭之而已。"师德愀然曰："此所以为吾忧也。人唾汝面，怒汝也，而拭之，则逆其意而重其怒矣。唾不拭自干，当笑而受之耳。"师德每荐仁杰，而仁杰每毁师德。曌语仁杰曰："朕用卿，师德所荐也。"

仁杰退而叹曰："娄公盛德，我为所容久矣。"

---

① 徐有功（640—702），名宏敏，字有功，以字行，洛州偃师（今河南偃师）人，唐朝名臣，以秉公执法闻名，制止、平反了大批冤案。
② 魏元忠（？—707），本名真宰，宋州宋城（今河南商丘）人，唐朝名臣，曾讨平徐敬业。晚年随波逐流，不再直言，因子牵连谋反，被贬。
③ 娄师德（630—699），字宗仁，郑州原武（今河南原阳）人，唐朝宰相，名将。以文官应募从军，西征吐蕃，立有战功。知人善任，举荐狄仁杰等。圣历二年（699），娄师德病逝，追赠凉州都督，谥号贞。
④ 狄仁杰（630—700），字怀英，并州太原（今山西太原）人，唐代政治家。天授二年（691），狄仁杰担任同凤阁鸾台平章事，成为宰相。但不久就被来俊臣诬陷下狱，平反后贬为彭泽县令，契丹之乱时被起复。神功元年（697），狄仁杰再次拜相。他犯颜直谏，力劝武则天立庐陵王李显为太子，使得唐朝社稷得以延续。久视元年（700），狄仁杰进封内史，并于同年病逝，追赠文昌右相，谥号文惠。
⑤ 姚元崇，即姚崇（651—721），字元之，陕州硖石（今河南陕县）人，唐朝名相。姚崇文武双全，历仕则天、中宗、睿宗三朝，两次拜为宰相，并兼任兵部尚书。他曾参与神龙政变，后因不肯依附太平公主，被贬为刺史。唐玄宗亲政后，姚崇被任命兵部尚书、同平章事，进拜中书令，封梁国公。他提出十事要说，实行新政，辅佐唐玄宗开创开元盛世，被称为救时之相。开元九年（721），姚崇去世，追赠扬州大都督，谥号文献。
⑥ 宋璟（663—737），字广平，邢州（今河北邢台）人，唐朝名相。少年博学多才，擅长文学。弱冠中进士，官历上党尉、凤阁舍人、御史台中丞、吏部侍郎、吏部尚书、刑部尚书等职。开元十七年（729）拜尚书右丞相，授开府仪同三司。励精图治，推动"开元盛世"到来。
⑦ 挍（jiào）：同"校"，计较。

然而武曌很有权术，善于用人，贤才们也乐得为武曌所用。徐有功为人宽厚仁慈，秉公执法，武曌每每改变自己的意见而听从徐有功的建议。武曌任用将相大都十分得当，魏元忠、娄师德、狄仁杰、姚元崇等都是名相，宋璟也显扬于朝廷。娄师德为人宽厚，清俭谨慎，被冒犯了也不恼怒。娄师德的弟弟任代州刺史，娄师德说："我们兄弟所得的荣耀与宠幸太多了，为人所嫉妒，该如何自我保全呢？"弟弟说："现在，即使有人把口水吐在我的脸上，我也只是默默擦去而已。"娄师德难过地说："这正是我所担心的。有人往你脸上吐口水，是对你发怒了。你把脸擦干了，就是违逆他的心意，让他更愤怒了。被人吐了口水但不要去擦拭，让其自行蒸干，应当笑着接受别人的羞辱。"娄师德常常推荐狄仁杰，而狄仁杰却常常批判娄师德。武曌对狄仁杰说："我之所以任用你，是娄师德推荐的啊。"

狄仁杰退下并叹息道："娄师德品德高尚。我被他包容很久了。"

武承嗣①、三思②营求为太子，仁杰容言于曌曰："太宗栉风沐雨，亲冒锋镝以定天下，传之子孙。太帝以二子托陛下，今乃欲移之他族，无乃非天意乎？姑侄与母子孰亲？陛下立子，则千秋万代后配食太庙；立侄，则未闻侄为天子而祔姑于庙者也。"曌稍悟，已而又力劝之，遂自房州召庐陵王还都，立为皇太子，以子旦为相王。

　　仁杰最见信重，好面折廷争，曌常屈从，称为国老而不名。仁杰卒，曌泣叹。元行冲③博学多通，仁杰重之，行冲多规谏曰："明公之门珍味多矣，请备药物之末。"仁杰笑曰："吾药笼中物，何可一日无也？"姚元崇等数十人皆仁杰所荐，或曰："天下桃李，悉在公门矣。"仁杰曰："荐贤为国，非为私也。"曌尝问仁杰，欲得一佳士用之。仁杰曰："有张柬之④者，虽老，宰相才也。"后竟用柬之为相。

---

① 武承嗣（649—698），字奉先，并州文水（今山西文水）人，武则天侄。天授元年（690）进文昌左相。武则天专权，他建议诛杀皇室及大臣中不附者，立武氏宗庙，并要求武则天立他为太子，遭到狄仁杰等人反对。长寿元年（692），罢为特进，后忧郁而死。

② 三思，即武三思（649—707），并州文水（今山西文水）人，武则天侄。官右卫将军累进至兵部、礼部尚书，监修国史。天授元年（690），武则天称帝，大封武氏宗族为王，武三思为梁王。神龙三年（707），谋废太子李重俊，却在重俊之变时被杀。

③ 元行冲（653—729），名澹，字行冲，以字行。洛阳（今河南洛阳）人，唐朝名臣，博学多才，尤善音律及训诂，为狄仁杰器重。

④ 张柬之（625—706），字孟将，襄州襄阳（今湖北襄阳）人。唐朝名相，诗人。狄仁杰向武则天举荐，武则天提升为洛州司马。不数日，狄仁杰再荐之，称其"可为宰相，非司马也"。遂得以升为秋官侍郎，终至宰相。神龙政变，因功擢天官尚书，封汉阳郡公，后升为汉阳王。不久，遭武三思排挤，被流放边疆，气愤致死。谥号文贞。

武承嗣、武三思谋划着想要成为太子，狄仁杰对武曌说："太宗皇帝顶着风雨，亲自冒着箭矢平定天下，把皇位传给子孙。先皇把两个儿子托付给陛下，现在陛下又想把皇位移交给其他家族，这不是违逆天意吗？姑姑与侄子，母亲与儿子，哪一种关系更亲？陛下立自己的儿子为太子，则千秋万代后都能在太庙享受供奉，立侄子为太子，那么我可没听说过侄子当了天子后还会在宗庙中供奉姑姑的。"武曌略有醒悟，之后狄仁杰又继续努力劝说武曌，于是武曌把庐陵王从房州召回京师，立为皇太子，立儿子李旦为相王。

狄仁杰最受信任和重视，他喜欢当面指责皇帝，在朝廷上同皇帝争论，武曌常常屈从于他的意见，称他为"国老"而不直呼其名。狄仁杰去世，武曌流泪叹息。元行冲博学多才，狄仁杰十分器重他，元行冲常常规劝他说："明公的门下美味已经很多了，请准备一些药物以备不时之需吧。"狄仁杰笑着说："你就是我药笼中的药物，怎么可以一日没有呢？"姚元崇等数十人都是狄仁杰推荐的。有人说："天下的人才，都在您的门下了。"狄仁杰说："我举荐贤才是为了国家，不是为了私人名利。"武曌曾经问狄仁杰，想要获取一位人才来任用。狄仁杰说："有位叫张柬之的，虽然年纪大了，但是个宰相之才。"武曌最终启用张柬之为宰相。

曌寝疾甚，柬之与崔玄晖①、敬晖②、桓彦范③、袁恕己④率羽林将军李多祚⑤等举兵讨内乱，迎太子于东宫。斩关入，斩易之、昌宗于庑下，迁曌于上阳宫。上尊号曰则天大圣皇帝，是冬殂，年八十二。易唐为周者十有六年，改元者十，曰天授、如意、长寿、延载⑥，曰万岁通天，曰神功、圣历、久视、大足、长安。长安之五年，子复位，国号复为唐，是为中宗皇帝。

唐（十三）

中宗皇帝初名显，改名哲。高宗崩，哲即位，即位二月而被废。居均州⑦者一年，居房州⑧者十三年。还为太子者又八年，而后反正。韦氏复为皇后。上在房陵，每欲自杀，后每止之。上与私誓，异时幸复见天日，惟所欲不禁。

---

① 崔玄晖（639—706年），本名晔，博陵安平（今河北安平）人，唐朝宰相。参与神龙政变，进封博陵郡王。被贬流放，病死途中。睿宗继位后，赐谥文献。
② 敬晖（？—706），字仲晔，绛州太平（今山西临汾）人，唐朝宰相。参与神龙政变，封平阳郡王。神龙二年（706年），武三思以五王诬陷韦后为由，通过唐中宗颁布诏令，将五王流放边疆，不幸遇害。睿宗继位，赐谥肃愍。
③ 桓彦范（653—706），字士则，润州曲阿（今江苏丹阳）人，唐朝宰相。参与神龙政变，封扶阳郡王。被武三思陷害，流放遇害。睿宗继位后，赐谥忠烈。
④ 袁恕己（？—706），沧州东光（今河北东光）人，唐朝宰相。参与神龙政变，进封南阳郡王。后被武三思构陷，被贬遇害。睿宗平反，谥号贞烈。
⑤ 李多祚（654—707），靺鞨族，唐朝将领。因军功执掌禁军，神龙元年（705）武则天生病期间，参与由张柬之等人发动的宫廷政变，剪除张易之、张昌宗兄弟，逼武则天让位于中宗，进封辽阳郡王。神龙三年（707），参与以太子李重俊为首的宫廷政变，杀武三思父子及其党羽十余人。但李重俊不幸被拦阻于玄武门外，士兵临阵倒戈，李多祚被杀。李旦即位后下诏为李多祚平反。
⑥ 在延载与万岁通天之间，武则天还曾用过证圣、天册万岁、万岁登封三个年号。可能由于使用时间较短，原书此处略去了。
⑦ 均州，治所在武当县（今湖北丹江口），辖境大致在今湖北丹江口、十堰二市及郧县一带。
⑧ 房州，治所在竹山县（今湖北竹山县），辖境大致在今湖北房县、竹山、竹溪、保康等地。

武曌重病在床，张柬之与崔玄晖、敬晖、桓彦范、袁恕己率领羽林将军李多祚等举兵讨平内乱，到东宫迎奉太子。他们破关而入，在堂下斩杀张易之、张昌宗，把武曌迁到上阳宫。朝廷给武曌上尊号，称则天大圣皇帝。这年冬天，武曌去世，享年八十二岁。武曌改唐为周十六年，用了十个年号，叫天授、如意、长寿、延载、万岁通天、神功、圣历、久视、大足、长安。长安五年，她的儿子又做了皇帝，国号恢复为唐，这就是中宗皇帝。

唐（十三）

中宗皇帝最初叫李显，后来改名叫李哲。高宗逝世，李哲即位，即位两个月就被废。中宗在均州居住了一年，在房州居住了十三年。回到宫中做太子做了八年，之后恢复唐朝。韦氏为皇后。当年中宗在房陵的时候，每次想要自杀，都被韦后制止。中宗与韦后私下立誓，将来要是有幸重见天日，韦后不论有什么想要的他都不会制止。

至是每临朝，后必施帷幔坐殿上，预闻朝政，如武氏在高宗之世。上女安乐公主①适武三思之子，三思以是得入宫禁，通于韦后。后与三思双陆②而上为点筹，上遂与三思图议政事，张柬之等皆受制。五人皆赐王爵而罢政，已而远贬杀之。安乐公主等依势用事，请谒受赇，降墨敕③除官，斜封付中书，时谓之斜封官④，凡数千人。人有上言皇后淫乱，上面诘之，其人抗言不挠。中书令宗楚客⑤矫制扑杀之，上意怏怏，后及其党始惧。马秦客⑥、杨均⑦皆幸于后，恐事泄，安乐公主亦欲后临朝，以己为皇太女，乃相与谋，于饼馂中进毒。

上复位改元者二，曰神龙、景龙。景龙四年而遇弑。立温王重茂，后摄政。相王子隆基起兵讨乱，斩后及安乐公主，并其党皆诛之，废重茂，奉相王立之，是为睿宗皇帝。

睿宗皇帝名旦。初，高宗崩，中宗废，武氏立旦为帝者七年矣，而废为周皇嗣者九年，改封相王者十年，至是复为帝，立隆基为太子。

---

① 安乐公主，即李裹儿（685—710），唐中宗李显之女。骄奢无度，政变被诛。
② 双陆，古代的一种棋盘游戏，棋子的移动以掷骰子的点数决定，把所有棋子移离棋盘的玩者可获得胜利。
③ 墨敕，唐代正规官员的任命敕书须用红字书写，墨字写的敕书即是不正规的。
④ 斜封官，即非正式官员，正式官员的任命敕书是正封，非正规官员为斜封。
⑤ 宗楚客（？—710），字叔敖，蒲州(今山西永济县)人，唐代大臣，诗人。唐中宗时，封郢国公，官至中书令，与纪处讷同为韦后心腹。景龙四年，李隆基率兵诛韦后，宗楚客亦伏诛。
⑥ 马秦客（？—710），韦皇后男宠，韦后之乱时被诛。
⑦ 杨均（？—710），韦皇后男宠，韦后之乱时被诛。

到了此时，中宗每次上朝，韦后必定要挂起帷幔坐在大殿上，干预朝政，就像武后在高宗的时代。中宗的女儿安乐公主嫁给了武三思的儿子，武三思因此得以出入内宫，和韦后私通。韦后与武三思玩双陆棋而中宗为他们计算点数，中宗于是和武三思商议政事，张柬之等官员都受到制约。张柬之等五人都被赐予王爵，却被夺去主政的权力，然后将他们贬往远方并害死了他们。安乐公主等人倚仗权势，接受请托办事，收受贿赂，下发黑字写的任命敕书来任命官职，斜封着交付中书执行。当时由此而做官的被称为斜封官，一共有几千人。有人上书说皇后淫乱，皇帝当面诘问他，这个人高声直言，不屈不挠。中书令宗楚客假托君命把他杀害了，中宗闷闷不快，韦后和她的党羽开始感到恐惧。马秦客、杨均等都受到韦后的宠幸，害怕奸事泄露，安乐公主也想让韦后亲临朝政，封自己为皇太女，于是和他们一同谋划，在饼中下毒，害死了中宗。

中宗重登皇位，用了两个年号，叫作神龙、景龙，景龙四年中宗被害。韦后立温王李重茂为帝，由韦后摄政。相王之子李隆基起兵讨伐变乱，斩杀了韦后和安乐公主，并将她们的党羽全部诛杀，废掉李重茂，迎奉相王李旦，立为皇帝，就是睿宗皇帝。

睿宗皇帝名叫李旦，当初高宗去世，中宗被废，武则天立李旦当了七年皇帝，而后李旦被废去帝位，当了九年的周朝皇嗣，改封相王后又过了十年，到此重新立为皇帝，立李隆基为太子。

宋璟、姚元之为政，二人协心革弊政，进忠良退不肖，赏罚尽公，请托不行，纪纲修举，当时翕然。贬祝钦明①等。钦明尝为八风舞②，人曰五经③扫地矣。

帝妹太平公主④于诛二张、诛韦氏时皆有力，既屡立大功，势尊重。上尝与议政，权倾人主，其门如市。惮太子英武，欲易之。赖韦安石⑤、宋璟、张说⑥、姚元之等感悟上意，政事皆取太子处分。上自复为帝，改元者二，曰景云、太极。至是三年，自称太上皇，传位于太子，是为玄宗明皇帝。

唐（十四）

玄宗明皇帝名隆基，初为临淄王，韦氏之乱，阴聚才、忠勇之士密谋匡复。太宗初选骁勇为百骑，武后增为千骑，隶左右羽林。中宗谓之万骑，置使领之。隆基皆厚结其豪杰，卒诛韦氏，奉睿宗，封为平王。睿宗将建储，嫡长子成器以平王有功，力让之，遂为太子，寻受禅。

---

① 祝钦明（656—728），字文明，雍州始平（今陕西兴平）人，武周时任太子率更令，中宗时任国子监祭酒。睿宗时贬为饶州刺史。
② 八风舞，唐中宗时期，祝钦明曾为献媚于韦皇后，在宴会上跳八风舞助兴，丑态百出，被人诟病。
③ 五经，在这里代指文人。
④ 太平公主（665—713），唐高宗李治与武则天的小女儿，极受父母宠爱。本名不详，一说为李令月。713年，以谋反罪被李隆基赐死。
⑤ 韦安石（651—714），京兆万年（今陕西西安）人，武周时为相，中宗时罢相，累贬沔州别驾。唐玄宗时追谥文贞。
⑥ 张说（667—730），字道济，一字说之，河南洛阳人，唐玄宗时历任中书令、兵部尚书、同中书门下三品，封燕国公。长于文辞，与许国公苏颋并称"燕许大手笔"。后遭李林甫排挤，罢相。谥号文贞。

宋璟、姚元之共同当政，二人齐心协力，改革弊政，启用忠良而斥退不肖之人，赏罚公正，走后门的行为行不通了，纪律纲常得到恢复，一时间一片安定。贬斥祝钦明等人。祝钦明曾经跳八风舞献媚皇后，人们都说他真是把文人的脸丢光了。

皇帝的妹妹太平公主在诛杀二张还有韦氏的时候都出过力，她多次立大功，地位尊贵。睿宗曾与她讨论处理政事，太平公主的权势甚至盖过了皇帝，她的家门也如同集市一般，拜访的人非常多。太平公主忌惮太子的英武，想要改换太子。幸亏韦安石、宋璟、张说、姚元之等人感悟睿宗的心意，将政务都交给太子处理。睿宗自从重新称帝，用了两个年号，叫作景云、太极。到了在位的第三年，他自称太上皇，传位给太子，这就是玄宗明皇帝。

唐（十四）

玄宗皇帝名李隆基，最初为临淄王，韦氏作乱时，他在暗中聚拢人才，忠勇之士秘密谋划匡复李唐正统。太宗最初挑选骁勇之士组成百骑，武后扩增为千骑，隶属左右羽林。中宗称之为万骑，设置使官来统领。李隆基有意结交万骑中的豪杰，关系紧密，最终诛杀韦后，迎奉睿宗，受封为平王。睿宗将立储君，嫡长子李成器认为平王有大功，极力将储君之位让与他，李隆基便成为了太子，不久后接受了睿宗的禅让。

唐（十五）

开元元年，高力士①为右监门将军②，知内侍府③事。初，太宗定制，内侍省不置三品官，黄衣④廪食，守门传命而已。至是除三品将军者渐多。宦官增至三千人，内侍之盛始此。

姚崇为紫微令⑤。

二年，以太常⑥不应併典俗乐，置左右教坊，谓之皇帝梨园弟子。

焚珠玉锦绣于殿前。

作兴庆宫，置楼，西曰花萼相辉，南曰勤政务本。宋王成器等宅环其侧。

三年，卢怀慎⑦为黄门监⑧。怀慎清谨俭素，妻子不免饥寒，所居不蔽风雨。姚崇尝谒告十余日，政事委积，怀慎不能决。崇出，须臾裁决尽。顾谓齐澣曰："我为相何如？"澣曰："可谓救时之相。"怀慎知才不及，每事推崇，时谓之伴食宰相。

---

① 高力士（684—762），本名冯元一，唐代著名宦官。曾助唐玄宗平定韦皇后和太平公主之乱，故深得玄宗宠信，累官至骠骑大将军、进开府仪同三司。安史之乱护主入蜀，平定后护驾还京。宝应元年闻太上皇驾崩，吐血而死。追赠扬州大都督，陪葬泰陵。
② 右监门将军，官名，隋唐时期十六卫之一右监门府（卫）主官，掌管宫殿门禁以及守卫之事。
③ 内侍府，唐代掌管宫廷膳食、打扫、守门等事的机构。
④ 黄衣，黄衣是低贱宦官所穿之衣，后代指宦官。
⑤ 紫微令，唐代中书令的别称，中书省最高长官。
⑥ 太常，唐代掌管宫廷宗庙礼乐之官。
⑦ 卢怀慎（？—716），滑州灵昌（今河南滑县）人，出身于范阳卢氏，为官清廉。唐玄宗继位后，任命卢怀慎为宰相，初授同中书门下三品，后升黄门监，并兼任吏部尚书。他自认才能不如姚崇，遇事推让，被讥为"伴食宰相"。
⑧ 黄门监，唐玄宗改门下省为黄门省，门下省长官门下侍中改称黄门监。

唐（十五）

开元元年，高力士任右监门将军，管理内侍府的事务。当初，唐太宗定立制度，内侍省不设置三品官，官员都穿黄衣，吃官方供给的食物，负责守门和传达命令而已。到这时，受封三品将军的人越来越多。宦官增加到了三千人，内侍的兴盛就此开始。

姚崇担任紫微令。

开元二年，玄宗认为太常不应兼管通俗乐舞，便设置了左右教坊，教坊中人被称为皇帝的梨园弟子。

玄宗为了号召天下节俭，在大殿前焚烧珠玉锦绣。

兴建兴庆宫，建了两座楼，西边的叫花萼相辉楼，南边的叫勤政务本楼。宋王李成器等人的宅院环绕在周围。

开元三年，卢怀慎担任黄门监。卢怀慎为人清正，恭谨节俭，妻子和孩子生活饥馑贫寒，所住的房子也无法遮蔽风雨。姚崇曾经请假十多天，政事堆积，卢怀慎无法裁决处理。姚崇复出回来后，不久便把事务处理完了。姚崇对着齐澣说："我当宰相怎么样？"齐澣说："可以称得上是匡救时弊的宰相。"卢怀慎自知才能不如姚崇，每当有事就交予姚崇，当时称卢怀慎为陪吃饭的宰相。

四年,姚崇罢,宋璟为黄门监。璟为相务择人,百官各得其职。好犯颜正谏,上甚敬惮之。璟与姚崇相继为政,崇善应变,璟善守文,志操不同。然协心辅佐,使赋役宽平,刑法清省,百姓富庶。唐世贤相,前称房杜,后称姚宋,他莫得比。二人每进见,上辄为之起,去则临轩送之。

八年,宋璟罢。

九年,宇文融①言天下户口逃移,巧为②甚聚,请加检括。同平章事③源乾曜④赞成之。以融为劝农使,奏置劝农判官十人,分行天下,竞为刻急,州县承风劳扰,百姓苦之。

同三品张说建议召募壮士,旬日⑤得精兵十三万,分隶诸卫⑥,更番上下。兵农之分始此。

十三年,更命长从宿卫⑦为彍骑。

---

① 宇文融,生卒年不详。京兆万年(今陕西西安)人。开元初任监察御史。时土地兼并严重,人口流失,税收受到影响。他建议检括逃亡户口和籍外占田,充使搜括户口,并自任劝农使。善于荐举人才,开元十七年(729),拜黄门侍郎,同中书门下平章事。
② 为,当为"伪",疑脱讹。
③ 同平章事,官名,即同中书门下平章事,唐太宗设立,属宰相职。
④ 源乾曜(?—731),相州临漳(今河北临漳)人。开元四年(716),拜黄门侍郎、同平章事,成为宰相,不久与姚崇一同免官,改任京兆尹,四年后复任宰相,不久升任侍中,后又因针对封禅泰山的问题,与时任宰相张说发生矛盾,被夺去实权。
⑤ 旬日,十天,泛指短时间。
⑥ 诸卫,官署名,指唐朝设置专管天下兵马的十六卫,禁军和厢军系统合一,包括左右卫、左右骁卫、左右武卫、左右威卫、左右金吾卫、左右领军卫、左右监门卫、左右千牛卫。
⑦ 长从宿卫,唐玄宗接受张说建议后设立的卫戍长安的军队。

开元四年，姚崇被罢免宰相之位，宋璟出任黄门监。宋璟当宰相，致力于选拔人才，百官都得到了恰当的安排。宋璟喜好冒犯皇帝，直言上谏，玄宗非常敬畏他。宋璟和姚崇相继执政，姚崇善于应变，宋璟善于守法，他们的志向与德操不同，但同心协力辅佐玄宗，使得赋税劳役宽松，刑法精简，百姓富有。唐朝的好宰相，前期要数房玄龄、杜如晦，后来要数姚崇、宋璟，其他人都无法与之相比。这两位每次进见皇帝，玄宗都为他们起身，他们离开时玄宗则亲自到车边送他们。

开元八年，宋璟被罢免。

开元九年，宇文融说天下的户口逃亡迁移，作假的太多，请朝廷加以清查。同平章事源乾曜也赞成。玄宗任命宇文融为劝农使，设置劝农判官十人，分派到各地，互相竞赛谁更刻薄严厉，州县官员迎合这种做法，骚扰百姓，使百姓苦不堪言。

同三品官张说建议招募壮士，短时间内征得精兵三十万，分属各个卫军，轮流调派到中央值勤。兵农分离就此开始。

开元十三年，把长从宿卫改称彍骑。

二十一年，韩休①同平章事。休为人峭直，上或宴游，小过，辄谓左右曰："韩休知否？"言终，谏疏已至。左右曰："休为相，陛下殊瘦于旧。"上叹曰："吾虽瘠，天下肥矣。"休罢，张九龄②继之。

二十二年，九龄为中书令。李林甫③同三品。林甫柔佞多狡数，深结宦官及妃嫔家。伺上动静无不知之。由是每奏对常称旨。

---

① 韩休（672—739），字良士，京兆长安（今陕西西安）人，唐朝宰相。生性刚直，数次犯言直谏，谥号文忠。
② 张九龄（678—740），字子寿，一名博物，谥文献。韶州曲江（今广东韶关）人，世称"张曲江"或"文献公"。唐朝开元年间名相，诗人。自张九龄去世后，唐玄宗对宰相推荐之士，总要问"风度得如九龄否？"
③ 李林甫（？—752），小字哥奴，祖籍陇西，唐朝宗室。开元二十四年（736），李林甫接替张九龄，升任中书令（右相）。他大权独揽，蔽塞言路，排斥贤才，导致纲纪紊乱，唐朝由盛转衰。

开元二十一年，韩休任同平章事。韩休为人正直，玄宗有时设宴游乐，稍微有些过错，就问左右近臣说："韩休知道吗？"话刚说完，韩休的谏言奏疏就送到了。近臣说："韩休当宰相后，陛下比从前瘦了好多。"玄宗说："我虽然瘦了，但天下富足了。"韩休被罢相后，张九龄继任。

开元二十二年，张九龄任中书令，李林甫任同三品官。李林甫阴柔奸佞，多狡诈权术，与宦官、嫔妃交往密切，让他们侍候皇帝，暗中留心皇帝言谈举止，皇帝的举动李林甫全都知晓。因此每次奏报都能合皇帝心意。

二十四年，幽州①节度使②张守珪③执败军将安禄山④送京师。张九龄批曰："守珪军令若行，禄山不宜免死。"上惜其才勇，赦之。九龄力争曰："禄山有反相，不诛必为后患。"上曰："卿勿以王夷甫识石勒⑤枉害忠良。"竟不诛。禄山本营州⑥杂胡⑦也，初名阿荦山，母再适安氏，故冒其姓。部落破散，逃来，狡黠为守珪所爱。又有史窣干者与禄山同里閈⑧，亦骁勇，守珪遣入奏事，上赐名思明⑨。

千秋节，群臣皆献宝镜，九龄述前世兴废，为《千秋金鉴录》五卷上之。

九龄罢，李林甫兼中书令，上在位久，渐肆奢欲，林甫遂得专政。

---

① 幽州，唐方镇名，治所在幽州（今北京西北）。辖境大致在今河北北部、辽宁西部一带。
② 节度使，官名，唐初沿北周及隋朝旧制，重要地区置总管统兵，因受职之时，朝廷赐以旌节，故称。后成为地方最高军政长官，是唐末军阀割据的重要起因。
③ 张守珪（684—740），字元宝，陕州河北（今山西平陆）人，唐朝名将。长期戍边，戎马倥偬。晚年因牛仙童一案被贬，死于馆舍，赠凉州都督。
④ 安禄山（703—757），营州（今辽宁朝阳）人，本姓康，名轧荦山，一作阿荦山。
⑤ 王夷甫识石勒，王夷甫即王衍。《晋书》记载，王衍在洛阳时，曾遇到当时只有十四岁的石勒。王衍断言此人将是天下的祸患。后来石勒果然称帝建立后赵，乃至五胡乱华。
⑥ 营州，治所在龙城（今辽宁朝阳），辖境大致在今辽宁西南部大小凌河、六股河、女儿河流域一带。
⑦ 杂胡，唐代对粟特人的称呼。
⑧ 里閈（hàn），乡里。
⑨ 史思明（703—761），初名窣干，突厥人。从安禄山讨契丹，表任平卢兵马使。安禄山反，他略定河北，被安禄山任为范阳节度使。及安庆绪杀禄山自立为帝，他为唐师所败，退保邺城，降唐，封归义王。肃宗恐其再反，计谋杀之，于是起兵再叛。乾元二年（759）拔魏州，称大圣燕王，年号应天。进兵解邺城之围，杀庆绪，还范阳，称帝，更国号大燕，建元顺天。上元二年（761）春，史思明被史朝义与部将谋杀。

开元二十四年，幽州节度使张守珪把败军之将安禄山绑送京师。张九龄批示说："如果施行张守珪的军令，安禄山就不应该免于一死。"玄宗爱惜安禄山的才能与勇武，赦免了他。张九龄力争说："安禄山有造反之相，不杀一定会有后患。"玄宗说："你不要自以为是王夷甫，能看破石勒，白白害死了忠臣。"最终没有诛杀安禄山。安禄山本是营州的杂胡，最初名叫阿荦山，母亲再嫁到安家，所以用了安姓。他所在的部落破落瓦解后，安禄山逃到张守珪的地界，因为性格狡诈圆滑，深受张守珪喜爱。又有个叫史窣干的和安禄山同乡，也十分骁勇。张守珪派他去朝廷奏报，玄宗赐他名为思明。

千秋节的时候，群臣都献上宝镜，张九龄述说前朝兴亡，写了五卷的《千秋金鉴录》献给玄宗。

张九龄被罢免，李林甫兼任中书令。玄宗在位很多年了，日渐奢侈纵欲，李林甫便得以专权。

唐（十六）

二十六年，立忠王为太子。

二十九年，以安禄山为营州都督。禄山倾巧善事人，上左右至平卢①皆厚赂，归誉之。上益以为贤。

天宝元年，以禄山为平卢节度使。

二年，禄山入朝。

三年，改年曰载。以禄山兼范阳②节度使。

四载以杨太真③为贵妃。故蜀州司户玄琰女也，为上子寿王妃十年矣，上见其美，令自以其意，乞为女官。且为寿王别娶而后纳之，遂专宠。

六载，以禄山兼御史大夫。禄山请为杨贵妃儿。

九载，赐禄山爵东平郡王兼河北道採访处置使。禄山入朝，杨钊④兄弟姐妹皆徃戏水⑤迎之。钊，贵妃之从祖兄也，得出入禁中。先是判度支⑥，屡奏帑藏充牣⑦。上帅群臣观之，由是视金帛如粪土，赏赐无限。赐钊名国忠。

---

① 平卢，唐方镇名，治所在营州（今辽宁朝阳），辖境在今河北滦河下游，辽宁大凌河以西地区。
② 范阳，唐方镇名，即幽州节度使。治所在幽州（今北京西北），辖境大致在今河北怀来、永清、北京房山以东及长城以南。
③ 杨太真，即杨玉环（719—756），号太真，出生地有争议。先为唐玄宗之子寿王李瑁王妃，受令出家后，又被唐玄宗册封为贵妃。醉酒观花，有"羞花"之貌。在马嵬坡死于乱军之中。被列为中国古代四大美女之一。
④ 杨钊，即杨国忠（？—756），蒲州永乐（今山西永济）人，唐朝权臣。专权误国，排挤忠良，安史之乱爆发后，在马嵬坡之变中被六军诛杀。
⑤ 戏水，今山西临潼县东。
⑥ 度支，官名，即度支使，曹魏始设。文帝开皇三年改称民部，为六部尚书之一。唐初避太宗李世民讳，改民部为户部，下有度支郎中，掌管国家财政。
⑦ 牣（rèn），满。

唐（十六）

开元二十六年，册立忠王为太子。

开元二十九年，任命安禄山为营州都督。安禄山精于谄媚，善于讨好人。玄宗身边的近侍官员到平卢后，安禄山都给他们丰厚的贿赂，这些人回来后都替安禄山说好话。玄宗更加认为安禄山很贤能。

天宝元年，任安禄山为平卢节度使。

天宝二年，安禄山到朝廷拜见皇帝。

天宝三年，把"年"改为"载"，任命安禄山兼任范阳节度使。

天宝四载，封杨太真为贵妃。杨贵妃本是蜀州司户杨玄琰的女儿，当玄宗的儿子寿王的王妃已经十年了，玄宗看她很美，命令她宣称自愿乞求出家当女道士。并且为寿王另娶王妃，之后将杨太真纳入后宫，于是专宠杨贵妃。

天宝六载，任命安禄山兼任御史大夫。安禄山请求当杨贵妃的干儿子。

天宝九载，赐封安禄山为东平郡王兼任河北道采访处置使。安禄山入朝，杨钊兄弟姐妹都去戏水迎接他。杨钊是杨贵妃的从祖兄，因此得以出入内廷后宫。杨钊先当度支使，屡次上奏说国库充实，储存满盈。玄宗带领群臣去看，从此看待金钱绸缎如同粪土，赏赐他人没有限度。玄宗赐杨钊名为国忠。

十载，为安禄山起第，穷极华丽。上曰："遣诸杨与之游。"禄山体肥大，上尝指其腹曰："此胡腹中何所有？"对曰："有赤心耳。"禄山入禁中，先拜贵妃。上问其故，曰："胡人先母而后父。"禄山生日，赐予甚厚。后三日召入，贵妃以锦绣为大襁褓，使宫人以彩舆舁之。上闻，欢笑问故。左右以贵妃洗禄儿对。上赐妃浴儿金银钱，尽欢而罢。自是出入宫掖，通宵不出，颇有丑声闻于外。上亦不疑。又以禄山兼河东①节度使。李林甫与禄山语，每揣知其情，先言之。禄山惊服，每见，盛冬必汗，谓林甫为十郎。既归范阳，其下自长安归，必问十郎何言，得美言则喜；或但云"语安大夫须好点检"，即曰："噫嘻，我死矣。"

十一载，李林甫卒。林甫媚事上左右，迎合上意以固宠。杜绝言路，掩蔽聪明。尝语诸御史曰："不见立仗马乎？一鸣辄斥去。"妒贤嫉能，排抑异己，性阴险，人以为口有蜜，腹有剑。每夜独坐偃月堂，有所深思，明日必有诛杀。屡起大狱，自太子以下皆畏之。在相位十九年，养成天下之乱而上不悟。然禄山畏林甫术数故，终其世未敢反。

---

① 河东，唐方镇名，治所在太原府（今山西太原），辖境大致在今山西西南部。

天宝十载，玄宗给安禄山建宅第，极其奢华。玄宗说："派杨氏家族的人和安禄山一同游玩。"安禄山体型肥大，玄宗曾指着他的肚子说："这个胡人的肚子里有什么？"安禄山回答说："只有一颗赤诚忠心。"安禄山进入内宫，先拜杨贵妃。玄宗问他原因，安禄山说："胡人先敬母亲再敬父亲。"安禄山生日，玄宗的赏赐十分丰厚。三天后召安禄山入宫，杨贵妃用锦绣做了一个大襁褓，让宫女用彩轿将安禄山抬起来。玄宗听说了，笑着问原因，近侍回答说贵妃在给禄儿洗澡。玄宗赐给贵妃金银作为洗澡钱，尽情欢乐后才作罢。从此安禄山出入皇宫整夜都不出来，在外流传有许多丑闻。玄宗也不怀疑他。玄宗又让安禄山兼任河东节度使。李林甫和安禄山谈话，每次都是揣度好安禄山的心思，在安禄山开口之前说出来。安禄山惊叹折服。每次和李林甫相见，即使是在隆冬，安禄山都会紧张得冒大汗，称李林甫为十郎。安禄山回到范阳后，如果他的部下从长安回来，一定要问十郎说了什么。听到夸奖，安禄山就十分高兴；有时部下传话说"告诉安大夫行为必须检点一些"，安禄山就说："唉，我要死了。"

天宝十一载，李林甫去世。李林甫向玄宗的近侍谄媚，迎合玄宗的心思来巩固恩宠。他阻塞官员直言上谏，掩盖玄宗的耳目。他曾经对御史们说："你们没见过仪仗队的马吗？只要敢叫一声，就会被赶走。"李林甫嫉贤妒能，排斥打压异己，性格阴险，人们认为他是嘴上抹蜜，肚子里藏着利剑。李林甫每当晚上独自坐在偃月堂，有所深思，那么明天就一定要杀人。他屡次兴起大狱，从太子以下，人人都害怕他。李林甫当宰相十九年，酝酿出天下大乱，玄宗却不明白。然而安禄山害怕李林甫的权术，在李林甫生前始终不敢造反。

是岁，国忠为相。言禄山必反，且曰："试召，必不来。"

十三载，禄山闻召即至，上由是不信国忠之言。加禄山左仆射而归。

十四载，禄山请以番将代汉将，上犹不疑。表请献马三千匹，每匹二人执鞚，二十二将部送河南。上始疑之。遣使止其献，禄山踞床不拜，曰："马不献亦可，十月当诣京师。"使还，亦无表。是冬，禄山遂反，发所部兵及奚①、契丹②凡十五万发范阳，引而南。步骑精锐烟尘千里。时承平久，百姓不识兵革，州县皆望风瓦解，进陷东京。

平原③太守颜真卿④起兵讨贼。上始闻河北从贼，叹曰："二十四郡曾无一人义士邪？"及真卿奏至，大喜曰："朕不识真卿何状，乃能如此。"

常山⑤太守颜杲卿⑥起兵讨贼，河北诸郡皆应之。

---

① 奚，古代北方民族名。本称库莫奚，后简称奚。
② 契丹，古代游牧民族，发源于东北。多次入侵唐朝边境，唐太宗设都督府安置。唐末，契丹首领耶律阿保机统一各部，后建立辽朝。
③ 平原，今山东平原县。
④ 颜真卿（709—784），字清臣，别号应方，京兆万年（今陕西西安）人，颜杲卿从弟，唐代名臣、书法家。安史之乱时，起义军对抗叛军。唐肃宗即位后，拜工部尚书兼御史大夫，为河北招讨使。至凤翔，授宪部尚书，后迁御史大夫。唐代宗时官至吏部尚书、太子太师，封鲁郡公，人称"颜鲁公"。兴元元年（784），遭宰相卢杞陷害，被遣往叛将李希烈部晓谕，凛然拒贼，终被缢杀。赠司徒，谥号文忠。与赵孟頫、柳公权、欧阳询并称为"楷书四大家"。
⑤ 常山，辖境大致在今河北石家庄一带。
⑥ 颜杲（gǎo）卿（692—756），字昕，京兆万年（今陕西西安）人。安史之乱坚守常山，城破被俘，不屈而死。赠太子太保，谥号忠节。

这一年，杨国忠成为宰相，说安禄山一定会谋反，并说："试着召他来朝廷，他一定不会过来。"

天宝十三载，安禄山听闻诏令，马上来到京师，玄宗于是不信杨国忠的话。玄宗加封安禄山左仆射后让他回去了。

天宝十四载，安禄山请求用胡人将领代替汉族将领，玄宗仍然不怀疑他。安禄山上表请求进献三百匹马，每匹马由两个人掌控，由二十二员部将送往黄河以南。玄宗这才开始怀疑安禄山。玄宗派使者去制止安禄山进献，安禄山坐在床上而不迎拜，说："不进献马匹也可以，我十月份会到京师去。"使者回去后，安禄山也没有上奏表文。这年冬天，安禄山造反，发动部下兵马以及奚、契丹部族兵马共十五万从范阳出发，向南行进。步兵、骑兵的精锐卷起了千里的烟尘。当时天下太平多年，百姓没见过战争，各个州县望风陷落，叛军一路进击，攻陷了东都洛阳。

平原太守颜真卿起兵讨伐叛军。玄宗刚听说河北地区都臣服于叛军了，叹气道："难道二十四郡里一个忠义之士都没有吗？"等到颜真卿的奏报到了，玄宗大喜说："我不知道颜真卿是怎样的人，而他的所作所为竟能如此！"

常山太守颜杲卿起兵讨贼，河北诸郡都响应他。

十五载，安禄山僭号称大燕皇帝。贼将史思明陷常山，执颜杲卿送洛阳。禄山数其反己①，杲卿曰："我为国讨贼，恨不斩汝，何谓反也？臊羯狗何不速杀我！"禄山大怒，缚而呙②之。比死骂不绝口。

真源③令张巡④帅吏民哭于玄元皇帝⑤庙，起兵于雍丘讨贼。

---

① 反己，安禄山曾将颜杲卿从范阳户曹的任上奏请为判官，故而安禄山自认为对颜杲卿有恩，认为颜杲卿是背叛自己。
② 呙，同"剐"，刀割数次处死。
③ 真源，辖境大致在今河南鹿邑县，传说是老子的诞生地。
④ 张巡（708—757），蒲州河东（今山西永济）人，唐代名臣。安庆绪派军十三万南侵江淮屏障睢阳。张巡与许远等数千人，在内无粮草、外无援兵的情况下死守睢阳，前后交战四百余次，使叛军损失惨重，有效阻遏了叛军南犯之势，遮蔽江淮地区，保障东南。终因粮草耗尽、士卒死伤殆尽而被俘遇害。后获赠扬州大都督、邓国公，世称"张睢阳"，民间传说为张飞转世，"在唐留姓，在宋留名"。
⑤ 玄元皇帝，即老子。唐朝奉老子为始祖，唐高宗李治于乾封元年（666）追号为"太上玄元皇帝"。

天宝十五载，安禄山僭越自称大燕皇帝。叛军将领史思明攻陷常山，抓住颜杲卿送往洛阳。安禄山历数他背叛自己，颜杲卿说："我为国家讨伐逆贼，恨不能斩杀你，什么叫背叛？你这腥臭的胡人狗，还不快杀了我！"安禄山大怒，把他绑起来活剐了。颜杲卿到死仍骂不绝口。

真源县令张巡率领官员百姓痛哭着在玄元皇帝庙祭祀，在雍州起兵讨伐叛军。

朔方①节度使郭子仪②、河北节度使李光弼③与贼将史思明战，大破之，首复河北数郡。副元帅哥舒翰④与贼战，大败。麾下执翰降贼，贼遂入关。上出奔，次于马嵬⑤，将士饥疲皆愤怒，杀杨国忠等，及逼上缢杀贵妃。然后发父老遮道请留。上命太子慰抚之。父老拥太子，马不复得行。使皇孙俶白上。上曰："天也。"使喻太子曰："汝勉之，西北诸胡吾抚之素厚，汝必得其力。"且宣旨欲传位太子。至平凉⑥、朔方，留后杜鸿渐迎入灵武，请遵马嵬之命。牋五上，乃许。尊上为上皇天帝。上在位四十五年，改元者三，曰先天、开元、天宝。太子立，是为肃宗皇帝。

---

① 朔方，郡名，先秦始置。唐代为北部重要方镇，辖境大致在今黄河河套的西北部，治所在灵州（今宁夏灵武）。
② 郭子仪（697—781），华州郑县（今陕西华县）人，唐代政治家、军事家。安史之乱爆发后，郭子仪任朔方节度使，率军勤王，收复河北、河东，拜兵部尚书、同中书门下平章事。广德元年（763），仆固怀恩勾结吐蕃、回纥入侵，长安失陷。郭子仪被再度启用，任关内副元帅，再次收复长安。公元765年，吐蕃、回纥再度联兵内侵，郭子仪在泾阳单骑说退回纥，并击溃吐蕃，稳住关中。大历十四年（779），郭子仪被尊为"尚父"，进位太尉、中书令。建中二年（781），郭子仪去世，追赠太师，谥号忠武。
③ 李光弼（708—764），营州柳城（今辽宁朝阳）人，契丹族，唐代名将。天宝十五载（756）初，经郭子仪推荐为河东节度副使，参与平定安史之乱。晚年为宦官所谮，病死徐州，年五十七岁。追赠司空、太保，谥号武穆。
④ 哥舒翰（？—757），突厥人，唐朝名将。安史之乱时，哥舒翰被起用为尚书左仆射、同中书门下平章事，赴潼关拒敌。次年，被逼出师，于灵宝之战中遭遇大败。哥舒翰被安禄山俘虏。至德二年（757），唐军克复两京，安庆绪逃往邺城，临行前，将哥舒翰杀害。谥号武愍。
⑤ 马嵬，今陕西兴平西。
⑥ 平凉，治所在平高县（今宁夏固原县）。辖境在今宁夏同心县以南及平凉市。

朔方节度使郭子仪、河北节度使李光弼与贼将史思明对战,大破史思明,首先收复河北的几个郡。副元帅哥舒翰与叛军作战,结果大败。部下抓了哥舒翰投降叛军,叛军于是进入潼关。玄宗出城逃跑,到达马嵬坡,将士们又饥饿又疲劳,都很愤怒,杀了杨国忠等人。众人逼玄宗下令缢死杨贵妃后,发动父老百姓在沿途请求玄宗留下。玄宗命令太子抚慰老百姓,百姓拥着太子,马匹无法前行。太子派皇孙李俶报告玄宗。玄宗说:"真是天命啊。"并派人告诉太子说:"你努力吧,西北各个胡人部落,我向来待他们很好,你一定会得到他们的帮助。"并且宣旨想要传位给太子。太子到了平凉、朔方,朔方留后杜鸿渐迎接他到灵武,并请求太子遵循皇上在马嵬坡下的命令。杜鸿渐上了五次书,太子才答应。尊玄宗为太上皇。玄宗在位四十五年,用了三个年号,叫先天、开元、天宝。太子登基,就是肃宗皇帝。

唐（十七）

　　肃宗皇帝初名玙，改名亨。自忠王为太子二十年而遇禄山之乱，至是即位。京兆李泌①自幼以才敏闻。上在东宫，尝与泌为布衣交。遣使召之，谒见于灵武。事无大小与之谋。上皇至成都遣册宝②。

　　如灵武，遣使征兵于回纥，招讨节度使房琯③与贼战于陈涛斜④。琯用战车大败。

　　至德二载，安庆绪⑤杀禄山。禄山自起兵以来，目昏，至是不复见物。又病疽躁暴，欲以嬖妾子代庆绪为嗣。庆绪使人弑之而自立。禄山僭号仅一年余。

---

① 李泌（bì，722—789），字长源，京兆（今陕西西安）人，唐代名相。历仕玄宗、肃宗、代宗、德宗四朝。天宝中，自嵩山上书论施政方略，深得唐玄宗赏识，令其待诏翰林，为东宫属官。为杨国忠所忌，归隐名山。安禄山叛乱，唐肃宗即位灵武，召其参谋军事，又为幸臣李辅国等诬陷，复隐衡岳。唐代宗即位，召为翰林学士，又屡为权相元载、常衮排斥，出为外官。德宗时，官至中书侍郎、同平章事，封邺县侯，世称李邺侯。
② 册宝，玉册、传国玉玺。
③ 房琯（guǎn，697—763），字次律，河南（今河南偃师）人，唐朝宰相。唐肃宗灵武即位，房琯前去投奔，深受肃宗器重，委以平叛重任。但他不通兵事，又用人失误，招致大败，后被贬官。
④ 陈涛斜，地名，亦名陈陶斜、咸阳斜。在今陕西咸阳东。
⑤ 安庆绪（？—759），安禄山次子，初名仁执，唐玄宗赐名庆绪。至德二年（757）正月五日，杀安禄山，自立为帝，年号载初。后被迫退出洛阳，逃亡邺城。公元759年，为部将史思明所杀。

唐（十七）

　　肃宗皇帝原名叫李玙，改名叫李亨。从忠王升为太子二十年，却遇上安禄山叛乱，由此而即位。京兆的李泌自幼以聪明有才而闻名。肃宗在东宫时，就与还是平民的李泌交往密切。肃宗派使者召李泌，李泌便到灵武拜见肃宗。不论事情大小，肃宗都和李泌商量。太上皇到成都后派人把玉册和玉玺交给太子。

　　肃宗到了灵武，派使者到回纥征兵，招讨节度使房琯与叛军在陈涛斜大战，房琯用车战法对敌，被打得大败。

　　至德二载，安庆绪杀安禄山。安禄山自从起兵以来，眼睛昏花，直至再看不见东西。安禄山又得了病，情绪暴躁，想要用小妾生的儿子代替安庆绪做继承人。安庆绪派人杀了安禄山而自己称帝。安禄山僭越称帝才一年多。

上至凤翔，回纥遣子叶护将精兵四千人至。天下兵马都元帅广平王俶，副元帅郭子仪将朔方等军及回纥西域之众发凤翔①至长安击贼。贼大溃。大军入西京，俶留镇抚三日。引军东出至洛阳，与回纥夹击，贼大败，遂复东京。安庆绪走保邺。

贼将尹子奇陷睢阳②，张巡、许远③死之。巡先守雍丘，移军宁陵，屡破贼，既而入睢阳，与远共守，屡却贼。食尽，或欲弃城。巡、远谋曰："睢阳江淮之保障，若弃之，贼必长驱，是无江淮也。不如坚守以待救。"食茶纸尽，遂食马。马尽，罗雀掘鼠，雀鼠又尽。巡杀爱妾以食士。四万人仅余四百，终无判④者。贼登城，将士困病不能战。巡西向再拜，曰："臣力竭矣。生既无以报陛下，死当为厉鬼以杀贼。"城遂陷，巡、远被执。南霁云⑤、雷万春⑥等三十六人皆被杀。

上皇发蜀郡还西京。

乾元元年，命郭子仪等九节度使讨安庆绪。

---

① 凤翔，唐藩镇名，治所在凤翔府（今陕西凤翔），辖境在今甘肃秦安县以东，陕西凤翔、陇县以及商县、安康等县市。
② 睢阳，今河南商丘。
③ 许远（709—757），字令威，杭州新城（今浙江杭州）人，一说杭州盐官（今浙江海宁）人。唐代名臣，历仕侍御史、睢阳太守，安禄山反，与张巡协力守城，外援不至，城陷被俘，不屈死。
④ 判，通"叛"，背叛。
⑤ 南霁云（712—757），魏州顿丘（今河南清丰）人，唐朝名将。协助张巡镇守睢阳，屡建奇功。后睢阳陷落，南霁云宁死不降，慨然就义。
⑥ 雷万春（701—757），本名雷震，官名万春，字鸣空，又字一元，涿州（今河北涿州）人，唐朝名将。

肃宗到了凤翔，回纥首领派儿子叶护率领精兵四千人到来。天下兵马都元帅广平王李俶、副元帅郭子仪率领朔方等地的军队，以及回纥等西域的军队从凤翔出发前往长安进攻叛军。叛军溃败。大军进入西京，李俶留守坐镇安抚了三天，又率军向东到洛阳，和回纥夹击敌人，叛军大败，于是收复了东京。安庆绪逃亡，退守邺城。

　　叛军将领尹子奇攻陷睢阳，张巡、许远牺牲。张巡先前守卫雍丘，又带军队转移到宁陵，屡次击败叛军，后来进入睢阳，与许远共同守卫睢阳，屡次击退叛军。粮食吃光了，有人想要放弃城池。张巡、许远谋划说："睢阳是江淮地区的屏障，如果放弃睢阳，叛军一定会长驱直入，这样江淮就会全面沦陷，不如坚守睢阳以等待救援。"人们吃茶纸充饥，不久吃完了，就吃马匹。马匹吃完了，就捕麻雀挖老鼠来吃，不久又吃完了。张巡把爱妾杀了给将士们吃。守城的四万人最后只剩四百人，到最后都没有背叛的人。叛军登上城楼，将士们或疲惫不堪或疾病缠身，都不能继续战斗了。张巡向西拜了两次，说："臣已经尽力了，活着没法报答陛下，死了也要变成厉鬼杀贼。"睢阳城就此陷落，张巡、许远被抓。南霁云、雷万春等三十六人都被杀了。

　　太上皇从蜀郡出发回到西京。

　　乾元元年，肃宗命令郭子仪等九位节度使讨伐安庆绪。

二年，史思明引兵救庆绪，九节度之兵溃于邺。思明杀庆绪，还范阳僭号。

李光弼代郭子仪为朔方节度使兵马元帅。光弼号令严整，始至，号令一施，士卒、壁垒、旗帜，精明皆变。与史思明战，屡败之。

上元元年，太仆卿李辅国①迁上皇于西内②。上皇爱兴庆宫，自蜀归即居之。多御楼，父老过者往往瞻拜呼万岁。上皇常于楼下赐以酒食，又尝召将军郭英乂等上楼赐宴。辅国言上皇居兴庆，日与外人交通，陈玄礼、高力士谋不利于上。数启上迁之，不许。乘上不豫，率众劫迁。上皇曰以不怿，因不茹荤，辟谷，浸以成疾。

二年，史朝义③杀史思明。思明爱少子而恶朝义，因其败军，欲斩之。朝义使人射杀思明而自立。

李光弼为太尉，统八道行营④镇临淮。

应宝元年，郭子仪知诸道节度行营，兼兴平、定国等军副元帅，复入朔方。

---

① 李辅国（704—762），唐肃宗时当权宦官。安史之乱期间，劝说太子李亨继承帝位。又因拥立代宗即位，被册封为司空兼中书令。大权在握，为所欲为，后被人刺杀身亡。
② 西内，指太极宫，唐代以大明宫为东内，以太极宫为西内，以兴庆宫为南内。
③ 史朝义（？—763），史思明长子。公元759年史思明称帝，他被封为怀王。公元761年他率兵杀史思明，同年即位，年号显圣。公元762年唐朝军队借回纥兵之助开始反攻，攻破史朝义首都洛阳，史势单力孤，自杀而死。
④ 八道行营，李光弼为河南副元帅、太尉，兼侍中，都统河南，淮南东、西，山南东，荆南，江南西，浙江东、西八道行营节度使，所以称"八道行营"。

乾元二年，史思明率兵救援安庆绪，九位节度使的军队在邺城溃败。史思明杀了安庆绪，回到范阳僭越称帝。

李光弼代替郭子仪为朔方节度使兵马元帅。李光弼号令严整，刚一到，号令一发，士兵、营垒、旌旗都没变换，但都变得精神振作，焕然一新。与史思明作战，屡次击败他。

上元元年，太仆卿李辅国把太上皇迁往西内。太上皇喜爱兴庆宫，从蜀地回来后就住在那里。太上皇多次登上高楼，父老百姓路过时常常瞻仰伏拜，高呼万岁。太上皇常常到楼下赐给百姓酒食，又曾召来将军郭英乂等到楼上赐予他们宴席。李辅国说太上皇住在兴庆宫，每天和外人沟通，陈玄礼、高力士阴谋加害皇上。李辅国数次请求肃宗把太上皇迁走，肃宗不同意。李辅国乘着肃宗生病，率众人把太上皇强行迁走。太上皇的心情越来越不好，又因为不吃荤肉，修炼辟谷方术，所以逐渐患了疾病。

上元二年，史朝义杀史思明。史思明喜爱小儿子而厌恶史朝义，因为史朝义战败，史思明想要斩了他。史朝义派人射杀史思明而自立为帝。

李光弼担任太尉，统领八道行营，坐镇临淮。

应宝元年，郭子仪管辖各道的节度使行营，兼任兴平、定国等军的副元帅，重新进入朔方。

上皇崩于西内，传位后七年也。寿七十八。上寝疾，闻上皇登遐①，转剧，遂崩。在位七年，改元者四，曰至德、乾元、上元、宝应。初张皇后与李辅国相表里，专权用事。晚更有隙，上疾笃，后召太子谓曰："辅国久典禁兵，阴谋作乱，不可不诛。"太子恐震惊上体，不可。辅国闻其谋，上崩，杀后，而后引太子立之。是为代宗皇帝。

唐（十八）

代宗皇帝初名俶，封广平王，为元帅，定两京，封楚王，改成王，已而为太子，改名豫。至是即位，诛李辅国，以雍王适为天下兵马元帅，率诸将及回纥援兵讨史朝义，大败之。贼将李怀仙②斩朝义以降。

---

① 登遐，即皇帝去世。
② 李怀仙（？—768），柳城（今辽宁朝阳南）人。唐朝中期军阀。曾随安禄山叛乱，降唐，割据自立，后被部下杀死。

太上皇在西内逝世，这是在传位给肃宗后的第七年，享年七十八岁。肃宗本来重病在床，听说太上皇逝世，病情加重，便去世了。肃宗在位七年，用了四个年号，叫作至德、乾元、上元、宝应。当初张皇后和李辅国相互利用，专权执政。后来，两人产生矛盾，肃宗病得很重，张皇后召来太子对他说："李辅国长久以来掌管禁兵，阴谋作乱，不可不杀。"太子害怕影响肃宗的身体，不同意。李辅国听说了张皇后的阴谋，肃宗死后，李辅国杀了皇后，之后找来太子，立为皇帝。这就是代宗皇帝。

唐（十八）

代宗皇帝原本名叫李俶，封为广平王，担任元帅，平定两京，封为楚王，后改封成王，不久封为太子，改名李豫。即位之后，诛杀李辅国，任命雍王为天下兵马元帅，率领部下的各位将领以及回纥的援兵讨伐并大败史朝义的军队。叛军将领李怀仙斩杀史朝义投降唐朝。

以贼将张志忠镇成德军，赐姓名李宝臣①，薛嵩②镇相③、卫④、邢⑤、洺⑥、贝⑦、磁⑧等州，田承嗣⑨镇魏⑩、博⑪、德⑫、沧⑬、瀛⑭等州，李怀仙镇卢龙⑮。朝廷厌苦兵革，苟冀无事，因而授之。诸镇自为党援，河朔敢抗朝命始此。

广德元年，吐蕃入寇。上出奔陕州，吐蕃入长安。关内副元帅郭子仪击之，吐蕃遁去。

二年，流宦者程元振⑯。元振初附李辅国，辅国死，元振专权，自恣尤甚，忌诸将有大功者，皆欲害之。

---

① 李宝臣（718—781），字为辅，原姓张，名忠志，范阳（今河北涿州）人，奚族，唐朝中期军阀。安史之乱平定后投降唐朝，被赐姓名，任命为成德节度使，势同割据。成为河朔三镇之一，被朝廷加封为司空、同中书门下平章事、陇西郡王。
② 薛嵩（712—773），绛州万泉（今山西河津）人，薛仁贵之孙。安史之乱时原投叛军，后归唐，被封为昭义节度使。唐代宗大历八年（773）病死。
③ 相，即相州，治所在今河南安阳。
④ 卫，即卫州，治所在今河南卫辉。
⑤ 邢，即邢州，治所在今河北邢台。
⑥ 洺，即洺州，治所在今河北永年县。
⑦ 贝，即贝州，治所在今河北清河县。
⑧ 磁，即磁州，治所在今河北磁县。
⑨ 田承嗣（705—779），字承嗣，平州卢龙（今河北卢龙）人，唐朝中期军阀。安史之乱失败后在莫州降唐，投靠仆固怀恩，被封为魏博节度使。大历十四年（779），田承嗣病死，并将节度使之位传于侄子田悦，开藩镇世袭之先例。
⑩ 魏，即魏州，治所在今河北大名。
⑪ 博，即博州，治所在今山东聊城。
⑫ 德，即德州，治所今山东德州。
⑬ 沧，即沧州，今河北沧州一带。
⑭ 瀛，即瀛洲，治所在今河北河间县。
⑮ 卢龙，唐方镇名，治所在今河北卢龙，统辖今河北地区。
⑯ 程元振（？—764），唐肃宗、代宗时代权宦。与李辅国拥立太子李豫，官至骠骑将军。宝应元年（762）程元振掌握了部分禁军，谋夺李辅国权，代宗遂罢免李辅国所有官职，以元振代判元帅府行军司马，不久遣人将李辅国刺死。后因策划政变被告发，流放途中为仇家所杀。

代宗任命叛军降将张志忠镇守成德军,赐姓名李宝臣。任命薛嵩镇守相、卫、邢、洺、贝、磁等州,田承嗣镇守魏、博、德、沧、瀛等州,李怀仙镇守卢龙。朝廷厌恶战争,只希望不要发生事端,因此将权力授予他们。各藩镇各自勾结在一起形成朋党,互相援助,河朔地区对抗朝廷就此开始。

广德元年,吐蕃入侵。代宗皇帝逃到陕州,吐蕃人进入长安。关内副元帅郭子仪进攻吐蕃军,吐蕃人逃走。

广德二年,流放了宦官程元振。程元振原来依附李辅国,李辅国死后,程元振专权,极其放肆,他忌惮那些立有大功的将领,想谋害他们。

吐蕃入，元振掩蔽不以时奏，至上狼狈，中外切齿，至是流溱州①。临淮王李光弼卒。上之幸陕，光弼不至。上抚之，加厚。素与子仪齐名，及在徐州②拥兵不朝，麾下诸大将不复尊畏，光弼愧恨成疾而死。

永泰元年，平卢将李怀玉③逐节度使侯希逸④而自知留后。诏因而授之，赐名正己。

叛将仆固怀恩⑤诱回纥、吐蕃入寇。召郭子仪屯泾阳，怀恩道死。二虏争长不睦，子仪遣人说回纥，欲共击吐蕃。先是怀恩欺回纥，谓子仪已死，使至，回纥不信，曰："郭公在，可得见乎？"使还报，子仪与数骑出，使人传呼曰："令公来。"回纥大惊，药葛罗⑥执弓矢立阵前，子仪免胄释甲而进，诸酋长相顾曰："是也。"皆下马罗拜。子仪亦下马执手与之语，取酒相与誓约而还。吐蕃闻之夜遁，诸军与回纥共追大破之。

三年，幽州将朱希彩⑦杀李怀仙。诏因以希彩领镇。

---

① 溱州，治所在今重庆万盛区。
② 徐州，今江苏徐州。
③ 李怀玉（733—781），又名正己，高句丽人，生于营州，唐朝地方割据军阀。扼守江淮，唐漕运为之改道。疽发背死。
④ 侯希逸（704—765），平卢（今辽宁朝阳市）人。唐朝大臣，原为安禄山部将，不愿从叛，归顺朝廷。被封为平卢、淄青二镇节度使，理兵务农，远近称颂。后荒于政事，军民苦之。永泰元年，出游与巫者夜宿城外，军士闭门不纳，侯希逸只好奔归长安，稍后病死。
⑤ 仆固怀恩（？—764），铁勒人，本随郭子仪平定安史叛军，后遭宦官陷害而叛唐。
⑥ 药葛罗，事迹不详，当时的回纥军队统帅。
⑦ 朱希彩（？—772），唐代割据军阀。卢龙军节度使李怀仙部将，后杀李怀仙，自为节度使。为政苛酷，人不堪命。大历七年秋，朱希彩为部下所杀。

吐蕃入侵，程元振掩藏报告不及时上奏，导致代宗狼狈出逃，朝廷内外都极其痛恨程元振，因此把他流放到溱州。临淮王李光弼去世。代宗逃到陕州，李光弼不来觐见皇帝。代宗皇帝为了安抚他，给他丰厚的赏赐。李光弼向来与郭子仪齐名，到了徐州后，手握重兵不进京朝见，麾下各位大将也不再尊重敬畏李光弼，李光弼惭愧懊恼成病而死。

永泰元年，平卢将领李怀玉驱逐了节度使侯希逸，然后自己担任留后。朝廷下诏，就此授予他这个职位，赐他名字为正己。

叛变的将领仆固怀恩诱导回纥与吐蕃入侵唐朝。朝廷派郭子仪屯兵驻守泾阳，仆固怀恩死在路上。两拨胡虏为争夺领导权发生冲突，郭子仪派人游说回纥，想要与他们共同进攻吐蕃。先前仆固怀恩欺骗回纥，说郭子仪已经死了。所以郭子仪的使者到了之后，回纥人不相信，说："郭公还活着的话，可以见到他吗？"使者回去后报告给郭子仪，郭子仪与几名骑兵出阵，派人传话说："令公来了。"回纥人非常惊讶，药葛罗手执弓箭站在阵前，郭子仪脱去盔甲上前，各个酋长互相看了看说："是郭子仪。"他们都下马拜见。郭子仪也下马握住他们的手和他们谈话，拿来酒和他们相约盟誓后才回去。吐蕃人听说后连夜逃跑，各路军队和回纥一同追击，大破吐蕃。

永泰三年，幽州将领朱希彩杀死李怀仙。朝廷就此下诏让朱希彩统领一方。

大历五年，诛宦者鱼朝恩①。朝恩在肃宗时尝为观军容使。军容之名始此。九节度相州之败，其时也。至广德初为天下观军容宣慰处置使，专总禁兵，势倾朝野。大历初，判国子监，升座讲"鼎覆𩱦"②，以讥宰相。王缙③怒，元载④怡然。朝恩曰："怒者常情，笑者不可测也。"朝政有不预者，辄怒曰："天下事有不由我者邪？"上闻之不怿，载乘间奏其专恣不轨，遂诛之。

七年，卢龙将杀朱希彩而以朱泚⑤领镇。诏因授之。

九年，朱泚以弟滔领镇而入朝。

十二年，有告元载图不轨者，案问，赐死。籍其家，胡椒至八百斛。他物称是。以杨绾⑥、常衮⑦同平章事。绾素清俭制下。郭子仪方宴，减坐中声乐五分之四；京兆尹黎干驺从甚盛，即日省之，止存十骑。绾相三月而卒，上痛悼之，曰："天乎不欲朕致太平，何夺朕杨绾之速也？"

---

① 鱼朝恩（722—770），泸州泸川（今四川泸县）人，唐代权宦。安史之乱发生后，随唐玄宗出逃，侍奉太子李亨，颇得信用，历任三宫检责使、左监门卫将军，主管内侍省，统率神策军。最后被宰相元载设计缢死。
② 鼎覆𩱦，《易经》里的《鼎卦》写道"鼎足折，覆公𩱦"，鱼朝恩这里指宰相不合格，如同鼎的脚断了一样，把东西给糟蹋了。𩱦，音"速"，指食物。
③ 王缙，字夏卿，本太原祁人，后客河中，唐代宰相、诗人，王维之弟。
④ 元载（？—777），字公辅，凤翔府岐山（今陕西岐山县）人，唐代宰相。大历年间，元载先后助代宗杀死李辅国、鱼朝恩两个掌权宦官，因而深受皇帝信任。但他志得意满，此后独揽朝政，排除异己，专权跋扈，又专营私产，大兴土木，逐渐引起代宗的厌恶。大历十二年（777），代宗命人将元载逮捕，不久与其家人被先后赐死。
⑤ 朱泚（cǐ，742—784），幽州昌平（今北京昌平南）人，唐朝中期将领、叛臣。原为幽州将领，先后效力于李怀仙、朱希彩，后被部下拥立为节度使。建中四年（783），泾原兵变，朱泚被哗变的士兵拥立为帝。后被朝廷派军击败，逃亡途中被杀。
⑥ 杨绾（718—777），字公权，华州华阴（今陕西华阴）人，唐代名相。安史之乱爆发之后，杨绾前往唐肃宗所在的灵武，随后历任起居舍人、职方郎中、中书舍人、礼部侍郎等职。代宗铲除元载一党之后，杨绾出任中书侍郎、同平章事。众人闻知其拜相，都相互祝贺。不久病逝，追赠司徒，谥号文简。
⑦ 常衮（729—783），字夷甫，京兆（今陕西西安）人，唐代宰相。大历十二年（777）拜相，杨绾病故后，独揽朝政。以文辞出众而又登科第为用人标准，堵塞买官之路。建中四年（783）死于任所，赠尚书左仆射。

大历五年，杀宦官鱼朝恩。鱼朝恩在肃宗时代曾经担任观军容使。军容的名称就此得来。九位节度使在相州战败就是这时候。到了广德初年，鱼朝恩担任天下观军容宣慰处置使，专门统领禁军，权倾朝野。大历初年，鱼朝恩担任判国子监，登台讲解《鼎卦》："鼎的脚折断，把鼎里的东西全都倾倒在地上。"用来讥讽宰相。王缙对此感到愤怒，但元载却很欣喜的样子。鱼朝恩说："感到愤怒是人之常情，会笑的人则是深不可测的。"朝政若是不合乎鱼朝恩的心意，他便大怒说："天下的事有不顺着我来的吗？"代宗皇帝听说后很不高兴，元载乘机奏报鱼朝恩专权放肆的不法行径，代宗便杀了鱼朝恩。

大历七年，卢龙将领杀死朱希彩而拥戴朱泚统领一方。朝廷便下诏任命朱泚做节度使。

大历九年，朱泚让弟弟朱滔统领地方，而自己进入朝廷觐见。

大历十二年，有人报告元载图谋不轨，代宗皇帝让人审问元载，最终将他赐死。抄没元载的家，找到了多达八百斛的胡椒。其他财物的数量也都和这个相当。代宗皇帝任命杨绾、常衮担任同平章事。杨绾向来以清廉节俭管束部下。郭子仪正在举办宴会，为了杨绾减去宴席中五分之四的音乐表演；京兆尹黎干的骑马随从非常多，因为杨绾，马上把随从进行精简，只剩十个骑马随从。杨绾当宰相三个月就去世了，代宗皇帝十分悲痛，哀悼杨绾，说："上天不想让我创造太平天下啊，为什么这么快就夺走我的杨绾啊。"

十四年，田承嗣卒，侄悦①代之。淮西将李希烈②逐节度使，诏因以镇授希烈。

上在位十八年，改元者三，曰广德、永泰、大历。崩，太子立，是为德宗皇帝。

唐（十九）

德宗皇帝名适，自雍王为太子，至是即位。常衮以欺罔贬，崔祐甫③同平章事。祐甫欲收时望，未二百日除官八百人。上曰："人谤卿所用多涉亲故，何也？"对曰："臣为陛下择人，不敢不慎，非亲非故何以谙其才行而用之。"淄青李正己畏上威名，表献钱三十万缗。崔祐甫请遣使慰劳淄青将士，因以赐之。正己惭服，天下以为太平庶几可望。上方励精求治，不次用人。祐甫荐杨炎④，自司马除为同平章事。既而祐甫病，不视事。

建中元年，始作两税法。唐初赋敛之法，有田则有租，有身则有庸，有户则有调。玄宗之末，版籍浸坏。至德兵起，所在赋敛迫趣，取办无复常准。下户不胜困弊，率皆逃徙。至是杨炎建议，先计州县每岁所用及上供之数，而赋于人，量出以制入。户无主客，以见居为簿，人无丁中，以贫富为差。为行商者，在所州县税三十之一。居人之税，秋夏两征之，其租庸调杂徭悉省。

---

① 悦，即田悦（751—784），平州卢龙（今河北卢龙）人，魏博节度使田承嗣之侄，割据自立。唐德宗派兵镇压，引起战祸连年不息。田悦最终削除王号，归顺朝廷。兴元元年（784），朝廷封田悦为检校尚书右仆射、济阳郡王，堂弟田绪趁机发动兵变，将田悦杀害。
② 李希烈（？—786），燕州辽西（今辽宁义县）人，唐代割据军阀。原为淮西节度使，奉诏讨伐各地叛军，后与地方节度使勾结，叛唐自立。贞元二年（786）被部将毒死。
③ 崔祐甫（721—780），字贻孙，京兆长安（今陕西西安）人，唐朝宰相，素与常衮不和。
④ 杨炎（727—781），字公南，凤翔府天兴县（今陕西凤翔县）人，唐朝宰相。

大历十四年，田承嗣死了，他的侄子田悦顶替了他的职位。淮西将领李希烈驱逐了节度使，朝廷就下诏让李希烈做节度使。

代宗在位十八年，用了三个年号，叫作广德、永泰、大历。代宗逝世，太子即位，就是德宗皇帝。

唐（十九）

德宗皇帝名叫李适，从雍王当上太子，就此即位。常衮因为欺骗君主被贬官，崔祐甫担任同平章事。崔祐甫想要收买人心，不到二百天便任命官员八百人。德宗皇帝说："人们都批评你用人的时候大多提拔亲戚朋友，这是为什么？"崔祐甫回答说："臣为陛下选择人才，不敢不慎重，不是亲友的话怎么会了解他的才能品行而任用他？"淄青节度使李正己畏惧皇帝的威名，上表进献三十万缗的钱。崔祐甫请求派使者慰劳淄青的将士，就此赏赐他们。李正己惭愧拜服，天下人以为太平之世就要到来了。德宗正励精求治，用人不拘一格，崔祐甫推荐了杨炎，德宗把杨炎从司马直接升任为同平章事。不久崔祐甫得病，不再处理朝廷事务。

建中元年，开始推行两税法。唐朝初年的税收制度，有田地就得向国家交纳田赋，有成年人就得服劳役，有户籍就要上交捐税。唐玄宗末年，户籍册损坏。至德年间战争爆发，各地紧急征收赋税，完全不依照常规标准。贫民越发穷苦，不堪忍受，大都逃亡迁徙。由此杨炎建议先计算州县每年的支出和上供的数目，再向人民征税，根据支出来确定征收。不论当地人还是外来人，在此定居就编入户籍；不论青年还是壮年，只依据贫富划分等级。做生意的人，承担所在州县三十分之一的赋税。农业人口的赋税，分秋夏两季征收，他们的田赋、捐税和各种杂项徭役都减免了。

崔祐甫卒。杀忠州刺史刘晏①。晏善治财计,自肃宗代宗以来,领户部度支、铸钱、盐②铁、转运等事。以同平章事充使,通漕运,斡盐利,制百货之低昂,军国之用赖以充足。然久典利权,众颇疾之。又与杨炎不相悦,竟贬忠州。人希炎旨告晏怨望,上遣人缢之。

二年,成德李宝臣卒,子惟岳自领军务。后王武俊③斩而代之。杨炎、卢杞④同平章事。炎未几罢。杞蓝面鬼色,有口辩,上悦之。尚父太尉中书令汾阳忠武王郭子仪卒。子仪以身为天下安危者三十年,功盖天下而主不疑,位极人臣而众不疾。尝遣使至魏博,田承嗣西望拜之,曰:"兹膝不屈于人久矣,今为公拜。"校中书令凡二十四考,家人三千人,八子七婿皆显,诸孙数十人,每问安,不能尽辨,额之而已。年八十三而终。

唐(二十)

平卢李正己卒,子纳自领镇。朱滔、田悦、王武俊、李纳先后皆反。三年,四人皆称王。

李希烈反。两河⑤用兵,府库不支数月,先括富商钱,增诸道税。四年,行税间架、除陌钱等法。

---

① 刘晏(716—780),字士安,曹州南华(今山东东明县)人。唐朝宰相,历玄宗、肃宗、代宗、德宗四朝,长期担任财务要职,管理财政达几十年,政绩显著,被誉为"广军国之用,未尝有搜求苛敛于民"。
② 盐,古同"盐"。
③ 王武俊(735—801),字元英,原名没诺干,契丹怒皆部人,唐朝中期军阀。
④ 卢杞(?—785),字子良,滑州灵昌(今河南滑县)人,唐朝大臣。侍中卢怀慎之孙。为人阴险,嫉贤妒能,后遭弹劾。
⑤ 两河,河南、河北。

崔祐甫去世。德宗皇帝杀忠州刺史刘晏。刘晏善长治理财政，自肃宗、代宗两朝以来，担任户部度支、铸钱、盐铁、转运等职务。后来刘晏以同平章事的身份仍然处理以上事务，他疏通漕运，制盐获利，控制物价，军队和国家的用度都赖以充足。然而刘晏长期掌管国家赋税大权，很多人非常嫉恨他。刘晏又和杨炎关系不好，最终被贬到忠州。有人怂恿杨炎上告皇帝说刘晏有怨言，德宗皇帝派人缢死了他。

建中二年，成德节度使李宝臣死了，他的儿子李惟岳自己统领军务。后来王武俊斩杀李惟岳取而代之。杨炎、卢杞任同平章事。杨炎不久被罢免。卢杞这个人脸色发蓝，像鬼一样丑，口才非常好，德宗很喜欢他。尚父太尉中书令汾阳忠武王郭子仪去世。郭子仪以一人之身掌控天下安危三十年，功盖天下而君主不怀疑他，地位在众臣之上而大家不忌妒他。郭子仪曾派使者到魏博，田承嗣面向西叩拜，说："这副膝盖不屈从于别人很久了，现在为了您而叩拜。"郭子仪当中书令，主持过二十四次官员考绩，他的家人有三千人，八个儿子七个女婿都很显扬，孙子有数十人，每回孙子们来给郭子仪问安，郭子仪都不能认出每一个人，只稍稍点头而已。郭子仪八十三岁去世。

唐（二十）

平卢节度使李正己死了，儿子李纳不经朝廷委任就自行统领一方。朱滔、田悦、王武俊、李纳先后造反。建中三年，四人都称王。

李希烈造反。河南、河北发生战争，国家的府库连几个月都无法支撑下来，于是先征收富商的钱，增加各道的税收。建中四年，施行间架法、除陌钱等制度来收税。

李希烈寇襄城①，诏发泾原等道兵救之。泾原节度使姚令言②将兵过京师。犒师，惟粝食菜馂。众怒作乱，入城，上出奔，乱兵奉太尉朱泚为主，司农卿段秀实③谋诛泚，不克。泚召众议称帝，秀实唾其面，大骂，以笏击泚，额血溅地，泚杀之，遂僭号大秦皇帝。先是有术士桑道茂言数年后有离宫之厄，奉天有天子气，宜高大其城以备非常。上从之，至是遂奔奉天。泚犯奉天，李晟④率兵赴援。浑瑊⑤击泚，破之，奉天围解。李怀光赴难，亦破泚兵。至奉天，欲入白卢杞之奸，杞隔之不得入见而行。上表暴杞恶，众论亦喧腾咎杞，不得已远贬之。

　　兴元元年，大赦，陆贽⑥劝上罪己以谢天下。奉天所下书诏，骄将悍卒闻之无不感激挥涕。王武俊、田悦、李纳上表谢罪。

　　李希烈僭号大楚皇帝。

　　置琼林大盈库于行宫，陆贽谏，去其榜。

---

① 襄城，今河南襄城县。
② 姚令言（？—784），河中府（今山西永济县）人。年少时应征入伍，累功至衙前兵马使。后随朱泚反叛，战败经泾州，为田希鉴所杀。
③ 段秀实（719—783），字成公，陇州汧阳（今陕西千阳）人。中唐名将。安史之乱后，总揽西北军政，任内吐蕃不敢犯境，百姓安居乐业。泾原兵变时，被杀。兴元元年（784），追赠太尉，谥号忠烈，配飨德宗庙廷。
④ 李晟（727—793），字良器，洮州临潭（今属甘肃）人，唐朝宰相、军事家。原为边镇裨将，以战功累迁至右金吾大将军、开府仪同三司。建中二年（781），讨伐反叛的河朔三镇。建中四年（783），泾原兵变，前往奉天勤王。贞元九年（793）去世，追赠太师，谥号忠武。
⑤ 浑瑊（jiān，736—800），本名日进，铁勒族浑部皋兰州（今宁夏青铜峡）人，唐朝名将。屡破吐蕃，保境安民。泾原兵变时于奉天力战，屡却叛军。贞元十六年（800）去世，赠太师，谥号忠武。
⑥ 陆贽（754—805），字敬舆，吴郡嘉兴（今浙江嘉兴）人，唐代著名政治家、文学家。建中四年（783），朱泚叛乱，陆贽随德宗奔奉天，起草诏书，情词恳切，虽武夫悍卒，读之无不挥涕感动。永贞元年（805）卒于任所，谥号宣。

李希烈入侵襄城，德宗下诏征发泾原等道的军队救援。泾原节度使姚令言率领军队经过京师。朝廷犒赏这支军队，却只有粗糙的饭菜。士兵们愤怒作乱，攻入京城，德宗逃跑，乱兵拥戴太尉朱泚为君主，司农卿段秀实谋划诛杀朱泚，没有成功。朱泚召集众人商议称帝的事，段秀实把唾沫吐到朱泚的脸上，大骂朱泚，用笏板击打他，朱泚额头的血溅到地上。朱泚杀了他，便僭越称大秦皇帝。先前有个术士桑道茂说几年后皇帝有逃离皇宫的灾难，而奉天有天子气象，应该增高奉天的城墙以防备紧急时刻。德宗听从了他的话，如今就逃到奉天。朱泚进攻奉天，李晟率兵赶来救援。浑瑊进攻朱泚，大破朱泚军队，化解了奉天之围。李怀光赶来拯救国家危难，也击破朱泚的军队。李怀光到了奉天，想要进去报告卢杞的奸邪行为，卢杞阻止他使他不能入见皇帝而离开。李怀光上表揭发卢杞的奸恶，众人的舆论也一片沸腾，要求处置卢杞，德宗不得已把卢杞贬往边荒。

兴元元年，德宗大赦天下，陆贽劝皇帝检讨自己的罪过以向天下谢罪。德宗在奉天所下的罪己诏书，骄兵悍将听说后都感激涕零。王武俊、田悦、李纳等人上表谢罪。

李希烈自封大楚皇帝。

德宗在行宫中设置琼林库和大盈库来收藏贡品，陆贽劝谏皇帝，德宗撤去了琼林、大盈库的匾额。

李怀光反，上奔梁州。

魏博田绪杀田悦，自领军府。

李晟克复长安，朱泚走，其将斩之以降。晟露布至行在，曰："臣已肃清宫禁，祇谒寝园，钟虡①不移，庙貌如故。"上览之泣，曰："天生李晟以为社稷，非为朕也。"车驾还长安。

颜真卿为李希烈所杀。先是真卿为卢杞所陷，遣奉使希烈所。人言失一元老，为国家羞。至贼中，留之将二岁，不屈，竟为贼所缢。

贞元元年，卢杞量移②，将再入而卒。

幽州朱滔卒，马燧③及诸军平河中，李怀光缢死。

二年，淮西将陈仙奇杀李希烈以降。吴少诚④杀仙奇，朝廷因以少诚领镇。

三年，张延赏同平章事。先是吐蕃尚结赞据盐夏州⑤，李晟尝破其一堡，浑瑊、马燧各举兵临之，惧而请和。卑辞厚礼求于马燧，燧信而请于朝。晟曰："戎狄无信，不如击之。"延赏与晟有隙，数言和，便遣浑瑊与吐蕃盟于平凉。吐蕃劫盟，瑊走免。吐蕃畏晟、燧、瑊，曰："去此三人，则唐可图也。"于是离间晟，因燧以求盟，欲执瑊以卖燧，使并得罪。因纵兵直犯长安，会失瑊而止。

---

① 虡（jù），古时悬钟鼓木架的两侧立柱。
② 量移，唐、宋公文用语。官员被贬谪远方后，遇恩赦迁距京城较近的地区。
③ 马燧（726—795），字洵美，汝州郏城（今河南郏县）人。唐代名将。大历十四年（779），迁河东节度使，威震北方。建中二年（781），诏讨魏博叛将田悦。贞元三年（787），因轻信吐蕃，招致平凉会盟之劫，被夺兵权。贞元十一年（795）病逝，追赠太尉，谥号庄武。
④ 吴少诚（750—809），幽州潞县（今山西黎城县）人。唐代军阀，淮西节度使，割据自雄，不听朝命。
⑤ 盐夏州，盐州（今陕西定边县）与夏州（今陕西靖边县）。

李怀光反叛，德宗逃到梁州。

魏博的田绪杀死了田悦，自己统领军府。

李晟收复长安，朱泚逃走，他的部下将他斩杀投降了唐朝。李晟传捷报到皇帝的行宫，说："臣已肃清宫廷，拜谒了皇陵，钟架都没有被移动，宗庙的面貌和过去相同。"德宗看后哭泣，说："上天降生李晟是为了国家社稷，不是为了我啊。"德宗的车驾回到长安。

颜真卿被李希烈所杀。先前颜真卿为卢杞陷害，作为使者被派去李希烈的地盘。人们都说失去了一位元老，这是国家的耻辱。颜真卿到了叛军的阵营里，被李希烈扣留将近两年，他不屈服于李希烈，最终被叛贼绞死。

贞元元年，卢杞遇恩赦迁回京师，将要再次进入京城时便死了。

幽州节度使朱滔死了，马燧以及各路军队平定河中，李怀光被缢死。

贞元二年，淮西将领陈仙奇杀李希烈而降唐。之后，吴少诚杀陈仙奇，朝廷就任命吴少诚统领一方。

贞元三年，张延赏任同平章事。先前吐蕃的尚结赞占据盐夏州，李晟曾攻破他的一座城堡，浑瑊、马燧都举兵到来，尚结赞害怕而向唐朝求和。他言辞恭谨，用丰厚的礼物向马燧求情，马燧相信了他而向朝廷请求讲和。李晟说："戎狄没有信用，不如击破他们。"张延赏与李晟有过节，几次要和吐蕃讲和，便派遣浑瑊与吐蕃在平凉结盟。吐蕃在结盟时袭击浑瑊，浑瑊逃走，保得一命。吐蕃畏惧李晟、马燧、浑瑊，说："除掉这三个人，则唐朝可以图谋了。"于是离间李晟，通过马燧以求结盟，想要抓住浑瑊来出卖马燧，使他们都获罪，乘机纵兵进攻长安，不巧被浑瑊逃脱而停止了计划。

李泌同平章事。上与泌从容论即位以来宰相："人言卢杞奸邪，朕殊不觉。"泌曰："此乃所以为奸邪也。倘觉之，岂有建中之乱乎？"泌有谋略而好谈神仙诡诞，故为世所轻。为相未三岁而卒。

八年，陆贽同平章事。

九年，太尉中书令西平忠武王李晟卒。

十年，陆贽罢。

十一年，贬贽忠州别驾。贽自奉天以来，宣力最多，随事论谏，剀切百奏。帝追仇尽言，又被谮，故贬。初，夏县阳城①以处士，征为谏议大夫，皆想望风采，在职七年而不谏。韩愈②作《争臣论》讥之。至是判度支裴延龄③谮贽，城率诸谏官守阙，论延龄奸佞，贽无罪。使朝夕且相延龄，城曰："脱以延龄为相，当取白麻④坏之，恸哭于庭。"遂沮。城左迁国子监司业，后又贬道州刺史，治民如治家。自书其考，曰："抚字心劳，催科政拙，考下下。"

十四年，淮西吴少诚叛。

二十一年，上崩。在位二十七年，改元者三，曰建中、兴元、贞元。初政清明者二岁而卢杞用矣。叛乱相继，末年姑息而已。太子立，是为顺宗皇帝。

---

① 阳城（？—761），字亢宗，夏县（今山西夏县）人，生平事迹不详。
② 韩愈（768—824），字退之，河南河阳（今河南孟州市）人，自称"郡望昌黎"，世称"韩昌黎""昌黎先生"。唐代杰出的文学家、思想家、政治家。与柳宗元并称"韩柳"，被后人尊为"唐宋八大家"之首。
③ 裴延龄（728—796），河中河东（今山西永济西）人。唐朝权相，打击忠良，排斥异己。
④ 白麻，唐代由翰林学士起草的凡敕书、德音、立后、建储以及罢免将相等诏书都用白麻纸，因以指重要诏书，亦简称"白麻"，这里代指对裴延龄的拜相诏书。

李泌任同平章事。德宗和李泌从容地讨论即位以来任用的宰相："人们说卢杞奸邪，我丝毫没察觉。"李泌说："这就是卢杞之所以是奸邪。如果发觉了，哪还有建中之乱？"李泌很有谋略却好谈神仙和怪诞奇事，所以被世人所轻视。李泌当宰相不到三年就去世了。

贞元八年，陆贽任同平章事。

贞元九年，太尉中书令西平忠武王李晟去世。

贞元十年，陆贽被罢免。

贞元十一年，德宗把陆贽贬为忠州别驾。陆贽从德宗逃亡奉天以来，出力最多，对各种事请发表谏言，很多奏疏都切中事理，规过劝善。德宗后来回想起来记恨陆贽的直言敢谏，又有小人构陷陆贽，所以就把他贬官到外地。当初，夏县的阳城从处士被任命为谏议大夫，人们都希望他能大展风采，但阳城在任七年而不上谏。韩愈创作《争臣论》讥讽他。到了判度支裴延龄陷害陆贽的时候，阳城率领谏官们守住宫殿，论说裴延龄的奸佞而陆贽无罪。德宗就快要拜裴延龄为宰相，阳城说："如果拜裴延龄为宰相，我就把任命诏书撕毁，到朝堂上大哭。"裴延龄的任命因此被阻止。阳城被贬为国子监司业，后又被贬为道州刺史。他治理人民如治理自己的家。自己写自己的业绩考核，说："抚养爱护而心神劳损，催征赋税但政绩拙劣，考核为下下等。"

贞元十四年，淮西吴少诚叛乱。

贞元二十一年，德宗去世。德宗在位二十七年，用了三个年号，叫建中、兴元、贞元。最初两年政治清明，但后来却任用了卢杞。叛乱相继爆发，到了末年只是苟且求安。太子即位，这就是顺宗皇帝。

唐（二十一）

顺宗皇帝名诵，方为太子时，有善书者王伾①，善棋者王叔文②俱出入娱侍。因言其某可相，某可将，幸异日用之。密结学士韦执谊③及朝士有名而求速进者陆淳④、吕温⑤、李景俭⑥、韩晔⑦、韩泰⑧、陈谏⑨、柳宗元⑩、刘禹锡⑪等，定为死交，日与游处，踪迹诡秘，莫有知其端倪者。德宗崩，太子即位，先是有风疾⑫失音，五阅月矣。伾、叔文等用事。

追陆贽、阳城赴京，未至，卒。上在位改元曰永贞，仅八月，自称太上皇，传位于太子，是为宪宗章武皇帝。

---

① 王伾（pī），生卒年不详，杭州（今浙江杭州）人，唐德宗时入东宫侍读，顺宗即位后与王叔文共同掀起永贞改革。改革失败后贬开州（今重庆开县）司马，死于任上。
② 王叔文（753—806），越州山阴（今浙江绍兴）人，唐德宗时为东宫侍读，顺宗即位后与王伾共同掀起永贞改革，改革失败后贬为渝州（今重庆渝中区）司户，后被唐宪宗赐死，史称"二王八司马事件"。
③ 韦执谊，生卒年不详，京兆（今陕西西安）人，出身京兆韦氏，唐朝宰相。协助王叔文推行永贞革新。宪宗继位后，王叔文集团尽遭贬斥，韦执谊被贬为崖州司马，死于任所。
④ 陆淳，即陆质（？—806），字伯冲，后改名质（避宪宗讳）。吴郡（今江苏吴县）人，唐经学家、政治家。
⑤ 吕温（771—811），字和叔，又字化光，唐河中（今山西永济）人。顺宗即位，王叔文用事，他因在蕃中，未能参与永贞革新。元和三年（808）秋，因与宰相李吉甫有隙，贬道州刺史，后徙衡州，甚有政声，世称"吕衡州"。
⑥ 李景俭，生卒年不详，字宽中，汉中王李瑀之孙。任谏议大夫，性俊朗，博闻强识，疏财仗义。酒后论政，失言被贬。
⑦ 韩晔，生卒年不详，京兆长安（今陕西西安）人。永贞改革失败后贬饶州（今江西鄱阳县）司马。
⑧ 韩泰，生卒年不详，永贞改革失败后贬虔州（今江西赣州）司马。
⑨ 陈谏，生卒年不详，永贞改革失败后贬台州（今浙江台州）司马。
⑩ 柳宗元（773—819），字子厚，汉族，河东（现山西运城永济一带）人，唐宋八大家之一。
⑪ 刘禹锡（772—842），字梦得，洛阳人，唐朝文学家、哲学家，有"诗豪"之称。
⑫ 风疾，指风痹、半身不遂等症。

唐（二十一）

　　顺宗皇帝名叫李诵，还在当太子的时候，有擅长书法的王伾和擅长下棋的王叔文都出入太子东宫娱乐、侍奉太子。太子就说他们中谁可为相，谁可为将，来日有幸称帝便任用他们。太子秘密结交学士韦执谊以及朝廷官员中有名望又渴求快速升迁的陆淳、吕温、李景俭、韩晔、韩泰、陈谏、柳宗元、刘禹锡等人，和他们定为生死之交，每天与他们交游，行踪十分隐秘，没有人发现他们的蛛丝马迹。德宗去世，太子即位。顺宗先是得了风疾而不能发出声音，有五个月了。王伾、王叔文等掌权。

　　顺宗派人追回陆贽、阳城到京城，二人还没到，顺宗就去世了。顺宗在位时改年号叫永贞，仅仅八个月，自称太上皇，传位给太子，这就是宪宗皇帝。

唐(二十二)

宪宗皇帝名纯,年二十八,为太子监国。寻即位,贬王伾、王叔文。伾病死,叔文赐死,其党皆远贬。

元和元年,西川①节度副使刘闢②反。同平章事杜黄裳③荐高崇文④讨之。夏州⑤留后杨惠琳拒朝命,诏讨之,为兵马使所斩。高崇文克成都,擒刘闢,送京师斩之。

二年,镇海⑥节度使李锜⑦反,诏讨之,兵马使执锜,送京师斩之。

三年,沙陀⑧朱邪尽忠与其子执宜来降。沙陀劲勇冠诸胡,吐蕃每战以为前锋,后疑其二于回鹘,欲迁之河外。惧而归唐,置之灵州,用以征讨皆捷。

---

① 西川,即四川。
② 刘闢(pì,?—806),字太初,本辅佐西川节度使韦皋,后代之,以叛诛。
③ 杜黄裳(738—808),字遵素。京兆万年(今陕西西安)人。出身京兆杜氏,进士及第。早年曾入郭子仪幕府,担任朔方从事。唐宪宗监国时,被授为门下侍郎、同平章事。唐宪宗继位后,杜黄裳极力主战,主张削弱藩镇。元和三年(808),杜黄裳病逝,追赠司徒,谥号宣。
④ 高崇文(746—809),字崇文,幽州(今北京)人,唐代名将。元和元年(806),经宰相杜黄裳举荐,入蜀讨平叛乱的西川节度副使刘闢。
⑤ 夏州,今陕西靖边县。
⑥ 镇海,唐代方镇,治所在杭州(今浙江杭州市),辖境大致在今浙江沿海一带。
⑦ 李锜(741—807),淄川王李孝同的五世孙,以叛诛。
⑧ 沙陀,古代北方少数民族,原名处月,为西突厥别部,唐末进入中原建立政权。

唐（二十二）

宪宗皇帝名叫李纯，二十八岁时做了太子监国。不久后即位，把王伾、王叔文贬官。王伾病死，王叔文被赐死，他们一派的官员都被贬往远方。

元和元年，西川节度副使刘辟反叛。同平章事杜黄裳推荐高崇文讨伐刘辟。夏州留后杨惠琳抗拒朝廷命令，朝廷下诏讨伐，杨惠琳被夏州兵马使斩杀。高崇文攻克成都，擒拿刘辟，送往京城处斩。

元和二年，镇海节度使李锜反叛，宪宗下诏讨伐，镇海军兵马使张子良抓住了李锜，送往京城处斩。

元和三年，沙陀人朱邪尽忠和他的儿子朱邪执宜前来投降。沙陀人强劲勇猛，在各族胡人中可称第一，吐蕃人每次作战就让他们当前锋，后来怀疑他们暗中投靠回鹘，想要把他们迁往河外。沙陀人恐惧而投靠唐朝，唐朝将他们安置在灵州，任用他们去征讨都能取胜。

自杜黄裳以后，相继为相者武元衡①、李吉甫②、裴垍③、李藩④、李绛⑤，皆贤相。垍尝为李吉甫疏人才三十余，数月用尽，翕然称为得人。垍器局峻整，人人不敢干以私。藩尝为给事中，制敕有不可者，即批之。吏请更连素纸，藩曰："如此则状也，何名批敕？"垍荐之为相，知无不言。绛鲠直，吉甫善逢迎，绛每与争论于上前。上多直绛。时在朝如崔群⑥、白居易⑦等皆谠谠。直元和之世，朝廷清明以此。

---

① 武元衡（758—815），字伯苍，缑氏（今河南偃师）人。武则天曾侄孙，诗人、政治家。元和二年（807），拜门下侍郎平章事，寻出为剑南节度使。元和八年（813），征还秉政。元和十年（815）早朝被平卢节度使李师道遣刺客刺死。赠司徒，谥忠愍。
② 李吉甫（758—814），字弘宪，赵郡赞皇（今河北赞皇）人。唐代政治家、地理学家。元和年间，李吉甫两次被拜为宰相，出掌淮南藩镇，爵封赵国公。策划讨平西川、镇海、削弱藩镇、裁汰冗官、巩固边防，辅佐宪宗开创元和中兴。元和九年（814）去世，追赠司空，谥号忠懿。著有《元和郡县图志》。
③ 裴垍（jì，？—810），字弘中，绛州闻喜（今山西闻喜县）人，唐代名相。擢拔才能，贬抑庸劣，清风凛然，勤于职守。
④ 李藩（？—807），字叔翰，赵郡（今河北高邑）人。唐宪宗时期宰相。
⑤ 李绛（764—830），字深之，赞皇（今河北赞皇人）人。唐朝宰相。大和四年（830），李绛奉旨募兵千人赴四川讨逆，被杨叔元乱军所害，谥号贞。
⑥ 崔群（772—832），字敦诗，号养浩，贝州武城（今山东武城）人。唐朝宰相。
⑦ 白居易（772—846），字乐天，号香山居士，又号醉吟先生，祖籍太原，生于河南新郑。唐代诗人，有"诗魔"之称。

自从杜黄裳之后，相继担任宰相的是武元衡、李吉甫、裴垍、李藩、李绛，都是贤明的宰相。裴垍曾经为李吉甫推荐三十多个人才，几个月内都被任用完，人们一致称颂他任用得当。裴垍的气度雄武严整，人们不敢在他那里谋求私利。李藩曾经当给事中，碰到有不合格的敕书，当即批回。旁边的小吏请他改用素纸批驳，再连在敕书之后，李藩说："这样的话就是文状书了，怎么能叫批敕呢？"裴垍推荐他当宰相，李藩将他所知道的都说了出来。李绛正直有风骨，李吉甫则擅长逢迎，二人常常在皇帝面前争论。宪宗皇帝常认为李绛有道理。当时在朝廷中的例如崔群、白居易等都非常正直。在元和时代，朝廷就是这样清正光明。

七年，魏博①兵马使田兴请吏②奉贡，诏以为节度使，遣裴度③宣慰，赐钱百五十万缗犒其军，六州百姓皆给复一年。军受赐，欢声如雷，成德④、兖⑤、郓⑥诸镇使者见之，相顾失色，叹曰："倔强者果何益乎？"赐兴名弘正。

初，彰义⑦节度使吴少诚死，弟少阳自领军府。少阳阴养亡命。少阳死，子元济自领军府。纵兵侵掠及东畿⑧。诏发十六道兵讨之。平卢节度使李师道请赦元济，不许。裴度宣慰淮西行营，还言淮西可决取。上悉以兵事委同平章事武元衡。师道素养刺客奸人，客请密往刺元衡，则他相必争劝天子罢兵矣。元衡入朝，贼暗射杀之，又击度，伤首。上怒，讨贼愈急，以度同平章事。上曰："吾倚度一人足破贼。"命度兼彰义节度使，充淮西宣慰招讨使，督诸军进讨。

---

① 魏博，唐方镇名，治所在魏州（今河北大名东北）。辖境大致在今河北南部、山东北部地区。
② 请吏，请求为臣。指愿意臣服。
③ 裴度（765—839），字中立，河东闻喜（今山西闻喜县）人，唐代政治家、文学家。历仕穆宗、敬宗、文宗三朝，数度出镇拜相。荐引李德裕、李宗闵、韩愈等名士，重用李光颜、李愬等名将，还保护刘禹锡等人。谥号文忠。
④ 成德，又名镇冀或恒冀，唐代方镇，治所在恒州（今河北正定县），辖境大致在今河北滹沱河下游以南，为河北三镇之一。
⑤ 兖，兖州，今山东济宁。
⑥ 郓，郓州，今山东东平县。
⑦ 彰义，即淮西，在今安徽省江淮地区。
⑧ 畿，首都附近地区。

元和七年，魏博兵马使田兴请求臣服，愿意上供。宪宗下诏封他为节度使，皇帝派裴度去抚慰他，赐给他一百五十万缗的钱来犒劳军队，六个州的百姓都免去一年赋税。军队接受了赏赐，欢声如雷，成德、兖州、郓州各镇节度使看到，都相对而惊惧失色，叹道："倔强反抗有什么好处啊？"宪宗皇帝赐田兴名字为田弘正。

　　当初，彰义节度使吴少诚死了，他的弟弟吴少阳自己统领军府，吴少阳暗中蓄养亡命之徒。吴少阳死后，他的儿子吴元济统领军府，纵兵侵夺抢掠直至首都郊区。宪宗皇帝下诏征发十六道兵马讨伐吴元济。平卢节度使李师道请求赦免吴元济，皇帝不允许。裴度抚慰淮西军队，回来说淮西可以拿下。宪宗皇帝把军事都委任给同平章事武元衡。李师道向来蓄养刺客和奸细，刺客请求秘密前往刺杀武元衡，这样的话其他的宰相一定会争相劝阻天子罢兵。武元衡上朝的时候，贼人暗中射杀了他，又攻击了裴度，伤了他的头。宪宗皇帝震怒，更加急切地想要讨伐叛贼，任命裴度为同平章事。皇帝说："我依靠裴度一个人就足以击破叛贼了。"宪宗命令裴度兼任彰义军节度使、淮西宣慰招讨使，统领各路军队讨伐叛贼。

唐①、邓②节度使李愬③先擒贼将丁士良、吴秀琳、李祐，释而用之。用祐计，雪夜七十里引兵入蔡州④城。击鹅鸭池混军声，鸡鸣入据元济之外宅。元济登牙城⑤拒战，已而就擒，槛送京师斩之。自叛及诛，凡用兵二岁，时元和十二年也。淮西已平，上浸骄侈。先是二岁，已用李逢吉同平章事，至十三年又用度支使皇甫镈⑥盐铁使。程异进羡余有宠，并同平章事。朝野骇愕，元和之政非矣。

　　十四年，迎凤翔法门寺⑦塔佛指骨至京师，留禁中三日，历送诸寺，王公士民瞻奉舍施，惟恐不及。侍郎韩愈上表极谏，乞以投之水火。上大怒，贬潮州⑧刺史。

　　平卢将执斩李师道。

　　裴度罢。

　　十五年，上暴崩。上服金丹多躁，左右获罪有死者，人人自危。宦者陈弘志弑逆，其党讳之，但言药发。在位十六年，改元者一，曰元和。太子立，是为穆宗皇帝。

---

① 唐，唐州，今河南唐河县。
② 邓，邓州，今河南邓州市。
③ 李愬（sù，773—821），字符直。洮州临潭（今属甘肃）人。唐代中期名将，为西平郡王李晟第八子。雪夜袭蔡州，生擒吴元济，平定淮西。又平李师道叛乱。长庆元年（821）卒，赠太尉，谥号武。
④ 蔡州，今河南汝南县。
⑤ 牙城，古时军队中主将居住的内衙的卫城，即大本营、根据地。
⑥ 皇甫镈（bó），生卒年不详，泾州临泾（今甘肃镇原县）人。荐方士，为宪宗制长生药，以求宠信。820年宪宗服药致死，贬为崖州司户参军，后卒于贬所。
⑦ 法门寺，位于今陕西宝鸡市，始建于东汉末年恒灵年间，约有1700多年历史，素有"关中塔庙始祖"之称。
⑧ 潮州，今广东潮州市。

唐州、邓州节度使李愬先擒拿贼将丁士良、吴秀琳、李祐，然后释放并任用了他们。李愬听从李祐的计策，在下雪的夜里率兵奔袭七十里到达蔡州城。李愬军袭击了鹅鸭池，让鹅和鸭的声音和军队的声音混在一起，鸡鸣的时候占据了吴元济的外宅。吴元济登上牙城对抗李愬的军队，不久被擒拿，被关在囚车里送往京城斩首。从吴元济叛乱到被杀，共打了两年仗，这时是元和十二年。淮西平定后，宪宗皇帝沉浸于骄奢之中。两年前，已经任用李逢吉为同平章事，到了元和十三年又任用度支使皇甫镈为盐铁使。程异把富裕的财物进献给皇帝而获得恩宠，也当了同平章事。朝野十分震惊，元和时代的政治变质了。

　　元和十四年，宪宗皇帝迎奉凤翔法门寺的佛指骨到京师，放在皇宫中三天，后送往各个寺院，王公贵族和大臣百姓瞻仰、奉养佛指骨，唯恐赶不上。侍郎韩愈上表极力劝谏，请求把佛指骨扔到水火之中。宪宗大怒，把韩愈贬为潮州刺史。

　　平卢的将领抓住并斩杀了李师道。

　　裴度被罢免。

　　元和十五年，宪宗皇帝暴毙。宪宗皇帝服用金丹，性情急躁，近臣中有许多人获罪而死，使得人人自危。宦官陈弘志弑杀了皇帝，他的党羽隐瞒了真相，只说皇帝是药物发作而死。宪宗皇帝在位十六年，用了一个年号，即元和。太子即位，就是穆宗皇帝。

唐（二十三）

穆宗皇帝名恒，即位，改元曰长庆。四年崩，太子立，是为敬宗皇帝。

敬宗皇帝名湛，即位，荒淫嬖倖用事。李德裕[①]献丹扆六箴，一曰宵衣，二曰正服，三曰罢献，四曰纳诲，五曰辨邪，六曰防微。

上游戏无度，性复褊急，宦官动遭捶挞，皆怨。夜猎还宫，酒酣，为宦者刘克明所弑。在位三年，改元者一，曰宝历。江王立，是为文宗皇帝。

文宗皇帝名涵，穆宗子也，为宦者王守澄所立，后改名昂。太和二年，亲策制举人。宦者益横，建置天子在其掌握。权出人主之右，无人敢言。贤良方正刘蕡[②]对策极言之，考官皆叹服而不敢取中第者。裴休[③]、李郃[④]、杜牧[⑤]、崔慎由[⑥]等二十二人皆除官。物论嚣然称屈。

---

① 李德裕（787—850），字文饶，赵郡赞皇（今河北赞皇）人，唐代政治家、文学家，牛李党争中李党领袖，中书侍郎李吉甫次子。历仕宪宗、穆宗、敬宗、文宗四朝，一度入朝为相，但因党争倾轧，多次被排挤出京。
② 刘蕡（fén，？—848），字去华，祖籍幽州昌平（今北京昌平）。令狐楚、牛僧孺等镇守地方时，征召为幕僚从事，授秘书郎。终因宦官诬害，贬为柳州司户参军，客死异乡。
③ 裴休（791—864），字公美，河内济源（今河南济源）人，唐朝名相。善文章，工书，以欧、柳为宗。笃信佛教，世称"宰相沙门"。
④ 李郃（808—873），字子玄，号西贞。因科举考试上疏让第，得罪宦官，被排挤出京。开成二年（837），以政绩突出升吏部侍郎。晚年退职，寄情山水。
⑤ 杜牧（803—853），字牧之，号樊川居士，京兆万年（今陕西西安）人，宰相杜佑之孙。唐代杰出的诗人、散文家，有《樊川文集》。人称"小杜"，以别于杜甫，与李商隐并称"小李杜"。
⑥ 崔慎由，生卒年不详，字敬止，清河（今河北清河）人，唐宣宗时期宰相。

唐（二十三）

穆宗皇帝名叫李恒，即位后，改年号叫长庆。长庆四年去世，太子即位，就是敬宗皇帝。

敬宗皇帝名叫李湛，即位之后，荒淫的宠臣当权。李德裕献上六项规劝之言，第一是勤政，第二是端正礼仪，第三是停止进献，第四是接纳谏言，第五是辨别奸邪，第六是防微杜渐。

敬宗皇帝喜欢游戏没有节制，器量狭小，性格急躁，宦官动辄遭到殴打，他们都很怨恨皇帝。敬宗晚上打猎回宫，酒醉时被宦官刘克明所杀。敬宗在位三年，用了一个年号，即宝历。江王即位，这就是文宗皇帝。

文宗皇帝叫李涵，是穆宗的儿子，是宦官王守澄拥立的，后来改名叫李昂。太和二年，文宗亲自考核举人。宦官更加骄横，扶植哪位天子都掌握在他们手中。宦官的权力比皇帝还大，没人敢说反对的话。贤良方正刘蕡在对策中极力言说宦官之祸，考官都叹服他的才能却不敢录取他。裴休、李郃、杜牧、崔慎由等二十二人都被授予官职。舆论一片哗然，为刘蕡叫屈。

郃曰："刘蕡下第，我辈登科，能无颜厚。"上疏乞回所授官于蕡，不报①。

太和五年，上与同平章事宋申锡②谋诛宦官不克，申锡贬死。

九年，上与李训③、郑注④等谋诛宦官不克。注本宦者王守澄⑤所引，训本名仲言，又为注所引得见守澄，守澄荐于上。倜傥尚气，有文辞口辩，多权术，上悦之。训、注揣知上意，数以微言动上。上意其可谋大事，以诚告之。训、注遂以诛宦官为己任。训既与注势位俱盛，颇忌注，托以中外协势，出注镇凤翔，进擢宦者仇士良⑥以分王守澄之权。训同平章事，请除守澄，遣中使⑦鸩杀之。注始与训谋，至镇，遣壮士数百人入护守澄葬，仍请令内臣尽送，然后杀之无遗类。训心以为如此，则功专归注，乃谋先发令人奏金吾⑧厅事后石榴有甘露，宰相帅百官拜贺后，劝上往观。上令宰相先往视。训阳言非真，上顾仇士良帅诸宦官往视。士良等既至，见风吹幕起，执兵者无数，惊走告变。

---

① 报，特指皇帝对臣下所上奏章的批复。
② 宋申锡（760—834），字庆臣，义昌县（今湖南汝城县）人。在唐文宗年间短暂担任宰相。意图帮助文宗清除权阉，反被诬指谋逆而遭贬死，谥曰文懿。
③ 李训（？—835），本名仲言，字子训，后改名训，字子垂，祖籍陇西（今甘肃陇西）。太和九年（835）拜相，担任礼部侍郎、同平章事，谋划诛杀宦官，并策划甘露之变，失败被杀。
④ 郑注（？—835），本姓鱼，冒姓郑氏，绛州翼城（今山西翼城县，位于绛县东北）人。甘露之变被部下所杀。
⑤ 王守澄（？—835），唐朝末年宦官，活跃于宪、穆、敬、文四朝，曾三度参与皇帝的废立，在朝中掌权达十五年之久。终因失势而被鸩杀。
⑥ 仇士良（781—843），字匡美，循州兴宁（今广东兴宁）人。擅弄权术，横行不法。甘露事变后，加特进、右骁卫大将军。死后被检举家藏武器，下诏削官爵，籍没其家。
⑦ 中使，宫中的使者，即指宦官。
⑧ 金吾，指金吾卫韩约。

李郃说:"刘蕡落第,我们却被录用,我们毫无颜面啊。"李郃上疏乞求收回所授予的官职,转授给刘蕡,却没有得到皇帝的批复。

太和五年,文宗皇帝与同平章事宋申锡谋划诛杀宦官,没有成功,宋申锡被贬官而死。

太和九年,皇帝和李训、郑注等人谋划诛杀宦官但没有成功。郑注本来是宦官王守澄引荐的,李训本名叫李仲言,又被郑注引荐得以见到王守澄,王守澄又将他推荐给皇帝。李训风流倜傥,文笔和口才很好,擅长权术,皇帝很喜欢他。李训和郑注揣度皇帝的心思,多次用委婉的言辞打动皇帝。文宗皇帝觉得可以和他们一同谋划大事,对他们坦诚相告。李训、郑注于是就把诛杀宦官当作自己的责任。李训与郑注的势力和地位都很强盛,李训十分忌惮郑注,就以朝廷内外同心协力为理由,把郑注派去坐镇凤翔,又把宦官仇士良提拔起来分割王守澄的权力。李训任同平章事,请求除掉王守澄,派宫中的宦官毒死王守澄。郑注一开始与李训谋划,他带兵前来,派数百名壮士去护卫王守澄出葬,请皇帝下令让宦官都去送殡,然后把他们杀光,一个不留。李训心想如果这样的话,功劳都归了郑注,于是谋划先奏报金吾事务大厅的后院石榴上有甘露降临,宰相率领百官拜贺之后,劝皇帝前往观看祥瑞。皇帝令宰相先去观看。李训故意说这祥瑞不是真的,皇帝就令仇士良带领宦官们去看。仇士良等人到了后,看到风吹起帷幕,有无数拿着兵器的人藏在后面,便惊惶地逃走,报告有兵变。

训呼金吾卫士等上殿，仅击死伤宦者十余人。知事不济而走，士良等命神策兵①杀金吾吏卒，执宰相王涯②、贾𫗧③、舒元舆④等诬以谋反，腰斩之。训之谋惟元舆知之，他相实不知也。自是天下事皆决于北司⑤，宰相行文书而已。李训为人所杀，传首。郑注亦为凤翔监军宦者所杀。

开成三年，司徒中书令晋公裴度卒。度自宪宗时罢相，后无意世事。治园池，有绿野堂、子午桥等别墅之胜。与诗人觞咏自娱。穆宗、敬宗时皆尝一入辅政。至上之世亦尝平章军国重事，与时浮沉而已。然四朝将相，威望远达四夷。四夷见唐使辄问度安否，以身系国家轻重如郭子仪者二十余年。

五年上崩。上即位之初，励精求治，去奢从俭，口外翕然谓太平可冀。然制于宦寺，竟不能有为。尝问宰相何时太平，牛僧孺⑥答以太平无象⑦。末年尝问近臣："朕何如周赧⑧、汉献⑨？"对者怃然。

---

① 神策兵，唐朝后期北衙禁军，原为西北的戍边军队，后进入京师成为唐王朝的最重要禁军。
② 王涯（764—835），字广津，山西太原人。唐文宗宰相，为朝廷财政开源节流，死于甘露之变。
③ 贾𫗧（sù，？—835），字子美，河南人。唐文宗宰相，死于甘露之变。
④ 舒元舆（791—835），字升远，婺州（今浙江金华市）人。文宗朝宰相，与李训、郑注谋诛宦官，事机不密，死于甘露之变。
⑤ 北司，唐称内侍省为北司。
⑥ 牛僧孺（779—847），字思黯，京兆杜陵（今西安市雁塔区、长安县境内）人，在牛李党争中是牛党的领袖，唐穆宗、唐文宗时宰相。
⑦ 太平无象，牛僧孺想蒙蔽文宗，故而称太平盛世没有一定的标志。
⑧ 周赧，指周赧王（？—前256），名姬延，东周末代君主。
⑨ 汉献，指汉献帝（181—234），名刘协，东汉末代皇帝。

李训喊金吾卫士们上殿，仅仅杀死打伤十几个宦官。李训知道事情不成功而逃走，仇士良等人命令神策军士兵杀金吾卫士卒，抓到宰柜王涯、贾餗、舒元舆等人，诬告他们谋反，将他们腰斩。李训的谋划只有舒元舆知道，其他人确实不了解。从此天下事务都取决于宦官，宰柜只是颁行文书而已。李训被人所杀，首级被送往各地传看。郑注也被凤翔监军宦官杀害。

　　开成三年，司徒中书令晋公裴度去世。裴度自从宪宗时代被罢免宰相之职，后来就无心于政治事务。他打理自己的园林池塘，有绿野堂、子午桥等别墅胜景。他与诗人喝酒吟咏，自娱自乐。穆宗、敬宗为帝时都曾经入朝辅政。到了文宗的时代也曾担任平章参与军国重事，跟随时俗随波逐流而已。然而裴度作为四朝宰相，威望远达周边少数民族地区。周边民族见到唐朝的使者时就问裴度还好吗。裴度以一己之身关系国家命运，就如同郭子仪一样，共有二十余年。

　　开成五年，文宗去世。文宗皇帝即位之初，励精图治，远离奢侈，讲求简朴，朝廷内外一致认为太平时代要到来了。然而受制于宦官，最终不能有所作为。文宗曾经问宰相何时能够达成天下太平，牛僧孺说太平是没有一定的标志的。执政末年，文宗曾经问近臣说："我和周赧王、汉献帝相比如何？"对方十分吃惊。

上曰：":"赧、献受制强臣，今朕受制家奴，殆不如也。"在位十五年，改元者二，曰太和、开成。弟颖王立，是为武宗皇帝。

唐（二十四）

武宗皇帝名瀍，穆宗子也。文宗尝立敬宗子成美为太子，临崩，欲以成美监国。宦者以为立不由己，废之，而立瀍为太弟，遂杀成美而即位。后改名炎，以李德裕同平章事。德裕在穆宗初为学士，以李宗闵①者尝对制策讥切其父吉甫，恨之。构贬宗闵，自是各分朋党，更相排轧者垂四十年。在文宗时，德裕为侍郎，裴度荐其可为相。宗闵有宦官之助，遂相，恶德裕逼，已而出之，且引牛僧孺并相，相与排摈。德裕之党寻以德裕镇西川。德裕作筹边楼，图蜀地形，南入南诏，西达吐蕃，日召老于军旅习边事者。访以险易远近皆若身历练士卒葺堡障以备边。吐蕃将悉怛谋以维州来降。维州②本汉地入兵之路，吐蕃得之，号为无忧城。德裕极以得此州为便。牛僧孺以为不可纳，以城并叛将归，吐蕃诛之境上，极惨酷。牛李之怨自是愈深。僧孺寻罢，德裕入相，宗闵亦罢。宗闵再相，德裕又罢。二党互相挤援。文宗每叹曰："去河北贼易，去朝廷朋党难。"德裕连被贬黜。及上立，召德裕相之。

---

① 李宗闵（787—843），字损之，远支宗室，唐穆宗、唐文宗时宰相。宗闵与牛僧孺善，引之入相，与李德裕交恶。宣宗朝贬郴州司马卒。
② 维州，今四川理县。

文宗说："周赧王、汉献帝受制于强悍的权臣，现在我却受制于家奴，我还不如他们。"文宗在位十五年，用了两个年号，叫作太和、开成。他的弟弟颖王被立为皇帝，这就是武宗皇帝。

唐（二十四）

武宗皇帝名叫李瀍，是穆宗的儿子。文宗皇帝曾经立敬宗的儿子李成美为太子，临死时想让李成美监国。宦官因为这不是由他们拥立的，便废黜了李成美，而立李瀍为皇太弟，于是杀了李成美，而由李瀍即位。李瀍后来改名为李炎，任命李德裕为同平章事。李德裕在穆宗初年任学士，因为李宗闵曾经在对策皇帝时讥讽他的父亲李吉甫，便很忌恨李宗闵。李德裕设计把李宗闵贬官，从此二人各自分属两个政治集团，相互排挤倾轧长达四十年。在文宗时代，李德裕担任侍郎，裴度推荐他当宰相。李宗闵有宦官的帮助，于是拜相。李宗闵憎恶李德裕的威胁，不久把他贬到远地，并引荐牛僧孺共同担任宰相，一同排挤李德裕。李德裕的同党不久让李德裕去镇守西川。李德裕建了一座筹边楼，画下蜀地的地形，地图向南到南诏，向西到吐蕃，每天召来熟悉军旅和边境事务的人，调查了解地理上险要难易远近等情况，都和亲身经历一样，并且训练军队、修葺防御工事，做好边境战争的准备。吐蕃将领悉怛谋献上维州投降唐朝。维州本来是从汉人领地进军的必经道路，吐蕃得到后，改名叫无忧城，李德裕认为得到此地将极为有益于唐朝。牛僧孺认为不可以接收这个地方，把城池和叛变的将领都归还给吐蕃，吐蕃在边境线上诛杀悉怛谋，情景极其残酷。牛李二人的仇怨因此更深了。牛僧孺不久被罢免，李德裕入朝为相，李宗闵也被罢免。李宗闵后来再次当宰相，李德裕又被罢免。两党相互排挤，文宗常常叹息说："消灭河北的叛贼很容易，消灭朝廷中的朋党却太困难了。"李德裕连连被贬官。等到武宗即位，召回李德裕并任用为宰相。

德裕言于上曰:"正人指邪人为邪,邪人亦指正人为邪,在人主辨之。"上嘉纳德裕,追论维州事,悉怛谋加褒赠。

昭义①节度使刘从谏卒,侄稹自领军府。德裕谓:"泽潞②事体与河朔③三镇不同,河朔习乱已久,累朝置之度外。泽潞近在心腹,若又因而授之,威令不复行于诸镇矣。"上问:"何以制之?"曰:"稹所恃者三镇,但得镇④、魏⑤不与之同,稹无能为也,遣重臣谕镇、魏讨之。"诏曰:"泽潞一镇与卿事体不同,勿为子孙之谋,欲存辅车之势。"镇、魏悚息听命。二镇兵与朝廷所遣行营将王宰、石雄各进讨。

河东⑥都将杨弁作乱,逐节度使。遣中使马元实晓谕且觇之。元实受赂,还于众中,大言:"相公须早与之节。自牙门至柳子列十五里,曳地光明甲,若之何取之?"德裕诘之,辞屈。奏:"微贼决不可恕。如国力不支,宁舍刘稹。"河东兵出戍者闻朝廷令客军取太原,恐妻孥被屠,乃归擒弁,送京师斩之。未几,刘稹势穷蹙,潞人杀稹以降,泽潞平。加德裕太尉、卫国公,贬牛僧孺为循州长史,流李宗闵于封州。

---

① 昭义,又名泽潞,治所在潞州(今山西长治市)。辖境大致在今山西霍山、河北涉县。
② 泽潞,即昭义。
③ 河朔,泛指黄河以北地区。河朔三镇指魏博、成德、卢龙。
④ 镇,指成德。
⑤ 魏,指魏博。
⑥ 河东,泛指今山西西南部。

李德裕对皇帝说:"正直的人指责邪恶的人为邪恶之人,邪恶之人也指责正直的人为邪恶之人,这只能由皇帝来判断。"皇帝嘉奖了李德裕,采纳他的观点。重新审查维州事件,悉怛谋被追加褒奖。

昭义节度使刘从谏去世,他的侄子刘稹自己统领军府。李德裕说:"泽潞地区的情况与河朔三镇不同,河朔地区习惯叛乱已经很久了,万朝都把它置于法度管理之外。但泽潞地区靠近国家的心脏地带,如果就此把权力授予刘稹,那么朝廷的命令就再也无法在各藩镇中施行了。"武宗问如何对付刘稹,李德裕说:"刘稹所倚靠的就是三镇,但是成德、魏博二镇不和他合作,刘稹也无能为力。可派重臣诏谕成德、魏博二镇讨伐刘稹。"诏书说:"泽潞一镇和你们情况不同,你们不要为子孙谋划,想要和刘稹互相帮扶。"成德、魏博十分惊恐,听从朝廷号令。二镇军队与朝廷派遣的行营将领王宰、石雄各自进军讨伐。

河东都将杨弁叛乱,驱逐节度使。皇帝派宦官马元实去宣布谕旨并探查杨弁。马元实接受了杨弁的贿赂,回到朝廷后,夸张地说:"相公还是早点把权力授予杨弁吧。杨弁的军队从牙门到柳子排列了十五里,满地都是光明甲,如何拿下杨弁啊?"李德裕诘问他,马元实理屈词穷。李德裕上奏说:"杨弁小贼决不可宽恕。如果国力无法支持多线作战的话,宁可先把刘稹放一边。"河东到边地戍守的士兵听说朝廷命令外省军队攻取太原,害怕妻儿被屠杀,于是回军擒拿杨弁送往京城斩首。不久,刘稹势力走向穷途末路,潞州人杀了刘稹归降,泽潞被平定。李德裕被加封太尉、卫国公,把牛僧孺贬为循州长史,把李宗闵流放到封州。

削宦者仇士良官爵，籍没其家。先是士良致仕，其党送归。士良教之曰："天子不可令闲，常以奢靡娱之，使无暇及他事。慎勿使之读书，亲近儒生，见前代兴亡，心知忧惧则吾辈踈^①斥矣。"

毁天下佛寺，僧尼勒归俗。

会昌六年，上崩。在位七年，改元者一，曰会昌。光王立，是为宣宗皇帝。

唐（二十五）

宣宗皇帝名怡，宪宗子也。幼号不慧，太和后益自韬匿。文宗好诱其言以为笑，武宗豪迈，尤不礼之，名为光叔。武宗疾笃，子幼，宦官定策禁中，诏立怡为皇太叔，更名忱，权勾当军国事。裁决咸当理，人始知其隐德焉。寻即位。

李德裕罢，僧孺、宗闵等北迁。德裕三贬至崖州^②司户以死。

令狐绹^③同平章事。先是绹为学士，上尝以太宗所选《金镜录》授绹，使读之。又书《贞观政要》于屏风，每正色拱手而读。尝与学士毕诚论边事，诚具陈方略。上悦曰："不意颇、牧在吾禁中。"即用为边帅，果称其任。

---

① 踈（shū），通"疏"。
② 崖州，治所在今海南三亚。
③ 令狐绹（táo，795—872），字子直。京兆华原（今陕西耀县）人，令狐楚之子。晚唐宰相，性懦，精文学。

武宗把宦官仇士良的官爵削去，抄没了他的家产。先前仇士良退休，他的党羽送他回去，仇士良教他们说："不可以让天子闲下来，要经常用奢靡的事物娱乐他，使他无暇顾及其他事。千万不要让他读书，亲近儒生，了解前朝的兴亡。皇帝心中忧愁恐惧，就会疏远排斥我们了。"

武宗拆毁天下的佛寺，勒令和尚尼姑还俗。

会昌六年，武宗去世。武宗在位七年，用了一个年号，叫会昌。光王登基，就是宣宗皇帝。

唐（二十五）

宣宗皇帝名叫李怡，是宪宗的儿子。幼年时被认为不聪明，太和之后更加韬光养晦。文宗很喜欢诱导他说话来取笑他，武宗性格豪迈，更对李怡不礼貌，叫他光叔。武宗病重，儿子年幼，宦官在宫中制定对策，下诏立李怡为皇太叔，改名叫李忱，管理军国大事。李忱裁决事务都很得当，人们才知道他是在隐藏自己的才能。不久后即位。

李德裕被罢官，牛僧孺、李宗闵等人迁往北方。李德裕被三次贬官直至死在崖州司户任上。

令狐绹任同平章事。先前令狐绹担任学士，宣宗皇帝曾经把太宗所编选的《金镜录》授予令狐绹，让他来读。又把《贞观政要》写在屏风上，常常端正神色，拱手阅读。宣宗曾经与学士毕诚讨论边境事务，毕诚具体陈说了对敌方略。宣宗高兴地说："没想到廉颇、李牧就在我的宫中啊！"宣宗立即启用毕诚为边境统帅，果然非常称职。

上总察强记，尝密令学士韦澳①纂次州县境土风物及诸利害为一书，号曰《处分语》。刺史有入谢而出者，曰："上处分本州事惊人。"建州②刺史入辞，上问"建州去京师几何？"曰"八千里"。上曰："卿到彼为政，朕皆知之，勿谓远。此阶前则万里也。"令狐绹奏拟李远③杭州刺史。上曰："吾闻远诗云：'长日唯消一局棋'，安能理人？"绹曰："诗人托此高兴，未必实然。"尝诏刺史毋得外徙，必令到京面察。绹尝徙故人为邻州④便道之官，上问之，曰："诏命既行，直废格不用，宰相可谓有权。"时方寒，绹汗透重裘。上临朝对群臣，未尝有惰容。每宰相奏事，旁无一人，威严不可仰视。奏事毕，忽怡然闲语一刻许，徐复整容曰："卿辈善为之。常恐卿辈负朕，不得再相见。"绹尝谓人曰："吾十年秉政，最承恩遇。每延英奏事，未尝不汗沾衣也。"尝召学士韦澳，屏左右问之曰："近日内侍权势如何？"对曰："陛下威断，非前朝比。"上闭目摇首曰："全未，全未，尚畏之在。"又尝与绹谋尽诛宦官，恐滥及无辜。绹密奏曰："但有罪勿捨，有缺勿补，自然消耗至尽。"宦者窃见其奏，由是益与朝士相恶。南北司⑤如水火。

---

① 韦澳，生卒年不详，字子裴。后赠户部尚书，谥曰贞。
② 建州，今福建建瓯。
③ 李远，生卒年不详，字求古，一作承古，夔州云安（今重庆云阳县）人。甚有政绩，常与杜牧、许浑、李商隐、温庭筠等交游，与许浑齐名，时号"浑诗远赋"。
④ 邻州，今重庆邻水县。
⑤ 南北司，唐朝称宰相治事之所为南司，称内侍府为北司，南北司即代指朝廷大臣与内宫宦官。

宣宗明察强记，曾经秘密令学士韦澳撰写各个州县的土地、风物以及利弊，编成一本书，称为《处分语》。刺史入朝拜见皇帝出来后，说："皇上对当地事务的通晓和处置真是让人震惊。"建州刺史入朝辞别皇帝，宣宗问："建州距离京师有多远啊？"回答说八千里。宣宗说："你到那里处理政事，我全都知晓，不要说建州偏远，这个台阶前就是万里之外的建州。"令狐绹上奏推荐李远当杭州刺史。宣宗说："我听说李远写诗说：'白日漫长，就用一局棋来消磨时光。'这样的人怎么能治理百姓呢？"令狐绹说："诗人是以此寄托兴致，未必是真实的。"宣宗曾经下令刺史不可以直接到外地赴任，必须到京城接受皇帝当面考察。令狐绹曾经直接调任老友做邻州刺史，不用入朝谢恩。皇帝问他说："诏令已经颁布了，却被废置不用，宰相可真是有权力啊。"当时天气寒冷，令狐绹出汗浸透了几层厚衣。宣宗上朝面对群臣时，从来没有怠惰的表情。每当宰相奏报政事，旁边没有别人，皇帝威严得不可仰视。宰相奏事完毕，宣宗忽然轻松地和他闲聊大概一刻钟，之后又慢慢地整肃容颜，说道："你们好好做事。我常常害怕你们辜负我，导致我们无法再相见。"令狐绹曾经对人说："我当政十年，最受皇帝的恩遇。每次到延英殿奏事，都是汗水沾衣呀。"宣宗曾经召见学士韦澳，把左右近侍支开后问他："近日宦官的权势怎样？"回答说："陛下威严明断，不是前朝皇帝可以相比的。"宣宗闭目摇头说："完全不对！完全不对！我还是畏惧他们啊。"又曾与令狐绹谋划杀尽宦官，害怕伤及无辜。令狐绹秘密奏报说："只要对有罪的宦官不赦免，对宦官所出的空缺不递补，使他们自然淘汰，最后自会消灭。"宦官偷偷看到了他的奏折，于是与朝廷官员更加相互痛恨，内宫宦官和朝廷大臣水火不容。

十三年，上崩。在位十四年，改元者一。长子立，是为懿宗皇帝。

唐（二十六）

懿宗皇帝初名温，封郓王，以无宠不得为太子。宣宗崩，宦者立之，更名漼。

浙东①贼裘甫起，声振中原。观察使王式讨斩之。

九年，徐州②贼庞勋起。先是南诏③称大理皇帝，举兵入寇，陷播邕④、交趾⑤。敕徐泗⑥兵戍桂州⑦，过期不代，遂作乱。勋为粮料判官，戍卒推以为主，拥兵北还，所过剽掠，至徐州，因杀节度使，陷诸郡。招讨使康承训击之，以沙陀朱邪赤心⑧为前锋。勋败死。赐赤心姓名李国昌，为大同军节度使，寻又为振武⑨节度使。

---

① 浙东，唐代浙江东道的简称，辖境大致在今天浙江省除浙北之外的所有地方。
② 徐州，今江苏徐州。
③ 南诏，8世纪崛起于云贵高原的古代王国，由蒙舍部落首领皮罗阁于开元二十六年（738）建立。天复二年（902）汉人权臣郑买嗣灭亡南诏。
④ 播邕，今广西南宁。
⑤ 交趾，今越南北部地区。
⑥ 徐泗，指徐州、泗水地区。
⑦ 桂州，今广西桂林。
⑧ 朱邪赤心（？—887），唐末沙陀领袖，朱邪执宜之子，李克用之父。其孙李存勖建立后唐之后追谥朱邪赤心（李国昌）为唐献祖。
⑨ 振武，唐代方镇，治所在单于都护府（今内蒙古和林格尔西北），辖境大致在山西北部。

大中十三年，宣宗去世。宣宗在位十四年，用了一个年号。宣宗的长子即位，就是懿宗皇帝。

懿宗皇帝原名李温，封为郓王，因为不受宣宗宠爱而没有被立为太子。宣宗去世，宦官立李温为帝，改名李漼。

唐（二十六）

浙东的贼人裘甫起事造反，声威震动中原。观察使王式讨伐并斩杀裘甫。

咸通九年，徐州贼人庞勋造反。先前南诏国主自称大理皇帝，举兵入侵，攻陷播邕、交趾。朝廷征发徐州、泗水地区的军队戍守桂州，期限过了却不让人来代班戍守，军队便发动叛乱。庞勋作为粮料判官，士兵们推举他为王，率兵回到北方，一路抢掠。到了徐州，杀节度使，攻陷各个郡县。招讨使康承训讨伐庞勋，任用沙陀人朱邪赤心为前锋。庞勋兵败身亡。懿宗赐朱邪赤心姓名为李国昌，担任大同军节度使，不久又担任振武军节度使。

咸通十四年，上崩。在位十五年，改元者一。子晋王立，是为僖宗皇帝。

僖宗皇帝名儇①，懿宗少子也，年十三为宦官所立。自懿宗以来，奢侈日甚，用兵不息，赋敛愈急，水旱不以实闻。百姓流殍，无所控诉，所在相聚为盗。濮州人王仙芝②起，曹州冤句人黄巢③应之。巢善骑射，喜任侠，尝举进士不第。与仙芝共贩私盐，至是聚众，攻剽州县，穷民归之，数月数万。

---

① 儇（xuān），唐僖宗李儇（862—888），初名李俨，唐懿宗李漼第五子，母惠安皇后王氏，唐朝第十八位皇帝（武则天除外），公元873年—公元888年在位，死后谥号为惠圣恭定孝皇帝。
② 王仙芝（？—878），濮州（今山东鄄城县）人，唐末农民起义领袖。贩卖私盐，出没江湖，于乾符元年（874），聚众数千人，揭竿长垣。878年，所领导的义军被曾元裕包围，经过激战，义军万余人英勇牺牲，自己在突围中不幸战死。
③ 黄巢（820—884），曹州冤句（今山东菏泽）人，唐末农民起义领袖。出身盐商家庭，善于骑射，粗通笔墨。乾符二年（875），黄巢与兄侄八人响应王仙芝。乾符五年（878）王仙芝死，众推黄巢为主，号称"冲天大将军"，改元王霸。广明元年，兵进长安，于含元殿即皇帝位，国号"大齐"，建元金统，大赦天下。中和四年（884），黄巢败死狼虎谷。

咸通十四年，懿宗去世。懿宗在位十五年，用了一个年号。懿宗的儿子晋王即位，就是僖宗皇帝。

唐僖宗名李儇，是唐懿宗的小儿子，十三岁就被宦官拥立为皇帝。自懿宗以来，朝廷奢侈享乐日甚一日，连年用兵不停，征收赋税愈发急迫，出现水旱灾害都不实情汇报。百姓流离失所，饿死在道路上，没有地方申冤，于是聚众为盗。濮州人王仙芝揭竿而起，曹州冤句人黄巢响应。黄巢善于骑马射箭，任侠放旷，曾经几次应试进士科落第。他与王仙芝一起贩运私盐，因此收集部众，攻打、劫掠州县，穷困的民众归附他们，几个月就聚集了几万人。

仙芝攻陷汝①、郑②、唐③、邓④，寇鄂州⑤，陷安州⑥，寇荆南⑦，与招讨⑧曾元裕⑨战于申州⑩而大败，又大败于黄梅⑪，斩之。黄巢陷郓⑫、沂⑬、濮⑭，掠宋⑮、汴⑯，南渡陷洪⑰、庐⑱、吉⑲、饶⑳、信㉑，寇宣州㉒，入浙东，为镇海节度使高骈㉓所破。

① 汝，汝州，治所在今河南临汝。唐时汝州建制多变，但始终为东都洛阳东南门户，设东都畿都防御使，驻有重兵防守。
② 郑，郑州，治所在今河南郑州。隋开皇元年（581），改荥州为郑州，此后建制亦有变迁。
③ 唐，唐州，治所在今河南沁阳。天祐三年（906）移治泌阳，后改名泌州。
④ 邓，邓州，治所在今河南邓州市。自隋开皇三年（583）至唐肃宗乾元元年（758）的175年间，皆以穰城为治所，曾有三次置"以邓州为中心"的南阳郡。
⑤ 鄂，鄂州，今湖北鄂城。
⑥ 安州，今湖北安陆。
⑦ 荆南，今湖北江陵。
⑧ 招讨，官名，又叫招讨使。唐贞元年间始置。后遇战时临时设置，常以大臣、将帅或节度使等地方军政长官兼任。
⑨ 曾元裕，生卒年不详，唐朝后期军事人物。历官左散骑常侍。黄巢之乱时，任招讨副使，镇守洛阳。乾符五年（878）又在黄梅击破王仙芝，王仙芝被俘斩。以功任平卢节度使，镇守青州。
⑩ 申州，今河南信阳。
⑪ 黄梅，治所大致在今湖北黄梅西北。
⑫ 郓，郓州，治所在今山东东平。隋开皇十年（590）置郓州。唐武德五年（622），置郓州为总管府，武德七年改都督府。唐乾元元年（758）复为郓州。北宋改郓州为东平府，至此不复置郓州。
⑬ 沂，沂州，古州名，位于沂河旁得名，即今山东临沂市区。
⑭ 濮，濮州，今河南濮阳。
⑮ 宋，宋州，今河南商丘。
⑯ 汴，汴州，今河南开封。
⑰ 洪，洪州，今河南辉县。
⑱ 庐，庐州，今安徽合肥。
⑲ 吉，吉州，今江西吉安。唐天宝元年（742），改吉州为庐陵郡。唐乾元元年（758），改庐陵为吉州。
⑳ 饶，饶州，肃宗乾元元年（758）为饶州，仅限今鄱江流域及信江下游地区。
㉑ 信，信州，今江西上饶。
㉒ 宣，宣州，辖境大致包括安徽宣城市、芜湖县和南陵县，治所在今安徽宣城。
㉓ 高骈（821—887），字千里，出身渤海高氏，南平郡王高崇文之孙，晚唐诗人、名将、军事家。后历任天平、西川、荆南、镇海、淮南等五镇节度使。这期间正值黄巢大起义，高骈多次重创起义军。光启中为毕师铎所杀。

王仙芝攻陷汝州、郑州、唐州、邓州，侵犯鄂州，攻陷安州，流寇荆南，与招讨使曾元裕大战于申州，全军溃败，接着在黄梅又被击败，王仙芝战死。黄巢攻陷郓州、沂州、濮州，剽掠宋州、汴州，南渡淮河占领洪州、庐州、吉州、饶州和信州，流寇宣州，进入浙东，却被镇海节度使高骈打败。

遂移广南，陷广州①，出潭州②，北渡向襄阳③。败于荆门④，复引而南，陷宣州。自采石⑤渡江，已而渡淮，陷申州，入颍⑥、宋、徐⑦、兖⑧之境，陷东都⑨，引而西，入潼关，入长安，上出奔蜀。

巢僭号大齐皇帝，诸道发兵赴援。先是沙陀李国昌⑩之子克用⑪为兵马使，戍蔚州⑫、大同军。诸将谋曰："今天下大乱，朝廷号令不复行于四方，此乃英雄功名富贵之秋。李振武⑬名闻天下，其子勇冠诸军。若辅以举事，代北不足平也。"

① 广州，今广东广州。唐代广州称为广州都督府，是岭南道的道治与都督府治所在地。
② 潭州，今湖南长沙。
③ 襄阳，今湖北襄阳。唐武德四年（621），改郡为州。贞观初年置山南道，治所在襄阳城内。
④ 荆门，今湖北荆门县。
⑤ 采石，今安徽马鞍山市西南，又叫采石矶。
⑥ 颍，颍州，今安徽阜阳。
⑦ 徐，徐州，今江苏徐州。唐时，徐州与彭城郡名称多次互易，中后期为节度使驻地。
⑧ 兖，兖州，今山东济宁。
⑨ 东都，今河南洛阳。
⑩ 李国昌（？—887）本名朱邪赤心，字德兴，唐朝末年沙陀部首领。李国昌恃功益横恣，不服王化。乾符六年（879），朝廷令昭义节度李钧、卢龙节度李可举、吐谷浑都督赫连铎合击李国昌于蔚州，国昌父子北奔鞑靼。中和三年，以其子李克用参与镇压黄巢，攻破长安有功，被拜为雁门以北行营节度使，不久病卒。同光元年（923），其孙李存勖建立后唐，追尊为后唐献祖，谥号为文。
⑪ 克用，李克用（856—908），神武川新城人，唐末将领，沙陀族人。别号"李鸦儿"，其军队主力亦称"鸦军"。先后镇压庞勋起义军、黄巢起义军。大顺二年（891），唐廷恢复李克用官爵，并封晋王。此后李克用长期割据河东，与占据汴州的朱温对峙。天祐四年（907）朱温代唐称帝，国号梁，改元开平，史称后梁。李克用仍用唐"天祐"年号，以复兴唐朝为名与后梁争雄。次年（908）病死。
⑫ 蔚州，河东道，领安边、飞狐，州治在灵丘。
⑬ 李振武，指李国昌，时任振武军节度使。

于是向广南进军，攻陷广州，又从潭州出动，向北渡过长江，准备进占襄阳。在荆门被击败，黄巢又率军向南移动，再次占据宣州。他改从采石矶渡江，不久渡过淮河，攻陷申州作为立足点，进入颍、宋、徐、兖四州的地界，攻陷东都洛阳，率军向西挺进，攻克潼关，接着黄巢领军攻入长安，唐僖宗逃亡到蜀地避难。

黄巢僭越自称大齐皇帝，各地藩镇发兵救援。起先沙陀族首领李国昌的儿子李克用担任兵马使，镇守蔚州、大同等军事重地。沙陀的各位将领谋划说："现在天下大乱，各地都不服从朝廷的号令，这正是英雄赖以成就功名富贵的时机呀！李振武天下闻名，他的儿子勇冠三军。如果我们辅佐他造反，平定代北地区没有问题。"

遣人潜诣蔚州说克用。克用移云州，取之。河东、招义讨之而大败，克用寇忻①代②，逼晋阳，已而大为卢龙兵③所破，蔚、朔④兵亦讨，败其父国昌。父子亡走达旦⑤。朝廷赦其罪，召其兵讨贼。克用将沙陀来，贼惮之，曰："鸦军至矣。"连破贼，复长安。巢焚宫室而遁，至蔡州⑥，节度秦宗权⑦降之。巢移汴州，克用等追击，大破之。未几，贼党斩巢以降。

克用之至汴州也，朱全忠⑧袭之。全忠者，巢将朱温也。先为巢所遣，攻陷同⑨华⑩，寻以华州降，赐名全忠，为宣武⑪节度使。馆克用甚恭，克用乘酒颇侵之，全忠不平，发兵围驿攻之。克用醉，左右以水沃其面，告之。

---

① 忻（xīn），忻州，辖境大致包括山西省中北部，素有"晋北锁钥"之称。
② 代，代州，今忻州市代县，辖境大致包括今山西省东北部。
③ 卢龙兵：指卢龙军镇。
④ 朔，指朔方节度使，又称灵武节度使，唐代方镇，治所在灵州（今宁夏吴忠市），辖境大致包括今宁夏回族自治区，后逐渐缩小。
⑤ 达旦，通"鞑靼"，代指北方游牧民族。
⑥ 蔡州，今河南汝南。唐朝置豫州，后避代宗讳改为蔡州。
⑦ 秦宗权（？—889），河南郡许州（今河南许昌）人。从监军杨复光攻击黄巢，以功授奉国军节度使。中和三年（883），黄巢退出关中，入河南。秦宗权迎战，为起义军所败，遂降。龙纪元年（889），为部将申丛所执，斩于长安。
⑧ 朱温（852—912），即后梁太祖，五代十国后梁的开国皇帝。宋州砀山（今安徽砀山）人，早年参与黄巢起义，后脱离黄巢大齐政权而归唐，被唐廷赐名朱全忠。开平元年（907），朱温废唐哀帝李柷，自行称帝，建都开封，国号为"梁"，是为梁太祖，改元开平，中国历史进入五代十国时期。乾化二年（912），朱温被亲子朱友珪所害。庙号太祖，谥号神武元圣孝皇帝。
⑨ 同，同州，今陕西大荔县。
⑩ 华，华（huà）州，今陕西华县，因州境内有华山而得名。
⑪ 宣武，辖境大致在今河南东部、安徽北部，治所在汴州。中和三年（883）朱温为节度使，以此为根据地，兼并中原，建立后梁。

于是派人偷偷到蔚州说服李克用。李克用移军云州并占领此地。河东、招义两军讨伐李克用却大败而归，克用继续侵犯忻州、代州，逼近晋阳，不久之后，被卢龙军击败。蔚州、朔州的唐军也前来讨伐，大败李克用的父亲李国昌。父子俩都逃往鞑靼。朝廷赦免他们父子二人的罪过，召令他们率领沙陀人来平定反贼。李克用统率沙陀将士进攻长安，起义军害怕他们，叫喊着"鸦儿军来了"。李克用接连打败反贼，收复长安。黄巢焚烧皇城、宫殿后逃跑，到达蔡州时，节度使秦宗权投降。黄巢因而移军汴州，李克用等将领追上他们，大破黄巢。没多久，反贼内讧，杀了黄巢投降唐军。

李克用初到汴州的时候，就遭到朱全忠的袭击。朱全忠本名朱温，原是黄巢的部将。先前被黄巢派遣攻陷同、华二州，却很快献上华州投降朝廷，唐廷下诏赐名全忠，任命他做宣武军节度使。朱全忠在馆舍宴请李克用，态度非常恭敬，李克用却借着酒劲侮辱主人，惹怒了朱全忠。朱全忠于是发兵包围馆驿，攻打李克用。当时李克用酩酊大醉，左右只好用冷水浇在李克用脸上，醒来后告知情况危急。

克用乃张目援弓，起而走。会大雷雨，晦冥①，扶醉，乘电光缒②城出。汴人扼桥，从者力战得度而免。克用还晋阳，治甲兵，表乞讨全忠。诏和解之，不听。

上发成都还长安。秦宗权僭号。上之奔蜀也，宦者田令孜③实挟之。自以为功，权自己出。河中④王重荣⑤，前作乱自立。令孜遣朱玫⑥等攻之，重荣求救于克用。克用方怨朝廷不罪全忠，上言："玫等与全忠相表里，欲共灭臣。"引兵赴河中，京师震恐，令孜劫上奔凤翔。朱玫追逼不及，立肃宗玄孙襄王煴⑦为帝。玫将王行瑜斩玫、煴，奔河中，王重荣斩首送行在，上还长安。

上在位十五年，改元者五，曰乾符、广明、中和、光启、文德。日与宦官相处而已。天下大乱，盗贼蠭⑧起。豪杰因起其间，互相吞噬，朝廷不能制。

---

① 晦冥，昏暗；阴沉。
② 缒（zhuì），用绳索拴住人或物从上往下放。
③ 田令孜（？—893），唐朝宦官。字仲则，本姓陈，四川人。懿宗时任小马坊使，和李儇玩得很好，李儇即帝位后屡次提升他至左神策军中尉、左监门卫大将军。田令孜恃宠横暴，把持大权，无所不为。在黄巢起义军进逼长安时，他挟持僖宗逃往四川。昭宗即位后，被王建杀死。
④ 河中，唐方镇名，至德二载（757）设立，治所在蒲州（今山西永济），辖境大致在今山西西南部。
⑤ 王重荣（？—887），太原祁（今山西祁县）人，唐朝末年藩镇将领，河中节度使。邠宁节度使朱玫拥立襄王李煴称制。王重荣诛杀李煴，拥戴唐僖宗复位。光启三年（887），为部下常行儒所杀。
⑥ 朱玫（？—886），邠州（今陕西省彬县）人。原为戍将，后升为邠宁节度使。进攻盘踞河中的王重荣，大败而归，致田令孜挟僖宗再度逃走。改附李克用，后又入长安，拥襄王李煴为帝，自己专断朝政，派王行瑜追击僖宗，因倒戈而被杀死。
⑦ 煴（yūn），李煴（？—886），唐朝宗室，为唐肃宗第九子襄王李僙曾孙，伊吾郡王李宣孙，封为嗣襄王。后被王行瑜所杀。
⑧ 蠭（fēng），同"蜂"。

李克用这才双目圆睁，拉弓放箭，跳起来带着手下逃走。正逢天降雷雨，天色昏暗，扶着喝醉的人，乘着电光用绳索缒城而出。汴州人守着桥，跟随李克用的部众拼死力战才幸免于难。李克用回到晋阳，修葺盔甲，整顿军队，上表希望朝廷允许自己讨伐朱全忠。僖宗下诏劝两人和解，李克用不听。

唐僖宗自成都还驾长安。秦宗权僭越称帝。皇上逃奔到蜀地，实际上是被宦官田令孜挟持。田令孜自认为自己有功，把权柄操纵在自己手里。河中节度使王重荣，过去曾经作乱，割据一方。田令孜派遣朱玫等率军攻打，王重荣向李克用求救。克用当时正怨恨朝廷不怪罪朱全忠，于是上书声称朱玫与朱全忠互相勾结，想要共同消灭自己。李克用带领军队奔赴河中，京师震惊，田令孜又挟持唐僖宗逃往凤翔。朱玫追不上，就拥立肃宗玄孙襄王李煴为帝。朱玫手下将领王行瑜斩了朱玫、李煴，投奔河中节度使，王重荣将其斩首，送往皇宫行在，僖宗又一次回到长安。

唐僖宗在位十五年，改了五次年号，分别是乾符、广明、中和、光启、文德。他每天只与宦官在内宫厮混罢了。天下大乱，盗贼蜂拥而起。豪杰在混乱的局势中趁势而起，互相攻伐，朝廷不能控制他们。

上崩，寿王立，是为昭宗皇帝。

昭宗皇帝名杰，僖宗之弟也。僖宗大渐，宦者立之为太弟①，遂即位。后更名晔。帝明粹有英气，喜文学，以僖宗威令不振，朝廷日卑，有恢复前烈之志。践祚之始，中外忻忻②焉，然而内制于宦寺，外有强镇，初志竟不遂。

越州③董昌④僭号，昌先据杭州，钱镠⑤为兵马使⑥。朝廷命昌帅浙东，镠领杭州。至是昌称帝于越，诏镠讨之。

凤翔李茂贞⑦、华州韩建⑧、邠州⑨王行瑜⑩三镇举兵犯阙，杀宰相，谋废立。闻李克用来讨，乃去。克用攻邠州，斩行瑜。将移兵岐华，贵近⑪恐沙陀⑫太盛，止之。克用自陇西郡王进爵晋王，引兵还晋阳。

---

① 太弟，皇太弟，储君的一种，简称太弟。与皇太子、皇太孙、皇太叔等，都是皇位继承人的封号。
② 忻忻，欣然。
③ 越州，别名越中、会稽、山阴，即今浙江绍兴。
④ 董昌（？—896），杭州临安人。唐末任义胜军节度使，割据两浙，后自称帝。唐昭宗令钱镠讨伐董昌。乾宁三年（896），钱镠攻破越州。董昌被俘，在押赴杭州途中投江自杀。
⑤ 钱镠（liú，852—932），字具美，一作巨美，小字婆留，杭州临安人，五代十国时期吴越国创建者。钱镠在唐末跟随董昌保护乡里，累迁至镇海军节度使，后因董昌叛唐称帝，受诏讨平董昌，再加镇东军节度使，逐渐占据以杭州为首的两浙十三州。在位期间，采取保境安民的政策，经济繁荣。搜罗人才，以文艺著称于世。庙号太祖，谥号武肃王，葬于钱王陵。
⑥ 兵马使，唐代官名，节度使属下官职，属于武职，掌管兵马。
⑦ 李茂贞（856—924），原名宋文通，字正臣，深州博野（今河北蠡县）人。唐末、五代藩镇军阀，官至凤翔、陇右节度使，封岐王。后向后唐称臣，寻卒。
⑧ 韩建（？—912），字佐时，河南许昌人。将门出身，唐末割据军阀。乾化二年（912）后梁朝廷纷争，部属作乱，将韩建杀害于衙署。
⑨ 邠（bīn）州，州名，唐开元十三年（725）改豳州为邠州，辖境大致在今陕西彬县。
⑩ 王行瑜，生卒年不详，邠州（今陕西彬县）人。最早为邠宁节度使朱玫的部将，后倒戈。曾迫使昭宗杀宰辅重臣，被李克用击败后，为其部下所杀。
⑪ 贵近，显贵和近臣。
⑫ 沙陀，代指李克用。

唐僖宗驾崩后，寿王李晔登帝位，这就是昭宗皇帝。

昭宗皇帝原名李杰，唐僖宗的弟弟。僖宗驾崩后，宦官拥立他成为皇太弟，于是即位。后改名叫李晔。昭宗气貌雄俊，攻书好文，痛感僖宗的诏令不再有权威，朝廷的地位一天天变得卑下，有恢复前辈事业的宏伟志向。登基之初，中外欢欣鼓舞。好景不长，由于内部受制于宦官专权，外有强大的藩镇割据势力，最初的志向不能实现。

越州董昌僭越称帝，董昌先前占据杭州，以钱镠为兵马使。朝廷任命董昌统领浙东的军队，钱镠领有杭州。等到董昌在越州称帝，朝廷下诏命令钱镠讨平他。

凤翔李茂贞、华州韩建、邠州王行瑜三镇，举兵进犯宫阙，杀死宰相，谋废昭宗。听闻李克用率军前来讨伐他们，赶紧退去。克用攻打邠州，斩杀王行瑜。李克用将要进军岐、华地区，皇帝的近臣、显贵害怕李克用的沙陀部族军势太盛，让昭宗皇帝劝阻了李克用。李克用由陇西郡王受封为晋王，率军回到晋阳。

钱镠克越州，董昌伏诛。

初李克用屯渭北，李茂贞、韩建惮之，事朝廷甚恭。克用去，二镇复骄慢。茂贞举兵犯阙，上出奔华州。克用遣援。又闻朱全忠营洛阳迎驾。茂贞与建皆惧，奉上还长安。

先是尝令诸王将兵巡警，又欲使出四方，抚慰藩镇。南北司用事者恐其不利于己，交谏以为不可。上不得已，罢之。

上在华时，宦官刘季述①围杀诸王十一人。至是季述幽上于少阳院②而立太子裕③。同平章事崔胤④说神策将讨诛季述，上复位。宦官谋去胤。

---

① 刘季述（？—公元901年），唐末宦官。乾宁二年（895）任神策军左中尉。光化三年（900），与右中尉王仲先幽禁唐昭宗，立太子裕为帝。次年，都将孙德昭、董从实等受崔胤指使，支持昭宗复位。和王仲先同被杀。
② 少阳院，唐代大明宫内建筑。唐代前期，太子居住太极宫东宫。玄宗以后，太子多随皇帝居住在大明宫寝殿旁的少阳院。因太子亦称少阳，其居处故称少阳院。
③ 裕，李裕（？—904），唐昭宗李晔长子，德王。光华三年（900），发生了神策军中尉刘季述等人的政变，唐昭宗被软禁，太子李裕开始监国，称帝。天复元年（901），宰相崔胤联合禁军将领孙德昭打败了刘季述，迎昭宗复位，李裕复降德王。公元904年，朱温令蒋玄晖诱杀唐氏诸王，德王李裕等被诛。
④ 崔胤（853—904），字昌遐，一说字垂休，清河武城（今山东武城）人。出身清河崔氏，崔慎由之子。乾宁二年（895）进士及第，官拜御史中丞。景福二年（893），官拜宰相。与朱温相结，打压宦官。屡次被罢官，均因朱温支持再起，先后四次官拜宰相，时人称"崔四人"。天复元年（901），崔胤遗书朱温，令他出兵迎驾，宦官劫持昭宗。天复三年（903），昭宗回到长安，他劝朱温尽杀宦官，因筹谋另建禁军引发朱温忌惮，次年被杀。

钱镠攻克越州，董昌被杀。

当初李克用屯兵在渭河以北，李茂贞、韩建非常忌惮他，因此对朝廷非常恭敬。李克用一走，这两个藩镇又变得骄傲，怠慢王室。李茂贞派军进犯长安，昭宗出奔到华州。李克用派军救驾。又听说朱温营建洛阳宫殿准备迎驾。李茂贞和韩建都害怕了，奉迎唐昭宗回到长安。

先前，唐昭宗曾经命令诸王率领禁军巡视、警戒，又想派他们出使到各地去抚慰割据的藩镇。南北司用事的宦官、宰辅大臣都害怕对自己不利，不断上奏章反对。昭宗不得已，下诏罢除。

唐昭宗在华州时，宦官刘季述围困杀害了十一位李唐藩王。现在，他又把昭宗幽禁在少阳院，拥立太子李裕称帝。同平章事崔胤说服神策军的将领诛杀宦官刘季述，昭宗才得以复位。宦官谋划除掉崔胤。

时朱全忠有挟天子令诸侯之意，胤以书召之。全忠举兵来，宦者韩全诲①等劫上如②凤翔。全忠围之，李茂贞遂杀全诲等，奉上还长安。全忠以兵驱宦官，尽杀之，其出使外方者，诏所在诛之，存黄衣幼弱三十人备洒扫。宦官自文宗③已后，废置在其掌握。至有定策国老、门生天子④之号，及是大被诛杀。

全忠由东平王进爵梁王还汴。全忠威震天下，有篡夺之志。胤惧，为之备。全忠表请除胤，密使其党杀之。遂请上迁都东京，促百官东行，驱徙士民。上谓侍臣曰："鄙语云，'纥干山⑤头冻杀雀，何不飞去生处乐'。朕今漂泊，不知竟落何所。"泣下沾巾。上至洛阳，李茂贞等移檄以兴复为辞。全忠将西讨，以上有英气，恐生变，遣人入洛弑之。

上自即位，非不梦想贤豪，卒不用之。尝有朝士郑綮⑥好诙谐，多为歇后诗⑦，嘲时事。上意其有所蕴，手注班簿以为相，堂吏走告，不信。已而贺客至，綮搔首曰："歇后郑五作宰相，时事可知矣。"

---

① 韩全诲（？—903），唐代宦官。任右神策军护军中尉，与李茂贞深交。天复元年（901）幽禁唐昭宗，宰相崔胤召朱温救驾。昭宗被劫持至凤翔，朱温督兵围之岁余。天复三年（903），李茂贞杀韩全诲，与朱温和解。
② 如，通"入"。
③ 文宗，即唐文宗李昂（809—840），826至840年在位，执政期间政治黑暗，官员和宦竖争斗不断，唐王朝最终走向没落。本人也形同傀儡，最后抑郁而死。
④ 定策国老、门生天子，枢密使宦官杨复恭给兄子守亮的信中，自称是"定策国老"，以策立皇帝的功臣自居，而称昭宗李晔为"负心门生"，讥天子为门生。
⑤ 纥干山，位于大同城东，古称纥真山，素以山峰峭拔，冬夏积雪而著称。
⑥ 郑綮（qǐng，？—899），字蕴武，郑州荥阳（今河南荥阳）人，第进士，累官庐州刺史。曾写信请求起义军不要侵犯州境。黄巢大笑，没有进攻。生性诙谐，入朝任官后态度严肃，觉得仍然不被朝臣重视，上书去职。
⑦ 歇后诗，杂体诗的一种，《沧浪诗话》上有"藏头、歇后"之说。

这时朱全忠有挟持天子号令诸侯的谋划，崔胤写信召他前来。朱全忠率领大军前往长安，宦者韩全诲等劫持昭宗逃往凤翔。朱全忠兵围凤翔，凤翔节度使李茂贞于是杀掉韩全诲等人，奉迎昭宗返回长安。朱全忠派兵驱赶宦官，全部杀尽，有在外出使的宦官，也下诏让当地藩镇诛杀，只留下职位低而幼弱的宦官三十人来打扫卫生。自唐文宗后，宦官掌握了废立皇帝的大权，甚至有定策国老、门生天子的称呼，到此时被诛杀殆尽。

朱全忠由东平王进爵为梁王，回到汴州。朱全忠威震天下，有篡夺皇位的想法。崔胤非常担忧，为保全皇室暗中做准备。朱全忠上表请求除掉宰相崔胤，暗地里派遣自己的党徒杀掉崔胤。于是敦请昭宗迁都东都洛阳，催促百官同行，并且派兵士驱赶长安的士人百姓出发。昭宗对近侍说："俗话说'纥干山头冷的可以冻死麻雀，为什么不飞向能活命的地方使得自己开心些？'寡人现在漂泊无定，不知道最后会落个什么下场？"说完痛哭流涕，眼泪沾湿了衣襟。昭宗到达洛阳，李茂贞等人传檄合兵以复兴唐室为借口，讨伐朱全忠。朱全忠亲率大军西征，因为昭宗有英豪的气概，害怕东都有变，就派人去洛阳杀害了昭宗。

唐昭宗自继位以来，并不是不想有贤能豪杰来辅佐自己，但最终都没有起用。曾经有朝士郑綮生性诙谐，经常作歇后诗，嘲讽时事。昭宗明白他意有所指，亲手在官员名册旁注明任命他为宰相，传话的官员奔走告知，郑綮不相信。等到祝贺的客人到了，才挠挠头说："作歇后诗的郑五当了宰相——时事的不堪可想而知。"

上在位十七年，改元者七，曰龙纪、大顺、景福、乾宁、光化、天复、天佑。子立，是为哀皇帝。

哀皇帝初名祚①。昭宗有废太子裕，已壮，全忠恶之，祚以幼得立，更名柷。全忠杀裕等九人，皆昭宗子。全忠为相国，加九锡。帝在位仍称天祐。不四年，禅于梁，寻被弑。唐自高祖，至是二十世，凡二百九十年。

① 祚，唐哀帝李柷（zhù，892—908），原名李祚，唐昭宗李晔第九子，唐朝末代皇帝，葬于温陵。

昭宗在位十七年，使用了七个年号，分别是龙纪、大顺、景福、乾宁、光化、天复、天佑。他的儿子继位，这就是唐哀帝。

哀皇帝原名李祚。唐昭宗有废太子李裕，已经壮年，朱全忠非常讨厌他，李祚因为年幼便于掌控而被拥立为皇帝，改名李柷。朱全忠杀了李裕等九位王子，都是昭宗的孩子。朱全忠位居相国，加九锡。哀皇帝在位时仍以天祐为年号。不到四年，禅位给梁，不久惨遭杀害。唐朝自高祖创立以来，到此共二十朝，一共二百九十年。

文白对照十八史略　五代　第四卷

五代·后梁（一）

梁①太祖皇帝②，初名温，姓朱氏，砀山③人，朱五经④之子也。少无赖，从黄巢为盗。降唐，赐名全忠。初镇汴，攻并徐州、兖州、郓州。攻河北⑤、河东⑥诸郡，屡与李克用交兵。寻取河中⑦、晋⑧、绛⑨，用兵华⑩岐⑪。东降青州⑫，南取荆襄⑬，横行诸镇间。

劫迁唐都于洛，遂篡唐。更名晃，封其兄全昱⑭为王。尝骂之曰："朱三，汝作天子邪？汝从黄巢作贼，天子用汝为四镇节度使，何负于汝，奈何灭唐家三百年社稷！自为帝王，行当族灭矣。"

---

① 梁，即后梁，公元907年—公元923年，五代十国时期政权，五代之一。朱温所建，先后以开封、洛阳为都，全盛时疆域大致包括今山东、河北南部、山西南部、陕西东南部、河南、湖北北部、安徽北部、江苏北部。公元923年，为后唐所取代。
② 太祖皇帝，即朱温，五代十国时期后梁政权建立者。
③ 砀山，今安徽砀山县。
④ 朱五经，生卒年不详，本名朱诚，宋州砀山人，朱温之父。为乡间私塾教师，壮年去世。朱温称帝后，追谥为文穆皇帝，庙号烈祖。
⑤ 河北，唐道名，辖境大致在今河南、山东黄河以北，河北长城以南一带，治魏州（今河北大名）。
⑥ 河东，唐道名，辖境大致在今山西、河北西北一带，治蒲州（今山西永济）。
⑦ 河中，唐五代府名，即蒲州。唐玄宗时升蒲州为河中府，历代屡有变动。辖境大致在今山西运城，治蒲州（今山西永济）。
⑧ 晋，唐宋州名，辖境大致在今山西临汾东部、晋中南部一带，治临汾县（今山西临汾）。
⑨ 绛，唐宋州名，辖境大致在今山西运城北部、临汾南部一带，治正平县（今山西新绛县）。
⑩ 华，唐宋州名，辖境大致在今陕西渭南东部，治郑县（今陕西华县）。
⑪ 岐，唐宋州名，辖境大致在今陕西宝鸡东部，治雍县（今陕西凤翔）。
⑫ 青州，唐宋州名，辖境大致在今山东潍坊北部，治益都县（今山东益都）。
⑬ 荆襄，东汉时期荆州原下辖七郡：南阳郡、南郡、江夏郡、零陵郡、桂阳郡、武陵郡、长沙郡。之后曹操从南郡、南阳郡中分出襄阳郡、南乡郡，合称"荆襄九郡"。后泛指湖南、湖北地区。
⑭ 全昱，即朱全昱（？—915），宿州砀山（今安徽砀山）人，朱温之兄。原为佃户，朱温称帝后任山南西道节度使，封广王。

五代·后梁（一）

后梁太祖皇帝原名朱温，是宋州砀山人，他父亲朱诚是个经学老先生，人称朱五经。朱温年轻时是一个无赖，唐朝末年跟从黄巢起义造反。朱温归降唐朝后，唐僖宗赐名朱全忠。起初朱温镇守汴州，攻下徐州、兖州、郓州。后又进攻河北道、河东道的州郡，多次同李克用交战。不久后攻取河中府、晋州、绛州，向华州、岐州等地进军。向东降服了青州，向南攻占了荆襄等地，在诸多藩镇之间横行无阻，所向披靡。

朱温劫持唐昭宗，迁都于洛阳，不久就篡取了唐朝政权。即位后，朱温改名为朱晃，封他的哥哥朱全昱为广王。朱全昱有次曾怒骂朱温："朱老三，你也做了皇帝？你跟随黄巢造反，唐天子不计前嫌任用你为四镇节度使，何曾有负于你？你为什么灭掉唐家三百年社稷，自立为帝？恐怕朱氏一族，很快就要因你而覆灭了！"

是时，李克用王①晋，李茂贞王岐。杨行密②为吴王，王淮南③。行密已卒，子渥④代之。王建⑤王蜀⑥，钱镠王两浙⑦。王潮⑧据闽⑨，已卒，弟审知⑩代之。马殷⑪据湖南。刘隐⑫据广。皆自唐末以来割据诸州。

---

① 王（wàng），称王。
② 杨行密（852—905），字化源，庐州合肥（今安徽长丰）人，五代十国时期南吴政权建立者，公元902年—公元905年在位。起兵后占据扬州、宣州，受封宣州观察使；夺取江东、淮南等地，抵御朱温南下，加封吴王，史称"南吴"。其子杨溥即位称帝后，追谥为武帝，庙号太祖。
③ 淮南，指淮河以南。
④ 渥（wò），即杨渥（886—908），字奉天，庐州合肥（今安徽长丰）人，杨行密长子，五代十国时期南吴国君，公元906年—公元908年在位。继任吴王后，耽于享乐；部下徐温、张颢屡谏不听后，发动兵变，杨渥大权尽失，不久被杀。其弟杨溥即位称帝后，追谥为景帝，庙号烈祖。
⑤ 王建（847—918），字光图，许州舞阳（今河南舞阳）人，五代十国时期前蜀政权建立者，公元907年—公元918年在位。早年从军后护驾有功，封利州刺史，入蜀后大败陈敬宣，夺取两川、三峡，进封蜀王。朱温篡唐后自立为帝，史称"前蜀"，蜀中大治。死后谥号神武圣文孝德明惠皇帝，庙号高祖。
⑥ 蜀，今四川省。
⑦ 两浙，浙东和浙西的合称。唐肃宗时析江南东道为浙江东路和浙江西路，钱塘江以南简称浙东、以北简称浙西。后泛指今浙江地区。
⑧ 王潮（846—897），原名王审潮，字信臣，光州固始（今河南固始）人，五代十国时期闽国政权奠基人。跟随王绪转战福建，后杀王绪。占领福建全境后，先后受封福建观察使、威武节度使。
⑨ 闽，今福建省。
⑩ 审知，即王审知（862—925），字信通，又字详卿，光州固始（今河南固始）人，王潮之弟，五代时闽国政权建立者，公元909年—公元925年在位。初与其兄一同跟随王绪占据闽南，后杀王绪；王潮死后，王审知即位，朱温任其为中书令，封闽王，正式建国。死后谥号忠懿王。其子王延钧即位称帝后，追谥为昭武孝皇帝，庙号太祖。
⑪ 马殷（852—930），字霸图，许州鄢陵（今河南鄢陵）人，五代十国时期南楚政权建立者，公元907年—公元930年在位。先后跟随孙儒、刘建锋，后率军攻占湖南全境。朱温建立后梁后，封为楚王，正式建国，史称"南楚"。在位期间，保境安民，不兴兵戈，发展经济，轻徭薄赋，使得湖南经济得以发展。死后谥号武穆王。
⑫ 刘隐（873—911），蔡州上蔡（今河南上蔡）人，五代十国时期南汉政权奠基人。袭父职任封州刺史，后逐渐占据岭南地区。朱温建立后梁后，封为南海王；统治时期重视人才，使岭南地区保持安定。其弟刘䶮即位称帝后，追谥为襄帝。

当时，李克用为晋王，李茂贞为岐王。杨行密在淮南称吴王，死后他儿子杨渥继承王位。王建在蜀地称王。钱镠在两浙间称王。王潮占据闽地，死后他的弟弟王审知继位。马殷占据湖南，刘隐占据岭南。他们都是唐末以来割据称霸的藩镇。

梁主以马殷为楚王。

蜀①主王建称帝。

晋②王李克用卒。初，克用有养子曰存孝③，最骁勇，有功。养子存信④嫉而谮⑤之，存孝惧祸而叛，克用讨获囚归。惜其才，意临刑必有为之请者。诸将嫉其能，竟无一人言，遂死。又有薛阿檀⑥亦勇，密与存孝通，恐事泄，自杀。自是克用兵势寖⑦弱。唐末数为汴人⑧所攻，失数州。汴兵直抵晋阳城下，克用登城备御，不遑寝食。后汴兵再围晋阳，以疫还。克用几欲走，会汴兵去而止。克用不能与汴人争者累年，悒悒⑨以至于卒。

---

① 蜀，即前蜀，907年—925年，五代十国时期割据政权，十国之一。王建所建，定都成都，全盛时疆域大致包括今四川大部、甘肃东南部、陕西南部、湖北西部。公元925年为后唐庄宗所灭。
② 晋，891年—923年，五代十国时期割据政权，是后唐政权的前身。李克用所建，定都晋阳（今山西太原），疆域大致在今山西中北部、河北一带。公元923年，晋王李存勖称帝，国号唐，史称"后唐"。
③ 存孝，即李存孝（？—894），代州飞狐（今河北涞源）人。唐末将领，本名安敬思，晋王李克用收为养子，赐姓李，名存孝，为十三太保。官封邢州（邢台）刺史、邢州节度使。随李克用南征北战，骁勇善战，常为先锋，围平阳，定邢、洛，皆有功，官至邢台留后。李克用听信养子李存信谗言，对李存孝不予奖赏，遂生芥蒂。唐景福元年（892），李克用发兵围攻邢州，李存孝兵败被擒，在太原车裂于市。
④ 存信，即李存信（862—902），唐末回鹘部人。本名张污落，居于云中（治今山西大同）。少善骑射，通多种少数民族语言文字。为李克用亲信，从入关镇压黄巢起义军，累为马步军都指挥使，遂赐姓名，被收为养子。因忌才争功，谗杀李存孝。后加至检校司空。乾宁三年（896），连续被罗弘信、刘仁恭等击败，为克用所责，罢兵柄。
⑤ 谮，说坏话。
⑥ 薛阿檀，生卒年不详，唐末五代将领。跟随李克用起兵，勇猛善战；因与李存孝友善，李存孝死后，畏罪自杀。
⑦ 寖，渐渐地。
⑧ 汴人，即梁军。
⑨ 悒悒，忧愁不安的样子。心里郁闷，感到不快。

梁太祖朱温封马殷为楚王。

蜀主王建称帝。

晋王李克用逝世。起初，李克用有个养子名叫李存孝，最为骁勇善战，战功卓著。另一个养子李存信忌妒他，就向李克用说李存孝的坏话。李存孝担心被害就起兵反叛，李克用出兵讨伐，将李存孝擒获关押起来。收兵回来后，李克用爱惜他的才华，以为临刑前一定会有人出来为他说情。结果众将都忌妒李存孝的才能，竟然没有一个人为他求情，于是便被赐死。还有一个名叫薛阿檀的将领，也勇猛异常，因为暗地里同李存孝相通，害怕事情败露，畏罪自杀了。从这以后，李克用的军力就日渐衰退。自从唐末以来，李克用多次被后梁攻打，丢失了好几个州的领地。有次梁军直抵晋阳城下，李克用登上城楼防御守备，情势危急，都来不及吃饭休息。之后，梁军再次包围晋阳城，却因为军中发生瘟疫，于是撤军。李克用几乎都要弃城逃跑了，刚好看见梁军撤军，就留了下来。李克用因为不能和后梁争胜，常年郁郁不乐，不久便逝世了。

子存勖①立。时梁兵侵晋，围潞州②，晋李嗣昭③闭城固守踰年。梁筑夹寨④守之。存勖与诸将谋曰："朱温所惮者，先王耳。闻吾新立，以为童子，必有骄怠之心。若简精兵，倍道⑤趋之，出其不意。取威定霸，在此一举，不可失也！"帅兵发晋阳，伏三垂岗⑥下。旦⑦，乘大雾，直抵夹寨，填堑鼓噪⑧而入。梁兵大溃，遂解潞围。

① 存勖，即李存勖（885—926），小名亚子，沙陀族，神武川新城（今山西雁门）人，李克用长子，五代十国时期后唐政权建立者，公元923年—公元926年在位。勇猛善战，长于谋略，剿灭后梁，扫平前蜀，统一中原，开创帝业。为五代诸帝中武功最盛者。建国后恢复唐制，兴创礼乐，却因宠幸伶人，用人不当，使后唐迅速衰落。后死于兵乱，谥号光圣神闵孝皇帝，庙号庄宗。
② 潞州，唐宋州名，辖境大致在今山西长治，治上党（今山西长治市区）。
③ 李嗣昭（？—922），本名韩进通，字益光，汾州太谷（今山西太谷）人，李克用养子，唐末五代时期名将。自小被李克用收为养子，称"二太保"；先后跟随李克用、李存勖父子四处征战，战功卓著，为后唐开国功臣，累迁司徒，封陇西郡王；后在征讨张文礼时中箭身亡。
④ 夹寨，指环绕敌城建立的壁垒。
⑤ 倍道，兼程前行。
⑥ 三垂岗，又称三垂山，在今山西长治市郊。
⑦ 旦，早晨。
⑧ 鼓噪，即鸣鼓喧哗、擂鼓呐喊。

李克用之子李存勖继立为晋王。当时，梁兵来犯，包围潞州。晋将李嗣昭关闭城门死死坚守了一年，梁军就在潞州城下建筑壁垒，打算长期围困。李存勖和诸将商议说："朱温所忌惮的只是先王，如今听说我继位，以为我童子小儿，不足为虑，必定会生出骄傲懈怠之心。倘若我军精简兵马，日夜兼行，定能出其不意。夺取威势，奠定霸业，在此一举，机不可失！"于是李存勖率军从晋阳出发，埋伏在三垂岗下，等到黎明时分，趁着漫天大雾，趋军急进，直抵梁军营寨，填平战壕，大喊着冲进营寨。梁兵溃不成军，潞州之围被解除。

淮南将张颢①、徐温②杀杨渥，温复杀颢，将吏推立杨隆演③。徐温自领升州④，而以养子徐知诰⑤往治之。

梁以王审知为闽⑥王。

梁以刘守光⑦为燕王。守光者，卢龙节度使⑧仁恭⑨之子也。先是，因其父而自领军府。

---

① 张颢（？—908），唐末、五代时期将领。跟随杨行密起兵，官至左牙指挥使；受命辅佐杨渥，因杨渥耽于享乐，遂联合徐温将其弑杀；后被徐温所杀。
② 徐温（862—927），字敦美，海州朐山（今江苏东海）人，五代十国时期南吴大臣，南唐政权奠基人。跟随杨行密起兵，官至右牙指挥使；受命辅佐杨渥，因杨渥耽于享乐，遂联合张颢将其弑杀；随后击杀张颢，独揽大权，相继拥立杨隆演、杨溥为吴王；死后追封齐王，谥号曰"武"。其养子徐知诰建立南唐后，追谥忠武皇帝，庙号太祖。
③ 杨隆演（897—920），字鸿源，庐州合肥（今安徽长丰）人，杨行密次子，杨渥之弟，五代十国时期南吴国君，公元908年—公元920年在位。徐温、张颢弑杀杨渥后，拥立杨隆演继位。在位期间，徐温专权，因不堪徐温欺侮，郁郁而终。其弟杨溥即位称帝后，追谥宣帝，庙号高祖。
④ 升州，唐宋州名，辖境大致在安徽马鞍山、江苏南京一带，治江宁县（今江苏南京）。又称江宁府。
⑤ 徐知诰，即李昪（888—943），字正伦，小字彭奴，徐州（今江苏徐州）人，五代十国时期南唐政权建立者，公元937年—公元943年在位。被徐温收为养子后，起名徐知诰。后平定朱瑾叛乱。徐温逝世后，掌控朝政，官至太师，封齐王；不久自立为帝，国号为唐，改名李昪，史称"南唐"。后服丹药中毒而死，死后谥号光文肃武孝高皇帝，庙号烈祖。
⑥ 闽，公元909年—公元945年，五代十国时期割据政权，十国之一。王审知所建，建都长乐（今福建福州），全盛时疆域大致相当于今福建省。公元945年，为南唐所灭。
⑦ 刘守光（？—914），深州乐寿（今河北献县）人，刘仁恭之子，五代十国时期桀燕政权建立者，公元911年—公元913年在位。因与庶母通奸而被其父刘仁恭棍打，断绝父子关系；发兵俘虏刘仁恭，后自称卢龙节度使，擒杀兄长刘守文；被朱温封为燕王后称帝，国号为燕，因其为政残暴，史称"桀燕"。公元913年，被李存勖擒获，桀燕灭亡，不久被斩杀。
⑧ 卢龙节度使，唐、五代时期节度使名，又称范阳节度使、幽州节度使。辖境大致在今河北中部、北部，治幽州（今北京）。安史之乱后与魏博、成德并为河北三镇，与中央政权对立，割据一方，军乱频繁，动荡不安。
⑨ 仁恭，即刘仁恭（？—914），深州乐寿（今河北献县）人，唐末五代藩镇军阀。河北兵变后投奔李克用，李克用攻陷幽州后任卢龙节度使；后遭其子刘守光所废，被李存勖抓获后一同被杀。

淮南节度使杨渥被部将张颢和徐温所杀。不久徐温又斩杀了张颢。将士百官推举了杨行密次子杨隆演继位。徐温亲自担任升州刺史，并派养子徐知诰前往升州镇守。

梁太祖封王审知为闽王。

梁太祖封刘守光为燕王。刘守光是卢龙节度使刘仁恭的儿子。起初，刘守光囚禁了他的父亲，自己亲自率领军队，自称卢龙节度使。

梁夏州①乱，杀节度李彝昌②，以其族父仁福③代之。夏州李氏，本姓拓拔，上世自唐赐姓，领镇久矣。

广州刘隐卒，弟巖④代之。

刘守光称燕⑤帝。

五代·后梁（二）

镇州⑥王镕⑦、定州⑧王处直⑨推晋王为盟主。梁攻镇州，袭取诸郡。晋王伐其兵于柏乡⑩，大破之。晋帅二镇伐燕，梁主救之。大败，走归。

① 夏州，唐宋州名，辖境大致在今陕西北部、宁夏全境、内蒙古中部一带，治朔方县（今陕西靖边）。又称定难军，是西夏政权的发祥地。
② 李彝昌（？—909），党项族，李思恭之孙，唐末、五代藩镇军阀。因其父早卒，祖父李思恭、叔祖李思谏相继死后，继任为定难军留后，不久被部将暗杀。
③ 仁福，即李仁福（？—933），党项族，李思恭族侄，唐末、五代藩镇军阀。李彝昌死后，继任定难军留后，被后梁封为定难军节度使。
④ 巖（yán），即刘龑（889—942），又名刘纪，初名刘陟、刘巖，蔡州上蔡（今河南上蔡）人，刘隐之弟，五代十国时期南汉建立者，公元917年—公元942年在位。继承父兄事业，雄立岭南，不久自立为帝，史称"南汉"。死后谥号皇天大帝，庙号高祖。
⑤ 燕，即桀燕，公元911年—公元913年，五代十国时期割据政权。刘守光所建，定都幽州（今北京），疆域大致在今河北中部、北部一带。公元913年，为李存勖所灭。
⑥ 镇州，唐宋州名，本名恒州。辖境大致在今山西阳泉东部、河北石家庄西部一带，治真定县（今河北正定）。
⑦ 王镕（873—921），河北邢州（今河北邢台）人，五代十国时期赵国政权建立者，公元907年—公元921年在位。继任其父为成德节度使，朱温称帝后，封为赵王，正式建国。在位期间在梁晋之间摇摆不定，耽于享乐，醉心炼丹，不理政事，后被养子张文礼弑杀。
⑧ 定州，唐宋州名，辖境大致在河北石家庄东北部、保定西南部，治安喜县（今河北定州）。
⑨ 王处直（？—922），字允明，京兆万年（今陕西长安）人，五代十国初期北平国政权建立者，公元909年—公元922年在位。继任其兄担任义武军节度使，称臣朱温。后梁建立后，封北平王，建立北平国。统治期间昏庸骄横，任用奸邪，企图结契丹南下牵制晋军，终被养子王都所杀。
⑩ 柏乡，在今河北赵州。

后梁夏州发生叛乱，节度使李彝昌被杀。然后夏州驻军推举李彝昌的同族叔父李仁福做了节度使。夏州李氏一族，原本姓拓拔，自从唐朝赐姓李后，已经在夏州担任了多年定难军节度使。

广州静海军节度使刘隐死后，他的弟弟刘岩继位。

刘守光自称燕帝。

五代·后梁（二）

镇州成德节度使王镕和定州义武军节度使王处直共同推举晋王李存勖为盟主。梁军攻打镇州，攻占了很多郡县。晋王帅兵讨伐，在柏乡大败梁军。接着晋王率领镇、定二州军队去讨伐燕国。梁主朱温赶去援救，结果大败而归。

先是,梁主已有疾。至是,惭愤曰:"我经营天下三十年,不意太原遗孽更昌炽如此!吾观其志不小,我死,诸儿非彼敌也,吾无葬地矣!"疾愈剧,且加躁怒。爱假子①友文②之妻,将立友文为嗣③,遂为其子友珪④所弑。在位六年,改元者二,曰:开平、干化。初,以汴州为东都,开封府洛阳为西都,迁都洛阳者,凡四年。友珪自立,寻伏诛。均王⑤立。

均王名友贞,初为东都指挥使⑥。友珪篡弑,起兵诛之。而即位于汴,更名瑱。

晋王入幽州⑦,执燕刘仁恭及守光,归斩之。

梁赐荆南节度使高季昌⑧爵为王。

---

① 假子,养子,义子。
② 友文,即朱友文(?—912),本名康勤,字德明,朱温养子,五代十国时期后梁宗室。多才多艺,深得朱温重用,官至开封尹、东都留守,封博王,加上朱温宠爱其妻,病重时想立朱友文为嗣,朱友珪遂发动兵变,弑杀朱温,赐死朱友文。
③ 嗣,君位、王位的继承人。
④ 友珪,即朱友珪(884—913),又名朱友球,小字遥喜,宋州砀山(今安徽砀山)人,朱温三子,五代十国时期后梁皇帝,公元912年—公元913年在位。初封郢王,弑杀朱温后即位;因在位期间赏罚不公,荒淫无度,被部下弑杀。
⑤ 均王,即朱友贞(888—923),宋州砀山(今安徽砀山)人,朱温四子,五代十国时期后梁最后一位皇帝,公元913年—公元923年在位。初封均王,弑杀朱友珪后即位。923年,后唐军队攻入开封,朱友贞自杀,后梁灭亡。史称末帝。
⑥ 指挥使,即都指挥使,官名,唐置。唐时为临时官职,五代时称诸将统帅为都指挥使。
⑦ 幽州,唐宋州名,辖境大致在今北京、天津一带,治蓟县(今北京市区)。
⑧ 高季昌,即高季兴(858—929),原名高季昌,字贻孙,陕州硖(xiá)石(今河南陕县)人,五代十国时期南平政权建立者,公元924年—公元929年在位。跟随朱温扫荡青州,因功封荆南节度使。后唐建立后,封南平王,正式建国,史称"南平"。死后被后唐追封为楚王,谥号武信。

起初，梁太祖身体本来就有病，自从柏乡、救燕两次战事失利后，羞愤交加，对他儿子们说："我掌管天下三十年，却不曾料到太原遗孽竟猖狂到如此地步！我看李存勖的志向不小，恐怕我死后，你们不是他的对手，我也会没有葬身之地！"此后病情恶化，而且脾气也越来越暴躁。梁太祖又不改好色本性，贪图养子朱友文之妻王氏的美色，有意将皇位传给朱友文，于是被太子朱友珪弑杀。梁太祖在位六年，改用了两个年号，分别是开平和乾化。起先，梁太祖把汴州作为东都，把开封府洛阳作为西都，他把都城迁到洛阳有四年时间。朱友珪自立为帝后，不久就被杀死，之后均王即位。

均王名叫朱友贞，起先担任东都指挥使。朱友珪谋逆弑杀梁太祖后，朱友贞起兵弑杀了朱友珪，之后在汴州即位，改名朱瑱。

晋王李存勖攻入幽州，擒拿住了刘仁恭和刘守光，将他们带回去一并斩首。

梁废帝封荆南节度使高季昌为荆南王。

契丹①阿保机②称帝，古东胡③种也。其国先在横山南，本鲜卑旧地。元魏时自号契丹。初，大贺氏④有八子，号八部大人。推一人为主，三岁一代。唐开元中有邵固⑤者统众，诏许袭王。至是，诸部以耶律斡里⑥少子阿保机为主，并奚、渤海⑦诸国，始建元，不复受代，国人谓之天皇王。

广州刘巖称越王，已而称帝，改国号曰汉⑧。后又更名龚。

吴⑨徐温徙治升州，以徐知诰入辅吴政。

---

① 契丹，中国古代民族，发源于东北地区。为东胡后裔，公元916年，耶律阿保机统一契丹各部，自称大汗，国号"契丹"。全盛时疆域东到日本海，西至阿尔泰山，北到额尔古纳河、大兴安岭一带，南到河北南部的白沟河，都临潢府（今内蒙古赤峰市巴林左旗）。公元947年灭后晋后改国号为"辽"，后数次反复。公元1125年为金国所灭。
② 阿保机，即耶律阿保机（872—926），名亿，契丹族，辽国开国君主，公元907年—公元926年在位。勇善射骑，明达世务，任用汉人韩延徽等，制定法律，改革习俗，创造契丹文化，发展农业、商业。统一契丹诸部后，即位称帝，建立契丹国。中原战乱，多次为军阀所借兵，趁机发展；后又攻灭渤海国。死后谥号升天皇帝，庙号太祖。
③ 东胡，中国古代民族，因居住匈奴东部而得名东胡。春秋战国时期活跃在东北地区，多次和中原诸侯国发生战事，后为冒顿单于所破。东胡诸部后来分化为乌桓、鲜卑、柔然、室韦、契丹、蒙古多个民族。
④ 大贺氏，唐代契丹世选联盟长氏族。契丹八部在唐朝初年形成部落联盟，历任联盟长均由大贺氏贵族中选举。
⑤ 邵固，即李邵固（？—730），契丹大贺氏首领，唐朝松漠都督府都督。继任契丹首领后，入朝跟随唐玄宗封禅泰山，任静析军经略大使，受封广化郡王，迎娶宗室公主，后为契丹将领可突于所杀。死后契丹首领人选由大贺氏转为遥辇氏担任。
⑥ 耶律斡里，据《辽史·本纪第二》，耶律阿保机之父为耶律撒剌的。耶律撒剌的，生卒年不详，唐代契丹迭剌部领袖，耶律匀德实四子，耶律阿保机之父。耶律阿保机称帝后，追谥为宣简皇帝，庙号德祖。
⑦ 渤海，公元698年—公元926年，中国古代政权。粟末靺鞨首领大祚荣所建，居民主要为靺鞨人和高句丽人，全盛时疆域大致在今中国东北地区、朝鲜半岛东北及俄罗斯远东一部分。公元926年，为契丹国所灭。
⑧ 汉，即南汉，公元917年—公元971年，五代十国时期政权，十国之一。刘巖所建，定都兴王府（今广东光州），全盛时疆域大致包括今广东、广西及越南北部。公元971年，为北宋所灭。
⑨ 吴，即南吴，公元902年—公元937年，五代十国时期政权，十国之一。公元902年，杨行密受封吴王，割据淮南，建立吴国，定都江都（今江苏扬州），全盛时疆域大致在今江苏、安徽、江西一带。公元937年，为南唐取代。

契丹耶律阿保机称帝。契丹族是原先东胡部落的后裔，他们的领地原先在横山以南鲜卑族旧地。元魏时，改部落名为契丹。起先，大贺氏家族有八个儿子，于是将部落分为八部，每人分领一部，称八部大人。按照规定，八部大人中要推选一人为首领，统辖八部，三年一换。唐朝开元年间，契丹族有个叫邵固的人统一八部，唐王朝下诏允许契丹王位世袭。这时，契丹各部拥护耶律撒剌的小儿子耶律阿保机为首领，吞并奚、渤海等国，自此建国，不再推选更换，国人称他为天皇王。

广州清海军节度使刘岩自称越王，过了不久自立为帝，改国号为汉。随后又改名为刘䶮。

吴国徐温将自己的府衙迁到升州，让徐知诰去江都入朝辅佐国政。

蜀主王建殂，子宗衍①立。

吴主杨隆演卒，弟溥②立。

梁以钱镠为吴越③国王。

晋与梁连岁交兵。梁魏州④降于晋，晋王入魏，拔德州⑤、澶州⑥。梁刘鄩⑦袭晋阳，不克而还，攻镇、定营，晋师败之。鄩攻魏州，晋王又败之。

---

① 宗衍，即王衍（899—926），初名王宗衍，字化源，许州舞阳（今河南舞阳）人，五代十国时期前蜀最后一位皇帝，公元919年—公元925年在位。即位后委政宦官，宠幸狎客，荒淫无道，大兴土木，前蜀政权迅速衰落。公元925年，后唐出兵攻打前蜀，王衍投降，前蜀灭亡。次年被杀，史称后主。颇具文采，喜好艳词，有《甘州曲》传世。
② 溥，即杨溥（900—938），庐州合肥（今安徽长丰）人，杨行密四子，杨隆演之弟，五代十国时期南吴国君，公元920年—公元937年在位。杨隆演被杀后即位，大权由徐温、徐知诰父子把持。公元927年称帝，公元937年禅位徐知诰，南吴灭亡。次年去世，谥号睿帝。
③ 吴越，公元907年—公元978年，五代十国时期政权，十国之一。钱镠所建，定都钱塘（今浙江杭州），疆域大致在今江苏南部、浙江全境、福建北部。公元978年，吴越王钱弘俶为避免战乱，主动献土宋朝，吴越灭亡。
④ 魏州，唐宋州名，辖境大致在冀、鲁、豫交界处，治贵乡（今河北大名）。
⑤ 德州，唐宋州名，辖境大致在今河北衡水东南部、山东德州大部，治安德县（今山东陵县）。
⑥ 澶州，唐宋州名，辖境在今河南濮阳东北部、山东菏泽西部一带，治澶水（今河南濮阳市区）。
⑦ 刘鄩（xún，861—923），又名刘掞，密州安丘（今山东安丘）人，五代十国时期后梁名将。喜好兵略，足智多谋，起先跟随王师范，投降朱温后在对抗李茂正、李存勖中屡立战功，官至泰宁军节度使、检校太尉。末帝时奋力抗晋，因谗言而被逼饮鸩自杀。

前蜀皇帝王建逝世，他的儿子王宗衍即位。

南吴国主杨隆演逝世，他的弟弟杨溥即位。

梁末帝封钱镠为吴越国国王。

晋王与梁国连年交战。梁国魏州投降了晋王，晋王李存勖进入魏州，随即占领德州和澶州。梁国刘鄩袭击晋阳城，没有攻克，兵败而返。梁末帝又派兵攻打镇、定两州，晋军又将其击败。刘鄩带兵攻打魏州，晋王再次将他打败。

梁又遣兵袭晋阳，晋人击却之。晋克卫①、磁②、洺③、相④、邢⑤、沧⑥、贝⑦州，掠濮⑧、郓。梁人决河以限晋。晋王攻拔其四寨，已而大举伐梁，战于胡柳⑨，晋周德威⑩败死。晋王收兵复战，大破梁军。晋筑德胜⑪南北两城，梁攻之，不克。梁招讨⑫王瓒⑬为晋所败。梁河中降晋。镇州将弑赵⑭主王镕，晋王讨平之。

先是，吴、蜀屡书，劝晋王称帝。晋王自谓："先王有遗言，当务复唐社稷。"

---

① 卫，唐宋州名，辖境大致在今河南新乡北部、鹤壁西南一带，治辉县（今河南辉县）。
② 磁，唐宋州名，辖境大致在今河北省邯郸西部，治滏阳县（今河北磁县）。
③ 洺，唐宋州名，辖境大致在今河北省邯郸东部，治永年县（今河北永年）。
④ 相，唐宋州名，辖境大致在今河南鹤壁、安阳一带，治安阳县（今河南安阳市区）。
⑤ 邢，唐宋州名，辖境大致在今河北邢台东部，治龙冈县（今河北邢台市区）。
⑥ 沧，唐宋州名，辖境大致在今河北沧州东部、天津南部、山东德州西北部、滨州西北部一带，治清池县（今河北沧州市区）。
⑦ 贝，唐五代州名，辖境大致在今河北邢台、衡水，山东聊城、德州交界一带，治清河县（今河北清河县）。
⑧ 濮，唐宋州名，辖境大致在今河南濮阳东部、山东菏泽西部，治鄄城县（今山东鄄城）。
⑨ 胡柳，即胡柳陂，在今河南濮阳东南。
⑩ 周德威（？—919），字镇远，小字阳五，朔州马邑（今山西朔州）人，五代十国时期晋国名将。骁勇善战，胆略超群，先后跟随李克用、李存勖南征北战，晋梁对峙时期屡败梁军，增援潞州、鏖战柏乡、平定桀燕、镇守幽州，战功卓著，官至卢龙节度使，领蕃汉马步总管。胡柳陂之战中，谏言李存勖不听，导致兵败，死于阵中。后唐时追赠太师，后晋追封燕王。
⑪ 德胜，在今河南濮阳。
⑫ 招讨，官名，唐置。为战时临时军事长官，常以大臣、将帅或节度使等地方军政长官兼任。
⑬ 王瓒，生卒年不详，五代十国时期后梁将领。胡柳陂之战后任招讨使率军抵御晋军，反为晋军所败。后任开封府尹，晋军兵临城下时开城投降，后受命收敛后梁末帝的尸体。
⑭ 赵，公元907年—公元921年，五代十国时期割据政权。公元907年，王镕受封赵王，正式建国，定都镇定（今河北正定），疆域大致在今河北中部。公元923年，王镕被养子张文礼所杀，赵国灭亡。

梁末帝又派兵袭击晋阳城，晋军打退了梁军。晋王又相继攻克卫、磁、洺、相、邢、沧、贝七州，并占领了濮州和郓州，梁军无奈之下挖开黄河堤坝来阻挡晋军。晋军攻下梁军四座营寨后，接着便发起了全面进攻，与梁军在胡柳陂展开激战。晋军周德威战死。晋王收兵整顿后继续迎战，大破梁军。晋王命人修筑德胜南北两城，梁军向德胜城发起进攻，却没有攻克。梁国招讨使王瓒被晋军击败，河中府向晋王投降。镇州将领弑杀了赵国国主王镕，晋王派兵前去征讨，平定了祸乱。

　　起初，南吴和前蜀两国国主多次上书，劝晋王称帝。晋王说："先王有遗言，务必要恢复大唐的江山社稷。"

既而得传国宝于魏州，将佐皆贺，劝进不已。遂即帝位于魏，国号唐。

遣李嗣源①袭取梁郓州，梁以王彦章②为招讨。唐主戒德胜守者曰："王铁枪③勇决，谨之。"彦章果拔南城，进拔诸寨。至杨刘④，力攻不克而退。梁遣彦章攻郓，唐主救之，梁败，彦章死。唐以嗣源为先锋，五日入大梁。梁主犹虑诸兄弟乘危谋乱，尽杀之。寻命其下杀己。在位十一年，改元者二，曰：贞明、龙德。

梁自太祖称帝，至是二世，一十七年而亡。

---

① 李嗣源（867—933），沙陀族，应州金城（今山西应县）人，李克用养子，五代十国时期后唐皇帝，公元926年—公元933年在位。原名邈吉烈，被李克用收为养子后改名李嗣源，称"大太保"，行事恭谨，骁勇善战，先后跟随李克用、李存勖转战河北，参加所有战事，屡破梁军，是后唐开国功臣。后唐建立后累迁成德节度使，任中书令，因功高震主而被猜忌。镇压邺都兵变时与变兵合流，入洛称帝。在位期间整饬吏治，铲除伶官，减免赋税，削弱藩镇，是五代时期少有的开明君主。后期疑心过重，滥杀大臣，导致后唐国力顿衰。死后谥号圣德和武钦孝皇帝，庙号明宗。
② 王彦章（863—923），字贤明，郓州寿张（今山东梁山）人，五代十国时期后梁名将。骁勇善战，勇略非凡，跟随朱温南征北战，每战常为先锋，屡次抗击晋军，战功卓著，历任各州刺史，官至匡国军节度使，封开国侯。德胜口之战中，因被后梁召回而失败，后镇守中都时被唐军俘虏，拒降被杀。
③ 王铁枪，王彦章因善使铁枪，罕有敌手，人称"王铁枪"。
④ 杨刘，在今山东东阿北杨柳村，唐宋时黄河重要渡口。

过了不久晋王在魏州得了一块传国宝玉,将士们都前来称贺,劝他称帝。于是晋王在魏州即位称帝,改国号为唐。

晋王派李嗣源攻占梁国的郓州,梁末帝任王彦章为招讨使,前来交战。唐庄宗告诫德胜南北两城的守将:"王铁枪勇猛果敢,你们务必要小心!"王彦章果然攻下了德胜南城,接着又攻下其他营寨,军势大振,直抵杨刘城下,猛力进攻后没有攻克,才带兵返回。随后梁末帝又派王彦章去攻打郓州,唐庄宗率军前去救援,梁兵大败,王彦章也被杀死。唐庄宗任命李嗣源为前锋,五日后便攻入大梁城内。梁末帝还担心他的兄弟们乘危谋反篡位,于是把他们一并赐死。之后又命令部下杀死自己。梁末帝在位十一年,改用了两个年号,分别是贞明和龙德。

梁国自太祖朱温称帝以来,经历了两代皇帝,一共是十七年而灭亡。

五代·后唐（一）

唐①庄宗皇帝，名存勖，沙陀②人也。本姓朱邪，先世立功，赐姓李。父克用，有勇略，一目微眇③，号独眼龙。为唐平黄巢，立大功，王于晋。与朱氏为仇，暮年颇为所蹙④，忧形于色。存勖幼，进言曰："朱氏穷凶极暴，人怨神怒，极将毙矣！吾家世袭忠贞，大人⑤当遵养时晦⑥，以待其衰。奈何轻为沮丧，使群下失望乎？"克用悦，临终立为嗣，谓其下曰："此子志气远大，必能成吾事。"年十七，嗣晋主位，即举兵破梁，解潞⑦围。自是连胜，梁祖叹曰："生子当如李亚子，吾儿豚犬⑧耳！"

---

① 唐，即后唐，公元923年—公元936年，五代十国时期政权，五代之一。沙陀族李存勖所建，定都洛阳，全盛时疆域包括今河北、山西、陕西、河南、山东、江苏北部、安徽北部、湖北北部、重庆、四川等地。公元936年，为后晋石敬瑭联合契丹所灭。是五代十国时期疆域最大的王朝。
② 沙陀，中国古代民族。又名处月，以朱邪氏为首领，原为西突厥一部，活跃在今新疆准噶尔盆地西南一带。晚唐时迅速崛起，平定黄巢起义军，割据河东，左右唐室，建立后唐、后汉政权。
③ 微眇，失明。
④ 蹙，逼迫。
⑤ 大人，对父母长辈的称呼。
⑥ 遵养时晦，指韬光养晦，等待时机。
⑦ 潞，潞州。
⑧ 豚犬，猪和狗。

五代·后唐（一）

  后唐庄宗皇帝名叫李存勖，是沙陀族人，本姓朱邪，祖上曾为唐朝立下功劳，赐予李姓。李存勖的父亲是李克用，有勇有谋，因为一只眼看不清东西，别人称他为独眼龙。李克用曾助唐朝平定黄巢叛乱，征战有功，被封为晋王。李克用因不服从梁太祖朱温的命令，二人遂结下仇怨。晚年时常被梁军攻势逼迫得局促不堪，愁容满面。李存勖年纪尚小，劝慰李克用说："朱温为人极其凶残暴虐，人神共愤，终究会暴毙而死！我们李家世代忠良，父亲应当韬光养晦，静等朱温衰败。为何要轻易露出沮丧的神情，使得下属也跟着失望呢？"李克用听了极为高兴，认为李存勖见识不凡。他临终前立存勖为太子，对部下说："这孩子志气远大，一定能够完成我的遗愿。"李存勖十七岁就继承晋王位，随即便发兵攻打梁军，解决了梁国对潞州的包围。自那以后连战连胜，梁太祖朱温不禁感叹道："生子就应当像李亚子这样的，跟他一比，我的儿子就像猪狗一样！"

存勖东并幽州,北却契丹,南与梁夹河百战。先是,晋阳监军①,故唐宦者张承业②,为晋王捃拾③财赋,召补兵马。攻战连年,接应不乏,皆承业力。承业意在复唐宗社,闻王将称帝,力谏。知不可止,恸哭曰:"诸侯血战,本为唐家。今王自取之,误老奴矣!"悒悒成疾而卒。

王即位,改晋为唐,奉唐祀。入汴灭梁,都大梁,已而迁洛阳。侍中④郭崇韬⑤有谋略,佐唐主成业。至是权兼内外,谋猷⑥规益,竭忠无隐,荐引人物。他相⑦受成而已。

荆南⑧高季兴入朝。季兴者,季昌之改名也,唐以为南平王。

---

① 监军,官名,汉置。为战时设置,代表朝廷协理军务,督察将帅。
② 张承业(846—922),本姓康,字继元,同州(今陕西大荔)人,唐末五代宦官。自幼入宫,改名张承业,后升任内供奉;出任河东监军时执法严明,深得李克用器重,受命辅佐李存勖;梁晋争霸时期留守太原,执掌后方军政,为李存勖灭梁建国提供了后勤保障。因李存勖执意称帝,屡谏不听,忧愤成疾,死于晋阳。后唐建立后,追赠左武卫上将军,谥号贞宪。
③ 捃拾,拾取、收集。
④ 侍中,官名,秦置。本为丞相属官,魏晋位同宰相。
⑤ 郭崇韬(?—926),字安时,代州雁门(今山西雁门)人,五代十国时期后唐名将。多谋善断,忠贞不二,先后辅佐李克用、李存勖,在灭梁建唐中以谋议佐命功居第一,任侍中,封赵郡公;后率军攻灭前蜀,吞并川地;回朝途中被宦官所杀。
⑥ 谋猷,计谋,谋略。这里为出谋划策之意。
⑦ 他相,其他宰相。
⑧ 荆南,公元924年—公元963年,又称南平。五代十国时期政权,十国之一。高季兴所建,定都江陵(今湖北荆州市区),全盛时疆域大致包括今重庆、湖南六部。公元963年,归降宋朝。

李存勖向东吞并幽州，向北击退契丹，向南多次和梁军在黄河之畔展开激战。起先，担任晋阳监军的是以前唐朝的宦官张承业，张承业留守晋阳，为晋王广积钱粮，招兵买马。晋王连年与梁军交战，物资供应从未出现匮乏，这都是张承业的功劳。张承业一心想要恢复大唐江山社稷，听说晋王将要称帝，极力劝谏阻止。最终知道不可制止，忍不住恸哭说："诸侯们浴血奋战，本为恢复唐朝社稷。今日大王自己谋取帝位，这是欺骗老奴啊！"最终抑郁成疾，抱病而亡。

　　晋王即位称帝，改国号为唐，依旧尊奉唐王朝的祠祀。随后攻入汴州，灭掉后梁，定都大梁，过了不久就将都城迁到洛阳。侍中郭崇韬足智多谋，辅佐庄宗完成大业。这时他总领内外，出谋划策，规劝补益，竭心尽力，无所隐瞒，举贤荐能，提携后进。其他宰相都只用坐享其成罢了。

　　荆南节度使高季兴入朝觐见。高季兴就是高季昌所改的名字。庄宗封他为南平王。

蜀主王衍，盘游淫湎，国乱盗起。唐遣皇子继岌①与郭崇韬伐之，遂灭蜀。衍降唐，赤其族②。继岌信谗，杀崇韬而还。

唐以孟知祥③为西川节度使④。

唐帝自克梁后，寖骄，首以伶人⑤为刺史。帝幼习音律，或时自傅粉墨与优人共戏，优名谓之"李天下"。尝自呼曰："李天下！李天下！"优人敬新磨⑥，遽前批⑦其颊，帝失色。新磨徐曰："李天下只一人，尚谁呼邪？"帝悦。诸伶出入宫掖⑧，侮弄缙绅⑨。群臣愤疾，莫敢出气。亦有反相附托⑩，纳货展转，以干⑪恩泽。蠹政害人，恣为谗慝⑫。

---

① 继岌，即李继岌（？—926），沙陀族，代州雁门（今山西雁门）人，李存勖长子，后唐宗室。庄宗即位后封魏王，率军与郭崇韬一同攻灭前蜀；回朝途中听闻庄宗败亡，自缢身死。
② 赤其族，将其家族全部诛灭。
③ 孟知祥（874—934），字保胤，邢州龙冈（今河北邢台）人，五代十国时期后蜀政权建立者，公元934年在位。为李克用的侄婿，先后跟随李克用、李存勖。前蜀灭亡后被命为剑南西川节度使，兴教门之变后庄宗身死，举兵反叛，吞并东川，自立称帝，史称"后蜀"。死后谥号文武圣德英烈明孝皇帝，庙号高祖。
④ 西川节度使，唐、五代节度使名。辖境大致在今四川西部，治成都。
⑤ 伶人，戏子。
⑥ 敬新磨，生卒年不详，五代十国时期后唐人，庄宗宠爱的优伶之一。
⑦ 批，用手掌打。
⑧ 宫掖，宫廷、皇宫。掖，宫中的旁舍，妃嫔居住的地方。
⑨ 缙绅，本指插笏于带，后来代指朝廷官员。
⑩ 附托，依附、寄托。
⑪ 干（gān），追求，求取。
⑫ 谗慝（tè），进谗陷害。

后蜀皇帝王衍耽于游乐，荒淫无度，以致国政荒废，盗贼横出。庄宗派皇子李继岌与郭崇韬带兵讨伐，灭掉了蜀国。王衍投降后唐后，被灭族。不久，李继岌听信谗言，杀死了郭崇韬。

庄宗任命孟知祥为西川节度使。

庄宗自从灭掉后梁之后，逐渐骄奢淫逸起来，历史上首次任用伶人担任刺史。庄宗自幼学习音律，有时会自己敷上粉墨，与伶人一同演戏，他给自己起的戏名叫"李天下"。一日庄宗在庭中喊："李天下！李天下！"优人敬新磨急忙上前给了他一巴掌。庄宗大惊失色，敬新磨徐徐说道："天下只有一个李天下，你这是喊谁呢？"庄宗听了极为高兴。伶人戏子们随意出入宫廷，经常侮辱嘲弄大臣。大臣们群情怨愤，但都敢怒不敢言。也有的臣子反而依附伶人，行贡献贿，曲意逢迎，希望得到更多恩赐。伶人们败坏朝纲，残害忠良，肆意进谗陷害。

帝疏忌①宿将②，不恤军士；数出游猎，蹂践民田，上下怨怨。魏博③将戍瓦桥④，代归，复遣留屯。贝州遂作乱，奉赵在礼⑤，入据邺都。唐遣将李嗣源讨之。至城下，军士大噪曰："将士从主上十年，百战以得天下。今贝州戍卒思归，主上不赦。从马直⑥数卒喧竞，遽欲尽诛其族。我辈初无叛心，但畏死，今欲与城中合势。"拔白刃，拥嗣源入城。城中不受外兵，逆击之，皆溃。嗣源诡辞⑦，得出。将招兵攻乱者，安重诲⑧曰："公为元帅，不幸为凶人所劫，不若星行⑨诣阙见天子，庶⑩可自明。"嗣源乃南趋相州。

---

① 疏忌，疏远、嫉恨。
② 宿将，久经战阵的将领。
③ 魏博，唐、五代节度使名。辖境大致在今河北南部、山东北部，治魏州（今河北大名）。为河北三镇之一，又称天雄军。
④ 瓦桥，即瓦桥关，在今河北雄县。
⑤ 赵在礼（882—947），字干臣，涿州（今河北涿州）人，五代时将领。起初跟从刘仁恭，后归顺后唐，魏博军兵变时，被推为首领，拥立李嗣源即位。一生多次担任节度使，重征暴敛，为民所恶。契丹攻灭后晋后，畏惧自杀。
⑥ 从马直，后唐禁军番号，为后唐皇帝亲军。
⑦ 诡辞，说假话，敷衍，搪塞。
⑧ 安重诲（？—931），沙陀族，应州（今山西应县）人，五代十国时期后唐重臣。明敏谨恪，骁勇善战，深得李嗣源重用。兴教门之变后拥立李嗣源即位，累迁中书令、护国节度使，总揽政事，力主削藩，后因谗言致仕后，被李从璋所杀。
⑨ 星行，连夜急行。
⑩ 庶，但愿，或许。

庄宗一直疏远猜忌有功之臣，不抚恤士卒；多次外出游玩打猎，肆意践踏农田，举国上下怨声载道。魏博节度使率兵戍守瓦桥关，戍期满了就应当返回邺都，庄宗却命令他们继续留下来屯守。贝州军队于是哗变造反，拥奉赵在礼为统帅，占据邺都。庄宗派大将李嗣源前去讨伐，李嗣源带兵到了邺都城下，士兵们大声喧哗说："将士们跟从主上十余年，身经百战才取得天下。如今，贝州的戍卒想要回去，主上不予赦免；从马直的几个士兵大声喧闹，主上就要将他们灭族。我等本来就没有反叛之心，只是害怕被杀。不得已，如今只好和邺城中的军队合力反击。"于是纷纷拔出刀剑，簇拥李嗣源入城。邺城军不肯接纳城外的军队，就举兵反击阻止他们进城，两边军队都溃不成军。李嗣源假装同意士兵们的请求，才得以逃出城外。李嗣源想要召集军队攻打叛军，安重诲说："您身为元帅，却不幸被逆贼所劫持，不如连夜疾驰回宫，面陈天子，也许还可以还您一个清白。"于是李嗣源向南赶往相州。

僭者奏嗣源已叛。嗣源上章自理，遏不得通，始疑惧。石敬塘①曰："安有上将与叛卒入城，而他日得保无恙者乎？大梁，天下都会，愿先往取之，始可自全！"康义诚②曰："主上无道，军民怨望。公从众则生，守节必死。"嗣源乃以敬塘为前锋，李从珂③为殿④，引兵入大梁。

　　唐主如⑤关东⑥，闻嗣源已据大梁，诸军离叛，神色沮丧，叹曰："吾不济矣！"即命旋师。

---

① 石敬塘，应为石敬瑭。石敬瑭（892—942），太原汾阳（今山西汾阳）人，五代十国时期后晋政权建立者，公元936年—公元942年在位。起初隶属李嗣源帐下，在后唐灭梁、统一中原中屡立战功。兴教门之变后，力助李嗣源登基，累迁天雄军节度使，封开国公。后任河东节度使，经营河东，因末帝李从珂猜忌，以割让幽云十六州等条件，勾结契丹，攻灭后唐，自立称帝，史称"后晋"。即位后在契丹与刘知远的逼迫中，郁愤成疾。死后谥号圣文章武明德孝皇帝，庙号高祖。幽云十六州割让给契丹后，导致黄河以北地区几乎无险可守，祖露于北方民族铁骑之下，为之后四百年间契丹、女真、蒙古南下创造了极为有利的条件，故其历来被视为千古罪人。
② 康义诚（？—934），字信臣，沙陀族人，五代十国时期后唐将领。弓马娴熟，擅长骑射，跟随李存勖起兵后，任突骑指挥使。邺都兵变后，拥李嗣源即位，因功封河阳节度使。先后跟随李从荣、李从厚，投降李从珂后，因反复无常而被灭族。
③ 李从珂（886—936），本姓王，小字二十三，镇州平山（今河北平山）人，李嗣源养子，五代十国时期后唐最后一位皇帝，公元934年—公元936年在位。雄伟健壮，骁勇善战；自幼被李嗣源收为养子，南征北战，在李存勖建唐灭梁、统一中原中居功甚伟，任卫州刺史。李嗣源即位后，累迁凤翔节度使，任太尉，封潞王。愍帝李从厚即位后，因备受猜忌，起兵自保，攻入洛阳后自立称帝。在位期间治国无方，所托非人，加之猜忌石敬瑭，导致石敬瑭勾结契丹攻入洛阳，兵败身死，后唐灭亡。史称废帝或末帝。
④ 殿，率军居后。
⑤ 如，到，往。
⑥ 关东，函谷关以东，唐代特指洛阳。唐代以洛阳为东都，因长安在关内，故称洛阳为关东。

有人向庄宗进谗言,说李嗣源已经叛变。李嗣源写奏章为自己申辩,却始终被扣押,送不到庄宗手里。李嗣源这才感到疑虑和恐惧。石敬瑭说:"哪有大将被乱贼劫持,同入贼城,而后来还能安然无恙地保全自身的呢?大梁乃是天下都会,我愿先为将军取之。只有这样,将军才能保全自己啊!"康义诚也接着劝说道:"如今陛下昏庸无道,军士和百姓都很失望,怨声载道。将军如果顺从天下人心,就能够活下来;若一心为大唐守节,恐怕必死无疑!"李嗣源听完,任命石敬瑭为前锋大将,李从珂为殿后,率兵攻入大梁。

唐庄宗车驾到了洛阳,听说李嗣源的人马已经占据了大梁城,各路军马也都叛变,不由神色沮丧,唏嘘道:"我没有什么希望了!"于是下令本来向东进军的将士们返回洛阳。

从马直郭从谦①帅兵攻帝于汜水②，唐主中流矢而殂。称帝仅三岁而遇弑，改元者一，曰同光。伶人敛乐器覆尸而焚之。嗣源闻之痛哭，乃入洛阳。百官上笺劝进，不许。又三请嗣源监国③，乃许之。继岌自蜀归，途闻内难，至长安自杀。监国立，是为明宗皇帝。

五代·后唐（二）

明宗皇帝本胡人邈佶烈也，为晋王克用养子，名嗣源。庄宗灭梁，嗣源功最高，为中书令，蕃汉马步总管④。受命讨邺，为叛卒所推。自邺趋汴入洛，遂即位，更名亶。

契丹阿保机卒，子德光⑤立。

---

① 郭从谦，生卒年不详，李存义养子，五代十国时期后唐将领。伶人出身，跟随李存勖起兵后，视郭崇韬为叔父，官至禁军从马直指挥使。因郭崇韬、李存义先后为庄宗所杀，遂怀恨在心，伺机报仇。邺都兵变后，李嗣源兵临洛阳，遂发起兵变，火烧兴教门，迎接李嗣源，史称"兴教门之变"。
② 汜水，指汜水关，在今河南荥阳汜水镇境内。郭从谦发动兵变，是在洛阳城中，史称"兴教门之变"，并非在汜水关。据《旧五代史·唐书·庄宗纪八》改。
③ 监国，古代一种政治制度。指皇帝外出时，由一重要人物（如太子）留守宫廷处理国事，称监国。
④ 总管，官名，北周置。北周改都督为总管，始名，隋唐为战时军队主帅之称，如行军总管等。五代时蕃汉马步总管为最高军事统帅。
⑤ 德光，即耶律德光（902—947），字德谨，小字尧骨，契丹族，耶律阿保机次子，辽国皇帝，公元927年—公元947年在位。早年跟随耶律阿保机四处征战，深得宠信，封兵马大元帅。即位后接受石敬瑭所献幽云十六州，发兵灭后唐。因后晋拒不称臣，发兵南下，攻破汴京，灭后晋，改国号为辽，进入汴京城后，大肆屠戮，引起中原各地起义，退兵北避，死于途中。死后谥号孝武惠文皇帝，庙号太宗。

从马直指挥使郭从谦率领兵马在泹水关袭击庄宗，庄宗在乱军中被一支飞来的乱箭射中而死。庄宗自称帝以来，仅仅三年就被弑杀而死，改用了一个年号，叫同光。伶人们将散乱的乐器收敛起来覆盖在庄宗身上，一同烧掉。李嗣源听到这个消息后，大声痛哭，然后引军进入洛阳。朝中百官上表请李嗣源继承皇位，嗣源没有答应。又多次请求李嗣源监国，嗣源才应允下来。李继岌自蜀地归来，途中听说国内发生内乱，庄宗被弑，到了长安后，就自杀了。监国李嗣源即位，就是后唐明宗皇帝。

五代·后唐（二）

后唐明宗皇帝原本是胡人，名叫邈佶烈，被晋王李克用收为养子后，改名叫李嗣源。在唐庄宗消灭大梁的过程中，李嗣源的功劳最高，被封为中书令，担任蕃汉马步总管。后来接受命令讨伐邺都时，被叛贼挟持推举。从邺都经汴州进入洛阳后，即位称帝，改名叫李亶。

契丹耶律阿保机逝世，他的儿子耶律德光即位。

闽王王审知卒，子延翰①立。骄淫残暴，其下弑之，而立其弟延钧②。后称帝，更名璘。

吴王杨溥称帝。

南平王高季兴卒，子从诲③立。

楚王马殷卒，子希声④立。后希声卒，希范⑤立。

吴越王钱镠卒，子元瓘⑥立。

夏州李仁福卒，子彝超⑦嗣。

西川孟知祥并东川⑧，以知祥为蜀王。

---

① 延翰，即王延翰（？—927），字子逸，光州固始（今河南固始）人，王审知长子，五代十国时期闽国国君，公元926年—公元927年在位。即位后正式称王，骄奢淫逸，大兴土木，被其部将所杀。史称闽嗣主。
② 延钧，即王延钧（？—935），又名王璘，光州固始人，王审知次子，王延翰之弟，五代十国时期闽国国君，公元927年—公元935年在位。即位后，信鬼崇道，宠信小人，正式称帝称后，因淫乱后宫，被其子王继鹏所弑杀。死后谥号惠帝，庙号太宗。
③ 从诲，即高从诲（891—948），字遵圣，陕州硖石（今河南陕县）人，高季兴长子，五代十国时期南平国君，公元929年—公元948年在位。死后谥号文献王。
④ 希声，即马希声（898—932），字若讷，许州鄢陵（今河南鄢陵）人，马殷次子，五代十国时期南楚国君，公元930年—公元932年在位。即位后去楚王称号，自称藩镇，臣服后唐。死后谥号衡阳王。
⑤ 希范，即马希范（899—947），字宝规，许州鄢陵（即河南鄢陵）人，马殷第四子，马希声之弟，五代十国时期南楚国君，公元932年—公元947年在位。即位后复称楚王，平定彭士愁叛乱，臣服后晋，盘剥百姓，残害忠良。死后谥号文昭王。
⑥ 元瓘，即钱元瓘（887—941），字明宝，原名传瓘，杭州临安（今浙江杭州）人，钱镠第七子，五代十国时期吴越国君，公元933年—公元947年在位。曾在田頵处担任人质，后率军大破南吴，深得重用。即位后保境安民，江南无事。后因火灾受惊而死，死后谥号文穆王，庙号世宗。
⑦ 彝超，即李彝超（？—935），党项族，夏州（今陕西靖边）人，李仁福之子，五代十国时期藩镇军阀。继任定难军节度使后，名义臣服中原，实则割据独立，兵拒后唐，扩充实力，巩固了党项族在夏州的势力。
⑧ 东川，辖境大致在今四川东部，治梓州（今四川三台）。

闽王王审知死后，他的儿子王延翰继立为王。王延瀚骄奢淫逸，残暴无度，不久就被部将弑杀，之后众人迎立他的弟弟王延钧为王，延钧后来称帝，改名叫王璘。

吴王杨溥称帝。

南平王高季兴逝世，他的儿子高从诲继立为王。

楚王马殷死后，他的儿子马希声承袭父职。马希声病死后，他弟弟马希范继位楚王。

吴越王钱镠逝世，他的儿子钱元瓘继立为王。

夏州定难节度使李仁福逝世，他的儿子李彝超继承父职。

西川节度使孟知祥吞并东川，明宗封其为蜀王。

唐秦王从荣①骄狠，自知时论不与，常惧不得为嗣。唐主寝疾，遽帅牙兵②千人至端门③下，将入，禁卫④讨之。从荣兵溃，走归府，皇城使⑤斩之。唐主悲骇，疾剧，遂殂。

　　唐主性不猜忌，与物无竞。登极⑥之年，已逾六十。每夕于宫中焚香祝天⑦，曰："某胡人，因乱为众所推。愿天早生圣人，为生民主。"在位八年，改元者二，曰天成、长兴。内无声色，外无游猎，不任宦官，废内藏库⑧。赏廉吏，治贼蠹⑨。虽不知书，所行暗合于道。年谷屡丰，兵革罕用，校于五代，粗为小康。子宋王⑩立，是为闵帝。

　　闵帝，名从厚，明宗次子也。即位有志为治，然不知其要⑪，宽柔少断。

　　蜀孟知祥称帝。

---

① 从荣，即李从荣（？—933），应州金城（今山西应县）人，李嗣源次子，后唐大将。跟随李嗣源南征北战，多有战功。李嗣源即位后，官至中书令，封秦王。因残暴弑杀，素无人望，遂于李嗣源病重时起兵夺位，兵败被杀。
② 牙兵，军队建制名，即唐末、五代时期节度使亲兵，因节度使援引古例，称官署为牙，故其亲兵称牙兵。
③ 端门，指洛阳宫城正南门。
④ 禁卫，即禁卫军，皇帝直属卫队或宫殿卫兵的俗称。
⑤ 皇城使，官名，唐置。掌宫门出入、保卫宫廷、宫门启闭，并司侦察，可直达皇帝。
⑥ 登极，指皇帝即位登基。
⑦ 祝天，指向天祈福。
⑧ 内藏库，官署名，唐置，为宫内贮藏金帛的府库。
⑨ 蠹（dù），本指蛀蚀器物的虫子，这里引申为奸臣坏人。
⑩ 宋王，即李从厚（914—934），小字菩萨奴，应州金城（今山西应县）人，李嗣源第三子，五代十国时期后唐皇帝，934年在位。自幼深得李嗣源宠爱，官至天雄军节度使，封宋王。即位后因猜忌而逼反李从珂，兵败被杀。死后谥号闵帝。
⑪ 要，纲要，要领。

后唐秦王李从荣骄恣凶残，自知没有多少人说自己好话，常常担心自己不能成为太子。明宗病情加重，李从荣就率领数千亲兵到端午门外，想要进宫夺权，却被受命而来的禁军所击败。李从荣的亲兵四散逃走，他也逃回府邸，结果被皇城使逮住杀掉。明宗听说了此事，惊讶之余又悲痛不已，结果导致病情恶化，不久就驾崩了。

明宗生性温良，不喜猜忌，与世无争，登基的时候已年过六十。即位后，每到傍晚，明宗便在宫中焚香祷告，念诵道："我本是个胡人，趁着乱世才被众人推举为皇帝。希望上天早点降生贤明之人，来做天下之主，为百姓谋福。"明宗在位八年，改用了两个年号，分别是天成、长兴。在内不喜纵情声色，在外不好打猎游玩。不任用宦官，废除内藏库，赏赐清廉官吏，惩治奸佞小人。明宗虽然没有读过书，但是他的政策行为都合乎道义。执政以来，五谷丰登，很少用兵，跟五代乱世相比，勉强可以算是小康之世了。明宗驾崩后，他的儿子宋王即位，就是闵帝。

闵帝名叫李从厚，是明宗的次子。即位以后，立志要励精图治，但是不懂得治国之道，虽然宽厚，但优柔寡断。

蜀王孟知祥称帝。

唐潞王①反于凤翔，举兵长驱至洛阳，闵帝出奔②。在位改元应顺，数月而已。潞王立。

潞王名从珂，本姓王氏，明宗之养子也。少从明宗征伐，有功名，得众心，用事者忌之。从珂镇凤翔，闵帝命移镇河东。将佐以为离镇必无全理，乃移檄③邻道，起兵入，清帝侧④。从珂至陕⑤，诸军皆迎降。至洛，宰相冯道⑥等百官班迎⑦，遂即位。遣人鸩杀闵帝于卫州。

蜀主孟知祥殂，子昶⑧立。

夏州李彝超卒，兄⑨彝殷⑩代之。

---

① 潞王，即李从珂。
② 出奔，逃亡。
③ 移檄，古代官方文书，多用于征召、晓谕和声讨。
④ 清帝侧，又称清君侧，指清除君主身旁的亲信、坏人。自西汉"七国之乱"时有此名，后成为地方起兵的常用借口。
⑤ 陕，唐宋州名，辖境大致在今山西运城东南部、河南三门峡西北部一带，治陕县（今河南陕县）。
⑥ 冯道（882—954），字可道，号长乐老，瀛州景城（今河北沧州）人，五代十国时期宰相。勤奋好学，品性醇厚，起先效力刘守光，从后唐庄宗时到后周世宗时，一直担任丞相、三公之位。虽不齿于史家，但其于乱世中事亲济民，提携贤良，实则有功于世。死后追封瀛王，谥号文懿。
⑦ 班迎，列队迎接。
⑧ 昶，即孟昶（919—965），字保元，邢州龙岗（今河北沙河）人，五代时后蜀皇帝，孟知祥第三子，公元934年—公元963年在位。即位后劝农恤刑，与民休息，尚浮华，多奢侈。后宋军来攻，用人不当，投降宋朝。史称后蜀后主。降宋后封秦国公，七日后逝世，追封楚王。
⑨ 兄，当为弟。据《宋史·列传第二百四十四》改。
⑩ 彝殷，即李彝殷（？—967），党项族，夏州（今陕西靖边）人，五代时党项族首领，李仁福次子。其兄李彝超逝世后，任定难节度使。先后臣服后晋、后汉，后周时拜太傅，封西平王。归顺宋朝后，避宣祖赵弘殷讳而改名李彝兴。死后追赠太师，追封夏王。

后唐潞王在凤翔起兵谋反，率军长驱直入，直抵洛阳，闵帝就逃出洛阳。闵帝在位仅仅几个月而已，改年号为应顺。不久之后潞王即位。

潞王名叫李从珂，原本姓王，是明宗的养子。年轻的时候便跟随明宗征战杀场，屡立战功，深得人心。其他大臣多有忌妒不满之心。李从珂镇守凤翔，闵帝下令让他改去镇守河东。李从珂的部将们都认为李从珂一旦离开凤翔，就不可能再保全自身了。于是李从珂便草拟檄文，向临近诸镇宣布起兵入朝清君侧。李从珂到达陕州后，镇守陕州的将士们纷纷开城归降。到了洛阳城后，宰相冯道等文武百官也都列队迎接，于是便即位称帝。之后又派人用毒酒将流落卫州的李从厚毒死。

后蜀皇帝孟知祥逝世，他的儿子孟昶即位。

夏州李彝超逝世，他的弟弟李彝殷接替了他。

闽人杀其王璘，而立其子继鹏①，更名昶。

唐主初与河东节度使石敬瑭素不相悦。唐主立，敬瑭不得已入朝。寻归镇，阴为自全之计。唐主移之，遂反，求援于契丹。契丹败唐兵，立敬瑭为晋帝。引兵向洛阳，唐主自焚死。在位不三年，改元者一，曰清泰。

唐自庄宗至是，四主，凡一十四年。

五代·后晋

后晋②高祖皇帝姓石氏，名敬瑭，沙陀人，唐明宗之婿③也。初与从珂皆勇力善斗，事明宗皆有功，内相忌。从珂称帝，敬瑭自河东来朝，将佐皆劝留之。时久病骨立④，唐主不以为虞⑤，遂得归镇。公主⑥在洛阳，辞归。唐主醉曰："何不且留？遽⑦归，欲与石郎⑧反邪？"

---

① 继鹏，即王继鹏（？—939），王延钧长子，五代十国时期闽国国君，公元935年—公元939年在位。王延钧被弑杀后即位，在位期间，宠幸道士，横征暴敛，大兴土木，因猜忌宗室而大肆杀戮，于兵变中被朱文进杀。庙号康宗。
② 后晋，公元936年—公元947年，五代十国时期政权，五代之一。后晋石敬瑭所建，先后定都洛阳、开封，全盛时疆域大致在今河北南部、山西大部、陕西大部、湖北北部。公元947年为契丹所灭。
③ 婿，同"婿"，女婿。
④ 骨立，只剩下一把骨头，形容人消瘦到极点。
⑤ 虞，忧虑。
⑥ 公主，即李皇后（？—950），姓名不详，沙陀族，李嗣源三女，石敬瑭之妻，五代十国时期后晋皇后。聪明贤惠，温良仁厚，多次力助石敬瑭平衡各方藩镇关系，后唐时晋封晋国长公主；后晋建立后，册封皇后；后晋灭亡后，与石重贵一同迁往辽国，后因病去世。
⑦ 遽，急速，匆忙。
⑧ 石郎，指石敬瑭。

闽人杀了闽王王璘，而拥立他的儿子王继鹏为王，王继鹏改名叫王昶。

唐末帝原先就与河东节度使石敬瑭有矛盾，两人也一直不和睦。末帝即位时，石敬瑭不得已，才入朝庆贺。不久之后就返回河东，暗地里加紧筹划自保之计。末帝想要石敬瑭改换辖地，石敬瑭于是起兵造反，并向契丹请求援助。契丹军打败了唐军，立石敬瑭为后晋皇帝。接着契丹军向洛阳进发，唐末帝自焚而死。末帝在位三年，改用了一个年号，叫清泰。

后唐自从庄宗到这时，传历了四位皇帝，一共是十四年。

五代·后晋

后晋高祖皇帝姓石，名敬瑭，沙陀族人，是后唐明宗李嗣源的女婿。起初，石敬瑭与唐明宗养子李从珂都好勇擅斗，两人效力明宗时都屡立战功，不相上下，彼此互相猜忌。李从珂称帝后，石敬瑭从河东到汴京来入朝觐见，将士们都劝李从珂将石敬瑭留在洛阳。石敬瑭当时愁病相侵，形销骨立，李从珂没有太过于担忧石敬瑭，石敬瑭得以返回河东。石敬瑭之妻永宁公主在洛阳向李从珂告别时，李从珂醉言醉语道："为何不多待一些时日，着急回去，是不是图谋要和石敬瑭造反啊？"

敬塘闻之，益惧。寻命移镇郓州，敬塘拒命，唐主发兵讨之。桑维翰①为敬塘草表，称臣于契丹，事以父礼，约事捷割地。

刘知远②以为太过，厚赂金帛足致其兵，不必许以二田，恐异日大为中国之患。敬塘不听。表至，契丹主大喜，将骑五万而来，与唐兵战于晋阳，大败之。契丹主立敬塘为帝，国号晋。

割幽、蓟③、瀛④、莫⑤、涿⑥、檀⑦、顺⑧、新⑨、妫⑩、

---

① 桑维翰（898—947），字国侨，河南洛阳（今河南洛阳）人，五代十国时期后晋大臣，投奔石敬瑭后任幕僚，极力赞成勾结契丹之事，并主办割让幽云十六州等诸多事宜，灭唐期间出力尤著。后晋时两度担任宰相，广受贿赂，权倾朝野，后晋灭亡时为降将所杀。
② 刘知远（895—948），沙陀族，河东太原（今山西太原）人，五代十国时期后汉政权建立者，公元947年—公元948年在位。雄武过人，勇猛善战，后唐时与石敬瑭一同效力李嗣源，多次救助石敬瑭。后晋时官至河东节度使，拜中书令。契丹灭晋后，称帝自立，史称"后汉"，在位期间，藩镇势强，吏治混乱，积弊成灾。庙号高祖。
③ 蓟，唐宋州名，辖境大致在今北京、河北承德、唐山一带，治渔阳县（今天津蓟州区）。
④ 瀛，唐宋州名，辖境大致在今河北沧州西部，治河间县（今河北河间）。
⑤ 莫，唐宋州名，辖境大致在今河北保定、沧州、廊坊交界一带，治莫县（今河北任丘）。
⑥ 涿，唐宋州名，辖境大致在今北京南部、河北保定北部，治涿县（今河北涿州）。
⑦ 檀，唐宋州名，辖境大致在今北京东北部，治密云县（今北京密云）。
⑧ 顺，唐宋州名，辖境大致在今北京东北部，治怀柔县（今北京顺义）。
⑨ 新，唐五代州名，辖境大致在今北京西部、河北张家口东部，治新州（今河北涿鹿县）。
⑩ 妫（guī），唐宋州名，辖境大致在今河北张家口中南部，治怀戎县（今河北怀来）。

石敬瑭听说后，心里更加感到惧怕。不久，李从珂下令任石敬瑭为天平军节度使，移镇郓州，石敬瑭拒不奉诏，李从珂派兵前去征讨。桑维翰为石敬瑭起草表文，向契丹称臣以求契丹军援助，愿意以父子之礼侍奉契丹，答应事成之后，割地给契丹作为发兵入援的酬谢。

石敬瑭部将刘知远认为条件太过分了，多给契丹一些金银布匹足以求援，没必要割让土地，恐怕日后会成为中国的大祸患。石敬瑭没有采纳刘知远的建议。请表送到契丹，耶律德光看到后非常高兴，亲自率领五万铁骑南下，与唐兵在晋阳展开激战，大败后唐。随后，耶律德光立石敬瑭为帝，国号为晋。

石敬瑭即位后，将幽、蓟、瀛、莫、涿、檀、顺、新、妫、儒①、武②、云③、应④、寰⑤、朔⑥、蔚⑦十六州与之。契丹以⑧晋主南下，又破唐兵。至潞州，契丹北还。晋主引而南，唐将校皆飞状以迎。唐主殂，晋主入都洛，已而还汴。

吴徐知诰称帝，奉吴主溥为让皇。初，徐温命知诰治升州，致繁富，城市府舍甚盛。温自徙居之，知诰入广陵辅吴政。温卒，知诰以中书令镇升，而留其子辅吴政。广金陵城。吴加知诰大元帅，封齐王，备殊礼。至是遂受吴禅。知诰，本徐州李氏子也，自谓唐后，国号唐。寻复姓李，更名昇⑨，是为南唐⑩。

契丹改国号大辽。

闽王曦⑪弑其主昶⑫而自立。

---

① 儒，唐宋州名，辖境大致在今北京北部，治延庆县（今北京延庆县）。
② 武，唐宋州名，辖境大致在今河北张家口北部，治武州（今河北张家口宣化区）。
③ 云，唐宋州名，辖境大致在今山西朔州北部、大同西部，及内蒙古南部一带，治云中县（今山西大同市区）。
④ 应，唐宋州名，辖境大致在今山西朔州东南部、大同西南部一带，治金城县（今山西应县）。
⑤ 寰，五代州名，辖境大致在今山西朔州南部，治寰州（今朔州城区南部）。
⑥ 朔，唐五代州名，辖境大致在今山西朔州中西部，治鄯阳县（今山西朔州朔城区）。
⑦ 蔚，唐宋州名，辖境大致在今山西大同东部、河北张家口西南一带，治灵丘县（今山西灵丘）。
⑧ 以，因为。
⑨ 昇（biàn），明亮之意。
⑩ 南唐，公元937年—公元975年，五代十国时期政权，十国之一。李昇所建，定都江宁（今江苏南京），全盛时疆域大致在今江苏和安徽大部、湖北东部、湖南东部、江西大部、福建北部。公元975年，为北宋所灭。是十国中国力最盛、疆域最大、文化最发达的国家。
⑪ 曦（xī），即王曦（？—944），五代时闽国国君。公元939年—公元944年在位。初名延羲。既立，更名曦，一作羲。王审知第八子。通文四年（939）由控鹤军使连重遇迎立，称威武节度使、闽国王，改元永隆，称藩于后晋。在位时厚敛残暴，荒淫无度。又好酗酒，侍宴之臣被枉杀者很多。与弟延政挟嫌相攻。宗族、勋旧之受疑忌者相继被杀，以致人不自保，终为部下所杀。庙号景宗。
⑫ 昶，即王继鹏，改名王昶。

儒、武、云、应、寰、朔、蔚十六州割让给契丹。契丹又因为石敬瑭的请求，再次发兵南下，大败唐兵。攻克潞州后，耶律德光率兵北归，石敬瑭带兵南下，后唐将士都飞奔过来主动迎降。李从珂死，石敬瑭率兵进入洛阳，不久后返回汴京。

南吴徐知诰即位称帝，尊奉南吴皇帝杨溥为让皇。起初，徐温任命徐知诰镇守升州，徐知诰治理有方，升州一派繁华，城市建筑非常盛大壮观。徐温自己搬到升州居住，又派徐知诰到广陵入朝辅政。徐温死后，徐知诰受任中书令，镇守升州，派他的儿子留在广陵辅佐吴帝。南吴国君加封徐知诰为大元帅，封齐王，为他准备特殊的礼仪。到了这时，徐知诰接受吴帝禅让。徐知诰本来是李氏人家的子嗣，自称是唐朝后裔，改国号为唐。不久恢复本姓李姓，改名为李昪，史称南唐。

契丹改国号为大辽。

闽国王曦弑杀闽国国君王昶后，自称闽王。

吴越王钱元瓘卒，子弘佐①嗣。

南汉主刘龑②又更名龑③。寻殂，子玢④立。

晋主在位不七岁，殂，改元者一，曰天福。齐王立，是为出帝⑤。

出帝名重贵，高祖兄子也。高祖临终命幼子重睿⑥拜宰相冯道，欲其辅立。景延广⑦议，以国家多难，宜立长君。遂立重贵，延广用事。

南唐主李昪殂，子璟⑧立。

---

① 弘佐，即钱弘佐（928—947），改名钱佐，杭州临安（今浙江杭州）人，钱元瓘第六子，五代十国时期吴越国君，公元942年—公元947年在位。即位后礼贤下士，勤政爱民，发兵援救闽国，力保南境安宁；铲除擅权大臣，明立君威。后因病去世，谥号忠献王。
② 刘龑，即刘岩。
③ 龑，yǎn。
④ 玢（bīn），即刘玢（920—943），原名刘洪度，刘龑第三子，五代十国时期南汉皇帝，公元943年在位。即位后骄奢淫逸，荒废政事，不久被杀。死后谥号殇帝。
⑤ 出帝，即石重贵（914—？），石敬瑭养子，五代十国时期后晋皇帝，公元942年—公元946年在位。即位后贪图享乐，不恤百姓。因不肯向契丹称臣，导致契丹南下，后晋灭亡。被俘虏至契丹，受辱身死。死后谥号出帝。
⑥ 重睿，即石重睿，生卒年不详，石敬瑭第七子，后晋宗室。石敬瑭死前，欲立为嗣，死后群臣拥立石重贵，封雄武军节度使。契丹灭晋后，跟随石敬瑭北迁，下落不明。
⑦ 景延广（892—947），字航川，陕州（今河南三门峡）人，后晋将领。跟随石敬瑭建立后晋后，官至侍卫亲军都指挥使。石重贵即位后，力主决裂契丹，导致后晋灭亡。后被契丹抓获，不堪受辱而死。
⑧ 璟，即李璟（916—961），字伯玉，徐州（今江苏徐州）人，李昪长子，五代十国时期南唐国君，公元943年—公元961年在位。即位后大肆用兵，南唐臻于极盛。但荒淫无度，宠爱词臣韩熙载、冯延巳，导致政治腐败，国力衰退。后因畏惧后周，削去帝号，改称国主，史称中主。庙号元宗。李璟亦擅词作，其词被收入《南唐二主词》。

吴越国主钱元瓘逝世，他的儿子钱弘佐即位。

南汉国主刘龚改名为刘䶮。不久刘䶮逝世，他的儿子刘玢即位。

石敬瑭在位不到七年就死了，改用了一个年号，叫天福。齐王即位，就是晋出帝。

晋出帝名叫石重贵，是石敬瑭兄长的儿子。石敬瑭临终前让幼子石重睿给宰相冯道下跪，想让冯道辅佐石重睿即位。石敬瑭死后，景延广认为国家多难，应该立年长的宗室子嗣为君。于是拥立石重贵为帝，景延广执掌朝政。

南唐国主李昪逝世，他的儿子李璟即位。

闽王之弟王延政①据建州②，称殷帝。

南汉主刘玢之弟弘熙③弑玢而自立，更名晟。

闽朱文进④弑其主王曦而自立，殷王延政遣兵讨之。闽人弑文进，传首于殷，殷改国号曰闽。唐人攻，拔建州。延政出降，闽亡。唐攻福州⑤，不克，后吴越遣兵取之。

初，晋高祖事契丹甚谨。至少主即位，景延广主议告哀⑥，不复称臣，契丹大怒。延广又囚其回图使⑦，已而遣归，大言曰："归语尔主，先帝为北朝所立，故称臣奉表。今上乃中国所立，为邻称孙足矣。翁怒则来战，孙有十万横磨剑相待。"桑维翰屡请逊辞以谢⑧契丹，每为延广所沮。

---

① 王延政（？—951），光州固始（今河南固始）人，王审知第十子，王曦之弟，五代十国时期闽最后一位国君，公元944年—公元945年在位。驻守建州为王延羲所猜忌，遂自立为帝。王延羲被朱文进杀后，王延政起兵诛杀朱文进，正式即闽国国君位。不久南唐来攻，城破投降，闽国灭亡。南唐时封光山王，入宋后任太师，返回漳州。死后追赠福王，谥号恭懿。史称恭宗。
② 建州，唐宋州名，辖境大致在今福建三明东北、南平一带，治建安县（今福建建瓯城区）。
③ 弘熙，应为洪熙，据《新五代史·南汉世家第五》改。刘洪熙，即刘晟，原名刘洪熙，刘䶮第四子，刘玢之弟，五代十国时期南汉皇帝，公元943年—公元958年在位。弑杀刘玢后即位，大肆屠戮诸弟，诛杀大臣，任用宦官、宫女为政，荒淫无道，南汉国力迅速衰退。死后谥号文武光圣明孝皇帝，庙号中宗。
④ 朱文进（？—945），福州永泰人（今福建永泰），五代十国时期闽国国君，公元944年在位。相继弑杀闽王继鹏、王曦后，自立闽王。不久取消王号，称威武军留后，被王延政所杀。
⑤ 福州，唐宋州名，辖境大致在今福建福州全境、三明东部、泉州北部，治闽县（今福建福州城区）。
⑥ 告哀，报丧。
⑦ 回图使，官名，辽置，掌契丹与中原地区贸易。
⑧ 谢，认错、道歉。

闽国国主王曦的弟弟王延政占据建州，自称殷帝。

南汉国主刘玢之弟刘洪熙弑杀刘玢，自立为王，改名为刘晟。

闽国朱文进弑杀闽国国主王曦，自立称王，殷帝王延政派兵讨伐。闽国将领杀掉朱文进，将他的首级送到建州，殷帝于是恢复国号为闽。南唐发兵攻打闽国，攻克建州。王延政出城投降，闽国灭亡。南唐又进军围攻福州，却没有攻克，后来吴越发兵，攻取了福州。

起初，晋高祖石敬瑭侍奉契丹极为恭敬。等到石重贵即位后，景延广主张向契丹报丧，不再称臣，耶律德光大怒。景延广又将契丹回图使拘捕起来，后来将其释放北归，大言不惭地说："回去以后告诉你的主子，先帝是契丹所立，故而向你们称臣；如今圣上乃是中国所立，作为邻邦向你们称孙已经足够，没有称臣的道理。爷爷如果不满意，就尽管带兵来战，孙子有雄兵十万，已经磨好宝剑等着你们！"桑维翰多次主张以谦卑的言辞来向耶律德光谢罪，但每每被景延广所阻挠。

于是契丹入寇渡河。晋主自将，及遣李守贞①等分道击之，契丹败走。契丹再至相州引还，晋主又自将追之。契丹旋兵南下，晋人击之，契丹又败走。晋主既再胜，意契丹不足畏。契丹主大举入寇，晋将杜威②降。契丹遣兵入汴，执晋主以归其国。在位五年，改元者一，曰开运。晋自高祖至是再世，一十二年而亡。

　　契丹主入大梁，胡骑四出剽掠，谓之打草谷③。丁壮毙锋刃，老弱委④沟壑⑤。自东西两畿⑥及郑⑦、滑⑧、曹⑨、濮数百里间，财帛殆尽。契丹主谓判三司⑩刘昫⑪曰："契丹兵应有优赐。"遂括⑫都城士民钱帛，遣使者数千人，括于诸州。皆迫以严诛，人不聊生。括至，初无颁给，皆欲辇归⑬。中外怨愤，皆思逐之，所在盗起。契丹主曰："我不知中国难治如此。"居汴三月而还。晋刘知远先一月即位于晋阳。

---

① 李守贞（？—949），河南孟县（今河南孟县）人，五代十国时期将领。后晋时因抵御契丹有功，任兵马都监。后投降契丹，任天平军节度使。刘知远称帝后，李守贞投降后汉，任河中节度使，后因起兵反叛，为郭威所攻，自焚而死。
② 杜威（？—948），朔州（今山西朔州城区）人，五代十国时期将领。跟随石敬瑭，多有战功，官至侍卫亲军都指挥使，任成德节度使；契丹南下时，拥兵十万，投降契丹，拜太傅；刘知远称帝后，任太尉，拜归德军节度使；刘知远死后，被后汉众臣所杀。
③ 打草谷，指剽掠抢劫民间财货。
④ 委，抛弃、舍弃。
⑤ 沟壑，借指野死之处或困厄之境。
⑥ 东西两畿，即洛阳和汴京。五代北宋时期，以洛阳为西京，汴京为东京。畿，指国都附近之地。
⑦ 郑，唐宋州名，辖境大致在今河南郑州，治管成县（今河南郑州市区）。
⑧ 滑，唐宋州名，辖境大致在今河南新乡东南部、安阳东南部，治白马县（今河南滑县）。
⑨ 曹，唐宋州名，辖境大致在河南开封东北部、商丘西北部、山东菏泽西部，治济阴县（今山东定陶）。
⑩ 三司，即三司使，官名，唐置。为盐铁、户部、度支合称，总掌国家财政。
⑪ 刘昫（xù，887—946），字耀远，涿州归义（今河北雄县）人，五代十国时期政治家、史学家。历仕后唐、后晋，官至司空、三司使，主持编修《旧唐书》。
⑫ 括，榨取、搜求。
⑬ 辇归，指皇帝车驾回国。

于是契丹发兵入侵,渡河南来。石重贵亲自率军,派遣李守贞等人分道袭击契丹,契丹大败而逃。契丹再次南侵,到了相州后引兵北归,石重贵又率兵追击。之后,耶律德光再次带兵南下,晋军又将他们击败。后晋两胜契丹,石重贵以为契丹不足为惧。耶律德光率军大举入侵,后晋将领杜威投降。契丹趁势攻入汴州,俘虏石重贵,将其带回契丹。石重贵在位五年,改用了一个年号,叫开运。后晋自石敬瑭即位到这时,传历了两世,一共经过了十二年后灭亡。

　　耶律德光进入大梁后,命令契丹骑兵四处剽掠抢劫,称之为打草谷。青壮少年都被屠戮殆尽,老幼病孺都被扔到沟壑里。从洛阳、汴京到郑州、滑州、曹州、濮州,方圆数百里之间,钱财布帛都被契丹人洗劫一空。耶律德光对三司使刘昫说道:"契丹士兵应当拥有特别优厚的恩赐。"于是向汴京城内的士民搜刮钱财,又派遣使者数千人,到周边各州到处抢夺财物。一旦有人不服从命令,就用苛刻刑法惩罚,所到之处,民不聊生。搜刮来的财货送到汴京后,耶律德光也不用来赏赐部下,而是想要全部带回契丹去。朝廷内外,怨声载道,都谋划着驱逐胡兵,中原各地,盗贼横出。耶律德光说:"我不曾料到中原地区这样难以治理。"在汴京逗留了三个月后便返回契丹去了。后晋刘知远也在一个月前在晋阳即位称帝。

五代·后汉

汉①高祖皇帝姓刘氏,初名知远,沙陀人也。事晋祖敬塘于兵间,功最多。晋祖在河东,唐潞王②移之镇郓,知远曰:"明公③久将兵,得士卒心。今据形胜④之地,士马精强;若称兵传檄,帝业可成。奈何以一纸制书,自投虎口。"遂拒命。唐遣将攻之,不克。晋祖举兵灭唐,入洛阳。知远时为侍卫马军都指挥使,分汉兵入营,馆⑤契丹兵于寺⑥,城中肃然⑦。

后晋祖以知远镇河东。晋祖殂,遗命以知远入辅政。晋人匿之,知远由是怨朝廷。契丹连入寇,晋虽以知远为行营⑧都统⑨,知远不行。契丹灭晋,入大梁,知远称帝于晋阳。契丹去,乃发太原入洛,遂入汴,国号汉。后更名暠⑩。

---

① 汉,即后汉,公元947年—公元950年,五代十国时期政权,五代之一。沙陀族刘知远所建,定都开封,全盛时疆域大致在今山东、河南、山西、陕西大部及河北、宁夏、湖北、安徽、江苏一部分。公元950年,为后周所取代。
② 潞王,即李从珂。
③ 明公,古代对有名位者的尊称。
④ 形胜,指地理位置优越,地势险要。
⑤ 馆,招待、安顿。
⑥ 寺,指天宫寺,寺庙名。唐时所建,为洛阳名刹。
⑦ 肃然,安定平静,秩序良好。
⑧ 行营,古时指皇帝出巡临时建立的驻跸处所,又名御营。也指出征时军事长官的驻地办事处。这里指后者。
⑨ 都统,官名,十六国时期前秦置。唐时为战时军事长官,统帅各道兵马。
⑩ 暠(gǎo),光明,明亮。

五代·后汉

汉高祖皇帝姓刘,本名叫知远,沙陀族人。早年跟随石敬瑭起兵,战功赫赫。石敬瑭担任河东节度使时,李从珂下旨改调他去镇守郓州。刘知远劝告道:"明公多年带兵,深得士卒之心。如今又占据优越的地理形势,兵强马壮,倘若趁势起兵,向天下发布檄文,一定可成就帝王之业。为何要听凭一纸空文,自投罗网,束手就擒呢?"于是石敬瑭抗旨拒命。李从珂派兵攻打石敬瑭,无功而退。石敬瑭起兵,攻灭后唐,占据洛阳。刘知远当时任侍卫马军都指挥使,命汉兵进入兵营驻扎,安排契丹兵到天宫寺驻扎歇息,洛阳城中井然有序。

后来石敬瑭任命刘知远为河东节度使。石敬瑭临死前,留下遗诏命刘知远入朝辅政。石敬瑭驾崩后,朝廷却不肯将诏命拿出来,刘知远于是对后晋朝廷心存怨恨。后来,契丹屡次入侵,晋出帝石重贵任命知远为行营都统,率军抵抗契丹,刘知远却不肯受命出兵。于是契丹军直捣大梁,灭掉后晋。刘知远趁机在晋阳称帝。等到契丹军北撤后,刘知远从太原出发,进入洛阳,直抵汴京。随后改国号为汉,改名叫刘暠。

契丹主耶律德光归，至杀胡林①而死，剖腹，实②盐载去，人谓之帝耙③。子兀欲④立。

楚王马希范卒，希广⑤立。

吴越王钱弘佐卒，弘倧⑥立。其下废之，而立弘俶⑦。

汉主殂，在位一年，改元乾佑。子周王立，是为隐帝⑧。

---

① 杀胡林，在今河北栾城县。
② 实，填充。
③ 帝耙（bā），指制成干尸的耶律德光的尸体。耙，指大块干肉。
④ 兀欲，即耶律阮（917—951），乳名兀欲，契丹族，耶律阿保机之孙，耶律德光之侄，辽国皇帝，公元948年—公元951年在位。其父耶律倍受封东丹王，因受耶律德光猜忌、监视，投奔后唐。耶律阮未随父行，因乐善好施、擅长骑射，深得耶律德光宠爱。耶律德光死后，受拥即位，后于南征途中被杀。死后谥号孝和庄宪皇帝，庙号世宗。
⑤ 希广，即马希广（？—950），许州鄢陵（今河南鄢陵）人，马殷之子，马希范之弟，五代十国时期南楚国君，公元948年—公元950年在位。谨慎温顺，为马希范胞弟，深得宠爱。马希范死后即位后，其兄马希萼举兵叛变。马希萼兵败后，马希广以兄弟之由，不加治罪，但马希萼联合蛮族，勾结后唐，再度发兵，马希广兵败被杀。史称南楚废王。
⑥ 弘倧，即钱倧（929—975），原名钱弘倧，字隆道，钱元瓘第七子，钱佐之弟，五代十国时期吴越国君，公元947年在位。即位后因厌恶部将胡进思跋扈，欲诛杀而犹豫不决，反为胡进思所制，软禁后遭废黜。死后谥号忠逊王。
⑦ 弘俶（chù），即钱俶（929—988），原名钱弘俶，字文德，钱元瓘第九子，钱倧之弟，五代十国时期吴越最后一位国君，公元948年—公元978年在位。在位期间，臣服中原政权，出兵策应，协助宋军攻灭后唐，封天下兵马大元帅。宋太宗时入朝被扣，进献吴越所辖领地，吴越灭亡。入宋后累封邓王，死后谥号忠懿。
⑧ 隐帝，即刘承佑（930—950），沙陀族，河东太原（今山西太原）人，刘知远之子，五代十国时期后汉最后一位皇帝，公元948年—公元950年在位。在位期间，诛杀权臣，自损栋梁，逼反郭威。郭威兵抵汴京，刘承佑出逃，后被随从所杀。死后谥号隐帝。

耶律德光在回国途中，在杀胡林病死了。大臣将其腹部剖开，装上食盐，以防尸体腐烂，运回契丹，人们称之为"帝耙"。他的儿子耶律兀欲即位。

南楚国主马希范逝世，他的弟弟马希广即位。

吴越国主钱弘佐逝世，他的弟弟钱弘倧即位。随后部下废黜钱弘倧，拥立他的弟弟钱弘俶为王。

刘知远逝世，在位一年，改用了一个年号，叫乾佑。他的儿子周王即位，就是汉隐帝。

隐帝，名承佑，年十八即位。先是，汉祖以弟崇①尹②太原，为留守③、河东节度使。崇与郭威④有隙，至是，威为枢密使、侍中，执政。崇为自全之计，选募勇士，招纳亡命，缮⑤甲兵，实府库，罢上供财赋。朝廷诏令，多不秉承。

荆南高从诲卒，子宝融⑥知军府。

河中李守贞反，郭威督诸军讨克之，守贞自杀。

汉以郭威为邺都留守。

楚王马希广之兄希萼⑦杀希广而自立。

---

① 崇，即刘崇（895—954），沙陀人，太原晋阳（今山西太原）人，刘知远之弟，五代十国时期北汉政权建立者，公元951年—公元954年在位。后汉时历任太原尹、河东节度使。郭威称帝后，刘崇自立汉帝，史称北汉；尊辽帝为叔，共抗中原，多次为后周所败，被柴荣围困太原，忧愤而死。死后谥号神武皇帝，庙号世祖。
② 尹，担任府尹。唐宋时于京都设尹，为京畿地区行政长官。唐五代时以太原府为北京，位列三都五京，故有府尹之职。
③ 留守，官名，东汉置。皇帝出巡或亲征时指定亲王或大臣留守京城，称"京城留守"。其陪京和行都亦常设"留守"，以地方行政长官兼任，总理军民、钱谷、守卫事务。
④ 郭威（904—954），邢州尧山（今河北隆尧）人，五代十国时期后周政权建立者，公元951年—公元954年在位。协助刘知远称帝有功，拜枢密副使、检校司徒，受遗命辅佐汉隐帝。隐帝时任枢密使，总掌军事，击败李守贞、大败契丹，稳固后汉政局。因隐帝屠戮大臣，遂起兵自保，后自立称帝，史称后周，庙号太祖。
⑤ 缮，修补、整治。
⑥ 宝融，即高保融（920—960），字德长，陕州陕县（今河南陕县）人，五代时南平国君主，高从诲三子，公元948年—公元960年在位。性情迟缓，迂腐无能，政事皆委托于其弟高保勖。先后臣服后汉、后周、北宋。病逝后北宋追封太尉，谥号贞懿王。
⑦ 希萼，即马希萼（900—953），许州鄢陵（今河南鄢陵）人，马殷之子，马希范之弟，马希广之兄，五代十国时期南楚国君，公元950年—公元953年在位。马希范时任武平节度使，弑杀马希广后即位，纵酒荒淫，不理政事，自封楚王，不恤士卒，于兵变被囚禁。南唐灭亡南楚后，受封江南西道观察使，封楚王。死后谥号恭孝王。

汉隐帝名叫刘承佑,十八岁即位。起先,刘知远任命他的弟弟刘崇为太原尹、北京留守、河东节度使。刘崇和郭威不和,素有嫌隙。这时,郭威已经被封为枢密使、侍中,执掌朝政。刘崇为了保全自己,选拔招募勇士和一些亡命之徒,修缮甲兵,充实府库钱财,停止向朝廷缴纳贡赋。对于朝廷的旨意命令,大都也不服从接受。

荆南国主高从诲逝世,他的儿子高保融即位,掌管军府。

河中节度使李守贞起兵造反,郭威率军讨伐他,李守贞失败后自杀身亡。

刘承佑加封郭威为邺都留守。

南楚国主马希广的兄长马希萼弑杀马希广,自称楚王。

汉主自即位以来，同平章事杨邠①总机政，枢密使郭威主征伐，侍卫指挥使史弘肇②典③宿卫④，三司使王章⑤掌财赋。邠颇公忠；弘肇察京师，道不拾遗；章捃拾遗利，供馈不乏，国家相安。弘肇尝谓："天下须用长枪大剑，安用毛锥子⑥？"章曰："若无毛锥，财赋何由取办？"章轻文人，尝曰："此辈握算，不知纵横，何益于用？"

汉主左右嬖幸寖⑦用事，亲戚干政，邠等每⑧裁抑之。汉主益壮，厌⑨为大臣所制。杨邠常议事于前，曰："陛下但禁声，有臣等在。"汉主积不能平，左右因谮之。

① 杨邠（bīn，？—950），魏州冠氏（今山东冠县）人，五代十国时期后汉大臣。拥戴刘知远称帝有功，累封枢密使、同平章事，受遗命辅佐汉隐帝；任贤荐能，直言敢谏；后为汉隐帝所杀。郭威即位后，追封弘农王。
② 史弘肇（？—950），字化元，郑州荥泽（今河南郑州）人，五代十国时期后汉名将。勇猛善战，治军严明，跟随刘知远东征西讨，履立战功；襄助刘知远称帝有功，拜归德军节度使、同平章事，受遗命辅佐汉隐帝；因杀戮过重，为小人所谮，后为汉隐帝所杀。郭威即位后，追封郑王。
③ 典，主持、掌管。
④ 宿卫，在宫中值宿，担任警卫，这里指禁军。
⑤ 王章（？—950），大名南乐（今河南南乐）人，五代十国时期后汉大臣。长于理财，拥戴刘知远即位有功，累迁三司使，受遗命辅佐汉隐帝；与杨邠、史弘肇相善，一同被杀。
⑥ 毛锥子，毛笔的别称，这里代指文士。
⑦ 寖（jìn），逐渐。
⑧ 每，常常、屡次。
⑨ 厌，嫌恶、憎恶。

汉隐帝刘承佑自即位以来，同平章事杨邠掌管国家机要，枢密使郭威负责对外征伐战事，侍卫指挥使史弘肇掌管宫中禁卫事宜，三司使王章掌管国家财政。杨邠对国事历来公正忠心；史弘肇巡查京城，秩序井然，民风纯正，路不拾遗；王章主管财政，国家府库充盈，从未匮乏，后汉政局相对平稳，国泰民安。史弘肇曾经说："安邦定国得用长枪利剑，哪里用得着毛笔？"王章听后说："倘若没有毛笔，军饷财赋从哪里取得？"但王章也轻视文人，曾经说："这些文人不懂得行军打仗、纵横捭阖的道理，对国家社稷有什么用处？"

汉隐帝身边的侍从宠臣渐受重用，宗室外戚也开始干涉朝政，杨邠等人经常加以减裁抑制。汉隐帝日渐长大，很讨厌被大臣牵制掣肘。杨邠每次在御前议事时，常说："陛下只管听着便是，有老臣等在，匡事不劳您费心。"汉隐帝心中不满，积怨难平，左右内侍趁机出言诋毁杨邠等人。

乾佑三年，杀邠、弘肇、章。遣密诏，欲杀郭威于邺。将佐劝威入朝自诉。威引大军至，汉主遣兵拒之，或降，或不战而还。汉主为乱兵所弑。威白太后，迎武宁节度使①赟②。未至，闻契丹入寇，遣威将兵击之。威至澶州，将士大噪，裂黄旗以披威体，共扶抱之，呼万岁震地。拥威南行，遂代汉。

汉二世四年而亡。

五代·后周（一）

周③太祖皇帝姓郭氏，名威，太原人也。唐庄宗有宫人柴氏④，归其家，择姻。一日，窥于门，见有疾走而过者，柴氏大惊，问："何人？"告者曰："从马军使⑤郭雀儿⑥也。"柴氏欲嫁之，父母不肯，曰："汝，帝左右人，当嫁节度使，奈何嫁此人？"柴氏坚不嫁他人，竟⑦归威。

---

① 武宁节度使，唐五代节度使名。辖境大致在今山东南部、江苏北部、安徽西北部一带，治徐州（今江苏徐州）。
② 赟（yūn），即刘赟（？—951），沙陀族，河东太原（今山西太原）人，刘崇之子，五代十国时期后汉宗室。被刘知远收为养子，任武宁军节度使。汉隐帝被杀后，郭威奏立刘赟。后郭威假借太后旨意，自领"监国"，降封刘赟为湘阴公。刘崇称帝后，刘赟被杀。
③ 周，即后周，公元951年—公元960年，五代十国时期政权，五代之一。郭威所建，定都开封，全盛时疆域大致在今河南、山东、山西南部、河北中南部、陕西中部、甘肃东部、湖北北部、江苏北部、安徽北部。公元960年，为北宋所取代。
④ 柴氏，生卒年不详，邢州尧山（今河北隆尧）人，郭威皇后。贤良淑德，与郭威相敬如宾；卒于郭威即位前；郭即位后，追封皇后，再未册封皇后，谥号圣穆。
⑤ 军使，官名，唐置，掌军中赏功罚罪。
⑥ 郭雀儿，郭威微贱时的别称。
⑦ 竟，最后、终于。

乾佑三年，汉隐帝设计诛杀杨邠、史弘肇和王章三人。又派遣使者秘密传诏，想要在邺都击杀郭威。郭威麾下左右将佐都劝他入朝说明心志。郭威于是率军南行，刘承佑派军抵挡郭威，结果派出的大军不是投降郭威，就是不战而退。刘承佑也在乱军中被杀。郭威禀明太后，迎接武宁节度使刘赟入京。刘赟还没有抵达汴京，边境传言契丹军入侵，后汉朝廷派遣郭威率军迎敌。郭威大军到了澶州，将士们发生躁动，撕裂黄旗披在郭威身上，一同拥护他即位为君，直呼万岁万岁，声音震天动地。众人拥护郭威一路南行，于是便取代了后汉。

后汉政权传历两世，一共经过四年后灭亡。

五代·后周（一）

后周太祖皇帝姓郭，名威，是太原人。起先，唐庄宗李存勖身边有个姓柴的宫女，出宫回家后准备择婿结亲。一天，在门缝里看到有人快步走过，柴氏感到很惊讶，问道："这是什么人？"旁边的人回答说："这是从马直军使郭雀儿。"柴氏想要嫁给他，她父母不同意，说："你是在皇帝身边待过的人，应当嫁给节度使一类的人，为什么非要嫁给他呢？"柴氏执意不愿再嫁他人，最终和郭威成亲。

汉祖镇河东，威为孔目①官。契丹在汴，威劝汉祖举兵，遂成帝业。

汉隐帝时，威专主征伐。隐帝欲杀之，不克，威拥兵入汴。已而出御契丹，军士拥还汴。时已迎赟于徐州，乃以汉太后②令，废赟为湘阴公，威为监国。寻即位，自谓周虢叔③之后，国号虢周。

赟，崇子也。崇初闻隐帝遇害，欲起兵南向。及闻迎立赟，则曰："吾儿为帝，吾复何求？"赟废死，崇乃称帝于晋阳。

---

① 孔目，官名，唐置。为州郡、藩镇幕府属官，掌狱讼、账目、遣发等事务。
② 汉太后，即昭圣太后（？—954），李姓，名不详，太原晋阳（今山西太原）人，后汉刘知远皇后。贤德淑明，颇有见识，刘知远起兵之初，劝阻刘知远加征赋税；隐帝时极力劝阻隐帝不得诛杀大臣，却不被采纳。郭威称帝后对其礼遇有加，死后谥号昭圣太后。
③ 虢叔，姬姓，名不详，季历第三子，周文王之弟，周代诸侯国西虢第一代君主。起初任周文王卿士，辅佐文王、武王建周灭商；受封庸地，史称西虢，为周王室西部屏障。

汉高祖刘知远担任河东节度使时，郭威在其麾下担任孔目官。契丹攻入汴京后，郭威劝刘知远起兵，成就帝业，建立后汉。

汉隐帝时，郭威负责对外征战。汉隐帝想要杀掉郭威，却没有得手，郭威于是起兵攻入汴京。不久带兵北上抵御契丹，到澶州后被将士们拥立为帝，回师汴京。当时朝廷已经派人去徐州迎接刘赟入朝即位，郭威于是假借太后之命，废黜刘赟，降封为湘阴公，任命郭威监国。没过多久，郭威即位称帝，自称是周文王的弟弟虢叔的后代，于是改国号为虢周。

刘赟是刘崇的儿子。起初，刘崇听说汉隐帝遇害，准备起兵南下征讨。等到听说朝廷迎立刘赟为新君后，又说："我儿为皇帝，我还能再要求什么呢？"刘赟被降封为湘阴公后暴毙，刘崇得知后，在晋阳称帝。

所有并①、汾②、忻③、代④、岚⑤、宪⑥、隆⑦、蔚、沁⑧、辽⑨、麟⑩、石⑪十二州之地，谓其臣曰："顾我是何天子？汝等是何节度使邪？"是为北汉⑫。遣子承钧⑬伐周，不克。遣使乞师于契丹，契丹策命北汉主。更名旻。

契丹述轧⑭弑兀欲而自立，述律⑮讨杀述轧而代之。

---

① 并，唐宋州府名，即太原府，辖境大致在今山西太原、阳泉、晋城北部，治晋阳县（今山西太原市）。
② 汾，唐宋州名，辖境大致在今山西晋城西南部、吕梁交界一带，治隰城县（今山西汾阳）。
③ 忻，唐宋州名，辖境大致在今山西忻州南部，治秀荣县（今山西忻州市）。
④ 代，唐宋州名，辖境大致在今山西朔州中东部，治雁门（今山西代县）。
⑤ 岚，唐宋州名，辖境大致在今山西忻州西南部、吕梁北部，治宜芳县（今山西岚州境内）。
⑥ 宪，唐宋州名，辖境大致在今山西太原西部、忻州南部，治楼烦县（今山西娄烦）。
⑦ 隆，即潞州隆德府，唐宋州府名，辖境大致在今山西长治一带，治上党县（今山西长治市）。
⑧ 沁，唐宋州名，辖境大致在今山西长治西部，治沁源县（今山西沁源县）。
⑨ 辽，唐宋州名，辖境大致在今山西晋中东南部，治乐平县（今山西昔阳）。
⑩ 麟，唐宋州名，辖境大致在今陕西榆林东部，治麟州城（今陕西神木）。
⑪ 石，唐宋州名，辖境大致在今山西吕梁东部，治离石县（今山西吕梁离石）。
⑫ 北汉，公元951年—公元971年，五代十国时期政权，十国之一。沙陀族刘崇所建，定都晋阳，全盛时疆域大致在今山西中部、北部。公元971年，为北宋所灭。
⑬ 承钧，即刘均（926—968），原名刘承均，沙坨族，太原晋阳（今山西太原）人，刘崇次子，五代十国时期北汉国君，公元955年—公元968年在位。孝顺恭谨，长于书法；为辽国所立，称"儿皇帝"；即位后礼敬贤士，勤政爱民，减少南侵；事奉辽国不如其父恭敬，辽国援助渐少。死后谥号孝和皇帝，庙号睿宗。
⑭ 述轧，应为察割，据《辽史·本纪第五》改。耶律察割（？—951），字欧辛，契丹族，耶律阿保机之侄，辽国宗室。貌似恭顺，内心狡诈，拥立耶律阮即位有功，封泰宁王。后于南征途中弑杀耶律阮，随即被耶律璟所杀。
⑮ 述律，即耶律璟（931—969），小字述律，契丹族，耶律德光长子，辽国皇帝，公元951年—公元969年在位。即位后耽于享乐，赏罚无度，不理朝政，是辽国政治的黑暗时期。后为近侍所弑，死后谥号孝安敬皇帝，庙号穆宗。

刘崇占据并、汾、忻、代、岚、宪、隆、蔚、沁、辽、麟、石十二州，对他的臣子说："你们看我究竟是何等天子？你们又是何等将相呢？"刘崇称帝之后，史称北汉。随后刘崇派遣皇子刘承钧率军讨伐后周，却没有成功。就派遣使者前往契丹求援，契丹册封北汉国主刘崇为帝，刘崇改名叫刘旻。

契丹将领耶律察割弑杀耶律兀欲，自立为帝。耶律述律讨伐并杀死耶律察割后，自立为帝。

楚自希广、希萼以来，相攻夺，无宁岁。其下又废希萼而立希崇①。南唐遣边镐②击楚，希崇降。南唐迁马氏之族于金陵③，楚亡。

故楚将刘言④自朗州⑤攻潭⑥，边镐走。言取湖南，请命于周。周以言镇朗，王逵⑦镇潭。逵袭杀言于朗，以周行逢⑧守朗，逵还潭。后又以行逢镇潭，逵自居朗。

周主在位三年殂，改元者一，曰广顺。晋王⑨立，是为世宗皇帝。

---

① 希崇，生卒年不详，许州鄢陵（今河南鄢陵）人，马殷之子，马希广之弟，五代十国时期南楚国君，公元951年在位。马希萼不理政事，兵变遭囚，马希崇被拥立即位；即位后纵酒荒淫，大失人心；在察觉部将意欲兵变后，引南唐军入援，南楚灭亡。随后迁往扬州，入宋后居开封。

② 边镐，生卒年不详，润州江宁（今江苏南京）人，小名康乐，五代十国时期南唐著名将领。率军先后灭亡闽国、南楚，拜武安军节度使；为人宽厚，但御下无法，被南楚旧将所攻，全军覆没，削为平民；后周进攻时，被重新启用，被周军俘获，任右牛前卫上将军；重返南唐后不受重用，郁郁而终。

③ 金陵，今江苏南京。

④ 刘言（？—953），吉州庐陵（今江西吉安）人，五代十国时期南楚将领。因马氏兄弟荒淫无道，遂割据朗州；南楚灭亡后，击败边镐军队，恢复南楚旧地，被后周封武平军节度使；后因种种矛盾，被王逵、周行逢击败擒杀。

⑤ 朗州，唐宋州名，辖境大致在今湖南常德南部、怀化北部，治武陵县（今湖南常德武陵区）。

⑥ 潭，唐宋州名，辖境大致在今湖南益阳南部、长沙、湘潭、娄底、株洲北部，治潭州（今湖南长沙）。

⑦ 王逵（？—956），原名王进逵，朗州武陵（今湖南常德）人，五代十国时期南楚将领。因马氏兄弟荒淫无道，遂拥立刘言为权武平留后；南楚灭亡后，大败边镐军，恢复南楚旧地，被后周封为武安军节度使；后联合周行逢击杀刘言，领武平军节度使；后进攻南唐时，为岳州团练使潘叔嗣所杀。

⑧ 周行逢（916—962），朗州武陵（今湖南常德）人，五代十国时期将领。起初在南楚担任军校，因马氏兄弟荒淫无道，遂与王逵拥立刘言为权武平留后；刘言、王逵相继死后，自任武平军、武安军节度使，割据湖南。

⑨ 晋王，即柴荣（921—959），邢州尧山（今河北隆尧）人，郭威养子，五代十国时期后周皇帝，公元954年—公元959年在位。初封晋王，即位后励精图治。后议取幽州时病倒，英年早逝。死后谥号睿武孝文皇帝，庙号世宗，葬庆陵。

南楚自马希广、马希萼以来,宗室内斗始终不断,国无宁日。南楚将领废黜马希萼,拥立他的弟弟马希崇为楚王。南唐国主李璟派大将边镐攻打南楚,马希崇投降南唐。李璟将马氏全族迁到金陵,南楚灭亡。

南楚旧将刘言从朗州起兵,攻打潭州,边镐兵败后逃走。刘言又攻打湖南,向北周请命。后周任命刘言镇守朗州,王逵镇守潭州。后来,王逵在朗州袭杀刘言,让周行逢镇守朗州,自己返回潭州。之后,王逵又命周行逢镇守潭州,自己镇守朗州。

后周太祖郭威病逝,在位三年,改用了一个年号,叫广顺。晋王即位,就是世宗皇帝。

世宗皇帝名荣，本姓柴氏，周祖妻兄柴守礼①之子也。周祖无子，故养之。周初领节镇，已而尹开封，封晋王。周三临终，命晋王听政②，寻即位。北汉主闻周主殂，大喜，请兵于契丹。契丹遣将杨衮③将万骑，北汉主自将三万人来。周主欲自将御之，群臣皆谏。主曰："崇幸大丧，轻朕年少新立，此必自来，朕不可不往。以吾兵力之强，破崇如山压卵耳。"冯道力争，惟王溥④劝行。

北汉主军于高平⑤，周前锋击之，北汉兵却。主虑其遁去，趋诸军亟进。后军未至，众心危惧，而主志气益锐。合战未几，周右军⑥将樊爱能⑦、何徽⑧先遁，右军溃，步军千余解甲降。主见军势危，自引亲兵，犯矢石督战。

---

① 柴守礼（894—967），字克让，邢州尧山（今河北隆尧）人，圣穆皇后之兄，周世宗柴荣生父。周世宗即位后，累迁光禄卿，居于洛阳养老。
② 听政，坐朝处理政务，指执政。
③ 杨衮，生卒年不详，五代十国时期将领。后投降契丹，随耶律德光南征时，赐名耶律敌禄，后率军驰援北汉。
④ 王溥（922—982），字齐物，并州祁县（今山西祁县）人，后周、北宋宰相，著名史学家。勤奋好学，长于政事。历任两代四朝宰相，宋太宗时封祁国公。死后追赠侍中，谥号文献。编纂《世宗实录》《唐会要》《五代会要》。
⑤ 高平，地名，今山西高平。
⑥ 右军，指右翼部队。
⑦ 樊爱能（？—954），五代十国时期后周将领。高平之战中临阵逃遁，引发右军大乱，战后被斩杀。
⑧ 何徽（？—954），五代十国时期后周将领。高平之战中与樊爱能一同临阵逃遁，引发右军大乱，战后被斩杀。

周世宗名荣，本姓柴，是周太祖郭威妻子柴氏的哥哥柴守礼的儿子。周太祖没有子嗣，所以将他收为养子。后周初年，柴荣担任节度使，不久任开封府尹，封晋王。周太祖临终前，命令晋王柴荣执政。周太祖病逝后，世宗即位称帝。北汉国主刘崇听说周太祖逝世，非常高兴，请求契丹发兵，共同攻打后周。契丹派遣大将杨衮率领数万铁骑，北汉国主刘崇亲自带领三万大军，一同征讨后周。周世宗想要御驾亲征，文武百官都加以劝阻。世宗说："刘崇乘我先帝驾崩，轻视朕年少即位，以为是征伐的绝好时机。如今必定会亲自率兵前来，我不能不去迎战。况且，大周军力强盛，击破刘崇好比大山压卵一般容易。"宰相冯道奋力劝阻，百官中只有王溥建议亲征。

北汉国主刘崇带兵在高平安营扎寨，周军前锋出击，汉军失利稍退。世宗担心汉军逃跑，命令各路兵马急速前进追击。后面增援的军队尚未赶来，将士们都不禁觉得担心惧怕，而世宗反倒志气更加高昂。两军交锋后，周军右翼将领樊爱能、何徽不敌，率先逃遁，周军右翼溃散，一千多名步军也放下武器，投降北汉。世宗见情势危急，亲自率领亲军，冒着箭雨，在阵前督战。

宿卫将赵匡胤①曰："主危如此，吾属何得不致死？"又谓禁兵将张永德②曰："贼气骄，可破也。公引兵乘高西出，为左翼，我为右翼，以击之。国家安危，在此一举！"永德从之，各将二千人进战。匡胤身先士卒，驰犯其锋，士卒死战，无不一当百。北汉兵大败，杨衮不敢救。北汉主昼夜北走，仅得入晋阳。

周主收樊爱能、何徽，及所部军使以上七十余人，责之曰："汝辈非不能战，正欲以朕为奇货③卖于刘崇耳。"悉斩之。自是骄将惰卒始知所惧，不行姑息之政矣。张永德盛称赵匡胤智勇，权殿前都虞侯④。

---

① 赵匡胤（927—976），字元朗，涿州（今河北涿州）人，北宋政权建立者，公元960年—公元976年在位。先后跟随郭威、柴荣，南征南唐、北伐北汉，屡立战功，授殿前都点检。周世宗柴荣死后，陈桥兵变，黄袍加身，即位称帝，史称北宋。即位后先后平定荆南、武平、后蜀、南汉及南唐多个割据政权，为宋太宗实现全国统一奠定基础。通过"杯酒释兵权"，改革军制，解除了自唐中期以来藩镇割据、武将擅权的局面。奉行"以文靖国"，尊孔崇儒，完善科举。庙号太祖，葬永昌陵。
② 张永德（928—1000），字抱一，并州阳曲（今山西阳曲）人，五代、宋初大将，后周太祖郭威女婿。后周时履历功勋，官至殿前都点检。入宋后历仕太祖、太宗、真宗三朝，备受礼遇，封卫国公。死后追赠中书令。
③ 奇货，指稀奇、贵重的事物。
④ 都虞侯，官名，唐置。为藩镇属官，多有武官担任，掌军中执法；五代时为禁军各司高级军官。

禁卫将领赵匡胤呼喊道："陛下尚且能冒死前行，我们又怎么能不死战到底呢？"又对禁军将领张永德说："敌人士气骄纵，奋力一战就能破敌。你带兵从地势高的地方向西面突击，作为左翼，我带兵作为右翼，合力出击。国家安危存亡，就在此一举了！"张永德同意了。两人分别率领两千人，左右出击。赵匡胤身先士卒，冒死冲在前面，杀入敌阵，士卒们也跟着冲上去，与敌军展开殊死搏斗，无不以一当百。汉军大败，纷纷溃退，契丹杨衮不敢前来援救。北汉国主刘崇败下阵来，只得星夜北撤，逃回晋阳。

　　世宗收兵后，逮捕了樊爱能、何徽，以及他们部队军使以上的将领七十多人，斥责道："你们绝不是不能战斗到底，只是把我看作贵重的货物，想要出卖给刘崇罢了！"说罢，就命人将这些人全部斩首。从这以后，骄纵的将领、懒惰的士卒见识了军法严明，才心生畏惧，不敢再姑息应付了。张永德极力称赞赵匡胤智勇双全，世宗就命赵匡胤担任殿前都虞侯一职。

五代·后周（二）

周主谓侍臣曰："兵务精，不务多。农夫百不能养战士一，奈何浚①民之膏血养此无用之物乎？"乃命大简诸军，又诏诸道募天下壮士，咸遣诣阙②。命匡胤选其尤者为殿前诸班，其骑、步诸军，各命将帅选之。由是士卒精强，所向克③捷。

周攻北汉汾、辽、宪、岚、石、沁、忻州，皆入于周。周主攻晋阳，不克，引军还。

北汉主刘旻殂，子钧④立。

周伐蜀，取秦⑤、阶⑥、成⑦、凤⑧州。

---

① 浚（jùn），攫取、榨取。
② 阙，指京城。
③ 克，能。
④ 钧，即刘钧，亦即刘承均。
⑤ 秦，唐宋州名，辖境大致在今甘肃平凉南部、天水北部，治成纪县（今甘肃秦安）。
⑥ 阶，唐宋州名，即武州，唐后期改名阶州，辖境大致在今甘肃陇南东南部、陕西汉中西部，治将利县（今甘肃陇南武都区）。
⑦ 成，唐宋州名，辖境大致在今甘肃陇南中北部，治上禄县（今甘肃成县）。
⑧ 凤，唐宋州名，辖境大致在今甘肃陇南东北部、陕西宝鸡西南部、汉中西北部，治梁泉县（今陕西凤县）。

五代·后周（二）

　　周世宗对左右侍臣说："养兵之道，不在于多少，而在于精强。一百个农夫的劳作都不能养活一个士兵，那么为什么还要搜刮民脂民膏去养活这些没有用处的废物呢？"于是命全军精简士卒，又下诏诸路节度使招募天下壮士，都派到京师来。命令赵匡胤选择这些军士中的精锐，充实进禁卫军诸部。此外骑、步各军，也命令统将精心挑选士兵。因此后周士卒精良强壮，所向披靡，战无不胜。

　　后周发兵攻打北汉，汾州、辽州、宪州、岚州、石州、沁州、忻州等地，都被后周攻克。世宗率兵攻打晋阳，没有攻下，就带兵返回。

　　北汉国主刘旻逝世，他的儿子刘钧即位。

　　后周发兵攻打后蜀，夺取了秦、阶、成、凤四州。

周伐南唐，唐遣兵拒于寿州①而败。周主自将，大败唐兵于正阳②。唐将皇甫晖③、姚凤④保清流关⑤，主命赵匡胤倍道⑥袭之，擒晖、凤，克滁州⑦。周师取杨⑧、泰⑨、光⑩、舒⑪、蕲⑫州。唐兵拒周师，复取泰州，攻扬州。

周主命匡胤屯六合⑬，唐兵来攻，奋击，大破之。将士有不致力者，匡胤阳为督战，以剑斫其皮笠⑭，明日遍阅其笠，有剑迹者数十人，皆斩之。由是部兵莫敢不尽死。

① 寿州，唐宋州名，辖境大致在今安徽六安境内，治寿春（今安徽寿县）。
② 正阳，今河南正阳。
③ 皇甫晖（？—956），魏州漳阴县（今河北省魏县）人，五代十国时期将领。后唐时煽动魏州兵变，引发一系列变故，唐明宗李嗣源即位后，封陈州刺史；后晋时任密州刺史；契丹南下，后晋灭亡，投奔南唐，官至奉化军节度使，加同平章事，镇守江州；率军抵御后周时，被赵匡胤击败生擒，伤重而死。
④ 姚凤，生卒年不详，五代十国时期南唐将领。官至节度使，率军抵御后周时，被赵匡胤生擒。
⑤ 清流关，在今安徽滁州，扼南北交通要道，号称"九省通衢""金陵锁钥"，历来为兵家必争之地。
⑥ 倍道，兼程。
⑦ 滁州，唐宋州名，辖境大致在今安徽滁州东南部，治清流县（今安徽滁县）。
⑧ 杨，即扬州，唐宋州名，辖境大致在今江苏扬州、泰州、南通、盐城南部，治江都县（今江苏扬州江都区）。
⑨ 泰，五代宋州名，南唐李昇分扬州置泰州，辖境大致在今泰州、南通、盐城南部，治海陵县（今江苏泰州海陵区）。
⑩ 光，唐宋州名，辖境大致在今河南信阳除信阳市区大部，治定城县（今河南潢川）。
⑪ 舒，唐宋州名，辖境大致相当于今安徽安庆，治怀宁县（今安徽潜山）。
⑫ 蕲，唐宋州名，辖境大致在今湖北中东部，治蕲春县（今湖北蕲春）。
⑬ 六合，今江苏南京六合区。
⑭ 皮笠，古代革制的笠形帽。

后周派兵讨伐南唐，南唐派兵在寿州阻挡周军，周军失利。世宗决意亲征，在正阳大败唐兵。唐将皇甫晖与姚凤二人坚守清流关，世宗命令赵匡胤日夜兼程袭击唐军，擒获俘虏他们两人，攻克了滁州。周军又接连攻下扬、泰、光、舒、蕲五州。随后唐兵反攻，击退周军，收复泰州，乘胜攻打扬州。

世宗命赵匡胤在六合驻兵，唐兵来攻时，赵匡胤率军奋力拼杀，大败唐兵。看到将士们有不尽力作战的，赵匡胤假装拿着剑临阵督战，拿剑砍破他们的皮笠作为记号。第二天让军士们分别呈上皮笠，逐一审查，皮笠上留有剑痕的大约几十人，被全部斩首。从此赵匡胤麾下士卒，没人敢不拼死作战。

周主还大梁①，留兵围寿州。唐兵复江北诸州，周守将皆弃去，并兵攻寿州。周主复自将如寿，唐人以城降。周主还大梁，已而复自将攻濠②、泗③，皆降。进攻楚州④，遣兵取杨、泰。周主克楚州还，至扬州。唐主遣使尽献江北地，周主乃还。唐主更名景，去帝号，奉周正朔。

朗州王逵为潘叔嗣⑤所杀，将吏迎潭州周行逢入朗。行逢并潭、朗有之。

南汉主刘晟殂，子鋹⑥立。

周主自将伐契丹，取瀛、莫、易州，离京四十二日而关南⑦悉平。议趋幽州，会不豫而止。以瓦桥关为雄州⑧，益津关为霸州⑨，置戍而还，往还六十日。

---

① 大梁，今河南开封。
② 濠，唐宋州名，辖境大致在今安徽蚌埠南部、滁州北部，治钟离县（今安徽凤阳县）。
③ 泗，唐宋州名，辖境大致在今安徽宿州东南部、山东临沂南部、江苏徐州东部、宿迁北部、连云港南部、淮安北部、西部一带，治临淮县（今江苏盱眙）。
④ 楚州，唐宋州名，辖境大致在今江苏淮安、盐城北部，治山阳县（今江苏淮安山阳区）。
⑤ 潘叔嗣（？—956），朗州（今湖南）人，五代十国时期南楚将领。初与周行逢相善，官至岳州团练使；因王逵手下索贿无度不果，向王逵进谗言，遂先发制人，击杀王逵；后迎接周行逢入朗州，反被周行逢所杀。
⑥ 鋹（chǎng），即刘鋹（942—980），原名刘继兴，河南上蔡（今河南上蔡）人，刘晟长子，五代十国时南汉最后一位皇帝，公元958年—公元980年在位。即位后荒淫无度，不理政事，委政女巫，政事紊乱；宋军逼境，献城投降，南汉灭亡；降宋后封任右千牛卫大将军，封恩赦侯。史称南汉后主。
⑦ 关南，后周世宗北伐，收复瓦桥、益津、淤口三关，北宋称三关以南地区为关南。大致在今河北保定、廊坊、沧州交界一带。
⑧ 雄州，五代宋州名，辖境大致在今保定、沧州交界一带，治雄州（今河北雄县）。
⑨ 霸州，五代宋州名，辖境大致在今霸州中南部，治霸州（今河北霸州）。

周世宗返回大梁，留下军队围攻寿州。南唐反攻，收复被周军所占的江北各州，后周军守将纷纷弃城而逃，唐军又集合军队，攻打寿州。世宗再次亲征，进围寿州，唐兵交城投降。世宗返回大梁后，不久又率兵出征，攻打濠州、泗州，两州都开城投降。世宗又进攻楚州，同时派兵攻打扬、泰两州。世宗攻克楚州后，抵达扬州。南唐国主李璟派使者求见世宗，将长江以北的领地割让给后周，周主于是返回汴京。南唐国主李璟改名为景，去除帝号，奉后周为正统。

朗州王逵被潘叔嗣杀死，将士和官吏们迎立潭州主事周行逢为朗州主帅。从此，周行逢占据潭、朗两州。

南汉国主刘晟逝世，他的儿子刘鋹即位。

世宗亲自率兵讨伐契丹，夺取瀛州、莫州和易州，离开京城四十二天就平定了关南各州。在与群臣众将商议夺取幽州的事宜时，世宗突然患病，就因此搁置了。世宗改瓦桥关为雄州，益津关为霸州，并派军驻守，随后返回汴京。这次世宗亲征从离京到回朝，前后总共六十天。

赵匡胤先是为殿前都指挥使，从攻淮南，又从征契丹，至是为殿前都点检①。

周主在位六年殂，改元者一，曰显德。周主在藩韬晦，及即位，首破高平之寇，人始服其英武。号令严明，人莫敢犯。攻城对敌，矢石落左右，略不动容。应机决策，出人意表。又勤于政事，发奸摘伏②，听察如神。间暇则召儒者读史，商榷大义。性不好丝竹珍玩之物，常言："朕必不因喜赏人，因怒刑人。"文武参用，各尽其能。人畏其明而怀其惠，故能破敌广地，所向无前。登遐之日，远近哀慕。子梁王③立，是为恭帝。

恭帝名宗训，七岁即位。以赵匡胤为归德节度使④。明年春，镇、定言契丹入寇，遣匡胤将兵御之。至陈桥驿⑤，军士拥还策立。周主在位半年，遂禅于宋。

周自太祖，至是三世，实二姓，十年而亡。

---

① 殿前都点检，官名，后周置，为禁军殿前司最高长官，位高权重。宋朝建立后不久被废除，而代以都指挥使。
② 摘伏，揭发隐秘的坏人坏事。
③ 梁王，即柴宗训（953—973），邢州尧山（今河北隆尧）人，柴荣第四子，五代十国时期后周皇帝，公元960年在位。初封梁王，即位后遇陈桥兵变，禅位赵匡胤。后封郑王，迁房州。死后谥号恭帝，葬顺陵。
④ 归德节度使，五代节度使名，后梁改宋州为宣武军，后唐改为归德军，辖境大致在今河南商丘、山东菏泽南部、安徽宿州北部，治睢阳县（今河南商丘市睢阳区）。
⑤ 陈桥驿，今河南封丘县东南。赵匡胤曾于此发动兵变，建立北宋。

赵匡胤起初担任殿前都指挥使，因随驾攻打淮南、契丹，屡立战功，因而被加封为殿前都点检。

　　周世宗在位六年后病逝，改用了一个年号，叫显德。世宗身为藩王时，韬光养晦。等到即位后，首先在高平之战中大败北汉、契丹联军，朝廷上下才服膺他的英明威武。世宗治军严明，法令如山，军士们丝毫不敢触犯。攻城拔地时，往往身先士卒，箭矢、礌石落在身旁，面不改色。他处事当机立断，决策英明，往往出人意料。同时勤于政务，能辨忠奸，明察秋毫。每逢政务闲暇时，世宗就会召集儒生，研读史书，商榷探讨其中的意旨。世宗生性不爱好丝竹之类的乐器和珍贵赏玩之物，常常说："我不会因为个人喜好去赏赐他人，也不会因为自己的怨愤惩罚别人。"满朝文臣武将，斟酌任用，各尽其才。上下大臣既畏惧他的英明，又感念他的恩德，因而世宗能够攻城拓地，所向披靡。世宗驾崩之日，无论远近，臣民们都哀悼思慕他。他的儿子梁王即位，就是周恭帝。

　　周恭帝名叫柴宗训，七岁就即位称帝。任命赵匡胤为归德节度使。第二年春天，接到镇州、定州急报说契丹大军入侵，朝廷派遣赵匡胤带兵出征。赵匡胤率军到了陈桥驿后，将士们拥立赵匡胤为天子。周恭帝在位仅半年时间，就禅位给赵匡胤。

　　后周政权自太祖郭威建国以来，到恭帝传历三世，实际上是郭姓与柴姓的两姓之国，一共经过十年后灭亡。

文白对照

十八史略

第五卷

[元] 曾先之 著
王明辉 郭鹏 注译

中国画报出版社·北京

文白对照十八史略

第五卷 北宋

北宋（一）

　　宋太祖姓赵氏，名匡胤，其先涿人也，相传为汉京兆尹①广汉②之后。父弘殷③为洛阳禁卫④将校。生匡胤于甲马营⑤，赤光满室，营中异香一月，人谓之香孩儿营。少从辛文悦⑥学，文悦尝梦邀驾⑦，乃匡胤也。周世宗⑧时掌军政，凡六年，士卒服其恩威。数从征伐，立大功。世宗一日于文书箧中得一木，书曰"点检⑨作天子"。时张永德⑩为点检，世宗乃迁之，而易⑪以匡胤。

① 京兆尹，官名，汉置。秦设内史掌治京师，汉初分左右内史，武帝太初元年（前104）改右内史为京兆尹，分原内史东部为其辖区，为汉代"三辅"之一。
② 广汉，赵广汉，见前注。
③ 弘殷，即赵弘殷（899—956），涿州（今河北涿州）人，五代将领。赵匡胤之父。骁勇善战，历仕后汉、后周。入后周后因功官至检校司徒，主掌禁军，封天水县男。逝世后追赠武德军节度使。赵匡胤即位后，追谥为昭武皇帝，庙号宣祖。
④ 禁卫，指保卫帝王或京城的军队，即禁卫军。
⑤ 甲马营，即夹马营，在今河南洛阳瀍河桥东。
⑥ 辛文悦，生卒年不详，生于唐末五代宋初之际，是赵匡胤的启蒙老师。赵匡胤即位后，任其为太子中允，房州知府，累迁至员外郎。
⑦ 邀驾，遇到圣驾。
⑧ 周世宗，即柴荣（921—959），邢州尧山（今河北隆尧）人，五代时后周皇帝，郭威之侄、养子，公元954年—公元959年在位。初封晋王，即位后励精图治，政治清明，实为一代明君。南征北战，先后击败诸多割据势力，为北宋的统一奠定了基础。后议取幽州时病倒，英年早逝。庙号世宗，葬庆陵。
⑨ 点检，即殿前都点检。
⑩ 张永德（928—1000），字抱一，并州阳曲（今山西阳曲）人，五代、宋初大将，后周太祖郭威女婿。后周时屡立功勋，官至殿前都点检。入宋后历仕太祖、太宗、真宗三朝，备受礼遇，封卫国公。死后追赠中书令。
⑪ 易，更换。

北宋（一）

宋太祖姓赵，名叫匡胤。他的祖先是涿郡人，据说是汉代京兆尹赵广汉的后裔。赵匡胤的父亲赵弘殷曾经在洛阳担任禁军将校。赵匡胤出生在夹马营，刚出生时，整个屋子里充满红光并伴有一股特别的香味，这股香味在军营中持续了一个月才消失，所以，人们就把甲马营叫作香孩儿营。赵匡胤小的时候跟从辛文悦学习，辛文悦曾梦到遇见御驾里面是赵匡胤。周世宗当政时，赵匡胤掌管军政要务长达六年，士兵们都很敬服他的恩惠和威严。赵匡胤多次跟随世宗出征讨伐，战功赫赫。周世宗有一天在文书匣中发现一块木板，上面写着"点检做天子"五个字。当时张永德任殿前都点检，于是周世宗就调整了张永德的职务，改任赵匡胤为殿前都点检。

世宗殂，恭帝即位。之明年，命领宿卫御契丹。时主少国危，中外始有推戴之议。大军既出，军校苗训①见日下复有一日，黑光相荡，指曰："此天命也。"夕次②陈桥驿③，军士聚议："先立点检为天子，然后北征。"环列待旦，点检醉卧不知也。黎明，军士披甲执兵，直叩寝门，曰："诸将无主，愿策④太尉为天子。"点检惊起披衣，则相与扶出，被以黄袍，罗拜⑤呼万岁，拥上马南行。拒之不可，乃揽辔，誓诸将，整军。自仁和门入，秋毫无所犯。恭帝遂禅位。以所领节镇为宋州归德军⑥，故国号曰宋。

即位之初，欲阴察群情，颇为微行。或谏毋轻出，上曰："帝王之兴，自有天命。周世宗见诸将方面大耳者皆杀之，我终日侍侧不能害也。"微行愈数⑦，曰："有天命者，任自为之，不汝禁也。"中外詟服⑧。

---

① 苗训（929—？），河中（今山西永济）人，北宋大臣。长于天文占候、兵书战策，早年结识赵匡胤，预言陈桥兵变，辅佐赵匡胤即位称帝。官至检校工部尚书。
② 次，驻扎。
③ 陈桥驿，今河南封丘县东南。赵匡胤曾于此发动兵变，建立北宋。
④ 策，扶持，拥立。
⑤ 罗拜，环绕下拜。
⑥ 归德军，辖境、治所与宋州同。后梁改宋州为宣武军，后唐改为归德军，宋真宗升归德军为应天府。军始于唐，称军镇，属军事系统，掌兵马。五代时军兼管民政。宋时演变成为地方行政区划，或与州同级而下辖县，属于路属军；或与县同级而隶属州，属于州属军；但总体地位低于州和府。
⑦ 数（shuò），频繁。
⑧ 詟（zhé）服，畏惧服从。

周世宗逝世后，恭帝即位。到了第二年，恭帝命赵匡胤带领禁卫军抵御契丹的侵袭。当时恭帝年幼，又值契丹入侵，国家处于危急存亡的关头，因此朝廷内外都有推举拥戴赵匡胤做天子的议论。大军离开京城后，军官苗训看到太阳下面又有一个太阳，互相摩荡，熔成一片黑光。苗训指着奇异天象说："这是天命啊！"晚上大军驻扎在陈桥驿，将士们都聚在一起议论："先立点检赵匡胤为天子，然后再北征。"于是将士们列队围绕着赵匡胤的住所，等候天亮。而赵匡胤头天晚上喝得大醉，全然不知外面发生的事情。黎明，将士们穿好铠甲拿着武器，直接叩拜在赵匡胤的房门外，大声说："将士们没有主帅，愿意尊奉太尉为皇帝。"赵匡胤听后大吃一惊，刚穿上衣服，众人就把他扶出来，不由分说，将黄袍披到他身上。众人环绕下拜，高呼万岁，然后簇拥着把赵匡胤扶上了马，向南行进。赵匡胤拒绝不得，只好揽辔前行。他和将士们约定誓言，然后修整兵马，从仁和门进入汴京，丝毫不触犯城内百姓的利益。入城后，恭帝只好将皇位禅让给了赵匡胤。赵匡胤因为自己之前在宋州归德军中担任节度使，所以改国号为宋。

　　赵匡胤刚刚登上皇位时，想私下里探察百官的情况，经常微服私访。有的臣子劝谏不要轻易出行。太祖笑着说："帝王的隆兴，乃是上天的安排。以前周世宗看到方脸大耳的将士就都杀了，我一直在他身旁伺候，却未曾遭受杀害。"太祖微服私行的次数越来越频繁，他说："如果有人得到上天的庇佑，随他做什么，我都不会禁止。"朝廷内外听说后，都臣服于太祖的威名。

昭义节度使①李筠②，故周宿将，反于泽州③。上命石守信④讨之，寻亲征。筠自焚死，泽、潞⑤平。

淮南节度使⑥李重进⑦，周祖⑧之甥也，亦反。上命石守信讨之，寻亲征。重进自焚死，淮南平。

荆南高宝融卒，弟宝勖⑨代之。

南唐泉州⑩留从效⑪称藩。

① 昭义节度使，唐五代节度使名，辖境大致在山西东南部、河北东南部、河南东北部，治相州（今河南安阳），后徙治潞州（今山西长治）。
② 李筠（？—960），初名荣，避周世宗柴荣讳改名李筠，并州太原（今山西太原）人，五代后周大将。骁勇善战，连败契丹、北汉，拜昭义军节度使，镇守北境。赵匡胤建国后，联合北汉起兵反叛，兵败自焚而死。
③ 泽州，唐宋州名，辖境大致在今山西晋城，治晋城县（今山西泽州县）。
④ 石守信（928—984），汴州浚仪（今河南开封）人，宋朝开国名将。后周时官至殿前都指挥使，与赵匡胤结为异姓兄弟。宋朝建立后，四处征战，平定叛乱。后自释兵权，离朝外任天平军节度使。太宗时任中书令，从征契丹，封卫国公。死后追赠武威郡王，谥号武烈。
⑤ 潞，潞州，唐宋州名，辖境大致在今山西长治，治上党县（今山西长治县）。
⑥ 淮南节度使，唐五代节度使名，辖境大致在今长江和淮河之间地区，包括江苏、安徽、湖北一部分，治扬州（今江苏扬州）。
⑦ 李重进（？—960），沧州（今河北沧州）人，五代后周将领，太祖郭威之甥。从破契丹、南唐，多有战功，拜侍卫亲军都指挥使。赵匡胤建国后，起兵反叛，兵败自焚而死。
⑧ 周祖，指周太祖郭威。
⑨ 宝勖，即高保勖（924—962），字省躬，陕州陕县（今河南陕县）人，五代时南平国君主，高从诲十子，公元960年—公元962年在位。少时颇有治世之才，即位后荒淫无度。病逝后北宋追封侍中，谥号贞安王。
⑩ 泉州，唐宋州名，辖境大致在今福建泉州，治晋江县（今福建晋江）。
⑪ 留从效（906—962），字符范，泉州永春（今福建永春）人，五代将领。先投王审知，王审知叛乱时，占据泉州、漳州；后归属南唐，封晋国公、晋江王，名义隶属南唐，实为自治。

昭义节度使李筠本是后周禁卫军的将领，这时在泽州起兵造反。太祖命石守信率兵讨伐，不久又御驾亲征。李筠兵败后，自焚而死，泽州、潞州得以平定。

淮南节度使李重进是后周太祖郭威的外甥，这时也起兵造反。太祖命石守信带兵征讨，不久后御驾亲征。李重进寡不敌众，自焚而死，淮南得以平定。

荆南国主高宝融死后，他的弟弟高宝勖即位。

南唐泉州清源军节度使留从效自称藩王。

建隆二年，南唐主李璟迁都于南昌①，以其子从嘉②守建康。璟殂，从嘉立，更名煜。

北宋（二）

上既诛筠、重进，召枢密直学士③赵普④问曰："吾欲息天下兵，为国家长久计，其道何如？"普言："唐季以来，帝王数易，由节镇太重，君弱臣强而已。今莫若稍⑤夺其权，制其钱谷，收其精兵，则天下自安。"又言："殿前帅⑥石守信等，皆非统御才，宜授他职。"上悟，召守信等。

---

① 南昌，今江西南昌。
② 从嘉，即李煜（937—978），原名从嘉，字重光，号钟隐、莲峰居士，徐州（今江苏徐州）人，五代时南唐国主，李璟六子，公元961年—公元975年在位。即位后外患不已，内政不举，日日醉酒，耽于享乐。因畏惧北宋，去"唐"国号，改称"江南国主"。后终被北宋灭亡。降宋后，封违命侯。后死于开封，追赠太师，封吴王。李煜多才多艺，精通音律，能诗擅词。
③ 枢密直学士，官职，五代后唐置，宋、辽沿置，为枢密院官，掌侍从，备顾问，兼掌枢密院军政文书。
④ 赵普（922—992），字则平，幽州蓟（今天津蓟县）人。后周时从赵匡胤任归德军掌书记，参与谋划陈桥兵变，拥立匡胤为帝代周。入宋，授右谏议大夫，充枢密直学士。从征李筠，以功迁兵部侍郎、枢密副使，旋任枢密使。劝太祖遣使分赴诸道，征丁壮送京师以备守卫；诸州署通判掌理钱谷。后出为河阳三城节度使、检校太傅同平章事。太平兴国初入朝，改太子少保，迁太子太保，颇为卢多逊所毁，旋拜司徒兼侍中，封梁国公。太平兴国八年（983），出为武胜军节度使、检校太尉兼侍中。淳化三年（992），因老衰久病，奉表请退。拜太师，封魏国公。卒，赠尚书令，追封真定王，谥忠献。
⑤ 稍，逐渐。
⑥ 殿前帅，即殿前都指挥使，官名，五代后周置。为禁军殿前司统领，北宋废除殿前都点检后，成为殿前司最高统帅。和侍卫司同掌禁军而地位尤重，总管殿前司禁军统制、训练、扈卫、戍守、迁补、罚赏等政令。

建隆二年，南唐国主李璟将都城迁到南昌，并命他的儿子李从嘉镇守建康。李璟死后，李从嘉即位，改命叫李煜。

北宋（二）

太祖平定李筠、李重进叛乱后，一日，召来枢密直学士赵普说："我想要平息天下战事，为国家长治久安考虑，你认为应该怎么做？"赵普回答说："自从唐末以来，帝王更迭频繁，都是因为地方节度使势力太大，导致君弱臣强。如今不如逐渐削夺他们的权力，控制他们的财赋粮草，收回他们手中的精良兵马，那么天下自然就会太平。"赵普顿了顿又说："陛下殿前将帅石守信等人都没有统领驾驭士卒的才能，应该改授其他职务。"太祖明白了赵普的用意，于是次日召集石守信等武将进宫赴宴。

宴酣，屏左右，谓曰："我非尔曹之力，不至此，然终夕未尝安枕也。居此位者，谁不欲为之？"守信等顿首曰："陛下何为出此言？天命已定，谁敢有异心？"上曰："汝曹虽无异心，如麾下之人欲富贵何？一旦以黄袍加汝之身，虽不欲为，其可得乎？"皆顿首泣曰："臣等愚不及此，惟陛下哀矜，指示可生之途！"上曰："人生如白驹过隙，所为好富贵者，不过欲多积金钱，厚自娱乐，使子孙无贫乏耳。汝曹何不释去兵权，出守大藩，择便好田宅，为子孙计。多置歌童舞女，日饮酒相安，不亦善乎？"皆拜谢曰："陛下念臣等至此，所谓生死而肉骨也。"明日皆称疾，请罢。

赵普，蓟人，遇上于滁州，用为节度掌书记①。上即位后，专与谋议，倚信之。

女真②贡马。

回鹘③、于阗④来贡。

---

① 节度掌书记，官名，唐置。为节度使属官，掌军政、民政机关机要文件。
② 女真，中国古代民族，汉魏时称挹娄，南北朝时称勿吉，隋唐时称黑水靺鞨，女真之名始见于唐朝。生活在黑龙江畔、长白山间，公元1115年建立金朝。为满族先祖。
③ 回鹘（hú），即回纥（hé），中国古代民族，其先为铁勒族。生活在甘肃、青海、新疆及中亚地区，公元744年推翻后突厥汗国，建立回纥汗国。国灭后逐渐内迁，成为今天的维吾尔族。
④ 于阗，西域古国名，都西城（今和田约特干遗址），公元1006年被喀喇汗国吞并。

大家喝得尽兴时，太祖摒退身边侍从，对众将领说："如果没有你们的鼎力相助，我也不会有今天的地位。但自朕即位以来，就没有一天晚上能够睡得安稳。皇帝这个宝座，天下又有谁不想坐呢？"石守信等人急忙伏地叩首说："陛下为什么要这么说？上天的旨意已经确定，谁敢再有叛逆之心？"太祖说："你们虽然没有异心，倘若麾下有贪图富贵之人，那该怎么办呢？他们一旦将黄袍披到你们身上，即使你们不愿意，恐怕也骑虎难下了。"石守信等都哭泣着跪拜说："臣等愚钝至极，希望陛下可怜我们，给我们指条生路！"太祖说："人的一生就如白驹过隙一般，转瞬即逝，所以钟情于富贵荣华，无非是想多积攒些钱财，来让自己好好娱乐享用，并使子孙后代不至于忍受穷苦罢了。你们不如放弃兵权，外出镇守藩镇。多选择上好田园，为子孙积攒家业。自己再多买些歌童舞女，日日饮酒欢愉，相安无事，不是很好吗？"石守信等人都拜谢道："陛下如此为我们着想，真称得上是让死人复生、让白骨生肉啊！"第二天，那些将领都上表称病，请求交出兵权。

赵普是蓟州人，在滁州和太祖相识，被任为节度掌书记。太祖即位以后，很多机要事件都专门与他商议，非常倚重信任他。

女真族向大宋进贡良马。

回纥和于阗前来进贡。

建隆三年，泉州留从效卒，衙将①陈洪进②推张汉思③领军务。

定难节度使周西平王李彝殷贡马。

武平④、武安⑤镇师周行逢卒，子保权⑥领军府。衡州⑦太守张文表⑧作乱，起兵据潭州，保权表请救于宋。

荆南高宝勖卒，兄子继冲⑨代之。

高丽⑩来贡。

---

① 衙将，唐时军队幕府内的武将，后泛指低级军官。
② 陈洪进（914—985），字济川，清源仙游（今福建仙游县）人，北宋将领。留从效逝世后，执掌漳、泉二州，保境安民，发展经济。南唐灭亡后，归顺宋朝，任武宁军节度使、同平章事。后从征北汉，封岐国公。死后追赠中书令，封南康郡王，谥号忠顺。
③ 张汉思，生卒年不详，五代将领。与留从效一同治理闽南，留从效死后，被陈洪进推举为清源留后，执掌漳泉。因年迈不能理事，遭陈洪进软禁，后病逝。
④ 武平，即武平节度使，五代节度使名，南楚所设，辖境大致在今湖南西部，治朗州（今湖南常德）。
⑤ 武安，即武安节度使，五代节度使名，南楚所设，辖境大致在今湖南东部，治潭州（今湖南长沙）。
⑥ 保权，即周保权（952—985），朗州武陵（今湖南常德）人，五代将领，周行逢之子。继任其父后，部下叛乱，归顺宋朝，任右千牛卫上将军。
⑦ 衡州，唐宋州名，辖境大致在今湖南衡阳、株洲西部，治衡阳（今湖南衡阳市区）。
⑧ 张文表（？—963），朗州武陵（今湖南常德）人，五代将领。初与周行逢等十人结拜为兄弟，跟随周行逢，任武平节度使。周行逢死后，起兵攻打周保权，被部下所杀。
⑨ 继冲，即高继冲（943—973），字成和，陕州陕县（今河南陕县）人，五代时南平国君主，高保融长子，高保勖之侄，公元962年—公元963年在位。张文表作乱时，宋军南下，借道南平，高继冲遂归降宋朝，任武宁节度使。死于任上，追赠侍中。
⑩ 高丽，朝鲜半岛古国，王建于公元918年所建，定都开京（今朝鲜开城），疆域大致在朝鲜半岛中南部，公元1392年为李成桂所灭。

建隆三年，泉州清源军节度使留从效逝世，他手下将领陈洪进推举张汉思统领军务。

定难节度使、后周西平王李彝殷进贡良马。

武平军兼武安军节度使周行逢逝世后，他的儿子周保权统领军务。衡州太守张文表起兵作乱，占据潭州，周保权上表请求大宋援助。

荆南国主高宝勖逝世，他哥哥高宝融的儿子高继冲即位。

高丽国前来进贡。

乾德元年，命慕容延钊①等会周保权，讨张文表。师出江陵②，高继冲出降，荆南平。延钊至湖南③，文表先已败死。保权闻宋师下荆南，惧而拒守。师进，讨之，获保权，湖南平。

二年，宰相范质④、王溥、魏仁浦⑤乞罢。质等，周朝旧相也。自唐以来，宰相惟面奏大政事，余号令、刑赏、除拜⑥，但⑦入熟状⑧。质等自以前朝大臣稍存形迹，每事具札子进呈。退批，所得圣旨，同列皆书字以志之。奏御之多，始此。质等既罢，以赵普同平章事。

① 慕容延钊（913—963），字化龙，并州太原（今山西太原）人，北宋开国名将。初与赵匡胤共仕后周，南征北战，屡立功勋。北宋建立后平定荆湘，官至同中书门下平章事。死后追封河南郡王。
② 江陵，今湖南荆州。
③ 湖南，即湖南道，唐道名，辖境大致相当于今湖南省全境及周边地区，治衡州（今湖南衡阳），后徙治潭州（今湖南长沙）。
④ 范质（911—964），字文素，大名宗城（今河北广宗）人，后周、北宋宰相。长于政事，文理兼长。后周时官至同中书门下平章事，封萧国公，主编《显德刑律统类》。北宋后继任至同中书门下平章事，封鲁国公。死后追赠中书令。
⑤ 魏仁浦（911—969），字道济，卫州汲县（今河南卫辉）人，后周、北宋宰相。清静简朴，足智多谋，辅佐郭威建立后周，官至同中书门下平章事。陈桥兵变后，试图反抗，却因势单力薄而失败。虽仕北宋任相，仍心系后周，后发病而死。
⑥ 除拜，任命官职。
⑦ 但，只，仅仅。
⑧ 熟状，宋制，非紧要事务，有关官员拟就施行办法，以白纸书写，宰相押字，其他执政具姓名，送请批示，画"可"后执行，称熟状。

乾德元年，太祖命慕容延钊等会合周保权，一起发兵征讨张文表。大军向南进发，抵达江陵时，荆南国主高继冲出城投降，荆南得以平定。慕容延钊带兵到达湖南时，张文表已兵败被杀。周保权听说宋军已经攻下荆南，不敢出兵抵抗，只好据城固守。慕容延钊率宋军围攻，擒获周保权，湖南得以平定。

乾德二年，宰相范质、王溥、魏仁浦乞求辞去宰相之职。范质等人都是以前后周的宰相。自唐代以来，宰相就只负责向皇上面奏国家大事。除此之外的号令、刑罚、赏赐、封官、升迁等事，全都写成熟状呈交皇帝。范质等人以为自己是前朝旧臣，勉强保留性命，因此事事都写成折子交由太祖批阅。所得到的皇帝旨意，同僚们都写下来做记录。奏章越来越多，就是从这会儿开始的。范质等人辞去相位后，太祖就任命赵普为同平章事。

命王全斌①伐蜀。乾德三年，蜀相李昊②劝蜀主孟昶③出降，蜀亡。前蜀王氏之亡也，降表亦昊所草，蜀人夜书其门曰："世修降表李家。"

初，上命宰相择前代未有年号，以改今元。及是得蜀鉴④，乃有"乾德四年铸"字，怪之。召问学士⑤，窦仪⑥曰："昔伪蜀⑦王衍有此号。"上叹曰："宰相须用读书人。"

---

① 王全斌（908—976），并州太原（今山西太原）人，五代、宋初将领。历仕后唐、后晋、后汉、后周、北宋五朝，多有战功。入宋后，以忠武军节度使讨伐后蜀，破蜀后因纵兵杀戮被降职。死后追赠中书令。
② 李昊，生卒年不详，字穹佐，五代时后蜀宰相。历仕前蜀、后蜀，官至宰相，独掌财政大权，骄奢淫逸。先后为前蜀王衍和后蜀孟昶书写降表。降宋后，拜工部尚书。
③ 孟昶（919—965），字保元，邢州龙岗（今河北沙河）人，五代时后蜀皇帝，孟知祥三子，公元934年—公元963年在位。即位后劝农恤刑，与民休息，尚浮华，多奢侈。后宋军来攻，用人不当，降宋。史称后蜀后主。降宋后封秦国公，七日后逝世，追封楚王。
④ 鉴，铜镜。
⑤ 学士，即翰林学士，官职，南北朝置，为皇帝顾问兼秘书官。
⑥ 窦仪（914—966），字可象。五代蓟州渔阳（今天津市蓟县）人。后晋天福进士，为景延广幕僚。后汉召为右补阙、礼部员外郎。后周擢翰林学士，加礼部侍郎，权知贡举。宋建隆元年（960），迁工部尚书，兼判大理寺。性格刚直，博学多闻，精典故制度，为宋太祖所重。三年，奉勅重详定刑统。乾德元年（963），编成《宋刑统》，凡三十卷。
⑦ 蜀，指前蜀。

太祖命王全斌率军讨伐后蜀。乾德三年，后蜀宰相李昊劝说后蜀国主孟昶出城投降，后蜀灭亡。前蜀王衍投降时，降书也是李昊草拟的。蜀国百姓有的人夜里就在李昊家门上写了"世修降表李家"六个大字。

起先，太祖命宰相选取前代未曾使用过的年号，来更改现在的年号。这时得到了一面蜀国的铜镜，发现上面刻着"乾德四年铸"五个字，太祖感到特别奇怪。就召来翰林学士询问，学士窦仪回答道："以前蜀国国主王衍曾用过乾德这一年号。"太祖感叹道："宰相必须让读书人来当啊！"

北宋（三）

　　五年，五星聚奎①。先是，周显德中，窦俨②、杨徽之③、卢多逊④同为谏官。俨善推步⑤，尝曰："丁卯岁⑥五星聚奎，自此天下太平。二拾遗⑦见之，俨不预⑧也。"至是，果然。

　　夏州李彝殷卒，子光睿⑨领军务。

---

① 五星聚奎，又称"五星联珠"，指从地球上看，水星、金星、火星、木星与土星等五大行星排列为近乎直线的奇特天象。古人以为祥瑞。
② 窦俨（918—960），字望之，蓟州渔阳（今天津蓟县）人。五代、北宋官员。历仕后晋、后汉、后周、北宋四朝，屡任史官，修礼作乐。修后晋高祖、少帝、后汉高祖《三朝实录》。入宋后，任礼部侍郎，撰定祠祀乐章、宗庙谥号。有《周正乐》传世。
③ 杨徽之（921—1000），字仲猷，建州浦城（今福建浦城）人，北宋官员、诗人。宋太宗时因文才出众，参与编辑《文苑英华》。真宗时官至翰林侍读学士。卒谥文庄。
④ 卢多逊（934—985），怀州河内（今河南沁阳）人，北宋宰相。博学多才，奉诏参与编修《五代史》，官至同中书门下平章事。因与秦王赵廷美勾结，被流放崖州。仁宗时追赠工部尚书。
⑤ 推步，推算天象历法。
⑥ 丁卯岁，即公元967年。
⑦ 拾遗，官名，唐置。掌供奉讽谏、荐举人才。位在补阙之下。
⑧ 预，参与，参加。
⑨ 光睿，即李光睿（？—978），党项族，夏州（今陕西靖边）人，李彝殷之子，五代时党项族首领。继任定难节度使后，与北宋交好，拜检校太尉。死后追赠侍中。

北宋（三）

乾德五年，天空出现五星连珠。起先后周显德年间，窦俨、杨徽之、卢多逊同为谏议官。窦俨擅长推算天文历法，他曾经说："丁卯年会出现五星连珠的天象，自此以后，天下就会太平无事。你们二位还能看到那一天，我是等不到了。"果然应验了。

夏州李彝殷逝世，他的儿子李光睿统领夏州军务。

开宝元年，北汉主刘钧①殂，养子继恩②立。郭无为③弑之，而立其同母弟继元④，皆异姓子也。

雷德骧⑤判大理寺⑥，官属与堂吏附会宰相，擅增减刑名。德骧愤惋，直诣讲武殿⑦奏之，并言赵普强市⑧人地宅，聚敛财贿。上怒，叱曰："鼎铛尚有耳，汝不闻赵普吾社稷臣乎？"引柱斧⑨击折其二齿，命曳出，黜之。

二年，命曹彬⑩等伐北汉。寻亲征，攻太原城，久不下。顿兵⑪百草池⑫，中暑雨，军中疾疫，诏班师。

---

① 刘钧（926—968），原名刘承钧，沙陀族，并州太原（今山西太原）人，刘崇次子，五代时期北汉皇帝，公元954年—公元968年在位。为辽国所立，称"儿皇帝"。勤政爱民，礼贤下士。后因外患频仍，忧郁而死。谥号孝和，庙号睿宗。
② 继恩（935—968），本姓薛，为刘钧之甥，后钧收为养子，改姓刘。公元968年7月至9月在位。天会十二年（968）刘钧卒，立刘继恩。史称北汉少主。
③ 郭无为（？—969），棣州人。十国时北汉宰相。天会五年至十三年，在职八年。好学多闻，善谈辩。尝为武当道士。先投郭威，不为所纳，隐居抱腹山中。后为北汉内枢密使段常荐举，睿宗刘钧召以为相。天会十二年（968）睿宗临终托以后事。后奉刘继元嗣位。后被告为有异心，继元使人杀之。
④ 继元，即刘继元（？—991），本姓何，刘钧外甥兼养子，刘继恩同母弟，五代时北汉皇帝，公元968年—公元979年在位。即位后任用奸小听信谗言，误杀大将，自毁长城。降宋病逝。谥号英武皇帝。
⑤ 雷德骧（917—992），字善行，北宋同州合阳（今陕西合阳）人。以大理寺丞弹劾宰相赵普"擅增刑名"，被贬商州司户参军。数年后才得以平反，回京后任秘书丞。
⑥ 大理寺，机构名，北齐置。北齐改秦汉廷尉为大理寺，掌刑狱案件审理。
⑦ 讲武殿，汉朝有讲武殿，皇帝接见贤良文学之士、举行殿试的地方。后世沿袭成例。
⑧ 强市，依仗权势强行购买。
⑨ 柱斧，用水晶制的小斧，朝官所用。
⑩ 曹彬（931—999），字国华，北宋真定灵寿（今属河北）人。平定后蜀，攻灭南唐，决策北伐，功勋卓著。任武宁军节度使，官至枢密使，封鲁国公。后随太宗北伐辽国，因孤军冒进导致全军崩溃，北伐失败。死后追赠中书令，谥号武惠，追封济阳郡王。
⑪ 顿兵，驻屯军队。
⑫ 百草池，杂草丛生的地方。

开宝元年，北汉国主刘钧逝世，他的养子刘继恩即位。北汉司空郭无为弑杀刘继恩后，改立刘继恩的同母弟弟继元为帝。刘继恩和刘继元都是刘钧的异姓养子。

雷德骧担任大理寺丞，大理寺官吏因为附和宰相赵普，常常擅自增减刑法条例名目。雷德骧对此感到十分愤怒惋惜，他直接到讲武殿向太祖禀告此事，并说明赵普强行买卖别人土地住宅、聚敛钱财、收受贿赂的事情。太祖听后大怒，斥责他说："鼎铛之类的器具尚且还有耳朵，你难道没听说过赵普乃是关乎国家社稷江山的重臣吗？"说完拿起柱斧打掉了他两颗牙齿，命令侍卫把他拖出大殿，罢免了他的职务。

开宝二年，太祖命令曹彬等人率军讨伐北汉。不久后又御驾亲征，攻打太原城，久久不能攻克。大军因驻扎在杂草丛生的地方，时值盛夏，又遇大雨，军中就发生了瘟疫，太祖于是诏令班师回朝。

上自即位，或微行幸功臣之家，不可测。赵普每退朝，不敢脱衣冠。一夕大雪，普意上不复出矣。久之闻叩门声，异甚，亟出，则上立雪中。普惶恐迎拜，即普堂设重裀①地坐，炽碳烧肉。普妻行酒，上以嫂呼之。普从容问曰："夜久寒甚，陛下何以出？"上曰："吾睡不能着，一榻之外皆他人家也，故来见卿。"普曰："陛下少天下邪？南征北伐，此其时也，愿闻成算所向。"上曰："吾欲取太原。"普默然良久，曰："非臣所知也。太原当西北二边，使一举而下，边患我独当之。何不姑留以俟削平诸国，彼弹丸黑子之地，将何所逃？"上笑曰："吾意正尔，姑试卿耳。"于是用师荆、湖，继取西川。

尝因北汉谍者②语北汉主钧曰："君家与周氏世仇，宜不屈。今我与尔无所间，何为困此一方之人？"钧遣谍者复命，曰："河东③土地兵甲不足当中国④之什一。区区守此，盖惧汉氏之不血食⑤也。"上哀其言，终钧之世，不以大军北伐。及继元立，始用兵。

---

① 重裀（yīn），双层坐垫。
② 谍者，间谍，暗探。
③ 河东，山西秦汉时有河东郡，此处代指北汉。
④ 中国，中原，此处代指宋朝。
⑤ 血食，谓受享祭品。古代杀牲取血以祭，故称。

太祖自即位以来，有时会毫无预兆地到有功之臣家中去微服私访。因此赵普每每下朝以后，都不敢轻易地脱掉朝服。一天晚上下了大雪，赵普暗想太祖今日应该不会出宫了。过了很久，听到门外有敲门声。赵普觉得很奇怪，急忙赶出去，就看到太祖站在风雪中。赵普感到十分惶恐，慌忙迎接跪拜。太祖到了赵普家中，在堂中就地铺上垫子，席地而坐，烧热炭火烤肉吃。赵普妻子给皇上敬酒。太祖以嫂子来称呼她。赵普从容地问道："今晚夜已经深了，又如此寒冷，陛下为什么还要出来呢？"太祖说："我睡不安稳啊！卧榻以外都是别人的地盘，所以来见你。"赵普说："陛下是嫌地盘小吗？现在正是南征北战，一统天下的时候，我想听听陛下用兵有什么打算？"太祖说："我想攻取太原。"赵普沉默了很久说："这不是我所赞同的。太原阻挡着西面和北面的敌人，倘若现在一举攻下太原，一旦发生边患，我们就会首当其冲。为什么不暂且先留着它，等到平定了其他国家，到时候它一个弹丸大的地方，还能逃到哪里去呢？"太祖笑着说："这正是我的想法，之前的话只不过是试探你罢了。"于是太祖决定先攻打荆南和湖北，然后再谋取西川。

太祖曾经通过北汉的间谍告诉北汉国主刘钧说："您和后周是世仇，不应该屈服。我和您并没有嫌隙，为什么要劳困一方百姓而不归附朝廷呢？"刘钧派间谍回复说："河东的土地和兵力比不上朝廷的十分之一。我之所以固守在这区区之地，不过是担心刘家的祭祀断绝而已。"太祖对他感到很同情，刘钧在世时，就没有命令大军北伐。等到刘继元即位后，才出兵去征讨。

是岁，契丹弑其主述律，号穆宗。迎立其伯父兀欲之子明记①，更名贤。

三年，命潘美②伐南汉。四年，克广州③，刘𨱆降，南汉亡。

六年，交趾④丁琏⑤上表求内附。诏以为静海节度使⑥、安南都护⑦。

赵普罢相，领河阳三城节度⑧。普沉毅果断，以天下为己任。尝欲除某人为某官，上不用。明日，又奏之。上怒，裂其奏。普徐拾以归，补缀以进。上悟，乃可之。又有立功当迁官者，上素嫌其人，不与，普力请下。曰："朕固不与，奈何？"普曰："刑赏，天下之刑赏，安得以私喜怒专之。"上不听，起，普随之；上入宫，普立宫门不去。上卒可之。

---

① 明记，即耶律贤（948—982），契丹族，耶律阮次子，辽国皇帝，公元951年—公元982年在位。即位后，确立嫡长子继承制，宽免刑罚，重用汉臣，革除弊制。尊号天赞皇帝。死后谥号孝成康靖皇帝，庙号景宗。
② 潘美（925—991），字仲询，北宋大名（今河北大名）人。素与赵匡胤交好。北宋建立后，四处征战，功勋卓著。任忠武军节度使，官至同中书门下平章事，封韩国公。后随太宗北伐辽国，失败后导致杨业全军覆没。死后追封中书令，谥号武惠。
③ 广州，今广东广州。
④ 交趾，此处指越南丁朝。汉武帝灭南越后，于越南北部设交趾郡；后归入交州刺史部。此后交趾地区一直接受中央政府管辖。唐五代时期逐渐自立。丁部领于公元968年扫平交趾境内割据势力，建国号大瞿越，定都华闾（今越南宁平市），史称丁朝。这是越南建国之始。公元980年为部将黎桓所灭。
⑤ 丁琏（？—979），大黄华闾洞（今越南宁平省嘉远县）人，丁部领长子，越南丁朝政权奠基人之一。与其父一同建立丁朝，封南越王，充静海军节度使。丁部领废长立幼，丁琏心生不满，派部将弑丁部领，自己亦一同被杀。
⑥ 静海节度使，唐五代节度使名，辖境大致在今广西南部、越南北部，治交趾县（今越南河内）。
⑦ 安南都护，官名，唐置。为安南都护府长官，管理辖境的边防、行政和各族事务。
⑧ 河阳三城节度，唐五代节度使名，辖境大致在今河南北部，治河阳（今河南孟州）。

这一年，契丹大臣弑杀了国主穆宗耶律述律，迎立其伯父耶律兀欲的儿子耶律明记即位，耶律明记即位后，改名叫耶律贤。

开宝三年，太宗命潘美率军讨伐南汉。开宝四年，攻克广州，南汉国主刘鋹投降，南汉灭亡。

开宝六年，交趾国主丁琏上表请求归顺朝廷，太祖诏令封为静海节度使，兼安南都护。

赵普被罢免了宰相一职，改任河阳三城节度使。赵普为人沉着冷静，坚毅果断，以天下兴亡为自己的使命。他曾经上奏太祖请求让某人担任某官，太祖没有同意。第二天，赵普又接着上奏，太祖很生气，就把他的奏章撕碎。赵普慢慢地将撕碎的奏折捡起来，修补好之后继续上奏。太祖醒悟后就采纳了他的意见。还有人有功应当升迁，太祖一直嫌弃此人，就没有予以升迁。赵普多次请求太祖下旨升迁。太祖说："我就是不想给他升官，你能把我怎么样？"赵普回答说："刑罚赏赐，乃是天下的刑罚赏赐，怎么能以私人的恩怨喜好来专断呢？"太祖不听，起身离开，赵普也跟着离开。太祖进宫后，赵普站在宫殿门口不走，太祖最后就听从了他的建议。

普常设大瓮于阁后，表疏意不可者，投其中焚之。其多得谤以此，雷德骧之子又讦之，上始疑普。先是，虽置参知政事①以副普，不宣制②、不押班③、不知印④、不升政事堂⑤。至是，始诏二参政升政事堂同议政，更知印、押班与普齐。未几，普遂罢。薛居政、吕余庆等其后继为相。

北宋（四）

七年，命曹彬伐江南。初，上屡遣使喻江南国主⑥李煜入朝，不至。乃以彬及潘美等讨之，戒以切勿暴略生民，务广威信，使自归顺，不须急击。取匣剑授彬，曰："副将而下不用命者，斩之。"美以下皆失色。自王全斌平蜀，多杀人，上每恨之。彬性仁厚，故专任焉。先是，江南樊若水⑦举进士不第，上书言事，不报。乃钓鱼采石江⑧上，以绳度江广狭。

---

① 参知政事，官名，唐置。原为临时差遣名目，贞观年间正式成为宰相官名。宋时为常设之官，为副宰相，其目的是削弱相权。
② 宣制，宣布帝王诏命。
③ 押班，朝会时领班。
④ 知印，主持用印。
⑤ 政事堂，机构名，唐置，为唐宋时期宰相的总办公处。初属门下省，后转移至中书省，是最高行政机构。
⑥ 江南国主，李煜因畏惧宋朝，去"唐"国号，自称江南国主。
⑦ 樊若水（943—994），字叔清，五代时南唐士人。因屡试不第，上书言事又无人赏识，遂向宋太祖进献架浮桥平南唐策，在平南唐中当记首功。入宋后，宋太祖赐名为樊知古，字仲师，任江南转运使。太宗时迁四川转运使，遇王小波叛乱，因弃城逃跑而被贬官，后忧郁而死。
⑧ 采石江，今安徽当涂。

赵普常在自家门阁后放一口大瓮，对于上奏的表章有不合自己心意的，就扔到里面烧掉，因而常常被人诟病。雷德骧的儿子又在太祖面前诽谤他，太祖就开始怀疑赵普。起初，朝廷虽然设置参知政事一职来辅佐赵普处理政事，但是参知政事不宣读诏命，不担任领班，不主持用印，不参加政事堂议事。到了这时，太祖才诏令两个参知政事进入政事堂一同商议朝政，让他们和赵普一样在朝会时领班，并主持用印，以此来分割赵普的权力。没过多久，赵普就被罢免了。薛居政、吕余庆等人相继在朝为相。

北宋（四）

开宝七年，太祖命曹彬率兵讨伐江南。起初，太祖多次派遣使臣召江南国主李煜入朝，李煜都称病回绝。因此太祖才命曹彬和潘美等人讨伐江南。出征前，太祖告诫曹彬万万不可欺凌百姓，一定要树立威信，让他们自己主动归降，没必要着急进攻。太祖又取出剑匣中的宝剑交给曹彬，说："副将以下不听从命令的，就可以先斩后奏！"潘美等人听到这话，全都大惊失色。自从王全斌平定蜀国时滥杀了很多无辜百姓，太祖常常悔恨不已。曹彬宅心仁厚，因此太祖专门嘱托他。起先，江南人樊若水在南唐考取进士，一再落榜。他上书议论政事，也不被理睬。于是，他就在采石江上以钓鱼为名，暗中勘测江面的宽窄。

诣阙陈策，上用其言，令荆南造大舰，为浮梁①以济师。至是用之，不差尺寸。

八年，曹彬围金陵急，李煜遣徐铉②入贡，求缓兵。铉言："煜以小事大，以子事父。"其说累数百。上曰："尔谓父子为两家，可乎？"铉不能对，还。寻复至，奏言江南无罪，辞气益厉。上怒，按剑曰："不须多言，江南亦有何罪？但天下一家，卧榻之侧，岂容他人鼾睡乎？"铉惶恐而退。

金陵受围，自春徂③冬，势愈穷蹙④。彬终欲降之，累遣人告煜曰："某日城必破，宜早为之所。"一日，彬忽称疾，诸将来问。彬曰："彬之疾，非药能愈。诸公若共为信，誓破城不妄杀一人，则彬病愈矣。"诸将皆许诺，焚香约誓。翌日，城陷，煜出降，南唐亡。捷书至，上泣曰："宇县分割，民受其祸。攻城之际，必有横罹锋镝⑤者，可哀也！"彬还，舟中惟图籍衣衾，阁门通其榜子⑥曰："奉敕江南干事回。"其不伐⑦如此。

---

① 浮梁，即浮桥。
② 徐铉（916—991），字鼎臣，广陵（今江苏扬州）人，南唐、北宋官员、文学家、书法家。少有才名，随李煜归宋后，官至散骑常侍，世称"徐骑省"。与弟弟徐锴并有文名，且都精通文字学，号称"二徐"。曾奉诏校订《说文解字》。
③ 徂（cú），到。
④ 穷蹙，窘迫，困厄。
⑤ 锋镝，刀刃和箭头，泛指兵器，也比喻战争。
⑥ 榜子，即奏折。
⑦ 不伐，不夸耀功劳。

后来来到汴京，樊若水上书进献平定江南的计策。太祖采纳了他的计策，命令在荆南地区制造大船，作为水上的浮桥来让大军渡江。用这些船的时候，发现江水的宽窄与樊若水预测的尺寸完全吻合。

开宝八年，曹彬围攻金陵城，形势危急。南唐国主李煜派徐铉入朝进贡，乞求罢兵。徐铉说："李煜以南唐侍奉大宋，就好比以儿子侍奉父亲一样。"他列举了几百条理由来说服太祖。太祖说："你说，父子二人分作两家，这能行吗？"徐铉不能应对，返回南唐。不久徐铉又来到汴京，上奏说李煜没有罪过，措辞很是激烈。太祖大怒，拔出宝剑厉声说："你不用再说了！李煜有什么大罪？但天下是一家，卧榻旁边怎么还能容得下他人酣睡？"徐铉顿时感到惶恐万分，就连忙告退。

金陵城被宋军包围后，从春天到冬天，形势越来越窘迫。曹彬一直想让李煜主动投降，多次派人传话给李煜说："金陵城终有一日会被攻破，请你早点做好打算！"一天，曹彬忽然假装自己生病，众将们听说后都来请安问好。曹彬说："我的病，药是治不好的。只有诸位将军诚心发誓，等到攻下金陵城后，不妄自乱杀一人，我的病才能痊愈。"于是，众将们都答应曹彬，并焚香宣誓为证。第二天，攻陷金陵城，李煜投降，南唐自此灭亡。捷书到了汴京城，太祖看到后忍不住抽泣着说："天下四分五裂，人民饱受战乱之苦，攻城之际，一定有无辜被害的百姓，真是悲哀啊！"曹彬凯旋归来时，所乘坐的船中只有些图书和衣服被褥之类的东西。回京朝见时，礼仪官把他的奏折呈递给太祖，上面写："奉命到江南办事回来了。"曹彬不夸耀自己的功劳，一向如此。

九年，吴越王钱俶来朝。辞归，上赐以黄袱，封缄甚固，曰："途中宜密观。"及启之，皆群臣乞留俶章疏，俶感惧。

上如西京①，谒宣祖②安陵。

夏四月，郊都民垂白者相谓曰："我辈少经离乱，不图今日复睹太平天子仪卫。"有泣下者。

上欲留都洛阳，群臣咸谏。上曰："吾且③都长安。"晋王④叩头曰："在德不在险。"上曰："吾将西迁者，欲据山河之胜而去冗兵。晋王之言固善，今姑从之。不出百年，天下民力殚矣。"乃还大梁。

上崩，在位十七年，改元者三，曰：建隆、乾德、开宝，寿五十。

---

① 西京，指洛阳。宋置四京：东京开封府（今河南开封），西京洛阳府（今河南洛阳），北京大名府（今河北大名），南京应天府（今河南商丘）。
② 宣祖，即赵弘殷。
③ 且，将要。
④ 晋王，即赵光义（939—997），原名赵匡义，字廷宜，涿州（今河北涿州）人，宋太祖之弟，北宋皇帝，公元977年—公元997年在位。"陈桥兵变"中拥立其兄赵匡胤即位，为避讳改名赵光义，累迁东京留守，封晋王；太祖驾崩后即位，接受吴越、泉州割据势力投降，攻灭北汉，实现全国统一；图谋收复幽云十六州，两次北伐辽国，均失败告终，从此北宋对外军事采取守势。在位期间，重文抑武，进一步加强中央集权。庙号太宗。

开宝九年，吴越国主钱俶入朝。辞别的时候，太祖赐给他一个封得很严实的黄色包袱，嘱咐他说："路上务必秘密地打开看看。"等到打开后，才发现都是群臣请求太祖让他留在汴京的奏折。钱俶感到很害怕。

太祖到西京洛阳去拜谒他父亲宣祖昭武皇帝的安陵。

夏天四月的时候，洛阳郊都的白发老人相互闲聊说："我们这一代人从小就经历了战乱所造成的生离死别，没想到今天还能够亲眼看到太平盛世里天子的仪仗和护卫。"说着说着就有人激动地哭了。

太祖想要留下来，把都城迁到洛阳，群臣纷纷进谏劝阻。太祖说："我以后还想迁都长安。"晋王赵光义叩头劝说道："要想江山稳固，靠的是德行而不是地势的险要。"太祖说："我想要迁都长安的原因，是想凭借优越的地理形势，裁去多余的士卒。晋王的话固然是对的，但如果今天依了你，恐怕用不了百年时间，天下民力就会消耗殆尽！"说完，就怅然返回汴京。

太祖五十岁时驾崩，在位十七年，改用了三个年号，分别是建隆、乾德、开宝。

北宋（五）

　　上仁孝豁达，有大度。陈桥之变，迫于众心。泊①入京师，市不易肆。尝一日罢朝，坐便殿，不乐者久之。左右请其故，上曰："尔谓为天子容易邪？适乘快指挥一事而误，故不乐耳。"尝宴近臣紫云楼②下，因论及民事，谓宰相曰："愚下之民，虽不分菽③麦，藩侯不为抚养，务行苛虐，朕断不容之。"

　　开宝初，修京城及大内。营缮毕，上坐寝殿，令洞开诸门，皆端直轩豁，无有壅蔽。因谓左右曰："此如我心，少有邪曲，人皆见之矣。"

　　平蜀之后，尝择其兵百余为川班殿直④。郊礼⑤行赏，以御马直⑥扈从特增给，川班击登闻鼓⑦，援例陈乞。上怒曰："朕之所与，即为恩泽，岂有例邪？"斩其妄诉者四十四人，余悉配隶诸军，遂废其直。

---

① 泊（jì），至，到。
② 紫云楼，唐朝有紫云楼，皇帝用以宴请群臣。后世沿袭成例。
③ 菽（shū），豆类作物的总称。
④ 殿直，又称班直，为宋朝皇帝的贴身禁卫军，由禁军中武艺绝伦者充当。川班殿直是其中番号之一。
⑤ 郊礼，古代天子祭祀天地的大礼。
⑥ 御马直，北宋禁军番号之一，隶属于禁军步军司，为皇帝最亲近的禁军扈从。太宗时改称御龙直。
⑦ 登闻鼓，悬挂在朝堂外的大鼓，是中国古代重要的直诉方式之一。

北宋（五）

　　太祖生性仁爱孝顺，胸怀宽广。陈桥驿兵变，被众人黄袍加身，登上帝位。自从他率军进入京城后，丝毫没有侵犯百姓，人民生活一切如故。太祖曾经一天没去上朝，坐在偏殿，久久郁闷不乐。侍从们询问原因，太祖说："你们以为做皇帝很容易吗？刚才凭着一时意气就决定了一件事，结果出现了失误。所以到现在还闷闷不乐。"太祖曾经在紫云楼下宴请素日里来往密切的大臣，谈到百姓的事情时，就对宰相说："身份低微的普通老百姓，即便不能区分菽和麦，但如果地方藩镇和官员不对他们进行抚养，反而以苛刻的条件虐待百姓，我也绝对不会放过他们！"

　　开宝初年，太祖命人修缮京城和皇宫。等到一切完工之后，太祖坐在寝殿，命令侍从将宫门全部打开，这些宫门全都笔直显豁，没有被壅塞遮蔽的地方。太祖对侍从说："这样就和我的心胸一样，开阔通畅，没有弯曲幽暗，人们都可以看得明白。"

　　太祖平定蜀国后，曾经择取了一百多名蜀地士卒作为川班殿直。一次郊礼完成后赏赐士卒，因为御马直的禁军担任扈从，就额外赏赐了他们。川班殿直就敲响登闻鼓，要求按照御马直的赏赐来同样赏赐川班。太祖大怒，说："朕所赏赐的，就是恩泽，哪有什么成例！"下令将妄自上诉的四十四个人全部斩首，其余人全部分配到其他部队，废除了川班殿直的编制。

内臣有逮①事后唐者，上问："庄宗英武定天下，享国不久，何也？"其人言其故。上抚髀②叹曰："二十年夹河战争，取得天下，不能用军法约束，诚为儿戏。朕今抚养士卒，不吝爵赏，苟犯吾法，惟有剑耳。"

五代以来，藩镇强盛。上以渐削之，罢诸节镇，专用儒臣分理郡国，以革节镇之横。又置诸州通判③，以分刺史之权。自是诸侯势轻，祸难不作，专务爱养民力，罢却贡献，禁进羡余④，常衣澣濯⑤之衣，寝殿青布绿苇帘。

晚节好读书，尝叹曰："尧舜之世，四凶⑥之罪，止于投窜。何近代法纲之密邪？"削平诸国，必招之，不至，而后用兵。及其既降，皆不加戮，礼而存之。终其世，尝幸武成王⑦庙，观其从祀，有白起，指曰："起杀已降，不武。"命去之。

---

① 逮，昔，以前。
② 髀（bì），大腿。
③ 通判，官名，北宋置。为知州属官，掌粮运、农田、水利和诉讼诸事，并责任监察知州。
④ 羡余，古代指地方官吏向百姓额外征收定期送给皇帝的附加税。
⑤ 澣濯，浣洗。
⑥ 四凶，指虞舜时流放到四方的四个凶犯。《尚书》以为共工、欢兜、鲧、有苗氏。《左传》以为混沌、穷奇、梼杌、饕餮。四凶当为四个酋长，因不服舜帝统治而遭流放。四凶兽可能是这四个部落的各自图腾。
⑦ 武成王，即姜子牙，唐肃宗时，封姜子牙为武成王，与孔子文宣王相对。

太祖身边有个以前曾经服侍过后唐皇帝的宦官，太祖就问他："唐庄宗英明神武，平定天下，但很快就衰亡了，这是什么原因？"那名宦官说明了庄宗丢掉天下的原因，太祖摸着大腿叹息说："唐庄宗二十年来靠夹河之战取得天下，却不懂得用军法来约束部下，真是如同儿戏一般。我如今抚恤士卒，封官进爵从不吝惜。但如果他们触犯了朝廷的法律，就只有死罪一条！"

五代以来藩镇割据势力日益强盛，太祖逐渐削弱他们的势力，罢免了各地的节度使，专用文臣治理地方，来革除节度使的专横跋扈。又设置各州通判，来分割刺史的职权。从此以后，地方势力薄弱，无力起兵作乱。太祖专心致力于民生事业，废除了进贡制度，禁止地方州县向皇帝进献搜刮来的民脂民膏。太祖常常穿着浣洗过的衣裳，寝殿的窗帘也是用青色布匹和绿色芦苇制成的。

太祖晚年喜好读书，曾经感叹说："尧舜的时代，即便是祸乱人间的四凶，对他们的处罚也只是流放。为何近代法网如此严密呢？"太祖平定其他势力时，一定要先进行招安，不归顺的再用武力解决。等到他们投降之后，都不曾妄加杀戮，而是以礼相待，保全他们的性命。太祖在位期间，曾经到武成王姜子牙的祠堂祭祀，看见旁边附祭的有白起，就指着白起说："白起坑杀了已经投降的赵军，这不算是真的勇武。"下诏撤销了白起从祀武庙的资格。

周恭帝封郑王,后迁于房州①。上以辛文悦长者,俾②为房州守。恭帝先上二年始卒,上发哀,辍朝十日,还葬如礼。上初入京时,周韩通③死节,追赠优厚。王彦升④弃命⑤专杀,终身不授。节钺⑥受禅之际仓卒,未有恭帝禅制。学士陶谷⑦出诸怀中,上薄之。谷久在翰林⑧,颇怨望。上曰:"吾闻学士草制,依样画葫芦耳,何劳之有?"卒不登之。

政府内外官有时望者,籍记姓名,以待不次选用,称职者多久任不迁。定铨选法⑨。严举主连坐法⑩。严赃吏⑪法,有寘⑫极刑者。惩五代藩镇苛征重敛之弊。宽商征,宽曲盐酒禁。

---

① 房州,今湖北房县。
② 俾(bǐ),使。
③ 韩通(?—960),并州太原(今属山西)人,后周将领。历仕后晋、北周,随周世宗四处征战,屡建奇功,官至检校太尉、同平章事。陈桥兵变后,韩通想要带兵抵抗,被王彦升所杀。赵匡胤登基后,追赠其为中书令。
④ 王彦升(917—974),字光烈,四川人,五代、北宋开国将领。善击剑,号"王剑儿"。历仕后唐、后晋、后汉、后周、北宋五朝,后周时任殿前都指挥使。协助赵匡胤发动陈桥兵变,因诛杀韩通、敲诈王溥,被贬官外放。后任原州防御使。
⑤ 弃命,违命。
⑥ 节钺,符节和斧钺,是帝王权力的象征。五代任命节度使,皇帝皆赐节钺。此处代指赵匡胤(赵匡胤任归德军节度使)。
⑦ 陶谷(903—970),本姓唐,字秀实,邠州新平(今陕西彬县)人,五代、北宋大臣。历仕后晋、后汉、后周,曾作为后周使臣出使南唐。入宋后,任礼部尚书。死后追赠右仆射。
⑧ 翰林,即翰林院,机构名,唐置。初为具有艺能人士供职的机构;唐玄宗之后,逐渐演变为起草机密诏令的重要机构。宋代时成为正式官职。
⑨ 铨选法,唐宋科举选官制度。一般官吏由吏部按照规定选补某种官缺。凡经考试、捐纳或原官起复具有资格的人均须到吏部听候铨选。
⑩ 举主连坐法,宋制,凡保举京官出任地方守备者,即记录保举者姓名。外任者出现行政失误,二人并罚。
⑪ 赃吏,贪官污吏。
⑫ 寘(zhì),设置。

太祖即位后，改封后周恭帝为郑王，后来又把他迁到了房州。太祖认为辛文悦是名忠厚长者，就任命他为房州知府。恭帝比太祖早两年逝世，太祖亲自为他发丧哀悼，整整十天没有上朝，并按照皇帝的礼节给他送葬。太祖刚入汴京时，后周将领韩通为后周守节，自杀身亡，太祖非常优厚地追封赏赐了他。王彦升不听号令，擅自杀死了韩福，终其一生也没得到太祖的重用。太祖接受恭帝禅让时，时间过于仓促，没有给恭帝准备像样的禅让诏书。学士陶谷立马从怀中拿出早已准备好的诏书给了恭帝，但是太祖却认为陶谷不忠而很看不起他。陶谷在翰林院待了很长时间，颇有怨言。太祖说："我听说学士草拟诏书，都是依样画葫芦，有什么功劳呢？"最终陶谷也没有得到重用。

对于朝廷内外有名望的官员，太祖都把姓名登记下来，以待破格提拔选用。那些为官称职的官吏，都能够长期在任不予变动。太祖制定铨选法来严格选拔人才，施行举荐人和被举荐人连坐法。严刑峻法惩治贪官污吏，有的贪官被施以极刑。太祖革除五代藩镇割据所形成的苛捐杂税和横征暴敛的弊病，放宽商业税，放宽贩卖酒曲、食盐以及酒的禁令。

仓吏①多入②民租者,或弃市③。五代多以武人为牧守④,率意用刑,上惩之,故入者,必抵罪⑤。定大辟详覆法⑥。定折杖法⑦。颁新刑统⑧。定差役法⑨。作版籍⑩、户贴⑪、户钞⑫,长吏⑬有度民田不实者,或杖、流⑭之。诸州旱蝗,赈饥蠲⑮租,惟恐不及。举德行孝悌。亲策制科⑯举人,放进士榜。严覆试法⑰,御殿亲试进士,试书判拔萃⑱。数幸国子监⑲,诏天下求遗书。

① 仓吏,掌管官仓的小吏。
② 入,接受,引申为征收。
③ 弃市,本指犯人在街头示众,使民皆鄙视之,秦汉以后专指死刑。
④ 牧守,州牧和太守的合称,皆汉代地方官名,此处指节度使。
⑤ 故入者,必抵罪,意为地方官如果有故意滥施刑罚的,就按照他所判之刑来惩罚他。
⑥ 大辟详覆法,地方各州所奏的大辟案件交由刑部复核,称为大辟详覆法。
⑦ 折杖法,用脊杖或臀杖代替流刑、徒刑、杖刑、笞刑等刑罚。
⑧ 新刑统,即《宋刑统》,北宋窦仪依照唐律编订而成,全称《宋建隆重详定邢统》。太祖诏令颁行全国,是我国第一部刻板印行的法典。
⑨ 差役法,唐中期后施行两税法,允许百姓以钱代劳役。宋初规定按户轮流充当州县差役。宋太祖诏令倘若差役有不公平处,允许百姓自行纠察,在京百官不得阻挠。
⑩ 版籍,宋代民间户口、田粮数目在官籍册。
⑪ 户贴,宋代官府发给需要供给救济的民户的凭照。
⑫ 户钞,宋代征收粮物时官方发给民户的凭照。
⑬ 长吏,指州县长官的辅佐。
⑭ 流,隋代五刑之一,将犯人押送到边远地方服劳役。
⑮ 蠲(juān),免除。
⑯ 制科,科举制考选科目之一,又称大科、特科。为皇帝下诏临时设置的考试科目,目的在于选拔各种特殊人才。
⑰ 覆试法,宋代科举考试制度。官宦人家子弟考中进士后,须由御史中丞再行复核,称覆试法。
⑱ 书判拔萃,科举制考选科目之一,唐宋时士子考中进士后,须参加吏部选拔后方可任官。书判拔萃科为吏部铨试科目之一,内容为试判三条,择进士中书法、文理优长者。
⑲ 国子监,机构名,隋置,指中央官学,为中国古代教育体系中的最高学府。

掌管官府仓库的胥吏如果多收了百姓的租税，有可能会被处死。五代常常任用武将担任节度使，随意使用刑罚。太祖革除了这项弊病，地方官如果有故意滥施刑罚的，就按照他所判之刑来惩罚他。太祖又制定大辟详覆法，地方各州所奏的大辟案件交由刑部复核。制定折杖法，用一定数量杖刑来代替笞刑、徒刑、流刑等刑罚。太祖诏令颁布《新刑统》，统一制定差役法。制作每户百姓的户籍、户贴、户钞，如果有官吏测量百姓田地不符实情的，或者会遭受杖刑，或者会被流放。各州如果遭遇了旱灾蝗虫，太祖就会马上赈灾救济，减免租税，唯恐来不及。推举有德行、懂孝悌的人。太祖亲自测试参加制科考试的举人，并发放进士榜。对于官宦人家子弟考中进士的，规定须由御史中丞再行严格复核。太祖亲自主持殿试考试，并主持吏部的铨选考试，拔擢书法、文理兼长的进士。太祖多次驾临国子监，督促学子学业。并诏令天下，访求遗失的古书。

初，用和岘①所定雅乐。初，行刘温叟②所上《开宝通礼》二百卷。命宰执日记时政，送史馆撰日历。制度典章彬彬有条理。

太弟晋王立，是为太宗皇帝。

北宋（六）

宋太宗皇帝，初名匡义，太祖长弟也。太祖入京城，匡义首请号令诸将戢③士卒，仍自于马前戒剽掠。太祖受禅，乃改名光义，尹开封、同平章事，封晋王。

建隆二年，昭宪杜太后④临崩，谓太祖曰："汝知所以得天下者乎？"太祖曰："皆祖考⑤与太后之余庆。"太后笑曰："不然，正由柴氏使幼儿主天下耳。汝万岁后，当传位晋王，晋王传秦王⑥，秦王以传德昭⑦。国有长君，社稷之福也。"太祖曰："谨受教太后。"呼赵普曰："赵书记⑧，共记吾言，不可违。"因命普于榻前为誓书。普署纸尾曰："臣普记。"藏之金匮。

---

① 和岘（933—995），字晦仁，开封浚仪（今河南开封）人，北宋官员。太祖时任太常博士，校对音律，增谱雅乐。后官至太常寺卿。
② 刘温叟（909—971），字永龄，京西洛阳（今河南洛阳）人，五代、北宋官员。历仕五朝，为人厚重方正，以清廉著称。太祖时曾作《开宝通礼》，是宋初的礼法著作。
③ 戢（jí），收敛，止息。
④ 昭宪杜太后（902—961），杜氏，名不详，定州安喜（今河北定州）人，赵弘殷之妻，宋太祖、宋太宗生母。治家谨严，颇有礼法；临死前留有金匮之盟，命太祖之后传位太宗。死后谥号昭宪。
⑤ 祖考，泛指祖先。考，去世的父亲。
⑥ 秦王，即赵光美（947—984），原名赵匡美，字文化，涿州（今河北涿州）人，赵匡胤之弟，北宋宗室。太祖称帝后改名赵光美，太宗即位后改名赵廷美；太宗时累迁开封尹、中书令，封秦王；之后屡加贬斥；后因图谋篡位，降为西京留守，后降为涪陵县公，迁往房州，郁郁而终。死后追封涪王，谥号曰"悼"，北宋一朝，屡有追封。
⑦ 德昭，即赵德昭（951—979），字日新，宋太祖次子，北宋宗室。太宗即位后，累迁京兆尹，封武功郡王；跟随太宗北伐时，因夜间兵乱，有人图谋拥立其即位，太宗很不高兴；后因为将士邀赏一事，受到太宗训斥，自杀身亡；死后追封中书令、魏王，谥号曰"懿"。
⑧ 书记，赵普曾任节度掌书记，故称。

起初，朝廷使用和岘所校订过的雅乐，实行刘温叟呈上的长达二百卷的《开宝通礼》。太祖命令宰相每天都要记录时政，然后送往史馆撰写日历。朝廷各项典章制度都条理井然。

太祖的弟弟晋王即位，就是太宗皇帝。

北宋（六）

宋太宗皇帝原名叫赵匡义，是宋太祖赵匡胤的二弟。太祖陈桥兵变后，整军返回汴京，赵匡义带头请求号令众将约束士卒，亲自走到军队前面，禁止大军剽掠抢劫。太祖接受后周恭帝的禅让后，赵匡义因避讳改名为光义，任开封府尹、同平章事，封为晋王。

建隆二年，昭宪杜太后驾崩前，对太祖说道："你知道自己之所以能取得天下的原因是什么吗？"太祖说道："都是因为有父亲、祖父和太后您的庇佑啊！"太后笑着说："不是这样的！是因为周世宗柴荣让一个七岁小孩来治理天下啊。你百年以后，应当将皇位传给晋王光义，光义再传给秦王光美，光美再传给德昭。国家有年长的君主，这才是天下社稷的福气啊。"太祖说："我一定遵守太后的教诲。"太后喊来赵普说："赵书记，你也记下我的话，不可违背。"于是命令赵普在病榻前记录，赵普结尾署上了"臣普记"三个字，并放置到铜柜中保存。

太祖友爱笃至，晋王尝寝疾①，灼艾②，太祖亦自灸以分其痛。尝曰："晋王龙行虎步，且生时有异，他日必作太平天子，福德非吾所能及也。"太祖幸蜀，有布衣张齐贤③献十策，召问赐食，且啖④且对。太祖善其某策，齐贤固称余策皆善。太祖怒斥，便出。既还，语晋王曰："吾幸西都，得一张齐贤。吾不欲用之，他日留与汝作宰相。"盖传位之定久矣。

太祖不豫，后⑤遣王继恩⑥召皇子德芳⑦，继恩径召晋王。王至宫中，散遣左右，所言皆不可得闻。但遥见烛影下，王有离席之状。既而，上引⑧柱斧戳地，大声曰："好为之。"遂崩。后见晋王，愕然⑨曰："吾母子之命，皆托官家⑩。"王曰："共保富贵，无忧也。"王即位，更名炅⑪。秦王廷美尹开封，改封齐王。德昭封武功郡王。

---

① 寝疾，指卧病。
② 灼艾，一种中医疗法，燃烧艾绒熏灸人体的一定穴位。
③ 张齐贤（942—1014），字师亮，曹州冤句（今山东菏泽）人，北宋大臣。直言敢谏，纠正民弊，历仕太宗、真宗两朝，官至兵部尚书、礼部尚书、枢密使，曾率军北抗契丹，多有功绩。死后追赠司徒，谥号文定。
④ 啖（dàn），吃东西。
⑤ 后，指孝章皇后（952—995），宋姓，名不详，河南洛阳（今河南洛阳）人，北宋太祖第三任皇后。小太祖二十五岁，温柔好礼，帝后颇为恩爱；太祖死后加号开宝皇后，移居东宫。死后不得礼遇，谥号孝章。
⑥ 王继恩（？—999），陕州（河南陕县）人，北宋宦官、大臣。烛影斧声中，协助太宗即位，深受宠信；李顺、王小波农民起义时，受封剑南、两川招安使，入川平叛；手握重兵，留守成都，骄横跋扈，恣意妄为；太宗逝世后，图谋拥立赵元佐；真宗即位后，受贬而死。
⑦ 德芳，即赵德芳（959—981），宋太祖四子，北宋宗室。太宗即位后，累迁山南西道节度使、同平章事、检校太尉，不久病逝。死后追赠中书令、封岐王，谥号康惠。
⑧ 引，拿着。
⑨ 愕然，惊讶的样子。
⑩ 官家，指赵光义。
⑪ 炅（jiǒng），光，明亮。

太祖皇帝生性笃厚，兄友弟恭，很是和睦。晋王有次生病，用艾草熏灸治疗时觉得很痛，太祖就用艾草熏灸自己来与晋王分担疼痛。太祖曾说："晋王走起路来，步伐犹如猛虎一样沉稳，身影如同游龙一样矫健，出生的时候又有异象显现，有朝一日，必定会成为太平天子，他的福禄功德不是我能相比的。"太祖驾临蜀地时，一个叫张齐贤的平民向他献上了十条计策。太祖就召见张齐贤并赐给他饭食，两人边吃边聊。太祖很赞成他的一条计策，张齐贤却说其余的也都好。太祖生气地训斥了他，然后就离开了。太祖回来对晋王说："我在西都的时候，认识了一个叫张齐贤的人，我不想重用他，日后留给你做宰相。"由此可知，太祖大概早就想好要把皇位传给晋王了。

后来太祖病情加重，皇后派王继恩去召皇子赵德芳来，王继恩却径自召来晋王。晋王来到皇宫后，遣散了太祖身边的宫人、侍卫，他和太祖在里面的谈话外面人都听不见，只是远远看见烛影摇红，仿佛晋王离席退避的样子。不一会儿，太祖拿着柱斧戳着地面，高声说道："你好好去做！"就驾崩了。皇后见到晋王后，惊讶地说："我们母子性命就托付给您了。"晋王说："我自当保全你们的荣华富贵，不用担忧。"晋王即位后，改名叫赵炅。秦王赵光美因为避太宗名讳改名叫赵廷美，任开封府尹，改封为齐王。太祖皇子赵德昭封为武功郡王。

遣使分行州县，廉察官吏，第其优劣。罢软①不胜任、惰慢不亲事，免官。赃吏配者，遇赦不叙②。

大理评事③陈舜封④，奏事口捷⑤，举止类倡优，问："谁氏子？"对以"父为伶官"。上曰："汝真杂类，岂得任清望官⑥？"改授殿直⑦。

陈洪进来朝，献漳⑧、泉二州。

吴越王钱俶来朝，遂献其地。

命潘美伐北汉。寻亲征，围太原。刘继元出降，北汉亡。

诏征契丹，易州、涿州来降。上攻幽州，逾旬不下，遂班师。

郡王德昭从征幽州。军中尝夜惊，不知上所在，有谋立德昭者。上闻不悦。及归，以北征不利，不行平北汉之赏。德昭言之，上大怒曰："待汝自为之，赏未晚也。"德昭退而自刎。后二年，岐王德芳卒。自太祖儿子相继死，齐王廷美不自安。

---

① 罢软，疲沓软弱。
② 叙，叙用，任用。
③ 大理评事，官名，隋置。为大理寺属官，掌参决疑狱。
④ 陈舜封，生卒年不详，北宋官员。太宗时官至大理寺评事。
⑤ 口捷，指语速快。
⑥ 清望官，称中央高级官员。这些官职多由进士出身而有文学素养之人担任，声誉较好，地位较高，升级较快，故有是称。
⑦ 殿直，官名，宋置，为皇帝的侍从官。
⑧ 漳，唐宋州名，辖境大致在今福建漳州，治漳浦县（今福建漳浦）。

太宗派遣使臣分别到各地州县，去考察官吏的廉洁德行，评判其优劣品第，罢免那些软弱无能、不能胜任，以及懒散不亲自处理政事的官员。那些因为贪污被发配的官员，即使遇到大赦也不再任用。

大理评事陈舜封禀奏事情语速很快，行为举止就像个倡优一样。有一次太宗问他："你是谁的儿子？"陈舜封回答说："我的父亲是个乐官。"太宗说："你真是个不入正流的杂类，怎么能担任地位显赫、名望超凡的官职呢？"于是把他降职为殿直。

平海节度使陈洪进入朝，向太宗献上了漳、泉两州。

吴越王钱俶入朝，也将吴越的领地拱手献上。

太宗任命潘美为北路招讨使讨伐北汉，不久后又御驾亲征，围攻太原。北汉国主刘继元出城投降，北汉从此灭亡。

太宗下诏命令出兵征讨契丹，易州、涿州守将听到消息后，主动前来投降。太宗接着攻打幽州，十几天都没有攻下来，只好班师回朝。

武功郡王赵德昭也跟从太宗去攻打幽州。有天晚上大军扰乱，众人找不见太宗，有的将士就谋划着立德昭为皇帝。太宗知道这个消息后，很不高兴。回朝后，太宗以北伐辽国没有获胜为借口，对将士们平定北汉的功劳没有封赏。赵德昭向太宗提起此事，太宗非常生气，训斥说："等你自己当了皇帝，再行封赏也不迟！"德昭听后悲愤交加，回来后自刎而死。两年后，即太平兴国六年，太祖的小儿子岐王赵德芳也病死了。自从太祖的两个儿子相继死后，齐王赵廷美害怕祸端会降临到自己身上，心里觉得很不踏实。

他日，上尝以传国意访赵普。普曰："太祖已误，陛下岂容再误邪？"于是普复入相。廷美遂得罪，降涪陵县公。普复使知开封府李符①告其怨望，南还房州，寻杀之。普恐李符漏言，因弭德超②谮曹彬故，以符荐德超，贬符春州，卒。

北宋（七）

种放③隐于终南山，结草为庐，以讲习为务，后进多从之学。上闻，召之，辞以母老，赐钱帛旌之。

吕蒙正④为参政⑤，有朝士指之曰："此子亦参政邪？"蒙正佯不闻。同列欲诘⑥其姓名，蒙正止之曰："若一知名姓，则终身不忘，不如无知也。"

---

① 李符，生卒年不详，字德昌，大名内黄（今河南内黄）人，北宋官员。曾任广州知府，兼转运使，颇有政绩；赵光美出任西京留守后，继任开封府尹，后因用刑不当，贬为春州知府。
② 弭德超，生卒年不详，沧州清池（今河北沧县）人，北宋将领。太宗为晋王时跟随太宗，颇受宠幸；太宗即位后，官至杭州兵马都监；后进逸言陷害曹彬，得任枢密副使；又因出言不逊，被贬琼州，死于当地。
③ 种放（956—1016），北宋洛阳（今河南洛阳东）人，字明逸（一作名逸），自号云溪醉侯。奉母隐居终南山，不事科举，授徒讲学，初屡召不赴。真宗咸平五年（1002），被召入京，授左司谏，自是屡年往返朝廷山林，官至工部侍郎。晚年广置良田，倚势强买，门人亲属也多行不法。著有《退士传》。
④ 吕蒙正（944—1011），字圣功，北宋河南洛阳人。正直宽厚，直言敢谏，以状元及第入仕，官至中书侍郎、户部尚书，数次拜相；致仕时封许国公，赠太子太师。死后追赠中书令，谥号文穆。
⑤ 参政，即参知政事。
⑥ 诘（jié），责问，追问。

有次太宗就立储传国这件事询问赵普，赵普说："太祖已经犯过一次错，陛下怎么能再错呢！"赵普重新当上了宰相。于是赵廷美被免职，降为涪陵县公。赵普又怂恿开封知府李符向太宗进言，说赵廷美不肯悔过，多有怨言。赵廷美于是被迁到房州，不久就被杀了。赵普又担心李符泄露了秘密，因为弭德超诽谤诬陷曹彬，而弭德超又是李符所举荐的缘故，把李符贬到春州，过了不久，李符死在春州。

北宋（七）

　　种放隐居在终南山，住在一间草屋里，靠讲学授课为生，年轻学子多跟从他学习。太宗听说后召他进宫，种放以母亲年迈为由推辞了。太宗敬佩他的高风亮节，就赐给他很多钱财锦帛来表彰他的德行。

　　吕蒙正担任参知政事，朝中有人指着他议论道："这人也能做参政吗？"吕蒙正假装没有听到。他的同僚对此愤愤不平，想要问那人的姓名。吕蒙正制止道："不用问了。一旦知晓了姓名，就会一辈子都忘不掉，还是不知道的好。"

召华山陈抟①,赐号希夷先生。

开宝寺②塔成,前后八年,所费亿万。田锡③奏曰:"众以为金碧荧煌,臣以为涂膏衅血。"上不怒。

先是,西夏④李光睿卒,子继筠⑤嗣。又卒,弟继捧⑥嗣。继捧来朝,献四州地。其弟继迁⑦叛去,数入寇边。

① 陈抟(871—989),字图南,号扶摇子,北宋亳州真源(今河南鹿邑)人,道教代表人物。潜心修道求学,精通易学;自唐朝晚期开始,云游四方,屡次接受皇帝召见,多有加封;后隐居华山张超谷;赐号有"白云先生""希夷先生"。著有《指玄图》《先天图》《无极图》,开创象数易学。
② 开宝寺,在今河南开封,北宋时为皇家四大寺院之一。
③ 田锡(940—1004),字表圣,北宋嘉州洪雅(今属四川)人。太平兴国进士。历直史馆、河北转运副使、起居舍人等。真宗即位,迁吏部员外郎,出使秦、陇,连上奏称,陕西数十州苦于灵、夏之役,生民重困。咸平三年(1000),应举贤良方正,上《御览》及《御屏风》。五年(1002),擢右谏议大夫、史馆修撰,再连上八疏,皆极论时政得失。好读书,为文,著有《咸平集》五十卷。病死,遗表劝真宗居安思危,在治思乱。赠工部侍郎。
④ 西夏,公元1038年—公元1227年,北宋时期民族政权。党项族李元昊所建,定都兴庆府(今宁夏银川),全盛时疆域大致在今宁夏、甘肃西北部、青海东北部、内蒙古中部、陕西北部等。国号为夏,因地处西方,宋人称之为"西夏"。公元1227年,被蒙古所灭。
⑤ 继筠(yún),即李继筠(?—980),北宋夏州(今陕西靖边)人,李光睿之子,党项族首领。宋太宗时继任定难军节度使,宋军北伐时,派兵攻略太原,以张声势。
⑥ 继捧,即李继捧(962—1004),北宋夏州(今陕西靖边)人,李光睿之子,李继筠之弟,北宋初年党项族首领。李继筠死后,继任定难军节度使;因年轻无威望,放弃割据,进京朝觐,太宗赐名赵保忠;后因涉嫌与李继迁勾结,被免官,封宥罪侯。死后追赠威塞军节度使。
⑦ 继迁,即李继迁(963—1004),北宋银州(今陕西米脂)人,李继捧族弟,党项族首领。勇敢果决,擅长骑射,深得李光睿宠爱,任定难军管内都知蕃落使;李继捧迫于族内压力,入京朝觐,放弃五州割据之地,李继迁纠集族人,聚众叛宋;后投靠辽国,受封定难军节度使,在辽国支持下,收复失地,攻占灵州;后假意归顺北宋,赐名赵保吉,仍于边界屡起争端;西征吐蕃,中计兵败,伤重而死。其孙李元昊即位称帝后,追尊太祖。

太宗召见华山隐士陈抟，赐予他希夷先生的名号。

开宝寺塔建成，前后总共花了八年的时间，耗费的钱币多达亿万。田锡上奏说："大家都以为寺庙宝塔金碧辉煌，我却认为那是用百姓的油脂和心血涂抹的！"太宗听后并没有发怒。

起先，西夏李光睿死后，他的儿子李继筠承袭父职。李继筠死后，他的弟弟李继捧袭位。李继捧入朝觐见太宗，并将银、夏、绥、宥四州的领地献给宋朝。他的弟弟李继迁叛出宋朝，常常侵扰边境。

契丹主明记殂，号景宗。子隆绪①立，年十二，母萧氏②专其国政。上命曹彬等分道伐契丹。彬兵大败于岐沟关③，诏班师。契丹自是连年入寇。后女真以契丹隔其朝贡之路，请击之，不许，女真遂臣于契丹。

上赐李继捧姓名赵保忠，授节度使，命管夏、银④、绥⑤、宥⑥、静⑦五州，使图继迁。继迁降，赐姓名赵保吉。保吉复寇边，命李继隆⑧讨之。保忠言已与保吉解仇，乞罢兵。上怒，命继隆先移兵讨之。继隆入夏州，揽送保忠于阙下。保吉寻亦请降，而复叛，命继隆讨之。

---

① 隆绪，即耶律隆绪（972—1031），小名文殊奴，契丹族，耶律贤长子，辽国皇帝，公元983年—公元1031年在位。即位后，恢复契丹国号，选贤任能，重用汉人，整顿吏治，开科取士，辽国国力达到鼎盛，屡次击败宋军，订立"澶渊之盟"。死后谥号文武大孝宣皇帝，庙号圣宗。
② 萧氏，即萧绰（953—1009），小字燕燕，契丹族，耶律贤皇后，耶律隆绪生母，辽国著名政治家。耶律贤逝世后，称制摄政，重用汉人韩德让，力行改革，两次击败宋军，主持订立"澶渊之盟"。其摄政时期是辽国国力最盛之时，死后谥号睿智。
③ 岐沟关，在今河北涿州市。
④ 银，唐宋州名，辖境大致在今陕西榆林中部，治儒林县（今陕西米脂）。
⑤ 绥，唐宋州名，辖境大致在今陕西榆林南部，治上县（今陕西绥德）。
⑥ 宥（yòu），唐宋州名，辖境大致在今内蒙古鄂尔多斯南部，治延恩县（今内蒙古鄂托克前旗）。
⑦ 静，唐宋州名，辖境大致在今宁夏银川中部，治静州（今宁夏永宁）。
⑧ 李继隆（950—1005），字霸图，北宋上党（今山西长治）人。以荫补供奉官。善于骑射，通晓音律，好读《左传》，以礼待士，智勇双全，谦虚谨慎；先后参与平定后蜀、江南，屡立战功；之后率军相继击败契丹、夏州李继迁；官至山南东道节度使，同平章事。死后追赠中书令，谥号忠武。

契丹国主耶律明记逝世，号为景宗。他的儿子耶律隆绪即位，年仅十二岁，由其母萧燕燕掌管国政。太宗命令曹彬等人分道讨伐契丹。曹彬在岐沟关被契丹大败，诏令班师回朝。自此以后，契丹连年侵扰边境。后来女真族因为契丹阻挡了他们向宋朝进贡的道路，请求宋廷出兵征讨，宋朝没有同意，女真于是向契丹称臣。

太宗给李继捧赐名赵保忠，授予他节度使一职，让他管理夏、银、绥、宥、静五个州事务，并让他对付李继迁。李继迁投降宋朝，太宗赐他姓名赵保吉。赵保吉却再次带兵侵扰边境，太宗任命李继隆出兵征讨赵保吉。赵保忠声称自己和赵保吉化解了仇恨，乞求朝廷停止对赵保吉用兵。太宗对二人反复无常的行径非常气愤，命令李继隆先率兵讨伐李继迁。李继隆到了夏州后，先将赵保忠扣押起来，送往京城待罪。赵保吉不久后也请求归降，后来又叛变，太宗又派李继隆出兵讨伐。

蜀自既平之后，府库之物，悉载归内府①。土狭民稠，有司不无赋外之科，王小波②起为盗。小波死，李顺③继之，攻陷成都，僭号蜀王。上命王继恩讨擒之，蜀平。

交趾丁琏卒，大校④黎桓⑤囚其宗族而专其国。上初命讨之，无功。已而桓奉贡，竟以桓为交趾郡王。

时霖潦⑥过度，上曰："朕于刑狱尽心，安得积阴之谴？"寇准⑦越班⑧对言："某州局吏侵官钱若干，于法为小过，陛下杀之。王淮⑨，参政王沔⑩之弟，盗钱数百万，于法为大憝⑪，陛下以沔之故，务相容蔽。如此而曰刑狱尽心，如之何无积阴之谴？"上即日诛淮、罢沔。俄而雨止。

---

① 内府，王室的仓库。
② 王小波（？—993），北宋永康军青城（今四川都江堰）人。盐贩出身，北宋初期，因朝廷、官府在四川索取无度，王小波遂聚众起义，提出"均贫富"的口号；之后在与宋军交战时负伤而死。
③ 李顺（？—994），北宋永康军青城（今四川都江堰）人，王小波妻弟。茶农出身，起初跟随王小波起兵，王小波死后继任首领，率军攻占成都后，自称大蜀王，改元"应运"；之后在王继恩的攻打下，成都失守，李顺阵亡。
④ 大校，古代军队中次于将军的将领。
⑤ 黎桓（941—1005），爱州清莲（今越南河南省清廉县）人，越南前黎政权建立者，公元980年—公元1005年在位。辅佐丁氏父子建立丁朝，战功卓著，担任十道将军殿前都指挥使（全国军队的最高统帅）；丁氏父子被杀后，丁朝大乱，黎桓被军队拥立为帝，史称前黎朝；率军击败宋军，越南逐渐独立；死后因诸子争位，未定谥号，称大行皇帝，史称黎大行。
⑥ 霖潦（lín liáo），指淫雨。
⑦ 寇准（961—1023），字平仲，北宋华州下邽（今陕西渭南）人。出生于书香门第，为官期间刚直足智，官至同知枢密院事、参知政事、枢密使，封莱国公。勇于进谏，因此谥号为"忠愍"，但在澶渊之战中被奸臣所害，蒙冤遭贬，最终客死雷州。
⑧ 越班，指古代大臣上朝时从自己的队列里走出来，到前面启奏国事。
⑨ 王淮，生卒年不详，北宋齐州（今山东济南）人，王沔弟。仰仗其兄之势，大肆贪污受贿，最终被杀。
⑩ 王沔（miǎn，950—992），字楚望，北宋齐州（今山东济南）人。太宗时进士出身，官至参知政事、枢密副使。死后追赠工部尚书。
⑪ 憝（duì），奸恶，恶人。

蜀国自从被宋朝灭掉后，府库所积攒的财物，全都被运到了汴京。蜀地地方狭小，人口稠密，地方官吏也免不了额外征收一些苛捐杂税。于是王小波乘机聚众起事，反抗官府。王小波死后，李顺接替他成为起义军首领，带领起义军攻下成都，自称蜀王。太宗命令宦官王继恩前去讨伐，擒获李顺，蜀地得以平息。

　　交趾南越王丁璇死后，部将黎桓把他的家族全部囚禁，专权独断。太宗起初派人出兵讨伐，后无功而返。不久黎桓向朝廷进贡，太宗最后封黎桓为交趾郡王。

　　当时雨水过度，泛滥成灾，太宗说："对于刑罚案件，我都尽心尽力，怎么会遭到上天降下连日阴雨的谴责呢？"寇准站出队列回答说："某某州的官吏贪污若干官钱，从国法上讲，属于小的过错，陛下却将他处死；参知政事王沔的弟弟王淮盗取数百万的钱财，从国法上讲，是大罪，陛下却因为王沔的缘故，包庇纵容，这样做事也叫尽心，怎么会不遭到天谴呢？"太宗听后，当日就下令诛杀了王淮，罢免了王沔。不多久，雨就停了。

上崩，在位二十二年，改元者五，曰太平兴国、雍熙、端拱、淳化、至道，寿五十九年。

薛居正①、沈伦②、赵普、宋琪③、李昉④、吕蒙正、张齐贤、吕端⑤等，相继为相。

普凡再入再罢，寻薨。普初以吏道闻，寡学术。太祖尝劝以读书，普遂手不释卷。每朝有大议，辄合户自启一箧，取一书阅之。及卒，家人视其箧，则《论语》也。尝谓上曰："臣有《论语》一部，以半部佐太祖定天下，以半部佐陛下致太平。"

蒙正晚出，尝与普并相，普甚推之。蒙正尝置册子夹袋中，疏四方人才姓名，以待选用。初，太祖尝以张齐贤属上，至齐贤举进士，上欲置之上第，而有司第其名在下，乃诏一榜⑥，特与通判，卒至大用。吕端为相，人谓："吕相作事糊涂。"上知之，曰："端小事糊涂，大事不糊涂。"

---

① 薛居正（912—981），字子平，北宋开封浚仪（今河南开封）人，历仕后唐、后晋、后汉、后周、北宋五朝，才干优长，文笔豪迈，北宋时官至参知政事、门下侍郎、左仆射，主持编修《旧五代史》；后因误服丹砂，中毒而死。死后追赠太尉、中书令，谥号文惠。
② 沈伦，即沈义伦（909—987），字顺仪，北宋开封太康（今河南太康）人。因避宋太宗名讳而单名伦；早年投入赵匡胤幕府，掌管财政；关心民间疾苦，清廉谨慎；北宋建立后任户部侍郎、枢密副使，后升任宰相；太宗北伐期间，任东京留守，全权负责留守事宜；监修《太祖实录》。死后谥号恭惠。
③ 宋琪（917—996），字叔宝，北宋幽州蓟县（今北京大兴）人。精通吏术，早年为将领赵赞幕府，太宗时官至左谏议大夫、参知政事，熟知契丹军情，太宗北伐时曾上书献策。死后追赠司空，谥号惠安。
④ 李昉（925—996），字明远，深北宋州饶阳（今河北饶阳）人。历仕后汉、后周、北宋，为官公正，文采卓越；太宗时官至参知政事、同平章事；参与编修北宋四大类书之三，《太平御览》《文苑英华》《太平广记》。
⑤ 吕端（935—1000），字易直，北宋幽州安次（今河北廊坊安次区）人。持重稳当，廉洁公正，太宗时官至参知政事、门下侍郎；在真宗继位中对稳定朝局出力尤著。死后追赠司空，谥号正惠。
⑥ 乃诏一榜，应为"乃诏一榜尽与京官"的节略，据《宋史·张齐贤传》。

太宗驾崩，在位二十二年，前后改用了五个年号，分别是太平兴国、雍熙、端拱、淳化和至道，终年五十九岁。

薛居正、沈伦、赵普、宋琪、李昉、吕蒙正、张齐贤、吕端等人相继做过宰相。

赵普一共做过两次宰相，两次被罢免，第二次罢相后不久就逝世了。赵普起初以长于吏治而闻名，学问不是很高深。太祖曾劝他多读书，赵普于是手不释卷。每当朝廷有重要的决议时，赵普回家后就关上房门，打开一个竹筐，从里面取出一本书来阅读。等到他病逝之后，他的家人打开竹筐，发现里面只有一本《论语》。赵普曾对太宗说道："我有一部《论语》，凭借半部辅佐太祖平定天下，又凭借半部辅佐陛下治理天下。"

吕蒙正是后来提升的官员，资历较浅，曾经和赵普一起并列为宰相，赵普很是推重他。吕蒙正平时会随身携带一个放有小册子的夹袋，随时在册子上书写各地人才的姓名和品第，以备举荐选用。起初，太祖曾经把张齐贤推荐给太宗，等到张齐贤考中进士时，太宗想要把他安排在上等，主考官却将他的姓名排在了下等，太宗就下令将一榜的进士全都任为京官，又特地任命张齐贤为通判，最终张齐贤得到了重用。吕端做宰相的时候，有人说："吕相做事糊涂。"太宗知道后，笑着说："吕端小事情糊涂，大事情不糊涂。"

自上即位以来，以小人为相者，卢多逊①一人而已。

太子立，是为真宗皇帝。

北宋（八）

真宗②皇帝初名元侃，封襄王。有举人杨砺③，尝梦至一大殿，有坐殿上者语之曰："我非汝主，来和天尊，汝主也。"指示令谒之。砺后进士第一，入为襄王府记室④。既谒，如梦中所见。太宗尝遣相者诣襄王，及门而返，曰："王门厮役皆将相也，王可知矣。"立为太子。至是即位，更名恒。

咸平二年，契丹入寇，上亲征，至大名府⑤而还。

三年，益州卒王均⑥反，僭号大蜀。以雷有终⑦知州讨擒之，益州平。

---

① 卢多逊（934—985），北宋怀州河内（今河南沁阳）。博涉经史，文辞敏捷，太宗时官至中书侍郎、平章事；因勾结秦王赵光美而被流放崖州。

② 真宗，即赵恒（968—1022），原名赵元侃，宋太宗三子，北宋皇帝，公元998年—公元1022年在位。出封襄王，后立为太子；即位后勤于政事，减免租税，朝野相安；契丹入侵时，在寇准支持下，御驾亲征，签订澶渊之盟，史称"咸平之治"；晚年任用王钦若、丁谓，沉溺封禅，广修宫观，劳民伤财。谥号文明章圣元孝皇帝，庙号真宗。

③ 杨砺（930—999），字汝砺，北宋京兆鄠（hù）县（今陕西户县）人。北宋开科第一个状元，谦逊不骄，长于吏治，官至工部侍郎、枢密副使。死后追赠兵部尚书。

④ 记室，官名，东汉置。为王公幕府属官，掌章表书记文檄。

⑤ 大名府，辖境与魏州同。唐后期改魏州为大名府，北宋时为陪都之一，号北京。

⑥ 王均（？—1000），北宋益州（今四川）人。原为益州神卫都虞候，因益州戍卒不堪压迫，遂发动起义，王均被拥为皇帝，国号大蜀，改元化顺。后在官兵镇压下，兵败被杀。

⑦ 雷有终（947—1005），字道成，北宋同州合县（今陕西合阳）人，雷德骧次子。太祖时任大理寺丞，太宗时相继平定蜀地李顺、王均起义，因功历任各地知州，至工部侍郎；契丹南侵时，随驾出征，参与澶渊之盟，升任宣徽北院检校太保。

自从太宗即位以来，任用小人做宰相的，只有卢多逊一人而已。太子即位，就是真宗皇帝。

北宋（八）

真宗皇帝原名赵元侃，起初被封为襄王。有个名叫杨砺的举人，曾经梦见自己到了一座大殿，坐在大殿上面的人对他说："我不是你的主人，来和天尊才是你的主人。"说完，指示让他去拜谒那位天尊。后来，杨砺考中了进士第一名，到襄王府担任记室。等到他见到襄王后，发现襄王就是他在梦中见到的那位天尊。太宗曾经派相面先生去给襄王相面，相面先生刚到襄王府门口就返回来了，说："襄王府门口的下人仆役都有封侯拜将的面相，襄王就更不用说了！"襄王就被立为太子。到了这时太子登上皇位，改名叫赵恒。

咸平二年，契丹入侵宋朝边境，真宗御驾亲征，到了大名府后返回汴京。

咸平三年，益州发生兵变，士兵王均被拥为皇帝，国号大蜀。真宗任命雷有终为益州知州，率军讨伐王均，平定了益州。

范廷召①击契丹，求援于高阳关②，都部署③康保裔④亟赴之。廷召潜遁，保裔为所围，力战死之。

李继迁，先朝夺所赐姓名，寇边不已，攻陷灵州⑤。西凉六合⑥酋长潘罗支⑦乞会王师讨之。继迁攻陷西凉府⑧，潘罗支要而击之，继迁中流矢，死于灵州之境。其子德明⑨请降，复赐姓赵，后封为西平王。

① 范廷召（937—1001），北宋冀州枣强（今河北枣强）人。孔武有力，勇猛过人，入宋后从征李筠、李重进，在攻灭北汉、雍熙北伐、出征李继迁中，屡立战功；契丹南侵时，兵败后撤，又负约遁走，致使康保裔孤军战死；之后引兵击败契丹，任殿前都指挥使。死后追赠侍中。
② 高阳关，在今河北高阳。北宋时地接辽境，为军事重镇。
③ 都部署，官名，即马步军都部署，五代时期后唐置。为战时指挥官，宋置于邻接辽、夏地区，为地方军事长官，掌军队屯戍、防守、训练、教阅、赏罚事务。
④ 康保裔（？—1000），北宋河南洛阳（今河南洛阳）人。恭谨仁厚，弓马娴熟，深得士卒爱戴，屡立战功，任高阳关都部署；契丹南侵时，为援救范廷召而被重军包围，力战而死。死后追赠彰德军节度使。
⑤ 灵州，唐宋州名，辖境大致在今宁夏银川南部、吴忠北部、中卫东部，治灵武县（今宁夏灵武）。
⑥ 六合，按，应为六谷，据《宋史·列传第二百四十四》改。六谷，吐蕃族部落群。公元842年，吐蕃瓦解后，整个西藏地区陷入混战；北宋建国后，凉州吐蕃逐渐形成阳妃谷为主的六个山谷的蕃部，史称六谷部。后在夏州李德明和回鹘的相继打击下覆灭。
⑦ 潘罗支（？—1004），吐蕃族，吐蕃六谷部大首领。担任凉州众多吐蕃部落首领，臣服北宋，请求共同夹击夏州而未得；诈降击杀李继迁后，被李德明用反间计杀死，北宋追赠威武郡王。
⑧ 西凉府，北宋府名，辖境大致在今甘肃西部，治武威（今甘肃武威），先后为吐蕃、西夏所占领。
⑨ 德明，即李德明（981—1032），小字阿移，党项族，李继迁之子，西夏政权奠基人。深沉大度，多有谋略，即位后"依辽和宋"，同时向两国称臣，接受两国册封；攻灭吐蕃、回纥，占据河西走廊；对内注重农业，发展经济。其子李元昊称帝后，追谥光圣皇帝，庙号太宗。

范廷昭在反击契丹时，因寡不敌众，就向邻近的高阳关请求援助。高阳关都部署康保裔立即率军前来援救，范廷昭却提前偷偷撤走了。康保裔的部队被契丹大军团团围住，血战后全军覆没。

　　李继迁反复无常，太宗时朝廷就剥夺了原先赐给他的姓名。李继迁后来又屡次入侵宋朝边境，攻陷灵州。西凉六谷酋长潘罗支乞求联合朝廷军队攻打李继迁。结果李继迁攻陷了西凉府，潘罗支率军截击李继迁，李继迁被飞箭射中，死在了灵州。李继迁的儿子李德明就向宋廷请求归降，于是真宗又对李德明赐姓赵，后来加封为西平王。

杨嗣①杨延朗②，智勇善战，加团练使③。虏惮之，目曰杨六郎。

景德元年，契丹主与其母萧氏大举入寇，中外震骇。参政陈尧叟④，蜀人，请幸蜀。王钦若⑤，江南人，请幸江南。上以问宰相寇准。准问："谁画此策？"上曰："卿姑断其可否？勿问也。"准曰："臣欲得献策之臣，斩以衅鼓⑥，然后北伐耳。"遂定亲征之议。

上驻跸⑦韦城⑧，寻至卫南⑨。契丹拥兵抵澶州，围合三面。

---

① 杨嗣（934—1014），北宋瀛洲（今河北河间）人。英勇善战，多有战功，与杨延昭并守北境，号称"二杨"，以左龙武大将军致仕。
② 杨延朗，即杨延昭（958—1014），原名杨延朗，北宋并州太原（今山西太原）人，杨业之子。为避赵氏先祖赵玄朗名讳，改名杨延昭；自幼随父杨业征战，多有战功；雍熙北伐杨业战死后，代替其父拱卫北境；驻守三关二十余年，威震边庭。
③ 团练使，即团练守捉使，官名，唐置。统领地方武装力量。
④ 陈尧叟（961—1017），字唐夫，北宋阆州阆中（今四川阆中）人。状元及第，历任秘书丞、工部员外郎，官至枢密使；外任广南西路转运使期间，政绩卓著；契丹南侵时，主张迁都，遭寇准斥责。死后追赠侍中，谥号文忠。
⑤ 王钦若（962—1025），字定国，北宋临江军新喻（今江西新余）人。契丹南侵时，极力主张和谈、迁都，是主和派代表；迎合真宗，伪造天书，怂恿封禅；奸邪狡诈，挑拨离间，陷害寇准，两度为相，官至司空。参与编修《册府元龟》。死后追赠太师、中书令，谥号文穆。
⑥ 衅鼓，将鲜血抹在战鼓上。衅，古代一种祭礼，凡重要器物（如钟、鼓等）制成后，一定要杀牛、羊、猪等，把它们的血涂在新器物上表示祭祀。
⑦ 驻跸，帝王出行时，开路清道，禁止通行。泛指跟帝王行止。
⑧ 韦城，在今河南滑县。
⑨ 卫南，指卫河以南。

杨嗣、杨延昭镇守北境三关，杨延昭智勇双全，骁勇善战，加封为团练使。契丹军队非常害怕杨延昭，称他为杨六郎。

　　景德元年，契丹国主耶律隆绪和他的母亲萧太后率领大军侵扰边境，朝廷内外一片震惊。参知政事陈尧叟是蜀地人，请求真宗去蜀地避难。王钦若是江南人，也请求真宗去江南避难。真宗将这件事同宰相寇准商议，寇准问："这是谁出的主意？"真宗说："你只管说说这可行不可行，不要问是谁的主意。"寇准说："我想将给陛下献策的那个人抓来斩首，用他的鲜血来祭祀战鼓，然后出兵北伐！"于是，真宗决定御驾亲征。

　　真宗车驾到了韦城，不久又移驾卫水以南。契丹大军抵达澶州，将澶州城三面都围住了。

李继隆等出御之。契丹挞览①中弩死，大挫，退却不敢动。寇准力劝上渡河，殿前帅高琼②亦力赞。犹豫间，琼麾卫士进辇，曰："陛下若不过河，百姓如丧考妣。"梁适③呵之，琼怒曰："君辈此时尚责人失礼，何不赋一诗退虏耶？"遂拥上以渡。既至澶州，登北城，张黄旗帜，诸军皆呼万岁，声闻数十里，契丹气夺。

　　先是，王继忠④者陷虏，尝言和好之利。故虽大举，亦遣使以继忠书来。上命曹利用⑤报之。至是，利用与契丹使者韩杞⑥偕来，请世宗⑦所取关南故地。上曰："地必不可得，宁与金帛以和。"准意亦不欲与，且画策以进曰："如此则可保百年无事。不然，数十岁后，戎复生心。"准盖欲击之，使只轮不返。上曰："数十岁后，当有能御之者。吾不忍生灵重困，姑听其和。"遂再遣利用往。利用请岁赂金帛之数，上曰："必不得已，虽百万亦可。"

---

① 挞览，即萧挞览（？—1004），又作萧挞凛，字驰宇，辽国名将。通晓天文，擅长骑射，从征高丽，南侵北宋，屡立战功；在澶州之战中，中箭而死。
② 高琼（935—1006），字宝臣，北宋亳州蒙城（今安徽蒙城）人。少不知书，晓达军政；在平定南唐、攻灭北汉、雍熙北伐、澶州之战中屡立战功，官至检校太尉、忠武军节度使，任并州马步军都部署，镇守三关。死后追赠侍中，封秦国公。
③ 梁适（1000—1070），字仲贤，北宋郓州东平（今山东东平）人。父梁颢为北宋翰林大学士，以父荫为官；累迁观文殿大学士。死后追赠司空、侍中，谥号庄肃。
④ 王继忠，生卒年不详，北宋汴州开封（今河南开封）人。真宗在王府时，侍奉左右，因恭谨厚道而颇受重用；真宗即位后官至高平光副都部署，契丹南侵时兵败遭俘；澶州之战后，促进宋辽议和，南北息兵，有功于此；在契丹颇为重用，受封楚王。
⑤ 曹利用（？—1029），字用之，北宋赵州宁晋（今河北宁晋）人。以父荫入仕，生性勇悍，尽忠职守，澶渊之盟签订时为宋朝代表，后率军平定岭南叛乱，因功累迁至枢密使、同平章事；恃功益骄，得罪太后及宦官，贬官安置房州，因不堪宦官侮辱，自缢而死。死后追赠太傅，谥号悼襄。
⑥ 韩杞，生卒年不详，辽国官员。澶渊之盟签订时为辽国代表。
⑦ 世宗，指周世宗柴荣。

李继隆等人出兵抵御，契丹统帅挞览被弩箭射死，契丹军士气大伤，一直退却不敢前进。寇准极力主张真宗率军渡河杀敌，殿前都指挥使高琼也赞同寇准的主张。真宗还在犹豫不决，高琼麾下的士卒进入辇帐说："陛下如果不渡河，百姓和士兵就如同失去了亲生父母一般，无心作战。"梁适呵斥士兵们过于失礼，高琼愤怒地说道："你们这些人这种时候还责备他人不守礼法，那你为什么不吟诗一首来击退敌军呢？"于是大家拥着真宗渡过黄河，进军直达澶州城。真宗亲自登上北城，升起象征帝王权威的黄色旗帜，远近的士兵齐声高呼万岁，呼声可传到几十里以外的地方，契丹军队的士气更加衰落。

　　起先王继忠兵败被契丹俘虏后，曾经对契丹国主述说两国和好的益处。故而契丹虽然大举入侵，但也派遣使者拿着王继忠的书信前来议和。真宗也命令曹利用前往契丹去议和。这时，曹利用偕同契丹使者韩杞前来拜见真宗，韩杞要求收回被周世宗夺回的关南故地。真宗说："土地是肯定不会给你们的，宁可多给些金钱布帛来和谈。"寇准也不想退还领土，并且还谋划计策对真宗说："这样的话，就能保障百年无事。不然的话，几十年后，契丹必然又生贪心，再侵中原。"寇准是想要出兵攻打契丹，让契丹大军连一只车轮都不能返回。真宗说："几十年后，大宋应当会有能够抵御契丹的英明国君。我实在不忍心让百姓再卷入战事，以致生灵涂炭，姑且听任他们和议了事。"于是再次派曹利用前往契丹。曹利用向真宗请示给予契丹的岁币和金帛的数目。真宗说："实在不得已的话，即使是百万也在所不惜。"

准召，语之曰："虽有敕旨，不得过三十万。如过此数，勿来见准，准斩汝矣。"利用卒以绢二十万、银十万定和议，南朝为兄，北朝为弟。交誓约，各解兵归。

北宋（九）

准初发京师，命朝士出知诸州，皆于殿廊受敕，戒之曰："百姓皆兵，府库皆财，不责汝浪战。但失一城一壁，当以军法从事。"恐钦若沮亲征之议，以其有智且有福，出钦若知天雄军①。契丹至城下，钦若闭门束手无策，修斋诵经而已。

上还自澶渊②，待准极厚。钦若归，深恨准。尝退朝，上目送准，钦若进曰："陛下敬准，为其有社稷功邪？城下之盟，春秋小国所耻也。"上愀然③。钦若每④曰："澶州之役，准以陛下为孤注。"上待准遂寖薄，寻罢相。

---

① 天雄军，北宋行政区划名，即大名府。唐中期设魏博节度使，号天雄军，后又改称大名府；五代时名字屡次改动。辖境大致在今河南安阳北部、濮阳北部，河北邯郸南部，山东聊城西部，治大名县（今河北大名）。
② 澶渊，湖泊名，在今河南濮阳市西。宋辽两国在此签订澶渊之盟。
③ 愀然，神色变得严肃或不高兴。
④ 每，常常。

寇准召来曹利用嘱咐说："虽然圣上许以百万，但一定不能超过三十万。一旦超过三十万，就不要回来见我，见我就杀了你！"曹利用最终以大宋每年给予契丹绢二十万匹、银十万两的条件达成两国和议，并约定大宋为兄，契丹为弟。交换誓约后两国都退兵返回了。

北宋（九）

当初寇准从京城出发前，命令外出镇守各州的朝中大臣来大殿走廊内接受诫敕，警告他们说："百姓都是兵卒，府库里都是钱财，你们轻率出战，我不会责罚你们；但如果丢失一城一地，那就军法处置！"寇准担心王钦若会破坏真宗御驾亲征的决议，就以王钦若拥有智谋和福气为名，派他外任，任天雄军知府。契丹兵马打到大名府城下时，王钦若闭门不出，束手无策，整日里只是吃斋念佛，闭门祷告，仅此而已。

自从澶州班师回朝后，真宗对寇准非常优待。王钦若回朝后，非常怨恨寇准。一次退朝后，真宗目送寇准离去，王钦若就向真宗进言说："陛下敬重寇准，是因为寇准对社稷有功吗？敌人兵临城下时被迫接受的盟约，这是连春秋小国都感到耻辱的事。"真宗不禁脸色大变。王钦若屡次说道："澶州一战，寇准是拿陛下作为赌注，做最后一搏啊！"此后，真宗对寇准越来越疏远，不久后就罢免了他的相位。

以王旦①同平章事。旦，王佑②之子也。太祖尝遣佑按事③，谓佑还，与王溥官职，佑不徇④太祖意，竟不大用。佑曰："佑不做，儿子二郎必做。"植三槐于庭，曰："吾后世必有为三公者。"至是，旦果为相。深沉有德望，能断大事，上心深属之。赵德明⑤尝以民饥，上表乞粮，群臣皆请责之。旦曰："臣欲诏德明云：'塞上储粮不可与。已于京师积百万，可自遣众来取。'"德明再拜，受诏曰："朝廷有人。"

上既入⑥钦若之言，数问钦若："何以刷耻？"钦若知上厌用兵，谬曰："取幽、蓟乃可。"上令思其次，乃请封禅以镇服四海，夸示夷狄。又言："封禅当得天瑞，前代有以人力为之。"问："河图、洛书果有此邪？"曰："圣人以神道设教⑦耳。"

---

① 王旦（957—1017），字子明，北宋大名莘县（今山东莘县）人。志向远大，知人善任，掌权十八载，为相十二年；预编《文苑英华》，监修《两朝国史》，官至同平章事；但受王钦若劝说，未能劝阻真宗封禅。死后追赠太师、尚书令兼中书令、魏国公，谥号文正。
② 王佑，生卒年不详，字景叔，北宋大名莘县（今山东莘县）人，王旦之父。历仕后晋、后汉、后周，入宋后官至兵部侍郎，为三槐王氏始祖。
③ 按事，查明事情原委。按，考察、考验。
④ 徇，顺从。
⑤ 赵德明，按，即李德明。
⑥ 入，听信，采纳。
⑦ 神道设教，利用鬼神之说作为教育手段。神道，本指神妙的法则，即神明之理，后指关于鬼神祸福之说。设教，设立教化。

寇准被罢免后，真宗任命王旦为同平章事。王旦是王佑的儿子。太祖曾经派遣王佑调查事情原委，许诺王佑事成之后，将王溥的官职封给他。王佑没有遵循太祖的意思，最终也没有得到重用。王佑说："我王佑做不成的，我儿子二郎必定能做到！"于是在庭院里种了三棵槐树，并说："我的子孙后代，一定有能够位列三公的人。"到了这时，他的二儿子王旦果然升任宰相。王旦为人深沉，德高望重，能够裁断大事，真宗对他很倚重。李德明曾经以夏州百姓饥饿为借口，上表请求朝廷发放粮食赈灾，群臣上表请求真宗下诏谴责李德明，唯独王旦说："我想让陛下给李德明下诏书说：'塞上储存的粮食不能给予你，但朕已经在京城积攒了上百万石的粮食，你可派人来取。'"李德明领旨后，拜了又拜，说："朝廷里有能人啊！"

真宗皇帝听信了王钦若的话后，多次问他："怎样才能够洗刷耻辱呢？"王钦若知道真宗讨厌出兵征伐，就假装说："只有攻下幽州和蓟州，才能洗刷耻辱。"真宗让他想想还有什么别的办法。王钦若这才提议举行封禅大礼，以此来镇服天下，并向夷狄夸耀功绩。王钦若又说"封禅本来应当得到天降祥瑞才行，而前代有的是靠人力来办到的。"真宗又问别人说："果然会出现像河图、洛书一类的异象吗？"回答说："那都是圣人借鬼神之事来教化天下匡扶社稷的。"

于是大中祥符以来，数有天书降。东封泰山，西祀后土①于汾阴②。又有赵氏祖九天司命天尊降天下，立天庆观③，置圣祖殿④，讳圣祖名玄朗。京师作玉清昭应宫⑤，旦不能止其事。

上在位二十六年，自元年吕端罢后，张齐贤、李沆⑥、吕蒙正、向敏中⑦、毕士安⑧、寇准、王旦相继为相。惟旦居位十一年。当李沆为相时，旦甫参政。沆喜读《论语》，尝曰："为宰相，如《论语》中'节用而爱人，使民以时'两句，尚不能行。圣人之言，终身诵之，可也。"沆日取四方水旱盗贼奏之。旦谓："细事不足烦上听。"沆曰："人主少年，当使知人间疾苦。不然，血气方刚，不留意声色犬马，则土木甲兵、祷祠之事作矣。吾老不及见此，参政他日之忧也。"及大中祥符封禅祠祀，土木并兴，旦乃叹曰："李文靖，真圣人也。"

---

① 后土，华夏古代神话中的土地神。
② 汾阴，今山西万荣。
③ 天庆观，道教冠庙名，在今广东广州，唐武后时所建，名开元寺，宋代改名天庆观。
④ 圣祖殿，宫殿名。在今河南商丘，为宋皇室为祭祀其先祖赵玄朗所建，后改名鸿庆宫。
⑤ 玉清昭应宫，道观名。在今河南开封，宋真宗所建。
⑥ 李沆（hàng，947—1004），字太初，北宋洺州肥乡（今河北肥乡）人。气度宏远，勤廉宽厚，官至中书侍郎、同平章事，澶州之战期间，任东京留守，全权处理后方事宜；在选才、国政、吏治、军事方面，均见识过人，多为同僚推赏，时人称为"圣相"。死后追赠太尉、中书令，谥号文靖。
⑦ 向敏中（949—1020），字常之，北宋河南开封（今河南开封）人。敦厚恭谨，通晓民政，官至左仆射、同平章事。死后追赠太尉、中书令，谥号文简。
⑧ 毕士安（938—1005），字仁叟，一字舜举，北宋代州云中（今山西大同）人。正直严谨，勤于政务，官至吏部侍郎、参知政事、同平章事；知人善任，推荐寇准；契丹南侵，与寇准一同主张御驾亲征。死后追赠太傅、中书令，谥号文简。

于是自从大中祥符元年以来，就屡屡有天书降世。真宗先向东登泰山封禅祭天，又往西在汾阴祭祀后土。又说赵氏的始祖九天司命天尊降临天下，就修建了天庆观和圣祖殿，圣祖的名字叫赵玄朗。又在汴京修建玉清昭应宫。而王旦身为宰相，却不能阻止这些事。

真宗在位二十六年。自从咸平元年，吕端因过被罢相以后，张齐贤、李沆、吕蒙正、向敏中、毕士安、寇准和王旦又先后担任宰相，唯独王旦在任长达十一年的时间。李沆做宰相时，王旦刚刚担任参知政事。李沆喜欢阅读《论语》，曾说道："我身为宰相，就连《论语》中'用度节俭，关爱他人；使用民力要按照时节'这两句话所说的标准，都没能做到。圣人的言论，一定要一生诵读才行啊。"李沆常常搜集各地水旱盗贼等事，向真宗禀奏。王旦就对他说："这些琐事，不值得劳烦圣上听取。"李沆说："圣上还年轻，应当让他知晓民间下层百姓的疾苦。否则，等到他到了壮年时，血气方刚，如果不醉心留意于声色犬马之中，那大兴土木、穷兵黩武、修仙祈福这些事情就一定会发生。我现在老了，来不及看到这些事情出现，参政你日后一定会为此忧心的。"等到大中祥符年间，真宗封禅祭祠，大兴土木，王旦慨叹道："李文靖真是圣人啊。"

每有大礼，旦辄以首相奉天书以行，常悒悒不乐，欲去。则①上遇之厚。及薨于位，遗令削发披缁以敛。议者谓："旦得君，而不能以正自终。"或比之冯道云。

张咏②尝言："吾榜③中得人最多，谨重有德望，无如李文靖；深沉才德，镇服天下，无如王公；面折④廷争，素有风采，无如寇公。当方面之寄，则永不敢辞。"当旦之世，王钦若已相。钦若罢，寇准再入相。参政丁谓⑤事准甚谨，尝会食，羹污准须。谓起拂之。准笑曰："参政，国大臣，乃为官长拂须邪？"谓甚愧恨。准罢，李迪⑥、丁谓为相，准远贬。迪罢，谓独相。时上已有疾，昏眩，如准罢贬，皆谓白中宫⑦行之，上不知矣。

寻崩，年五十五，在位改元者五，曰咸平、景德，曰大中祥符，曰天禧、乾兴。太子立，是为仁宗皇帝。

---

① 则，但是，却。
② 张咏（946—1015），字复之，自号乖崖，北宋濮州鄄城（今山东鄄城）人。太平兴国年间进士。任益州知州期间，平定王小波、李顺起义，安抚民众，发明交子，以治蜀著称；后累迁至礼部尚书，枢密直学士，封开国公。死后追赠左仆射，谥号忠定。有《张乖崖集》传世。
③ 榜，指进士榜。
④ 面折，当面批评、指责。
⑤ 丁谓（966—1037），字谓之，后更字公言，北宋两浙路苏州府（今江苏苏州）人。为人机敏聪颖，长于政事，为官期间政绩显著。官至枢密使，同中书门下平章事，封晋国公，迎合真宗大兴土木，勾结宦官陷害忠良。后罢相，贬崖州司户。
⑥ 李迪（971—1047），字复古，北宋濮州鄄城（今山东鄄城）人。状元及第，外任期间，政绩卓著，后官至工部尚书、同平章事；忠心谋国，先后为丁谓、吕夷简排挤。死后追赠司空、侍中，谥号文定。
⑦ 中宫，皇后居住的地方，代指皇后。

每当举行隆重的祭祀大典时，王旦以宰相之首的身份捧着天书走在最前面，常常郁闷不乐。想要辞官，而真宗却格外厚待他。等到他在位将辞世的时候，遗言嘱咐家人：等他死后，给他削去头发，披上僧衣来入殓安葬。人们纷纷议论说："王旦深得皇上信任，却不能一生坚持正直不阿。"有的人把他和冯道相比。

张咏曾经说："和我同一榜考中的进士中人才最多：谨慎持重，德高望重，无人比得上李沆；才德深沉，镇服天下，无人比得上王旦；直言面谏，风采不凡，无人比得上寇准；至于出任地方要职，那我就不敢推辞了。"王旦在世的时候，王钦若已经是宰相了。王钦若被罢相后，寇准再次入朝为相。参知政事丁谓侍奉寇准很是谨慎，有一次两人一起吃饭，菜汤污渍弄脏了寇准的胡须，丁谓就起身帮寇准拂去残渣。寇准笑着说："参知政事乃是国家重臣，怎么能替官员拂须呢？"丁谓听了羞愧万分，对寇准也怀恨在心。寇准被罢相后，李迪和丁谓担任宰相。寇准被贬到边远的雷州，李迪也被罢免了宰相之职，丁谓一人任宰相。当时真宗已经病重，头昏目眩，不能理事。像寇准被罢贬这些事，都是丁谓告知了中宫太后之后干的，真宗并不知情。

没过多久，真宗驾崩，享年五十五岁。真宗自即位以来，前后改用了五个年号，分别是咸平、景德、大中祥符、天禧、干兴。太子即位，就是仁宗皇帝。

北宋（十）

仁宗皇帝①名祯，母李氏②，章献明肃刘皇后③子之。真宗得皇子已晚，始生，昼夜啼不止。有道人言能止儿啼，召入。则曰："莫叫莫叫，何似当初莫笑。"啼即止。盖谓真宗尝吁④上帝祈嗣，问群仙谁当往者，皆不应，独赤脚大仙一笑，遂命降为真宗子。在宫中好赤脚，其验也。自昇王为太子，年十三即位，刘太后垂帘，同听政。

---

① 仁宗皇帝，即赵祯（1010—1063），原名赵受益，宋真宗六子，宋朝皇帝，公元1023年—公元1063年在位。早年封庆国公、昇王，少年即位，刘太后垂帘听政；亲政后宽厚待下，虚心纳谏，不事奢华，名臣辈出，国泰民安，史称"仁宗盛治"；政治上任用范仲淹推行"庆历新政"，后因改革阻力过大而失败；军事上宋夏之战失败后，与夏达成"庆历和议"，对辽有"庆历增币"；经济高速发展，但土地兼并严重，冗兵现象有增无减，府库消耗严重；文化上广开献书之路，整理图籍，编修《崇文总目》《新五代史》。死后朝野外邦，无不哀悼，谥号体天法道极功全德神文圣武睿哲明孝皇帝，庙号仁宗。
② 李氏，即章懿皇后（987—1032），李姓，杭州（今浙江杭州）人，宋真宗妃嫔，宋仁宗生母。起初为刘美人侍女，生下仁宗后，真宗声称是刘氏所生，封刘氏为皇后，终其一生，未与仁宗相认，位止宸妃；死后仁宗方知其为生母，追尊皇太后，谥号章懿。
③ 章献明肃刘皇后（968—1033），名不详，益州华阳（今四川成都）人，真宗皇后，宋朝第一位摄政的皇太后。真宗即位后入宫，借腹生子，认李宸妃之子为己子，晋封皇后；才华超群，博览群书，熟知政事，襄助真宗；真宗死后临朝称制，废黜丁谓，知人善任，完成宋室从真宗到仁宗的平稳过渡，为仁宗时期的繁荣奠定基础。谥号章献明肃。
④ 吁，呼吁，恳求。

北宋（十）

　　仁宗皇帝名叫赵祯，生母是章懿李皇后，章献明肃刘皇后抱为养子。真宗年纪很大才有了皇子，仁宗刚出生时昼夜啼哭不停。有一个道士有办法能让婴儿停止啼哭，真宗就召他入宫。道士见到仁宗后，说："不要叫，不要叫，就好像当初不要笑。"说音刚落，仁宗就不再啼哭。有人说真宗曾向上天祈求子嗣，天帝问众仙谁肯降生到这里，众位仙人都不回应，唯独赤脚大仙笑了笑，因此天帝命他降生为真宗的儿子。仁宗在宫中喜欢赤脚走路，这就是他是赤脚大仙转世的依据。仁宗初封昇王，后来晋封太子，十三岁登上皇位，刘太后垂帘听政，共同处理朝政。

丁谓用事，窜寇准为雷州①司户②。参政王曾③密奏谓包藏祸心，真宗山陵，擅移皇堂④于绝地。遂罢谓，贬至崖州⑤司户。谓初命学士草准责词⑥，令用"春秋无将⑦，汉法不道⑧"为证事。及谓窜，学士乃用其语，人快之。方逐准时，京师语曰："欲得天下宁，当拔眼中丁。欲得天下好，莫如召寇老。"然准竟不及比⑨还而卒。

---

① 雷州，唐宋州名，辖境大致在今雷州半岛，治海康县（今广东雷州市）。
② 司户，即司户参军，官名，汉置。为州郡长官僚佐，汉魏称户曹掾，唐宋称司户参军，掌户籍、赋税、仓库交纳等事。
③ 王曾（978—1038），字孝先，北宋青州益都（今山东青州）人。连中三元，状元及第，真宗时任右正言，知制诰，规谏真宗造天书、修宫殿；仁宗时计逐丁谓，为朝廷倚重，累迁中书侍郎、同平章事，两度拜相，封沂国公。后因与吕夷简不和，一同被免，出判郓州。死后追赠侍中，谥号文正。著有《王文正公笔录》。
④ 皇堂，皇帝的陵墓。
⑤ 崖州，唐宋州名，辖境大致在今海南三亚，治崖州（今海南三亚）。
⑥ 责词，责备之词。
⑦ 春秋无将。将，逆乱。无将，谓勿存叛逆篡弑之心。多反其意而用之，心存谋逆为"无将"。
⑧ 汉法不道，汉代朝章国法不合道义。指暗讽时政，心怀叵测。
⑨ 比，及，等到。

丁谓当权执政，将寇准贬为雷州司户，参政王曾秘密上奏说丁谓怀有祸心，建造真宗陵墓时，擅自移动真宗陵穴，以致陷于绝地。丁谓因此被罢相，贬为崖州司户。起初，丁谓命令翰林学士草拟斥责寇准的诏书时，令翰林在诏书中加入"春秋无将，汉法不道"二语，作为寇准心怀叵测的证据。等到丁谓被放逐的时候，在诏书中翰林学士也用这句话说他，众人为此感到很高兴。寇准被放逐离京时，京师流传这样的俗语："想要天下安宁，须拔掉丁谓这个眼中钉。想要天下好，不如召回寇老。"然而，寇准最终没有等到返京诏书就去世了。

王曾为相，王钦若再相。钦若卒，张知白①相。知白卒，张士逊②相。士逊罢，吕夷简③相。惟王曾自天圣初居相位，至是七年而罢。曾初举进士，青州发解④，礼部⑤、廷试⑥皆第一，人曰："状元三场⑦，吃着不尽。"曾曰："曾平生立志，不在温饱。"真宗末，正色立朝，朝廷赖以为重。作相日，所进退⑧士，莫有知者。或问其故，曾曰："恩欲归己，怨便谁当？"

① 张知白（？—1028），字用晦，北宋沧州清池（今河北沧州）人。幼年好学，进士及第，真宗时任右正言，外任各地，均有政绩；仁宗时官至工部尚书、同平章事，清廉节俭，公心谋国。死后追赠太傅、中书令，谥号文节。
② 张士逊（964—1049），字顺之，北宋光化军阴城（今湖北老河口）人。为人笃厚，政事严谨，历任各地转运使，颇有政绩；真宗、仁宗时三度拜相，官至门下侍郎、同平章事，封邓国公；晚年朝廷多事，深感自己无所建树，告老辞职，以太傅致仕。死后追赠太师、中书令，谥号文懿。
③ 吕夷简（978—1044），字坦夫，北宋寿州（今安徽凤台）人，吕蒙正之侄。进士出身，才识卓优，清慎勤政，真宗时官至刑部郎中、权知开封府；仁宗即位后，临危受命，拜同平章事，知人善任，安抚边疆，加右仆射，封申国公；后与王曾争论，同时罢相；复相后徙封许国公，兼枢密使；后以太尉致仕。死后追赠太师、中书令，谥号文靖。
④ 发解，唐宋时，应贡举合格者，由所在州郡发遣解送至京参与礼部会试，称发解。
⑤ 礼部，指科举考试中，由礼部主持的会试。
⑥ 廷试，又称殿试，科举考试中最高级别的考试，由皇帝在殿廷上对会试录取的贡士亲自策问，以定甲第。
⑦ 状元三场，指科举考试中，乡试、会试、殿试皆得第一的考生。
⑧ 进退，特指拔擢任用。

王曾担任宰相，王钦若再次为相。王钦若去世，张知白担任宰相。张知白逝世后，张士逊担任宰相。张士逊被罢相后，吕夷简担任宰相。只有王曾自天圣初年担任宰相以来，直到这时，为相七年后罢相。起初，王曾参加科举考试时，在青州乡试应贡举成功，到京后礼部会试、皇帝殿试都是第一名，有人称羡说："连中三元，吃穿享用不尽。"但王曾说："我平生志向，不在温饱。"真宗末年，当朝执政，正气凛然，朝廷深为倚重。王曾担任宰相时，所提拔奖掖的官员，没有人知道。有人问他为何不公开任用，王曾说："如果把对人有恩德的事都揽到自己身上，那那些得罪人的事让给谁呢？"

交趾黎桓景德中卒，子龙廷①杀其兄龙钺②而自立。来贡，赐名全忠。大中祥符间，全忠卒，子幼，弟争立。大校李公蕴③遂杀之而自立。至是公蕴卒，子德政④立。来告丧，封交趾郡王。

契丹主隆绪殂，号圣宗，子宗真⑤立。

西夏赵德明卒，子元昊⑥立。

刘太后以上为己子，而上母李氏默默处先朝嫔御⑦中，未尝自异。人亦畏后，不敢言。疾革⑧，乃进位宸妃而薨。

① 龙廷，即黎龙廷（986—1009），黎桓五子，黎龙钺之弟，越南前黎朝最后一位皇帝，公元1005年—公元1009年在位。初封开明王，弑杀黎龙钺后即位；暴虐残忍，喜好女色；因上朝时躺在床上，人称黎卧朝。死后庙号庄宗。
② 龙钺（yuè），即黎龙钺（983—1005），黎桓三子，越南前黎朝皇帝，公元1005年在位。深受黎桓喜爱，封南封王；即位三天被其弟黎龙铤所杀。死后庙号中宗。
③ 李公蕴（974—1028），字兆衍，越南李朝政权建立者，公元1009年—公元1028年在位。聪明好学，器宇轩昂，黎朝时官至左亲卫殿前指挥使；黎龙廷逝世后，前黎朝内乱，李公蕴趁机夺取帝位；即位后革除酷刑，改革官制，向宋称臣。谥号神武皇帝，庙号太祖。
④ 德政，即李德政（？—1054），原名李佛玛，李公蕴长子，越南李朝皇帝，公元1029年—公元1054年在位。即位后平定诸弟叛乱，完善官制，励精图治，堪称有为之君。死后庙号太宗。
⑤ 宗真，即耶律宗真（1016—1055），契丹名只骨，字夷不堇，耶律隆绪长子，辽国皇帝，公元1031年—公元1055年在位。通晓音律，喜好儒学，宽厚大度，初封梁王。即位后铲除其母萧耨（nòu）斤及其党羽的势力，巩固统治；连年对西夏用兵，向宋施压，兵戈不息，辽国衰落。谥号神圣孝章皇帝，庙号兴宗。
⑥ 元昊，即李元昊（1003—1048），别名曩霄，小字嵬理，党项人，西夏政权建立者，公元1038年—公元1048年在位。袭爵西平王后，建都扩地，更改年号，创立文字，随即自立称帝，史称西夏；三败宋军，庆历和议之后，去除帝号，称夏国主；后与辽国交恶，贺兰山之战大败辽军，形成北宋、辽、西夏三足鼎立的格局；猜忌功臣，沉溺酒色，后被其子弑杀。谥号武烈皇帝，庙号景宗。
⑦ 嫔御，古代帝王、诸侯的侍妾和宫女。
⑧ 疾革，病情危急。

景德年间,交趾前黎朝国主黎桓去世。他的儿子黎龙廷弑杀了他的哥哥黎龙钺,自立为王。黎龙廷派使者前来进贡时,真宗赐名黎全忠。太中祥符年间,黎全忠去世,他的儿子年纪尚小,两位弟弟争夺王位。大将李公蕴趁机诛杀了黎全忠的两位弟弟,自立为王。等到李公蕴去世,他的儿子李德政继位为王。派使者前来讣告丧事时,仁宗封李德政为交趾郡王。

契丹国主耶律隆绪去世,庙号圣宗,他的儿子耶律宗真即位。

西夏赵德明去世,他的儿子元昊继任西平王。

刘太后把仁宗当作自己的亲生儿子,仁宗的生母李氏默默处在真宗的妃子之间,没有表现出和别人不一样的地方。人们畏惧刘太后,也都不敢说明真相。后来李氏病情加剧,刚晋封为宸妃就去世了。

宰相吕夷简奏太后，宜备礼①以葬。曰："他日莫道夷简不曾说来。"宸妃卒，踰一年，太后崩，称制十一年。

　　上始亲政。先是，吕夷简、张士逊并相，夷简罢，李迪相而士逊为首相，无所发明而罢，夷简复相。迪罢，王曾复相而权在夷简。夷简之初罢也，以郭皇后②之言。及复入，而后有尚美人争宠之隙，遂废郭后，夷简有力焉。台谏③孔道辅④、范仲淹⑤争，不得而出。

---

① 备礼，礼仪周备。
② 郭皇后，即郭清悟（1012—1035），北宋应州金城（今山西应县）人，宋仁宗皇后。为刘太后所立，性格妒忌，宋仁宗深为不满；仁宗亲政后渐受冷落，在吕夷简的游说下被废；后因小疾暴病而死。死后追尊皇后。
③ 台谏，即台官和谏官。唐制，台官指御史台官属，掌纠弹官邪，监督官吏；谏官指谏议大夫、拾遗、补阙等官，掌侍从规谏，讽谏君主。宋代之后台谏合一，两者事权相混。宋代台谏，实际就是御史台、监司、谏官连称。
④ 孔道辅（985—1039），原名孔延鲁，字原鲁，北宋曲阜人，孔子后裔。仁宗时任御史中丞，就废后之事与吕夷简抗争遭贬。外任兖州期间，寻访孟子后裔，修建孟子庙，孟子在宋代受封邹国公，得到重视，孔道辅出力甚多。
⑤ 范仲淹（989—1052），字希文，北宋苏州吴县（今江苏苏州）人。真宗大中祥符八年进士，外任各地，政绩卓著；于应天书院讲学时，勤勉督学，以身示教，鼓荡士风；仁宗亲政后入京为官，秉公直言，因反对废后而被贬；再次入京任权知开封府，大力整顿，剔除弊政，因反对丞相吕夷简用人之制而争论不休，史称"景祐党争"，再次遭贬；西夏入侵，边境危急，与夏竦、韩琦一同经略西北，积极防御，迫使西夏议和；入京拜参知政事，主持庆历新政，后因阻力过大而失败，外任至死。死后追封兵部尚书，封楚国公，谥号文正。

宰相吕夷简上奏太后，应当用周备的礼仪来安葬李宸妃，对太后说："日后若是太后后悔了，不要说我没有提到过。"李宸妃去世后一年，刘太后驾崩，称制十一年。

　　仁宗开始亲政。起初，吕夷简、张士逊一同担任宰相，吕夷简被罢免后，李迪位列宰相，而张士逊为首相，因无所建树而被罢免，吕夷简再次担任宰相。李迪罢相后，王曾再一次担任宰相，而朝政大权掌握在吕夷简手中。吕夷简第一次罢相时因为郭皇后向仁宗说坏话，等到吕夷简再次入朝为相时，郭皇后恰好与尚美人争宠，对吕夷简多有冒犯，吕夷简就极力劝说仁宗废黜郭皇后。御史中丞孔道辅、谏官范仲淹据理力争，最后也没能劝阻，纷纷被贬官离京。

仲淹还朝为待制①，知开封府，言事愈急，数议时政。夷简诉其越职，罢，知饶州②。馆阁③余靖④、尹洙⑤争之，皆坐贬。欧阳修⑥责谏官高若讷⑦不陈，谓不知人间有羞耻事。若讷奏其书，亦贬。蔡襄⑧作《四贤一不肖》诗，四贤指仲淹、洙、靖、修，不肖指若讷也。王曾因对斥夷简纳赂示恩，夷简、曾并罢，王随⑨、陈尧佐⑩代之。以无所建明而罢。张士逊、章得象⑪代之。

---

① 待制，官名，唐置。宋袭唐制，于殿、阁均设待制之官，以备访问。
② 饶州，唐宋州名，辖境大致在今景德镇、上饶北部，治鄱阳县（今江西鄱阳）。
③ 馆阁，机构名，唐置。宋袭唐制，置昭文馆、史馆、集贤院三馆和秘阁、龙图阁等，掌管图书、编修国史。
④ 余靖（1000—1064），原名希古，字安道，号武溪，北宋韶州曲江（今广东韶关）人。仁宗天圣二年进士及第，官至谏院右正言，积极参与"庆历新政"，与王素、欧阳修、蔡襄并称"四谏"；出使契丹，不辱使命，维护国威。谥号曰"襄"。著有《三史勘误》《武溪集》。
⑤ 尹洙（zhū，1001—1047），字师鲁，北宋河南洛阳（今河南洛阳）人。累迁右司谏，正直敢言，因为范仲淹辩护而一同被贬。
⑥ 欧阳修（1007—1072），字永叔，号醉翁、六一居士，北宋吉州永丰（今江西永丰县）人。仁宗天圣八年进士，后任西京留守推官，入朝后积极参与"庆历新政"，失败后一同被贬。后官至枢密副使、参知政事、兵部尚书，封乐安郡开国公。死后追赠太师、楚国公，谥号文忠。
⑦ 高若讷（997—1005），字敏之，北宋并州榆次（今山西榆次）人。强学善记，精于天文，兼通医学，累迁起居舍人、知谏院，奏贬欧阳修；后官至参知政事、枢密使。谥号文庄。
⑧ 蔡襄（1012—1067），字君谟，北宋兴化军仙游县（今福建仙游）人。仁宗天圣八年进士，直言敢谏，官至礼部侍郎，端明殿学士。死后追赠礼部侍郎，谥号忠惠。
⑨ 王随（？—1033），字子正，北宋孟州河阳（今河南孟县）人。登进士甲科，执政外严内宽，官至门下侍郎、同平章事，无所建树。死后追赠中书令，谥号文惠。
⑩ 陈尧佐（963—1044），字希元，号知余子，北宋阆州阆中（今四川阆中）人，陈尧叟之弟。太宗端拱元年进士。为官清正，敢作敢为，指摘时弊，言他人所不敢言，屡遭贬谪；官至吏部侍郎、参知政事。死后赠司空、侍中，谥号文惠。
⑪ 章得象（978—1048），字希言，北宋建州浦城（今福建浦城）人。真宗咸平五年进士。入仕历任地方，为官清廉，兴修水利，深受爱戴，为仁宗破例任相，拜中书门下平章事。死后追赠太尉、侍中，封郇国公，谥号文简。

范仲淹还朝后，授天章阁待制，任开封府尹，多次上书言事，议论时政。吕夷简污蔑范仲淹越职言事，罢其官，另任饶州知府。秘书丞余靖、太子中允尹洙为范仲淹争论，也一同被连坐贬官。欧阳修写信指责谏官高若讷面对如此局面，缄默不言，说他不知人间还有羞耻之事。高若讷把他的信上奏朝廷，欧阳修也被贬官。蔡襄作《四贤一不肖》诗，"四贤"指范仲淹、尹洙、余靖、欧阳修，不肖指高若讷。王曾因斥责吕夷简收取贿赂，结果吕夷简和王曾一同被罢相，王随、陈尧佐代替他们。之后二人因无所作为而罢免，张士逊、章得象代替为相。

北宋（十一）

赵元昊①据有夏、银、绥、宥、灵、盐②、会③、胜④、甘⑤、凉⑥、瓜⑦、沙⑧、肃州⑨之地，居兴州⑩，阻贺兰山⑪为国，僭号大夏皇帝。入寇，西边骚然。

---

① 赵元昊，因其祖李继迁赐名赵保吉，故又姓赵。
② 盐，唐宋州名，辖境大致在今宁夏吴忠东北、陕西榆林西部，治五原县（今陕西定边）。
③ 会，唐宋州名，辖境大致在今宁夏中卫南部、甘肃白银南部，治会宁县（今甘肃靖远）。
④ 胜，唐宋州名，辖境大致在今陕西榆林北部、内蒙古鄂尔多斯东部、呼和浩特一部分，治榆林县（今内蒙古托克托）。
⑤ 甘，唐宋州名，辖境大致在今甘肃张掖、内蒙古阿拉善盟西部，治张掖县（今甘肃张掖）。
⑥ 凉，唐宋州名，辖境大致在今青海海北东部、甘肃武威、金昌、内蒙古阿拉善盟中部，治姑臧县（今甘肃武威）。
⑦ 瓜，唐宋州名，辖境大致在今甘肃酒泉中部、北部，治晋昌县（今甘肃瓜县）。
⑧ 沙，唐宋州名，辖境大致在今甘肃酒泉西部，治敦煌县（即甘肃敦煌）。
⑨ 肃州，唐宋州名，辖境大致在今甘肃酒泉东部、嘉峪关、张掖西部，治酒泉县（今甘肃酒泉）。
⑩ 兴州，在今宁夏银川市。李德明迁都怀远镇，改名兴州。
⑪ 贺兰山，在今宁夏、内蒙古交界处。

北宋(十一)

赵元昊占据夏州、银州、绥州、宥州、灵州、盐州、会州、胜州、甘州、凉州、瓜州、沙州、肃州之地,定都兴州,以贺兰山为阻隔,建国称帝,国号大夏,史称西夏。屡次入侵北宋,西北边境动荡不安。

范雍①经略②西夏，闻元昊将攻延州③，惧甚，闭门不救。刘平④战，中官⑤黄德和⑥诬奏平降贼，以兵围其家，议收其族。富弼⑦言："平自环⑧、庆⑨来援，奸臣不救，故败，骂贼而死。德和诬人，冀免。"坐腰斩，范雍罢。时军兴⑩多事，张士逊无所补，谏官韩琦⑪上疏曰："政事府岂养病坊邪！"于是士逊致仕。

---

① 范雍（981—1046），字伯纯，北宋河南洛阳（今河南洛阳）人。真宗咸平初进士。任京东转运使时，平治黄河水患，振恤饥民；之后经略西北，抵御西夏；官至礼部尚书。死后追赠太子太师，谥号忠献。
② 经略，即经略使，官名，唐置。唐代边疆地区设经略使，宋袭唐制，沿边亦设经略使，为临时性军事统帅，统管军民。
③ 延州，唐宋州名，辖境大致在今陕西延安北部，治肤施县（今陕西延安）。
④ 刘平，生卒年不详，字士衡，北宋开封祥符（今河南开封）人。文武兼备，进士出身，仁宗时镇守西北，三川口之战因黄德和怯战逃遁，兵败被俘；北宋以为其战死，追赠朔方节度使，谥号壮武。后死于西夏。
⑤ 中官，宦官。
⑥ 黄德和（？—1040），北宋宦官。三川口之战中任宋军后军都监，因临阵逃脱，导致刘平孤军奋战，兵败遭俘；之后污蔑刘平叛宋，导致其家属被捕，后经富弼、庞籍等人核查，被处腰斩示众。
⑦ 富弼（1004—1083），字彦国，北宋河南洛阳（今河南洛阳）人。天圣八年，举茂才异等，历任将作监丞、直集贤院、知谏院等职。仕真、仁、英、神宗四朝，两度拜相；与范仲淹一同推行"庆历新政"，变法失败后遭贬离京；仁宗时两次出使辽国，不卑不亢，维护国威；外任京东时镇抚灾民，功勋卓著；官至枢密使、同平章事，后因反对王安石变法而求退。死后追赠太尉，封郑国公，谥号文忠。
⑧ 环，宋州名，宋时分庆州置环州，辖境大致在今甘肃庆阳北部，治通远县（今甘肃环县）。
⑨ 庆，唐宋州名，宋朝时辖境大致在今甘肃庆阳中部、东北部，治安化县（今甘肃庆阳）。
⑩ 军兴，军事行动逐渐增多。
⑪ 韩琦（1008—1075），字稚圭，自号赣叟，北宋相州安阳（今河南安阳）人。仁宗天圣五年进士。初任谏官，犯言直谏，名满京华；与范仲淹一同经略西北，镇守边疆；庆历和议之后积极参与"庆历新政"，失败后遭贬离京；外任期间，治军有方，理民得法，忠于职守；再次入朝后拜同平章事，任仁宗、英宗、神宗三朝宰相，封魏国公，遭弹劾后自求外任，坚决抵制王安石变法。死后追赠尚书令，谥号忠献。

范雍担任西夏经略使,听说李元昊将要攻打延州,非常害怕,紧闭城门,不敢出城营救。刘平率军抗击西夏,兵败被俘,宦官黄德和任后军监军,怯战逃遁,上奏诬陷刘平投降西夏,朝廷派士卒包围刘平府邸,商议收捕他的家属。富弼说:"刘平从环州、庆州领兵前来增援,奸臣怯战不救,所以战败,最后大骂敌人绝食而死。黄德和诬陷别人,无非是想希望用这种办法来免除自己的罪过罢了。"黄德和最终被处以腰斩,范雍被罢免。当时边疆多事,军事行动频繁,张士逊身居相位,无所建树,谏官韩琦上疏说:"国家庙堂难道是养病之所吗!"于是张士逊隐退。

吕夷简复相，用韩琦、范仲淹为边帅。

仲淹尝兼知延州，夏人相戒曰："毋以延州为意，小范老子①胸中自有数万甲兵，不比大范老子②可欺也。"边人为之语曰："军中有一韩，西贼闻之心胆寒。军中有一范，西贼闻之惊破胆。"昊之不得大逞，盖借琦、仲淹之宣力③居多。

契丹乘朝廷有西夏之扰，遣泛使④求石晋⑤所割周世宗所取关南地。知制诰⑥富弼接伴⑦。时夷简任事，人莫敢抗，弼数侵之。夷简欲因事罪弼，以弼报使⑧。弼至，往返论难，力拒其割地。使还，再遣，而国书故为异同，夷简欲以陷弼。弼疑而启观，乃复面奏，面责夷简，易书而往。增岁赂⑨银、绢各十万，定和议而还。

吕夷简求罢。

---

① 小范老子，指范仲淹。
② 大范老子，指范雍。
③ 宣力，出力，尽力。
④ 泛使，宋代称派往他国临时办理事务的一般使节。
⑤ 石晋，即后晋。因其皇室姓石，故称石晋。
⑥ 知制诰，官名，唐置。为加官，掌起草诏令。唐制，翰林学士加知制诰者起草诏令，其余仅备顾问；宋袭唐制，但不限翰林学士；翰林学士皆起草诏令，加知制诰者，称"内制"；他官加知制诰起草诏令者，称"外制"，合称"两制"。
⑦ 接伴，即接伴使，官名，宋置。掌接待外国使臣。
⑧ 报使，作为回复的使者。
⑨ 岁赂，国家为安边求和每年对外的赠物。

吕夷简再次拜相，启用韩琦、范仲淹为边帅。

范仲淹兼任延州知州时，西夏士卒互相告诫说："不要打延州的主意，范仲淹胸中自有数万雄兵，不像范雍可以欺负。"边境士民纷纷传颂："军中有一韩，西贼听到心胆寒；军中有一范，西贼听到惊破胆。"李元昊最终没有取得多大成果，韩琦、范仲淹起的作用很大。

契丹趁着北宋边境有西夏侵扰，派遣使者前来要求归还后晋割让给契丹但后来被周世宗收复的关南土地。知制诰富弼为接伴使，接待契丹使者。当时吕夷简为相执政，没有人敢违抗他，但富弼多次上书检举他的失当之处。吕夷简想通过这件棘手的事使富弼犯错获罪，于是举荐富弼为使臣出使契丹。富弼到了契丹之后，旁征博引，据理力争，坚决拒绝割地。回到北宋将契丹的条件告知朝廷后，再次携带盟约前往契丹，但是吕夷简故意把国书和盟约写得不一样，想要以此来陷害富弼。富弼到边境后，心有疑虑，就打开国书，发现与商议的盟约不一样，立刻回朝面奏皇上，当面指责吕夷简更改国书的险恶用心。富弼更换国书之后再次前往契丹。最终商议每年增加赠物银十万两、绢十万匹，确定落实和议后返回北宋。

吕夷简自请罢相。

上遂欲更天下弊事，增谏官员，命王素①、欧阳修、余靖、蔡襄供谏院②职，以韩琦、范仲淹为枢密副使，召夏竦③为枢密使。谏官论罢竦，以杜衍④代之。国子直讲⑤石介⑥喜曰："此盛德事也！"乃作《庆历圣德诗》，有曰："众贤之进，如茅斯拔。大奸之去，如距斯脱⑦。"大奸指竦也。仲淹、琦适自陕西来，道中得诗，仲淹拊股，谓琦曰："为此怪鬼辈坏事。"竦因与其党造论，目衍等为党人。欧阳修乃作《朋党论》上之，曰："小人无朋，惟君子有之。小人同利之时，暂为朋者，伪也。及其见利而争先，或利尽而情疏，反相贼害。君子修身则同道而相益，事国则同心而共济，终始如一。此君子之朋也。为君者，但当退小人之伪朋，进君子之真朋，则天下治矣。"

---

① 王素（1007—1073），字仲仪，北宋大名莘县（今山东莘县）人，王旦之子。先后外任定州、成都府、太原府、渭州，勤政爱民，政绩显著；入朝任兵部员外郎、知谏院，以直谏著称，官至工部尚书。谥号懿敏。
② 谏院，机构名，宋置。在门下省址设谏院，以谏议大夫、司谏、正言充任，与御史台职权不分，一同进言皇帝，纠察臣僚。
③ 夏竦（985—1015），字子侨，北宋江州德安（今江西德安）人。景德乙巳年举贤良方正，擢光禄寺丞，通判台州。真宗大中祥符时为国史编修官，与王旦等同修《起居注》。后外任，有政绩。历任兵部侍郎、刑部尚书、户部尚书、吏部尚书、同平章事，封郑国公，于政事、文学皆有建树。死后追赠太师、中书令，谥号文庄。
④ 杜衍（978—1057），字世昌北宋越州山阴（今浙江绍兴）人。进士出身，初任地方官，治绩显著，以善断狱案著称；入朝后官至枢密使、同平章事，"庆历新政"失败后，因为范仲淹、富弼辩解而遭罢相；以太子太师致仕，封祁国公。死后追赠司徒、侍中，谥号正献。
⑤ 直讲，官名，唐置。为国子监属官，辅佐博士、助教，讲授经书。
⑥ 石介（1005—1045），字守道，一字公操，北宋兖州奉符（今山东省泰安）人。笃志好学，敢言直谏，任国子监直讲期间，提倡古文，抨击宋初浮华文风，号称"太学体"，后因作《庆历圣德颂》而遭保守派攻击，外放。先后创办泰山书院、徂徕书院，传授经学，为宋代理学先驱，与孙复、胡瑗并称"宋初三先生"，人称徂徕先生。著有《徂徕集》。
⑦ 如距斯脱，距，本指鸡爪中朝后叉去的那一趾鸡爪，也泛指鸡爪。"距脱"典故自此出，指罢斥不用。

仁宗想要革除弊政，有所作为，增加谏官，命王素、欧阳修、余靖、蔡襄在谏院供职，以韩琦、范仲淹为枢密副使，召夏竦入朝，担任枢密使。谏官上奏，请求罢免夏竦，以杜衍代替他。国子监直讲石介听说后，高兴地说："这真是盛德之事啊！"于是写下《庆历圣德诗》，说："进用贤人为朝廷做事，就如同拔茅草一样，只要拔起一根，其他的茅草也会连带被拔起来。相反的，消除坏人，要像拔除鸡爪一般，必须使他再也无力做坏事。"坏人指的是夏竦。范仲淹、韩琦这时刚好从陕西回朝，在路上听说了这首诗，范仲淹拍着大腿对韩琦说："就是像石介这种的怪鬼之辈坏事。"夏竦以此为据，和他的党羽一同指责杜衍等人结党相附。欧阳修于是写下《朋党论》上呈给仁宗，说："小人没有同党，只有君子有同党。小人有相同的利益时，暂时为朋党，这是假象。等到见到利益，就会互争先后；有时看到没有利益了，就会互相疏远，甚至反而相互残害。君子修养自身，那么同道一起就会相互进益；效力国家，那么就会同心同德而同舟共济，终始如一。这是君子的朋党。作为一国之君，就应当远离小人之流的虚假朋党，重用君子之间真正的朋党，这样才能很好地治理天下。"

仲淹迁参政，富弼为枢副。上既擢仲淹等，每进见，必以太平责之。开天章阁①召对②，赐坐，给笔札。仲淹等皆惶恐，退列奏十事：一曰明黜陟③，二曰抑侥幸④，三曰精贡举，四曰择官长，五曰均公田，六曰厚农桑，七曰修武备，八曰减摇役，九曰覃⑤恩信，十曰重命令。上方信向⑥，悉用其说。惟武备欲复府兵一说，宰相以为不可。时章得象、晏殊⑦并同平章事。未几，仲淹宣抚⑧陕西、河东，富弼宣抚河北。竦等造谤，故仲淹等不安于朝。欧阳修亦出使河北。

---

① 天章阁，楼阁名。宋真宗所建，珍藏图籍、符瑞、宝玩及宗室名籍。在天章阁接见大臣，询问御边大略、军政要事，成为臣子最高礼遇。
② 召对，君主召见臣下令其回答有关政事、经义等方面的问题。
③ 黜陟（zhì），人才的进退，官吏的升降。
④ 侥幸，企求非分。
⑤ 覃（tán），遍及；广施。
⑥ 信向，信赖。
⑦ 晏殊（991—1055），字同叔，北宋抚州临川（今江西抚州）人。自幼聪慧，号称神童，刚简威猛，待人以诚，在朝期间提议刘太后垂帘听政，调整西北用兵策略，官至枢密使、同平章事；提携后进，奖掖人才，如范仲淹、孔道辅、欧阳修等，皆出其门；任地方官时，大办学校，培养人才；能诗善词，尤擅小令，风格含蓄婉丽。死后追封临淄公，谥号元献。有《珠玉词》传世。
⑧ 宣抚，官名，宋置。大臣外派传达皇帝命令、安抚军民、处置事宜，称宣抚。

范仲淹升任参知政事，富弼担任枢密副使。仁宗提拔范仲淹等人后，每次觐见，都以天下太平来督责他们。仁宗在天章阁召见范仲淹等人商讨国事，赐给他们御座和纸笔。范仲淹等人诚惶诚恐，退朝后提出了十项改革主张：一是申明黜陟，二是裁抑侥幸，三是精练贡举，四是慎择官长，五是平均公田，六是劝课农桑，七是整修武备，八是减轻徭役，九是推恩明信，十是修明法令。仁宗以为件件可行，全部都采纳实行。只有整修武备、重新建立府兵一条，宰相认为不可行。当时章得象、晏殊一同担任同平章事。不久，范仲淹出任陕西、河东宣抚使，富弼出任河北宣抚使。这是因为夏竦的党羽造言诽谤，因此范仲淹等人不能安心在朝为官任事。欧阳修也被外派河北担任地方官。

北宋（十二）

　　晏殊罢，杜衍同平章事。衍务裁侥幸，每内降①，率寝格②不行，积诏旨十数，辄纳上前。上尝语谏官曰："外人知衍封还内降邪？朕在宫中，每以不可告而止者，多于所封还也。"会衍婿苏舜钦③监进奏院④，用鬻故纸公钱祀神会客。御史中丞⑤王拱辰⑥素不便衍等所为，因攻其事，置狱得罪者数人。拱辰喜曰："吾一网打去尽矣。"衍相七十日而罢，贾昌朝⑦平章事兼枢密使，韩琦罢枢副，知扬州事。章得象罢，陈执中⑧平章事。昌朝罢，夏竦代为枢密使。

---

① 内降，宋代指不经中书、门下省议定，而由宫内直接发出诏令。
② 寝格，搁置，阻碍。
③ 苏舜钦（1008—1048），字子美，北宋河南开封（今河南开封）人。景祐元年进士。官至集贤殿校理，因支持"庆历新政"，为守旧派所恨，遭弹劾后被免官为庶人。文学成就突出，著有《苏学士文集》。
④ 进奏院，机构名，唐置。为地方一级行政机构驻京办事处。
⑤ 御史中丞，官名，秦置。为御史台长官，掌纠察臣僚，弹劾百官。
⑥ 王拱辰（1012—1085），原名王拱寿，字君贶，北宋开封咸平（今河南通许）人。仁宗天圣八年进士第一。为翰林学士，辽使前来索地，据理力争，拜御史中丞；因反对"庆历新政"，借故弹劾苏舜钦等人。后反对王安石变法而遭贬，官至检校太师，彰武军节度使。死后追赠开府仪同三司，谥号懿恪。
⑦ 贾昌朝（997—1065），字子明，北宋真定获鹿（今河北获鹿）人。熟知边事，通晓民政，曾上"备边六事"；官至工部尚书、枢密使、同平章事。主持编修《唐书》，封魏国公。死后谥号文元。
⑧ 陈执中（990—1059），字昭誉，北宋洪州南昌（今江西南昌）人。真宗时以父荫为秘书省正字。累迁卫尉寺丞，知梧州。后历知江宁府、扬州、永兴军。仁宗时官至参知政事、枢密使、同平章事。死后谥号曰"恭"。

北宋（十二）

晏殊被罢相后，杜衍担任同平章事。杜衍要裁撤那些投机取巧、心存非分之想的人。每次仁宗不经中书、门下，直接下发的诏书，他都搁置不发，积攒的诏书有十几封后，然后呈给皇上。仁宗曾经对谏官说："外人知道杜衍封还诏书吗？我在宫中，每次因为不想告诉杜衍而自行停止的事，比杜衍所封还的还要多。"当时杜衍的女婿苏舜钦在进奏院任职，把进奏院日积月累的废纸出售，用这些钱祭祀神灵，会集宾客。御史中丞王拱辰平素便对杜衍等人支持"庆历新政"而心怀不满，便以此为由，攻讦杜衍，因为这件事被牵扯获罪的有好几个人。王拱辰高兴地说："我将他们一网打尽了。"杜衍担任宰相七十日后被罢免，贾昌朝任同平章事兼枢密使，韩琦被罢免枢密副使，出任扬州知州。章得象罢相，陈执中任同平章事。贾昌朝罢相后，夏竦代他做枢密使。

贝州卒王则①反，文彦博②宣抚河北，讨平之。彦博入为平章事。

赵元昊庆历初尝因范仲淹请和，反复数岁，竟纳款，复称臣。策命为夏国王，名曩霄③。岁赐银、绢、茶、彩二十万五千，遂不复寇边。卒，子谅祚④立。

陈执中以无所建明⑤罢。

夏竦罢，宋庠⑥代之。寻同平章事，未几罢。

---

① 王则（？—1048），北宋涿州（今河北涿县）人，叛军领袖。参军后信奉弥勒教，后于贝州发动兵变，自封东平郡王，建国号安阳，年号得圣。次年被文彦博率兵平定，俘至汴京被杀。
② 文彦博（1006—1097），字宽夫，号伊叟，北宋汾州介休（今山西介休）人。天圣五年进士。历仕仁、英、神、哲四朝，出将入相，平定叛乱，抵御西夏；为相期间，力主裁兵，精兵简政；反对王安石变法。官至同平章事、太尉，封潞国公。死后谥号忠烈。
③ 曩霄，李元昊的赐名。
④ 谅祚，即李谅祚（1047—1067），党项族，李元昊之子，西夏皇帝，公元1048年—公元1067年在位。即位后在大将支持下，诛杀其母舅没藏氏；重用汉人，废行蕃礼，调整军制，改革官职；不断发兵侵扰北宋边境，征服吐蕃残部，臣服辽国。死后谥号昭英皇帝，庙号毅宗。
⑤ 建明，即建白。建白，指对国事有所建议及陈述。
⑥ 宋庠（xiáng，996—1066），初名郊，字伯庠，入仕后改名庠，更字公序，北宋开封雍丘（今河南民权）人，宋祁之兄。连中三元，天圣二年状元及第，为官敢于谏言，秉公执法，官至兵部侍郎、同平章事；屡封莒国公、郑国公。死后追赠太尉、侍中，谥号元献。

贝州士卒王则造反，文彦博时任河北宣抚使，讨伐平定叛乱。文彦博入朝，担任同平章事。

赵元昊在庆历初年曾因范仲淹主持西北边事，与北宋讲和。后来反复无常，多次侵扰边境，最终接受北宋纳款，向北宋称臣。仁宗下诏策封他为西夏国王，赐名曩霄。北宋每年赐给西夏银、绢、茶、彩，总计二十万五千两，西夏此后不再入侵边界。李元昊逝世后，他的儿子李谅祚即位。

陈执中因无所建树而被罢相。

夏竦被罢枢密使，宋庠代替他。不久宋庠担任同平章事，但是没做多久，就被罢免。

张贵妃①兄②尧佐③一日除四使，监察御史里行④唐介⑤论之。不听，遂劾奏。文彦博向守蜀，以灯笼锦⑥献贵妃得执政，故觉尧佐。上怒，远贬介。彦博亦求罢，庞籍⑦平章事。

　　广源州⑧侬智高⑨寇广州，连岁陷诸州。自邕至广西，皆被其害。命枢副狄青⑩讨平之，还，为枢密使。

---

① 张贵妃（1024—1054），北宋河南永安（今河南巩义）人，仁宗宠妃。自幼入宫，面容姣好，性格乖巧，深得仁宗宠爱，专宠后宫，礼仪逾皇后制，几乎被立为皇后，因群臣固谏作罢。死后追封皇后，谥号温成。
② 兄，按，当为伯父。
③ 张尧佐，生卒年不详，字希元，北宋河南永安（今河南巩义）人，张贵妃伯父。出身寒士，持身谨畏，以外戚之身，仕途通达，官至兵部侍郎、三司使；因众官弹劾被罢，以宣徽使出任河阳通判，后被召还。死后追赠太师。
④ 监察御史里行，监察御史，官名，隋置，掌分察百僚，巡按州县；里行，官名，唐置，有监察御史里行、殿中里行等，皆非正官，不规定员额，大约相当于历练官吏之职。
⑤ 唐介（1010—1069），字子方，北宋江陵（今湖北江陵）人。进士出身。历任武陵尉、平江县令、监察御史里行，官至御史中丞，刚正不阿，秉公执法。死后追赠礼部尚书，谥号质肃。
⑥ 灯笼锦，成都锦名，因以金线织成灯笼形状的锦纹，故得名。
⑦ 庞籍（988—1063），字醇之，北宋单州成武（今山东成武）人。通晓律令，擅长吏事，累迁殿中侍御史、户部侍郎、枢密使、同平章事；出任鄜延都总管，镇守边陲，先后拔擢狄青、司马光；以太子太保致仕，封颍国公。死后追赠司空、侍中，谥号庄敏。
⑧ 广源州，唐宋州名，辖境大致在今云南、广西、越南交界一带，治广源州（今越南高平广渊县）。侬智高之乱平定后，广源州被北宋赐予交趾。
⑨ 侬智高（1025—1055），壮族，北宋时广源州壮族领袖。广源州为邕州所辖羁縻州，但为交趾所据；因交趾索取无度，民不堪苦，侬智高遂起兵自立，建"大历国"，与交趾相抗；屡次向宋廷请求内附无果，改国号为"南天国"，多次击退交趾；因宋廷屡次不纳，遂起兵反宋，数创宋军；后被狄青率军攻打，兵败被杀。
⑩ 狄青（1008—1057），字汉臣，北宋汾州西河（今山西隰县）人。出身贫寒，擅长骑射，在抵抗西夏中，多谋善战，屡建战功，升枢密副使；后率军平定侬智高之乱，升任枢密使。后备受朝廷猜忌，抑郁而终。死后追赠中书令，谥号武襄。

张贵妃的伯父张尧佐一天之内任职宣徽、节度、景灵、群牧四使，监察御史里行唐介议论此事，以为不妥。仁宗不听，于是唐介上奏弹劾张尧佐。文彦博曾经在蜀地当官，用灯笼锦献给张贵妃，得以为相，执掌朝政，因此偏袒张尧佐。仁宗看到弹劾张尧佐的奏章后，大发雷霆，将唐介贬谪。文彦博也自请罢相，庞籍担任同平章事。

广源州侬智高进犯广州，作乱好几年，攻陷多个州县。从邕州一直到广西，都深受其害。仁宗命令枢密副使狄青讨伐平定叛乱。回朝后，狄青晋封枢密使。

庞籍罢。

陈执中、梁适平章事。适罢，刘沆①代之。执中罢，文彦博、富弼并同平章事。士大夫相庆得人，上曰："人情如此，岂不贤于梦卜哉！"上尝问王素："孰可为相？"素曰："惟宦官、宫妾不知姓名者可充其选。"上慨然曰："如此则富弼耳！"

契丹主宗真殂，号兴宗。子洪基②立。

交趾李德政卒，子日遵③立。

刘沆罢，文彦博罢，韩琦平章事。

富弼罢。

王安石④知制诰。安石每迁官⑤，逊避不已。至知制诰，则不复辞官矣。安石尝侍赏花钓鱼宴，误食钓饵，已悟而食之既⑥。上以其不情而遂非恶之。

---

① 刘沆（995—1060），字冲之，北宋吉州永新（今江西永新）人。性格刚正，长于吏治，累迁至工部侍郎、同平章事，启用贤人，救正时弊；后因得罪众官而遭弹劾被贬。死后追赠左仆射、侍中。
② 洪基，即耶律洪基（1032—1101），字涅邻，小字查剌，耶律宗真长子，辽国皇帝，公元1056年—公元1101年在位。即位后平定叛乱，改国号为大辽；钦慕汉文化，崇奉佛教；但政事不敏，忠奸莫辨。死后谥号仁圣大孝文皇帝，庙号道宗。
③ 日遵，按，应为日尊，据《宋史·列传第二百四十七》改。日尊，即李日尊（1023—1072），李德政三子，越南李朝皇帝，公元1055年—公元1072年在位。在位期间，重视农业，大修佛寺；尊孔崇儒，普及汉文化；改革军制，南侵占城，北定中国。死后庙号圣宗。
④ 王安石（1021—1086），字介甫，号半山，北宋抚州临川（今江西省抚州市临川区）人。庆历二年进士。任职地方，勤政爱民，有治绩；神宗时官至参知政事、同平章事，主持变法；因触犯保守派利益，加之新法推行过急，用人不当，最终变法失败，罢相后出任江宁府知府，封荆国公。官至左仆射、观文殿大学士、司空。经学、文学成就都很高。死后追赠太傅，谥号曰"文"。
⑤ 迁官，晋升官匽。
⑥ 既，完，尽。

庞籍罢相，陈执中、梁适担任同平章事。梁适罢相后，刘沆代替他。陈执中罢相后，文彦博、富弼一同担任同平章事，士大夫相互庆贺，认为朝廷这次得到了贤臣良辅。仁宗得知后，说："人心如此，难道不比梦谶和占卜好吗？"仁宗曾问王素："谁可以担任宰相？"王素回答说："只有后宫宦官、宫妾不知姓名的人可以成为候选。"仁宗感慨说："如果是这样，就只有富弼了。"

契丹国主耶律宗真去世，庙号兴宗，他的儿子耶律洪基即位。

交趾李朝国主李德政去世，他的儿子李日尊即位。

刘沆罢相后，文彦博也被罢免，韩琦担任同平章事。

富弼罢相。

王安石担任知制诰。王安石每次被提拔，都谦逊避让不已。等到被任命为知制诰，就不再推辞。王安石曾参加仁宗的赏花钓鱼宴，误将钓鱼的鱼饵当作美食吃掉。等到他醒悟过来，一盘鱼饵都已经吃光了。仁宗认为他矫情过甚，不合人情，心里十分厌恶他。

安石有重名，士争向之，惟苏洵①不见。著《辨奸论》，亦以为不近人情，必大奸慝②。

司马光③知谏院，进三札。一论君德有三：曰仁，曰明，曰武；二论御臣：曰任官，曰信赏，曰必罚；三论拣军。又进五规：曰保业，曰惜时，曰远谋，曰谨微，曰务实。

策④制科⑤人，得苏轼⑥、苏辙⑦。

曾公亮⑧平章事。

---

① 苏洵（1009—1066），字明允，号老泉，北宋眉州眉山（今四川眉山）人。年轻时四处游历，后发愤读书，居家教子；携二子入京赶考，苏轼、苏辙同榜登科后，三苏名震京师；后经韩琦推荐，授秘书省校书郎，负责编撰《太常因革礼》。著有《嘉佑集》二十卷。
② 奸慝，奸恶之人。
③ 司马光（1019—1086），字君实，号迂叟，北宋陕州夏县（今山西夏县）。仁宗宝元元年进士。历任地方期间，体恤百姓，政绩赫然；后入朝担任谏官，不惧权贵，正直敢言；神宗即位后任用王安石变法，因政见不合，退居洛阳十五年，主持编纂《资治通鉴》；哲宗即位后，入朝为相，废除新法，官至尚书左仆射、兼门下侍郎。死后追赠太师、温国公，谥号文正。
④ 策，策问，对策，是科举考试殿试的主要内容，以经义或政事等事设问，来检测贡士。
⑤ 制科，又称大科、特科，科举考试时临时设置的考试科目，目的在于选拔各种特殊人才。
⑥ 苏轼（1037—1101），字子瞻，又字和仲，号东坡居士，北宋眉州眉山（今四川眉山）人，苏洵次子。嘉祐二年进士。因与新法不合，自请外任，先后担任杭州、密州、徐州、湖州等地知州，革除弊政，政绩斐然，"乌台诗案"后贬谪黄州，哲宗即位后入朝为官，官至翰林学士，知礼部贡举；后被新旧两党共同排斥，再次外任，遭贬儋州。文学成就极高，经学、书画也有极高成就。死后追赠太师，谥号文忠。著有《东坡七集》《东坡易传》《东坡乐府》。
⑦ 苏辙（1039—1112），字子由，一字同叔，晚号颍滨遗老，北宋眉州眉山（今属四川）人，苏洵三子，苏轼之弟。嘉祐二年进士，任制置三司条例司属官，因反对新法，而遭贬出京；哲宗即位后，返朝任职，官至尚书右丞、门下侍郎；哲宗亲政，新党得势，屡遭贬窜。死后追赠太师、魏国公，谥号文定。著有《诗传》《春秋传》《栾城集》。
⑧ 曾公亮（999—1078），字明仲，号乐正，泉州晋江（今福建泉州）人，北宋宰相。忠厚深沉，气度不凡，外任地方期间，治理水患，政绩不凡；入朝后累迁至吏部侍郎、同平章事，主持朝政，官至太傅，封鲁国公。死后追赠太师、中书令，谥号宣靖。与丁度合编《武经总要》，是我国第一部官方编纂的军事百科全书。

王安石名声日盛，士人争相拜见他，唯独苏洵不去。苏洵写下《辨奸论》，认为王安石不近人情，必定是奸恶之人。

　　司马光担任知谏院，向仁宗上书三封。第一封论君子德行有三：仁、明、武。第二封论统领臣下之道：任用官吏，有功必赏，有过必罚。第三封论练军强兵。又上呈五规：保业、惜时、远谋、谨微、务实。

　　司马光为制科考试设置问题来选拔人才，选出了苏轼、苏辙。

　　曾公亮担任同平章事。

上在位四十二年，改元者九，天圣、明道，则垂帘之政也。景佑以来，政由己出。宝元、康定间，西鄙^①多事。庆历更化，君子满朝。至皇佑、至和、嘉佑，天下承平^②无事。恭俭之德，爱人恤物之心，自即位至升遐，终始如一日。遗制下，虽深山穷谷，莫不奔走悲号，而不能止。寿五十四。皇子立，是为英宗皇帝。

北宋（十三）

英宗^③皇帝初名宗实，濮安懿王允让^④之子，太宗之曾孙也。仁宗立为皇子，赐名曙。仁宗崩，固避数日，而后即位。以忧疑致疾，慈圣光献曹太后^⑤权同听政。

上举措^⑥或改常度^⑦，遇宦官尤少恩，左右不悦，乃共为谗间。两宫遂成隙，赖宰相韩琦、参政欧阳修等调护。上既康复亲政，太后撤帘。

---

① 西鄙，西部边境。
② 承平，太平。
③ 英宗，即赵曙（1032—1067），原名赵宗实，仁宗堂侄，养子，太宗曾孙，北宋皇帝，公元1064年—公元1067年在位。仁宗无子，收其为养子，不久立为太子。喜好读书，不事奢华，即位后沿用旧臣韩琦等人，力行节俭。死后谥号宪文肃武宣孝皇帝，庙号英宗。
④ 允让，即赵允让（995—1059），太宗之孙，英宗生父，北宋宗室。忠厚大度，喜好读书，封汝南郡王、同平章事；其十三子赵宗实过继给仁宗，即后来的宋英宗；死后追赠太尉、中书令，封濮王，谥号安懿。
⑤ 慈圣光献曹太后（1016—1079），北宋真定灵寿（今河北灵寿）人，曹彬孙女，仁宗皇后。
⑥ 举措，言行举动。
⑦ 常度，一定的标准、规格。

仁宗在位四十二年，改用了九个年号，天圣、明道，是刘太后临朝称制的时期；景祐之后，仁宗亲政；宝元、康定年间，西北多事；庆历年间实行新政，朝廷官员多是有品行能力的君子；到了皇祐、至和、嘉祐年间，天下太平，海内无事。仁宗恭逊勤俭之德，爱人恤物之心，从他即位到驾崩逝世，始终不变。仁宗驾崩的消息传出后，即使住在深山僻谷里的百姓，都悲伤呼号，情不能止。仁宗享年五十四岁。太子即位，就是英宗皇帝。

北宋（十三）

宋英宗原名赵宗实，是濮安懿王赵允让的儿子，太宗曾孙。仁宗立其为皇子，赐名赵曙。仁宗驾崩后，他坚决避让，推辞好几天后才即位。因为忧心疑虑导致病倒，慈圣光献曹太后垂帘听政。

英宗有的行为一改常例，尤其是减免了对宦官的恩宠赏赐，左右内侍大多不高兴，于是一同进谗言离间英宗和太后。两宫之间于是有了嫌隙，全赖宰相韩琦、参知政事欧阳修等人从中调和。英宗身体康复后亲政，太后撤帘还政。

琦一日出空头敕①，修已佥②，赵概③未佥。修曰："第④书之，韩公必有说。"琦坐政事堂⑤，召内侍任守忠⑥立庭下，曰："汝罪当死。"责蕲州安置。盖交斗两宫之人也。

① 空头敕，即空名告身，未签写辅政大臣的姓名的敕命文书。
② 佥（qiān），同"签"。
③ 赵概（996—1083），字叔平，北宋应天虞城(今河南虞城)人。中进士第，历任集贤校理、开封府推官，官至枢密副使、参知政事。后以太子少师致仕。
④ 第，尽管，只管。
⑤ 政事堂，机构名，唐置。为宰相的总办公，初设于门下省，后迁到中书省；长官称"同中书门下平章事"，职同宰相。
⑥ 任守忠，生卒年不详，字稷臣，北宋宦官。仁宗时深得宠幸，任秦凤、泾原路驻泊都监，因功累迁宣政使、洋州观察使；英宗即位后，挑拨两宫关系，导致帝后失和，被贬为保信军节度使。

韩琦有一天拿出一张空诏书，欧阳修便签上自己的名字，赵概不敢贸然下笔签。欧阳修说："你只管签字就是，韩公这么做，一定有他的原因。"韩琦坐在政事堂，召来内侍任守忠，让他站在庭下，说："你依律该叛死罪。"将其贬到蕲州安置。任守忠就是离间造成两宫失和的人。

议崇奉濮王典礼。执政①称皇考②，又以太后诏，令上称亲③。司马光、范镇④、吕海⑤、范纯仁⑥、吕大防⑦、吕公著⑧交论，以为不可。镇罢翰林⑨，海、纯仁、大防解言职⑩，公著罢侍讲⑪，议竟不决。

　　契丹改号大辽。

　　上崩，在位四年，改元者一，曰治平。年三十八。皇太子立，是为神宗皇帝。

---

① 执政，指宰辅，此处指同平章事韩琦、参知政事欧阳修。
② 皇考，对亡父的尊称。
③ 令上称亲，《宋史·本纪第十三》作"封濮安懿王宜如前代故事，王夫人王氏、韩氏、任氏、皇帝可称亲"，意为：对濮安懿王的追封应该按照前朝的成例，英宗称其为皇父；濮王夫人王氏、韩氏、任氏，英宗可以尊其以亲生之礼。
④ 范镇（1007—1088），字景仁，北宋成都华阳（今四川成都）人。仁宗时任职谏院，正直敢言；升翰林学士，参与修编《新唐书》；神宗时直言新法不便，因此被贬致仕；哲宗时封蜀郡公。
⑤ 吕海（1014—1071），字献可，北宋幽州安次（今河北廊坊）人。性情耿直，三次担任谏官，官至御史中丞，都因弹奏执政大臣而罢官。
⑥ 范纯仁（1027—1101），字尧夫，北宋苏州吴县（今江苏苏州）人，范仲淹次子。范仲淹死后才出仕为官，历任地方，深得民心；入朝担任侍御史，因反对新法而外任庆州。哲宗即位后官至同知枢密院事、门下侍郎，哲宗亲政后旧党失势，贬官外任。死后追赠开府仪同三司，谥号忠宣。著有《范忠宣公集》。
⑦ 吕大防（1027—1097），字微仲，北宋京兆府蓝田（今陕西蓝田）人。外任地方，有政绩；入朝担任监察御史里行，多次直言进谏，因濮议之事被贬；神宗时期因反对新法，离朝外任；哲宗即位后任尚书右丞、中书侍郎，执掌朝政。元祐党争之后，屡遭贬谪。死后追赠太师、宣国公，谥号正愍。
⑧ 吕公著（1018—1089），字晦叔，北宋寿州（今安徽凤台）人，吕夷简三子。品行端正，入朝担任龙图阁直学士，因濮议之争而自请外补；神宗即位后迁御史中丞，因反对新法被诬陷，再次外任；不久入朝任枢密副使；哲宗即位后，拜门下侍郎，与司马光一同执政。死后追赠太师、申国公，谥号正献。
⑨ 翰林，即翰林学士，官名，南北朝置。唐初以儒生担任，负责起草诏令；后逐渐成为清华之官，多为皇帝心腹，往往能升相位。
⑩ 言职，即言官，指负责监督皇帝百官的谏臣。
⑪ 侍讲，即翰林侍讲学士，官名，宋置。负责为皇帝进读书史，讲解经义，以备顾问应对。

当时朝廷正在商议该如何处置英宗生父濮王的典礼事宜。宰相韩琦、参知政事欧阳修等主张追尊濮王为皇考,然后让皇太后亲手下诏,命英宗称濮王为皇父。司马光、范镇、吕诲、范纯仁、吕大防、吕公著互相讨论,认为这样不可以。最终,范镇被罢翰林,吕诲、范纯仁、吕大防解除言官职务,吕公著被罢侍讲,最终议论也没有定论。

契丹改国号大辽。

英宗驾崩,在位四年,改用了一个年号,即治平。享年三十八岁。皇太子即位,就是神宗皇帝。

神宗①皇帝名顼，母曰宣仁圣烈皇后高氏②，曹太后之甥也，幼与英宗同鞠③后所，后为英宗配，生顼。自颖王为太子，寻即位。

自有濮议④以来，言者攻欧阳修不已，遂罢。韩琦亦罢。

王安石为翰林学士，入对，首以择术为言，言必称尧舜。

富弼同平章事，王安石参政。安石既执政，士大夫素重其名，以为太平可立致。吕诲时为御史中丞，将对，学士侍读⑤司马光亦诣经筵⑥，相遇并行。光密问："今日所言何事？"诲曰："袖中弹文⑦，乃新参也。"光愕然，曰："众喜得人，奈何论之？"诲曰："君实⑧亦为此言邪！安石执偏见，喜人佞己，天下必受其弊。"光退而思之，不得其说。缙绅间有传其疏者，往往疑其太过。诲言："大奸似忠，大诈似信。安石外示朴野，中藏巧诈，骄蹇⑨慢上，阴贼⑩害物。"疏其十事。上两降手诏喻诲，诲论之不已，遂罢诲。

---

① 神宗，即赵顼（1048—1085），宋英宗长子，公元1068年—公元1085年在位。即位后，启用王安石进行变法，先后实行"熙宁变法""元丰改制"，期以富国强兵；后屡遣将进攻西夏，皆大败，遂采取守势。死后谥号英文烈武圣孝皇帝，庙号神宗。
② 宣仁圣烈皇后高氏（1032—1093），北宋亳州蒙城（今安徽蒙城）人，仁宗曹皇后之甥女，英宗皇后，神宗之母。神宗时执掌六宫，贤良淑德；政治上反对新法，倾向保守派，哲宗即位后，以太皇太后身份临朝称制，勤俭廉政，励精图治，启用司马光、吕公著、苏轼等人。死后谥号宣仁圣烈皇太后。
③ 鞠，养育，抚养。
④ 濮议，英宗即位后，围绕其生父濮王赵允让是作为皇叔还是皇父，朝臣展开旷日持久的争议，史称"濮议"。
⑤ 侍读，即翰林侍读学士，官名，宋置。职同侍讲，负责为皇帝进读书史，讲解经义，以备顾问应对。
⑥ 经筵，宋制，帝王为讲论经史而特设的御前讲席，称经筵。
⑦ 弹文，弹奏官员的奏章。
⑧ 君实，司马光的字。
⑨ 蹇（jiǎn），骄纵，不服从。
⑩ 阴贼，阴狠残忍。

神宗皇帝名叫赵顼，生母是宣仁圣烈皇后高氏，她是曹太后的外甥女，年幼时与英宗住在曹太后宫中，一同抚育，长大成人后许配给英宗，生下赵顼。赵顼起初受封颍王，后来被立为太子，不久即位为帝。

自从濮议以来，言官不停上奏攻击欧阳修，于是欧阳修罢相，韩琦也同样罢相。

王安石担任翰林学士，被神宗召见问答时，首先提出该如何治理国家，谈及治理国家必称尧舜。

富弼担任同平章事，王安石任参知政事。王安石执政后，士大夫素来尊重服膺他的名声，以为太平盛世马上可以实现。吕诲当时为御史中丞，入奏面君时，正好碰到学士侍读司马光也去参加御前讲席，两人一同前行。司马光悄悄地问："今天将要跟陛下谈论什么事？"吕诲说："袖中弹劾之文，就是写给新任参知政事的。"司马光非常惊奇，说："他做宰相，大家都很高兴，您为何要上奏弹劾呢？"吕诲说："您也这么认为吗？王安石固执一己之见，喜欢别人奉承自己，他如果为相秉政，天下必定深受其害！"司马光回去后细细思索，仍不认可吕诲的观点。吕诲的奏章在士大夫间流传，众人都觉得吕诲批评王安石太过严苛了。吕诲在奏章里说："内心最奸诈的人，其外表往往看似忠厚，最狡黠的言论，听起来往往可信。王安石外表看起来朴质无华，心中却深藏巧诈，心高气傲，怠慢圣上，阴狠残忍，一定会害人不浅。"并批评王安石的十件不法之事。神宗两次降手诏给吕诲，替王安石开脱，但吕诲仍然批评不已，于是吕诲被罢免。

安石建议，创制置三司条例司①，议行新法。言："周置泉府②之官，变通天下之财，后世惟桑弘羊、刘晏，粗合此意。今当修泉府之法，以收利权。"安石多与吕惠卿③谋，人号安石为孔子，惠卿为颜子。

　　先是，治平中，邵雍④与客散步天津桥⑤上，闻杜鹃声，愀然不乐。客问其故，雍曰："洛阳旧无杜鹃，今始至。天下将治，地气自北而南；将乱，自南而北；今南方地气至矣。禽鸟飞类，得气之先者也。"不二年，上用南士作相，多引南人，专务更变，天下自是多事矣。至是，雍言果验云。

---

① 制置三司条例司，机构名，宋置。为熙宁变法时的决策机构，掌筹划国家经济，改变旧法，制定并颁布新法。
② 泉府，官名，周置。掌经济、税收利息、财务借贷等事。
③ 吕惠卿（1032—1111），字吉甫，号恩祖，北宋泉州南安（今福建南安）人。嘉祐二年进士。辅助王安石推行新法；王安石第一次罢相后出任参知政事，继续变法，但与王安石关系破裂；王安石回朝后离京外任；哲宗即位后备受旧党打压，屡遭屡贬。死后追赠开府仪同三司，谥号文敏。
④ 邵雍（1011—1077），字尧夫，北宋相州林县（今河南林州）人。居洛阳讲学，与司马光交好，屡诏不仕。北宋理学的发端人物，与周敦颐、张载、程颢、程颐并称"北宋五子"，在易学发展史上占有重要地位。自号安乐先生，死后谥号康节。著有《皇极经世》《观物内外篇》《先天图》《渔樵问对》《伊川击壤集》等。
⑤ 天津桥，桥梁名，在今河南洛阳。

王安石建议创立制置三司条例司，主持推行新法。他说："周代设置泉府官，主管流通交换天下各地财物，后世只有汉代桑弘羊、唐代刘晏的举措大概符合这种思想。如今应当重新制定泉府的办法，以获得商业利益。"王安石在推行新法中，经常与吕惠卿商谋，当时人称王安石为孔子，吕惠卿为颜子。

　　起初，治平年间，邵雍与客人在天津桥上散步，听到旁边传来杜鹃声，脸上露出担忧之色。客人问邵雍原因，邵雍说："洛阳以前是没有杜鹃的，如今才开始有了。天下将得太平时，地气是从北到南的；天下将陷入混乱时，地气是从南到北。如今南方地气来了。飞禽鸟类，是最先感受到地气的。"果然，不到两年，神宗开始起用南方士子担任宰相，朝廷官吏也多任用南人，专门致力于变法革新，天下从此陷入多事之秋。到了这时，邵雍的话果然应验了。

北宋（十四）

　　安石欲行青苗法①，以为周官国服②为息法③也。苏辙曰："以钱贷民，吏缘为奸。钱入民手，虽良民不免妄用；及其纳钱，虽富民不免违限。鞭笞必用，州县不胜烦矣。"参政唐介争论新法不胜，疽发背卒。时人有生老病死苦之喻，谓安石为生；曾公亮为老；介死；富弼议论不合，称病；参政赵抃④无如安石何，惟称苦而已。安石折⑤抃曰："君辈坐不读书耳！"抃曰："皋、夔、稷、契⑥，何书可读！"安石亦不能对。

　　遣使察农田水利。罢义仓⑦。行均输法⑧。

---

① 青苗法，亦称"常平新法"，王安石新法之一。将常平仓、广惠仓的储粮折算为本钱，以百分之二十的利率贷给农民，秋收之后再行还款，以缓和民间高利贷盘剥现象，同时增加政府财政收入。神宗去世后，遭废止。
② 国服，服事于国，按照所行职业向国家缴纳相应租税。
③ 息法，利息税收制度。
④ 赵抃（biàn，1008—1084），字阅道，号知非，北宋衢州西安（今浙江衢州市柯城区）人。景祐元年进士，除武安军节度推官。历知崇安、海陵、江原三县，通判泗州。后多次担任谏职，官至右谏议大夫、参知政事。反对变法。死后追赠太子少师，谥号清献。
⑤ 折，挫伤，挫折。
⑥ 皋、夔、稷、契，指虞舜时的贤臣皋陶、夔、后稷和契。
⑦ 义仓，隋以后各地为备荒而设置的粮仓。
⑧ 均输法，王安石新法之一。均输法主张"徙贵就贱，用近易远"，在受灾粮食歉收地区，折征钱币，用钱币到丰收地区购买食物，此为"徙贵就贱"；若多个地区同时丰收物贱，就到距离较近、交通便利的地区购买，此为"用近易远"。旨在调节物资供需关系、平抑物价。

北宋（十四）

　　王安石想要推行青苗法，他认为《周礼》中提到的百姓依据所从事职业向国家缴纳租税，是周代的利息租税制度。苏辙说："把钱贷给百姓，官吏就会趁机互相勾结，狼狈为奸。钱到了百姓手中，即使是安分守己的良民，也难免会胡乱花销；等到秋收向官府缴纳本息时，即使富裕的百姓也难免会超过期限。这样势必会动用刑罚处置，州县等管理机构将会烦不胜烦。"参知政事唐介争论新法弊端，没有争出结果，气急之下，背上疽疮发作，不久便逝世了。当时人们用"生老病死苦"来比喻新法，说王安石为生，曾公亮为老，唐介为死，富弼因议论不休、政见不合，称病，参知政事赵抃对王安石无可奈何，只是称苦罢了。王安石批评赵抃说："你们这些人之所以反对新法，就是因为不读书罢了！"赵抃反驳说："古时皋、夔、稷、契这些贤臣，又读过哪些书呢！"王安石也应对不上来。

　　王安石派遣使者到各地州县视察农田水利，废黜义仓制度，实行均输法。

台谏刘琦①、钱顗②以议新法贬。谏院范纯仁、检详文字③苏辙以议新法罢。

行青苗法,置常平官④。

富弼罢,陈升之⑤同平章事。升之初附安石,既相,颇为异同。

行预买法⑥,令诸路预给钱和买⑦绸绢。

赵抃罢。抃日所为事,夜必焚香告于天。

亲试举人,初用策。叶祖洽⑧以附会新法,擢为第一。

---

① 刘琦,生卒年不详,北宋官员。担任言官,因反对新法被免。
② 钱顗(yǐ),生卒年不详,字安道,北宋常州无锡(今江苏无锡)人。官至殿中侍御史里行,因反对新法被贬。
③ 检详文字,官名,宋置。掌朝廷机要文字。
④ 常平官,官名,宋置。掌调控物货,平抑物价。
⑤ 陈升之(1011—1079),字旸叔,北宋建州建阳(今福建建阳)人。景祐元年进士,历任封州知州、汉阳军知军、监察御史、右司谏,被弹劾勾结宦官,而离朝外任;神宗时官至枢密使、同平章事,因反对新法而称病不朝,后因母丧而去官。死后追赠太子太保、中书令,谥号成肃。
⑥ 预买法,王安石新法之一。官府在春季向民户预支略高于市价的价钱,民户在夏秋交还绸绢。
⑦ 和买,原指双方两厢情愿公平交易,后指官府强取民物。
⑧ 叶祖洽(1046—1117),字敦礼,北宋邵武泰宁(今福建泰宁)人。宋神宗熙宁三年状元。因支持新法,被委以重任,官至吏部侍郎。性情刚愎自用,喜谀附。

言官刘琦、钱𫖮因议论新法被贬谪。谏院范纯仁、检详文字苏辙因议论新法而被罢免。

王安石推行青苗法，设置常平官。

富弼罢相，陈升之担任同平章事。陈升之起初依附王安石，担任宰相后，政见与王安石很不一样。

王安石施行预买法，下令全国民户先出定钱来购买绸绢。

赵抃罢相。赵抃担任参知政事，白天所做的事，晚上一定要焚香告诉上天。

王安石亲自测试举人，开始用策论来选拔士人。叶祖洽应举时，因为附合赞扬新法，而被提拔为第一名。

右正言①孙觉②,御史里行程颢③以议新法罢。李定④为里行,知制诰。宋敏求⑤、苏颂⑥、李大临⑦以缴⑧定词头⑨罢。谢景温⑩为御史知杂⑪。

① 右正言,官名,宋置。北宋改右拾遗为右正言,属中书省,掌对皇帝规谏讽谕。
② 孙觉(1028—1090),字莘老,北宋扬州高邮(今江苏高邮)人。历任谏官,屡迁右正言、右司谏、御史中丞,疾恶如仇,正直敢言。经学成就较高,尤精《春秋》,著有《春秋经解》《春秋学纂》《春秋尊王》。
③ 程颢(hào,1032—1085),字伯淳,人称明道先生,北宋河南洛阳(今河南洛阳)人。官至监察御史里行,因反对新法而被罢官;继承孟子、周敦颐心性命理之学,与其弟程颐同为北宋理学发端人,并称"二程","洛学"开创者。
④ 李定,生卒年不详,字资深,北宋扬州(今江苏扬州)人。受学王安石,进士出身。历任宝文阁待制、知谏院、知制诰、御史中丞等。后上书弹劾诬陷苏轼,是"乌台诗案"的始作俑者。
⑤ 宋敏求(1019—1079),字次道,北宋赵州平棘(今河北赵县)人。反对新法,官至礼部侍郎、龙图阁直学士;参与编修《新唐书》。
⑥ 苏颂(1020—1101),字子容,北宋泉州同安(今福建省厦门市同安区)人。出任馆阁校勘,校正古籍;哲宗即位后官至尚书右仆射、中书侍郎,累进太子太保,封赵郡公。死后追赠司空,魏国公,谥号正简。发明水运仪象台,著有《新仪象法要》《图经本草》《鲁卫信录》《苏颂集》。
⑦ 李大临,生卒年不详,字才元,北宋成都人(今四川成都)人。登进士第,为绛州推官。神宗时,擢修起居注,进知制诰,纠察在京刑狱。直言新法不便,被贬出京。
⑧ 缴,原意为缠绕,引申为事情或问题纠缠不清。
⑨ 词头,朝廷命词臣撰拟诏敕时的摘由或提要。
⑩ 谢景温(1021—1098),字师直,北宋杭州富阳(今浙江富阳)人。皇祐元年进士。历任通判、转运使、六部尚书,一生追随王安石,积极参与变法,任御史知杂,曾上书弹劾苏轼;王安石罢相后,屡遭贬谪。
⑪ 御史知杂,即侍御史知杂事,官名,秦置。为御史大夫、御史中丞佐官。

右正言孙觉、御史里行程颢因为非议新法被罢官。李定担任御史里行、知制诰。宋敏求、苏颂、李大临，因封还词头不肯草拟诏命的缘由被罢官。

　　谢景温担任御史知杂。

直史馆①苏轼以尝上《万言书》，及拟对廷试策，议新法，忤安石，为景温所劾，去。邓绾②上书言："陛下得伊吕③之佐，百姓歌舞青苗、免役等法。"又与安石书及颂，置中书检正④，以绾为之。乡人皆笑骂，绾曰："笑骂从他笑骂。好官我须为之。"

曾公亮罢。

策制科人，吕陶⑤、张绘⑥、孔文仲⑦，力诋新法，皆报罢。

范镇以数议新法，及尝荐苏轼、孔文仲罢，乞致仕。

陈升之罢，韩绛⑧、王安石同平章事。

立保马法⑨。

---

① 直史馆，史馆以宰相为监修，称监修国史。修撰史事，以他官兼领，称兼修国史。专职修史者，称史馆修撰，亦有以卑品而有史才者参加撰史，称直史馆。
② 邓绾（wǎn，1028—1086），字文约，北宋成都双流（今四川成都双流区）人。举进士，礼部第一。历任职方员外郎、侍御史知杂事、判司农事、御史中丞等。先后依附王安石、吕惠卿，王安石复相后，又投靠王安石。
③ 伊吕，指伊尹、吕尚，泛指辅弼之臣。
④ 中书检正，官名，宋置。负责核对本章，检校奏签，以备顾问。
⑤ 吕陶（1028—1104），字符钧，北宋眉州彭山（今四川眉州彭山区）人。仁宗皇祐年间进士，任太原府判官，后数任谏官，直言敢谏，反对王安石变法，被贬；哲宗时任殿中侍御史，上疏弹劾蔡确、韩缜、章惇，再次被贬。
⑥ 张绘，生卒年不详，北宋人。考取贡士后廷试策问时，因议论新法而未得官。
⑦ 孔文仲（1038—1088），字经父，北宋临江新淦（今江西峡江）人。仁宗嘉祐六年（1061）进士。参加廷试策问时，直言新法不便，未得官；王安石罢相后，入朝累迁左谏议大夫，又因议论新法被贬。
⑧ 韩绛（1012—1088），字子华，北宋开封雍丘（今河南杞县）人。历任仁宗、英宗、神宗、哲宗四朝，立身谨慎，为官中正，秉公执法，不惧权贵，临事果敢，知人善任，官至枢密使、参知政事，封康国公。死后追赠太傅，谥号献肃。
⑨ 保马法，王安石新法之一。在河东、河北、山西、京东、京西五路推行，将原来由政府的牧马监养马变为由保甲民户养马。保甲户自愿养马，或给以官马，或官府给钱自买，养马户可减免部分赋税；按民户贫富程度划分等级，三等以上户十户为一保，四等以下户十户为一社，保户马病死，由养马户单独赔偿；社户马病死，由养马户与其他九户共偿其半。

直史馆苏轼曾经向神宗呈上《万言书》，并且拟定廷试策问的对答，议论新法，触犯王安石，被谢景温所弹劾而罢官。邓绾上书说："陛下得到伊尹、吕尚这样的重臣辅佐，百姓们都对青苗、免役等新法交口称赞。"又给王安石呈上称赞他的书信和文章，王安石便设置中书检正，让邓绾担任。邓绾的乡亲邻里都对此讥笑责骂，邓绾说："随便别人怎么讥笑责骂，我先当上好官再说。"

曾公亮罢相。

王安石为制科出策论题来考查人才，吕陶、张绘、孔文仲在考试中极力批评新法，都没有被录用。范镇因多次议论新法，并且自己曾经推荐的苏轼、孔文仲被罢官，向神宗请求告老还乡。

陈升之罢相，韩绛、王安石任同平章事。

王安石创立保马法。

曾布①为中书检正。

更科举法，罢诗赋②、明经③诸科，以经义④、论策试进士。

司马光先自学士除枢副，力辞不拜，数言新法之害。上喻王安石曰："闻三不足之说否？"曰："不闻。"上曰："外人云：'朝廷以为天变不足畏，人言不足恤，祖宗法不足守。'昨学士院进馆职⑤策问⑥，专指此三事。"策问，光所为也。光屡请外，得永兴⑦，移许州⑧。上言："臣之不才，最出群臣之下。先见不如吕诲，公直不如范纯仁、程颢，敢言不如苏轼、孔文仲，勇决不如范镇。"

---

① 曾布（1036—1107），字子宣，北宋建昌南丰（今江西南丰）人，曾巩之弟。极力主张变法，深得王安石器重，任翰林学士、三司使，与吕惠卿一同辅助王安石变法；后为王安石所恶，贬官出京外任；直到哲宗亲政后，再次入朝任枢密使，主持推行新法；徽宗时官拜右仆射，与蔡京争斗失败后，被贬出京。死后追赠观文殿大学士，谥号文肃。
② 诗赋，即进士科，科举考试科目之一，唐高宗时设。于帖经、时务策之外，加考杂文二篇，一诗一赋。宋朝以后成为科举唯一科目，内容也变为以经义策问为主。
③ 明经，科举考试科目之一，隋炀帝时设。明经科初考帖经，即根据提示书经原文默写上下文，后加有墨义、时务策、经义等考试内容。与进士科为隋唐时期科举考试基本科目，宋神宗时废除。
④ 经义，围绕儒家经典义理展开的议论，北宋之后成为科举考试主要内容。
⑤ 馆职，即馆阁职事。宋制，昭文馆、史馆、集贤殿、秘阁合称三馆秘阁，总名"崇文院"。馆职有昭文馆大学士、监修国史、集贤殿大学士、集贤院学士、直学士、史馆修撰、集贤殿修撰、判馆、判阁、直馆、直阁、集贤校理、秘阁校理、史馆编修、史馆检讨、崇文院检讨、秘阁校勘等。就任馆职之前，需要通过考试，以学士院主持的馆职考试最为常见。
⑥ 策问，科举考试中以经义或政事等设问要求解答以选士。
⑦ 永兴，即永兴军。
⑧ 许州，唐宋州名，辖境大致在今河南许昌东部和南部、漯河西部、周口西部，治长社县（今河南许昌）。

曾布担任中书检正。

王安石更改科举法，不再用诗赋、明经诸科来考查，而是用经义论策考试来选举进士。

司马光先为翰林学士，后来升任枢密副使，极力推辞，没有就任，多次谈及新法弊端。神宗对王安石说："你听说过'三不足'之说吗？"王安石回答说："没有听过。"神宗说："外人说'朝廷认为天变不足畏惧，下属言论不足体恤，祖宗法制不足沿守'。昨天学士院呈上馆职考试的策问题目，是专门针对这三句话的。"策问题目是司马光所拟。司马光多次请求外任，得以担任永兴军知州，后又迁为许州知州。司马光上书神宗说："臣才疏学浅，处于群臣之下。先见之明不如吕诲，公正秉直不如范纯仁、程颢，正直敢言不如苏轼、孔文仲，勇敢决断不如范镇。"

屡请判西京留司①御史台②。至是得请。后四任提举③嵩山崇福宫④。

欧阳修先知青州，以擅止给散青苗钱，徙⑤知蔡州⑥。至是乞致仕。

富弼先知亳州，坐格青苗法，徙知汝州⑦。

中丞杨绘⑧、里行刘挚⑨以议新法罢。

---

① 西京留司，即西京分司，唐宋时期中央之官有分在陪都（洛阳）执行任务者，称分司，或留司。除御史之分司有实权外，其他分司多用以优待退闲之官，并无实权。
② 御史台，机构名，秦置。为御史大夫、御史中丞官署。
③ 提举，即管理，宋代设主管专门事务的职官，即以"提举"命名。
④ 崇福宫，在今河南登封，嵩山太室山下。
⑤ 徙，调动。
⑥ 蔡州，唐宋州名，辖境大致在今河南漯河南部、驻马店、信阳北部，治汝阳（今河南汝南）。
⑦ 汝州，唐宋州名，辖境大致在今河南平顶山，治临汝县（今河南汝州）。
⑧ 杨绘（1032—1116），字元素，号先白，北宋汉州绵竹（今四川绵竹）人。仁宗嘉祐元年登进士第，历官荆南府通判、开封府推官等职，入朝编修《起居录》。因触犯曾公亮而辞官离京；再次入朝后官至翰林学士、御史中丞，反对新法，再次被贬。死后谥号肃轩。
⑨ 刘挚（1030—1098），字莘老，北宋永静东光（今河北东光）人。嘉祐四年进士。历任冀州南宫县令、江陵府观察推官，后入朝担任监察御史里行，直言新法不利，遭贬出京；哲宗时官至尚书右仆射，与吕大防共同执政，尽废新法，又因与吕大防产生矛盾而再次外任；绍圣之后，新党执政，屡遭贬斥。死后谥号忠肃。

司马光多次请求出任西京留司御史台。这时，神宗同意他的请求，后来，司马光又连续四次担任管理嵩山崇福宫之职。

欧阳修起初担任青州知州，因为擅自停止发放青苗钱，被贬为蔡州知州。在蔡州知州任上，请求告老引退。

富弼起初担任亳州知州，因为废除青苗法而遭到惩罚，迁为汝州知州。

御史中丞杨绘、御史里行刘挚，都因为非议新法而被罢官。

北宋（十五）

　　罢差役①，行募役法②。立太学三舍法③。行市易法④。行保马法。颁方田均税法⑤。置熙河路⑥。

　　以王韶⑦为经略安抚等使。

---

① 差役，即差役法，宋代赋役制度。民户按户等轮流，充当州县差役。
② 募役法，又称免役法，王安石新法之一。将按户等轮流充当差役变为由州县官府出钱雇人应役。各州、县将每年预计雇役经费，按户等高下分摊。
③ 三舍法，王安石新法之一。用学校教育取代科举考试，将太学分为外舍、内舍、上舍三等，官员子弟可以免考试即时入学，平民子弟需经考试合格入学；生员依一定年限和条件，由外舍升入内舍继而升上舍；最后按科举考试法，分别规定其出身并授以官职。在舍以读经为主，旨在弥补当时偏重文辞之不足。宋徽宗时废除。
④ 市易法，王安石新法之一。设市易司，平价收购市场上滞销的货物，市场短缺时再卖出。旨在限制大商人对市场的控制，稳定物价，促进商品交流，增加政府收入。实行不久即遭废除。
⑤ 方田均税法，王安石新法之一。分为方田、均税两个部分：方田，即清丈土地，整理田赋地籍，每年九月县令派人分地丈量。均税，田地清丈完毕，按照地势土质将田地分为五等，依照田地等级、去年租税数额，以定来年一年之税。
⑥ 熙河路，宋一级行政单位路名，辖境大致在今甘肃中部、南部，治熙州（今甘肃临洮县）。
⑦ 王韶（1030—1081），字子纯，号敷阳子，北宋江州德安（今江西德安）人。神宗时上《平戎策》，在神宗、王安石的支持下展开熙河之战，连败吐蕃、西夏联军，拓地两千余里，对西夏形成包围之势，官至枢密副使，封太原郡开国侯。后屡次遭贬。死后追赠太尉、司空，封燕国公，谥号襄敏。

北宋（十五）

王安石罢除差役法，实行募役法。创立太学三舍法，实行市易法、保马法，颁布方田均税法。设置熙河路。

王安石派王韶做经略安抚使。

先是，韶上平戎策，谓："欲平西夏，当复河湟①。今古渭之西，熙②、河③、兰④、鄯⑤，皆汉陇西等郡。吐蕃唃厮啰⑥一族国其间，宜并有之，以绝夏人右臂。"安石以为奇谋，始开熙河之役⑦。韶克河、洮⑧、岷⑨、叠⑩、宕⑪等州，又据青唐⑫咽喉之地。边堠⑬益斥，役兵之死亡甚多。

---

① 河湟，指黄河上游、湟水流域、大通河流域，古称"三河间"，在今青海东部与甘肃接壤一带。
② 熙，宋州名，辖境大致在今甘肃临夏东部、甘南东部、定西西部，治狄道县（今甘肃临洮）。
③ 河，唐宋州名，辖境大致在今甘肃临夏大部、甘南北部，治河州（今甘肃临夏）。
④ 兰，唐宋州名，辖境大致在今甘肃兰州，治金城县（今甘肃兰州）。
⑤ 鄯（shàn），唐宋州名，辖境大致今青海海北西部、南部、西宁、海东西部、海南北部，治湟水县（今青海乐都）。
⑥ 唃厮啰（gū sī luō，997—1065），吐蕃族，吐蕃王朝赞普后裔，唃厮啰政权建立者，公元1032年—公元1065年在位。前后被羌族豪强挟持，立为傀儡，后培植自身势力，逐一歼灭豪强，迁都青唐，占据河湟地区，建立唃厮啰政权；大力发展经济，依附北宋，抗击西夏，极大促进了河湟地区的发展。受封保顺军节度使。
⑦ 熙河之役，又称熙河开边，由王安石支持，王韶主持的对西夏、吐蕃的军事行动。王韶率军连败西夏、吐蕃，收复熙州、河州、洮州、岷州、通远军等地，设熙河路。战后，北宋对西夏形成合围之势，保障了西北边界的安全，吐蕃政权逐渐瓦解。
⑧ 洮（táo），据《宋史·列传》第八十七改。洮，唐宋州名，辖境大致在今甘肃甘南东北部，治临潭县（今甘肃临潭）。
⑨ 岷（mín），唐宋州名，辖境大致在今甘肃定西南部，治溢乐县（今甘肃岷县）。
⑩ 叠，唐宋州名，辖境大致在今甘肃甘南东南部，治合川县（今甘肃迭部）。
⑪ 宕，唐宋州名，辖境大致在今甘肃甘南东南部、陇西西北部，治怀道县（今甘肃舟曲）。
⑫ 青唐，吐蕃地名，在今青海西宁市。北宋时吐蕃部族诸多首领先后定都于此。
⑬ 边堠（hòu），古代设置于边地以探望敌情的土堡。

起初，王韶上书进献《平戎策》，说："想要平复西夏，应当先收复河湟地区。如今渭水古道以西的熙州、河州、兰州、鄯州，在汉代都隶属陇西等郡。吐蕃国唃厮啰一族在那里建国，应当一并占据，以断绝夏人右臂。"王安石认为这是出人意料的计谋，于是挑起熙河之战。王韶率军攻克河州、洮州、岷州、叠州、宕州等地，又占据青唐的咽喉要地。边境修建的堡垒日益增多，而士卒伤亡也颇为严重。

中书检正章惇①察访湖北②，始议经制③南北江蛮④。辰州⑤南北江，乃古锦州之地，接施⑥、黔⑦、牂柯⑧。命章惇措置。惇言："招谕梅山⑨蛮猺⑩，令作省户，皆欢迎。"其实杀戮，浮尸蔽江。

置《诗》《书》《周礼》⑪三经义局⑫。安石提举，吕惠卿及安石子雱⑬等为检讨⑭。

① 章惇（dūn，1035—1105），字子厚，号大涤翁，汉族，北宋建州浦城（今福建浦城）人。嘉祐二年，章惇进士及第。入仕后参与王安石变法，深得重用；后出任湖北，平定南北江蛮，开拓西南；哲宗即位后，再次入朝，担任知枢密院事，反对司马光尽废新法，朝争失败后被贬岭南；哲宗亲政后回朝担任左仆射，恢复熙宁新法，全力追贬、打压旧党；主持出兵西夏，攻灭唃厮啰；官至上柱国。死后追赠观文殿大学士，追封魏国公。
② 湖北，即荆湖北路，宋路名，辖境大致包括今河南信阳、湖北大部、湖南北部，治荆州（今湖北荆州）。
③ 经制，经理节制。
④ 南北江蛮，宋时对于分布在今湘西及沅水上游若干少数民族的总称。南江指沅江，北江指酉水。
⑤ 辰州，唐宋州名，辖境大致在今湖南湘西、怀化北部，治沅陵县（今湖南沅陵）。
⑥ 施，唐宋州名，辖境大致在今湖北恩施，治清江县（今湖北恩施）。
⑦ 黔，唐宋州名，辖境大致在今重庆东南部，治黔江县（今重庆黔江）。
⑧ 牂柯（zāng kē），汉郡名，辖境大致在今贵州遵义南部、毕节东部、贵阳、黔南北部，治故且兰（今贵州黄平）。
⑨ 梅山，湖南中部新化、安化一带的古称。
⑩ 蛮猺，古代对少数民族瑶族的蔑称。
⑪ 《周礼》，儒家经典。相传为周公所作，记载了秦时期社会政治、经济、文化、风俗、礼法诸多礼制。
⑫ 经义局，机构名，宋置。王安石亲自修撰《诗》《书》《周礼》三经义，成立经义局，负责颁行、教授经义。
⑬ 雱（pāng），即王雱（1044—1076），字元泽，北宋抚州临川（今江西抚州临川区）人，王安石之子。英宗治平四年进士，历任旌德尉、太子中允、崇政殿说书，天章阁待制兼侍读等，积极支持王安石变法，参与编修三经新义；官至龙图阁直学士，因病早逝，追赠左谏议大夫。著有《老子训传》《南华真经新传》《论语解》《孟子注》。
⑭ 检讨，官名。宋有史馆检讨。

中书检正章惇巡访荆湖北路，开始提议处理安置南北江的少数民族。辰州南北江是古锦州之地，与施州、黔州、牂柯等地相邻。朝廷委任章惇进行安置处理，章惇说："招抚梅山地区瑶族民众，将其作为普通省份的户口来对待，当地民众都很欣喜，遵从安置。"但其实章惇以武力镇压，大肆杀戮，江上漂浮的尸体都遮住了水面。

王安石设置《诗》《书》《周礼》三个经义局。王安石担任提举经义局，吕惠卿及王安石的儿子王雱等人为检讨。

熙宁七年，天久不雨，河东①、北②、陕西③流民皆流入京城，而京城外饥民尤多。监安上门④郑侠⑤画为图，上书曰："陛下南征北伐，皆以胜捷之势为图来上。无一人以天下忧苦、妻子不相保、迁移困顿、遑遑不给之状为图而献者。安上门逐日⑥所见，百不及一；亦可流涕，况千万里外哉！"时以旱故，求直言，言者皆咎新法。上疑，欲罢之。安石不悦，求去，除知江宁府⑦。

安石推荐韩绛代己为相，吕惠卿为参政。时号绛为传法沙门，惠卿为护法善神。惠卿建议，免役出钱不均，出于簿书⑧之不善，行手实法⑨。惠卿既得势，恐安石复入，遂逆闭其途。出安石私书，有"勿令上知"之语。凡可以害安石者，无所不用其智。

---

① 河东，即河东路，宋路名。辖境大致在今山西长城以南、闻喜以北，治并州（今山西太原）。
② 北，即河北路，宋路名，辖境大致在今河北霸州以南，山东、河南黄河以北，治大名府（今河北大名）。后分为河北东路，治大名府；河北西路，治镇州（今河北正定）。
③ 陕西，即陕西路，宋路名，辖境大致在今陕西榆林以南、凤县以北，山西闻喜县以南，河南陕县以西，甘肃东部等地，治京兆府（今陕西西安）。后改名为永兴军路。
④ 安上门，汴京宫城门，遗址不详。
⑤ 郑侠（1041—1119），字介夫，北宋福州福清（今福建福清）人。英宗治平四年进士。为王安石所赏识，擢为光州司法参军；因在地方目睹新法扰民之状，入京述职时不赞同王安石变法，贬为安上门监门吏；因上《流民图》，为吕惠卿所迫，被贬离京；后屡遭贬斥，最终罢职还乡。死后追赠朝奉郎，谥号曰"介"。著有《西塘集》《西塘先生文集》。
⑥ 逐日，一天天，每天。
⑦ 江宁府，五代宋府名，即升州，改名江宁府，辖境大致在安徽马鞍山、江苏南京一带，治江宁县（今江苏南京）。
⑧ 簿书，记录财物出纳的簿册。
⑨ 手实法，亦称首实法，唐宋时令民户自报田亩数，据以征收赋税。

熙宁七年，长期无雨，天下大旱，河东路、河北路、陕西路等地流民纷纷逃难，涌入京城，而汴京城外，饥民更多。安上门监门吏郑侠将城外此景画成图卷，连同上书一同呈给神宗，说："陛下南征北伐，四方官员都将获胜大捷的情形画成图卷，呈递给陛下。但是没有一个人将天下忧苦贫困、妻子儿女不能保全、举家迁移困顿、人人惶恐不安等情形画成图卷进献给陛下。臣一天天在安上门所见的情形，图卷不能表达其中的百分之一；除天子脚下的京城之外，都足以让人痛心疾首、涕泗纵横，更何况千万里之外的地方呢！"当时因为经年大旱，神宗下诏命百官广开言路，共谋良策，以度时艰。上书言事的人都将旱情导致的百姓饥困归咎于新法所致。神宗心里有所疑虑，想要废除新政，停止变法。王安石获悉神宗所想，心里很不高兴，自请外任，担任江宁府知府。

　　王安石推荐韩绛代替自己为宰相，吕惠卿为参知政事。当时人称韩绛为传法沙门，吕惠卿为护法善神。吕惠卿提议，实施免役法的过程中百姓出钱不均，是由于记录财物出纳时的文书有缺失，请求实行手实法。吕惠卿执政之后，担心王安石再次入朝为相，于是就想方设法堵塞王安石的仕途。他拿出王安石曾经写给他的私信，上面有"不要让圣上知道"这样的话语。凡是可以用来陷害攻讦王安石的，吕惠卿都费心谋划，无所不用。

又数与绛忤,绛乘间①白上,复相安石。安石罢不一年,再入。闻命不辞,自金陵七日至阙下,后数月,绛与惠卿相继罢。行户马法②。

判相州韩琦薨。琦天资忠厚,能断大事。治平间为首相,政事问集贤③,典故问东厅④,文学问西厅⑤,大事则自决之矣。出判相州,初言青苗不便,朝廷不从。即命散给⑥,曰:"藩臣⑦之体当如是。"在乡郡八年而终。御制碑曰"两朝顾命定策元勋之碑"。

命韩缜如河东割地。先是,辽使屡至,言河东沿边增修戍垒,起铺舍⑧,侵入彼国蔚、应、朔州界;乞行毁撤,别立界至。盖辽人见朝廷招高丽,建熙河,西山植榆柳,创保甲,筑河北城池,创都作院⑨,降⑩弓刀新样,置界北三十七将,疑有复燕⑪之意。故以争地界为名,观朝廷所以应。安石断之曰:"将欲取之,必姑与之。"东西失地七百里。

---

① 乘间,找机会。
② 户马法,王安石新法之一。官府派民户养马以供军用。
③ 集贤,即集贤殿,机构名,唐置。负责收藏、校理典籍。与史馆、弘文馆(北宋改名为昭文馆)合称"三馆",皆负责掌对著述、藏聚群书、校理典籍。
④ 东厅,指史馆。
⑤ 西厅,指昭文馆。
⑥ 散给,意为拿出自己的钱财散发给百姓。
⑦ 藩臣,此处指外任大臣。
⑧ 铺舍,即铺屋,古时指巡逻军卒驻扎、办公之所。
⑨ 都作院,机构名,宋置。隶属工部军器所,负责制造兵器。
⑩ 降,颁布。
⑪ 燕,指燕云十六州。

吕惠卿又多次忤逆韩绛，韩绛趁着吕惠卿犯错的机会向神宗告状，神宗再次任命王安石为宰相。王安石罢相后不到一年，再次入朝为相。接到任命后，没有推辞，从金陵出发，七日便到汴京。数月之后，韩绛与吕惠卿相继被罢免。

王安石施行户马法。

相州知州韩琦逝世。韩琦天资忠实厚道，善于决断大事。治平年间，担任首相。政事询问集贤殿，典章故事问史馆，文章学问问昭文馆，朝政大事则自己决断。出任相州知州伊始，便上奏说青苗法不便实行，朝廷却不听韩琦的意见。韩琦便命人将自家的钱财拿出来给当地百姓用作青苗钱，说："身为朝廷的外藩大臣，理应如此。"韩琦出任相州知州八年后逝世。神宗在他的墓碑上亲笔题道："两朝顾命定策元勋之碑"。

神宗命韩缜到河东经办割地与辽的事宜。起初，辽国多次派出使者，说宋朝在河东边境增修戍边堡垒，新建士卒巡逻驻地，侵入了辽国蔚州、应州、朔州地界；辽国请求宋廷拆撤边垒，重新划定边疆界限。这是因为辽国看到北宋朝廷招抚高丽，新建熙河路，经略西北，在西山种植榆树、柳树，创立保甲制，修筑河北地区城池，创立都作院，在军队中颁布弓箭和军刀的新样式，在河北设置了三十七个将军，专管军政，因此怀疑北宋有收复燕云地区的意图。辽国以争地界为名，来试探观察北宋朝廷的反应。王安石最后决断说："如果要想有所得，应当先行给予。"于是在东西两境一共给辽国割地七百里。

安石再相二年，屡谢病①，子雱死，求去尤力。上益厌其所为，出判江宁府，遂不复用。自安石用事，口谈先王而专行管商之政②。知上有富强之志，思所以济其欲。谓："立法当用小人，而后以君子守之。"不悟其无是理也。天下骚然，而国未尝富；边鄙生事，徒多丧败，而国未强。

北宋（十六）

西鄙自治平末，种谔③取绥州，夏人即欲兴兵报复。夏主谅祚卒，子秉常④立，大入寇。安石虽用王韶取熙河之策，徒构怨西蕃⑤，致鬼章⑥等屡为寇患。初不能以此制西夏，所用沈起⑦、刘彝⑧又生衅南方。

---

① 谢病，托病引退。
② 管商之政，指管仲、商鞅的法令政策。二人均为春秋战国时期著名政治家、改革家。
③ 种谔（1027—1083），字子正，北宋河南洛阳（今河南洛阳）人，种世衡之子。屡次击败西夏，进筑绥州城，镇守边境，官至鄜延经略安抚副使。
④ 秉常，即李秉常（1061—1086），李谅祚之子，西夏皇帝，公元1068年—公元1086年在位。即位时年方七岁，由其母亲梁太后摄政，舅父梁乙埋为国相，总理朝政；长期形同傀儡，不能亲政，郁郁而终。在位期间，由梁太后主持对宋战事，于永乐城下大败宋军。死后谥号康靖皇帝，庙号惠宗。
⑤ 西蕃，指吐蕃，因地处西境而称西蕃。
⑥ 鬼章，即鬼章青宜结，生卒年不详，北宋时期吐蕃青唐羌酋长。在对宋作战中为吕大防所抵挡，兵败被擒。
⑦ 沈起（1017—1088），字兴宗，北宋明州鄞县（今浙江宁波）人。进士，任桂州知州时，推行保甲制，教习兵事，禁绝与交趾贸易，导致交趾大举入侵，连陷诸多州县，屡遭贬官。
⑧ 刘彝（1017—1086），字执中，北宋福州长乐（今福建长乐）人，水利专家。登庆历进士第。履任各地，皆有政绩，以水利见长；担任虔州知州时，修建福寿沟，彻底治理赣州古城水患；任桂州知州时，继续禁止与交趾贸易，因交趾入侵而被贬。著有《七经中议》《明善集》《居阳集》。

王安石再次担任宰相二年，屡次称病告退，他的儿子王雱死后，更极力恳求辞官罢相。神宗这时也更加厌恶王安石的所作所为，于是任王安石为江宁府知府，不再任用其担任宰相。自从王安石为相执政后，口口声称先王之法，却一力推行管仲、商鞅那样的变法新政。王安石知道神宗有富国强兵的志向，就处心积虑地谋划，想要达成神宗的心愿。王安石说："立法之初当任用小人，而后任用君子来坚守。"他最终也没有醒悟这是没有道理的。自王安石变法以来，天下动荡不安，而国家并没有变得富裕；边界屡起兵事，只是徒然地败军失地，而国家并没有变得强盛。

北宋（十六）

　　西北边境自从治平末年种谔夺取绥州后，西夏人就一直想兴兵报复。西夏国主李谅祚逝世，他的儿子李秉常即位，大举入侵北宋边界。王安石虽然采用王韶攻取熙河的策略，只是徒然与吐蕃诸部结怨，导致鬼章青宜结等多次入侵，成为西北祸患。王安石采用王韶的策略没能制服西夏，他所任用的沈起、刘彝又在南方挑起事端。

交趾李日遵卒，子乾德①立。起、彝相继知桂州②，集土丁③为保甲，于海滨集舟师，教水战，禁止州县与交人贸易。交人大举入寇，围邕州④，陷钦⑤、廉⑥，声言："中国作青苗、助役法以困民，出兵相救。"安石怒，遣赵禼⑦等讨之。官军死者十六，兵祸讫⑧安石之去而未已。

---

① 乾德，即李乾德（1066—1127），李日尊长子，越南李朝皇帝，公元1173年—公元1127年在位。即位后不久以受北宋威胁为由，大举入侵北宋南境，互有胜负后议和，称臣如故；推崇儒学，发展教育，实行科举制度，改革官职，促进越南进一步发展。在位期间被视为越南历史的黄金时期，死后庙号仁宗。
② 桂州，唐宋州名，辖境大致在今广西桂林，治临桂县（今广西桂林）。
③ 土丁，北宋乡兵名号。广西、湖南、湖北、四川部分州县皆设置，农闲时教阅兵事，以备边防和维持地方治安。
④ 邕州，唐宋州名，辖境大致在今广西河池南部、百色、南宁、崇左、防城港西部，治宣化县（今广西南宁）。
⑤ 钦，唐宋州名，辖境大致在今广西防城港东部、钦州大部，治安远县（今广西钦州）。
⑥ 廉，唐宋州名，辖境大致在今广西钦州东部、北海，治合浦县（今广西合浦县）。
⑦ 赵禼（xiè，1027—1091），字公才，北宋邛州依政（今四川新津）人。与郭逵一同先后征战西北，平定交趾，战略眼光独到，屡立功勋，官至端明殿学士，任太中大夫。死后追赠左光禄大夫。
⑧ 讫（qì），截至，到。

交趾李朝国主李日尊去世,他的儿子李乾德即位。沈起、刘彝相继任桂州知州,聚集当地的乡兵推行保甲法,在海滨集结水军战船,教习水战,禁止辖境州县与交趾国人往来贸易。于是交趾大肆入侵,围困邕州,攻陷钦州、廉州,扬言声称:"中国实行青苗法、助役法造成百姓贫困,我们为此出兵相救。"王安石听说后大怒,派遣赵卨等率军讨伐。宋军死者十之有六,南方兵祸直到王安石罢相离任时都没有结束。

吴充①、王珪②继安石为相。充先在政府③，数言政事非便。既代安石，蔡确④、邓润甫⑤等共攻之，不能去。

元丰元年，知湖州⑥苏轼安置⑦黄州。

① 吴充（1021—1080），字冲卿，北宋建州浦城（今福建浦城）人。景祐五年进士，调谷熟县主簿。入为国子监直讲、吴王宫教授，除集贤校理。历仕仁宗、英宗、神宗三朝。官至枢密使，虽与王安石为儿女亲家，但并不支持新法，认为新法扰民；王安石罢相后继任同平章事，主张召回司马光主持朝政。死后追赠司空、侍中，谥号正宪。
② 王珪（1019—1085），字禹玉，北宋舒州皖县（今安徽潜山）人。仁宗庆历二年榜眼。历仕仁宗、英宗、神宗三朝，官至参知政事、同平章事、集贤殿大学士；朝廷典册，多出其手，封郿国公。哲宗即位，封岐国公。卒赠太师，谥文恭。身居中枢多年，少有建树，时称"三旨宰相"。
③ 政府，唐宋时中书门下有时合署办公，称政事堂；宋时设枢密院，与中书省合称"二府"，政事堂与"二府"合称政府。
④ 蔡确（1037—1093），字持正，北宋泉州晋江（今福建泉州）人。仁宗嘉祐四年进士。调任邠州司理参军，后入朝担任监察御史里行，鼎立支持王安石变法；官至尚书左仆射、门下侍郎，在王安石罢相离朝后，继续推行新法；哲宗即位后，旧党陆续回朝，蔡确被贬，又因"车盖亭诗案"而备受打压，贬官岭南，死于贬所。死后追赠太师，谥号忠怀。
⑤ 邓润甫（1027—1094），字温伯，北宋建昌（今江西黎川）人。第进士。担任御史中丞期间，直言敢谏，忧心国事；后被蔡确陷害，被贬离京外任；哲宗亲政后官至尚书左丞，试图阻止章惇对旧党的迫害，却没有成功。死后追赠开府仪同三司，谥号安惠。
⑥ 湖州，唐宋州名，辖境大致在今浙江湖州，治乌程县（今浙江湖州）。
⑦ 安置，安顿，安放。宋制，官吏贬谪，轻者称某州居住，意为在某地居住一段时日；重者称安置，意为安置在某地；更重者称编管，意为谪放远方州郡，编入该地户籍，并由地方官吏加以管束。

吴充、王珪接替王安石担任宰相。吴充先在中枢任职时，屡次说新法不便于民。他代替王安石担任宰相后，蔡确、邓润甫等一起攻击他，也没能让他离开相位。

元丰元年，湖州知州苏轼被贬为黄州团练副使。

先是，中丞李定言："轼自熙宁以来，怨谤君父。"舒亶①亦言："轼议时事，陛下发钱，本以业②贫民，则曰：'赢得儿童语音好，一年强半在城中。'明法以课试群吏，则曰：'读书万卷不读律，致君尧舜终无术。'兴水利，则曰：'东海若知明主意，应教斥卤变桑田。'谨盐禁③，则曰：'岂是闻韶解忘味，迩来三月食无盐。'其他触物即事，无不以讥谤为主。"乃追轼系御史狱，诏定与张璪④推治⑤。王珪言："轼有不臣意。"举轼《桧诗》"根到九泉无曲处，世间唯有蛰龙知"，"陛下飞龙御天，而轼彼求之地下之蛰龙，非不臣而何。"上曰："彼自咏桧，何预朕事。"上本无意罪轼，吴充、王安礼⑥皆劝上容⑦之，狱成而有是命。弟辙亦坐救轼而贬。坐轼诗案黜罚者，张方平⑧、司马光以下二十二人。上实怜轼，寻移汝州，且复用矣，为蔡确、张璪等所阻。吴充罢，踰月而卒。

---

① 舒亶（dǎn，1041—1103），字信道，号懒堂，北宋明州慈溪（今浙江慈溪）人。参与王安石变法，弹劾苏轼，参与"乌台诗案"；官至御史中丞。
② 业，使成业，乐业。
③ 盐禁，古时禁止私人制盐的法令。
④ 张璪（zǎo，？—1093），原名张琥，字邃明，北宋滁州全椒（今安徽全椒）人。参与王安石变法；谄媚依附吕惠卿，先后陷害苏轼、郑侠等人，官至参知政事、中书侍郎；哲宗即位后，谏官群起攻之，离京外任。
⑤ 推治，审问治罪。
⑥ 王安礼（1034—1095），字和甫，北宋抚州临川（今江西抚州临川区）人，王安石之弟。反对新法，苏轼下狱时尽力营救；任开封知府期间，秉公执法，恪尽职守；官至尚书左丞，极力反对对西夏用兵，却没有被采纳。死后追赠金紫光禄大夫、太师、魏国公。
⑦ 容，包容，宽容。
⑧ 张方平（1007—1091），字安道，号乐全居士，北宋应天（今河南商丘）人。历任知谏院、知制诰、知开封府、翰林学士、御史中丞，官至参知政事，对王安石变法极力反对。死后追赠司空，谥号文定。

起初，御史中丞李定说：“苏轼自熙宁以来，屡次怀怨诽谤君父。”监察御史里行舒亶也上书说：“苏轼议论时事，陛下下旨散发青苗钱，本来用意在于赈济贫民，使其得以安居乐业，苏轼却说'赢得儿童语音好，一年强半在城中'；颁布法例对官吏进行考试，就说'读书万卷不读律，致君尧舜终无术'；兴修水利，就说'东海若知明主意应教斥卤变桑田'；禁令私人制盐，就说'岂是闻韶解忘味，迩来三月食无盐'。其他的触物即事，有所感发，都是以讥谤为主。"于是追捕苏轼，拘押在御史台，下诏命李定、张璪负责审理。王珪说：“苏轼有不臣之心。"列举苏轼《桧诗》中“根到九泉无曲处，世间唯有蛰龙知"二句来坐实苏轼罪名。“陛下飞龙御天，而苏轼却寻求蛰伏在地下的龙，不是不臣之心是什么！"神宗说：“苏轼只是吟咏桧树罢了，跟我有什么关系。"神宗本无意处罚苏轼，吴充、王安礼也都劝神宗加以宽恕，于是在御史台审理完案情之后有了安置黄州的旨意。苏轼的弟弟苏辙因为上书营救苏轼而受到牵连被贬，因"乌台诗案"被贬斥处罚的还有张方平、司马光等二十二人。神宗其实很怜悯同情苏轼，不久就将他迁为汝州团练副使，想要重新起用他，但被蔡确、张璪等人阻挠。吴充罢相，一个月后逝世。

元丰三年，大正官名。

元丰五年，官制成。改平章事为左右仆射，以王珪、蔡确为之。参知政事为门下中书侍郎，章惇、张璪为之。置尚书左右丞①，蒲宗孟②、王安礼为之。以三省统领百职：中书取旨，门下覆奏，尚书施行。

珪为相，人谓之三旨宰相，凡事惟曰取圣旨，得圣旨则曰领圣旨，退书之则曰奏圣旨而已。上厌之，确谓珪曰："上久欲取灵武③，公能任责④，则相位可保也。"珪喜，如其言。命内侍李宪⑤等分道伐夏国，攻灵州，不克。士卒死及冻馁者十五六。宪上再举之议，徐禧⑥又议筑永乐新城⑦。夏人大举攻城，城陷，禧等蕃汉官及诸军死者万三千。上闻奏，恸哭。

富弼上遗表言："忠谏杜绝，谄谀日进，兴利之臣，为国敛怨。"又言："西事大可忧，望留圣念。"弼早有公辅之望，名闻夷狄。辽使每至，必问其出处安否。忠义之性，老而弥笃。家居一纪⑧，斯须不忘朝廷，至是薨。

宰相同对⑨，上有无人才之叹。蒲宗孟曰："人才半为司马光邪说所坏。"上不语，视宗孟久之曰："蒲宗孟乃不取司马光邪？"宗孟寻罢。

---

① 尚书左右丞，官名，东汉置。宋时与参知政事同为执政官，为宰相之副。
② 蒲宗孟（1022—1088），字传正，北宋阆州新井（今四川南部县）人。英宗时，因水灾地震，上书斥责朝中大臣、后宫和宦官；王安石变法时一力襄助，官至尚书左丞。
③ 灵武，今甘肃灵武。
④ 任责，分内应做的事。
⑤ 李宪，生卒年不详，字子范，北宋开封祥符（今河南开封）人，宦官。神宗时参与西北战事，多有战功；兼管财政期间，大力节省冗费，颇有政绩；因一再违反军令，贻误战机，加之北宋对宦官高度警惕，后来一再被贬。
⑥ 徐禧（xǐ，1035—1082），字德占，北宋洪州分宁（今江西修水）人。少有大志，博学多闻，被吕惠卿拔擢起用。永乐城之战中，兵败被杀。
⑦ 永乐新城，在今陕西米脂。北宋时为西北边防要塞。
⑧ 一纪，十二年。
⑨ 同对，指与皇上讨论政事。

元丰三年，神宗大力改革官制。

元丰五年，官制改革完成。改平章事为左右仆射，由王珪、蔡确分别担任。改参知政事为门下中书侍郎，由章惇、张璪担任。设置尚书左右丞，由蒲宗孟、王安礼担任。以三省统领百官：中书省领取圣旨，门下省回复奏议，尚书省负责施行。

王珪担任宰相，人们称其为"三旨宰相"，无论什么事只知道说"取圣旨"，皇帝裁决后称"领圣旨"，回来草拟诏书就说"已得圣旨"。神宗很厌恶他。蔡确对王珪说："圣上早就想攻取灵武，您如果能够办成此事，则相位可以保住。"王珪听后极为高兴，就按照蔡确所说的向神宗进言。神宗命内侍李宪等率兵分道讨伐西夏，攻打灵州，却没有成功。宋军士卒战死及冻死的人十之五六。李宪向神宗请求再次攻打，徐禧又提议修筑永乐新城。西夏军大举攻城，永乐新城沦陷。徐禧等蕃汉官员及诸军战死的有一万三千人。神宗听说后，痛哭不已。

富弼临终前进上遗表，说："忠心直谏的大臣被清除殆尽，阿谀奉承的小人却一天比一天多，一意图谋利益的臣子为相秉政，为国家朝廷招来怨恨。"又说："西北战事非常令人担忧，希望圣上多加考虑。"富弼早年就有宰辅声望，闻名周边夷狄。辽国使者每次前来，必定询问富弼近来起居。他忠诚正义的秉性，越老越坚定，在家赋闲十二年，片刻都不忘朝廷，直至逝世。

宰相在与神宗谈论政事时，神宗感叹人才缺乏。蒲宗孟说："人才多半被司马光的邪说毁掉了。"神宗听后没有说话，盯着蒲宗孟看了好一会儿，说："蒲宗孟难道不认同司马光吗？"蒲宗孟不久就被罢免。

司马光《资治通鉴》①成。上即位之初,已尝御制序。至元丰七年,书始上。初,官制将行,上欲取新旧人两用之,曰:"御史大夫非司马光不可。"蔡确曰:"国是方定,顾少迟之。"既而上有疾,又曰:"来春建储,当以司马光、吕公著为师保②。"公著,夷简子也。

上在位十八年,改元者二,曰熙宁、元丰。励精求治,日昃③不暇食,平生不御猎游,不治宫室,惟勤惟俭,将以大有为也。奈何熙宁以来,误于安石;元丰以后用事者,终始皆安石之党,竟为天下患。愤北狄倔强,慨然④有恢复幽燕之志;欲先取灵夏,灭西羌,乃图北伐。及安南失律⑤,喟然叹:"赤子⑥无罪而死。"永乐之败,益知用兵之难,始息念征伐,卒无一事如意。崩,年三十八。皇太子立,是为哲宗皇帝。

---

① 《资治通鉴》,司马光编著,编年体通史。上起战国,下讫五代,内容以政治、军事为主。
② 师保,指太子太师、太子太保,官名,西晋置。与太子太傅合称"东宫三师",负责教习东宫储君,但宋朝未设。
③ 日昃,指太阳偏西。
④ 慨然,激愤。
⑤ 失律,指出战失利。
⑥ 赤子,人民,百姓。

司马光将《资治通鉴》编订完成。神宗即位之初，就曾亲自为《资治通鉴》题写序言。到了元丰七年，《资治通鉴》才编修完成，呈给神宗。起初，将要推行新官制，神宗想选取新党、旧党两派之官员共同任用，说："御史大夫一职，非司马光担任不可。"蔡确说："朝廷大政刚刚确定下来，稍微缓一缓再任命吧。"不久，神宗生病，又说："明年开春后策立储君，应当让司马光、吕公著担任太子太师、太子太保，来教导太子。"吕公著是吕夷简的儿子。

神宗在位十八年，改用了两个年号，分别是熙宁、元丰。神宗在位期间，励精求治，常常太阳偏西了都顾不上吃饭。平生不喜好打猎游玩，不建筑宫室，克勤克俭，是想大有作为的。不料熙宁以来，被王安石所耽误；元丰以后所重用之人，始终都是王安石的同党，最终成为天下祸患。神宗对辽国的强横无理很愤怒，壮言慷慨，有收复幽燕地区的志向；想要先攻取灵州、夏州，平定西夏，然后再图谋北伐。等到安南出战失利，神宗喟然长叹说："百姓无罪而死。"永乐战败后，神宗更加明白战争的难处，于是才停息了征伐的念头，最终没有一件事遂心如意。神宗享年三十八岁。驾崩后皇太子即位，就是哲宗皇帝。

北宋（十七）

哲宗皇帝名煦，初为延安郡王，神宗大渐①，立为太子。先是，蔡确遣舍人邢恕②邀高公绘，欲使白太后言，延安冲幼③，岐、嘉④皆贤王也。公绘惧曰："公欲祸吾家。"亟去。恕包藏祸心，反谓太后与王珪表里，欲舍延安而立子颢，赖己及章惇、蔡确得无变，且播其说于士大夫间矣。神宗崩，太子即位，甫十岁，太皇太后同听政。熙宁中，太后已尝流涕，为神宗言安石变法不便。既垂帘，知天下厌苦日久，首罢东京户马⑤，罢京东西路保马，罢京东西物货场，罢诸州镇寨市易抵当，罢汴河堤岸司地课，放市易、常平⑥免役息钱，罢在京免行钱，罢提举保甲、钱粮巡教等官，罢方田等。皆从中出，大臣不与。

---

① 大渐，病危。
② 邢恕，字和叔，宋郑州阳武人。登进士第。曾师从程颢学。以荐为崇文院校书，因非议新法，被贬七年。后复官，历任著作佐郎、职方员外郎、御史中丞。助章惇、蔡卞，诬谤宣仁太后，排斥元祐诸人。
③ 冲幼，年纪幼小。
④ 岐王，赵颢。嘉王，赵頵。两人都是宋神宗同母弟。
⑤ 户马，宋代官府派民户养马以供军用的制度。庆历间试行于河北路。熙宁五年，王安石实行新法，遂行户马法、保马法。
⑥ 常平，宋官署名。简称仓司。掌常平仓、免役、市易、坊场、河渡、水利等事。按收获丰歉而籴粜粮食，按财产多少而征收免役钱，按职役轻重而给吏禄。收买滞销商品，再行出售，以平物价。并监察地方官吏。

北宋（十七）

　　哲宗皇帝名叫赵煦，刚开始为延安郡王，神宗病危时立为太子。先是蔡确派遣舍人邢恕，邀请高公绘，想让他对太后说：延安郡王年幼，岐王、嘉王都是贤明的王爷。高公绘害怕地说："您这是想害我呀。"然后快速离开。邢恕包藏祸心，反咬一口说太后与王珪一里一外相互串通，密谋欲废太子延安郡王，而立皇子颢，全凭自己和章惇、蔡确的努力，才没有让其得逞，并在士大夫间传播这种说法。神宗驾崩，太子即位，年仅十岁，太皇太后一同听政。熙宁年间，太后曾痛哭流涕，向神宗说王安石变法的弊端。现垂帘听政知道天下百姓厌烦痛苦已久，首先罢除东京户马，罢除京东西路保马，罢除京东西物货场，罢除各个州镇的寨市易抵当，罢除汴河堤岸司地课，开放市易，设常平免役息钱。罢除在京免行钱，罢除提举保甲、钱粮巡教等官职，罢除方田等，这都由太后决定，大臣没有参与。

王珪卒。蔡确、韩缜为左右仆射，章惇知枢密院，司马光门下侍郎①。光居洛十五年，儿童走卒皆知司马君实。神宗升遐②，赴阙入临③。卫士望见，以手加额曰："司马相公也！"争拥马首呼曰："公毋归洛，留相天子、活百姓！"所在数千人聚观之。光惧归洛，已而召为执政。

　　河南程颢④以是岁卒。颢字伯淳，弟颐⑤字正叔，兄弟皆从濂溪周敦颐⑥受学。敦颐字茂叔，博学力行，闻道早。遇事刚果，有古人风。为政严恕，务尽理，以名节自励。雅有高趣，窗前草不除，曰："与自家意思一般。"黄庭坚⑦称其"人品甚高，胸中洒落，如光风霁月"。有《太极图》《通书》行于世。

---

① 门下侍郎，官名。秦汉时称黄门侍郎，君主近侍官。唐天宝年间改称门下侍郎，为门下省长官侍中之副。
② 升遐，帝王死去的婉辞。
③ 入临，入朝哭临。帝后死丧，集众定时举哀叫哭临。
④ 程颢（1032—1085），字伯淳，世称明道先生。宋洛阳人。仁宗嘉祐间进士。历任上元主簿、太子中允、监察御史里行。与王安石新法不合，出签书镇宁军判官，知扶沟县。哲宗立，召为宗正丞，未行卒。谥号曰"纯"。与其弟程颐同受业于周敦颐，世称"二程"，同为北宋理学的奠基者。后人集其言论所编的著述书籍《遗书》《文集》等，皆收入《二程全书》。
⑤ 程颐（1033—1107），字正叔，宋洛阳人，世称伊川先生，程颢之胞弟。长期居洛阳，致力讲学，称"洛学"。卒谥号曰"正"。著有《周易程氏传》《遗书》《易传》《经说》，收入《二程全书》。
⑥ 周敦颐（1017—1073），本名周敦实，字茂叔，号濂溪先生，北宋道州营道（今湖南省道县）人。精于《易》学，喜谈名理，提出无极、太极、理、气、心、性、命等哲学范畴，为道学创始人。学说以立诚、主静为宗，著有《太极图说》《通书》等，后人辑为《周子全书》。
⑦ 黄庭坚（1045—1105），字鲁直，号山谷道人，晚号涪翁，宋洪州分宁（今江西修水县）人。与张耒、晁补之、秦观都游学于苏轼门下，合称为"苏门四学士"。论诗推崇杜甫，开创江西诗派，与杜甫、陈师道和陈与义有"一祖三宗"之称。擅长文学和书法，提出"点铁成金、夺胎换骨"的诗歌创作主张，有《豫章黄先生文集》。

王珪去世。蔡确、韩缜为左右仆射，章惇任知枢密院，司马光为门下侍郎。司马光住在洛阳十五年，儿童和街道贩夫都知道司马光。神宗去世，司马光回到都城入朝哭灵。守门卫士望见他，手拍着额头说："这是司马相公。"人们争相拥挤到司马光面前，高呼说："您不要回洛阳了，留下来辅佐天子，百姓才能得以存活。"所在之地，数千人围聚观之。司马光对回归洛阳疑惧起来，不久被召回。

河南程颢一年后去世。程颢，字伯淳。其弟程颐，字正叔。兄弟二人都跟从濂溪周敦颐学习。周敦颐，字茂叔。学识渊博，身体力行，闻道早，遇事刚断果决，颇有古人之风。为政严谨忠实，务必穷尽道理，用名节勉励自己，有高雅的志趣。他窗前的杂草不除，说："窗外草木生机勃勃，如同我本心的生机。"黄庭坚称赞其"人品高洁，胸中洒脱磊落，有如光风霁月一般。"周敦颐著有《太极图》《通书》流传于世。

颢、颐初从之，首令寻仲尼、颜子所乐何事。学成，各以斯文为己任。颢尝言："一命以上，苟存心于爱物，于人必有所济。"熙宁中，以新法不合去国。神宗尝使推择人才，所荐数十人，以表叔张载①，弟颐为首。

其死也，文彦博采众论表其墓，曰"明道先生"。而弟颐为之序曰："周公没，圣人之道不行；孟子死，圣人之学不传。道不行，百世无善治；学不传，千载无真儒。无善治，士犹得明夫善治之道，以淑诸人，以传诸后；无真儒，天下贸贸②焉，莫知所之，人欲肆而天理灭矣。先生生于千四百年之后，得不传之学于遗经。辨异端，息邪说，使圣人之道复明于世。盖自孟子之后，一人而已。"颐尝语人："欲知吾之道者，观此序可矣。"

张载字子厚，初，无所不学，后闻二程之言，乃尽弃其学而讲焉。有《东铭》《西铭》《正蒙》《理窟》等书行于世，人谓之横渠先生。

---

① 张载（1020—1077），字子厚，宋凤翔郿县（今陕西眉县）横渠镇人，世称横渠先生。仁宗嘉祐二年进士。神宗时，为崇文院校书，寻称病隐居南山下，讲学关中，传其学者称为"关学"。与周敦颐、邵雍、程颐、程颢合称"北宋五子"，有《正蒙》《横渠易说》等著述留世。

② 贸贸，不明方向或目的。

程颢、程颐起初跟从他学习，周敦颐令他们探寻仲尼、颜子所乐何事。学成以后，各以继承文脉为己任。程颢曾经说："一个能够关爱万物、心系万物的人，必定能以推己及人之心对世人有所助益。"熙宁年间，程颢因为反对新法被贬离开京都。神宗曾让他推荐选择人才，所推荐数十人，以表叔张载、弟弟程颐为首。

程颢去世后，文彦博采纳众人言论，在其墓碑上刻"明道先生"。而程颢的弟弟程颐为他作序："周公去世，圣人之道无法实行；孟子去世，圣人之学无法流传于后世。如果大道不能实行，百世就得不到有效治理；学问不能流传，千载以来就没有真正的儒士。没有好的治理，士人仍然可以明习善治之道，改善众人，传与后人；没有真正的大儒，天下之人就不明方向，不知向何处前进。人欲肆生，物欲横流，天理公道就泯灭了。先生在一千四百年之后，从遗经中得到不传之学。辨别异端，停止邪说，使圣人之道重现于世。自孟子之后，仅他一人而已。"程颐曾对人说："想知道我的道，看这篇序就可以了。"

张载，字子厚，开始时无所不学，之后听闻二程的言论，于是抛弃之前所学，著有《东铭》《西铭》《正蒙》《理窟》等书，流传于世。人称其为横渠先生。

共城邵雍①字尧夫，居河南，与二程友。雍之学，玩心②高明③，观天地变化，阴阳消长，以达万物之变。精于物数，推无不中。颢尝在考试院，以数推之，出谓雍曰："尧夫数只是加一倍法。"雍叹其聪明。雍欲以数学传二程，二程不受。邢恕欲受，雍不许，曰："徒长奸雄。"雍有《皇极经世书》十二卷、《击壤集歌》传于世，人谓之康节先生。富弼、司马光等皆深敬重之。

宋自欧阳修以古文倡天下，文章虽大变，而儒者义理之学至周、程出，然后大明。雍、敦颐、载皆殁于神宗之世，至是颢又殁，惟颐在，学者宗之，为伊川先生。

---

① 邵雍（1011—1077），字尧夫，自号安乐先生、伊川翁，宋范阳人，后迁河南。少有志，读书苏门山百源上。后从李之才学《河图》《洛书》与伏羲八卦，学有大成，多有自得。宋仁宗嘉祐与宋神宗熙宁初，两度被举，均称疾不赴。谥号"康节"。著有《皇极经世》《观物内外篇》《先天图》《渔樵问对》《伊川击壤集》《梅花诗》等。
② 玩心，专心致志。
③ 高明，指学问高深处。

共城邵雍，字尧夫，住在河南，与二程为友。邵雍作学问，专心在高明处，观察天地变化，阴阳消长，以通达万物的变化；精于物数，推理没有不对的。程颢曾在考试院，以数推理，出来对邵雍说："尧夫的数术之学只是加一倍的方法。"邵雍感叹他聪明。邵雍想将数术之学传授二程，但二程不接受。邢恕想学习，邵雍不允许，说："这只会增强奸雄的实力。"邵雍著有《皇极经世书》十二卷、《击壤集歌》，这些都流传于世。人称其为康节先生。富弼、司马光等都非常敬重他。

宋代从欧阳修开始，以古文提倡于天下，文章虽然大变，但儒者的义理之学是从周、程所出，然后得以通明。邵雍、周敦颐、张载都去世于神宗之世，到这时程颢又去世，只有程颐在世，学者都宗法于他，称之为伊川先生。

北宋（十八）

元祐①元年，蔡确罢。确与章惇、邢恕相交结，恣往来传送语言，自谓有定策②功。言官王觌③极言惇、确及韩缜、张璪朋邪④，刘挚⑤、朱光庭⑥、苏辙累数十疏论劾。确先黜，司马光为左仆射。时王安石已病，其弟以邸吏⑦状示之。安石曰："司马十二作相矣。"怅然久之。议者或谓："三年无改父道，新法姑稍损其甚者足矣。"光慨然争之曰："先帝之法，善者虽百世不可变。若安石、惠卿等所建，为天下害，非先帝本意者，当如救焚拯溺，犹恐不及！况太皇太后以母改子，非子改父。"众议乃定。或谓光曰："章惇、吕惠卿辈，他日有以父子之议闻于上，则朋党之祸作矣。"光起立拱手，厉声曰："天若祚宋，必无此事。"

---

① 元祐（1086—1094），是宋哲宗赵煦的第一个年号。北宋使用这个年号共九年。由于元祐年间是由反对新政的旧党当政，因此后来的党争中，"元祐"一名又被用来指称旧党及其成员。
② 定策，亦作"定册"。古时尊立天子，书其事于简策，以告宗庙，因称大臣等谋立天子为"定策"。
③ 王觌（dí），宋泰州如皋人，字明叟。第进士。历任颖昌府签书判官、右司谏、侍御史、右谏议大夫，刑部、户部、工部侍郎，御史中丞等。多次弹劾蔡确、章惇等。卒年六十八岁。
④ 朋邪，朋比为奸。
⑤ 刘挚（1030—1097），字莘老，宋永静军东光人。仁宗嘉祐年间进士。历任监察御史里行、右司郎中、滑州知州、吏部郎中、侍御史、尚书右丞等。反对新法，多次被贬。哲宗时，连贬新州安置。有《忠肃集》。
⑥ 朱光庭（1037—1094），字公掞，宋河南偃师人。朱景子，仁宗嘉祐二年进士。少从孙复学，后师事程颢，世称洛党之魁。历知数县，为庆州判官，反对新法，后任左正言、给事中，弹劾新党章惇、蔡确等。被贬知亳州，徙潞州。
⑦ 邸吏，古代地方驻京办事机构的官吏。

北宋（十八）

　　元祐元年，蔡确被罢免。蔡确与章惇、邢恕相交，邢恕往来传运消息，自认为有定策之功。谏官王觌极力上言谏说章惇、蔡确及韩缜、张璪等朋党之士扰乱朝纲，刘挚、朱光庭、苏辙，又接连呈递几十道奏章弹劾。蔡确就首当其冲被罢免，司马光担任左仆射。当时王安石已经生病，其弟以邸吏状示之众人。王安石说："司马光终于做了宰相。"他郁郁不乐了很长时间。有人议论说："三年不改父道，新法姑且去除与人不便的即可。"司马光气愤地争论说："先帝之法，好的法令即使历经百世仍不可改变。像王安石、吕惠卿等人所建立的法令，是天下的弊端，不是先帝的本意，应当救民于水火，即使这样，都害怕来不及！况且是太皇太后令儿子停施新法，不是儿子要更改父亲的决定。"众议才定。有人对司马光说："章惇、吕惠卿那些人，若有一日让皇上听到这些所谓'父子之议'，则朋党之祸兴起。"司马光站起拱手，严厉地说："天如果保佑大宋，就一定不会有这种事。"

安石每闻朝廷变此法，夷然①不以为意。及闻罢助役法，复差役法，愕然失声曰："亦罢至此乎？"良久曰："此法终不可罢！安石与先帝议之，二年乃行，无不曲尽。"

章惇、韩缜②罢。

王安石卒。安石在金陵，常独语"福建子"，恨惠卿也。惠卿叛安石，惟章惇终始不叛。安石又常曰："新法之行，始终以为可行者，曾子宣也；始终以为不可者，司马君实也。"

吕公著右仆射，文彦博军国重事③，程颐崇政殿说书④，苏轼翰林学士。窜贬吕惠卿、邓绾等。

司马光为相八阅月⑤而薨。太皇太后哭之恸，上亦感涕不已，赠太师、温国公，谥文正。光在位，辽人、夏人使来，必问光起居。而辽人敕⑥其边吏曰："中国相司马矣，切毋生事开边隙！"及卒京师，民罢市，画其像印鬻之，画工有致富者。及葬，四方来会者哭之如哭其亲戚。

---

① 夷然，平静镇定的样子。
② 韩缜（1019—1097），字玉汝，原籍灵寿（今属河北）人，徙雍丘（今河南杞县）。韩绛、韩维之弟。不畏权贵，敢于直言首相蔡确与章惇之奸行，后因谏官等人上疏，被罢。谥庄敏。
③ 军国重事，唐代特殊官名，相当于宰相，宋沿袭此制，后又曾改称为同平章军国重事、平章军国事。此职非宋代常制，乃因人而特授之，职权范围也变化颇大。
④ 崇政殿说书，宋代官名。宋仁宗景祐元年（1034）置，掌为皇帝讲说书史，解释经义，并备顾问。翰林学士之学术深厚者为侍讲、侍读，官阶较低而资历较浅者则为说书。宋以后废。
⑤ 元刊本作"八阅薨"，据日本刊本改。
⑥ 敕，告诫。

王安石每次听闻朝廷改变新法，都平静淡定，不以为意。等到听闻罢除助役法，又罢除差役法，惊讶道："难道罢除新法一定要做到这种地步吗？"又过了好一会儿才说："此法终究还是不能被罢除。我与先帝讨论，两年后才实行，各种情况都考虑到了。"

　　章惇、韩缜被罢免。

　　王安石去世。王安石退处金陵，往往写"福建子"三字，因为深悔被吕惠卿所误，怨恨吕惠卿。吕惠卿背叛了王安石，只有章惇始终不背叛王安石。王安石又常说："新法的实行，始终以为可行的人是曾布，始终以为不可行的人是司马光。"

　　吕公著为右仆射，文彦博任军国重事，程颐任崇政殿说书，苏轼任翰林学士。吕惠卿、邓绾等被贬。

　　司马光为宰相，八个月后去世。太皇太后为之痛哭，皇上也感慨痛哭不已，追赠太师、温国公，谥文正。司马光在位，辽人、夏人的使者来，一定询问司马光的起居。而辽人告诫其边境的官员说："中国的宰相是司马光，一定不要在边界滋生事端。"司马光在京师去世后，百姓罢市，画下他的像，印来售卖。画工因此有发家致富的。等其下葬时，四方众人都来参加葬礼，他们像为自己去世的亲人一样悲痛哭泣。

光尝语晁无咎①曰："吾无过人。但平生所为，未尝不可对人言者耳。"刘安世②问光："一言可以终身行之者。"光曰："其诚乎。"安世问："其所从入？"曰："自不妄语入。"

苏轼、程颐同在经筵。轼喜谐谑，而颐以礼法自持，轼每嘲侮之。光之薨也，百官方有庆礼，事毕，欲往吊。颐不可，曰："子于是日哭，则不歌。"或曰："不言歌则不哭。"轼曰："此枉死市叔孙通③制此礼也。"颐怒，二人遂成隙。门人朱光庭、贾易④为言官，力攻轼。傅尧俞⑤、王岩叟⑥、吕陶⑦等相继论列⑧。

---

① 晁无咎，即晁补之（1053—1110），字无咎，号济北，自号归来子，宋济州巨野（今山东巨野县）人。神宗元丰二年进士，官至礼部郎中兼国史编修、实录检讨官。工书画，能诗词，善属文。"苏门四学士"之一。有《鸡肋集》《晁氏琴趣外篇》。
② 刘安世（1048—1125），字器之，号元城。宋河北大名（今河北大名）人。神宗熙宁六年进士。不就选，从学于司马光。历任秘书省正字、右正言，历劾章惇、蔡确、范纯仁，累迁至左谏议大夫，进枢密都承旨。章惇、蔡京掌权后，屡遭贬谪。有《尽言集》。
③ 叔孙通（？—前194），薛县（今山东滕州）人，西汉官员。秦朝时任博士，西汉建立后，为刘邦制定礼仪，封稷嗣君。
④ 贾易，字明叔。宋无为人。嘉祐六年进士，历任左司谏、怀州知州、侍御史等，上书论事，言颇切直，然皆老生常谈。又痛诋苏轼兄弟，议者由是薄之。后官至刑部侍郎。卒年七十三岁。
⑤ 傅尧俞（1024—1091），宋郓州须城人，徙居孟州济源。字钦之。仁宗庆历二年进士。嘉祐末为监察御史，论事略无回隐。熙宁时反对新法，除权盐铁副使，出为河北转运使等，两年六移官。哲宗后，升任吏部尚书兼侍读、中书侍郎。谥献简。
⑥ 王岩叟（1044—1094），宋大名清平人。字彦霖。仁宗嘉祐六年，举明经科第一。历任栾城主簿、安喜知县、监察御史、侍御史、枢密都承旨、中书舍人等，弹劾蔡确、章惇。官至枢密直学士、签书院事。因刘挚事被贬。卒谥恭简。有《大名集》。
⑦ 吕陶（1027—1103），宋成都人。子元钧，号净德。仁宗皇祐年间进士。反对新法，弹劾章惇、蔡确等。历任中侍御史、中书舍人、给事中等。哲宗时，坐元祐党夺职。徽宗时复集贤殿修撰、知梓州。有《净德集》。
⑧ 论列，言官上书检举弹劾。

司马光曾经对晁无咎说:"我没有什么过人之处,但平生所做之事,没有不可告人的。"刘安世问司马光:"有没有一言可以终身实践的?"司马光说:"大概就是诚了。"刘安世问:"从哪里开始?"司马光回答:"从不妄语开始。"

苏轼、程颐同在经筵,苏轼喜欢谐谑,而程颐用礼法自我约束,苏轼经常嘲笑戏弄他。司马光去世,朝臣们借朝贺大赦的机会,朝贺完毕想去吊唁司马光。程颐认为不可,说:"孔子在为人吊丧这一天哭泣过,那他在这一天里就不唱歌了。"或者说:"不唱歌就不哭。"而苏轼讥笑说:"这是枉死于市的叔孙通制定的礼法。"程颐很生气,二人因此有了嫌隙。门人朱光庭、贾易为谏官,极力攻击苏轼。傅尧俞、王岩叟、吕陶等相继上书检举弹劾。

尧俞、岩叟右①光庭，陶右轼。是时元丰大臣，退于散地②，皆衔怨③入骨，阴伺间隙。诸贤不悟，方自分党相攻。有洛党④、川党⑤、朔党⑥。洛党以颐为领袖，光庭、易为羽翼。川党以轼为领袖，陶等为羽翼。朔党以刘挚、王岩叟、刘安世为领袖，而羽翼尤众。未几，颐罢，不复召。久之，轼亦罢。后再入、三入，皆不久而出。

北宋（十九）

吕公著为司空，同平章军国事。吕大防、范纯仁左右仆射。纯仁，仲淹子也。公著寻薨。

知汉阳军吴处厚⑦言："蔡确谪安州日，作《夏中登车盖亭》诗，讥讪台谏。"论确不已，安置新州⑧。吕大防、刘挚、范纯仁、王存⑨等以为不宜令过岭置死地。纯仁曰："此路荆棘八十年矣，奈何开之？吾曹政恐不免耳。"

---

① 右，偏袒。
② 散地，闲散之地。多指闲散的官职。
③ 衔怨，心怀怨恨。
④ 洛党，宋哲宗元祐年间，反对王安石新法的朝臣三党之一，以程颐为首，主要成员有朱光庭、贾易等。
⑤ 川党，宋哲宗时旧党三派之一，以苏轼为领袖。亦称蜀党。
⑥ 朔党，宋元祐三朋党之一。主要人物有刘挚、梁焘、王岩叟、刘安世等，皆北方人，故称。
⑦ 吴处厚，宋邵武人，字伯固。仁宗皇祐五年进士。与蔡确有隙，后因《车盖亭诗》攻击蔡确，贬逐。擢知卫州，为士大夫所畏恶。有《青箱杂记》。汉阳军，元刊本为濮阳军，据日本刊本改。
⑧ 新州，今广东省新兴县。
⑨ 王存（1023—1101），宋润州丹阳人，字正仲。仁宗庆历六年进士。历任太常礼院、国史编修官、修起居注、知开封府、尚书右丞、尚书左丞、吏部尚书。以右正议大夫致仕。

傅尧俞、王岩叟支持朱光庭，吕陶支持苏轼。当时元丰时的大臣，都退居于闲散的官职，心含怨恨，暗地里等待时机报复。但在朝君子们却没有醒悟，反而自此分党派相互攻击，有洛党、川党、朔党。洛党以程颐为领袖，朱光庭、贾易为羽翼。川党以苏轼为领袖，吕陶等为羽翼。朔党以刘挚、王岩叟、刘安世为领袖，而羽翼更多。不久，程颐被罢，不再召入。过了很久，苏轼被罢，之后再次入仕。他多次入仕，但都做不久就出仕了。

北宋（十九）

吕公著为司空兼平章军国事。吕大防、范纯仁任左右仆射。纯仁是仲淹的儿子。吕公著不久就去世了。

知汉阳军吴处厚进言，说："蔡确被贬安州的那一天，作《夏中登车盖亭》诗，讥讽台谏。"议论蔡确的很多，因此将其安置在新州。但吕大防、刘挚、范纯仁、王存等人认为不应当过岭南，而置其于死地。范纯仁说："此路荆棘丛生，有八十年了，怎么又开此途，我们恐怕也免不了吧。"

争之，不得。台谏交章①攻纯仁党确，纯仁遂罢。刘挚为右仆射，大防、挚欲引用元丰党人，以平奋怨，谓之调停。苏辙等力陈其不可。挚罢，苏颂为右仆射。颂罢，纯仁又代之。

元祐八年九月，宣仁圣烈太皇太后崩。临崩对上谓大防、纯仁等曰："老身没后，必多有调戏官家者，宜勿听之。公等宜早退，令官家别用一番人。"呼左右问："曾赐出社饭否？"因曰："公等各去吃一匙社饭，明年社饭时思量老身也。"后听政九年，天下称为女中尧舜。不比外家，以拥佑嗣君之故，二子一女皆疏，以至公御天下。当世贤者毕集于朝，君子之盛，后世以庆历、元祐并称焉。承神宗厌兵之后，与民休息。西蕃鬼章为边将擒献，释不诛，以招其部属。夏国自其主秉常②卒，乾顺③立。政乱主幼，屡寇边，失藩臣礼，皆强臣为之。以其君民非有罪，不忍兴师讨伐，诏诸路严兵自备而已。

---

① 交章，指官员交互向皇帝奏疏上事。
② 秉常，即李秉常（1060—1086），西夏惠宗皇帝。李谅祚子，八岁嗣位，梁太后摄政，舅父梁乙埋为国相。大安二年亲政，六年，恢复汉礼。次年，欲与宋结好，被母后及梁乙埋所囚。九年，复位。在位二十年。谥康靖皇帝。
③ 乾顺，即李乾顺（1084—1139），西夏崇宗皇帝。李秉常子，梁氏出。三岁即位，母后梁氏和舅父梁乙逋辅政。天祐民安五年，太后杀乙逋。永安二年，十六岁时，因辽使者毒杀梁太后，始得亲政。娶辽公主为后，联辽拒宋。辽亡金兴，北宋亦亡，乃南向扩地。在位五十四年，谥圣文皇帝。

争论不得结论。台谏官员交互向皇帝奏疏攻击范纯仁为蔡确的党羽。范纯仁于是被罢免，刘挚为右仆射。吕大防、刘挚想启用元丰党人，以平息气愤和怨恨，称之调停。苏辙等极力说不可以。刘挚被罢免，苏颂为右仆射。苏颂被罢免，范纯仁又代替他。

元祐八年九月，宣仁圣烈太皇太后驾崩，临去世前当着皇上的面对吕大防、范纯仁等人说："我去世后，一定会有很多挑拨戏弄皇上的，不要听他们的。你们应当早退下去，让朝廷别用一番人。"对身边的人说："有没有赐出社饭？"随后又说："你们各去吃一匙社饭，明年社饭时就会想起我了。"太皇太后听政九年，天下称其为女中尧舜，不输于外家，因为拥护继位国君的原因，她的两个儿子和一个女儿都被疏远，她以大公无私治理天下。当世贤能的人都会集于朝廷，君子之风盛行，后世以庆历、元祐并称。神宗厌烦战乱之后，与民休息。西藩鬼章被边将擒获，献来之后予以赦免，没有诛杀，以招降其部属。夏国自从其主秉常去世后，立乾顺为王。政治动乱，国主年幼，屡次入侵边界，丧失藩臣之礼，都是强臣所做。因为其君民没有罪，皇上不忍出师讨伐，只是诏令诸路加强防守自备罢了。

上始亲政，侍郎杨畏①首叛吕大防，自谓迹虽元祐，心在熙丰。入对，乞召章惇。明年改元绍圣。大防罢，惇为右仆射。纯仁罢，惇之来也，道遇陈瓘②，惇素闻其名，独请共载，访以世务。瓘曰："请以所乘舟为喻，偏重其可行乎？或左或右，其偏一也。"惇默然，良久曰："司马光奸邪，所当先辨。"瓘曰："相公误矣！此犹欲平舟势，而移左以置右也。果然将失天下之望！"

---

① 杨畏（1044—1112），宋洛阳人，祖籍遂宁，字子安。尊王安石之学。为人倾危反复，人讥之为"杨三变"。
② 陈瓘（1057—1124），字莹中，号了斋，宋沙县人。为人刚直，反对蔡京、蔡卞、章惇、安惇等，屡被贬谪。钦宗即位后追封陈瓘为谏议大夫，谥忠肃。著有《了斋集》《了斋易说》《尊尧集》等。

皇上开始亲政，侍郎为杨畏，一开始他就背叛了吕大防，自称身虽在元祐，但心在熙丰。回答皇上的问题时乞求召回章惇。第二年改年号为绍圣。吕大防被罢免，章惇为右仆射。范纯仁被罢免，章惇代替了他。章惇在就任的路上遇到陈瓘，因章惇平日听闻其名，单独请他共乘一车，征求他对时局的意见。陈瓘说："请让我用所乘舟为喻，偏重一方船能行走吗？或左或右，就是偏重一方。"章惇默不作声，过了很久说："司马光奸恶，我应当事先辨别。"陈瓘说："您错了。就好像要使船平稳，却把重心从左边移到右边，真的这么做就会辜负天下的期望。"

惇既至，以渐尽复熙丰之法，治元祐人之罪无虚日。司马光、吕公著、王岩叟、赵瞻①、韩维、孙固、范百禄、胡宗愈、司马康②等已死者，旨追贬夺赠；吕大防、刘挚、苏辙、梁焘、范纯仁、刘奉世、王觌、韩川、孙升、吕陶③、范纯礼④、赵君锡、马默、顾临⑤、范纯粹⑥、孔武仲、王钦臣⑦、吕希哲⑧、吕希纯⑨、吕希绩⑩、姚勔、吴安诗、王份、张耒⑪、晁补之⑫、黄庭坚、贾易、程颐、秦观⑬、朱光庭、孙觉、赵卨⑭、李之纯、杜纯、李周、苏轼、范祖禹、刘安世、郑侠等，皆连贬窜。文彦博久致仕，降为太子太保，罢节钺，寻薨。

---

① 赵瞻（1019—1090），字大观，北宋政治家。
② 司马康（1050—1090），字公休，宋陕州夏县人。司马光继子。任修《神宗实录》检讨官。
③ 吕陶（1028—1104），字元钧，宋眉州彭山人。有《吕陶集》六十卷。
④ 范纯礼（1031—1106），字彝叟，一作夷叟。范仲淹第三子，宋苏州吴县人。
⑤ 顾临，字子敦，宋会稽（今浙江绍兴）人。精通经学，长于训诂。编《武经要略》。
⑥ 范纯粹（1046—1117），字德孺，范仲淹第四子，宋苏州吴县人。因父荫入仕，性沉毅，有干略。
⑦ 王钦臣，字仲至，宋应天府宋城（今河南商丘）人，王洙子。幼有大志，以父荫入官。有《广讽味集》，今不存。
⑧ 吕希哲（1036—1114），字原明，学者称荥阳先生。吕公著子。
⑨ 吕希纯，字子进，宋寿州人。吕公著子。
⑩ 吕希绩，字纪常，宋寿州人。吕公著子。
⑪ 张耒（1054—1114），字文潜，号柯山，人称宛丘先生、张右史。北宋文学家，擅长诗词，为"苏门四学士"之一。
⑫ 晁补之（1053—1110），宋济州巨野人，字无咎，号济北，自号归来子。"苏门四学士"之一。工书画，能诗词，善属文。有《鸡肋集》《晁氏琴趣外篇》等。
⑬ 秦观（1049—1100），字少游，一字太虚，宋江苏高邮人。别号邗沟居士，人称淮海居士。工词，属婉约派，有《淮海集》。"苏门四学士"之一。
⑭ 赵卨（xiè，1027—1091），宋邛州依政人，字公才。屡败西夏兵。

章惇为相，逐渐地完全恢复熙丰之制，几乎天天给元祐党人治罪。司马光、吕公著、王严叟、赵瞻、韩维、孙固、范百禄、胡宗愈、司马康等已经去世的人，都下旨追加被贬，夺其赠号；吕大防、刘挚、苏辙、梁焘、范纯仁、刘奉世、王觌、韩川、孙升、吕陶、范纯礼、赵君锡、马默、顾临、范纯粹、孔武仲、王钦臣、吕希哲、吕希纯、吕希绩、姚勔、吴安诗、王份、张耒、晁补之、黄庭坚、贾易、程颐、秦观、朱光庭、孙觉、赵卨、李之纯、杜纯、李周、苏轼、范祖禹、刘安世、郑侠等人接连被贬官，流放各地。文彦博退休已经很长时间了，仍遭到处罚，降职为太子太保，免去了皇帝赐给他的符节和斧钺。不久，文彦博就去世了。

皇后孟氏，太皇太后所选聘也，在中宫①五年而废。章惇、蔡卞②请追废太皇太后，赖太后向氏、太妃朱氏泣谏，上悟。惇、卞坚请施行，上怒曰："卿等不欲朕入英宗庙乎？"抵其奏于地。

立贤妃刘氏为后。右正言③邹浩④乞追停册礼，别选名族。诏浩除名，勒停羁管⑤新州。浩道过其友田画，临别出涕，画正色曰："使君隐默官京师，遇寒疾不汗，五日死矣。岂独岭海之外能死人哉？愿无自沮。士所当为者，未止此也。"

元符⑥三年，上崩。在位十五年，改元者三。寿三十五。皇弟立，是为徽宗皇帝。

---

① 中宫，皇后居住之处，因以借指皇后。
② 蔡卞（1058—1117），字元度，宋兴化军仙游人。蔡京弟，王安石婿。神宗熙宁三年进士。历任起居舍人、同知谏院、侍御史。哲宗立，任礼部侍郎，使辽还，知江宁府、扬、广等州。后任尚书左丞、知枢密院等。时京为相，政事时有不协，京诋卞，出知河南，累迁、镇东军节度使。谥曰"文正"。
③ 右正言，中书省，又称"右省"。其长官名为中书令，实际上也有名无职。副长官为中书侍郎。又另委派一名中书舍人任"判中书省事"，真正掌管本省职权。其属官有右散骑常侍，中书舍人、右谏议大夫、起居舍人、右司谏、右正言等。
④ 邹浩（1060—1111），字志完，号道乡居士，宋常州晋陵（今江苏常州）人。神宗元丰五年进士。哲宗朝，为右正言，劾章惇不忠，削官，羁管新州。徽宗立，复为右正言，累迁兵部侍郎。著《道乡集》。
⑤ 羁管，拘禁管束。
⑥ 元符，是宋哲宗赵煦的第三个年号，1098年—1100年，后为宋徽宗沿用。

皇后孟氏是太皇太后所选聘的人，在中宫五年被废。章惇、蔡卞请求追废太皇太后的名号，幸好太后向氏、太妃朱氏哭泣着上谏，皇上有所感悟。章惇、蔡卞坚持请求施行，皇上生气地说："你等不想朕入英宗庙吗？"将其奏章仍置于地上。

立贤妃刘氏为后，右正言邹浩乞求停止立后之礼，另选其他贤族。诏令将邹浩除去名籍，停罢官职，拘禁管束于新州。邹浩路过其友田画家，临别时哭泣，田画严厉地说："假使您安静恬退在京师为官，遭遇寒疾而不出汗，五日就死了。难道只有岭海之外会死人吗？希望您不要沮丧。志士所做之事，不应止步于此。"

元符三年，皇上驾崩。在位十五年，改年号三次。年寿三十五岁，皇弟即位，为徽宗皇帝。

北宋（二十）

徽宗皇帝名佶，神宗第十一子也，初封端王。哲宗崩，钦圣宪肃皇太后向氏召宰执议立嗣。后欲立端王，章惇曰："端王浪子耳。"曾布身长，望见端王已在帘下，叱曰："章惇听太后处分。"王出帘，惇惶恐失措。王即位，请太后权同处分军国事，范纯仁等二十余人，并叙收①龚夬②、陈瓘、邹浩为台谏。

韩忠彦③为右仆射。忠彦，琦子也。文彦博、司马光等三十三人，追复官。

太后垂帘半年而还政。章惇罢，寻窜。韩忠彦、曾布左右仆射。贬邢恕。

贬蔡京④、蔡卞。卞，安石婿也。先是，台谏龚夬、陈瓘、任伯雨等攻卞，罢其执政。

---

① 收叙，录用。
② 龚夬（guài，1057—1111），宋瀛洲人，字彦和。第进士。历任监察御史、殿中侍御史。徽宗时，上书请辨忠奸，平反元祐诸臣。弹劾章惇、蔡卞、蔡京。崇宁初，因议正元祐皇后，削籍编管房州，徙象、化州。后遇赦还。
③ 韩忠彦（1038—1109），宋安阳人，字师朴，韩琦子。神宗时期，奉使西夏。任职哲宗和徽宗年间，勇于谏言献策。后曾布为右相，与其不和，受到排挤，被贬。官至尚书右仆射兼中书侍郎。封仪国公。谥曰"文定"。
④ 蔡京（1047—1126），字元长。宋兴化军仙游人。神宗熙宁三年进士，历任起居郎、中书舍人、知开封府。初附蔡确，后追随司马光。哲宗绍圣初，权户部尚书，助章惇重行新法。徽宗立，罢知江宁府。因童贯而进。崇宁元年，为右仆射兼门下侍郎，拜太师。以复新法为名，贬斥元祐诸臣，立党人碑。创"丰亨豫大"说，挥霍国库，大兴土木，遍布戚党，荼毒民众，为六贼之首。

北宋（二十）

　　徽宗皇帝名佶，是神宗第十一个儿子。刚开始被封为端王。哲宗驾崩。钦圣宪肃皇太后向氏，召宰相执政议立子嗣事宜。太后想立端王。章惇说："端王是个浪子。"曾布个子高，看见端王已经在帘下，呵斥他说："章惇听太后处分。"端王从帘中出来，章惇惶恐失措。端王即位后，请太后暂时处理军国重事，任用范纯仁等在章惇得志时被贬谪的二十多人，并录用龚夬、陈瓘、邹浩为台谏。

　　韩忠彦为右仆射，他是韩琦的儿子。文彦博、司马光等三十三人，重新起用回朝为官。

　　太后垂帘半年还政。章惇被罢免，不久又被贬谪。韩忠彦、曾布为左右仆射。贬谪邢恕。

　　贬谪蔡京、蔡卞。蔡卞是王安石的女婿。早先，台谏龚夬、陈瓘、任伯雨等攻击蔡卞，罢免他，使他不再执掌政权。

京为翰林承旨，瑾见其视日不瞬①，谓："此人必大贵。然以区区精神敢抗太阳，他日得志，必为天下患。"瑾语人曰："射人先射马，擒贼先擒王。"连疏，攻之甚力，京罢。寻又以御史陈次升②等言，与卞俱贬。

上意专欲绍述③熙丰之政，而曾布微有两存熙丰、元祐之意。故建中靖国④初，尝略变章惇、蔡卞所为。既而布迎上旨。正人任伯雨⑤、江公望⑥、陈瓘等不容于朝。小人虽各有党，更迭出入，意向则同祖安石而已。

辽主弘基殂，号道宗⑦。孙延禧⑧立，号天祚。

---

① 瞬，目动，眨眼。
② 陈次升（1044—1119），字当时，宋兴化军仙游人。神宗熙宁六年进士。以荐为监察御史。哲宗朝，为殿中侍御史，累章劾章惇、蔡卞，得罪，谪监南安军酒税。徽宗立，召为侍御史，复极论章惇、蔡卞、曾布、蔡京之恶。迁右谏议大夫。崇宁间入党籍，累降职，除名编管循州。
③ 绍述，继承。特指宋哲宗时对神宗所实行新法的继承。
④ 建中靖国，是北宋徽宗赵佶的年号。北宋使用这个年号仅一年。
⑤ 任伯雨（1047—1119），字德翁，宋眉州眉山人。任孜子。神宗元丰五年进士，调清江主簿，知雍丘县。哲宗元符三年，召为大宗正丞，旋擢左正言。徽宗初政，条疏章惇、蔡卞罪状，章、蔡贬官。居谏省半载，凡上一百零八疏，大臣畏其多言，改权给事中。将劾曾布，布觉之，徙为度支员外郎，寻知虢州。崇宁间，以党事编管通州，徙昌化。宣和初卒，年七十三。谥曰"忠敏"。
⑥ 江公望，生卒年未详，字民表，宋睦州人。第进士。徽宗建中靖国年间，自太常博士拜左司谏，上疏极论时政，立言内苑畜养珍禽异兽非初政所宜，帝悉从之。历知淮阳军、寿州。因劾蔡京，被贬。后遇赦归里，旋卒。
⑦ 道宗，即耶律洪基（1032—1101），字涅邻，小字查刺，辽兴宗耶律宗真长子，母为仁懿皇后萧挞里，辽朝第八位皇帝。
⑧ 延禧，即辽天祚帝（1075—1128年），字延宁，小字阿果，辽道宗耶律洪基之孙，辽顺宗耶律浚之子，母为贞顺皇后萧氏，辽朝最后一位皇帝，在位二十五年。

蔡京为翰林承旨，陈瓘见这个人看太阳眼睛都不眨，说："此人今后一定大富大贵，他竟然敢以一个人微不足道的精气元神对抗太阳。如果他日得志，必为天下祸患。"陈瓘对人说："射人先射马，擒贼先擒王。"连续上疏，蔡京被罢。不久，又因御史陈次升等人的弹劾，蔡京与蔡卞一同被贬。

皇上想继承熙丰之政，而曾布有熙丰、元祐两时期的政策共存的想法，因此建中靖国初，曾经改变章惇、蔡卞二人主张的国策。不久，曾布迎来皇上的旨意，正人君子任伯雨、江公望、陈瓘等人在朝廷无法容身。小人虽各有党派，彼此更迭得势，但他们的意图想法都与王安石相同。

辽主弘基去世，号道宗，他的孙子延禧继位，号天祚。

女真阿骨打①立。女真本名朱里真，肃慎②之遗种，而渤海之别族也，或曰本姓拏，辰韩③之后。《三国志》所谓挹娄，元魏所谓勿吉，唐所谓黑水靺鞨者。其地也，有七十二部落，本不相统，自大中祥符④以后，绝不与中国通。有生女真者，其类犹繁。其酋曰岩版，有孙曰杨割太师，遂雄诸部。或曰杨割之先，新罗人。完颜氏女真妻之以女，生子二人，长曰胡来。传三人而至杨割，阿骨打，其子也，为人沉毅有大志。

建中靖国一年而改崇宁，韩忠彦罢。再追夺司马光等官，籍⑤元祐党人。

曾布罢，蔡京为相，蔡卞执政，贬窜元祐人，立奸党碑。京自崇宁为仆射，历大观、政和、重和为太师。尝暂罢，辄复入。虽罢之日，实执国命。其间赵挺之⑥、张商英⑦作相，尝与京异，然在位各不过数月，或一年而罢。

---

① 阿骨打（1068—1123），即完颜阿骨打，金朝开国皇帝，改名旻。女真族。天庆四年，誓师反辽。次年，称帝，建国号"金"，年号"收国"，后改天辅，建都会宁府。在位九年。
② 肃慎，古民族名。古代居于我国东北地区。周武王、成王时曾以楛矢、石砮来贡。一般认为汉以后的挹娄、勿吉、靺鞨、女真都和它有渊源。
③ 辰韩，古代东北部族名。
④ 大中祥符，宋真宗的第三个年号，公元1008年—公元1016年。
⑤ 籍，指登记元祐党人籍，共119人。
⑥ 赵挺之（1040—1107），北宋大臣。字正夫，密州诸城（今属山东）人。徽宗即位后，任宰相期间，与蔡京争权，多次陈述他的奸恶，并且请求辞相。谥曰"清宪"。
⑦ 张商英（1043—1121），字天觉，号无尽居士。北宋蜀州（今四川崇庆）新津人。从小就锐气倜傥，日诵万言，直言敢谏。徽宗期，弹劾蔡京，后代理蔡京为相，改革弊端，劝徽宗节俭，勿大兴土木，令徽宗不悦，反受蔡京谗言之害，被贬。谥曰"文忠"。

女真阿骨打为王。女真族本名朱里真,肃慎族的后代,渤海的别族,或曰本姓拏,是辰韩族的后代。女真在《三国志》称挹娄,元魏时称勿吉,唐朝时称黑水靺鞨。这个地方,有七十二部落,本不相统一。自大中祥符以后,绝不与中原相通。女真族类繁多,他们的首领叫岢版。其孙叫杨割太师,雄起于诸部。有人认为杨割的先人是新罗人。完颜氏女真把女儿嫁给杨割先人,育有二子,长子叫胡来,传三代到了汤割,阿骨打是他的儿子,为人沉着刚毅有大志向。

建中靖国,只一年后改年号为崇宁,韩忠彦被罢免,再追夺司马光等人的官职,抄没元祐党人。

曾布被罢免,蔡京为宰相,蔡卞执政,再次贬谪元祐人,立奸党碑。蔡京从崇宁开始任为仆射,历大观、政和、重和三个年号任太师。他曾经暂时被罢,但不久又复官。虽被罢免,实际上手中握有大权。其间赵挺之、张商英做宰相,与蔡京对立,然而在位都不过几个月,或一年就被罢。

如何执中①、郑居中②、刘正夫、余深③虽在相位，或久或浅，居中亦与京异，常相排。正夫亦小异，然于京之权宠无损也。京子攸之妇，出入宫禁，攸遂大用。至父子权势自相轧。上宠攸而尊京子弟亲戚，满朝皆其父子之党。

京倡邪说，以为当丰亨豫大④之运，专以奢侈劝上，穷极土木之功。广京城，修大内，盛筑内苑。铸九鼎，鼎成，以九州水土纳鼎中，及奉安⑤，北方宝鼎忽水漏于外。作大晟乐⑥，作玉清神霄宫，崇信道士。林灵素⑦策上为教主道君皇帝，作延福宫，作保和殿，作万岁山。以朱勔⑧领花石纲，奇花、异木、怪石、珍禽、奇兽，无远不致。

---

① 何执中（1044—1118），字伯通。宋神宗熙宁六年进士甲科。历任工部、吏部尚书兼侍读。北宋大臣，徽宗朝宰相。在政任期间警戒边吏不要滋生事端，爱惜人才，即使富贵，也不忘贫贱之时。但始终迎顺主意，赞饰太平。谥号"正献"。
② 郑居中（1059—1123），字达夫，北宋大臣。宋徽宗朝太宰。举进士后深得宠信，居要职。为迎合帝意与争夺权力辅助蔡京复相。后与蔡京生嫌隙，处处作对。封崇国公、宿国公、燕国公。谥号"文正"。
③ 余深（约1050—1130），字原仲，北宋时期罗源人。曾向徽宗进言"福建以取花果扰民"，因此开罪徽宗。后鉴于朝中弹劾蔡京父子的越来越多，遂乞致仕。官位太宰（副宰相），进拜少保，封丰国公，再封卫国公加太傅。
④ 丰亨豫大，成语，典出《周易注疏》卷六〈丰〉、《周易》卷二〈豫〉。《易·丰》："丰亨。王假之。"又《豫》："圣人以顺动，则刑罚清而民服，豫之时义大矣哉。"本谓富饶安乐的太平景象。后多指好大喜功，奢侈挥霍。
⑤ 奉安，安置神像、神位。
⑥ 大晟乐，北宋崇宁四年（1105）所定"宫廷雅乐"，经宋徽宗定名为"大晟乐"。此后专门设立大晟府来掌管雅乐及原属鼓吹署所主管的一部分鼓吹乐。
⑦ 林灵素（1075—1119），字通叟，宋温州人，少学佛，后成为道士。徽宗访方士，被召见，赐号通真达灵先生，后加元妙先生、金门羽客。假天云篆，欺世惑众。在京四年，恣横不悛。后贬为太虚大夫，斥归故里。
⑧ 朱勔（miǎn，1075—1126），宋苏州（今属江苏）人。朱冲子。谄事蔡京，父子皆得官。时徽宗垂意花石，勔语其父密取浙中奇石异卉进献。于苏州设应奉局，勒取花石，以船辇转运至京师，号"花石纲"。擢至防御使。钦宗即位后，将他削官放归田里，后又流放，不久又下诏中途处死，籍没其家。

像何执中、郑居中、刘正夫、余深虽在相位，时间各有长短，郑居中也与蔡京对立，常受到排挤。刘正夫也与蔡京有不同意见，但对于蔡京的权力和受宠没有损害。蔡京的儿子蔡攸的妻子，出入皇帝和后妃居住的地方，蔡攸于是被重用。至此父子权势相互倾轧。皇上宠蔡攸，并尊蔡京的子弟为亲戚。满朝都是其父子的党羽。

蔡京提倡邪说，好大喜功，诱劝皇上行奢侈之风，穷极土木之功，扩建京城，修宫殿，大肆修筑内苑。铸九鼎，鼎成后，用九州水土放入鼎中，在安置神像时，北方宝鼎突然漏水。作大晟乐，建玉清神霄宫，崇信道士。林灵素上疏建议皇帝为教主道君皇帝，建延福宫，建保和殿，建万岁山。朱勔专门负责花石纲，奇花、异木、怪石、珍禽、奇兽，没有一样不是从远方运来。

民间一花一木之妙，辄令上供，有一花费数千缗①，一石费数万缗者。二十年间，山林高深，麋鹿成群，改名艮岳。又为村居野店、酒肆青帘于其间，每岁冬至后，即放灯从令饮博②，谓之先赏元宵。

时星芒屡见，地震河决，怪异迭出，率以为常，京等诬奏甘露降，祥云现，飞鹤蔽空，竹生紫花，芝草产于艮岳及诸州连理木、双花、芙渠、芍药、牡丹，至指腊月雷、三月雪皆称瑞表贺。

内侍童贯③、梁师成④用事。师成专务应奉，以蛊上心，势焰熏灼，窃威福于中；童贯专务开边，生事于外。皆与蔡京父子相表里。

---

① 缗（mín），量词。古代通常以一千文为一缗。
② 饮博，饮酒博戏也。
③ 童贯（1054—1126），字道夫（一作道辅），宋开封人。少出李宪门，为供奉官，性巧媚，善逢迎，得徽宗宠信。与蔡京勾结，助蔡京为相，被荐监西北边军，迁武康军节度使。使契丹还，拜开府仪同三司，领枢密院事。骄恣专横，百官切齿。征方腊后，进太师。攻辽失败后，逃回京城。后金兵南下，同徽宗南逃。宋钦宗即位后，诏数其十大罪，斩首于南雄。
④ 梁师成（？—1126），字守道。宋开封人，宦官。性慧黠，稍知书。受宋徽宗宠信，至窜名进士籍中。累拜太尉，开府仪同三司。钦宗即位后，被贬，途中被缢杀。

民间只要有一花一木长得好，就命令上供，有时一株花要花费数千缗，一块石头要花费数万缗。二十年间，山林高深，麋鹿成群，改名为艮岳，又将村居野店、酒肆青帘建造其间，每年冬至后就放灯饮酒博戏，称其为提前过元宵。

当时彗星屡见，地震且河流决堤，怪异的现象不停地出现，大家习以为常。而蔡京等人又胡说是甘露降落，祥云显现，飞鹤遮蔽了天空，竹子生出紫色的花，芝草产于艮岳，各州出现连理木、双花、莲花、芍药、牡丹，甚至连腊月的雷声、三月的飞雪，都以为是祥瑞，并上表奏贺。

内侍童贯、梁师成执政。梁师成专门致力于侍候供给，以蛊惑皇上，权势很大，从中窃取威福；童贯则专门致力开拓疆土，在外生事。他们都与蔡京父子同声应气。

北宋(二十一)

女真阿骨打以重和元年戊戌称帝。初,辽主天祚①刑赏僭滥,荒于禽色,岁索名鹰海东青②于女真。女真与其邻东北五国战斗,乃能获此禽以献,不胜其扰。阿骨打遂叛,攻陷混同江③东之宁江州。辽遣将讨之而败。又起中京④、上京⑤、长春、西辽四路兵并进,独涞流河一路深入,大败,三路皆退。女真悉虏辽东界熟女真⑥,铁骑益众。天祚亲征,复大败。女真乘胜并渤海、辽阳五十四州,又度辽西降五州。阿骨打遂建号,改名旻,国号大金。明年破辽上京。

高丽来求医,上遣二医往。还奏,实非求医,乃彼知中国将与女真图⑦契丹,谓:"苟存契丹,犹足为中国捍边。女真狼虎不可交,宜早为之备。"上闻之,不乐。

上尝微行都市酒肆、妓馆。

正字曹辅⑧上言,编管⑨郴州。

---

① 天祚,辽朝末代皇帝耶律延禧(1075—1128),号天祚帝。
② 海东青,一种凶猛而珍贵的鸟,属雕类,产于黑龙江下游及附近海岛。
③ 混同江,即松花江。
④ 中京,即洛阳,金兴定元年(1217)改河南府为金昌府(治洛阳,即今洛阳市),建号中京。
⑤ 上京,中国辽代都城,在内蒙古自治区巴林左旗林东镇南。
⑥ 熟女真,女真族的一部分,居住于南部,接近契丹,入籍于契丹,被契丹直接统治。这一部分女真人被称为熟女真,也叫系辽籍女真、合苏款女真。北部的那些非契丹籍女真人则谓之生女真。
⑦ 图,图谋;谋取。
⑧ 曹辅(1069—1127),字载德。北宋南剑州沙县(今属福建)人,元符进士。累官秘书省正字。徽宗多微行,辅上疏切谏,贬官郴州六年。靖康年间,累官签书枢密院事。高宗即位,仍旧职,未几卒。
⑨ 编管,编籍羁管。

北宋（二十一）

女真阿骨打于重和元年戊戌称帝，起初辽主天祚，刑罚和赏赐僭越滥用，喜欢珍禽女色。向女真索要名鹰海东青。女真与其邻东北五国战斗，才获此禽，用来进贡，不胜其扰。于是阿骨打叛乱，攻陷松花江东面的宁江州，辽国派将去讨伐，战败。后又派中京、上京、长春、西辽四路兵并进，独涞流河一路深入，大败，其他三路都退败。女真把辽东界内的熟女真都掳走，骑兵变得更多。天祚帝亲征，又大败。女真乘胜收回渤海、辽阳五十四州，又跨过辽西降获五州。于是阿骨打建国，改名为旻，国号大金。第二年，金攻破辽上京。

高丽国派人来求医，徽宗派遣两个医生前往，医生回来后上奏说："高丽人并非是要求医，而是知道中原将与女真合作谋求攻打契丹。如果使契丹苟存下来，仍可为中原防守边疆，女真族狼子野心，不可与他们结交，应该早做准备。"徽宗听后不悦。

徽宗曾微服游幸都市、酒肆、青楼歌馆，秘书省正字曹辅上疏规谏徽宗，徽宗将曹辅发配郴州。

童贯自崇宁间与王韶①之子领兵复湟州②，任责措置③边事。已而复鄯州④，廓州⑤，贯遂建节⑥为宣抚。既得志于西边，遂谓北边亦可图。

　　政和初，乃自请奉使觇辽国。有燕人马植⑦者，陈灭燕之策。贯挟以归，更姓名赵良嗣，复燕之议遂起。政和末，有汉人泛海来，具言女真攻辽事。重和春，乃用蔡京、童贯议，遣马政⑧由海道至阿骨打所居阿芝川涞流河，与议共攻辽。阿骨打遂遣使来，宣和初至京，诏京、贯谕以夹攻取燕之意。差军校呼庆⑨送其使，由海道归国。

---

① 王韶（1030—1081），字子纯，宋江州德安人。足智多谋，富于韬略。嘉祐二年，进士及第。授初任新安主簿，后为建昌军司理参军。神宗时，被任命为秦凤路经略司机宜文字。后主导熙河之役，收复熙、河、洮、岷、宕、亹五州，拓边二千余里。熙宁七年，进观文殿学士、礼部侍郎，兼端明殿龙图阁学士，官至枢密副使。元丰二年，拜观文殿学士、知洪州，封太原郡开国侯。元丰四年去世，谥襄敏。
② 湟州，中国古代行政区划名。北宋元符二年（1099）置，治邈川城（今青海省乐都县南）。
③ 措置，安排管理。
④ 鄯州，是中国从北魏至宋朝的一个地名，北魏孝昌二年（526）设置，治所在西都县（隋朝改名湟水县，今青海乐都）。
⑤ 廓州，宋置廓州在今青海尖扎北。
⑥ 建节，执持符节。古代使臣受命，必建节以为凭信。
⑦ 马植（？—1126），辽末、北宋末燕人。世为辽大族。徽宗政和元年，童贯使辽，植献"联金灭辽"之策，童贯改其姓名为李良嗣。归宋，以为秘书丞，迁直龙图阁，提点万寿观，加右文殿修撰。后官至光禄大夫。靖康元年，因金兵南侵，被贬郴州处死。
⑧ 马政，字仲甫，北宋人。元和年间为登州兵马钤辖、武义大夫，受宋徽宗密令以买马为名渡海出使金国，促成宋金海上之盟。
⑨ 呼庆，字夏都，宋并州太原人，呼延守用之子。善外国语，曾多次出使金国商议联金攻辽之事。

童贯自崇宁间与王韶之子领兵收复湟州后，被任命管理边关事务。不久又收复鄯州、廓州，童贯便持符节受命为节度使。在西边军事得胜之后，他便认为北边的战事也是可以取胜的。

政和初，童贯自请出使辽国查探虚实。有一个叫马植的燕人献上灭燕的计策，童贯将他带回来，改名为赵良嗣，收复燕州的计划从此开始。政和末年，有汉人渡海而来，详细地告知了女真攻辽之事。重和年间春天，徽宗采用蔡京、童贯之计策，派遣马政从海道到阿骨打居住的阿芝川涞流河，与他共同商议攻辽的计策。于是阿骨打派遣使者前来，宣和初年到达。徽宗下诏令蔡京、童贯使用夹击取燕之策，派军校呼夫送女真使臣由海道回国。

是岁，王黼①为相，力赞攻辽之策。及呼庆复与金使来，时阿骨打在上京，遂遣良嗣往。约金国取辽中京，本朝取燕京②，岁币③如与辽之数。良嗣曰："燕京一带，则并西京④是也。"金主亦许之，以札付良嗣，期以女真兵自平地松林趋古北，南兵自白沟夹攻。良嗣归，马政复与子扩持国书，往订彼此兵不得过关。未几，金使复来，又以国书就付其使归国。

时淮南、京西、河北、江南相继盗起。山东宋江方就招安⑤，睦寇方腊⑥连陷浙郡，中都为震。童贯甫⑦平方腊，而北事作矣。

金人悉师度辽，趋中京，攻陷之。中京者，故奚国⑧也。遂引兵至松亭关⑨，以与宋有各不过关之约，止，引兵由其西而过。

---

① 王黼（fǔ，1079—1126），原名王甫，字将明，宋开封祥符人。崇宁年间进士，任相州司理参军，后历任御史中丞、尚书左丞、中书侍郎。宣和元年，任命为特进、少宰。善于巧言献媚。金军攻入汴京，携妻儿逃命，后被聂山所杀。
② 燕京，今北京。
③ 岁币，指朝廷每年向外族输纳的钱物。
④ 西京，在今山西省大同市。
⑤ 招安，也作"招抚"，劝说造反者投降归顺。
⑥ 方腊（？—1121），宋末睦州青溪人。徽宗宣和二年，聚众起义，自号"圣公"，建元"永乐"，设置官吏将帅。百姓争附之，众至数十万人。最盛时占有七州四十八县，宋廷九次招降，不为所动。宣和三年正月，童贯发十五万兵南下镇压，四月，战败被俘。同年八月，在汴京被杀。
⑦ 甫，刚刚。
⑧ 奚国，辽时奚族回离保所建之国。
⑨ 松亭关，古关名，故址在今河北宽城县西南。

这一年，王黼为宰相，他极力赞同攻辽之策，等呼庆再次与金使回来时，阿骨打在上京，便派遣赵良嗣前往，约定金国取辽中京，而大宋取燕京，宋朝将每年给予辽的五十万岁币转送与金。赵良嗣说："燕京一带包括西京都应归宋朝，金主也答应了，他让我带书信来，希望女真兵从平地松林向古北，宋兵从白沟起夹攻辽兵。"赵良嗣回来后，马政与他的儿子马扩持国书约定："彼此兵不得过关。"不久，金使再次到来，拿着国书回到金国。

恰巧此时淮南、京西、河北、江南相继造反，山东宋江刚刚招安睦州人方腊带领农民起义，接连攻陷浙郡很多地方，京师大为震惊。童贯刚镇压方腊叛乱便投身到伐辽之战中。

金人全军伐辽，逼近中京并将其攻陷，中京，即先前奚族回离保所建的奚国。金军将军队引到松亭关，因与宋有各不过关之约，于是引兵西下。

辽主先已引避①,或言金前锋将至,辽主震惊,亟奔云中入夹山。时燕王淳②守燕,萧幹③立淳为主。

宋童贯、蔡攸④帅师东路至白沟,西路至范村。萧幹迎战甚力。宋师败退。耶律淳死,宋师再举,辽涿州将郭药师⑤领常胜军来降。宋兵五十万进驻卢沟河,萧幹拒之。药师间道袭燕,幹还救死斗,药师屡败,仅以身免遁还,卢沟之师遂溃。

贯、攸惧无功获罪。时金主在奉圣州⑥,乃遣客祷金主图之。金主分三道进兵,遂入居庸门,燕降于金。金使来言"燕京以金兵攻下,其地与宋,租税当以输金。"宋使赵良嗣往议之,许岁币如契丹旧数外,更以百万代租税而并求云中之地。

---

① 隐避,引退;回避。
② 耶律淳(1063—1122),小字涅里,契丹族,辽天祚帝耶律延禧的堂叔,保大二年(1122年),金军连续攻陷辽国的上京和中京,天祚帝逃入夹山,群臣拥立耶律淳为帝,随后建立北辽政权。
③ 萧幹(?—986),辽后族,小字项烈,字婆典。萧敌鲁子。因攻乌古有功,迁北府宰相。高梁河之战,与耶律休哥等并力破宋军,加政事令。
④ 蔡攸(1077—1126),字居安,宋兴化仙游人,蔡京长子。徽宗时,赐进士出身,历任龙图阁学士、淮康军节度使、宣和殿大学士。宣和五年,代王黼担任领枢密院事,后任开府仪同三司、少保。灭辽后,拜少师,后改任太保,封英国公。钦宗即位后,遭贬谪,不久在贬所被诛杀。
⑤ 郭药师,生卒年不详,金渤海铁州人。为辽怨军统帅,辽亡后降宋。与金作战,兵败后降金,金太宗命为燕京留守,赐姓完颜氏。海陵王即位,诏复本姓。
⑥ 奉圣州,今河北省张家口市涿鹿县。

辽主先已避开，听说金国将领将到，十分震惊，急忙从云中逃到夹山。当时燕王耶律淳守燕，萧幹便拥立耶律淳为帝。

宋朝童贯、蔡攸率领东路兵驻扎白沟，西路兵驻扎范村，萧幹奋勇迎战，宋军败退。耶律淳死后，宋再次向北辽用兵，涿州将郭药师率领常胜军来投降，宋兵五十万进驻卢沟河，萧幹将其拒之门外，郭药师借道袭击燕京，萧幹拼死回击，郭药师数次失利，侥幸得脱，卢沟之师溃不成军。

童贯、蔡攸怕因无功而获罪。当时金主在奉圣州，他们便派遣说客与金主商议对策。金主分三路进攻辽，由居庸关进军，攻占了燕京。金使来言："燕京是金兵攻下的，如果把它给宋，宋朝应当付租税。"宋朝遣使臣赵良嗣前往商谈，许诺在原定岁币数目外加纳钱百万贯代替租税，并且求云中之地。

金人仅以燕京、涿、易、檀、顺、景、蓟六州来归。贯、攸入燕，燕之金帛、子女、职官、民户，金人席卷而东，所得空城而已。贯、攸归，以王安中①知燕山府②，詹度③、郭药师同知。

北宋（二十二）

有星如月，徐徐南行而落，光照人物，与月无异。

修神保观④。其神都人素畏之，倾城男女负土以献，名曰献土⑤。又有饰作鬼使催纳土者，上亦微服观之。后数日旨禁。

京师、河东、陕西地震，宫中殿门摇动且有声，兰州草木没入，山下麦苗乃在山上。

金国无城郭宫室，用契丹旧礼。如结彩山⑥、作倡乐、斗鸡击鞠之戏与中国同。但于众乐后，饰舞女数人，两手持镜类电母⑦。

其国茫然，皆芙⑧舍以居。至是方营大屋数千间，尽仿中国所为。

---

① 王安中（1075—1134），字履道，号初寮。宋中山阳曲（今山西太原）人，哲宗怨妇三年进士。徽宗时历任翰林学士、尚书右丞。以谄事梁师成、交结蔡攸获进。后任建雄军节度使、大名府尹兼北京留守司公事。靖康初，被贬送象州安置。
② 燕山府，宋宣和四年（1122），金兵攻占辽燕京析津府（在今北京市）。宣和五年（1123）归宋，改为燕山府。
③ 詹度，宋处州缙云人，字安世。与郭药师同知燕山府，告朝廷"郭药师心怀异志，交结金人，为祸不远，愿早为之虑。"后药师果叛。
④ 神保观，北宋都城开封百姓立二郎神祠，皇帝敕赐"神保观"。
⑤ 献土，在古代，人们负土献神，建庙祈福的一种活动
⑥ 结彩山，用彩色绸布、纸条和松枝等结成山状的装饰物。
⑦ 电母，古代神话传说中司闪电的神。
⑧ 芙（yǒu），草名。

金人仅把燕京和涿、易、檀、顺、景、蓟六州归还北宋，等童贯、蔡攸等进入燕京，这一地区的金帛、男女、官绅、富户已被金人席卷而去，北宋换来的只是空城而已。童贯、蔡攸回朝，命王安中掌管燕山府，詹度、郭药师为副职。

北宋（二十二）

有一颗如同月亮的星星徐徐向南方前行，慢慢落下，它的光芒照在万物上，和月亮没有什么区别。

朝廷修整神保观，京城百姓平时都很敬畏其中供奉的二郎神，于是全城的男女都背土来进献，叫"献土"。也有装扮成鬼使来催促献土的，徽宗微服探访数日后下旨禁止了这一活动。

京师、河东、陕西发生地震，宫中殿门摇晃并且发出声音，兰州的草木都没入地下，山下的麦苗却到了山上。

金国没有城郭宫殿，使用的是契丹旧礼，如结彩带山、作倡优的歌舞表演，做斗鸡、蹴鞠之类的游戏，这些与中原相同。但在音乐之后，数名舞女双手持镜舞动，像电母所为。

金国地域辽阔无边，人们都居住在草屋中，到现在才营建数千间大房子，都是仿照中原的样式而建的。

两京、河浙路灾异叠见。都城有卖青菓，男子孕而诞子。又有丰乐楼酒保朱氏，其妻年四十，忽生髭髯①，长六七寸，宛一男子，诏度为女道士。

河北、山东盗起，连岁亡荒，民食榆皮野菜不给，至相食。饥民并起为盗。有张仙者，众十万。张迪，众五万。高托山，众三十万。自余二三万者，不可胜计。

金主称帝六年而殂，号太祖大圣武元皇帝。弟吴乞买②立，改名晟。

燕山之地，易州③西北乃金坡关，昌平④之西乃居庸关，顺州⑤之北乃古北关，景州⑥之北乃松亭关，平州⑦之东乃隃关，隃关⑧之东乃金人之来路。凡此数关，天限番汉，得之则燕境可保。然关内之地平、滦、营三州，自后唐为契丹阿保机所陷，以营、滦隶平为平州路。

得燕而不得平州，则关内之地，番汉杂处，而燕为难保矣。

---

① 髭髯（zī rán），胡须。髭，须在口上曰髭。髯，颊上胡须。
② 吴乞买，即金太宗完颜晟（1075—1135），女真名完颜吴乞买，金太祖完颜阿骨打弟，金第二代皇帝，公元1123年即位。在位期间曾迫宋签订"城下之盟"，又攻陷汴京。天会十三年（1135）正月，病逝于明德宫，终年六十一岁，庙号太宗。
③ 易州，治所在今易县，唐辖境相当今河北内长城以南，安新、满城以北，南拒马河以西。
④ 昌平，即今北京昌平区。
⑤ 顺州，今北京顺义。宋宣和五年（1123）入宋，赐名顺兴郡，隶属燕山路。入金后复名顺州，隶属大兴府。
⑥ 景州，即今河北省景县。
⑦ 平州，唐时治所在卢龙，辖境相当今河北省陡河流域以东、长城以南地区（抚宁、昌黎、卢龙及唐山市全境）。
⑧ 隃关，当为榆关，即山海关。

京东京西、河浙之地灾难异象频频出现，都城有卖青果的，男子吃下后怀孕并且生下一个孩子。又有一个酒保姓朱，他的妻子四十岁时忽然长出了胡须，长六七寸，就像一个男子，皇帝下诏将她度为女道士。

　　河北、山东相继谋反，加上连年凶荒，民间米粮供给不足，百姓争相削榆树皮、采野菜以充饥，甚至于互相为食。于是饥民全都揭竿而起，张仙聚众十万造反，张迪聚众五万造反，高托山聚众三十万造反，其余两三万规模的造反团伙不可胜数。

　　金主称帝六年后驾崩，号太祖大圣武元皇帝，他的弟弟吴乞买做了皇帝，改名晟。

　　燕山地界，易州西北是金坡关，昌平之西是居庸关，顺州之北是古北关，景州之北是松亭关，平州之东是榆关，榆关之东是金人的来路。这几个关口，是上天用来区分番汉的界限，如果得到它们，那么燕山之境可以保存下来。关内有平、滦、营三州，自后唐起被契丹阿保机攻陷后，营、滦二州归平州管辖，改为平州路。

　　大宋得到燕境却没得到平州，关内之地仍是番汉杂处，燕山之地难以保得住。

辽张瑴①守平州。金已遣人招瑴，瑴曰："契丹凡八路，今特平州存耳，敢有异志？"既而乃以平州南附，宋遽②纳之。赵良嗣力争，以为必招金兵。金人谍知③，即袭平州，陷之，得宋诏札。自是归曲④，累⑤檄⑥取瑴。不得已命王安中缢⑦之，而亟送其首。

未几，金太子斡离不⑧已由平州路将入燕矣。宋方且遣人密诱天祚⑨来降，以童贯宣抚两河、燕山路，将迎天祚。金人方退，天祚入阴夹山，不可得。至是领众南出，遂为金人所败就擒。契丹自阿保机至天祚九世而亡。时宣和七年乙巳岁也。

① 张瑴（jué，？—1123），又作张觉。辽平州义丰人。辽进士。为辽兴军节度副使。金任命为临海军节度使，知平州。后叛入北宋。金军攻入平州后索要张瑴，被王安中缢杀。
② 遽，仓猝，匆忙。
③ 谍知，探知，暗中查明。
④ 归曲，犹归罪。
⑤ 累，多次。
⑥ 檄，古代官府用以征召或声讨的文书。
⑦ 缢，用绳子勒死。
⑧ 斡离不，即完颜宗望（？—1127），本名斡鲁补，又作斡离不，金太祖完颜阿骨打次子，随金太祖征伐，破汴京，俘宋徽宗、宋钦宗二帝。
⑨ 天祚，即辽天祚帝。

辽人张毂镇守平州，金国已经派遣人去招降张毂，张毂说："契丹一共有八路，如今只有平州残存，怎么还敢有别的念头？"于是率平州南向宋投降，宋朝马上就接受了。赵良嗣反对这么做，认为这样一定会引来金兵。金人得知后，即刻攻打平州，平州陷落后，得到了徽宗的手诏，从此张毂归降于宋朝。金国多次发文书向宋朝索要张毂。徽宗不得已命王安中杀死张毂，将他的首级送给金人。

不久，金国太子斡离不从平州路攻入燕京，宋朝遣人秘密引诱天祚帝来投降，命童贯到燕山路准备迎接天祚帝，金人这才退兵。天祚帝想进入阴夹山却没有成功，于是率领部众向南逃去，被金人击败生擒。契丹国从阿保机开始到天祚帝，历经九世而亡国。当时是宣和七年乙巳年。

是冬，金斡离不、粘罕①分道而南。斡离不陷②燕山，郭药师降之。金兵长驱而进，郭药师为前驱。童贯自太原逃归。粘罕围太原，太原帅张孝纯③叹曰："平时童太师作多少威重，乃畏怯如此！身为大臣，不能死难④，何面目见天下士？"孝纯以冀景守关。知朔宁府孙翊⑤来救，兵不满二千，与金人战于城下。张孝纯曰："贼已在近，不敢开门，观察可尽忠报国。"翊曰："但恨兵少耳！"乃复引战，金人大沮。再益⑥兵力，不能敌，翊死焉，无一骑肯降。

时王黼先一年已罢，而白时中⑦、李邦彦⑧并相，皆鄙夫⑨也。金兵来，时中但建出奔之策而已。

上内禅⑩。在位二十六年，改元者六：曰建中靖国，曰崇宁、大观、政和、重和、宣和。太子立，是为钦宗皇帝。

---

① 粘罕，即完颜宗翰（1080—1137），本名粘没喝。从金太祖完颜阿骨打抗辽，多次参与灭辽攻宋等重大战役，俘获宋徽宗、钦宗，追宋高宗至扬州。熙宗立，以太保、尚书令，领三省事，封晋国王。谥"桓忠"。
② 陷，攻破。
③ 张孝纯（？—1144），字永锡，宋滕阳人。北宋宣和末，以河东宣抚使兼知太原府。宣和七年，金军败盟南下，围困太原，城破后，降金。后任伪齐政权丞相，向宋密报伪齐谋宋之事。伪齐政权废后，任汴京行台左丞相。一年后，请归乡里。皇统四年卒，谥"安简"。
④ 死难，指殉难，为国家的危难或正义事业而付出生命。
⑤ 孙翊，生卒年不详，北宋官员，官至朔宁知府。金军入侵时，救援太原，力战而死。
⑥ 益，添加。
⑦ 白时中（？—1127），字蒙亨，北宋寿州寿春（今安徽寿县）人。进士出身，为官一切奉行蔡京父子之意。靖康之变时，建议钦宗弃城逃跑。后被弹劾，不久卒。
⑧ 李邦彦（？—1130），宋怀州人，字士美，自号"李浪子"，徽宗大观二年上舍及第。善讴谑，能蹴鞠，因善事内侍，累迁中书舍人、翰林学士承旨。宣和六年为少宰兼中书侍郎，都人称"浪子宰相"。钦宗时，升太宰，力主割地议和，罢相。赵构即位后被贬逐，死于桂州。
⑨ 鄙夫，人品鄙陋、见识浅薄的人。
⑩ 内禅，在世袭制王朝下，君主将君位禅让与其家族里的人，称"内禅"。

这年冬天，金国斡离不、粘罕分道行事，斡离不攻陷燕山，郭药师投降，金兵长驱直入，让郭药师带路。童贯从太原逃亡，粘罕围困太原，太原将领张孝纯叹气道："童太师平时看着威风凛凛，现在却害怕到如此地步，身为国家大臣，不能以身殉难，又有什么面目来面对天下士人？"张孝纯派冀景守关，朔宁府知府孙翊前来救援，所带兵马不足两千，与金人在城下开战。张孝纯对孙翊说："敌人已近在眼前，不敢开城门，你只能为国尽忠了。"孙翊说："只恨我们兵马太少了！"于是再次作战，金人大受打击，继续添加兵力，宋军不敌，孙翊战死，宋军中没有一人投降。

当时王黼已经在一年前被罢免，白时中和李邦彦共同执掌相印，但这二人却都是见识浅薄之人。金兵攻来之时，白时中只有出奔逃跑的主意。

徽宗禅位给太子。他在位二十六年，改元六次，分别是：建中靖国、崇宁、大观、政和、重和、宣和。太子登基，即钦宗皇帝。

北宋（二十三）

钦宗皇帝名桓，在东宫无失德。蔡京、童贯辈咸惮之，欲动摇，不可，至是即位。太学生陈东①等伏阙②上书，乞诛蔡京、童贯、王黼、梁师成、李彦③、朱勔六贼以谢天下。彦以根括④民田，破荡百姓，结怨于河北、京东、西三路者也；勔以花石纲，所在骚动，结怨于东南者也。靖康元年，首窜⑤黼、勔、彦，寻皆杀之。

有狐升御榻而坐者。诏毁狐王庙。

上皇奔应天府⑥。

以李纲⑦为行营使，定城守策。

除元祐党籍，追赠范仲淹、司马光等官。

白时中罢，李邦彦、张邦昌⑧为相。

---

① 陈东（1086—1127），字少阳，宋润州丹阳人。以贡入太学。钦宗即位，率其徒上书劾蔡京、王黼等人为六贼。高宗朝，因上书乞留李纲罢黄潜善，布衣欧阳澈亦上书言事，潜善以语激怒高宗，与澈同斩于市。
② 伏阙，拜伏于宫阙下。多指直接向皇帝上疏奏事。
③ 李彦（？—1126），北宋宦官，性狠愎，密与王黼相表里，指民田为荒地，焚其地券，据为己有，诉者辄加威刑，致死者千万。积官至安德军承宣使。钦宗靖康初，削官赐死，籍其家。
④ 根括，搜刮。
⑤ 窜，放逐，驱逐，贬官。
⑥ 应天府，指北宋的陪都南京应天府（今河南商丘）。
⑦ 李纲（1083—1140），字伯纪，号梁溪，宋邵武人。徽宗政和二年进士，历官至太常少卿。宋钦宗时，授兵部侍郎、尚书右丞。金兵入侵汴京时，奋力抗战。高宗即位初被起用为相任，力图革新，荐宗泽，高宗意存苟安，为相七十五日即罢。绍兴十年病逝，谥忠定。
⑧ 张邦昌（1081—1127），字子能，宋永静军东光人。举进士。徽宗、钦宗朝时，历任尚书右丞、左丞、中书侍郎、少宰、太宰兼门下侍郎。金兵犯汴京，与康王赵构质于金，请求割地赔款以议和。靖康初，京师陷，被金人册立为帝，僭号大楚。高宗即位后，终被赐死。

北宋（二十三）

钦宗皇帝名叫赵桓，当太子时没有失德之处，蔡京、童贯等人都很忌惮他，想动摇他的太子地位却没有成功。等他即位后，太学生陈东等人向他上疏要求诛杀蔡京、童贯、王黼、梁师成、李彦、朱勔这六贼以向天下谢罪。其中李彦借彻查民田的名头强占田地，使百姓损失惨重，在河北、京东、京西三处惹得百姓怨声载道，朱勔因花石纲使东南百姓民不聊生。靖康元年，先放逐了王黼、朱勔、李彦，后来他们都被处死。

有狐狸蹿到皇帝的床上，于是皇帝下诏摧毁狐王庙镇邪。

太上皇（徽宗）躲避逃往应天府。

钦宗任命李纲为行营使，负责都城的防守事宜。

钦宗给元祐党人平反，追赠范仲淹、司马光等官爵。

白时中罢相，李邦彦、张邦昌接任。

春正月，斡离不抵京师。先是，朝廷遣李邺求和，斡离不携邺以攻京城，不克，乃遣王汭与邺偕来。邦彦等皆主和，惟纲欲战。上是邦彦之计，遣郑望之①出使，未至而遇王汭，与俱入见。又遣李梲出使，梲又与金使偕来。金人需犒师金五百万两，银五千万两，牛马万头，表段百万匹，割中山、河间、太原三镇地二十余郡，且欲宰相亲王为质。遣张邦昌副康王②如其营。金国太子与康王同射，连发三矢，皆中筈③。金人谓是将家子，非亲王，遣归，更请肃王④为质。

种师道等诸路勤王⑤兵至。师道奏："京城周回八十里，城高数十丈，粟支数年。宜与城内劄⑥寨拒守，俟困击之。"纲亦奏："金以孤军深入，如虎投槛⑦，不可与角一旦之力。纵归击之，必胜之计。"上然⑧之。

---

① 郑望之（1078—1161），字顾道，宋彭城人。钦宗靖康元年，因主和议，罢提举亳州明道宫。高宗时，为户部侍郎，转吏部侍郎，绍兴年间，以徽猷阁直学士致仕。卒年八十四岁。
② 康王，即后来的宋高宗赵构（1107—1187），宋徽宗第九子，宋钦宗之弟。封"康王"。北宋末，代表北宋朝廷出使金营。金兵攻陷汴京，康王赵构在南京应天府即位，改年号为"建炎"。
③ 筈（kuò），箭的尾端，射时搭在弓弦上的部分。
④ 肃王，即徽宗赵佶第五子赵枢。
⑤ 勤王，多指君主的统治受到威胁而动摇时，臣子起兵救援王朝。
⑥ 劄（zhā），驻扎。
⑦ 槛，关动物的大笼子、栅栏。
⑧ 然，赞同。

靖康元年正月,斡离不抵达京师,朝廷开始派遣李梲求和,斡离不带着李梲进攻京师,没有攻下。于是派王汭和李梲一同回来。李邦彦等人主和,只有李纲主战。圣上采纳了李邦彦的计划,派遣郑望之出使金国,郑望之还没有到就碰上了前来的王汭等人,王汭与他一同觐见。后来钦宗派李梲出使,李梲又与金使一同回来,金人趁机提出宋廷必须纳犒师金五百万两,银五千万两,牛马万头,绸缎百万匹,此外还要划割太原、中山、河间三镇二十多个郡,并派宰相亲王到金营做人质才肯议和。圣上派康王和张邦昌到金国营地。金国太子与康王一同射箭,康王连射三箭,每一箭都正穿过前一箭的箭尾,金人便说这一定是将军之子不是亲王,让他回去请肃王来做人质。

种师道以及各路救援兵到达,种师道上奏说:"京城方圆八十里,城高数十丈,粮食可以支持数年,应当在城内安营结寨抵御守卫,等候出击的时机。"李纲也认为金军孤军深入,如同老虎自己走入栅栏中,不可与它争蛮力,等它自投罗网后再出击,一定可以致胜。圣上认同。

而李邦彦、吴敏等专主和，议论不一致。虏有"待汝议论定时，我已渡河"之讥。未几，统制官①姚平仲②宵攻金营，不克。上大惊惧，废行营，罢李纲以谢金人。太学生陈东及都人数万伏阙，乞复用纲。得旨复右丞，充守御使，众乃散。

　　金使复来，乃以割三镇诏书遣使持往。时括③在京金仅得二十余万两，银四百余万两，藏蓄已空。金人围京城凡三十三日，得割地诏，不俟金币数足而退。种师道④请临河要⑤击之。纲亦以为，彼兵六万而我勤王之师二十余万，纵其半渡而击之必胜。邦彦等不从，惟诏三镇，仍坚守不割。

　　京师受围时，梁师成已诛。至是窜蔡京于儋州⑥，至潭而死，年八十。蔡攸窜万安军⑦，寻⑧有诏，即所在斩之。童贯亦远窜，追斩于南雄。

---

① 统制官，官名。北宋于出师作战时选拔一人为都统制，总辖诸将。
② 姚平仲（约1099—？），字希晏，宋五原人，一说陇干人。姚古之子，世为西陲大将。累迁武安军承宣使。靖康元年，入援京师，任京畿宣抚司都统制，夜袭金营，功不成，亡命西蜀，隐居大面山。朝廷诏求不得。
③ 括，搜刮。
④ 种师道（1051—1126），原名建中，又名师极，字彝叔，宋洛阳人。少从张载学。入元祐党籍，屏废十年。后历知怀德军、西安州、渭州，屡败夏人。靖康元年，金兵南下，他奉诏任京畿河北制置使，京师解围，罢。金兵再次南下，再起，终河北、河东宣抚使。谥忠宪。
⑤ 要，同"邀"，中途拦截。
⑥ 儋（dān）州，今海南西北部。
⑦ 万安军，宋代始置，元代沿袭，治所万安，在今海南省万宁市。
⑧ 寻，不久。

但李邦彦、吴敏等人主和，群臣争执不下，金人讥讽道"等你们争论结束，我们已经渡过河了"。不久，统制官姚平仲夜攻金营失败，钦宗非常惧怕，便废除行营使，罢免李纲以向金人谢罪。太学生陈东以及数万人上奏乞求恢复李纲的职位。最后李纲被任命为右丞，充守御使，众人才散去。

　　金使再次到来，于是钦宗下诏割让三镇，派使者拿着诏书前往。当时在京师搜刮而来的金子只有二十多万两，银子四百多万两，储蓄已经空了。金人围困京城三十三日后得到割地诏书，不等金币数足便撤退了，种师道请求在黄河边拦截攻击，李纲也以为，金兵只有六万人，而我方勤王之师有二十多万，纵然只有半数的人渡江攻打也一定可以取胜。李邦彦等人不答应，只坚持三镇不能割让出去。

　　京师受围时，梁师成已被杀，到这时，蔡京被贬于儋州，到潭州时病死，享年八十岁。蔡攸被贬于万安军，不久有诏书下达他所在地，将其处死。童贯也被贬到远方，在南雄时赐死。

李邦彦罢，张邦昌、吴敏①并相。邦昌罢，徐处仁②相。处仁、敏罢，唐恪③相。恪罢，何㮚④相。

上皇归京师。数月金兵复至，斡离不由东路陷真定⑤，长驱先抵京师。粘罕由西路陷隆德⑥、太原府⑦、汾⑧、泽州⑨、平定军⑩、平阳府⑪、河南府⑫、河阳府⑬、郑州、怀州⑭，抵京师。张叔夜⑮等统兵赴阙⑯。

---

① 吴敏，字元中，宋真州人。曾任中书舍人、同修国史、给事中、权直学士院兼侍讲。钦宗立，迁知枢密院事，拜少宰。主和议，罢。高宗时，复观文殿大学士，为广西、湖南宣抚使，卒于官。
② 徐处仁（1062—1127），字择之，北宋应天人。神宗元丰间进士。大观年间，知永兴军。主和议。靖康元年，为中书侍郎，拜裁决权。旋罢相。
③ 唐恪（？—1127），字钦叟，宋余杭钱塘人。以父荫登第，哲宗绍圣元年进士，历任郴县尉、榆次知府，官至少宰兼中书侍郎。靖康元年，进拜尚书右仆射兼中书侍郎。主和议。靖康年，金人陷京师，逼百官立张邦昌，令吴开、莫俦入城取推戴状，恪既书名，仰药而死。
④ 何㮚（lì，1089—1127），俗写何栗，字文缜，宋仙井人。徽宗政和五年进士第一。历官秘书省校书郎、御史中丞、泰州知府、尚书右丞、中书侍郎、尚书右仆射兼中书侍郎。金兵破京城，与二帝同被掳，陷北庭，不食而死。
⑤ 真定，今河北正定。
⑥ 隆德，在今宁夏回族自治区固原市。
⑦ 太原府，宋太原府下辖九县，包括阳曲、平晋、文水、祁县、太谷、榆次、清源、寿阳、盂县。
⑧ 汾州，在今山西省汾阳市。
⑨ 泽州，即今山西省晋城市。
⑩ 平定军，治所在今山西省平定县。
⑪ 平阳府，辖境相当于今临汾、运城两地级市及吕梁市石楼县、晋中市灵石县。
⑫ 河南府，在今河南洛阳。
⑬ 河阳府，在今河南孟州。
⑭ 怀州，在今河南焦作。
⑮ 张叔夜（1065—1127），字嵇仲，北宋信州永丰县（今江西省上饶市广丰县）人。曾镇压宋江起事。靖康难中，率军守汴梁城，失败后随钦宗被金国掳走，途中自缢而死。
⑯ 赴阙，入朝觐见皇帝。

李邦彦罢相，张邦昌、吴敏共同执相；张邦昌被罢免，徐处仁继任为相；徐处仁、吴敏被罢免，唐恪接任；唐恪被罢免，何㮚成为新的丞相。

　　太上皇回到京师，几个月后金兵再次攻宋，斡离不由东路攻陷真定，长驱直入最先抵达京师，粘罕由西路陷打隆德、太原府、汾州、泽州、平定军、平阳府、河南府、河阳府、郑州、怀州，抵达京师，张叔夜等率兵入朝觐见。

唐恪、耿南仲①专主和议，曰："今百姓困匮②，养数十万于城下，何以给③之？"乃止各道兵，毋得动。

北宋（二十四）

京师自十一月受围，凡四十日。有卒郭京者，言能用六甲法④生擒粘罕、斡离不。尽令守御人下城，独坐城楼上，以亲兵数百自卫。俄顷金人鼓噪⑤而进，京绐⑥众曰："须自下城作法。"因引余兵南遁。虏兵登城者才四人，众皆披靡大溃。上闻城陷，恸哭曰："朕不用种师道言，以至于此。"时师道前一月卒矣。

护驾人犹有万余，马亦数千。张叔夜连战四日，斩其贵将一人，欲护驾突围而出。上惑于和议，不定，士卒号哭而散。虏使刘晏请上出城，都民争入，脔⑦而食之。何㮣欲率都民巷战，闻者争奋，金人由是敛兵不下。惟以割地、责金币、和议为辞，以误战守之计。

---

① 耿南仲（？—1129），字希道，宋开封人。神宗元丰五年进士。历任荆湖、江西路转运使，户部员外郎，太子詹事。钦宗时，官至尚书左丞、门下侍郎，力主割地求和。高宗时，罢为观文殿学士、提举杭州洞霄宫，寻责临江军居住。
② 困匮，贫乏，贫困。
③ 给，供养。
④ 六甲法，据《三朝北盟会编》载："郭京言'可以掷豆为兵，且能隐形，今用六甲正兵七千七百七十七人，可以破敌。临敌正兵不动，神兵为用，所向无前。'"六甲正兵即年命合六甲者。六甲，指甲子、甲戌、甲申、甲午、甲辰、甲寅。
⑤ 鼓噪，是指鸣鼓喧哗，擂鼓呐喊。
⑥ 绐（dài），欺骗。
⑦ 脔，切肉成块。

唐恪、耿南仲专主和议，说："如今百姓困顿，又要养数十万兵，拿什么来供养他们呢？"于是皇帝命令各路兵马不得行动。

北宋（二十四）

京师从十一月起被困共四十日。有个叫郭京的士兵，说是能厐六甲法生擒粘罕、斡离不。他命令其余人一概下城楼，他独自坐在城楼上，留下几百名亲兵守卫。金兵一攻上来，郭京便对众人说："我需要亲自下楼作法。"于是领着亲信下楼向南逃遁而去。金兵登上城楼的才四个人，众人就被打得溃不成军。钦宗听说京城陷落，大哭着说："朕不采用种师道的建议，才到了这步田地！"这时，种师道已经去世一个月了。

此时护驾的还有一万多人，马匹也有数千，张叔夜率兵连战四日，斩杀一名金国重要将领，想要护驾突围而出，钦宗还在想着和议，摇摆不定，士卒们号哭着散去。金国使者刘晏请钦宗出城，京师百姓争相要将他千刀万剐，分食其肉。何㮣想要率领百姓进行巷战，听说的人都很振奋。金人因此按兵不动，只以割地、索要赔款、谈和议为借口，拖延战局。

侍郎耿南仲力主议和，上以为然，遂随其计。二元帅请与上皇相见，上曰："上皇惊忧已病，朕当自往。"遂如青城见之，二宿而返。明年春，复请上出郊，续逼出上皇。张叔夜谏曰："今上一出不归，陛下不可再往。臣当率励精兵，护驾以出，纵虏骑追至，臣决死战，或可侥幸。若天不祚①，死于封疆，不犹生陷于夷狄乎？"上皇欲饮药，为范琼②所夺，逼上皇出宫。

皇后、太子、亲王、帝姬、皇族前后三千余人悉赴军前。城中子女、金帛、宝玩、车服、器用、图书百物，括索③公私，上下俱空。然后宣金主诏书，选立异姓，遂册前太宰张邦昌为楚帝，以宋二帝北归。金人在汴凡七阅月④而去。

---

① 祚，保佑。
② 范琼（？—1129），字宝臣，宋开封人。自卒伍补官。金兵围汴京，为京城四壁都巡检使。高宗建炎初，加御营司都统。金军至扬州，他避不抗战。后被诛杀。
③ 括索，搜索。
④ 阅月，经过一个月。

侍郎耿南仲力主议和，钦宗也认可，于是听从了他的建议。金国二元帅请求与徽宗相见，钦宗说："上皇惊忧之下已经生病了，朕会亲自前往。"于是钦宗到青城去会见他们，两天之后便返回。第二年春天，金人再次请钦宗出郊，接着逼出上皇。张叔夜建议说："今上一去不回，您不能再去了。我一定会率领精兵强将拼死护驾以求突围而出，纵然金兵追上，我也一定血战到底，或许可以侥幸成功。若上天不保佑，死在自己国内，不比在夷狄之地屈辱地活着强吗？"上皇想服毒自尽，被范琼夺了下来，逼着出宫。

　　皇后、太子、亲王、帝姬、宗室三千多人都前往军中。城中男女、金帛、宝玩、车服、器用、图书百物被金人搜刮一空，然后宣读金主诏书，选立异姓人为帝，于是册封前太宰张邦昌为楚帝，宋徽宗、钦宗被押往金国。金人在汴京七个月后离去。

始至，张叔夜尝力战，余皆主和。以至吴开①、莫俦②、王时雍③、徐秉哲、范琼④等往来逼逐上皇以下出郊，议举异姓。方上在青城，逼易御服，时惟李若水⑤抱持大呼奋骂，金人刀裂其颐，断其舌而后枭⑥之，相谓曰："大辽破，死义⑦者十数，今南朝仅李侍郎一人！"然一时愤死者甚众，金人不知也。吴革⑧结众欲劫还二帝，为范琼诱杀。何㮚、孙传、张叔夜、秦桧、司马朴皆争论，乞存立赵氏。金人驱之从上北行，叔夜不食粟，惟饮汤，过界河死。㮚至燕亦不食，死。

当京城危急时，四方勤王之师至者皆诏止不进，恐妨和议。讫⑨金人之退，未尝交兵⑩。上在位不二年，国破，改元曰靖康。弟康王立于南京，是为高宗皇帝。

---

① 吴开（jiān），字正仲，宋汀州清流人。哲宗绍圣四年中弘词科。钦宗靖康时官翰林学士承旨。主和议。为金人传递旨意，京师之人称他为捷疾鬼（夜叉）。张邦昌立楚，被任命为左丞相。建炎后被贬谪死。
② 莫俦（1089—1144），宋浙江湖州人，徽宗政和二年壬辰科状元。官至吏部尚书，翰林学士，知制诰。金国扶持张邦昌做"大楚"皇帝，被封为尚书右丞相。高宗时被贬。
③ 王时雍，宋高凉郡人。历官吏部尚书、开封府尹。靖康时为东京留守。后拥立张邦昌为皇帝，封权知枢密院事领尚书省。高宗时，被杀。
④ 范琼（？—1129），字宝臣，北宋开封人，靖康年间为京城四壁都巡检使，持剑为金军驱逼徽宗及后妃出城。建炎初，为御营司都统制，后为平寇前将军。金军迫扬州，他避至寿春，寿春民讥其不战而走，因纵兵入城杀掠。苗傅、刘正彦发动兵变，不肯进兵讨伐。后被杀。
⑤ 李若水（1093—1127），原名若冰，字清卿，宋洺州曲周人。钦宗时除太学博士，曾奉旨出使金国，归擢吏部侍郎。靖康二年随钦宗至金营，詆金人为狗，不屈被害。南宋追赠观文殿学士，谥忠愍。
⑥ 枭，古代刑罚，把头割下来悬挂在木上。
⑦ 死义，为义而死，谓恪守大义。
⑧ 吴革，字义夫，宋华州华阳人。从泾原军，以秉义郎干办经略司公事。金人欲立张邦昌，吴革谋先诛范琼辈，为琼所执，不屈而死。
⑨ 讫，截止到。
⑩ 交兵，交战。

金人刚到时，只有张叔夜曾奋力一战，其余都是主和派，甚至于吴开、莫俦、王时雍、徐秉哲、范琼等人反复逼迫上皇出郊，议举异姓。钦宗在青城时，被逼着脱下龙袍改换便服。当时只有李若水大声叱骂：金人割断他的舌头，割下他的脑袋悬首示众，互相说："大辽国破，为国殉难的有十几人，如今宋朝只有李侍郎一人。"其实一时悲愤而死的义士有很多，只是金人不知道罢了。吴革集合众人想要救回二帝，被范琼诱杀。何㮚、孙传、张叔夜、秦桧、司马朴都乞求存立赵氏。金人将他们和皇帝一起押赴北方。张叔夜不吃粮食，只喝汤，过界河的时候去世。何㮚到燕京也不食而死。

　　当京城危急时，四方勤王之师都不准前进，怕妨碍和议，等到金人退兵时，都没有交战过。钦宗在位不过二年，国破后改元为靖康。钦宗弟弟康王在南京即位，就是高宗皇帝。

文白对照十八史略

第五卷

南宋

南宋（一）

高宗皇帝名构，徽宗第九子也，母韦氏。徽宗梦吴越武肃钱王①入室，已而生构，封康王。靖康初，尝出使斡离不军。是冬，斡离不再来，奉诏再出使，耿南仲②偕行。至相州③，民遮道④请无往。至磁州⑤，守臣宗泽⑥止之。相州守以蜡书⑦言："金人方遣骑，物色康王所在。"乃回相州，与南仲揭榜，召兵勤王⑧。有诏以康王为大元帅，汪伯彦⑨、宗泽为副，领兵入卫。王从伯彦议，出北门，渡河至大名。

---

① 吴越武肃钱王，吴越，国号；武肃，谥号；钱，姓；王，爵名。即唐末五代吴越王钱镠，是一位大有作为的君王。
② 耿南仲（？—1129），字希道，宋开封人。进士及第，历提举两浙常平，徙河北西路，改转运判官、提点广南东路及夔州路刑狱、荆湖江西两路转运副使，入为户部员外郎、辟雍司业。主和议。高宗时，罢为观文殿大学士、提举杭州洞霄宫。又降授别驾，安置南雄，行至吉州卒。
③ 相州，治所安阳，即新邺城，在今河南省安阳市区西郊。
④ 遮道，犹拦路。
⑤ 磁州，即今邯郸市磁县，位于河北省南端。
⑥ 宗泽（1060—1128），字汝霖，宋婺州义乌人。哲宗元祐六年进士，历任县、州文官，颇有政绩。靖康元年知磁州，招募义勇，阻金兵南下。高宗建炎元年，任东京留守兼开封府尹，召集义军，联络八字军，提拔岳飞为统制，屡败金兵。多次上书高宗，力主还都东京，收复中原，但未被采纳，忧愤而亡。谥号忠简。
⑦ 蜡书，封在蜡丸中的文书。
⑧ 勤王，君王有难，臣下起兵救援君王。
⑨ 汪伯彦（1069—1141），字廷俊，宋徽州祁门人。崇宁二年进士。钦宗时，献《河北边防十策》，任直龙图阁，知相州。康王赵构时主谋南迁扬州，不作战守之计。建炎三年，扬州失守后罢职。终年七十三岁。追赠为少师，谥号忠定。

南宋（一）

　　高宗皇帝名叫赵构，是宋徽宗的第九个儿子，母亲是韦氏。徽宗曾经梦到钱武肃王进了屋子，不久赵构就出生了，后来赵构被封为康王。靖康初，高宗曾经出使斡离不军。这年冬天，斡离不再进袭，高宗奉诏再次出使，耿南仲陪同。到相州时，百姓挡在路边请求高宗别去，到磁州时，守臣宗泽制止了他，相州守用蜡书进言说："金人刚刚派骑兵寻找康王所在。"于是高宗回到相州，与耿南仲揭榜招兵救援君王。皇上下诏书封康王为大元帅，汪伯彦、宗泽为副帅，领兵入京守卫。汪伯彦认为应出北城门渡河至大名，高宗听从了他的建议。

闻京城陷,泽请进兵向京城,伯彦请王移兵东平①,措身②安地,南仲亦以为然。遂东去,知河间府。黄潜善③亦领兵至,进屯④济州。

　　探报二帝北行,张邦昌为金所立,国号楚。是日风霾⑤,日有薄晕,百官惨怛⑥。邦昌亦有忧色,惟王时雍、范琼等欣然若有所得。邦昌在位三十三日,御史马绅贻书邦昌,请速行改正,易服归省。遂迎元祐孟太后⑦听政。太后迎立康王,诏告中外有曰:"汉家之厄十世,宜光武之中兴⑧,献公之子九人,惟重耳⑨之尚在。"遣使奉表,及以孟太后诏来。邦昌继至,伏地恸哭请死。使臣自河北窜来,进道君手札曰:"便可即真⑩,来救父母。"王恸哭拜受,遂趋应天府即位,改元建炎。

---

① 东平,府属山东,即郓州。
② 措身,安置。
③ 黄潜善(1078—1130),字茂和,宋邵武人。元符三年进士,北宋末年知河间府。赵构开大元帅府,任副元帅。后与汪伯彦同居相位,因循苟安,不作备战,枉杀忠良,为军民所痛恨。后贬梅州。
④ 进屯,进驻。
⑤ 风霾,指风吹尘飞、天色阴晦的现象。
⑥ 惨怛(dá),忧伤,悲痛。
⑦ 元祐孟太后,即哲宗之妻孟皇后(1073—1131),宋朝人,孟姓,故又常被称为元祐孟皇后,洺州(约在今河北省永年县)人,是宋哲宗的第一位皇后,二度被废又二度复位,并两次于国势危急之下被迫垂帘听政。
⑧ 光武之中兴,或称建武盛世,指的是东汉光武帝刘秀统治时期出现的治世。光武帝以"柔道"治天下,采取一系列措施,恢复、发展社会生产,缓和西汉末年以来的社会危机。
⑨ 重耳,即晋文公,是春秋五霸之一,与齐桓公并称"齐桓晋文"。
⑩ 即真,谓由摄政或监国而正式即皇帝位。

在听说京城陷落后，宗泽请求向京城进军，汪伯彦请高宗移兵至东平，寻找安身之所，南仲也以为应该这样，于是他们向东而去。河间知府黄潜善也领兵到达，驻扎在济州。

探马报告徽宗、钦宗被俘带往金国。张邦昌在金国扶持下建立伪楚政权，他即位这一天，风吹尘飞，天色晦暗，太阳周围有薄晕。百官忧伤悲痛，张邦昌也面带忧色。只有王时雍、范琼等欢欣鼓舞，自认为有从龙之功。张邦昌在位三十三日，御史马绅上书邦昌，请他立刻修正错误行为，迎回赵氏，恢复正统。于是张邦昌迎回元祐皇太后并请她垂帘听政。太后迎立康王，诏告中外说："汉代历经十世的灾难迎来了光武帝中兴，献公的九个儿子也只重耳存活下来振兴晋国。"张邦昌派使者上表，等孟太后的诏书下达，张邦昌到应天府，跪地痛哭请求处以死罪。有使臣从河北逃窜归来，带来徽宗的手书，上面写着"马上可以即皇帝位，伺机前来援救父母"。康王痛哭着接受了这一旨意，于是前往应天府登基，改元为建炎。

以主和误国，罢窜耿南仲，召李纲为相。以宗泽知开封，为留守①。纲至边防，军政略有绪。而潜善、伯彦复主和，亟遣祈请使②矣。纲相数十日而罢。

潜善、伯彦为相，首诛上书人陈东、欧阳澈③。决策幸④东南，无复经制⑤两河⑥之意。是冬，车驾遂至扬州。

金人分三道南来⑦。二年春，金人至汴，为宗泽所败。泽招抚群盗，募四方义士，合百余万，粮支半岁。表疏连数十，请上还汴。潜善忌其成功，从中沮⑧之，忧愤疽发背而没。临终无一语及家事，但连呼"过河"者三。都人为之号恸，闻者皆相吊出涕。

---

① 留守，皇帝亲征或出巡时，以亲王或重臣留守京师，称京城留守，其陪都与行都亦置留守，常以地方行政长官兼任，或以重臣担任。
② 祈请使，南宋向金朝政权求和的专使。
③ 欧阳澈（1097—1127），字德明，抚州崇仁（今属江西）人。性尚气节，敢于直言，虽身为布衣，却以国事为己任。金兵南侵时，徒步赴行在，伏阙上书，力诋和议。建炎元年八月，与陈东同时被杀，时年三十一岁。
④ 幸，指帝王到达某地。
⑤ 经制，经理节制。
⑥ 两河，河南、河北。
⑦ 南来，粘罕自云中下太行将渡河攻河南，斡离不、兀术自燕山内渡河攻山东，娄宿、撒曷自同州渡河攻陕西。
⑧ 沮，阻止。

因靖康大臣主张求和导致误国，高宗罢免了耿南仲，任命李纲为宰相，宗泽为东京留守，管理开封府。李纲到任后，边防军政事务都井井有条，但黄潜善、江伯彦是主和派，于是急忙派遣祈请使向金人求和。李纲当了几十日的宰相后就被罢。

黄潜善、江伯彦成为宰相后，首先诛杀了上书的陈东和欧阳澈，并决定说服圣上逃往东南，不再有收复两河的意愿。这年冬天，高宗一行人到达扬州。

金人分三路向南进军。建炎二年春，金人进犯汴京，宗泽带兵打退金军，他安抚收服各路盗寇，招募联合来自四方的义士，加起来有一百多万人，征集了可以支撑半年的粮草。宗泽接连几十次上表请求高宗回汴京。黄潜善忌惮宗泽功高，从中作梗，阻止了这一行动。宗泽忧愤之下疽发于背而死，临终的时候没有一个字提及家事，只接连三次呼喊"过河！"都城之人都悲痛欲绝，听说的人也都来哭着吊唁他。

三年春,金人将至扬州。上得报亟出,二相方会食堂,吏呼曰:"驾行矣。"乃戎服①南走。回望扬州,烟焰已涨天矣。吕颐浩②、张浚追及上于瓜州③,得小舟以渡至镇江④,遂如杭州。罢潜善、伯彦,以朱胜非⑤为相。

　　御营将苗傅、刘正彦作乱⑥,请上禅位于皇子旉⑦,未三岁,孟太后听政。

---

① 戎服,军服,战衣。
② 吕颐浩(1071—1139),字元直,其先乐陵人,徙齐州。南宋初年名相,左相位时锐意复国,然为人刚愎自用,排除异己。绍兴九年去世,享年六十九岁,获赠为太师、秦国公,谥号忠穆。
③ 瓜州,渡口,在扬州。
④ 镇江,府属江浙,即京口。
⑤ 朱胜非(1082—1144),字藏一,宋蔡州人。崇宁二年进士及第。靖康元年,为东道副总管,权知应天府,劝赵构即帝位。历任中书舍人兼权直学士院、尚书右丞、中书侍郎等。绍兴二年,吕颐浩力举荐之,拜尚书右仆射、同中书门下平章事,兼知枢密院事,奉祠。及秦桧为相,朱胜非与其不合,废居八年。绍兴十四年卒,年六十三,谥号忠靖。
⑥ 苗傅、刘正彦作乱,建炎三年三月初五,苗傅、刘正彦作乱,逼令高宗宣旨退位,立高宗不满三岁的儿子为皇帝,另请哲宗废后孟氏垂帘听政。韩世忠、刘光世和张俊等先后讨伐,苗傅、刘正彦失败,高宗复位。
⑦ 旉,即高宗赵构唯一的儿子赵旉(1127—1130),苗、刘兵变后,被扶持登基即位,从即位到退位共计二十六天,后受惊吓而死,年仅三岁。宋高宗追封其为"元懿太子"。

建炎三年春，金人直逼扬州，高宗得报后急忙出行。当时，汪伯彦、黄潜善二位宰相正在一起吃饭，当堂吏大声喊"圣上走了"时，他俩才穿着军服向南奔逃，回头看扬州城，已经陷入一片火海中。吕颐浩、张浚追随高宗到瓜州，凭借一艘小船渡江到达镇江，随后到了杭州，高宗罢免了黄潜善、江伯彦，任命朱胜非为宰相。

三月，御营将苗傅、刘正彦兵变，逼迫高宗让位给三岁的皇子赵旉，孟太后垂帘听政。

吕颐浩、张浚帅师勤王，韩世忠①为前军，张俊翼②之，刘光世③游击为殿。胜非说二凶亟反正，尊孟太后为隆祐皇太后。胜非罢，吕颐浩为相。二凶走，世忠追之，皆伏诛。

上如建康，以浚为川陕宣抚处置使。隆祐太后如南昌，闻兀术请于粘罕，将犯江浙故也。杜充④为右仆射⑤，守建康。上如杭州，升杭为临安府，自临安如浙东。

---

① 韩世忠（1089—1151），字良臣，宋延安（今陕西省绥德县）人，晚号清凉居士。徽宗宣和二年随王渊镇压方腊。钦宗时，迁武节大夫。高宗建炎三年，苗傅、刘正彦反，韩世忠追擒之。授武胜昭庆军节度使、浙西制置使，守镇江。以八千众阻十万金兵渡江，与金兀术相持黄天荡四十八日。绍兴四年，大破金人与刘豫兵于大仪镇，时论以此举为中兴武功第一。后授京东淮东路宣抚处置使，置司楚州。屡挫金兵及伪齐军。绍兴十一年，与岳飞、张俊同被召入朝，任枢密使，解除兵权。韩世忠反对和议，上书劾秦桧误国，后罢为醴泉观使，自此不理朝政。岳飞冤狱，世忠鸣不平曰："莫须有，何以服天下？"孝宗时追封蕲王，谥号忠武。
② 翼，相助。
③ 刘光世（1089—1142），字平叔，宋保安军（今陕西志丹）人。徽宗时奉命镇压河南叛军张迪，因功授承宣使，充任鄜延路马步军副总管。靖康初金兵南侵，与韩世忠等共守江南，以功擢司检校太保、殿前都指挥使，封荣国公。绍兴时，为三京招抚处置使，率部抗金，后因朝廷主张议和被召回。绍兴七年，引疾罢去兵权。去世后赠封太师，谥号武僖，后追封鄜王。
④ 杜充（？—1141），字公美，相州（今河南安阳）人，两宋之际大臣、宰相。因惧怕与金军作战，多次遁逃，丢失了宋朝很大一部分土地，后投降金国，《绍兴和议》签订时去世。
⑤ 右仆射，秦始置，汉以后沿袭。汉成帝建始四年，初置尚书五人，一人为仆射，位仅次尚书令，职权渐重。汉献帝建安四年，置左右仆射。唐宋左右仆射为宰相之职。

吕颐浩、张浚率领各部救援君王，派遣韩世忠为先头部队，张俊从旁协助，刘光世游击作战来殿后。朱胜非说苗、刘急于复归正道，尊孟太后为隆祐皇太后。朱胜非被罢后，吕颐浩继任为宰相。苗傅与刘正彦逃奔到富阳、衢州、信州等地，韩世忠率军奋力追击，二人都被杀。

高宗到建康后，任命张浚为川陕宜抚处置使。隆祐太后去南昌听说兀术联合粘罕，将要进犯江浙之地，便任命杜充为右仆射，留守建康。高宗到杭州，将杭州升为临安府，然后从临安到了浙东。

金人分两道，一军自蕲黄渡江。刘光世在江州，以为蕲①、黄②小盗，遣王德拒之于兴国军③，始知为金人。金人自大治④趋洪抚⑤、建昌、临江、吉州，追隆祐太后不及，遂陷袁、潭、荆南、澧州⑥，乃自石首⑦北渡而去。一军自滁和⑧向江东马家渡济江，陷建康。杜充及守臣皆降于兀术，通判⑨杨邦义⑩不从，刺血书裾⑪曰："宁为赵氏鬼，不作他邦臣。"众拥见兀术，诱谕⑫累日，辄叱骂，卒大骂见杀。兀术长驱陷杭州，上去已七日，兀术进陷越州。张俊败金人于明州。

---

① 蕲，即蕲州，今湖北蕲春县境内。
② 黄，即黄州，今湖北黄冈市。
③ 兴国军，属湖广。
④ 大治，县属兴国军。
⑤ 洪抚，即临川郡。
⑥ 澧州，今湖南常德市境内。
⑦ 石首，县属江陵，今湖北石首市。
⑧ 滁和，州属淮西，即历阳郡。
⑨ 通判，是"通判州事"或"知事通判"的简称。宋初，为了加强对地方官的监察和控制，防止知州职权过重，专擅作大，宋太祖创设"通判"一职。
⑩ 杨邦义（1085—1129），字希稷，南宋吉州吉水县黄桥镇杨家庄（今云庄村）人，谥号忠襄，是一位舍生取义的抗金名臣。
⑪ 裾，通常指衣服的前后襟。
⑫ 诱谕，诱导教育。

金人分两道进攻，一路军队从蕲州、黄州渡过长江，当时刘光世在江州，一开始还以为他们是蕲黄之地的盗贼，不足为虑，等到派王德将他们拒之在兴国军之外，才知道是金人。金人从大治逼近洪抚、建昌、临江、吉州，没有追到隆祐太后，于是攻陷了袁州、潭州、荆南、豊州，才从石首北渡而去。另一路军从滁和进军江东马家渡，渡江后攻陷了建康，杜充及一众守臣都向兀术投降，只有通判杨邦乂不屈从，在衣襟上写上血书："宁做赵氏的鬼，也不做他国的臣。"众人捉他去拜见兀术，兀术多日诱导都没有动摇杨邦乂的心志，他仍然叱骂不已，最后在大骂声中被杀。兀术长驱直入杭州，高宗已经离开七日，兀术又攻陷了越州。张俊在明州击败了金国军队。

南宋（二）

　　四年春，陷明州。时上已次①台州②章安镇。金人以舠犯昌国县③，欲追袭上舟。提领海舟张公祐引大船击散之，乃退。回兵陷秀、平江、常州。至镇江，韩世忠邀之，以海舟与战数十合，多俘获。伏卒金山龙王庙，几获兀术，相持于黄天荡④。兀术求假道甚恭，不许。欲自建康北归，不得去。或教于冶城西南隅芦场地凿大渠，一夕成。次早出舟趋建康，世忠大惊，尾击一日，值无风，海舟不能动。兀术乃引其舟出江北去，疾如飞。以火箭射海舟，世忠军乱奔还，兀术乃得北遁。

　　统制岳飞⑤邀击，败之于六合。

---

① 次，谓军队驻扎。
② 台州，县属浙东。
③ 昌国县，属庆元。
④ 黄天荡，长江下游的一段，在今江苏省南京市东北。古时江面辽阔，为南北险渡。宋高宗建炎四年，韩世忠败金兀术于此。
⑤ 岳飞（1103—1142），字鹏举，宋相州汤阴县（今河南汤阴县）人，抗金名将。徽宗宣和时从军，以功迁为秉义郎，隶属宗泽部。高宗建炎元年上书反对京师南迁，被夺官。改从王彦，与金兵战于太行山。复随宗泽守开封，任统制。泽死，随杜充南下。后收复建康。参与平定李成、曹成，擢任都统制。绍兴四年，大破金与伪齐兵，收复襄阳等六郡，任清远军节度使。后镇压杨幺起事。十年，率军北伐，连败金兀术，获郾城大捷，进军朱仙镇。因高宗、秦桧一意求和，一日降十二道金牌下令退兵，岳飞被迫班师。诏赴临安，任枢密副使。旋被诬入狱，以"莫须有"的罪名被杀害。孝宗时平反，追谥号武穆，宁宗时追封鄂王。

南宋(二)

建炎四年春,金军攻陷明州,当时高宗已将军队驻扎在台州章安镇。金人进犯昌国县,指挥水军想要追击高宗的船,提领海舟张公祐用大船打退金军。金兵撤退途中攻陷了秀州、平江府、常州。到镇江时,韩世忠半路拦击,用海舟与金军大战数十回合,重挫金军。韩世忠在镇江金山龙王庙埋伏兵卒,前来侦察的兀术差点儿被俘虏。此后双方在黄天荡僵持不下。兀术非常想借道回去,被韩世忠严词拒绝。金军想从建康北归,也被韩世忠所阻。后来有人建议兀术在治城西南角芦场地开凿河道,河道一夜之间完成,第二天兀术等乘船向建康出发。世忠大为震惊,追击了一天。等到江上没有风的时候,宋船笨重,无风难以行动,兀术引诱宋军出江北,快得要飞起来,命令人用火箭射韩世忠军队的大船,宋军陷入一片混乱,逃回营地,于是金军渡江北归。

统制岳飞率领部众截击,在六合重挫金军。

初,张浚①西行,上命浚三年而后用师。及是挞辣、兀术皆在淮东,浚闻兀术踌躇②,必再犯东南。议出师攻取,以分其势。士大夫及诸将皆以为不可。浚决策移檄③粘罕问罪,遣吴玠④入长安。金人遂调兀术自京西星驰⑤赴陕西,与娄室⑥合。浚合六路兵,至富平⑦。娄室拥兵骤至,铁骑直击环庆路赵哲军,他路不援,哲离所部。诸军退,金遂乘胜而前。浚斩赵哲,诸路兵皆散去,陕西大震。浚驻军兴州,遣刘子羽⑧访诸将所在,各引所部来会,人心粗安,吴玠走保大散关东和尚原⑨。

① 张浚(1097—1164),字德远,世称紫岩先生。宋汉州绵竹人,西汉留侯张良之后。徽宗政和八年进士。靖康中,除枢密院编修官,改虞部郎,擢殿中侍御史。高宗时,苗刘之乱,张浚组织吕颐浩、张俊、韩世忠、刘光世等破苗傅、刘正彦,使高宗复位任知枢密院事。后建议经营川陕,任川陕宣抚处置使。官至右丞相,封和国公。后因与秦桧不睦,被贬。秦桧死,起复。孝宗即位后,为枢密使。隆兴元年,封魏国公,都督江淮军马北伐。在主和派的影响下,宋金议和,罢相。隆兴二年八月病卒,葬宁乡,赠太保,后加赠太师,谥号忠献。
② 踌躇,志在必得。
③ 移檄,古代官方文书移和檄的并称。多用于征召、晓谕和声讨。
④ 吴玠(1093—1139),字晋卿,宋兴国州永兴(今湖北省阳新县)人。早年从军御边,抗击西夏建功。后领兵抗金,和尚原之战中,大败金兵兀术部,官至四川宣抚使。病卒于防地仙人关,享年四十七岁,谥号武安。
⑤ 星驰,飞速。
⑥ 娄室,即完颜娄室,是金代的开国功臣,女真族的著名将领。在金辽之战中,屡建奇功,生前多次受到最高统治者的奖赏。公元1130年,病死于军中,公元1146年,被追封为莘王,后改谥金源郡王,死后就葬于今天的长春石碑岭。
⑦ 富平,县属辉州,今位于陕西中部。
⑧ 刘子羽(1086—1146),字彦修,建州崇安五夫里府前村人。资政殿大学士刘韐长子,南宋初年官员、将领。
⑨ 和尚原,位于今天陕西宝鸡西南,与大散关同为控扼川、陕交通的要地。

开始，张浚西行之时，高宗命令张浚三年后再作战。那时挞辣、兀术都在淮东，张浚听说兀术野心勃勃，必定会再次侵略东南，提议进攻金军分裂其势力，士大夫和诸位将军都认为不可行。张浚准备发文向粘罕问罪，派吴玠到长安。于是金人调遣兀术飞速赶往陕西，与娄室汇合。张浚集合六路兵马到富平，娄室率军忽然到达，铁骑直攻环庆路赵哲军，宋军其他路兵却不前来援助，于是赵哲离开了军队。赵哲军败退，金军乘胜追击。张浚斩杀赵哲，诸路兵都四散离去，陕西大震。张浚在兴州驻扎军队，派遣刘子羽寻访各位将军，他们都率领部队前来会合。人心略略安定，吴玠前去守卫大散关东面的和尚原。

上自海道回驻越州①。吕颐浩罢，范宗尹②为相。秦桧南归赴行在③。桧在北依挞辣，为所任用。挞辣南侵，桧参谋其军，尝为草檄④，下山东州郡。挈全家泛小舟抵涟水军，自言逃归，朝士多疑之。桧言："如欲天下无事，须是南自南，北自北。"乞上致书挞辣以求好。其言皆挞辣意也。

　　是岁，刘豫⑤称帝。豫，景州人。于建炎戊申以济南守降金，为之用，得知东平府⑥，兼节制河南。粘罕白金主，循邦昌故事立豫，国号大齐，后迁都于汴。粘罕既得关中地，悉割以与豫。

　　绍兴元年，命张俊讨江淮盗李成。成据江淮六七州，连兵数万，有席卷东南之意，寻陷江筠⑦、临江。俊击其军，复三郡。成遁降齐。

---

① 越州，在今浙江省绍兴市。
② 范宗尹（1100—1136），字觉民，宋襄阳邓城（今湖北襄阳）人。宣和三年上舍登第，累迁侍御史、右谏议大夫。建炎四年，授通议大夫、守尚书右仆射、同中书门下平章事兼御营使，时年三十岁。后被秦桧排挤落职，出知温州。六年，退居天台，卒年三十七岁。
③ 行在，指天子所在的地方。
④ 草檄，草拟檄文。亦泛指撰写官方文书。
⑤ 刘豫（1073—1143或1146），字彦游，宋永静军阜城（今属河北）人，元符时进士及第。北宋末任河北西路提点刑狱，金兵南下即弃职逃走。建炎二年，任知济南府，金兵围城，出降。建炎四年，受金册封为"大齐皇帝"，建都大名。后被废。
⑥ 东平府，宋宣和元年（1119）升郓州为东平府，府治即今山东东平县州城镇。
⑦ 江筠，即瑞州，位于今江西省。

高宗从海道返回，驻兵越州，吕颐浩被罢免，范宗尹做宰相。秦桧回到宋朝后赶往天子所在地，他在金朝时投靠挞辣并任金朝官职。挞辣在南侵时，秦桧任金军参谋，曾经为其起草文书攻打山东州郡。秦桧带着全家乘小舟抵达涟水军，声称自己是逃回来的，很多大臣怀疑这一说法。秦桧说："想要天下再无战事，只有宋金两国按所处地理位置实行南北分治。"即南宋与金国按原有领土，各自守土安民，互不侵犯，请求高宗致书挞辣以求好。其实秦桧的话都是挞辣授意的。

　　这一年，刘豫称帝。刘豫，景州人，在建炎戊申年以济南守身份向金投降，并为金所用，得以管制东平府，兼节制河南。粘罕告诉金主，可以效仿立张邦昌之例扶植刘豫，国号大齐，后来迁都于汴京。粘罕在关中得到的土地，都割让给了刘豫。

　　绍兴元年，高宗命张俊讨伐江淮反贼李成。李成占据了江淮六七个州，拥兵数万，有席卷东南的意向，他攻陷了江筠和临江。张俊攻击李成军队，收复了这三个郡，李成逃跑后投降了伪齐。

张浚尽失陕西之地，惟余阶、成、珉、凤、洮五郡及凤翔府之和尚原、陇州之方山原而已。浚退保阆州①。统制曲端②有威名，浚先用谮③罢其兵柄④，安置万州⑤。西人⑥倚端为重，及贬，军情不悦，至是，又送恭州狱杀之。士大夫军民皆怅恨，西人益以是非浚。金人分两道向蜀，吴玠与弟璘大败之于和尚原。又选将败之于箭筈关⑦，两道皆不能入。

　　范宗尹罢，秦桧昌言曰："我有二策，可以耸动⑧天下。"遂为右相，吕颐浩为左相。

　　兀术会诸道及女真兵，造浮梁于宝鸡县⑨，渡渭攻和尚原。玠、璘三日三十余战，大破之，兀术中流矢⑩，仅以身免。始自河东归燕山。

　　绍兴二年，上自越州还临安。言者⑪劾秦桧专主和议，沮止恢复远图。桧罢，朱胜非为右相。

---

① 阆州，辖境相当今四川省苍溪、阆中、南部等县市。
② 曲端（1091—1131），字正甫，镇戎（今宁夏固原）人，南宋名将，多次击败金兵。富平之战中，宋军失利。张浚以谋反的罪名将曲端交由康随审问，其因酷刑死于恭州，年仅四十一岁。后追复端宣州观察使，谥号壮愍。
③ 谮，说别人的坏话，诬陷，中伤。
④ 兵柄，兵权。
⑤ 万州，县属川南。
⑥ 西人，陕西人民。
⑦ 箭筈关，位于陕西省，因地势险要，为宋金战争中双方争夺之关隘。
⑧ 耸动，恐惧震动；使人震惊。
⑨ 宝鸡县，属凤翔，今位于陕西省关中平原西端。
⑩ 流矢，指乱飞的或无端飞来的箭。
⑪ 言者，指谏官，此处为黄龟年。

张浚丢失了陕西大部分土地，只剩下阶、成、珉、凤、洮五郡和凤翔府的和尚原、陇州的方山原。他退守阆州，统制官曲端一向有威名，张浚先是利用谮言夺取了曲端的兵权，将曲端发配到万州。陕西人民向来敬重曲端，等到曲端被贬，将士们都很不满。张浚又将曲端投入恭州大狱，并杀害了他。士大夫和军民因此非常怨恨，从此更加不满张浚。金人分兵两路，向蜀地进军，吴玠和他弟弟吴璘在和尚原大败金军。又派兵把箭筈关方向的金人击退，两路兵都不能进军。

范宗尹被罢相，秦桧说：“我有两条计策，可以令天下震动。”于是他被任命为右相，吕颐浩为左相。

兀术纠集各地兵力和女真兵，在宝鸡县架设浮桥，跨过渭水攻向和尚原。吴玠、吴璘兄弟与兀术激战三日，历经三十余战，大败金军。兀术身中流箭负伤，只身逃出险境。自此从河东退回燕山。

绍兴二年，高宗从越州回到临安。谏官弹劾秦桧专主和议，阻挠收复河山的远大抱负。秦桧被罢后，朱胜非为右相。

南宋（三）

　　绍兴三年春，金撒离曷①自凤翔、长安声言东去，实由商於②出汉阴③，直趋金、商④。吴玠急引兵扼之饶风岭，金人间道⑤绕出其后。玠遽⑥还仙人关⑦。金人遂进陷兴元，知府刘子羽⑧退保三泉县⑨潭毒山。撒离曷食尽，乃引还。吴璘以无粮拔寨，弃和尚原，金人得之。玠度⑩其必深入，乃严兵以待。兀术昊与撒离曷来犯仙人关，玠、璘与战七日，金人不能支，宵遁。玠设伏扼其归路，又败之。是举也，金人决意入蜀，卒不得志。

---

① 撒离曷（？—1150），即完颜昊，金宗室。金熙宗天眷三年，金兵陕西，去长安，下凤翔。后为河中尹左副元帅。为海陵王所忌，以为行台左丞相，旋被诬谋反，遭杀害。世宗时，追封金源郡王，谥号庄襄。
② 商於，这里当指商於驿，在今陕西省商州市西。
③ 汉阴，县属金州，今位于陕南秦巴山区。
④ 金、商，二州皆属陕西。
⑤ 间道，偏僻的小路。
⑥ 遽，仓促，匆忙。
⑦ 仙人关，古代关隘名。在今甘肃省徽县东南。此关西临嘉陵江，南接略阳北界，北有虞关紧接铁山栈道，是关中、天水进入汉中的要地，也是由陕入川的重要咽喉。1134年，吴玠军在此据险坚守，大败金兵，使金军南下的企图破灭。
⑧ 刘子羽（1086—1146），字彦修，宋建州崇安人。资政殿大学士刘韐长子，以破方腊功，入为太府簿。后随父抗金。宋高宗建炎初，除枢密院检详文字。张浚宣抚川陕，辟为宣抚使参议军事。以功拜利州路经略使兼知兴元府。后因富平兵败事与张浚俱罢，责单州团练副使白州安置。张浚还朝，起知鄂州、权都督府参议军事。后知镇江府兼沿江安抚使，以不附秦桧，罢，提举太平观。卒年五十岁。
⑨ 三泉县，位于四川省。
⑩ 度（duó），推测，估计。

南宋（三）

绍兴三年春，金军统帅撒离曷放出风声说要从凤翔长安东去，其实是从商於出汉阴，径直奔向金州、商州。吴玠急忙引兵在饶风岭阻挡金军，金人却从关后小路上绕过去。吴玠又慌忙退兵屯驻仙人关，金人于是攻陷兴元，知府刘子羽退军到三泉县潭毒山防守。撒离曷军队粮草用尽后率军退兵。吴璘因为军粮不能及时供应，无奈只得拔营放弃和尚原，金人趁机占据。吴玠猜测金人必定会更加深入，于是严阵以待。兀术果然伙同撒离曷来进犯仙人关，吴玠、吴璘与他们大战七日，金军坚持不下去，趁夜逃跑了。吴玠设埋伏阻断金军的归路，再次大败金人。因为这一场大败，金人决定进军蜀地的意图最终没有成功。

是岁，浚又失洮、岷，关外惟存阶、成、秦、凤。浚召还，寻与刘子羽皆贬窜①。浚是行，本欲由关陕②取中原，乃尽丧关陕而归，赖得玠、璘保蜀而已。

齐遣李成攻陷邓、襄、随、郢、唐州、信阳军③等，岳飞复随、郢，成弃襄阳而遁。

吕颐浩、朱胜非相继罢，赵鼎为右相。

齐以金兵分道南侵。上诏亲征，出如平江，以张浚知枢密院④。先是，浚极言北方既无西顾忧，必并力窥东南。上思其言，遂召之。浚至，请遣岳飞渡江入淮西，以牵制北兵之在淮东者。从之。上命浚视师⑤江上，将士见浚来，勇气皆倍。时韩世忠驻扬州，先已大败金兵于大仪镇，擒其将挞也。解元⑥、成闵⑦与战于承州，十三捷。仇悆⑧、孙晖败之于寿春⑨、安丰。王德败之于滁州。岳飞遣牛皋等攻之于庐州⑩。

---

① 贬窜，张浚被贬入福州，子羽安置在白州。
② 关陕，关中、陕西。
③ 邓、襄、随、郢、唐州、信阳军，以上六州，随、郢属湖北，其余皆属河南。
④ 枢密院，唐、五代、宋、辽、元等朝代的官署名称，长官称枢密使，主要掌管军政。唐永泰中始置，本在内廷，用宦官为枢密使，执掌机要事务。五代后梁建立崇政院，后唐改称枢密院。宋代沿置，主要管理军事机密及边防等事。
⑤ 视师，谓督率军旅。
⑥ 解元（1088—1142），字善长，宋吉安吉水人。善骑射。抗金有功，官至保信军节度使。
⑦ 成闵，字子琼，一字居仁，宋邢州（河北省邢台市）人。历官殿前游奕军统制、庆远军节度使、淮北制置使、太尉。淳熙元年卒，时年八十一岁。
⑧ 仇悆（yù，？—1134），字泰然，宋青州益都（今青州）人。北宋大观三年进士，历任邓城县令、沿海制置使、淮西宣抚使知庐州、浙东宣抚使知明州、陕西都转运使，与秦桧不睦，被贬，后以徽猷阁待制再知明州，改知平江府，累官至左朝议大夫，封益都郡伯。南宋绍兴四年病逝。
⑨ 寿春，府属淮西，即寿州，在今安徽省。
⑩ 庐州，县属淮西。

这一年，张浚又丢失了关外的洮、岷两州，只剩下阶、成、秦、凤四州。张浚被召回，和刘子羽都被贬谪。张浚这次行动本来是想经关陕夺取中原之地，没想到却尽丧关陕之地而回，仅仅依靠吴玠、吴璘才保住蜀地。

　　伪齐政权派遣李成攻陷邓州、襄州、随州、郢州、唐州、信阳军等，岳飞收复了随州、郢州，李成弃襄阳而逃。

　　吕颐浩、朱胜非相继被罢免，赵鼎当了右相。

　　伪齐与金兵分两路联合南侵，高宗宣布亲征，率军前往平江，命张浚知枢密院。开始张浚竭力陈说，称金朝既然没有西边的顾虑，那么必然会伺机图谋东南。高宗考虑他的建议后召见了他。张浚上任后请求派岳飞渡江到淮西，以牵制在淮东的金兵，高宗听从了他的建议。后命张浚在江上督率，将士们看到张浚到来都勇气倍增。当时韩世忠驻扎扬州，先前已经在大仪镇大败金兵，捉拿了金军将领挞也。解元、成闵与金军战于承州，连胜十三次。仇念、孙晖在寿春、安丰打败金兵，王德在滁州重挫金军，岳飞派牛皋等将在庐州攻打金兵。

挞辣、兀术知为世忠所扼，江不可渡，引还。齐刘麟、刘猊弃辎重①遁去。

绍兴五年，上自平江还临安。赵鼎、张浚为左右相，浚兼都督诸路军马。寻复命张浚视师江上。浚至镇江，召韩世忠，使举兵移屯②楚州。浚至建康抚张俊军，至太平州抚刘光世军，军无不踊跃思奋。以岳飞为河北、京西招讨使。

先是，建炎庚戌中，有武陵③人钟相④起于鼎州，僭号⑤楚，鼎、澧、潭、辰、岳之境皆盗区。相败就擒，其徒有杨么⑥者，据洞庭遂为剧寇。官军陆袭之则入湖，水攻之则登岸。曰："有能害我，除是飞来。"浚谓上流不先去么，为腹心害，将无以立国，请自行⑦。浚至湖南，会岳飞兵至，急攻其水寨，么穷蹙赴水死，遂平。浚自湖南转由两淮会诸将，议防秋⑧，乃入见。

---

① 辎重，表示运输部队携带的军械、粮草、被服等物资。
② 移屯，转移驻防，移军。
③ 武陵，县属常德。
④ 钟相（？—1130），宋鼎州武陵人，洞庭湖地区农民军首领。主张"等贵贱，均贫富"。号楚王，建年号天载（一作天战）。后起义军内混入奸细，遭孔彦舟军袭击，钟相被俘遇害。其部由杨么统领。
⑤ 僭号，超越本分的封号。
⑥ 杨么（yāo，1108—1135），又作杨幺，名太，宋鼎州龙阳（今湖南汉寿）人。高宗建炎四年随钟相起事，钟相死，成为首领。后岳飞率军招捕，部下黄佐、杨钦降，杨么负固不服，为牛皋擒杀。
⑦ 自行，自己处理。
⑧ 防秋，秋高马肥时防外夷侵境。

挞辣、兀术知道南侵计划被韩世忠所破坏，长江已经不可能渡过了，于是引兵还朝。伪齐的刘麟、刘猊也丢弃军械、粮草等物资逃跑了。

绍兴五年，高宗从平江返回临安，赵鼎、张浚为左右相，张浚兼任都督诸路军马，不久高宗再次命令张浚在江上视师，张浚到达镇江，召见韩世忠，让他率兵迁往楚州。张浚到建康安抚张俊军，到太平州安抚刘光世军，士兵们都很振奋。高宗任命岳飞为河北、京西招讨使。

起先，建炎庚戌年，武陵人钟相在鼎州兴起，僭号楚，鼎、澧、潭、辰、岳等州境内都成为盗区，钟相战败被擒后，他的部下杨么占据洞庭成为剧寇，官军们在陆地上攻打他，他就潜到湖里；在水上作战他就登上岸边，并说："除了岳飞谁都打不败我。"张浚说杨么占据上流，是心腹大患，不除掉他的话，就没有办法立国。因此请求自行处理。张浚到湖南时，正赶上岳飞军队激烈地攻打杨么水寨，杨么陷入困境投水自尽，盗寇被平定。张浚从湖南转到两淮和诸将相会，讨论防秋之事。

金主晟①殂，谥文烈。初旻②与晟约，兄终弟立，而后复归旻之子。故晟舍己子宗磐，而立旻长孙曷啰马③为谙版孛极烈④，储副位⑤也。曷啰马名亶，至是，遂即位。宗磐与旻之别子及粘罕皆争立而不得。粘罕时已失兵柄，与悟室并相。粘罕绝食，纵饮而死。

蒙国叛金。蒙在女真之北，在唐为蒙兀部，亦号蒙骨斯。

南宋（四）

绍兴六年，张浚复出视师。上自临安如平江。齐人分道入寇。初，刘豫因粘罕得立，知奉粘罕而已，蔑视他帅。及是请兵于金，宗磐沮之，听豫自行。而遣兀术提兵黎阳以观衅⑥。刘光世时驻庐州，以为难守。张俊⑦驻泗州⑧，亦请益兵。

---

① 晟，即金太宗完颜晟。
② 旻，即金太祖完颜阿骨打。
③ 曷啰马，《金志》作曷剌，即金熙宗完颜亶（1119—1150），金朝第三位皇帝。女真名曷剌，汉名亶，是金太祖完颜阿骨打的嫡长孙。
④ 孛极烈，勃极烈制度，是一种辅助皇帝的政治制度，由金太祖完颜阿骨打建立。
⑤ 储副位，金国向来以谙版勃极烈为储副。
⑥ 观衅，窥伺敌人的间隙以便行动。
⑦ 张俊（1086—1154），字伯英，宋凤翔府成纪（今甘肃省天水市）人。徽宗末年参军。高宗即位后，建御营司，为前军统制。南渡初，苗傅、刘正彦叛乱，张俊参与平定事变，擢御前右军都统制，拜节度使。后因抗金、镇压叛乱功，历任镇洮、崇信、奉宁军三镇节度使、江淮招讨使、河南、河北诸路招讨使、枢密使，后转主和，协谋杀害岳飞，晚年封清河郡王。绍兴二十六年卒，终年六十九岁，追封循王。
⑧ 泗州，辖地大概在今泗县（江苏省内）。

金主完颜晟驾崩，谥号文烈。当初完颜旻与完颜晟约定：完颜旻死后将皇位传给弟弟完颜晟，完颜晟死后将王位还给完颜旻的子孙。所以完颜晟舍弃了自己的儿子完颜宗磐而立完颜旻的长孙曷啰马为帝，完颜晟曾任命曷啰马为谙版勃极烈这个储副位。曷啰马名亶，晟死后即位。完颜宗磐和完颜旻的其他儿子还有粘罕都曾争夺王位，但没有成功。当时粘罕已经失去兵权，与悟室共同为宰相，后因绝食加上纵饮过度而死。

蒙国背叛金国。蒙国在女真的北边，在唐时为蒙兀部，也叫蒙骨斯。

南宋（四）

绍兴六年，张浚再次出巡视察军队。高宗从临安到平江，齐军分路进攻。起初，刘豫以为粘罕得势，一心效劳粘罕，蔑视其他将领，于是向金请兵。宗磐阻止了他，让刘豫自己行动，而派遣兀术率兵到黎阳伺机进攻。当时刘光世驻扎在庐州，以为难以守卫。张俊在泗州驻守，也请求增援。

众情汹惧①,张浚以书戒俊及光世:"有进击,无退保。"赵鼎等请上亲书付浚,欲退师,还南保江②。浚力争,以为可保必胜,一退则大事去矣。

光世已舍庐州而退。浚即星驰至采石③,遣人喻其众:"若有一人渡江,即斩以徇④。"仍督光世复还庐州,光世不得已乃驻兵。遣王德、郦琼三败齐兵于霍邱⑤、正阳及前羊市⑥。时刘猊至淮东,阻韩世忠,兵不敢进,乃从淮西渡。浚遣张俊,统制官杨沂中⑦至濠州⑧,与俊合兵,沂中败猊前锋。猊引兵欲会刘麟于合肥而后进,沂中与遇于藕塘⑨,合战,猊大败。麟闻猊败,望风溃去。光世乘胜追击亦捷,北方大恐。上曰:"克敌之功,皆出右相。"赵鼎遂罢。

---

① 汹惧,惶恐不安。
② 保江,以江为限自保。
③ 采石,长江下游江防要地,位于今安徽省马鞍山市西南隅。
④ 徇,宣示于众。
⑤ 霍邱,安徽省六安市下辖的一个县,位于安徽省西部。
⑥ 前羊市,属霍邱。
⑦ 杨沂中,即杨存中(1102—1166),字正甫,宋代州崞县(今山西原平)人,历任贵州团练使、御前右军统领、文州防御使、御前中军统制等。封恭国公,拜少师。乾道二年卒,时年六十五岁,追封和王,谥号武恭。
⑧ 濠州,治所在今安徽省凤阳县。
⑨ 藕塘,位于安徽省定远县。

众人都恐惧难安，张浚写信训诫张俊和刘光世，告诉他们只能进攻不能退守。赵鼎等人请求高宗亲自写信命令张浚退兵，撤回兵马保护江南。张浚竭力争取，认为打下去一定可以胜利，一旦撤退那就真的大势已去了。

刘光世已经舍弃庐州撤退，张浚飞速赶往采石，派人告示众士兵如果有一人渡江，那么一定斩首示众，接着监督着刘光世返回庐州，刘光世不得已驻兵。张浚派王德、郦琼与齐军在霍邱、正阳和前羊市开战，三战告捷。当时刘猊到淮东阻挡韩世忠，兵队不敢前进，于是从淮西走。张浚派张俊攻击。统制官杨沂中到濠州与张俊会和，杨沂中打败刘猊的前锋，刘猊想引兵和刘麟在合肥会合后再前进，但与杨沂中在藕塘相遇，杨沂中大败刘猊。刘麟听说刘猊已败，望风而逃。刘光世乘胜追击，也取得大胜。北方对此都很恐慌。高宗说："能够成功克敌，都是右相的功劳。"于是罢免了赵鼎丞相的职务。

上皇以五年四月殂，至七年春，凶问①始至，寿五十四。二帝自建炎初由燕山如中京，古奚国霫②郡也，在燕山北千里。次年又自中京移韩州③，在中京东北千五百里。后二年，又自韩州移五国城，在金国所都东北千里。上皇终焉。

岳飞为湖北、京西宣抚使④。时淮东宣抚使韩世忠、江东宣抚使张俊皆久已立功，而飞以列将拔起⑤，世忠、俊不平。飞屈己下之，二人皆不答。及飞破杨幺，俊益忌之，于是嫌隙日深。上自如平江，如建康，飞因扈驾⑥以行，入见，疏论恢复。秦桧时为枢密副使⑦，主和议，忌飞成功，沮之。飞以内艰⑧去，上力起⑨之。

---

① 凶问，死讯，噩耗。
② 霫（xí），我国古代东北少数民族名。隋唐时，居潢水（今西拉木伦河）以北，以射猎为生，风俗与契丹略同。唐贞观三年内附。后迁潢水以南，并于奚。唐末，奚霫俱附契丹，渐趋同化。
③ 韩州，在今辽宁昌图。
④ 宣抚使，唐后期派朝官巡视地方，称宣慰安抚使或宣抚使。宋朝宣抚使地位相当于执政大臣，后演变为一路或数路的军事统帅。
⑤ 拔起，突然兴起。
⑥ 扈驾，随侍帝王的车驾。
⑦ 枢密副使，唐代宗永泰中始置，以宦官掌枢密，掌接受表奏及向中书门下传达帝命。宋代与宰相共同负责军国要政，宰相主政，枢密主兵。
⑧ 内艰，旧时遭母丧称"内艰"。
⑨ 起，起复。古时官员服父母丧守期未满即应召赴任官职。本因战争之需或特殊才能而召，后亦行平时。

徽宗在绍兴五年四月驾崩，但死讯在绍兴七年春天才传回来。享年五十四岁。二帝自建炎初从燕山到中京，中京是古奚国霫郡，在燕山以北千里之外。第二年又从中京移到韩州，韩州在中京东北一千五百里。随后二年，又从韩州移到五国城，五国城在金国都城东北千里，徽宗在这里驾崩。

岳飞任湖北、京西宣抚使。当时淮东宣抚使韩世忠、江东宣抚使张俊都是久经沙场，战功赫赫，而岳飞从一个小将突然跃升至高位，韩世忠和张俊都愤愤不平，岳飞放低姿态，二人态度也不见缓和。等到岳飞打败杨幺，张俊更加嫉恨他。于是嫌隙日深。高宗到平江，到建康，岳飞都随行护驾，他上书建议收复中原。秦桧为枢密副使，主张和议，害怕岳飞成功，于是百般阻挠，岳飞因遭母丧回乡守孝，高宗尽力让他起复回朝任职。

刘光世以言者论其退师几误事，罢兵柄。张浚以王德统其军。德与郦琼①等夷②不相下③，大噪，诣督府诉德，浚乃召德还，为督府都统制，而以吕祉④为督府参谋，领其军。祉简倨⑤不通将士之情，闻琼等反侧⑥，密乞罢之。琼叛，执祉以所部数万降齐。张浚遂以言罢。浚之用德与祉，岳飞尝言其不可，浚不听，故败。赵鼎复相。

金人以刘豫不能立国，废之。齐立八岁而亡。

绍兴八年，上自建康还临安。秦桧复相，赵鼎罢。诏议讲和。自建炎以来无岁不遣使，直愿去其尊号，奉其正朔⑦，比于藩臣，金人不从，使者往多拘囚。后数南侵不利，知江南不可图，然后遣秦桧为间。至豫废，和议乃决。

---

① 郦（lì）琼（1104—1153），宋朝叛金将领，字国宝，宋相州临漳（今属河北邯郸）人。为楚州安抚使、淮南东路兵马钤辖，后升为武泰军承宣使。率部降伪齐，后随宗弼侵宋，升为武宁、泰宁军节度使、归德尹。后加升金紫光禄大夫。
② 夷，同辈或同等的人。
③ 不相下，不相容，不相让。
④ 吕祉（zhǐ，？—1137），字安老，宋建阳人。高宗时，任右正言，因直言政事得罪，贬明州通判。建炎四年，升任建康知府。郦琼反叛时被杀。
⑤ 简倨，高傲，傲慢。
⑥ 反侧，反叛。
⑦ 正朔，原义是某朝历法的第一天，由于汉及其前朝代更迭时，每更正朔以示新呈天命，因而在后来延伸为"正统"的意思。

因谏官弹劾刘光世擅自退兵差点误事，他被免去兵权。张浚派王德统领军队，郦琼等人和王德互不相容，吵着到督府状告王德。于是张浚召回王德，任命他为督府都统制，而以吕祉为督府参谋，率领军队。吕祉为人傲慢，不通晓将士之情，听说郦琼等人谋反，秘密请求罢免他们。郦琼造反，抓住吕祉，带领手下数万兵马投降了齐军。于是张浚被罢免。张浚用王德和吕祉的时候，岳飞就说这二人不可用，张浚没有听从，最后果然因此失利。赵鼎再次成为宰相。

　　金人因为刘豫不能治理国家而将他废黜，齐国历经八年而灭亡。

　　绍兴八年，高宗从建康回临安。秦桧复相，赵鼎被罢免。高宗下诏讨论议和之事。自建炎以来，高宗每年都派遣使者求和，愿意去掉尊号，成为金国的属国。金国没有答应，而南宋的使者往往被囚禁，后来金人数次南侵不顺利才知道江南难以被占领，于是派遣秦桧作为间谍。等到刘豫被废，和议之事才定下来。

金使张通古来，编修官胡铨①上疏以为："陛下一屈膝，则祖宗庙社之灵尽污夷狄，祖宗之赤子尽为左衽②，朝廷宰执皆为陪臣。异时豺狼无厌，安知不加我以无礼如刘豫？夫三尺童子无知，指犬豕而使拜，则怫然怒。堂堂天朝，相率而拜犬豕，曾无童稚之羞邪？奉使王伦诱致北使，以诏谕江南为名，欲臣妾我。执政孙近附秦桧。臣义不与桧等共戴天，乞斩伦、桧、近三人头，竿之藁街③。然后羁④其使，责无礼，兴问罪之师，三军之士不战而气自倍。不然，臣有蹈东海而死耳，宁能处小朝廷求活邪！"书上，连贬窜。

南宋（五）

绍兴九年，金人先以陕西、河南地归宋。朝廷遣官谒陵寝⑤，交地界，除汴京留守。

---

① 胡铨（1102—1180），字邦衡，号澹庵，宋吉州庐陵（今江西省吉安市）人。高宗建炎二年，登进士第。初授抚州军事判官，后除枢密院编修官。绍兴八年，秦桧主和，胡铨抗疏力斥，乞斩秦桧等，遭除名，编管昭州，移谪吉阳军。秦桧死，移衡州。宋孝宗即位，复奉议郎，知饶州。历国史院编修官、兵部侍郎，以资政殿学士致仕。淳熙七年卒，谥号忠简。有《澹庵集》。
② 左衽，衽，衣襟。左衽，我国古代部分少数民族的服装，前襟向左掩，不同于中原一带居民的右衽。
③ 藁街，汉时街名，在长安城南门内，为属国使节馆舍所在地。
④ 羁，羁押。
⑤ 陵寝，历朝坟陵寝庙。

金国使者张通古来宋,编修官胡铨上奏:"陛下一旦向敌屈膝,宗庙社稷的神灵都将被金人所玷污,祖宗养育了几百年的人民都要改变风俗衣襟向左了!朝廷执政大臣都将降为陪臣。到时金人的贪欲无法满足,怎么知道他们不会像对待刘豫那样,用无礼的态度对待我们呢!三尺儿童是最不懂事的,如果指着狗猪要他跪拜,那他也会怫然大怒;堂堂宋国,一个接一个地拜倒在狗猪一样的金国脚下,难道还没有小孩子懂得羞耻吗?王伦无缘无故地引来金国使臣,以江南诏谕使的名义同我朝谈判,这是想把我大宋当作臣妾。孙近也附和秦桧的意见。我从大义出发,誓不与秦桧等同活在一个天底下。只是希望将秦桧、王伦、孙近三人斩首,把他们的头颅悬挂在竹竿上到藁街上去示众。然后拘留金国使者,谴责他们的无礼之处,派出讨伐的军队,向金国问罪,那么三军将士不待作战就已士气倍增。不这样的话,我只有跳入东海一死罢了,岂能留在小朝廷苟且偷生呢?"胡铨上疏后,接连遭到贬谪。

南宋(五)

绍兴九年,金人先把陕西、河南归还宋朝,朝廷派官员拜谒祖宗陵寝,交接地界,仅剩汴京留守。

青涧城①李世辅②来归。世辅之先累世为蕃族都巡检使③,父子虽尝仕齐,每相泣,恨不得归宋。齐用世辅知同州④,尝得间生擒撒离曷,欲归朝。金兵来追,纵之,而奔西夏,其父母及二子一孙皆被戮。至是,乞兵于夏以复。既出,则知陕西已还宋,乃部夏兵而来。上慰劳加赐赉⑤,赐名显忠。

金国有谋反者事连宗磐等,皆坐诛。左副元帅挞辣⑥实杨割长子,金主亶之大父行⑦也。自粘罕死,宗戚大臣皆惧挞辣与悟室⑧,寻亦以谋叛先后诛。金与宋和,实挞辣主之。挞辣既死,于是右副元帅兀术为左相。乃密奏于其主,以宋未议岁贡、正朔、誓表、册命,而挞辣擅许割地,遂渝盟⑨。

---

① 青涧城,北宋时期种世衡在很短时间内,于西北边疆建造的抗击西夏的城池。即今陕西省榆林市清涧县。
② 李世辅,即李显忠(1110—1178),宋绥德军青涧人。本名世辅,字君锡,绍兴九年南归宋廷,赐名显忠。忠勇绝伦,屡建战功,议复中原,为秦桧所忌。历任都统制等职。孝宗隆兴元年,以御前都统制兼淮西招讨使北伐,几复河南失地。授殿前都指挥使。因副使邵宏渊牵制,兵败符离,坐责散官。后复任威武军节度使、左金吾卫上将军。卒谥号忠襄。
③ 巡检使,宋时于沿边、沿江、沿海置巡检司。掌训练甲兵,巡逻州邑,职权颇重。
④ 同州,即今渭南市大荔县。
⑤ 赐赉,赏赐。
⑥ 挞辣,即完颜昌(?—1139),女真本名挞懒,金朝宗室大臣,金太祖完颜旻堂弟。
⑦ 大父行,大父,祖父。行,辈。
⑧ 悟室,即完颜希尹(?—1140),本名谷神,完颜欢都子。金女真完颜部人。受太祖命,仿汉字,合女真语,于天辅三年制成女真大字。太宗时,为元帅右监军,俘宋徽钦二帝。累官左丞相、侍中,封陈王。熙宗天眷二年,与完颜宗幹合谋,杀完颜宗磐、完颜宗隽诸王。次年被人构陷,受责自杀。
⑨ 渝盟,背叛盟约。

青涧城李世辅归顺宋朝。李家曾世袭蕃族巡检之职，镇守边疆，世代为将。后父子二人曾经在伪齐任职，却常常相对哭泣，都怅恨不能回归宋朝。李世辅在齐时知同州，曾用计将撒离喝擒获，想要带他回宋朝。但金兵已闻讯追来，世辅只得放掉撒离喝，自己带兵辗转逃到西夏，他的父母和两个儿子一个孙子却都被杀。到这时，李世辅向西夏借兵与金军再次作战，等率兵出发时，才知道陕西已经重归于宋，于是带着夏兵归顺宋朝。高宗大加赏赐，并赐名李显忠。

金国有人谋反，牵连到宗磐等人，他们都因连坐被杀。左副元帅挞辣其实是杨割的长子，即金主完颜亶的祖父一辈。自粘罕死后，宗戚大臣们都惧怕挞辣和悟室，不久他们俩也因谋反罪先后被杀。金朝与宋朝能讲和，主要是挞辣主张的。挞辣死后，右副元帅兀术成为左相，秘密上奏国主说宋朝没有议定岁贡、正朔等事宜，没有呈上献忠心的表章，而挞辣却擅自答应割地给宋，于是金国违背盟约。

绍兴十年，金兵分四道南侵，刘锜①大破兀术于顺昌府。桧急启上召锜还。岳飞败之于郾城，几擒兀术。飞至朱仙镇②，桧急启上召飞还。韩世忠败金人于淮阳之泇口。兀术还汴，签两河军与蕃部，以谋再举。

十一年，兀术陷庐州，侵和州。刘锜、杨沂中败之于柘皋③。桧又启上亟班师。沂中自瓜州渡返行在，张俊自宣化归建康。刘锜自采石归太平州，罢宣抚司，以其兵隶御前，遇出师时，临时取旨。以韩世忠、张俊为枢密使，岳飞副使。飞、世忠寻罢。兀术以书抵桧曰："尔朝夕以和请，而岳飞方为河北图，必杀飞乃可。"张俊又构成飞罪，逮赴狱。桧奏诛飞及张宪④、岳云⑤，和议遂谐。归韦太后及徽宗梓宫⑥于宋。金人不惟尽悔所许陕西、河南地，仍割唐、邓等州入金，画淮中流为界。

① 刘锜（1098—1162），字信叔，宋德顺军人。高宗建炎中尉陇右都护，为夏人所畏。张浚宣抚陕西，任为泾原节度使。绍兴初，接领八字军。绍兴十年，宋金和议成，充东京副留守，率军至顺昌，完颜宗弼拜盟来攻，据城力战，败敌精锐十万人。遭秦桧、张俊所忌，罢兵权，知荆南府。谥号武穆。
② 朱仙镇，在今河南省开封县西南。
③ 柘皋，位于安徽省巢县西北。
④ 张宪（？—1142），宋阆州人。为岳家军前军统制、同提举一行事务，屡立战功。官至阆州观察使。绍兴十一年，岳飞罢兵权，改任鄂州大军副都统制。秦桧等人伪造证据，诬陷其策划为岳飞收回军权，与岳云一起被捕入狱，备受酷刑，体无完肤，却始终不屈。后以莫须有的罪名与岳飞父子同时被处死。
⑤ 岳云（1119—1142），字应祥，号会卿，宋相州汤阴（今河南汤阴县）人，岳飞长子（一说养子），年十二从军，随父征战，数立奇功，任武翼郎、左武大夫。绍兴十一年，和父亲岳飞及张宪同被冤杀。
⑥ 梓宫，天子之棺以梓木为之，故谓梓宫。

绍兴十年，金军兵分四路，再次发动南侵战争。刘锜在顺昌府大破金兀术，秦桧匆忙上奏要求召回刘锜。岳飞在郾城也击退金兵，几乎捉拿了兀术。在岳飞追到朱仙镇时，秦桧再次上奏召岳飞回来。韩世忠在淮阳泇口打败了金人，兀术率兵返回汴京，调集两河军和蕃部，寻找再次南侵的机会。

绍兴十一年，兀术领兵攻陷庐州，侵犯和州。刘锜和杨沂中在柘皋将其打败。秦桧又慌忙上奏让刘锜、杨沂中班师回朝。杨沂中从瓜州渡江返回临安，张俊从宣化回到建康，而刘锜从采石前往太平州。高宗宣布撤销三大将的宣抚司机构，将他们手下的兵马直属"御前"。凡出兵之时，再临时领取圣旨。任命韩世忠、张俊为枢密使，岳飞为副使。不久，岳飞、韩世忠被罢免。兀术写信给秦桧说："你时时请求和议，而岳飞却总想着收复疆土，必须杀了岳飞，和谈才可能进行下去。"于是张俊捏造了岳飞的罪状，逮捕岳飞将其囚禁在大理寺监狱。秦桧上奏杀害了岳飞与其子岳云、部将张宪，宋金和议才继续进行下去。徽宗的灵柩和韦太后被送回南宋。金人不仅反悔了本来答应归还宋朝的陕西、河南之地，而且还要求南宋割让唐州、邓州给金国，以淮水中流为边界。

西割商、秦之半，弃和尚、方山原。时宣抚使吴玠卒四年矣，胡世将①代之，力以和尚原等地为不可弃。兀术必欲之，遂以大散关为界。

于时金国屡有内叛，宗戚大臣相继诛夷②。且北有蒙兀，自号大蒙，称帝改元，连岁用兵，卒不能讨，而与之和。南侵又不得逞。而宋之猛将精兵方日盛，恢复实不难。沮③于秦桧，有志之士扼腕叹息。兀术且死，曰："南朝军势强甚，宜益加和好。俟十数年，南军衰老，然后图之。"张浚、赵鼎④皆远窜⑤，鼎卒于海外。当时异议之人贬窜殆尽，无复敢言兵者。

---

① 胡世将（1085—1142），字承公。宋常州晋陵（今江苏武进）人。枢密副使胡宿曾孙、浙西安抚使胡唐老弟。徽宗崇宁五年进士。历监察御史、兵部侍郎。高宗绍兴八年，以枢密直学士出任四川安抚制置使，兼知成都府。他创转般折运法，军储稍充。绍兴十一年，收复陇州等地。绍兴十二年病逝，终年五十八岁，谥号忠献，后改谥号忠烈。
② 诛夷，杀戮，诛杀。
③ 沮，终止，阻止。
④ 赵鼎（1085—1147），字元镇，自号得全居士，南宋解州闻喜（今属山西）人。崇宁五年进士。累官河南洛阳令。高宗即位，除权户部员外郎。后历任御史中丞、签书枢密院事，知建州、洪州。绍兴年间几度为相，后因反对和议，为秦桧所构陷，罢相，出知泉州。寻谪居兴化军，移漳州、潮州安置。再移吉阳军。知秦桧必欲杀己，不食而卒，年六十三。宋孝宗时，赠太傅、丰国公，谥号忠简。
⑤ 远窜，指张浚贬连州，赵鼎至漳州、潮州。

西边，宋朝失去了商、秦两州一半的土地，放弃了和尚原、方山原。当时宣抚使吴玠已经死去四年了，胡世将接任，力争和尚原等地不能丢弃，兀术一定要得到这一片土地。于是以大散关为界。

这时金国内部屡有叛乱，皇室宗亲大臣相继被害。而且北方有蒙兀，自立为国，号大蒙，金人连年用兵讨伐，都没有成功，只能与其讲和。南侵计划又没有得逞，而宋朝的精兵猛将士气正盛，收复河山其实并不困难。只是受到秦桧的阻挠，有志之士也只能扼腕叹息。兀术临死的时候说："南宋的军队势力正逐日增强，现在更应该与其修好，等上十几年宋军显出疲态来再伺机图谋它。"张浚、赵鼎等都被贬逐到远方，赵鼎死于海外，当时和秦桧意见相左的朝臣也都被贬谪杀害，再没有人敢主张对金国用兵了。

南宋（六）

绍兴十九年，金主亶为其下所弑。共立丞相岐王亮①，旻之孙也。

绍兴二十年，金主亮以上京僻在一隅，城燕京，徙居之，改燕京析津府为大兴府，号中都。以中京会宁府为北京，汴京开封府为南京，而旧辽阳府为东京，大同为西京如故。分蕃汉地为十四路，置总管府。

二十五年，秦桧卒。桧秉政十八年，临终犹起大狱，欲杀异己者张浚、李光、胡寅等五十三人，幸桧病已不能书，得免。沈该、万俟卨、汤思退、陈康伯、朱倬相继为相。

三十一年，钦宗凶问至。以去年冬殂于五国城，年六十。

金主亮修汴京，盖经营南侵几年矣。尝因使来，密藏画工，图绘临安山水城市宫室以归，题诗其上，有"立马吴山第一峰"之句。是秋徙居汴，遂渝盟举兵。其母谏，杀之以威众。兵号百万，陷淮西诸郡。江淮、浙西制置使②刘锜遣王权迎敌，权逗留，已而退还，奔采石。报至，中外大震，有浮海避狄之议。

---

① 岐王亮，即完颜亮（1122—1161），女真名迪古乃，字元功，金代第四位皇帝。金太祖完颜阿骨打庶长孙，史称海陵王。为人残暴但于政治上颇有作为。正隆六年（1161）九月，在南宋境内的瓜洲渡江作战时死于内乱，时年四十岁。死后先被追废为海陵炀王，不久又被废为庶人。
② 制置使，唐代后期在军事行动前后为控制一方秩序而设。北宋不常置，掌筹划沿边军事。南宋设置渐多，掌本路诸州军事，多以安抚大使兼任，可便宜制置军事。

南宋（六）

　　绍兴十九年，金主完颜亶被其下属杀害，金人共同拥立丞相岐王完颜亮为王，完颜亮是金太祖的孙子。

　　绍兴二十年，金主完颜亮因为上京偏僻，迁都燕京，然后改燕京析津府为大兴府，号中都。以中京会宁府为北京，汴京开封府为南京，而旧辽阳府为东京，大同还和原来一样为西京。将蕃、汉地分为十四路，设置总管府。

　　绍兴二十五年，秦桧死。秦桧执政十八年，临终前仍然兴起大狱，想要杀掉异己者张浚、李光、胡寅等五十三人。幸亏秦桧此时已病入膏肓，不能上书，那些人才逃过一劫。秦桧之后，沈该、万俟卨、汤思退、陈康伯、朱倬相继做丞相。

　　绍兴三十一年，钦宗的死讯传来，他已经在绍兴三十年冬天死于五国城，享年六十岁。

　　金主完颜亮修整汴京，他已经图谋南侵几年了。曾经派遣使者来南宋，其中秘密藏了画工，令他们图绘临安山水城市宫室，画作带回后，他在上面题诗，有"立马吴山第一峰"的句子。这一年秋天迁到汴京，接着违反盟约大举南侵。他的母亲劝谏，完颜亮竟然将母亲杀死向众人示威。他率领号称百万的兵马攻陷淮西诸郡。江淮、浙西制置使刘锜派王权迎敌，负责淮西防务的王权却逗留建康，不肯进军，不久退兵逃到采石。消息传来，朝廷内外人心惶惶，出现了"要出海避敌"的议论。

陈康伯①不可，命叶义问②视师，中书舍人虞允文③参谋军事。金人陷扬州，趋瓜州。刘锜遣将败之于皂角林④。有诏令锜还军，专防江上。金主欲由采石渡，朝廷以李显忠代权，而未至，金人舟来。虞允文亟督水军海鳅船迎击死斗，金人不能济⑤。时亮闻有内变，又闻舟师由海道来者，已为李宝所焚，而荆、鄂诸军方自上流而下，忿甚。乃回扬州，召诸将，约三日必济，过期尽杀。诸将遂弑亮。方亮之引而南也，渤海一军叛去，已拥立葛王褎⑥于辽阳。闻亮死，遂入燕京，追谥亶为闵宗，废亮为海陵王，谥曰炀。褎，晟之孙也。后改名雍。

先是数年，张浚尝言金必渝盟。时相汤思退等大骇，以为狂。至是浚起判建康。上自临安如建康，浚迎谒⑦，卫士见其复，用以手加额⑧。

---

① 陈康伯（1097—1165），字长卿，信州弋阳人。一说港口南山人。金兵至庐州，朝臣都遣家预避，唯独康伯还迎家人，人心以安，后败金于采石。死后配享孝宗庙庭，谥号文恭。
② 叶义问（1098—1170），宋严州寿昌（今浙江建德李家镇）人，字审言。
③ 虞允文（1110—1174），字彬父，一作彬甫，南宋隆州仁寿（今属四川省眉山市仁寿县藕塘乡）人。南宋大臣，抗金名将。淳熙元年卒，年六十五，赐谥号忠肃。
④ 皂角林，在扬州。
⑤ 济，渡过。
⑥ 葛王褎，即金世宗完颜雍（1123—1189），原名完颜褎，女真名乌禄，金太祖完颜阿骨打之孙，金睿宗完颜宗辅之子，金朝第五位皇帝，在位时停止侵宋战争，励精图治，号为"小尧舜"。
⑦ 迎谒，迎接谒见。
⑧ 以手加额，古人用手搁在额上，表示欢欣庆幸。

陈康伯坚决反对逃到海上，他命令叶义问督视江淮军马，中书舍人虞允文为参谋军事。金人攻陷扬州，转往瓜州，刘锜调兵遣将在阜角林打败金军。此时有诏书下达命令刘锜撤回军队，专门守卫江上。金主想从采石渡江，朝廷命李显忠取代王权来领导军队。李显忠还未到，金军的战船已经来了。虞允文急忙派水军的海鳅船与金兵决一死战，金人没能成功渡河。这时完颜亮听说国内发生了政变，又得知从海道来的金国援军船队已经被李宝烧毁，荆州、鄂州的宋军也从上流向下来救援，非常生气，于是返回扬州，召见各位将领，约定三天内必须全部渡江，否则一律处死。于是将领们合谋杀死了完颜亮。之前完颜亮引兵南下时，渤海有一支军队背叛离去，已经在辽阳拥立葛王完颜褒即位，听说完颜亮已死，于是进入谯京。追谥完颜亶为闵宗，废完颜亮为海陵王，谥号为炀。完颜褒是完颜晟的孙子，后来改名为完颜雍。

  在此之前几年，张浚曾说金国必然违背盟约，当时丞相汤思退等人十分惊骇，以为他在说疯话。等到这时候，重新起用张浚，判建康。高宗从临安到建康，张浚在路上迎拜时，卫士们看到张浚复出，都欢欣鼓舞。

三十二年，上还临安。金使来，遣使报之，复寻和议。夏六月，上内禅，退居德寿宫。在位三十六年，改元者二，曰：建炎、绍兴。皇太子立，是为孝宗皇帝。

南宋（七）

孝宗皇帝初名伯琮，宗室追封秀王谥安僖子偁①之子，太祖七世孙也。母张氏梦崔府君②拥一羊来曰："以此为识。"高宗为康王，出使至磁州。磁人梦崔府君出迎。张氏以是岁丁未生伯琮于秀州，有嘉禾之瑞③，小名羊。高宗丧太子旉，命选太祖之后。得伯琮，鞠④宫中，赐名瑗⑤，适与崔府君同名，封晋安郡王。秦桧⑥疾其英明，而不能害也。竟立为皇子，赐名玮，封楚王。绍兴末，赐名昚，立为皇太子。寻诏即位，尊奉上皇帝为光尧寿圣皇帝，皇后吴氏为寿圣太上皇后。

① 秀王谥安僖子偁，当时孝宗父亲已死，被追封为秀王，谥号安僖，名子偁。
② 崔府君，神名。是汉族民间信仰的神仙之一。
③ 嘉禾之瑞，《中兴书》上有"王者德盛，则嘉禾生"，喻指贤君征兆。
④ 鞠，扬子《方言》，"鞠，养也"。
⑤ 瑗，音"院"。
⑥ 秦桧（1090—1155），字会之，宋江宁（今江苏南京）人。靖康二年，因上书金帅反对立张邦昌，随徽、钦二帝被俘至金，为挞懒信用。高宗建炎四年，被金纵归。绍兴元年，擢参知政事，随后拜相，次年被劾落职，绍兴八年再相，历封秦、魏二国公，深得高宗宠信。贬窜赵鼎、张浚，收韩世忠、岳飞、张俊三大将兵权，并杀害岳飞。结党营私，斥逐异己，屡兴大狱。与高宗共持议和，阻止恢复，订立"绍兴和议"。卒赠申王，谥号忠献。宁宗开禧二年追夺王爵，改谥号谬丑。

绍兴三十二年，高宗回到临安，金国使者到来，派遣使者再次寻求和议，夏六月时高宗禅位给太子，退居德寿宫，在位三十六年，改元两次：建炎、绍兴。皇太子立，是为孝宗皇帝。

南宋（七）

孝宗皇帝，起初叫赵伯琮，他的父亲是秀安僖王赵子偁，是太祖的七世孙。孝宗的母亲张氏曾经梦到崔府君抱着一头羊来说："请以这个作为标志。"高宗还是康王时曾出使到磁州，磁州人梦见崔府君出来迎接。丁未这一年，张氏在秀州诞下伯琮，因有之前的征兆，小名便取为羊。高宗唯一的儿子元懿太子赵旉夭折后再没有嗣子，他便命令从其他宗族中选择继承人。之后选中伯琮，便将他养在宫中，赐名瑗，正好和崔府君同名，封为晋安郡王。秦桧忌惮伯琮英明却终究没有害得了他。后来被立为皇子，赐名为玮，封为楚王。绍兴末年，赐名为昚，被立为皇太子。不久高宗下诏让孝宗即位，孝宗尊奉高宗为光尧寿圣皇帝，皇后吴氏为寿圣太上皇后。

以史浩①为右相。张浚枢密使，督师江淮，遂北伐。浩不与②其议，力丐③罢。李显忠出濠州，趋灵壁④，败金兵。邵宏渊⑤出泗州⑥，围虹县⑦，降金将，进克宿州⑧。金副元帅纥石烈志宁⑨率兵至，显忠与战，连日未决。谍报，金人大兴河南兵将至，会⑩宏渊与显忠不相能⑪，而显忠又不犒⑫士。士愤怨，遂溃而归，金人亦解去。

上锐意恢复，是役不利，乃复议和。陈康伯罢，汤思退、张浚为左右相。

---

① 史浩（1106—1194），字直翁，号真隐。宋明州鄞县（今浙江宁波）人。高宗绍兴十五年进士，由温州教授除太学正，升为国子博士。建议宋高宗立太子，以此受知于朝廷，绍兴三十二年，宋孝宗即位，授参知政事。隆兴元年，拜尚书右仆射。淳熙十年，除太保致仕，封魏国公。宋光宗御极，进太师。绍熙五年，薨，年八十九，封会稽郡王。宋宁宗登极，赐谥号文惠。
② 不与，不赞同。
③ 丐，乞求。
④ 灵壁，县属宿州，在今安徽省东北部。
⑤ 邵宏渊，宋大名人。以韩世忠荐，为阁门舍人。高宗绍兴中大败金人与真州，是役称中兴十三战功之一。孝宗即位后，与李显忠一起主持"隆兴北伐"，与李显忠不和，不久战败，被迫签订了屈辱的"隆兴和议"。仕终定远军节度使。
⑥ 泗州，大概在今江苏省盱眙县境内。
⑦ 虹县，属泗州。
⑧ 宿州，宋时属河南，今在安徽省。
⑨ 纥石烈志宁（？—1172），金代名将，本名撒曷辇，以"沉毅有大略"著称，是金世宗时的一员名将。
⑩ 会，恰巧。
⑪ 不相能，不相容，不和睦。
⑫ 犒，用酒食或财物慰劳。

孝宗任命史浩为右相，张浚为枢密使，在江淮巡视军队，于是开始北伐。史浩不赞同这一提议，请求辞官。李显忠部从濠州出发，进攻灵壁，击败金兵。邵宏渊从泗州出发，围攻虹县，虹县金守将投降，他乘胜攻克宿州。金副元帅纥石烈志宁率兵到达，李显忠与他作战数日，相持不下。有情报称金人调动了大批河南的军队马上就要到达，正赶上邵宏渊与李显忠不合，李显忠又不懂得犒劳将士，战士们心存不满，宋军溃败，金人也撤退了。

孝宗一心收复河山，这次北伐失败后，只能再次议和。陈康伯被罢免后，汤思退、张浚成为左右相。

浚仍以都督①视师，数月而罢，未几卒。浚许国之心，白首不渝，终身不主和议，遗命付其二子，以不能复中原雪国耻，不得祔葬②先人之墓。

汤思退密有召虏议和之迹，言者谕③，罢，窜之，道死。康伯复相，和议成。先是，国书大宋去"大"字，皇帝去"皇"字。书用君臣之礼，有"再拜"等语。金使至，则起立问金主起居。降坐受书，奉使者自同陪臣，馆伴之属皆拜其来使。至是，始称上为宋皇帝，止为叔侄之国。易岁贡为岁币，岁币减十万之数。地界如绍兴④之时，而余礼往往竟不能尽改。上终身愤之。其后屡请还河南陵寝地，改受书礼。金人卒不从。

盖上虽有志复仇，而无能辅其志者。自陈康伯卒后，洪适、叶颙、魏杞、蒋芾、陈浚卿、虞允文、梁克家、曾怀、叶衡、史浩、赵雄、王淮、周必大⑤、留正⑥相继为相。惟浚卿、允文并相时有经营北方之议。而浚卿持重，卒与允文不合。允文所为，人亦议其虚诞，竟不效。

---

① 都督，南宋时多为军事首长的加衔，在需要出兵时加衔。
② 祔葬，谓葬于先人坟茔之旁。
③ 谕，告诉，使人知道。
④ 地界如绍兴，指绍兴和议时所划定的界限。
⑤ 周必大（1126—1204），字子充，一字洪道，自号平园老叟。宋吉州庐陵（今江西省吉安县）人。绍兴二十一年进士。绍兴二十七年，举博学宏词科。官至吏部尚书、枢密使、左丞相，封许国公。庆元元年，以观文殿大学士、益国公致仕。嘉泰四年，卒于庐陵，追赠太师。开禧三年，赐谥号文忠。
⑥ 留正（1129—1206），字仲至，宋永春人。累仕孝宗、光宗、宁宗三朝，累官签书枢密院院事、右丞相、左丞相、少师、观文殿学士等职，先后受封申国公、卫国公、魏国公，卒赠太师，谥号忠宣。

张浚仍以都督身份视察军队，几个月后也被罢免，不久就去世了。张浚爱国之心一生未变，并且终身不主张和议，临终前还嘱咐他的两个儿子，因为自己不能收复中原一雪国耻，不可以葬在祖先的坟墓旁。

　　汤思退私下有与金人议和的迹象，谏官弹劾他，汤思退被贬逐，死于途中。陈康伯再次成为丞相，和议成功。此前，宋朝国书上的"大宋"都要去掉"大"字，"皇帝"去掉"皇"字，与金国的书信往来要遵守君臣的礼节，有"再拜"等语。金使到来，宋朝皇帝要起立问候金主起居，降坐接受国书，以陪臣的礼节接待金国使者，陪伴的朝廷官员都要拜见金使。到这时，开始称孝宗为宋皇帝，两国皇帝改为侄叔关系；宋朝给金国的"岁贡"改为"岁币"，岁币减少了十多万；宋、金之间仍维持绍兴和议后的旧疆界；其余一些礼仪未能完全改变。孝宗终身为之愤恨不平，之后多次请求归还河南的皇家陵寝地，改变受书的礼节，金人最终没有答应。

　　孝宗虽有心雪耻却没有能助他完成大业的良臣。自陈康伯死后，叶颙、魏杞、蒋芾、陈浚卿、虞允文、梁克家、曾怀、叶衡、史浩、赵雄、王淮、周必大、留正相继为相。只有陈浚卿、虞允文共同执相的时候有收复北方的提议，但陈浚卿为人谨慎稳重，始终与虞允文不合。虞允文，人们都认为其浮夸不实，最后也没有什么作为。

如浩尤不主用兵，必大从容庙堂①，善类多所引进。朱熹②以淳熙十五年被召，必大作相时也。

初程颐卒于徽宗之世，其徒杨时③在钦宗、光尧④时皆被擢⑤。赵鼎虽不及识颐，而主张其学。恶之者以杨时为还魂，鼎为尊魂，胡安国⑥为强魂。其后又有尹焞⑦见召入经筵⑧。焞，盖颐晚年高弟也。士大夫名程氏之学曰道学，时好所尚，或冒此名以进，时好不同，亦多以此名见挤于世。

---

① 庙堂，太庙的明堂，是古代帝王祭祀、议事的地方。此处借指朝廷。
② 朱熹（1130—1200），字元晦，又字仲晦，号晦庵，晚称晦翁，谥文，世称朱文公。宋徽州婺源（今江西省婺源）人。绍兴十八年进士，授左迪功郎、泉州同安主簿。光宗时历知漳州、秘阁修撰等。宁宗初，任焕章阁待制兼侍讲。庆元二年，落职罢祠。卒后追谥文。受业于李侗，得二程之学，兼采周敦颐、张载学说，集北宋以来理学之大成。主持白鹿洞书院、岳麓书院，讲学五十余年。其学派被称为闽学，世尊称为朱子。著有《四书章句集注》《诗集传》《楚辞集注》等，后人编纂有《朱子语类》《朱文公文集》。
③ 杨时（1044—1130），字中立，号龟山，宋弘农华阴（今陕西华阴东）人。熙宁九年进士。历官浏阳、余杭、萧山知县，荆州教授，工部侍郎，以龙图阁直学士专事著述讲学。先后学于程颢、程颐。晚年隐居龟山，学者称龟山先生。有《龟山集》。
④ 光尧，即南宋高宗皇帝赵构，绍兴三十一年（1161）六月，禅位于宋孝宗赵昚，孝宗尊高宗为太上皇，上尊号"光尧寿圣太上皇帝"。
⑤ 擢，提拔，提升。
⑥ 胡安国（1074—1138），又名胡迪，字康候，号青山，宋建宁崇安（今福建省武夷山市）人，谥号文定，学者称武夷先生，后世称胡文定公。绍圣四年进士第三名。为太学博士，旋提举湖南学事，后迁居衡阳南岳。提倡修身为学，主张经世致用，主要从事学术研究，潜心研究《春秋》。著有《春秋传》。
⑦ 尹焞（tūn，1071—1142），字彦明，一字德充，宋洛（今河南洛阳）人。历官徽猷阁待制、太常少卿、礼部侍郎兼翰林院侍讲、太子少师等职。力主抗金，与秦桧不合，辞官致仕。
⑧ 经筵，汉唐以来帝王为讲论经史而特设的御前讲席，宋代始称经筵。

史浩尤其不主张用兵。周必大在朝堂上得心应手，引进很多贤才。如朱熹在淳熙十五年被召，就是周必大为相的时候。

程颐在徽宗朝时去世，他的学生杨时在钦宗、高宗时都被提拔，赵鼎虽然没来得及结识程颐却主张他的学说。厌恶他们的人，称杨时为还魂，赵鼎为尊魂，胡安国为强魂。这之后又有尹焞被召入皇宫做御前讲席。尹焞是程颐晚年的高徒。士大夫称程氏之学为道学。时代风气推崇道学时，有的人假冒道学的名义来获取功名，而当风气改变时，也不乏因此被排挤的人。

延平李侗①受学于杨时之门人罗从彦，而熹又受学于侗。胡铨尝荐熹于光尧，熹不至。乾道以来屡召不起，特旨改秩奉祠②，召入馆，不就③。后为南康守。浙东荒，除熹提举④，往救之。过阙，尝一入奏事。至是，召对，除兵部郎⑤。与侍郎林栗不合，即奉祠去。数月复召，熹辞，惟进封事⑥，言天下之大本与今日之急务，"大本在陛下之心。急务则辅翼太子，选任大臣，振举⑦纲维，变化风俗，爱养民力，修明军政，六者是也。"

熹之同志有广汉张栻⑧者，魏忠献公浚之子。其学得之胡宏。宏，安国子也。栻之言曰："有所为而为者，利也；无所为而为者，义也。"学者诵为名言，称栻为南轩先生。

---

① 李侗（1093—1163），字愿中，世号延平先生，宋南剑州剑浦（今福建南平）人。授徒讲学，终身不仕。孝宗隆兴元年（1163），病卒，终年七十一岁。
② 奉祠，宋代设宫观使、判官、都监、提举、提点、主管等职，以安置五品以上不能任事或年老退休的官员等。他们只领官俸而无职事。因宫观使等职原来主祭祀，所以也叫作奉祠。
③ 不就，不接受任命。
④ 提举，宋代以后设主管专门事务的职官，即以"提举"命名。
⑤ 兵部郎，兵部副长官。
⑥ 封事，密封的奏章。古时臣下上书奏事，防止有泄漏，用皂囊封缄，故称。
⑦ 振举，振作，整顿。
⑧ 张栻（1133—1180），字敬夫，后避讳改字钦夫，又字乐斋，号南轩，南宋汉州绵竹（今四川绵竹市）人，学者称南轩先生，谥号宣，后世又称张宣公。张浚之子。主持岳麓书院，湖湘学派学宗。曾任右文殿修撰，提举武夷山冲祐观。

延平的李侗，师从杨时的门人罗从彦，而朱熹又受学于李侗。胡铨曾经向高宗推荐朱熹，朱熹不入朝。自乾道以来，朱熹多次被召都没答应，只好改封他做奉祠，召他入馆阁也不去。后来朱熹被任命为南康军知军，适逢浙东地区发生大饥荒，改任朱熹为提举，前去救济灾荒。朱熹曾入朝汇报情况，皇帝下诏任命朱熹为兵部郎，因与侍郎林栗不合，改封奉祠，离去。数月后再次被启用，朱熹推辞了，只上了一封密奏，谈论天下的根本和当今迫切之事，奏章上说："国家的根本，就是陛下的想法；当务之急就是辅育培养太子，选拔任用大臣，整顿政纲严肃法纪，改变士风民俗，爱惜培养民力，整饬清明军政事务，这六件事而已。"

与朱熹志同道合的朋友有广汉张栻，他是魏忠献公张浚的儿子，是胡宏的学生。胡宏是胡安国的儿子。张栻曾说："凡是为自己着想而做的事情，都是属于利己的行为；唯有屏除利己的心思而有所作为，才是合乎道义的。"学者都奉为至理名言，称张栻为南轩先生。

有吕祖谦①者，公著②之五世，希哲③之四世孙也。亦祖程氏之学，学者称为东莱先生。皆先是数年卒矣。

　　惟熹学问老而弥笃④，学者共师宗之，称为晦菴先生。四方仰其人如泰山北斗。南使至北，金人必问朱先生安在。同时有临川陆九渊⑤，世号象山先生者。与熹争论《太极图说》⑥，且谓学有悟入⑦，讥熹从事训解⑧，意见颇立异云。

　　上久有与子之意。会光尧皇帝寿八十二而崩，乃诏内禅。上奉德寿二十六年，孝养备至。既升遐⑨，哀慕⑩尤切，以不得日奉几筵⑪。欲退，终丧制，移居重华宫，在位二十八年。

---

① 吕祖谦（1137—1181），字伯恭，宋婺州（今浙江金华）人，世称"东莱先生"。隆兴元年进士，复中博学宏词科，调南外宗学教授。累官直秘阁、主管亳州明道宫。参与重修《徽宗实录》，编纂刊行《皇朝文鉴》。淳熙八年卒，年四十五。创立婺学。
② 公著，即吕公著（1018—1089），字晦叔，宋寿州人（今安徽凤台），吕夷简之子。进士。累官龙图阁直学士、翰林学士、御史中丞、翰林学士承旨、端明殿学士、同知枢密院事、资政殿大学士等职。元祐元年，拜门下侍郎，进尚书右仆射兼中书侍郎。元祐三年，辞相位，升任司空、平章军国重事。元祐四年逝世，享年七十二岁，哲宗亲临致祭，赠太师、申国公，谥号正献。后屡遭贬夺，并入"元祐党人"籍。高宗时，获封还全部赠谥。
③ 希哲，即吕希哲（1036—1114），字原明，宋寿州（今安徽凤台）人，学者称"荥阳先生"。一心事学，决意进取。父吕公著殁，出任兵部员外郎。因范祖禹荐，哲宗召为崇政殿说书，擢右司谏。以秘阁校理知怀州，谪居和州。徽宗初复官，召为光禄少卿，以直秘阁知曹州。旋遭崇宁党祸，夺职。
④ 笃，深厚。
⑤ 陆九渊（1139—1193），字子静，号象山，宋江西抚州市金溪县人，因书斋名"存"，世人也称"存斋先生"。孝宗乾道八年进士，调靖安主簿，历国子正。曾上奏五事，遭给事中王信所驳，遂还乡讲学。宋明两代"心学"的开山之祖。
⑥ 《太极图说》，宋代哲学家周敦颐的哲学著作。
⑦ 悟入，由瞬间的感悟而进入为学的境地。
⑧ 训解，训释解说。
⑨ 升遐，帝王死去的一种说法。
⑩ 哀慕，因父母、君上之死而哀伤思慕。
⑪ 几筵，也作"几梴"，犹几席，几席是祭祀的席位，后因故称此为灵座。

还有一位叫吕祖谦的,他是吕公著的五世孙,吕希哲的四世孙,也继承学习程氏的学说,学者称其为东莱先生,他们都是在此前几年就去世了。

只有朱熹的学问随着年纪增大越发淳厚,学者们都向他学习,以他为宗,称他为晦菴先生。四方仰慕朱熹的人把他看作泰山北斗。宋使到金国时,金人必定会问朱先生是否安在。同时代的还有临川陆九渊,世号象山先生,他与朱熹争论《太极图说》,而且称学问要凭借感悟领会,嘲讽朱熹只擅长训诂之学,两人的见解大不相同。

孝宗早有传位于太子的意愿,正逢高宗皇帝在八十二岁时驾崩,于是下诏禅位于太子。孝宗侍奉太上皇二十六年,孝顺奉养十分周到。上皇死后,孝宗非常哀伤,日日思忆。因不能每天在灵位前尽孝,便想退位服丧。移居重华宫。孝宗共在位二十八年。

金世宗雍以是岁殂。其嗣允恭①先卒，孙璟②立。雍贤明仁恕，号为北方小尧舜。故金之大定三十年，与宋之隆兴、乾道、淳熙相终始。南北皆得休息③，彼此无可乘之衅④。上之赍志⑤，不克⑥大有为者以此。

太子立，是为光宗皇帝。

南宋（八）

光宗皇帝，名惇，年四十四自东宫受禅，尊太上皇帝为至尊寿皇圣帝。周必大罢，留正、葛邲⑦为左右相，改元曰绍熙。

① 允恭，即金显宗完颜允恭（1146—1185）。
② 璟，即金章宗完颜璟（1168—1208），小字麻达葛。章宗时代，国内的文化发展达至最高峰，但与此同时，军事能力日益低下。
③ 休息，休养生息。
④ 衅，缝隙，机会。
⑤ 赍志，怀抱着志愿。
⑥ 不克，不能制胜，不能做到。
⑦ 葛邲（bì，1135—1200），字楚辅，宋江阴青阳人。孝宗隆兴元年进士，历任国子博士、著作郎兼学士院权直、参知政事、光禄大夫、知枢密院事、右丞相，官至左丞相。谥号文定。

金世宗完颜雍也在这一年去世。他的儿子允恭早先已死，便立他的孙子完颜璟为帝。完颜雍贤明仁恕，被称为北方小尧舜，所以金国稳定了三十年，与宋朝的隆兴、乾道、淳熙朝相对应。南北两方都得以休养生息，彼此没有可乘之机。孝宗胸怀大志却终究没有大的作为也正源于此。太子即位，就是光宗皇帝。

南宋（八）

光宗皇帝，名叫赵惇，他四十四岁时在东宫受禅，尊太上皇帝为至尊寿皇圣帝。周必大罢相后，留正、葛邲为左右相，改元为绍熙。

皇后李氏①，大将李道②女也，悍而妬③。欲亟立太子嘉王为储嗣，因内宴请于寿皇④，不许。后不逊，寿皇有怒语，后衔⑤之，乃造诬罔谓寿皇有废立意，致上惊恐，得疑疾。及闻后宫有暴死者，上震惧，疾愈甚，不复过重华宫，近两载始一至。寿皇弥不怿⑥，上亦不能视疾⑦。

　　寿皇居重华踰五载，寿六十八而崩。上不能执丧，一日忽仆于地，中外危惧，太皇太后立嘉王，是为宁宗皇帝。

　　宁宗皇帝名扩，初封嘉王。孝宗崩，光宗疾病，知枢密院事赵汝愚⑧密建翼戴⑨之议。知宪圣慈烈吴太皇太后以宗社为忧，将白事⑩而难其人。有知阁门事⑪韩侂胄⑫者，锜之曾孙，而太皇女弟之子也，乃因以入白。

① 李氏，即光宗皇后李凤娘（1144—1200），宋安阳人（今河南安阳），大将李道之女。宁宗赵扩之母。
② 李道，宋相州汤阴人。早年从宗泽抗金，后跟随岳飞，多次与金人作战。历任副都统制、知随州、官武义郎、合门宣赞舍人、武义大夫、荣州团练使、邓随镇抚使、中侍大夫、武胜军承宣使、鄂州御前诸军统制。绍兴三十二年与金人战光化军，以外戚功拜庆远军节度使。死后赠太尉，进封楚王。
③ 妬，同"妒"，忌妒，忌恨。
④ 寿皇，即孝宗。
⑤ 衔，怀恨在心。
⑥ 不怿，谓病不愈。
⑦ 视疾，侍奉或探望病人。
⑧ 赵汝愚（1140—1196），字子直，饶州余干人，南宋宗室。孝宗乾道二年状元及第，授签书宁国事节度判官。召试职馆，除秘书省正字。历迁集英殿修撰、帅福建。绍熙二年，召为吏部尚书，迁知枢密院事。拥立宁宗，任右相。谥忠定，赠太师，追封沂国公。
⑨ 翼戴，辅佐拥戴。
⑩ 白事，禀告公务；陈说事情。
⑪ 知阁门事，宋代阁职中一种职位，是重要武臣的候选之所。
⑫ 韩侂（tuō）胄（1152—1207），字节夫，宋河南安阳人。韩锜曾孙。与赵汝愚等人拥立宁宗即位，以"翼戴之功"官至宰相，开禧元年为平章军国事，力主北伐，后战败。后在金国示意下，被杨皇后和史弥远设计杀害，函首于金。

皇后李氏是大将军李道的女儿，性格强横善妒，她急着想要立太子嘉王为储君，因此在宫内宴会上向寿皇请求，寿皇没有答应，李氏便有所不满，出言不逊，寿皇训斥了李氏。李氏怀恨在心，于是造谣说寿皇有废光宗的打算。光宗十分惊恐，忧惧之下生病了，等到听说后宫中有暴死之人时，光宗恐慌至极，病得更加严重，从此不再去重华宫，快两年才去了一次。寿皇久病不愈，光宗也没有去探望。

寿皇在重华宫住了五年多，六十八岁驾崩。光宗没有奉行丧礼，一日忽然仆倒在地，朝廷内外惶恐不安，太皇太后立嘉王为帝，就是宁宗皇帝。

宁宗皇帝名叫赵扩，起初被封为嘉王，孝宗驾崩，光宗病重，枢密院事赵汝愚秘密建议拥立嘉王，知宪圣慈烈吴太皇太后忧虑宗庙社稷，想找人商量国事却没有合适的人选。知阁门事韩侂胄是韩琦的曾孙，太皇妹妹的儿子，因此得以入宫商议。

太皇垂帘，引嘉王入即位，代执孝宗之丧，中外危疑者乃定。光宗居寿康宫，后六年而崩，寿五十四。

上之为嘉王也，黄裳为翊善①讲说开道。光宗尝喻曰："嘉王进学，皆卿之功。"裳曰："若欲进德修业，追踪古先哲王，须寻天下第一人乃可。"问为谁，以朱熹对。彭龟年②继为宫僚，因讲每及熹说，上倾心已久。熹在光宗时守漳州，后守潭州，为湖南安抚。至上登极，首被召，除待制兼侍讲。熹未至，已闻近习③用事，御笔指挥皆有渐，深忧之。

留正罢，汝愚为相。韩侂胄自负有定策④功，希不次之赏⑤。汝愚不肯骤除⑥，遂怨。汝愚为政，方务引进善类，裁抑侥幸。小人滋不悦，相与共排之。

朱熹既至，上疏，忤侂胄，在朝甫四十六日而罢。言者以为熹有宫祠之命⑦，远近相吊。天下大老去之，谁不欲去？正人尽去，何以为国？汝愚袖还内批⑧，且谏且拜，不听。

---

① 翊善，官名，在亲王府从事讲授之人。
② 彭龟年（1142—1206），字子寿，南宋清江（今江西省樟树市）人。乾道五年进士。历官焕章阁待制、知江陵府，迁湖北安抚使。谥号忠肃。
③ 近习，指君主宠爱亲信的人。
④ 定策，亦作"定册"。古时尊立天子，书其事于简策，以告宗庙，故称大臣等谋立天子为"定策"。
⑤ 不次之赏，超越等级的赏赐。
⑥ 骤除，立刻任命。
⑦ 宫祠之命，奉祭祀于外之命。
⑧ 内批，指罢免朱熹的诏书。

于是太皇太后垂帘听政，嘉王即位，并代光宗执孝宗之丧，从而安定了朝廷内外的人心。光宗在寿康宫居住六年后驾崩，享年五十四岁。

　　宁宗还是嘉王时，黄裳作为翊善为宁宗讲说开道，光宗曾说："嘉王学问上能有进步都是爱卿的功劳。"黄裳说："要想提升自身修养，建功立业，向古圣贤看齐，必须寻找天下第一人。"光宗问此人是谁，黄裳回答说朱熹。彭龟年继任后，每每讲课都要说到朱熹，圣上对朱熹倾心已久。朱熹在光宗时守漳州，后守潭州，为湖南安抚。等到宁宗即位后被召入朝，担任侍制兼侍讲。朱熹还没到就已经听说宁宗任用亲信，小人擅权，十分忧虑。

　　留正被罢免，赵汝愚为相，韩侂胄自以为有拥立之功，应有超越等级的奖赏，但赵汝愚不肯骤然提拔他，他便十分怨恨赵汝愚。赵汝愚执政时引用贤才，压制奸佞，引来小人的不满，韩侂胄便伙同这些人共同排挤他。

　　朱熹到任后因违逆韩侂胄，在朝刚刚四十六日便被罢免。谏官以为朱熹有宫祠之命，远近的人都为他惋惜。像朱熹这样人人仰慕的人都走了，谁还能留下呢？正直之人都走了，我们的国家要依靠谁？赵汝愚带着罢免朱熹的诏书，上奏请求收回诏命，边跪拜边进谏，宁宗没有采纳。

佗胄欲并逐汝愚而难其名①。或教之曰："彼宗姓，诬以谋危社稷，则一网尽矣。"佗胄然之。汝愚在相位数月罢，连贬窜，服药以死。佗胄用李沐②、何澹③、刘德秀④、胡纮⑤、沈继祖⑥等为鹰犬，搏击善类无遗。彭龟年⑦、刘光祖⑧、章颖、叶适、徐谊、沈有开、吴猎、黄由、黄度、邓驲、陈傅良、楼钥、郑湜、李祥、杨简、吕祖俭⑨、曾三聘、游仲鸿、项安世、孙元德、袁燮、陈武、汪逵、范仲黼、黄灏、詹体仁等贬逐不可胜纪。

① 难其名，找不到合理的理由。
② 李沐，宋湖州德清人，字兼济。孝宗乾道八年进士。宁宗情缘元年以将作监擢为右正言，力攻庆元党人，排斥赵汝愚。后转为浙东提举，历知镇江、潭州、庆元等府。
③ 何澹（1146—1219），字自然。南宋龙泉人。乾道二年进士。历官秘书省正字、武学谕、校书郎、秘书丞、将作少监、国子祭酒、兵部侍郎、右谏议大夫等职。庆元二年，同知枢密院事。不久，兼参知政事。依附韩佗胄，排除异己为伪党，立"庆元党禁"。后辞官归隐。
④ 刘德秀（1135—1207），字仲洪，号退轩。南宋丰城石滩人。隆兴元年进士，授左迪功郎，知南康军户椽。历任左从政郎、宣教郎、承议郎、大理寺主簿、监察御史、朝奉大夫、右正言兼侍讲、右谏议大夫、工部尚书、兵部尚书、吏部尚书、端明殿学士，签书枢密院事。封豫章郡开国公。赠太师，谥号文穆。
⑤ 胡纮（1139—1204），字应期，南宋庆元人。隆兴元年进士，任都进奏院司农寺主簿、秘书。庆元党禁中，攻击弹劾朱熹。后历任起居舍人、工部、礼部及吏部侍郎。
⑥ 沈继祖，生平不详。
⑦ 彭龟年（1142—1206），字子寿，号止堂，南宋临江军清江人。乾道五年进士。历官左迪功部、袁州宜春县尉、从政郎、安福县丞、太学博士兼魏王府教授、国子监丞、司农寺丞、吏部侍郎等。在朝言事面折廷争，善恶是非，辨析甚严。
⑧ 刘光祖（1142—1222），字德修，南宋简州阳安人。登进士第，除剑南东川节度推官。淳熙五年，召对，论恢复事，除太学正。光宗时，为侍御史。徙太府少卿，官至显谟阁直学士。卒谥号文节。
⑨ 吕祖俭（?—1196），字子约，号大愚。南宋婺州金华（今浙江金华）人。吕祖谦之弟。曾任修职郎、司农寺主簿、太府丞等职。因赵汝愚罢相，上书劝谏，忤韩佗胄，安置韶州，未至，改送吉州。有《大愚集》。

韩侂胄要想一并驱逐赵汝愚而想不到理由。有人提议说："赵汝愚是皇族，污蔑他图谋篡位，就可以一网打尽了。"韩侂胄认为可行。赵汝愚在相位数月被罢免，遭接连贬逐，最后他服毒自尽。韩侂胄用李沐、何澹、刘德秀、胡纮、沈继相等为鹰犬，打压异己，残害贤良。彭龟年、刘光祖、章颖、叶适、徐谊、沈有开、吴猎、黄由、黄度、邓驲、陈傅良、楼钥、郑湜、李祥、杨简、吕祖俭、曾三聘、游仲鸿、项安世、孙元德、袁燮、陈武、汪逵、范仲黼、黄灏、詹体仁等遭受迫害贬谪的人不可胜数。

籍记党人姓名，目曰伪学，以朱熹为首，在籍者数十人。蔡元定①坐熹累②，道州编管③。太学生杨宏中④等六人，亦坐上书救党人编管。留正以尝引用党人亦黜窜。俞端礼、京镗、谢深甫相继为相。

朱熹以庆元庚申卒。时伪学党禁虽严，会葬者亦数千人。

吕祖泰⑤上书论雪⑥伪学，乞诛侂胄及其党苏师旦、周筠，罢逐陈自强⑦之徒，召用周必大，不然事将不测。书出，中外大骇，杖一百，不刺面⑧，配钦州。必大亦坐谪降。

熹没踰年，党禁稍解，诸人或复官自便。然消沮⑨变化之余，风俗已大坏矣。

---

① 蔡元定（1135—1198），字季通，学者称西山先生，南宋建阳（今属福建）人。乾道间，从朱熹学。不就科举，淳熙十五年，尤袤、杨万里以精通律历论荐于朝，以病辞。庆元元年，韩侂胄专政，开伪学之禁。二年，以布衣谪道州，远近闻名，从学者益众。四年，卒于贬所，年六十四。嘉定三年，谥号文节。
② 坐熹累，受朱熹牵连。
③ 编管，宋代官吏得罪，谪放远方州郡，编入该地户籍，并由地方官吏加以管束，谓之"编管"。
④ 杨宏中（1176—1228），字充甫，号佣斋，南宋闽侯南屿人。开禧元年进士，任太学正，韩侂胄当权，打压排挤赵汝愚，杨与周端朝、林仲麟、张道、蒋传、徐范等六人激于义愤，上书劝留赵汝愚。触怒韩，被贬，不久得赦还。韩侂胄受诛次年，朝廷下旨褒奖庆元上书六人，世称"庆元六君子"，绍定元年，知武岗军。
⑤ 吕祖泰（约1160—约1208），字泰然，南宋寿州人，吕夷简六世孙，吕祖谦、吕祖俭从弟。从兄祖俭贬居高安时，他徒步往省。祖俭死于贬所，周必大于嘉泰元年降少保致仕，他愤然诣登闻鼓院上书，请诛韩侂胄，发配钦州牢城。韩侂胄被诛后，昭雪，补上州文学，改授迪功郎，监南岳庙。
⑥ 雪，洗刷冤名。
⑦ 陈自强，南宋福州闽县（今福建福州）人。淳熙五年进士。曾为权相韩侂胄童蒙师。历任端明殿学士、签书枢密院事、参知政事兼同知枢密院事、知枢密院事、右丞相。宁宗开禧三年罢相。后屡降为复州团练副使，又改送雷州安置。
⑧ 刺面，即黥刑。在犯者面部刺字，涅以黑色。
⑨ 消沮，削减；减弱。

登记党人姓名，被称为伪学的，以朱熹为首，记录的有数十人。蔡元定因受朱熹牵连被贬，谪道州编管。太学生杨宏中等六人也因上书救党人被连坐编管。留正因为曾经任用党人也遭到贬黜。俞端礼、京镗、谢深甫相继为相。

朱熹在庆元庚申年离世，当时虽然伪学党禁森严，但参加葬礼的也有数千人。

吕祖泰上书为伪学辩论，请求诛杀韩侂胄及其党羽苏师旦、周筠，罢免驱逐陈自强之徒，召用周必大，不然局势将不可收拾。奏书发出后，朝廷内外的人大为惊骇。吕祖泰被杖脊一百下，没有刺面，发配到钦州的牢房收押管制。周必大也被连坐贬谪。

朱熹死后一年多，党禁稍有松懈，有些人也复官了，然而清流经过这次打击之后，朝廷风气已经大坏。

南宋（九）

　　谢深甫罢，陈自强为相。侂胄以太师、平原郡王、平章军国事，权倾人主，威制上下。服御①拟于乘舆②，土木侈于禁苑③。谀者至称为恩主、圣相。或作诗九章，每章用一锡字，侂胄亦不辞。稔④积罪恶，至于生事开边而极。

　　先是，有大朝开基⑤，太祖皇帝兴于北方，在金世宗时已强盛，称帝。至璟⑥立，蒙古兵来辄长驱，金始多事。侂胄闻金有此衅⑦，谓中原可图。有吴曦者，前蜀帅吴挺之子，璘之孙也。吴氏世职西陲，威行西蜀，留其子孙于京，盖累朝远虑。曦有异志久，欲归蜀而不许。侂胄遣归数年，盖欲使西蜀出兵。

　　开禧二年丙寅，以伐金诏，告四方诸路进师。曦首以关外四州献金，求封为蜀王，寻即称帝。赖李好义、杨巨源与安丙密谋，曦僭号踰月而诛。

---

① 服御，指服饰车马器用之类。
② 乘舆，泛指皇帝用的器物。
③ 禁苑，指帝王宫殿。
④ 稔，指事物酝酿成熟。
⑤ 大朝开基，日本刊本作"蒙古部"。按，此处以后，元刊本均以本朝（元朝）为正朔，皆用敬语，而日本诸刊本均恢复正常叙述。元刊本中，关于元朝事迹缺失较多，均据日本刊本补。
⑥ 璟，即金章宗完颜璟。
⑦ 衅，祸患，祸乱。

南宋（九）

谢深甫刚被罢免，陈自强就做了丞相，韩侂胄封太师、平原郡王、平章军国事，权倾朝野，盛极一时，器用可比肩御用，屋舍比禁苑还奢侈，阿谀之人称其为恩主、圣相，或者为他作诗九章，每章都用一锡字，韩侂胄也不推辞。他不断积累罪恶，到发起边境战争时达到了极点。

先是有元朝太祖皇帝在北方兴盛，在金世宗时已经强大，国主称帝。到完颜璟时，蒙古兵南下便长驱直入，金国因此开始进入多事之秋。韩侂胄听说金国有此劫难，以为可以收复中原。有个叫吴曦的，是前蜀帅吴挺的儿子，吴璘的孙子。吴家世代戍守西陲，在西蜀威名赫赫，将吴家子孙留在京城，也是为了有所牵制。吴曦早有异志，想回西蜀却不被允许，韩侂胄遣他回去数年，是想让西蜀出兵协同北伐。

开禧二年丙寅，宁宗下达了讨伐金国的诏书，命令各路军队行动。吴曦把关外四州献给金国，以此求封为蜀王，不久称帝，依靠李好义、杨巨源与安丙密谋。吴曦僭号数月后被诛杀。

是岁①，元太祖即位于斡难河②之源。太祖姓奇渥温氏，讳铁木真，蒙古部人也。其先世为蒙古部长，至太祖之父，曰也速该，始并吞诸部落，愈强大，后追谥曰列祖神元皇帝。初，神元征塔塔儿部③，获其部长铁木真。宣懿后月伦适生太祖，手握凝血如赤石，神元异之，因以所获铁木真名之，志④武功也。元年大会诸王群臣，建九游白旗，即位，群臣共上尊号曰"成吉思皇帝"⑤。时金章宗泰和六年也。

丁卯开禧三年，时北伐诸军所向，无不溃败而退。金人大发兵，连陷蜀、汉、荆、襄、两淮诸郡，东南大震。亟遣使通谢⑥于金。而侂胄弄兵⑦之意犹未已，中外患之，遂有诛凶之议。皇后杨氏知书史，通古今。当时侍郎史弥远⑧建密策，而旨从中出者，皆后实为之。一日侂胄入朝，弥远使殿帅夏震以兵邀之途，拥出玉津园，椎杀⑨之。

---

① "是岁"至"丁卯开禧三年，时"，元刊本无，据日本刊本补。
② 斡难河，也称鄂伦河、鄂诺河或敖嫩河。古称黑水，为黑龙江上游之一，发源于蒙古小肯特山东麓。是蒙古部族的发祥地，1206年成吉思汗即位于此。
③ 塔塔儿部，又称鞑靼部，是蒙古兴起以前漠北地区较为强大的部落。
④ 志，标志，记载。
⑤ 成吉思皇帝，蒙古帝国可汗孛儿只斤·铁木真（1162—1227），尊号"成吉思汗"，世界史上杰出的政治家、军事家。1206年建立大蒙古国，此后多次发动对外征服战争，征服地域西达中亚、东欧的黑海海滨。1227年在征伐西夏的时候去世。至元二年（1265）十月，元世祖忽必烈追尊成吉思汗，庙号为太祖，至元三年（1266）十月，太庙建成，制尊谥庙号，元世祖追尊成吉思汗谥号圣武皇帝。
⑥ 通谢，谢罪。
⑦ 弄兵，谓轻率动兵。
⑧ 史弥远（1164—1233），字同叔，明州鄞县人，南宋权臣。与杨皇后等密谋击杀韩侂胄，后函其首送金请和。独相宁宗赵扩十七年。
⑨ 椎杀，击杀。

这一年，元太祖在斡难河的源头称帝。太祖姓奇渥温氏，名叫铁木真，是蒙古部人。他的祖先世代为蒙古部落的首领，太祖的父亲叫也速该，他开始吞并各个部落，越来越强大，死后追谥为列祖神元皇帝。起初，也速该征讨塔塔儿部，擒获了该部部落长铁木真，宣懿后月伦恰在此时诞下太祖，太祖手里紧握凝固的血块，像一块红色的玉石，也速该深以为奇，便用擒获的首领名字铁木真命名，以此记载这一功勋。元太祖元年，铁木真大会诸王群臣，建立九游白旗，并登基称帝，群臣献上尊号称"成吉思皇帝"。这时是金章宗泰和六年。

丁卯，开禧三年。北伐军所到之处都以败退告终，金人加大兵力，接连攻陷蜀、汉、荆、襄、两淮诸郡，东南地区大为震动。宁宗急忙派遣使者向金国谢罪，但韩侂胄仍旧没有打消起兵的念头，朝廷内外深以为患，于是提议诛杀首凶韩侂胄。皇后杨氏熟知经书历史，精通古今发展大势。当时侍郎史弥远秘密献计，而最后朝廷下旨，其实都是杨后的主意。一日韩侂胄入朝，史弥远命令殿帅夏震在途中率兵围截，并将其在玉津园击杀。

先是①,元太祖征西夏,拔②力吉里塞③而还。至是秋再征之。

戊辰嘉定元年,陈自强窜死,苏师旦处斩,周筠决配④,侂胄函首⑤谢金,和议复成。钱象祖为相,史弥远累迁,与象祖并相。象祖罢,弥远独相。

金章宗璟在位二十年而殂。无子,立世宗之别子⑥允济⑦,于璟为叔。

己巳⑧,嘉定二年春,元太祖入河西,屡破西夏兵,夏主李安全⑨纳女⑩请和。

庚午,嘉定三年,金谋讨元,筑乌沙堡⑪。太祖遣将袭杀其众,遂略地而东。初,太祖贡岁币于金,金主使卫王允济受贡于静州。太祖见允济不为礼,允济怒,归欲请兵攻之。会金主璟殂,允济嗣位,有诏至国,传言当拜。太祖问金使曰:"新君为谁?"曰:"卫王也。"太祖遽南唾曰:"我谓中原皇帝,是天上人做。此等亦为之耶,何以拜为?"即策马去。金使还言,允济益怒,欲俟⑫太祖再入贡而害之。太祖知之,遂与金绝。

---

① "先是"至"戊辰嘉定元年",元刊本无,据日本刊本补。
② 拔,攻下。
③ 力吉里塞,西夏边城。
④ 决配,杖决徙配。
⑤ 函首,用匣子装盛人头。
⑥ 别子,庶子。
⑦ 允济,即完颜允济(?—1213),字兴胜,金世宗完颜雍第七子,金显宗完颜允恭异母弟,金朝第七位皇帝,在位五年。
⑧ "己巳"至"遂与金绝",元刊本无,据日本刊本补。
⑨ 李安全(1170—1211),西夏襄宗,西夏仁宗李仁孝之侄,篡夺桓宗皇位,在位时昏庸无能,发兵侵金,改附蒙古,又引来蒙古的铁蹄,以致宗室不满,齐王李遵顼发动政变,1211年被废去世,谥号敬慕皇帝,庙号襄宗。
⑩ 纳女,谓献女于天子、诸侯等。
⑪ 乌沙堡,金国的边境城堡。
⑫ 俟,等到。

开始，元太祖征讨西夏，攻破力吉里塞后回国，到这年秋天时，再次讨伐。

戊辰，嘉定元年。陈自强被贬后离世，苏师旦处斩，周筠被杖责发配，韩侂胄被斩首向金人谢罪，和议再次谈成，钱象祖为丞相，史弥远在几次擢升后与钱象祖共同执相。钱象祖被罢免后，史弥远独自为相。

金章宗完颜璟在位二十年后驾崩，他没有儿子，立世宗的庶子允济为帝，允济称完颜璟为叔叔。

己巳，嘉定二年春，元太祖攻入河西，屡次大败西夏兵，西夏国主李安全向元太祖献上女子请求和谈。

庚午，嘉定三年，金国图谋讨伐元朝，修筑乌沙堡。元太祖命令将士偷袭杀死那里的军卒，于是向东侵占土地。起初，元太祖每年向金国朝贡钱币，金国君主派卫王允济在静州接受贡品。元太祖见到允济不行礼。允济大怒，回去后想请求发兵进攻元太祖。正赶上金国君主完颜璟去世，允济继承皇位，有诏书到达蒙古，传话说应当下拜接受诏书。元太祖问金国使者："新皇帝是谁？"金国使者说："是卫王。"元太祖就向南面吐唾沫说："我以为中原皇帝是天上人来做的，像他这样的人也能做啊，为什么要向他下拜？"当即乘马北去。金国使者回去说了情况，允济更加恼怒，想要等元太祖再进贡时杀害他。元太祖知道后，与金朝断绝了交往。

南宋（十）

辛未嘉定四年①春，元太祖南侵，败金兵，袭群牧监②，驱其马而还。自是连岁攻取金州郡。

癸酉嘉定六年，金主卫绍王允济在位五年，无岁不受兵，几不能支。且失将士心，为大将所弑，追废为东海郡侯。立丰王珣③，璟之兄也，是为宣宗④。

太祖分兵三道，并进，取燕南、山东、河北五十余郡。

甲戌嘉定七年，元太祖驻跸燕北。金主以岐国公主及童男女五百，马三千兼金帛以献乞和。虽见许，度不能自立于燕。五月迁于汴，留丞相完颜福兴⑤，辅太子守忠⑥居燕。太祖遣兵围之，守忠走⑦汴。后一年而燕京陷。元兵自河东渡河而南，距汴二十里而去。金人自是地势益蹙⑧。山东叛之，东阻河，西阻潼关而已。欲窥宋川蜀、淮汉以自广，遂败盟来侵。

---

① "辛未嘉定四年"至"癸酉嘉定元年，金主卫绍王允济"，元刊本元。据日本刊本补。
② 群牧监，监领牧场，总管马政之官。
③ 珣，即金宣宗完颜珣（1163—1223），初名吾睹补，又名从嘉。金世宗长孙，卫绍王侄，金朝第八代皇帝。在位时内外交困，被迫向蒙古求和，1223年病死于南京开封府（今开封），谥号圣孝皇帝。
④ "是为宣宗"至"守忠走汴"，元刊本作"是岁癸酉，大朝兵至燕，太祖皇帝留大将围其城，自徇山东，比山东诸郡。金主乞和，虽见许，度不能自立于燕，明年甲戌迁于汴"，据日本刊本补。
⑤ 完颜福兴，金国丞相，指挥金军与蒙古军交战，在首都燕京被围时孤立无援，服毒自尽。
⑥ 守忠，即庄献太子完颜守忠，宣宗完颜珣长子。胡沙虎废卫王后，宣宗未到，便迎守忠入居东宫。贞佑元年立为皇太子。
⑦ 走，逃亡。
⑧ 蹙，缩小，削减。

南宋（十）

辛未，嘉定四年春，元太祖南侵，大败金兵，袭击群牧监并掠夺了马匹回国，从此蒙古国连年攻打金国并夺取金国州郡。

癸酉，嘉定六年，金主卫绍王允济在位五年，没有一年不被攻打，几乎支撑不下去了，并且他失去了将士的拥戴，最后被大将所杀，只追封为东海郡侯。立丰王完颜珣为帝。完颜珣是完颜璟的兄长，是为金宣宗。

元太祖分兵三道进攻，攻取燕南、山东、河北等五十多郡。

甲戌嘉定七年，元太祖在中都北郊驻军。金国君主派遣使者请求讲和，献上卫绍王的女儿岐国公主以及金帛、童男童女五百名、马三千匹作为礼物。虽然达成了和议，但金主忖度已不能在中都立足，就在五月迁到汴京，留下丞相完颜福兴辅佐太子守忠据守中都。元太祖遣兵围困，守忠也逃到汴京，一年后燕京陷落。元兵从河东渡河向南进攻，在距离汴京二十里的地方停止。从此金人国土更加狭小。加上山东反叛，金国也仅东靠黄河，西至潼关阻挡敌人而已。金国又窥伺宋朝的川蜀、淮汉，想以此扩大疆域，于是违背盟约侵犯宋朝。

宋以黄榜募忠义人，进讨京东路。忠义李全①以岁戊寅率众来归。全本涟水县弓手，在开禧乙丑间，已尝应募焚其县矣。

丁丑嘉定十年②，元以木华黎③为太师，封国王，率诸军南征，克④大名府⑤、定、益、都、淄、莱等州。

戊寅嘉定十一年，元木华黎自西京入河东，克太原、平阳及忻、代、泽、潞等州。是岁伐西夏，围其王城。夏主李遵顼⑥走西京。

高丽王皞降于元，请岁贡方物⑦。

己卯嘉定十二年，西域杀元使者，太祖亲征。

庚辰嘉定十三年，元木华黎徇地⑧至真定⑨，又徇河北诸郡。

---

① 李全（1190—1231），金朝潍州北海（今山东潍坊）人，金末地方武装集团红袄军的首领。父兄皆被蒙古军所杀，聚众数千起兵，攻打临朐（今属山东）。后宁宗下诏伐金招安各路义军，李全附于宋。后降蒙古，攻扬州，败死。
② "丁丑嘉定十年"至"太祖即日班师"，除"金宣宗珣在位十二年而殂。子守绪立，是为哀宗"外，元刊本无，据日本刊本补。
③ 木华黎（1170—1223），出身于蒙古札剌儿氏家族，其父辈即为成吉思汗部下。勇猛善战，沉毅多智。成吉思汗统一漠北各蒙古部多得木华黎之力，故与博尔术、博尔忽、赤老温等共称"开国四杰"。后征花剌子模、金国，有大功。卒赠开国辅世佐命功臣、太师、开府仪同三司、上柱国、鲁国王，谥号忠武。
④ 克，攻克。
⑤ 大名府，今河北省邯郸市大名县。
⑥ 李遵顼（1163—1226），西夏神宗，党项族。天庆十年状元，后发动宫廷政变，废黜襄宗李安全，自立为皇帝，改元光定，成为西夏第八任皇帝。李遵顼在位时与蒙古、南宋作战时屡败，公元1223年退位，传位于子李德旺，为西夏唯一的太上皇。公元1226年病卒，谥号英文皇帝，庙号神宗。
⑦ 方物，本地产物，土产。
⑧ 徇地，掠取土地。
⑨ 真定，今河北正定。

宋朝张榜招募各路义军进攻讨伐京东路。李全在戊寅年率部众来归顺，李全本来是涟水县弓手，在开禧乙丑年间，曾经响应义军，放火烧了县城。

丁丑，嘉定十年，元任命木华黎为太师，封为国王，统率各军南征，攻克大名府、定州、益州、邢州、淄州、莱州等地。

戊寅，嘉定十一年，元木华黎从西京进入河东，攻克太原、平阳以及忻州、代州、泽州、潞州等地。这一年讨伐西夏，包围西夏王城。西夏主李遵顼逃向西京。

高丽王暾向元投降，请求每年进贡土特产。

己卯，嘉定十二年，西域杀死元太祖派去的使者，元太祖率军亲征。

庚辰，嘉定十三年，元木华黎攻取土地到达真定，又攻打河北诸郡。

壬午嘉定十五年，元太子拖雷①克西域诸城，遂与太祖会。秋，金主复遣使请和。太祖时在回鹘国，谓之曰："我向令汝主授我河朔地，令汝主为河南主，彼此罢兵，汝主不从。今木华黎已尽取之，乃始来请耶？"遂不许。

癸未嘉定十六年，春三月，元太师鲁国王木华黎卒。

五月，元初置达鲁花赤②，监治郡县。

金宣宗珣在位十二年而殂。子守绪③立，是为哀宗。

甲申嘉定十七年，元太祖至东印度，驻铁门关。有一兽，鹿形，马尾，绿色而一角，能作人言，谓侍卫者曰："汝主宜早还。"太祖以问耶律楚材④，曰："此兽名角端⑤，能言四方语，好生而恶杀。此天降符以告陛下，愿承天心，宥⑥此数国人命。"太祖即日班师。

---

① 拖雷（1193—1232），蒙古汗国宗王。成吉思汗幼子。太祖八年（1213）起随从攻金，十四年又随从西征。成吉思汗死后，任监国。旋与诸王定议，迎兄窝阔台（太宗）即汗位。太宗三年（1231），与窝阔台分道攻金。次年在三峰山大败金军。旋以天热还军，未几卒。
② 达鲁花赤，由成吉思汗设立，广泛通行于蒙古帝国和元朝。蒙古语，原意为"掌印者"，也就是督官，是代表成吉思汗的军政、民政和司法的官员。
③ 守绪，即金哀宗完颜守绪（1198—1234），女真名守礼。金宣宗完颜珣第三子。章宗时，封金紫光禄大夫。宣宗时封为遂王，授秘书监，后改任枢密使，后被立为皇太子。宣宗病卒。宣宗次子、英王完颜守纯争皇位，被守绪监禁。守绪即位，年号正大、开兴、天兴。在位期间，与宋议和，专为御蒙，图复旧业。最终失败，自缢。谥号哀宗。
④ 耶律楚材（1190—1244），字晋卿，号玉泉老人，法号湛然居士，辽皇族子孙。生于金章宗明昌元年。元太祖时甚受宠信，元太宗时拜中书令。事朝三十余年，凡蒙古陋习，悉为之改革；元代立国规模，多由其奠定。卒，谥号文正。博学多才，长于诗文。有《湛然居士集》行世。
⑤ 角端，是古代汉族传说中祥瑞之兽名。形似鹿而鼻生一角，可日行一万八千里，通晓四方语言。其说始见于汉。
⑥ 宥，饶恕，宽待。

壬午，嘉定十五年，元太子拖雷攻克了西域诸城，与太祖会合。这年秋天，金主再次遣使请求和谈。那时元太祖在回鹘国，他和金使说："我曾经要求你们国主把河朔的土地给我，让你们国主当河南主，彼此罢兵。你们国主不答应，现在木华黎已经都攻打下来了，你们才开始来请和吗？"于是没有答应。

癸未，嘉定十六年春天三月，元朝太师鲁国王木华黎去世。

五月，元朝开始设置达鲁花赤，用来监治郡县。

金宣宗完颜珣在位十二年驾崩，他的儿子完颜守绪继位，这就是哀宗。

甲申，嘉定十七年，元太祖到东印度，驻扎在铁门关，遇上一兽，鹿形马尾，身上是绿色的，有一角，它能说人话，跟侍卫说："你们国主应该早早回去。"太祖问耶律楚材，耶律楚材说："这种兽名叫角端，能说四方话，爱惜生灵而厌恶杀戮，这是上天降下征兆发出警示，希望陛下顺应天命，保全这些国家人民的性命。"太祖当天就班师回朝了。

自岁丁丑以后,宋与金战,虽迭有胜败,然三边①元岁不被其扰。

上在位三十年,改元者四,谦恭仁俭,始终如一。然庆元、嘉泰、开禧凡十三年,则侂胄之政;嘉定十七年,则弥远之政。寿五十七而崩。弥远定策立嗣,是为理宗皇帝。

---

① 三边,泛指边陲、边境。

自丁丑以后，宋与金之间的战争，虽有输有赢，然而边疆连年都受到侵扰。

宋宁宗在位三十年，改年号四次，谦恭仁俭，始终如一。然而庆元、嘉泰、开禧这十三年，是韩侂胄执政；嘉定这十七年，则是史弥远执政。宁宗在五十七岁时驾崩。史弥远谋立新皇帝，就是理宗皇帝。

南宋（十一）

　　理宗皇帝初名与莒，宗室追封荣王谥文恭希瓐之子，太宗十世孙也。宁宗子多而不育①，鞠②宗室子，名询，立为太子，薨。初，皇从弟沂靖惠王柄无子，尝以宗室子赐名贵和为之后③。及失太子询，遂立贵和为皇子，赐名竑，封济国公。竑慧而轻，尝疾④史弥远专权，谓异日不可容。弥远闻而恶之，故阴为之计。与莒幼不好弄，群儿聚嬉，辄独登高坐不动。长上⑤见者，指以语群儿曰："汝曹⑥不效此人，恰一大王相似。"群儿每罗拜⑦其下，遂有赵大王之号。弥远物色得之，尝取应得举矣，特旨补官。竑既为宁宗子，遂以与莒为沂王。后赐名贵诚，除邵州⑧防御使⑨。宁宗大渐⑩，乃白中宫⑪，以贵诚为皇子，改名昀，宣遗诏即位。进竑济阳郡王，出判⑫宁国府。恭圣仁烈杨后同听政，事定然后撤帘⑬。

---

① 不育，这里指夭折。
② 鞠，抚养。
③ 为之后，继立。
④ 疾，由生病引申为痛苦，又引申为憎恶、痛恨。
⑤ 长上，长辈。
⑥ 汝曹，汝，你；曹，辈、们、类。
⑦ 罗拜，罗列而拜，围绕着下拜。
⑧ 邵州，属湖南。
⑨ 防御使，宋置诸州防御使，但无职掌、无定员，不驻本州，其实是为武臣而设的有名无实的一种官职。
⑩ 大渐，病危。
⑪ 中宫，借指皇后，此处指杨后。
⑫ 出判，出任州官。
⑬ 封建时代，皇帝年幼，由其祖母或母亲执政，叫作垂帘；归政于皇帝则称之为撤帘。

南宋（十一）

　　理宗皇帝起初叫与莒，父亲是荣王赵希瓐，谥号为文恭，他是太宗的十世孙。宁宗儿子多却都夭折了，于是就收养了一位宗室子，起名为赵询，养在宫中，并立为太子，但后来也去世了。宁宗的弟弟沂靖惠王赵柄逝世，没有后代，宁宗便赐给他一名宗室子，赐名贵和。等到太子赵询死后，便立贵和为皇子，赐名竑，封为济国公。竑很聪惠但不慎重，曾经憎恨史弥远专权，说以后即位后不会容他。史弥远听说后心怀怨念，暗地里想出诡计来对付他。与莒幼年时与众不同，其他小孩聚在一起嬉戏时，他就独自坐在高处动也不动。年长的人看到就指着他和那群小孩说："你们这些人不像他，他就跟个大王一样！"小孩们经常在下方拜见他，于是他就有了赵大王的称号。史弥远四处物色，找到与莒，说他应该被举荐，特意请旨给他补授官职。这时赵竑已经成为太子，就封与莒为沂王，后赐名贵诚，担任邵州防御使。宁宗病危，史弥远请皇后立贵诚为皇子，与莒改名为昀，奉遗诏即位。然后封赵竑为济阳郡王，掌管宁国府。恭圣仁烈杨后一同听政，理宗登基后，杨后归政。

乙酉宝庆元年，时外议籍籍①，有谋作乱立竑者，事不克，皆死。李全在楚州，与制置②许国相失。杀国，亦以问罪为辞，举兵南向，围扬州，几陷。

丙戌宝庆二年③，元太祖伐西夏，取甘、肃等州。遂踰沙陀④至黄河九渡⑤。

丁亥宝庆三年，元灭夏，以夏主李睍⑥归。

七月，元太祖殂于六盘山。临殂，谓左右曰："金精兵在潼关⑦，南据连山，北限大河，难以遽破。若假道⑧于宋，宋、金世仇，必能许我。则下兵唐、邓，直捣汴京。汴急，必征兵潼关。然以数万之众，千里赴援，人马疲弊。虽至，弗能战，破之必矣。"言讫⑨而殂。在位二十二年，寿六十六，葬起辇谷⑩。至元二年冬，追谥曰圣武皇帝，庙号太祖。太祖深沉有大略⑪，用兵如神，故能灭国四十，其功绩甚众。史之记载不备，惜哉。

---

① 籍籍，众口喧腾貌。
② 制置，制置使的简称，一般掌本路诸州军事，多以安抚大使兼任，便于管理军事。
③ "丙戌宝庆二年"至"大败李全于扬州城下。时"，元刊本元，据日本刊本补。
④ 沙陀，在今内蒙古自治区固阳县。
⑤ 九渡，黄河上流名称，因其流分裂为九股并且水浅可以渡，所以叫九渡。
⑥ 李睍（xiàn，？—1227），西夏神宗李遵顼之孙，西夏最后一位皇帝。
⑦ 潼关，位于陕西省渭南市潼关县北，北临黄河，南踞山腰。
⑧ 假道，借路。
⑨ 讫，结束。
⑩ 起辇谷，山谷名，自成吉思汗开始，蒙古汗国和元朝的历代皇帝都被秘密埋葬在这里。据考证，应在今蒙古国肯特省曾克尔满达勒一带。
⑪ 大略，远大的谋略。

乙酉宝庆元年，朝廷外对新皇议论纷纷，有人谋划作乱，要拥立赵竑为帝，没有成功，结果都被处死。李全在楚州与制置使许国不合，便杀了许国。并以问罪为借口，举兵向南围困扬州，几乎攻陷了扬州。

丙戌宝庆二年，元太祖伐西夏，攻取甘州、肃州，于是越过沙陀，到达黄河九渡。

丁亥宝庆三年，元灭掉了西夏，擒获西夏国主李睍，得胜回朝。

七月，元太祖死于六盘山，临死前跟左右说："金国精兵驻守在潼关，南面凭借连绵的山岭，北面有黄河阻隔，难以一下子攻破。如果向宋国借道，宋、金世代为仇敌，宋肯定能答应我们，那么由唐州、邓州出兵，直捣都城汴京。金国危急，必然从潼关征调军队。然而几万人马，到千里之外救援，人马都很疲惫，即使赶到了也没有战斗力，打败他们是肯定的。"说完后就去世了，在位二十二年，享年六十六岁。他被安葬在起辇谷。至元二年冬，追加谥号为圣武皇帝，庙号太祖。太祖沉着持重且有雄才大略，用兵如神，所以能消灭四十个国家，他的丰功伟绩很多，可惜当时的记录不完备，这很可惜。

太祖既殂，时皇子窝阔台①留霍博②之地，国事无所属③。皇子拖雷监国，以俟皇太子至而立之。越二年，皇太子始立，是为太宗。

乙丑绍定二年，元太宗名窝阔台，太祖第三子，母曰光献皇后弘吉剌氏④。是岁，夏奔丧，至忽鲁班雪不只之地。皇弟拖雷来见，大会诸王百官，以太祖遗诏即位。始立朝仪，皇族尊属皆就班以拜。

元始置仓廪，立驿传命。

庚寅绍定三年，元遣兵取京兆。七月，太宗自将伐金。皇弟拖雷、侄蒙哥帅师从。

辛卯绍定四年春，赵范⑤、赵葵⑥大败李全于扬州城下。时属上元张灯，全置酒高会于平山堂。城中谍知，夜遣兵，出其不意劫之。全走，陷于濠，为乱枪所毙，其余奔走北去。⑦

---

① 窝阔台，即元太宗（1186—1241），蒙古大汗，成吉思汗第三子。早年随父征服漠北诸部，参与西征、攻金、灭夏等战争。成吉思汗去世，拖雷监国，与诸汗推举窝阔台为大汗。在位十二年，任用耶律楚材，颁制度，行汉法。灭金。
② 霍博，位于今新疆塔城和布赛克尔草原。
③ 属，托付。
④ 光献皇后弘吉剌氏，即成吉思汗正室孛儿帖（1161—？），姓孛思忽儿弘吉剌氏，为人贤明，最得成吉思汗尊重。
⑤ 赵范（1183—1240），字武仲，号中庵，南宋衡山（今属湖南）人。赵方长子，少年时随父抗金，以功授京湖制置安抚司内机。绍定三年，任淮东安抚副使。次年，与弟葵合兵讨平李全之乱，以功进兵部侍郎、淮东安抚使兼知扬州兼江淮制置使参谋官。后任京湖安抚制置使兼知襄阳府。端平三年，夺职。后知静江府。卒于家。
⑥ 赵葵（1186—1266），字南仲，号信庵，又号庸斋，南宋衡山（今属湖南）人，赵方之子，赵范之弟。年十三从军，以功补承务郎，知枣阳军。后与兄平定李全，授淮州制置使兼知扬州。官至枢密使兼右丞相，封冀国公。谥号文靖。
⑦ 以下部分，元至正本甚为简略，据日本山中市兵卫本补。

太祖死后，皇子窝阔台还在霍博，国事无人主持。皇子拖雷临时监国，等皇太子回来后登基。两年后，皇太子才即位，这就是太宗。

乙丑绍定二年，元太宗名叫窝阔台，他是太祖的第三个儿子，母亲是光献皇后弘吉剌氏。这年夏天回来奔丧，到忽鲁班雪不只，皇弟拖雷来见，窝阔台在这里召集诸王百官集会，以太祖遗诏即位，这才开始创立朝仪，皇亲贵族依次拜见。

元朝开始设置仓廪，建立驿馆传递命令。

庚寅绍定三年，元朝遣兵夺取京兆。七月，太宗亲自伐金。皇弟拖雷和侄子蒙哥，率领军队跟随出战。

辛卯，绍定四年春，赵范、赵葵在扬州城下大败李全。正逢上元节张灯结彩，李全在平山堂置酒会客，宋军探听到消息后，趁夜出兵，出其不意地攻打李全，李全逃跑时陷入壕沟，被乱枪刺死。其余人逃到北方。

二月①,元太宗克凤翔,攻洛阳、河中诸城,下之。五月,元遣使来假道,宋杀之。

八月,始立中书省,改从官②名。以耶律楚材为中书令③,粘合重山④为左丞相,镇海⑤为右丞相。

十二月,元太宗取河中。太弟拖雷发骑六万,分兵自西和州⑥入兴元⑦,由金⑧、房⑨道襄阳至唐、邓,与金人鏖战⑩于阳翟⑪。潼、蓝之戍亦溃,西兵毕至,合围于汴。

---

① "二月"至"太弟拖雷卒于师。"元刊本略作"太祖皇帝晏驾,嗣皇帝受遗命,谓金人精兵在潼关,南有山,北有河,不易攻,莫若假道南宋,出唐郑之初,则平原旷野,可以直捣汴京。岁辛卯,发骑六万,自西和州入兴元,由金道房襄阳,至唐郑,与金人鏖战于阳翟,潼关之戍亦溃,西兵毕至,合围于汴。岁壬辰",据日本刊本补。
② 从官,指君王的随从、近臣。
③ 中书令,帮助皇帝在宫廷处理政务的官员,元代中书令权位尤重,忽必烈统制中国之后,耶律楚材任中书令执政,恢复了中书令宰相的职权,权限则扩充至地方行省。
④ 粘合重山,金朝的贵族,知道金朝快灭亡,投降元朝,授中书平章政事,死后,封魏国公,谥号宣昭。
⑤ 镇海(1169—1252),一作称海,又作田镇海,时人称田相公。在蒙古建国之前就投属蒙古部首领铁木真,追随元太祖建国有功。
⑥ 西和州,在今甘肃省陇南市。
⑦ 兴元,即今陕西汉中。
⑧ 金,金州,今四川盐源县。
⑨ 房,房州,今湖北房县。
⑩ 鏖战,与人激烈的战斗。
⑪ 阳翟,今河南省禹州市。

二月，元太宗攻克凤翔，攻打洛阳、河中等城，都攻克下来。五月，元朝派遣使者来借路，宋廷杀了元使。

八月，元朝成立中书省，更改皇帝身边属官的官名，任命耶律楚材为中书令，粘合重山为左丞相，镇海为右丞相。

十二月，元太宗夺取了河中，皇太弟拖雷率领骑兵六万，从西和州进入兴元府，从金州、房州取道襄阳到达唐州、邓州，与金人在阳翟激战，潼关、蓝田关的防线崩溃，此时西面来兵也都到达，共同围困汴京。

南宋（十二）

壬辰绍定五年，元太宗由白坡渡河，次①郑州，攻钧州，克之，遂取商、虢、嵩、汝等十四州。使速不台②围金汴京。金主遣其弟讹可入质，太宗还，留速不台守河南。八月，金兵救汴，诸军与战，败之。九月，太弟拖雷卒于师。金主守绪突围出，走归德府③。

元再使王檝④来议夹攻伐金，京湖制置使史嵩之⑤以闻朝臣，皆以为可遂复仇之举，独赵范不喜，曰："宣和海上之盟⑥，厥初⑦甚坚，迄以取祸，不可不鉴。"帝不从，诏嵩之报使许之。嵩之乃遣邹伸之报谢，且议夹攻汴京⑧。元人许俟成功，以河南地归宋。

---

① 次，驻扎。
② 速不台（1176—1248），蒙古兀良哈部人，蒙元帝国名将，成吉思汗的四勇将军之一。早年辅佐成吉思汗统一诸部，常任先锋，以骁勇善战著称。蒙古建国时，封千户长。公元1211年从成吉思汗攻金，充先锋。公元1219年从成吉思汗西征，与速不台攻略阿塞拜疆，斡罗思诸部，直至克里木半岛。公元1224年，西征结束，归途中病死。
③ 归德府，治所位于河南省商丘市睢阳区商丘古城。
④ 王檝（jí），亦作王楫，字巨川，元凤翔虢县（今属陕西）人。金末，特赐进士出身，授副统军，守涿鹿隘。兵败为元太祖所俘，授都统，令招集溃兵从征。以功授宣抚使，兼行尚书六部事，多次出使南宋。元太宗时，病逝宋境。
⑤ 史嵩之（1189—1257），字子由，南宋明州鄞人。嘉定十三年进士，调光化军司户参军。历任干办公事、机宜文字、通判襄阳府、权知枣阳军、大理少卿兼京西、湖北制置副使、刑部侍郎、刑部尚书、参政执，官至右丞相兼枢密、都督两淮四川京西湖北军马。封鲁国公，谥号庄肃。
⑥ 海上之盟，北宋末年，北宋朝廷及金国为了联合攻辽而签订的军事合作盟约。由于双方接触都因地理上受辽国阻隔，而需要海上经渤海往来得名。
⑦ 厥初，开始。
⑧ 汴京，简称汴，古称"汴州""东京""大梁"，今河南开封。

南宋（十二）

壬辰，绍定五年，元太宗从白坡渡河到郑州，攻克钧州，攻取了商、虢、嵩、汝等十四个州。元太宗命令速不台包围金朝汴京。金主派他弟弟讹可到元朝做质子。太宗还朝后，留速不台守河南。八月，金兵前来解救汴京的困境，元军打败来军。九月，皇太弟拖雷在军中去世。金主完颜守绪突围而出，逃到归德府。

元朝再派使者王檝来和宋朝商讨合作讨伐金的策略。京湖制置使史嵩之和朝臣说了这件事，大家都认为可以一雪国耻，只有赵范不高兴，他说："宣和海上之盟，一开始是很牢固，可是最终还是带来祸事，不可以不吸取教训。"理宗不听从，命史嵩之派遣使者回复说愿意出兵夹攻金人。嵩之于是派遣邹伸之去回复蒙古，并且商议夹攻汴京事宜。元同意成功之后将把河南的土地归还大宋。

癸巳绍定六年，金主奔归德。粮绝，乃趋蔡州。其将崔立①以汴京降元。四月，元速不台进至青城，崔立以金太后王氏、皇后徒单氏、荆王从恪等至军。速不台遣送北还。

元以孔子五十世孙元楷袭封衍圣公②，整修孔子庙及浑天仪。

宋丞相史弥远卒，郑清之③为相。史嵩之为京湖制帅，在襄阳。南北有夹攻蔡州之约，嵩之遣孟珙④以兵四万人，先至，围其东南。元兵⑤围其西北。

甲午端平元年⑥，正月，金主守绪传位于宗室子承麟⑦。宋孟珙入蔡州，元师从之。守绪自经死，函其首送于宋。获承麟，杀之。金自完颜旻⑧称帝，至是九世，一百一十七年而亡。

① 崔立（？—1234），金末将陵（今山东德州）人，大将。原为游民，蒙古军南下，崔立投依上党公完颜开，以功授任都统、提控，阶至遥领太原知府。官至京城西面元帅。后发动兵变，诛杀宰相，自称太师、郑王。欲投降蒙古，为部下所杀。
② 衍圣公，为孔子嫡长子孙的世袭封号，始于宋至和二年（1055）。
③ 郑清之（1176—1251），初名燮，字德源、文叔，别号安晚，南宋庆元道鄞县（今浙江宁波）人。嘉泰十年进士，调陕州教授。历官光禄大夫，左、右丞相等。谥号忠定。著有《安晚集》。
④ 孟珙（1195—1246），字璞玉，号无庵居士。南宋绛州（今山西新绛）人。历任勇副尉、承信郎、京西兵马钤辖。官至事京湖安抚制置大使兼夔州路制置大使，封汉东郡开国公、检校少保。卒，特赠太师、吉国公，谥号忠襄。
⑤ 元刊本作"大朝兵"。
⑥ "甲午端平元年"至"获承麟，杀之"，元刊本作"守绪以岁甲午穷蹙，自焚死，函其首送于宋金。"
⑦ 承麟，即金末帝完颜承麟（？—1234），金朝末代皇帝。天兴三年正月己酉，金哀宗传帝位于承麟，翌日举行即位大典，大典未完，宋蒙联军已攻入城。完颜承麟带兵迎战，死于乱军之中。
⑧ 完颜旻，即金太祖完颜阿骨打。

癸巳绍定六年，金主完颜守绪逃往归德府。粮食用尽，于是奔赴蔡州。金国将领崔立率汴京投降元。四月，元将领速不台进军青城，崔立劫持金太后王氏、皇后徒单氏、荆王从恪等，都送到元军前。速不台派兵将他们遣送北还。

元朝下诏书封孔子第五十世孙孔元楷袭衍圣公，整理修复孔子庙和浑天仪。

宋朝丞相史弥远逝世，郑清之为相，史嵩之在襄阳任京湖制帅。元、宋两国有夹攻蔡州的约定，史嵩之派遣孟珙率领军队四万人率先到达包围东南面，元兵包围西北面。

甲午端平元年正月，金国国主完颜守绪传位给宗室子孙完颜承麟。宋孟珙攻入蔡州，元军也随之攻入。完颜守绪自缢而死，他的头颅被装在盒子里呈给大宋。俘虏了完颜承麟，将其杀死。金国自完颜旻称帝，到这时共经历了九世一百一十七年而亡国。

夏四月①，献金俘于太庙。会淮帅赵范、赵葵乘金人之亡为恢复计，朝臣多为未可，独郑清之力主其说。帝乃命范移司黄州，刻日进兵。范参议官邱岳②曰："方兴之敌，新盟而退，气盛锋锐，宁肯捐所得以与人耶？我师若往，彼必突至。非惟进退失据，开衅致兵，必自此始。且千里长驱以争空城，得之当勤馈饷，后必悔之。"范不听。史嵩之亦言："荆襄方尔饥馑，未可与师。"杜杲③复陈出师之害。范葵，故荆湖制帅赵方④之子，习于兵，锐意攻取。募山东忠义，皆响应。伸之未回，而宋师出矣。伸之等几被羁留于燕，诡辞得与檥俱来，檥曰："何为而败盟也？自是淮、汉之间无宁日矣。"不数日，汴人以城附宋，宋师入汴，即趋洛。元兵戍洛者无几，姑避去。宋师入洛，不数日，粮绝。闻元生兵⑤且大至，溃而归。咎嵩之主和，不肯运粮，致误事。

① "夏四月"至"未可与师"，元刊本作"先是，有金国降人王檥请于大朝，来与宋通，和议岁币，嵩之奏遣邹伸之往使，自燕京至草地，甚见接纳。大朝已约使者赍再来定议，许以河南地归宋。会淮帅赵蔡乘金人之亡为恢复计"，据日本刊本补。
② 邱岳，生平不详。
③ 杜杲（gǎo，1173—1248），字子昕，号于耕，南宋邵武城关（今属福建）人。历任江山丞、两浙转运使、知六安、定远县、濠州通判、知州、知安丰军、淮西转运判官、工部尚书、刑部尚书兼吏部尚书。
④ 赵方（？—1221），字彦直，南宋潭州衡山（今属湖南）人。淳熙八年进士。累迁京湖制置使兼知襄阳府，数解襄阳之围。多次击败金军，以功进显谟阁直学士、太中大夫，权刑部尚书。又进徽猷阁学士、京湖制置使。戍边十年，以战为守，使京西一境免遭金人蹂躏之祸。其子赵范、赵葵亦为南宋名将。
⑤ 生兵，生力军。

夏四月，孟珙将金朝俘虏献于太庙。淮东将帅赵范、赵葵将金人之灭亡作为宋朝收复中原的好时机，朝臣大多认为不可行，唯有右相郑清之极力支持。理宗于是命令赵范前往黄州，即日发兵。赵范的参议官邱岳说："蒙古是正在兴起的敌人，因为刚刚结盟才后退，他们气势锋锐，难道会愿意将所得让与别人吗？假如我军前往，蒙古兵突然来袭，到时进退两难，败盟挑衅导致的战争必定是因此而起。况且兵行千里去争夺一座空城，即便得到也要不停地运送粮饷，将来一定会后悔这个决定。"赵范不听他的意见。史嵩之也说："荆襄之地粮食正匮乏，不能出兵。"杜杲也指出出兵的危害。赵范、赵葵是原荆湖制帅赵方的儿子，对军事十分熟悉，对于进攻元朝非常积极。他们招募山东的忠义之士，多有响应。邹伸之还没回来，宋朝就已经出兵攻元。邹伸之等人差点儿就被羁留在燕地，他说谎和王檝一起回到南宋，王檝追问："为何要违背盟约？从此淮、汉之地再没有安宁的时候了。"不久后，汴京百姓以城池归附宋朝，宋军进入汴京，又攻入洛阳。元兵在洛阳戍守的人很少，宋军一到，就避开了。宋军进入洛阳后，没有几日，粮食就吃光了。听说元军的生力军来攻击，宋军全都溃败逃回。赵范将败绩归咎于史嵩之，认为是他主张议和，不愿运粮才导致战败。

乙未端平二年春①，元城和林②，作万安宫。遣诸王拔都③、太子贵由④、侄蒙哥⑤征西域，太子阔端⑥侵蜀汉，太子曲出⑦及胡土虎侵宋，唐古征高丽。

南宋（十三）

丙申端平三年，元印造交钞行之。六月，耶律楚材请于燕京立编修所，于平阳立经籍所，编集经史。召儒生梁陟⑧充长官，以王万庆、赵著副之。秋，阔端取宋关外数州，十月入成都，取秦、巩等四十余州。

时和议既不复谐，蜀遂破陷。荆、襄、淮、甸无岁不受攻哨。

元以耶律楚材言⑨，始定天下赋税，上田每亩税三升，中田二升半，下田二升，水田一亩五升。商税三十分之一。五户出丝一斤，以给诸王功臣汤沐之赐。盐每银一两四十斤，永为定额。朝臣皆谓太轻，耶律楚材曰："将来必有以利进者，则已为重矣。"

---

① "乙未端平二年春"至"取秦、巩等四十余州"，元刊本元，据日本刊本补。
② 元城和林，蒙古帝国首都，13世纪中叶世界的中心。蒙古窝阔台汗七年（1235）建都于此，故址即今蒙古国中部鄂尔浑河上游的哈尔和林。
③ 拔都，即孛儿只斤·拔都（1208—1255），蒙古族，钦察汗国第一任国君，成吉思汗长子术赤之嫡次子。
④ 贵由，即元定宗孛儿只斤·贵由（1206—1248），蒙古帝国可汗，史称"贵由汗"，元太宗孛儿只斤·窝阔台长子，母乃马真后。至元三年（1266）十月，元世祖忽必烈追尊贵由庙号为定宗，谥号简平皇帝。
⑤ 蒙哥，即孛儿只斤·蒙哥（1209—1259），蒙古帝国大汗，史称"蒙哥汗"，公元1251年—公元1259年在位。为元太祖成吉思汗之孙、拖雷长子，其四弟即元世祖忽必烈。即位后主要致力于攻灭南宋、大理等国，并派遣旭烈兀西征西亚诸国。至元三年（1266）十月，元世祖忽必烈追尊蒙哥庙号为宪宗，谥号桓肃皇帝。
⑥ 阔端，窝阔台次子，太宗时，受封西夏故地，驻屯西凉府以西。
⑦ 曲出，蔑儿乞氏，是成吉思汗母亲诃额仑的四位养子之一，成吉思汗手下大将。
⑧ 梁陟（zhì），生卒年不详，元朝名儒。
⑨ "元以耶律楚材言"至"戊戌嘉熙二年，先是"，元刊本无，据日本刊本补。

乙未年，端平二年春，蒙古定都和林，建造了万安宫。蒙古国主派遣诸王拔都及皇子贵由、皇侄蒙哥出征西域，皇子阔端出征蜀汉，曲出及胡土虎征伐宋朝，唐古出征高丽。

南宋（十三）

丙申年，南宋端平三年，元朝印制发行交钞。六月，耶律楚材请求在燕京成立编修所，在平阳成立经籍所，编集经史书籍。召集儒士梁陟进讲东宫，王万庆、赵著为副职协助。端平三年秋，蒙古皇子阔端夺取宋朝关外数州，十月，攻入成都，夺取秦、巩等四十余州。

当时和议已被破坏，蒙古军于是攻破蜀地。荆、襄、淮、甸等地也每年都被攻打。

元朝按照耶律楚材的建议，开始制定全国赋税，上等田每亩税为三升，中等田为二升半，下等田为二升，水田为一亩五升税。商税为三十分之一。每五户出一斤丝作赋税，来供给朝廷给诸王和功臣住宿沐浴的赏赐。盐税为每四十斤收银一两，作为定额，永不更改。朝臣都认为盐税太轻，耶律楚材说："将来一定有以此贪图利益的人，那么现在的赋税已经很重了。"

丁酉嘉熙元年，诏经筵①，进讲朱熹《通鉴纲目》②。

八月，元试诸路儒士，中选者除本贯③议事官，得四千三十人。元兵略地至黄州，宋孟珙败之。

戊戌嘉熙二年，先是，杜杲却元人安丰之兵，复破察罕④八十万兵于庐州。后解仪真之围，以功权刑部尚书，复进敷文阁⑤学士。

吕文德⑥总统两淮出战军马，进淮西招抚使。文德，安丰人，魁梧勇悍。微时鬻薪城中，赵帅葵道旁见遗履长尺有咫，惊讶，访求得之，留之麾下。后以边功至显官。

元塔思⑦军至北峡关，宋将汪统制降。先是，曲出率张柔⑧等攻郢州，拔之。至是，宋孟珙复取襄阳。

---

① 经筵，汉、唐以来帝王为讲论经史而特设的御前讲席。宋代始称经筵，置讲官以翰林学士或其他官员充任或兼任。宋代以每年二月至端午节、八月至冬至节为讲期，逢单日入侍，轮流讲读。
② 《通鉴纲目》，南宋朱熹撰著。五十九卷，序例一卷。纲为提要，模仿《春秋》；目以叙事，模仿《左传》，用意在于用《春秋》笔法，"辨名分，正纲常"，以巩固封建统治。
③ 本贯，原籍。
④ 察罕，初名益德，唐兀乌密氏，元朝河南王。
⑤ 敷文阁，绍兴十年（1140）建，以藏徽宗作品，置学士、直学士、侍制等官。
⑥ 吕文德（？—1269），南宋淮南西路安丰军（今安徽寿县）人。南宋宋将领。赵葵招致麾下，累功授京湖安抚制置使，守鄂有威名。景定间，忽必烈采刘整计，遣陆以玉带贿之求置権场于襄阳城外。吕文德许之。蒙古筑土墙于鹿门山，外通互市，内筑堡壁，以遏守南北之援。他悔莫所及。咸淳三年，蒙古军果围襄、樊，自叹误国，因疽发背死。谥号武忠，后追封和义郡王。
⑦ 塔思，元朝人，一名查剌温，木华黎长子。"元塔思军"至"甲辰淳祐四年。先是"，元刊本无，据日本刊本补。
⑧ 张柔（1190—1268），字德刚，金末元初易州定兴（今河北定兴）人，中原地方武装首领之一。先降金，官至中都留守、本路经略使。后降元。参与伐金、攻宋。官至汉军万户，封安肃公，卒谥号武康。

丁酉年，嘉熙元年，宋朝廷下诏设御前讲席，讲述朱熹的《通鉴纲目》。

八月，元朝对诸路儒士进行考试来选拔人才，中选者除了本贯议事官，得到四千零三十人。元兵攻到黄州，被南宋孟珙击败。

戊戌嘉熙二年。此前，杜杲打退元人在安丰的军队，又在庐州攻破了察罕的八十万军队。随后解除了元军对仪真的包围，凭借战功得封刑部尚书，后来又进为敷文阁学士。

吕文德统率两淮军马，升任为淮西招抚使。吕文德是安丰人，身材魁梧，勇敢彪悍，没有成名时在城中卖柴。将帅赵葵在路旁看见他丢弃的鞋，长一尺多，十分惊讶，访求之后将其留在麾下。后来凭借边境的军功升官至高位。

元将领塔思率军队到北峡关，宋朝将领汪统制投降。此前，蒙古皇子曲出率领张柔等攻克郢州。至此，宋朝孟珙又攻取了襄阳。

元领中书行省。杨惟中建太极书院于燕京，延赵复为师。时濂溪周子之学未至于河朔，惟中用师，于蜀、湖、京、汉得名士数十人，始知其道之粹，乃收集伊洛①诸书载送燕京。及师还，遂建太极书院及周子祠，以二程、张、杨、游、朱六子配食，由是河朔始知道学。

庚子嘉熙四年，春，元太子贵由克西域，未下诸部。元敕州郡失盗，不获，以官物偿之。国初多盗，下令凡失盗去处，令本路民户代偿，民苦之，多亡命，至是罢征。又官民贷回鹘金银，偿之者岁加倍，谓之"羊羔利"②，往往破家，至以妻子为质，终不能偿。耶律楚材请悉以官物代还，凡七万六千锭。仍令，凡假贷岁久，惟子本相侔③而止，著为令。

辛丑淳祐元年，宋诏追封周敦颐汝南伯，张载郿伯，程颢河南伯，程颐伊阳伯，朱熹徽国公，并从祀孔子庙廷。黜王安石从祀。帝谒孔子，遂临太学。

---

① 伊洛，指宋程颢、程颐的理学。程氏兄弟是洛阳人，讲学于伊水、洛河之间。
② 羊羔利，元代盛行的一种高利贷。羊产羔时本利对收，故名。
③ 侔（móu），相等，齐等。

元朝廷设置中书行省，杨惟中在燕京建立太极书院，请赵复来主持讲学。当时濂溪周敦颐的学说还未传到河朔之地，杨惟中在四川、两湖、两京、汉江流域等地求得数十名名士，才开始理解周子道学的精粹。于是收集二程的著作送到燕京，等到赵复等到来，就创建太极书院和周子祠，以程颐、程颢、张载、杨时、游定夫和朱熹六人配祀，从此道学才开始在河朔之地盛行。

　　庚子嘉熙四年春，元皇子贵由攻克西域，但未攻下其下属各部。元敕州郡失盗，没有破案，于是用官物赔偿。元朝建国之初，多有偷盗，于是下令凡是被盗窃的，都由本地民众代为赔偿，民众深受其苦，多逃命者，从此停止征收。官民有借贷回鹘钱财的，偿还时每年都加倍，称为"羊羔利"，很多人因此而家破人亡，以至于将妻子孩子作为质子都不能偿还。耶律楚材建议，这些债务全部由官府财政代为偿还，一共花费七万六千锭银。又规定钱债"子母相侔，更不生息"，即不论借债多久，全部利息最终不得超过本银的一倍。

　　辛丑淳祐元年，宋理宗下诏追封周敦颐为汝南伯，张载为郿伯，程颢为河南伯，程颐为伊阳伯，朱熹为徽国公，并于孔子庙廷一同祭祀，并将王安石排除出从祀孔子的行列。理宗拜谒孔子，莅临太学视察。

十一月，元太宗出猎，殂于铔镈胡兰①，年五十六。葬起辇谷②，后追谥曰英文皇帝，庙号太宗。太宗有宽弘之量，仁恕之心，量时度物，举无过事，华夏殷富，庶民乐业，行旅不赍③粮，时称治平。元自太宗殂后，皇后乃马真氏④，临朝称制，凡五年不立君。

南宋（十四）

甲辰淳祐四年。先是，郑清之罢相，乔行简⑤、李宗勉⑥等继为政，无所决断。上思史嵩之之言，自督府入为相，虽欲议和，辄为众论所沮。嵩之丁父弥远忧，闻讣数日乃行。诏起复为相，言者目为权奸，力攻之。遂不复相。

---

① 铔镈胡兰，应作"谔特古呼兰"，具体位置不详。
② 起辇谷，元太祖及其后代葬地，具体位置不详。
③ 赍，旅行的人携带衣食等物。
④ 乃马真氏（？—1246），史称乃马真后，名脱烈哥那，窝阔台汗皇妃。1241年窝阔台汗去世，其长子贵由远征尚未归来，脱烈哥那擅自夺取国家政权，史称"乃马真摄政"。脱列哥那摄政五年。
⑤ 乔行简（1156—1241），字寿朋。南宋南京婺州东阳(今浙江东阳县)人。光宗绍熙间进士。历官知通州、知嘉兴府，累官权工部侍讲等。理宗时拜参知政事，兼知枢密院事，寻拜右丞相。后拜平章军国重事，封鲁国公。
⑥ 李宗勉（？—1241），字强父，南宋富阳（今属浙江）人。开禧元年进士，历黄州教授、浙西茶盐司、江西转运司干官、太学正、太学博士、国子博士、监察御史、签书枢密院事等。官至左丞相兼枢密使。卒谥号文清。

淳祐元年十一月，元太宗外出狩猎，死于鈋铁镩胡兰，终年五十六岁。死后葬在起辇谷，追谥"英文皇帝"，庙号太宗。太宗皇帝为人宽宏大量，仁慈宽恕，审时度势，行事举动没有犯过错误，华夏之地富饶殷实，百姓安居乐业，旅途行者都不用准备粮食，时人称当时统治清平。元朝自太宗即窝阔台逝世后，皇后乃马真氏临朝称制，五年没有拥立新君主。

南宋（十四）

甲辰淳祐四年。此前，郑清之罢免丞相，乔行简、李宗勉等相继为政，没有决断。皇帝认可史嵩之的言辞，将其升至相位，尽管他力主和议，但最终被众臣论争所阻。史嵩之遭父史弥远丧，他得到讣告后几天才回去。理宗下诏起复他为丞相，然而朝臣认为他是奸臣，极力攻讦他，因此不再为相。

范钟①、游侣、郑清之、谢方叔②、吴潜③、董槐④、程元凤⑤、丁大全⑥等，相继为相。每岁以防秋为常事。

元中书令耶律楚材卒⑦，后尝以储嗣事问楚材，对曰："此非外臣所敢知，自有太宗遗诏在。守而行之，社稷之幸也。"

---

① 范钟（？—1249），字仲和，南宋婺州兰溪（今浙江兰溪县）人。嘉定进士。历官武学博士、刑部郎官、秘书少监、国子司业兼国史编修、权兵部尚书兼侍讲等。嘉熙三年，拜签书枢密院事。四年，授参知政事。淳祐四年，除知枢密院事。五年，特拜左丞相兼枢密使，封东阳郡公。为相直清守法，重惜名器。六年，提举洞霄宫。卒，赠少师，谥号文肃。

② 谢方叔（？—1272）字德方，号渎山，南宋威州（今四川理县东北）人。嘉定十六年进士。嘉熙中，历官监察御史、知衡州、宗正少卿。淳祐中，历官太常少卿兼国史编修、实录检讨、左司谏、殿中侍御史、刑部侍郎兼给事中、端明殿学士、签书枢密院事兼参知政事、拜参知政事、知枢密院事，官至左丞相兼枢密使，封惠国公。宝祐三年，为御史朱应元论罢，奉祠。四年，夺职罢祠。后叙复。

③ 吴潜（1195—1262），字毅夫，号履斋，南宋宣州宁国（今属安徽）人。宁宗嘉定十年举进士第一，授承事郎。累官江东安抚留守、参知政事、右丞相兼枢密使、崇国公。著有《履斋遗集》，词集有《履斋诗余》。

④ 董槐（？—1262），字庭植，南宋濠州定远（今属安徽）人。嘉定进士，调靖安主簿。嘉熙间，历提点湖北刑狱、知江州、潭州，曾平息常德兵变；救济流民。淳祐六年，权广西运判兼提点刑狱，上守御七策，协和西南少数民族，与交趾建立友好关系。后历工部侍郎、同知枢密院事、参知政事等。宝祐三年，拜右丞相兼枢密使，进对害政三弊，请上除之。嫉之者甚众，次年，罢相。卒，赠太子少师，谥号文清。

⑤ 程元凤（1199—1268），字申甫，号讷斋，南宋歙县（今属安徽）人。绍定元年进士，调江陵府教授。历官江西转运司干办公事、礼、兵二部架阁、国子录、太学博士、宗学博士、秘书丞兼权刑部郎官、著作郎、知饶州。淳祐九年，为右曹郎官，上疏言实学、实政、国本、人才、吏治、生民、财计、兵威八事。十一年，拜监察御史兼崇政殿说书。上疏斥责郑清之之罪，其言明白正大。十二年，为右补阙，升殿中侍御史，仍兼侍讲。宝祐时，官至参知政事、右丞相兼枢密使。卒年七十。谥号文清。

⑥ 丁大全（？—1263），字子万，南宋镇江（属江苏）人。嘉熙二年进士，调萧山尉。趋附董宋臣，迁殿中侍御史，追逐董槐。宝祐末年拜右相。开庆罢，判镇江府。景定初，削官，移居南安军，再徙海岛。

⑦ "元中书令耶律楚材卒"至"甲寅宝祐二年，时"，元刊本无，据日本刊本补。

范钟、游侣、郑清之、谢方叔、吴潜、董槐、程元凤、丁大全等相继做丞相。每年都将防秋作为常态。

元中书令耶律楚材逝世，皇后曾经询问楚材储嗣的事情，楚材回答说："这不是外臣敢知道的，自有太宗的遗诏在。遵守太宗遗诏并且施行，是国家社稷的幸事。"

后尝以御宝空纸,付幸臣奥都剌合蛮①,令自书填行之。楚材奏曰:"天下者先帝之天下,朝廷自有宪章,令欲紊之,臣不敢奉诏。"事遂止。复有旨,凡奥都剌合蛮所奏,准,令史不为之书者,断其手。楚材曰:"军国之事,先帝悉委老臣。令史何与焉?事若合理,自当奉行;如不可行,死且不避,况断手乎!"后以其先朝勋旧,曲加敬惮焉。楚材天资英迈②,夐出人表③,虽案牍满前,酬答不失其宜。正色立朝,不为势屈,欲以身殉天下。每陈国家利病,生民休戚,辞色恳切。太宗尝曰:"汝又欲为百姓哭耶?"楚材每言:"兴一利不若除一害,生一事不若减一事。"平居不妄言笑,及接士人,温恭之容溢于外,莫不感其德焉。

元便宜总帅汪世显④卒,世显善兵能将,重儒爱民,勤俭自持,有古名将之风。

丙午,淳祐六年,元定宗即位于速蔑秃都。定宗名贵由,太宗长子也,母曰六皇后乃马真氏。初太宗有旨,以皇孙失烈门为嗣,及殂后,临朝称制者五年,乃议立定宗。

---

① 奥都剌合蛮,原为中亚畏兀儿籍巨商,后为大蒙古汗国第二任可汗窝阔台执政时期的宠臣。
② 英迈,才智超群。
③ 夐(xiòng)出人表,远出人表。
④ 汪世显(1195—1243),字仲明,南宋巩昌盐川人。系出旺古族。初为金镇远军节度使、巩昌便宜总帅。后阔端驻兵城下,才率众降附。后从南征,断嘉陵、捣大安,定资州,略嘉定峨眉,攻重庆。公元1241年在成都击杀蜀帅陈隆之。公元1243年拜便宜总帅后病逝,追封陇西公,谥号义武。

皇后曾经将御宝空纸，赏赐给宠幸的臣子奥都剌合蛮，命令其自己书写填行事。楚材上奏说："天下是先帝的天下，朝廷自有宪章法令，这样做法令就会紊乱，我不敢接受这个诏命。"这件事才终止。后来皇后又下旨，凡是奥都剌合蛮所奏事宜都准奏，令史官员若不执行，断其手作为惩罚。楚材说："军国大事，先帝都托付给了老臣。与令史有什么关系呢？事情若合理，自然应当奉行；但假如不可行，就算是死也不会逃避，更何况断手呢！"皇后因为他是先朝的功勋旧臣，更加敬惮他。楚材天资才智超群，远出人表，即使案牍前堆满了待处理的公文，他也不会失了分寸。他严肃地站在朝堂上，不为权势所屈服，愿以己身来殉天下大义。每次陈说国家利病、百姓休戚，言辞神色恳切。太宗曾经说："你又要为百姓而痛哭吗？"楚材每次都回答说："兴办一项有利的事不如除去一项对百姓有害的事，多生一事也不如多减一事。"平时不随意谈笑，接待士人时，容貌温和谦恭，没有不感念他德行的。

元朝便宜都总帅汪世显逝世。世显善于用兵，重视儒学，爱惜百姓，勤俭自律，有古时名将的风范。

丙午年，淳祐六年，元定宗即位于速蔑秃都，定宗名贵由，是太宗的长子，母亲为六皇后乃马真氏。最初时，太宗下旨令皇孙失烈门为储君，等到太宗死后，乃马真氏临朝称制五年，才商议立定宗为帝。

戊申，淳祐八年，元定宗尸位①三年而殂，寿四十三。葬起辇谷，追谥简平皇帝。

　　元自乃马真氏临朝以来，法制不一，内外离心。定宗既殂，皇后海迷失②抱子失烈门③垂帘听政。诸王大臣不服，共议立太弟蒙哥。后二年，是为宪宗，即位。

　　辛亥，淳祐十一年④，元宪宗名蒙哥，太祖第四子托雷之长子。先是，诸大臣欲奉阔出之子失烈门，久而不决。至是，兀良哈台以太祖诸孙惟宪宗谦慎宜立，遂大会于阔帖兀阿兰⑤之地，而即位焉。失烈门不服，宪宗因察诸王有异同者，并羁縻之，取主谋者诛夷之。由是始定。

　　余玠⑥大败元人于兴元。

---

① 尸位，指占着职位却不做事。
② 海迷失（？—1252），元定宗贵由皇后。亦称三皇后。蒙古族。斡亦剌部首领忽都花女。定宗三年贵由病卒，临朝称制，谋立窝阔台孙失门烈为汗，遭钦察汗国王拔都及拖雷诸子反对。海迷失垂帘三年（1251），拔都操纵召开忽里台大会，立蒙哥为汗。她与窝阔台诸子谋反，于宪宗二年（1252）被处死。世祖至元二年（1265），追谥钦淑皇后。
③ 孛儿只斤·失烈门（？—1252），元太宗窝阔台孙，阔出长子。定宗死后，海迷失后欲立他为汗，因拔都及拖雷等的反对，改立蒙哥为大汗。他极为不满，图谋作乱，事泄，被蒙哥汗投于河中溺死。
④ 淳祐十一年，亦元宪宗元年。
⑤ 阔帖兀阿兰，蒙古帝国第一个游牧首都，即成吉思汗设立的大斡耳朵，在克鲁伦河和僧库尔河交汇处，今蒙古国肯特省。
⑥ 余玠（jiè，1198—1253），字义夫，号樵隐，南宋衢州开化（今属浙江）人。嘉定间游学白鹿洞书院。绍定三年，率义军与金人转战淮安、兴化，补官武校尉。历官黄州节度制置司议官、通判襄阳、将作监主簿、淮东制置司参议、太府寺丞、知招信军官至司农卿、四川安抚制置使兼知重庆府、权四川总领，兼权夔州路转运使。前后在蜀十年，修城筑池，抗击蒙古兵。宝祐元年卒，年五十六。

戊申年，淳祐八年，元定宗为帝三年后逝世，终年四十三岁。葬于起辇谷，追谥简平皇帝。

元朝自乃马真氏临朝称制以来，法制不统一，朝廷内外离心离德。定宗死后，皇后海迷失抱着幼子失烈门垂帘听政。诸王大臣不服，共同商议立皇太弟蒙哥为帝。两年后，蒙哥即位，即元宪宗。

辛亥年，淳祐十一年，元宪宗名叫蒙哥，是太祖第四子托雷的长子。开始时，各位大臣想要奉阔出的儿子失烈门为帝，很久都没有决断。兀良哈台认为太祖的诸位孙子中，只有蒙哥谦虚谨慎，应当立为帝，于是在阔帖兀阿兰召开大会，宪宗即位。失烈门不服，宪宗察觉诸王有异心的，一并缉拿，将主谋者诛杀。从此蒙古政治才安定下来。

余玠在兴元大败元人。

元宪宗命太弟忽必烈①总治蒙古汉地民户事，开府于金莲川②，先是姚枢③隐居苏门④，以道自任。太弟召之，枢至。见太弟聪明，才不世出，虚己受言，将大有为，乃尽其平日所学，为书数千言，上之。首以二帝三王为学之本，为治之序，与治国平天下之大经，汇为八目，曰修身、力学、尊贤、亲亲、畏天、爱民、好善、远佞。次及时政之弊，为条三十，本末兼该，细大不遗。太弟大奇其才，动必见询。元以史天泽⑤、赵壁⑥为河南经略使⑦。

① 忽必烈（1215—1294），元朝的创建者。成吉思汗之孙，拖雷子，蒙哥弟。蒙哥汗时，总领漠南汉地，攻大理，建开平城。公元1259年领兵攻鄂州，蒙哥死，即与南宋议和，北返谋汗位。公元1260年，经忽里台推为大汗，建年号中统。至元八年（1271），定国号大元，次年建都于大都。公元1276年灭南宋。统一全国。任用刘秉忠等汉士参政，重农桑，整顿户籍与赋役制度。平定海都及蒙古诸王叛乱，加强边疆地区管理。晚年重用阿合马等人敛财，对外出兵，社会矛盾激化。至元三十一年病死。庙号世祖。
② 金莲川，金世宗大定八年（1168）五月，以"莲者连也，取其金枝玉叶桂连之义"，将曷里浒东川命名为金莲川。元代建陪都于此，称元上都。今位于河北省北部。
③ 姚枢（1202—1280），字公茂，柳城（今属广西）人。1235年从杨惟中南伐，破枣阳，拔德安，得名儒赵复，始得程颐、朱熹之书。后携家室来辉州，作家庙，刊诸经，又与名儒许衡同居。召至忽必烈潜邸，上陈二帝三王之道，以治国平天下之大经，汇为八目；救时之弊，为条三十。宪宗即位，他请置屯田经略司于汴以图宋，置都运司于卫，转粟于河。1252年，从忽必烈征大理。忽必烈即位后，为东平道宣抚使。至元二年（1265）改大司农。四年，拜中书左丞。十三年，拜翰林学士承旨。卒。谥号文献。
④ 苏门，山名，在河南省辉县西北。又名苏岭、百门山。
⑤ 史天泽（1202—1275），字润甫，金蒙之际永清（今属河北）人。袭兄天倪职为河北西路兵马都元帅。败金将武仙，俘杀红袄军将领彭义斌。又参与破金蔡州等役。元世祖即位后，以汉人任中书右丞相，从征阿里不哥。元中统三年（1262）统兵攻杀李璮于济南。还军后请解除其子弟兵权。晚年筹划围攻襄樊之计，进平章军国重事。后与伯颜统军攻宋，中途病卒于真定。追赠太尉，谥号忠武。
⑥ 赵壁（1219—1276），字宝臣，云中怀仁（今属山西）人。乃乌真皇后垂帘元年（1242），应召至和林忽必烈藩邸。奉命聘请王鹗等中原名士，并学习蒙古语，为忽必烈译讲《大学衍义》。蒙哥汗二年（1252），任河南经略使。九年，从忽必烈攻宋，围鄂州，入城与贾似道议和。中统元年（1260），任燕京宣慰使。中书省立，任平章政事。高丽国王为权臣所逐，奉诏同头辇哥行东京中书省事，聚兵平壤，奏准护送高丽国王复位。迁中书右丞。十年，再任平章政事。卒。谥号忠亮。
⑦ 经略使，中国古代军事长官。唐代始设于周边重要地区，宋代在西北、西南边境也有设置。金末曾在被蒙古军攻破各路设经略使，总理一方军政。元初曾以史天泽为河南经略使。明清两朝，凡遇有重要军务时即特设经略，统理一省或数省军务，事毕即罢。清中叶后不设此职。

元宪宗命令太弟忽必烈总领统治蒙古汉地百姓事宜,在金莲川建府。此前,姚枢隐居于苏门,以道作为自己的追求。忽必烈召请他,姚枢到来之后,认为忽必烈聪慧明智,才智出众,且谦虚谨慎,能够接受别人的进言,将来必大有作为,于是用尽其平生所学,写下数千字的建议献上。开篇以二帝、三王作为治学之根本,治乱之法则,并作为治国平天下的经典,总结为"八目",即修身、力学、尊贤、亲亲、畏天、爱民、好善、远佞。然后谈及时政的弊端,有三十条,本末详备,没有遗漏。忽必烈惊叹他的才华,每次有所行动前都会询问他的意见。元朝廷任命史天泽、赵壁为河南经略使。

南宋（十五）

壬子淳祐十二年，元定宗后及失烈门母，以厌禳①事觉，并赐死。谪失烈门及其党于没脱赤之地。

六月，元宪宗以中州汉地封同姓，太弟于汴京关中自择其一。姚枢曰："南京②河徙无常，土薄水浅，泻卤生之，不若关中厥田上上，古名天府、陆海。"太弟遂请关中，由是太弟有关中河南之地。

癸丑，宝祐元年，四川制置使余玠卒，以余晦③为四川宣谕使。

元太弟忽必烈平大理国④。

---

① 厌禳，谓以巫术祈祷鬼神除灾降福，或致灾祸于人，或降伏某物。
② 南京，指汴京。
③ 余晦（？—1256），字养明，南宋四明（今浙江宁波）人，余天锡从子。绍定间，历官知高邮军、知镇江府、知平江府兼淮浙发运、右司郎官兼知临安府。罢为大理少卿，出知鄂州。宝祐元年，为四川安抚制置使、知重庆府。宝祐二年，以战败夺官，诏赴阙。官至户部侍郎兼知临安府、浙西安抚使。
④ 大理国，是中国历史上西南一带建立的多民族政权，全国尊崇佛教。疆域覆盖今中国云南、贵州、四川西南部，以及缅甸、老挝、越南北部部分地区。公元1253年，大理国被大蒙古国所灭，原大理国君段兴智被任命为大理世袭总管。

南宋（十五）

　　壬子淳祐十二年，元定宗的皇后和失烈门的母亲，因为巫术的事情被揭发，被一并赐死。定宗贬谪失烈门和他的党羽到没脱赤。

　　六月，元宪宗把中州的汉地分封给同姓的兄弟子嗣，皇太弟可以在汴京和关中之间自己任选择其一。姚枢说："汴京河水变幻无常，土薄水浅，多生盐碱，不像关中土地肥沃，古时名为天府、陆海。"太弟就请求分封关中之地，于是太弟得到了关中黄河之南的土地。

　　癸丑宝祐元年，四川制置使余玠逝世，余晦被任命为四川宣谕使。

　　元太弟忽必烈平定大理国。

甲寅宝祐二年，时余晦宣抚四川，以私恨诬奏利路①安抚王惟忠②潜通北境。大理陈大方承旨，锻成之。惟忠将斩于市，色不变，谓大方曰："吾死诉于天，既斩，血逆流而上。"未几，大方入朝，恍惚与惟忠还，遂卒。先是，朝廷用彭大雅③理蜀，甚有威名。重筑重庆城。余玠迁蜀郡平旷之地，分治险要，如合州治钓鱼山之类。在蜀二十年，民借以安。至余晦贪缪冈功，败失要地。以和州守刘雄飞为四川制置。

胡颖④每见淫祠，即毁之，人谓之胡打鬼。经略广东，广有僧寺，佛像中有巨蛇，时出享人祭祀。僧托之题疏⑤，得数千缗⑥。颖至，毁佛击蛇，其怪遂息。

丙辰宝祐四年⑦，高丽王细嵯甫、云南酋长磨合罗嵯及素州诸国朝于元。

---

① 利路，广元府。
② 王惟忠（？—1254），字移孝，南宋锺离（今安徽凤阳）人。南宋初两淮抗金义军领袖。他以韭山（今安徽定远西北）为根据地抗金。当地有山洞，可容数千人。义军在此，垒石为城，周围四里，其外又作大寨七里，与乡人共同坚守，有众万人。建炎四年，归宋将刘位节制，被任为左军统领官。
③ 彭大雅（？—1245），南宋饶州鄱阳（今江西波阳）人，字子文。嘉定进士。绍定五年（1232），以书状官随使蒙古，著《黑鞑事略》，为研究早期蒙古史重要史籍。后为四川安抚制置副使，创筑重庆城，以御蒙古军。南宋淳祐初，被劾贪黩残忍，除名，赣州居住。十二年（1152），追录其创城之功，复官。
④ 胡颖，字叔献，南宋潭州湘潭（湖南湘潭）人。绍定五年第进士，授京秩。历浙江提点刑狱、广东经略安抚使、京湖总领财赋。南宋咸淳间卒。
⑤ 题疏，署名于寺院疏头，多为资助香火费用。疏，僧道拜忏时所焚化的祝告文，借指化缘簿。
⑥ 缗，本义为古代穿铜钱用的绳子或者钓鱼绳。
⑦ "丙辰宝祐四年"至"元讨回回哈里发，平之。九月，"元刊本无，据日本刊本补。

甲寅宝祐二年，当时余晦为四川宣抚使，因为私人怨恨诬告广元府安抚王惟忠暗中勾结蒙古。大理寺勘官陈大方奉旨调查，严刑拷打成狱定罪。王惟忠将被斩于市，容色不变，对陈大方说："我将赴死，会投诉于上天，我被斩之后，血将逆流而上。"不久后，大方入朝，恍惚觉得与惟忠一起返回了，于是死了。开始时，朝廷任命彭大雅治理蜀地，他很有威名，重新建筑了重庆城。余玠把蜀郡平旷之地的郡治都迁至山城，并分头管理险要之地，比如合州管理钓鱼山之类。在蜀地二十年，百姓安乐。到余晦时，贪婪荒唐，好大喜功，作战失败，丢失战略要地。皇帝任命合州守备刘雄飞为四川制置使。

胡颖每每看见作鬼的寺庙，就将之损毁，人们称之为胡打鬼。他做广东经略使时，有寺庙佛像中有巨蛇，不时出来享用人们的祭品。寺僧把它写在化缘簿上，因此得到了数千缗钱。胡颖到了之后，毁掉佛像，击杀巨蛇，怪事于是停息。

丙辰宝祐四年，高丽国王细嵯甫、云南酋长磨合罗嵯及素州诸国觐见元朝。

元宪宗欲建城市为都会之所，太弟忽必烈言刘秉忠①精于天文地理之术，乃命相宅。秉忠以桓州东滦水北之龙冈为吉，乃命秉忠营之，名曰开平府②。三年而毕功。

丁巳宝祐五年，元回鹘献水精盆、珍珠伞，可直银三万余锭。宪宗曰："方今百姓疲弊，所急者钱耳。朕独有此何用？"却之。

十月，元兀良哈台③伐安南，屠其城。

戊午宝祐六年，二月，安南王传国于长子光昺④，遣使以方物献于元。

元讨回回哈里发，平之。九月，宪宗⑤亲帅大军入蜀，攻苦竹隘。宋守将杨立、张实死之⑥。是时元人势欲顺流东下，一军自大理国斡服南来，历邕桂之境，以至潭州；一军渡江围鄂州。

---

① 刘秉忠（1216—1274），邢州（今河北邢台）人。少时为僧，名子聪，拜官后更名秉忠。自号藏春散人。自幼好学，至老不衰。年十七，为邢台节度使府令史，不久辞去，隐居武安山中为僧。忽必烈为亲王时被召见，应对称旨，遂留藩邸，参与机密。后向忽必烈建议劝农桑、兴学校等事。世祖即位后，条陈建立年号，设立中书省宣抚司。又监筑开平、中都两城。至元八年请建国号为大元，定朝仪官制。后死于上都。谥文正。有《藏春集》。
② 开平府，宪宗六年（1256），刘秉忠奉忽必烈之命选址建开平城。开平城是元代百年首都，称为上都、上京、滦京和夏都，后毁于战火，成为废墟。现在被称为元上都遗址，位于今内蒙古锡盟正蓝旗上都镇。
③ 兀良哈台（1201—1272），元蒙古兀良哈部人，速不台子。宪宗（蒙哥）时，令总督军事，征平西南诸蛮，及大理、交趾等地；复屡败宋兵，攻入贵州、象州，拔静江、破辰、沅二州，立抵潭州，世祖（忽必烈）即位，班师而卒。
④ 陈光昺（bǐng），即陈晃（1218—1277），又作陈日煚，越南陈朝开国皇帝。
⑤ 元刊本作"时己未，大朝大举南伐，宪宗皇帝"。
⑥ "攻若竹隘"至"张实死之"，元刊本无，据日本刊本补。

元宪宗想要建立城市，太弟忽必烈上言说刘秉忠精于天文地理之术，于是命他卜算选址。刘秉忠认为桓州东、滦水北的龙冈是吉地，于是宪宗命其经营建府，名叫开平府。历时三年才建成。

丁巳宝祐五年，回鹘献水精盆、珍珠伞给元朝，价值银钱三万余锭。宪宗说："当今百姓生活贫穷疲弊，急需的就是钱，我独自拥有这些有什么用呢？"于是拒绝了。

十月，元兀良哈台征伐安南，屠杀全城。

戊午宝祐六年二月，安南王传国位给长子陈光昺，派遣使者将其地方特产献给元朝。

元讨伐回回哈里发，平定了他。九月，宪宗亲自率领大军进入蜀地，攻打苦竹隘，宋朝守将杨立、张实战死。当时元人打算乘势顺流从东而下，一支军队从大理国南来，经过邕、桂之地的边境，到达潭州；另一支军队渡江包围鄂州。

罢丁大全，以吴潜为左相，即军中，拜贾似道①为右相，赵葵疏密策应使，杜范②两淮制置，夏贵③总领舟师。吕文德等乘风战胜，潜以向士璧④守潭，适南来二哥元帅，遇宋候骑⑤而死，潭围先解。高达等守鄂，似道驻汉阳，为鄂援。

　　己未开庆元年⑥，元宪宗围合州，遣使招谕守将王坚，坚杀使者，固守拒之。

---

① 贾似道（1213—1275），字师宪，南宋台州（今浙江临海）人。理宗贾贵妃之弟。官至左丞相兼枢密使。开庆元年镇汉阳，会忽必烈率元兵攻鄂州，他私向忽必烈乞和，答应称臣纳币。元兵退后谎报鄂州胜利解围。此后专权多年。度宗时权势更盛。朝廷大政，都在私宅中裁决。襄阳遭元军围攻数年，他不仅不以全力支援，还隐匿军报。元军沿江东下，他被迫出兵，在鲁港大败。后为陈宜中等所劾，被革职放逐，至福建漳州木绵庵，为监送人郑虎臣杀死。
② 杜范（1182—1245），字成之，南宋黄岩（今属浙江）人。嘉定进士。理宗朝，历军器监丞、监察御史、殿中侍御史等。嘉熙二年，知宁国府。破以张世显为首的两淮饥民起事。四年（1240），权吏部侍郎兼侍讲，上书抨击诏令朝更夕改，纪纲荡废而不存。淳祐年间，任同知枢密院事，拜右丞相。卒，赠少傅，谥清献。
③ 夏贵（1197—1279），字用和，南宋安丰（今安徽寿县）人。少长兵间。端平元年，随赵范攻洛阳，作战英勇。嘉熙三年，率军解寿春之围，颇立战功。赵范督师两淮，夏贵又奉命援高邮，救扬州。以功知怀远军兼河南招抚使。历知庐州、重庆府，宣抚两淮，为当时勇将。景炎元年，以淮西降元，官至行省左丞。
④ 向士璧（？—1261），字君玉。南宋常州（今属江苏）人。理宗绍定五年进士，曾任黄州知州。后历任荆湖北路安抚使、峡州知州等职。淳祐年间，蒙古军进攻南宋，合州告急，他捐家资以供军费，领军赴援，大败蒙古军。因功被提升为秘阁修撰、枢密副都承旨；仍驻峡州。开庆元年，蒙古军复大举东下，涪州告急，他奉命往援。蒙军夹江为营，长数十里，宋军不能接近浮桥；他用计焚毁浮桥，大捷。升任湖南制置副使。后为贾似道所害，死于狱中。
⑤ 候骑，担任侦察巡逻任务的骑兵。
⑥ "己未开庆元年"至"兀良哈台之兵"，元刊本作"会合州守王坚固守不下，以抗大兵。宪宗皇帝晏驾于钓鱼城下，报至鄂州，似道乘机遣使约和，阴许岁币，兵解而去。"据日本刊本补。

宋廷罢免丁大全，任命吴潜为左丞相，派到军中。任命贾似道为右丞相，赵葵为疏密策应使，杜范为两淮制置，夏贵总领海军。吕文德等乘风战胜敌人。吴潜派向士璧守卫潭州，正赶上南来二哥元帅遇到南宋的侦察骑兵而战死，于是潭州之围得以解除。高达等守卫鄂州，贾似道驻守汉阳，作为鄂州的支援。

己未开庆元年，元宪宗包围合州，派遣使者招降合州守将王坚，王坚杀掉使者，坚持守卫合州，抵抗敌军。

七月,元宪宗殂于钓鱼山①,在位九年,寿五十二。后追谥曰桓肃皇帝。宪宗刚明雄毅,沉断寡言,不乐宴饮,不好侈靡,虽后妃亦不过制。太宗末年,群臣擅权,政出多门。至宪宗,凡诏旨必亲起草,更易数四,然后行之。御群臣甚严。尝谕曰:"汝辈若得朕奖谕,即志气骄逸,灾祸未有不随至者。汝辈其戒之!"时太弟进攻鄂州,宋守将张坚守不下,遂死之。

似道自汉阳至鄂督师,而太弟忽必烈攻城益急。城中死伤者至万三千人,似道大惧,密遣宋京诣元营,请称臣纳币。太弟不许。会合州守王坚②遣人走鄂,以宪宗讣闻于似道,似道再遣宋京往元营。

---

① 钓鱼山,位于今重庆市合川区东嘉陵江、渠江和涪江交汇处,南宋淳祐三年(1243),余玠为抵御蒙古军东下,于此筑城防守,名钓鱼城。
② 王坚,南宋抗蒙名将。

七月，元宪宗死于钓鱼山，在位共九年，终年五十二岁。后追谥桓肃皇帝。宪宗皇帝刚强明哲，雄杰勇毅，沉着而有决断，言语不多，不喜欢宴饮作乐，不好奢侈靡费，即使是皇后王妃，享受也不许超过规定的制度。太宗末年，群臣专权，朝廷政令出于多个部门。到宪宗皇帝时，所有的诏令圣旨，皇帝必定亲自起草，有的修改达四次之多，然后才施行。宪宗皇帝管理群臣十分严格，他曾经下达谕令说："你们如果听到了我夸奖勉励你们的话，就骄横放纵，灾祸没有不接着来到的，你们要警惕呀！"当时太弟忽必烈正进攻鄂州，宋朝守将张坚固守鄂州，张坚以身殉国。

贾似道从汉阳到鄂州监督军队，太弟忽必烈攻打城池越发急切。城中死伤的人数达一万三千余人，贾似道大为惊惧，暗中派遣宋京到元军营地求和，请求向元称臣并且缴纳岁币。忽必烈没有应允。适逢合州守将王坚派人前往鄂州，将元宪宗去世的消息告知似道，似道于是又派宋京前往元军营地。

太弟亦闻阿里不哥①欲袭尊号，郝经②曰："若彼果称遗诏，便正位号，下诏中原，行赦江上，欲归得乎？愿大王以社稷为念，班师议和。置辎重③，率轻骑而归，直造大都。遣一军逆大行灵舆④，收皇帝玺。遣使召旭烈⑤、阿里不哥诸王，会丧和林。差官诸路安辑，命王长子真金⑥，镇守燕都，示以形势，则大宝有归，而社稷安矣。"太弟然之。乃许似道和，且约岁币之数，遂拔寨而去，留张杰、阎旺以偏师候湖南兀良哈台之兵。

南宋（十六）

庚申景定元年⑦，元世祖名忽必烈，宪宗同母弟也。宪宗既殂，阿蓝答儿、浑都海等谋立世祖弟阿里不哥。宪宗后闻之，遣使驰至鄂，请速还。春三月，至开平。诸王大臣同劝进，三让乃即位。

---

① 阿里不哥，即孛儿只斤·阿里不哥（约1219—1266），南宋末元初人。蒙古国宗王拖雷之幼子，蒙哥、忽必烈之弟。蒙哥率军攻南宋时，他留守和林。蒙哥战死后，他密谋继其位。时忽必烈正在鄂州，闻讯后急回开平夺其汗位。公元1260年，忽必烈即帝位。后他也至和林召开忽里台的大会，宣布继承大汗。当年冬，忽必烈率军征和林，他逃往谦州后，多次率军南下骚扰。公元1264年向忽必烈投降。
② 郝经（1224—1276），字伯常。其先潞州人，徙泽州之陵川。家世业儒。入元后，为守帅张柔、贾辅知重，待为上客。世祖即位后，官翰林侍读学士，佩金虎符，使宋议和，被拘宋十余年乃还，谥文忠。有《陵川集》。
③ 辎重，最开始是古代军事中的用语，表示运输部队携带的军械、粮草、被服等物资。
④ 灵舆，指神灵乘坐的车驾或天子乘坐的革车。
⑤ 旭烈，即哈剌旭烈，察合台汗国察合台汗之孙，木阿秃干之子，察合台汗国第二任可汗。
⑥ 真金，即孛儿只斤·真金（1243—1285），元朝第一位皇帝元世祖忽必烈之嫡长子，第二位皇帝元成宗铁穆耳之父，母察必皇后。1261年被封为燕王，1273年被封为皇太子，1279年参预朝政，1285年十二月病逝，元世祖赐谥号明孝太子。
⑦ "庚申景定元年"至"倘以交邻国之道来，当令入见。"元刊本作"白气如匹练亘天。景定庚申四月，世祖皇帝自鄂州归，即大位，五月十九日建元中统。"据日本刊本补。

忽必烈也听说阿里不哥将登帝位。郝经说："若阿里不哥声称受先帝遗诏登基，就有了合法性。他下诏中原，大赦天下，那时大王想回京师还可能吗？希望大王能够以江山社稷为重，与宋议和，退军还朝。留下辎重，率领轻骑返回，直抵燕都。遣一军从四川迎回蒙哥皇帝灵柩，接收皇帝宝玺，派遣使者召旭烈、阿里不哥等诸王，在和林集聚，为宪宗皇帝治丧。派遣官员到各地抚慰军民，命令真金太子镇守燕都，并使他明了当前形势，这样则皇位继承有人，国家安稳无忧。"太弟认可郝经的意见，于是答应了贾似道的求和，并且约定了每年供奉岁币的数量，之后便班师北归，留下张杰、阎旺等非主力部队等候湖南兀良哈台的军队。

南宋（十六）

庚申景定元年，元世祖登基，名忽必烈，是宪宗的同母弟弟。宪宗死后，阿蓝答儿、浑都海等预谋立世祖的弟弟阿里不哥为帝。宪宗的皇后听说后，派遣使者速到鄂州，请忽必烈速速返回。春三月，忽必烈到了开平。诸王以及大臣都劝他登基为帝，他屡次谦让才即位。

元兀良哈台会张杰于鄂州，帅师北还。宋贾似道命夏贵败其后军于新生矶，遂匿其议和称臣纳币之事。上表言："鄂围始解，江面肃清，宗社危而复安，实万世无疆之休。"帝以似道有再造功，下诏褒美，赏赉甚厚。

元阿里不哥僭号于和林城曲。

五月十九日，元建元中统。

进中统交钞①。

元世祖自将讨阿里不哥。

元廉希宪②大败西军于姑臧③，斩阿蓝答儿及浑都海。

元以梵僧八合思八④为国师。

元遣郝经来寻盟，且征前日请和之议。贾似道既还朝，使其客廖莹中撰福华编称颂鄂功。朝廷不知其求和也。

---

① 交钞，金元两代发行的纸币。
② 廉希宪（1230—1280），字善甫，布鲁海牙之子。初为京兆宣抚使。后组织兵力镇压浑都海等人的叛乱，升为中书右丞平章政事。元至元十二年行省荆南，兴利除害。病逝。后追封为魏国公，谥文正。
③ 姑臧，也称"盖臧"，城呈龙形，故又名"卧龙城"，即今甘肃武威。
④ 八合思八，即八思巴（1235—1280）。元国师、著名西藏僧人。本名罗古罗思监藏，八思巴为尊称，意为"圣者"。

元兀良哈台与张杰在鄂州会和，率军北还。宋贾似道命夏贵在新生矶击败了他们的殿后部队，并且隐瞒他议和、称臣、纳币的事情。上表说："鄂州之围已经解除，战乱已被肃清，江山社稷已经转危为安，这真是万世无疆的好事。"宋理宗认为贾似道有再造宋朝的功劳，下诏褒奖他，赏赐颇为丰厚。元阿里不哥僭号于和林城西按坦河称帝，五月十九日，元朝建元中统，刻印中统元宝交钞。

    元世祖忽必烈亲自率兵讨伐阿里不哥。

    元廉希宪在姑臧大败西军，斩阿蓝答儿及浑都海。

    元以梵僧人八合思八为国师。

    元朝派遣郝经来寻求结盟，并且征询前日请求议和的决定，贾似道已经回到朝廷，令他的门客廖莹中撰写《福华编》来称颂他在鄂州的功劳。朝廷仍旧不知道他求和的事情。

元世祖既立，廉希宪请遣使，使以息兵讲好。命军北归，俾恩威并著。世祖善之，而不得其人。王文统①素忌郝经才德，乃遣经行，或谓经曰："盍以疾辞？"经曰："自南北构难，江淮遗黎，弱者被俘略，壮者死原野，兵连祸结，斯亦久矣。圣上一视同仁，务通两国之好，虽以微躯蹈不测之渊，苟能弭兵靖乱，活百万生灵于锋镝之下？吾学为有用矣。"遂行。王文统阴讽李璮②侵宋，以沮挠之，欲假手以害经。经踰淮，贾似道惧奸谋呈露，遂以李璮为辞，拘留经于真州之忠勇军营，驿吏防守，严于狱犴③。介佐或不能堪，经语之曰："将命至此，死生进退听其在彼，守节不屈尽其在我。岂能不忠不义，以辱中州④士大夫乎？但公等不幸，须忍死以待，揆⑤之天时人事，宋祚殆不远矣。"众感其言，皆自振励。

① 王文统（？—1262），字以道，益都（今属山东）人。早年投奔李璮，为璮子之师，后又以女妻璮，遂得参与机密。教璮岁上边功，虚张宋势，以固其位。中统元年世祖即位后，召拜中书平章政事。制定元朝典章制度，其功居多。三年（1262），李璮起兵反元，王文统以通谋罪被杀。
② 李璮，金末将领，投降蒙古后，又与南宋联手发起叛乱，不到半年被镇压，被俘后遭杀害。
③ 狱犴（àn），牢狱。
④ 中州，即中原。
⑤ 揆，揣度。

元世祖即位后，廉希宪又提出了与南宋议和的问题，建议遣信使和南宋息兵讲好，让诸军北归，恩威并施。元世祖认为这个主意很好，却没有好的人选去实行。王文统一向忌妒郝经的才华，于是劝忽必烈派郝经为国信使出使南宋，有人对郝经说："为什么不以疾病为理由拒绝呢？"郝经说："自战乱以来，江、淮的百姓，体弱的被俘，力壮的死在战场上，战乱灾荒连连，身处水深火热之中，已经很久了。皇上施行仁政，致力两国通好，即使我用卑贱的身体踏入不测的深渊，如果能平息战乱，让百万百姓能在战乱中活下来，我学习的东西也就有意义了。"于是出使。王文统暗中劝说李璮侵扰宋境来破坏郝经的使命，想要借南宋之手来杀害郝经。郝经到达淮地，贾似道担心他的奸计败露，于是以李璮为借口，将郝经拘留在真州的忠勇军营，派驿站官吏日日防守，比监狱还要严格。因为羁押时间太长，他的随员，每天咨嗟尤怨。郝经对他说："我们接受使命来到宋境，死生进退掌握在别人手中，但守节不屈却是我们自己可以掌握的。怎么能够不忠不义，侮辱中原的士大夫呢？但大家何其不幸，得在这里忍死等待。从天时人事来看，宋朝的福运不多了。"众人被他的言辞所打动，都各自振奋起来。

帝闻有北使，谓宰执曰："北朝使来，事体当议。"似道奏："和出彼谋，岂容一切轻徇。倘以交邻国之道来，当令入见。"贾似道忌害阃臣①，兵退，行打算费用法②，欲以此污之。向士璧、赵葵、史岩之、杜庶③等皆坐侵盗掩匿④，罢官征偿，而士璧所偿尤多，竟安置而死。复拘其妻妾，而征之，犹不能足。信州谢枋得⑤以赵葵檄给钱粟，募民兵守御。枋得曰："不可以累赵宣抚也。"自偿万缗余不能辨，乃上书曰："似道有云'千金而莫徙木，将取信于市人⑥。二卵而弃干城⑦，岂可闻于邻国？'"遂得免征余者。

吕文德制置荆湖，知鄂州⑧。

---

① 阃臣，指外任诸路官军。
② 打算费用法，是贾似道在蒙古退军、形势暂缓的情况下，对在外诸军进行的一次大范围的财务审计，因此法获罪的将帅很多。《宋史》载："鄂州围解，贾似道既罔上要功，恶闻外之臣与己分功，乃行打算法以诸路，欲于军、兴时支散官物为罪系之。"
③ 杜庶（？—1260），字康侯，南宋邵武（今属福建）人。从父兵间，习边事，未入仕已立战功。元兵围安丰，相持不下，庶协力捍卫。后监吕文德、聂斌军，与元兵战朱皋、白冢，积有战功。累官至大理少卿、淮东转运副使、两淮制置司参谋官，后改知隆兴府、江西转运副使。
④ "皆坐侵盗掩匿"至"遂得免征余者"，元刊本作"借受监钱之苦"。据日本刊本补。
⑤ 谢枋得（1226—1289），字君直，号叠山。南宋信州弋阳（今属江西）人。宝祐四年进士。次年复试教官，中兼经科。又应吴潜征辟，组织民兵抗元。同年任考官，因得罪贾似道而遭黜斥，咸淳三年赦还。后以江东提刑、江西诏谕使知信州。元兵犯境，战败城陷，隐遁于建宁唐石山中，后流寓建阳，以卖卜教书度日。宋亡，寓居闽中。元朝屡召出仕，坚辞不应，终于被强制送往大都，坚贞不屈，绝食而死。有《叠山集》。
⑥ 典故出于商鞅徙木为信，"令既具，未布，恐民之不信己，乃立三丈之木于国都市南门，募民有能徙置北者予十金。民怪之，莫敢徙。复曰：'能徙者予五十金。'有一人徙之，辄予五十金，以明不欺。卒下令，令行于民。"
⑦ 典故出于《孔丛子·居卫》："今君处战国之世，选爪牙之士而以二卵焉弃干城之将，此不可使闻于邻国者也。"比喻因人有小的过失而忽略他的大节。干城，比喻捍卫或捍卫者。
⑧ 鄂州，隶属湖北省。

理宗听说元朝有使臣来，对宰执说："元朝使臣来了，应当商议一下国事。"贾似道上奏说："议和出自元朝，怎么能让一切细节轻易公之于众？如果元使是来与我们交好的，才应当让其朝见。"贾似道忌妒外任臣子，蒙古退兵后，形势暂时缓解。贾似道实行打算费用法，想以此诬陷在外的各领军将领贪赃。向士璧、赵葵、史岩之、杜庶等都因此法获罪，被罢官并且处罚赔偿。其中向士璧需赔偿的尤其多，并因此殒命。又拘捕了他的妻子儿女，仍然不能够偿还。信州谢枋得因为赵葵的檄文给予钱粟，征募民兵守御城防。谢枋得说："不能连累赵宣抚。"自己赔偿了万缗钱，剩下的不能还清。于是他上书说："贾似道曾说：'千金能够募得能搬木头放在北面的人，来取得百姓的信任。而以细小的利益放弃有守城之功的大将，这难道可以让邻国知道吗？'"朝廷于是免除了他剩余的费用。

吕文德任荆湖制置，任鄂州知州。

辛酉景定二年①，泸州守刘整②叛降于元。先是止迁跸③之议者吴潜，尽守城之力者向士璧，奏断桥之功者曹世雄、刘整。既而似道妒④功，潜士璧、世雄，皆贬死。整已惧祸，而蜀帅郑兴复以宿憾遣吏至泸，打算军前钱粮。适北军压境，遂叛去。

元命军中所俘儒士⑤，听赎为民。七月，元初立翰林国史院。

立诸路提举学校官。

元诸将败西军，阿里不哥北遁。

元封皇子真金为燕王，领中书省⑥事。

南宋（十七）

壬戌景定三年，吕文德复泸州。

元江淮大都督李璮以京东、涟海来归。诏封璮为齐郡王，复其父全官爵。

元宰臣王文统，坐与璮通谋，伏诛。

元史天泽，围李璮于济南，璮复降于元。元人诛之。

---

① "辛酉景定二年"，元刊本作"天朝使郝经来，寻盟，似道自以有再造功，夸上下，讳言前有和约，留使者于真州，不令赴阙，亦不遣还。"
② 刘整（1213—1275），南宋降元将领。字武仲，穰县（今河南邓县）人。善骑射。金末投宋，从孟珙攻金，有勇名，累迁至潼川安抚副使，知泸州军事。景定二年，以泸州降忽必烈，官至镇国上将军都元帅，与阿术攻宋襄阳。至元七年，为元造船舰，练水军，围攻襄樊。后出淮南，攻无为久不克，气恨而死。
③ 迁跸（bì），本谓迁移皇帝的乘舆。亦指迁都。
④ 妒（dù），同"妒"。
⑤ "元命军中所俘儒士"至"世祖纳之"，元刊本无，据日本刊本补。
⑥ 中书省，古代皇帝直属的中枢官署之名，宋元时中书省设中书令和中书丞相。

辛酉景定二年，泸州守将刘整叛降元朝。此前，吴潜曾阻止迁都之议，向士璧尽全力守卫城池，曹世雄、刘整有奏断桥之功，贾似道却赏罚不分，忌妒有功之臣，污蔑向士璧、曹世雄，二人皆被贬而死。刘整本来就担心被逸害，而蜀地将帅郑兴复也因为与刘整有旧怨，派官吏去往泸州清查军队所用钱粮。正赶上蒙古军压境，于是刘整叛宋降元。

元朝命军中所俘虏的儒士，赎为百姓。七月，元初立翰林国史院。元在各地设立提举学校官。元诸位将领大败西军，阿里不哥向北逃遁。元朝封皇子真金为燕王，总领中书省事。

南宋（十七）

壬戌景定三年，吕文德收复泸州。

元朝的江淮大都督李璮以京东、涟海来归附。南宋下诏封李璮为齐郡王，并恢复他父亲李全的官爵。

元朝的宰臣王文统，因为与李璮通谋的罪名，被杀。

元将史天泽在济南围困李璮，李璮又投降了元朝，后被元人诛杀。

元以董文炳①为山东路经略使。

元立十路宣慰司②，立诸路转运司③。

癸亥景定四年二月，元以王德素为使，刘公谅为副，致书来诘其稽留郝经之故。

三月，元初建太庙。五月，初立枢密院，以太子燕王真金守中书令，兼判枢密院事。以开平府为上都。元以姚枢为中书左臣，枢曰："陛下于基业为守成，于治道为创始，正宜睦亲族以固本，建储副以重祚，定大臣以当国，开经筵以格心，修边备以防虞，蓄粮饷以待歉，立学校以育才，劝农桑以厚生。"世祖纳之。

吕文德复泸州，文德号黑灰团。刘整献言于元曰："南人惟恃黑灰团，然可以利诱。"乃遣使献玉带于文德，求置榷场④于襄城外，文德许之。使曰："南人无信，愿筑土城以护货物。"文德不许。使者复至，文德请于朝，许之。开榷场于樊城外，筑土墙于鹿门山，外通互市，内筑堡。文德弟吕文焕⑤知被欺，两申制置，为吏所匿。元人又于白鹤城筑第二堡，文焕再申，方达。文德大惊曰："误朝廷者我也。"即请自赴援。会病，卒。

---

① 董文炳（1217—1278），字彦明，元朝真定藁城（今属河北）人。初为藁城令，后从忽必烈征大理，后又征南宋。世祖立侍卫亲军，为侍卫亲军都指挥使。后令诸军灭李璮，为山东路经略使。后为邓州光化行军万户、河南路统军副使。至元十年，拜参知政事。次年从伯颜灭宋，升中书左丞。
② 宣慰司，元代置宣慰使司，管理军民事务，分道掌管郡县，为行省和郡县间的承转机关。明清时不设于内地，而独存于土司。
③ 转运司，我国古代主要负责国家财赋征收及运转的政治机构。
④ 榷，专利、专卖。榷场，宋、辽、金、元时在边境所设的同邻国互市的市场。场内贸易由官吏主持，除官营外，商人需纳税、缴牙钱，领得证明文件方能交易。
⑤ 吕文焕，生卒年不详，吕文德之弟，安丰（属安徽寿县）人。南宋降元将领。度宗时守襄阳五年，城破后投降，为元军招降沿江州郡。他作向导，东下入临安。在元官至中书左丞、江淮行者右丞，后辞官。

元任命董文炳为山东东路经略使。

元朝设立十路宣慰司及诸路转运司。

癸亥景定四年二月,元派王德素为使臣,刘公谅为副使,送国书来诘问南宋稽留郝经的缘故。

三月,元首次建筑太庙。五月,首次设立枢密院,把开平府作为上都。任命姚枢为中书左臣。姚枢说:"陛下继承我朝基业属于守成之功,但治理国家的功劳却是创始之功,正应该和睦亲族来巩固根本,册立储君重视帝统传承,选派大臣治理国家,开设经史讲坛修养心性,巩固国防以防不测,储备粮食以备灾荒,修建学校培养人才,发展农业提高百姓生活。"世祖都采纳了。

吕文德收复泸州。文德,外号黑灰团。刘整向元朝进言:"宋人只是依靠吕文德,我们可以对他采取利诱。"于是派遣使者给吕文德送去玉带,请求在襄阳城外设置贸易市场,文德答应了。使者说:"宋人狡猾不讲信用,我们想要建筑土城来保护货物。"文德没有答应。使者又来一次,文德向朝廷请示,朝廷应允了。于是在樊城外开设贸易市场,并在鹿门山建筑土城墙,在外互通有无,在内建筑城堡。吕文德弟弟吕文焕知晓被欺骗,两次上书请示处理,都被小吏藏匿而没有上报。元人又在白鹤城修筑了第二个城堡,吕文焕再次上报,才送到。吕文德得知后大吃一惊,说:"耽误了国家政事的是我啊!"于是请求亲自去救援,适逢大病,就去世了。

甲子景定五年七月，彗星长十数丈，芒角烛天，自四更从东见，日高方敛，月余乃不见。杨栋①因指言蚩尤旗②，因此遭论去国。

八月③，元以燕京为中都大兴府④。刘秉忠请定都于燕，世祖从之。

元改元至元，时阿里不哥兵屡败，至是与诸王玉龙答失⑤、罕速带⑥、昔里吉合⑦及其谋臣不鲁花、脱忽思等来归。诏诸王皆太祖之裔，并释不问。其谋臣不鲁花伏诛。

元立诸路行中书省。

---

① 杨栋，字元极，南宋眉州青城（今四川灌县）人。绍定进士。授太学正，迁校书郎、枢密院编修官。历工部侍郎、礼部尚书、参知政事等。被言罢，以资政殿大学士充万寿观使。崇尚周敦颐、程颢、程颐之学说，著有《崇道集》及《平舟文集》。卒，赠少保。
② 蚩尤旗，天文学上指一种奇特的彗星。相传，蚩尤出现，预兆兵乱将兴。
③ "八月"至"冬十月"，元刊本无，据日本刊本补。
④ 中都大兴府，金贞元元年（1153）改燕京为中都（今北京），定为国都。贞元二年（1154），改永安府为大兴府，隶属中都路。成吉思汗麾下大将木华黎于公元1215年攻下中都，遂改置燕京路大兴府。元世祖至元元年改称中都路大兴府。
⑤ 玉龙答失，蒙哥第三子。
⑥ 罕速带，即阿速台，元宪宗蒙哥第二子。
⑦ 昔里吉合，即昔里吉，元宪宗蒙哥第四子。

甲子景定五年七月，有彗星出现，长十几丈，光芒大盛，照亮了天空。四更时从东方出现，太阳升高了光芒才敛去，过了一个多月才消失。杨栋因为指认其为蚩尤旗，所以遭人非议，离开都城。八月，元将燕京作为中都大兴府。刘秉忠请求在燕京定都，世祖同意。

元改年号为至元，当时阿里不哥的军队屡屡战败，于是与诸王玉龙答失、阿速台、昔里吉及其谋臣不鲁花、脱忽思等一起来归附。元世祖下诏说诸王都是太祖的后裔，原谅他们且不论罪，但他们的谋臣不鲁花被诛杀。

元朝设立诸路行中书省。

冬十月，上崩。在位四十一年，改元者八。宝庆、绍定，则弥远十年之政。端平、初元，善类满朝，有真德秀①、魏了翁②等，为执政侍从，人以比庆历、元祐。自嘉禧以后至于淳祐，则有嵩之数年之政。嵩之既去，自淳祐至宝祐，正人指邪为邪，邪人指正为邪，互为消长，而狼狈莫如开庆丁大全之政。景定改元，大全与吴潜，虽人品不同，各以窜死。似道独相，遂执国政。末年浸有君臣相猜之迹，未及更变而崩，寿六十一。上临御以来，终始崇奖周、程、张氏及朱、张、吕氏诸儒义理之学，故庙号理宗。太子立，是为度宗皇帝。

---

① 真德秀（1178—1235），字景元，后字景希。南宋建州浦城（今福建建安道）人。庆元五年进士。学界称为西山先生。历任起居舍人兼太常少卿、江东转运副使。历知泉州、隆兴、潭州。理宗时，召为中书舍人、礼部侍郎。绍定五年召为户部尚书，改翰林学士，官至参知政事，卒谥文忠。他是继承朱熹学说的代表人物，著有《西山文集》等。
② 魏了翁（1178—1237），字华父，号鹤山。南宋邛州蒲江（今属四川）人。庆元进士，曾历知汉州、眉州，为潼川路提刑兼提举常平等事，入为兵部郎中，改司封郎中兼国史院编修。后官至端明殿学士、同签书枢密院事。反对佛老学说，推崇朱熹理学。著有《鹤山全集》等。

冬十月，宋理宗逝世，在位共四十一年，执政期间共改年号八次。宝庆和绍定年间，是史弥远的十年专政时期。端平和初元年间，满朝臣子都是忠良，有真德秀、魏了翁等，都是执政侍从，人们把这段时期比作庆历和元祐时期。自嘉禧以后到淳祐年间，则是史嵩之的几年执政时期。史嵩之之后，即淳祐到宝祐年间，正直之人指邪为邪，邪恶之人指正为邪，互为盛衰变化。最艰难窘迫的莫过于开庆年间丁大全执政时期。景定改元，丁大全与吴潜虽相继为相，人品各不相同，但都因被贬谪而死。贾似道独掌相位，把持朝政，末年逐渐有君臣相互猜忌的迹象，皇帝还来不及变更就去世了，年六十一。皇帝登基以来，一直推崇周敦颐、二程、张载和朱熹、张栻、吕大临等人的义理之学，所以定其庙号为理宗。太子继位，就是度宗皇帝。

南宋（十八）

度宗皇帝①初名孟启，福王与芮②之子，理宗之犹子③也。理宗子多而不育，鞠孟启于宫中，改名孜，又改名禥，立为皇子，封忠王。已而建储，改名䙌，岁甲子即位。时则蒙古部国号大元，纪元至元之初也。贾似道专政，进平章军国重事④、魏国公，立相以自副⑤。

临安府⑥士人叶李、萧规等上书，诋似道专权，害民误国。似道怒，以他事罪窜远州。

诏马廷鸾⑦、留梦炎⑧兼侍读⑨，李伯玉、陈宗礼、范东叟兼侍讲，何基⑩、徐几⑪兼崇政殿说书。

---

① 度宗皇帝，即赵禥（1240—1274），南宋第六位皇帝，宋理宗赵昀之侄，荣王赵与芮之子。宋理宗无子，收其为养子，先后封为建安王、永嘉王、忠王。景定元年（1260）被立为太子，景定五年（1264）十月继位。在位十年，将军国大权交给贾似道执掌，公元1274年驾崩于临安，谥号端文明武景孝皇帝，庙号度宗，葬会稽永绍陵。
② 与芮，即赵与芮（ruì，1207—1287），宋太祖十世孙，宋理宗赵昀同母弟。
③ 犹子，指侄子。
④ 平章军国重事，唐代特殊官名，相当于宰相，宋沿袭此制，此职非宋代常制，因人特授，职权范围也变化颇大。
⑤ 自副，辅助自己
⑥ 临安府，公元1138年，南宋以杭州为行在，改杭州称临安府。
⑦ 马廷鸾（1222—1289），字翔仲，号碧梧，晚年自号玩芳病叟。南宋饶州乐平（今属江西）人。经学家。淳祐进士，迁秘书省省正字。咸淳中拜右丞相。入元不仕。工文辞，朝廷大制作多出其手。著有《六经集传》等。
⑧ 留梦炎，字汉辅，号忠斋（一作中斋）。南宋衢州（治今浙江衢县）人，淳祐四年进士第一。德祐元年为右相兼枢密使，都督诸路兵马，进左丞相。元军逼近临安，弃位遁去，两召不至。次年，为江东西、湖南北安抚大使。降元。宋降臣王积翁等拟请元廷释文天祥为道士，他恐天祥获释后，将有不利降元宋臣的言行，坚决反对。官至礼部尚书、翰林学士承旨。
⑨ "诏马廷鸾、留梦炎兼侍读"至"丙寅咸淳二年"，元刊本无，据日本刊本补。
⑩ 何基（1188—1268），字子恭，号北山，学者称北山先生，南宋婺州金华（今属浙江）人。长期隐居故里盘溪，潜心学问，执教授徒，屡被征召，皆辞而不就。与王柏、金履祥、许谦并称"金华四先生"。
⑪ 徐几，生卒年不详，字子与，号进斋，崇安（今福建武夷山）人。博通经史，尤精于《易》。景定四年，与何基同以布衣召对，授崇政殿说书，补迪功郎，迁建宁府教授兼建安书院山长，撰经义以教士子，学者尊之曰进斋先生。

南宋（十八）

度宗皇帝最初名叫孟启，是福王赵与芮的儿子，理宗的侄子。理宗儿子多但是没有后代，于是将孟启养在宫中，改名为孜，又改名为禥，立他为皇子，封为忠王。后来奉为储君，改名叫禥，甲子岁即位。当时蒙古部国号已叫大元，刚刚改元为至元。贾似道专政，官位升为平章军国重事，又封为魏国公。度宗让他做丞相来辅助自己。

临安府士人叶李、萧规等上书，指责贾似道专权，害民误国。贾似道大怒，以其他事由为罪名将他们贬至边远的地区。

皇帝下诏让马廷鸾、留梦炎兼侍读，李伯玉、陈宗礼、范东叟兼侍讲，何基、徐几兼崇政殿说书。

元以王盘①为翰林学士承旨②。

乙丑咸淳元年，元以安童③为右丞相，伯颜④为左丞相，以刘秉忠为太保⑤，参中书省事。

丙寅咸淳二年，吕文焕守襄阳。元人自开互市以来，筑城置堡。江心起万人台、撒星桥，以遏南兵之援。时出师哨掠襄、樊城外，兵威渐振。

似道建第西湖葛岭⑥，自娱。五日一乘湖舩⑦入朝，不赴堂治事。吏抱文书就第呈署，他相书纸尾而已。内外诸司弹劾、荐辟、举削，非关白⑧不敢。一时正人端士⑨，斥罢殆尽。吏争纳络，以求美职，图为帅阃⑩、监司、郡守者，贡献至不可胜计。赵潜辈争献宝玉，贪风大肆，兵丧于外，匿不以闻。民怨于下，诛责无稽，莫敢言者。

---

① 王盘（1202—1293），字文炳，号鹿庵，广平永年人。至大四年（1227）进士。金亡北归。元中统元年（1260）被召，拜益都等路宣慰副使，以疾免。
② 翰林学士承旨，中国古代官名，唐朝时期设置。为翰林学士之长，职权尤重。翰林学士承旨作为翰林学士的首领，不单纯起草诏令，而且在禁中职掌机密。
③ 安童（1247—1293），木华黎的四世孙。十三岁为长宿卫。至元二年（1265）为光禄大夫、中书右丞相。二十四年（1287）乃颜叛乱被平定后，甄别宗室，上谏不得采纳，辞职。只负责宿卫事。病卒。追赠为东平忠宪王。
④ 伯颜（1236—1295），八邻部人。随父从宗王旭烈兀西征。至元六年（1269），被遣入朝奏事，得世祖赏识，留为侍臣。历任中书左丞相、同知枢密事。十一年，复为右丞相，行省荆湖，统军伐南宋。灭宋。复统军北征叛王昔里吉，长期留镇北边。世宗崩，拥成宗即位。赠太师，追封淮安王，谥忠武。
⑤ 太保，古代官职名。西周始置，监护与辅弼国君之官。
⑥ 葛岭，道教名山胜地，位于浙江省杭州市西湖之北宝石山东面。
⑦ 舩，同"船"，船只。
⑧ 关白，报告。
⑨ "一时正人端士"至"廉希宪降左丞，戊辰咸淳四年"，元刊本无，据日本刊本补。
⑩ 帅阃，镇抚一方的军事首长。

元朝任命王盘为翰林学士承旨。

乙丑咸淳元年，元朝任命安童为右丞相，伯颜为左丞相，任命刘秉忠为太保，参中书省事。

丙寅咸淳二年，吕文焕驻守襄阳。元人自从开放互市以来，建筑城池，安置堡垒。在江心建起万人台和撒星桥，以遏制宋兵的援军。之后出兵在襄樊城外劫掠，兵威逐渐显盛。

贾似道在西湖的葛岭建造府第，自己在里面享乐。每五天才乘湖船上朝一次。贾似道不到都堂办事，官吏们抱着文书到他的府第请他处理，其他丞相只不过是在后面签名同意而已。各部司衙门关于弹劾、荐辟、处分等各种事务，不向贾似道报告都不敢做。一时间，朝廷中的正人君子，都快被罢免光了。官吏争着贿赂上级以求好的职位。那些图谋成为帅阃、监司、郡守的，给贾似道的贿赂更是不可胜计，赵溍之类的抢着进献宝玉，一时贪婪之风盛行。边境的军事失利，大家都隐瞒着不让皇帝知道。听到百姓在下面的抱怨声，就毫无根据地加以诛杀，再也没有敢谈论国事的人了。

元立制国用使司①，以阿合马②为使，封世子南木合为北平王。

赐日本国王书。

初给官吏俸及职田。

元封太子忽哥赤③为云南王。

丁卯咸淳三年，元以史天泽为左丞相，忽都答儿、耶律铸④降为平章政事，伯颜降右丞，廉希宪降左丞。

戊辰咸淳四年，襄阳受围，文焕告急。遣高达、范文虎⑤赴援，道不通，二将亦不用命⑥。

三学⑦士人上书，乞调诸道兵并力救襄，不报。弓量推排⑧田亩。叶梦鼎辞位，不允，径去。江万里、马廷鸾为相。

---

① 立制国用使司，元朝至元三年（1266），管理财富，阿合马为制国用使。至元七年（1270）罢制国用使司，立尚书省。
② 阿合马（？—1282），元初权臣。生于中亚忽毡河（今锡尔河）畔。中统三年（1262）任诸路都转运使，专领财赋。兴办矿冶，整顿盐政，颇受忽必烈赏识。后官至中书平章政事，掌财政，子侄均居要职。贪侵财赋，强占民田。朝中官员，屡加弹劾。至元十九年（1282），益都千户王著等趁忽必烈和皇太子在上都之际，假称太子返都做佛事，矫传令旨，诱杀之。忽必烈追查其罪，籍没其家产。
③ 忽哥赤，即孛儿只斤·忽哥赤，元世祖孛儿只斤·忽必烈第五子。至元四年八月，封云南王。
④ 耶律铸（1221—1285），字成仲，耶律楚材次子。父死，嗣领中书省事。曾随从宪宗蒙哥征蜀，屡出奇计，攻下城邑。中统二年（1261）任中书左丞相，在上都之北，大败阿里不哥。至元元年（1264）定法令三十七章。次年制宫悬八佾之舞为《大成舞》。后被罢官，迁徙居山后。
⑤ 范文虎（？—1301），南宋降元将领。咸淳六年（1270），援襄樊，怯懦逃遁。后守安庆，不战而降，随伯颜入宋都临安。元世祖至元十八年（1281），世祖命攻日本，遇台风，全军覆没，他与少数将领逃回。后官至尚书右丞。
⑥ 用命，效命，奋不顾身地工作或战斗。
⑦ 三学，宋代称太学之外舍、内舍、上舍为三舍，亦称三学。
⑧ 推排，宋、金、元时三年一度核实厘正赋役的法制。

元朝立制国用使司，以阿合马为使，封世子南木合为北平王。

赐日本国王国书。

开始给官吏俸禄和田地。

封太子忽哥赤为云南王。

丁卯咸淳三年，元朝以史天泽为左丞相，忽都答儿、耶律铸降为平章政事，伯颜降为右丞相，廉希宪降为左丞相。

戊辰咸淳四年，襄阳被围，吕文焕派人告急，朝廷遣高达、范文虎赴援。当时道路被元兵阻断，不能通行。两名将领也没有全力以赴。

太学中的士人们联合上书，请求调遣诸路军队合力解救襄阳，却没被上报。朝廷丈量田亩，核查赋税。叶梦鼎辞官，不被允许，他径自离去。江万里拜左丞相，马廷鸾拜右丞相。

元立御史台，及诸道提刑按察司，行新制蒙古字，更号僧八合思八为帝师。筑堡鹿门山①，立诸路蒙古字学。

庚午咸淳六年，江万里②请援兵救襄，议不合，罢去。

上一日问似道曰："襄阳受围三年，奈何？"对曰："北兵已退，陛下得何人之言？"上曰："适有女嫔言之。"诘问，诬以他事，赐死。自是无敢以边事言者。

似道权倾人主，谀者动以周公辅成王③拟之，亲王外戚、宦官近习皆箝④制不敢恣。当世望士，亦引用登朝为仪羽⑤，而腹心不在焉。在外监司郡守亦参用⑥廉介，非其人而得进者，各有蹊径。最以吝赏诛货，失将帅心。刘整降北，献策取东南，谓缓取则经营自蜀而下，急则由襄淮直进。时诸将北降，知国虚实者相继，似道方以粉饰太平为事，略不为意。

---

① 鹿门山，在鄂西北襄阳城东南。
② 江万里（1198—1275），字子远，号古心，南宋都昌（今属江西）人。宝庆二年进士，历官著作佐郎、江西转运判官、监察御史、刑部侍郎、同签书枢密院事等。度宗即位，迁同知枢密院事、参知政事，临事必言，为贾似道忌逐。咸淳五年，召拜参知政事，旋进拜左丞相兼枢密使。六年，被劾罢，授知潭州、湖南安抚大使，寻予祠。咸淳十一年，元军破饶州，率子投水而死，赠太傅、益国公，谥文忠。
③ 周公辅成王，周公原名周公旦，周武王的弟弟。在武王建立周王朝两年病死后，辅佐周成王，巩固了周王朝的统治，并给"成康之治"奠定了基础。
④ 箝，同"钳"。
⑤ 仪羽，比喻美德善行可为人表率。
⑥ 参用，间杂而用；兼用。

元设立御史台和诸道提刑按察司，实行新制蒙古字，令梵僧人八合思八为帝师。在鹿门山筑堡，成立诸路蒙古字学。

庚午咸淳六年，江万里请求派援兵救襄阳之围，与贾似道意见不合，罢官而去。

一天，度宗问贾似道："襄阳之围三年了！该怎么办呢？"似道回答说："蒙古已经退兵，陛下是听什么人说的？"度宗说："刚刚有女嫔说起。"似道查问这件事，以其他事由诬陷那个女嫔，赐死。从此之后，没有人敢随便议论边境事宜。

贾似道专政日久，权倾一国之主，阿谀奉承的人们动辄以周公辅佐成王来比拟贾似道，亲王外戚、宦官近臣都受钳制，不敢放肆。当世有名望的士人也声言贾似道的美德善行可为人表率，但他们内心却并不信服。在外的监司郡守中，也间杂任用廉洁耿介的人，其他人得到提拔任用，就要各走门路了。因为贾似道非常吝啬赏赐，失去了将帅的拥护。刘整归降元朝后，献计谋夺取东南方，称如果缓慢行进的话就从蜀地而下，如果急取的话则从襄淮之地直接进入。当时诸位将领都归降蒙古，知道宋朝虚实的人越来越多。而贾似道只知粉饰太平，不以为意。

元平章政事廉希宪罢①，世祖尝令受帝师戒，希宪对曰："臣已受孔子戒。"世祖曰："汝孔子亦有戒耶？"对曰："为臣当忠，为子当孝是也。"有方士请炼大丹，敕中书给其所需，希宪奏曰："前世人主多为方士诳惑，尧舜得寿，不假灵于大丹也。"世祖善之。

以许衡②为中书左丞。时阿合马专权无上，蠹国害民。尝欲以其子典兵柄。衡曰："国家事权，兵、民、财三者而已。父位尚书省，典民典财，而子又典兵，太重。"世祖曰："卿虑阿合马歹耶？"衡对曰："此歹道也。古者奸邪未有不由此者。"世祖以衡语语阿合马，阿合马由是怨衡。

南宋（十九）

辛未咸淳七年，元刘秉忠、许衡，进所定朝仪③。

立司农司④，以张文谦⑤为司农卿。

教水军七万，造战舰五千。筑环城以逼襄阳。

---

① "元平章政事廉希宪罢"至"壬申咸淳八年"，元刊本无，据日本刊本补。
② 许衡（1209—1281），字仲平，号鲁斋。元怀孟河内（今河南沁阳）人。早年与姚枢、窦默于苏门习程朱理学。元宪宗时，被忽必烈授以京兆提学，于当地建校办学，世祖时，历任国子祭酒、中书左丞、集贤大学士、领太史院等职。曾上书建策"行汉法"，参预定朝仪、官制及《授时历》等。有《鲁斋遗书》等。
③ 朝仪，古代帝王临朝的典礼。
④ 司农司，中国元朝掌管劝课农桑、水利、乡学、义仓诸事的中央官署。至元七年（1270）二月始置司农司，以张文谦为司农卿，检查农业生产及兴办水利等事。
⑤ 张文谦（1217—1283），字仲谦。元朝顺德沙河（今属河北）人。经刘秉忠推荐，入忽必烈王府掌管教令笺奏。忽必烈征大理，攻鄂州，均从行。忽必烈即帝位，为中书左丞。后以中书左丞行省事于西夏中兴等路，用郭守敬浚唐来、汉延二渠，灌田十余万顷。公元1266年，还朝。拜大司农卿，请立诸道劝农司。又与窦默请立国子学。后迁御史中丞拜昭文馆大学士，领太史院事，主持修订历法。官至枢密副使。

元朝平章政事廉希宪被罢免。世祖命廉希宪受国师戒，希宪拜谢说："臣已受孔子戒了。"世祖问："孔子也有戒吗？"回答说："为臣当忠，为子当孝，这就是孔子之戒。"有炼丹药的方士请求朝廷供给资源，廉希宪上奏说："以前的皇帝有很多都受了方士的诓骗诱惑，尧舜的寿数很高，却不是因为服食丹药的缘故。"世祖认为他讲的对。

许衡为中书左丞相，当时阿合马弄权，危害国家和百姓。世祖要任命阿合马的儿子为枢密佥院官。许衡不同意，对世祖说："国家大权在于兵、民、财三个方面，如今阿合马掌管民、财，其子又掌管兵权，他家的权力太大了。"世祖说："你是忧虑阿合马有歹心吗？"许衡回答说："这是与人有害的做法，自古以来奸邪之人都是这样产生的。"世祖将许衡说的话告诉阿合马，阿合马从此怨恨许衡。

南宋（十九）

辛未咸淳七年，元朝刘秉忠、许衡，进献所定朝仪。

元朝设司农司，以张文谦为司农卿。

训练七万水军，建造五千艘战舰。建筑环城来围逼襄阳。

以许衡为集贤大学士国子祭酒。

十月建国号大元。诏曰：诞膺①景命，奄四海以宅尊；必有美名，绍百王而纪统。肇从隆古，匪独我家。且唐之为言荡也，尧以之而著称；虞之为言乐也，舜因之而作号。驯致禹兴而汤造，互名夏大以殷中。世降以还，事殊非古。虽乘时而有国，不以义而制称。为秦为汉者，盖从初起之地名；曰隋曰唐者，又即始封之爵邑。是皆徇百姓见闻之狃习②，要一时经制之权宜，概以至公，得无少贬。我太祖圣武皇帝，握乾符而起朔土，以神武而膺帝图，四振天声，大恢土宇，舆图之广，历古所无。顷者耆宿诣廷，奏章伸请，谓既成于大业，宜早定于鸿名。在古制以当然，于朕心乎何有。可建国号曰大元，盖取《易经》"乾元"③之义。兹大冶流形于庶品④，孰名资始之功；予一人底宁为万邦，尤切体仁之要。事从因革，道协天人。於戏！称义而名，固匪为之溢美；孚休惟永，尚不负于投艰。嘉与敷天，共隆大号。咨尔有众，体予至怀。从太保刘秉忠之议也。

壬申咸淳八年，叶梦鼎⑤再相，以与似道意不合，去。

---

① 诞膺，承受（天命或帝位）。
② 狃习，熟习，习惯。
③ 乾元，即乾之元，是天道伊始之意。乾有四德：元、亨、利、贞，元是四德之首。
④ 庶品，即众物，万物。《孔子家语·五仪解》："所谓圣者，德合於天地，变通无方。穷万事之终始，协庶品之自然。"
⑤ 叶梦鼎（1200—1279），字镇之，台州宁海（今属浙江）人。举进士。历秘书省正字、秘书郎等，拜军器少监兼兵部郎官，转对，建言国计、边事、国体三事。权知袁州。景定三年（1262），累迁兵部尚书兼修国史兼实录修撰，擢同签书枢密院事、同提举编修《经武要略》兼太子宾客。五年（1264），进同知枢密院事，权参知政事。度宗即位，再任参知政事，拜右丞相兼枢密使，与贾似道不合，力辞归隐，授少保、观文殿大学士、醴泉观使。

任命许衡为集贤大学士国子祭酒。

十月，建立国号为"大元"，诏令说：承受天命，就会拥有四海而居于尊位；要继承百代的帝业，记录天下的统一，就必须有一个美名。从远古开始都是这样，并不只是我一家如此。再说"唐"这个字是"浩荡"的意思，尧却凭着它而闻名于世；"虞"这个字是"娱乐"的意思，舜却借它作为自己的名号。渐进到夏禹兴起，商汤创业，分别取名为"夏"和"殷"。时世推移到如今，事情发生了变化，不同于往古了。虽然借助于时势而建立了国家，却不从字义出发来取名。之所以称为"秦朝"，称为"汉朝"，只是依照刚开始兴起时所据有的地名。称为"隋朝""唐朝"的原因，只是依从了所封爵邑的名号。这都是屈就了百姓们见闻的习惯，寻求一时的建立法制的权宜之计，虽然是出于极公允的考虑，但多少有些不合适。我朝太祖圣武皇帝握有皇天的符命而崛起于北方，凭着英明威武而获得了帝业，盛大的名声震动四方，疆土广大辽阔。版图的宽广，是自古以来所没有的。近日前辈老臣前来朝廷，奉上奏章陈述请求，说是既然已经成就了立国的大业，就应该早日确定王朝的美名。按照古制，这是理所当然的，我也觉得可行。所以建立国号"大元"，这是取自《易经》上"乾元"的含义。这就像精于铸造的铁工能把他的技艺赋予万物一样。谁才能表现这种创始之功呢？我一个人要使万国得以安宁，尤其深刻体察到仁德的要义。治事沿袭前代，道义以协调天人为主。按照义的原则，作为本朝国号绝不是为了过分赞美；只有获得永久的信用和荫庇，才不会辜负所经历的艰难。吉庆铺陈于普天之下，共同尊崇这伟大的国号。希望你们这些百姓，能体会到我的心意。这是听了太保刘秉忠的建议而做的决定。

壬申咸淳八年，叶梦鼎再次做丞相，因为与贾似道政见不合，辞官离去。

襄阳陷。先是，理宗初年，襄阳以制臣失抚御，致王旻作乱而陷。谢方叔①作相，喻李曾伯②遣将取之，北方亦不苦争。及刘整策行，重兵围襄阳，吕文焕守城六年，扞御③备至，而似道不肯调援，虽粮食未乏，衣装薪刍④无所措办⑤。至撤庐舍为薪，缉关楮⑥为衣，援兵不至，遂以城降，为元人之用。

贾似道累章出督，而阴讽朝廷留之，卒不行。

元并尚书省⑦，封皇子忙哥剌⑧为安西王。

---

① 谢方叔（1201—1272），字德方，号渎山，南宋威州（今河北威县）人。理宗嘉定间进士。累官监察御史，后迁殿中侍御史。任期内以加强两淮战备，实行限田，录用朱熹。后拜为端明殿学士，并签书枢密院事及参知政事。理宗淳祐十一年（1251），拜左丞相兼枢密使，封惠国公。在相任内，曾参与迫害余玠，对元主和。宝祐三年，罢相。
② 李曾伯（1198—？），字长孺，号可斋。南宋怀州（治今河南沁阳）人，徙居嘉兴（今属浙江）。累官淮东制置使兼制置淮西，奏请加强两淮水上战备，进权兵部尚书。历任广西、京湖、四川阃帅，特赐同进士出身。宝祐五年（1257）为荆湖南路安抚大使兼节制广南，移治静江（今广西桂林），联合安南国抗击蒙古。后被论罢。景定间，起为沿海制置使，咸淳初，复被劾夺职。著有《可斋杂稿》。
③ 扞（hàn）御，防御；抵抗。
④ 薪刍，薪柴和牧草。
⑤ 措办，筹集；筹划。
⑥ 关楮（chǔ），宋朝的纸币。
⑦ "元并尚书省"至"时年三十七矣"，元刊本无，据日本刊本补。
⑧ 忙哥剌（？—1280），元世祖忽必烈第三子。至元九年（1272）封安西王，出镇京兆（今陕西西安），至元十五年（1280）病亡。

襄阳陷落。此前，理宗初年时，因为制置使未曾安抚和控制，导致王旻叛乱，襄阳因而失陷。后来谢方叔做了丞相，命李曾伯派遣将领收复，而蒙古军队也不苦苦相争。到刘整叛降元朝后献策，重兵包围襄阳。吕文焕守襄阳城六年，防御完备，但因为贾似道不肯出兵援救，尽管粮食还未用尽，但衣服柴薪和牧草却没有办法筹集到。到将屋舍拆毁作为烧火的木柴、用纸币来做衣服时，援兵还不到。于是吕文焕带城投降，为元人所用。

贾似道接连上书要到前线督师，却暗中吩咐朝臣上奏挽留他，最终也没有出师。

元朝合并了尚书省。封皇子忙哥剌为安西王。

直学士①院文天祥②致仕。初贾似道称疾，乞致仕。以为要君，似道讽张立志劾，罢之。天祥遂引钱若水③例，乞致仕，时年三十七矣。

癸酉咸淳九年，平地产白毛，如银线菜，临安尤多。元侵樊城④，守将张汉英⑤及都统制⑥范天顺⑦、牛富⑧死之。

元国子祭酒许衡乞罢，许之。衡居家勤俭，强于自治，公爱兼尽，不严而整。闺门之内，若朝廷然。夫妇相待如宾，凡丧葬一遵古制，不用佛老，怀、孟之间化之。

① 直学士，官名，掌校理图籍，六品以下称直学士。后凡官资较浅者，初入直馆阁，为直学士。
② 文天祥（1236—1283），字宋瑞，一字履善，号文山，吉州庐陵（今江西吉安）人。宝祐四年中进士第一名，历任湖南提刑，知瑞、赣等州。德祐元年闻元兵东下，在赣州组织义军，入卫临安（今浙江杭州）。次年任右丞相，奉命赴元军谈判被拘，后脱险，至福建与张世杰、陆秀夫等坚持抗元，曾于景炎二年（1277）进兵江西，恢复州县多处，不久兵败，于广东五坡岭被俘，拘囚三年，坚贞不屈，被害于大都（今北京）柴市。
③ 钱若水（960—1003），字澹成，一字长卿，北宋河南新安人。雍熙进士。淳化初召试，擢秘书丞。历直史馆、知制诰、翰林学士。至道初，同知枢密院事。真宗立，判集贤院，预修《太宗实录》，重修《太祖实录》。后出知天雄军兼兵马部署等。于边事多有建言，主张"守在四夷，制胜以静"。为人有器识，能断大事。咸平六年去世，谥宣靖。
④ "元侵樊城"至"为开国元臣"，元刊本无，据日本刊本补。
⑤ 张汉英（？—1273），南宋将领。生平不详。
⑥ 都统制，宋朝官名。出兵作战时，常于诸将中选拔一人为都统制总管诸军，系临时派遣，并非官名，兵罢即省。
⑦ 范天顺（？—1273），南宋末抗元将领。任荆湖都统制，奉命守襄阳（今属湖北襄樊市）。1267年，元军大举围攻襄、樊，多次打败南宋援兵。襄阳被困六年，军民奋力抵抗；他日夜守战，尤为尽力。公元1273年，主将吕文焕降元，他不肯屈服，自缢而死。
⑧ 牛富（？—1273），南宋霍丘（今属安徽）人。度宗时任侍卫马军司统制，守襄阳五年。后移守樊城，守战之功甚著。元军破樊城，他率众巷战，渴饮血水，后受重伤，投火死。

直学士文天祥辞官。起先,贾似道称病乞求辞官,以此来要挟皇帝,并暗示张立志来弹劾文天祥,文天祥于是被罢免。文天祥就依照钱若水的例子乞求辞官归家,当时他三十七岁。

癸酉咸淳九年,平地产出白毛,好像银线菜一样,而临安城尤其多。元人入侵樊城,守将张汉英及都统制范天顺、牛富都牺牲了。

元国子祭酒许衡乞求辞官,世祖应允。许衡居家勤俭,强于自治治家不严苛却家风整肃。家里秩序井然,好像朝廷一样。夫妻相待如宾,凡是丧葬礼仪,一切都遵循儒家的古制,不用佛教和道教的礼仪。怀州、孟州这一带都受到了他的影响。

旁舍①有僧德公者，年百余岁，尝谓其徒曰："老僧苦行百年，亦不能作佛，徒为不孝之人，羞见祖宗于地下。佀愿小僧辈还俗，以寿汝祖宗之嗣。"自是不复度弟子，盖化之也。

甲戌咸淳十年，贾似道丁母忧，随起复。

陈宜中②金书枢密院。

七月，上崩，在位十年，改元咸淳，寿三十五。似道立皇子显③，年四岁，是为孝恭懿圣皇帝。

南宋（二十）

孝恭懿圣皇帝名显，皇后全氏④出也。太皇太后谢氏⑤临朝称诏，改元德祐⑥。

---

① 旁舍，邻居。
② 陈宜中，字与权。南宋温州永嘉（今浙江温州）人，在太学，与黄镛等上书，论劾丁大全，号称"六君子"。景定三年进士。出仕后，附贾似道。后为右丞相兼枢密使，向元乞和无效，即请迁都。闻元兵迫近，潜逃回乡。陆秀夫、张世杰等在福建拥立赵昰为帝，召为左丞相。景炎二年，以形势危急，逃往占城（今越南中南部），再逃暹国（今泰国）而死。
③ 显，即赵显（1271—1323），又称宋恭宗、宋恭帝，南宋第七位皇帝，公元1274年—公元1276年在位，宋度宗次子。他是全皇后之子，宋端宗赵昰之弟，宋怀宗赵昺之兄。宋恭帝在位期间朝政多由太皇太后谢道清代理。
④ 全氏，即全皇后全玖，浙江会稽人，宋度宗皇后，度宗死后被尊为皇太后。
⑤ 谢氏，即谢道清（1210—1283），南宋天台人。宋理宗皇后，宋度宗生母。德祐元年（1275），其孙宋恭帝继位，谢道清垂帘听政，共主南宋朝政二年。宋恭帝德祐二年（1276），元军兵临宋都临安，谢道清求和不成，带着南宋皇族出城跪迎，向元军统帅伯颜投降。被俘七年后去世。
⑥ 德祐，是宋恭帝的年号，南宋使用这个年号共两年，即公元1275年—公元1276年。

邻居有个名叫德公的僧人，一百多岁了，和他的徒弟说："老僧苦苦修行百年，也不能参悟佛道，白白成为不孝之人，死后羞于见祖宗。只希望你们这些年轻的僧人还俗，来繁衍传承你们祖宗的后代。"从此不再收弟子，就是受到许衡的影响。

甲戌咸淳十年，贾似道母亲去世，离职丁忧，随后又被起用。

陈宜中任佥书枢密院。

七月，度宗驾崩，在位共十年，改元咸淳，终年三十五岁。贾似道立皇子赵㬎为帝，年仅四岁，即孝恭懿圣皇帝。

南宋（二十）

孝恭懿圣皇帝名叫㬎，是皇后全氏所生。太皇太后谢氏垂帘听政，改元德祐。

封兄建国公昰①为吉王，弟永国公昺②为信王。

元太保刘秉忠卒。秉忠以天下为己任，知无不言，言无不听。其荐人才各称器，使城开平城、燕都，皆秉忠相其地。至是无疾端坐而卒，世祖闻，惊悼，谓群臣曰："秉忠事朕三十余年，小心慎密，其阴阳术数之精，唯朕知之。"

元命中书平章史天泽、中书左丞相伯颜帅诸军南侵，陛辞③，世祖谕之曰："古之善取江南者，唯曹彬一人。汝能不杀，是吾曹彬也。"天泽有疾而还，寻卒。先是世祖遣医驰视，天泽附奏曰："臣大限有终，死不足惜，第愿天兵渡江，以杀掠为戒。"言讫而卒。天泽忠亮有大节，出入将相近五十年，柱石四朝，师表百辟④，可谓社稷之臣。其视富贵权势敛迹退避，若将浼⑤之者，故能善始令终，为开国元臣。

元伯颜丞相，大会兵于襄、樊。九月以降人刘整，领骑兵出淮、泗，吕文焕领舟师出襄阳，争先向导，水陆并进，攻沙市、新城⑥，都统边居谊⑦帅所部三千人，力战死之。

---

① 昰（shì），即赵昰（1269—1278），宋朝第十七位皇帝，公元1276年—公元1278年在位，南宋第八位皇帝，宋末三帝之一，在位两年，庙号端宗，又有史称宋帝昰。
② 昺（bǐng），即赵昺（1272—1279），南宋第九位皇帝，公元1278年—公元1279年在位，是宋朝最后一位皇帝，宋末三帝之一。公元1279年3月，宋、元在崖山决战，陆秀夫在广东崖山背负时年八岁的赵昺跳海而死，南宋在崖山的十万军民也相继投海殉国，宋王朝覆亡。在位两年，谥号怀宗恭文宁武哀孝皇帝。
③ 陛辞，指朝官离开朝廷，上殿辞别皇帝。
④ 百辟，百官。
⑤ 浼（měi），玷污。
⑥ 沙市、新城，都在今湖北钟祥南。
⑦ 边居谊（？—1274），南宋末将领。随州随县（今湖北随州）人。初事李庭芝，积战功至都统制。咸淳十年，以京湖制置帐前都统守新城（今湖北襄阳县南汉江西岸），降将吕文焕率元兵攻新城，居谊率舟师坚守，拒绝诱降。又佯称欲与文焕语，却伏弩射之。城破，居谊赴火死。

赵显封其兄建国公赵昰为吉王，封其弟永国公赵昺为信王。

元太保刘秉忠逝世。刘秉忠以天下为己任，知无不言，言无不听。他所推荐的人才都各称其职，开平城、燕都等都是经刘秉忠相看考察的。到这时，他没有生病，而是端坐而亡。世祖听说后，十分惊讶，对群臣说："刘秉忠侍奉我三十多年，小心谨慎，他对阴阳术数十分精通，只有我知晓。"

大元朝廷命中书平章史天泽、中书左丞相伯颜率领诸军南侵，上殿辞别时，世祖对他们说："自古善于夺取江南的，就是曹彬一个人，如果你们中有能不造杀戮而取江南的人，就是我的曹彬。"史天泽因为疾病返回家，不久去世了。起初世祖派医生探看时，史天泽上奏说："我的生命到了大限，死不足惜，只祈求我军渡江后，务必不要轻易杀戮劫掠。"说完就去世了。史天泽为人忠诚有气节，在朝堂做高官近五十年，在四朝担任朝廷重臣，成为百官的表率，可称得上是社稷的股肱之臣。他不看重富贵权势，好像那些东西对他是玷污一样，所以能善始善终，是元朝当之无愧的开国元老。

元丞相伯颜在襄阳、樊城一带会合各路军队。九月，派投降元朝的刘整领兵从淮泗之间出发，吕文焕领兵从襄阳出发。水军、陆军同时出动，攻打沙市、新城。都统将领边居谊率领部下三千人奋力抵抗，最后战死。

策应使夏贵力战，元兵出其不意，兵败，沿西南岸纵火，归庐州。宣抚①朱禩孙提重兵，不战归江陵。

鄂州降。

天目山②崩。

诏天下勤王③。

乙亥德祐元年，元伯颜留阿里海牙④，以兵四万守鄂，而与阿术⑤率大军渡江，顺流东下。时沿江诸将，多吕氏部曲，望风降附。

江州降，运使⑥钱真孙自缢。

刘整自愧出淮无功，愤死无为军⑦城下。

似道都督军马，迁延不出。闻兵已下建康，始率诸军发行在。迂道而行，数日始达芜湖。将趋安庆府⑧，牵制下流之师，未至三日，安庆帅范文虎乃吕氏婿，已降。将士无复固志，似道许竭转官资，诸军诟曰："要官资做甚！己未、庚申⑨，官资何在？"似道不能答。鸣锣一声，退兵于珠金砂。十三万众，一时溃散，似道奔入扬州。

---

① 宣抚，朝廷派遣大臣赴某一地区传达皇帝命令并安抚军民、处置事宜，称为"宣抚"。
② 天目山，地处浙江省西北部临安市境内，浙皖两省交界处。
③ "诏天下勤王"至"率大军渡江"，元刊本作"乙亥岁，大兵渡江。"
④ 阿里海牙，畏兀儿人。公元1258年从忽必烈攻宋，在进攻鄂州时为流矢所伤，因功受赏。
⑤ 阿术，即兀良哈·阿术（1227—1281），蒙古族，元朝初期大将，大蒙古国开国功臣速不台之孙，都元帅兀良哈台之子。
⑥ 运使，古代官名。水陆运使、转运使、盐运使等的简称。
⑦ 无为军，宋府级军名，辖境大致在今安徽南部，治淮南巢县（今安徽无为）。
⑧ 安庆府，隋时曰同安郡，唐曰舒州，宋改曰安庆军，升为安庆府。今安徽省安庆市。
⑨ 己未、庚申，即公元1259年和公元1260年，代指蒙哥于公元1259年发动的对南宋的入侵战争。

宋策应使夏贵也拼死力战，元军用兵出其不意，击败了他，他沿着西南岸放火，退到庐州。宣抚朱禩孙手握重兵，但没有丝毫抵抗，就回到了江陵。

鄂州归降。天目山崩塌。朝廷下诏给天下各州，让他们起兵救援君王。

乙亥德祐元年，元伯颜留下阿里海牙，让他率四万军队守卫鄂州。伯颜与阿术率大军渡江，顺流东下。当时沿江的诸位将领大多是吕文焕的部下，听到元军将至，便都归降了。江州归降后，江西运使钱真孙自缢而死。刘整羞愧于出征淮地却没有建立功勋，在无为军城下羞愤而死。

贾似道统率军队，但是一直拖延，不肯出发。听说元兵已经南下建康，才率领诸路军队从行在所出发。绕路而行，数日才到达芜湖。本来要到安庆府去，牵制下流的元军，但三天还没到，安庆将帅范文虎是吕文焕的女婿，已经投降。将士们都再没有坚定的意志。贾似道答应竭力满足官兵所用军费，将帅们反问："要军费做什么呢？己未、庚申之际，军费又在哪里呢？"贾似道不能回答。鸣锣退兵到珠金砂。十三万大军，一时间全都溃散逃跑了。贾似道逃奔扬州。

江西提刑①文天祥，募兵勤王。天祥，吉州庐陵人也，丙辰魁进士第。

殿帅②韩震，谋劫迁都。陈宜中以计诛之。

池州③破，通守赵昂发④将死。与其妻决，妻曰："卿能为忠臣，妾顾不能为忠臣妻耶！"昂发喜，具衣冠与俱缢，明日，伯颜入城，见而怜之，具衣棺葬焉。

建康破，赵淮⑤死之。

京师戒严，朝臣接踵宵遁。

王爚、陈宜中等劾似道不忠不孝之罪，宜中本受贾恩，至是亟劾贾以自解。

似道赴贬，郑虎臣⑥以父仇监押至漳州⑦，即厕上，拉⑧其胸，杀之。

---

① 提刑，古代官职名。宋朝开始设立提点刑狱公事，设于各路，主管所属各州的司法、刑狱和监察，兼管农桑。
② 殿帅，宋代称统领禁军的殿前司长官都指挥使或殿前指挥使为殿帅。
③ 池州，别名贵池、秋浦，安徽省辖市。
④ 赵昂发（？—1275），字汉卿，南宋大足县（今属重庆市）人。淳祐十年进士。历任遂宁府司户、潼川府签判、宜城宰，以德行著称。咸淳七年起任彭泽县令。咸淳十年任池州通判。是年秋，元兵十万、战船八百渡江，知州王起宗潜逃，他固守御敌。德祐元年，元军攻破城池，赵昂发和妻子雍氏自缢于"从容堂"。
⑤ 赵淮，字元辅，号静斋。丞相赵葵从子。屡立战功，累官至江南东路转运副使。德祐年间，戍守银树坝，兵败被执，送至瓜州，元帅阿术使淮招降李庭芝，许以大官。淮至扬州城下，大呼勿降，被杀身亡。
⑥ 郑虎臣（1219—1276），字廷翰，又字景兆。南宋吴郡（今江苏苏州）人。为会稽尉，其父郑埙为宋理宗时的越州同知，遭贾似道陷害，流放至死。郑虎臣受株连，充军边疆，后遇赦放归。德祐初，贾似道兵败，谪授高州团练副使、循州安置。虎臣监押至福州，杀之于木绵庵。
⑦ 漳州，福建省东南部沿海城市。
⑧ 拉，摧折；折断。

江西提刑文天祥，征募士兵救援君王。文天祥，吉州庐陵人，丙辰年间状元及第。

殿帅韩震谋划劫持皇帝迁都，陈宜中用计谋将其诛杀。

池州城破，通守赵昂发将要赴死，与他的妻子诀别，妻子说："你能做忠臣，我难道不能做忠臣的妻子吗？"赵昂发很高兴，与妻子穿戴整齐，双双自缢而死。第二天，伯颜进城，看见后大为怜惜，为他们准备收殓衣棺，安葬了他们。

建康城破，赵淮战死。

京师戒严，朝臣接连趁夜逃跑。

王爚、陈宜中等都上书弹劾贾似道不忠不孝之罪，陈宜中本来受过贾似道的恩德，到这时赶紧弹劾贾似道来开释自己。

贾似道被贬，郑虎臣因为和他有父仇，监押他至漳州，到厕上断其胸骨，将其杀死。

张世杰①以兵入卫。元兵在境，陈宜中等惟攻击贾党，略无备御之策。司马梦求②监江陵、沙市镇，力战死。征诸帅入卫，夏贵、笃万寿、黄万石等不至。

南宋（二十一）

六月庚申朔，日蚀，晦冥。鸡栖于埘③，咫尺不辨人物。自巳至午，明始复。

留梦炎相。

文天祥将民兵峒丁二万余人，入卫，与梦炎意不相乐，以尚书除江浙制置，守吴门。

州郡连降，元兵距临安百里，独松关④告急。时张世杰军五万，诸路勤王兵四十余万，天祥与世杰议，两军坚守闽广，全城王师血战，万一得捷，犹可为也。世杰大喜，议出师，宜中以王师务持重，降诏沮之，遣使乞和。

诏天祥等罢兵。

---

① 张世杰（？—1279），范阳（今河北涿州）人。初随蒙古将张柔驻杞县（今属河南），后奔宋，为吕文德部小校，累功至都统制。德祐元年，元军南下，独率部入卫临安（今浙江杭州）。旋率水师在焦山（今江苏镇江北）与元军决战，遭火攻失利。为保康军节度使、知平江，寻加检校少保，入卫。元军迫临安时，与文天祥力主背城一战，为宰相陈宜中所阻。临安失守，与文天祥、陆秀夫等拥立益王，拜金书枢密院事。景炎三年（1278）赵昺立，拜少傅、枢密副使，封越国公。次年，与元将张弘范决战，兵败。陆秀夫抱帝昺投海，溺死。
② 司马梦求，叙州（今湖南怀化）人。司马光后裔。景定进士。咸淳末，调沙市监镇。德祐元年（1275），水忽涸浅，元军乘南风纵火，都统程文亮降，梦求自杀死。
③ 埘（shí），凿垣为鸡窝曰埘。亦指在墙上凿的鸡窝。
④ 独松关，古城临安西北关隘，位于今浙江省安吉县南独松岭上。

张世杰率军护卫，元兵已入境，陈宜中等却只攻击贾似道的党羽，毫无防备抵御元军的策略。司马梦求监管江陵、沙市镇，力战而死。征调诸位将帅来护卫，夏贵、笃万寿、黄万石等都不来。

南宋（二十一）

六月庚申朔，出现日蚀，白天昏暗得好像黑夜一样，鸡都回到窝里，咫尺距离人和物都不可分辨。从巳时到午时才恢复光明。

留梦炎任丞相。文天祥率领两万多峒人民兵前来护卫。他与留梦炎政见不合，被贬为江浙制置，守卫吴门。各个州郡接连归降，元兵已经到了距离临安仅百里的地方，独松关告急。当时张世杰有军队五万，诸路勤王兵有四十余万，天祥与张世杰商议，两军坚守闽、广，全城王师浴血奋战，如果获得胜利的话，还是有所作为的。张世杰很高兴，商议出兵，但陈宜中却以王师应力求稳重，降诏阻止，派遣使者向元军乞求议和。

下诏令文天祥等罢兵。

潭州①陷，时一军自湖南围潭州，守臣李芾②战守屡捷。经八九月，城将陷，阖门死之。

丙子德祐二年正月，秀王与睪③奉皇兄益王昰、皇弟广王昺等航海。

世杰去朝。

元兵驻高亭山④，去都城三十里。

宜中夜遁。

文天祥右丞相，辞不拜。

贾余庆⑤、吴坚⑥相。

天祥出使军前，辞气慷慨，议论不屈，伯颜留之。

元兵入临安，贾余庆等奉三宫⑦以降，手诏谕诸路内附。

伯颜遣宰执，先赴大都，天祥亦登舟。北行至镇江，得闲逸去。

---

① 潭州，隋朝至明朝时期州治或府治长沙的古称。
② 李芾（？—1276），字叔章，祖籍广平（今属河北）人。徙居汴。以荫得官，历知州县，有治绩。咸淳元年知临安府，执法严正，忤贾似道，罢官。德祐元年，似道师溃芜湖。芾知潭州兼湖南安抚使，仓促募兵，连溪洞蛮为支援。元右丞相阿里海牙进围潭州，芾自杀死。
③ 睪，古同"泽"，泽兰，一种香草。
④ 高亭山，即皋亭山，又名半山，在今浙江省杭州市北郊。
⑤ 贾余庆，字善夫，临淮人。曾任同金书枢密院事，知临安府，后官至右丞相。
⑥ 吴坚（1213—1276），字彦恺，号实堂，南宋台州天台（今属浙江）人。淳祐进士，授昆山县主簿，历迁太学博士、秘书郎等。德祐元年底，除金书枢密院事。次年初，拜左丞相兼枢密使，奉太皇太后谢氏之命，与右相文天祥等赴元军议降。旋又与贾余庆等充祈请使，赴元大都呈降表，交宋玺。后被羁留大都，当年病故。
⑦ 三宫，谓天子、太后、皇后。

潭州失陷，当时元兵一部分军队从湖南包围潭州，守臣李芾守护城池，屡战屡胜。经过八九个月，城池将沦陷，李芾全家赴死。

丙子德祐二年正月，秀王赵与檡奉皇兄益王赵昰、皇弟广王赵昺等的命令出海。

张世杰辞官离朝。

元兵驻扎在皋亭山，离都城有三十里远。

陈宜中夜里逃跑。

朝廷封文天祥为右丞相，文天祥推辞不受。

贾余庆、吴坚任丞相。

文天祥出使元朝，慷慨激昂，刚正不屈地与元人辩论，伯颜将其羁留。

元兵攻入临安，贾余庆等献上天子、太后、皇后归降，写手诏让各路军队投降。

伯颜派人押送俘获的重臣先奔赴大都，文天祥也登上舟船，向北行到镇江，乘机逃走。

三月，收都城军器，收传国玺。二十日，三宫北迁，宫室驸马、宫人内侍、大学等数千人，皆在遣中。过真州，守苗再成①夺驾，几遂，不克。

五月，宋帝至上都，降封瀛国公。帝在位二年，改元者一，曰德祐。

益王、广王由海道至温州，苏刘义②、陆秀夫③来会，陈宜中、张世杰海舟亦至福州。宣谢太后手诏，以二王为天下都副元帅，召诸路忠义。五月一日，称帝福州，建元景炎。

南宋（二十二）

端宗皇帝④名昰，孝恭懿圣皇帝兄也。即位改元景炎，遥上帝尊号为孝恭懿圣皇帝，太皇太后为寿和圣福至仁太皇太后，皇太后为仁安皇太后。尊度宗淑妃杨氏⑤为皇太后，同听政。

封广王昺为卫王，陈宜中左丞相，张世杰少保。

---

① 苗再成（？—1275），南宋末宋臣，守御真州。他为人慷慨有节，德祐年间文天祥退守真州时，与之共商抗元大计。后城陷，不屈而死。
② 苏刘义（1232—1279），字任忠，号复汉。南宋贵池人。景定年间以鄂州战守及城鄂常澧州功赐缗钱，知吉州军事。元兵至皋亭山，与张世杰等扶益、广二王出嘉会门，渡浙江去。崖山败绩，刘义等以三十余艘乘潮而遁，不久为其下所杀。
③ 陆秀夫（1236—1279），字君实，南宋楚州盐城人。宝祐四年进士。为李庭芝幕僚，升参议官。德祐二年元军陷临安，以礼部侍郎使元营请和，不成。广、益二王走温州，与陈宜中、张世杰等立益王赵昰于福州，任金书枢密院事。景炎三年赵昰死，又立八岁的广王赵昺为帝，任右丞相。后移至崖山。次年二月，崖山被元将张弘范攻破，背负赵昺投海死。有《陆忠烈集》。
④ "端宗皇帝"至"同听政"，元刊本无，据日本刊本补。
⑤ 杨氏（？—1279），南宋度宗嫔妃，宋端宗赵昰之母。公元1279年春二月赴海死，以身殉国。

三月，把都城中的军备器物都收罗殆尽，还带走了传国玉玺。三月二十日，天子、太后、皇后向北迁移，宫室驸马、宫人内侍、大学士等几千人都在迁移之列。经过真州时，守臣苗再成谋划抢夺皇帝逃走，差点成功，最终失败了。

五月，宋帝到上都，归降后被封为瀛国公。宋帝在位仅两年，改元一次，为德祐。

益王、广王从海路到达温州，苏刘义、陆秀夫前来会和，陈宜中、张世杰也乘海舟到福州。宣读了谢太后的手诏，任命益王、广王为天下都副元帅，召集各路忠义。五月一日，益王在福州称帝，年号景炎。

南宋（二十二）

端宗皇帝名昰，是孝恭懿圣皇帝的兄长。即位后，改元景炎，尊兄长为孝恭懿圣皇帝，太皇太后为寿和圣福至仁太皇太后，皇太后为仁安皇太后。尊度宗淑妃杨氏为皇太后，共同听政。

封广王赵昺为卫王，陈宜中为左丞相，张世杰为少保。

文天祥至，除右丞相，以与宜中、世杰异意，不肯拜。

九月①，天祥开督南剑州②，募兵得数千，遂复邵武军。冬十月，天祥帅师次于汀洲，兴化军通判张日中③等来会。时赣寇猖獗，血污闽、广之路。日中等闻天祥开督勤王，遂各起兵来应。天祥遣赵时赏④、张日中、赵孟溁⑤将一军趋赣，以取宁都⑥；遣吴浚⑦将一军取雩都⑧，刘洙⑨、萧明哲⑩、陈子敬⑪皆自江西起兵来会。

---

① "九月"至"哭焉"，元刊本作"九月，天祥开督南剑，进至汀洲"。
② 南剑州，地名，今福建南平市延平区一带，位于福建省北部。
③ 张日中，生平不详。
④ 赵时赏，字宗白，南宋和州（今安徽和县）人。宋宗室。咸淳进士，累官知旌德县。德祐元年，元军至境，时赏拥民兵捍战有功，进直宝章阁、军器太监。益王赵昰即位，擢知邵武军，不久，言者以弃城论罢。文天祥开都督府于南剑，辟为参议军事、江西招讨副使。与赵孟溁提兵收复宁都县。后兵败被俘，不屈而死。
⑤ 赵孟溁，字君泽，号直斋，赵孟坚弟，宋宗室。余不详。
⑥ 宁都，江西赣州市辖县。
⑦ 吴浚（？—1277），字允文，南宋盱江（今江西南城）人。德祐二年五月，与傅卓等自福州分道出兵抗元。七月，文天祥以同都督出镇江西，浚为参赞，率一军取雩都。十二月退入瑞金。次年，于汀州降元，至漳州劝降天祥，被缢杀。
⑧ 雩都，位于江西省南部，赣州市以东，东邻瑞金市。
⑨ 刘洙，字渊伯，南宋庐陵（今江西吉安）人。少与文天祥友好。及起兵，补宣教郎、督府机宜。天祥出使元军议和，洙领兵还。天祥归，开府于南剑，洙收部曲来会，授太府寺簿，专领一军，为督府亲卫。空坑兵败，被执至豫章，父子同日遇害。
⑩ 萧明哲，字元甫，南宋太和（今江西泰和）人。性刚毅，有胆略，持节义。少举进士。文天祥开府汀州，辟充督干架阁监军。天祥出师岭南，明哲收复万安，联结诸寨抵御元兵，兵败，被俘不屈，死于隆兴。
⑪ 陈子敬，南宋赣州（今属江西）人。尝从文天祥游。天祥开府汀州，子敬募集民兵屯驻皂口，据守赣下流。及天祥攻赣，子敬与之合谋抗元。空坑兵败，复聚兵驻守黄塘寨，联结山寨抗元兵。元重兵袭击其寨，寨溃，子敬不知所终。

文天祥回来，被封为右丞相，因为与陈宜中、张世杰政见不合，不肯受官。

九月，文天祥在南剑州开府，征募了几千名士兵，于是恢复邵武军。十月，文天祥率军驻扎于汀州，兴化军通判张日中等来会面。当时江西寇贼猖獗，在闽、广一带作乱。张日中等听说文天祥开督南剑州保卫君主，于是各自起兵来应和。文天祥派遣赵时赏、张日中、赵孟溁率领一支军队前往江西，夺取宁都；派遣吴浚率一支军队夺取雩都，刘洙、萧明哲、陈子敬都从江西起兵，前来会合。

邹㵬①与元人战于宁都，败绩。武岗教授罗开礼起兵复永丰县②，亦死，天祥为制服，哭焉。

　　十一月，元阿剌罕③、董文炳④入建宁府⑤，遂侵福州。宜中、世杰奉帝及卫王、杨太后等航海，由湖州至广州，趋富阳，迁谢女峡⑥。

　　丁丑景炎二年，阿剌罕入汀洲，文天祥奔漳州，谋入卫，道阻不通，往来江、广间，战有胜负。

　　吴浚降于元⑦，因趋漳说天祥降，天祥责以大义诛之。

　　三月，文天祥复梅州⑧。

　　四月，天祥复兴国县⑨。

　　五月，张世杰复潮州⑩。

　　天祥自梅州出江西，遂复会昌县。与赵时赏、张日中之兵皆会之。

---

① 邹㵬（féng），字凤叔，南宋吉水人，后徙永丰。从文天祥勤王，补武资至将军。益王立，改寺丞，领江西招谕副使。聚兵宁都，改授江西安抚副使。复兴国、永丰二县，进兵部侍郎兼江东、西处置副使。及永丰败，继从天祥间关岭道，未几，复出开督府，分司永丰、兴国境上。北兵骤至，大战，㵬脱身走至潮州。及天祥被执，㵬自杀。
② 永丰县，隶属于江西省吉安市。
③ 阿剌罕，即札剌儿·阿剌罕，元朝将领。公元1281年拜行中书省左丞相，统蒙古汉军十四万，自江南浮海征日本，行至庆元卒于军。追封曹国公，谥武定。
④ 董文炳（1217—1278），字彦明，真定藁城（属河北）人。初为藁城令，后从忽必烈征大理，又以征南宋。历任侍卫亲军都指挥使、山东东路经略使、邓州光化行军万户、河南路统军副使、参知政事。后从伯颜灭宋，升中书左丞。
⑤ 建宁府，地处福建省北部。南宋高宗绍兴三十二年（1162），升建州为建宁府。
⑥ 谢女峡，即今小横琴岛，位于广东珠海，宋朝称谢女峡。
⑦ "吴浚降于元"至"帝舟迁于谢女峡"，元刊本作"所克州县寻为大兵所复。张世杰回师由潮州围泉州，不克。广州陷。陈宜中之占城求兵，遂不复还。"
⑧ 梅州，位于广东省东北部。
⑨ 兴国县，位于江西省中南部，赣州市北部。
⑩ 潮州，位于广东省。

邹㵯与元人在宁都大战，战败。武冈教授罗开礼起兵收复永丰县，也战死，文天祥为他穿上丧服，痛哭不已。

十一月，元朝的阿剌罕、董文炳进入建宁府，于是入侵福州。陈宜中、张世杰奉皇帝及卫王、杨太后等的命令出海，从湖州行至广州，前往富阳，又到谢女峡。

丁丑景炎二年，阿剌罕进入汀洲，文天祥奔赴漳州，想要入卫朝廷，但道路阻断不通，于是在江、广之间往来作战，有胜有负。

吴浚归降元朝，他到漳州游说文天祥投降，文天祥指责他不顾民族大义，把他诛杀。

三月，文天祥收复梅州。

四月，文天祥收复兴国县。

五月，张世杰收复潮州。

文天祥从梅州出江西，于是收复会昌县。与赵时赏、张日中的军队会合。

元中书政事廉希宪卒。希宪在江陵,远近向化,及有疾召还,民皆垂涕拥送。建祠绘像以祠之。卒,世祖叹曰:"无复有决大事如廉希宪者矣!"伯颜亦曰:"廉公宰相中真宰相,男子中真男子!"世以为名言。

六月,天祥败元人于雩都,遂次于兴国县。秋七月,使张日中、赵时赏等帅师复吉、赣诸县,遂围赣州。

张世杰回师由潮州围泉州,不克。

帝舟迁于潮州之浅湾。

元李恒①遣兵援赣,而自将袭天祥于兴国。天祥不意恒猝至,乃引兵走。即邹洬于永丰,洬兵先溃。恒穷追天祥,天祥至方石岭,恒及之,巩信②拒战,箭被体而死。天祥至空阬,恒又及之,张日中奋力战,元兵少却,恒麾铁骑横击之,日中身被十余创,犹手刃十余骑而死,兵尽溃。

天祥妻欧阳氏、男佛生、环生及二女皆见执,赵时赏坐肩舆后,元人问为谁,时赏曰:"我姓文。"众以为天祥,禽之。

---

① 李恒(1236—1285),先世为西夏国主。元世祖至元七年,以新军万户职,从大军南下攻宋。连下鄂州(今湖北武昌)、汉阳(今属湖北)。旋从元丞相伯颜东进攻宋。不久,任左副都元帅,率军进取江西、广东。数败文天祥兵于江西,追宋益王昰退守福建。时众议应遵旨南追益王,他力主南从广东向北夹攻。果败宋军,追益王南走碙洲(岛名,在今广东雷州湾外海中)。十六年,与元将张弘范合兵击败宋将张世杰于崖山。南宋亡。累官至中书左丞,行省荆湖。十九年,随军征交趾,几获交趾世子。回师时中敌毒矢,卒。

② 巩信,南宋安丰军(今安徽寿县)人。为荆湖都统,骁勇有谋。隶苏刘义部曲,文天祥开督府,刘义派巩信与王福等至督府。累官团练使、同督府都统制、江西招讨使。曾招募淮兵数千人,天祥自兴国往永丰,元兵尾追其后,信与之战于方石岭,身中数矢死,追赠清远军承宣使。

元朝中书政事廉希宪去世。廉希宪在江陵，教化远近百姓，后来生病被召还，百姓都哭着拥着送别，修建祠堂、绘画图像来感激他。廉希宪死后，世祖感叹说："再也没有能够像廉希宪一样决断朝廷大事的人了！"伯颜也评价说："廉希宪是宰相中真正的宰相，男子中真正的男子！"世人都认为这是名言。

六月，文天祥在雩都打败元人，于是驻扎在兴国县。七月，派张日中、赵时赏等率兵收复吉、赣诸县，于是包围赣州。

张世杰从潮州方向包围泉州，没攻下来。

宋帝乘船迁往潮州的浅湾。

元朝李恒派兵救援江西，亲自率军在兴国县袭击文天祥。文天祥没有料到李恒会突然来到，率兵撤退。邹㴹在永丰与元军交战，他的军队先溃败。李恒于是穷追文天祥，文天祥到方石岭，李恒追来，巩信率军拒敌交战，最后箭镞穿身而死。文天祥到了空阬，李恒又追来，张日中奋力抵抗，元兵稍稍退却。李恒率铁骑攻击，张日中身受十几处创伤，还亲手杀死十余骑元兵，之后战死，兵士们也都溃散。

文天祥的妻子欧阳氏，儿子佛生、环生以及两个女儿都被俘虏。赵时赏坐在轿子后，元人问他是谁，赵时赏说："我姓文。"元人都以为是文天祥，于是抓捕了他。

天祥由是得挺身，与其长子道生及杜浒、邹㵟乘骑逸去，遂奔循州，散兵颇集，乃屯于南岭。幕僚客将皆被执，时赏至隆兴，奋骂不屈，临刑，刘洙颇自辩，时赏叱曰："死耳，何必然！"于是将佐幕属被执者皆死，而天祥妻子家属送于燕，二子死于道。

广州陷。

十一月，元刘深以舟师袭浅湾。张世杰战不利，奉帝舟走秀山。陈宜中之占城求兵，遂不复还。十二月，帝再迁于井澳，飓风作，帝有疾。元刘深复以舟师来袭井澳，执俞如珪①，帝舟迁于谢女峡。

南宋（二十三）

戊寅景炎三年②，张世杰遣师讨雷山，不克。

三月，文天祥会兵，次于丽江浦。

---

① 俞如珪，宋端宗之舅，初任环卫官、提举信王府行事，后任提举。元军误把俘获的俞如珪当作端宗，停止追击，端宗侥幸脱险。
② "戊寅景炎三年"至"励操愈坚"，元刊本作"戊寅四月，景炎崩于碉川，众欲散，尚书陆秀夫曰：'度宗一子尚在，古人有以一旅一成兴者'，乃相与奉卫王，立之。改元祥兴。号景炎庙端宗。陆秀夫为相，世杰太傅。六月，迁于崖山。十月，天祥至潮州平群盗。十一月，元帅张弘范大兵至潮，天祥兵溃被执。己卯正月，大兵攻崖山。二月，连战皆败。世杰拥祥兴主及杨太后等脱去。陆秀夫登御舟，启曰：'国事至此，笔下当为国死，不可再辱。'抱祥兴主，驱妻子，投水死。内翰刘鼎孙等溺者万数。张世杰以小舟奉杨太后，奔四日，将及岸，遇大风。世杰焚香仰天呼曰：'我奉太后走者，欲别求赵氏立之，以存赵祀。若天不欲复存赵祀，则风覆吾舟。'舟遂覆。南方始大定。天祥至大都，不屈系狱，厉操愈坚，至壬午岁，赐死。"

文天祥因此得以脱身，和他的长子道生及杜浒、邹㵒骑马逃走。于是奔赴循州，将闲散的士兵集中起来，驻扎在南岭。他的幕僚下属等都被抓了。赵时赏到隆兴后，仍旧大骂不屈，临刑前，刘洙还极力为自己辩护，赵时赏斥责他说："不过是死罢了，又何必这样呢！"文天祥的幕僚下属等都被杀害，他的妻子儿女和家属都被送往燕地，两个儿子死于途中。

广州沦陷。

十一月，元朝刘深率海军袭击浅湾。张世杰出战，战败，带端宗乘船逃往秀山。陈宜中去占城求援兵，再没有回来。十二月，端宗又迁往井澳，飓风大作，端宗患病。刘深又率海军来袭击井澳，抓捕了俞如珪，端宗乘船迁往谢女峡。

南宋（二十三）

戊寅景炎三年，张世杰率军讨伐雷山，战败。

三月，文天祥会集军队，驻扎在丽江浦。

元以张弘范①为都元帅，李恒副之，帅师入闽、广。

帝舟迁于硇州。夏四月，帝崩于硇州。陆秀夫立卫王为帝，是为帝昺。

帝昺，端宗皇帝弟也，名昺，即位，改元祥兴，皇太后杨氏同听政。先是群臣多欲散去，陆秀夫曰："度宗皇帝一子尚在，将焉置之？古人有以一旅一成②中兴者，今百官有司皆具，士卒数万，天若未欲绝宋，此岂不可为国耶！"乃与众共立帝，年八岁矣。适有黄龙见海中，遂改祥兴，而升硇州为翔龙县③，以陆秀夫为左丞相，兼枢密使。时播越④海滨，庶事⑤疎⑥略，每时节朝会，独秀夫俨然正笏⑦立，如治朝。或在行中凄然泣下，以朝衣拭泪，衣尽湿，左右无不悲恸者。及拜首相，与张世杰共秉政，外筹军旅，内调工役，凡出其手，虽忽遽流离中，犹日书《大学章句》以劝讲。

六月，帝舟迁于新会之厓山⑧。

---

① 张弘范（1236—1279），字仲畴。善马槊，能为歌诗。中统初，为御用局总管。三年改行军总管，从合必赤讨李璮于济南。因功为顺天路管民总管。后率军从伯颜伐宋，东略郓西，南攻武矶堡，长驱建康，大战焦山，因功为万户。后南征，在五坡岭俘获宋丞相文天祥。追宋军于海上，大战崖山，迫使宋主赵昺溺死。是年病逝。加封淮阳王，谥献武。
② 成，古代井田区划名，指方圆十里之地。《左传·哀公元年》："有田一成，有众一旅。"
③ 翔龙县，南宋景炎三年（1278）三月，宋帝赵昰避元兵至硇州（今广东湛江市郊区硇洲岛）。是年四月，昰卒，卫王赵昺即位于硇州，改元祥兴，升硇州为翔龙县。
④ 播越，意为流亡。
⑤ 庶事，各种政务政事。
⑥ 疎，同"疏""疎"。
⑦ 笏（hù），朝笏。正笏立垂下衣带的末端，恭敬地拿着朝笏。形容大臣庄重严肃的样子。
⑧ 厓山，今作崖山，位于广东新会县南大海中。与汤瓶嘴对峙为门，形势险要。宋朝末期宋军与元军在此交战，宋军战败，史称崖山海战。

元朝派张弘范为都元帅，李恒为副帅，率军攻入闽、广地区。

端宗乘船迁往碙州。夏四月，端宗在碙州驾崩。陆秀夫立卫王为帝，也就是皇帝赵昺。

赵昺是端宗皇帝的弟弟，名昺，即位后改元祥兴，皇太后杨氏一同听政。当时群臣大多想要四散离去，陆秀夫说："度宗皇帝仍有一个儿子在世，要将他放置在什么位置呢？古人有凭借一支军队十里土地而实现中兴的，如今我们百官都在，还有数万士卒，上天如果没有想要灭绝我们宋朝，怎么可以不成立国家呢！"于是和众人共同议立皇帝赵昺，年纪只有八岁。正赶上在海里看到黄龙，于是改元祥兴，而将碙州改为翔龙县，任命陆秀夫为左丞相，兼枢密使。当时君臣飘零于海滨之上，所有事宜都简略行事，每逢时节朝会，只有陆秀夫严肃端立，好像还在朝堂一样。有时在行途中凄然泪下，用朝衣擦拭眼泪，衣服全都被沾湿，旁边的人没有不悲恸的。等到担任首相后，与张世杰共同执政，在外筹集军队，在内调动工役，凡事出于他手，尽管在颠沛流离中，仍然每天写《大学章句》来劝讲。

六月，皇帝乘船迁到新会之厓山。

有大星，南流坠海中，小星千余随之，声如雷，数刻乃止。

天祥闻帝即位，上表自劾败于江西之罪，乞入朝，不许。而加少保①，封信国公。会军中大疫，士卒多死，天祥子道生复亡，家属俱尽。

元以许衡为集贤大学士②，兼领太史院③事。

文天祥屯潮阳，邹洬、刘子俊④皆集师会之，遂讨盗陈懿、刘兴于潮，兴死，懿遁，道张弘范兵济潮阳，天祥力不支，帅其麾下走海丰。张弘正追之，天祥方饭五坡岭，弘正兵突至，众不及战，皆顿首伏草莽，天祥被执，吞脑子⑤不死。邹洬自到，刘子俊自诡为天祥，冀可免天祥。及执天祥至，各争真伪。遂烹子俊而执天祥，见弘范，左右命之拜，天祥不屈，弘范释其缚，以客礼见之。天祥固请死，弘范不许，或谓弘范曰："敌人之相不可测也，不宜近之。"弘范曰："彼忠义也，保无他求。"族属被俘者，悉还之。处舟中以自从。

葬端宗于厓山。

元阿里海牙自海南还师上都。

---

① 少保，官名。太师、太傅、太保都是东宫官职，太师教文，太傅教武，太保保护其安全。少师、少傅、少保分别是他们的副职。
② 大学士，为辅助皇帝的高级秘书官。集贤殿大学士属于宋代大学士品级中的第一层，即三馆秘阁学士。
③ 太史院，一般属秘书省，专掌天文历数之事。
④ 刘子俊，字民章，南宋庐陵（今江西吉安）人。尝中漕试。少即与文天祥相友善。天祥开督府于兴国，至府议事，补宣教郎、带行军器监簿兼督府机宜。空坑兵败，收兵保洞源，接应郡县，旋入广东，与元兵相遇，兵败。天祥战败，子俊被俘，自诈称天祥，被识破，被烹死。
⑤ 脑子，即龙脑香，也称为冰片，疑有毒。

有大流星从南坠下，落入海中，千余颗小星跟随，声音像惊雷，数刻才停止。

文天祥听说皇帝即位，上表弹劾自己在江西战败的罪过，请求回到朝廷，不被允许。又被加封为少保和信国公。适逢军中疾疫，死了许多士卒，文天祥的儿子道生也死了，他的家人全都去世了。

元朝廷任命许衡为集贤大学士，兼领太史院事。

文天祥驻扎潮阳，邹㳡、刘子俊都集合军队来会合，于是在潮州讨伐盗匪陈懿、刘兴，刘兴被杀死，陈懿逃走，他引导张弘范率兵到潮阳，文天祥无力抵抗，率领他的下属逃往海丰。张弘正率军追击，文天祥的军队正在五坡岭吃饭，张弘正的军队突然到来，兵众还来不及作战，就全部伏在草丛中磕头。文天祥被抓，吃龙脑香自杀也没死。邹㳡自杀。刘子俊自称他是文天祥，希望文天祥可以借此逃逸。等到文天祥被抓，各自争论真伪。于是烹杀刘子俊，抓捕文天祥。等到见了张弘范，左右命文天祥下拜，天祥不屈服，张弘范解开他的束缚，用待客之礼接待他。文天祥只愿请死，张弘范不允许，有人对张弘范说："敌人之相不可测度，不应该接近他。"张弘范说："他是忠义之人，我保证他没有别的想法。"张弘范将文天祥被俘虏的族人下属都放还，自己只带上了文天祥乘舟而进。

宋端宗被在安葬厓山。阿里海牙从海南还师上都。

己卯祥兴二年正月，元张弘范兵至厓山，张世杰力战御之，弘范无如之何。时世杰有甥韩在元师中，弘范三使韩至宋师招世杰，世杰不从，曰："吾知降生且富贵，但义不可移耳。"因历数古忠臣以答之。弘范乃命文天祥为书招世杰，天祥曰："吾不能扞父母，乃教人叛父母可乎？"固命之，天祥遂书所过零丁洋诗与之。其末有云"人生自古谁无死，留取丹心照汗青"，弘范笑而置之。

弘范复遣人语厓山士民曰："汝陈丞相已去，文丞相已执，汝欲何为？"士民亦无叛者。弘范又以舟师据海口，宋师樵汲①道绝，兵士茹干粮，十余日而大渴，乃下掬海水饮之，水咸，饮即呕泄，兵士大困。世杰帅苏刘义、方兴②等旦夕大战，元李恒自广州以师会攻，弘范命恒守厓山北面。

---

① 樵汲，打柴汲水。
② 方兴，字义轩，临湘人。南宋德祐元年，起兵勤王，与张世杰共复饶州。任广东统制，将兵万人入卫。及文天祥被执，又与朱华等奉广、益二王由浙江至福建。以功加招讨使。死于崖山之难。

己卯祥兴二年正月，元朝张弘范率兵到达厓山，张世杰拼死抵抗。张弘范一时也没有办法。当时张世杰有一个姓韩的外甥在元军之中，张弘范三次派他到宋军中招降张世杰，世杰不肯，说："我知道投降的话得以生还还能富贵，但是忠贞大义不可改变。"于是历数古代的忠臣义士来答复。张弘范于是命文天祥写信招降张世杰，文天祥说："我不能保卫我的父母，教别人背叛父母可以吗？"张弘范坚持下命令让他写信，文天祥于是写下了《过零丁洋》诗给他。诗的末尾是"人生自古谁无死，留取丹心照汗青"，张弘范一笑置之。

　　张弘范又派人对厓山士兵和民众说："你们的陈宜中丞相已离去，文天祥丞相已被捕，你们还想有什么作为呢？"士兵百姓也没有背叛的。张弘范又率舰队据守海口，宋军找不到水源，兵士吃干粮十几天，非常渴，于是捧海水来喝，海水很咸，喝了之后呕泄不止，兵士都非常疲惫。张世杰率领苏刘义、方兴等日夜作战。元朝李恒从广州率军来攻，张弘范命李恒驻守厓山北面。

南宋（二十四）

二月戊寅朔，世杰将陈宝①叛降于元。己卯，都统张达②夜袭元师，败还。元人进，薄③世杰之舟。甲申，弘范四分其军，自将一军，相去里许，令诸将曰："宋舟西舣④厓山，潮至必东遁。急攻之，勿令得去。闻吾乐作，乃战。违令者斩。"先麾北面一军，乘早潮而战，世杰败之，李恒等顺潮退师。午潮上，元师乐作，宋师以为且懈，不设备。弘范以舟师犯其前，南师继之。宋师南北受敌，兵士皆疲，不能复战。俄有一舟樯旗仆，诸舟之樯旗皆仆，世杰知事去，乃抽精兵入中军，诸军大溃。元师薄宋中军，会日暮，风雨昏雾四塞，咫尺不辨，世杰乃与苏刘义断维，以十六舟夺港而去。

---

① 陈宝，生平不详。
② 张达，南宋饶平县渐山人。景炎二年正月，赵昰、赵昺转移至惠州甲子门，张达护卫宋帝舟船南撤，受封为潮州右都统。祥兴二年，张达护卫宋帝赵昺迁徙崖山，时年二月，于夜袭元营中殉难。
③ 薄，迫近。
④ 舣，停船靠岸。

南宋（二十四）

　　二月戊寅朔，张世杰手下将领陈宝叛降元朝。己卯，都统张达夜里偷袭元军，战败。元军进逼，迫近张世杰的战船。甲申，张弘范将其军队分成四队，弘范自领一军，与宋军相去一里多，下令说："宋军舟舰在西边停靠厓山，海潮来的话必定向东逃散。迅速出击，别让他们有机会逃跑。并以奏乐为进攻信号，违令者斩。"首先派北军乘潮进攻宋军，败于张世杰，李恒等顺潮而退。中午涨潮时，元军奏乐，宋军听后以为可以稍微松懈了，没有防备。张弘范的水师在正面进攻，南军也来进攻。宋军南北受敌，兵士都疲惫不堪，不能再作战。突然有一艘船的军旗倒下，其余船的军旗也倒下，张世杰见大势已去，抽调精兵进入中军，各路军大溃败。元军逼近宋中军，适逢太阳西去，风雨昏暗，咫尺的距离也看不清，张世杰和苏刘义带领十六只船舰斩断绳索，突围而去。

陆秀夫走帝舟,帝舟大,且诸舟环结,度不得出走,乃先驱其妻子入海,即负帝同溺焉。帝崩,后宫诸臣从死者甚众。越七日,尸浮海上者十余万人。因得帝尸及诏书之宝,已而世杰复还厓山收兵,遇杨太后,欲奉以求赵氏后而复立之。杨太后始闻帝崩,抚膺①大恸曰:"我忍死艰关至此者,正为赵氏一块肉耳,今无望矣。"遂赴海死。世杰葬之海滨。世杰将趋安南②,至平章山③下,遇飓风大作,舟人欲舣岸,世杰曰:"无以为也。"焚香仰天呼曰:"我为赵氏亦已至矣。一君亡,复立一君,今又亡。我未死者,庶几敌兵退,别立赵氏以存祀耳。今若此,岂天意耶!若天不欲我复存赵祀,则大风覆吾舟。"舟遂覆。世杰溺焉,宋亡。

厓山既破,元张弘范等置酒大会,谓文天祥曰:"国亡,丞相忠孝尽矣,能改心以事宋者事今,不失为宰相也。"天祥泫然出涕曰:"国亡不能救,为人臣者死有余罪,况敢逃其死而二其心乎!"弘范义之,遣送于燕京,道经吉州④,痛恨不食八日,犹生,乃复食。十月,天祥至燕,不屈系狱,励操愈坚。

① 抚膺,抚摩或捶拍胸口,表示惋惜、哀叹、悲愤等。
② 安南,越南的古名。
③ 平章山,位于今广东省阳江市西南。
④ 吉州,位于江西省中部,地处赣江中游,古称庐陵。

陆秀夫跑到帝舟上，帝舟很大，而且各船连接在一起，估计无法突围。陆秀夫于是先赶他的妻子孩子跳入海中，又背着八岁的赵昺跳海自杀。皇帝驾崩，后宫和大臣相继跳海自杀。七天以后，海上浮起了十几万人的尸体。因为找到了皇帝的尸体和拟诏书的玉玺，张世杰返回厓山收束军队。遇到杨太后，张世杰希望奉杨太后的名义再找宋朝赵氏后人为皇帝。杨太后在听闻宋帝昺的死讯后，抚着前胸非常悲痛地说：'我忍辱负重到这里，就是为了我赵家后代，现在却什么指望也没了。"她也跳海自杀了。张世杰将她葬在海边。张世杰准备前往安南，到了平章山下，遇到飓风大作，船家想要靠岸，张世杰说："不用了。"他焚香向上天呼喊，说："我为赵氏也算尽忠了。一个君主去世，又立了一个君主。如今这个君主又去世了。我还没死的原因是希望在敌兵退后，再拥立赵氏为帝以保留祭祀。现在这样，难道是天意吗！假如上天不想让我再维系赵氏后代的话，就让大风颠覆我的船吧！"于是舟船倾覆。张世杰溺死，宋朝灭亡。

　　厓山已经攻破，张弘范等举行酒会庆祝，他对文天祥说："宋朝已经灭亡，丞相已经尽忠尽孝了，如果能够改变心意，以对待宋朝的心意对待今朝的话，还是可以做宰相的。"天祥泫然泪下，说："国家灭亡却不能救，我这个做臣子的死有余罪，又怎么敢逃脱死罪还改变心意呢！"弘范认为他是大义之人，将他遣送到燕京。途中经过吉州，文天祥痛哭恨憾，八日不吃东西还活着，才又开始进食。十月，文天祥到了燕京，仍不屈服，被关在狱中，志向情操更加坚定。

宋之故臣，亦有由领海走安南者。安南自其国王李乾德①卒于绍兴，子阳焕②立。阳焕卒，子天祚③立。天祚卒于淳熙，子龙翰④立。龙翰卒于嘉定，子昊旵⑤立。世奉宋正朔，当龙翰时，有闽人陈李，入其国得政，为国婿⑥，李子承⑦，再世执其国柄。及昊旵时，承夺其国，传子威晃。理宗受其贡而封之，威晃传子日照，宋亡，乃改名曰烜，奉贡于元。初邵雍与客语及国祚⑧，取《晋出帝纪》示之，靖康验矣，至德祐益验。陈抟亦尝有一汴二杭三闽四广⑨之说，宋果至闽、广而尽。自太祖建隆至钦宗靖康，一百六十七年。自高宗建炎至祥兴，又一百五十三年。

右宋自太祖建隆元年庚申，至帝昺祥兴己卯，凡三百二十年而亡⑩。

---

① 李乾德，即李仁宗（1066—1127），越南李朝第四代皇帝，公元1072年—公元1127年在位，是越南在位时间最长的皇帝之一。
② 阳焕，即李神宗（1116—1138），越南李朝第五位皇帝，公元1127年—公元1138年在位。神宗登基仅十三岁，由大臣刘庆潭、张伯玉等摄政。
③ 天祚，即李英宗（1136—1175），越南李朝第六位皇帝，公元1138年—公元1175年在位。
④ 龙翰，即李高宗（1173—1210），越南李朝第七任皇帝，公元1175年—公元1210年在位。
⑤ 昊旵，即李惠宗，李高宗之子。
⑥ 国婿，李昊娶了陈李之女为妃。从此，陈氏便晋身为外戚之家。
⑦ 承，即陈承，越南陈朝开国皇帝陈太宗陈煚之父，陈李之子。天彰有道二年（1226），八岁的李昭皇禅位给八岁的陈煚。陈煚登基，建立陈朝。公元1234年，陈承去世，庙号徽宗，之后改庙号太祖。
⑧ 国祚，国运。
⑨ 赵宋朝廷从汴京（今河南开封），败迁到杭州（临安），再退到福建（闽），后缩到广东，崖山是最后归宿。
⑩ 本段元刊本无，据日本刊本补。

宋朝的故臣，也有从领海逃到安南的。安南自从国王李乾德死于绍兴后，他的儿子李阳焕被立为帝。李阳焕死后，儿子李天祚被立为帝。李天祚死于淳熙年间，儿子李龙翰被立为帝。李龙翰死于嘉定年间，儿子李昊旵被立为帝。李龙翰当政时，有福建人陈李，进入安南，把持了朝政，他与皇帝是姻亲关系。陈李的儿子陈承，后来又执掌政权。等到李昊旵当政时，陈承夺取他的国家，传给了自己的儿子陈威晃。理宗受他的进贡，封他为王，陈威晃将王位传给了儿子陈日照。宋朝灭亡后，陈日照就改名叫陈烜，奉贡于元朝。最初邵雍和客人说到国运，邵雍以《晋出帝纪》给他看。靖康已经应验，德祐又应验了。陈抟也曾有"一汴二杭三闽四广"之说，宋朝果然到闽、广地区灭亡了。自太祖建隆至钦宗靖康，一百六十七年。自高宗建炎至祥兴，又是一百五十三年。

　　宋自太祖建隆元年庚申，至帝昺祥兴己卯，共三百二十年，至此灭亡。